民法学

CIVIL LAW

杨丽珍 主 编

涂 慧 傅 强 贺桂华 副主编

法律出版社 LAW PRESS · CHINA

北京

图书在版编目(CIP)数据

民法学 / 杨丽珍主编. -- 北京 : 法律出版社, 2024
ISBN 978-7-5197-8769-1

Ⅰ. ①民… Ⅱ. ①杨… Ⅲ. ①民法－法的理论－中国－高等学校－教材 Ⅳ. ①D923.01

中国国家版本馆 CIP 数据核字(2024)第025818号

民法学
MINFAXUE

杨丽珍 主 编
涂 慧 傅 强 贺桂华 副主编

策划编辑 沈小英 毛镜澄
责任编辑 毛镜澄
装帧设计 鲍龙卉

出版发行 法律出版社
编辑统筹 法治与经济出版分社
责任校对 王晓萍
责任印制 吕亚莉
经　　销 新华书店

开本 787毫米×1092毫米 1/16
印张 41.25　　字数 1100千
版本 2024年4月第1版
印次 2024年4月第1次印刷
印刷 固安华明印业有限公司

地址:北京市丰台区莲花池西里7号(100073)
网址:www.lawpress.com.cn
投稿邮箱:info@lawpress.com.cn
举报盗版邮箱:jbwq@lawpress.com.cn

销售电话:010-83938349
客服电话:010-83938350
咨询电话:010-63939796

书号:ISBN 978-7-5197-8769-1
定价:96.00元
凡购买本社图书,如有印装错误,我社负责退换。电话:010-83938349

杨丽珍 西北大学法学院教授。中国卫生法学会理事、陕西省法学会卫生法学研究会会长、陕西省法学会民法学研究会副会长、陕西省法学会首席法律咨询专家、西安仲裁委员会仲裁员、海南国际仲裁院（海南仲裁委员会）仲裁员。主要研究方向为民法、卫生法。

涂　慧 西北大学法学院副教授，法学博士。陕西省法学会卫生法学研究会常务理事、陕西省法学会婚姻家庭法学研究会理事。主要研究方向为民法、卫生法。

刘建仓 西北大学法学院副教授，法学博士。最高人民检察院中国检察网民事行政案件咨询专家、西安仲裁委员会仲裁员、陕西省法学会卫生法学研究会副会长兼秘书长。主要研究方向为民商法、卫生法。

闫雅琴 长安大学人文学院法学系讲师。长安大学破产法研究中心秘书长、陕西省法学会卫生法学研究会理事。主要研究方向为民商法。

贺桂华 长安大学人文学院法学系教授。长安大学破产法研究中心主任、长安大学民商法研究所所长、西安仲裁委员会仲裁员、海南国际仲裁院（海南仲裁委员会）仲裁员、陕西省法官检察官遴选（惩戒）委员会委员、陕西省十四届人大常委会立法咨询专家。

傅　强 西北大学法学院讲师，法学博士。陕西省法学会卫生法学研究会副秘书长。主要研究方向为民法。

贾　蕊 陕西警官职业学院教授。西安仲裁委员会仲裁员、陕西省法学会理事。主要研究方向为民法、合同法。

郑　辉 西北大学法学院副教授，法学博士。中国国际经济贸易仲裁委员会仲裁员、中国法学会科技法学会理事。主要研究方向为合同法、知识产权法。

郝　佳 西北政法大学民商法学院副教授，法学博士。中国法学会婚姻法学研究会理事、陕西省法学会婚姻家庭法学研究会副秘书长。主要研究方向为家事法等。

马钰凤 西北政法大学民商法学院副教授，法学博士。中国法学会婚姻法学研究会理事、陕西省法学会婚姻家庭法学研究会会长。主要研究方向为家事法等。

李亚娟 西北工业大学法学系副教授，法学博士。陕西省法学会互联网法律与治理研究会副会长。主要研究方向为民法。

编写说明

民法为私法的基本法，它在一个国家的法律体系中始终处于举足轻重的地位。民法学是集理论和实践操作于一体，以具体的民法制度、理论及其发展规律为主要研究对象的科学。在高等法学教育中，“民法学”是教育部确定的法学专业核心课程之一。

党的二十大报告关于“坚持全面依法治国，推进法治中国建设”的战略部署，为我国民法学的发展提供了遵循。民法学体系庞大，内容博大精深。本书主要以2021年1月1日起施行的《民法典》为主线，反映我国《民法典》及其他民事立法、民事司法以及民法学研究的最新发展，共七编三十三章。主要内容包括民法的基本原理、民事主体制度、民事权利制度、民事法律行为、代理制度、民事责任、诉讼时效和期间、物权制度、债与合同制度、人格权制度、婚姻家庭制度、继承制度、侵权责任的认定及损害赔偿制度。

本书的编写具有如下特色：

第一，编写内容新。本书以中国特色社会主义法治理论为指导，立足我国国情和实际，以最新的立法展开阐述；除主要根据《民法典》进行撰写外，还高度重视吸收引用《民法典》实施后的司法解释的相关规定。

第二，编写体例新。每章前设有“学习要点”，便于学生迅速把握本章的学习要求和重点内容；每章中设有“疑难问题论争”，以开阔学生的视野和思路，引导学生深入探讨和分析问题；每章后设有“思考题”，用以启发学生对相关理论和法律规定的深度理解与思考。

第三，注重理论性和实践性的统一。本书力求系统全面阐释民法学理论，内容以通说、主流观点为主，并注意吸收最新的研究成果；同时，本书也注重民法理论与法律规范、法律实践的结合，并在每章后设有“案例分析”，旨在培养学生运用民法知识分析解决实际问题的能力。

第四，参与本书编写的成员都是高校一线教师，拥有丰富的教学经验，且大多长期从事法律实务，所编写的教材既适合作为高等院校法学专业的学生用书，也适合司法界人士使用。

本书由杨丽珍担任主编，涂慧、傅强、贺桂华担任副主编。杨丽珍、涂慧、傅强负责本书的最终统稿、定稿。各章撰写分工如下（以撰写章节先后为序）：

杨丽珍　第一章、第二章、第二十六章；

涂　慧　第三章、第十一章、第十二章、第十三章、第十六章；

刘建仓　第四章、第五章、第六章；

闫雅琴　第七章；

贺桂华　第八章、第十章；

傅　强　第九章、第二十章、第二十一章；

贾　蕊　第十四章、第十五章；

郑　辉　第十七章、第十八章、第十九章；

郝　佳　第二十二章、第二十三章、第二十四章、第二十五章；

马钰凤 第二十七章、第二十八章、第二十九章、第三十章；

李亚娟 第三十一章、第三十二章、第三十三章。

由于本书涉及内容广泛，编者虽力求体系结构完整、表达严谨扼要、理论实务两相贯通，并为之付出了极大努力，但囿于能力和时间的限制，书中疏漏和错误之处恐难避免，欢迎专家、同行和读者批评指正，以便进一步修订与完善。

编 者

2024年4月

目　录

第一编　总　则

第二编 物权

第四编 人格权

第五编 婚姻家庭

第六编 继 承

第七编 侵权责任

第一编

总则

第一章　民法概述

| 学习要点 |

本章学习民法的语源与概念、民法的调整对象、民法的性质、民法的渊源、民法的适用等基本知识。民法的概念是依据民法的调整对象定义的，而民法的调整对象是民法与其他法律部门区别的根本标准。民法的性质揭示了民法所固有的根本属性，民法的渊源为民事法律规范的表现形式，民法的适用范围与适用原则是正确适用民法的前提。

第一节　民法的语源与概念

一、民法的语源

"民法"一词，译自拉丁文的"市民法"（*ius civile*）。[1] 法语"Droit civil"，德语"Bürgerliches Recht"，荷兰语"Burgerlyk Regt"，英语"Civil law"等，皆可直译为"市民法"。所谓的市民法，原意是指一个国家所固有的法律，如"罗马市民的法律"（jus proprium civium romanorum）即专门适用于罗马市民，后来法学家简称它为市民法。万民法和市民法相对称，其原意是指各国共同适用的法律。具体到罗马，是指适用于罗马人与外国人以及外国人与外国人相互之间关系的法律，或专指适用于罗马国家与其他国家间关系的法律。罗马的市民法最初只有习惯法、《十二铜表法》和罗马议会制定的法律，到3世纪初叶，它与万民法融合以后，才得到了广泛的发展，[2] 此是对罗马境内所有的住民均赋予市民权的结果。于是，中世纪以来，"*ius civile*"一词，成为罗马法的总称，其后用于私法之意。[3] 西方学者大多认为，罗马法的万民法为国际法的语源，市民法为民法的语源。[4] 所谓民法，即适用于全体人的法，是一个无等级社会的法。[5]

"民法"一词，在我国"典籍无所本，清季变法，抄自东瀛"[6]。1868年日本学者津田真道在《泰西国法论》中，译荷兰语"Burgerlyk Regt"为"民法"。清末变法，汉字日语"民法"一词进入中国。光绪三十一年（1905年）三月，修订法律大臣沈家本、伍廷芳会奏请求设立法律学堂，

---

〔1〕 参见［德］迪特尔·梅迪库斯：《德国民法总论》，邵建东译，法律出版社2013年版，第15页。

〔2〕 参见周枏：《罗马法原论》（上册），商务印书馆1994年版，第86～87页。

〔3〕 参见梁慧星：《民法总论》（第5版），法律出版社2017年版，第1页。

〔4〕 参见王利明等：《民法学》（第6版）（上册），法律出版社2020年版，第4页。

〔5〕 参见［德］迪特尔·梅迪库斯：《德国民法总论》，邵建东译，法律出版社2013年版，第15页。

〔6〕 梅仲协：《民法要义》，中国政法大学出版社1998年版，第14页。

已提到“各国民法”如何。但立法时，则借鉴“民法”一词，结合“唐律”“明律”“清律”的传统，自创新名词“民律”。[1] 清末民初曾有两部民律草案，一是宣统三年(1911 年)完成的“总则”、“债权”、“物权”、“亲属”和“继承”五编制的《大清民律草案》，但未及颁行，清朝已亡，这是中国民法典第一部草案；二是北洋政府起草的民律草案，该民律草案以《大清民律草案》为基础予以增删修改，但未能完成立法程序，仅由北洋政府司法部于 1926 年 11 月通令各级法院在司法中作为法理加以引用。1927 年 4 月，国民政府在南京成立，同年 6 月设立法制局，着手草拟各重要法典。1928 年 12 月，立法院成立后，组成民法起草委员会，专司民法起草。1929 年 5 月 23 日南京国民政府正式公布《中华民国民法》总则编，并于同年 10 月 10 日起施行。1929 年 11 月 22 日，国民政府公布了债编(1930 年 5 月 5 日施行)，1929 年 11 月 30 日公布物权编(1930 年 5 月 5 日施行)，1930 年 12 月 26 日公布亲属编与继承编(1931 年 5 月 5 日施行)。至此，完成了民法典的各编，是为中国历史上第一部民法典。《中华民国民法》总则编的公布，系立法上正式采用“民法”这一词语，直至今天。

中文所使用的民法，有观点认为，此系照搬日本人的误译，该译名模糊了市民法的本质和性格。[2] 有观点认为，此翻译颇具匠心，充分考虑了东方幅员辽阔的乡村社会与欧洲以城市为中心的城邦社会的差别。欧洲的古代社会是一个城邦国家林立的社会，一个城邦的市民亦即一个城邦国家的国民。于是在欧洲人的心目中形成了市民即国民、公民的概念。作为“民法”最终语源的“*ius civile*”，虽然通常直译为“市民法”，但这一术语在罗马语言中亦同时具有罗马人的法、罗马民族的法的含义。而在日本和中国的东方社会，“市民”即“城市人”，是与“乡村人”相对应的一个概念，并不具有一国“公民”的含义，唯“民”才能概括“城市人”与“乡村人”，具有一国所有人的含义。[3] 尽管学界对译为市民法或民法有不同的见解，但“民法”一词在日本、中国、韩国等业已成为一个普遍的定型用语。

二、民法的概念

我国《民法典》第 2 条规定：“民法调整平等主体的自然人、法人和非法人组织之间的人身关系和财产关系。”此系对民法调整对象作出的规定。据此，可将民法的概念表述为：民法是调整平等主体的自然人、法人和非法人组织之间的人身关系和财产关系的法律规范的总和。首先，民法调整社会关系的范围是平等主体之间的社会关系，即民事法律关系，包括人身关系和财产关系；其次，民法是一系列法律规范的总和。

民法的概念，可以从不同角度作进一步理解。

(一)形式民法

形式民法，是指成文的民法典。所谓民法典是按照一定的体系结构将各项民事法律规则与制度加以系统编纂，从而形成的规范性法律文件。

民法的体系化、法典化对成文法国家而言意义重大。民法典之编纂，对后世影响最大的当属罗马法大全。自 18 世纪欧洲的法典化运动以来，又产生了以《法国民法典》《德国民法典》《瑞士民法典》等为代表的一批著名的民法典。民法典业已成为大陆法系国家法律体系的主要标志。

---

[1] 参见叶孝信主编：《中国民法史》，上海人民出版社 1993 年版，第 1～2 页。

[2] 参见张俊浩主编：《民法学原理》(修订 3 版)，中国政法大学出版社 2000 年版，第 7 页。

[3] 参见江平主编：《民法学》，中国政法大学出版社 2000 年版，第 2 页。

民法典的体例结构,具有代表性的是罗马式与德国式两种。罗马式,又称法学阶梯式,系罗马法学家盖尤斯(Gaius)在其《法学阶梯》一书中所用之体例,其后为优帝(Justinianus)编制法律(罗马法大全之一部)时所袭用,内容分为三编,第一编人事编,第二编财产编,第三编诉讼编,即人法、物法、诉讼法。这种三编的编纂体系为法国民法所接受,不过将诉讼编除去,而将财产编析分为二,即第一编为人事编,第二编为财产编,第三编为财产取得编。[1] 荷兰、比利时、意大利等国民法,皆仿此例。德国式,又称潘德克顿式,亦有称"潘德克吞"式("Pandekten System",系由罗马法大全中学说汇纂之希腊名称——"Pandectae"而来),[2] 是德国法学家于著述中所用体例,内容分为总则、债权、物权、亲属、继承五编。将物权置于第二编,债权置于第三编的为萨克森(Sachsen)式;将债权置于第二编,物权置于第三编的为巴威里(Baviria)式。日本民法采萨克森式,德国民法采巴威里式。潘德克顿式的最大特点在于总则的设立,采用"总则—分则"相对应的结构。通过所谓"提取公因式"的方法,将分则物权、债权、亲属、继承中的共同规定作为民法典的总则;分则编中,也是采用"总—分"结构,如关于契约、无因管理、不当得利及侵权行为的共同规定,构成债权的总则。就理论上而言,总则是对分则的抽象与概括,分则是对总则的遵循和具体化,如此,使民法典的基本结构具有了从一般到特殊,从抽象到具体的逻辑性和体系化的特征。

我国清末变法前,是没有形式意义上的民法的,其根源在于漫长的帝制社会中,统治者关注的重点在于政权的稳定,在政治上实行专制统治,在经济上推行以农业为立国之本的"重农抑商"政策,使社会长期处于自给自足的自然经济状态,商品经济极不发达;加之"重义轻利"思想的影响等,凡此种种都制约着民法的发展,故而无法产生形式上的民法。

新中国成立后,开启了民法的成典之路。党和国家曾于 1954 年、1962 年、1979 年、2001 年先后四次启动民法制定工作,前两次由于各种原因而未能取得实际成果。1979 年第三次启动,由于刚刚进入改革开放新时期,制定一部完整民法典的条件尚不具备,按照"成熟一个通过一个"的思路,先后出台了原《继承法》《民法通则》《担保法》《合同法》等民事单行法律。2001 年,第九届全国人民代表大会常务委员会组织起草《中华人民共和国民法(草案)》,并于 2002 年 12 月进行了一次审议,之后,仍采取分别制定单行法的办法,先后出台了原《物权法》《侵权责任法》《涉外民事关系法律适用法》等。2014 年 10 月,党的十八届四中全会通过的《中共中央关于全面推进依法治国若干重大问题的决定》中,明确提出"编纂民法典"。编纂民法典不是制定全新的民事法律,也不是简单的法律汇编,而是对现行的民事法律规范进行编订纂修,对已经不适用现实情况的规定进行修改完善,对经济社会生活中出现的新情况、新问题作出有针对性的新规定。2015 年 3 月,全国人民代表大会常务委员会法制工作委员会启动民法典编纂工作。按照"两步走"的思路,第一步制定民法总则,作为民法典的总则编;第二步编纂民法典各分编。[3] 2017 年 3 月 15 日,第十二届全国人民代表大会第五次会议通过原《民法总则》,2020 年 5 月 28 日,第十三届全国人民代表大会第三次会议高票表决通过《民法典》,自此,我国

---

〔1〕 参见郑玉波:《民法总则》,中国政法大学出版社 2003 年版,第 40 ~ 41 页。近年来,法国立法机关对《法国民法典》进行了多次修改,已突破了三编制体系,改为五编制,即"人""财产及所有权的各种限制""取得财产的各种方法""担保""适用于马约特岛的规定"。参见《法国民法典》,罗结珍译,北京大学出版社 2010 年版。

〔2〕 参见郑玉波:《民法总则》,中国政法大学出版社 2003 年版,第 41 页。

〔3〕 参见全国人民代表大会常务委员会原副委员长王晨于 2020 年 5 月 22 日在第十三届全国人民代表大会第三次会议上所作的《关于〈中华人民共和国民法典(草案)〉的说明》。

进入了民法典时代。

我国《民法典》共七编，外加附则，计 1260 条，是我国目前法律条文数最多的一部法律。《民法典》附则第 1260 条规定："本法自 2021 年 1 月 1 日起施行。《中华人民共和国婚姻法》、《中华人民共和国继承法》、《中华人民共和国民法通则》、《中华人民共和国收养法》、《中华人民共和国担保法》、《中华人民共和国合同法》、《中华人民共和国物权法》、《中华人民共和国侵权责任法》、《中华人民共和国民法总则》同时废止。"

我国《民法典》的体例，既有对其他国家民法的借鉴，也有我国自己的特色。我国《民法典》设立总则编，采用"总则—分则"结构；在《民法典》各编内部也是按照"总—分"结构建构，就是对德国民法体系模式的继受。《德国民法典》在体例上规定有亲属编，我国《民法典》亦将婚姻家庭作为第五编，改变原《婚姻法》一直作为独立法律部门存在的状况，使婚姻家庭回归《民法典》。当然，我国《民法典》也有自己的体例特色，主要表现在：一是与《德国民法典》《日本民法典》的五编制相比，我国《民法典》采用七编制的体例，将总则作为第一编并统领各分编；第二编至第六编并列规定物权、合同、人格权、婚姻家庭、继承；将侵权责任编置于最后，以体现对权利的救济。二是以合同编取代了债权编，这是多年来我国合同独立立法模式已为立法和司法实践所接受的原因。至于债法的内容，《民法典》在总则编第五章民事权利部分建立了债法的基本体系；在《民法典》合同编第一分编通则部分规定了债法的一般性规则；将无因管理、不当得利作为准合同规定于《民法典》合同编之第三分编。由此，传统的债权编体系在我国《民法典》中被分解了。三是《民法典》在体例结构上还将人格权、侵权责任独立成编。人格权的独立成编，是因人格权是民事主体最基本、最重要的权利，关系每个人的人格尊严。保护人格权、维护人格尊严，是我国法治建设的重要任务，是贯彻党的十九大和十九届二中全会关于"保护人民人身权、财产权、人格权"的精神，落实宪法关于"公民的人格尊严不受侵犯"的要求。〔1〕《民法典》侵权责任编的内容大多源自原《侵权责任法》，原《侵权责任法》将侵权行为与债法分离，为《民法典》侵权责任的独立成编打下了前期基础。人格权、侵权责任独立成编是我国《民法典》的鲜明特色。

《民法典》是新中国成立以来第一部以"法典"命名的法律，它在中国特色社会主义法律体系中具有重要地位，是一部固根本、稳预期、利长远的基础性法律，具有鲜明的中国特色、实践特色、时代特色。〔2〕

（二）实质民法

实质民法，是指所有调整民事法律关系的法律规范的总和。实质民法既包括形式民法，又包括其他法律、法规中有关的民事法律规范，还包括司法解释、民事习惯等。

在人类法律发展史上，是先有实质意义上的民法，后有形式意义上的民法。我国先秦时期的民法，被包含在"礼"中，秦汉之后，民法被收在主要是行政法的综合性法典"令"中，此外，历代还有一些单行的民事法规。有关的民事法规主要集中在身份、婚姻、继承等方面，与商业有关的民事法律关系则规定很少或几无规定。一些单行的民事法规，大多在问题成堆以后再被

---

〔1〕 参见全国人民代表大会常务委员会法制工作委员会主任沈春耀于 2018 年 8 月 27 日在第十三届全国人民代表大会常务委员会第五次会议上所作的《关于〈民法典各分编（草案）〉的说明》。

〔2〕 参见习近平总书记于 2020 年 5 月 29 日在第十九届中央政治局第二十次集体学习时的讲话《充分认识颁布实施民法典重大意义　依法更好保障人民合法权益》。

动地制定颁布。传统民法的法律关系主体往往是家长(甚至是族长)。民事法律责任与刑事责任紧密联系,因违反民事法规而需要承担法律责任者,一般都要受刑事处分。[1] 由此可知,清末变法前,我国虽无独立的民法典,但存在实质意义上的民法。[2]

实质民法除现有《民法典》外,还有大量的民事单行法以及其他法律中的民法规范。《民法典》第 11 条规定:“其他法律对民事关系有特别规定的,依照其规定。”其他法律是指置身于《民法典》之外的民商事单行法以及包含民事规范的非民事法律。主要有 4 种类型:一是弱势群体的保护法。《民法典》第 128 条规定:“法律对未成年人、老年人、残疾人、妇女、消费者等的民事权利保护有特别规定的,依照其规定。”据此,《未成年人保护法》《老年人权益保障法》《残疾人保障法》《妇女权益保障法》《消费者权益保护法》等都是民法的特别法。二是知识产权的单行法。《民法典》第 123 条第 1 款规定:“民事主体依法享有知识产权。”据此,《著作权法》《专利法》《商标法》等均为民法的特别法。三是商法的单行法。关于民法与商法的关系,存在民商合一与民商分立两种立法模式。民商合一是把商法看作民法的特别法,在《民法典》之外不再制定单独的商法典;民商分立则是民法与商法分别立法,在《民法典》之外,尚有商法典的存在。我国实行民商合一的立法体制,商事特别法如《公司法》《保险法》《票据法》《证券法》等,也是实质意义上民法的组成部分。四是非民事法律中包含的民事法律规范,如《土地管理法》《道路交通安全法》等法律中的民事法律规范。

除法律外,我国还有大量的司法解释、民事习惯等,也是实质意义上的民法。实质民法是从内容上界定的民法,并不注重外在是否以“民法”字样表现出来,亦无论其是否成文,凡调整平等主体关系的民事法律规范均为实质民法,故实质民法亦被称为广义的民法。与广义民法相对应的是狭义民法,狭义民法在采民商分立体例的国家是指商法以外的私法,为私法的一部分;而采民商合一体例的国家,其民法是广义的民法,为各种私法之总称,即全部的私法。

第二节　民法的调整对象

民法的调整对象,是指民法所调整的特定的社会关系。民法的调整对象是民法与其他法律部门区分的界限,同时也使民法的性质和任务得以明确。依据我国《民法典》第 2 条的规定,民法调整平等主体的自然人、法人和非法人组织之间的人身关系和财产关系,即民法调整对象的内容范围是人身关系和财产关系。《民法典》将人身关系置于财产关系之前,凸显了人文主义的立法精神。民法调整对象的主体范围仅限于平等主体之间,即只有平等主体之间的人身关系和财产关系才为民法所调整。故民法的调整对象可分为平等主体之间的人身关系与平等主体之间的财产关系。

---

[1] 参见叶孝信主编:《中国民法史》,上海人民出版社 1993 年版,第 30 ~ 31 页。

[2] 也有观点认为,中国历代统治者虽重视法典编纂,产生过唐律、明律、清律等杰出的法典,均属于刑事法律。其中,涉及民事生活关系的条文,如户、婚、钱债等,不符合近现代民法的主体平等、意思自治、权利义务结构和民事责任等特征,实质上仍属于刑法规范。因此,应当肯定中国历史上不存在民法。参见梁慧星:《民法总论》(第 5 版),法律出版社 2017 年版,第 15 页。

一、平等主体之间的人身关系

人身关系，是指与人身不可分离且无直接财产内容的社会关系。[1] 民法调整的人身关系包括人格关系和身份关系。人格关系是基于民事主体人格而发生的社会关系，反映在权利上为人格权。人格权是民事主体对其特定的人格利益所享有的权利，是民事主体最基本的权利，包括民事主体享有的生命权、身体权、健康权、姓名权、名称权、肖像权、名誉权、荣誉权、隐私权等权利。此外，自然人还享有基于人身自由、人格尊严产生的其他人格权益。身份关系是基于民事主体的特定身份而形成的社会关系。所谓身份是民事主体在特定社会关系中所处的地位或具有的资格。身份关系反映在权利上为身份权，如因亲属关系而在夫妻之间、父母子女之间，有抚养、赡养关系的祖孙之间所形成的配偶权、亲权、亲属权等身份权，以及因监护关系产生的监护权等。

民法调整的人身关系具有以下特点：

第一，主体地位平等。民法调整的人身关系是平等主体之间的人身关系，主体相互之间没有隶属关系，地位一律平等。

第二，与民事主体不可分离。人身关系以人身利益为内容，人身利益只能为特定的民事主体所享有，离开特定的民事主体，人身关系即不存在，具有专属性。

第三，没有直接的财产内容。人格、身份本身不是财产，人身关系中权利人的权利和义务人的义务，都不直接体现财产利益。但人身关系与财产利益又有密切联系，比如，人格权受到侵害会产生损害赔偿；夫妻之间、父母子女之间的身份关系是相互扶养及财产继承的前提等；除依照法律规定或者根据其性质不得许可的外，民事主体将自己的姓名、名称、肖像等许可他人使用时，也会产生财产利益。

二、平等主体之间的财产关系

财产关系，是指人们在产品的生产、分配、交换和消费过程中形成的具有经济内容的关系。[2] 民法调整的财产关系，是平等民事主体之间基于财产的归属、利用或流转而形成的法律关系，即财产的支配关系和财产的流转关系。

财产的支配关系主要包括财产的所有关系和利用关系。财产的所有关系是民事主体在占有、使用、收益和处分财产过程中所发生的关系，体现财产的归属关系；财产的利用关系是其他人就财产与财产权利人之间发生的利用关系，例如，为了土地的使用而在土地使用权人与土地所有人之间产生的土地利用关系。财产的支配关系着眼于财产利益的享有，是为静的安全，又称为静态的财产关系。

财产的流转关系，是指因财产的流转而发生的社会关系，包括商品的流转关系、遗产的流转关系以及其他财产的流转关系。财产流转关系通常是实现财产归属关系的方法，而财产的归属关系又是发生财产流转关系的前提。财产的流转关系着眼利益的取得，是为动的安全，又称为动态的财产关系。由于财产的归属关系、利用关系及财产的流转关系都是发生在平等主体之间，故又称为横向的财产关系。

民法调整的财产关系具有以下特点：

第一，主体地位平等。民法调整的财产关系发生在平等的民事主体之间，无论是静态的财

---

〔1〕 参见杨立新：《中国民法总则研究》（上卷），中国人民大学出版社 2017 年版，第 142 页。

〔2〕 参见王利明等：《民法学》（第 6 版）（上册），法律出版社 2020 年版，第 9 页。

产关系还是动态的财产关系，无论参与财产关系的主体是自然人、法人，还是非法人组织，其法律地位一律平等，主体相互之间不存在隶属关系。

第二，财产关系充分体现民事主体的意思自由。平等主体之间的财产关系是建立在自由意思的基础上的，民事主体为了追求自己的利益，依其自由意思与其他主体发生财产关系，而不受他人意志的支配。

第三，与民事主体的可分离性。财产关系中，财产作为民事主体支配或给付的对象具有经济价值，由此决定财产关系以经济利益为内容。财产关系体现的经济利益，可以通过转让、继承、抛弃等与特定的民事主体相分离，而转由其他主体取得，使财产的价值通过流转得以充分实现。

第三节 民法的性质

民法的性质既是民法所固有的根本属性，也是民法区别于其他法律部门的本质特征。关于民法的性质，学界有不同表述，认识比较一致的有：民法是市民社会的法、民法是私法、民法是权利法。

一、民法是市民社会的法

民法的语源为市民法，市民法是市民社会的法，市民社会是相对政治国家而言的。早在罗马人对市民与公民的区分中，已蕴含市民社会与政治国家的区分。[1] 罗马人在构建其法律体系时，将法律分为政治国家的法和市民社会的法，前者称为公法，其主角是权力，其运作赖于威权，赖于命令与服从，其内容体现为政治管理、公共秩序以及国家利益。后者则是私权，它以权利为核心，以私人平等和自治为基本理念，其内容则体现为私人利益的调谐。罗马法视私人平等和自治为终极关怀，对于权力猖獗怀抱高度的怵惕之心，以至于试图用公法私法的“楚河汉界”去隔阻。[2] 因此，市民法就是市民社会与政治国家间的屏障。[3] 但真正的市民社会是随同资产阶级发展起来的。所谓真正的市民社会，是指挣脱了封建奴役的社会，包括身份奴役和宗教奴役。这一过程，被19世纪英国法律史学家亨利·梅因（Henry Maine，1822～1888）精辟地概括为“从身份到契约”。[4]

民法学者之所以将社会整体结构分解为政治国家与市民社会，将社会中的人分为市民与公民，其目的在于为同一社会及其成员的双重品格（公法主体与私法主体）和双重利益（公益与私益）划出界限，进而给与之相对应的公法和私法一个恰当的定位。这种通过历史及社会分析的方法，探寻出的民法的社会基础，有助于从更广泛的背景上认识民法的私法本质。其现实意义不仅在于阐明民法是市场经济的基本法，同时在于预防公法、私法类别不清，而导致的调整

[1] 参见徐国栋：《市民社会与市民法——民法的调整对象研究》，载《法学研究》1994年第4期。
[2] 参见张俊浩主编：《民法学原理》（修订3版），中国政法大学出版社2000年版，第7～8页。
[3] 参见徐国栋：《市民社会与市民法——民法的调整对象研究》，载《法学研究》1994年第4期。
[4] 参见张俊浩主编：《民法学原理》（修订3版），中国政法大学出版社2000年版，第21页。

范围与方法的错位。[1]

二、民法是私法

法之基本分类为公法和私法的二分法。但何为公法与私法,其划分标准却并不统一,形成了不同的学说观点。一是“利益说”。此说最初由罗马法学家乌尔比安所倡导。根据利益说,以法律所保护之利益是公共利益还是私人利益为区分标准,保护公益者为公法,保护私益者为私法。二是“隶属说”。此说在长时间内一直处于主导地位。“隶属说”认为,公法的根本特征在于调整隶属关系,而私法的根本特征则在于调整平等关系。[2] 三是“主体说”。系以法律关系之主体为区别标准,即法律关系之主体,其双方或一方为国家或其他公共团体时,则属于公法关系,若其双方均为私人或私团队时,则属于私法关系。此说为德国学者耶律内克(G. Jellinek)所倡导。[3]

上述公法和私法的划分标准都是相对合理的划分标准,尚不存在一个完全无争议的划分标准。但无论采用何种学说标准,民法均为私法。即使私法出现了公法化的趋势,或者说私法中渗进了公法的因素,也不宜因此否认公法和私法的划分。比如,我国《民法典》规定,从建筑物中抛掷物品的,公安等机关应当依法及时调查,查清责任人等,它不是对民法私法属性的否认,而是说明私权利需要公法予以保障。尽管现代法律思想认为任何法律均有其共同之目的,即维持国家生活之秩序。今所谓公私法者,专为求说明上之便利,[4]但在我国强调民法是私法,更重要的意义在于划分公权与私权的边界。公权必须法定,“法无授权不可为”;而私法自治,法无禁止即可为。私法赋予民事主体广泛的自由,公权力不能随意干涉私权利,正如习近平总书记所说:“各级政府要以保证民法典有效实施为重要抓手推进法治政府建设,把民法典作为行政决策、行政管理、行政监督的重要标尺,不得违背法律法规随意作出减损公民、法人和其他组织合法权益或增加其义务的决定。”[5]

三、民法是权利法

民法是民事权利的保护法,我国《民法典》第 1 条明确将“保护民事主体的合法权益”作为立法宗旨,表明民法是以权利为本位的私法。从《民法典》的体系结构看,其始终贯穿着民事权利这条红线。《民法典》总则编将民事权利的主体、客体,民事权利的行使、保护等基本规则予以提炼;《民法典》分则编分别针对物权、合同债权、人格权、婚姻家庭中的权利、继承权以及各项权利的保护展开。民事权利这条红线,全面展现了《民法典》的权利法特质。[6] 从《民法典》的功能看,其核心功能就是确认和保护民事权利。民法保护民事权利的前提,是赋予民事主体民事权利。我国《民法典》规定了民事主体所享有的各项权利,并将这些民事权利体系化、具体化,使民事主体能积极行使和主张权利;同时,当民事主体的民事权利遭受侵害时,《民法典》通过其救济体系,保护民事主体的民事权益,实现民法的立法宗旨。

---

〔1〕 参见江平、张楚:《民法的本质特征是私法》,载《中国法学》1998 年第 6 期。

〔2〕 参见[德]迪特尔·梅迪库斯:《德国民法总论》,邵建东译,法律出版社 2013 年版,第 11 ~ 12 页。

〔3〕 参见郑玉波:《民法总则》,中国政法大学出版社 2003 年版,第 5 页。

〔4〕 参见梅仲协:《民法要义》,中国政法大学出版社 1998 年版,第 4 ~ 5 页。

〔5〕 习近平总书记于 2020 年 5 月 29 日在第十九届中央政治局第二十次集体学习时的讲话《充分认识颁布实施民法典重大意义　依法更好保障人民合法权益》。

〔6〕 参见王利明:《体系创新:中国民法典的特色与贡献》,载《比较法研究》2020 年第 4 期。

第四节 民法的渊源

民法的渊源,可从不同角度进行理解。从立法意义上理解,即民法规范产生的原因。凡是能够成为法律规范或者能够成为法律规范产生的根据的,都可以成为民法的渊源。从司法意义上看,凡是成为裁判依据的规则,无论其是否为法律规范,只要能够作为法官裁判民事案件依据的,都是民法的渊源。就民事行为规则意义而言,是指能够成为民事主体行为规范的规则才能够成为民法的渊源。[1] 当定义民法的渊源为民事法律规范借以表现的形式时,指的是作为裁判规则和行为规则的民事法律规范的表现形式,而非指民事法律规范的立法依据。

我国《民法典》第10条规定:“处理民事纠纷,应当依照法律;法律没有规定的,可以适用习惯,但是不得违背公序良俗。”据此,我国民法的渊源,一为法律;二为习惯。作为民法渊源的法律,是指广义的法律,包括全国人民代表大会及其常务委员会制定的法律、国务院制定的行政法规、部门规章以及地方性法规、自治条例和单行条例等,属于制定法范畴。习惯,作为《民法典》确认的法源之一,是指在法律没有规定,且不违背公序良俗的前提下,可适用的民事习惯,以此达到弥补成文法不足的目的。

一、制定法

(一)宪法

宪法是国家的根本大法,由全国人民代表大会制定,并具有最高法律效力。一切法律、行政法规、地方性法规、自治条例和单行条例、规章都不得同宪法相抵触。宪法是民法的立法依据,民法是宪法的具体化,宪法理应是民法的渊源。

宪法作为民法的渊源,其能否直接作为民事裁判的依据,一直存有争议。依据2009年11月4日起施行的最高人民法院《关于裁判文书引用法律、法规等规范性法律文件的规定》,宪法并未被列入民事裁判文书引用的范围中。2016年最高人民法院颁布《人民法院民事裁判文书制作规范》,在其“正文”“(七)裁判依据”部分,更是明确“裁判文书不得引用宪法和各级人民法院关于审判工作的指导性文件、会议纪要、各审判业务庭的答复意见以及人民法院与有关部门联合下发的文件作为裁判依据,但其体现的原则和精神可以在说理部分予以阐述”。据此,民事裁判中不能直接援引宪法规范,但宪法可以成为裁判中说理论证的依据,且在适用法律出现多种解释时,应采合宪性解释,使裁判文书所引用的法律、法规等与宪法保持一致,由此,使宪法规范在民法中得到了贯彻。

(二)民事法律以及其他法律中的民法规范

民事法律是由全国人民代表大会及其常务委员会制定和颁布的民事立法文件,是我国民法的主要表现形式。民事法律主要包括:一是《民法典》。《民法典》是民法的基本渊源,其地位仅次于宪法。二是民事单行法。民事单行法是民事法律的重要组成部分,包括《妇女权益保障法》《消费者权益保护法》《公司法》《保险法》《著作权法》《专利法》《商标法》等。

---

[1] 参见杨立新:《中国民法总则研究》(上卷),中国人民大学出版社2017年版,第16页。

其他法律中的民法规范,是指由全国人民代表大会及其常务委员会制定和颁布的民事法律之外的其他法律中的民法规范。如《道路交通安全法》第76条关于交通事故损害赔偿的规定,即属于民法规范。

(三)行政法规

依据《立法法》第11条之规定,民事基本制度只能制定法律。尚未制定法律的,全国人民代表大会及其常务委员会有权作出决定,授权国务院可以根据实际需要,对其中的部分事项先制定行政法规。[1] 国务院根据宪法和法律、全国人民代表大会及其常务委员会授权制定的行政法规,其中有关民事的法规,或包含有民法规范的行政性的法规,都是我国民法的具体表现形式。对于应当适用的行政法规,民事裁判文书可以直接引用。

(四)行政规章

依据《立法法》的规定,国务院各部、委员会、中国人民银行、审计署和具有行政管理职能的直属机构以及法律规定的机构,可以根据法律和国务院的行政法规、决定、命令,在本部门的权限范围内,制定规章。部门规章规定的事项应当属于执行法律或者国务院的行政法规、决定、命令的事项。省、自治区、直辖市和设区的市、自治州的人民政府,可以根据法律、行政法规和本省、自治区、直辖市的地方性法规,制定规章。行政规章中有关的民事规范,属于民法的渊源。虽然规章不能作为民事裁判文书可直接引用的裁判依据,但根据最高人民法院《关于裁判文书引用法律、法规等规范性法律文件的规定》第6条之规定,合法有效的规章可以作为裁判说理的依据。

(五)地方性法规、自治条例和单行条例

地方性法规,是指有立法权的地方人民代表大会及其常务委员会根据本行政区域的具体情况和实际需要,在不同宪法、法律、行政法规相抵触的前提下所制定的规范性法律文件。地方性法规分为省、自治区、直辖市人民代表大会及其常务委员会制定的地方性法规和设区的市、自治州人民代表大会及其常务委员会制定的地方性法规。地方性法规中的民事规范,为民法的表现形式,只是地方性法规在适用范围上具有地域的局限性。

依据《立法法》第85条之规定,民族自治地方的人民代表大会有权依照当地民族的政治、经济和文化的特点,制定自治条例和单行条例。自治区的自治条例和单行条例,报全国人民代表大会常务委员会批准后生效。自治州、自治县的自治条例和单行条例,报省、自治区、直辖市的人民代表大会常务委员会批准后生效。自治条例和单行条例可以依照当地民族的特点,对法律和行政法规的规定作出变通规定,但不得违背法律或者行政法规的基本原则,不得对宪法和民族区域自治法的规定以及其他有关法律、行政法规专门就民族自治地方所作的规定作出变通规定。最高人民法院《关于裁判文书引用法律、法规等规范性法律文件的规定》第4条规定:"民事裁判文书应当引用法律、法律解释或者司法解释。对于应当适用的行政法规、地方性法规或者自治条例和单行条例,可以直接引用。"据此,自治条例和单行条例也是民事裁判的依据,也可以成为民法渊源。

---

[1] 《立法法》第12条规定:"本法第十一条规定的事项尚未制定法律的,全国人民代表大会及其常务委员会有权作出决定,授权国务院可以根据实际需要,对其中的部分事项先制定行政法规,但是有关犯罪和刑罚、对公民政治权利的剥夺和限制人身自由的强制措施和处罚、司法制度等事项除外。"

（六）有权解释

有权解释包括立法解释和司法解释。

立法解释，是指当法律的规定需要进一步明确具体含义的，或法律制定后出现新的情况，需要明确适用法律依据的，由全国人民代表大会常务委员会进行的解释。立法解释权属于全国人民代表大会常务委员会，其作出的立法解释，与法律具有同等效力。2014 年 11 月 1 日第十二届全国人民代表大会常务委员会第十一次会议通过的《关于〈中华人民共和国民法通则〉第九十九条第一款、〈中华人民共和国婚姻法〉第二十二条的解释》，[1] 即为立法解释。

司法解释，是指最高人民法院、最高人民检察院作出的属于审判、检察工作中具体应用法律的解释，其应当主要针对具体的法律条文，并符合立法的目的、原则和原意。最高人民法院、最高人民检察院作出的属于审判、检察工作中具体应用法律的解释，应当自公布之日起 30 日内报全国人民代表大会常务委员会备案。最高人民法院、最高人民检察院以外的审判机关和检察机关，不得作出具体应用法律的解释。[2] 据此，司法解释不是立法，而是针对具体法律条文作出符合立法规范意旨的解释，以便审判中的具体应用。由于司法解释的对象是法律，故最高人民法院作出的属于民事审判工作中具体应用法律的解释，自当是民法的渊源，其在民事裁判文书中应直接引用。

为配合《民法典》的实施，最高人民法院发布《关于适用〈中华人民共和国民法典〉时间效力的若干规定》（以下简称《民法典时间效力的规定》）、《关于适用〈中华人民共和国民法典〉物权编的解释（一）》（以下简称《民法典物权编解释（一）》）、《关于适用〈中华人民共和国民法典〉有关担保制度的解释》、《关于适用〈中华人民共和国民法典〉婚姻家庭编的解释（一）》（以下简称《关于适用民法典婚姻家庭编的解释（一）》）、《关于适用〈中华人民共和国民法典〉继承编的解释（一）》、《关于审理建设工程施工合同纠纷案件适用法律问题的解释（一）》（以下简称《建设工程司法解释（一）》）、《关于审理劳动争议案件适用法律问题的解释（一）》、《关于审理食品安全民事纠纷案件适用法律若干问题的解释（一）》，上述司法解释均自 2021 年 1 月 1 日起施行。此外，为切实实施《民法典》，保证国家法律统一正确适用，最高人民法院决定废止《关于适用〈中华人民共和国民法总则〉诉讼时效制度若干问题的解释》等 116 件司法解释及相关规范性文件，修改了部分司法解释，具体有《关于修改〈最高人民法院关于审理侵犯专利权纠纷案件应用法律若干问题的解释（二）〉等十八件知识产权类司法解释的决定》《关于修改〈最高人民法院关于在民事审判工作中适用《中华人民共和国工会法》若干问题的解释〉等二十七件民事类司法解释的决定》《关于修改〈最高人民法院关于破产企业国有划拨土地使用权应否列入破产财产等问题的批复〉等二十九件商事类司法解释的决定》，修改的司法解释亦自 2021 年 1 月 1 日起施行。2021 年 12 月 30 日，最高人民法院审判委员会第 1861 次会议又通过了《关于适用〈中华人民共和国民法典〉总则编若干问题的解释》（以下简称《总则编司法解释》），该司法解释自 2022 年 3 月 1 日起施行。2023 年 12 月 4 日，最高人民法院颁布了最高人民法院《关于适用〈中华人民共和国民法典〉合同编通则若干问题的解释》（以下简称《合同编通则司法解释》），并自 2023 年 12 月 5 日起施行。

---

〔1〕 该立法解释的内容已规定在《民法典》人格权编第 1015 条。

〔2〕 参见我国《立法法》第 119 条。

二、习惯

习惯是民法的最初形式，最初的制定法只是习惯的记载。[1] 由于社会生活纷繁复杂，仅有制定法并不能解决社会的全部问题，且人们在从事民事活动过程中还会形成新的习惯，故而有必要肯定习惯的民法渊源地位。

所谓习惯，依据《总则编司法解释》第2条第1款之规定，是指在一定地域、行业范围内长期为一般人从事民事活动时普遍遵守的民间习俗、惯常做法等。据此定义，作为民法渊源的习惯：一是具有范围的特定性，即存在于一定地域、行业范围内；二是具有长期性，也就是说，习惯在足够长的时期内是存续的；三是具有普遍遵守性，是为一般人从事民事活动时所普遍遵守的习惯；四是习惯包括民间习俗、惯常做法等。

我国《民法典》第10条规定："处理民事纠纷，应当依照法律；法律没有规定的，可以适用习惯，但是不得违背公序良俗。"《总则编司法解释》第2条第2款、第3款规定："当事人主张适用习惯的，应当就习惯及其具体内容提供相应证据；必要时，人民法院可以依职权查明。适用习惯，不得违背社会主义核心价值观，不得违背公序良俗。"据此，习惯要成为民法的渊源，须为不违背社会主义核心价值观和公序良俗的习惯。习惯要成为裁判的依据，还须是当事人举证证明或人民法院必要时查明的习惯，且须在法律没有规定时才能适用习惯，也就是说，法律有规定时，应优先适用法律而不能适用习惯，可见，习惯在我国是法律的补充渊源。

疑难问题论争 民法渊源之法理

所谓法理，系指自立法、法秩序或一般价值体系演绎而出的一般法律原则。法理的基本功能系在补充法律及习惯法的不备，使执法者自立于立法者的地位，寻求案件所应适用的法则，以实现公平与正义，调和社会生活上相对立的各种利益。[2] 法理往往存在于民法教科书、学术著作、外国立法例和判例中。[3] 我国《民法典》第10条关于民法渊源的规定，只规定了法律和习惯两种法源，没有规定法理。有学者认为，因考虑到中国法官人数众多而素质参差不齐，如果法律明文规定"可以适用法理"，难免有导致"法理滥用"，损及司法公正性和统一性的风险；[4] 也有学者认为，只有法律、习惯和法理三位一体，才能构成法源的完整体系。没有法理，造成了中国民法法源制度的残缺。[5] 我国《民法典》第10条虽未规定法理作为民法的渊源，但在司法实践中，适用法理作为裁判的依据并不少见。如关于胚胎的监管权和处置权的纠纷，[6] 就是在我国现行法律对胚胎的法律属性没有规定的情况下，法院适用法理作为裁判胚胎相关权利归属的依据的典型案例。因此，在法律没有规定，亦没有习惯的情形下，适用法理作为裁判的依据在实践中还是有其重要价值的。

---

〔1〕 参见彭万林主编：《民法学》，中国政法大学出版社2002年版，第32页。
〔2〕 参见王泽鉴：《民法总则》，北京大学出版社2009年版，第65页。
〔3〕 参见韩松编：《民法总论》，法律出版社2020年版，第34页。
〔4〕 参见梁慧星：《民法总论》(第5版)，法律出版社2017年版，第30页。
〔5〕 参见杨立新：《民法总则中法源制度的得与失》，载《中国经济报告》2017年第4期。
〔6〕 参见江苏省无锡市中级人民法院(2014)锡民终字第01235号民事判决书。

第五节 民法的适用

一、民法的适用范围

民法的适用范围,即民法的效力范围,是指民事法律规范在何时、何地、对何人发生法律效力。民法的适用范围包括在时间上的适用范围、在空间上的适用范围和对人的适用范围。

(一)民法在时间上的适用范围

民法在时间上的适用范围,是指民事法律规范在时间上的效力,主要包括民法生效与失效的时间,以及民法的溯及力。

1. 民法生效与失效的时间

民法的生效时间,通常采用两种方式:一是民法自颁布之日起生效;二是民法颁布后经过一段时间后开始生效。颁布之日与生效之日不一致,中间间隔的时间是为民法的实施做准备,我国《民法典》的生效时间即采用此方式。《民法典》于 2020 年 5 月 28 日公布,施行生效时间为 2021 年 1 月 1 日。依据《立法法》第 61 条之规定,民事法律应当明确规定施行日期。

民法的失效时间,是指民法终止其效力或被废止的时间。民法失效的时间,通常采用的方式主要有:一是新法规定旧法与新法相抵触的条款无效。新法虽未明确废止旧法,但规定旧法与新法相抵触的条款无效,旧法相抵触的条款被废止。二是新法直接废止旧法。新法在规定其生效时间的同时,规定废止旧法的效力。我国《民法典》第 1260 条在规定其施行之日的同时,废止了原《婚姻法》《继承法》《民法通则》《收养法》《担保法》《合同法》《物权法》《侵权责任法》《民法总则》9 部法律。

2. 民法的溯及力

民法的溯及力,是指民事法律规范对其实施前发生的民事法律关系有无溯及既往的效力。依据《立法法》第 104 条[1]之规定,我国民事法律规范原则上没有溯及力,其目的在于维护法律的权威性,以及原有民事法律关系的稳定性。但民法没有溯及力不是绝对的,例外情形下,为了更好地保护民事主体的权利和利益,民事法律规范也可以有溯及既往的效力,但须遵循有利溯及原则。

关于《民法典》的溯及力问题,最高人民法院审判委员会第 1821 次会议通过了《民法典时间效力的规定》。《民法典时间效力的规定》第 1 条明确《民法典》原则上不溯及既往,即《民法典》施行后的法律事实引起的民事纠纷案件,适用《民法典》的规定。《民法典》施行前的法律事实引起的民事纠纷案件,除法律、司法解释另有规定的外,适用当时的法律、司法解释的规定。《民法典》施行前的法律事实持续至《民法典》施行后,该法律事实引起的民事纠纷案件,适用《民法典》的规定,除非法律、司法解释另有规定的外。《民法典时间效力的规定》第 2 条确立了《民法典》有利溯及的标准为“三个更有利于”,即更有利于保护民事主体合法权益、更有利于维护社会和经济秩序、更有利于弘扬社会主义核心价值观。《民法典时间效力的规定》第

---

〔1〕《立法法》第 104 条规定:“法律、行政法规、地方性法规、自治条例和单行条例、规章不溯及既往,但为了更好地保护公民、法人和其他组织的权利和利益而作的特别规定除外。”

3 条系对《民法典》新增规定可以溯及适用，即《民法典》施行前的法律事实引起的民事纠纷案件，当时的法律、司法解释没有规定而《民法典》有规定的，可以适用《民法典》的规定，但明显减损当事人合法权益、增加当事人法定义务或者背离当事人合理预期的则不能溯及适用。《民法典时间效力的规定》第 4 条是可以依据《民法典》具体规定进行裁判说理的规定，即《民法典》施行前的法律事实引起的民事纠纷案件，当时的法律、司法解释仅有原则性规定而《民法典》有具体规定的，适用当时的法律、司法解释的规定，但是可以依据《民法典》具体规定进行裁判说理。《民法典时间效力的规定》第 6 条至第 19 条规定了《民法典》溯及适用的具体情形，第 20 条至第 27 条则就衔接适用法律问题作出了具体规定。

（二）民法在空间上的适用范围

民法在空间上的适用范围，是指民事法律规范在地域上所具有的法律效力。民事法律规范适用的地域范围，通常与该民事法律规范制定机关的权力管辖范围有关。民事法律规范的制定机关不同，其所适用的地域范围也就不同。凡属全国人民代表大会及其常务委员会、国务院及其所属各部委等中央机关制定、颁布的民事法律法规，适用于中华人民共和国的一切领域，除非其明确规定该民事法律法规仅适用于某一区域，则仅适用于这一区域。凡属地方立法机关根据各自权限所颁布的民事法规，只在该立法机关管辖区域内发生效力，不适用其他区域。

（三）民法对人的适用范围

民法对人的适用范围，也称民法对人的效力，是指民事法律规范对于何人具有法律效力。此处所谓的“人”，包括自然人、法人和非法人组织等民事主体。民法对人的效力，有两大主义，即属人主义和属地主义。所谓属人主义，是以“人”为标准，“人”之标准为国籍，即凡有该国国籍之人，不问其所在地是国内或国外，均受其本国法律之支配。所谓属地主义，是以“地”为标准，“地”的标准为领域，即凡居住于该国领域内的人，不问其国籍是本国或外国，均受该国法律之支配。[1]

《民法典》第 12 条规定：“中华人民共和国领域内的民事活动，适用中华人民共和国法律。法律另有规定的，依照其规定。”据此，凡在中华人民共和国领域内从事民事活动的自然人、法人、非法人组织，无论其国籍如何，都应适用我国民法，除非法律另有规定，此乃属地主义的规定。《民法典》第 12 条虽未明确属人主义，但凡是具有中国国籍的自然人、法人和非法人组织，原则上适用我国民法自应无疑义。至于属人主义和属地主义的例外，即关于涉外民事法律关系的法律适用问题，我国《涉外民事关系法律适用法》予以专门规定，其性质属于国际私法之范围，在此不做赘述。

二、民法的适用原则

我国《民法典》第 10 条规定，处理民事纠纷，应当依照法律；法律没有规定的，可以适用习惯，但是不得违背公序良俗。据此，习惯的适用在法律之后，法律的适用，亦因其表现形式的多样而具有一定顺序。为了准确地适用法律，依据我国《立法法》《总则编司法解释》的规定，对民法的制定法渊源主要依据以下原则确定其适用顺序。

---

〔1〕 参见郑玉波：《民法总则》，中国政法大学出版社 2003 年版，第 27 页。

（一）上位法优于下位法

上位法优于下位法，是指在效力较高的规范性法律文件与效力较低的规范性法律文件相冲突的情况下，应当适用效力较高的规范性法律文件。[1] 就民法的适用，效力较高的民事法律规范与效力较低的民事法律规范相冲突时，效力较高的民事法律规范优先于效力较低的民事法律规范的适用。依据我国《立法法》第98条、第99条及第100条的规定，上位法优先于下位法的具体表现形式为：一是宪法具有最高的法律效力。一切法律、行政法规、地方性法规、自治条例和单行条例、规章都不得同宪法相抵触。二是法律的效力高于行政法规、地方性法规、规章。三是行政法规的效力高于地方性法规、规章。四是地方性法规的效力高于本级和下级地方政府规章。省、自治区的人民政府制定的规章的效力高于本行政区域内的设区的市、自治州的人民政府制定的规章。

（二）新法优于旧法

新法优于旧法，即后法优于前法，是指同一位阶的民事法律规范发生冲突的，新颁布生效的规范性文件优先于旧的规范性文件。依据我国《立法法》第103条之规定，同一机关制定的法律、行政法规、地方性法规、自治条例和单行条例、规章，新的规定与旧的规定不一致的，适用新的规定。应注意的是，民事法律规范一般无溯及既往的效力，若有溯及力则需有特别的规定。

（三）特别法优于普通法

民法分为普通法与特别法。普通法与特别法的区分，以适用之地域划分，则适用于一切地域的法律为普通法，而仅适用于特定地域的法律为特别法。以所适用的主体划分，则适用于一切民事主体的法律规定为普通法，而仅适用于特殊主体的规定为特别法。以法律规定的事项为标准，则关于一般民事关系的规定为普通法，而关于特殊民事关系的规定为特别法。[2] 我国《立法法》第103条规定，同一机关制定的法律、行政法规、地方性法规、自治条例和单行条例、规章，特别规定与一般规定不一致的，适用特别规定。《民法典》第11条规定，其他法律对民事关系有特别规定的，依照其规定。因此，在适用民法时，以特别法优于普通法为原则，无特别法规定的，方适用普通法。若普通法已经修改了特别法，则适用新法优于旧法的规则，不适用特别法优于普通法的规则。

为了明确《民法典》与其他民事法律、《民法典》总分则的适用关系，《总则编司法解释》第1条第1款、第2款专门规定："民法典第二编至第七编对民事关系有规定的，人民法院直接适用该规定；民法典第二编至第七编没有规定的，适用民法典第一编的规定，但是根据其性质不能适用的除外。就同一民事关系，其他民事法律的规定属于对民法典相应规定的细化的，应当适用该民事法律的规定。民法典规定适用其他法律的，适用该法律的规定。"据此，一是其他民事法律对同一民事关系有细化规定的，应当适用该细化规定。该细化规定属于对《民法典》相应规定的细化，且不能与《民法典》的规定相悖。此规定的意图在于解决《民法典》与旧的特别法冲突时的适用问题，即解决此种情况下所产生的"特别法优于普通法"与"新法优于旧法"规则之间的矛盾。当然，《民法典》明确规定适用其他法律的，自当适用该法律的规定。二是《民法

---

〔1〕 参见王利明等：《民法学》（第6版）（上册），法律出版社2020年版，第31页。

〔2〕 参见梁慧星：《民法总论》（第5版），法律出版社2017年版，第291~292页。

典》分则对民事关系有具体规定的,适用分则规定,分则无具体规定的,应当适用总则的规定,但是根据其性质不能适用的除外。

（四）强行法优于任意法

法律规范有强行性规范与任意性规范之分。强行性规范是不允许当事人以自己的意思任意变更的规范,即排除了当事人的意思自由而必须适用的规范。强行性规范又可分为强制性规定与禁止性规定。强制性规定,是指应为某种行为的规定;禁止性规定,是指禁止为某种行为的规定。[1] 任意性规范,是指当事人可以基于其意思表示排除适用的规范。比如,我国《民法典》第712条规定:“出租人应当履行租赁物的维修义务,但是当事人另有约定的除外。”民法兼有强行性规范和任意性规范,强行性规范在适用上优于任意性的规范,即凡有强行性规范的,就应适用强行性规范,而不适用任意性规范。

案例分析

张三酒后驾车,因操控车辆不当,撞倒人行道上的李四致李四当场死亡。张三因犯交通肇事罪,被判处有期徒刑7个月,并被公安机关交通管理部门吊销了机动车驾驶证。李四的近亲属要求张三赔偿丧葬费、死亡赔偿金等。

问题:本案涉及哪些法律关系?

分析:本案涉及刑事关系、行政关系和民事关系。张三被判处有期徒刑属于刑事关系,公安机关交通管理部门吊销张三的机动车驾驶证,属于行政关系。刑事关系、行政关系均不属于平等主体之间的关系,因而不为民法所调整。张三因其犯罪行为所承担的民事赔偿责任,则属于民事关系。

思考题

1. 如何理解民法所调整的社会关系的范围及其特点?
2. 认识民法私法性质的意义何在?
3. 民法的适用范围应如何确定?

〔1〕 参见王泽鉴:《民法总则》,北京大学出版社2009年版,第266页。

第二章　民法的基本原则

学习要点

本章学习民法基本原则的概念、特征、功能及民法的各基本原则。民法的基本原则体现民法的基本价值，是极为抽象的、最一般的民法规范，其效力贯穿于民法始终，对各项民事法律制度和民事法律规范具有统领和指导作用。民法基本原则具有立法指导功能、指导司法活动的功能、行为准则功能。我国民法的基本原则包括：民事权益受法律保护原则、平等原则、自愿原则、公平原则、诚信原则、合法原则与公序良俗原则、绿色原则。

第一节　概　　述

一、民法基本原则的概念与特征

民法的基本原则体现民法的基本价值，是民事主体从事民事活动和司法机关进行民事司法活动应当遵循的基本准则。[1] 民法的基本原则是极为抽象的、最一般的民法规范，其效力贯穿于民法始终，对各项民事法律制度和民事法律规范具有统领和指导作用。

我国民事立法历来重视对基本原则的规定，原《民法通则》第一章即为“基本原则”。原《民法总则》以原《民法通则》为基础，在第一编第一章“基本规定”中，用数个条文确立了民法的基本原则，以彰显其重要性。《民法典》第一编第一章“基本规定”同原《民法总则》，其自第3条至第9条规定了民法的基本原则，具体包括：民事权益受法律保护原则、平等原则、自愿原则、公平原则、诚信原则、合法原则与公序良俗原则、绿色原则。

民法的基本原则与具体的民法规范相比较，具有以下法律特征：

第一，民法的基本原则彰显民法的基本价值。民法基本原则是民法调整社会关系的集中反映，是民法基本价值的高度抽象性表述。我国《民法典》所确认的平等原则、自愿原则、诚信原则等基本原则，无不体现民法的价值理念。民法的基本原则不是具体的民事法律制度或者具体民事法律规范，其不包含民法具体规范的三要素，即假定、处理、制裁，其抽象于民法的各项具体规范，是以直观方式表达民法所追求的价值目标和基本精神，故此不同的法律部门有其不同的基本原则规定。

第二，民法基本原则是极为抽象的、最一般的民法规范。民法的基本原则也是民法规范，

---

〔1〕 参见全国人民代表大会常务委员会原副委员长李建国2017年3月8日在第十二届全国人民代表大会第五次会议上所作的《关于〈中华人民共和国民法总则（草案）〉的说明》。

且为强制性规范,不允许当事人排除适用。民法的基本原则仅为原则性的规定,内涵丰富且极具伸缩性,还可能随着时代的变化而变化,这也决定了对民法的基本原则是很难穷尽其蕴含的丰富内容的。

第三,民法基本原则的效力贯穿于民法的始终。民法的基本原则,无论在民事立法、民事司法或民事活动中都有其价值。民法基本原则对各项民事法律制度和民事法律规范都具有统领和指导作用,对全部民事活动或民事关系具有普遍效力。如果其效力仅局限于特定的民事关系领域,就不是民法的基本原则,而是民事法律制度中的具体原则,如物权法定原则、公示公信原则等就是物权制度中的原则,而非民法的基本原则。

二、民法基本原则的功能

民法基本原则的功能,是民法基本原则所能发挥的作用。民法基本原则有如下功能:

第一,立法指导功能。[1] 民法基本原则是民事立法的指导思想,民事立法以民法的基本原则为价值导向,进行民事法律制度或民事法律规范的设计,使民事法律制度或民事法律规范具有统一的价值取向,并形成和谐的内部体系,避免产生因立法价值冲突而导致的民事法律制度或民事法律规范设计的相互矛盾。这种指导作用不仅体现在《民法典》的制定中,在制定民事单行法或民事特别法时,也应在民法基本原则的指导下进行。

第二,指导司法活动的功能。司法机关进行民事司法活动时,应以民法的基本原则为准则。在民事审判实践中,民法有具体规定可供适用时,法官自当适用民法的具体规定,不得直接依据基本原则进行裁判,否则便是"向一般条款逃逸",应予禁止。法官在运用具体规定进行裁判时,需对所援引的法律条文进行解释,如出现两种相反的含义,因民法的基本原则体现了立法者的价值判断,是解释法律法规的依据,法官就应采用符合民法基本原则的解释。当法律存在漏洞时。换言之,当现行民法缺乏相应的具体规范可供法官援引,也不存在可供类推适用的最相类似的规定时,则可以遵循民法的基本原则裁判案件,而不能以法无明文规定拒绝裁判。对此,《总则编司法解释》第 1 条第 3 款已作出了规定,即"民法典及其他法律对民事关系没有具体规定的,可以遵循民法典关于基本原则的规定"。由此可见,民法的基本原则,使法官享有了一定的自由裁量权,起到了克服成文法的局限性和填补法律漏洞的作用。

第三,行为准则功能。民法的基本原则作为《民法典》的组成部分,其在性质上仍属于民法规范,民事主体在进行民事活动时,自应遵循民法的基本原则。民法的基本原则是对民法基本价值的法律化表达,即便民事主体对浩繁的民法具体规范并不掌握,但很难说其对民法基本原则朴素的社会含义完全不理解。当民事主体遵循民法的基本原则从事民事活动时,一般而言,其民事活动也会符合民法具体规范的要求,故而民法基本原则较之具体的规范更具有行为准则的价值。

---

[1] 有学者认为,民法的基本原则不具有立法准则功能,原因在于立法者的民事立法活动在性质上属于公法性质的活动,作为私法有机组成部分的基本原则无法对立法者从事的民法立法活动起到指导作用;民法的基本原则也不会涉及立法者是否会通过民法基本原则将部分立法权交由司法机关行使的问题;我国《立法法》所规定的基本原则才是我国民事立法的指导方针、民事立法准则。另外,民法的基本原则在性质上也不是我国司法者裁判案件的指导方针,更不是我国民法学者研究民法的指导方针。参见张民安:《民法基本原则的立法准则功能理论批判》,载《学术论坛》2018 年第 1 期。

疑难问题论争 民法基本原则是否具有修正现行法的功能

民法基本原则是否具有修正现行法的功能,是指在个案中,当现行法有明文规定时,法官可否不适用该现行具体规定,而适用民法的基本原则。对此,存在“肯定说”“否定说”两种相反的认识。施塔姆勒(Stammler)认为,法律应以人类最高理想为标准,如具体法规与人类最高理想不合,则应排除法规而适用原则,此为肯定说之观点;〔1〕“否定说”为各国判例学说的发展趋向,其认为基本原则仅有补充法律漏洞的功能,没有修正现行法的功能,即不得以基本原则排除现行法规定之适用。〔2〕若现行法律的具体规定存有缺陷,应通过立法机关予以修正完善,不能由法官以违反民法的基本原则而随意排除其适用,否则,法官就会以个人价值判断取代已有的具体规定,导致滥用民法基本原则的情形出现,进而有损法律的权威。

第二节 民法基本原则各论

一、民事权益受法律保护原则

民事权益受法律保护原则,也有学者称为私权神圣原则,〔3〕此系民法的首要原则,也是《民法典》的目的所在。我国《民法典》第 3 条对该原则作出了明确规定:“民事主体的人身权利、财产权利以及其他合法权益受法律保护,任何组织或者个人不得侵犯。”

民事权益受法律保护原则包括以下内容:

第一,民事主体享有民事权利和利益。民事主体享有广泛的民事权利,包括人身权利和财产权利。民法是权利法,其任务就是创设民事权利并保障这些权利的实现。民事主体不仅享有民事权利,还享有合法的其他利益。凡是法律保护的尚未上升到民事权利的利益,民法都以民事主体享有“其他合法权益”予以保护。

第二,民事主体享有的民事权益不受侵犯。民事主体享有的民事权益受法律保护,任何组织或者个人不得侵犯。民事主体的民事权益受到侵害的,《民法典》主要通过民事责任对权利人进行救济。《民法典》在总则编专设一章规定民事责任,在物权编第三章规定了物权的保护,合同编第八章规定了违约责任,人格权编规定了人格权请求权,侵权责任编规定了侵权责任的承担等。由此可见,《民法典》为民事主体民事权益的保护提供了多样的保护手段,并把民事权益受法律保护原则贯穿于《民法典》的始终。

二、平等原则

关于平等,存在两种平等观。实体平等观认为,无论人的天赋、才能、机遇如何,通过民事活动产生的结果应是均等的。程序平等观认为,只要社会向人们提供了同等的机会,便做到了平等。换言之,平等是机会的平等。至于人们从事民事活动得到的结果如何,应该允许存在差

---

〔1〕 参见史尚宽:《债法总论》,中国政法大学出版社 2000 年版,第 330 页。

〔2〕 参见梁慧星:《民法总论》(第 5 版),法律出版社 2017 年版,第 278 页。

〔3〕 参见杨立新:《中国民法总则研究》(上卷),中国人民大学出版社 2017 年版,第 150 页。

别。[1] 作为民法基本原则的平等观,是体现市域社会本质的平等,必然要求程序的平等,即保障民事主体参与民事活动的机会平等。

平等原则集中体现了民法调整对象的特点。民法的调整对象是平等主体之间的人身关系和财产关系,由此也决定了民事主体之间必然是地位平等的关系。平等原则也是市场经济的本质要求。市场经济的本质特征就是参与市场的主体是平等的,在利益上是等价的,否则就不会产生公平的竞争和有序的市场经济秩序。平等原则体现了现代法治的精神,在民法基本原则中具有重要的地位,是民法与其他法律部门区别的重要标志。

《民法典》第4条规定:"民事主体在民事活动中的法律地位一律平等。"此系对民法平等原则的规定。所谓平等原则,是指民事主体在民事活动中的法律地位平等,包括民事主体资格平等、民事主体在民事活动中的地位平等、民事主体的合法权益平等地受法律保护。

平等原则的具体体现:

第一,民事主体资格平等。民事主体资格平等,是指民事主体的民事权利能力一律平等。依据《民法典》第13条和第14条的规定,自然人从出生时起到死亡时止,具有民事权利能力,依法享有民事权利,承担民事义务。自然人的民事权利能力一律平等。它意味着任何自然人,不分性别、民族、职业、受教育的程度、财产状况等,都平等享有民事主体的资格。法人和非法人组织自其成立时起具有民事权利能力,享有民事主体资格。虽然法人和非法人组织的业务性质或业务范围或有不同,但其民事主体资格完全平等。

第二,民事主体在民事活动中的地位平等。民事主体在参与各种民事活动时,无论其事实上是否存在隶属关系,亦无论民事主体的经济实力等因素的现实差异,其法律地位一律平等,即平等地享有民事权利,平等地承担民事义务。民事主体进行民事活动时,还须平等协商,任何一方不得将自己的意志强加于另一方。

第三,民事主体的合法权益平等地受法律保护。民事主体在适用法律时一律平等,平等地受法律约束,平等地受法律保护。任何民事主体侵害他人民事权益时,都平等地承担民事责任,任何民事主体都不享有比其他主体更多的特权。

三、自愿原则

"自愿"就是主体的意志自由,即意思自治。[2] 自愿原则,即意思自治原则,是指从事民事活动的主体,在法律允许的范围内享有意志自由,并按照其意志设立、变更、终止民事法律关系。我国《民法典》第5条对自愿原则作出了规定,即"民事主体从事民事活动,应当遵循自愿原则,按照自己的意思设立、变更、终止民事法律关系"。

自愿原则以平等原则为基础,只有民事主体地位平等,民事主体的意志才能自由,才不受他人意志的支配。自愿原则又是平等原则的体现,如果民事主体在从事民事活动时没有意志自由,则平等原则亦无从谈起。

自愿原则包括以下内容:

第一,民事主体在法律允许的范围内享有广泛的意志自由。民事主体有权自主决定从事或不从事某种民事活动,有权决定与其他民事主体从事民事活动的内容与形式等,只要是在法律允许的范围内,民事主体自主决定自己的事务,自由从事各种民事活动,就不受任何的非法

[1] 参见彭万林主编:《民法学》,中国政法大学出版社2002年版,第47页。

[2] 参见彭万林主编:《民法学》,中国政法大学出版社2002年版,第48页。

干预。自愿原则贯穿于民法的始终,在物权法领域,虽贯彻物权法定原则,但物权人对物的支配、处分及物权的变动都是以物权人的自愿为原则。在合同法领域,自愿原则体现为合同自由。合同自由包括缔约自由、选择合同相对人自由、合同内容与形式自由、变更或解除合同自由等。在人格权法领域,自愿原则表现为民事主体可以将自己的姓名、名称、肖像等许可他人使用,当然也可以自己使用。关于人体细胞、人体组织、人体器官、遗体的无偿捐献,以及参与人体临床试验等,都体现了完全民事行为能力人、近亲属、监护人的自主决定。在婚姻家庭法领域,自愿原则体现为婚姻自由、夫妻约定财产、收养协议的签订等。在继承法领域,自愿原则体现为遗嘱自由、遗赠扶养协议的签订与否、继承权的放弃等。可见,自愿原则作为民法的基本原则,适用于民事活动的所有领域。

第二,民事主体承担其基于自由意志从事民事活动所产生的法律后果。自愿原则是对民事主体意志自由的尊重,而意志自由意味着民事主体是被赋予行为能力的"理性人",并因此假定民事主体是自己利益的最佳判断者,当其依照自己的理性判断,自主决定从事民事活动时,就应承担由此而产生的法律后果,而无论该后果是权利的享有、利益的取得,还是义务的负担、财产的损失,甚或是引发的责任承担。

第三,民事主体享有的意志自由是在法律允许范围内的自由。自愿原则不是绝对的意志自由,而是在法律允许范围内相对的、有限制的自由。民事主体的意志自由受强行性规范的限制,即对强行性规范民事主体必须适用并排除其意思自治。只有在不违反强行性规范的前提下,民事主体的意志自由才能被充分尊重,民事主体之间通过意思表示达成的合意才具有优于任意性规范的效力。由此,自愿原则也表明在民事领域法无明文禁止即自由,明确了国家干预民事主体自主行为的界限。

四、公平原则

公平是法律的价值追求,也是现代法治精神的体现。公平作为民法的基本原则,是进步和正义的道德观在法律上的体现。公平原则包括两层含义:一是立法者和裁判者在民事立法和司法的过程中应维持民事主体之间的利益均衡;二是民事主体应依据社会公认的公平观念从事民事活动,以维持当事人之间的利益均衡。[1]

《民法典》第 6 条对公平原则作出了规定,即"民事主体从事民事活动,应当遵循公平原则,合理确定各方的权利和义务"。所谓的民事活动,是指在整个社会的民事流转中,民事主体所为的一切由民法规范调整的行为。民事活动的基本原则是民事活动的当事人须遵循的行为准则,它只有守法准则的意义,而民法基本原则不仅与守法有关,且与立法和司法皆有关。[2] 公平原则作为民法的基本原则,不仅是民事主体应本着公平的理念从事民事活动,而且在民事立法及民事司法活动中也应充分体现公平的理念。

公平原则具体体现在以下三个方面:

第一,民事法律制度的设计应贯彻公平理念,以维持民事主体之间的利益均衡。我国《民法典》不仅在总则编第 6 条确认公平原则是民法的基本原则,而且在民事法律制度的设计上,也以利益均衡作为价值判断标准,保障民事主体之间利益分配的公平性。公平原则在《民法

---

〔1〕 参见王利明主编:《民法》(第 8 版)(上册),中国人民大学出版社 2020 年版,第 44 页。

〔2〕 参见徐国栋:《民法基本原则解释——诚信原则的历史、实务、法理研究》,北京大学出版社 2013 年版,第 33 ~ 34 页。

典》的总则编、物权编、合同编、侵权责任编等均有所体现。比如,《民法典》总则编第 117 条规定,征收、征用不动产、动产的,应当给予公平、合理的补偿;第 183 条就见义勇为规定有公平补偿责任。《民法典》物权编第 288 条关于处理相邻关系的原则之一,即为公平合理的原则,该条规定:“不动产的相邻权利人应当按照有利生产、方便生活、团结互助、公平合理的原则,正确处理相邻关系。”《民法典》侵权责任编第 1186 条规定了公平分担损失的规则,即受害人和行为人对损害的发生都没有过错的,依照法律的规定由双方分担损失。

第二,民事主体应遵循公平理念从事民事活动,以维持当事人之间的利益均衡。公平原则的实质在于以公平正义的道德观平衡当事人之间的利益关系,因此,民事主体在从事民事活动时,应以公平的理念行使权利或履行义务。公平原则在合同关系中的运用最为广泛,当事人在缔结合同,尤其是确定合同内容时,应遵循公平原则,使当事人之间的权利义务基本对等和合理,以实现民事利益交换的公平。例如,我国《民法典》合同编第 496 条第 2 款第 1 句规定,采用格式条款订立合同的,提供格式条款的一方应当遵循公平原则确定当事人之间的权利和义务。若订立合同时双方之间的利益关系失衡,特定当事人有依法调整的机会。又如,《民法典》总则编第 151 条规定,一方利用对方处于危困状态、缺乏判断能力等情形,致使民事法律行为成立时显失公平的,受损害方有权请求人民法院或者仲裁机构予以撤销。合同订立后,若发生当事人在订约时无法预见的客观情况变化,使当事人之间的利益失衡的,《民法典》于合同编第 533 条规定了情势变更规则,即合同成立后,合同的基础条件发生了当事人在订立合同时无法预见的、不属于商业风险的重大变化,继续履行合同对于当事人一方明显不公平的,受不利影响的当事人可以与对方重新协商;在合理期限内协商不成的,当事人可以请求人民法院或者仲裁机构变更或者解除合同。人民法院或者仲裁机构应当结合案件的实际情况,根据公平原则变更或者解除合同。可见,公平原则不仅着眼合同成立时利益是否失衡以及失衡原因,而且也注重对交易结果是否达到公平合理的效果进行评判,故公平原则更多地体现了实质正义的要求。

第三,民事主体承担的民事责任要合理。民事主体从事民事活动,不仅应遵循公平原则,合理确定各方的权利和义务,而且也要公平合理地承担各自应负的民事责任,包括合同责任、侵权责任等。人民法院或仲裁机构处理民事纠纷时,应本着公平的理念作出判断,对民事主体之间失衡的利益进行矫正,合理分配当事人之间的责任,以实现矫正的公平。

五、诚信原则

诚信原则,即诚实信用原则,起源于罗马法,最早为 1804 年《法国民法典》所正式确认。《法国民法典》第 1134 条第 3 款规定“前项契约应善意履行之”,[1] 此所谓“善意”,即诚实信用,[2] 但仅适用于合同。1896 年《德国民法典》将诚信原则的适用范围由合同法领域扩展至债法领域,视其为债法的基本原则,规定于第 242 条,即“债务人有义务依诚实信用的要求,同时照顾交易习惯,履行给付”。[3] 然诚信原则,不仅适用于债法,一切权利的行使与义务的履行均应遵守诚信原则,此为现代立法例及学说所公认。[4] 1907 年《瑞士民法典》最早将诚信原则

---

〔1〕 参见《法国民法典》,罗结珍译,北京大学出版社 2010 年版,第 303 页。

〔2〕 参见梁慧星:《民法总论》(第 5 版),法律出版社 2017 年版,第 274 页。

〔3〕 杜景林、卢谌:《德国民法典——全条文注释》(上册),中国政法大学出版社 2015 年版,第 160 页。

〔4〕 参见王泽鉴:《民法学说与判例研究》,北京大学出版社 2015 年版,第 225 ~ 226 页。

作为民法的一项基本原则加以规定，其于第 2 条明确“行使权利，履行义务，应依诚实及信用为之”。[1]《日本民法典》最初未规定诚信原则，但战后修订民法，特将诚信原则置于总则编第 1 条第 2 项，即“行使权利及履行义务必须遵守信义，诚实为之”。[2] 明定诚信原则为民法的基本原则。然诚信原则不独为民法的基本原则，公法及诉讼法均受其规范，故学者特称为帝王条款，君临法域。[3]

我国早在 1987 年 1 月 1 日施行的原《民法通则》中，就已明确了“诚实信用”原则。原《民法通则》第 4 条规定：“民事活动应当遵循自愿、公平、等价有偿、诚实信用的原则。”诚信原则与自愿原则、公平原则、等价有偿原则被规定在同一条款中。2017 年 10 月 1 日施行的原《民法总则》，将自愿原则、公平原则、诚信原则各用一个条款予以规定，且不再规定等价有偿原则。《民法典》完全保留了原《民法总则》关于诚信原则的条款内容，于第 7 条规定“民事主体从事民事活动，应当遵循诚信原则，秉持诚实，恪守承诺”。诚信是中华民族传统文化的组成部分，“言而有信”“言必信，行必果”等都是具有普遍意义的社会道德规范。党的十八大提出 24 字社会主义核心价值观，其中，诚信是社会主义核心价值观的重要内容。《民法典》要求民事主体从事民事活动，应当遵循诚信原则，秉持诚实，恪守承诺，就是对诚信这一核心价值观在法律上作出的回应。

关于诚信原则的理解，域外学者有不同的论述。德国学者施塔姆勒认为，诚信原则即爱人如己的人类最高理想；马力克（Manik）称之为道德的理想；胡伯儿（E. Huber）谓之法律伦理；还有将诚信原则理解为在市场交易中，人人可得期待的交易道德的基础；有以诚信与罗马法之一般的恶意抗辩有同一之意义者；有将诚信原则解释为当事人双方利益的公平较量者；亦有称为公正估量双方之利益以谋利益之调和者。[4] 费雷伊拉认为，诚信并非立法者的创造，它有先定的内容。立法者不过把这一内在于人类行为的原则扩张于全部人类行为的最广泛的领域，将自然的诚信转化为民事的诚信。简言之，诚信是道德的法律化。费雷伊拉的诚信定义是涵盖主观诚信与客观诚信的。[5] 我国学者就诚信原则形成了“语义说”“一般条款说”“利益平衡说”“两种诚信说”“双重功能说”等多种观点。“语义说”从词义出发解释诚信原则，即诚实就是不欺骗，信用就是说话算数；“一般条款说”谓诚信原则除具有当事人行为准则的功能外，还是授权法官创法的一般条款；“利益平衡说”认为，诚信原则追求当事人利益以及他们的利益与社会利益的平衡；“两种诚信说”主张，诚信分为主观诚信和客观诚信两方面；“双重功能说”认为，诚信原则是法律规范和道德规范的合体，兼具法律和道德的功能。[6] 上述各种认识充分说明诚信原则的内涵十分丰富且复杂，每一种观点都是从不同角度认识诚信原则的，因而也都有其理论价值。

诚信原则作为民法的基本原则，属于强行性规范，其功能体现在以下三个方面。

---

[1] 《瑞士民法典》，戴永盛译，中国政法大学出版社 2016 年版，第 2 页。

[2] 《日本民法典》，刘士国、牟宪魁、杨瑞贺译，中国法制出版社 2018 年版，第 2 页。

[3] 参见王泽鉴：《民法学说与判例研究》，北京大学出版社 2015 年版，第 226 页。

[4] 参见史尚宽：《债法总论》，中国政法大学出版社 2000 年版，第 330～331 页。

[5] 参见徐国栋：《民法基本原则解释——诚信原则的历史、实务、法理研究》，北京大学出版社 2013 年版，第 37 页。

[6] 参见徐国栋：《民法基本原则解释——诚信原则的历史、实务、法理研究》，北京大学出版社 2013 年版，第 77～78 页。

第一，确定行为准则的功能。诚信是道德准则，诚信原则是道德准则的法律化，其要求民事主体从事民事活动应诚实、守信，以善意的方式行使权利、履行义务。民事主体在行使权利时，不得损害他人或社会利益，不得滥用权利；履行义务时应恪守承诺，严格按照法定义务或约定义务履行，诚信原则构成对意思自治原则的必要限制。

第二，衡平利益冲突功能。民事主体从事民事活动是有其利益追求的，不同民事主体所追求的利益不免发生冲突和矛盾，就需要诚信原则平衡各方的利益。且诚信原则不限于衡平当事人双方的利益，还包括平衡当事人利益与社会利益之间的冲突。当事人在民事活动中应充分尊重第三人利益和社会利益，在不损害第三人利益和社会利益的前提下追求自己的利益。诚信原则衡平利益冲突的功能，有益于增进人与人之间的信赖，保障市场经济有序运行及社会安定。诚信原则与公平原则都具有衡平利益冲突的功能，然公平原则平衡的是当事人之间的利益关系，诚信原则要平衡当事人之间及当事人与社会利益之间这两重利益冲突。公平是法律的一种价值取向，诚信服务于公平的目的。诚信行事是手段，公平是效果。[1]

第三，解释或补充法律的功能。诚信原则不仅为民法的基本原则，还体现在《民法典》的许多规定中。比如，《民法典》第 142 条关于意思表示的解释，就是以诚信原则为解释的标准或方法之一。《民法典》第 500 条关于缔约过失责任的规定、第 509 条关于合同履行阶段当事人附随义务的规定、第 558 条关于合同终止后后合同义务的规定等，无不是诚信原则的体现。诚信原则主要适用于合同领域，但不限于此，其适用范围及于民法的所有领域。在解释法律时，应依据诚信原则，准确解释、适用法律。由于诚信原则的内涵与外延不确定，具有弹性，且与社会变迁、价值判断及道德观念相联系，故当法律存在漏洞时，裁判者可依诚信原则为处理的依据，以补充法律规定之不足。

六、合法原则与公序良俗原则

《民法典》第 8 条规定："民事主体从事民事活动，不得违反法律，不得违背公序良俗。"此系对合法原则及公序良俗原则的规定。

（一）合法原则

合法原则，是指民事主体从事民事活动不得违反法律。所谓"不得违反法律"，是指不得违反法律、行政法规的强制性规定。强制性规定既包括民法中的强制性规定，也包括其他法律中的强制性规定。至于违反法律强制性规定的民事法律行为的效力，我国《民法典》第 153 条第 1 款规定："违反法律、行政法规的强制性规定的民事法律行为无效。但是，该强制性规定不导致该民事法律行为无效的除外。"

（二）公序良俗原则

公序良俗原则在各国民法中大多都有规定，比如，《法国民法典》第 6 条规定："任何人均不得以特别约定违反涉及公共秩序和善良风俗的法律。"[2]《德国民法典》第 138 条规定："法律行为违背善良风俗的，其为无效。"[3]《日本民法典》第 90 条规定："违反公共秩序或者善良风

---

〔1〕 参见徐国栋：《民法基本原则解释——诚信原则的历史、实务、法理研究》，北京大学出版社 2013 年版，第 40 ~ 41 页。

〔2〕 《法国民法典》，罗结珍译，北京大学出版社 2010 年版，第 1 页。

〔3〕 杜景林、卢谌：《德国民法典——全条文注释》（上册），中国政法大学出版社 2015 年版，第 105 页。

俗的法律行为，无效。”[1]我国《民法典》第 8 条亦明确公序良俗为民法的一项基本原则。

公序良俗包括“公共秩序”和“善良风俗”。依据我国《民法典》第 8 条的规定，公序良俗原则是指民事主体从事民事活动，不得违背公共秩序和善良风俗。所谓公共秩序，是指社会之存在及其发展所必要之一般秩序。[2] 所谓善良风俗，相当于社会公共道德，是指社会之存在及其发展所必要之一般道德，须为现社会所行的一般道德，以社会所产生的文化之道德观为依据。[3] 实际上，“一般秩序”“一般道德”均为抽象的概念，且随着时代发展而有所变迁，故应按时代的需求予以具体确定。

公序良俗原则与诚信原则都反映了社会主流的价值观和道德观，都有填补法律漏洞的功能，都对私法自治构成一定的限制。但不同的是，公序良俗原则主要适用于维护公共道德和公共利益的情形，其主要发挥一种维护行为底线的功能；而诚实信用原则主要适用于权利行使和债务履行中，其主要通过积极引导的方式而不是通过消极禁止的方式来实现其弘扬社会公德、维护秩序的功能。[4]

我国《民法典》将公序良俗作为民法的基本原则之一，并在《民法典》的具体规定中多有体现。比如，《民法典》第 10 条规定，习惯成为法源的前提是不得违背公序良俗。《民法典》第 143 条将不违背公序良俗作为民事法律行为的有效条件之一。《民法典》第 153 条第 2 款更是明确规定：“违背公序良俗的民事法律行为无效。”就无因管理而言，《民法典》第 979 条第 2 款规定：“管理事务不符合受益人真实意思的，管理人不享有前款规定的权利；但是，受益人的真实意思违反法律或者违背公序良俗的除外。”关于自然人的姓名权，《民法典》第 1012 条规定：“自然人享有姓名权，有权依法决定、使用、变更或者许可他人使用自己的姓名，但是不得违背公序良俗。”《民法典》第 1015 条还规定，有不违背公序良俗的其他正当理由的，自然人可以在父姓和母姓之外选取姓氏。针对行为人为公共利益实施新闻报道、舆论监督等行为，是否影响他人名誉的，在认定行为人对他人提供的严重失实内容是否尽到合理核实义务时，《民法典》第 1026 条将内容与公序良俗的关联性作为应考虑的因素之一。

公序良俗原则的意义主要体现在以下三个方面：

第一，维护公共秩序和善良风俗。公序良俗作为民法的基本原则具有高度的抽象性，其作用在于维护公共秩序和善良风俗。民事主体为追求利益的最大化而从事民事活动的，不得与社会的公共利益发生冲突和矛盾，无论其是否构成对强行性规定的违反，首先应维护的是社会公共利益。善良风俗本身就是社会生活中的一些基本准则，民事主体从事民事活动时，自应遵循社会所普遍接受的道德准则，不得有违善良风俗，以保障市民社会的有序发展。

第二，对意思自治原则的限制。公序良俗原则担负维护公共秩序和善良风俗的使命，其在功能上构成对意思自治原则的限制，意思自治原则须在不违背公序良俗原则的前提下才为适法。

第三，具有填补法律漏洞的功能。现有的民事法律并不能涵盖全部的民事活动，需要借助

---

[1] 《日本民法典》，刘士国、牟宪魁、杨瑞贺译，中国法制出版社 2018 年版，第 14 页。

[2] 参见史尚宽：《民法总论》，中国政法大学出版社 2000 年版，第 334 页。

[3] 参见史尚宽：《民法总论》，中国政法大学出版社 2000 年版，第 335 页。

[4] 有学者认为，公序良俗原则与诚信原则在功能、适用条件等方面具有很大的相似性，在适用中也存在一定的交叉和重复。但两者在制度功能、价值基础、适用范围等方面都存在区别。参见王利明：《论公序良俗原则与诚实信用原则的界分》，载《江汉论坛》2019 年第 3 期。

开放而发展的公序良俗原则，实现对法律的有效补充。也就是说，公序良俗原则实际上赋予法官一定的自由裁量权，当遇到立法当时未能预见的有违公序良俗的行为，且缺乏相应的禁止性规定时，就可适用公序良俗原则作出否定性评价。

七、绿色原则

《民法典》第 9 条规定："民事主体从事民事活动，应当有利于节约资源、保护生态环境。"此系对绿色原则的规定。

《民法典》将绿色原则确立为基本原则，规定民事主体从事民事活动，应当有利于节约资源、保护生态环境，这样规定既传承了天地人和、人与自然和谐共生的我国优秀传统文化理念，又体现了党的十八大以来的新发展理念，与我国是人口大国、需要长期处理好人与资源生态的矛盾这样一个国情相适应。[1]

《民法典》不仅将绿色原则规定为民法的基本原则，还在各编章中对绿色原则作出了具体化的规定。在物权编中，《民法典》第 286 条规定，业主应当遵守法律、法规以及管理规约，相关行为应当符合节约资源、保护生态环境的要求。第 326 条是关于用益物权人行使权利，应当遵守法律有关保护和合理开发利用资源、保护生态环境的规定。第 346 条规定，设立建设用地使用权，应当符合节约资源、保护生态环境的要求。在合同编中，《民法典》第 509 条规定，当事人在履行合同过程中，应当避免浪费资源、污染环境和破坏生态。在侵权责任编中，《民法典》不仅专章规定"环境污染和生态破坏责任"，还进一步完善了环境污染和生态破坏责任的相关规定。比如，《民法典》第 1232 条规定，侵权人违反法律规定故意污染环境、破坏生态造成严重后果的，被侵权人有权请求相应的惩罚性赔偿。第 1234 条规定了生态环境损害的修复责任，即违反国家规定造成生态环境损害，生态环境能够修复的，国家规定的机关或者法律规定的组织有权请求侵权人在合理期限内承担修复责任。侵权人在期限内未修复的，国家规定的机关或者法律规定的组织可以自行或者委托他人进行修复，所需费用由侵权人负担。第 1235 条还规定了生态环境损害的赔偿范围等。需注意的是，绿色原则作为民法的基本原则，一般不宜直接作为裁判的依据，如民事主体从事民事活动违反绿色原则的，应依据具体的法律规则进行判定并承担相应的责任。

绿色原则的内容包括"节约资源"和"保护生态环境"，具体而言：

第一，节约资源。绿色原则要求民事主体从事民事活动，要有效率地利用资源、节约资源，这实际上是对民事主体设定了节约资源、保护生态环境的法定义务。比如，物权人就其物权的行使和抛弃，就应尽量做到物尽其用，节约资源。

第二，保护生态环境。保护生态环境虽说是《环境保护法》等法律的任务，但并不意味着民法就不承担生态环境保护的使命。《民法典》将保护生态环境作为民法的基本原则加以规定，并将保护生态环境贯彻于民法的全部领域，其目的在于谋求人和自然的和谐共生。生态环境体现的是公共利益，当民事主体从事民事活动追求其个人利益时，应考虑其个人利益与公共利益的平衡；也就是说，保护生态平衡在一定程度上对个人利益也是一种限制。

---

〔1〕 参见全国人民代表大会常务委员会原副委员长李建国于 2017 年 3 月 8 日在第十二届全国人民代表大会第五次会议上所作的《关于〈中华人民共和国民法总则(草案)〉的说明》。

案例分析

刘某等8人的父亲因病去世,刘某等8人从外地回来料理其父丧事。村民委员会干部到刘某父亲家,要求刘某等8人交纳其父亲拖欠的村公路筹资款,并告知若不交纳此款,就强行阻断村公路,不让其治丧车辆及奔丧人员通过。然而刘某等8人仍未交纳村公路的筹资款,村民委员会就决定按照村里筹资修路实施方案执行,即无正当理由拒交、欠交农户“不得享受公路带来的一切服务”。于是村民委员会就组织村干部用石头拦住村公路,阻止刘某等人的治丧车辆通过。为此,刘某等人起诉至人民法院,请求村民委员会向刘某等8人在电视台或者报社赔礼道歉并赔偿精神抚慰金20,000元。

问题:本案应如何处理?

分析:刘某等8人的父亲去世,刘某等8人按照习俗进行安葬,这是社会公德的要求。村民委员会不能因刘某等8人未向村民委员会交纳欠交的公路筹资款,就堵断公路不让治丧车辆通行,其行为有悖社会公德,侵犯了刘某等8人按照习俗安葬其父这一“其他人格权益”,为此,村民委员会应当向刘某等8人承担赔礼道歉的责任。鉴于村民委员会堵断公路未造成严重后果,且本案中刘某等8人未及时交纳公路集资款,对纠纷的发生也有一定的过错,故对刘某等8人要求村民委员会赔偿精神抚慰金的请求不予支持。至于刘某等人未向村民委员会交纳欠交的公路筹资款事宜,村民委员会可通过其他方式依法解决。

思考题

1. 如何理解民法基本原则的功能?
2. 如何认识自愿原则?
3. 如何理解诚信原则和公序良俗原则?

第三章　民事法律关系

学习要点

本章主要学习民事法律关系的概念和特征、民事法律关系的要素、民事权利客体、民事法律事实等内容。民事法律事实是引发民事法律关系发生、变更和消灭的原因。民事法律关系由主体、客体和内容三要素构成，其中，民事法律关系的客体和民事权利的客体是一致的。

第一节　概　　述

一、民事法律关系的概念和特征

（一）民事法律关系的概念

民事法律关系是民事主体之间发生的、符合民事法律规范的、以民事权利和民事义务为内容的社会关系。

在现实生活中，人与人之间的社会关系多种多样，民事法律关系只是其中的一部分，即人与人之间发生的被纳入民法调整范围且已为民法所调整的社会关系。德国学者卡尔·拉伦茨认为，私法的第一个基本概念是作为“权利主体”的人，即权利的所有者和义务的承担者；第二个基本概念就是法律关系。[1] 民事法律关系在整个民法中处于核心地位，是民法逻辑体系展开与构建的基础。

（二）民事法律关系的特征

1. 民事法律关系的主体地位平等。这是由民法的调整对象决定的。《民法典》第 2 条规定：“民法调整平等主体的自然人、法人和非法人组织之间的人身关系和财产关系。”据此，民法是调整平等主体之间的人身关系和财产关系的法律规范，这种社会关系的主体法律地位是平等的，他们相互独立、互不隶属。民事法律关系作为民法调整这类社会关系的产物，其主体地位自然也是平等的。民事法律关系主体地位平等是其区别于其他法律关系的一个重要特征。

2. 民事法律关系主要根据当事人的意志发生。有些民事法律关系，如亲属关系、物权关系、人格权关系，是直接根据法律的规定发生的；而大部分民事法律关系，如合同关系，是根据当事人的意志发生的。行政法律关系和刑事法律关系的发生都不考虑当事人的意志，而是根据法律的规定发生。

3. 民事法律关系是以民事权利和民事义务为内容的社会关系。在民事法律关系中，民事

---

〔1〕 参见［德］卡尔·拉伦茨：《德国民法通论》（上册），王晓晔等译，法律出版社 2003 年版，第 255 页。

权利与民事义务既是相互对立的,又是相互依存的。法律关系,一般而言,从一个人看是他的"权利",从另一个人看就是一种义务或者说是一种法律上的约束。就其结构而言,所有的法律关系同我们称为"法律上的基础关系"的相互尊重关系一样,包含法律关系的主要要素,即权利和与之相应的义务。[1] 这是所有法律关系的相同之处。与其他法律关系不同的是,民事法律关系中的权利和义务一般是对等的,即一方享有的权利正是另一方承担的义务。

4. 民事法律关系是基于民事法律事实的发生而产生的。仅有民事法律规范不会发生民事法律关系,还必须有特定的民事法律事实的出现。民事法律规范、民事法律事实、民事法律关系之间的关系是:民事法律规范为确定民事法律事实的根据,民事法律事实为民事法律关系变动的原因。[2]

二、民事法律关系的分类

(一)人身法律关系和财产法律关系

根据民法调整对象的不同,民事法律关系可以区分为人身法律关系和财产法律关系。人身法律关系是指与民事主体的人身不可分离、为满足民事主体的人身利益所形成的民事法律关系,如因人的姓名、名称、名誉、荣誉而发生的关系,因发明、发现以及因创作出科学、文学、艺术作品而发生的、具有身份性质的关系等,都属于人身法律关系。这类关系虽然不具有直接的物质利益内容,但并不是与人的物质利益不发生联系。财产法律关系,是指以特定的财产为媒介而发生的社会关系,是在财产的生产、消费、交换等经济活动中所形成的、满足民事主体财产利益需要的民事法律关系,如财产所有权关系、租赁关系、借贷关系、买卖关系等。

区分人身法律关系和财产法律关系的意义在于:

1. 两类关系中的民事权利性质不同。财产法律关系中确立的民事权利是财产权利,通常是可以转让的;人身法律关系中确立的民事权利是人格权或者身份权,一般与权利主体的人身是不可分离的,通常不能转让。例如,生命权、健康权的权利人是不能把生命权、健康权转让给任何人的。当然也有例外,如《民法典》第993条规定,民事主体可以将自己的姓名、名称、肖像等许可他人使用,但是依照法律规定或者根据其性质不得许可的除外。

2. 两类关系的保护方法不同。财产法律关系受到破坏时,主要通过返还原物、赔偿损失、支付违约金等民事责任的方式加以保护;人身法律关系受到侵犯,主要通过恢复被侵害人的权利的方式来保护,例如,对于侵害名誉权,主要采恢复名誉、消除影响等责任方式保护权利人的利益,单纯用赔偿的办法并不能满足保护名誉权的要求。另外,在一般情况下,财产关系受到破坏,法律不支持精神损害赔偿;而人身法律关系受到侵犯,当事人可以主张精神损害赔偿。

(二)绝对法律关系和相对法律关系

根据民事法律关系义务主体的范围不同,民事法律关系可以区分为绝对法律关系和相对法律关系。绝对法律关系,是指与权利人相对应的义务人是权利人以外一切不特定人的民事法律关系,如物权关系、人格权关系。这类法律关系中权利人无须义务人的积极协助,即可直接行使和实现权利。相对法律关系,是指与权利人相对应的义务人是特定人的民事法律关系,如债权关系。在这类法律关系中,法律关系的主体都是特定人,其中权利人必须经具体的义务

---

[1] 参见[德]卡尔·拉伦茨:《德国民法通论》(上册),王晓晔等译,法律出版社2003年版,第256页。

[2] 参见魏振瀛主编:《民法》,北京大学出版社、高等教育出版社2021年版,第30页。

人积极协助才能实现其权利。

区分绝对法律关系和相对法律关系的意义在于:有利于确定民事法律关系的义务人的范围及义务人的义务性质,从而更好地适用民事法律规范。

(三)物权关系和债权关系

根据权利的实现方式,可以把财产法律关系区分为物权关系和债权关系。物权关系,是指权利人可以直接支配物,不需要义务人实施某种积极行为予以配合,即可行使并实现其权利的民事法律关系。物权关系是一种绝对的民事法律关系,所有权关系、居住权关系以及其他物权的关系都是物权关系。债权关系,是指权利人必须由义务人以一定行为相配合,才能行使和实现其权利的民事法律关系。在债权关系中无论义务人为一人还是数人,其必须是特定的人,权利人只能向特定的人提出请求,因此债权关系是相对法律关系。

区分物权关系与债权关系的意义在于:物权和债权作为两类基本的财产权有不同特点,是对客观经济生活中所形成的法律关系的准确概括。这种区分对于运用不同的法律规则调整不同的法律关系、解决不同的权益纠纷、维护交易的安全以及指导当事人正确行使权利和履行义务等,均具有重大意义。

第二节 民事法律关系的要素

一、民事法律关系的主体

民事法律关系主体,也称民事主体,或民事权利义务主体,是指参与到民事活动中,享有民事权利和承担民事义务的人。还有学者更具体地界定民事主体,即其是民事关系的参与者、民事权利的享有者、民事义务的履行者和民事责任的承担者。[1] 所有的法律关系都是作为权利主体的人和人之间的关系,民事法律关系也概莫能外,因此必须有作为法律关系主体的人参加,才能在主体之间构建法律关系。主体是构成民事法律关系不可缺少的一个要素。

《民法典》第2条列举了我国民事主体的具体类型,包括自然人、法人和非法人组织3类。自然人是最为重要的民事主体,就是通常意义上的人,民法上使用这个概念,主要是与法人相区别。自然人不仅包括中国公民,还包括我国领域内的外国人和无国籍人。在我国,个体工商户、农村承包经营户是自然人参与经济活动的特殊形式。法人和非法人组织都是一种社会组织。国家在特定情况下也可以成为民事法律关系的主体。

二、民事法律关系的客体

民事法律关系的客体,是指民事法律关系主体的民事权利和民事义务共同指向的对象。民事法律关系中的权利和义务只是抽象的概念,它们的具体实现都必须借助一定的载体,这个载体就是民事法律关系的客体。如果没有民事法律关系客体,民事权利和民事义务就无所依托。通说认为,民事法律关系的客体主要是物、行为、智力成果和人身利益。

民事法律关系的客体因不同法律关系而有所区别。(1)在物权法律关系中,其客体是物或

---

〔1〕 参见黄薇主编:《中华人民共和国民法典总则编解读》,中国法制出版社2020年版,第6页。

者权利。传统民法中物权法律关系的客体只能是物,但由于在现代社会中,财产的权利化已经是一个不可阻挡的趋势,故在担保物权部分,权利作为标的的情形已经普遍化。(2)在债权法律关系中,其客体是行为。(3)在人身法律关系中,“客体究竟是什么”一直有争议。通说认为,客体是人身利益。(4)知识产权法律关系的客体是智力成果。

三、民事法律关系的内容

民事法律关系的内容,是指民事法律关系的主体所享有的民事权利和必须履行的民事义务。民事权利,是指法律保护的民事主体为一定行为(作为与不作为)或请求他人为一定行为以获得某种利益的可能性。由于民法“权利本位”的理念,民事法律关系的实质有时又被归结为权利。[1] 民事义务,是指民事主体为了使权利人实现其权利或不影响其实现权利所承担的法律约束。在民事法律关系中,民事权利和民事义务往往相伴而生。

第三节　民事权利客体

一、物

(一)物的概念和特征

在民法上,物是最重要的权利客体,物权的客体主要是物。但何为“物”,各国立法大多未作明确规定,学界观点也不尽一致。通说认为,物是人身之外的能够为民事主体实际支配或控制,并能满足其社会需要的有体物。民法上的物具有以下特征:

1. 物须为有体物。民法上的物一般限于有体物。有体物,是指占据一定空间,能够为人的感官所感触到的物。随着人们对自然界支配能力的增强,有体物的范围也在不断扩大。例如,电、声、光、热等自然力,原来人们不承认其为有体物,但在现代,其有体性已为人们所承认。需要注意的是,有体物和有形物不是同一个概念,有形物是看得见、摸得着的物,如电脑、房屋等。有体物不仅包括有形物,还包括看不见但可以通过其他感官感知到的无形物,如电、光、热等自然力。

2. 物须存在于人身之外。在民法上,人只能是权利主体,而不能为权利客体,因而,人身不能为法律上的物。不仅人身不能为物,人身上的某一部分在未与人身脱离前也不能为物。假眼、假肢、假牙等人体之外的物,一旦长期固着在人体之上,并且代行人体的机能,成为人体的一部分时,就不能再以物视之,而应认定为人体的构成部分。[2] 但是,身体的部分,如头发、牙齿、血液、器官等与身体分离时,即成为物并属动产,其所有权属于身体的主体者,但得因让与而归属他人,或因抛弃而为无主物。[3] 人死亡后的尸体已无生命,可为物。

3. 物须能为人力所实际控制和支配。在民法上,物对于人的意义在于,人通过支配、控制物可满足社会需要。由此出发,只有能够为人力所控制或者支配的物,人才会针对其发生法律关系,其才能成为民事法律关系的客体。随着生产力的不断发展,科技的不断进步,人们认识、

---

〔1〕 参见李永军主编:《民法学教程》,中国政法大学出版社 2021 年版,第 28 页。
〔2〕 参见张民安、丘志乔主编:《民法总论》,中山大学出版社 2017 年版,第 247 页。
〔3〕 参见王泽鉴:《侵权行为》,北京大学出版社 2009 年版,第 104 页。

改造世界的能力不断增强，所以民法上物的范围也在不断地扩大。

4. 物须能满足人们的生产或生活需要。物须具有价值和使用价值，能够满足人们的生产或生活需要。若不能满足人们的生产或生活需要，则不具有价值和使用价值，也就不为民法上的物。需要注意的是，人的生活需要包括经济生活需要和精神生活需要。前者如汽车、饮料等，后者如友人的书信、亲人的照片等。

（二）物的分类

1. 不动产与动产

以物能否移动和移动后是否会损坏物的价值为划分标准，物可以分为不动产与动产。

不动产，是指不能移动或者移动后会改变其性质或者降低其价值的物，土地及房屋、林木等地上定着物为不动产。动产，是指能够移动并且移动后不会改变或不会损害其价值的物。不动产以外的物均为动产，如生产设备、原材料、产品、船舶、航空器、机动车等。

区分不动产与动产的主要意义在于：(1)不动产与动产上存在的物权种类不同。如用益物权通常都设立于不动产上，留置权只能设立于动产之上。(2)物权的公示方式和变动要件不同。根据《民法典》第208条的规定，不动产物权以登记为公示要件，不动产物权变动一般须办理登记手续，而动产物权以交付为公示要件，动产物权变动不需办理登记手续。(3)在某些法律关系中法律的适用不同。如根据《涉外民事关系法律适用法》第36条、第37条的规定，涉外物权关系中，不动产物权适用不动产所在地法律；当事人未选择的，动产物权适用法律事实发生时动产所在地法律。(4)诉讼管辖不同。不动产纠纷由不动产所在地法院管辖，而动产纠纷不能依动产所在地确定管辖。

2. 流通物、限制流通物与禁止流通物

以法律对物的流通是否限制及限制范围为划分标准，物可以分为流通物、限制流通物与禁止流通物。

流通物又称融通物，是指法律允许在民事主体之间自由流通的物。限制流通物又称限制融通物，是指法律只允许在特定主体之间或特定范围内流通的物。例如，文物、外币、麻醉药品、黄金、弹药等。禁止流通物又称禁止融通物，是指不得作为交易的标的物流通的物。例如，土地、矿藏、水流等国家专有物，以及毒品、淫秽物品等。

划分流通物、限制流通物与禁止流通物的主要意义在于：(1)判断法律行为的效力。以禁止流通物为交易对象或超出限定范围交易限制流通物的，其交易行为无效。(2)是否适用取得时效制度不同。流通物可适用取得时效制度，而限制流通物和禁止流通物不适用。

3. 原物与孳息

以物之间的派生产出关系为划分标准，物可以分为原物与孳息。

原物，是指能够产生孳息的物，孳息为原物所产生的收益。例如，果树为原物，结下的果实为孳息。孳息包括天然孳息与法定孳息，前者是指依物的自然属性产生的收益，后者是指依法律关系所产生的收益。需要注意的是，原物与孳息是两个独立的物，所以天然孳息，是指从原物中完全分离出来的物，在分离之前，其仅为原物的构成部分。

区分原物与孳息的法律意义在于确定孳息的归属：天然孳息由所有权人取得；既有所有权人又有用益物权人的，由用益物权人取得。当事人另有约定的，按照其约定。法定孳息，当事人有约定的，按照约定取得；没有约定或者约定不明确的，按照交易习惯取得。

4. 主物与从物

以物之间是否存在主从关系为划分标准,物可以分为主物与从物。

主物,是指为同一所有权人所有的,需共同使用才能更好地发挥作用的两物中起主要作用的物;从物,是指辅助主物发挥效用的物,属于从属地位。从物须具有如下要素:(1)从物须与主物为同一人所有。不同所有权人的物不存在主物与从物的关系。若主物与从物分属两人,则对主物的处分及于从物必然损害从物所有人的利益。(2)从物须为独立物,并非主物的构成部分。房屋的门窗、书桌的抽屉仅为物的构成部分,并非从物。安装在汽车上的轮胎为汽车的构成部分,而汽车上的备用轮胎则为汽车的从物。(3)从物常辅助主物使用。从物的辅助功能在于装饰、保护或增强主物的性能,而且这种辅助须是一种常态,仅暂时辅助他物的经济效用,并非从物。电视机和遥控器、电脑和鼠标都属于主物和从物的关系。

区分主物与从物的主要意义在于:主物转让的,从物随主物转让,但是当事人另有约定的除外。

5. 消耗物与非消耗物

以物经使用后形态的变化性为划分标准,物可以分为消耗物与非消耗物。

消耗物又称消费物,是指经一次使用就归于消灭或改变形态和性质的物,如米、油、糖、茶等;非消耗物又称非消费物,是指可以长期多次使用而不会改变形态和性质的物,如房屋、机器、电器、衣服等。

区分消耗物与非消耗物的主要意义在于:所涉及的民事法律关系的类型不同。消耗物不能反复使用,因而不能成为转移使用权的债的标的物;而非消耗物可以反复使用,因而可以成为转移使用权的债的标的物。例如,租赁合同、借用合同的标的物只能是非消耗物,而借贷合同的标的物只能是消耗物。

6. 可分物与不可分物

以物是否可以分割为划分标准,物可以分为可分物与不可分物。

可分物,是指可以分割且分割后不会改变其性质或影响其效用的物,如粮、油等;不可分物是指按照物的性质不能分割或者分割后会改变其性质或影响其用途的物,如电视机、冰箱、牛马等。

区分可分物与不可分物的主要意义在于:(1)共有物的分割方法不同。若为可分物,可以采取实物分割的办法;若为不可分物,则不能采用实物分割的办法,只能根据实际情况采取作价补偿或者变价分割的方法。(2)确认多数人之债的性质。对于多数人之债,须确认其是属于连带之债还是按份之债。当债的标的物是可分物时,多数人之债可作为按份债权或按份债务;当债的标的物是不可分物时,多数人之债可确认为连带债权或连带债务。例如,大楼的电梯需维修的时候,由于电梯是不可分物,属各层房屋所有权人共有。所以,对电梯的维修费用由各层房主负连带责任。

7. 特定物与种类物

以物在交易中是否具体确定为标准,物可以分为特定物与种类物。

特定物,是指依自身特点而具体确定的物。特定物既可以是依物自身的特点确定的物,如某件独一无二的元代陶艺品,也可以是依当事人的主观意志确定的物,如当事人特别选定的某台电视机。种类物,是指仅以品种、规格、型号或度量衡加以确定的物,如同一型号的自行车、同一标号的汽油等。

区分特定物与种类物的主要意义在于：(1)物权的标的物只能是特定物，而不能是种类物。(2)在交易中的所有权转移时间不同。种类物的所有权只能在交付以后转移；而特定物的所有权既可以在交付后转移，也可以在交付前转移。(3)标的物意外灭失的法律后果不同。以特定物为债的给付标的物时，标的物意外灭失后，发生债的履行不能；而以种类物为债的给付标的物时，标的物意外灭失后，一般不发生债的履行不能，只有在种类物全部灭失的情况下，才发生债的履行不能。(4)某些法律关系如租赁、借用关系只能以特定物为标的物，而有些法律关系如借贷关系只能以种类物为标的物。

8. 代替物与非代替物

以社会观念和交易习惯对物的个性是否看重为标准划分，物可以分为代替物与非代替物。

代替物，是指在交易上可以用同一类、质量、数量的物代替的物，如米、面、书籍、电脑等；非代替物，是指在交易上不能以他物代替的物，如房屋、文物等。代替物与非代替物和种类物与特定物有密切联系，但并不相同。种类物与特定物的区分依据的是交易方法，而代替物与非代替物的区分依据的是物本身的性质。一般而言，代替物为种类物，非代替物为特定物。但二者并非一一对应，代替物也可以是特定物，如金钱为代替物，但当金钱以封金的形式出现时，为特定物，可以成为质权的客体；非代替物也可以是种类物，如赛马为非代替物，但若当事人已约定标的为澳大利亚血统的赛马 10 匹，则其为种类物。

区分代替物与非代替物的主要意义在于：代替物一般只能为借贷法律关系的标的物，非代替物则是租赁关系、借用关系等法律关系的标的物。

9. 单一物、合成物与集合物

以物的构成形态为标准，物可以分为单一物、合成物与集合物。

单一物，是指形体上能够独立为一体的物，如一头牛、一匹马；合成物又称结合物，是指由多数单一物结合成一体的物，如房屋、电脑、汽车；集合物又称聚合物，是指由多个单一物、合成物结合为一体的物，如一群羊、图书馆的所有图书、一个企业的全部财产、遗产等。

区分单一物、合成物与集合物的主要意义在于：单一物、合成物只能整体作为交易对象，不能就其某一部分进行交易；集合物可以就集合物整体进行交易，如设定财团抵押，也可以就集合物中的单一物或合成物单独进行交易。

疑难问题论争 冷冻胚胎之法律性质

随着现代辅助生育技术的不断成熟，作为辅助生育技术的衍生物，冷冻胚胎也已为人们所熟知，相应地，其法律性质应该如何认定，相关民事权利应该受到怎样的保护也就成为亟待研究解决的问题。目前，学界关于冷冻胚胎的法律性质可以概括为 4 种，即“主体说”、“客体说”、“中介说”(“中间说”)及“人格物说”。“主体说”将冷冻胚胎认定为民事法律关系中的主体，赋予其民事主体的法律地位。[1] “客体说”将胚胎认定为民事法律关系的客体，其与脱离了人体的器官和组织具有同等的法律地位，属于物的范畴，只是在对这类物进行处分时需要受到伦理道德的约束。“中介说”将胚胎认定为介于物与人之间的一种物质，它既不是法律关系的主

〔1〕 参见徐国栋：《体外受精胎胚的法律地位研究》，载《法制与社会发展》2005 年第 5 期。

体,也不是客体,而是主体与客体之间的一个过渡体。胚胎具有未来发育成人的可能性。但事实上,目前其又没有实际获得生命,此时的胚胎处于一种特殊的中间状态,同时具备人和物的部分特征。[1] "人格物说"认为,人格物,是指一类与人格利益紧密相连、体现人的深厚情感与意志、其毁损与灭失所造成的痛苦无法通过普通替代物予以补救的特定物。这类物在司法实务中主要有死者遗骨、坟墓、定情信物、结婚照片、名人书信或手稿、毕业证书、荣誉证书、祖宅、祖师画像以及冷冻胚胎等特定物,并呈不断扩大之势。[2] 支持该观点的学者进一步论证以人格物来对冷冻胚胎进行界定的优势:第一,兼顾胚胎的人格属性与物之属性。第二,符合我国民事法律体系传统。我国民事法律体系深受大陆法系"非人即物"的二元结构影响,从民事立法及司法实践都可以看出这种影响之深刻。将胚胎定性为人格物没有超出二元结构的调整范围,维护了二元结构民事法律体系的完整性,符合我国民事法律体系的传统。第三,遵从公序良俗的道德准则。[3] 笔者认为,"人格物说"的最大优势在于其第二点,在该观点之下冷冻胚胎能很好地融入现有的民法体系。

二、其他民事权利的客体

1. 权利。通常认为,在法律有规定的情况下,权利可成为民事权利的客体。如《民法典》第115条第2句规定:"法律规定权利作为物权客体的,依照其规定。"具体来说,依据《民法典》物权编的规定,建设用地使用权可成为抵押权的客体,知识产权、债权可成为质权的客体。

2. 行为。债权是请求特定人为一定给付的行为,这种行为通常体现财产利益,所以债务人给付行为是债权的客体。

3. 人身利益。人身利益包括人格利益和身份利益两种形态。人格利益,是民事主体为维持其主体性要素所必备的利益,如生命健康、自由、名誉、荣誉、隐私等,可以成为相关人格权的客体。身份利益则是基于特定身份产生的伦理性利益,是身份权的客体。

第四节　民事法律事实

一、民事法律事实的概念和特征

(一)民事法律事实的概念

民事法律事实,是法律所规定的、能够引起民事法律关系发生、变更和消灭的客观现象。民事法律关系的发生,是指建立民事法律关系,例如,由于被继承人引起具体的继承法律关系发生,因为结婚引起夫妻关系发生等。民事法律关系的变更有广义和狭义之分。广义上是指民事法律关系3个要素中的一个或数个发生变化,有主体的变更、内容的变更、客体的变更3种形式。狭义的变更仅是指内容的变更和客体的变更,不包括主体的变更。如将租赁关系更改

---

[1] 参见杨立新:《人的冷冻胚胎的法律属性及其继承问题》,载《人民司法》2014年第13期。

[2] 参见冷传莉:《"人格物"权利冲突的构成机理与裁判之道》,载《法商研究》2021年第3期。

[3] 参见孙亚贤:《人格物及其存在之合理性论证——冷冻胚胎的民事法律属性之辩》,载《西部法学评论》2019年第6期。

为买卖关系,即为民事法律关系内容的变更;抵押物作为抵押法律关系的客体因毁损而减少,即为民事法律关系客体的变更。民事法律关系的消灭,指终止民事法律关系,如合同当事人行使解除权,可使合同关系归于消灭;离婚可使夫妻关系归于消灭。因此,民事法律事实是民事法律关系发生、变更和消灭的原因。

(二)民事法律事实的特征

1. 法律事实是一种客观现象。没有表现为客观现象的主观意识,不是法律事实。例如,内心存在订立合同的意思,却未表示出来,这种内心意思不能使合同成立。

2. 作为法律事实的客观现象必须同一定的法律效果相联系,能够引起民事法律关系的发生、变更和消灭。并非一切客观情况都可作为法律事实,日出日落、闲谈,不能引起任何法律效果,因而不是法律事实;而人的出生、成年、死亡等,能够引起一定的法律效果,因而是法律事实。

3. 作为法律事实的客观现象必须符合民法的规定。客观现象能否成为法律事实,要经过民事法律规范的价值评价,即只有符合民事法律规范规定的事实才是民事法律事实。

二、法律事实的分类

根据客观事实是否与人的意志有关,可以将法律事实分为事件和行为两大类。

(一)事件

事件又称自然事实,是指与人的意志无关,能够引起民事法律后果的客观现象。例如,人的死亡、物的灭失,都属于事件,它们一旦发生就能够引起婚姻关系、所有权关系的消灭等。作为法律事实的事件主要有以下两种:

1. 自然事件,是指与人的意志完全无关,因自然力的原因而发生的事件。包括自然灾害、人的出生和死亡、一定时间的经过、天然孳息的形成等。

2. 人为事件,是指由人的行为引起的事件。事件本身与人的意志无关,本身不包含人的意志属性,当然,事件的原因与人的行为是有关系的。主要包括:战争、罢工、动乱、征收等;人为事故,如纵火、交通事故等;人为原因导致的死亡;人的失踪。

(二)行为

行为,是指与当事人的意志有关的,能够引起民事法律关系发生、变更、消灭的人的活动。行为可以分为表示行为和非表示行为。非表示行为指的是事实行为。而表示行为包括民事法律行为和准民事法律行为。

1. 事实行为。事实行为,是指行为人实施的一定行为,一旦符合了法律规定的构成要件,无论行为人主观上是否有产生、变更、消灭某一民事法律关系的意思,都会因为法律的规定,从而引起一定的民事法律后果产生的行为。事实行为包括合法的和不合法的行为。拾得遗失物、漂流物属于合法的事实行为;而违约行为、侵害他人的人身和财产的行为则属于不合法的事实行为,这些行为一旦发生,就会引起法律的否定反应,行为人应依法承担相应的民事责任,并在行为人和受害人或其他人之间形成民事责任关系。

2. 民事法律行为。民事法律行为,是指民事主体通过意思表示设立、变更、终止民事法律关系的行为。其既包括合法有效的法律行为,也包括无效、可撤销和效力待定的法律行为。法律行为是最主要的法律事实。

3. 准民事法律行为。准民事法律行为,是指行为人实施的有助于确定民事法律关系相关因素的意思通知、观念通知、感情表示的行为。

(1)意思通知,是指以一定的意思或态度为表示内容的行为。意思通知包含以达成某项法律效果为目的的效果意思,并将之予以表现。意思通知依行为内容之不同,又可分为两类,第一类统称催告,如债务履行之催告、作出追认之催告、选择权行使之催告、解约之催告、申报债权之催告、支付租金之催告等。意思通知第二类统称拒绝,如要约之拒绝、受领清偿之拒绝、义务履行之拒绝等。

(2)观念通知,是指表示人对一定事实的观念或认识的通知。如承诺迟到通知、债权让与通知、瑕疵通知。

(3)感情表示,是指以一定的感情为表示内容的行为,即所谓"情之表示"。民法上涉及人之感情的主要是亲属继承法领域,其原因在于亲属继承法身份属性强烈。如《民法典》第1125条第2款规定的宽恕行为就是感情表示。[1]

三、民事法律事实构成

民事法律关系的产生、变更和消灭,在通常情况下只需要一个法律事实为根据,但在有些情况下需要有两个或两个以上的法律事实的相互结合为根据。例如,遗嘱继承法律关系,就需要立遗嘱的行为和遗嘱人死亡这两个法律事实才能够产生。这种引起民事法律关系的产生、变更或消灭的两个以上的法律事实的总和,即为民事法律事实的构成。

案例分析

钟某与李某是朋友关系,李某平是李某的父亲,2019年12月23日李某因资金紧张向钟某借款500,000元,李某平就此提供其名下的牌号为津A3××××汽车一辆进行抵押,未办理抵押登记。而后钟某如约出借500,000元,当时李某承诺该款于2020年1月15日前偿还,但至今李某只通过其亲属向钟某偿还145,000元,尚欠355,000元至今没有归还。钟某历经追索未果,故呈诉法院。经查,李某平名下的牌号为津A3××××汽车系其与女友王某共同出资购买。[2]

问题:本案当事人之间存在几种法律关系?

分析:本案当事人之间存在的法律关系有:①钟某与李某之间的借款合同关系;②李某与李某平之间的亲子关系;③李某平与钟某之间的动产抵押法律关系;④李某平和王某之间的共有关系。

思考题

1. 社会关系和民事法律关系有何联系与区别?
2. 物的主要分类有哪些?区分的法律意义是什么?
3. 事件和行为有何差异?

---

[1] 《民法典》第1125条规定:"继承人有下列行为之一的,丧失继承权:(一)故意杀害被继承人;(二)为争夺遗产而杀害其他继承人;(三)遗弃被继承人,或者虐待被继承人情节严重;(四)伪造、篡改、隐匿或者销毁遗嘱,情节严重;(五)以欺诈、胁迫手段迫使或者妨碍被继承人设立、变更或者撤回遗嘱,情节严重。继承人有前款第三项至第五项行为,确有悔改表现,被继承人表示宽恕或者事后在遗嘱中将其列为继承人的,该继承人不丧失继承权。受遗赠人有本条第一款规定行为的,丧失受遗赠权。"

[2] 案例来源:天津市津南区人民法院(2021)津0112民初956号民事判决书。

第四章　自　然　人

学习要点

本章学习自然人的民事权利能力、自然人的民事行为能力、监护、宣告失踪和宣告死亡、个体工商户与农村承包经营户等基本知识。注意理解民事权利能力与人格、民事主体等概念的关系以及权利能力取得与终止时间确定的伦理意义；结合我国民法，了解相关法律规范，如自然人的行为能力；监护人的职责，监护人的设定、变更、撤销和终止；宣告失踪和宣告死亡的条件和法律后果；个体工商户与农村承包经营户的法律地位和责任承担等。

第一节　自然人的民事权利能力

一、概念

自然人的民事权利能力，是指自然人得依法享有权利及承担义务的能力，是自然人成为民事主体的前提和基础，也称人格或者民事权利的享有。我国《民法典》第13条规定："自然人从出生时起到死亡时止，具有民事权利能力，依法享有民事权利，承担民事义务。"

理解民事权利能力，可以从以下几点入手：

第一，民事权利能力，是指自然人在民事活动中得以享有权利和承担义务的可能性，而非现实地享有具体权利或者承担具体的义务。例如，无论一名自然人是否实际地对某处房产拥有占有、使用的权利，他作为民事主体均有依法享有该项财产的可能性。

第二，凡具有享有权利和承担义务可能性的自然人均为民事主体。民事法律关系的3个要素即主体、客体及内容中，作为具有民事权利能力的自然人只能是民事法律关系中的主体；反之，民事法律关系中的客体不能包括作为民事法律关系主体的自然人。现代社会自然人平等地享有民事权利能力，不存在没有民事权利能力的自然人。所以，民事法律关系中的主体与客体严格区分。而在奴隶社会中，奴隶虽为自然人，却是民事法律关系的客体，因而奴隶即不具有民事权利能力。

第三，自然人实现其民事权利能力的结果是享有具体的民事权利和承担具体的民事义务。例如，如果一名自然人通过劳动或者与他人交易，从而取得一项具体的财产，则将法律赋予其享有民事权利的可能性转变为具体的权利，而在享有此具体的权利的同时，承担相对应的具体义务。

第四，自然人享有民事权利和承担民事义务的范围，只能通过法律规定赋予。在我国，《宪法》和《民法典》规定了其范围。例如，就享有权利而言，自然人得享有人身权、财产权、知识产权和继承权等。而对信用、信息等,《民法典》并未规定为相应的权利,民事主体只能依法享有相应的利益,而不能享有对应的权利。

民法中创设民事权利能力的概念,意在宣示一项法律伦理原则。现代社会只要被认定为生物意义上的人,即当然地、平等地享有民事权利能力,且不得剥夺、转让和抛弃,亦不得以性别、种族、国籍、阶级而区别对待。这是现代民法对人的价值尊严及主体性的确认。历史上,家长对家庭成员享有的家长权,奴隶主对奴隶的权利,在一定程度上限制或剥夺了部分自然人的民事权利能力。对封建家长制和奴隶制的废除是人类文明的伟大成就,而民事权利能力和基本原则的规定,是现代法对人类文明制度的法律确认。依据我国《民法典》第 13 条和第 57 条的规定,自然人和法人享有民事权利能力。动物不享有权利能力,人工智能也不享有民事权利能力。依此伦理性法律原则,宠物不能作为接受遗赠的主体,人工智能也不应享有著作权。为满足现在人的心理需求,可以运用各种法律技术满足上述现实需求,如遗赠财产给自然人或者法人或成立信托和基金会,附加保护特定宠物的义务。而同样依据伦理性法律原则的要求,只要为自然人,无论其是否为精神病人、植物人或者其他特殊之状态,都享有权利能力。

二、自然人民事权利能力的取得

(一)取得条件

自然人民事权利能力的取得始于出生,成为世界民法的通例。我国《民法典》第 13 条亦作出相同规定。所谓出生,是指与母体分离而保有生命。需具备“出”与“生”两个要件。“出”即分离,分离意味着独立个体的出现。“生”即活着,活着则意味着该独立个体保持生命的状态,成为生物意义上的人。

(二)出生时间的确定

胎儿出生时间的确定,有不同学说。一是“阵痛说”,即阵痛开始为胎儿出生;二是“一部分露出说”,即一部分露出母体即为出生;三是“全部露出说”,即胎儿全部露出母体为出生;四是“断带说”,即脐带剪断之时为出生;五是“出声说”,即婴儿第一声啼哭为出生;六是“独立呼吸说”,即以胎儿能独立呼吸为出生。以上各学说在衡量“出”与“生”两个标准方面可做参考,但均有一定欠缺。分离是否以脐带被剪断为必须,保有生命是否以啼哭或者独立呼吸为必须,都值得斟酌。《民法典》第 15 条规定:“自然人的出生时间和死亡时间,以出生证明、死亡证明记载的时间为准;没有出生证明、死亡证明的,以户籍登记或者其他有效身份登记记载的时间为准。有其他证据足以推翻以上记载时间的,以该证据证明的时间为准。”

(三)确定出生及出生时间的法律意义

民事权利能力始于出生。是否出生是判断民事主体是否存在或者是否曾经存在的重要依据。出生时间的确定涉及民事主体资格的开始的时间。判断是否出生对于确定侵权行为的受害人具有重要意义。例如,使用引产堕胎而胎儿分离母体时尚有生命的,这时胎儿成为独立民事主体。若致死亡是否能成为侵权行为的受害人,不无争议。而出于优生考虑的堕胎,更是具有伦理争议的话题。又如,接生时使用引产钳不当致婴儿脑瘫,该婴儿能否成为适格原告?因其受侵害时尚未出生不能成为民事主体而引发司法适用的争议,进而引起继承索赔等法律问题。

三、胎儿的权利能力

(一)立法对胎儿的保护

以自然人权利能力始于出生的法律规定推论,未出生的胎儿不享有权利能力,是完全符合规范意旨的结论。但若以此绝对严格否认胎儿的民事权利能力,则不利于对胎儿利益的保护。若完全承认胎儿的权利能力,则将引发受孕时间的确定,以及意外受孕、优生流产等一系列法律操作技术及伦理难题。对胎儿利益的保护,各国立法例大致可分为4种:一是一般性地赋予胎儿权利能力,承认胎儿的权利主体资格,对胎儿提供完备的法律保护;二是规定胎儿实质上没有权利能力,出于保护的必要与操作的需要,被视为有权利能力;三是法律以赋予胎儿某种或某几种权利的方法提供保护;四是不认为胎儿是独立的存在,通过对孕妇提供额外的保护来间接实现胎儿权利。[1] 我国《民法典》第16条规定:"涉及遗产继承、接受赠与等胎儿利益保护的,胎儿视为具有民事权利能力。但是,胎儿娩出时为死体的,其民事权利能力自始不存在。"法条中的但书规定是指在胎儿死产时溯及地丧失其权利能力,是法定的解除条件学说在立法上的体现。在一定条件下承认胎儿在出生前已享权利能力,更周全地保护了胎儿利益。《民法典》第1155条规定:"遗产分割时,应当保留胎儿的继承份额。胎儿娩出时是死体的,保留的份额按照法定继承办理。"

(二)胎儿民事权利能力的行使

《民法典》第16条规定涉及遗产继承、接受赠与等胎儿利益保护的,胎儿视为具有民事权利能力,关于胎儿行使民事权利(如继承权、受赠与权、非婚生胎儿对其生父的认领请求权等)的相关问题,根据《总则编司法解释》第4条的规定,涉及遗产继承、接受赠与等胎儿利益保护的,父母在胎儿娩出前可以作为法定代理人主张相应权利。

四、自然人民事权利能力的终止

依据《民法典》第13条的规定,自然人民事权利能力自死亡时终止。死亡包括自然死亡和宣告死亡。宣告死亡于后专节论述,以下主要论及自然死亡。

(一)自然死亡的认定

死亡认定主要有4种学说:一是"脑死亡说";二是"心脏停止跳动说";三是"呼吸停止说";四是"脉搏停止说"。4种学说于医学上各有利弊,于现实问题的处理(如器官移植等)也各有不同。以我国司法习惯,一般以心脏停止跳动作为认定死亡的标准。但随着现代医学技术的发展,既可以采取一定技术使心脏停止跳动的人得以复活,也可以依靠人工呼吸机使脑死亡者长时间保持心脏呼吸和血压,因此学说上"脑死亡学说"较具有影响力。但受传统文化的影响,脑死亡并未成为认定死亡的唯一标准。死亡是权利能力终止的标志,亦产生继承开始、婚姻消灭、债的关系消灭等法律效果。《民法典》第15条规定:"自然人的出生时间和死亡时间,以出生证明、死亡证明记载的时间为准;没有出生证明、死亡证明的,以户籍登记或者其他有效身份登记记载的时间为准。有其他证据足以推翻以上记载时间的,以该证据证明的时间为准。"

(二)死者利益保护的特殊规定

民事权利能力终于死亡,死亡的人不能享有权利。但是,死者的人格利益仍然应受到法律保护。尊重死者既是对死者人格的尊重,也是人们追求良好的道德风尚,促进社会进步的尊重,也有利于抚慰死者的近亲属。漠视对死者人格利益的保护,极易引发道德风险,不利于良好社会秩序的形成和维护。英烈人格利益已经成为社会利益甚至国家利益的组成部分,贬损

---

[1] 参见陈劲松:《试析胎儿利益保护模式》,载《行政与法》2018年第9期。

或不当利用英烈的声誉、肖像等人格利益，是对历史的不尊重，对民族感情也易造成伤害。《民法典》第994条规定："死者的姓名、肖像、名誉、荣誉、隐私、遗体等受到侵害的，其配偶、子女、父母有权依法请求行为人承担民事责任；死者没有配偶、子女且父母已经死亡的，其他近亲属有权依法请求行为人承担民事责任。"《民法典》第185条规定："侵害英雄烈士等的姓名、肖像、名誉、荣誉，损害社会公共利益的，应当承担民事责任。"

第二节 自然人的民事行为能力

一、概念

自然人具有民事权利能力，也即享有权利及负担义务的可能性。然而，欲将此可能性变为现实，则需要具备民事行为能力。民事行为能力，是指民事主体得通过自己意思表示使其行为发生法律效果的能力。具备以自己的行为独立进行民事活动资格的自然人即具有民事行为能力。

权利能力与行为能力不同，前者是民事主体享有权利及负担义务的资格，而后者是指以其自己的行为而享有权利及负担义务的资格。自然人自出生至死亡皆享有民事权利能力。权利能力和行为能力皆因法律赋予而享有，不能转让、抛弃或以约定限制。否则，将影响社会生活和自然的人格发展。之所以以年龄、智力及精神健康状态为标准对自然人民事行为能力进行限制，旨在保护未成年人及成年的无民事行为能力人和限制民事行为能力人的利益，同时维护必要的交易安全。

自然人只有具备意思能力，才能将享有权利及负担义务的可能性变为现实。所谓意思能力，是指辨认行为的性质和后果的能力。在通常情况下，年龄、智力、精神健康状态是判断自然人的意思能力有无的基本标准。

二、自然人民事行为能力的划分

（一）完全民事行为能力人

自然人随着年龄的增长，达到一定年龄已经具有一定的阅历，也积累了较丰富的社会经验和知识，相应地就具有识别和判断能力，并能充分预见自己行为的后果，可以独立地生活和工作。从法律上讲，成年人不仅意味着可以独立自主地行使权利，更意味着对自己的行为后果独立负责。大多数国家和地区将18周岁以上的自然人认定为完全民事行为能力人。《民法典》第17条规定，18周岁以上的自然人为成年人。不满18周岁的自然人为未成年人。《民法典》第18条规定，成年人为完全民事行为能力人，可以独立实施民事法律行为。16周岁以上的未成年人，以自己的劳动收入为主要生活来源的，视为完全民事行为能力人。

完全民事行为能力人可以以自己的行为独立从事民事活动，如买卖房屋、租赁房屋、受雇他人等。这里需要注意的是，未成年人不能以自己的名义从事购买房屋的活动，并不意味着不能在其名下拥有房屋。未成年人具备民事权利能力，故其享有受领财产的资格。

（二）限制民事行为能力人

1. 8周岁以上的未成年人。《民法典》第19条规定，8周岁以上的未成年人为限制民事行为能力人,实施民事法律行为由其法定代理人代理或者经其法定代理人同意、追认;但是,可以独立实施纯获利益的民事法律行为或者与其年龄、智力相适应的民事法律行为。同意是指事前同意,即限制民事行为能力的未成年人实施民事法律行为要经法定代理人的事前同意;追认是指事后追认,即限制民事行为能力的未成年人实施的民事法律行为要经法定代理人事后追认,才能对该未成年人发生法律效力。但是接受赠与或者购买学习用品等与其年龄、智力相适应的民事法律行为允许其独立实施。

2. 不能完全辨认自己行为的成年人。《民法典》第22条规定,不能完全辨认自己行为的成年人为限制民事行为能力人,实施民事法律行为由其法定代理人代理或者经其法定代理人同意、追认;但是,可以独立实施纯获利益的民事法律行为或者与其智力、精神健康状况相适应的民事法律行为。成年人因智力、精神健康状况导致不能完全辨认自己行为,如对较简单的普通事项和行为尚有基本判断能力和自我保护能力,但对较复杂或较重大的行为缺乏判断和保护能力,并不能预见自己行为的后果。因此,对于不能完全辨认自己行为的成年人为限制民事行为能力人,法律允许在一定范围内实施民事法律行为,一般民事法律行为均须经其法定代理人事前同意或事后追认。至于如何认定成年人进行的民事法律行为是否与其智力、精神健康状况相适应,依据《总则编司法解释》第5条的规定,应当结合其智力、精神健康状况、行为性质、行为后果以及标的、数量、价款或者报酬等多种因素综合判断,具体情况具体分析。不能完全辨认自己行为的成年人,其利害关系人或者居民委员会、村民委员会、学校、医疗机构、妇女联合会、残疾人联合会、依法设立的老年人组织、民政部门等有关组织,可以向人民法院申请认定该成年人为限制民事行为能力人。被人民法院认定为限制民事行为能力人的,本人或者利害关系人及上述有关组织可以向人民法院申请恢复为完全民事行为能力人,人民法院可以根据其智力、精神健康恢复的状况加以认定。

(三)无民事行为能力人

1. 不满8周岁的未成年人。8周岁以下的未成年人,其生理、心理发育仍然很不成熟,对自己行为的辨认识别能力以及行为后果的预见能力非常不足,为避免其权益受到侵害,法律将其确定为无民事行为能力人。《民法典》第20条规定:“不满八周岁的未成年人为无民事行为能力人,由其法定代理人代理实施民事法律行为。”鉴于8周岁以下的未成年人一般均处于其父母或其他监护人的全面保护之下,极少有独立实施民事行为的机会,其民事法律行为可由其监护人全面代理实施。至于在日常生活中接受的小额赠与,可以看作为事实行为。[1]

2. 不能辨认自己行为的成年人及8周岁以上的不能辨认自己行为的未成年人。《民法典》第21条规定:“不能辨认自己行为的成年人为无民事行为能力人,由其法定代理人代理实施民事法律行为。八周岁以上的未成年人不能辨认自己行为的,适用前款规定。”不能辨认自己行为的成年人,其利害关系人或者居民委员会、村民委员会、学校、医疗机构、妇女联合会、残疾人联合会、依法设立的老年人组织、民政部门等有关组织,可以向人民法院申请认定该成年人为无民事行为能力人。被人民法院认定为无民事行为能力人的,本人或者利害关系人及上述有关组织可以向人民法院申请恢复为限制民事行为能力人或完全民事行为能力人,人民法院可以根据其智力、精神健康恢复的状况加以认定。

---

〔1〕 参见黄薇主编:《中华人民共和国民法典总则编释义》,法律出版社2020年版,第60页。

第三节 监 护

一、概念及性质

监护人通过监管被监护人的事务或给予被监护人许可等方式，对被监护人人身、财产及其他合法权益进行保护，并由监护人对被监护人行为承担民事责任的法律制度，称为监护。

世界各国均在民事立法中规定了监护制度。我国《民法典》第34条规定："监护人的职责是代理被监护人实施民事法律行为，保护被监护人的人身权利、财产权利以及其他合法权益等。监护人依法履行监护职责产生的权利，受法律保护。监护人不履行监护职责或者侵害被监护人合法权益的，应当承担法律责任……"由此可以看出设立监护制度的目的，一方面是为了对缺乏保护能力的无民事行为能力人和限制民事行为能力人的合法权益进行保护；另一方面是为了明确不能完全承担民事责任的人，以便于保护他人的合法权益。

关于监护的性质，学界多有争议。有"权利说"、"义务说"和"职责说"。"权利说"认为监护权是一种身份权；"义务说"认为监护权是法律课以监护人的义务；"职责说"认为监护是一种职责，法律对特定主体课以相应义务，旨在保护被监护人及他人的合法权益，维护社会的正常秩序，不至于被监护人的财产无人管理，亦不至于被监护人行为无人承担责任。因履行监护职责，监护人依据法律亦享有的相应的权力。监护人行使监护权，被监护人应当服从，而监护人亦不得随意辞去监护。[1]《民法典》第34条第1款规定："监护人的职责是代理被监护人实施民事法律行为，保护被监护人的人身权利、财产权利以及其他合法权益等。"可见，我国立法采职责说。

二、监护人的设定

（一）法定监护人

所谓法定监护人，是指由法律直接规定而设置的监护人。在父母与子女之间依照法律直接规定设定监护人，旨在将父母对子女抚养、教育和保护的法律义务明确化、法定化。在家庭成员之间依照法律规定直接设定监护人，旨在强调家庭责任，促进家庭关系的和谐。实践中，为防止具有监护资格的人推脱监护责任，导致无民事行为能力人或者限制民事行为能力人的权益得不到保护，故通过法律直接规定的方式，明确担任监护人的顺位。如具有监护资格的人认为自己不适合担任监护人或者均有意愿担任监护人的，可协商处理。协商不成的，可根据监护顺位和监护争议解决程序处理。

关于未成年人监护人的设定，我国《民法典》第27条规定："父母是未成年子女的监护人。未成年人的父母已经死亡或者没有监护能力的，由下列有监护能力的人按顺序担任监护人：(一)祖父母、外祖父母；(二)兄、姐；(三)其他愿意担任监护人的个人或者组织，但是须经未成年人住所地的居民委员会、村民委员会或者民政部门同意。"

关于无民事行为能力或限制民事行为能力的成年人监护人的设定，我国《民法典》第28条

---

〔1〕 参见王利明主编：《民法》(第8版)，中国人民大学出版社2020年版，第67页。

规定:“无民事行为能力或者限制民事行为能力的成年人,由下列有监护能力的人按顺序担任监护人:(一)配偶;(二)父母、子女;(三)其他近亲属;(四)其他愿意担任监护人的个人或者组织,但是须经被监护人住所地的居民委员会、村民委员会或者民政部门同意。”

(二)遗嘱指定监护人

遗嘱指定监护人是父母通过立遗嘱选择值得信任并对保护被监护人权益最有利的人担任监护人。遗嘱指定监护人应当优先于法定监护,被指定的监护人应当具有监护能力,能够履行监护职责。通过遗嘱指定监护人应当仅限于立遗嘱时具有监护权的父母,其他人不能通过遗嘱指定监护人。父母与子女之间血缘关系最近,情感最为深厚,最关心子女的健康成长和权益保护。实践中父母生前为需要监护的子女作出监护安排,既体现父母的真实意愿,也有利于更好地保护被监护人的利益,法律自当予以认可。为此,《民法典》第 29 条规定,被监护人的父母担任监护人的,可以通过遗嘱指定监护人。与境外立法例仅限于为未成年子女遗嘱指定监护人不同,我国立法允许父母为无民事行为能力和限制民事行为能力的成年子女通过遗嘱指定监护人。根据《总则编司法解释》第 7 条的规定,担任监护人的被监护人父母通过遗嘱指定监护人,遗嘱生效时被指定的人不同意担任监护人的,应当按照法定监护的规定确定监护人。未成年人由父母担任监护人,父母中的一方通过遗嘱指定监护人,另一方在遗嘱生效时有监护能力,有关当事人对监护人的确定有争议的,也应当按照法定监护的规定确定监护人。

(三)协议确定监护人

具有监护人资格的人可以根据各自生活状况、经济条件、能够提供的教育条件以及生活照料措施等,在尊重被监护人意愿的基础上,经过充分协商确定合适的监护人。这既体现了对具有监护资格人的共同意愿的尊重,也有利于保护被监护人的合法权益。《民法典》第 30 条规定:“依法具有监护资格的人之间可以协议确定监护人。协议确定监护人应当尊重被监护人的真实意愿。”理解该条规定,应当注意以下几点:第一,协议主体应仅限于具有监护资格的人。第二,协议确定的监护人应当在具有监护资格的人中选择。第三,充分尊重被监护人的真实意愿,需要结合多种因素综合判断,探求被监护人的真实愿望。如被监护人具有一定的认知判断能力和表达能力的,应当征求其意见。第四,协议确定监护人后,监护人应当履行监护职责,不得随意变更。另外,《总则编司法解释》第 8 条规定:“未成年人的父母与其他依法具有监护资格的人订立协议,约定免除具有监护能力的父母的监护职责的,人民法院不予支持。协议约定在未成年人的父母丧失监护能力时由该具有监护资格的人担任监护人的,人民法院依法予以支持。依法具有监护资格的人之间依据民法典第三十条的规定,约定由民法典第二十七条第二款、第二十八条规定的不同顺序的人共同担任监护人,或者由顺序在后的人担任监护人的,人民法院依法予以支持。”

(四)法定机关指定监护人

对确定监护人有争议时,可以由有关机关指定,或者申请法院指定。无法指定时,由法定机关直接担任监护人。《民法典》第 31 条规定:“对监护人的确定有争议的,由被监护人住所地的居民委员会、村民委员会或者民政部门指定监护人,有关当事人对指定不服的,可以向人民法院申请指定监护人;有关当事人也可以直接向人民法院申请指定监护人。居民委员会、村民委员会、民政部门或者人民法院应当尊重被监护人的真实意愿,按照最有利于被监护人的原则在依法具有监护资格的人中指定监护人。依据本条第一款规定指定监护人前,被监护人的人身权利、财产权利以及其他合法权益处于无人保护状态的,由被监护人住所地的居民委员会、村民委员会、法律规定的有关组织或者民政部门担任临时监护人。监护人被指定后,不得擅自变更;擅自变更的,不免除被指定的监护人的责任。”《总则编司法解释》第10条规定:“有关当事人不服居民委员会、村民委员会或者民政部门的指定,在接到指定通知之日起三十日内向人民法院申请指定监护人的,人民法院经审理认为指定并无不当,依法裁定驳回申请;认为指定不当,依法判决撤销指定并另行指定监护人。有关当事人在接到指定通知之日起三十日后提出申请的,人民法院应当按照变更监护关系处理。”《民法典》第32条规定:“没有依法具有监护资格的人的,监护人由民政部门担任,也可以由具备履行监护职责条件的被监护人住所地的居民委员会、村民委员会担任。”另外,根据《民法典》第36条第1款的规定,在监护人被撤销监护人资格后,人民法院可按照最有利于被监护人的原则依法指定监护人。根据《总则编司法解释》第9条的规定,确定最有利于被监护人的原则,应当参考以下因素:(1)与被监护人生活、情感联系的密切程度;(2)依法具有监护资格的人的监护顺序;(3)是否有不利于履行监护职责的违法犯罪等情形;(4)依法具有监护资格的人的监护能力、意愿、品行等。人民法院依法指定的监护人一般应当是一人,由数人共同担任监护人更有利于保护被监护人利益的,也可以是数人。

(五)意定监护人

意定监护,是指具有完全民事行为能力的成年人,按照自己的意愿事先确定自己的监护人,在自己丧失或者部分丧失民事行为能力时,由该监护人履行监护职责。为了适应老龄化社会和改善身心障碍者福利,日本、法国、英国、加拿大等国均通过立法规定了意定监护制度。[1]《民法典》第33条规定:“具有完全民事行为能力的成年人,可以与其近亲属、其他愿意担任监护人的个人或者组织事先协商,以书面形式确定自己的监护人。在自己丧失或者部分丧失民事行为能力时,由该监护人履行监护职责。”理解该条规定,应当注意以下4点:第一,意定监护必须坚持当事人自愿原则。法律允许当事人对自己将来的监护事务事先作出安排,是自愿原则在监护领域的贯彻落实。第二,应当事先与拟定监护人协商一致,应当同时尊重拟定监护人的意愿。第三,意定监护应当采取书面形式,并明确双方认可的内容,确保真实性和合法性。第四,意定监护是在尊重成年人自己意愿的基础上形成的,应优先于法定监护而适用。

根据《总则编司法解释》第11条的规定,具有完全民事行为能力的成年人通过签订书面监护协议确定自己的监护人后,协议任何一方在该成年人丧失或者部分丧失民事行为能力前均可请求人民法院解除协议。在该成年人丧失或者部分丧失民事行为能力后,意定监护人无正当理由不得请求人民法院解除监护协议。但是,意定监护人有损害被监护人身心健康行为,或者怠于履行监护职责以及无法履行监护职责又拒绝将监护职责委托给他人,或者实施严重侵害被监护人合法权益的其他行为的,有关个人或组织可以申请人民法院撤销其监护人资格。

三、监护人的职责

监护人的职责主要包括监护人的义务及其责任,也包括因履行监护职责所产生的权利等。设定监护人职责,旨在保护被监护人的人身权利、财产权利以及其他合法权利,弥补被监护人民事行为能力的不足,同时对监护人不履行监护职责或者侵害被监护人合法权益的行为进行

---

〔1〕 参见黄薇主编:《中华人民共和国民法典总则编释义》,法律出版社2020年版,第90页。

约束。

我国《民法典》规定的监护人的职责概括如下 7 点:(1)代理被监护人实施民事法律行为。监护人可以被监护人的名义取得民事权利和履行民事义务,可以被监护人的名义参加诉讼活动。(2)保护被监护人的人身权利,财产权利以及其他合法权益等。(3)父母作为未成年人的监护人,负有抚养教育和保护的义务;子女作为父母的监护人,负有赡养、扶助和保护的义务。(4)监护人不履行监护职责,应承担法律责任,在监护关系存续过程中,因监护人不履行监护职责,致使被监护人或他人的人身财产及其他合法权益受到损害的,监护人依法应承担相应法律责任。(5)监护人侵害被监护人合法权益应承担法律责任。监护人因故意或过失致使被监护人权益受到侵害的,应承担相应的法律责任。(6)监护人除维护被监护人利益外,不得处分被监护人的财产。(7)被监护人有能力独立处理自己事务的,监护人不得干涉。监护人履行其监护职责,应当遵守最有利于被监护人的原则,并尊重未成年人的真实意愿,在被监护人为成年人时,最大限度地尊重被监护人的真实意愿。

根据《总则编司法解释》第 13 条的规定,监护人因患病、外出务工等原因在一定期限内不能完全履行监护职责,将全部或者部分监护职责委托给他人,当事人主张受托人因此成为监护人的,人民法院不予支持。

四、监护人资格的撤销

保护被监护人的利益是设立监护制度的重要目的,在监护人侵害被监护人利益的情况下,有必要通过一定程序撤销监护人的监护资格。《民法典》第 36 条规定:"监护人有下列情形之一的,人民法院根据有关个人或者组织的申请,撤销其监护人资格,安排必要的临时监护措施,并按照最有利于被监护人的原则依法指定监护人:(一)实施严重损害被监护人身心健康的行为;(二)怠于履行监护职责,或者无法履行监护职责且拒绝将监护职责部分或者全部委托给他人,导致被监护人处于危困状态;(三)实施严重侵害被监护人合法权益的其他行为。本条规定的有关个人、组织包括:其他依法具有监护资格的人,居民委员会、村民委员会、学校、医疗机构、妇女联合会、残疾人联合会、未成年人保护组织、依法设立的老年人组织、民政部门等。前款规定的个人和民政部门以外的组织未及时向人民法院申请撤销监护人资格的,民政部门应当向人民法院申请。"

五、监护关系的终止

当一定的法律事实出现,足以导致监护法律关系终止时,监护关系得以终止。《民法典》第 39 条列举了需要终止监护关系的 3 类情形并作了兜底性规定。(1)被监护人取得或者恢复完全民事行为能力。未成年人年满 18 周岁,成为成年人;或者年满 16 周岁,但以自己的劳动收入为主要生活来源,即取得完全民事行为能力。无民事行为能力或者限制民事行为能力的成年人的智力、精神健康状况恢复正常,即恢复完全民事行为能力。被监护人取得或者恢复完全民事行为能力,监护没有存在的必要,监护关系终止。(2)监护人丧失监护能力。监护人具有监护能力,是具有监护资格的必要条件。如果监护人丧失监护能力,也就不得担任监护人,监护关系终止。根据《总则编司法解释》第 6 条的规定,人民法院认定自然人的监护能力,应当根据其年龄、身心健康状况、经济条件等因素确定;认定有关组织的监护能力,应当根据其资质、信用、财产状况等因素确定。(3)被监护人或者监护人死亡。被监护人或者监护人任何一方死亡,监护关系自动终止。(4)人民法院认定监护关系终止的其他情形。该项兜底性规定主要包括监护人资格被人民法院撤销,有正当理由向法院申请变更监护人并得到法院许可等。监护关系终止后,被监护人仍然需要监护的,应当依法按照最有利于被监护人的原则另行确定监护人。

《总则编司法解释》第12条规定:"监护人、其他依法具有监护资格的人之间就监护人是否有民法典第三十九条第一款第二项、第四项规定的应当终止监护关系的情形发生争议,申请变更监护人的,人民法院应当依法受理。经审理认为理由成立的,人民法院依法予以支持。被依法指定的监护人与其他具有监护资格的人之间协议变更监护人的,人民法院应当尊重被监护人的真实意愿,按照最有利于被监护人的原则作出裁判。"

六、监护人资格的恢复

被监护人的父母或者子女被人民法院撤销监护人资格后,除对被监护人实施故意犯罪的外,确有悔改表现的,经其申请,人民法院可依据《民法典》第38条的规定,在尊重被监护人真实意愿的前提下,视情况恢复其监护人资格,人民法院指定的监护人与被监护人的监护关系同时终止。通常情况下,只有发生严重损害被监护人身心健康的情形,才会被撤销监护人资格。因此对监护人资格的恢复应当非常慎重。理解监护人资格恢复的法律规定,应当注意把握以下4点:第一,监护人资格的恢复仅适用于被监护人的父母或者子女;第二,没有对被监护人实施故意犯罪的情形;第三,经人民法院综合判断认定确有悔改表现;第四,要尊重被监护人意愿。

第四节　宣告失踪和宣告死亡

罗马法中为失踪人设立管理人的制度,以及日耳曼法中的死亡推定制度,是宣告失踪和宣告死亡制度的历史渊源。长期下落不明的人,其财产关系和人身关系处于不确定状态。如果法律不以某种方式予以确定,则不利于社会关系的稳定,不利于利害关系人合法权益的保护。现代各国民法中均设置有宣告失踪和宣告死亡制度。

一、宣告失踪

宣告失踪,是指自然人下落不明达到法定期限,经利害人关系人申请,由人民法院宣告该自然人为失踪人的法律制度。依据《总则编司法解释》第14条的规定,利害关系人包括被申请人的近亲属、代位继承人、丧偶儿媳或丧偶女婿、债权人、债务人、合伙人等与被申请人有民事权利义务关系的民事主体。但是,不申请宣告失踪不影响其权利行使或义务履行的除外。

(一)宣告失踪的条件

1. 自然人失去音讯,下落不明。下落不明,是指自然人离开住所后确切行踪消失,无法正常通信联系,且不能确定其生存或死亡。如果能确定生存或能确定死亡的,均不能适用宣告失踪制度。

2. 下落不明的状态持续达到两年期限。自然人自失去音讯之日起,或者战争结束之日起,或者自有关机关确定下落不明之日起下落不明状态持续两年。

3. 须经利害关系人的申请。自然人的近亲属、监护人或与该自然人有权利义务关系的相对人为自然人的利害关系人,可以向人民法院申请宣告该自然人为失踪人。

4. 须经法院依法宣告。在利害关系人申请后,由人民法院依法根据民事诉讼特别程序判决宣告，方能确定为失踪人。

（二）宣告失踪的法律后果

为了维护稳定的社会关系，保护失踪人和利害关系人的合法权益，宣告失踪后，其法律后果是失踪人的财产将由代管人代管。

1. 财产代管人的设置。《民法典》第42条规定："失踪人的财产由其配偶、成年子女、父母或者其他愿意担任财产代管人的人代管。代管有争议，没有前款规定的人，或者前款规定的人无代管能力的，由人民法院指定的人代管。"所谓"无能力代管"，是指有资格的财产代管人无民事行为能力或没有管理失踪人财产的能力。

2. 财产代管人的职责。首先，财产代管人应当妥善管理代管财产。"妥善管理"就是要求财产代管人尽到善良管理人的注意义务，把失踪人的财产当作自己的财产管理，包括妥善保管、妥善维护以及必要时为失踪人利益而合理处分其财产等。其次，财产代管人可以失踪人的财产代失踪人支付欠缴的税款、尚未付清的债务、失踪人应当支付的赡养费、扶养费、抚育费和其他因代管财产产生的管理费等必要费用。最后，财产代管人因故意或者重大过失造成失踪人财产损失的，应当承担赔偿责任。需要注意的是，由于财产代管人代管失踪人的财产是基于法律规定，而非合同义务，且属于无偿管理，故财产代管人仅因故意或重大过失造成失踪人财产损失时，才需承担赔偿责任，一般过失无须承担赔偿责任。《民法典》第43条规定："财产代管人应当妥善管理失踪人的财产，维护其财产权益，失踪人所欠税款、债务和应付的其他费用，由财产代管人从失踪人的财产中支付。财产代管人因故意或者重大过失造成失踪人财产损失的，应当承担赔偿责任。"《总则编司法解释》第15条规定了有关财产代管人的诉讼地位："失踪人的财产代管人向失踪人的债务人请求偿还债务的，人民法院应当将财产代管人列为原告。债权人提起诉讼，请求失踪人的财产代管人支付失踪人所欠的债务和其他费用的，人民法院应当将财产代管人列为被告。经审理认为债权人的诉讼请求成立的，人民法院应当判决财产代管人从失踪人的财产中支付失踪人所欠的债务和其他费用。"

3. 财产代管人的变更。由于各种原因，财产代管人可能出现消极不作为行为，如不积极清收到期债权，不缴纳应当缴纳的税款，不清偿应当清偿的债务等；或者有实施侵害失踪人财产权益行为，如不当处分、侵占、挥霍失踪人财产等；或者财产代管人丧失代管能力的，如因生病、受伤等丧失代管能力，利害关系人可以向人民法院申请变更财产代管人。财产代管人也可由于自身原因申请变更财产代管人，如因出国、长期外地出差等无法履行代管职责。财产代管人变更后，原财产代管人应当向变更后的财产代管人移交财产并报告财产代管情况。《民法典》第44条规定："财产代管人不履行代管职责，侵害失踪人财产权益或者丧失代管能力的，失踪人的利害关系人可以向人民法院申请变更财产代管人。财产代管人有正当理由的，可以向人民法院申请变更财产代管人，人民法院变更财产代管人的，变更后的财产代管人有权请求原财产代管人及时移交有关财产并报告财产代管情况。"

（三）宣告失踪的撤销

失踪人重新出现，即因重获音讯而消除了下落不明的状态后，经法定程序后宣告失踪得以撤销。首先，撤销宣告失踪需满足失踪人重新出现基本事实条件，然后经本人或利害关系人申请，由法院撤销失踪宣告。其次，撤销宣告失踪后，财产代管人有义务及时向失踪人移交财产、停止代管行为，由本人恢复对自己财产的控制，并向本人报告财产代管情况。《民法典》第45

条规定:“失踪人重新出现,经本人或者利害关系人申请,人民法院应当撤销失踪宣告。失踪人重新出现,有权请求财产代管人及时移交有关财产并报告财产代管情况。”

二、宣告死亡

宣告死亡,是指自然人下落不明达到法定期限,经利害关系人申请,按照法定程序,由法院宣告其死亡的一项法律制度。宣告失踪制度解决了失踪人财产代管问题,部分满足了稳定财产关系的需要。但如果自然人下落不明状态长久持续,除财产关系外,也会对其婚姻家庭关系带来严重影响。宣告死亡制度设置目的在于结束自然人以住所地为中心的民事法律关系,使自然人的人身关系和财产关系处于稳定状态。

(一)宣告死亡的条件

1. 自然人下落不明并持续一定期间。《民法典》第46条规定:“自然人有下列情形之一的,利害关系人可以向人民法院申请宣告该自然人死亡:(一)下落不明满四年;(二)因意外事件,下落不明满二年。因意外事件下落不明,经有关机关证明该自然人不可能生存的,申请宣告死亡不受二年时间的限制。”《总则编司法解释》第17条规定:“自然人在战争期间下落不明的,利害关系人申请宣告死亡的期间适用民法典第四十六条第一款第一项的规定,自战争结束之日或者有关机关确定的下落不明之日起计算。”

2. 利害关系人向法院提出申请。依据《总则编司法解释》第16条的规定,利害关系人包括:配偶、父母、子女以及对被申请人有继承权的丧偶儿媳或丧偶女婿;在被申请人的配偶、父母、子女均已死亡或下落不明的,或者不申请宣告死亡不能保护其合法权益的情况下,兄弟姐妹、祖父母、外祖父母、孙子女、外孙子女等其他近亲属或代位继承人。在一般情况下,被申请人的债权人、债务人、合伙人等民事主体不能认定为利害关系人,但是不申请宣告死亡不能保护其相应合法权益的除外。利害关系人可以先申请宣告失踪,再申请宣告死亡,也可以直接申请死亡。符合宣告死亡条件,但利害关系人只申请宣告失踪,应当仅宣告失踪。对同一自然人,有的利害关系人申请宣告死亡,有的利害关系人申请宣告失踪,符合《民法典》规定的宣告死亡条件的,法院应当宣告死亡。

3. 公告期满仍无音讯。法院在受理利害关系人宣告死亡申请后,应当公告。在公告期满后仍无音讯的,法院应当判决确认该自然人已经死亡。如果公告期间获得该自然人音讯或者确认已经死亡的,法院应当判决驳回申请。

(二)宣告死亡的法律后果

被宣告死亡后,自然人以住所地为中心的民事法律关系与自然死亡发生同样的法律后果。自然人被宣告死亡但是实际并未死亡的,不影响该自然人在被宣告死亡期间实施的民事法律行为的效力。

与自然死亡一样,被宣告死亡人的财产和债权债务开始清理,继承人开始继承;其与配偶的婚姻关系自被宣告死亡之日起消灭,配偶可另行缔结婚姻关系。

(三)宣告死亡的撤销

如果被宣告死亡的人重新出现或者确定未死亡的,宣告死亡的推定基础丧失,应当被撤销。《民法典》第50条规定:“被宣告死亡的人重新出现,经本人或者利害关系人申请,人民法院应当撤销死亡宣告。”

(四)撤销死亡宣告的法律后果

被宣告死亡后自然人的财产关系和人身关系已经发生重大变化,撤销宣告死亡后的相关问题应当得到妥善处理。

1. 婚姻关系。被宣告死亡的人的婚姻关系,自死亡宣告之日起消除。死亡宣告被撤销的,婚姻关系自撤销死亡宣告之日起自行恢复。但是,其配偶再婚或者向婚姻登记机关书面声明不愿意恢复的除外。

2. 收养关系。被宣告死亡的人在被宣告死亡期间,其子女被他人依法收养的,在死亡宣告被撤销后,不得以未经本人同意为由主张收养行为无效。

3. 财产关系。被撤销死亡宣告的人有权请求依据《民法典》继承编取得其财产的民事主体返还财产;无法返还的,应当给予适当补偿。利害关系人隐瞒真实情况,致使他人被宣告死亡而取得其财产的,除应当返还财产外,还应当对由此造成的损失承担赔偿责任。

第五节　个体工商户与农村承包经营户

自然人除一般民事行为能力外,还可以个体工商户与农村承包经营户等方式,参与生产经营和工商业活动,具有特殊的行为能力。《民法典》总则编对个体工商户和农村承包经营户作了专门规定,是我国特有的自然人参与生产经营和工商业活动的法律制度。

一、个体工商户

(一)个体工商户的概念和法律特征

个体工商户,是指自然人以其个人或者家庭财产作为经营资本,经依法登记从事工商业活动的特殊形式。其法律特征如下:

1. 个体工商户具有从事工商业经营的特殊行为能力。个体工商户属于个体经济的一种形式,其经营资本由个人或者家庭财产出资形成,财产所有者、经营者和劳动者并不做明显分离。

2. 个体工商户必须经依法登记。个体工商户作为市场主体的一种类型,应当遵守《市场主体登记管理条例》(2022 年 3 月 1 日实施)的规定办理登记。未经登记,不得以市场主体名义从事经营活动。市场主体登记包括设立登记、变更登记和注销登记。

3. 个体工商户可以以字号为名对外进行民事活动。个体工商户的商事特质,并没有改变其自然人主体属性范畴。在经营过程中,有字号的个体工商户一般以字号的名义开展经营活动。在诉讼中,个体工商户以营业执照上登记的经营者为当事人。有字号的,以营业执照上登记的字号为当事人,但应同时注明该字号经营者的基本信息。

(二)个体工商户的资格取得

申请登记为个体工商户,应当向经营场所所在地登记机关申请注册登记。申请人应当提交登记申请书、身份证明和经营场所证明,应当对经营者姓名和住所、组成形式(个人或者家庭经营)、经营范围、经营场所(只能有一处场所)以及名称(如有)进行登记,无固定经营场所摊贩的管理办法,由省、自治区、直辖市人民政府根据当地实际情况规定。

(三)个体工商户的债务承担

个体工商户的债务,个人经营的以个人财产承担,家庭经营的以家庭财产承担,个人经营和家庭经营无法区分的以家庭财产承担。

（四）个体工商户的变更与注销

个体工商户登记事项变更的，应当向登记机关申请变更登记。个体工商户变更经营者的，应当在办理注销登记后由新的经营者重新申请办理注册登记。家庭经营的个体工商户，在家庭成员间变更经营者的，依照同样方式办理变更登记。《个体工商户条例》规定，申请注册登记或者变更登记的，登记事项属于依法须取得行政许可的，应当向登记机关提交许可证明。个体工商户不再从事经营活动的，应当到登记机关办理注销登记。个体工商户申请转变为企业组织形式，符合法定条件的，登记机关和有关行政机关应当为其提供便利。

二、农村承包经营户

（一）概念

农村承包经营户，是指依法取得农村土地承包经营权，从事家庭承包经营的农村集体经济组织成员。农村承包经营户的法律特征为：第一，农村承包经营户的主体是农村集体经济组织成员；第二，农村承包经营户以承包合同为基础开展生产经营活动，无须注册登记；第三，农村承包经营户是自然人从事生产经营活动的特殊形式，是集体经济经营方式的法律表现。

（二）农村承包经营户的债务承担

农村承包经营户的债务，以从事农村土地承包经营的农户财产承担；事实上由农户部分成员经营的，以该部分成员的财产承担。

疑难问题论争

1. 权利能力与人格概念是同义，还是有所扬弃？

多数学者认为，民法中创设民事权利能力的概念，意在宣示一项法律伦理原则。现代社会只要被认定为生物意义上的人，即当然地、平等地享有民事权利能力，且不得剥夺、转让和抛弃，亦不得以性别、种族、国籍、阶级而区别对待。这是现代民法对人的价值尊严及主体性的体认，与人格同义。但也有学者认为，权利能力将民事主体理论关注的重心，从共同体赋予的角色和地位，转变到主体自身具有的属性上来。从某种意义上来说，用“能力”（权利能力）取代了“资格”（人格）。“能力”的有无是一个事实问题，不依赖他人的承认；而“资格”则有待于他人的承认与赋予。用“能力”取代“资格”，将自然人的出生变为一个法律事件，自然人依出生而取得权利能力，无须共同体的承认，从而贯彻了天赋人权的思想。[1]

2. 智能机器人是否享有民事权利能力？未来立法趋势如何？

目前学者对智能机器人的法律人格持有不同观点，概括列举如下：[2]

（1）“否定说”。“否定说”是目前多数学者对智能机器人法律人格所持有的观点，他们从不同的角度阐述智能机器人不具有法律人格。杨立新教授认为，智能机器人仍属于物的范畴，属人工类人格，其仍作为权利客体受《民法典》规制。郑戈教授从最终责任承担人的角度认为，智能机器人无法赔付财产或人身损害损失，赋予其“法律人格”十分多余。吴汉东教授认为，目前状况下机器人不同于民法意义上的自然人，也有别于《民法典》中规定的法人，具有拟制法律

〔1〕 参见冯珏：《自然人与法人的权利能力　对于法人本质特征的追问》，载《中外法学》2021年第2期。

〔2〕 参见付子堂、赵译超：《智能机器人法律地位的审视》，载《人工智能法学研究》2018年第1期。

人格,如赋予机器人以法律主体资格,在法理也不可行。

(2)"肯定说"。"肯定说"认为,随着对智能机器人未完善领域不断地探索,智能机器人未来将进一步智能化,它们甚至能够完全支配自己的行为并有所创新,达到甚至超越人类的认知水平,处理问题时的速度和准确度远远超过人类。因此,赋予人工智能机器人人格在保护私人财产、促进科技进步方面有重要意义。有国家已经通过立法赋予智能机器人以法律人格地位。

(3)"中间说"。"中间说"认为,智能机器人享有有限人格。比较自然人和法人人格的异同,认为智能机器人承担行为后果的物质基础不足,赋予其有限法律人格较符合现在对智能机器人的法律定位。

案例分析

16 岁的少年甲向邻居乙借钱 1000 元购买自行车,在购车时不慎将钱丢失。乙要求甲还钱,甲不得已将事情告诉父母。甲的父母一方面对儿子进行批评教育,另一方面则认为乙不应该借钱给其未成年的儿子,而且钱已经丢失,因而拒绝还钱。

问题:甲的父母是否应该向乙偿还 1000 元钱,为什么?

分析:本案可分两种情况进行判断:第一种情况,甲已满 16 周岁且以自己的劳动收入为主要生活来源。在此种情况下,甲为完全民事行为能力人,其与乙之间借款行为有效,所借款项应该由甲本人返还。第二种情况,甲已满 16 周岁但未满 18 周岁,为限制民事行为能力人,其所为行为为效力待定的民事行为,需法定代理人追认后方为有效。从本案中可以看出,甲的父母作为其法定代理人并没有追认之意,故甲所为民事行为无效。根据无效行为法律后果,甲应该向乙返还所借款 1000 元。由于甲为限制民事行为能力人,根据《民法典》的相关规定,甲的父母应该承担返还责任。如果甲有财产,可以从其财产中支付,不足部分由其父母返还。

思考题

1.《民法典》通过哪些条文对自然人民事权利能力和行为能力进行规定?对胎儿利益保护有哪些特别规定?

2. 结合《民法典》的规定,对监护人设定进行类型化分析。

3. 在立法中规定宣告失踪和宣告死亡制度的意义如何?

4. 在"代孕"、人工授精受孕、因强奸而致受孕等特殊情景中,结合本章内容你可以发现哪些值得探讨的法律问题。

第五章 法 人

学习要点

本章主要学习法人的概念、法人的本质、法人的民事能力、法人的分类，以及法人的成立、变更和终止等基本知识。重点理解独立承担责任、依法设立、章程等要素与法人的关系；"法人拟制说"、"法人实在说"和"法人否认说"产生的原因以及对现实立法的贡献；法人权利能力、行为能力和自然人的区别；法人"结构性分类模式"、法人"功能性分类模式"、我国民法的法人的分类体系以及法人的成立、变更和终止的相关法律规定等。

第一节 概 述

一、法人的起源与发展

法人是一个重要的法律概念，有悠久的发展历史。汉语法律文献中使用的"法人"一词来自德国法术语，意思是法律上的人。罗马法上尚无抽象的法人概念。但罗马法规定某些由自然人或财产组成的团体或实体也能成为权利主体，可大致观察到罗马法存在法人人格观念。法人概念的缘起与团体法律人格的承认有着密切的关系。古罗马存在大量职业团体，如木匠工会、铁工工会、陶艺工会、祭祀团、士兵团、丧葬互助会以及自治城市委员会等。这些团体均被视为罗马法上的权利主体。从罗马法规定团体与成员的责任分配关系也可以反映团体的主体性。如《学说汇编》中提出，社团之物不属于组成社团的个人，属于社团所有。法学家乌尔比安指出古罗马法上，某人对团体享有债权时，不对其个别成员享有债权；团体对他人负债也不视为个人成员连带的负债，个人也不应偿还团体所欠之债。尽管如此，古罗马法并没有使用一般性的法人概念，也没有抽象出一般法人理论和原则。教会占据中世纪社会的核心地位，古罗马时期将教会定性为基金会，教会已经成为一个社团性的法律实体。除教会外，修道院、僧侣团、附属小教堂、慈善团体等宗教团体也大量涌现。[1] 中世纪中后期，商人商业合伙的发展，也在改变着社会团体生活。马克斯·韦伯在其早期著作中曾经仔细地研究了12世纪地中海附近的商业合伙制度，展示了商业合伙的独立财产、股东责任等制度。教会法学者在学理上赋予团体抽象人格。

改革开放后，我国立法上开始使用法人概念。1979年原《中外合资经营企业法》及1983年原《中外合资经营企业法实施条例》明确了中外合资经营企业的法人身份。1986年原《民法通

[1] 参见[意]彼德罗·彭梵得：《罗马法教科书》，黄风译，中国政法大学出版社1992年版，第52页。

则》规定了法人的4种基本类型，即机关法人、事业单位法人、社会团体法人和企业法人，从立法上完成了从“单位”向“法人”的转型。1993年《公司法》颁布之后，私营企业、国有企业、集体企业、外商投资企业均可按照《公司法》进行改组，成为公司法人。从1998年开始，所有事业单位均须向主管部门申请登记或者备案，确立唯一的法定代表人并领取事业单位法人证书和组织机构代码证。2017年原《民法总则》则改变了原《民法通则》关于企业法人和非企业法人的分类标准，确立了营利法人、非营利法人和特别法人的基本类型，并被《民法典》沿用。

二、法人的概念

所谓法人是由特定法律赋予法律人格，可以依法享有权利承担义务的人或物的组织体。法人概念出现的价值在于解决团体区别于其成员，以自身名义参与法律关系，并被赋予人格和能力的问题。[1] 随着商事主体从个人发展到各种类型的公司，团体以某种共同意志参与法律关系并获得稳定性和延续性，法律上将团体视为权利义务的载体，越来越成为现实的需要。法人避免了自然人的不稳定性，不受自然死亡的限制。

通说认为，法人是按照一定的宗旨和条件建立的，有一定组织机构的社会组织，与其出资者或者成员的财产相互独立，能够独立承担责任。因而，独立承担责任是社会组织具有法人资格的最终标准。[2] 我国《民法典》第60条规定：“法人以其全部财产独立承担民事责任。”也有学者认为，法人属于团体人格，法人以依法设立为必要，法人的独立责任和成员的有限责任无须有必然的联系。只有在成员负有有限责任的法人中，法人的独立责任和成员的有限责任之间才有联系。如《法国公司法典》规定，上市公司自其在商事及公司登记簿上登记注册之日起享有法人资格。日本法上的公司可以分为股份公司和持股公司，而持股公司又可以分为无限公司、两合公司和合同公司。不独立承担责任的无限公司和两合公司为法人的立法例，意味着独立承担责任并不是法人的基本特征。

法人是法学上的基础概念，法律部门不同，对于法人的关注和侧重也有所不同。私法侧重法人交易地位的承认和财产责任的承担，公法则强调法人以特定人格完成公共管理的职责和任务。

三、法人的本质

历史上法学家对法人的本质问题的认识多有分歧。概言之，主要有3种学说：“法人拟制说”、“法人实在说”和“法人否认说”。

（一）“法人拟制说”

19世纪末，德国法学家萨维尼在其著作中详尽论述了法人的意义、沿革、种类、成立、消灭及权利能力和行为能力问题，被认为是“法人拟制说”中的集大成者。他指出，自然人是权利义务的当然主体，法人的人格是依法律规定拟制而成的。以个人人格尊重为最高指导理念的近代民法思想，以及人们对封建社会的深恶痛绝乃至严加排斥介于国家与个人之间的社会团体，是该学说产生的历史根源。国家在法律上以一定方式对法人进行认可后，法人才能成为具有财产能力的权利主体。

“法人拟制说”承认了法人的拟制民事主体资格，并区分了法人与其成员的财产、人格和责

---

〔1〕 参见李昕：《作为组织手段的公法人制度研究》，中国政法大学出版社2009年版，第4页。

〔2〕 参见王利明主编：《民法》（第8版），中国人民大学出版社2020年版，第80页。

任，成为后来的法人独立人格制、法人独立财产制、有限责任制的理论基础，对于现代民商法中法人制度的建立无疑有着不可磨灭的贡献。但"法人拟制说"主张，对法人成立实行特许主义，限制较严格，而商品经济的不断发展要求法人能较自由地设立。因此，在各国大多采用了法人成立的准则主义后，在立法上就逐渐摒弃了"法人拟制说"的主张。

（二）"法人实在说"

每一个法律现象，都直接受制于对应的社会现实。自然人存在的社会现实，形成法律上的自然人制度，并为现实中的自然人提供法律秩序。社会团体存在的社会现实，同样是法人概念和法人制度形成的前提条件。换句话说，法人具有的实在的基础，是组织体在法律上的表现。法人不是法律拟制出来的主体，更不是法律的虚构，而是一种实实在在的客观存在的实体，和自然人一样，有自己的意思表达能力，也可以依法独立享有民事权利和承担民事义务，是超出自然人生命之外的一个统一体，是一种独立的民事权利主体。这种关于法人的认识，学理上称为"法人实在说"。

"法人实在说"分为两派："法人有机体说"和"法人组织体说"。"法人有机体说"又称为"团体人格说"，这种学说认为，法人和自然人一样都有自己特殊的机体和意思表达能力。主要表现在法人不仅有自己意思的表示机关，还有自己的名称和住所。法人的机关及其下属的各个单位就是法人机体的各种系统。因此，法人享有法律人格，和自然人一样可以享有人格权和财产权。"法人组织体说"认为，法人的本质并不是作为社会的有机体，而是宜于作为权利能力者的组织体。法人有区别于其成员的个人利益的团体利益，有团体意思和代表机关。所以，法律赋予法人这种社会组织体以法律人格，并承认其为独立的民事主体。法人组织体学说以法人的组织特征、法人与其机关以及其成员之间的关系为立足点来阐明法人的本质。这一理论不仅为大多数大陆法系民法学者所接受，而且也为多数国家民事立法所采用。我国民法的规定系采"法人组织体说"。总体来看，"法人实在说"同"法人拟制说"和"法人否认说"相比，具有明显进步。

（三）"法人否认说"

"法人否认说"从实证的角度分析，权利的最终归属均是个人：社团法人的最终受益人是其成员，财团法人的最终受益人是社会公众或财团所指的特定对象。由此，法人本身无独立的利益，故不能成为法律主体。法人只是多数个人的集合或财产的集合。

"法人否认说"又可分为三派："目的财产说"、"受益者主体说"和"管理者主体说"。

1. "目的财产说"。这种学说认为，法人的本质只是为了达到特定目的而由多数自然人的财产集合而成的财产，法人本身不具有独立的法律人格，只是为了一个目的而存在的无主财产。一些没有组织成员、只有联合财产的团体被认为是法人，就是以"目的财产说"为理论基础的产物。

2. "受益者主体说"。这种学说认为，权利就是法律所保护的利益，谁实际享受利益，谁就是权利主体，集合体的意思是不存在的，被组织目的所决定的个人意思仍是个人的意思。立法者所保护的既不是存在于团体的集合意思，也不是团体的独立人格，而是团体的各个成员所追求的目的。

3. "管理者主体说"。这种学说认为，权利主体必须具有意思表示能力，而法人却没有意思表示能力。所以，法人的财产权利主体不是法人本身，而是管理法人财产的自然人。

“法人否认说”从根本上否认了法人作为主体而存在，实质上相当于否认了现实生活中社会组织的客观存在，已经远不能适应当今法人制度发展的现状和社会经济生活的需要。

第二节 法人的民事能力

法人的民事能力，广义上是指法人作为社会组织享有权利、承担义务和责任的资格或者能力。法人的民事能力包括权利能力、行为能力和责任能力。狭义的法人民事能力仅包括权利能力和行为能力。责任能力与民事责任密切相关，民事责任在本书后面的内容中将详细论述，本节将不再论述。

一、法人的民事权利能力

权利能力是法人成为权利和义务载体的能力，或者说是可以成为权利主体的能力。作为民事主体的本质属性，权利能力成为实定法承认或赋予某种组织以主体资格的标志。

在权利能力的起止、限制和范围等方面，法人民事权利能力与自然人的民事权利能力均有一定区别。《民法典》第 59 条规定：“法人的民事权利能力和民事行为能力，从法人成立时产生，到法人终止时消灭。”

基于法人自身性质，其民事权利能力有所限制。首先，法人民事权利能力受到法律规定的限制。如公司资本的限制、专项法律或行政命令的限制等。其次，法人民事权利能力受到自身性质的限制。如专属于自然人的人身权和身份权的健康权、生命权、婚姻自主权、抚养和赡养请求权等方面，法人均无法享有。最后，法人民事权利能力受到法人的性质、目的、业务范围的限制，法人是为完成一定范围的经济任务或其他社会任务而设立的，故法人享有相应的民事权利和承担相应的民事义务，应与设立该法人的宗旨和章程所规定的任务相一致。

二、法人的民事行为能力

法人的民事行为能力，是指法人在法律规定的范围内以自己的行为取得民事权利和承担民事义务的资格。

与自然人的民事行为能力相比，法人的民事行为能力主要有如下特点：

首先，法人的民事权利能力和民事行为能力同时发生、同时消灭。法人一经成立，就在同一时刻产生民事权利能力和民事行为能力，其间没有时间的间隔。而且在法人存续的整个期间，民事权利能力和民事行为能力始终相伴随，并随着法人终止而同时消灭。自然人民事行为能力的取得却受年龄和智力因素的限制，而且在取得民事行为能力后还可能丧失，即由完全民事行为能力人变为限制民事行为能力人或无民事行为能力人。其次，法人的民事权利能力和民事行为能力的范围相同。最后，法人的民事行为能力以团体意思为前提，通过法人的机关来实现。民事行为能力的前提是一定的意思能力。自然人可以通过自己或代理人、监护人表示意思；法人可通过其内部组织机构产生自身的团体意思，并通过法人的机关或授权委托代理人来实现。

第三节　法人的分类

法人分类的基本模式为“结构性模式”(表现为“社团—财团”法人分类)和“功能性模式”(又称“职能主义模式”,表现为“营利—非营利”或“企业—非企业”法人分类)。无论是结构性分类还是功能性分类,均有其合理性。[1] 基于结构性分类而兼容功能性分类的组合模式与功能性分类主导下兼容结构性分类的组合模式,成为立法上的尝试。我国《民法典》采用营利法人、非营利法人与特别法人三分法,在营利性与非营利性法人的一级分类下,嵌套结构性的次级分类,如非营利法人之下包含捐助法人(财团法人)等。

一、学理上对法人的分类

(一)社团法人与财团法人

依照法人成立的基础,法人可分为社团法人和财团法人。任何实现结社自由的组织都离不开“人”与“财产”两大要素。传统大陆法系将法人分为社团法人和财团法人。社团法人与财团法人的核心区别在于法人有无成员。基于“人合”的自治组织体(社团)与基于“资合”的他律组织体(财团),在设立条件、设立程序、意思机关、章程效力、目的及活动范围、破产能力等方面形成具有区分度的两大法人群落。[2]

(二)营利法人与非营利法人

依法人的功能性分类,法人可分为营利法人与非营利法人。就主体角度而言,“营利”包括主体对外的营利性以及产生收益与损失在法人内部成员的分配两层含义。就分配对象而言,进一步可区分为对利润的分配和对剩余财产的分配两个方面。以取得利润并分配给股东等出资人为目的成立的法人,为营利法人。为公益目的或者其他非营利目的成立,不向出资人、设立人或者会员分配所取得利润的法人,为非营利法人。

(三)公法人和私法人

根据法人设立所依据的法律不同,将法人区分为公法人和私法人。一般认为,公法人是根据宪法、行政法、政府命令等成立,具有公共管理的职能的法人。私法人是根据民法、民事特别法成立的法人。区分的意义和公法与私法的区分相适应。主要体现在管辖法院、诉讼程序、承担和分担公共管理权力等方面。

二、我国民法对法人的分类

遵循我国立法习惯,根据法人的设立目的与功能,我国《民法典》以法人功能主义分类作为法人顶层分类模式,并辅之以特别法人兜底的方式对法人进行分类,将法人分为营利法人、非营利法人和特别法人。营利法人包括有限责任公司、股份有限公司和其他企业法人等。非营利法人包括事业单位、社会团体、基金会、社会服务机构等。具备法人条件,以公益为目的,以捐助财产设立的基金会、社会服务机构和依法设立具备法人条件的宗教活动场所可归类为捐

---

〔1〕 参见张新宝:《从〈民法通则〉到〈民法总则〉:基于功能主义的法人分类》,载《比较法研究》2017 年第 4 期。

〔2〕 参见张力:《法人功能性分类与结构性分类的兼容解释》,载《中国法学》2019 年第 2 期。

助法人。捐助法人与财团法人具有相同本质属性。特别法人包括机关法人、农村集体经济组织法人、城镇农村的合作经济组织法人、基层群众性自治组织法人。

第四节 法人的成立、变更和终止

一、法人的成立

(一)法人成立的要件

依据《民法典》第58条的规定,法人应当依法成立。法人成立的实体要件主要有名称、组织机构、住所、财产或者经费。

1. 法人必须有自己的名称,是法人以自己的名义进行民事活动,与其他法人、非法人组织和自然人相区别的必然要求。

2. 法人必须有自己的组织机构,为法人形成和实现自己团体意思所必需。

3. 法人作为权利主体必须具备住所,以便确定债务履行、登记管辖、诉讼管辖、法律文书送达以及涉外民事法律关系的准据法等。

4. 财产或者经费是法人独立履行民事义务和承担民事责任的物质基础,是任何一个法人成立的实体必备要件。

除实体要件外,根据法律、行政法规规定,法人如需登记、审批的,需要具备相应的程序要件。鉴于不同类型的法人,其成立的实体要件和程序要件存在差异,法律可授权相关法律和行政法规针对不同类型法人成立的实体要件和程序要件作出具体规定。

理解法人成立的要件,需要注意以下3点:第一,我国《民法典》第58条第2款没有将法人"章程"和"成员"列举为实体要件,应是立法机关的有意安排,并非立法疏漏。因为"章程"和"成员"并不具有普适性。比如,机关法人没有章程,捐助法人没有成员。第二,"能够独立承担民事责任"不是法人成立的条件,是法人成立后的性质和特征,是法人设立的结果。《民法典》未将"能够独立承担民事责任"作为法人的成立要件,而是将"法人以其全部财产独立承担民事责任"放在第60条单独规定。第三,在《民法典》第58条第2款已经规定"法人成立的具体条件和程序,依照法律、行政法规的规定"的情形下,第3款仍然规定"设立法人,法律、行政法规规定须经有关机关批准的,依照其规定"。这表明第2款中的"程序"是在狭义上使用的概念,不包括"审批"在内。第3款作为法人成立的例外程序要件,概括性明示了如果法律、行政法规规定法人成立须经有关机关批准的,应当依照其规定的立法意旨由有关机关批准。

(二)法人设立的原则

不同国家或地区在不同的历史阶段由于社会政治经济条件、文化传统、法律传统等要素的差异,对法人设立往往奉行不同的设立原则。法人设立有自由设立、特许设立、核准设立、准则设立等设立原则。

1. 自由设立主义

自由设立主义又称放任设立主义,是指是否设立、设立何种法人、怎样设立等设立事宜完全由当事人自由为之,法律不加任何干涉。从罗马社会到中世纪,商业社团是依照事实而存在,而不是依法创设的。当时的法律既不承认商业社团是“法人”,也不对商业社团的成立主动干预,故成立商业社团既无法定条件的限制,也无注册登记的程序。

2. 特许设立主义

所谓特许设立主义,是指法人的设立必须经过国家元首特别许可或者经过国家立法机关颁发特别法令予以许可。特许设立制度体现国王的王权和议会的权威,从中世纪后期到近代工业社会,此原则盛行。如英国 1600 年设立的东印度公司就是经过英国王室特许成立的。

3. 核准设立主义

核准设立主义也称许可设立主义,是指公司设立除必须具备法律所规定的条件外,还必须经过行政主管机关核准,否则不得成立。特许设立主义是在公司设立问题上赋予权力机关的一种特权,而核准设立主义则是赋予行政机关的一种特权。这是核准设立主义与特许设立主义的区别。

4. 准则设立主义

所谓准则设立主义,是指法人的设立,只要符合国家法律规定的要件即可,无须经权力机关或行政机关核准。在登记阶段,登记机关有权审查法人设立是否合乎法律所规定的条件,如果符合法律规定的条件和程序,登记机关就只能准其登记,而不能以政策或其他方面的理由拒绝登记。这种做法适应了法人大量出现的形势,有利于法人的普遍发展。

(三)法人设立的法律后果

为筹备设立法人而从事相关民事活动,进而形成相关民事法律关系,产生相应的法律后果如何承担?由于设立中的法人尚不具有民事权利能力,其权利义务归属于参与法人设立的全体成员。法人成立后,则归于法人本身。

法人设立申请经登记机关核准登记后,即发生以下法律效力:一是法人取得从事活动的合法凭证。二是取得法人资格。法人的设立申请,经登记机关核准登记,领取法人执照后,即具有法人资格。三是取得名称专用权。申请设立登记的法人,其名称经公司登记机关核准登记后,公司可以使用该名称并以其名义从事经营活动,享有权利、承担义务。法人对登记的名称享有名称专用权并受法律保护。

《民法典》第 75 条就法人设立行为之法律后果规定:“设立人为设立法人从事的民事活动,其法律后果由法人承受;法人未成立的,其法律后果由设立人承受,设立人为二人以上的,享有连带债权,承担连带债务。设立人为设立法人以自己的名义从事民事活动产生的民事责任,第三人有权选择请求法人或者设立人承担。”

二、法人的变更

法人的变更,是指法人在其存续期间所发生的属于登记事项的变更,如组织形式、组织机构、住所、业务范围等。法人存续期间登记事项发生变化的,应当依法向登记机关申请变更登记。登记机关应当依法及时公示法人登记的有关信息。法人的实际情况与登记的事项不一致的,不得对抗善意相对人。

(一)组织形式的变更

法人组织形式的变更是指法人的合并或分立。

1. 法人的合并

法人的合并是指两个或两个以上的法人合并为一个法人。合并有新设合并和吸收合并两种形式。新设合并是两个或两个以上的法人合并为一个新的法人，原有的法人资格消灭，新的法人资格随即确立。吸收合并是一个或多个法人归并到一个现存的法人中，被合并的法人资格消灭，而存续法人的资格仍然保留。我国《民法典》第 67 条第 1 款规定："法人合并的，其权利和义务由合并后的法人享有和承担。"

2. 法人的分立

法人的分立，是指一个法人分成两个或两个以上的法人。分立有两种情况：一种是一个法人分成两个或两个以上的法人，原有的法人资格消灭。另一种是一个法人分出一个或几个法人之后，新法人资格确立，原法人资格继续存在。第二种情况又包括两种情形：一是原法人的分支机构具备了法人的条件而独立成为法人，如分公司从总公司独立出来成为新法人；二是两个或两个以上的法人分出若干部分而组成新法人，如两个企业法人分出各自的一部分共同组成具有法人资格的新企业。我国《民法典》第 67 条第 2 款规定："法人分立的，其权利和义务由分立后的法人享有连带债权，承担连带债务，但是债权人和债务人另有约定的除外。"

（二）其他重大事项的变更

法人其他重大事项的变更主要包括法人名称的变更、住所的变更、活动宗旨以及经营方式等方面的变更。法人重大事项的变更会直接影响国家对法人的管理、法人自身利益及社会利益，一般要求要对法人的变更进行公告，并应向登记机关办理变更登记。

三、法人的终止

法人的终止，是指法人权利能力的终止，即法人作为民事主体资格的丧失。法人在其存续阶段，作为民事主体从事民事活动，形成多种不同的法律关系。法人终止后，不能再以法人的名义对外进行民事活动。法人终止前应当依法完成清算、注销登记。法人终止，法律、行政法规规定须经有关机关批准的，依照其规定。

（一）法人终止的原因

1. 法人解散。依据《民法典》的规定，法人解散的情形有：(1)法人章程规定的存续期间届满或者法人章程规定的其他解散事由出现；(2)法人的权力机构决议解散；(3)因法人合并或者分立需要解散；(4)法人依法被责令关闭或者被撤销；(5)法律规定的其他情形。

2. 依法被宣告破产。法人不能清偿到期债务，并且资产不足以清偿到期债务或者明显缺乏清偿能力的，经利害关系人申请，可以依法被宣告破产。法人被宣告破产的，依法进行破产清算并完成法人注销登记时，法人终止。

3. 法律规定的其他原因。除前两项终止原因外，有法律规定的其他原因的，法人也要终止。

（二）法人的清算

法人出现终止情形后，需要经过清算程序清理法人财产和债权债务，处理未尽事宜，最终通过注销登记等方式消灭法人人格，终止法人民事主体资格。《民法典》第 70 条第 1 款规定："法人解散的，除合并或者分立的情形外，清算义务人应当及时组成清算组进行清算。"第 72 条第 3 款规定："清算结束并完成法人注销登记时，法人终止；依法不需要办理法人登记的，清算结束时，法人终止。"法人清算是法人终止的前提，法人终止是法人清算的结果。《民法典》第 72 条第 1 款规定："清算期间法人存续，但是不得从事与清算无关的活动。"需要注意的是，法人终止前的法人清算阶段，虽然权利能力受到限制，但其民事主体资格仍然存在。只有法人被注销后,民事主体资格才得以消灭。

《民法典》第70条第2款规定了清算义务人的主体范围:“法人的董事、理事等执行机构或者决策机构的成员为清算义务人。法律、行政法规另有规定的,依照其规定。”对于法人解散后应当清算而不清算,甚至故意借解散之机逃废债务的,该条第3款规定了清算义务人的法律责任:“清算义务人未及时履行清算义务,造成损害的,应当承担民事责任;主管机关或者利害关系人可以申请人民法院指定有关人员组成清算组进行清算。”这里需要注意,清算义务人与清算人是两个不同的概念。清算义务人,是指法人解散后依法负有启动清算程序的主体,是法人清算的组织主体,其义务是根据法律规定及时启动相应的清算程序,以使法人资格终止。清算人在我国通常被称为清算组,是指具体负责清算事务的主体,其义务在于依照法定程序进行清算。如果法人解散后未进行清算,也就不存在清算人,但始终存在清算义务人。清算义务人未及时履行清算义务,会引发两种法律后果:一是程序方面的法律后果,即强制清算程序的启动;二是基于侵权责任法的实体责任方面的法律后果,即造成损害的,应当承担民事责任。

第五节 营利法人

一、营利法人的界定

社团的“营利性”应包括两个层面的含义:一是社团组织本身从事经济活动,以追求利润为目的;二是社团的盈余要分配给其成员,成员据此实现其投资收益的最大化。《民法典》第76条第1款规定:“以取得利润并分配给股东等出资人为目的成立的法人,为营利法人。”当然,也有学者只强调后者对界定营利性的作用,如德国学者迪特尔·梅迪库斯认为:“社团本身是否追求利润之事实是无关紧要的。只要社团促进其成员的营利性宗旨,即可认定社团从事营利性事业。”[1]

二、营利法人的分类

(一)有限责任公司

有限责任公司亦简称为有限公司,是指由法律规定的一定人数的股东所组成,股东以其出资额为限对公司债务承担责任,公司以其全部资产对其债务承担责任的企业法人。

与其他公司类型相比较,有限责任公司具有以下4个特征:

第一,股东人数有法定限制。我国《公司法》第42条规定:“有限责任公司由一个以上五十个以下股东出资设立。”国有独资公司可以由国家授权投资的机构或国家授权的部门单独投资设立。一人公司也可以由一个自然人或者法人作为股东。在各国公司法中,对其他各类公司,只规定限制股东的最低人数,而无最高人数的限制,但对有限责任公司,大多规定了最高人数的限制。如《法国商事公司法》第36条规定:“有限公司股东不得超过50人;如果公司达到拥有50人以上的股东,则应在两年的期限内将公司转变为股份有限公司,否则,除非在两年的期限内股东人数变为等于或低于50人,不然公司应解散。”

---

〔1〕[德]迪特尔·梅迪库斯:《德国民法总论》,邵建东译,法律出版社2013年版,第830页。

第二，对公司债务承担有限责任。股东仅以其认缴的出资额为限对公司负债，对超过其认缴出资额范围的公司债务不承担责任。在通常情况下，公司的债权人不得直接向股东主张债权或请求清偿。

第三，公司设立程序简便。公司资本由设立时的股东全部认足，不可对外募集，其设立程序相对简单。有限责任公司内部机构设置也较股份有限公司简单、灵活。

第四，公司兼具资合性与人合性。我国《公司法》对有限责任公司的规定体现了资合性和人合性的特点。

（二）股份有限公司

股份有限公司，是指公司全部资本分为等额股份，股东以其所认购的股份对公司承担责任，公司以其全部资产对公司债务承担责任的企业法人。

与其他公司类型相比，股份有限公司具有以下 6 个特征：

第一，股东人数具有广泛性。为适应社会化大生产对巨额资本的需求，股份有限公司通过向社会公众发行股票筹集资本。任何投资者只要认购股份和支付股款，都可成为股份有限公司的股东。根据我国《公司法》第 92 条的要求，股份有限公司的发起人人数应当为 1 人以上 200 人以下。大多数国家公司法规定了股份有限公司股东人数最低限额，而无最高人数的限制。

第二，资本股份化。股份有限公司为了方便向社会公开募集资本，其全部资本划分为金额相等的股份，股份是构成公司资本的最小单位。这种资本股份化也便于股东股权的确定和行使。资本股份化是股份有限公司区别于有限公司的显著特点。

第三，股东承担有限责任。股份有限公司的股东对公司债务仅以其认购的股份为限承担责任，公司的债权人不得向公司股东提出清偿债务的要求。股东责任的有限性，是股份有限公司区别于无限公司的主要法律特征。股份有限公司与有限责任公司之间，在股东有限责任上，二者是相同的，仅在承担有限责任的方式上存在区别。因股份有限公司的资本分成均等的股份，股东就其所有的股份对公司债务负有限责任，而有限公司的资本不分成均等的股份，股东就其出资额负有限责任。

第四，股份发行和转让的公开性、自由性。为适应大生产对大量资金的需求，股份有限公司通常都以发行股票的方式公开募集资本。股份有限公司的股份转让也较其他公司更加自由和便利。

第五，公司经营状况的公开性。由于股份有限公司股份发行的公开性及股份转让的自由性，使股份有限公司的经营状况不仅要向股东公开，还必须向社会公开，使社会公众了解公司的经营状况，以最大限度地保护公司股东、债权人及社会公众的利益。

第六，公司的资合性。公司资本和资产不仅是公司进行经营的基本条件，也是公司承担债务的基本担保，股份有限公司是最典型的资合公司。

（三）其他企业法人

《民法典》第 76 条第 2 款规定，营利法人包括有限责任公司、股份有限公司和其他企业法人等。《民法典》为特别法创设其他类型的企业法人预留了法律空间。例如，以商业化手段实现公益目的的社会企业，既不同于有限责任公司，又不同于股份有限公司，可归于其他企业法人。其他企业法人的登记适用《市场主体登记管理条例》的相关规定。

三、营利法人的设立

(一)营利法人设立的概念和特征

法人设立是一系列法律行为的总称,是指设立人依照法律规定组建法人取得法律主体资格的活动。法人设立既是一个程序问题,也是一个实体问题。就实体问题而言,法人的设立是以一定的信用为基础结合成一定形式的组织。就程序问题而言,设立过程必须符合法律规定的条件和程序。

营利法人设立的主要法律特征可以概括如下:(1)设立的主体是发起人。发起人可能是数人,也可能是一人,一般包括先行出资并对设立承担责任的自然人、法人等。在设立过程中,发起人对内执行设立业务,对外代表正在设立中的法人。(2)设立行为只能发生在法人成立之前,并应当严格履行法定的条件和程序。(3)设立行为的目的是最终成立法人,取得法律主体资格。只有取得法律上的主体资格,才具有权利能力和行为能力。

(二)营利法人的登记

营利法人登记,是指法人在设立、变更、终止时,由申请人依法向登记机关提出申请,登记机关审查后予以核准并记载法定登记事项的行为。法人登记,一是将登记事项向社会公布,由社会公众知悉,以保护交易安全;二是便于政府掌握法人相关情况,进行必要管理,保障合法经营,制止非法活动。《民法典》第 77 条规定:“营利法人经依法登记成立。”第 78 条规定:“依法设立的营利法人,由登记机关发给营利法人营业执照。营业执照签发日期为营利法人的成立日期。”2021 年 4 月 14 日国务院通过的《市场主体登记管理条例》第 3 条规定:“市场主体应当依照本条例办理登记。未经登记,不得以市场主体名义从事经营活动。法律、行政法规规定无需办理登记的除外。市场主体登记包括设立登记、变更登记和注销登记。”

四、营利法人的组织机构

(一)组织机构

组织机构是法人存在和运行的制度体现与保障,是法人实现有效治理的基础。营利法人组织机构通常由权力机构、代表机构、执行机构、监督机构等构成,每一机构执掌法人的不同权力,从而促进合作与实现制衡。营利法人治理的实质价值在于通过合理分配法人的权力,促进法人良性运转,实现法人目标并最终实现投资人利益的最大化。《民法典》第 80 条规定:“营利法人应当设权力机构。权力机构行使修改法人章程,选举或者更换执行机构、监督机构成员,以及法人章程规定的其他职权。”第 81 条规定:“营利法人应当设执行机构。执行机构行使召集权力机构会议,决定法人的经营计划和投资方案,决定法人内部管理机构的设置,以及法人章程规定的其他职权。执行机构为董事会或者执行董事的,董事长、执行董事或者经理按照法人章程的规定担任法定代表人;未设董事会或者执行董事的,法人章程规定的主要负责人为其执行机构和法定代表人。”第 82 条规定:“营利法人设监事会或者监事等监督机构的,监督机构依法行使检查法人财务,监督执行机构成员、高级管理人员执行法人职务的行为,以及法人章程规定的其他职权。”

(二)法定代表人

营利法人的权力机构、执行机构和监督机构在法人治理结构中发挥重要作用,其职权规定在法人章程中。但是,这些法人内部运行机构并不能对外代表法人。在法人对外活动中,需要明确其代表机构。《民法典》第 61 条第 1 款和第 2 款规定:“依照法律或者法人章程的规定,代表法人从事民事活动的负责人,为法人的法定代表人。法定代表人以法人名义从事的民事活动,其法律后果由法人承受。"营利法人的法定代表人依据法律规定或者依据法人章程确定董事长、执行董事或者经理担任法定代表人,代表法人行使职权或进行民事活动。法定代表人与法人是代表关系,而非代理关系,以法人名义对外进行民事活动时,无须授权委托书。其对外代表法人行使职权进行民事活动即为法人行为,其法律后果由法人承担。为防止法定代表人滥用职权,法人章程或者法人权力机构对法定代表人代表权可以进行限制,但法人对法定代表人的内部职权的限制不得对抗善意相对人。法定代表人超越了自己的权限与他人签订了合同,如果与之交易的相对人不知道或者不应当知道该限制规定的,则法人不得以法定代表人超越其权限而主张不承担或免除法律责任。

法律规定法人章程或者法人权力机构对法定代表人代表权的限制,不得对抗善意相对人,旨在保护交易中无过错一方的权利,并维护交易安全。

五、营利法人的特殊规则

(一)法人人格否认

法人人格否认制度,又称"揭开法人面纱""刺破法人面纱",是指为阻止法人独立人格的适用,就具体法律关系中的特定事实,否认法人的独立人格和出资人的有限责任,责令法人出资人对法人债权人或公共利益直接负责的一种法律制度。因为该制度将笼罩在法人上的"面纱"揭掉,责令背后的出资人承担责任。它的产生主要源于法人人格的异化和出资人有限责任的滥用,最早出现于英美法系国家的判例法中,后为一些大陆法系国家所吸收。法人人格否认是在个案中对法人独立人格的否认,而不是对该法人人格的全面、彻底、永久的否认,其效力不涉及该法人的其他法律关系,不影响该法人作为一个独立实体合法地继续存在。该制度的目标主要是保护债权人的利益,适用于民事责任或私法责任的追究,而不适用于其他法律责任。我国《民法典》第 83 条第 2 款规定:"营利法人的出资人不得滥用法人独立地位和出资人有限责任损害法人债权人的利益;滥用法人独立地位和出资人有限责任,逃避债务,严重损害法人债权人的利益的,应当对法人债务承担连带责任。"该条规定的内容反映了法人人格否认的基本原则。

(二)营利法人决议效力

营利法人的股东会、股东大会、董事会、监事会以作出决议的方式行使其权力。决议既可以是全体成员一致的意思表示,也可以是依特定表决规则形成,反映部分成员(如半数以上成员或者代表半数以上表决权的成员)意志的意思表示。

1. 决议无效

决议内容违反法律、行政法规,决议无效。决议被人民法院宣告无效后自始无效,即自决议作出时即不发生法律拘束力。决议内容违反法律包括决议内容全部违法和决议内容部分违法两种情况。决议部分内容违法并不导致整个决议无效。《公司法》第 25 条规定:"公司股东会、董事会的决议内容违反法律、行政法规的无效。"

2. 决议被撤销

决议的召集程序或表决方式违反法律、行政法规、法人章程的规定,或者决议内容违反法人章程时,决议可被撤销。依据《民法典》第 85 条的规定,有以下两种情形之一的,出资人可以自决议作出后,请求人民法院撤销该决议:(1)权力机构、执行机构会议召集程序、表决方式违反法律、行政法规或者法人章程；(2)决议内容违反法人章程。法人根据决议已办理变更登记的，法院宣告撤销该决议的，法人应当向登记机关申请撤销登记。该条但书规定，营利法人依据被撤销的决议与善意相对人形成的民事法律关系不受影响。出于保护善意相对人和维护交易安全的考虑，在法人内部意思形成过程存在瑕疵的情况下，只要对外意思表示不存在无效的情形，法人就应当受其表示行为的约束。

(三)营利法人的社会责任

"利益相关者"理论是营利法人承担社会责任的理论基础。该理论认为，营利法人不仅应追求企业经济效益，还应致力于增进社会效益。劳动者、消费者、债权人、政府、社区、下一代等主体被认为是营利法人的利益相关者。在《公司法》的基础上，《民法典》发展了营利法人的社会责任。《民法典》第86条规定："营利法人从事经营活动，应当遵守商业道德，维护交易安全，接受政府和社会的监督，承担社会责任。"首先，《民法典》删除了《公司法》"必须遵守法律、行政法规"的内容，意在使该条突出公司的社会责任。其次，《民法典》增设了营利法人的经营活动必须"维护交易安全"的规定。最后，《民法典》将社会责任从公司扩大适用到所有营利法人。

第六节　非营利法人

一、非营利法人的概念和分类

非营利法人，是指为公益目的或者其他非营利目的成立，不向出资人、设立人或者会员分配所取得利润的法人。非营利法人是与营利法人相对应的法律概念，是《民法典》确定的法人基本类型之一。法人的成立目的以及是否分配利润是非营利法人的本质特点。

非营利法人包括公益法人和互益性法人。公益法人，是指面向社会大众，以满足不特定多数人的利益为目的的法人，如中华慈善总会、中国红十字会、各类基金会等；互益性法人又称共益性法人，是指以互助互益为目的而成立的法人，如商会、学会、俱乐部等。《民法典》第87条列举了非营利法人的基本类型，具体包括事业单位、社会团体、基金会、社会服务机构及其他非营利法人。尽管非营利法人不得分配利润，但在法人终止后能否分配剩余财产方面，为公益目的设立的非营利法人与为其他目的设立的非营利法人不同。《民法典》第95条规定："为公益目的成立的非营利法人终止时，不得向出资人、设立人或者会员分配剩余财产。剩余财产应当按照法人章程的规定或者权力机构的决议用于公益目的；无法按照法人章程的规定或者权力机构的决议处理的，由主管机关主持转给宗旨相同或者相近的法人，并向社会公告。"因此，为其他目的设立的非营利法人可以向出资人、设立人分配剩余财产。将非营利法人按照为公益目的设立和为其他非营利目的设立进行区分，有助于国家针对不同性质的非营利法人，制定不同的法律规范和政策措施，更好地促进各类非营利法人的发展。

二、事业单位法人

《民法典》第88条规定："具备法人条件，为适应经济社会发展需要，提供公益服务设立的事业单位，经依法登记成立，取得事业单位法人资格；依法不需要办理法人登记的，从成立之日起，具有事业单位法人资格。"据此可知，《民法典》规定，事业单位法人应仅限于"提供公益服务”。根据2011年中共中央、国务院《关于分类推进事业单位改革的指导意见》的规定，我国事业单位改革的目标是将承担行政职能和从事生产经营活动的事业单位从事业单位法人中剥离出去，而从事公益服务的事业单位仍将保留在事业单位序列中。

三、社会团体法人

《民法典》第90条规定：“具备法人条件，基于会员共同意愿，为公益目的或者会员共同利益等非营利目的设立的社会团体，经依法登记成立，取得社会团体法人资格；依法不需要办理法人登记的，从成立之日起，具有社会团体法人资格。”据此可知，社会团体法人包括的范围比较广泛，既包括为公益目的设立的法人，也包括为会员共同利益等非营利目的设立的法人；既有依法登记成立的社会团体法人，也有依法不需要登记而成立的社会团体法人。

准确理解社会团体法人的概念，还需要特别注意以下两个方面的问题：

第一，社会团体法人不同于传统民法理论所称的社团法人。社团法人是与财团法人（捐助法人）相对应的概念，社团法人为人的组织体，其成立的基础在人，以成员为必要。社团法人的内涵大于社会团体法人，除社会团体法人外，还包括有限责任公司、股份有限公司等。

第二，判断一个社会组织是否为社会团体法人，应当从实质上加以把握。比如，名称为“协会”的不一定是社会团体。消费者协会没有会员，不收会费，是由政府发起成立的保护消费者的专门机构，不是消费者自发成立的自我保护组织，不符合社会团体的构成要件。2013年10月25日第十二届全国人民代表大会常务委员会第五次会议作出了《关于修改〈中华人民共和国消费者权益保护法〉的决定》规定，“消费者协会和其他消费者组织是依法成立的对商品和服务进行社会监督的保护消费者合法权益的社会组织”，并相应地将第12条中的“社会团体”修改为“社会组织”。

四、捐助法人

与捐赠不同，捐助，是指捐出财产以设立捐助法人（财团法人）为目的的行为，系基于捐助人一方的意思表示而成立的无相对人的单方法律行为。设立人在为捐助行为时，捐助法人这一民事主体尚不存在，正是因为设立人的捐助行为，捐助法人才得以成立。捐助法人是捐助行为的逻辑结果，捐助法人本身并非捐助行为的相对人。捐助人设立捐助法人的捐助行为，类似于股东设立公司法人的出资行为，均系法人设立行为，有别于作为契约的捐赠行为。捐助行为可以看作法人内部行为，捐赠行为则系发生于法人外部的行为。从法学及法律用语来看，捐助与章程相结合使用，而捐赠与协议相结合使用。捐助法人没有成员，与社会团体法人、公司法人等自律法人相比，无法通过成员大会对理事会等决策机构进行有效监督，天然存在监督上的缺陷。为保障捐助法人的健康运行，必须在立法上强化其他方面的监督机制。《民法典》第93条将监督机构作为捐助法人的法定必备机构，强化了内部监督力度。但仅在内部设监督机构还不足以达到规制目的，故《民法典》再设第94条从两个方面强化外部监督。该条第1款“捐助人有权向捐助法人查询捐助财产的使用、管理情况，并提出意见和建议，捐助法人应当及时、如实答复”的规定是对捐助法人监督制度的完善。该条第2款规定：“捐助法人的决策机构、执行机构或者法定代表人作出决定的程序违反法律、行政法规、法人章程，或者决定内容违反法人章程的，捐助人等利害关系人或者主管机关可以请求人民法院撤销该决定。但是，捐助法人依据该决定与善意相对人形成的民事法律关系不受影响。”需要注意的是，如果相关决定存在瑕疵并被人民法院撤销并造成损失的，可要求有过错的决策机构成员、执行机构成员或者法定代表人赔偿。

《民法典》第92条规定：“具备法人条件，为公益目的以捐助财产设立的基金会、社会服务机构等,经依法登记成立,取得捐助法人资格。依法设立的宗教活动场所,具备法人条件的,可以申请法人登记,取得捐助法人资格。法律、行政法规对宗教活动场所有规定的,依照其规定。”据此可知,我国立法上将捐助法人分为基金会、社会服务机构和宗教活动场所法人等。

(一)基金会

基金会,是指利用自然人、法人或者其他组织捐赠的财产,以从事公益事业为目的,依法成立的非营利性法人。基金会分为面向公众募捐的公募基金会和不面向公众募捐的非公募基金会。公募基金会按照募捐的地域范围,分为全国性公募基金会和地方性公募基金会。设立基金会,应当具备下列条件:一是为特定的公益目的而设立;二是有不低于一定金额的货币资金作为原始基金;三是有规范的名称、章程、组织机构以及与其开展活动相适应的专职工作人员;四是有固定的住所;五是能够独立承担民事责任。

(二)社会服务机构

社会服务机构作为法律概念,最早出现在《慈善法》中。《慈善法》第8条规定:“本法所称慈善组织,是指依法成立、符合本法规定,以面向社会开展慈善活动为宗旨的非营利性组织。慈善组织可以采取基金会、社会团体、社会服务机构等组织形式。”该条所称“基金会、社会团体、社会服务机构”,对应的是民政部门登记的3类社会组织,即按照《基金会管理条例》登记的基金会、按照《社会团体登记管理条例》登记的社会团体,以及按照《民办非企业单位登记管理暂行条例》登记的民办非企业单位。“民办非企业单位”是一个否定式的命名,外延不清。从字面理解,容易涵盖其他组织,如基金会、社会团体等组织也都是民办的,也都是非企业。同时,这一名称内涵不清,不能准确反映这类组织提供社会服务,从事公益事业等特征。原《民法总则》在《慈善法》的基础上,第一次将社会服务机构明确纳入捐助法人的范畴。原先在民政部门登记的非营利性民办学校、民办医院、民办养老院、民办博物馆等组织,都是民办非企业单位。《民法典》延续了原《民法总则》的规定,故设立公益性的民办学校等非企业的法人组织,设立人应当登记为社会服务机构,不再登记为民办非企业单位。

(三)宗教活动场所

基金会、社会服务机构皆具有法人资格,但宗教活动场所不一定具有法人资格。对于宗教活动场所来说,法人资格登记以自愿为原则,依法设立的宗教活动场所是否登记为法人,由其自行决定。宗教活动场所选择登记为法人的,可以独立享有民事权利和承担民事义务;不选择登记为法人的,享有的宗教信仰自由权利与登记为法人的宗教活动场所一样,只是没有独立的民事主体资格。

第七节 特别法人

一、特别法人的概念

在功能主义法人分类思路指引下,法人基本分类呈现为营利法人与非营利法人。营利法人与非营利法人作为一组“二分式”概念,在语言逻辑层面本无中间地带。然而现实情况则是,在实践中许多同时具有“公益”与“营利”两种特性的法人,如农民专业合作社、民办学校、民办医院等法人难以归属。[1] 在实践中有的法人与营利法人和非营利法人在设立、终止等方面都有所不同,无法被绝对归入营利法人或非营利法人的组织体。《民法典》放弃了法律形式逻辑的严谨性,从实用主义出发,增加了关于特别法人的规定,共分4类:一是机关法人。机关设立的目的是履行公共管理职能,与其他法人组织存在明显差别。二是农村集体经济组织法人。农村集体经济组织具有鲜明的中国特色。赋予其法人地位符合党中央有关改革精神,有利于完善农村集体经济实现形式和运行机制,增强农村集体经济的发展活力。三是基层群众性自治组织法人。村民委员会、居民委员会等基层群众性自治组织在设立、变更和终止以及行使职能和责任承担上都有其特殊性。四是城镇、农村的合作经济组织。这类合作经济组织对内具有公益性或者互益性,对外也可以从事经营活动,依照法律的规定取得法人资格后,作为特别法人。

《民法典》第96条在定义特别法人时采明确列举方式,且仅限于机关法人、农村集体经济组织法人、城镇农村的合作经济组织法人、基层群众性自治组织法人4种类型,未以"等"或其他方式作开放保留。《民法典》第一编第三章第四节在规定特别法人时,绝大多数规定为引致规范,特别法人落地细化方案被寄托于未来可能出台的相关单行法。

二、机关法人

国家机关具有明显的公权组织体色彩,但在实践中,其公权力的合法有效运用,公共职责的有效履行,难免需要参与某些私法活动。鉴于此,赋予这些组织体以明确私法身份理所应当。但无论以何种形式赋予这些承载公共职责的组织体以私法身份,其目的均不在于根本性地改变其角色性质,而仅仅只是为了拓展其"权能",由此更有效率地实现其公共职责。《民法典》第97条规定:"有独立经费的机关和承担行政职能的法定机构从成立之日起,具有机关法人资格,可以从事为履行职能所需要的民事活动。"

三、农村集体经济组织法人

在我国实际生活中,乡镇集体经济具体的管理、执行机构往往是政府的内设机构或者事业单位,这些政府的内设机构或者事业单位是由地方政府在乡镇一级设立的专门承担农村经营管理职能的。比如,行政性的处、办、科、股和常见的事业性的农经站、土地流转服务中心、农业综合服务站(中心)等。在20世纪90年代后期的乡镇机构改革中,不少地方更是直接由政府发布文件撤销乡镇集体经济组织,由乡镇政府来直接管理全乡农民集体所有的资产和事务,乡镇集体经济组织缺位的情况进一步恶化。少数地方实际建立了集体经济组织并使其存续至今,但具体做法各地并不一致。有的是建立乡镇农工商联合总公司、村农工商联合公司、组农工商联合社,并由其实际行使农村集体所有权的经营管理职能。而其他地方尤其是沿海发达地区,则将原来的人民公社改组为(股份)经济合作总社,将原来的生产大队改组为(股份)经济合作社,将原来的生产队改组为(股份)经济联合社。

《民法典》将集体经济组织规定为具有独立地位的法人,具有如下重大意义:一是明确了集体经济组织财产的归属。由于之前对集体经济组织法律地位不甚明确,在学理上和实践中存在许多争议,如究竟集体经济组织财产归属于集体所有还是成员共有?规定集体经济组织为法人后,这一问题实际上就已经明确归集体经济组织所有。二是明确了集体经济组织与其成

---

[1] 参见张新宝:《从〈民法通则〉到〈民法总则〉:基于功能主义的法人分类》,载《比较法研究》2017年第4期。

员之间的责任关系:集体经济组织既然是法人,那么它与集体经济组织成员之间就必然是财产相互独立、责任相互独立、意思相互独立的,集体经济组织法人的意思必须按照法律规定的程序形成。三是使集体经济组织更加明确地与行政组织脱离——乡镇集体经济组织与乡镇政府脱离、村集体经济组织与村民委员会脱离,防止政府利用行政手段支配集体财产。四是许多民事立法应该从此走向“正规”。例如,《农村土地承包法》第13条第1款第1句规定:“农民集体所有的土地依法属于村农民集体所有的,由村集体经济组织或者村民委员会发包;已经分别属于村内两个以上农村集体经济组织的农民集体所有的,由村内各该农村集体经济组织或者村民小组发包。”最高人民法院《关于村民小组诉讼权利如何行使的复函》中答复,遵化市小厂乡头道城村第三村民小组可以作为民事诉讼当事人。以第三村民小组为当事人的诉讼应以小组长作为主要负责人提起。这些民事立法和司法解释都是在“集体经济组织”没有规定为法人时,村民委员会、村民小组与村集体经济组织、村内各个集体经济组织“政社不分”的表现:最基层的“政权组织”与集体经济组织形式混同。《民法典》将集体经济组织规定为法人后,村民委员会与村集体经济组织、村民小组与村内各个集体经济组织必须清楚地加以区分。

需要强调的是:一是在一个村内无论有多少因历史及现状存在的集体经济组织,都适用《民法典》第99条的规定,取得法人资格。二是村民委员会与集体经济组织不是同一概念,村民委员会仅仅是一个“行政性”的机构,它依据《民法典》第101条规定取得法人资格,依据《村民委员会组织法》开展工作。三是如果一个村内的农民或者集体经济组织根据我国《农民专业合作社法》《公司法》《合伙企业法》等成立法人或者非法人组织,上述组织依法取得相应主体资格,不是我国《民法典》在此规定的“农村集体经济组织法人”。所以,《民法典》第100条第2款规定:“法律、行政法规对城镇农村的合作经济组织有规定的,依照其规定。”四是未设立村集体经济组织的,村民委员会可以依法代行村集体经济组织的职能。

四、城镇农村的合作经济组织法人

合作经济组织是一种特殊类型的法人,它以为社员提供服务为最高原则,不以营利为目的,其盈利最终用在为社员服务上,使它同以营利为目标的纯粹的经济组织或商业组织严格相区别,它不属于营利性法人。合作社本质上是互助性或互益性组织,但合作社为其成员服务又离不开商品经济的经营,离不开取得利润,因此,合作社也不属于公益性社团法人。它集公益性与经营性为一体,因此有的国家将其定性为中间法人。合作经济组织从内部看,它谋求社员共同利益,与社员之间的交易不以营利为目的;从外部看,它要实现营利,类似于企业法人。〔1〕合作社虽然对外营利,但由于其利润分配受到严格限制,其对内,即对社员来说是不以营利为目的的,因而合作社是一种介于营利性组织与公益性组织之间的中间性组织。〔2〕在合作社内部不存在像公司那样的资本属性,即出资多的人有更多决策权和更高比例的收益,而是遵循“一人一票”的民主管理原则。

五、基层群众性自治组织法人

村民委员会是村民自我管理、自我教育、自我服务的基层群众性自治组织,办理本村的公共事务和公益事业,调解民间纠纷,协助维护社会治安,向人民政府反映村民的意见、要求和提出建议。居民委员会是居民自我管理、自我教育、自我服务的基层群众性自治组织。基层群众

---

〔1〕参见韩松:《论集体所有权的主体形式》,载《法制与社会发展》2000年第5期。

〔2〕参见王洪平:《农民集体与集体经济组织的法律地位和主体性关系》,载《法学论坛》2021年第5期。

性自治组织虽承载一些公共职能，并非典型的私法主体，但其实际存在参与私法活动的需求。私法身份的缺失，导致其无法获得参与私法活动的权能，并因此导致其前述需求无法实现。赋予农村集体经济组织、基层群众性自治组织以及城镇与农村合作经济组织以特别法人身份，可为我国大力推进的农村集体土地制度改革、基层治理改革、乡村振兴等提供私法支持。

疑难问题论争　法人结构性分类与功能性分类能否兼容？我国《民法典》是如何处理的？

关于法人的分类争论比较激烈。有人主张采取“结构性分类模式”（“社团—财团”），有人主张采取“功能性分类模式”（“营利—非营利”），也有人主张兼容两种分类模式。结构性分类模式的核心要素是以法人是否存在成员进行区分，符合事物的本质；功能性分类模式则以法人发挥的社会经济功能为区分，满足社会需求。我国《民法典》最终确立了“营利、非营利、特别法人”三分基本类型，同时在营利性法人和非营利性法人中穿插社团法人和财团法人的结构性次级分类，实现了功能性分类和结构性分类的兼容。类型化分析是法律思维的基本方式之一，立法上分类规制的方法反映了制度的功能和价值。从原《民法通则》开始确立了“企业”和“非企业”的两分法，在此分类架构的总体规划下，由《企业法人登记条例》《公司法》等构成了企业特别法群落，与由《社会团体登记管理条例》《事业单位登记管理暂行条例》《民办非企业单位登记管理暂行条例》《基金会管理条例》《宗教事务管理条例》等构成的非企业法人特别法群落逐步形成并共同组成适用至今的我国法人的功能性规范体系。这清楚地反映了我国法人制度将法人之间的根本差异定位在其社会经济生活中目的和功能的差异，根据此差异引导出法人外部权利能力范围、内部组织架构等对应规则。但批评者认为，既然“人格＋生物人”和“人格＋组织体”是自然人与法人的根本区分点，那么《民法典》中“营利—非营利”的功能性分类就不具备对作为法人核心规定性即组织体的特征进行诠释的能力。另外，“营利法人”与“非营利性法人”的这种分类方式已经周延了法人所有类型，在此之外再设“特别法人”似有违反逻辑之嫌。[1]

案例分析

甲、乙、丙、丁4人分别认缴出资100万元成立A有限公司，约定在公司成立后一年内实缴出资。经营一年后，股东理念发生分歧，遂经股东会决议分立为B和C两家公司，约定A公司债务全部由B公司承担。后B公司经营困难资不抵债解散。C公司经营情况良好，并成立了产业研究院（登记为非营利法人），一年后该产业研究院终止。

问题：

1. A有限公司成立一年后，若甲、乙、丙、丁4人未实际缴纳出资，公司债权人能否向股东主张债权？
2. B和C两家公司的约定对公司债权人是否有约束力？债权人能否向C公司主张债权？
3. B公司经营困难资不抵债，解散后未进行清算，相关主体应当承担什么责任？

---

〔1〕 参见张力：《法人功能性分类与结构性分类的兼容解释》，载《中国法学》2019年第2期。

4. 产业研究院终止后,C公司能否取得剩余财产?

分析:

1. A有限公司成立一年后,若甲、乙、丙、丁4人未实际缴纳出资,公司债权人可向股东主张债权。根据《公司法》及其司法解释规定,股东以其认缴的出资额对公司债务承担有限责任,如股东未履行出资义务或者未全面履行出资义务,应当在其认缴的出资金额范围内对债权人承担责任。

2. B和C两家公司的约定对公司债权人没有约束力。根据《民法典》关于法人分立的规定,分立后的法人对原法人债务承担连带责任,除非与债权人另有约定。故B和C两家公司的约定对公司债权人没有约束力,债权人可向B和C两家公司主张债权。

3. B公司的股东因未及时清算给债权人造成的损失承担赔偿责任。根据《民法典》第70条的规定,"法人解散的,除合并或者分立的情形外,清算义务人应当及时组成清算组进行清算。法人的董事、理事等执行机构或者决策机构的成员为清算义务人。法律、行政法规另有规定的,依照其规定。清算义务人未及时履行清算义务,造成损害的,应当承担民事责任;主管机关或者利害关系人可以申请人民法院指定有关人员组成清算组进行清算"。《公司法》第232条第2款规定,清算组由董事组成,但是公司章程另有规定或者股东会决议另选他人的除外;第238条第2款规定,清算组成员因故意或重大过失给债权人造成损失的,应当承担赔偿责任。结合《民法典》和《公司法》的规定,B公司的股东因未及时清算给债权人造成的损失应当承担赔偿责任。

4. 产业研究院终止后,C公司能否取得剩余财产,以产业研究院是否为以公益为目的而设立的非营利法人为判断依据。根据《民法典》的规定,以公益为目的而设立的非营利法人终止后,不得向成员分配财产。如果是以成员共益为目的而设立的非营利法人,则不受此限,可以向成员分配。

思考题

1. 法人成立的要件有哪些?为什么《民法典》在法人成立要件中没有规定"独立承担责任""章程""成员"等要素?

2. 如何理解法人的本质?

3. 法人在权利能力和行为能力方面与自然人的区别有哪些?

4. 我国《民法典》对法人是如何分类的?

5. 我国《民法典》关于法人的成立、变更和终止的程序和责任承担是如何规定的?

6. 我国《民法典》规定,营利法人包括有限责任公司、股份有限公司和其他企业法人等,其中"其他企业法人"有哪些法人?

7. 社会团体法人与社团法人有何区别?捐助法人的具体类型有哪些?捐助和捐赠在法律上的区别?

8. 我国《民法典》设置"特别法人"的意义是什么?与一般法人相比较,机关法人、农村集体经济组织法人、城镇农村的合作经济组织法人、基层群众性自治组织法人分别有哪些特别之处?

第六章　非法人组织

|学习要点|

本章主要学习非法人组织的概念、非法人组织的种类、非法人组织的民事能力和非法人组织的解散等基本知识。主要理解非法人组织的民事法律地位；个人独资企业、合伙企业、不具有法人资格的专业服务机构等非法人组织的核心特征；非法人组织的民事权利能力、民事行为能力；非法人组织的成立与终止的程序和责任承担等。

第一节　概　　述

一、非法人组织的概念和特征

何为非法人组织？学理上有不同定义。《民法典》第102条规定："非法人组织是不具有法人资格，但是能够依法以自己的名义从事民事活动的组织。非法人组织包括个人独资企业、合伙企业、不具有法人资格的专业服务机构等。"这一定义表明，非法人组织是具有一定民事权利能力和民事行为能力但不具备法人资格的社会组织，能够以自己名义进行民事活动，以自己名义享受民事权利和承担民事义务。

非法人组织具有以下特征：

第一，非法人组织是不同于自然人的社会组织。非法人组织属于社会组织，这是它与自然人的根本区别。在现代法上，社团不再以多数人的集合为组织的"团体性"要件，一个自然人也可以设立社会组织。例如，个人独资企业、一人有限责任公司。作为一个社会组织，为保证能独立存在于社会，必须有自己的名称、自己的办事机构、一定的组织规则和组织形式，并可以确定代表人代表组织进行活动。

第二，非法人组织是不具备法人资格的社会组织。法人是社会组织，但社会组织不都是法人。尽管各类法人应具备的条件有所不同，但法人均为具有完全独立性的社会组织，这种完全的独立性表现在组织、财产和责任等方面。现实中，一些社会组织并不能如同法人一般地具有组织、财产和责任上的完全独立性，不是法人，但它却如同法人一样作为一个组织存在于社会，这些社会组织就是非法人组织。非法人组织与法人的根本区别就在于不能独立承担民事责任。可以说，能否独立承担民事责任是区别法人与非法人组织的一个根本标准。

第三，非法人组织具有相应的民事权利能力和民事行为能力。非法人组织既然是为实现特定的目的而设立并存在于社会的，就必然要为实现其目的而以自己名义进行必要的民事活动。

二、非法人组织的成立

非法人组织应依照《民法典》第103条、《合伙企业法》和《个人独资企业法》等相关规定成立。非法人组织依法成立既包括依法律规定的实体条件成立，也包括依法律规定的程序条件成立。非法人组织也应有自己的名称、组织机构、财产和场所。从程序条件上来说，法律规定其设立须经行政审批的非法人组织，批准后方可设立。法律规定应予登记的，非法人组织于依法登记并取得相应的证照后才能成立，才可以组织的名义进行民事活动，否则，该组织不为成立。法律未规定应予登记的非法人组织，则于设立后即可成立。

第二节　非法人组织的种类

一、学理上对非法人组织的分类

根据设立目的，非法人组织可以分为营利性非法人组织和非营利性非法人组织。营利性非法人组织，是指以营利为目的的不具有法人资格的社会组织。营利性非法人组织的特点在于从事以营利为目的的经营活动，其设立的目的就是从事营利活动。这类组织是在经济领域活动的市场经济主体的重要组成部分。非营利性非法人组织，是指不以营利为目的、不具备法人资格的社会组织。这类组织的根本特点在于其不得从事以营利为目的的经营活动，其设立的目的是从事非营利性的社会服务活动。

根据设立的条件，非法人组织可以分为须经审批的非法人组织和无须审批的非法人组织。须经审批的非法人组织，其设立须经主管机关批准，未经主管机关批准，不得设立。无须审批的非法人组织，是指其设立无须经行政审批的社会组织，无须审批的非法人组织可由设立人按照规定的标准任意设立。《民法典》第103条第2款规定："设立非法人组织，法律、行政法规规定须经有关机关批准的，依照其规定。"这一规定是划分须经审批的非法人组织和无须审批的非法人组织的法律依据。

根据非法人组织是否需要登记，可分为需登记的非法人组织与不需要登记的非法人组织。需登记的非法人组织不经登记不能成立，不能以组织的名义进行活动；不需要登记的非法人组织是指其成立无须进行登记的非法人组织。《民法典》第103条第1款规定："非法人组织应当依照法律的规定登记。"那么非法人组织是否可以不经登记而成立？对此，有两种不同的观点。一种观点主张，非法人组织并非都需经登记才能成立；另一种观点则主张，非法人组织都须经登记才能设立，未经登记不能成立。在实践中，不需审批即可设立的非法人组织，应当进行登记，未经登记不能成立。而须经审批的非法人组织则不必均需经登记而成立。因为从管理和控制的角度上来看，行政主管机关的审批就足以起到登记的作用。

二、《民法典》对非法人组织的分类

《民法典》第102条第2款规定："非法人组织包括个人独资企业、合伙企业、不具有法人资格的专业服务机构等。"法条通过列举的方式，将非法人组织分为以下3个具体类型。

（一）个人独资企业

个人独资企业，是指由一个自然人投资，财产为投资人个人所有，投资人以其个人财产对

企业承担无限责任的经营实体。设立个人独资企业应当具备下列条件:一是投资人为一个自然人;二是有合法的企业名称;三是有投资人申报的出资;四是有固定的生产经营场所和必要的生产经营条件;五是有必要的从业人员。个人独资企业投资人可以自行管理企业事务,也可以委托或者聘用其他具有民事行为能力的人负责企业的事务管理。委托他人管理企业事务的,应当与被聘用者签订书面合同,明确委托的具体内容和授予的权利范围。投资人对受托人或被聘用人员职权的限制,不得对抗善意第三人。

(二)合伙企业

合伙企业是由两个以上的人(包括自然人和法人)根据合伙协议联合设立的企业,包括普通合伙企业和有限合伙企业。依据《合伙企业法》第 2 条第 2 款和第 3 款的规定,普通合伙企业由普通合伙人组成,合伙人对合伙债务承担无限连带责任,《合伙企业法》对普通合伙人承担责任的形式有特别规定的,从其规定。有限合伙企业由普通合伙人和有限合伙人组成,普通合伙人对合伙债务承担无限连带责任,有限合伙人以其认缴的出资额为限对合伙企业债务承担责任。

设立普通合伙企业,应当具备以下条件:一是有两个以上的合伙人;二是有书面合伙协议;三是有合伙人认缴或者实际缴付的出资;四是有合伙企业的名称和生产经营场所;五是法律、法规规定的其他条件。

以专业知识和专业技能为客户提供有偿服务的专业服务机构,可以设立特殊的普通合伙企业。一个合伙人或者数个合伙人在执业活动中因故意或者重大过失造成合伙企业债务的,应当承担无限责任或者无限连带责任,其他合伙人以其在合伙企业中的财产份额为限承担责任。合伙人在执业活动中非因故意或者重大过失造成的合伙企业债务以及合伙企业的其他债务,由全体合伙人承担无限连带责任。合伙人执业活动中因故意或者重大过失造成的合伙企业债务,以合伙企业财产对外承担责任后,该合伙人应当按照合伙协议的约定对给合伙企业造成的损失承担赔偿责任。特殊的普通合伙企业应当建立执业风险基金、办理职业保险。执业风险基金用于偿付合伙人执业活动造成的债务。执业风险基金应当单独立户管理。

依据《合伙企业法》第 3 条的规定,国有独资公司、国有企业、上市公司以及公益性的事业单位、社会团体不得成为普通合伙人。

(三)不具有法人资格的专业服务机构

不具有法人资格的专业服务机构,主要是指"会计师事务所、律师事务所、审计师事务所、医疗诊所等"。这类服务机构一般多采用合伙制提供专业服务,不具有法人资格。

根据《律师法》的规定,律师事务所包括合伙律师事务所和个人律师事务所。设立律师事务所应当具备以下条件:一是有自己的名称、住所和章程;二是有符合法律规定的律师;三是设立人应当具有一定的执业经历,且 3 年内未受停止执业的处罚;四是有符合国务院司法行政部门规定数额的资产。设立合伙律师事务所,还应当有 3 名合伙人,设立人应当是具有 3 年以上执业经历的律师。合伙律师事务所可以采用普通合伙或者特殊的普通合伙形式设立。设立个人律师事务所,设立人应当是具有 5 年以上执业经历的律师。

根据《注册会计师法》的规定,会计师事务所可以由注册会计师合伙设立。合伙设立的会计师事务所的债务,由合伙人按照出资比例或者协议的约定,以各自的财产承担责任。合伙人对会计师事务所的债务承担连带责任。根据该法规定，只有以合伙制设立的会计师事务所才是不具有法人资格的专业服务机构，公司制的会计师事务所是具有法人资格的营利法人。

第三节 非法人组织的民事能力

一、非法人组织的民事权利能力

现实中，不具有法人资格的组织大量存在，它们以自己的名义从事民事活动且会与他人发生民事纠纷。因此，必须赋予具有一定团体性的非法人组织民事主体地位。作为市场经济主体的社会组织，不仅有具备法人资格的企业，还存在相当多的不具备法人资格的企业，如合伙企业等。另外，在社会生活中也存在所谓的第三部门组织，它们是介于政府和市场组织之外的、以服务公众为宗旨志愿从事社会公益事业的社会组织。这些组织中有些具备法人资格，属于非营利法人，有些不具备法人资格。从法典上确认非法人组织是与自然人、法人并列的一类民事主体，代表了现代民法主体制度的发展方向。

非法人组织有自己的名称，可以自己名义在银行开设账户，可以自己名义进行不动产等产权登记，即非法人组织可以自己的名义享有民事权利和承担民事义务，具有民事权利能力。非法人组织的民事权利能力范围也受限制：一是自然属性上的限制。非法人组织作为一个组织，当然不能享有自然人基于自然人的自然属性而享有的权利。二是社会属性上的限制。非法人组织为实现一定的目的而存在于社会，它只能享有与实现其宗旨有关的必要的权利，对于与其设立宗旨相悖的权利并无资格享有。

二、非法人组织的民事行为能力

非法人组织作为一个组织，也必定以一定的形式形成组织的意志，以特定自然人的行为来实现其民事行为能力。不同的非法人组织的组织意志形成的程序各不相同，依其各自的章程或组织规章的规定而定。但一般来说，除法律的特别规定外，非法人组织的设立人或者成员都有权代表组织进行民事活动。

我国《民法典》第105条规定："非法人组织可以确定一人或者数人代表该组织从事民事活动。"非法人组织一经确定代表人代表该组织从事民事活动，其他人可对代表人的行为实施监督并可提出异议，但不能以该组织的名义代表该组织从事民事活动。其他人的行为虽不能代表该组织，但也不得以其不具有代表权而对抗善意第三人。非法人组织的代表人以该组织名义实施的行为就是该组织的行为，其后果由该组织承受。

三、非法人组织的责任承担

《民法典》第104条规定："非法人组织的财产不足以清偿债务的，其出资人或者设立人承担无限责任。法律另有规定的，依照其规定。"其中"法律另有规定的，依照其规定"，主要是指《合伙企业法》中的另外规定。依据《合伙企业法》的规定，有限合伙中的有限合伙人仅以出资为限对合伙债务承担有限责任。

第四节 非法人组织的解散

非法人组织作为组织,虽不能如自然人一样有出生和死亡,但却如法人一样有成立和终止。非法人组织的主体性基于成立而发生,基于终止而消灭。

一、非法人组织解散事由

非法人组织终止的事由,也就是导致非法人组织解体的原因。《民法典》第 106 条规定:"有下列情形之一的,非法人组织解散:(一)章程规定的存续期间届满或者章程规定的其他解散事由出现;(二)出资人或者设立人决定解散;(三)法律规定的其他情形。"

二、非法人组织解散的程序

《民法典》第 107 条规定:"非法人组织解散的,应当依法进行清算。"依此规定,非法人组织解散的,须经下列程序才能终止:(1)清算。非法人组织解散时的清算,一般由其组织的成员协商确定清算人,当事人协商不成的,也可请求法院指定清算人。清算人负责执行清算事务。非法人组织清算人应执行的清算事务与法人的清算无多大差别。(2)注销登记。非法人组织于清算结束后,经过登记的,须办理注销登记。于登记注销后,非法人组织终止。

疑难问题论争 业主大会和业主委员会是否可认定为非法人组织的其他类型?

对于业主自治组织的定性,历来聚讼纷纭。业主大会,是指全体业主成立的,管理其共有财产和共同生活事务的自治性组织。业主委员会是业主大会的执行机构,受业主大会的委托管理全体业主的共有财产和共同生活事务。对于业主大会与业主委员会的法律地位和相互关系,有学者认为,业主大会属于非法人组织,而业主委员会仅仅是业主大会的执行机构,不是独立于业主大会的民事主体;也有学者认为,业主大会与业主委员会都属于民事主体(非法人组织),立法上均承认了其主体地位。如《民法典》第 280 条规定:"业主大会或者业主委员会的决定,对业主具有法律约束力。业主大会或者业主委员会作出的决定侵害业主合法权益的,受侵害的业主可以请求人民法院予以撤销。"第 286 条第 2 款规定:"业主大会或者业主委员会,对任意弃置垃圾、排放污染物或者噪声、违反规定饲养动物、违章搭建、侵占通道、拒付物业费等损害他人合法权益的行为,有权依照法律、法规以及管理规约,请求行为人停止侵害、排除妨碍、消除危险、恢复原状、赔偿损失。"还有学者认为,业主大会仅是一个自治性组织,业主大会相当于公司的股东会,在对外发生债权债务关系时,不能作为权利义务主体及诉讼当事人。[1]对此,仍有待深入研究。

---

〔1〕 以上观点,参见李永军:《对我国民法上非法人组织概念的质疑》,载《比较法研究》2021 年第 2 期。

案例分析

甲、乙、丙3人共同商定出资设立一家普通合伙企业，其中约定乙以其所有房屋的使用权出资，企业的财务由甲负责。2015年4月，该合伙企业亏损巨大。5月，见股市大涨，在丙不知情的情况下，甲与乙直接将企业账户中的400万元资金，以企业名义委托给某投资机构来进行股市投资。同时，乙自己也将上述房屋以600万元变卖并过户给丁，房款全部用来炒股。至6月下旬，投入股市资金所剩无几。

问题：

1. 乙将房屋出卖的行为，是否构成无权处分行为？丁是否取得该房屋所有权？

2. 乙对合伙企业是否应承担违约责任？

分析：

1. 乙用房屋的使用权出资，房屋所有权并未转移给合伙企业，那么房屋的所有权人依然是乙，乙出卖房屋属于有权处分，而非无权处分。乙与丁之间的买卖合同有效，且房屋过户到丁名下，丁取得该房屋的所有权。

2.《合伙企业法》第103条第1款规定，合伙人违反合伙协议的，应当依法承担违约责任。据此可知，乙将房屋出卖给丁的行为违反协议的约定，应对合伙企业承担违约责任。

思考题

1. 非法人组织的法定含义是什么？

2. 不具有法人资格的专业服务机构的具体形式有哪些？

3. 未经登记的非法人组织是否具有民事主体资格？如公司内部董事会、监事会等。

4. 非法人组织成员对非法人组织债务承担的法律规定有哪些？

第七章　民事权利

学习要点

本章学习民事权利的概念、特征、分类、主要类型、取得、行使和保护等基本知识。民法是权利本位法，在民法学领域，无论学术理论的构筑还是法律规范的构建，都是以民事权利作为核心与基石，为民事主体行使各项权利提供法律依据，也为《民法典》其他各分编所规定的具体权利内容奠定基础。民事权利的特征是民事权利所具有的与其他权利相区分的依据，也是民事权利本质的外在表现。将民事权利分类，有助于掌握不同类型民事权利的性质、特点和功能，正确理解和行使民事权利。民事主体依据民事法律行为、事实行为、法律规定的事件或者法律规定的其他方式取得民事权利。权利行使是权利内容的实现，权利人通过实施一定的行为使其利益由可能转变为现实。当民事权利受到侵害时民事主体可通过正当防卫、紧急避险、自救行为自我保护，也可通过人民法院民事诉讼、仲裁机构仲裁、农村土地承包仲裁委员会调解仲裁以及人民调解委员会调解等公力救济的方式，维护自己的合法权益。

第一节　概　　述

一、民事权利的概念

法学意义上的"权利"概念，最早发端于罗马法。马克思在《黑格尔法哲学批判》中提到："其实是罗马人最先制定了私有财产的权利、抽象的权利、私人权利和抽象人格的权利。"[1]民事权利，是指民事主体依法享有的与自己的利益和意愿相关的权能和利益。其表现为享有权利的民事主体有权作出一定的行为和要求他人作出相应的行为。民事权利本质上是指法律为了保障民事主体的特定利益而提供法律之力的保护，是法律之力和特定利益的结合，是类型化了的利益。或者说是利益和力量的结合。[2] 民事权利就其内容而言，是法律所允许的行为自由，具体包括：(1)权利人在法定范围内享有为或不为一定行为的自由；(2)权利人要求他人为或不为一定行为的自由；(3)权利人的权利受到侵害时，有权要求国家采取法律手段予以保护。

二、民事权利的特征

民事权利的特征是民事权利所具有的与其他权利相区分的依据，也是民事权利本质的外

---

〔1〕《马克思恩格斯全集》(第1卷)，中共中央马克思恩格斯列宁斯大林著作编译局译，人民出版社1956年版，第382页。

〔2〕参见王利明等：《民法学》(第6版)(上册)，法律出版社2020年版，第152页。

在表现。民事权利的特征主要体现在以下5个方面:

(一)私利性

法律区分为公法和私法,权利区分为公权和私权。民法是私法,民事权利是私权,民事主体是以追求私人利益为目的的权利主体,因此,作为民事主体实现私人利益的民事权利不同于任何个人在公法上的权利,具有私利性。当然,民事主体追求私人利益不能违反法律和损害社会公共利益。

(二)法定性

民事权利是由民事法律规范所确认的由民事主体享有的利益。民事权利的设定、内容、客体及其行使都体现了民事主体的利益。法律为了协调各方利益,避免产生冲突,以维护社会生活的和谐,在一定条件下认为是合理正当的,就赋予权利主体某种力量,以享受利益,这种经法律承认的利益便是权利。所谓"权利为主观化的法律,法律为客观化的权利"。[1]

(三)自由性

民事权利体现为民事主体一定范围内的行为自由,民事主体可以自己的意思来决定权利的行使与否。表现为:权利人是否行使权利的自由,权利人处分非专属性权利的自由,权利人选择权利行使方式的自由,权利人选择权利救济方式的自由等。

(四)法益性

民事主体享有和行使民事权利的目的是实现特定利益,包括财产利益和人身利益。民事主体为自己设定、受让权利,只是将其作为实现自己利益的方式。因此,民事权利的落脚点,不可不归结在利益上。但由于利益范围广泛,不能不受限制,因而这种利益便是法律所承认或认可的利益。

(五)救济性

有权利必有救济,救济性是权利人实现其利益的最后保障。权利人依法可以请求义务人为一定行为或不为一定行为,以保障其享有或实现某种利益。权利人因他人的行为而使其利益受到侵害时,可以通过向有管辖权的法院或仲裁机构提起诉讼或申请仲裁的方式,请求对自己的民事权利予以保护,人民法院或仲裁机构依职权按照一定的程序对权利人的权利进行补救,使权利人的民事权利得到保护。

三、我国民事权利的法定类型

《民法典》第一编第五章设专章规定民事权利,全面系统地规定了民事主体享有的人身权、财产权、知识产权等其他权利,为民事主体行使各项权利提供法律依据,也为《民法典》其他各分编所规定的具体权利内容奠定基础。

(一)人身权

1.人格权

人格权,是指民事主体依法享有的与人身密切相连不可分离的,以维护和实现人身自由、人格尊严为目的的权利。人格权是民事主体最基本的权利,是民事主体行使其他一切权利的前提和基础。人格权包括一般人格权和具体人格权,一般人格权包括人身自由和人格尊严,我国《民法典》第109条规定:"自然人的人身自由、人格尊严受法律保护。"该条在法律上确认了

[1] 王泽鉴:《民法总则》,中国政法大学出版社2001年版,第84页。

一般人格权,形成了对人格权进行保护的兜底条款。但仅限于自然人,不适用于法人和非法人组织。对具体人格权,《民法典》第110条规定:"自然人享有生命权、身体权、健康权、姓名权、肖像权、名誉权、荣誉权、隐私权、婚姻自主权等权利。法人、非法人组织享有名称权、名誉权和荣誉权。"依此,具体人格权对自然人而言,包括生命权、身体权、健康权、姓名权、肖像权、名誉权、荣誉权、隐私权、婚姻自主权等权利。具体人格权对法人和非法人组织而言包括名称权、名誉权和荣誉权。

2. 身份权

身份权,是指自然人因婚姻关系和家庭关系等产生的与身份有关的人身权利。《民法典》第112条规定:"自然人因婚姻家庭关系等产生的人身权利受法律保护。"身份权是基于亲属法上的身份关系所产生的人身权利,包括基于婚姻关系的姻亲产生的身份权利和基于家庭关系的血亲产生的身份权利,还包括基于收养关系的拟制血亲产生的身份权利。

夫妻姓名权、夫妻相互扶养义务、父母对子女的亲权和履行监护职责产生的权利等皆是自然人因婚姻关系和家庭关系产生的身份权利。《民法典》第五编婚姻家庭编全面确认了自然人因婚姻关系和家庭关系等产生的人身权利。为完善身份权利的保护,《民法典》第1001条还规定:"对自然人因婚姻家庭关系等产生的身份权利的保护,适用本法第一编、第五编和其他法律的相关规定;没有规定的,可以根据其性质参照适用本编人格权保护的有关规定。"

(二)财产权

财产权,是指民事主体依法享有的以财产利益为客体能以货币计算价值的,直接与经济利益相联系的民事权利。

财产权包括物权、债权、继承权、股权和其他投资性权利,还包括知识产权中的财产权利等。物包括不动产和动产。物权,是指权利人依法对特定的物享有直接支配和排他的权利。物权包括所有权、用益物权和担保物权。债权,是指民事主体依法享有的因合同、侵权行为、无因管理、不当得利以及法律的其他规定,请求特定义务人为或者不为一定行为的权利。债的发生原因主要包括合同、侵权行为、无因管理和不当得利,此外,法律的其他规定也会引起债的发生,如未成年的或不能独立生活的子女和无劳动能力的或生活困难的父母依据法律的规定对不履行法定的抚养或赡养义务的一方享有债权。继承权,是指自然人依据法律的规定或者被继承人的遗嘱而取得被继承人遗产的权利。自然人可以继承的被继承人的财产范围为被继承人合法的私有财产。如被继承人合法的收入、房屋、生活用品、生产工具、原材料等不动产和动产,在被继承人死亡后,可以作为遗产由继承人依法继承。股权,是指民事主体投资于公司成为股东后依据法律规定或公司章程规定所享有的权利。其他投资性权利,是指民事主体通过购买证券、基金、保险等进行投资而依法享有的权利。这些投资性权利的具体权利内容根据《证券投资基金法》等具体法律规定依法享有。

(三)知识产权

知识产权是国际上广泛使用的一个法律概念,是指民事主体依法对其创造性的作品等客体享有的专有权利。其具有以下特点:

1. 知识产权具有无形财产权性。知识产权的客体不同于具有物理形态的有形物,无法凭借物理力量占有,不会发生消耗,即便发生侵权其本身也不会受到任何损害。

2. 知识产权具有综合性。知识产权兼具人身性和财产性双重属性,是财产权利和人身权利的结合,如作者享有的发表权、署名权、修改权等。

3. 知识产权具有专有性。《民法典》第 123 条通过具体列举和兜底规定相结合的方式,规定了权利人依法就知识产权的客体享有的专有权利。其第 123 条规定:“民事主体依法享有知识产权。知识产权是权利人依法就下列客体享有的专有的权利:(一)作品;(二)发明、实用新型、外观设计;(三)商标;(四)地理标志;(五)商业秘密;(六)集成电路布图设计;(七)植物新品种;(八)法律规定的其他客体。”未经权利人同意或法律规定,第三人不得享有和使用该项权利,否则即为侵权。

4. 知识产权具有时间性。我国《著作权法》《专利法》《商标法》等对知识产权的保护都有严格的时间限制,如自然人的作品,其发表权、发行权等权利的保护期为作者终生及其死亡后 50 年。发明专利权的保护期限为 20 年,实用新型专利权的保护期限为 10 年,外观设计专利权的保护期限为 15 年。丧失效力的知识产权客体即进入共有领域,成为全人类共有的财富,任何人都可以学习、研究、欣赏、使用,使其成为自己知识体系的一部分。

5. 知识产权具有地域性。知识产权受法律保护的地域范围具有严格的领土性,其效力只限于本国境内,除签有国际公约或双边条约以外,知识产权没有域外效力。

权利人就知识产权客体所享有的专有权利包括以下几种:

1. 作品。作品,是指文学、艺术和科学领域内具有独创性并能以一定形式表现的智力成果。作品包括:(1)文字作品;(2)口述作品;(3)音乐、戏剧、曲艺、舞蹈、杂技艺术作品;(4)美术、建筑作品;(5)摄影作品;(6)视听作品;(7)工程设计图、产品设计图、地图、示意图等图形作品和模型作品;(8)计算机软件;(9)符合作品特征的其他智力成果。对作品的知识产权保护主要规定在《著作权法》等相关法律法规中。

2. 发明、实用新型、外观设计。发明,是指对产品、方法或者其改进所提出的新的技术方案。实用新型,是指对产品的形状、构造或者其结合所提出的适于实用的新的技术方案。外观设计,是指对产品的整体或者局部的形状、图案或者其结合以及色彩与形状、图案的结合所作出的富有美感并适于工业应用的新设计。对发明、实用新型、外观设计的知识产权保护主要规定在《专利法》等相关法律法规中。

3. 商标。商标,是指民事主体在生产经营活动中所生产或提供商品或服务的显著标志。经商标局核准注册的商标为注册商标,包括商品商标、服务商标和集体商标、证明商标。集体商标,是指以团体、协会或者其他组织名义注册,供该组织成员在商事活动中使用,以表明使用者在该组织中的成员资格的标志。证明商标,是指由对某种商品或者服务具有监督能力的组织所控制,而由该组织以外的单位或者个人使用于其商品或者服务,用以证明该商品或者服务的原产地、原料、制造方法、质量或者其他特定品质的标志。对商标的知识产权保护主要规定在《商标法》等相关法律法规中。

4. 地理标志。地理标志,是指标示某商品源于特定地域,产品品质、信誉和相关特征主要取决于自然生态因素和历史人文因素,并以地域名称冠名的特有标志。对地理标志的知识产权保护主要规定在《商标法》等相关法律法规及规章中。主要通过以下 3 种模式进行保护:(1)通过注册为证明商标或集体商标进行保护;(2)通过地理标志保护产品(PGI)进行保护;(3)通过农产品地理标志(AGI)进行保护。

5. 商业秘密。商业秘密,是指不为公众所知悉、具有商业价值并经权利人采取相应保密措施的技术信息、经营信息等商业信息。对商业秘密的知识产权保护主要规定在《反不正当竞争法》等相关法律法规中。

6. 集成电路布图设计。集成电路布图设计，是指集成电路中至少有一个是有源元件的两个元件和部分或者全部互联线路的三维配置，或者为制造集成电路而准备的上述三维配置。对集成电路布图设计的知识产权保护主要规定在《科学技术进步法》《集成电路布图设计保护条例》等相关法律法规中。

7. 植物新品种。植物新品种，是指国家植物品种保护名录内经过人工选育或者发现的野生植物加以改良，具备新颖性、特异性、一致性、稳定性和适当命名的植物品种。对植物新品种的知识产权保护主要规定在《种子法》《农业法》等相关法律法规中。

8. 法律规定的其他客体。此类是对知识产权的客体进行的兜底式规定，为未来相关立法对新型知识产权客体的保护留出了空间和依据，即除上述 7 种知识产权客体外，如果其他法律对知识产权客体的保护有新的规定，那么该知识产权客体也受到法律保护。

（四）其他权利

除上述人身权、财产权、知识产权等民事权利外，《民法典》还规定了一些其他民事权利，主要包括：(1) 法律规定的其他民事权利和利益；(2) 数据、网络虚拟特殊财产权；(3) 未成年人、老年人、残疾人、妇女、消费者等特殊主体的民事权利等。

疑难问题论争 实际施工人是否享有建设工程价款优先受偿权？

建设工程价款优先受偿权是法律对建设工程承包人特别规定的一项民事权利，根据《民法典》第 807 条[1]与最高人民法院《建设工程司法解释（一）》第 35 条[2]的规定，与发包人订立建设工程施工合同的承包人依法享有建设工程价款优先受偿权。但无效合同的实际施工人是否对其施工的工程折价或者拍卖的价款享有优先受偿权，法律及司法解释未明确规定，对此问题，学界有不同认识：

第一种观点认为，无效合同的实际施工人享有工程价款优先受偿权，因我国建筑立法对施工企业资质和招投标程序的严格规制，现实中有大量的施工合同被认定为无效，如果将优先受偿权的行使条件限定为有效合同，将会导致众多实际施工人的工程款债权失去有效保护，建设工程价款优先受偿权的制度功能也会大打折扣。[3] 另有学者认为，工程价款优先受偿权制度的设立是以保护承包人已经物化到建筑物中的劳动和建筑材料为目的，依照《建设工程司法解释（一）》的规定，施工合同无效，但工程经过竣工验收合格的，承包人仍可请求参照合同约定结算工程款。建设工程价款优先受偿权的权利基础源于工程款债权，既然工程款债务仍需清偿，实际施工人的建设工程价款优先受偿权理应得到支持。[4]

第二种观点认为，无效合同的实际施工人不享有工程价款优先受偿权。针对建设工程价

[1] 《民法典》第 807 条规定："发包人未按照约定支付价款的，承包人可以催告发包人在合理期限内支付价款。发包人逾期不支付的，除根据建设工程的性质不宜折价、拍卖外，承包人可以与发包人协议将该工程折价，也可以请求人民法院将该工程依法拍卖。建设工程的价款就该工程折价或者拍卖的价款优先受偿。"

[2] 《建设工程司法解释（一）》第 35 条规定："与发包人订立建设工程施工合同的承包人，依据民法典第八百零七条的规定请求其承建工程的价款就工程折价或者拍卖的价款优先受偿的，人民法院应予支持。"

[3] 参见陈东强：《建设工程价款优先受偿权的行使与规制》，载《山东法官培训学院学报》2018 年第 5 期。

[4] 参见李后龙、潘军锋：《建设工程价款优先受偿权审判疑难问题研究》，载《法律适用》2016 年第 10 期。

款优先受偿权具有的保护处于弱势地位的承包人的立法目的问题，建设工程价款优先受偿权并非适用于平衡发包人与承包人之间的关系，而主要是适用于平衡承包人与发包人的其他债权人之间的关系，在工程需要通过折价或者拍卖用以偿还债务的情形下，债权的优先性与发包人并无直接关联。[1] 同时还有学者认为，建设工程价款优先受偿权以承包人、发包人双方之间存在合法有效的施工合同为前提，无效施工合同的承包人不应享有建设工程价款优先受偿权。无论是依据文义解释、体系解释还是目的解释的方法，无效施工合同的承包人不应享有建设工程价款优先受偿权。但是，在有效施工合同中的总承包人、转包人或者出借资质人怠于行使建设工程价款优先受偿权时，为顺利实现因工程建设产生的合法债权，应当允许实际施工人可以提起代位权诉讼的方式主张建设工程价款优先受偿权。[2]

本书同意第一种观点，实际施工人应当对其施工的工程折价或者拍卖的价款享有优先受偿权。工程价款优先受偿权制度的设立是为保护承包人已经物化到建筑物中的劳务和建筑材料等合法权益，其权利基础源于工程款债权，实际施工人是建设工程人、财、物的实际投入者，已经物化到建筑物中的劳务和建筑材料等是实际施工人的投入，建设工程款项系实际施工人应付给建筑工人的工资与实际施工人垫付的工程款。既然司法解释规定合同被确认无效但建设工程质量合格的，可以参照合同约定结算工程价款，那么应赋予无效合同的实际施工人建设工程价款优先受偿权，否则不利于保护建筑工人与实际施工人的合法权益。

第二节　民事权利的基本分类

以民事权利的性质、特点和功能等为标准，可以对民事权利进行不同的分类，主要包括以下几种类型。

一、人身权、财产权和知识产权等其他权利

依据权利内容的不同，民事权利可以分为人身权、财产权和知识产权，还包括法律规定的其他民事权利和利益，如数据、网络虚拟特殊财产权以及未成年人、老年人、残疾人、妇女、消费者等特殊主体的民事权利等其他权利。

二、支配权、请求权、抗辩权和形成权

依据权利作用的不同，民事权利可以分为支配权、请求权、抗辩权和形成权。

支配权，是指权利人可以直接支配权利客体，并具有排他性的权利。在积极方面，权利人可直接支配其标的物，而无须他人行为之介入；在消极方面，可禁止他人妨碍其支配，而具有排他性。支配权人对客体的支配可能是全方位的（如所有权），也有可能是受有一定限制的（如抵押权、质权、用益物权等限制物权）。支配权可分为对物的支配权，即物权，以及对智力成果的支配权，即知识产权。

请求权，是指请求他人为或者不为一定行为的权利。请求权是发生在具有请求内容关系的特定当事人之间的一种权利，既可以作为独立的权利，也可以作为实体权利的内容。依其所

---

〔1〕 参见唐倩：《实际施工人的建设工程价款优先受偿权实证研究》，载《中国政法大学学报》2019 年第 4 期。

〔2〕 参见宿辉：《建设工程价款优先受偿权论争》，载《重庆社会科学》2017 年第 9 期。

发生之基础权利的不同,可分为债权上的请求权、物权上的请求权、知识产权上的请求权、人格权上的请求权及身份权上的请求权。

抗辩权,是指对抗他人请求权的权利。抗辩权行使须有事实依据和法律依据才能产生相应的法律效果。抗辩权根据效力可分为一时性的抗辩权和永久性的抗辩权:前者仅能暂时地阻止其所针对之请求权的行使,如不安抗辩权和同时履行抗辩权等;后者则能永久地阻止其所针对之请求权的实现,如因时效届满而拒绝履行义务的抗辩权。抗辩权与抗辩不同。抗辩是程序法中的概念,是指在民事诉讼中提出事实上的主张,它既可以对抗请求权,也可以对抗请求权以外的其他权利。

形成权,是指权利人依其单方意思表示,可使民事法律关系产生、变更或者消灭的权利。形成权不需要他方相应地作出某种行为,即可以通过行使此种权利,使法律关系产生变动和消灭。学理上也称为能为权、变动权等。[1] 形成权按照其行使对涉及的法律关系所产生的效力的不同,可以分为设立性形成权、变更性形成权、消灭性形成权。设立性形成权,是指因形成权的行使而创设一定法律关系的形成权。例如,《民法典》第145条规定的法定代理人对限制民事行为能力人所实施法律行为的追认权、《民法典》第171条和《民法典》第503条规定的被代理人对无权代理行为的追认权等属于设立性形成权。变更性形成权,是指因形成权的行使而使既有法律关系发生变更的形成权。如选择之债中的选择权、损害赔偿权人多种救济方式的选择权、给付确定权、通知到期权(使未到期的债权转化为到期之债)等属于变更性形成权。消灭性形成权,是指因形成权的行使而使既有法律关系消灭的形成权,如撤销权、抵销权、解除权等。消灭性形成权既是最典型的也是最常见的形成权类型。

形成权可依法律规定而产生,亦可基于当事人之间的约定而产生。形成权效力强大,相对人处于屈从的地位,基于此,形成权的行使必须遵循以下规则:(1)不得附条件或附期限。既然形成权相对人必须接受他人行使形成权的事实,那么不应该再让他面临不确定的状态了。[2] (2)形成权的行使不得撤销。形成权一旦行使,权利人的意思表示一经到达相对人,即发生法律关系变动的效果,所以形成权一旦行使,就不能撤销该意思表示。但在到达相对人之前,意思表示并未生效,自然可以撤回。[3]

三、绝对权与相对权

依据权利所及的范围不同,民事权利可以分为绝对权与相对权。绝对权,是指无须通过义务人实施一定的行为即可实现,并可以对抗不特定人的权利。[4] 绝对权可以针对每一个人产生效力,即除权利人外任何人都必须尊重的权利,权利人享受一定的权利,但无相对应的义务,因此绝对权又称对世权。物权、人身权、知识产权是典型的绝对权。相对权,是指权利人请求特定人且必须通过特定义务人实施一定行为才能实现的权利。相对权只能针对特定人产生效力,权利人享受权利的同时通常须承担相对应的义务,因此相对权又称对人权。债权是典型的相对权。

四、主权利和从权利

依据民事权利相互之间的关系不同,民事权利可以分为主权利和从权利。主权利是指在

---

[1] 参见王泽鉴:《民法总则》,北京大学出版社2009年版,第105~106页。

[2] 参见王利明等:《民法学》(第6版),法律出版社2020年版,第176页。

[3] 参见王泽鉴:《民法总则》,北京大学出版社2009年版,第107~108页。

[4] 参见魏振瀛主编:《民法》(第7版),北京大学出版社、高等教育出版社2017年版,第37页。

两个相互关联的民事权利当中，居于主导地位能够独立存在的权利。从权利，是指不能独立存在必须以主权利的存在为前提且从属于主权利的权利。例如，担保物权相对于其所担保的债权而言，即为从权利，地役权于需役地所有权和使用权而言，亦是典型的从权利。

主权利和从权利的行使必须遵循以下规则：(1)就民事权利的效力而言，从权利基于主权利而产生，没有主权利就没有从权利，主权利有效，从权利才能有效，主权利无效或不存在了，从权利也宣告无效。如合同中的主权利即债权若被宣告无效，则作为从权利的担保权也无效，债权人不能行使担保权。(2)就权利转让而言，除法律有特别规定外，如果主权利转让，则从权利也随之转让，受让人取得主权利的同时也取得从权利，仅须对从权利人履行通知义务。(3)就权利消灭而言，主权利消灭，从权利也随之消灭。权利人抛弃主权利或免除主权利对应的债务人的债务，则从权利也消灭。

五、既得权和期待权

按照权利成立要件是否全部实现不同，民事权利可以分为既得权和期待权。既得权，是指权利人已经具备法律上规定的成立要件，已经取得并且可以实现的权利，如物权、债权、知识产权等。期待权，是指权利人尚未现实取得而于将来可能取得的权利。将来是否能取得，取决于一定的法律事实的出现或不出现，如附条件的民事法律行为设定的权利在条件成就前就是期待权；继承开始前，法定继承人享有的继承权也属于期待权。期待权的特征表现为以下方面：(1)期待权是一种未来的或然性权利，权利人是否能现实取得权利享有利益，取决于一定的法律事实的出现或不出现。(2)期待权是一种法律保护的利益，一旦条件成就转化为现实的权利即为既得权，在转化为既得权前权利人享有法律规定的特定利益。如继承权在实现前为期待权，但若遗嘱人剥夺了依靠遗嘱人抚养而无生活来源的继承人的继承权，则这部分内容无效，遗嘱人必须分配遗产给该继承人，这表明期待状态的继承权已经受到法律的保护了。(3)期待权的形成既可以当事人约定也可由法律规定。期待权主要由当事人约定形成，典型的如附条件法律行为中的期待权。法定的期待权主要是身份关系中的继承权。

期待权主要有以下类型：(1)所有权保留买卖中，买受人对标的物的所有权所享有的期待权；(2)附条件和附期限合同中，条件未成就或期限未到来时享有的期待权；(3)保险合同中，受益人在法定或约定的保险事故发生前的期待权；(4)继承中，遗嘱继承人或受遗赠人在继承尚未开始前对被继承人的财产享有期待权。

第三节　民事权利的取得

一、民事权利取得的概念

《民法典》第129条规定："民事权利可以依据民事法律行为、事实行为、法律规定的事件或者法律规定的其他方式取得。"依此，民事权利的取得，是指民事主体依据民事法律行为、事实行为、法律规定的事件或者法律规定的其他方式获得民事权利。

二、民事权利取得的方式

民事权利可以依据以下方式取得。

1. 民事法律行为

民事法律行为,是指民事主体通过意思表示设立、变更、终止民事法律关系的行为。民事主体的民事权利可以通过民事法律行为取得,如订立买卖、出让、转让、抵押、赠与等合同行为。《民法典》第六章专章规定了民事法律行为,对民事法律行为的概念、成立、形式、效力、附条件和附期限等作了规定。

2. 事实行为

事实行为,是指行为人实施一定的行为时在主观上并没有确立、变更或消灭某一民事法律关系的意识,但由于法律的规定,同样会引起一定的民事法律后果的行为。[1] 事实行为不是通过行为人的意思表示产生的,而是依照法律的规定产生一定民事法律后果的行为。依据事实行为取得民事权利的方式一般属于原始取得。民事主体可以通过合法事实行为取得民事权利。如《民法典》第 231 条规定,"因合法建造、拆除房屋等事实行为设立或者消灭物权的,自事实行为成就时发生效力"。该条规定的因合法建造房屋而取得的物权就是依事实行为而取得的民事权利。依照法律规定民事主体还可以通过劳动生产、拾得遗失物、漂流物、无因管理等合法的事实行为取得民事权利。民事主体也可以通过不合法的事实行为取得民事权利,如侵害他人人身、财产的侵权行为是不合法的事实行为。因不合法的事实行为取得的民事权利应承担返还财产、赔偿损失等民事责任。

3. 法律规定的事件

事件,是指与人的意志无关,根据法律规定而引起设立、变更、终止民事法律关系的客观情况。如自然人的出生、失踪、下落不明、死亡等事件发生,法律规定民事主体由这些事件可以取得民事权利。法律规定的事件一发生民事主体便取得民事权利,如自然人因出生取得生命权、身体权、健康权、继承权等。

4. 法律规定的其他方式

除民事法律行为、事实行为与法律规定的事件外,《民法典》规定还可以通过法律规定的其他方式取得民事权利,这为将来法律扩宽或变动民事权利的取得方式留下了余地及实践探索空间。法律规定的其他方式主要包括以下几种:

(1)法律的直接规定

法律的直接规定,是指经过法律的直接规定而取得的民事权利,如优先权等,这类权利还包括法定地上权等。[2]

(2)司法行为

民事主体可以依据人民法院的判决书、裁定书、调解书或仲裁机构的裁决书、调解书等针对物权变动作出的生效法律文书,通过当事人的主动履行或人民法院的强制执行取得民事权利。

---

〔1〕 参见佟柔主编:《中国民法》,法律出版社 1990 年版,第 37 页。

〔2〕 参见王利明主编:《中国民法典学者建议稿及立法理由(总则编)》,法律出版社 2005 年版,第 54 页。

第四节　民事权利的行使

一、民事权利行使的概念

民事权利的行使，是指民事权利主体通过事实方式或法律方式具体实施某种行为实现其权利内容的过程。民事权利的行使是民事权利内容的实现，权利人通过实施一定的行为使其权利利益由可能性转变为现实性。因民事权利性质不同，权利人所实施的行为不同，民事权利的行使方式也不同。权利人所实施的行为包括事实行为和民事法律行为两种，权利行使的方式相应地可以分为事实方式和法律方式两种。权利人既可以通过实施某种事实行为来行使权利，也可以通过实施某种民事法律行为来行使权利。

二、民事权利行使的原则

（一）自愿原则

权利行使的自愿原则，是指民事主体有权按照自己的意愿行使权利，他人不得非法干涉。《民法典》第130条规定："民事主体按照自己的意愿依法行使民事权利，不受干涉。"权利行使的自愿原则是民法自愿原则的具体体现。"法无禁止即自由"，权利人在行使民事权利时，有权按照自己的意愿自主决定是否行使民事权利、行使的民事权利内容及行使的方式，并自觉承受由此产生的法律后果，任何组织和个人不得非法干涉。

（二）义务必须履行原则

义务必须履行原则，是指民事主体行使民事权利时必须履行法定的和当事人约定的义务。《民法典》第131条规定："民事主体行使权利时，应当履行法律规定的和当事人约定的义务。"民事主体在依法享受民事权利的同时，必须履行一定的民事义务。民事义务包括法律规定的义务和当事人约定的义务。

（三）不得滥用民事权利原则

不得滥用民事权利原则，又称禁止滥用权利原则，是指民事主体在行使民事权利时，不得滥用民事权利损害国家利益、社会公共利益或者他人合法权益。权利不得滥用是《宪法》的一项基本原则，《宪法》第51条规定："中华人民共和国公民在行使自由和权利的时候，不得损害国家的、社会的、集体的利益和其他公民的合法的自由和权利。"为规范民事权利行使行为，《民法典》及《总则编司法解释》皆对民事权利行使进行了限制性规定，根据《民法典》第132条"民事主体不得滥用民事权利损害国家利益、社会公共利益或者他人合法权益"以及《总则编司法解释》第3条的规定，构成权利滥用，须符合以下条件：(1)民事主体享有权利。享有权利是权利滥用之前提，如果民事主体根本就不享有权利，就是违法行为而非权利滥用。(2)民事主体必须是行使自身的权利。民事主体客观上实施了相关民事权利的行使行为，民事主体只有在行使权利的过程中才可能构成权利滥用。(3)行为人主观上具有损害他人的恶意，以损害国家利益、社会公共利益、他人合法权益为主要目的。(4)行为人的行为实际侵害了国家利益、社会公共利益或者他人合法权益。这是构成权利滥用的后果性要件，判断是否构成权利滥用要把握权利的社会性，权利人应当在不妨害国家利益、社会公共利益或他人合法利益的前提下行使民事权利,如果民事主体的权利行使行为,没有对国家利益、社会公共利益或者他人合法权益造成损害,就不构成权利滥用。

对于滥用民事权利的判断,人民法院可以根据权利行使的对象、目的、时间、方式、造成当事人之间利益失衡的程度等因素作出认定。若行为人以损害国家利益、社会公共利益、他人合法权益为主要目的行使民事权利的,人民法院应当认定构成滥用民事权利。若构成滥用民事权利,那么行为人的滥用行为不发生相应的法律效力,不应当产生行为人追求的后果。如果滥用民事权利造成他人损害的,已经构成侵权的,应承担侵权责任。是否构成侵权,需依据《民法典》第七编侵权责任编的规定予以判断。若行为人滥用权利的行为,也满足了侵权责任的成立要件,那么受害人有权请求滥用权利人承担侵权责任。

第五节 民事权利的保护

《民法典》第3条规定:"民事主体的人身权利、财产权利以及其他合法权益受法律保护,任何组织和个人不得侵犯。"《民法典》的根本目的是保护民事主体的利益,维护经济社会秩序。民事权利的保护基本含义表现为两个方面:其一,民事主体可以自己的意思自由充分地行使各项民事权利,以实现自己的利益,同时不得侵犯其他民事主体的合法权益;其二,当民事主体的合法权益受到侵害时,依法可以自行请求侵害人停止侵害、赔偿损失或采取其他补救措施,或者可以请求国家有权机构以强制力保障自己的合法权益。

根据民事主体采取的不同方式,民事权利的保护可以分为自我保护和国家保护。民事权利的自我保护和国家保护,就其进化过程而言,自我保护发生在先,国家保护发生在后。人类社会发展初期,国家组织还不健全,国家权力也不甚发达,对于民事权利的保护,只有自我保护一条途径。随着社会的进步,国家组织日益完善、国家权力日益强大,私力救济逐渐为公力救济所替代。"这是因为私力救济容易滋生流弊,弱者无从实行,而强者难免恃强凌弱,影响社会秩序,导致循环复仇。"〔1〕

一、民事权利的自我保护

民事权利的自我保护,又称为私力救济,是指民事主体在法律允许的范围内,采取自卫行为或者自助行为等自我保护的手段来保护自己的权利不受侵犯的保护方式。我国法律鼓励民事主体在民事权利遭受侵害时采取多种方式进行自我保护,如双方协商、通过有关人员或者单位的调解等。但民事主体在采取自我保护时必须以法律许可的方式和在法律规定的限度内进行。《民法典》对各种私力救济方式和限度作出了明确规定,如正当防卫、紧急避险及合法自助行为等。

二、民事权利的国家保护

(一)民事权利的国家保护概念

民事权利的国家保护,又称为公力救济,是指民事主体的民事权利遭受侵害时或侵害后,

---

〔1〕 徐武生、靳宝兰主编:《民法学》,中国人民公安大学出版社2014年版,第51页。

由国家机关通过法定程序给予保护的情形。公力救济体现的是国家对权利圆满状态的维护。其主要手段是人民法院民事诉讼、仲裁机构仲裁，也包括农村土地承包仲裁委员会调解仲裁以及人民调解委员会调解等。

（二）民事权利国家保护的形式

1. 人民法院民事诉讼

民事诉讼，是指在当事人和其他诉讼参与人参加下，人民法院依法审理解决民事纠纷的活动以及由此活动所产生的诉讼法律关系的总和。人民法院受理民事诉讼遵循“不告不理”原则，当权利受到侵害时，国家公权力并不主动介入，而是由当事人自主决定是否寻求公力救济，是否向人民法院提起民事诉讼以及提起何种民事诉讼。由于民事权利的种类不同，受到侵害的方式不同，权利主体提起民事诉讼的请求也不同，根据当事人的请求，民事诉讼可以分为确认之诉、给付之诉和形成之诉 3 种，与之不完全对应，人民法院民事判决可能表现为确认裁判、给付裁判和形成裁判。

确认之诉，是指当事人请求法院认定某种法律关系存在或不存在的诉讼。确认之诉的目的在于请求法院确认某种权利的存在，如物权确认、共有权确认、土地承包经营权确认、合同效力确认、收养关系确认、股东资格确认、企业出资人权益确认、破产债权确认等。

给付之诉，是指当事人向法院提起诉讼请求法院责令对方作出某种行为，履行一定的给付义务的诉讼。既可能是给付一定数额的货币或财产，也可能是为或不为某种特定的行为的诉讼，如请求支付租金、工程款、货款、借款、返还租赁物等。针对的对象主要是请求权，当事人提起给付之诉，必须以请求权的存在为前提。

形成之诉，又称权利变更之诉，是指当事人请求法院变更已成立或既存的民事法律关系之诉。形成之诉的判决可能面向未来产生效力，即通过法院判决改变既有的法律关系，以形成新的民事权利义务关系，比如，离婚之诉、解除收养关系之诉、公司强制清算之诉、共有物分割之诉等。

在 3 种诉的类型中，确认之诉和形成之诉不需要执行，而给付之诉旨在实现实体请求权，人民法院经过审理下发民事判决书或调解书，当对方当事人没有主动履行生效判决或调解书确定的义务时，权利人可以选择申请强制执行的方式，借助国家公权力采取强制执行措施，以实现自己的民事权利。

2. 仲裁机构仲裁

仲裁，是指按照当事人双方签订的仲裁协议或仲裁条款，将商事争议提交具体的仲裁机构，由仲裁机构依法作出裁决的一种解决民事争议的方式。民事主体可通过向仲裁机构申请仲裁的方式保护自己的民事权利。但民事主体向仲裁机构申请仲裁必须具备一定条件，如双方争议的须是平等主体之间的合同纠纷和其他财产权益商事纠纷、须有有效的仲裁协议或仲裁条款、须仲裁申请人向仲裁机构提出明确的仲裁请求等。仲裁机构经过审理下发仲裁裁决书或调解书，当对方当事人没有主动履行生效裁决书或调解书确定的义务时，权利人可以借助国家公权力采取强制执行措施，向被执行人住所地或者被执行的财产所在地的中级人民法院提起强制执行申请，以实现自己的民事权利。

3. 其他民事权利的国家保护形式

除人民法院民事诉讼、仲裁机构仲裁外，民事主体还可以通过农村土地承包仲裁委员会调解仲裁及人民调解委员会调解等形式寻求国家对自己的民事权利进行保护。

案例分析

2017 年 2 月，张某从某汽车服务公司购买轿车一辆，价格为 16 万元，双方签订了《汽车销售合同》。该合同第 7 条约定："……卖方保证买方所购车辆为新车……"

合同签订当日，张某向某汽车服务公司交付了购车款 16 万元，同时支付了其他费用；某汽车服务公司把该轿车交付给张某，张某办理了该车的机动车登记手续。2017 年 5 月，张某在将车辆送往某汽车服务公司保养时，发现该车曾于 2017 年 1 月进行过维修。张某以自己买到的不是合同约定的新车为由向人民法院提起诉讼，请求撤销双方的《汽车销售合同》，退还购车款 16 万元以及其他费用，并根据《消费者权益保护法》中经营者欺诈的条款，要求对方赔偿其购买汽车价款 1 倍的损失。

《消费者权益保护法》第 55 条第 1 款规定，经营者提供商品或者服务有欺诈行为的，应当按照消费者的要求增加赔偿其受到的损失，增加赔偿的金额为消费者购买商品的价款或者接受服务费用的 3 倍；增加赔偿的金额不足 500 元的，为 500 元。法律另有规定的，依照其规定。

问题：张某运用什么方式保护了自己的何种民事权利，体现了民事权利行使的什么原则？

分析：张某在本案中运用公力救济的民事诉讼方式保护了自己的财产权利，根据《消费者权益保护法》第 55 条的规定，张某可以要求某汽车服务公司增加赔偿的金额至其购买轿车的价款的 3 倍，而张某只要求了增加 1 倍的赔偿额，体现了张某对其民事权利的自由处分，体现了民事权利行使的自愿原则。

思考题

1. 民事权利包括哪些权利？有何特征？
2. 民事权利如何取得和行使？
3. 民事主体应如何保护自己的民事权利？

第八章 民事法律行为

| 学习要点 |

本章学习民事法律行为的以下知识：概念、特征、分类、成立及形式。意思表示的含义、立法体例、生效、方式、撤回及解释。民事法律行为的有效、无效、可撤销、效力待定。民事法律行为的附条件及附期限。民事法律行为制度是民法的一项重要制度。意思表示是民事法律行为中最为本质的部分，是法律行为最基本的要素，是民事法律行为区别于事实行为的根本标志。民事法律行为的有效是民事主体设立、变更、终止民事法律关系的条件。附条件及附期限成就与否，决定着民事法律行为的生效或者失效。

第一节 概 述

一、民事法律行为的概念

民事法律行为制度是民法的一项重要制度，最早发源于古罗马法中的契约制度和遗嘱制度，并随着商品经济的发展与繁荣而逐渐壮大完善。“罗马法通过对不同表意行为的具体行为规则，已经建立起实质意义上的法律行为制度，尽管该法律行为制度具有明显的形式化和身份化的特点，但是其具有的严密性和先进性在古代法中是绝无仅有的，是现代法律行为制度的真正渊源。”[1]

“法律行为”这一概念最早是由德国学者古斯塔夫·胡果（Gustav Hugo，1764～1844）在1805年出版的《日耳曼普通法》一书中提到，并为《德国民法典》所采纳，[2] 1900年《德国民法典》首次对法律行为制度进行了较完善的规定，“法律行为是旨在产生特定法律效果的私人意思表示，法律行为的本质在于作出旨在引起法律效果的意思表示”。[3] 其后，这一概念对其他国家和地区的民事立法产生了深远的影响，日本、意大利、荷兰、俄罗斯等国家民法典基本上都采用了这个概念，并作为一种重要的民事制度加以规定。

我国原《民法通则》没有采用“法律行为”这一表述，而是采用了民事法律行为和民事行为这两个概念，该法第54条规定：“民事法律行为是公民或者法人设立、变更、终止民事权利和民事义务的合法行为。”其中“公民”“合法行为”等字样反映了国家对私法自治的干预，强调民事

---

〔1〕 董安生：《民事法律行为》，中国人民大学出版社2002年版，第14页。

〔2〕 参见最高人民法院民法典贯彻实施工作领导小组主编：《中华人民共和国民法典总则编理解与适用》，人民法院出版社2020年版，第685页。

〔3〕 [德]维尔纳·弗卢梅：《法律行为论》，迟颖译，法律出版社2013年版，第26页。

法律行为应当具有合法性。

《民法典》规定了民事法律行为的概念，其第133条规定："民事法律行为是民事主体通过意思表示设立、变更、终止民事法律关系的行为。"依此，《民法典》对民事法律行为的内涵作了调整，取消了民事法律行为合法性的要求，使其既包括合法的民事行为，也包括无效的民事行为、可撤销的民事行为及效力待定的民事行为。增加了"意思表示"的概念，强调民事主体要通过意思表示实施民事法律行为，对于民事法律行为的定义回归了法律行为的本质属性，即民事法律行为作为私法行为以"意思表示"为核心特征，舍弃了法律行为的"合法性"，体现了民法充分尊重意思自治、回归民事法律行为意思表示行为本质、民法私法本质以及鼓励交易的价值取向，体现了我国民事立法的科学性。

二、民事法律行为的特征

（一）民事法律行为是民事主体实施的行为

民事法律行为作为一种法律事实，旨在设立、变更、终止民事法律关系，是民事法律关系得以发生的原因之一。民事法律关系的发生原因，包括事件和行为两种，前者与人的意志无关，后者包括人的意志因素。法律行为属于行为的范畴，因为包含人的意志因素，故必须是由自然人、法人和非法人组织这些民事主体实施的行为，才称为民事法律行为。非民事主体实施的行为不是民事法律行为，如法院的判决、裁定，仲裁机构的裁决，行政机关的处罚决定等也会产生一定法律后果，但其不是以民事主体身份作出的行为，因而，判决、裁定，裁决和处罚决定等不属于民事法律行为。

（二）民事法律行为是能够产生当事人预期的法律效果的行为

民事主体根据扮演的社会角色不同，在社会生产生活中会从事各种各样的活动，但并非任何行为都是民事法律行为，根据《民法典》的规定，只有以设立、变更、终止民事法律关系为目的的行为才是民事法律行为，其最终结果是让民事主体具体地享受民事权利、承担民事义务。所谓设立民事法律关系，是指民事主体通过签订合同等民事法律行为，与相对人形成某种民事法律关系。民事法律行为只要成立并有效，就会对当事人产生法律效力，双方当事人须依照民事法律行为的规定享受民事权利、承担民事义务。如出卖人房地产开发企业与买受人通过签订商品房买卖合同形成商品房买卖合同法律关系，产生买房和卖房的预期法律效果。所谓变更民事法律关系，是指民事主体通过民事法律行为对原来民事法律关系的内容进行变更，双方按照变更后的内容享有民事权利、承担民事义务。如出卖人房地产开发企业与买受人签订补充协议将原商品房买卖合同中的交房、缴款时间及房屋验收标准等条款进行变更，该补充协议即对双方具有法律约束力。所谓终止民事法律关系，是指民事主体通过民事法律行为消灭原民事法律关系，终止其效力。如出卖人房地产开发企业与买受人签订房屋买卖合同解除协议将原商品房买卖合同终止，原商品房买卖合同不再对双方当事人有法律拘束力。须强调的是，民事法律行为是能够产生当事人预期的法律效果的行为，但并非任何民事法律行为都能最终产生民事主体所期望的法律效果，若民事法律行为无效就确定地不发生民事主体所期望的法律效果，如《民法典》第153条、第154条规定的违反法律、行政法规的强制性规定、违背公序良俗的，及恶意串通损害他人合法权益的民事法律行为会产生无效的法律后果。可撤销的民事法律行为在被撤销后也不能产生民事主体所期望的法律效果，即当事人提出申请撤销民事法律行为，法院或仲裁机构下发法律文书将原民事法律行为撤销后，被撤销的民事法律行为自始没有法律约束力,也不能产生民事主体所期望的法律效果。如《民法典》第 147 条至第 151 条规定的存在重大误解、欺诈、胁迫、显失公平情形的民事法律行为都可能产生民事法律行为被撤销的法律后果。

(三)民事法律行为是通过意思表示而实施的行为

所谓意思表示,是指向外部表明意欲发生一定私法上效果之意思的行为。意思表示是德国法律行为理论中基础的法律概念和制度构造,是法律行为制度的精华所在。[1] 民事法律行为都是民事主体通过意思表示而实施的行为,意思表示是民事法律行为成立的基石,没有意思表示,就没有民事法律行为。意思表示也是民事法律行为核心的内容,民事法律行为之所以对民事主体产生法律约束力,就是因为其是民事主体按照自己的意思作出的,这也是民事法律行为与事实行为最根本的区别。在许多情况下,意思表示就是民事法律行为,例如订立遗嘱时所为的意思表示,就是订立遗嘱的法律行为。在诺成合同中,也只需当事人意思表示一致,合同(法律行为)即告成立。但也存在另外一些情况,仅有行为人的意思表示并不直接构成民事法律行为,还须辅之以行为人交付实物的行为。实践合同的订立,就是如此。因此,意思表示是民事法律行为的基本要素,但并非所有意思表示都是民事法律行为,民事主体在社会活动中的一些行为,虽然也表达于外,但若不符合民事法律行为中意思表示的要求,就不属于民事法律行为。

三、民事法律行为的分类

依据不同的标准,民事法律行为可以分为以下类型。

(一)单方民事法律行为、双方民事法律行为、多方民事法律行为和决议行为

依民事法律行为的行为人数不同,可将民事法律行为分为单方民事法律行为、双方民事法律行为和多方民事法律行为。

1. 单方民事法律行为,是指根据一方当事人的意思表示就可成立的民事法律行为,特点在于其成立不需要其他人的参与,而是依据行为人一方的意志就可产生自己所期望的设立、变更、终止法律关系的效果。

2. 双方民事法律行为,是指当事人双方的意思表示达成一致而成立的民事法律行为,也是最典型、最普遍的民事法律行为。在双方民事法律行为中,有时双方当事人的意思是对立的,如买卖合同。有时则是平行的,如联营、合伙。传统民法理论将前者称为"契约",将后者称为"合同",但在我国,契约与合同属于同一法律概念。

3. 多方民事法律行为,又称协定行为,是指多方行为人意思表示达成一致才可成立的民事法律行为。如两个以上的合伙人订立合伙合同的行为、发起人为设立公司而达成的协议,即为多方民事法律行为。多方民事法律行为与双方民事法律行为的区别在于,双方民事法律行为当事人数只有两个,如甲方、乙方。多方民事法律行为当事人数为两人以上,如甲方、乙方、丙方、丁方等。

除以上民事法律行为外,《民法典》还规定了一种特殊的民事法律行为,即决议行为。决议行为,是指法人、非法人组织基于法律或者章程等规定的议事方式和表决程序形成共同的意思表示,而意图实现法律效果的民事法律行为。

---

〔1〕 参见龙卫球:《民法总论》,中国法制出版社 2001 年版,第 502～503 页。

（二）要式法律行为和非要式法律行为

依照民事法律行为的外在表现形式，即民事法律行为的成立是否需具备法律、行政法规规定或当事人约定采用特定形式，可将民事法律行为分为要式与非要式两类。《民法典》第135条后一句“法律、行政法规规定或者当事人约定采用特定形式的，应当采用特定形式”即是对特定方式的民事法律行为的规定。如果民事法律行为欠缺了法律、行政法规规定或当事人约定采用的特定形式，将直接影响法律行为的成立与生效。

要式法律行为，是指依法律、行政法规规定或当事人约定，采用特定形式成立的民事法律行为。

法律、行政法规规定的要式法律行为，通常为强制性规范，包括以下两种：

1. 法律。要求采用书面形式成立民事法律行为的法律如下：《民法典》第348条第1款对建设用地使用权出让合同的形式作出规定，要求通过招标、拍卖、协议等出让方式设立建设用地使用权的，当事人应当采用书面形式订立建设用地使用权出让合同。第367条规定的居住权合同、第373条规定的地役权合同、第400条规定的抵押合同、第427条规定的质押合同、第736条规定的融资租赁额合同等，都要求当事人应当采用书面形式订立。

2. 行政法规。要求采用书面形式成立民事法律行为的行政法规主要有：《专利代理条例》第14条[1]关于订立书面委托合同的规定，《物业管理条例》第34条[2]关于订立书面物业服务合同的规定等。

要式法律行为还包括当事人约定采用特定形式，即当事人可约定民事法律行为的特殊形式，如当事人在借款合同中明确约定借贷双方须到公证机关办理赋予强制执行效力的公证债权文书，以及其他合同明确约定采用公证方式到公证机关办理公证文书等都属于该种情形。

对于采用特殊形式的民事法律行为的法律后果，应当分情形予以处理，如合同明确约定了必须办理公证文书，不办理合同即不成立，若未采用公证形式，则该合同不成立。若合同只约定了须办理公证文书，未明确约定未办理的后果，则需考虑法律、行政法规有无相关强制性规定，若无强制性规定，则从鼓励交易、维护交易稳定的角度出发，原则上不能轻易否定合同的效力。

民法规定某些法律行为必须采取特定形式，主要是为了促使当事人谨慎进行民事活动，使法律关系明确具体并留下书面证据，防止因口说无凭发生纠纷。要式法律行为主要适用于标的数额大或者对一般民事主体来说都非常重要的民事法律关系。要式法律行为缺乏法律规定或当事人约定的形式，通常不能成立，但若当事人没有按照约定采取一定形式订立合同，但一方已履行了主要债务，对方接受的，视为法律行为已经成立。如《民法典》第490条第2款规定：“法律、行政法规规定或者当事人约定合同应当采用书面形式订立，当事人未采用书面形式但是一方已经履行主要义务，对方接受时，该合同成立。”

---

〔1〕《专利代理条例》第14条第1款规定：“专利代理机构接受委托，应当与委托人订立书面委托合同。专利代理机构接受委托后，不得就同一专利申请或者专利权的事务接受有利益冲突的其他当事人的委托。”

〔2〕《物业管理条例》第34条规定：“业主委员会应当与业主大会选聘的物业服务企业订立书面的物业服务合同。物业服务合同应当对物业管理事项、服务质量、服务费用、双方的权利义务、专项维修资金的管理与使用、物业管理用房、合同期限、违约责任等内容进行约定。”

非要式法律行为，是指行为人可以任意自由选择一种形式即能成立的民事法律行为，既可以采用书面形式、口头形式，还可以采用其他形式。《总则编司法解释》第 18 条规定："当事人未采用书面形式或者口头形式，但是实施的行为本身表明已经作出相应意思表示，并符合民事法律行为成立条件的，人民法院可以认定为民法典第一百三十五条规定的采用其他形式实施的民事法律行为。"该条将以实际行为作出意思表示的方式解释规定为《民法典》第 135 条中的其他形式。除法律、行政法规特别规定或者当事人特别约定外，民事主体在社会生活中的多数民事法律行为均为非要式法律行为，其更强调当事人意思自治以及民事流转的高效便捷。

（三）独立的民事法律行为和可追认的民事法律行为

以民事法律行为主体是否独立实施或是否需要他人追认为标准，可以把民事法律行为区分为独立的民事法律行为和可追认的民事法律行为。

独立的民事法律行为，是指通过行为人自己的意思表示即可发生效力的民事法律行为。完全民事行为能力的民事主体所实行的民事法律行为，皆为独立的民事法律行为。

可追认的民事法律行为，是指民事法律行为成立之后效力尚未确定，需要等待追认权人作出追认或者拒绝追认的意思表示使行为效力确定的民事法律行为。追认属于单方民事法律行为，在意思表示完成时生效，其作用在于补足效力待定行为所欠缺的法律要件。如《民法典》第 19 条规定："八周岁以上的未成年人为限制民事行为能力人，实施民事法律行为由其法定代理人代理或者经其法定代理人同意、追认；但是，可以独立实施纯获利益的民事法律行为或者与其年龄、智力相适应的民事法律行为。"第 168 条规定："代理人不得以被代理人的名义与自己实施民事法律行为，但是被代理人同意或者追认的除外。代理人不得以被代理人的名义与自己同时代理的其他人实施民事法律行为，但是被代理的双方同意或者追认的除外。"《民法典》第 19 条、第 168 条等都对可追认民事法律行为作了规定。

可追认民事法律行为在被追认之前，原民事法律行为属于效力待定行为，对相关民事主体不发生效力。

（四）诺成性法律行为和实践性法律行为

依据民事法律行为的成立是否实际交付标的物为要件，可以将民事法律行为分为诺成性法律行为和实践性法律行为。

诺成性法律行为，是指仅以意思表示为成立要件的行为，又称为不要物行为。该行为的成立不以标的物的交付为条件，只需要行为人意思表示一致即可发生相应的民事法律效果。民事主体社会生活中实施的大多数民事法律行为都属于诺成性法律行为，如买卖、租赁等。

实践性法律行为，是指除意思表示一致外，还需要以交付标的物为成立要件的行为，又称为要物行为。如《民法典》第 586 条第 1 款规定的定金合同、第 679 条规定的自然人之间的借款合同、第 890 条规定的保管合同等，皆属于实践性法律行为。实践性法律行为属于民事法律行为成立的例外，通常需要由法律作出明确规定或者双方当事人进行明确约定。

（五）主法律行为和从法律行为

以两个以上相互关联的民事法律行为的地位为标准，可以将民事法律行为分为主法律行为和从法律行为。

主法律行为，是指不需要有其他法律行为的存在就可独立成立的法律行为。

从法律行为，是指从属于其他法律行为而存在的法律行为。如当事人为保证借贷合同的履行签订了抵押合同，其中，借贷合同是主法律行为，抵押合同是从法律行为。

从法律行为的成立和效力取决于主法律行为。主法律行为未成立，从法律行为不成立；主法律行为无效或被撤销，从法律行为也将失去效力。主法律行为转让，从法律行为也不能单独存在，从法律行为的权利必须依附主法律行为而转让。主法律行为终止，从法律行为亦应随之消灭。

当法律、行政法规有特别规定时，从法律行为的效力附随于主法律行为的效力规则就不能适用。如对于设定有抵押权的债权，《民法典》第566条第3款规定了主合同解除后，担保人对债务人应当承担的民事责任仍应当承担担保责任，但是担保合同另有约定的除外。

四、民事法律行为的成立

民事法律行为的成立，是指民事主体就民事法律关系的设立、变更和终止作出了一定的意思表示，或意思表示一致。《民法典》第134条规定："民事法律行为可以基于双方或者多方的意思表示一致成立，也可以基于单方的意思表示成立。法人、非法人组织依照法律或者章程规定的议事方式和表决程序作出决议的，该决议行为成立。"依此，不同的民事法律行为，其成立要件和成立时间是不同的。对双方或多方法律行为而言，需要双方或多方意思表示一致才能成立，从双方或多方当事人合意达成时起，双方或多方法律行为才成立。对单方法律行为来说，仅需单方作出意思表示即可成立。对决议行为，其成立不需要进行决议的每个法人、非法人组织的当事人都作出意思表示，而只需要依据法律或法人、非法人组织章程规定的议事方式和表决程序作出即可。如满足法律或章程规定的股东、董事的数量或持股比例时，按照少数服从多数的原则，只要多数人意思表示一致决议行为即可成立。

疑难问题论争 决议行为的主体和法律性质

《民法典》将决议行为增加为民事法律行为的类型。对于决议行为的主体和法律性质，学界有不同认识。有学者认为，决议行为是指两个或者两个以上的当事人基于共同的意思表示而意图实现一定法律效果而实施的行为，[1]决议行为的主体必须有两个或者两个以上的当事人。[2]有学者认为，决议行为是共同行为，合同行为与契约同属所谓的多方契约（此处"合同行为"即部分学者所称的"共同行为"），而契约系由双方互异而相对立的意思表示的合致而构成，合同行为乃由同一内容的多数意思表示的合致而成立。[3]上述观点皆有可取之处，但决议行为的主体不仅包含两个或者两个以上的当事人，还包含一个当事人的情形，决议行为包含共同行为，但不同于共同行为，判断决议行为的性质需要明确其是否在根本上符合民事法律行为的特征，即是否包含意思表示的要素、能否产生私法上的一定法律效果。传统的多方民事法律行为的成立，必须要多方民事主体意思表示达成一致。以公司为例，虽然公司决议通常是参加会议的双方或多方意思表示，但该意思表示形成的决议，除对作出意思表示的股东和董事具有拘束力外，还包括未表示同意的股东、董事以及未参加会议的当事人，决议的内容可能与部

---

〔1〕 参见贾东明主编：《〈中华人民共和国民法总则〉释解与适用》，人民法院出版社2017年版，第343页。

〔2〕 参见黄薇主编：《中华人民共和国民法典总则编解读》，中国法制出版社2020年版，第434页。

〔3〕 参见王泽鉴：《民法总则》，北京大学出版社2009年版，第261页。

分团体成员的意志相违背但对他们也具有拘束力。决议有法律或章程规定的议事方式和表决形式,其意思表示一致的达成具有一定的程式性。同时,公司对外是一个民事主体,决议行为是公司行为,而非单个的股东或者董事的行为,通常他们的总体利益是一致的,不存在双方或多方法律行为中意思表示主体的对立性。此外,即使是公司作出决议,参加决议的人员也可能是一人,如只有一个股东的一人有限责任公司,只有一个投资人的个人独资企业,其决议就是通过一个股东或一个投资人作出的,不存在两个或两个以上当事人的情形,因此不能得出决议行为必须有两个或者两个以上的当事人才能作出的结论,决议行为的性质也非共同行为。

五、民事法律行为的形式

民事法律行为的形式,又称为民事法律行为的成立方式,是指民事主体意思表示的外在表现形式。对于民事法律行为的形式,理论界和世界大多数国家和地区立法主要有两种模式:第一种模式对形式要求较严格,主要从保障交易安全角度出发,原则上都要求采用书面形式,有的甚至要求采取公证形式,若不采用书面形式或公证形式,民事法律行为就不成立或者不产生效力。如我国原《经济合同法》《技术合同法》《涉外经济合同法》都采用了严格的形式,要求采用书面形式,未采用书面形式的合同无效。后原《民法通则》《合同法》改变了这一模式。第二种模式不对民事法律行为的形式作强制性要求,当事人可随意选择书面形式、口头形式或者其他形式,这种模式尤其是口头模式在民事活动中极易引发争议,交易安全有时得不到很好的保障,但由于最大限度地尊重了当事人选择书面或口头等形式的自由,尤其是可以最大限度地实现民事活动的方便和快捷,降低交易成本,因此世界上大多国家和地区的民法采用了第二种模式。

我国现采用的即为第二种模式,《民法典》第 135 条规定:"民事法律行为可以采用书面形式、口头形式或者其他形式;法律、行政法规规定或者当事人约定采用特定形式的,应当采用特定形式。"依此,民事法律行为的形式包括法律规定的形式和当事人约定的形式,具体表现为以下 3 种:

1. 书面形式

书面形式,是指以文字等有形形式可以再现民事法律行为内容的形式。其可以分为约定的书面形式和法定的书面形式。约定的书面形式,是指民事主体达成意思表示一致在实施民事法律行为时采用书面形式的情形。法定的书面形式,是指法律、行政法规规定必须采用书面形式实施民事法律行为的情形。如《民法典》第 789 条规定:"建设工程合同应当采用书面形式。"如果民事主体没有按照法律、行政法规规定采用书面形式,则可能影响民事法律行为的有效成立。

对于何为书面形式?《民法典》第 469 条第 2 款和第 3 款作了规定:"书面形式是合同书、信件、电报、电传、传真等可以有形地表现所载内容的形式。以电子数据交换、电子邮件等方式能够有形地表现所载内容,并可以随时调取查用的数据电文,视为书面形式。"以书面形式进行民事行为优点是可以提醒当事人谨慎行事,当事人意思表示明确肯定,留存复制方便,有据可查,避免口说无凭,使订立的民事法律行为规范化,对于防止争议、解决纠纷有积极意义。在现实生活中,对于重要的非即时清结的民事法律行为,当事人通常都采用书面形式。

书面形式不仅仅是"纸"上所表现的内容,随着互联网技术的发展,人们社会交往的重要载体越来越广泛，我国法律也与时俱进，对人们社会交往中重要载体所表现的权益内容予以重视并上升到法律高度予以保障。对“书面形式”的理解要以《民法典》第469条第2款和第3款规定的为准，包括合同书、信件、电报、电传、传真、数据电文。其中关于“数据电文”，只有在能够以电子数据交换、电子邮件等方式有形地表现所载内容，并可以随时调取查用时，才可以视为书面形式。

2. 口头形式

口头形式，是指当事人以面对面地交流沟通或者以电话交流、微信视频通话、语音通话等方式形成民事法律行为的方式。口头形式多适用于即时清结行为，如日常生活中在自由市场买菜、饭店吃饭、商店购物等，其以简便、快捷、直接、高效的特点被社会公众广泛采用，口头形式也适用于亲朋好友的自然人间或法人、非法人组织之间，基于亲情、信任等有时也不采用书面形式，但口头形式的民事法律行为，当一方不诚信，否认之前存在口头形式的民事法律关系或因其他原因就口头协议内容等出现纠纷时，往往“口说无凭”，难以举证，使权利方处于不利境地。

3. 其他形式

其他形式，也称推定方式或默示方式，是指除书面形式和口头形式以外的其他民事法律行为缔约的形式，日常生活中既不采用书面形式，也不采用口头形式，而是根据当事人实施的行为本身判断若已作出相应的意思表示，并符合民事法律行为成立条件的，推定民事法律行为成立。《总则编司法解释》第18条对其他形式作了规定：“当事人未采用书面形式或者口头形式，但是实施的行为本身表明已经作出相应意思表示，并符合民事法律行为成立条件的，人民法院可以认定为民法典第一百三十五条规定的采用其他形式实施的民事法律行为。”如根据交易习惯，客运合同的成立通常基于默示形式的民事法律行为，如出租车与乘客之间，乘客招手，出租车停车，乘客上车，可以推定或默示双方的客运合同成立。尽管没有形成书面形式或口头形式的合同，但是乘客与出租车司机的行为本身表明双方皆已经作出相应意思表示，符合即时清结的客运合同民事法律行为成立条件，可以推定双方缔结了客运合同。

第二节 意 思 表 示

一、意思表示的概念及构成要素

(一) 意思表示的概念

意思表示，是指向外部表明意欲发生一定私法上法律效果之意思的行为。[1] 意思表示是法律行为最基本的要素，是民事法律行为区别于事实行为的根本标志。“意思”，是指设立、变更、终止民事法律关系的内心意图；“表示”，是指将内心意图用适当方式表达出来的行为。因意思表示属于意欲发生民事法律效果的私人行为，故政府机关的行为以及意欲发生公法上效果的私人行为，都不属于意思表示。另外，行为人不以发生民事法律效果为目的的行为，也不

〔1〕 参见王利明等：《民法学》(第6版)，法律出版社2020年版，第195页。

是意思表示，如相约跑步、喝酒却失约等，并不能追究当事人的违约责任，因为当事人并不希望发生法律上的效果，没有受约束的意思。

（二）意思表示的构成要素

意思表示的构成要素，是指构成意思表示所必须具备的事实要素。对于意思表示的构成要素，学界有多种观点，分别为“五要素说”、“四要素说”、“三要素说”及“二要素说”。“五要素说”主张应将意思表示细分为目的意思、效果意思、表示意思、行为意思、表示行为5项要素；“四要素说”主张应将意思表示细分为效果意思、表示意思、行为意思和表示行为4项要素；“三要素说”主张应将意思表示分为3项要素，有3种认识，分别为“目的意思、效果意思和表示行为”、“效果意思、表示意思和表示行为”及“意思、表示意识与表示行为”；“二要素说”认为，意思表示仅包括效果意思和表示行为两项要素。按照以上民法理论观点，可以将意思表示构成要素概括为以下5种：目的意思、效果意思、表示意思、行为意思、表示行为。

1. 目的意思

目的意思，是指表明民事主体实施设立、变更、终止民事法律关系时的主观意图。它是意思表示据以成立的基础。不具备目的意思，或者目的意思不完整、目的意思本身有矛盾的表示行为，可能导致意思表示或法律行为无法成立，此种表示行为即使含有效果意思，实际上也无法履行。[1]

2. 效果意思

效果意思，是指意思表示人使其表示内容引起法律上效果的意思要素，即具有设立、变更、终止民事法律关系的意图，又称法效意思、效力意思。行为人的期望必须具有法律意义，才可能成为效果意思。比如，邀请好友晚餐、举办学术研讨会等，虽然也有重要意义，当事人也需要遵守，但其并不发生民法上的权利义务关系，因此，不属于效果意思。

效果意思以目的意思为基础，目的意思是效果意思的前提。在意思表示过程中，必须先有行为人的目的意思，才有效果意思。同时，还需要区别效果意思与意思表示的动机。意思表示的动机是行为人实施某种行为的目的，比如，当事人购买书籍的动机可能是学习、收藏等，这些动机并不是我们讨论的效果意思，当事人想取得书籍所有权的意思才是效果意思。

3. 表示意思

表示意思，是指民事主体在实施设立、变更、终止民事法律关系时，认识到其行为具有某种法律上的意义。如一方提出解除合同时，行为人对解除合同的法律意义具有认知。此认知在一定意义上就是表示意思。表示意思虽然不需要行为人明确知道其行为可引起某一特定的法律效果，但行为人必须知道其行为可能产生一定的法律上的效果，否则即不具备表示意思。[2] 如出租车司机看到乘客招手即停车，被乘客告知“不好意思，我在和马路对面的朋友打招呼”，此处乘客招手属于不具有表示意思的情形。

4. 行为意思

行为意思，是指行为人自觉地从事某项行为的意思。[3] 例如，自愿在合同上签名、盖章，表明签订合同的行为乃是行为人内心意思支配的结果。又如，客运合同成立前，乘客招手欲使出

---

〔1〕 参见史尚宽：《债法总论》，中国政法大学出版社2000年版，第16页。

〔2〕 参见陈卫佐：《德国民法总论》，法律出版社2007年版，第153页。

〔3〕 参见王泽鉴：《民法总则》，北京大学出版社2009年版，第267页。

租车停下的行为。该“招手”行为是基于乘客自己的意思，并非无意识的动作。行为意思要求行为人的动作必须出于行为人有意识的能产生法律效果的身体动作，而非仅有行为外在表现。

5. 表示行为

表示行为，是指民事主体在设立、变更、终止民事法律关系时将自己的主观意图表达于外部的意思。或者说，表示行为是指行为人将其内在意思以一定方式表现于外部，并足以为外界所客观理解的行为要素。[1] 如在合同上签名或盖章的行为，表明行为人愿意签订合同，并受合同内容的约束。

表示行为是意思表示的客观表征，意思表示藏于行为人内心之中，只有通过一定的表示行为，他人才能了解行为人的意思。没有表示行为，即使有了内心效果意思，也不能将其客观化，无法取得法律效果。因此，表示行为是意思表示不可缺少的客观要素。一般而言，表示行为应以社会上通用的语言、文字、动作进行。使用的文字、语言含义不清时，就会产生意思表示的解释问题。

二、意思表示的立法体例

当行为人意思与表示完全一致时，自然不会发生冲突的问题。但是，如果意思与表示不一致，其意思表示是否有效，以何者为准，就成为一个重要的问题。各国在立法上表现出了明显的不同，主要的立法体例有以下 3 种。

（一）意思主义

意思主义认为，法律对于意思表示给予法律效力，是基于当事人的意思，表示只是为了知道其意思的方法，因此，即使有表示，其表示本身并不能成为法律效力的原因，从而非基于内心法效意思的表示为无效。这种立法体例主要有法国、日本和瑞士等国家，它是自由主义和个人主义的必然产物，侧重表意人的内心意思，以内心法效意思作为意思表示成立的不可缺少的要件，以非基于内心的意思表示通常为无效，表意人不受未预期的法律效力的约束，有利于保护表意人的意志自由和利益，其缺点是不利于交易的安全，不利于对相对人利益的保护。

（二）表示主义

表示主义认为，表意人的意思是非直接的，只有通过表示手段才能知道。意思表示是表达意思于外部的标识，因此，离开表示而探求表示人的真意既不必要，也不可能。为了保护交易的安全，侧重表达于外部的行为的客观价值，以保护信赖此表示而为交易的相对人。因此，不问其真意如何，应当以已经作出的表示为标准，从而决定其法律效力。表示主义以内心的法效意思不必成为意思表示的成立要件，而以有外部已经表示的法效意思作为其成立要件，其表示是否有效，则属于有效要件的问题。采用这种立法体例的有德国等国家。这种立法有利于保护交易的安全和相对人的利益，但不利于保护表意人的利益。

（三）折中主义

折中主义主张当意思与表示不一致时，重点既不能绝对地放在意思上，也不能绝对地放在表示上。这种立法既顾及了各方当事人的利益，又顾及了交易的安全。我国即采用这种折中主义立法体例。

三、意思表示的生效

意思表示作为民事法律行为最基本的要素，对于确定民事法律行为效力具有重要作用，意

---

[1] 参见王利明：《民法总则研究》（第 3 版），中国人民大学出版社 2018 年版，第 510～512 页。

思表示可以产生一定的法律效果，只有符合法定生效要件的意思表示才能发生当事人预期的法律效果。意思表示生效包括3种具体情形：有相对人的意思表示的生效、无相对人的意思表示的生效及以公告方式作出的意思表示的生效。

（一）有相对人的意思表示的生效

有相对人的意思表示，又称需要受领的意思表示，是指表意人向特定对象的相对人发出的意思表示，如债务免除、合同解除、授予代理权等。根据意思表示是否可同步受领，有相对人的意思表示分为以对话方式作出的意思表示及以非对话方式作出的意思表示，《民法典》分别对该两种方式作出的意思表示的生效时间作了规定。

1. 以对话方式作出的意思表示的生效

以对话方式作出的意思表示，是指表意人直接采取使相对方可以同步受领的方式作出的意思表示。如面对面交谈、电话交谈及通过在线即时通信进行语音和视频聊天等方式。关于以对话方式作出的意思表示的生效时间，《民法典》第137条第1款规定："以对话方式作出的意思表示，相对人知道其内容时生效。"依此，《民法典》对以对话方式作出的意思表示的生效采取了解主义。表意人和相对人同步进行意思表示和受领意思表示，不存在时间差，对表意人意思表示的内容相对方可即时知晓，只要相对人通过对话方式知道表意人意思表示的内容，则意思表示即生效。若相对人并不知道表意人意思表示的内容，也无法作出相应的意思表示，则意思表示未生效。

2. 以非对话方式作出的意思表示的生效

以非对话方式作出的意思表示，是指表意人没有采取使相对人可以同步受领的方式作出的意思表示，如电子邮件、传真、电报、信箱等方式。关于以非对话方式作出的意思表示的生效时间，《民法典》第137条第2款规定："以非对话方式作出的意思表示，到达相对人时生效。以非对话方式作出的采用数据电文形式的意思表示，相对人指定特定系统接收数据电文的，该数据电文进入该特定系统时生效；未指定特定系统的，相对人知道或者应当知道该数据电文进入其系统时生效。当事人对采用数据电文形式的意思表示的生效时间另有约定的，按照其约定。"依此，《民法典》第137条第2款第1句对以非对话方式作出的意思表示的生效采取到达主义，只要表意人的意思表示到达相对人时就生效。这里的"到达"并不意味着相对人必须亲自收到，只要进入相对人通常的地址、住所或者其他能够控制的地方（如信箱）即可视为到达，意思表示被相对人的代理人收到也可以视为"到达"。[1]

对于表意人采用数据电文形式作出的意思表示，相对人是否指定特定系统接收数据电文的意思表示的生效时间，《民法典》第137条第2款第2句作了不同规定。

（1）相对人指定特定系统接收数据电文的意思表示的生效时间

表意人采用数据电文形式作出的意思表示，若相对人指定特定系统接收数据电文，该数据电文自进入该特定系统时生效。即只要表意人的意思表示进入了相对人实际控制范围内，如表意人的邮件发送至相对人邮箱，表意人的意思表示即生效。至于相对人对意思表示是否识读或者使用，不影响表意人意思表示的生效时间。

---

〔1〕 参见黄薇主编：《中华人民共和国民法典总则编解读》，中国法制出版社2020年版，第446页。

(2)相对人未指定特定系统的接收数据电文的意思表示的生效时间

表意人采用数据电文形式作出的意思表示,相对人未指定特定系统的,自相对人知道或者应当知道该数据电文进入其系统时生效。对于相对人知道或应当知道的判断,根据我国加入的《联合国国际合同使用电子通信公约》的规定,当数据电文抵达收件人的系统时,即应推定收件人能够知道该数据电文。也就是说,数据电文一旦进入相对人的系统,就视为相对人知道或者应当知道该意思表示。相对人否定的,必须承担自己不知道或不应当知道的证明责任。[1]

为充分尊重当事人意思自治,鼓励交易,以非对话方式对采用数据电文形式的意思表示的生效时间,表意人与相对人可以特别约定,表意人与相对人对采用数据电文形式的意思表示的生效时间另有约定的,按照《民法典》第137条第2款第3句的规定,按照其约定认定意思表示的生效时间。

(二)无相对人的意思表示的生效

无相对人的意思表示,是指意思表示无相对人的情形,[2]如设立遗嘱、悬赏广告等。关于无相对人的意思表示的生效时间,《民法典》第138条规定:"无相对人的意思表示,表示完成时生效。法律另有规定的,依照其规定。"依此,对无相对人的意思表示来说,除法律另有规定外,表意人的意思表示完成之时即是其生效之时,即表意人一旦作出意思表示即发生法律效力,不需要到达相对人或需相对人采取一定行为即可生效。

(三)以公告方式作出的意思表示的生效

公告方式,是指在相关公告栏或报纸、信息网络等媒体平台将特定内容进行公布或者公开宣告意思表示的方式。以公告方式作出的意思表示须具备以下要件:

1. 公告的主体是存在法律关系的当事人或悬赏人

存在法律关系的当事人,是指表意人与相对人已存在合同关系或侵权关系等法律关系,表意人在非因自己的过错而不知相对人的下落或者地址的情况下,如相对人"人间蒸发""人去楼空"等,表意人可通过公告方式将自己的意思表示传达给相对人。

悬赏人,是指发布悬赏公告或广告的人,《民法典》第499条规定:"悬赏人以公开方式声明对完成特定行为的人支付报酬的,完成该行为的人可以请求其支付。"此即对悬赏公告的规定。悬赏公告包括寻人悬赏、寻物悬赏、刑事悬赏、行政悬赏、执行悬赏、证据悬赏等。

2. 公告的载体

关于表意人在何处发布公告即公告的载体,按照《民法典》第499条的立法本意,只要是"公开方式"即可,公告的载体可参照最高人民法院《关于适用〈中华人民共和国民事诉讼法〉的解释》第138条的规定,既可以在相关公告栏、相对人住所地张贴公告,也可以在报纸、信息网络等媒体上刊登公告。

关于表意人以公告方式作出的意思表示的生效时间,《民法典》第139条规定:"以公告方式作出的意思表示,公告发布时生效。"依此,通过公告方式作出的意思表示的生效时间,以表意人的意思表示内容,通过公开方式张贴或者刊登的日期为准。即表意人只要以公开方式发布公告作出意思表示,一经发布能够为社会公众所知,就认为意思表示已到达,则该意思表示就发生法律效力。

---

[1] 参见黄薇主编:《中华人民共和国民法典总则编解读》,中国法制出版社2020年版,第448页。

[2] 参见王利明等:《民法学》(上册)(第6版),法律出版社2020年版,第199页。

四、意思表示的方式

意思表示的方式，是指表意人通过语言、文字、行为等明示或默示方式作出意思表示。行为人作出意思表示的方式很多，《民法典》第 140 条规定了以下 3 种：

1. 以明示的方式作出意思表示

以明示的方式作出意思表示，是指行为人以语言或文字等方式直接、明确地将意思表示向相对人作出。明示的意思表示是现实生活中运用最多最广泛的一种形式，表意人通常都是以明示的方式向相对人作出，如书面、口头方式直接作出意思表示。

2. 以默示的方式作出意思表示

以默示的方式作出意思表示，是指行为人没有以语言或文字等方式向相对人作出，而是通过其实施的行为，依法律规定、约定、习惯或常理推知其意思的表示方式。现实生活中运用默示的方式作出的意思表示也比较常见，如超市的购物付款行为、无人售票、无人售货中的投币行为等。

3. 依照法律的规定、当事人约定或交易习惯等的以沉默方式的意思表示

以沉默方式的意思表示，是指行为人既无语言也无行为等纯粹的缄默方式的意思表示。

意思表示原则上都需要以明示或默示的方式作出，但在现实生活中也存在一种既无语言表示也无行为表示的纯粹的缄默方式。在沉默的情形下，行为人未作出意思表示，既不表示同意也不表示拒绝，因而沉默原则上不具有意思表示的意义。《民法典》第 140 条第 2 款规定："沉默只有在有法律规定、当事人约定或者符合当事人之间的交易习惯时，才可以视为意思表示。"依此，在符合法律的特别规定、当事人的特别约定或者符合当事人之间的交易习惯 3 种情形时，沉默可以产生意思表示的效果，才具有一定的法律效果或法律意义。关于交易习惯的认定，《合同编通则司法解释》第 2 条作了规定"下列情形，不违反法律、行政法规的强制性规定且不违背公序良俗的，人民法院可以认定为民法典所称的'交易习惯'：(一)当事人之间在交易活动中的惯常做法；(二)在交易行为当地或者某一领域、某一行业通常采用并为交易对方订立合同时所知道或者应当知道的做法。对于交易习惯，由提出主张的当事人一方承担举证责任。"依此，《合同编通则司法解释》明确了"交易习惯"应当在适法的基础上不得违背公序良俗。

沉默方式的意思表示，例如，《民法典》第 1124 条第 2 款规定："受遗赠人应当在知道受遗赠后六十日内，作出接受或者放弃受遗赠的表示；到期没有表示的，视为放弃受遗赠。"依此，受遗赠人在知道受遗赠后 60 日内没有作出接受或者放弃受遗赠的表示就是一种沉默，此沉默就可以视为受遗赠人放弃了受遗赠的意思表示。

五、意思表示的撤回

意思表示的撤回，是指行为人在意思表示作出之后、发生法律效力之前，表意人又向相对人发出通知反悔并否认前一意思表示，使之不发生效力的民事法律行为。意思表示在发生法律效力之前，对相对人不发生任何影响，对交易秩序也不产生任何影响，为了保障行为人的意思表示自由，《民法典》第 141 条对意思表示的撤回作了规定，该条规定："行为人可以撤回意思表示。撤回意思表示的通知应当在意思表示到达相对人前或者与意思表示同时到达相对人。"依此，撤回意思表示必须通知相对人，而且必须在意思表示到达相对人之前，或者与意思表示同时到达相对人。若意思表示到达相对人之后，已经发生法律效力，则该意思表示不能撤回，若行为人有异议，只能依法撤销。

意思表示撤回只能发生在有相对人时的意思表示场合,在无相对人的场合不存在撤回的问题。对此《民法典》第 138 条规定:“无相对人的意思表示,表示完成时生效。法律另有规定的,依照其规定。”既然意思表示已经完成了,就不能撤回了。意思表示撤回有相对人时,也只能发生在表意人以非对话的方式作出意思表示的场合,因为通过电子邮件、传真等非对话的方式作出意思表示具有一定时间差,意思表示未到达相对人处,尚未生效,因此可以撤回。

意思表示的撤回不适用于表意人以对话的方式作出意思表示的场合,因为通过电话、面对面谈话、微信视频或语音等对话方式作出意思表示具有同步性,不存在时间差,根据《民法典》第 137 条第 1 款的规定,自相对人知道其内容时生效,即一经作出立即生效,不能撤回。

六、意思表示的解释

意思表示的解释,是指在出现民事争议时,当事人意思表示所使用的词句不清楚,模棱两可,有两种以上的含义,由法官或仲裁员进行解读、识别并确定当事人之间的真实意思表示。关于意思表示的解释规则,《民法典》第 142 条规定:“有相对人的意思表示的解释,应当按照所使用的词句,结合相关条款、行为的性质和目的、习惯以及诚信原则,确定意思表示的含义。无相对人的意思表示的解释,不能完全拘泥于所使用的词句,而应当结合相关条款、行为的性质和目的、习惯以及诚信原则,确定行为人的真实意思。”在此基础上,《合同编通则司法解释》对有相对人的合同条款解释进行了补充细化规定,进一步明确在合同解释的过程中,还应当参考缔约背景、磋商过程、履行行为等因素确定争议条款的含义,并规定了“有证据证明当事人之间对合同条款有不同于词句的通常含义的其他共同理解,一方主张按照词句的通常含义理解合同条款的,人民法院不予支持。对合同条款有两种以上解释,可能影响该合同效力的,人民法院应当选择有利于该条款有效的解释;属于无偿合同的,应当选择对债务人负担较轻的解释”。依此,对有相对人的意思表示和无相对人的意思表示的解释,应当遵循以下规则:

1. 有相对人的意思表示的解释

有相对人的意思表示的解释,是指出现民事争议时,依照法律规定,按照有相对人的意思表示当事人所使用的词句,结合相关条款、行为的性质和目的、习惯以及诚信原则,参考缔约背景、磋商过程、履行行为等因素确定意思表示的含义的情形。意思表示解释需要通过外化的文字探求表意人的真实主观意图,意思表示的解释应遵循以下顺序:

(1)文义解释

文义解释,是指在解释合同条款时,应当以当事人所使用的词句的通常含义进行解释。《合同编通则司法解释》第 1 条第 1 款在《民法典》规定的基础上,进一步强调了文义解释在有相对人的意思表示中的基础地位,若意思表示所使用的词句不清楚、模棱两可,那么首先按照所使用的词句进行解释,如果通过此种方法意思表示还不清楚,那么结合体系解释、目的解释等其他的规则进行检验。

(2)其他解释方法

其他解释方法包括体系解释、目的解释、习惯解释、诚信原则解释。体系解释,又称整体解释,是指如果按照通常理解,对于当事人所使用的词句在解释比较困难,关键性内容出现矛盾、冲突时,应结合合同的相关条款,整体考虑合同的上下文,以及不同条款之间的关联性来评判当事人的真实本意。体系解释要求意思表示解释不能局限于意思表示的字面含义,某个资料、只言片语等,而应当综合考虑各种与意思表示相关的资料,从整个意思表示的全部内容出发,理解、分析和说明当事人争议的意思表示的内容和含义。目的解释，是指根据当事人行为的性质和目的，来综合评判当事人的真实意思表示。习惯解释，是指参照当事人所知悉或者实践的生活和交易习惯要素，必要时依据诚信原则来综合评判当事人的真实意思表示。诚信原则解释功能主要表现在两个方面：一是解释有争议的意思表示。法官或者仲裁员在依据诚信原则解释意思表示时，需要平衡双方当事人的利益，公平合理地确定意思表示的内容。二是填补意思表示漏洞。法官或者仲裁员需要考虑一个合理的诚实守信的人在面对此情形时应如何作出履行，或者说，应当如何作出意思表示，以此来填补意思表示的漏洞。[1] 所以，《民法典》在确立合同解释的规则时，将诚信原则放到最后，也表明了立法者的意图，在其他规则不能适用时才能加以运用。[2]

(3)其他解释规则的适用

在运用上述规则解释无法确定当事人真实意思的情况下，《合同编通则司法解释》规定了还可以适用误载无害真意规则、合法解释规则、有利于债务人解释规则。

误载无害真意规则，是指由于合同当事人一方或双方的疏忽，在意思表示中出现笔误或用语错误，但相对人已经知道表意人真实意思，就应当按照该意思来确定法律行为的内容。《合同编通则司法解释》第 1 条第 2 款引入了误载无害真意规则，规定有证据证明当事人之间对合同条款有不同于词句的通常含义的其他共同理解，则应当按照该共同理解确定当事人的真实意思。《合同编通则司法解释》第 1 条第 3 款规定了合法解释规则及有利于债务人解释规则。合法解释规则，是指当事人对合同条款存在两种以上解释，可能影响该条款效力的，原则上应选择有利于该条款有效的解释，避免法律行为无效的解释。有利于债务人解释规则，是指对无偿合同条款有两种以上解释时，应当选择对债务人负担较轻的解释。有利于债务人解释规则仅限于无偿合同场合，在有偿合同场合，应当遵循公平原则合理确定双方权利义务关系。

2. 无相对人的意思表示的解释

无相对人的意思表示的解释，是指依照法律规定，对当事人意思表示的解释不以文义解释为基础，不完全拘泥于当事人所使用的词句，应当结合合同的相关条款，整体考虑合同的上下文，以及不同条款之间的关联性来进行评判。同时，对意思表示进行解释时根据当事人的行为性质和目的、习惯以及诚信原则等要素，来综合评判当事人的真实意思表示。

从《民法典》第 142 条规定的内容来看，在有相对人的意思表示场合，当事人意思表示所使用的词句相对于无相对人的意思表示意义更大，在解释确定意思表示之内容时更应作为重要的考量因素。虽然《合同编通则司法解释》第 1 条仅补充细化了有相对人的意思表示的解释，然而，无论意思表示有无相对人，在确定意思表示内容时，实际上均不能完全拘泥于所使用的词句，皆应结合相关条款、行为的性质和目的、习惯以及诚实信用原则，也可以参考缔约背景、磋商过程、履行行为等因素并结合误载无害真意规则、有利于有效的解释规则及有利于债务人规则来确定当事人的真实意思。

---

[1] 王利明：《民法总则研究》(第 3 版)，中国人民大学出版社 2018 年版，第 533 页。

[2] 王利明：《民法总则研究》(第 3 版)，中国人民大学出版社 2018 年版，第 534 页。

第三节 民事法律行为的效力

一、民事法律行为生效的概念

民事法律行为的生效,是指已经成立的民事法律行为因符合法定的生效条件从而对特定当事人产生法律约束力。民事法律行为一旦生效,除法律另有规定或当事人另有约定外,原则上即对当事人产生法律拘束力,当事人应当依照民事法律行为的内容行使权利、履行义务,任何一方不得擅自变更或终止民事法律行为。当事人不履行民事法律行为或履行民事法律行为不符合约定的,应当按《民法典》的规定,承担继续履行、采取补救措施或者赔偿损失等民事责任。

民事法律行为效力的有效发生,是民事主体意思自治实现民事法律行为目的的关键,但并非任何民事法律行为都有效,都能最终产生民事主体所期望的法律效果。民事法律行为的效力可能因不符合法定的生效要件,如民事主体的民事行为能力不健全、意思表示不真实等情形而受影响,可能存在无效、可撤销、效力待定等其他效力形态。民事法律行为只有具备法律规定的条件才有效。

二、民事法律行为的生效要件

《民法典》第143条规定:“具备下列条件的民事法律行为有效:(一)行为人具有相应的民事行为能力;(二)意思表示真实;(三)不违反法律、行政法规的强制性规定,不违背公序良俗。”依此,任何民事法律行为欲生效,皆须符合如下一般有效要件。

(一)行为人具有相应的民事行为能力

行为人具有相应的民事行为能力,是民事法律行为有效的主体要件,又称行为能力原则或主体适格原则。民事主体在实施民事法律行为时必须具有相应的民事行为能力,即行为人必须具备正确理解自己行为的性质和后果,独立表达自己意思的能力。如果不具备这样的能力,就不能进行独立的意思表示,不能产生行为人预期的法律效果。《民法典》要求民事主体必须有相应的民事行为能力。“相应”,是指行为人所实施的民事法律行为要与民事行为能力相“匹配”。对自然人的民事行为能力,应按照《民法典》进行判断。完全民事行为能力人可以独立实施民事法律行为。限制民事法律行为能力人只能实施与其年龄、智力、精神健康状况相适应的民事法律行为,其作为民事主体实施其他民事法律行为,应当征得法定代理人的同意或追认。无民事行为能力人实施的所有民事法律行为皆无效。因此,不满8周岁的未成年人及不能辨认自己行为的成年人不能独立实施民事法律行为,由其法定代理人代理实施民事法律行为。

(二)意思表示真实

意思表示真实,是民事法律行为有效的意思表示要件。意思表示真实,是指行为人自由、自愿地表达出来的外在意思与其内心真意一致的状态。如果行为人在表达意思时被胁迫、受欺诈,虽然受胁迫人、受欺诈人的意思表示表面上看是真实的,但实际上这时表意人的意思表示是不自由的、不自愿的,并非其内心自由意志的体现,因此该意思表示具有效力瑕疵。行为人在自由、自愿的情形下作出的意思表示才是真实的意思表示，民事法律行为才不会因意思表示不真实而发生效力瑕疵。

（三）不违反法律、行政法规的强制性规定，不违背公序良俗

《民法典》第143条第3项规定，民事法律行为不得违反法律、行政法规的强制性规定，不得违背公序良俗。这里的“法律”仅是指全国人民代表大会及其常务委员会制定的法律，“行政法规”仅是指国务院制定的行政法规，不包括国务院各部委制定的规章等。作为民事法律行为的生效要件，并非民事法律行为必须符合法律、行政法规的所有规定，只有违反法律、行政法规与效力相关的强制性规定的民事法律行为才无效。对于违反法律、行政法规的强制性规定的行为效力问题，《民法典》第153条对违法无效的行为作出限定。关于不违背公序良俗，民事法律行为除不得违反法律、行政法规的强制性规定外，还有不得违背公序良俗的要求。民事法律行为存在违背公序良俗情形的，也应归于无效。

“不违背公序良俗”是“不违反法律、行政法规强制性规定”的补充，“不违反法律、行政法规强制性规定”侧重于具体的法律规范对民事法律行为的要求。“不违背公序良俗”则是从公共秩序和善良习俗方面对民事法律行为的要求。

《民法典》第143条规定的民事法律行为的有效条件，是指具备这3个基本条件的民事法律行为是有效的，但并不意味着不符合这3个条件将必然导致该民事法律行为无效，而可能存在效力待定等情形。因此，当民事法律行为缺少规定的条件时，仅能得出民事法律行为不能归于有效的结论。

三、无效民事法律行为

（一）无效民事法律行为的概念

无效民事法律行为，是指因欠缺民事法律行为的生效要件，违反法律、行政法规的强制性规定、违背公序良俗及法律规定的其他无法律效力的行为。无效民事法律行为主要基于三方面的考量：一是行为人的民事行为能力状况。如《民法典》第144条规定：“无民事行为能力人实施的民事法律行为无效。”二是意思表示是否真实。如《民法典》第146条规定的以虚假意思表示实施的民事法律行为无效。三是内容上是否合法。《民法典》第153条规定：“违反法律、行政法规的强制性规定的民事法律行为无效。但是，该强制性规定不导致该民事法律行为无效的除外。违背公序良俗的民事法律行为无效。”如《民法典》第154条规定的恶意串通损害他人合法权益的民事法律行为无效。

根据《民法典》第155条的规定，无效的民事法律行为自始没有法律约束力。只要民事法律行为具备《民法典》规定的无效条件，其便自成立时起无效，对当事人及其他任何人当然、绝对地不能生效。

（二）无效民事法律行为的种类

《民法典》规定的无效民事法律行为包括以下几种：

1. 无民事行为能力人实施的民事法律行为

无民事行为能力人，是指8周岁以下的未成年人以及其他不能辨认自己行为的人。无民事行为能力人尽管在民事权利能力方面与其他民事主体一律平等，但由于其不具备自己实施民事行为的能力，为保护其利益，《民法典》第144条规定：“无民事行为能力人实施的民事法律行为无效。”无民事行为能力人的民事法律行为由其法定代理人代理进行。

2. 虚假的民事法律行为

虚假意思表示，又称虚伪或伪装的意思表示，是指行为人与相对人都知道自己所表示的意思并非真意，通谋作出与真意不一致的虚假的意思表示。《民法典》第146条第1款规定："行为人与相对人以虚假的意思表示实施的民事法律行为无效。"虚假的民事法律行为的特征在于行为人和相对人都非常清楚，均不希望民事法律行为真正发生法律上的效力。隐藏行为，是指行为人与相对人将其真实意思隐藏在虚假的民事法律行为下。如名为合作实为出借资质、名为合作开发实为国有土地使用权转让、名为借款实为抽逃出资等，其中的"出借资质""国有土地使用权转让""抽逃出资"都属于隐藏行为。《民法典》第146条第2款规定："以虚假的意思表示隐藏的民事法律行为的效力，依照相关法律规定处理。"学界通说主张，隐藏行为是当事人的真实意思表示，其效力应依据关于该意思表示的规定来具体判断。[1]

关于当事人之间就同一交易订立多份合同的处理规则，《合同编通则司法解释》第14条规定，要区分不同情形，对于以虚假的意思表示订立的合同，效力上一律认定无效；对于被隐藏的合同的效力，依据有关法律的规定予以处理，如果隐藏合同本身有效，那么按有效处理，如果隐藏合同本身为可撤销合同，那么按可撤销处理；如果规避法律、行政性法规的强制性规定，则该合同无效，但当强制性规定本身并不导致合同无效时，合同并不无效。若违反该法律规定的后果应由违法一方承担，没有违法的当事人不应承受一方违法的后果；若当事人为规避法律、行政法规关于合同应当办理批准等手续的规定，以虚假意思表示隐藏真实意思表示的，人民法院应当依据《民法典》第502条第2款的规定认定被隐藏合同的效力。被隐藏的合同有效的，当事人应当按照合同约定履行合同义务。如果无效或者确定不生效的，需要恢复至各方当事人在订立合同前的状态。已经履行或者部分履行的，各方当事人需承担相应的法律后果；如果法律、行政法规对被隐藏的合同规定了批准等手续的，当事人应当依法办理批准等手续。若办理了批准等手续，合同才能生效；反之，合同则不生效。虽然当事人未办理批准等手续导致合同整体不生效，但合同中履行报批等义务条款，以及相关条款的效力不受合同整体不生效的影响，负有报批义务的一方当事人未履行该义务的，对方当事人可以单独要求其就违反报批义务承担责任。

若当事人就同一交易订立的多份合同均系真实意思表示，且不存在其他影响合同效力情形的，应考察当事人之间是否发生合同内容的变更，若合同内容变更了，则变更后的内容取代了原合同内容，当事人应当按照变更后的合同履行权利义务。人民法院应当在根据各合同成立先后顺序和合同实际履行情况的基础上，认定合同内容是否发生变更。法律、行政法规禁止变更合同内容，当事人变更合同内容的，该合同的相应变更应被认定为无效。

关于合同名实不符的问题，《合同编通则司法解释》第15条规定，若合同名称与合同约定的内容不一致，人民法院认定当事人之间的权利义务关系，不应拘泥于合同使用的名称，而应当根据合同约定的内容来认定当事人之间的权利义务关系。若当事人主张的法律关系与合同约定的权利义务不一致，人民法院应当结合缔约背景、交易目的、交易结构、履行行为以及当事人是否存在虚构交易标的等事实，认定当事人之间的实际民事法律关系，并据此认定合同是否成立及判定其效力。

---

〔1〕 参见王利明：《民法》(第8版)，中国人民大学出版社2020年版，第136页。

3. 违反法律、行政法规的强制性规定的民事法律行为

《民法典》第 153 条第 1 款规定："违反法律、行政法规的强制性规定的民事法律行为无效。但是，该强制性规定不导致该民事法律行为无效的除外。"该条规定不仅确立了一种无效民事法律行为的类型，而且确立了判断民事法律行为无效的标准。

强制性规定，是指法律、行政法规基于对公序良俗等的考量，要求人们应当作出或不作出某些行为的规范。强制性规定约束人们的行为，具有命令性、禁止性，无论人们的意愿如何都必须遵守和执行。在具体规范中，强制性规范多以"应当""必须""不得"等表述。如《民法典》第 1019 条第 2 款"未经肖像权人同意，肖像作品权利人不得以发表、复制、发行、出租、展览等方式使用或者公开肖像权人的肖像"的规定，《民法典》第 1048 条"直系血亲或者三代以内的旁系血亲禁止结婚"的规定等，都属于强制性规定。

与强制性规定相对应的，是任意性规定。任意性规定，是指法律规定在一定范围内，允许人们自行选择确定为与不为、为的方式等内容的规范。任意性规范赋予当事人以权利和自由，其目的是引导、规范民事主体的行为，并不具备强制性效力，民事法律行为与任意性规范不一致的，并不影响其效力。在具体规范中，任意性规范多以"可以""有权""享有"等表述。如《民法典》第 1018 条"自然人享有肖像权，有权依法制作、使用、公开或者许可他人使用自己的肖像"等都属于任意性规定。

在行政法、刑法等主要涉及公共利益的公法类法律中，强制性规定较多。在民商法等主要涉及私人利益的私法类法律中，任意性规定较多，但公法中也有任意性规定，私法中也有强制性规定。在有的法律条文中，会同时出现强制性和任意性两种规定，如《民法典》第 1015 条规定："自然人应当随父姓或者母姓，但是有下列情形之一的，可以在父姓和母姓之外选取姓氏：(一)选取其他直系长辈血亲的姓氏；(二)因由法定扶养人以外的人扶养而选取扶养人姓氏；(三)有不违背公序良俗的其他正当理由。"其中，"应当随父姓或母姓"是前置性强制性规定，"可以在父姓和母姓之外选取姓氏"是任意性规定，但任意性规定必须符合一定的范围，符合第 1015 条规定的 3 种情形之一才可选择适用。

违反强制性规定是否导致合同无效，《民法典》在规定"违反法律、行政法规的强制性规定的民事法律行为无效"的同时，明确规定了"但是，该强制性规定不导致该民事法律行为无效的除外"。《合同编通则司法解释》第 16 条第 1 款对违反强制性规定不导致合同无效的情形进行了列举："(一)强制性规定虽然旨在维护社会公共秩序，但是合同的实际履行对社会公共秩序造成的影响显著轻微，认定合同无效将导致案件处理结果有失公平公正；(二)强制性规定旨在维护政府的税收、土地出让金等国家利益或者其他民事主体的合法利益而非合同当事人的民事权益，认定合同有效不会影响该规范目的的实现；(三)强制性规定旨在要求当事人一方加强风险控制、内部管理等，对方无能力或者无义务审查合同是否违反强制性规定，认定合同无效将使其承担不利后果；(四)当事人一方虽然在订立合同时违反强制性规定，但是在合同订立后其已经具备补正违反强制性规定的条件却违背诚信原则不予补正；(五)法律、司法解释规定的其他情形。"第 16 条第 2 款明确规定，针对合同订立后的履行行为的强制性规定，原则上不应影响合同的效力。当事人以合同违反强制性规定为由请求认定合同无效的，人民法院不予支持，除非合同的履行必然违反强制性规定或者法律、司法解释另有规定。第 16 条第 3 款规定了即使合同不因违反强制性规定而无效，人民法院认定合同有效，但如果当事人的违法行为未经处理，人民法院也应当向有关行政管理部门提出司法建议；涉嫌构成犯罪的，则应当将案件线

索移送刑事侦查机关或者告知当事人可以向有管辖权的人民法院另行提起刑事自诉,从而使私法与公法相互配合,共同实现对法律秩序的维护。

行为虽然违反强制性规定但不适用《民法典》第153条第1款规定的情形,《合同编通则司法解释》第18条规定:“法律、行政法规的规定虽然有‘应当’‘必须’或者‘不得’等表述,但是该规定旨在限制或者赋予民事权利,行为人违反该规定将构成无权处分、无权代理、越权代表等,或者导致合同相对人、第三人因此获得撤销权、解除权等民事权利的,人民法院应当依据法律、行政法规规定的关于违反该规定的民事法律后果认定合同效力。”

4. 违背公序良俗的民事法律行为

公序良俗,一般是指公共秩序和善良风俗。公共秩序,又称社会秩序,是指为维护社会公共生活所必需的秩序,包括国家安全和社会公共秩序。公共秩序是法律秩序,对公共秩序的维护,在法律上大都有明确规定,危害公共秩序的行为通常也就是违反法律、行政法规的强制性规定的行为。[1] 善良风俗,是指为人们所普遍认可并遵循的能反复使用的一些习惯、惯例和通行的做法等不成文的行为规则和价值判断。善良风俗是法律秩序之外的道德,[2]其作为社会规范的一种表现形式,蕴含相应人群对成员的道德评判。

同强制性规定一样,公序良俗也体现了国家对民事领域意思自治的一种限制,公序良俗要求民事主体的行为应当遵守公共秩序,符合善良习俗,若违背公序良俗,民事主体所实施的民事法律行为无效。《合同编通则司法解释》第17条第1款对公序良俗的具体类型列举明确,并规定了判断标准。合同虽然不违反法律、行政法规的强制性规定,但是合同影响政治安全、经济安全、军事安全等国家安全,或者存在影响社会稳定、公平竞争秩序或者损害社会公共利益等违背社会公共秩序的情形,或者存在背离社会公德、家庭伦理或有损人格尊严等违背善良风俗的情形,人民法院都应当依据《民法典》第153条第2款的规定认定合同无效。《合同编通则司法解释》第17条第2款还明确规定,人民法院在认定合同因违背公序良俗无效时应当以社会主义核心价值观为导向,综合考虑当事人的主观动机和交易目的、政府部门的监管强度、一定期限内当事人从事类似交易的频次、行为的社会后果等因素,并在裁判文书中充分说理;并再次重申了比例原则,即当事人确因生活需要进行交易,即使损害了社会公共利益,但只要没有严重影响社会公共秩序,且不影响国家安全,也不违背善良风俗,就不应认定合同无效。

5. 恶意串通的民事法律行为

恶意串通,是指行为人与相对人互相勾结,为谋取私利而实施的损害他人合法权益的行为。关于恶意串通的民事法律行为的效力,《民法典》第154条规定:“行为人与相对人恶意串通,损害他人合法权益的民事法律行为无效。”恶意串通损害他人合法权益的民事法律行为具有如下特点:

(1)主观上都出于恶意

恶意为主观因素,恶意串通要求主观上行为人与相对人具有共同的故意,以谋取私利而损害他人合法权益为共同目的,具有希望通过实施民事法律行为损害他人合法权益的意图。

---

[1] 参见王利明等:《民法学》(第6版)(上册),法律出版社2020年版,第214页。

[2] 最高人民法院民法典贯彻实施工作领导小组:《中华人民共和国民法典总则编理解与适用》(下),人民法院出版社2020年版,第762页。

(2)客观上有互相串通的行为

互相串通为客观因素,恶意串通要求客观上表现为行为人与相对人通过意思联络或沟通等方式,实施了损害他人合法权益的行为。其可以表现为行为人作出意思表示,相对人明知其目的非法,而以默示的方式接受,也可以是双方当事人相互配合、共同作为,实施了损害他人合法权益的民事法律行为。

(3)损害他人的合法权益

恶意串通中的"他人",是指特定的第三人。若损害的是不特定的第三人的利益,则实质上损害的是公共秩序,应当根据《民法典》第153条第2款认定该民事法律行为绝对无效。[1] 特定的第三人,既可指自然人,法人、非法人组织,也可指国家、特定集体。"合法权益"通常是指财产权,也可指其他权利。恶意串通的构成,并不以第三人的合法权益遭受损害为前提,只要行为人和相对人恶意串通的行为指向他人的合法权益,即可成立恶意串通民事法律行为。

四、可撤销民事法律行为

(一)可撤销民事法律行为的概念

可撤销民事法律行为,是指民事法律行为虽已成立并生效,但因意思表示不真实等因素,法律允许行为人通过行使撤销权,使民事法律行为归于无效的情形。可撤销的民事法律行为不是当然的绝对无效的民事行为,撤销权人行使撤销权,则行为经撤销其效力溯及成立时无效,若撤销权人在法定期限内未行使撤销权,该民事法律行为可被认为自成立之时起已经生效。只有享有撤销权的当事人才能对可撤销民事法律行为行使撤销权,法院或仲裁机构不能依职权主动撤销。

(二)可撤销民事法律行为的种类

《民法典》第147条至第151条规定了可撤销民事法律行为的情形,根据《民法典》的规定,可撤销民事法律行为包括以下4种类型:

1. 基于重大误解实施的民事法律行为

关于基于重大误解实施的民事法律行为的效力,《民法典》第147条规定:"基于重大误解实施的民事法律行为,行为人有权请求人民法院或者仲裁机构予以撤销。"依此,基于重大误解实施的民事法律行为的效力属于可撤销民事法律行为,而非无效行为,赋予重大误解方撤销权,由其决定是否行使撤销权。

何为重大误解?《总则编司法解释》第19条第1款作了规定:"行为人对行为的性质、对方当事人或者标的物的品种、质量、规格、价格、数量等产生错误认识,按照通常理解如果不发生该错误认识行为人就不会作出相应意思表示的,人民法院可以认定为民法典第一百四十七条规定的重大误解。"依此,重大误解,是指行为人对行为的性质、对方当事人或者标的物的品种、质量、规格、价格、数量等产生错误认识,按照通常理解如果不发生该错误认识,行为人就不会作出相应意思表示的民事法律行为。

对于第三人转达错误,在无法评价为第三人欺诈但又确实会使表意人陷入错误认识时,根据《总则编司法解释》第20条的规定,属于重大误解民事法律行为,行为人有撤销权。

《总则编司法解释》第19条第2款规定了重大误解撤销权的例外情形,即使行为人能够证

---

[1] 参见王利明等:《民法学》(第6版)(上册),法律出版社2020年版,第215页。

明自己实施民事法律行为时存在重大误解，但根据交易习惯等认定行为人无权请求撤销的，其已经实施的民事法律行为不得撤销。

因重大误解实施的民事法律行为的成立须具备以下条件：

（1）行为人主观上对民事法律行为的内容等存在重大误解

行为人主观上存在误解必须是重大误解，对行为的性质、对方当事人或者标的物的品种、质量、规格、价格、数量等产生错误认识，该错误认识对行为人的民事权利义务产生重大影响。若非重大误解，对行为人没有救济的必要，也不利于保护交易相对人的利益及保护交易安全。

（2）行为的结果与主观意思相悖

民事法律行为是行为人设立、变更、终止民事法律关系的行为，法律保护的是行为人的行为自由、行为自愿、意思表示真实，但由于行为人不注意、不谨慎，或由于第三人转达错误，致使其对行为的性质或者对对方当事人等产生错误认识时，行为人本身并非自愿，行为的客观结果也与其初衷不符，严重背离了自己的真实意愿。如通常所说的"看错""说错""理解错""听错""拿错"等。

（3）重大误解是由于行为人自己的过错或第三人转达错误造成的

重大误解系由于行为人自己的不注意、不谨慎、疏忽大意，或由于第三人转达错误，对行为的性质或者对对方当事人等产生错误认识，致使行为的结果与自己的初衷不符。如误认为租赁为买卖等，行为人自己存在过错，而非相对人的行为造成。

2. 因欺诈实施的民事法律行为

（1）欺诈的概念和构成要件

《民法典》第148条规定："一方以欺诈手段，使对方在违背真实意思的情况下实施的民事法律行为，受欺诈方有权请求人民法院或者仲裁机构予以撤销。"一方以欺诈手段，使对方在违背真实意思的情况下实施的民事法律行为，因不损害第三人的利益，不涉及公共秩序。因此，《民法典》规定欺诈行为是可撤销的民事法律行为，而非无效行为，赋予受欺诈方撤销权，由其决定是否行使撤销权。

何为欺诈？《总则编司法解释》第21条作了规定："故意告知虚假情况，或者负有告知义务的人故意隐瞒真实情况，致使当事人基于错误认识作出意思表示的，人民法院可以认定为民法典第一百四十八条、第一百四十九条规定的欺诈。"依此，欺诈，是指行为人故意告知虚假情况，或者负有告知义务的人故意隐瞒真实情况，致使当事人基于错误认识作出意思表示的行为。

可撤销的受欺诈行为须具备以下条件：

①行为人具有欺诈故意

欺诈故意包含两层含义：既有告知对方虚假情况的故意，或负有告知义务但隐瞒真实情况的故意，也有使对方陷入错误认识并基于此错误认识而作出意思表示的故意。

②行为人实施了欺诈行为

欺诈是由行为人一方实施，使相对人因此欺诈行为陷入错误认识，并进而作出了意思表示，与行为人签订合同或作出其他民事法律行为。行为人实施的欺诈行为既可表现为积极行为，如故意虚构事实，告知对方虚假情况，也可表现为消极行为，如故意隐瞒应当告知的真实情况等。

③欺诈行为与错误判断之间存在因果关系

因行为人故意告知虚假情况或隐瞒真实情况，受欺诈人陷入错误认识，受欺诈方之所以陷入错误认识,完全是行为人一方欺诈的结果。如二手车交易中,出卖人明知自己的车发生过严重的交通事故,被撞得很严重,但告诉买受人因自己孩子要出国深造,车辆急需处置,行驶里程很少,未出过事故。买受人信以为真,并作出将要购买之车未出过交通事故的错误判断。

④被欺诈方基于错误认识作出的意思表示违背其真实意思

由于行为人的欺诈行为,使被欺诈方产生错误认识,作出错误判断,并基于错误判断作出与行为人设立、变更、终止民事法律关系的意思表示,而该意思表示并非自己的初衷。如上述二手车交易中,买受人感觉价格合适就与出卖人签订了二手车转让合同,车辆还未变更登记,买受人即发现了出卖人的欺诈行为。若出卖人诚信地告知买受人自己的车虽然只跑了一点公里数,但发生过严重的交通事故,被撞得很严重,那么买受人就不会作出以当时协议的价款购买此车的意思表示,买受人的初衷是买一辆便宜的没有出过交通事故的二手车,二人实施的买卖二手车的民事法律行为违背买受人的真实意思,出卖人的行为就构成欺诈。

欺诈的成立并不以受欺诈人客观上遭受损害后果的事实为前提,只要受欺诈人因欺诈行为作出了实施民事法律行为的意思表示,即可成立。

(2)第三人欺诈行为

第三人欺诈,是指因第三人故意告知受欺诈方虚假情况,或者故意隐瞒真实情况,诱使受欺诈方作出错误意思表示的行为。第三人,一般是指除民事法律行为的双方当事人外,与一方存在某种关系的特定人。第三人实施欺诈,既有可能是为了自己的利益,也有可能是为了帮助受欺诈方与对方当事人达成交易。

关于第三人欺诈的民事法律行为的效力,《民法典》第149条规定:“第三人实施欺诈行为,使一方在违背真实意思的情况下实施的民事法律行为,对方知道或者应当知道该欺诈行为的,受欺诈方有权请求人民法院或者仲裁机构予以撤销。”《民法典》的此规定有利于保护受欺诈方,同时,以“对方知道或者应当知道该欺诈行为”作为撤销民事法律行为的条件,也有利于保护善意相对人,维护交易安全。[1]

因第三人欺诈构成可撤销的民事法律行为须具备以下条件:

①第三人具有欺诈故意

第三人对客观事实有一定的了解,主观上其故意告知受欺诈方虚假情况或隐瞒真实情况使受欺诈方陷入错误认识。若第三人无意告知受欺诈方虚假情况,只是出于虚荣心大吹大擂,被受欺诈方偷听到虚假情况,则第三人不具有欺诈之故意。

②第三人实施了欺诈行为

欺诈是由第三人一方实施,使受欺诈方因此欺诈行为陷入错误认识,进而作出了意思表示,与相对人实施了民事法律行为。第三人实施的欺诈行为既可表现为积极行为,如故意虚构事实、告知对方虚假情况,也可表现为消极行为,如故意隐瞒应当告知的真实情况,但故意隐瞒真实情况欺诈行为的构成须具备前提,即第三人负有告知义务,若第三人不对行为人负有如实告知义务,即便第三人隐瞒了真实情况,也不能认定第三人实施了欺诈行为。

③第三人的欺诈行为与受欺诈方的错误认识之间存在因果关系

因第三人故意告知虚假情况或隐瞒真实情况,受欺诈人因第三人的欺诈行为陷入错误认

---

〔1〕 参见[日]我妻荣:《我妻荣民法讲义Ⅰ:新订民法总则》,于敏译,中国法制出版社2008年版,第291页。

识，受欺诈方之所以陷入错误认识，完全是因为第三人一方欺诈的结果。

如第三人与借款人是朋友，其明知借款人已出现资金链断裂的财务危机，但第三人故意告知受欺诈方说借款人项目多、有经济实力，只是暂时周转需融资，隐瞒借款人早已严重恶化的真实财务状况，骗取受欺诈方为借款人出借款项。第三人故意告知借款人有经济实力的虚假情况，隐瞒借款人早已严重恶化的真实财务状况的真实情况，与受欺诈方陷入错误认识作出了出借款项的意思表示就存在因果关系。

④受欺诈方的意思表示违背其真实意思

由于第三人的欺诈，使受欺诈方所作的意思表示与不存在该欺诈行为时其会作出的意思表示不一致，受欺诈方作出的意思表示并非自己的初衷。如上述借款合同中，受欺诈方感觉借款人有经济实力能还上融资款项本金自己还能收取利息，就与借款人签订了借款合同。若第三人如实告知借款人的真实财务状况已资不抵债，那么受欺诈方就不会作出出借款项的意思表示，受欺诈方的初衷是将投资风险降到最低，但借款合同的民事法律行为违背受欺诈方的真实意思，因此第三人的行为就构成欺诈。

⑤相对人知道或者应当知道该欺诈行为

第三人实施欺诈行为，相对人即受欺诈方的对方当事人，知道或者应当知道第三人的该欺诈行为，受欺诈方才有撤销权。若相对人对第三人的欺诈行为并不知情，也不应当知情，就属于善意相对人，基于对善意相对人的保护，受欺诈方无权对已成立的民事法律行为予以撤销。

3. 因受胁迫而实施的民事法律行为

《总则编司法解释》第22条规定："以给自然人及其近亲属等的人身权利、财产权利以及其他合法权益造成损害或者以给法人、非法人组织的名誉、荣誉、财产权益等造成损害为要挟，迫使其基于恐惧心理作出意思表示的，人民法院可以认定为民法典第一百五十条规定的胁迫。"胁迫，是指行为人通过威胁、恐吓等不法手段，以给自然人及其近亲属等的人身权利、财产权利以及其他合法权益造成损害或者以给法人、非法人组织的名誉、荣誉、财产权益等造成损害为要挟，迫使其基于恐惧心理作出意思表示的行为。

关于以胁迫手段实施的民事法律行为的效力，《民法典》第150条规定："一方或者第三人以胁迫手段，使对方在违背真实意思的情况下实施的民事法律行为，受胁迫方有权请求人民法院或者仲裁机构予以撤销。"据此，因受一方或者第三方胁迫而作出的民事法律行为，属于可撤销的民事法律行为，赋予受胁迫方撤销权，由其决定是否行使撤销权。

可撤销的受胁迫而实施的民事法律行为须具备以下要件：

(1)胁迫人具有胁迫的故意

胁迫的故意，是指一方或第三人意识到自己的胁迫行为可能使对方陷入恐惧，仍故意进行要挟。胁迫人要挟的目的是希望对方作出违背真实意愿的意思表示。

(2)胁迫人实施了胁迫行为

一方或第三人采用威胁、恐吓、限制人身自由等方式，以将要实施某种加害行为威胁受胁迫人，以此使受胁迫人产生心理恐惧。这种加害既可以是对受胁迫人本人及其近亲属等的人身权利、财产权利以及其他合法权益的加害，如对受胁迫人及其近亲属等的生命健康、荣誉、名誉、财产权等的加害，还可以是给法人、非法人组织的名誉、荣誉、财产权益等的加害。

(3)被胁迫人因胁迫而陷入恐惧，并因恐惧而为意思表示

这一要件既要求一方或第三人的胁迫行为与被胁迫人陷入恐惧之间具有因果关系，也要

求被胁迫人基于恐惧作出一定的意思表示之间具有因果关系。因胁迫人的胁迫行为,使受胁迫人陷入恐惧,并因恐惧而作出违背真实意愿的意思表示。

(4)受胁迫方因胁迫人的胁迫而被迫实施了民事法律行为

基于恐惧受胁迫方作出意思表示实施了民事法律行为,此种情形下受胁迫方的意思表示不自由,不自愿,其实施的民事法律行为是一方或第三人的要挟、胁迫的结果,如果没有一方或第三人的胁迫,受胁迫方就不会实施该民事法律行为。

对以上要件,受胁迫方实施民事法律行为时是否受到胁迫、意思表示是否因恐惧而作出,如是否被迫打条、被迫在合同上签字、被迫卖房等都需受胁迫方举证,才能认定。

4. 显失公平的民事法律行为

显失公平,是指一方利用对方处于危困状态、缺乏判断能力等情形,致使民事法律行为成立时,权利义务明显失衡的行为。关于显失公平的民事法律行为的效力,《民法典》第151条规定:“一方利用对方处于危困状态、缺乏判断能力等情形,致使民事法律行为成立时显失公平的,受损害方有权请求人民法院或者仲裁机构予以撤销。”依此,显失公平民事法律行为须具备以下要件:

(1)须存在受损害方处于危困状态、缺乏判断能力等不利情境,行为人意识到,且有利用这一不利情境谋取不正当利益的故意

“危困状态”,是指处于急迫情势,对金钱、物的需求极为迫切的紧迫危困状态。例如,房屋买卖合同中,某甲夫妇在一区域想购买房屋,刚好看到“房屋急售”广告,经电话联系了解到出卖人需两周内拿到卖房款急用。某甲夫妇对房屋和价款都非常满意,针对出卖人急于脱手的心理,两人共同谋划,确定策略:先要求优惠,临签合同时再要求降价。甲某夫妇对处于危困状态的房屋的出卖人有低价买房谋取不正当利益的故意。

“缺乏判断能力”,是指根据自然人的年龄、智力、知识、经验并结合交易的复杂程度,对合同的性质、合同订立的法律后果或者交易中存在的特定风险缺乏应有的认知能力。如金融机构的从业人员拉社区老人旅游,向老人兜售理财产品,部分老年人缺乏判断能力,用自己终生积蓄高价购买了低收益或风险比较大的理财产品。

“一方利用对方处于危困状态、缺乏判断能力等情形”中的“等”字说明,《民法典》规定的显失公平的原因除“危困状态”“缺乏判断能力”这两种典型情形外,还包括与这两种情形相类似的其他情形,如明显的意志薄弱、轻率、虚荣等,只要民事主体的意思表示并非自愿作出,系因受害者一方被恶意利用而被迫作出,若造成明显失衡的法律后果就应对其予以救济,这符合保护经济上的弱者、维护公平秩序的立法初衷。

(2)须行为人有利用对方处于危困状态或缺乏判断能力获取不正当利益的行为

行为人利用对方即受损害方的危困状态或缺乏判断能力等,基于自己谋取不正当利益的目的作出意思表示,实施了民事法律行为。例如,上述房屋买卖合同中某甲夫妇明知房主生病住院急需大笔金钱治疗疾病,仍制定好砍价策略,先打电话要求优惠,房主急着用钱就答应了,房价被狠狠地砍下“第一刀”。但在约定好签购房合同的前一天,某甲夫妇突然打电话说房屋价格太高不能接受,不买了,除非价格再降而且要降一个更大的幅度,出卖人因急用钱就又同意了其要求,双方签订了购房合同。某甲夫妇有利用对方处于危困状态获取不正当利益的民事法律行为。

对金融机构向老年人兜售理财产品民事法律行为性质的识别,行为人是否有利用老年人

缺少判断能力这一要素,应结合购买理财产品的老年人的知识水平、文化素养、对金融产品的熟悉、了解程度、市场风险、日常习惯等综合认定。

(3)民事法律行为的作出与利益危困或缺乏判断能力等的结果之间存在因果关系

这一要件要求两重因果关系:一是行为人的迫使行为,与受损害方处于危困状态或缺乏判断能力之间的因果关系;二是受害人为了急于摆脱危困情境或缺乏判断能力,与作出不真实意思表示使自己遭受重大损失之间的因果关系。如在上述房屋买卖合同中,某甲夫妇迫使出卖人低价卖出自己的房屋与出卖人急需拿到卖房款急用具有因果关系。出卖人为了急用钱在签合同前一天不得已同意某甲夫妇的大幅减价要求,且房屋售价较低严重地损害了出卖方的合法权益。房价较低使出卖人遭受损失与紧迫危困状态,即出卖人对金钱的迫切需求之间有因果关系。

(4)民事法律行为成立之时权利义务明显失衡

根据《民法典》的规定,显失公平的判断节点是"民事法律行为成立时"。民事法律行为是民事主体通过意思表示设立、变更、终止民事法律关系的行为,由于民事法律行为从成立到实际履行通常有一个过程,这一过程中的许多因素都可能对双方当事人的权利义务产生影响,如果不限定判断的时点,对于显失公平的判定将会缺少客观标准,也无法将原已存在的"权利义务失衡"结果与民事法律行为成立后当事人以外因素对权利义务产生的影响相区分,因此立法将显失公平结果的判定限定为民事法律行为成立时。[1]

此处的显失公平,是指双方当事人在民事法律行为成立时的权利义务显著失衡、明显不相称。显失公平制度并不是为了消除当事人应承担的商业风险,而是禁止或限制一方当事人获得不符合交易规则的"暴利",在判断是否构成显著失衡时,应根据各民事法律行为交易的具体情况加以认定,如交易规则、市场行情、供求关系、价格涨落等。

只有当受损害方处于危困状态等不利情境,行为人利用了此种情境,并迫使受损害方作出不真实的意思表示,致使在民事法律行为成立之时明显失衡,受损害方遭受重大损失,行为人获取了"暴利"时,受损害方才有权对显失公平的民事法律行为予以撤销。

(三)撤销权的概念及行使

1. 撤销权的概念

撤销权,是指当事人依法享有的以其意思表示对已成立的民事法律行为予以撤销,使之归于无效的权利。撤销权从性质上来说属于形成权,是以一方的意思表示而使已经成立的民事法律行为的权利义务发生变动,当事人无须经对方当事人同意,可以直接通过诉讼、仲裁的方式行使撤销权。由于撤销权的行使将彻底改变民事法律行为的效力,一旦被撤销,民事法律行为自始无效,而效力改变进而影响或牵涉当事人的重大利益,因此《民法典》规定,享有撤销权的权利人必须在一定期限内决定是否行使这一权利,从而保护相对人的利益,维护交易安全。这一期间被称为除斥期间。除斥期间一旦经过,则撤销权消灭,可撤销民事法律行为确定性地成为完全有效的民事法律行为。

2. 撤销权的行使

(1)撤销权的行使方式

《民法典》第147条至第151条在规定可撤销民事法律行为种类及效力的同时,也规定了

---

[1] 参见贾东明主编:《〈中华人民共和国民法总则〉释解与适用》,人民法院出版社2017年版,第384页。

撤销权的行使方式，即“有权请求人民法院或者仲裁机构予以撤销”，《民法典》要求当事人必须通过诉讼或仲裁的方式行使撤销权，以避免撤销权的滥用，即当出现《民法典》第147条至第151条规定的可撤销民事法律行为的事由时，当事人可以到人民法院起诉，提出撤销其实施的民事法律行为的诉讼请求，或依据有效的仲裁协议、仲裁条款向仲裁机构申请仲裁，提出撤销其实施的民事法律行为的仲裁请求。

（2）撤销权的行使期间

可撤销民事法律行为的撤销权人应当在撤销权的行使期间内行使撤销权，撤销权的行使期间为除斥期间。《民法典》第152条第1款明确规定了撤销权的除斥期间，该条款规定：“有下列情形之一的，撤销权消灭：（一）当事人自知道或者应当知道撤销事由之日起一年内、重大误解的当事人自知道或者应当知道撤销事由之日起九十日内没有行使撤销权；（二）当事人受胁迫，自胁迫行为终止之日起一年内没有行使撤销权；（三）当事人知道撤销事由后明确表示或者以自己的行为表明放弃撤销权。”依此，《民法典》将欺诈、第三人欺诈、胁迫、显失公平等事由的撤销权除斥期间规定为一年，为了避免“一刀切”规定情形下可能导致的利益失衡，在存在重大误解情形时，误解方通常存在一定的过错，而相对方虽然可能也有过错，但没有欺诈、胁迫那样的直接故意，如果让没有过错或有轻微过错的相对方在一年时间内法律关系都处于不确定状态有失妥当，因而立法将重大误解事由撤销权的除斥期间规定为90日。为平衡撤销权人的保护和法律秩序的稳定，立法保留了以往除斥期间的法定最长期限，对撤销权规定了5年最长保护期，《民法典》第152条第2款规定，“当事人自民事法律行为发生之日起五年内没有行使撤销权的，撤销权消灭”。

《民法典》规定了撤销权除斥期间的起算时间点为“知道或者应当知道撤销事由”，但对受胁迫事由，考虑到对受胁迫人来说，如果也以“知道或者应当知道撤销事由”作为起算点，即使自胁迫之时已经知道了撤销事由，但在胁迫事由持续存在的情况下受胁迫人虽然在法律上享有撤销的权利，但实际上没有行使的可能，既对受胁迫人不公平，也容易使胁迫人心存侥幸进行持续胁迫行为，以使受胁迫人在除斥期间无法行使撤销权，保护撤销权人的立法目的也无法实现，因此立法将受胁迫事由的除斥期间的起算时间点作了特别规定，以“自胁迫行为终止之日”作为起算点。

（3）撤销权的放弃

撤销权是当事人的一种权利，当事人可以行使撤销权，也可以放弃撤销权。若有撤销权的当事人于除斥期间经过前放弃权利，撤销权消灭。《民法典》第152条第1款对具有撤销权的当事人放弃撤销权的方式作出了规定，具有撤销权的当事人知道撤销事由后明确表示或者以自己的行为表明放弃撤销权的，撤销权消灭。依此，当事人可以通过两种方式放弃撤销权：一是有撤销权的当事人明确表示放弃撤销权，即以意思表示向相对人明示，可以用口头方式也可用书面方式明确表示；二是有撤销权的当事人以自己的行为表明放弃撤销权，如撤销权人在除斥期间经过前将民事法律行为的标的物消费、转卖或将权利转让等，可以理解成“以自己的行为表明放弃撤销权”。具有撤销权的当事人放弃撤销权，该撤销权消灭，民事法律行为产生绝对的效力。

（4）撤销权行使的后果

《民法典》第155条规定了被撤销的民事法律行为自始无效，该条规定：“无效的或者被撤销的民事法律行为自始没有法律约束力。”撤销权人行使撤销权，向法院或仲裁机构提起诉讼或申请仲裁，请求撤销民事法律行为的，该民事法律行为经法院或仲裁机构通过《民事判决书》或《仲裁裁决书》等法律文书予以撤销的，被撤销的民事法律行为自始没有约束力，发生与无效民事法律行为相同的法律后果，具体适用《民法典》第157条的规定，承担返还财产、折价补偿、赔偿损失等法律后果。

五、效力待定民事法律行为

（一）效力待定民事法律行为的概念和特点

效力待定民事法律行为，是指民事法律行为成立时因行为人"权利不足"等致使民事法律行为效力处于不确定状态，有待于其他行为或事实使之确定的法律行为。《民法典》第145条规定的限制民事行为能力人、第171条规定的无权代理、第551条规定的免责的债务承担等皆属于效力待定民事法律行为事由。效力待定民事法律行为具有以下特点：

1. 效力待定民事法律行为成立时行为人主体资格不适格或"权利不足"

主体资格适格，即行为人具有相应的民事行为能力，是民事法律行为的有效条件。基于民事主体个体的认知和判断能力的差异，在实施民事法律行为时会出现主体资格不符合法律规定的情形，如限制民事行为能力人实施的非纯获利益的，或与其年龄、智力、精神健康状况不相适应的其他民事法律行为、无权代理、免责的债务承担等都是权利不足，所设立的民事法律行为，法律并非一概予以否认，而是赋予一定的追认权、催告权、撤销权或同意权等，以维护民事法律关系的稳定。

2. 效力待定民事法律行为在成立时效力处于不确定状态之中，既非有效，也非无效

效力待定的民事法律行为在被追认之前，对当事人并非当然无效，也并非完全有效，只是处于一种悬而未决的不确定的状态。如限制民事行为能力人实施的除纯获利益的或与其年龄、智力、精神健康状况相适应外的其他民事法律行为，在经法定代理人同意或者追认前，效力尚未确定，既非有效，也非无效。债务人将债务转让给第三人，在债权人同意以前，债务转让的效力也处于不确定之中。

3. 效力待定民事法律行为的效力，有待于其他行为或事实使之确定

效力待定的民事法律行为须法律规定的适格主体追认，或形成了法律规定的其他法定条件才能确定。被追认后，其结果可能变为有效的民事法律行为，也可能变为无效的民事法律行为。如对限制民事行为能力人实施的除纯获利益的或与其年龄、智力、精神健康状况相适应外的其他民事法律行为的效力，应由限制民事行为能力人的法定代理人行使追认权予以确认。

（二）效力待定民事法律行为的种类

1. 民事行为能力欠缺的民事法律行为

（1）民事行为能力欠缺的概念

民事行为能力欠缺，是指法律规定的限制民事行为能力人实施的除纯获利益或者与其年龄、智力、精神健康状况相适应外的其他民事法律行为，虽然已经成立，是否有效悬而未决，必须经法定代理人追认才有效，在被追认前，民事法律行为效力处于待定状态的情形。《民法典》第145条对限制民事行为能力人所实施的民事法律行为效力作了规定，该条第1款规定："限制民事行为能力人实施的纯获利益的民事法律行为或者与其年龄、智力、精神健康状况相适应的民事法律行为有效；实施的其他民事法律行为经法定代理人同意或者追认后有效。"其中，"实施的其他民事法律行为经法定代理人同意或者追认后有效"即对民事行为能力人欠缺民事

法律行为效力待定的规定。追认，是指对限制民事行为能力人实施的其他民事法律行为，法定代理人事后同意的意思表示。追认是一种单方意思表示，无须相对人同意即可发生法律效力。

(2)关于民事行为能力欠缺的法律后果

由于法定代理人是否追认欠缺的民事法律行为，决定该民事法律行为是否有效，若法定代理人长期不作出是否追认的决定，该民事法律行为就会长期处于效力不确定状态，这不利于保护相对人的利益，因而《民法典》第145条第2款规定："相对人可以催告法定代理人自收到通知之日起三十日内予以追认。法定代理人未作表示的，视为拒绝追认。民事法律行为被追认前，善意相对人有撤销的权利。撤销应当以通知的方式作出。"依此，《民法典》赋予相对人以催告权及善意相对人的撤销权：

①相对人的催告权

与限制民事行为能力人成立民事法律行为的相对人，可以通知方式催告限制民事行为能力的法定代理人，在30日内就是否认可限制民事行为能力人所实施民事法律行为的效力作出表示，相对人一经作出催告，为期30日的追认期即开始计算，追认期届满法定代理人未作表示追认或拒绝追认的意思表示，视为拒绝追认民事法律行为的效力，限制民事行为能力人所实施的民事法律行为即归于无效。

②善意相对人的撤销权

善意相对人，是指与限制民事行为能力人成立民事法律行为时，不知道且不应当知道对方为限制民事行为能力人。在法定代理人追认前，善意相对人可行使撤销权使该民事法律行为因撤销而无效。善意相对人应当在法定代理人追认前以通知方式明确表示撤销。若撤销，限制民事行为能力人所实施的民事法律行为即归于无效。若法定代理人对限制民事行为能力人实施的民事法律行为已经作出追认或拒绝追认的意思表示，此时民事法律行为已归于有效或无效，善意相对人不得行使撤销权。同时若善意相对人在成立民事法律行为当时，知道或者应当知道对方是限制民事行为能力人，其就不是"善意相对人"，不享有善意相对人的书面通知的解除权，只能以相对人的身份享有催告权。

2. 无权代理民事法律行为

(1)无权代理的概念及无权代理的类型

无权代理，又称代理权欠缺，是指行为人没有代理权、超越代理权或者代理权终止后，实施的民事法律行为。无权代理是否对被代理人有效，决定于被代理人是否予以追认，在被代理人追认前，效力待定。《民法典》第171条第1款规定："行为人没有代理权、超越代理权或者代理权终止后，仍然实施代理行为，未经被代理人追认的，对被代理人不发生效力。"

因此，无权代理分为以下4种类型：

①没有代理权的无权代理，是指被代理人未对行为人授权委托，行为人就以被代理人名义从事的代理。

②超越代理权的无权代理，是指被代理人与行为人存在代理关系，行为人有被代理人的授权委托，但行为人超出被代理人授权委托的范围进行的代理。

③代理权终止后的无权代理，是指被代理人与行为人原本存在代理关系，但代理事项已因法定情形使代理权消灭，代理人仍然以被代理人名义进行的代理。法定情形是指《民法典》第

173 条规定的委托代理终止情形。[1]

④擅自行使代理权的无权代理，是指在共同代理情形下，数个委托代理人共同行使代理权，其中一人或者数人未与其他委托代理人协商，擅自行使代理权，未经被代理人追认的代理。[2]

(2)无权代理的法律后果

行为人没有代理权却以被代理人名义实施民事法律行为，法律效果不能直接及于被代理人，但考虑有些无权代理对被代理人有利，从鼓励交易、维护交易秩序及保护当事人权益角度出发，《民法典》第 171 条规定了一定条件，如果符合法定条件，则允许行为人实施的民事法律行为对被代理人发生效力。

①被代理人的追认和拒绝权

无权代理行为并非无效，仅是在被代理人追认前处于效力待定状态。如果经过被代理人的追认，使无权代理性质发生改变，无权代理设立的民事法律行为所欠缺的代理权得到补足，转化为有权代理，发生与有权代理同样的法律效果。若被代理人拒绝追认，则无权代理人实施的民事法律行为对被代理人不发生效力。

②相对人的催告权

为了平衡被代理人和相对人的利益，《民法典》第 171 条第 2 款对相对人的催告权作了规定："相对人可以催告被代理人自收到通知之日起三十日内予以追认。被代理人未作表示的，视为拒绝追认……"相对人行使催告权可以通知方式催告被代理人，在 30 日内就是否认可无权代理人所实施民事法律行为的效力作出表示，相对人一经催告，为期 30 日的追认期即开始计算，追认期届满被代理人未作表示追认或拒绝追认的意思表示，视为拒绝追认民事法律行为的效力，无权代理人所实施的民事法律行为即归于无效。

③善意相对人的通知撤销权

善意相对人，是指与无权代理人成立民事法律行为时，其不知道且不应当知道对方未经被代理人授权无代理权限。在被代理人追认前，善意相对人可行使撤销权使该民事法律行为因撤销而无效。《民法典》第 171 条第 2 款对相对人的催告权作了规定："……行为人实施的行为被追认前，善意相对人有撤销的权利。撤销应当以通知的方式作出。"依此，善意相对人应当在被代理人追认前以通知的方式明确表示撤销。若被代理人对无权代理人实施的民事法律行为已经作出追认或拒绝追认的意思表示，此时民事法律行为已归于有效或无效，善意相对人不得行使撤销权。同时若善意相对人在成立民事法律行为当时，知道或者应当知道对方是无权代理，其就不是"善意相对人"，不享有善意相对人的书面通知的解除权，只能以相对人的身份享有催告权。若善意相对人撤销了其与无权代理人的民事法律行为，那么其效力溯及于行为成立时，对被代理人自始无效。

以上，对于无权代理行为，被代理人有追认和拒绝的权利，被代理人不予追认的，对被代理

---

[1] 《民法典》第 173 条规定："有下列情形之一的，委托代理终止：(一)代理期限届满或者代理事务完成；(二)被代理人取消委托或者代理人辞去委托；(三)代理人丧失民事行为能力；(四)代理人或者被代理人死亡；(五)作为代理人或者被代理人的法人、非法人组织终止。"

[2] 《总则编司法解释》第 25 条规定："数个委托代理人共同行使代理权，其中一人或者数人未与其他委托代理人协商，擅自行使代理权的，依据民法典第一百七十一条、第一百七十二条等规定处理。"

人不发生法律效力,而是由行为人承担责任。相对人请求行为人履行债务或者赔偿损失的,行为人就相对人知道或者应当知道行为人无权代理承担举证责任。行为人能够证明相对人知道或者应当知道行为人无权代理的,相对人和行为人按照各自的过错承担责任。[1] 善意相对人可以在被代理人追认前行使撤销权,使之确定地不发生法律效力。行为人实施的行为未被追认或撤销的,善意相对人有权请求行为人履行债务,或者就其受到的损害请求行为人赔偿,但是,赔偿的范围不得超过被代理人追认时相对人所能获得的利益。

3. 债务人与第三人免责的债务承担民事法律行为

(1)债务人与第三人免责的债务承担概念

正如债权人可以转让债权一样,债权人可以通过订立债务承担协议使债务人免责,债务人也可以与第三人订立债务承担协议使自己的债务转移。关于债务人转移义务的归责,学理上称为免责的债务承担。所谓免责的债务承担,是指债权人或债务人与第三人之间达成转让债务的协议,由第三人取代原债务人承担全部债务。在债务全部移转的情况下,原债务人已经脱离了原来的合同关系,新的债务人代替了其地位,由于原债务人不再履行债务,因而学者通常将此种债务移转称为免责的债务承担。[2] 免责的债务承担包括债权人与第三人之间订立协议和债务人与第三人之间订立协议两种情形。其一,债权人与第三人之间订立协议。因是债权人和第三人同意将债务人债务转移给第三人的一致意思表示,第三人同意承担债务人债务,债务人由此摆脱了原债务的约束,一般情况下符合债务人的利益,因此该协议一旦成立便生效。其二,债务人与第三人之间订立协议。此种情形就是债务人与第三人免责的债务承担,即债务人将自己应承担的法定或合同约定的义务转移给第三人,自己不再承担债务的情形。因是债务人将本应自己承担的民事义务转移给第三人,即便是第三人的真实意思表示,债务作为一种义务按照法律规定或合同约定是债务人必须履行的,债务的履行涉及履行能力问题,若第三人没有履行能力,就会造成债权人的权利难以实现,因此立法通常将债务人将债务转移给第三人的免责的债务承担民事法律行为确定为效力待定事由,若经过债权人的同意,转移债务的协议就有效,债务人将不再成为债的当事人,而由第三人取代债务人在原债的关系中的地位,对债权人负有清偿义务。

《民法典》第551条对债务人与第三人之间免责的债务承担作了规定,该条规定:"债务人将债务的全部或者部分转移给第三人的,应当经债权人同意。债务人或者第三人可以催告债权人在合理期限内予以同意,债权人未作表示的,视为不同意。"依此,《民法典》将债务人与第三人之间免责的债务承担行为认定为效力待定的民事法律行为。

(2)债务人与第三人免责的债务承担民事法律行为的构成要件

①第三人主体资格适格,债务转移民事法律行为系债务人与第三人的真实意思表示

债务作为一种义务是债务人必须履行的,而债务的履行涉及履行能力问题,债务人与第三人实施民事法律行为的目的,是第三人代替债务人履行对债权人的法定或合同约定的义务,因此要求第三人在与债务人实施债务转移民事法律行为,即签订债务承担协议时,主体资格必须

---

[1] 《总则编司法解释》第27条规定:"无权代理行为未被追认,相对人请求行为人履行债务或者赔偿损失的,由行为人就相对人知道或者应当知道行为人无权代理承担举证责任。行为人不能证明的,人民法院依法支持相对人的相应诉讼请求;行为人能够证明的,人民法院应当按照各自的过错认定行为人与相对人的责任。"

[2] 参见王利明:《合同法研究》(第2卷),中国人民大学出版社2003年版,第227页。

适格,要有相应的民事行为能力,债务承担协议内容是双方利益和意志的体现。

②债务人转移给第三人的债务既可以是全部债务也可以是部分债务

依照法律规定或合同约定债务人对债权人负有的债务,既可能是一项债务,也可能是数项债务,债务人与第三人实施民事法律行为签订债务承担合同,债务人既可以将全部债务转移给第三人,也可以将部分债务转移给第三人。

③债务人和第三人实施的债务转移民事法律行为,须经债权人同意

因为免责的债务承担,导致债务主体变更,若第三人没有履行能力,就会造成债权人的权利难以实现,可能增加债权实现的风险。因此,债务人和第三人实施的民事法律行为签订的债务承担合同属于效力待定的合同,应当由债权人同意后方能产生债务承担的效力。若债权人不同意,债务人和第三人签订的债务承担合同即归于无效。

④债权人的同意既可以明示的方式作出表示,也可以通过行为的方式作出表示

《民法典》第551条第2款规定了债务人和第三人的催告权,对债务人与第三人的债务承担合同,债务人或者第三人可向债权人设定一个合理期限,要求其在此期限内作出答复。债权人可以书面、口头的"明示"方式直接向债务人和第三人进行意思表示,明确表示同意。债权人也可以自己的行为表明同意,如债权人虽未明确表示同意,但其已经作出将第三人作为其债务人并请求其履行的意思表示的,可以推定债权人已经同意债务的转移。

若债权人在债务人或第三人的合理期限内,既未以明示的方式,也未以自己的行为表明同意债务转移的意思表示,则属于债权人"未作表示的"情形,应视为债权人"不同意"债务人与第三人的债务承担合同,则债务人通过与第三人签订债务承担合同,转移债务的行为对债权人不发生效力。

六、民事法律行为不成立、被确认无效、被撤销或确定不发生效力的法律后果

民事法律行为的效力形态包括多种,如不成立、有效、无效、被撤销、效力待定及确定不发生效力等。确定不发生效力,是指民事法律行为由于生效要件确定无法具备而不能生效的情况。如限制民事行为能力人实施的效力未定的民事法律行为,其法定代理人拒绝追认的,该行为确定不发生效力。对于无效、被撤销或确定不发生效力的民事法律行为来说,必然涉及其行为效力问题。《民法典》第155条规定:"无效的或者被撤销的民事法律行为自始没有法律约束力。"因此,被确认无效或被撤销的民事法律行为自始无效,而不是从确认无效之时起无效。确定不发生效力的民事法律行为亦是如此。

关于批准生效合同的效力,《合同编通则司法解释》第12条规定,未报批合同属于未生效合同,未生效合同并非有效合同,当事人一方不得起诉请求对方履行合同约定的主要义务。未生效合同也不同于无效合同,其可以通过履行报批义务促成合同有效。人民法院判决当事人一方履行报批义务其拒绝履行该项义务的,另一方可以请求解除合同。并请求参照违反合同的违约责任,请求其承担赔偿责任;若当事人履行了合同约定的报批义务,或者履行了生效裁判确定的报批义务,但批准机关不予批准的,合同确定不生效,当事人无须承担赔偿责任,但因迟延履行报批义务等可归责于当事人的原因,导致合同未获批准,对方请求赔偿因此受到的损失的除外。

关于备案、批准及登记的合同效力,《合同编通则司法解释》第13条规定,已经办理备案、批准或登记的合同,存在无效或者可撤销事由的,不妨碍法院依据无效或者可撤销事由认定合

同无效或者可撤销。同样,无效或者可撤销的合同也不因已办理了备案、批准或登记手续就转变成有效合同,也可能存在效力瑕疵,被认定无效或者可撤销的情形。

民事法律行为无效、被撤销或确定不发生效力后,虽不能产生当事人所预期的法律效果,但并非不产生任何法律后果。对于民事法律行为一经被确认无效、被撤销或确定不发生效力后,行为人需承担的法律后果,《民法典》第 157 条规定:“民事法律行为无效、被撤销或者确定不发生法律效力后,行为人因该行为取得的财产,应当予以返还;不能返还或者没有必要返还的,应当折价补偿。有过错的一方应当赔偿对方由此所受到的损失;各方都有过错的,应当各自承担相应的责任。法律另有规定的,依照其规定。”《总则编司法解释》第 23 条规定,民事法律行为不成立,“当事人请求返还财产、折价补偿或者赔偿损失的,参照适用民法典第一百五十七条的规定”。参照适用民事法律行为不成立时,准用法律行为无效、被撤销或确定不发生效力的法律后果规定。

关于合同不成立、无效、被撤销或者确定不发生效力的情况下,当事人应当如何承担民事责任,《合同编通则司法解释》第 24 条进一步作了规定。依此,民事法律行为不成立、无效、被撤销或确定不发生效力后,将发生以下法律后果:

1. 返还财产

返还财产,是指一方当事人对其已交付给对方的财产享有返还请求权,已经接受对方交付财产的一方当事人则负有返还对方财产的义务。民事法律行为不成立、无效、被撤销或确定不发生效力后,当事人不得履行无效民事法律行为,开始履行的,应当停止履行。因无效民事法律行为取得的财产,当事人请求返还财产,经审查财产能够返还的,人民法院应当根据案件具体情况,单独或者合并适用返还占有的标的物、更正登记簿册记载等方式返还财产。返还财产为所有物的,返还范围应为受领给付时的原物以及所产生的孳息。若返还的是价款或者报酬,当事人一方可以请求对方支付资金占用费,《合同编通则司法解释》第 25 条规定了支付资金占用费的标准,如果占用资金一方当事人对于合同不成立、无效、被撤销或者确定不发生效力有过错的,应当按照中国人民银行授权全国银行间同业拆借中心公布的一年期贷款市场报价利率(LPR)计算。如果占用资金一方当事人对于合同不成立、无效、被撤销或者确定不发生效力没有过错的,则应当以中国人民银行公布的同期同类存款基准利率计算。若双方当事人互负返还义务,双方可以主张同时履行;占有标的物的一方对标的物存在使用或者依法可以使用的情形,对方可以请求将其应支付的资金占用费与应收取的标的物使用费相互抵销。

2. 折价补偿

折价补偿,是指合同不成立、无效、被撤销或确定不发生效力后,行为人因合同取得的财产,不能返还或没必要返还时,按照该财产的市场价值或者以其他合理方式计算的价值为基准进行金钱上的补偿。“不能返还”包括法律上的不能返还及事实上的不能返还两种情形。法律上的不能返还,是指因法律规定而导致因民事法律行为取得的某种财产不能返还,如第三人善意取得的财产,依照法律的规定,第三人成为财产的所有权人,该财产就属于不能返还情形。事实上的不能返还,是指当事人取得的财产已灭失,无替代物,客观上已无法返还的情形。“没必要返还”,是指标的财产在事实上和法律上存在返还的可能,但是返还财产有损当事人利益,造成资源的极大浪费,不符合经济原则。经审查财产不能返还或者没有必要返还的,人民法院应当以认定合同不成立、无效、被撤销或者确定不发生效力之日该财产的市场价值或者以其他合理方式计算的价值为基准判决折价补偿。

3. 赔偿损失

赔偿损失，是指合同不成立、无效、被撤销或确定不发生效力后，行为人因合同取得的财产，采取返还财产、折价补偿等措施后，当事人仍有损失的，有过错的当事人应当赔偿对方所遭受的损失，双方都有过错的，应当各自承担相应的责任。对于赔偿损失的具体范围，《合同编通则司法解释》规定，当事人请求赔偿损失的，人民法院应当结合财产返还或者折价补偿的情况，综合考虑财产增值收益和贬值损失、交易成本的支出等事实，按照双方当事人的过错程度及原因力大小，根据诚信原则和公平原则，合理确定损失赔偿额。

4. 其他法律后果

《民法典》第 157 条第 3 句规定："法律另有规定的，依照其规定。"依此，如果民事法律行为效力被否定后，除返还财产、折价补偿、赔偿损失的法律后果外，法律另有规定的，依照其规定。在合同不成立、无效、被撤销或确定不发生效力后，当事人除应承担民事责任以外，在特殊情况下，还应承担行政责任，甚至刑事责任。《合同编通则司法解释》第 24 条规定："合同不成立、无效、被撤销或者确定不发生效力，当事人的行为涉嫌违法且未经处理，可能导致一方或者双方通过违法行为获得不当利益的，人民法院应当向有关行政管理部门提出司法建议。当事人的行为涉嫌犯罪的，应当将案件线索移送刑事侦查机关；属于刑事自诉案件的，应当告知当事人可以向有管辖权的人民法院另行提起诉讼。"如违反法律、行政法规的强制性规定及违背公序良俗的民事法律行为被确认无效后，其法律后果有的就不能适用返还财产、折价补偿或赔偿损失方式，只能对其依法予以收缴或没收等，而不能返还给一方当事人。

第四节　民事法律行为的附条件和附期限

一、附条件的民事法律行为

（一）附条件的民事法律行为概念

附条件的民事法律行为，是指行为人在实施民事法律行为时设定一定条件，以条件的成就与否作为确定民事法律行为效力的发生或消灭的民事法律行为。《民法典》第 158 条规定："民事法律行为可以附条件，但是根据其性质不得附条件的除外。附生效条件的民事法律行为，自条件成就时生效。附解除条件的民事法律行为，自条件成就时失效。"因此，附条件的民事法律行为包括附生效条件的民事法律行为和附解除条件的民事法律行为。所谓生效条件，是指双方约定的民事法律行为内容发生效力的条件，在所附生效条件具备以前，民事法律行为内容虽已成立，但未生效。条件具备之时民事法律行为生效。所谓解除条件，是指对已经生效的民事法律行为双方约定了解除条件，当解除条件具备时，民事法律行为失效。

（二）附条件的民事法律行为中的条件

附条件的民事法律行为须具备以下条件：

1. 所附的条件须是双方当事人约定的事实

除法律明确规定不得附条件的外，其他民事法律行为均可以附条件，但所附的条件必须是双方当事人约定的条件，不包括法定条件，不能是法律规定的与民事法律行为效力有关的事实,对于附法定条件的民事法律行为,应视为未附条件。

2. 所附条件应是尚未发生、将来可能发生的事实

已经过去的,实施民事法律行为时已发生的,以及将来确定不可能发生的事实不能作为民事法律行为所附的条件。已经过去的,实施民事法律行为时已发生的事实作为附加条件等于未附条件。条件必须是不确定的,尚未发生将来可能发生的事实。对于附条件的民事法律行为,如果所附条件将来不可能发生,当事人约定为生效条件,则民事法律行为不发生效力;如果所附解除条件不可能发生,该民事法律行为视为未附条件,其是否失效依照《民法典》和相关法律、行政法规的规定予以判断。[1]

3. 所附条件必须是合法的事实

所附条件,其立法目的在于决定民事法律行为的效力,因此不能以违反法律的事实作为条件,如果所附的条件是违反法律和行政法规的强制性规定或违背公序良俗的,应当认定该民事法律行为无效。

(三)附条件的民事法律行为特点

1. 附条件的民事法律行为在所附条件出现时生效或者失效,但对当事人具有约束力

所附条件属于民事法律行为的特别生效要件,有控制民事法律行为效力的功能,虽然附条件的民事法律行为在所附条件出现时生效或者失效,但对当事人具有约束力,双方当事人均不得随意撤销、变更或解除,一旦所附条件成就,附条件效力在附生效条件的民事法律行为中表现为,该民事法律行为生效。在附解除条件的民事法律行为中表现为条件出现后民事法律行为的效力归于消灭,一方当事人必须履行。

2. 所附条件具有拟制效力,禁止不正当地人为干预

附条件的民事法律行为中,条件的成就与否决定民事法律行为的生效或失效,关乎当事人的切身利益,在附条件的民事法律行为成立后条件成就前,当事人负有顺应所附条件的自然发展而非人为地不正当干预的义务。所谓不正当的干预,既包括为了自己的利益故意不正当地阻止条件的成就行为,也包括为了自己的利益故意不正当地促成条件的成就行为,《民法典》第159条对行为人不正当地使条件成就和不成就的拟制效力作了规定,该条规定:"附条件的民事法律行为,当事人为自己的利益不正当地阻止条件成就的,视为条件已经成就;不正当地促成条件成就的,视为条件不成就。"

二、附期限的民事法律行为

(一)附期限的民事法律行为的概念和特点

附期限的民事法律行为,是指行为人依法在实施民事法律行为时,约定一定期限,并把该期限的到来作为民事法律行为效力开始或终止根据的民事法律行为。《民法典》第160条对附期限的民事法律行为的效力作了规定,该条规定:"民事法律行为可以附期限,但是根据其性质不得附期限的除外。附生效期限的民事法律行为,自期限届至时生效。附终止期限的民事法律行为,自期限届满时失效。"因此,附期限的民事法律行为具有以下特点。

---

[1] 《总则编司法解释》第24条规定:"民事法律行为所附条件不可能发生,当事人约定为生效条件的,人民法院应当认定民事法律行为不发生效力;当事人约定为解除条件的,应当认定未附条件,民事法律行为是否失效,依照民法典和相关法律、行政法规的规定认定。"

1. 期限的到来与否属于确定发生的事实

对附期限的民事法律行为来说,其生效和失效本身并不具有或然性,而是具有必然性。生效期限或终止期限,是将来一定能够发生的事实。既包括到来的具体时日是确定的事实,也包括到来的具体时日是不确定的事实。

2. 期限是民事法律行为的一种附款

行为人与相对人实施的民事法律行为内容主要涉及双方的权利义务,关于期限的约定仅是对双方权利义务的一种附加款项,属于民事法律行为的附属意思表示,其与民事法律行为的其他条款一起共同构成了附期限的民事法律行为。附加款项由第三人自由设定,不包括法定期限,如行使撤销权的期限等不属于附款。

3. 期限是限制民事法律行为效力的附款

如果双方当事人对民事法律行为生效期限或终止期限作了约定,则民事法律行为的效力在时间上受到限制,在所附生效期限到来以前,民事法律行为内容虽已成立,但未生效。期限到来之时,民事法律行为生效。当终止期限到来时,民事法律行为失效。

(二)附期限民事法律行为的类型

根据不同的分类标准,可以将附期限民事法律行为进行不同的分类:

1. 生效期限和终止期限

依据所附的期限对民事法律行为的发生效力和消灭效力的不同,可分为生效期限和终止期限。生效期限,又称即始期、延缓期限,是指民事法律行为虽然已经成立,但在所附期限到来之前当事人的权利义务不发生效力,而待期限到来后才开始生效的情形。

终止期限,又称即终期、解除期限,是指期限到来之前民事法律行为内容已成立并生效,当所附期限到来时,民事法律行为失效,效力终止或消灭。

2. 确定期限和不确定期限

依据所附期限是否确定,可以分为确定期限和不确定期限。确定期限,是指实施民事法律行为时,作为期限的客观事实不仅确定发生,而且其发生的具体时间也是确定的。不确定期限,是指作为期限的客观事实是确定发生的,但发生的具体时间不能确定。无论是确定期限还是不确定期限,在附生效期限的民事法律行为期限到来前,民事法律行为效力如何《民法典》未作规定,通说认为,其效力与附条件民事法律行为条件未成就时效力相同,即相对人享有期待权。在附生效期限的民事法律行为期限到来时,民事法律行为发生效力。在附终止期限的民事法律行为期限到来时,民事法律行为效力消灭。

案例分析 "曹某诉中国某保险公司保险合同案"[1]

曹某为其所购摩托车于2009年6月29日8时许在中国某保险公司(以下简称保险公司)投保机动车交通事故责任强制保险(以下简称交强险)后,于同日11时许由宋某驾驶与顾某驾驶电瓶自行车发生碰撞而致顾某受伤。事发后,曹某即向保险公司报险,后与顾某协商达成赔偿协议,并按约定给付了赔偿款。事后曹某请求保险公司给付保险理赔款12万元。保险公司

[1] 案例来源:江苏省如皋市人民法院(2010)皋民初字第0113号民事判决书;江苏省南通市中级人民法院(2010)通中民终字第0997号民事判决书。

称,曹某车辆在保险公司投保交强险及车辆发生交通事故是事实,但发生交通事故时保险期限尚未开始,事故不在保险期限内,因此保险公司不应当承担保险理赔责任等。

庭审中,法院查明2009年6月29日8时,曹某将其所购买的摩托车向保险公司投保交强险,保险公司于当日8时6分向曹某签发了交强险保险单正本一份,保险期限是自2009年6月30日0时起至2010年6月29日24时止,保险单左下方投保人签字栏未有签字。

问题:

1. 本案交强险合同中保险生效期间如何确定?
2. 保险期间自"次日0时起"的条款是否为格式条款,其效力如何?

分析:本案中,曹某与保险公司的合同有效,保险法规定,投保人提出保险要求,经保险人同意承保,保险合同成立。保险人应当及时向投保人签发保险单或其他保险凭证。本案中,曹某向保险公司投保的是交强险,保险公司不得拒绝或拖延承保,双方间保险合同在曹某向保险公司提出投保要求时已经成立。保险公司所开出的保险单系保险合同成立后保险人签发的保险凭证。缴纳保险费是保险合同成立后投保人的履约行为,不是合同成立和生效的法定条件。

保险期限"次日0时起"的规定属于格式合同条款,对曹某不发生法律约束力。《民法典》第496条规定,格式条款是当事人为了重复使用而预先拟定,并在订立合同时未与对方协商的条款。采用格式条款订立合同的,提供格式条款的一方应当遵循公平原则确定当事人之间的权利和义务,并采取合理的方式提示对方注意免除或者减轻其责任等与对方有重大利害关系的条款,按照对方要求,对该条款予以说明。提供格式条款的一方未履行提示或者说明义务,致使对方没有注意或者理解与其有重大利害关系的条款的,对方可以主张该条款不成为合同的内容。本案中,在保险合同成立后,保险公司签发的保单上载有保险期限"自2009年6月30日0时起至2010年6月29日24时止"。该保险单上在投保人一栏曹某没有签名,保险公司没有证据证明该保险单上的保险期限约定已与曹某协商达成合意。虽然在保单上直接打印保险期限条款是保险公司通常做法,但在保险公司未明确告知曹某且未协商达成合意时,该条款对曹某不具有约束力。按照常人理解,投保人投保了交强险后该保险合同即已成立生效。因此,保险公司对曹某的车辆所发生的交通事故应当承担保险责任。

思考题

1. 民事法律行为的成立须具备哪些要件?
2. 法律行为的效力有哪些种类?
3. 识别无效民事法律行为和可撤销民事法律行为的意义何在?

第九章　代　　理

学习要点

本章学习的是代理制度。民事法律行为可以通过代理人实施。代理权基于法律规定或者当事人约定而产生，代理人以被代理人名义实施的民事法律行为对被代理人发生效力。如果代理人没有代理权、超越代理权或者代理权终止后实施代理行为，未经被代理人追认的，对被代理人不发生效力；但是，相对人有理由相信行为人有代理权的，代理行为有效。

第一节　概　　述

一、代理的意义

民事法律行为是民事主体私法自治的主要工具，民事主体通过实施法律行为获得权利和承担义务。通常，民事主体可以且只能实施对自己发生效力的民事法律行为，实施民事法律行为的人通过实施民事法律行为而处分自己的权利，或者自己取得某种权利，或者自己承担某种义务。[1] 但是，如果要求所有民事法律行为都必须由民事主体亲自实施，民事主体就会因为时间、空间、精力、能力等因素而受到很大的限制。《民法典》第 161 条第 1 款规定："民事主体可以通过代理人实施民事法律行为。"该规定表明，法律原则上允许民事主体通过代理人实施民事法律行为。发达的市场经济意味着细密的劳动分工，这就使在市场主体之间通过大量的法律行为实现合作成为必要。在大多数经济活动中，并非由权利的享有者和义务的承担者直接从事民事法律行为，而是由其他人代为完成。通过代理，由代理人按照本人的意思实施法律行为，就可以扩展本人的民事活动范围。当民事主体是大型股份有限公司等法人时，更需要大规模地通过作为代理人的自然人实施民事法律行为。委托代理制度就是从这样的社会需要中发展出来的制度。

代理制度是民事行为能力制度的重要补充。无完全民事行为能力人由于其意思能力并不完善，难以像完全民事行为能力人那样独立实施民事法律行为。而通过代理中的法定代理，无完全民事行为能力人就能作为民事主体有效地参与民事活动，其权利能力才能具有实效。特别是《民法典》第 33 条规定了意定监护制度，成年人可以通过书面形式在自己尚具备完全民事行为能力时确定自己的监护人，在自己不再具有完全民事行为能力时，由该监护人作为自己的法定代理人实施民事法律行为。

---

〔1〕 参见[德]卡尔·拉伦茨：《德国民法通论》(下册)，王晓晔等译，法律出版社 2003 年版，第 814 页。

代理制度在许多方面都具有独特性。民事主体原则上只能为自己设定权利特别是义务，但是代理人却能够为他人(被代理人)设定权利义务。更特殊的是，代理人以被代理人的名义实施民事法律行为，如签订合同，则该行为仅仅对被代理人发生效力；也就是说，代理人不仅可以为被代理人设定义务，且该义务仅由被代理人承担而与代理人无关。但是，委托代理之所以能够发生这样的效力，恰恰是基于被代理人的意思；而非完全民事行为能力人的被代理人则通过法定代理得以实施民事法律行为。因此，代理不仅和私法自治原则并不冲突，还扩大和补充了民事主体的民事行为能力，增加了其私法自治的范围。

二、代理的概念

代理，是指被代理人(本人)通过代理人实施民事法律行为，代理人行为效力直接对被代理人发生的法律制度。《民法典》第 162 条规定："代理人在代理权限内，以被代理人名义实施的民事法律行为，对被代理人发生效力。"对被代理人发生效力，既包括代理人为被代理人获得权利，也包括创设义务等情形。代理的法律意义就在于，代理人代替被代理人实施法律行为，而法律后果和被代理人亲自实施是相同的。

代理人，是指有权以他人名义实施民事法律行为，直接影响本人和第三人之间法律关系的人。假如 A 想让 B 把自己在外地的房子卖掉，当然可以先到当地把房子直接卖给 B，然后由 B 以自己的名义在当地寻找合适的买家 C 把房子最终卖掉。但是这样的交易安排过于烦琐，还会产生 B 必须承担交易风险等问题，因此法律就需要创设代理制度让法律效果在 A 和 C 之间直接产生。通过代理，A 首先委托授权 B 出售自己的房屋，B 基于该项委托授权和 C 签订了房屋买卖合同，则在 A 和 C 之间直接成立买卖合同法律关系，而实施签订买卖合同这一行为的 B 和 C 之间并不产生民事法律关系。其中，A 是被代理人或者本人，B 是代理人，而 C 是相对人或者第三人。被代理人 A 的房屋买卖行为由代理人 B 代为实施，房屋买卖合同对被代理人 A 发生效力。

在委托代理中，被代理人和代理人之间的基础法律关系通常是委托合同，但也可以是雇佣、合伙、承揽等法律关系。《民法典》总则编"代理"一章适用于被代理人和相对人、代理人和相对人之间的民事法律关系，但并未规定被代理人和代理人之间的基础法律关系。委托合同、合伙合同等基础法律关系规定在《民法典》合同编等相关法律条文中。代理是涉及被代理人、代理人和相对人的三方关系，包括：(1)被代理人和代理人之间的代理权授予关系和基础法律关系；(2)代理人和相对人间主要涉及代理行为的关系；(3)被代理人和相对人间以行为效力归属为核心的关系。

三、代理的适用范围

代理和民事法律行为有非常密切的关系，代理行为就是以被代理人名义作出的直接对被代理人发生效力的民事法律行为。因此，《民法典》在"民事法律行为"一章后立即规定了代理。只要在代理权限内，代理人既可以积极做出意思表示，也可以消极接受意思表示。例如，B 被授权出卖房子时，其既可以积极发出要约，也可以消极接受相对人的承诺。代理是被代理人通过代理人实施民事法律行为，但一般认为，准民事法律行为、事实行为和程序行为等与合同密切相关的行为也允许代理。[1] 至于侵权行为，则应适用《民法典》侵权责任编第三章中关于

---

〔1〕 参见黄薇主编：《中华人民共和国民法典总则编释义》，法律出版社 2020 年版，第 426 页。

责任主体的特殊规定,和代理并无关系。

并非所有的民事法律行为都可以代理。《民法典》第 161 条第 2 款规定:“依照法律规定、当事人约定或者民事法律行为的性质,应当由本人亲自实施的民事法律行为,不得代理。”例如,《民法典》第 1049 条就要求结婚的男女双方应当亲自到婚姻登记机关申请结婚登记。基于该法律规定,申请结婚登记这一民事法律行为就不得代理。又如,为了充分保障被收养儿童的合法权益,《民法典》第 1109 条要求外国收养人必须亲自到我国省级民政部门办理收养登记。除法定排除代理的情形外,当事人也可以通过事先约定的方式排除代理行为。例如,双方事先约定对合同的修改不得代理,则修改合同这一民事法律行为就具有了专属性而只能由本人亲自实施。依照民事法律行为的性质不得代理,主要是指和人格身份有密切关系或者有高度人身信任因素的情形。[1]

四、代理的分类

(一)委托代理和法定代理

《民法典》第 163 条规定:“代理包括委托代理和法定代理。委托代理人按照被代理人的委托行使代理权。法定代理人依照法律的规定行使代理权。”委托代理和法定代理是《民法典》以代理权的来源为分类标准作出的法定分类。委托代理,也称意定代理,是指因被代理人的授权而取得代理权的代理。在委托代理中,代理人是基于被代理人的意思而获得的代理权,代理权的内容也依据被代理人的意思确定,委托代理人应按照被代理人的委托行使代理权。例如,执行法人或者非法人组织工作任务的人员,其职位本身就包含了法人或者非法人组织授予相应代理权的意思,在实施相应民事法律行为中无须法人或者非法人组织的特别授权,而其职权范围也会因法人或者非法人组织的意思而扩大或缩小。因此,职务代理属于委托代理的一种,规定在《民法典》“委托代理”一节中。

从学理上讲,委托代理和意定代理是有区别的,和法定代理并列的应是意定代理而不是委托代理,毕竟雇佣合同、合伙合同、承揽合同都可以是代理的基础法律关系。但是,代理的基础法律关系虽然并不限于委托合同关系,但是委托合同无疑是其中最重要的一种;而且自原《民法通则》以来,在立法和司法中一直使用的就是“委托代理”。因此,《民法典》最终还是选择了“委托代理”这一术语。

在法定代理中,代理人获得代理权是基于法律的规定,代理权的内容也依照法律规定确定,法定代理人应依照法律的规定行使代理权。例如,无民事行为能力人必须由其法定代理人代理实施民事法律行为。又如,《民法典》总则编中规定了指定监护,其在监护人产生方式上有一定的特殊性,但因指定监护人代理权的产生、内容等都是由法律规定的,所以仍然属于法定代理。再如,《民法典》第 1060 条规定了夫妻的家庭日常生活代理权。家事代理在无须显名、对夫妻双方都发生效力这些方面具有自己的特点,但是其代理权的产生和内容同样都是法律直接规定的,因此也属于法定代理。至于财产代管人、遗产管理人是否属于法定代理人,则因其具有更多的特殊性而存在争议。

(二)单独代理和共同代理

单独代理就是代理权属于一人的代理,共同代理则是代理权属于数人的代理。《民法典》

---

〔1〕 参见陈甦主编:《民法总则评注》,法律出版社 2017 年版,第 1137 页。

第166条规定:“数人为同一代理事项的代理人的,应当共同行使代理权,但是当事人另有约定的除外。”这是《民法典》关于共同代理的规定。例如,A委托B和C代理自己去买入一台设备,除非A和B、C明确约定B和C都有权单独作出买入的决定,否则买入一台设备的决定就只能由B和C共同作出。共同代理人原则上应共同行使代理权。假如共同代理人之一单独实施代理行为,而相对人知道或者应当知道行为人仅有共同代理权,则属于无权代理而效力待定;如果相对人有理由相信行为人有单独代理权,则属于表见代理,代理行为有效。因此,《总则编司法解释》第25条规定:“数个委托代理人共同行使代理权,其中一人或者数人未与其他委托代理人协商,擅自行使代理权的,依据民法典第一百七十一条、第一百七十二条等规定处理。”

五、代理与类似概念的区别

(一)代理与间接代理的区别

间接代理是代理人以自己的名义为他人实施民事法律行为,行为的效果对间接代理人发生,再依据间接代理人和本人之间的内部关系移转于本人。[1] 例如,商人A因为现金流紧张,拟将收藏的字画拿出了一些卖掉。为了避免交易伙伴或者对手知道这个消息,A选择让B以B自己的名义将字画卖出,然后再将所取得的价款转交给自己。从定义和示例就可以发现,间接代理和直接代理有两点重要区别:一是间接代理人是以代理人自己的名义实施民事法律行为的,这点对于不想出面的本人尤其具有吸引力。二是间接代理的效力并不能直接对本人发生,而是存在两个法律关系:一个是间接代理人和相对人之间的法律关系,另一个是间接代理人和本人之间的法律关系。间接代理正是通过这两个法律关系在经济上取得和直接代理一样的效果的。间接代理只不过在代理人为了本人的利益行为、代理行为必须在授权范围内等方面和代理具有很大的相似性。因此,间接代理严格来看并非代理。通常所说的代理,仅是指直接代理。

《民法典》在总则编“代理”一章中并未规定间接代理,但在《民法典》合同编中则有关于间接代理的规定,如“行纪合同”一章规定的行纪合同就涉及间接代理。《民法典》第951条规定:“行纪合同是行纪人以自己的名义为委托人从事贸易活动,委托人支付报酬的合同。”第958条第1款规定:“行纪人与第三人订立合同的,行纪人对该合同直接享有权利、承担义务。”行纪人就是间接代理人,其交易经验和业务资源等对委托人可能具有很大的价值。行纪人为了委托人即本人的利益以自己的名义与第三人即相对人实施法律行为,但法律效果由行纪人自己承受,行纪人进而再依据行纪合同的约定将取得的物或权利转给委托人。

(二)代理与传达的区别

传达人是向相对人传达本人意思表示的人。和代理人独立作出意思表示不同,传达人仅仅是将本人的意思表示简单传递给相对人。如果A对C说:“我受B委托负责采购设备。”那么A是B的代理人。如果A对C说:“B让我通知您,上次采购的设备不够,再送一台。”那么A就是传达人。从行为主体来看,代理关系中的行为主体是代理人;而在传达人的情形中,行为的主体是本人。因此,如果需要对欺诈、胁迫或者是否善意加以判断,在涉及代理时以代理人为判断标准,而在涉及传达人时则以本人为判断标准。从民事行为能力的角度看,代理人毕

---

[1] 参见王泽鉴:《民法总则》,北京大学出版社2009年版,第446页。

竟要独立作出意思表示,而根据《民法典》第 144 条的规定,无民事行为能力人实施的民事法律行为无效,所以代理人不能是无民事行为能力人,而对于传达人则没有民事行为能力的要求,因为行为的主体是本人而非传达人。例如,父亲可以给自己 7 岁的女儿 10 元钱,在店外看着她去购买冰激凌。7 岁的未成年人属于无民事行为能力人,无法独立实施民事法律行为。如果她购买冰激凌的行为是代理行为,就会因适用《民法典》第 144 条而无效。更符合常理的解释是,她购买冰激凌的行为仅仅是在转达其父亲已经作出的意思表示,因行为主体是具有完全民事行为能力的父亲,该民事法律行为有效。

在实践中,代理人在很多情况下也受到本人预先拟定规则的严格限制,因此和传达人容易混淆。区别的标准,是从相对人角度看,意思表示是不是行为人独立作出的。如果从相对人角度看是行为人独立作出了意思表示,则该行为人是代理人。如果从相对人角度看行为人并不是独立为意思表示,则该行为人是传达人。引申可知,如果传达人有意无意在相对人面前扮演了代理人的角色,超越权限实施了法律行为,则属于无权代理或者表见代理。

(三)代理与代表的区别

《民法典》第 61 条第 2 款规定:"法定代表人以法人名义从事的民事活动,其法律后果由法人承受。"《民法典》第 170 条第 1 款规定:"执行法人或者非法人组织工作任务的人员,就其职权范围内的事项,以法人或者非法人组织的名义实施的民事法律行为,对法人或者非法人组织发生效力。"代表和代理的主要区别在于:(1)法定代表人的行为被视为就是法人的行为,而代理人具有独立性,被代理人需要通过代理人独立实施民事法律行为取得权利义务。(2)代表行为不限于民事法律行为,而代理行为则以民事法律行为为限。

第二节 代 理 权

一、代理权的性质

从代理人角度看,代理是指代理人按照被代理人的意思或者法律的规定,在代理权限内以被代理人的名义实施民事法律行为,并将由此发生的权利义务关系归属于被代理人的法律制度。想要让代理行为对被代理人发生效力有两个条件:一是"在代理权限内";二是"以被代理人名义实施"。代理关系发生的基础是代理人享有代理人的地位或代理权限,代理权限是代理人就特定的民事法律行为代理他人实施法律行为的权限。

代理权不是权利,因为该权利的存在不是为了代理人的利益,而是为了让代理人能够为了被代理人的利益为法律行为,行为效力对被代理人发生。而代理权的性质是代理人所享有的法律上的资格,即使代理人的民事法律行为能够发生变动本人权利义务关系效力的资格。[1]

二、法定代理权与委托代理权

法定代理权是依据法律规定而发生的代理权,主要包括监护人的法定代理权和夫妻之间的法定代理权。依据《民法典》第 23 条的规定,无民事行为能力人、限制民事行为能力人的监

---

[1] 参见刘凯湘主编:《民法学》,中国法制出版社 2008 年版,第 138 页。

护人是其法定代理人。因此,无论是法定监护、指定监护还是协议确定监护,只要是监护人就当然成为法定代理人。法定代理权的内容和行使都有法律的明确限制,且被代理人并无完全民事行为能力,所以在委托代理权中的一些规则并不能完全适用。例如,自己代理和双方代理在委托代理中原则上是不允许的,除非被代理人同意或者追认。而在法定代理中,若自己代理的行为对被代理人来说是纯获利益的,则应予允许。[1] 至于法定代理中的双方代理,除要求代理行为对被代理人而言是纯获利益外,还需要取得另一被代理人的同意或追认。

在委托代理法律关系中,代理权由本人通过民事法律行为授予代理人。授予代理权的行为和基础法律关系,这两者之间是什么关系?《民法典》第165条规定:"委托代理授权采用书面形式的,授权委托书应当载明代理人的姓名或者名称、代理事项、权限和期限,并由被代理人签名或者盖章。"该条强调了"委托代理授权"这一独立行为,且明确规定需要在授权委托书上签名或者盖章的只是被代理人而不包括代理人。由此可见,和委托合同需要双方当事人签章不同,委托代理授权是单方行为,因而只需要被代理人签章。代理权的授予并不会给代理人强加权利或者义务,而是会产生代理行为对被代理人发生效力的法律效果,故委托代理授权行为不需要被授权人同意,属于《民法典》第134条第1款规定的基于单方意思表示成立的民事法律行为。授权行为属于民事法律行为,被代理人若不是完全民事行为能力人则不能独立实施。

三、授权行为与基础法律关系

在认识代理权时,需要严格区分代理的基础法律关系和授权行为。例如,在前述A委托授权B出售自己的房屋的情形中,代理人B需要承担为了A的利益出售房屋的义务,但该义务产生于A和B之间的委托合同这样一种基础法律关系,和授权行为并无关系;而在基础法律关系中,除涉及签订买卖合同这样的民事法律行为外,还会涉及信息的收集和报告等非民事法律行为。

虽然在通常情况下总是先有了本人和代理人就代理而形成的合意,在此基础上才会有委托代理授权行为,但是合意和授权行为是彼此独立的。如在雇佣、合伙和承揽等法律关系中,当事人之间就未必有代理的合意。而在特殊情况下,基础关系不存在而仅有授权行为也是可以的。因此,代理权产生的关键是授权行为而不是基础法律关系。

从形式上看,《民法典》第165条允许而未要求委托代理授权采用书面形式,因此授权行为应为非要式法律行为,可以采取口头形式,也可以采取默示的形式。例如,《民法典》第170条规定的在职权范围内执行工作任务的人员就是通过默示获得授权的。在例外情形中,倘若代理人实施的民事法律行为根据法律规定应当采用书面形式,则此种书面形式往往有警示本人相关法律风险的重要作用;虽《民法典》并无明文规定对这种要式法律行为的授权必须采取书面形式,但是解释上宜认为本人的相关授权行为必须采取书面形式,以便实现警示本人的制度目的。

从功能上看,本人和代理人之间的权利和义务关系需要由基础法律关系确定。在委托代理中,除了授予代理权,双方还需要约定委托事务的费用承担、报酬等,而这些涉及双方权利义务的内容不需要也不便让第三人知晓。因此,将授予代理权行为独立出来,既能够方便相对人了解代理权的具体内容以保护其利益,也便于被代理人和代理人区分内部关系与外部关系。

---

[1] 参见陈甦主编:《民法总则评注》,法律出版社2017年版,第191页。

但是,正因为这种区分,才会发生代理人虽然拥有代理权,但是其行使却违反了基础法律关系中约定义务或者有违诚实信用原则的滥用行为。《民法典》第 164 条第 1 款规定:"代理人不履行或者不完全履行职责,造成被代理人损害的,应当承担民事责任。"该款中的"职责"通常由被代理人和代理人之间的基础法律关系确定。由于不履行或者不完全履行职责并不意味着代理人无代理权,所以代理人的代理行为仍可以是有权代理而发生代理效力,从而造成被代理人的损害。总之,基础法律关系是被代理人和代理人之间的内部关系,代理人应当实施哪些代理行为即代理人的义务就是在内部关系中界定的。代理关系则涉及被代理人、代理人和相对人三方,代理权决定了代理人和相对人实施的哪些法律行为可以对被代理人发生效力。

四、代理权限

代理权限是区分有权代理和无权代理的标准,在代理权限以内是有权代理,在代理权限以外的是无权代理。《民法典》总则编"代理"一章不仅适用于有权代理,也适用于那些行为人没有代理权、超越代理权或者代理权终止后却自称代理人的无权代理。法定代理中的代理权限由法律直接规定,取决于法定代理设置的制度目的。例如,监护人处分被监护人财产的代理权限就受到维护被监护人利益的目的制约。而任意代理中的代理权限依授权行为中的意思表示确定。

被代理人和代理人在基础法律关系中对代理权限的约定仅在被代理人和代理人之间有效力,不能约束相对人。这一内部关系确定了被代理人允许代理人实施哪些民事法律行为。而授权行为中的代理权限则会直接影响代理人和相对人的关系,确定了代理人和相对人实施的哪些行为可以对被代理人发生效力。若两者不一致,则代理人是否超越权限需依据授权行为判断,但代理人违反和被代理人基础法律关系中的约定时要对被代理人承担违约责任。《民法典》第 164 条第 1 款规定:"代理人不履行或者不完全履行职责,造成被代理人损害的,应当承担民事责任。"

代理权限还可以分为一般授权代理和特别授权代理。《民事诉讼法》第 62 条第 2 款规定:"……诉讼代理人代为承认、放弃、变更诉讼请求,进行和解,提起反诉或者上诉,必须有委托人的特别授权。"最高人民法院《关于适用〈中华人民共和国民事诉讼法〉的解释》则相应规定,授权委托书仅写"全权代理"而无具体授权的,诉讼代理人无权代为承认、放弃、变更诉讼请求,进行和解,提出反诉或者提起上诉。由此可见,对于法律规定或者当事人约定的特别事项,只有特别授权才能享有特别事项的代理权,一般授权代理则不具有对这些特别事项的代理权。

五、代理权的限制

代理权使代理人实施法律行为的效果由被代理人承受。被代理人为了限制代理权,当然可以在基础法律关系中明确约定代理权的行使方式。但是作为缺省规则,法律有必要限制那些代理权极易损害被代理人利益的情形,典型的就是《民法典》第 168 条原则上禁止委托代理中的自己代理和双方代理行为。

就同一民事法律行为,代理人 A 原则上不得以被代理人 B 的名义和自己实施民事法律行为,即不得自己代理。《民法典》第 168 条第 1 款规定:"代理人不得以被代理人的名义与自己实施民事法律行为,但是被代理人同意或者追认的除外。"自己代理时,一方面代理人应当为了被代理人的利益行为,另一方面依人之常情代理人却极有可能会谋求私利,至少也会让人产生其不能完全为了被代理人利益行为的质疑。同样道理,代理人 A 也不得以被代理人 B 的名义和自己同时代理的C实施民事法律行为，即不得双方代理。《民法典》第168条第2款规定："代理人不得以被代理人的名义与自己同时代理的其他人实施民事法律行为，但是被代理的双方同意或者追认的除外。"双方代理时，代理人要同时维护利益冲突的双方当事人的利益，这种特殊的利益格局会使代理人难以避免伤害其中一方被代理人的利益。总之，限制自己代理和双方代理，都是因为这些代理中存在利益冲突的问题。

限制自己代理和双方代理是为了避免利益冲突，所以在能够确定不存在利益冲突时就应当允许自己代理和双方代理。在被代理人同意代理人实施自己代理行为时，表明被代理人认为代理人的自己代理行为不会损害被代理人的利益，鉴于被代理人对于自己的利益所在最有资格作出判断，此时就没有必要限制自己代理。双方代理时，如果作为被代理人的双方都同意，则可以认为双方代理并未构成利益冲突而不再需要受到限制。需要注意的是，虽然限制自己代理和双方代理是为了避免利益冲突，但代理人并不能以代理行为对被代理人有利、不构成利益冲突作为自己代理或者双方代理的抗辩，而是必须取得被代理人的同意或者追认，因为引入"利益冲突"这一具有弹性的概念势必会影响法律关系的确定。

代理权的限制并不限于自己代理和双方代理。代理人为了自己的私利而非被代理人利益实施代理行为就是一种常见且重要的应当被限制的行为。在通常情况下，为了代理人自己的私利而行使代理权的行为仍然是有效的，[1]但是如果相对人显然知道代理人损害被代理人利益，则相对人就不存在需要法律保护的信赖利益，代理人和相对人的行为应基于违背公序良俗的理由而认定无效。如果相对人甚至和代理人串通损害被代理人合法权益，就应适用《民法典》第164条第2款的规定，由代理人和相对人承担连带责任。

六、复代理

一般而言，代理指的都是本代理，即代理人是基于法律规定或者被代理人直接授权而获得代理权的代理。而复代理则是指代理人在代理权限内转委托第三人实施代理行为的代理。在委托代理中，被代理人和代理人之间常存在一定的信任关系，代理人原则上应当亲自实施代理行为。《民法典》第169条第1款规定："代理人需要转委托第三人代理的，应当取得被代理人的同意或者追认。"该条第3款规定："转委托代理未经被代理人同意或者追认的，代理人应当对转委托的第三人的行为承担责任；但是，在紧急情况下代理人为了维护被代理人的利益需要转委托第三人代理的除外。"对于"紧急情况"的认定，《总则编司法解释》第26条规定："由于急病、通讯联络中断、疫情防控等特殊原因，委托代理人自己不能办理代理事项，又不能与被代理人及时取得联系，如不及时转委托第三人代理，会给被代理人的利益造成损失或者扩大损失的，人民法院应当认定为民法典第一百六十九条规定的紧急情况。"

被代理人同意或者追认的，代理人可以转委托。《民法典》第169条第2款规定："转委托代理经被代理人同意或者追认的，被代理人可以就代理事务直接指示转委托的第三人，代理人仅就第三人的选任以及对第三人的指示承担责任。"转委托代理之所以需要被代理人同意或者追认，是因为复代理人处理的仍然是被代理人的代理事务，其行使的是被代理人授予的代理权。因此，复代理人是被代理人的代理人，而不是代理人的代理人。代理人在转委托后也并不能完全退出代理关系，仍然需要就第三人的选任和对第三人的指示承担责任。复代理人和代

[1] 参见[日]近江幸治：《民法讲义Ⅰ：民法总则》，渠涛等译，北京大学出版社2015年版，第232页。

理人并不形成共同代理。

第三节　代理行为

一、代理行为的显名原则

依据《民法典》第162条的规定,代理人实施民事法律行为必须“以被代理人名义”,即代理人明确表示其行为不是为自己,而是为他人即被代理人作出意思表示。这就是代理中的“显名原则”。代理人将法律效果归属于本人的意思对相对人表示时,相对人并未被强制接受代理这种安排,而是可以选择是否接受和被代理人之间建立民事法律关系。代理必须显名的要求保障了相对人选择交易对手的自由。如果行为人在实施代理行为过程中没有“显名”,又不属于法律明确规定的可以对本人发生效力的例外情形,则应被认为是行为人自己的行为,法律效果归属于行为人。

“显名”并非一定要达到显示姓名或者名称的程度,但是代理人倘若希望避免自己被牵涉和相对人的法律关系中去,就要在可以识别的前提下表示另一个人是法律关系的主体。如行为人告诉相对人自己是代理人但并未披露被代理人的名称时,相对人就应当已经知道被代理人的存在。虽然相对人并不知道被代理人具体是谁,但这可以解释为其对被代理人的具体身份并不在意,因此仍然可以发生代理行为的法律效果。但是,如果在相对人请求后的合理期限代理人仍未披露本人,相对人可以根据无权代理的规则选择由行为人履行债务或者损害赔偿。[1]

对于代理人来说,其实施民事法律行为却由被代理人承担后果,这正是因为其显名代理时相对人愿意接受被代理人作为法律关系主体。而由于侵权行为中被侵权人并无表达意愿的可能,所以对侵权行为不可能适用代理的规则。例如,依据《民法典》第1191条第1款第1句的规定,工作人员的侵权行为却由用人单位承担侵权责任,看上去似乎和代理有些相似,但工作人员的侵权行为并非“民事法律行为”,故这种法律后果的移转不可能是基于代理。

和显名代理相对的是隐名代理,即代理人没有以被代理人的名义实施民事法律行为,但其有代理的意思且相对人知道时,也发生代理的效力。[2] 显名原则主要是为了保护相对人的利益。对于相对人来说,如果代理人没有显名,其通常就不知道代理关系的存在。在这种情况下,让法律关系在相对人和被代理人之间直接产生就侵犯了相对人的意思自治。但如果相对人在代理人没有显名的情况下知道行为人是代理人,代理行为对被代理人发生效力并不会伤害相对人的效力,没有显名就不应成为代理效力发生的根本障碍。

---

〔1〕 参见[德]克里斯蒂安·冯·巴尔、[英]埃里克·克莱夫主编:《欧洲私法的原则、定义与示范规则:欧洲示范民法典草案》,高圣平等译,法律出版社2014年版,第384～385页。

〔2〕 参见王泽鉴:《民法总则》,北京大学出版社2009年版,第451页。也有观点认为,隐名代理是第三人在订立合同时不知道或不可能知道与其订立合同的人在为另一个人而订约,合同关系只在代理人和第三人之间产生。参见[德]海因·克茨:《欧洲合同法》(上卷),周忠海、李居迁、宫立云译,法律出版社2001年版,第348页;《国际商事合同通则》(2004年版)第2.2.4条。

隐名代理和默示授权容易混淆。隐名代理主要针对的是代理人的代理行为,而默示授权则主要针对被代理人的授权行为。默示授权,是指虽然没有采取书面或者口头形式,但是被代理人授权的意思可以客观推知。例如,《民法典》第 170 条规定的职务代理就属于一种典型的默示授权,只要属于职权范围内需要开展的某种类型交易,则执行法人或者非法人组织该项工作任务的人员就当然拥有相应的授权。例如,公司的采购经理以公司的名义签订买卖合同,虽然没有向相对人明示其获得了公司的授权,但根据职权范围就可以推知其拥有相应的授权。此时就属于默示授权。而由于该采购经理是"以公司的名义"签订买卖合同的,则应属于显名代理,即默示授权的显名代理。

无论是显名代理还是隐名代理,代理人的代理行为都能直接对被代理人发生效力,都属于直接代理而不是间接代理。[1]《民法典》第 925 条中规定,受托人以自己的名义,在委托人的授权范围内与第三人订立的合同,第三人在订立合同时知道受托人与委托人之间的代理关系的,该合同直接约束委托人和第三人。"以自己的名义"表明其没有显名,"授权范围内"意味着属于有权代理,第三人知道受托人与委托人之间的代理关系显然也并非代理人以被代理人名义实施民事法律行为,因此,《民法典》第 925 条的规定是对隐名代理的规定。[2] 在隐名代理中,虽然受托人是以自己的名义实施法律行为,但受托人的行为可以对委托人发生效力,行为的法律效果归属于委托人。究其原委,则是因为显名的目的是透明化代理关系从而保护第三人对交易相对方的选择权,在第三人已经知道代理关系时,再要求显名来保护第三人已无必要。

此外,《民法典》第 1060 条规定了夫妻日常家事代理权,其中仅要求"因家庭日常生活需要而实施的民事法律行为"。因此,夫妻任何一方都能以自己的名义行使夫妻日常家事代理权,这是《民法典》中显名原则的又一个例外。之所以可以不显名,是因为在家庭日常生活需要而实施的民事法律行为的相对人通常情况下仅期待夫妻一方作为法律关系的主体。该条仅是将其配偶增添为此法律关系的主体,实施行为的夫妻一方并未退出法律关系,仍然是法律关系主体,因此对相对人的利益并无明显不利影响。

二、代理行为的效力瑕疵

代理关系中的行为主体是代理人,因此意思表示瑕疵的判断也是以代理人为判断标准。例如,代理人 A 受被代理人 B 的委托买车,商家却将二手车冒充新车卖给了代理人 A。代理人 A 受欺诈而为法律行为,是否受到欺诈应以行为主体即代理人 A 的事实情形作判断。而由于行为效力对被代理人发生,被代理人 B 基于《民法典》第 148 条享有撤销合同的权利。与此不同的另一种情形,是意思表示的决定由被代理人作出而由代理人具体实施的法律行为。例如,被代理人看车时受到商家欺诈而决定购买 A 车,其回家后委托代理人去购买,代理人随后到商家购买了 A 车。如果仅考虑代理人的意思表示,则其订立的买卖合同无法基于欺诈而主张撤销。更合理的解释,是考虑到代理人最终作出的意思表示中的瑕疵来源于被代理人而允许被代理人主张撤销买卖合同。

恶意串通即使是在代理人的代理权限之内也不能发生代理的效果,这意味着代理人实施的民事法律行为不能对被代理人发生效力,同时代理人需要就所实施的行为承担个人责任。

---

〔1〕 参见黄薇主编:《中华人民共和国民法典总则编释义》,法律出版社 2020 年版,第 428 页。

〔2〕 参见黄薇主编:《中华人民共和国民法典总则编释义》,法律出版社 2020 年版,第 430 页。

《民法典》第154条规定:“行为人与相对人恶意串通,损害他人合法权益的民事法律行为无效。”第164条第2款规定:“代理人和相对人恶意串通,损害被代理人合法权益的,代理人和相对人应当承担连带责任。”是否构成恶意串通,应以代理人的行为作为判断标准,无须考虑被代理人是否知悉。

在本人欺诈相对人、而代理人对此不知情时,受欺诈方即相对人是否享有撤销权呢?《民法典》第149条规定:“第三人实施欺诈行为,使一方在违背真实意思的情况下实施的民事法律行为,对方知道或者应当知道该欺诈行为的,受欺诈方有权请求人民法院或者仲裁机构予以撤销。”从该条规定的文义看,只有在“对方”即代理人知道或者应当知道被代理人的欺诈行为时,受欺诈人才能请求撤销。但是,《民法典》第149条之所以要以“知道或者应当知道”作为限制条件,目的是保护善意相对人。而代理人行为的法律效果都是归属于本人的,机械保护代理人会导致对受欺诈方的利益保护不足。因此,在本人欺诈相对人而代理人不知情的情形应认为相对人享有撤销权。

由于能够被代理的行为只能是民事法律行为,所以不法行为是不能代理的。需要注意的是,这里的不能代理仅是指行为的效力归属。对于违法代理行为的法律后果,《民法典》第167条规定:“代理人知道或者应当知道代理事项违法仍然实施代理行为,或者被代理人知道或者应当知道代理人的代理行为违法未作反对表示的,被代理人和代理人应当承担连带责任。”

三、代理的行为主体

民事主体可以通过代理人实施民事法律行为,民事法律行为的效力也是对被代理人发生,那么代理关系中的行为主体是被代理人还是代理人?从代理的社会意义和功能来看,其扩大和补充了被代理人的民事活动的范围。要实现扩大被代理人民事活动范围的目的,代理人就不能像传达人那样仅仅转达被代理人已经形成的意思,而必须独立为意思表示并基于自己的判断实施民事法律行为。补充被代理人民事活动范围的功能更是为无完全民事行为能力人而设置的,代理人当然必须独立为意思表示。因此,代理关系中的行为主体是代理人。

明确代理关系中的行为主体是代理人,意味着在判断代理行为作为一种民事法律行为是否有效时,应基于代理人是否具有相应的行为能力、意思表示是否真实等,而不是基于被代理人。《民法典》第173条第3项和第175条第2项也都将“代理人丧失民事行为能力”作为委托代理和法定代理终止的事由之一。

第四节 无权代理

一、狭义无权代理

《民法典》第171条第1款规定:“行为人没有代理权、超越代理权或者代理权终止后,仍然实施代理行为,未经被代理人追认的,对被代理人不发生效力。”代理行为能够对被代理人发生效力的前提是代理权的存在,故在没有代理权仍然实施代理行为时,除非得到被代理人的追认,否则对被代理人不发生效力。广义的无权代理包括《民法典》第171条规定的狭义无权代理和第172条规定的表见代理。依据《民法典》第171条第1款的规定,狭义的无权代理包括行为人没有代理权、超越代理权和代理权终止这 3 种情形。无权代理和有权代理在有无代理权上存在区别,而在行为人需要显名、行为人意图将实施的法律行为的效果归属于本人等方面则和有权代理是一致的。

原则上无权代理行为对被代理人不发生效力,但考虑无权代理行为有可能对被代理人是有利的,所以法律赋予被代理人以追认权,从而使被代理人可以通过追认让对自己有利的代理行为有效。在被代理人追认之前,民事法律行为处于效力待定的状态。

被代理人也许会因为经济上是否有利并不清楚等因素而有意拖延就这种法律上的效力待定状态作出决定;但对于相对人来说,消除这种法律上的不确定性是其正当利益,故《民法典》第 171 条第 2 款规定:"相对人可以催告被代理人自收到通知之日起三十日内予以追认。被代理人未作表示的,视为拒绝追认。行为人实施的行为被追认前,善意相对人有撤销的权利。撤销应当以通知的方式作出。"催告在理论上属于意思通知,无论相对人是否有法效意思,相对人的催告都会发生 30 日的追认权除斥期间起算的法律效果。

被代理人如果基于经济上合理等原因愿意接受无权代理行为的法律后果,可以选择追认该无权代理行为。追认补正了无权代理行为的效力瑕疵,使该代理行为自始有效。被代理人追认是让无权代理发生和有权代理一样法律效果的单方法律行为,无须无权代理人或者相对人的同意,但原则上应向相对人作出。《总则编司法解释》第 29 条规定:"法定代理人、被代理人依据民法典第一百四十五条、第一百七十一条的规定向相对人作出追认的意思表示的,人民法院应当依据民法典第一百三十七条的规定确认其追认意思表示的生效时间。"若被代理人在 30 日内未作表示,则视为拒绝追认,被代理人当然也就无法在之后追认。

善意相对人享有撤销效力待定的无权代理行为的权利。这里的"善意",是指相对人在代理行为成立时不知道无权代理人的代理权瑕疵。善意相对人一旦行使撤销权,代理行为就确定无效。撤销权的行使不以催告为前提,而在催告之后,善意相对人也仍然可以在被代理人追认前行使撤销权。撤销应当以通知的方式向无权代理人或者本人作出。之所以"善意相对人"才能撤销,是因为其对于行为人的无权代理行为不知道且无过失,故需要法律予以保护;倘若其知道无权代理而仍与无权代理人实施法律行为,则法律没有予以保护的必要。采体系解释的观点,《民法典》第 171 条第 2 款规定的"善意相对人"需要结合第 171 条第 4 款中"知道或者应当知道"加以理解,即"善意相对人"是指"不知道且不应知道行为人无权代理"。需要注意的是,一旦善意相对人行使了撤销权,就表明其自愿放弃被代理人追认后所能获得的利益,善意相对人也就无法再依据《民法典》第 171 条第 3 款的规定请求行为人履行债务或者赔偿损害了。

《民法典》第 171 条第 3 款规定:"行为人实施的行为未被追认的,善意相对人有权请求行为人履行债务或者就其受到的损害请求行为人赔偿。但是,赔偿的范围不得超过被代理人追认时相对人所能获得的利益。"该款仅要求相对人必须为善意,对于无权代理的行为人是否善意则未加以区分,即无论行为人是否知道自己没有代理权,都负有担保自己是有权代理的责任,而善意相对人都享有《民法典》第 171 条第 3 款规定的请求权。同时需要注意的是,《民法典》第 170 条第 2 款规定:"法人或者非法人组织对执行其工作任务的人员职权范围的限制,不得对抗善意相对人。"这种超越内部职权范围限制的代理行为本质上也是一种无权代理行为,但应适用该特殊规则,即该代理行为对法人或者非法人组织发生效力。

从行为人和善意相对人之间法律关系的发生原因来看,代理人是以被代理人名义实施的无权代理行为,其并没有在自己和相对人之间形成法律关系的法效意思;善意相对人之所以有权请求无权代理行为人履行债务,是基于法政策的考虑在善意相对人和无权代理行为人之间成立了法定之债,而债之内容则由没有被追认而确定无效的法律行为确定。

《民法典》第171条第3款中规定的"赔偿的范围不得超过被代理人追认时相对人所能获得的利益",解释上宜认为善意相对人可以请求信赖利益的赔偿,但不得超过履行利益。[1] 假设A委托授权B以不低于200万元的价格出售自己的房屋,而B和C以160万元的价格签订了房屋买卖合同,A拒绝追认。此时,由于房屋属于A所有,作为善意相对人的C就无法请求B履行债务,而只能请求赔偿损害。该项损害赔偿不可超过履行利益即法律行为有效时善意相对人本可取得的利益。

在相对人知道或者应当知道行为人无权代理时,其作为非善意相对人无法根据《民法典》第171条第3款的规定请求无权代理人履行债务或者赔偿损害,而只能适用《民法典》第171条第4款的规定,由相对人和行为人按照各自的过错承担责任。相对人应推定为是善意的,除非行为人能够证明相对人并非善意。《总则编司法解释》第27条规定:"无权代理行为未被追认,相对人请求行为人履行债务或者赔偿损失的,由行为人就相对人知道或者应当知道行为人无权代理承担举证责任。行为人不能证明的,人民法院依法支持相对人的相应诉讼请求;行为人能够证明的,人民法院应当按照各自的过错认定行为人与相对人的责任。"

二、表见代理

《民法典》第172条规定:"行为人没有代理权、超越代理权或者代理权终止后,仍然实施代理行为,相对人有理由相信行为人有代理权的,代理行为有效。"该条是《民法典》关于表见代理的规定。表见代理在实质上是一种无权代理,但却出于对善意相对人信赖利益的保护而例外地让其发生和有权代理一样的效力。

在表见代理中,关键的问题就是如何理解"相对人有理由相信行为人有代理权",对此需要从客观和主观两方面加以理解。从客观上看,相对人之所以"有理由相信",是因为存在代理权的外观,如行为人使用了公司印章。从主观上看,相对人不知道行为人行为时没有代理权且无过失。这是表见代理行为能够最终对被代理人发生效力的重要理由。例如,A对相对人C声称将授权B作为自己的代理人,但事后A忘记此事而并未对B授予代理权。之后,B拿着A的私章以A的名义和C签订合同,C不知道B没有代理权且对此并无过失。依据《总则编司法解释》第28条第2款的规定,因是否构成表见代理发生争议的,相对人应当就存在代理权的外观承担举证责任,而被代理人应当就相对人知道或者应当知道行为人行为时没有代理权承担举证责任。

没有代理权、超越代理权和代理权终止后的表见代理这3种不同类型的表见代理存在一定的交叉,如A委托B办理A的汽车抵押贷款,后A取消委托授权但未收回授权委托书。B利用该授权委托书取得了C的信任并将汽车卖给C。代理人B所实施的行为即便是在代理权终止前,也是超越代理权的。该行为既属于"超越代理权"又属于"代理权终止"的表见代理。但是,由于《民法典》第172条对这3种类型的表见代理规定了完全相同的法律效果,所以在理论上和实践中严格作出区分的意义不大。

在《民法典》第171条和第172条的适用关系上,可以存在两种不同的解释选择。第一种

[1] 参见王利明等:《民法学》(第6版)(上册),法律出版社2020年版,第260页。

是表见代理优先的解释,即一旦构成表见代理,则当然适用《民法典》第 172 条,并且因为代理行为有效而排除《民法典》第 171 条的适用。[1] 第二种是相对人拥有选择权的解释。这种解释认为相对人有权选择,要么选择按照《民法典》第 171 条催告被代理人追认,在未追认时则请求行为人履行债务或损害赔偿,要么选择按照《民法典》第 172 条适用表见代理的规则。[2] 从更好保护善意相对人的角度分析,采取第二种观点更合理。倘若善意相对人只能主张表见代理,就意味着其无法请求行为人承担责任,对善意相对人的利益保护存在不足。虽然表面上看赋予相对人选择权会使其获得比有权代理更优越的法律地位,但是这种理解并未充分考虑有权代理中本人的自愿授权行为是有利于后续履行的,而在表见代理中本人缺乏履行意愿,这很可能会增加善意相对人行使请求权的实际难度。而且在代理关系中,一般而言代理人对代理权的情况最清楚,倘若其可以因表见代理而不承担被相对人追责的风险,不利于从源头上减少表见代理的发生。从实践角度看,适用无权代理规则还是表见代理规则最终取决于相对人的诉讼选择,因此无论采取上述哪种观点都不影响相对人拥有实然层面的选择权。

疑难问题论争 冒名行为

由于显名主要是为了保护相对人在选择交易对手问题上的利益,倘若相对人完全不在意行为人的身份,则在行为人实际拥有代理权时,没有显名并不影响代理行为效果的发生。例如,受生病同学的委托到餐厅买饭时,这位受托的学生并无必要表明自己是以代理人身份为生病同学缔结买卖合同,其按照生病同学的要求购买饭菜的行为就可以表明其具有为他人利益实施法律行为的意思,买卖合同仍然直接在餐厅和生病同学之间成立。

同样的道理也适用于行为人没有代理权而冒用姓名或者名称的情况。冒名行为,是指行为人直接冒用他人的身份实施民事法律行为。冒名的行为人并不会声称自己是为被冒名的人实施法律行为,而是表现为就是被冒名的人自己在实施法律行为。冒名行为会使他人认为行为人就是被冒名的人。例如,没有代理权的 A 冒充自己是 B,在 C 的水果店购买了 3 箱水果并取走。此时 C 就会认为和自己签订水果买卖合同的是在场的 B(实际是 A)。在相对人不在意交易对手的情形,如 C 对于和 A 还是和 B 签订买卖合同并不在意时,如果 A 想将法律效果归属自己,则买卖合同在 A 和 C 之间成立;如果 A 想将法律效果归属于 B,则应类推适用无权代理的规定。

相对人对于姓名或者名称在意则又包括两种情况,第一种情况是相对人有意和被冒用的人为法律行为。例如,B 知道好朋友 A 需要买房,一日在 C 处看到合适房源并直接冒充自己是 A 而交付定金。无论是基于经济原因还是政策原因,C 仅有意和 A 签订合同。由于 B 也意在让 A 和 C 之间缔结合同,故双方的意图是一致的。若 B 有代理权,则合同在 A 和 C 之间成立。若 B 无代理权,则应类推适用无权代理的规定。需要说明的是,如果 B 想将法律效果归属自己,则无法满足 C 选择交易对手的意愿,合同无法成立。第二种情况则是相对人仅有意和在场的行为人实施法律行为。行为人若想将法律效果归属于自己,由于客观上相对人有理由认为在场和自己交易的人就是本人,被冒名人的名义并不是意思表示的内容,因而相对人和行为人

〔1〕 参见朱庆育:《民法总论》,北京大学出版社 2013 年版,第 362 页。
〔2〕 参见王利明:《民法总则研究》(第 3 版),中国人民大学出版社 2018 年版,第 625 页。

之间的法律关系成立而并不会受到冒名影响。行为人若想将法律效果归属于被冒用人，则因相对人仅愿意和行为人实施法律行为而无法在相对人和被冒名人之间发生法律关系。

第五节 代理终止

一、委托代理的终止

《民法典》第173条规定了委托代理终止的5种情形。

（一）代理期限届满或者代理事务完成

依据《民法典》第165条的规定，委托代理授权采用书面形式的，代理事项和代理期限都是授权委托书应当载明的。代理授权行为中既然明确了代理期限，那么代理期限届满委托代理当然应当终止。同理，代理人已经完成全部代理事项时，即便代理期限尚未届满，委托代理也没有继续存在的必要而应当终止。

倘若委托代理授权没有采用书面形式，那么委托期限或委托事务经常是在基础法律关系中约定的。代理权的授予是基于当事人的基础法律关系，其目的是基础法律关系的实现，其意义也只有基于这种关系才能得到理解。在代理期限或代理事务由基础法律关系约定时，委托代理在出现这些情形时终止。例如，委托人和受托人在委托合同中对需要由受托人代理的事务作了明确约定，则在这些事务完成时，委托代理终止。

（二）被代理人取消委托或者代理人辞去委托

委托代理权并不是被代理人授予代理人的权利，原则上被代理人可以随时撤回代理权。被代理人取消委托是委托代理终止的法定情形。同时，既然代理权是赋予代理人的法律地位，代理人当然可以放弃，故代理人辞去委托也是委托代理终止的法定情形。无论是被代理人取消委托还是代理人辞去委托，都属于单方行为，无须取得对方的同意。但还需要注意基础法律关系带来的法律责任。如《民法典》第933条就规定："委托人或者受托人可以随时解除委托合同。因解除合同造成对方损失的，除不可归责于该当事人的事由外，无偿委托合同的解除方应当赔偿因解除时间不当造成的直接损失，有偿委托合同的解除方应当赔偿对方的直接损失和合同履行后可以获得的利益。"

无论是被代理人取消委托还是代理人辞去委托，都是发生在被代理人和代理人之间的内部关系。如果之前授予代理权仅发生在被代理人和代理人之间，第三人并不知晓，则取消委托或者辞去委托也不会影响第三人的利益。但如果之前授予代理权的事实已经告知第三人，则第三人会产生相信代理权存在的信赖利益；如果在取消或者辞去委托时没有相应通知第三人，则容易造成原代理人仍然拥有代理权的外观，在原代理人仍然实施代理行为的情况下就需要考虑《民法典》第172条的适用。

（三）代理人丧失民事行为能力

代理关系中的行为主体即代理人需要独立为意思表示，因此在丧失民事行为能力时委托代理应当终止，《民法典》第173条第3项规定"代理人丧失民事行为能力"是委托代理终止的法定事由。从字面分析，代理人从完全民事行为能力人变成限制民事行为能力人并不属于"丧失民事行为能力”,似乎不应导致代理终止。但是,很难认为委托代理人在受托人行为能力出现严重问题的情况下仍然愿意由受托人实施民事法律行为。故应扩张解释该项规定,认为代理人从完全民事行为能力人变成限制民事行为能力人时也属于“代理人丧失民事行为能力”的情形。

和上述情况不同的是委托代理人授权时代理人就是限制民事行为能力人。委托代理是为了扩张被代理人民事活动范围。既然委托代理人行为的法律效果都由被代理人承受,代理人不会因为代理行为而享有权利或者承担义务,而被代理人又愿意授予限制民事行为能力人代理权,法律就没有强行要求委托代理人必须具备完全民事行为能力的必要。因此,委托代理人并不限于完全民事行为能力人,能够独立为意思表示、具备限制民事行为能力的人也可以为代理人。例如,A 委托 16 岁的 B 代理自己选购笔记本电脑一部,B 的父母对这件事并未同意。在这种情况下,授权行为作为单方法律行为而并不需要 B 的法定代理人的同意。授权行为未增加 B 的负担,应属有效。需要注意的是,和授权行为不同,A 和 B 之间的委托合同通常都会给受托人设定义务,且并不属于《民法典》第 22 条规定的“纯获利益的民事法律行为或者与其智力、精神健康状况相适应的民事法律行为”,因此,需要依照《民法典》第 145 条第 1 款的规定经 B 的父母同意或者追认后才能有效。

(四)代理人或者被代理人死亡

委托代理是建立在被代理人和代理人之间信任的基础上的,故代理人或者被代理人死亡,委托代理应当终止。代理权并非一种权利,在代理人死亡时其继承人无法继承,只能终止。不过在被代理人死亡时,委托代理在例外情形可以继续有效。根据《民法典》第 174 条的规定,这些例外情形包括:代理人不知道且不应当知道被代理人死亡;被代理人的继承人予以承认;授权中明确代理权在代理事务完成时终止;被代理人死亡前已经实施,为了被代理人的继承人的利益继续代理。

(五)作为代理人或者被代理人的法人、非法人组织终止

法人或者非法人组织终止时,其终止类似于自然人的死亡,法人或非法人组织无论是代理人还是被代理人,在其终止时委托代理亦应终止。

二、法定代理的终止

《民法典》第 175 条规定了法定代理终止的 4 种情形。

(一)被代理人取得或者恢复完全民事行为能力

法定代理制度产生的原因就是补充被代理人行为能力上的不足。因此,如果被代理人取得或者恢复完全民事行为能力,法定代理就不再有继续存在的必要,故应当终止。之所以必须取得或者恢复“完全民事行为能力”,是因为限制民事行为能力人仍需要法定代理人,故不能终止。

(二)代理人丧失民事行为能力

《民法典》第 175 条第 2 项规定,“代理人丧失民事行为能力”是代理终止的法定情形。如果从字面意思分析,“丧失民事行为能力”仅是指代理人成为无行为能力人。但从规范目的角度分析,法定代理是为了补充无民事行为能力人和限制民事行为能力人的民事活动范围,故应扩张解释《民法典》第 175 条第 2 项的规定,认为代理人仅有限制行为能力也属于法定代理终止的情形之一,即法定代理人必须具备完全民事行为能力。

（三）代理人或者被代理人死亡

法定代理中代理权是以监护人的身份为前提的，故在代理人死亡时，其监护人资格不能继承，法定代理应当终止。同时，和委托代理对比可以发现，在被代理人死亡时，委托代理尚有在例外情形下让委托代理行为继续有效的必要；但在法定代理中，被代理人死亡时监护关系终止，法定代理应随之终止。

（四）法律规定的其他情形

除前面明确规定的3种情形外，法律中还规定了其他一些法定代理权终止的情形。如《民法典》第44条第1款规定："财产代管人不履行代管职责、侵害失踪人财产权益或者丧失代管能力的，失踪人的利害关系人可以向人民法院申请变更财产代管人。"人民法院依申请变更财产代管人的，原财产代管人和失踪人之间的法定代理就自然终止。

案例分析

2009年1月14日下午，钟某对李某说到甲地存款3个月，月息5.5%，存款后立即付利息。李某答应存款1000万元。当天下午李某和驾驶员开车前往甲地途中，钟某向李某介绍刘某认识。2009年1月15日上午，刘某等人带领李某到谭某原A银行甲地支行B分理处的办公室，并向李某介绍谭某是谭行长，谭某将事先准备好的承诺书交给李某，该承诺书载明，"我行客户李某在我行存入三个月定期存款1000万元整。我行特此作出如下承诺：在三个月内本笔存款不抵押、不查询、不提前支取，并保证存款到期时由我行负责凭李某的存单和本承诺书原件兑付该笔1000万元整的存款。特此承诺。银行甲地支行，二〇〇九年一月十五日"。李某看后，谭某在该承诺书上签名。"A银行甲地支行"印章被送来并加盖在该承诺书上。该承诺书签名盖章后，谭某等人先行到A银行甲地支行C分理处，将事先仿制的A银行存单装入信封内，由谭某将信封递给银行柜员，并对其说马上来转笔款，在办完这笔业务后将信封递出来给谭某。柜员接过信封放在其办公桌上。随后，刘某带李某到A银行甲地支行C分理处谭某所站该柜员的营业窗口，李某将自己的银行卡和身份证递给柜员，谭某也将其事先用任某身份证办理的银行卡递给柜员，并对柜员说从李某银行卡上转1000万元到谭某递交的银行卡上。柜员在李某输入密码后从其银行卡上转账支取1000万元，进入A银行甲地支行内设账户，然后将款转存到谭某提供的任某银行卡账户上。柜员将银行卡取款凭条交李某签字，将户名为任某的银行卡存款凭条交谭某签字后，将1000万元的银行卡取款业务回单及李某的银行卡、身份证递交给了李某，将户名为任某的银行卡1000万元的存款回单、银行卡及之前谭某交给该柜员存放的信封一并递给了谭某。谭某接过信封就将信封递给了李某。李某与谭某一同回到A银行甲地支行B分理处，谭某将之前签名盖章的承诺书交给了李某。随后，谭某、刘某、李某等人一同到A银行甲地支行D分理处，按照约定的利率转息差从户名为任某的银行卡转240万元到刘某的银行卡账户上，刘某从其银行卡上按之前约定的5.5%月息转165万元到李某的银行卡账户上。

2009年12月2日，李某提起诉讼称，其于2009年1月15日到A银行甲地支行下属的C营业所，要求柜员从银行卡上转存1000万元为定期存款。柜员从李某的银行卡账户上转存1000万元，并向李某出具存单一份。现该定期存单已到期，李某要求兑付，A银行甲地支行却以该存单经公安机关鉴定系伪造，银行工作人员谭某等人涉嫌金融诈骗，公安机关已经立案侦查为由拒不兑付。虽然A银行甲地支行的工作人员谭某代表该支行向李某出具的承诺书及从该行柜台给出的1000万元存单经公安机关鉴定系伪造，但李某基于在A银行甲地支行办公场所对谭某“行长”身份的信赖，相信谭某是代表A银行甲地支行办理其1000万元的定期存款，谭某的行为构成表见代理，行为后果应由A银行甲地支行承担。

问题：谭某在与李某商谈存款事宜时，是否构成表见代理？

分析：表见代理的目的是保护善意第三人的合法权益、促进市场交易安全。从立法目的解释表见代理的构成要件，应当包括代理人的无权代理行为在客观上形成具有代理权的表象，相对人在主观上善意且无过失地相信行为人有代理权。相对人善意且无过失应当包含两方面含义：一是相对人相信代理人所进行的代理行为属于代理权限内的行为；二是相对人无过失，即相对人已尽到充分的注意，仍无法否认行为人的代理权。李某在与谭某商谈存款事宜过程中，在以下方面存在未尽合理注意义务的过失。一是对谭某行长的身份未经核实即轻信。李某是经刚认识的刘某等陌生人介绍认识“行长”谭某，谭某接待李某时并未在A银行甲地支行办公地点，而是在A银行甲地支行C分理处的办公室，作为“行长”的谭某亲自带李某到柜台办理“存款”业务，李某因为疏忽，对谭某作为“行长”不符合常规的做法未产生怀疑，未尽到合理注意义务。二是李某对存款过程存在的诸多不合常规操作未产生怀疑。谭某交给李某的承诺书载明，A银行甲地支行在3个月存款期内承诺对款项“不抵押、不查询、不提前支取”。上述承诺内容均为李某作为存款所有权人可以行使的权利，放弃权利的承诺应当由权利人作出。但“A银行甲地支行”却对此作出承诺。李某应当注意到承诺书内容的不合常理之处。李某作为储户应当知道在银行柜台办理业务时，需向柜员表明业务办理事项，却未在柜台交易时作出存款的意思表示。李某作为办理过银行存款业务的储户，应当知道存款应当填写存款凭条，存单应当由柜员直接交付储户。李某没有填写存款凭条，存单又是放在信封中从银行柜台递出，李某因疏忽轻信而未向柜台工作人员核实。三是李某主观上具有违规追求高额利息的故意。钟某承诺给李某每月5.5%的高息，换算成年息为66%，李某对如此高的利息未产生怀疑，亦未向A银行甲地支行核实，主观上并非善意。因李某不符合善意无过错的表见代理构成要件要求，谭某的行为不构成表见代理。李某向谭某作出的存款意思表示不能视为向A银行甲地支行作出的意思表示。

思考题

1. 直接代理与间接代理的区别是什么？
2. 基础法律关系和授权行为的关系是什么？
3. 如何理解表见代理中的“有理由相信”？

第十章　民事责任

学习要点

本章学习民事责任的概念，特点，优先原则，分类，承担方式，减轻和免除，侵害英雄烈士等姓名、肖像、名誉、荣誉的民事责任及违约责任与侵权责任的竞合等知识。民事责任是民事主体违反民事义务须承担的法律后果，是保障民事权利实现的措施，也是对不履行义务行为的一种制裁。总则部分关于民事责任的专章规定，对分则、民事单行法中的具体民事责任制度具有统领和指引作用。民事责任具有强制性及财产补偿性等特征。当多种责任竞合，个人财产不足以同时承担民事责任、刑事责任和行政责任的情况下，优先承担民事责任。十一种承担民事责任的方式既可以单独适用，也可以合并适用，应当根据具体的情形加以确定。具备法定事由可减轻或免除民事责任。侵害英雄烈士等的姓名、肖像、名誉、荣誉，损害社会公共利益的，应当承担民事责任。当违约责任与侵权责任竞合时，受损害方既可以就违约责任行使请求权，也可以就侵权责任行使请求权，但应择一选择。

第一节　概　　述

一、民事责任的概念与特点

民事责任，是指民事主体因违反法律规定或者不履行合同约定的义务，而应承担的民事法律后果。《民法典》第176条规定，“民事主体依照法律规定或者按照当事人约定，履行民事义务，承担民事责任”，此是对民事责任的原则性规定，强调了权利、义务和责任的一致性。民事义务源于法律规定或当事人约定，民事义务是民事责任的前提，民事责任是违反民事义务的后果。民事责任的目的在于对民事主体权利进行保护，明确法律责任，有利于引导民事主体强化自觉履行法定或约定义务的意识，预防并制裁违反民事义务的行为，切实保护权利人的合法权益。民事责任具有以下特点：

1. 民事责任是民事主体违反民事义务所应承担的法律后果，是对不履行义务行为的一种制裁

民事责任以民事义务的存在为前提，民事义务是民事义务主体为满足民事权利主体要求，为一定行为或不为一定行为的法律或合同负担。民事义务的来源既可以是法律规定的，也可以是民事主体自己约定的。受法律或合同的约束，民事义务主体负有必须履行为一定行为或不为一定行为的义务，若义务人不履行义务，就产生了民事责任。民事责任是违反民事义务的后果。

2. 民事责任具有强制性

强制性是法律责任的重要特点，当民事主体一方没有根据法律规定或当事人约定履行其

民事义务时，另一方可以通过诉讼、仲裁的方式主张自己的民事权利，要求相对方承担民事责任，人民法院或仲裁机构下发的生效裁判、裁决书或调解书，当事人必须履行，即按照生效法律文书的规定承担相应责任，一方拒绝履行的，对方当事人可以向人民法院申请强制执行，强制未按生效法律文书要求执行的民事主体履行民事义务，承担民事责任。

3. 民事责任主要是财产责任

民法的调整对象为人身关系和财产关系，人身关系虽然是指人格关系和身份关系，无直接财产内容，不直接体现财产利益，具有非财产性。但人身关系与财产利益密切关联，有的人格利益可以直接或经过合法授权使用转化、产生财产利益。财产关系是具有直接经济内容的社会关系，包括财产所有关系、财产流转关系、财产继承关系等。这些关系经法律确认后，即形成所有权、债权、继承权等法律关系。以所有权为核心的物权制度和以合同为核心的债权制度，既是我国民事法律制度的核心，也是支撑市场经济的两大法律基石，都以保护平等主体之间的财产关系为目的。基于此，当民事主体未依法律规定或合同约定履行自己的民事义务时，其承担的民事责任本质上是一种财产性责任。

二、民事责任与刑事责任、行政责任的关系

（一）民事责任与刑事责任的关系

民事责任，是指民事主体因违反法律规定或者不履行合同约定的义务，而应承担的民事法律后果，包括侵权责任、违约责任等。刑事责任，是指适格刑事主体违反刑法的规定，实施了危害社会的犯罪行为，按照刑法规定应受刑罚处罚的法律后果。民事责任与刑事责任制度的共同目的在于保护合法权益，行为人的同一行为既违反民法也违反刑法的规定的，依法应承担相应的民事责任和刑事责任，对行为人两种责任应同时适用，如刑事附带民事诉讼。但民事责任与刑事责任二者存在明显区别：

1. 责任产生的前提不同

民事责任产生的前提是民事主体不履行法律规定的义务或合同约定的义务。刑事责任产生的前提是行为人实施了危害社会的、按照刑法的规定构成犯罪并应当受到刑罚处罚的行为。

2. 保护的法益范围不同

民事责任保护的是民事主体的人身和财产权益。刑事责任较民事责任的法益范围更广，包括国家秩序、社会经济秩序、公共安全以及民事主体的人身和财产权益。

3. 性质及自由处分性的差异

民事责任为私法上的责任，适用不告不理的原则，当事人对是否要义务人承担民事责任，是否提起诉讼或仲裁，提起何种诉讼请求或仲裁申请等，有充分的自治权和处分权。刑事责任是公法上的责任，公检法三机关分工负责、互相配合、互相制约，负有惩罚犯罪和保护人民等共同职责，无自治权和处分权。

4. 责任承担的主体不同

民事责任要求承担的主体须有相应的民事行为能力，《民法典》以年龄、智力、精神健康状况作为考量因素，将民事行为能力分为完全民事行为能力、限制民事行为能力和无民事行为能力 3 种。无民事行为能力人和限制民事行为能力人造成他人损害的，《民法典》规定了民事侵权行为人与责任人可以分离，如《民法典》第 1188 条第 1 款规定："无民事行为能力人、限制民事行为能力人造成他人损害的，由监护人承担侵权责任……"该民事责任属于替代责任。《民

法典》对一些重大复杂的行为,如缔结婚姻关系对行为人的判断能力要求更高,如《民法典》第1047条规定:“结婚年龄,男不得早于二十二周岁,女不得早于二十周岁。”若不符合该规定,则依据《民法典》第1051条规定认定该婚姻关系为无效,过错方负有损害赔偿的民事责任。

刑事责任要求承担的主体须达到法定的刑事责任年龄并具有刑事责任能力,刑法也以年龄、智力、精神健康状况作为考量因素,规定了不满12周岁的未成年人不承担刑事责任;已满12周岁不满14周岁的未成年人,只对故意杀人、故意伤害造成严重后果,且情节恶劣的犯罪承担刑事责任;已满14周岁不满16周岁的未成年人对故意杀人、故意伤害致人重伤或死亡等8种犯罪承担刑事责任,刑法要求刑事责任的承担者必须是行为人本人,不存在分离或替代责任问题。

5. 责任承担的主观心理态度不同

民事责任承担要求义务人不履行民事义务时的主观心理态度既可以是故意,也可以是过失,还可以是无任何过错,如《民法典》第1186条规定:“受害人和行为人对损害的发生都没有过错的,依照法律的规定由双方分担损失。”此即是关于公平分担损失责任原则的规定。当损害发生时,即便受害人自己没有过错,行为人也没有过错。鉴于损失已经发生,出于公平考量,双方也应按照法律规定分担损失。

刑事责任要求行为人实施行为时主观上所持的心理态度必须是故意或过失,既没有故意也没有过失的不承担刑事责任。

6. 责任承担的形式不同

民事责任的承担方式多具有财产性,种类为返还财产、恢复原状、重做、修理、更换、赔偿损失、支付违约金等,除法定特殊情形外,民事责任以补足民事主体所受损失为限,旨在填平权利人受到的损失,具有补偿性。

刑事责任的承担方式主要为人身刑,种类为主刑和附加刑,通过限制行为人的人身自由甚至剥夺其生命权利以达到惩罚的目的,具有惩罚性。

7. 证明责任不同

民事责任的承担要求当事人“谁主张,谁举证”,否则承担不利后果。刑事责任的举证责任由公诉机关一方承担,即被告人是否构成犯罪、构成何种犯罪、是轻罪还是重罪、应如何对其刑罚处罚、被告人承担何种刑事责任,举证责任都在公诉机关。

(二)民事责任与行政责任的关系

行政责任,是指行为人违反了行政法律或行政法规,被有权的行政机关、法律行政法规授权的组织或行政机关委托的组织采取制裁措施,应当承担的不利后果。行为人的同一行为既可能承担民事责任,同时亦应承担行政责任,二者并行不悖,原因在于二者有如下的区别:

1. 保护的法益范围不同

民事责任保护的是民事主体的人身和财产权益,功能在于填补损失,维护民事权益。行政责任是通过惩罚违反行政法律和行政法规的行为,维护行政管理秩序。

2. 性质及自由处分性的差异

民事责任为私法上的责任。行政责任是公法上的责任,行政机关、法律行政法规授权的组织或行政机关委托的组织,代表国家对实施了违反行政法律或行政法规的行为人给予行政制裁,具有公法性。

民事责任的承担采取不告不理的原则,当事人有充分的自治权和处分权。追究行政责任是行政机关的法定职责，不能任意免除。

3. 主张权利的主体不同

民事责任的主张主体为依照法律规定或合同约定享有民事权利的民事主体。行政责任的主张主体是有权的行政机关、法律行政法规授权的组织或行政机关委托的组织。

4. 责任承担的形式不同

民事责任的承担方式具有财产性，种类为返还财产等，具有补偿性，不限制责任人的人身自由。行政责任的承担方式为行政处罚和行政处分，为制止违法行为、避免危害发生、控制危险扩大等情形，行政机关依法可以对责任人的人身自由实施暂时性限制。

5. 证明责任不同

民事责任的承担要求当事人"谁主张，谁举证"，否则承担不利后果。行政责任的证明责任实行举证责任倒置原则，由行政机关承担证明责任。

三、民事责任优先原则

（一）民事责任优先原则的概念

民事责任优先原则，是指行为人因同一个行为，既违反刑事和行政行为规范，需承担罚金、没收财产的刑事责任或者罚款、没收违法所得的行政责任，又违反民事法律规范需承担损害赔偿等民事责任导致发生责任竞合，但其个人财产不足以同时承担民事责任、刑事责任和行政责任的情况下，则优先承担民事责任。

（二）民事责任优先原则法律体系

在一般情况下，民法、刑法和行政法作为三大法律部门有各自的调整范围，相应的责任也是相互独立、并行不悖的。但如果出现二者或三者竞合，行为人应承担何种责任？对此我国多部法律规定了民事责任优先原则，已形成法律体系：《刑法》规定了刑事责任和民事责任竞合时民事责任优先，其第 36 条规定，"由于犯罪行为而使被害人遭受经济损失的，对犯罪分子除依法给予刑事处罚外，并应根据情况判处赔偿经济损失。承担民事赔偿责任的犯罪分子，同时被判处罚金，其财产不足以全部支付的，或者被判处没收财产的，应当先承担对被害人的民事赔偿责任"。《公司法》规定了行政责任与民事责任竞合时优先承担民事责任，第 263 条规定，"公司违反本法规定，应当承担民事赔偿责任和缴纳罚款、罚金的，其财产不足以支付时，先承担民事赔偿责任"。除前述法律外，《证券法》第 220 条、《证券投资基金法》第 150 条、《个人独资企业法》第 43 条、《合伙企业法》第 106 条及《食品安全法》第 147 条等，都对民事责任优先原则有所规定。

《民法典》第 187 条规定："民事主体因同一行为应当承担民事责任、行政责任和刑事责任的，承担行政责任或者刑事责任不影响承担民事责任；民事主体的财产不足以支付的，优先用于承担民事责任。"依此，《民法典》强调以人为本，赋予了民事责任的优先地位，确立了多种责任竞合时民事责任优先承担的原则，充分体现了私权优先的价值取向，说明我国对自然人、法人、非法人组织合法权益的尊重和保护日益重视。

（三）民事责任优先原则的适用

1. 民事责任优先原则适用的前提

(1)责任主体实施的是同一个行为应当同时承担多种责任

民事责任优先，适用于同一主体实施的同一行为应当同时承担民事责任、行政责任和刑事责任的情形,若多个行为则不适用该原则。

(2)责任主体所承担的民事责任须以合法有效为前提

民事责任发生的依据既可以基于法律规定,也可以基于合同约定,该民事责任由人民法院或仲裁机构作出的生效裁判、裁决书、调解书确定。

(3)责任主体的财产不足以同时承担多种责任

在确定责任主体的责任时,应先考虑其财产是否足以同时承担民事责任、行政责任和刑事责任,或者是否足以同时承担民事责任与行政责任、刑事责任中任意一种责任。如果债务人的财产足以承担所有责任,则不存在民事责任优先的问题。如果责任人因承担了其他的责任而不足以承担民事责任时,则应当优先承担民事责任。

2. 民事责任优先原则适用的范围

民事责任优先原则适用于所有的民事责任类型,即依法应承担的所有财产性的民事责任,既包括侵权责任也包括违约责任等的民事责任,既包括行政案件中的民事责任也包括刑事案件中的民事责任。

3. 民事责任优先实现的程序

(1)执行顺序上,民事责任在先

在行政机关作为执行机关时,行政机关对自然人、法人或其他组织的执行措施适用单行法律的规定,如《证券法》第220条规定:“违反本法规定,应当承担民事赔偿责任和缴纳罚款、罚金、违法所得,违法行为人的财产不足以支付的,优先用于承担民事赔偿责任。”该法第219条规定:“违反本法规定,构成犯罪的,依法追究刑事责任。”对于既有民事责任又有行政责任和刑事责任的执行顺序,法律并未明文规定,可以参照最高人民法院《关于刑事裁判涉财产部分执行的若干规定》(法释〔2014〕13号)的规定执行。其第13条第1款规定:“被执行人在执行中同时承担刑事责任、民事责任,其财产不足以支付的,按照下列顺序执行:(一)人身损害赔偿中的医疗费用;(二)退赔被害人的损失;(三)其他民事债务;(四)罚金;(五)没收财产。”该条明确规定了被告人(被执行人)民事责任及对判处刑罚的财产的执行顺序。

(2)民事责任认定滞后的扣除程序

若民事责任的认定滞后于或迟于行政责任、刑事责任时,如果民事责任人无资产或资产不足以全部支付陷于执行不能时,应从之前的财产罚中予以扣除,用于赔偿债务人。

第二节　民事责任的分类

根据不同的划分标准,可以将民事责任进行如下分类。

一、侵权责任和违约责任

根据民事责任发生依据的不同,民事责任可以分为侵权责任和违约责任。侵权责任,是指行为人因其过错侵害他人的民事权益依法应当承担的民事责任,以及没有过错,在造成损害以后依法应当承担的民事责任。违约责任,是指民事主体不履行合同义务(包括合同附随义务)或履行合同义务不符合合同约定或法律规定应承担的民事责任。侵权责任与违约责任的主要区别如下：

1. 违反的义务不同

侵权责任行为人所违反的是法律明确规定的义务，即《民法典》所规定的任何人不得侵害他人人身和财产的普遍性的义务及其他法律规定的义务所产生的责任。侵权责任一般存在于没有任何合同关系或者其他法律关系的民事主体之间。如侵害人格权、身份权、物权、知识产权等应承担的侵权责任。违约责任行为人所违反的是合同或其他民事法律行为约定的义务。违约责任发生在具有相对性的合同关系或者其他具有特定权利义务关系的民事主体之间。如一方当事人违反合同义务给对方当事人的预期利益所造成的损害等应承担的民事责任。

2. 侵害的对象不同

侵权责任要求行为人的侵权行为所侵害的是民事主体的物权、人身权等民事权益，权利主体具有特定性，义务主体具有不特定性。违约责任要求行为人的违约行为侵害的是相对人的债权，是合同或其他民事法律行为所约定的民事权利。

3. 侵害的后果及责任承担方式不同

侵权损害赔偿，既包括人身伤害、财产损失，也包括精神损害。侵权责任的承担方式是法律直接规定的，既可以是赔偿损失等财产性承担方式，还可以是消除影响、恢复名誉等非财产性承担责任的方式。违约损害赔偿仅限于财产损失赔偿，一般不包括人身伤害和精神损害。违约责任的范围和承担方式是当事人事先约定的或法律规定的，以赔偿损失、支付违约金等以财产为内容的责任形式。

4. 归责原则及举证证明责任分配规则不同

侵权责任的归责原则主要是过错责任原则，有过错才有责任，无过错即无责任，一般由受害人一方对加害人的过错承担举证证明责任。违约责任实行严格责任原则，只要一方当事人没有按照约定的内容履行自己的民事义务，就需承担违约责任，由主张法律关系存在或变更、消灭等的当事人承担相对应的举证证明责任。

二、按份责任、连带责任与不真正连带责任

根据数个责任主体之间的关系划分，民事责任可以分为按份责任、连带责任与不真正连带责任。

（一）按份责任

按份责任，是指数个责任主体之间，依据法律规定或当事人的合同约定，按照一定的份额比例承担相应的民事责任。按份责任也被称作分割责任，各按份责任人将同一民事责任进行分割，各自承担其中一定份额。[1] 如果法律没有规定或者当事人没有明确约定份额时，应当推定责任人承担均等的责任份额。关于按份责任及承担的法律后果，《民法典》第 177 条规定："二人以上依法承担按份责任，能够确定责任大小的，各自承担相应的责任；难以确定责任大小的，平均承担责任。"依此，按份责任的构成要件有 3 个：(1) 承担民事责任的主体应当为两个或两个以上，可以是自然人，也可以是法人和非法人组织；(2) 按份责任产生的依据是法律规定或当事人约定；(3) 须造成同一法律后果。两个或两个以上的民事主体具有共同的权利和义务，不依照法律规定或当事人的约定履行民事义务造成同一法律后果，产生的民事责任是同一的。

---

〔1〕 参见许中缘、屈茂辉：《民法总则原理》，中国人民大学出版社 2012 年版，第 466 页。

按份责任承担的法律后果可以分为能够确定责任大小和难以确定责任大小两种情形,关于责任份额的确定,可依据法律的直接规定或当事人的约定,按照行为人的过错及其造成损害后果的原因力关系等因素确定,或者从公平角度,按照平均责任的原则,推定各责任人的过错程度及行为对损害后果的因果关系,从而确定各责任人应当就侵权损害后果承担相同份额的责任。

(二)连带责任

连带责任,是指两个或者两个以上民事主体按照法律规定或当事人约定,向权利人连带承担全部赔偿责任,并引起内部债务关系的一种民事责任。《民法典》第 178 条第 1 款规定:"二人以上依法承担连带责任的,权利人有权请求部分或者全部连带责任人承担责任。"此表明,在对外责任上,承担连带责任的各责任人均有向请求权人承担全部民事责任的义务,其不能以其对内责任份额之约定对抗请求权人对全部责任提出的清偿请求。

《民法典》第 178 条第 2 款第 2 句规定:"实际承担责任超过自己责任份额的连带责任人,有权向其他连带责任人追偿。"此表明,连带责任的责任人在对外实际承担了清偿责任后,在内部关系上,可以向其他应当承担连带责任的责任人追偿。追偿权的行使通常须具备以下条件:提出追偿请求权的责任人对外实际完成了清偿,请求追偿部分属于依法律规定或合同约定的超出内部责任人份额,且在其他连带债务人未履行的份额范围内进行追偿。

(三)不真正连带责任

不真正连带责任,是指数个责任人基于不同的发生原因而依法对同一被侵权人各负全部赔偿责任,并因责任人之一的履行而使全体责任人的责任归于消灭,某一责任人在承担责任之后,有权向终局责任人要求全部追偿的一种民事责任。《民法典》规定了产品侵权责任及医疗产品损害责任应承担不真正连带责任。《民法典》第 1203 条规定:"因产品存在缺陷造成他人损害的,被侵权人可以向产品的生产者请求赔偿,也可以向产品的销售者请求赔偿。产品缺陷由生产者造成的,销售者赔偿后,有权向生产者追偿。因销售者的过错使产品存在缺陷的,生产者赔偿后,有权向销售者追偿。"《民法典》第 1223 条规定:"因药品、消毒产品、医疗器械的缺陷,或者输入不合格的血液造成患者损害的,患者可以向药品上市许可持有人、生产者、血液提供机构请求赔偿,也可以向医疗机构请求赔偿。患者向医疗机构请求赔偿的,医疗机构赔偿后,有权向负有责任的药品上市许可持有人、生产者、血液提供机构追偿。"

依据以上规定,承担不真正连带责任的数个责任人都有义务对被侵权人的损害承担全部赔偿责任。被侵权人享有选择权,可以要求任何一个责任人承担责任,最终责任由终局责任人承担,非终局责任人承担了中间责任后,有权向终局责任人追偿,追偿的范围是全部赔偿责任。

第三节 民事责任的承担方式

一、民事责任承担方式的概念

民事责任的承担方式,也称民事责任形式,是指民事主体依法承担民事责任的具体形式,是民事责任承担的具体措施,没有具体的承担民事责任的方式,就难以落实民事责任,从而实现保护权利人合法权益、制裁行为人的目的。民事责任的承担方式是行为人的行为承担民事责任的最终法律后果,《民法典》第179条第1款列举了11种民事责任的承担方式。《民法典》第179条第2款规定了惩罚性赔偿民事责任的承担方式。这些民事责任的承担方式既可适用于侵权责任,也可适用于违约责任,既可单独适用也可合并适用。

二、承担民事责任的具体方式

1. 停止侵害。停止侵害,是指行为人的侵害行为仍处于持续状态并对受害人造成不利影响应立即停止侵害行为的民事责任方式,该种方式以不履行民事义务行为的进行或持续为前提条件,不适用于未发生或者业已终止的不履行义务的情形,具有避免损害发生或进一步扩大的积极功能。

2. 排除妨碍。排除妨碍,是指行为人的行为使受害人无法行使或不能正常行使自己的民事权利,则受害人可以要求行为人排除妨碍权利实现的障碍。行为人不排除妨碍的,受害人可以请求人民法院责令其排除妨碍。排除妨碍主要是针对静态的行为适用,如在公共通道堆放物品或垃圾影响他人通行,违章建筑妨碍相邻方采光、通风等。排除妨碍责任的适用,要求妨碍行为或妨碍状态没有合法依据,具有不正当性。

3. 消除危险。消除危险,是指行为人的行为或其管领控制的物对他人的人身或财产安全造成危险,或可能造成危险,应当将危险因素予以消除的一种民事责任形式。此种危险是客观存在的,既可通过日常生活常识或生活经验做出判断,也可通过专业鉴定予以确定,不以造成实际损害和行为人有过错为适用要件。

4. 返还财产。返还财产,是指受害人请求侵害其财产权益的无权占有人将占有的财产予以返还的民事责任方式。有权请求返还的主体是财产的权利人,包括所有权人、使用权人及占有人。返还财产要求返还原物,无权占有他人财产或原来依据合同占有他人财产但合同无效或被撤销后行为人应当返还因该民事法律行为取得的财产原物。返还财产民事责任适用的前提必须是该财产还存在,如果该财产已经灭失,或虽存在但已经被损坏导致价值有所贬损的,则只能请求责任人承担赔偿损失、恢复原状等民事责任。

5. 恢复原状。恢复原状,是指权利人在财产遭受损害的情况下,可以请求责任人予以恢复以使被损害的财产恢复到被损害之前的状态的民事责任承担方式。该民事责任承担方式的前提是受损害的财产存在恢复原状的可能性和必要性,如果受损害的财产不存在或恢复后不能完全达到受损之前的状况的,受害人有权要求行为人对财产贬损部分予以赔偿以实现填平损失。

6. 修理、重作、更换。修理、重作、更换,是指行为人造成他人财产毁损或交付的标的物不符合约定或法律规定的质量标准、规格、型号等,债务人对于毁损的财产或标的物所应承担的修理、重作或更换的民事责任承担方式。修理,是指行为人对毁损的财产或交付的标的物质量瑕疵的修补,也包括对服务质量瑕疵的改善,修理是最为普遍的补救方式。重作,是指行为人造成他人财产毁损或交付的标的物存在严重的质量瑕疵,不能通过修理达到约定的或者法定的质量情形下,重新制作相同性质、用途和价值的财产或标的物。更换,是指行为人造成他人财产毁损或交付的标的物存在严重的质量瑕疵,不能通过修理达到约定的或者法定的质量情形下,且有与此相同的种类物存在时,予以更换。

7. 继续履行。继续履行,是指当事人一方不履行合同约定的义务或不完全履行合同约定的义务的,合同相对方要求其按照合同约定履行义务的民事责任承担方式。继续履行既包括合同正常履行下的履行,也包括合同遭遇障碍后的履行。继续履行这一民事责任承担方式的适用,要以合同标的具有履行可能为前提,若特定的标的物已灭失等不具备履行条件或可能性时,继续履行责任就转化为损害赔偿责任。《民法典》第 579 条、第 580 条分别对金钱债务的继续履行与非金钱债务的继续履行作出了规定。

8. 赔偿损失。赔偿损失,是指行为人因违反合同或侵权行为而给他人造成损害,对受害人造成的损害予以一定经济数额的赔偿使其权利得到救济的一种民事责任承担方式。赔偿损失是最普遍和最常见的一种民事责任承担方式,无论是侵权责任还是违约责任,通常都会提起损害赔偿请求,连带责任、按份责任针对的也都是损害赔偿。赔偿损失包括财产损失赔偿、人身损害赔偿、精神损害赔偿 3 种。关于精神损害赔偿,根据 2020 年修正的最高人民法院《关于确定民事侵权精神损害赔偿责任若干问题的解释》的规定,因人身权益或者具有人身意义的特定物受到侵害,自然人或其近亲属可以行使精神损害赔偿请求权,但法人或者非法人组织不得以名誉权、荣誉权、名称权遭受侵害为由,行使精神损害赔偿请求权。

9. 支付违约金。支付违约金,是指一方当事人未按合同的约定履行自己的合同义务,按照合同约定的计算标准和方法或法律的规定,向相对方支付一定款项的民事责任承担方式。违约金可分为约定违约金和法定违约金。约定违约金,是指当事人在合同中明确约定,一方违约时应向对方支付一定数额的违约金的民事责任承担方式。在约定违约金的条件下,合同双方可就违约金适用的条件、金额、计算方法等进行协商。《民法典》第 585 条规定:"当事人可以约定一方违约时应当根据违约情况向对方支付一定数额的违约金,也可以约定因违约产生的损失赔偿额的计算方法。约定的违约金低于造成的损失的,人民法院或者仲裁机构可以根据当事人的请求予以增加;约定的违约金过分高于造成的损失的,人民法院或者仲裁机构可以根据当事人的请求予以适当减少。当事人就迟延履行约定违约金的,违约方支付违约金后,还应当履行债务。"

10. 消除影响、恢复名誉。消除影响、恢复名誉,是指行为人因侵害了他人的人格权,在行为人造成影响所及的范围内应当承担采取适当方式消除不良影响,使受害人的名誉得到恢复的一种民事责任形式。一般适用于侵害民事主体人身权的情形,如名誉权、姓名权、名称权、肖像权等,应根据造成不良影响所及范围的大小以及受害人名誉受损的后果采取不同程度的措施,消除不良影响。

11. 赔礼道歉。赔礼道歉,是指行为人通过口头、书面等方式公开或非公开向受害人承认错误、表达歉意以取得其谅解的民事责任承担方式。赔礼道歉是精神性的民事责任措施,大多适用于侵害人身权的情形。书面道歉可以登载在报刊上,以信件的方式转交受害人或张贴于受害人的住所等有关场所,行为人拒绝赔礼道歉的,人民法院可以判决按照确定的方式进行。如《民法典》第 1000 条第 2 款规定:"行为人拒不承担前款规定的民事责任的,人民法院可以采取在报刊、网络等媒体上发布公告或者公布生效裁判文书等方式执行,产生的费用由行为人负担。"

12. 惩罚性赔偿。惩罚性赔偿,是指法律规定的加害人所承担的损害赔偿数额超过受害人实际损害数额的民事责任承担方式。是在赔偿受害人损失的基础上,又对加害人进行的惩罚。《民法典》第 179 条第 2 款规定:"法律规定惩罚性赔偿的,依照其规定。"该规定将惩罚性赔偿规定为民事责任的承担方式。通过加重加害人的赔偿责任,提高侵权行为成本,从而避免侵权行为发生,在对受害人补偿的同时,也达到制裁、遏制乃至预防侵权行为发生的目的。最高人民法院《关于审理侵害知识产权民事案件适用惩罚性赔偿的解释》对知识产权侵权惩罚性赔偿的适用进行了细化规定。只有在法律有明确规定的情况下才适用惩罚性赔偿,在法律没有明确规定时,不得适用惩罚性赔偿。《民法典》对惩罚性赔偿责任的具体适用范围规定如下:第1185条关于知识产权侵权的惩罚性赔偿、第1207条关于缺陷产品侵权的惩罚性赔偿及第1232条关于污染环境、破坏生态侵权的惩罚性赔偿。我国《商标法》《专利法》《著作权法》等也对惩罚性赔偿民事责任的适用情形作了规定。

三、民事责任承担方式的适用

根据《民法典》第179条第3款的规定,上述11种民事责任的承担方式,以及惩罚性赔偿责任承担方式,既可以单独适用,也可以合并适用。如果一种方式足以救济受害人,则单独适用该种责任承担方式;如果一种方式不足以救济受害人,就应当同时适用其他的方式。如《民法典》第583条规定:“当事人一方不履行合同义务或者履行合同义务不符合约定的,在履行义务或者采取补救措施后,对方还有其他损失的,应当赔偿损失。”该规定即是同时适用继续履行义务或者采取补救措施和赔偿损失两种违约责任的承担方式。

合并适用数种民事责任承担方式时,应当根据责任的特性对其选择和顺序作出一定的限制。一般而言,虽然民事责任承担方式都是为了提供救济,但根据不同的案情、行为人违法行为的性质和受害人权利受侵害情况,可供选择的责任承担方式是不同的,应具体分析,予以区分。如侵犯权利人人身权的,可以合并适用停止侵害、消除影响、赔偿损失的方式,但不能适用返还财产、恢复原状等形式。对于非法占用他人财产的侵权行为,首先应当适用返还财产的方式,不能返还的再适用赔偿损失的方式。

在违约责任的单独适用还是合并适用的承担上,法律允许合同当事人进行意思自治。就违约责任的承担方式而言,当事人事先作出约定的,优先选择当事人约定的方式;当事人没有约定的,需要根据案件具体情况,在尊重当事人选择的前提下,依据有关法律及司法解释的具体规定来确定适用,但应当掌握的原则是,如果适用一种责任方式不足以保护权利人的权利时,就应当同时适用其他的民事责任方式。

第四节　民事责任的减轻和免除

一、民事责任的减轻和免除概述

民事责任的减轻和免除,又称减责、免责事由,是指基于《民法典》或其他法律规定可减轻或免除行为人民事责任的事由。《民法典》分别在总则编、合同编、人格权编、侵权责任编,规定了免除责任的事由、减轻责任的事由及减轻责任和免除责任的竞合事由。对民事责任减责、免责事由的法律适用规则,《民法典》第1178条规定:“本法和其他法律对不承担责任或者减轻责任的情形另有规定的,依照其规定。”《邮政法》(第48条)和《民用航空法》(第126条)等法律也对减责和免责事由作了规定。

减责、免责事由具有以下特点。

1. 减责、免责事由是减轻或者免除民事责任的事由

法律规定的减责、免责事由一旦成立，就导致责任人的民事责任减轻或免除。减责、免责事由是减轻或免除民事主体承担民事责任的理由或条件，旨在排除或者限制未来的民事责任，具有减责、免责功能，这是减责、免责事由最主要的属性。

2. 减责、免责事由具有法定性

减责、免责事由主要通过法律明确规定，不允许主观推定。《民法典》多个条款规定了免责事由，如《民法典》总则编第 180 条、第 181 条、第 182 条、第 184 条分别将不可抗力、正当防卫、紧急避险及紧急救治作为免除行为人责任的事由，《民法典》人格权编第 1025 条、第 1027 条、第 1036 条分别对新闻报道、文学艺术作品、处理个人信息等特定行为作为免除责任事由。《民法典》侵权责任编第 1174 条、第 1217 条、第 1224 条分别对受害人故意免责、好意同乘减责、医疗损害免责作了规定。《民法典》侵权责任编第 1243 条、第 1245 条还对民事责任减轻和免除的竞合作了规定。

减责、免责事由也可能具有约定性，如通过合同约定的减责、免责条款免除一方将来可能发生的违约责任，但合同约定的减责、免责条款必须符合法律规定的要件，否则无效。

3. 减责、免责事由一旦成立就产生责任人的责任减轻或免除的法律效果

只要符合责任构成要件，又具备法定的免责事由，那么减责、免责事由就成立。免责事由既可以由抗辩方当事人提出，也可以由法院依职权调查确定减责、免责事由的事实是否存在。一旦减责、免责事由成立就产生相应的法律效果，责任人的责任即减轻或免除。

二、民事责任的免除

（一）民事责任免除概述

民事责任的免除，是指基于《民法典》或其他法律规定的免责事由而不承担民事责任的情形。《民法典》总则编规定了 4 种免责事由：不可抗力（第 180 条）、正当防卫（第 181 条）、紧急避险（第 182 条）、紧急救助（第 184 条）。《民法典》侵权责任编第 1174 条、第 1175 条、第 1176 条和第 1177 条规定了受害人故意、第三人过错、自助行为、自甘风险 4 种免责事由，第 1178 条规定：“本法和其他法律对不承担责任或者减轻责任的情形另有规定的，依照其规定。”

（二）不可抗力

1. 不可抗力的概念、分类

不可抗力，是指不能预见、不能避免且不能克服的客观情况。《民法典》对不可抗力免责事由作了规定，其第 180 条第 2 款规定：“不可抗力是不能预见、不能避免且不能克服的客观情况。”该规定也与大陆法系民法典中，将不可抗力作为免除民事责任情形的规定相一致。不可抗力免责事由一旦成立，就导致责任人的相应民事责任免除。

不可抗力作为免责事由的根据有两方面，第一，可以体现民法的公平理念，让人们承担与其行为无关而又无法控制的事故的后果是不公平的，不仅对责任的承担者来说是不公平的，而且也达不到法律的指引和约束的积极后果；第二，可以促使社会公众从事民事行为时，运用法律手段合理分配、规避风险，并在风险发生后合理地解决风险损失的分担问题，以鼓励交易。

不可抗力免责事由可以分为 3 类：第一，自然原因导致的不可抗力，如暴雨、地震、海啸、火山爆发、泥石流、雪崩、山体滑坡等；第二，社会原因导致的不可抗力，如战争、武装冲突、动乱、暴乱等；第三，政府行为或法律的强制性规定导致的不可抗力，如政府为了公共利益的需要，强

制征收国有土地上的房屋、农民集体所有的土地、采取新的强制性规定及疫情防控措施等。

2. 不可抗力的构成要件

(1)不可抗力必须具有不能预见性

不能预见性,是指进行民事行为时,行为人根据认识能力、认识水平、专业知识、技术条件等主观和客观方面都对某种事件的发生无法预见,无预知力。

(2)不可抗力必须具有不能避免性

不能避免性,是指某些事件的发生主观上不以人的意志为转移,客观上无法阻却,具有必然发生、无法避免性。

(3)不可抗力具有不能克服性

不能克服性,是指某些事件的发生和事件所造成的后果具有必然性,超出了当事人的控制能力范围,不存在行为人通过自己的努力就能避免其发生的可能性,属于不能克服、无法克服也克服不了的情形。

(4)不可抗力具有客观性

客观性,是指不可抗力的免责事由是客观存在的,某些事件是实际发生的,所造成的后果是真实的,是不以人的意志为转移的而不是主观臆想的。

(5)不可抗力与民事义务的不能履行之间有因果关系

因果关系,是指因不可抗力的影响导致民事法律行为不能履行,不可抗力与民事义务不能履行具有原因力。若民事义务不能履行的原因在于一方首先违法或违约,其后发生不可抗力免责事由,不产生免责的法律后果,如《民法典》第 590 条第 2 款规定:“当事人迟延履行后发生不可抗力的,不免除其违约责任。”在不可抗力造成损害后,因当事人的过错致使损害后果扩大的,当事人应当就自己的过错承担相应的民事责任。

3. 不可抗力的法律适用

《民法典》第 180 条第 1 款规定:“因不可抗力不能履行民事义务的,不承担民事责任。法律另有规定的,依照其规定。”即是对不可抗力免责事由的法律适用规则的规定,具体适用时要注意区分情况:

(1)不可抗力免责事由具有统领作用,《民法典》分则编对不可抗力免责事由没有特殊规定的,适用《民法典》总则编的规定。

(2)“法律另有规定”中的“法律”仅是指全国人民代表大会及其常务委员会通过的法律。如《邮政法》第 48 条规定:“因下列原因之一造成的给据邮件损失,邮政企业不承担赔偿责任:(一)不可抗力,但因不可抗力造成的保价的给据邮件的损失除外……”即收寄时出具收据,投递时要求收件人签收的邮件、汇款、挂号信,如果进行了保价,即使由于不可抗力造成损害,邮政企业也要对收件人承担赔偿责任,不免除其责任。

(3)“另有规定”包括《民法典》分则编的规定,若《民法典》分则编对不可抗力的适用作了具体规定,则适用分则编的规定。如《民法典》侵权责任编第 1237 条关于民用核设施的营运单位的不可抗力免责事由规定了限制条件,只有在能够证明损害是因战争、武装冲突、暴乱等情形或者受害人故意造成的,才免除行为人的责任。因不可抗力的自然灾害造成他人损害的,不免除其责任。《民法典》侵权责任编第 1238 条同样对民用航空器的经营者的不可抗力免责事由作了限制规定,因不可抗力的自然灾害造成他人损害的,不免除其责任。

(4)除法律有特别规定的以外,不可抗力既可适用于侵权责任,也可以适用于违约责任。

在侵权责任中，过错责任、过错推定责任、无过错责任都可以适用不可抗力。

(三)正当防卫

1. 正当防卫概述

《民法典》第181条规定："因正当防卫造成损害的，不承担民事责任。正当防卫超过必要的限度，造成不应有的损害的，正当防卫人应当承担适当的民事责任。"肯定了正当防卫的合法性，彰显了正当防卫免责事由的重要地位。

关于什么是正当防卫，《总则编司法解释》第30条作了规定："为了使国家利益、社会公共利益、本人或者他人的人身权利、财产权利以及其他合法权益免受正在进行的不法侵害，而针对实施侵害行为的人采取的制止不法侵害的行为，应当认定为民法典第一百八十一条规定的正当防卫。"因此，正当防卫是指为了使国家利益、社会公共利益、本人或者他人的人身权利、财产权利以及其他合法权益免受正在进行的不法侵害，对实施侵害行为的人所采取的一种防卫措施。

2. 正当防卫的构成要件

(1)必须有不法侵害行为

不法侵害是正当防卫的前提，不法侵害行为是法律所明文禁止的行为，既包括犯罪行为，也包括其他违法的侵害行为。

(2)必须是合法权益受到不法侵害

被侵害客体必须是受法律保护的合法利益，既可以是国家利益、公共利益，也可以是自然人的权利；既可以是自然人本人的权利，也可以是他人的权利；既可以是人身权利，也可以是财产权利或其他合法权益。

(3)不法侵害行为必须是正在进行的

不法侵害尚未开始属于假想防卫，若不法侵害已经结束属于事后防卫，均不构成正当防卫。

(4)必须对实施不法侵害行为的本人才能实施防卫行为

正当防卫是为了制止不法侵害所采取的行为，必须对不法侵害的行为人本人才能实施，不能对第三人实施。

(5)防卫不能超过必要的限度

一般要求防卫行为刚好可以制止不法侵害，即防卫行为达到足以有效制止侵害行为的强度。若以严重损害侵害人的财产或人身权益的方式来保卫价值较小的财产利益，则应当认为超过了必要的限度。对于正当防卫是否超过必要的限度，应当将不法侵害的性质、手段、强度、危害程度和防卫的时机、手段、强度、损害后果等因素作为"必要限度"的判断标准。

3. 正当防卫的法律后果

正当防卫是免责事由。只要正当防卫人的行为没有超过必要限度，即便造成损害，正当防卫人也不承担民事责任。

4. 防卫过当的责任

防卫过当不免除正当防卫人的民事责任。若正当防卫超过了必要的限度，造成不应有的损害，根据正当防卫人过错的程度，由正当防卫人在造成不应有的损害范围内承担部分责任，但其只对"不应有的损害"承担责任，承担的是部分责任，而非全部责任。对于防卫过当的认定标准和责任承担,《总则编司法解释》第 31 条[1]作了具体规定。

(四)紧急避险

1. 紧急避险概述

《民法典》第 182 条规定:“因紧急避险造成损害的,由引起险情发生的人承担民事责任。危险由自然原因引起的,紧急避险人不承担民事责任,可以给予适当补偿。紧急避险采取措施不当或者超过必要的限度,造成不应有的损害的,紧急避险人应当承担适当的民事责任。”据此,《民法典》将紧急避险免责事由放置在总则民事责任体系中,更加肯定了紧急避险人避让风险、排除危险的正当性和合法性,彰显了紧急避险免责事由的重要地位。

对于什么是紧急避险,《总则编司法解释》第 32 条作了规定:“为了使国家利益、社会公共利益、本人或者他人的人身权利、财产权利以及其他合法权益免受正在发生的急迫危险,不得已而采取紧急措施的,应当认定为民法典第一百八十二条规定的紧急避险。”据此,紧急避险是指为了使国家利益、社会公共利益、本人或者他人的人身权利、财产权利以及其他合法权益免受正在发生的急迫危险,不得已而采取的,以损害较小权益保护较大权益的一种避险措施。

2. 紧急避险的构成要件

(1)必须是合法的权益面临危险

因为紧急避险是以损害较小权益保护较大权益的行为,必须是受法律保护的合法的权益面临危险,既可以是国家利益、社会公共利益,也可以是自然人的权利;既可以是自然人本人的权利也可以是他人的权利;既可以是人身权利也可以是财产权利或其他合法权益。

(2)必须是正在发生的急迫危险

危险既可以是自然原因引起的,也可以是人为因素引起的;既可以是动物侵袭引起的危险,也可以是人自身的生理原因如疾病引起的危险等。但危险必须是客观存在的,是正在发生的危险,或即将迫近,正在持续中的危险。危险尚未发生或者已经消除,或虽然已经发生但不会损害合法权益的,不能采取紧急避险措施。

(3)必须是在不得已情况下采取的避险措施

要求采取的紧急避险行为必须是保护法益的唯一行为,即不采取避险措施,就会造成更大的损失。在避险人求助公权力救济不可能,或公权力救济也不能及时消除危险时才能采取紧急避险行为。在当时面临紧急危险的情况下,避险人能够采取尽可能减少或最大可能避免损害的措施而未采取,或者采取的措施并非排除险情所必需,即采取的避险行为不是保护法益的唯一行为就属于“紧急避险采取措施不当”情形。

(4)避险行为不能超过必要的限度

在面临紧急危险时,采取的避险行为必须是适当的,损害尽可能小的权益以保全更大的权益,要求所采取的避险行为刚好能够避免危险的发生,所引起的损害应轻于危险所可能带来的损害。对避险行为侵害的利益不超过被保护的利益的判断,应当结合危险的性质、急迫程度、

[1] 《总则编司法解释》第 31 条规定:“对于正当防卫是否超过必要的限度,人民法院应当综合不法侵害的性质、手段、强度、危害程度和防卫的时机、手段、强度、损害后果等因素判断。经审理,正当防卫没有超过必要限度的,人民法院应当认定正当防卫人不承担责任。正当防卫超过必要限度的,人民法院应当认定正当防卫人在造成不应有的损害范围内承担部分责任;实施侵害行为的人请求正当防卫人承担全部责任的,人民法院不予支持。实施侵害行为的人不能证明防卫行为造成不应有的损害,仅以正当防卫人采取的反击方式和强度与不法侵害不相当为由主张防卫过当的,人民法院不予支持。”

避险行为所保护的权益以及造成的损害后果等因素综合判断。一般认为,人身权高于财产权;生命权高于健康权。若紧急避险人采取的避险措施导致所损害的权益过分大于所保护的权益,就属于"超过必要的限度"情形。

3. 紧急避险的法律后果

根据《民法典》第 182 条的规定,紧急避险的法律后果,根据引起危险的原因不同及所侵害的主体不同,主要有以下几种情况:

(1)危险由人为因素引起,因紧急避险造成"引起险情发生的人"人身或者财产损害的,由"引起险情发生的人"自身承担损失,紧急避险人不承担责任。

(2)危险由人为因素引起,因紧急避险造成紧急避险人自身或第三人的人身财产损害的,由"引起险情发生的人"承担侵权责任,紧急避险人不承担责任。

(3)危险由自然原因引起,因紧急避险造成第三人损害,受益人应给予受损害的第三人适当补偿,紧急避险人不承担侵权责任。

(4)危险由自然原因引起,因紧急避险造成紧急避险人自身损害,紧急避险人有补偿请求权,受益人应承担适当补偿的民事责任。

(5)危险由自然原因引起,紧急避险人为了本人的利益采取避险措施造成他人损害的,紧急避险人不承担侵权责任,但紧急避险人本人作为受益人,应当对第三人的损害给予适当补偿。

(6)危险由紧急避险人自己或被监护人行为引起,紧急避险人采取避险措施造成他人损害的,此时紧急避险人与引起危险的人是同一人,由紧急避险人或监护人对第三人的损害承担适当补偿的民事责任。

4. 避险过当的责任

根据《民法典》第 182 条第 3 款及《总则编司法解释》第 33 条第 2 款的规定,紧急避险采取措施并无不当且没有超过必要限度的,紧急避险人不承担责任。若紧急避险采取措施不当或超过必要的限度,对于不应当发生的损害,紧急避险人应承担适当的民事责任,即避险过当时不可以免除紧急避险人的民事责任,但其承担适当责任的部分是"不应有的损害",应当根据紧急避险人的过错程度、行为与损害后果之间的因果关系及避险措施造成不应有的损害的原因力大小、紧急避险人是否为受益人等因素判断紧急避险人在造成的不应有的损害范围内承担相应责任的范围。

第五节 民事责任的特别规定

一、因见义勇为使自己遭受损害

1. 见义勇为概述

见义勇为,是指行为人没有法定或约定义务,为保护他人合法的人身或财产权益免受不法侵害或者危险,而自愿采取的制止不法侵害或排除危险的行为。《民法典》第 183 条规定:"因保护他人民事权益使自己受到损害的,由侵权人承担民事责任,受益人可以给予适当补偿。没有侵权人、侵权人逃逸或者无力承担民事责任，受害人请求补偿的，受益人应当给予适当补偿。”该条将见义勇为表述为“保护他人民事权益”，并规定了见义勇为情形下受益人的“适当补偿”义务。因见义勇为使自己遭受损害的民事责任，由侵权人承担侵权责任，受益人承担适当补偿责任。但《民法典》对适当补偿的范围没有规定。关于适当补偿的范围，从侵权损害责任角度看，因见义勇为受到损害的见义勇为者是受害人，受益人不是实施损害行为人，受益人承担的不是侵权赔偿责任，他们共同面对不法侵害或危险，见义勇为者为了保护他人民事权益以慷慨赴险的勇敢壮举，使受益人转危为安其权益免受或少受损害，但却使自己遭受了损害，有的甚至牺牲了自己的生命。不让英雄流泪，让受益人分担见义勇为者的损失对见义勇为者给予适当补偿，兼具伦理性与风险分配的机制与功能，也是公平原则的体现。

根据《总则编司法解释》第 34 条的规定，在受害人依据《民法典》第 183 条的规定请求受益人适当补偿时，对于受益人承担的补偿数额，可以根据受害人所受损失和已获赔偿的情况、受益人的实际获益情况及其经济条件等因素确定。

2. 因见义勇为受害的特别请求权

《民法典》第 183 条规定了见义勇为受害人有特别请求权。对由第三人的侵权行为导致见义勇为者的损害，《民法典》第 183 条第 1 句的表述是“由侵权人承担民事责任”，说明侵权人承担的是侵权责任，以侵权人承担赔偿责任为原则，需要第三人的行为满足侵权责任的构成要件，第三人的侵害行为及侵害行为与见义勇为者的损害后果之间须存在因果关系。鉴于见义勇为者的损害系保护受益人民事权益所造成，基于公平起见，受益人可以给予适当补偿，但此补偿仅是“可以”，无强制性。

对非由第三人的侵权行为或自然原因引起的损害或侵权人赔偿不能情形，《民法典》第 183 条第 2 句的表述是“没有侵权人、侵权人逃逸或者无力承担民事责任，受害人请求补偿的，受益人应当给予适当补偿”。说明没有侵权人的，受益人负有适当补偿的义务，在侵权人无力赔偿或侵权人逃逸，见义勇为者明确提出要求受益人补偿的请求时，受益人有适当补偿的义务，此补偿义务是“应当”，具有强制性。

因见义勇为受害的特别请求权的构成要件如下：

(1)必须存在行为人保护他人民事权益的行为。他人的民事权益是合法的，包括国家利益、公共利益、集体财产或其他民事主体的人身权利或财产权利。行为人是在保护他人的民事权益时受到损害。

(2)必须存在行为人自己受到损害的事实。行为人为了保护他人的民事权益使自己受到损害。损害是客观存在的，既可以是行为人自己的健康权、生命权等人身权受到损害，也可以是行为人合法的财产权利受到损害。

(3)行为人保护他人民事权益的行为与自己的损害结果之间存在因果关系。行为人是为了保护他人的民事权益使自己受到损害，行为人自己之所以遭受了损害是因为行为人实施保护他人的民事权益行为所致。

二、紧急救助造成损害的豁免

1. 紧急救助概念

紧急救助，又称“好人条款”“好人法”“见义勇为”“乐于助人”等，是指行为人无法定的义务和约定的义务，针对紧急情势，及时对遭受困境或处于危险中的受助人予以救助的行为。紧急情势既可能是不法侵害,也可能是受助人生理身体原因如突发疾病,还可以是自然原因引发的危险如个人危难等情况。自愿实施紧急救助行为从道德上讲是一种彰显优良道德风尚的助人为乐行为,从法律意义上讲是一种见义勇为的典型样态。[1]《民法典》第184条将紧急救助确认为免责事由,意在通过豁免见义勇为者的责任,鼓励倡导见义勇为,引领善意救助、乐于助人的良好社会风尚。

2. 紧急救助的构成要件

紧急救助行为作为民事责任免责事由必须符合以下条件:

(1)救助人必须是自愿实施紧急救助行为

"自愿"要求的是行为人是自己实施的"慷慨赴险的壮举",只有自愿施救者才享有豁免权,行为人是否受他人建议或行为影响而采取救助行为与自愿性无关,但不包括行为人对救助者有法定的或约定的救助义务的情形。如果救助人负有法定或约定的救助义务,则其不享有紧急救助豁免权。

(2)救助人以救助为目的实施紧急救助行为

当受助人存在由于自身健康等原因处于紧急情况或突发事件需要救助时,救助人实施了自愿紧急救助行为。救助人只要是以救助受助人为目的,为了受助人的利益而实施了救助行为,就享有紧急救助豁免权。

(3)救助人无偿实施了紧急救助行为

救助人在受助人紧急需要救助时实施的救助行为必须是不计报酬的、无偿的,如果救助人在实施救助之前向受助人明确提出支付报酬的要求,则不属于紧急救助行为,救助人不享有紧急救助豁免权。

(4)受助人的损害结果与救助人的紧急救助行为之间存在因果关系

由于救助人的紧急救助行为使受助人受到损害,受助人受到损害正是由于救助人的紧急救助行为所导致的,受助人的损害结果与救助人实施的救助行为具有因果关系,此时受助人的损害结果即便是由救助人的"慷慨赴险的壮举"所造成,救助人也享有紧急救助豁免权,不承担民事责任。

三、侵害英雄烈士等姓名、肖像、名誉、荣誉的民事责任

(一)侵害英雄烈士等人格利益的民事责任概述

习近平总书记强调:"对中华民族的英雄,要心怀崇敬,浓墨重彩记录英雄、塑造英雄,让英雄在文艺作品中得到传扬,引导人民树立正确的历史观、民族观、国家观、文化观,绝不做亵渎祖先、亵渎经典、亵渎英雄的事情。"[2]英雄和烈士是一个国家和民族精神的体现,是引领社会风尚的标杆,加强对英烈姓名、名誉、荣誉等的法律保护,对于促进社会尊崇英烈、扬善抑恶、弘扬社会主义核心价值观意义重大。

在现实生活中,有些人以"学术自由""还原历史""探究细节"等为名,通过网络、书刊等歪曲历史事实,以侮辱、诽谤等方式丑化、诋毁、贬损、抹黑、扭曲英雄烈士的姓名、肖像、名誉、荣誉,造成了恶劣社会影响,不仅损害了英雄烈士的家人、后代的感情,也损害了中华民族的共同

---

[1] 参见最高人民法院民法典贯彻实施工作领导小组主编:《中华人民共和国民法典总则编理解与适用》(下册),人民法院出版社2020年版,第925页。

[2] 2016年11月30日习近平总书记在中国文联十大、中国作协九大开幕式上的讲话。

情感,是对社会公共利益的损害。比较典型的是,发生侮辱、诽谤狼牙山五壮士、邱少云等英雄烈士群体、个人引起的诉讼案件。为了制止此类行为,保护英雄烈士的人格利益,最高人民法院已通过发布典型案例的方式,维护邱少云、狼牙山五壮士等英雄烈士的名誉。《民法典》第185条规定:"侵害英雄烈士等的姓名、肖像、名誉、荣誉,损害社会公共利益的,应当承担民事责任。"该条对侵害英雄烈士等人格利益的民事责任的规定,体现了《民法典》弘扬社会主义核心价值观、民族精神和社会公共道德等的作用。

(二)英雄烈士的概念及范围

英雄是一个日常用语,关于英雄的概念,我国现行法没有规定,"英雄"二字内涵丰富、外延宽泛,不同历史时期、不同国家民族、不同价值观主体对英雄有不同理解,《现代汉语词典》将"英雄"解释为:"才能勇武过人的人;杰出的人物;具有英雄品质的人。"英雄是重要的荣誉称号,是指为国家、人民和民族的利益,英勇顽强、不畏艰险、不怕牺牲并有重大贡献的人。《民法典》第185条保护的英雄的范围既指已经牺牲的英雄,也指健在的英雄。

关于烈士的概念,《现代汉语词典》解释为:"为正义事业而牺牲的人。"国务院发布的《烈士褒扬条例》第8条[1]规定了公民牺牲评定为烈士的条件。国务院、中央军事委员会发布的《军人抚恤优待条例》第8条[2]对现役军人批准为烈士的情形作了规定。因此,在我国烈士不仅是一种荣誉称号,而且须依照法定的条件和程序评定或批准。烈士,是指经法定程序评定或批准的为了国家、人民和民族而壮烈牺牲、英勇献身的人。

由上可知,英雄与烈士密切联系,两者都是一种荣誉称号,都拥有广泛的社会影响力,给人以充满景仰、堪为楷模之感。《英雄烈士保护法》第2条将"英雄"与"烈士"合二为一统称为"英雄烈士"。该法第2条规定:"国家和人民永远尊崇、铭记英雄烈士为国家、人民和民族作出的牺牲和贡献。近代以来,为了争取民族独立和人民解放,实现国家富强和人民幸福,促进世界和平和人类进步而毕生奋斗、英勇献身的英雄烈士,功勋彪炳史册,精神永垂不朽。"《民法典》第185条也将"英雄"与"烈士"两名词并列合二为一统称为"英雄烈士",从《英雄烈士保护法》第25条[3]关于请求权主体是"英雄烈士的近亲属"来看,"英雄"是指已经牺牲的英雄。但从《民法典》第185条规定来看,并没有要求"英雄"必须已经牺牲,其既可以是已经牺牲的英

---

[1] 《烈士褒扬条例》第8条第1款规定:"公民牺牲符合下列情形之一的,评定为烈士:(一)在依法查处违法犯罪行为、执行国家安全工作任务、执行反恐怖任务和处置突发事件中牺牲的;(二)抢险救灾或者其他为了抢救、保护国家财产、集体财产、公民生命财产牺牲的;(三)在执行外交任务或者国家派遣的对外援助、维持国际和平任务中牺牲的;(四)在执行武器装备科研试验任务中牺牲的;(五)其他牺牲情节特别突出,堪为楷模的。"

[2] 《军人抚恤优待条例》第8条第1款、第2款规定:"现役军人死亡,符合下列情形之一的,批准为烈士:(一)对敌作战死亡,或者对敌作战负伤在医疗终结前因伤死亡的;(二)因执行任务遭敌人或者犯罪分子杀害,或者被俘、被捕后不屈遭敌人杀害或者被折磨致死的;(三)为抢救和保护国家财产、人民生命财产或者执行反恐怖任务和处置突发事件死亡的;(四)因执行军事演习、战备航行飞行、空降和导弹发射训练、试航试飞任务以及参加武器装备科研试验死亡的;(五)在执行外交任务或者国家派遣的对外援助、维持国际和平任务中牺牲的;(六)其他死难情节特别突出,堪为楷模的。现役军人在执行对敌作战、边海防执勤或者抢险救灾任务中失踪,经法定程序宣告死亡的,按照烈士对待。"

[3] 《英雄烈士保护法》第25条规定:"对侵害英雄烈士的姓名、肖像、名誉、荣誉的行为,英雄烈士的近亲属可以依法向人民法院提起诉讼。英雄烈士没有近亲属或者近亲属不提起诉讼的,检察机关依法对侵害英雄烈士的姓名、肖像、名誉、荣誉,损害社会公共利益的行为向人民法院提起诉讼。负责英雄烈士保护工作的部门和其他有关部门在履行职责过程中发现第一款规定的行为,需要检察机关提起诉讼的,应当向检察机关报告。英雄烈士近亲属依照第一款规定提起诉讼的,法律援助机构应当依法提供法律援助服务。"

雄,也可以是健在的英雄。在一定意义上可以说烈士也是英雄,烈士更是一个特定的英雄群体。英雄与烈士在范围上又有所区别,对英雄的褒奖并没有法定的评定或批准条件,而烈士则需经特别程序按照法定的条件予以评定或批准。烈士均为牺牲之人,但英雄则未必牺牲。

《民法典》第185条"侵害英雄烈士等"中的"等"字宜与英雄烈士作同类解释,只要是为中华民族的利益而牺牲的民族英雄,尤其是近代以来历史中,为争取民族独立和人民解放,实现国家繁荣富强和人民幸福,促进世界和平和人类进步的历史人物、民族精神代表、革命领袖等的人格权益,都在《民法典》第185条的保护范围。

(三)侵害英雄烈士等人格利益民事责任的构成要件

1. 须存在行为人侵害英雄烈士人格权益的行为

根据《英雄烈士保护法》第22条的规定,禁止歪曲、丑化、亵渎、否定英雄烈士事迹和精神。任何组织和个人不得在公共场所、互联网或者利用广播电视、电影、出版物等,以侮辱、诽谤或者其他方式侵害英雄烈士的姓名、肖像、名誉、荣誉。任何组织和个人不得将英雄烈士的姓名、肖像用于或者变相用于商标、商业广告,损害英雄烈士的名誉、荣誉。若行为人实施了该法第22条规定的行为,即达到侵权的认定标准,须承担侵害英雄烈士等人格利益民事责任。

2. 须侵害了英雄烈士等的姓名、肖像、名誉、荣誉4项人格利益

《民法典》第185条采取封闭列举的模式确定了英雄烈士等人格利益的保护范围,仅限于姓名、肖像、名誉、荣誉4项。若英雄烈士等姓名、肖像、名誉、荣誉四项人格利益被歪曲、丑化、亵渎或英雄烈士事迹和精神被否定,就应追究行为人的侵权责任。

3. 须行为人主观上存在故意或过失

侵害英雄烈士等的姓名、肖像、名誉、荣誉的行为,是一般侵权行为,适用过错责任,行为人实施侵害行为时所持的心理态度既可以是故意的,也可以是过失的。只要行为人有过错造成了英雄烈士等的姓名、肖像、名誉、荣誉4项人格利益受损害,就应追究行为人的侵权责任。

疑难问题论争 侵犯英雄烈士等的人格利益是否需要"损害社会公共利益"这一条件?

《民法典》第185条规定:"侵害英雄烈士等的姓名、肖像、名誉、荣誉,损害社会公共利益的,应当承担民事责任。"对于该条中"损害社会公共利益"的理解,学界有不同认识:

有学者认为:"损害社会公共利益"是侵犯英雄烈士等人格利益民事责任的构成要件,同时认为,在很多时候,侵害英雄烈士等的姓名、肖像、名誉、荣誉,往往意味着损害社会公共利益。[1] 有学者认为,损害社会公共利益是侵犯英雄烈士等人格利益民事责任的构成要件,若行为人的不法行为侵害了英雄烈士人格利益,但尚未达到损害社会公共利益的程度,那么不能依据《民法典》第185条提起诉讼,而是依据一般死者人格利益规则适用。[2]

有学者认为,《民法典》第185条保护的核心客体是社会公共利益,责任要件包括损害社会公共利益和对英雄烈士等的姓名、肖像、名誉、荣誉的损害;侵害英雄烈士等人格利益即姓名、

〔1〕 参见王利明等:《民法学》(第6版)(上册),法律出版社2020年版,第280页。
〔2〕 参见刘颖:《〈民法总则〉中英雄烈士条款的解释论研究》,载《法律科学(西北政法大学学报)》2018年第2期。

肖像、名誉、荣誉是前提性要件，社会公共利益的损害是结果性要件。[1]

还有学者也把"损害社会公共利益"当作侵权的构成要件，但提出了准确适用该条文的措施：行为人只有在侵害英雄烈士等的人格利益且同时损害社会公共利益时，才需要依据该条规定承担民事责任。该条将损害公共利益作为此种民事责任的构成要件，有利于凸显该条的规范目的，并可以为该规则的解释提供价值指引。同时，由于公共利益的内涵和外延不确定，不同法官可能得出相反的结论，这就可能导致司法的不统一，影响司法的权威性与公信力；还可能影响个人的行为自由。由于公共利益的内涵和外延不确定，个人的行为一旦涉及英雄烈士等人格利益的保护，即便是纯粹的学术研究或者新闻报道，也有可能构成侵犯英雄烈士等的人格利益，这将降低人们行为的可预期性。所以，为保障该条文的准确适用，需要准确界定该条中公共利益的范围，从而为法官的裁判提供具体的指引，以保障类似案件得到类似处理。[2]

但更多学者认为，"社会公共利益"只是为公益诉讼的介入提供了可能，认为虽然《民法典》第 185 条规定了"损害社会公共利益的"要件，但侵权人依据该条承担民事责任其实并不以"损害社会公共利益的"为必要。[3] 另有学者也认为，"无论这种侵害死者人格利益的行为是否损害了社会公共利益，都是对死者人格利益的保护，都是对私益的保护，而不是对公共利益的保护"。[4]

本书认为，英雄烈士的英勇形象和精神价值，已经形成中华民族的共同记忆、民族精神和社会主义核心价值观，只要存在英雄烈士人格权益受损，在一定范围内造成较大影响，即可认定损害了社会公共利益。《民法典》第 185 条纳入"损害社会公共利益"这一表述是为了在英雄烈士人格利益保护的请求权主体不复存在或者请求权主体不愿或不便提起诉讼时，仍可通过公益诉讼获得救济，实质上是为公益诉讼的介入提供法律依据。

四、英雄烈士人格利益的保护与公益诉讼制度的衔接

《民法典》第 185 条体现的社会公共利益的损害性，为提起侵害英雄烈士人格利益的公益诉讼留下空间。对侵害英雄烈士的姓名、肖像、名誉、荣誉的行为，在主张权利的主体方面可区分以下情形：

对健在的英雄人物人格利益的保护，若英雄本人行使请求权，可适用《民法典》关于一般人格利益保护的规定。若英雄本人未行使请求权，检察机关作为法律监督机关可以根据《民法典》第 185 条和《民事诉讼法》第 58 条[5]的规定，对侵害英雄的姓名、肖像、名誉、荣誉，损害社会公共利益的行为向人民法院提起诉讼。

对已经牺牲的英雄烈士，其近亲属可以根据《英雄烈士保护法》第 25 条的规定向人民法院提起诉讼。英雄烈士近亲属依法提起诉讼的，法律援助机构应当依法提供法律援助服务。英

---

[1] 参见罗斌：《传播侵害公共利益维度下的"英烈条款"——〈民法总则〉第一百八十五条的理解与适用》，载《学术论坛》2018 年第 1 期。

[2] 参见王叶刚：《论侵害英雄烈士等人格权益的民事责任——以〈民法总则〉第 185 条为中心》，载《中国人民大学学报》2017 年第 4 期。

[3] 参见王利明主编：《中华人民共和国民法总则详解》（下册），中国法制出版社 2017 年版，第 858 页。

[4] 参见杨立新主编：《中华人民共和国民法总则要义与案例解读》，中国法制出版社 2017 年版，第 688 页。

[5] 《民事诉讼法》第 58 条第 1 款规定："对污染环境、侵害众多消费者合法权益等损害社会公共利益的行为，法律规定的机关和有关组织可以向人民法院提起诉讼。"

雄烈士没有近亲属或近亲属不提起诉讼而影响维护英雄烈士的姓名、肖像、名誉、荣誉的，检察机关可以根据《民法典》第185条、《英雄烈士保护法》第25条以及《民事诉讼法》第58条的规定，依法对侵害英雄烈士的姓名、肖像、名誉、荣誉，损害社会公共利益的行为向人民法院提起诉讼。

《英雄烈士保护法》第25条第3款规定，为了便于检察机关及时掌握了解情况，依法提起公益诉讼，负责英雄烈士保护工作的部门和其他有关部门在履行职责过程中发现侵害英雄烈士人格权益行为，需要检察机关提起诉讼的，应当向检察机关报告。

第六节 违约责任与侵权责任的竞合

违约责任与侵权责任的竞合是民事责任竞合的主要形式。违约责任与侵权责任竞合，是指义务人的违约行为既符合违约责任的构成要件，又符合侵权责任的构成要件，同时产生违约责任和侵权责任，受损害方有权选择请求义务人承担违约责任或侵权责任。从权利人的角度来看，因同一事实而发生两个以上的请求权时，若其内容不同时，得为并存（请求权的聚集）。其内容同一时，则发生请求权竞合，由权利人选择行使之。[1]《民法典》在法律上确认了违约责任与侵权责任竞合的法律适用规则，《民法典》第186条规定："因当事人一方的违约行为，损害对方人身权益、财产权益的，受损害方有权选择请求其承担违约责任或者侵权责任。"

受合同相对性的限制，违约责任只保护一方当事人的债权。侵权责任保护的范围广泛，既包括人格利益、身份利益还包括财产利益，如果违约行为涉及债权人人身、财产固有利益的损害，则构成违约责任与侵权责任的竞合。在二者竞合时，由于违约请求权与侵权请求权在案件管辖、当事人主体资格、举证责任分配、归责原则、能否提起精神损害赔偿及法律适用等方面都存在不同，受害人提起何种请求权对案件的走向和审理结果将产生重大影响，因此《民法典》规定，当违约责任与侵权责任竞合时，允许受损害方在违约方承担违约责任或侵权责任中选择有利于自己的一种作为请求权基础，对受损害方比较方便，也有利于对受损害方的保护。

案例分析

1. 原告田某承包本村东北角四个鱼池，效益较好。某日夜间，被告生产车间突然因雷电失火，火势很大，消防队及时赶到。因原告鱼池离该厂较近，消防队从原告承包的鱼池中破冰取水持续40分钟，取水量约25立方米。来年3月，冰层融化，原告鱼池饲养的10万尾鱼苗全部死亡，漂到水面上。原告起诉要求被告赔偿经济损失6万元。被告辩称，原告鱼死亡时间在公司发生火灾后2个月，消防队救火时在鱼池中取水与原告鱼池死鱼之间缺乏因果关系。

问题：从鱼池取水灭火行为是否属于紧急避险？

分析：紧急避险是为了公共利益、本人或者他人合法权益免受正在发生的危险，不得已而

---

〔1〕 参见王泽鉴：《王泽鉴法学全集》，中国政法大学出版社2003年版，第96页。

采取的损害较小利益以保护较大利益的行为。被告公司失火，消防部门在情急之下，为保全更大利益，采取的从鱼池取水灭火行为属于紧急避险行为，造成原告鱼池中饲养的鱼苗死亡，对因此给原告造成的经济损失，依据《民法典》第182条第2款的规定，被告作为受益人承担补偿责任。

2.“董存瑞、黄继光英雄烈士名誉权纠纷公益诉讼案”[1]

瞿某某在其经营的网络店铺中出售两款贴画，一款印有“董存瑞舍身炸碉堡”形象及显著文字“连长　你骗我！两面都有胶!!”，另一款印有“黄继光舍身堵机枪口”形象及显著文字“为了妹子，哥愿意往火坑跳!”。杭州市某居民在该店购买了上述印有董存瑞、黄继光宣传形象及配文的贴画后，认为案涉网店经营者侵害了董存瑞、黄继光的名誉并伤害了其爱国情感，遂向杭州市西湖区人民检察院举报。西湖区人民检察院发布公告通知董存瑞、黄继光近亲属提起民事诉讼。公告期满后，无符合条件的原告起诉，西湖区人民检察院遂向杭州互联网法院提起民事公益诉讼。

杭州互联网法院认为，英雄烈士是国家的精神坐标，是民族的不朽脊梁。英雄烈士董存瑞在“解放战争”中舍身炸碉堡，英雄烈士黄继光在“抗美援朝”战争中舍身堵枪眼，用鲜血和生命谱写了惊天动地的壮歌，体现了崇高的革命气节和伟大的爱国精神，是社会主义核心价值观的重要体现。任何人都不得歪曲、丑化、亵渎、否定英雄烈士的事迹和精神。被告瞿某某作为中国公民，应当崇尚、铭记、学习、捍卫英雄烈士，不得侮辱、诽谤英雄烈士的名誉。其通过网络平台销售亵渎英雄烈士形象贴画的行为，已对英雄烈士名誉造成贬损，且主观上属明知，构成对董存瑞、黄继光的名誉侵权。同时，被告瞿某某多年从事网店销售活动，应知图片一经发布即可能被不特定人群查看，商品一经上线便可能扩散到全国各地，但其仍然在网络平台发布、销售上述贴画，造成了恶劣的社会影响，损害了社会公共利益，依法应当承担民事法律责任。该院判决瞿某某立即停止侵害英雄烈士董存瑞、黄继光名誉权的行为，即销毁库存、不得再继续销售案涉贴画，并于判决生效之日起10日内在国家级媒体公开赔礼道歉、消除影响。

被告当庭表示服判，并表示已经认识到自己错误，向社会各界道歉。

问题：瞿某某销售贴画的行为是否构成侵害英雄烈士人格利益？

分析：我国禁止以任何形式歪曲、丑化、亵渎、否定英雄烈士事迹和精神。瞿某某作为中国公民，明知应当崇尚、铭记、学习、捍卫董存瑞、黄继光等英雄烈士的光荣事迹和伟大精神，仍然故意实施在网络平台上销售亵渎董存瑞、黄继光形象贴画的行为，实质上贬损、侵害了董存瑞、黄继光的名誉，侵害了英雄烈士名誉利益，通过在面向不特定人群的网络平台上销售亵渎英雄烈士形象的贴画，造成恶劣的社会影响，损害了社会公共利益。因此，瞿某某销售贴画的行为构成侵害英雄烈士人格利益的构成要件。

思考题

1. 如何理解民事责任优先原则？
2. 连带责任与不真正连带责任的区别是什么？
3. 民事责任的免责事由有哪些？

[1] 参见最高人民法院发布，人民法院大力弘扬社会主义核心价值观十大典型民事案例（一）：“董存瑞、黄继光英雄烈士名誉权纠纷公益诉讼案”。

第十一章　诉讼时效和期间计算

｜学习要点｜

本章学习时效制度的概念和类型，诉讼时效的概念和特征，诉讼时效完成后的法律效力，诉讼时效的适用范围，诉讼时效的起算、中止、中断与延长以及期间的计算等内容。诉讼时效主要适用于债权请求权。在我国，诉讼时效期间届满义务人取得拒绝履行的抗辩权。诉讼时效期间起算以后，发生法定事由可以中止或者中断。期间的计算为诉讼时效制度目的之实现提供保障。

第一节　概　　述

一、时效制度概述

（一）时效制度的概念

时效，是指一定的事实状态持续经过一定期间即产生一定的法律后果的法律制度。一定的事实状态，是指占有他人财产或者不行使权利的客观状况；一定期间，是法律明确规定的占有他人财产或不行使权利的客观状态不间断的、持续进行的时间；一定的法律后果，是占有他人财产或不行使权利的客观状态持续至法律规定的时间后，发生当事人取得某种财产权利或丧失某种权利的法律效果。

时效是各国法律普遍承认的法律制度，主要分为取得时效和消灭时效。时效是导致民事法律关系发生、变更和消灭的重要的法律事实。由于时间的经过和法律后果的发生都与当事人的意志无关，故时效应属于法律事实中的事件。时效制度属于强行性规定，当事人不得约定不受时效限制或变更法定的时效期间。

（二）时效的类型

1. 取得时效与诉讼时效的立法模式

如前所述，时效分为取得时效和消灭时效两种类型。各国对时效制度的规定主要存在并合主义、分立主义和单一主义 3 种立法模式：并合主义是将时效制度的内容规定在民法总则，且不严格区分取得时效和消灭时效，二者的共同内容在同一法条中统一规定，二者的不同内容和效力则分别作出详细的规定。《日本民法典》是并合主义的典型代表。分立主义是将取得实效和消灭时效分别规定在民法典的不同篇章，且严格区分取得时效和消灭时效的适用范围。取得时效一般在物权编规定，至于消灭时效，有的规定在民法总则编，有的规定在债权编。前者以《德国民法典》为典型代表，后者以《瑞士民法典》为典型代表。单一主义以英国法为代表,只规定消灭时效,不承认独立的取得时效。[1] 我国《民法典》没有规定取得时效制度。

2. 消灭时效和取得时效的区别

消灭时效和取得时效虽然同为时效制度,都是一定的事实状态、持续一定的期间,均产生一定的法律后果,但从本质内容上看,二者是两种不同的制度,具体区别是:(1)适用对象不同。消灭时效主要适用于债权,而取得时效适用于物权是共识。(2)构成要件不同。消灭时效要求具备两个要素,即权利人不行使权利的状态及达到法定的期间;而取得时效要求对物的和平、持续、公开(有的国家还要求善意地)占有并达到法定期间。(3)两种时效的期间长短不同。一般而言,取得时效的期间长于消灭时效的期间(也有例外的立法例)。(4)法律后果不同。消灭时效届满权利人丧失某种权利,取得时效届满权利人取得某种权利。至于消灭时效届满后权利人究竟丧失何种权利则因各国立法不同而不同。

(三)时效制度的功能

一般认为,时效制度具有以下几项功能:

1. 稳定法律秩序。一定的事实状态长期存在,社会生活必然在此基础上展开,进而发生以该事实状态为基础的各种法律关系,包括第三人因信赖该事实状态而发生的法律关系。若允许长期怠于行使权利的人无限期地行使权利,不仅可能推翻该长期存在的事实状态,而且势必推翻基于此事实状态形成的各种法律关系,第三人的信赖利益也必然受到损害,进而造成社会秩序的混乱。时效制度规定权利人在法定期间才能行使权利,在该期间完成后长期存在的事实状态产生法律效力,有利于稳定法律秩序。

2. 促使权利人及时行使权利。时效制度本身体现了"法律保护勤勉者,不保护懒惰者的原则"。[2] 既然权利人可以随时行使权利,却长期怠于行使,那么丧失权利也是不得已的。[3] 这种对权利人不利的法律后果能增加权利人行使权利的压力和动力,促使其尽快行使权利。

3. 避免举证困难,便利诉讼。民事案件证据的收集通常较复杂,而一定的事实状态长期存在,可能导致证据毁损灭失、证人死亡,或者证据难以完整收集,最终导致双方当事人陷入举证困难。因此,时效制度允许义务人以时效抗辩对抗权利人的请求,而不需要通过实体的抗辩。[4] 同时,时效制度使法院免除对陈年旧案的审理,集中力量解决现实的纠纷,节约审判资源,提高审判效率。

二、诉讼时效的概念与特征

(一)诉讼时效的概念

诉讼时效,是指权利人在法定期间内不行使权利即发生对权利人不利的法律后果的法律制度。作为时效的一种,诉讼时效在各国民法中的称谓有所不同。瑞士、俄罗斯、埃塞俄比亚等国家称为诉讼时效,德国、日本、意大利等国家称为消灭时效。我国原《民法通则》采用了诉讼时效的概念,其后制定的法律、法规中都加以沿用。《民法典》也借鉴了以往的经验,仍然采用诉讼时效的称谓。

---

〔1〕 参见谭启平主编:《中国民法学》(第2版),法律出版社2018年版,第259页。

〔2〕 参见王利明等:《民法学》(第6版)(上册),法律出版社2020年版,第286页。

〔3〕 参见[日]山本敬三:《民法讲义Ⅰ——总则》,解亘译,北京大学出版社2004年版,第346页。

〔4〕 参见李少伟主编:《民法学教程》(第3版),法律出版社2017年版,第197页。

（二）诉讼时效的特征

作为权利行使期限的一种类型，诉讼时效具有以下特点：

1. 具有强制性。诉讼时效的规定属于强制性规定，当事人既不能通过约定排斥其适用，也不能通过约定改变其法定内容。根据《民法典》第 197 条的规定，诉讼时效的强制性具体表现为：禁止当事人事先通过约定放弃时效利益；禁止当事人通过约定缩短或延长诉讼时效期间；[1]禁止当事人对诉讼时效的计算方法作出约定；禁止当事人对诉讼时效中止、中断的事由作出约定。

2. 法官不得主动援用。《民法典》将诉讼时效期间届满产生的法律后果明确为抗辩权发生主义，抗辩权作为私权的一种，是否行使完全取决于债务人自己，其既可以行使，也可以选择放弃，这是民法意思自治原则的根本要求。因此，在债务人不行使诉讼时效抗辩的情形下，人民法院不应主动援用诉讼时效规则进行裁判。为此，《民法典》第 193 条明确规定，人民法院不得主动适用诉讼时效的规定。

（三）诉讼时效的效力

诉讼时效的效力，是指诉讼时效届满后发生的法律后果。大陆法系各国关于诉讼时效的效力主要形成 3 种立法例：

1. 实体权消灭主义。以日本、瑞士为代表，规定诉讼时效届满后，权利人的实体权利归于消灭。如《日本民法典》第 167 条规定："债权，因 10 年不行使而消灭；债权或所有权以外的财产权，因 20 年不行使而消灭。"

2. 诉权消灭主义。以法国为代表，规定诉讼时效届满后，实体权利本身仍然存在，仅诉权归于消灭。如《法国民法典》第 2262 条规定："一切物权或者债权的诉权，均经 30 年的时效而消灭。"

3. 抗辩权发生主义。以德国为代表，规定诉讼时效届满后，实体权利和诉权仍然存在，只是义务人取得拒绝履行的抗辩权。如《德国民法典》第 214 条规定："消灭时效完成后，义务人有权拒绝给付。"

我国《民法典》对诉讼时效的效力采取抗辩权发生主义。[2]《民法典》第 192 条规定："诉讼时效期间届满的，义务人可以提出不履行义务的抗辩。诉讼时效期间届满后，义务人同意履行的，不得以诉讼时效期间届满为由抗辩；义务人已经自愿履行的，不得请求返还。"根据该条规定，诉讼时效届满后的法律效果包括两个方面：一是直接效果，即义务人取得一项抗辩权；二是义务人放弃时效利益的后果，即如果义务人放弃时效利益自愿履行，权利人可以受领并保持，受领不属于不当得利，义务人不得请求返还。

三、诉讼时效的适用范围

（一）诉讼时效只适用于请求权

基于权利的行使方式，可将权利分为支配权、请求权、抗辩权和形成权。因为我国诉讼时效完成的法律后果是债务人取得拒绝履行的抗辩权，其目的是通过抗辩对抗请求权，故诉讼时

---

[1] 在比较法上，有些国家和地区允许当事人通过约定延长或缩短诉讼时效期间，也有一些国家和地区禁止当事人作出此种规定。参见史尚宽：《民法总论》，中国政法大学出版社 2000 年版，第 625 页。

[2] 我国民法对诉讼时效效力的规定经历了从胜诉权消灭主义到抗辩权发生主义的转变。原《民法通则》第 137 条采胜诉权消灭主义，即诉讼时效期间届满，法院不能再为原告的民事权利提供保护，将驳回其诉讼请求。

效只适用于请求权，而不适用于支配权、抗辩权、形成权。

（二）诉讼时效主要适用于债权请求权

在我国，《民法典》没有对诉讼时效的适用范围作出明确规定，然而从以下的法律规定可以得出，诉讼时效主要适用于债权请求权：首先，最高人民法院《关于审理民事案件适用诉讼时效制度若干问题的规定》（以下简称《诉讼时效解释》）第 1 条规定，“当事人可以对债权请求权提出诉讼时效抗辩……”。另外，从《民法典》第 196 条列举的不适用诉讼时效的请求权主要是物权请求权，也可以反推出诉讼时效主要适用于债权请求权。债权请求权一般适用诉讼时效，也是学理普遍接受的观点。

原则上，债权请求权均可以适用诉讼时效，包括基于合同债权的请求权、基于侵权行为的请求权、基于不当得利的请求权、基于无因管理的请求权、基于缔约过失的损害赔偿请求权。但是，出于对某些特殊关系的保护，有些债权请求权也不适用诉讼时效的规定。例如，《诉讼时效解释》第 1 条列举的债权请求权。一般而言，凡涉及公共利益的请求权，涉及人格权益保护的请求权，都不应适用诉讼时效的规定。[1]

如前所述，物权请求权原则上不适用诉讼时效，但根据《民法典》第 196 条第 2 项的反对解释，物权请求权中未登记的动产物权权利人的返还原物请求权应当适用诉讼时效。

（三）不适用诉讼时效的请求权

《民法典》第 196 条规定，下列几种请求权不适用诉讼时效：

1. 请求停止侵害、排除妨碍、消除危险。这 3 种情形都是绝对权受到侵害或有侵害危险的情形，不应当适用诉讼时效，主要理由在于：上述 3 种请求权都涉及对绝对权的保护，学理上一般认为，物权请求权一般不适用诉讼时效。[2] 如果请求停止侵害、排除妨碍、消除危险的权利适用诉讼时效，将会发生物权人必须容忍他人对其行使物权进行侵害的结果，这对权利人不公平，也违反物权法基本理论。[3] 在侵害人格权的情形中，这 3 种请求权对维持人格完整性至关重要，因此，《民法典》第 995 条进一步明确规定，因人格权受侵害而提出的停止侵害、排除妨碍、消除危险请求权不适用诉讼时效的规定。此外，此 3 种请求权，针对的是正在发生的侵害行为，其本质上不可能适用诉讼时效，从实务角度讲，妨碍和危险具有持续性，侵害有持续性的才适用停止侵害，确定其起算点有一定难度。[4]

2. 不动产物权和登记的动产物权的权利人请求返还财产。该规定说明，返还财产请求权是否受到诉讼时效的限制，取决于返还财产中财产的种类。凡不动产物权和经过登记的动产物权被侵害，行使返还财产请求权就不受诉讼时效的限制。依该条的反面解释，其他的返还财产请求权则适用诉讼时效的规定。[5]

（1）不动产物权。不动产物权价值重大、事关国计民生和整个社会稳定，因此我国对不动产物权采用登记要件主义。除法律另有规定外，不动产物权的设立、变更、转让和消灭，经依法登记始发生效力。《民法典》第 216 条第 1 款规定：“不动产登记簿是物权归属和内容的根据。”

---

〔1〕 参见郭明瑞：《民法总则通义》，商务印书馆 2018 年版，第 347 页。

〔2〕 参见王泽鉴：《民法总则》，北京大学出版社 2009 年版，第 497 页。

〔3〕 参见黄薇主编：《中华人民共和国民法典总则编解读》，中国法制出版社 2020 年版，第 657 页。

〔4〕 参见魏振瀛主编：《民法》（第 6 版），北京大学出版社、高等教育出版社 2016 年版，第 198 页。

〔5〕 参见郭明瑞：《民法总则通义》，商务印书馆 2018 年版，第 347 页。

因此,就已经登记的不动产物权而言,不动产登记簿本身能够产生一定的公信力,不动产登记簿上的记载就显示了物权的归属,单纯地占有不动产本身并不能使第三人产生信赖,也不必通过时效制度保护此种信赖。在不动产登记制度条件下如仍规定不动产物权人请求返还财产适用诉讼时效,则必然导致时效制度与不动产登记制度的自相矛盾,动摇不动产登记制度的权威性。[1] 当然,该条并没有要求必须是已经登记的不动产物权,因此,即便是没有登记的不动产物权,也不能适用诉讼时效。例如,我国目前就存量宅基地使用权的登记还没有做到全覆盖,如果某个农民外出打工,邻居在其宅基地上下基脚建房,不能认为经过3年,就不能请求返还。

(2)登记的动产物权。《民法典》第225条规定:"船舶、航空器和机动车等的物权的设立、变更、转让和消灭,未经登记,不得对抗善意第三人。"由此可见,法律对船舶、航空器和机动车等特殊动产的登记采取登记对抗主义,如果进行了登记,和不动产登记一样,也产生公信力,登记动产物权的权利人请求返还财产不受诉讼时效的限制。

3. 请求支付抚养费、赡养费或者扶养费。所谓抚养费,是指义务人基于抚养义务所支付的费用,支付对象一般是晚辈亲,如子女、孙子女、外孙子女等。所谓赡养费,是指义务人基于赡养义务所支付的费用,支付对象一般是长辈亲,如父母、祖父母、外祖父母等。所谓扶养费,是指义务人基于扶养义务所支付的费用,支付对象一般是平辈亲,如配偶、兄弟姐妹等。这3种请求权都是基于亲属关系而产生的费用给付请求权,都具有人身关系的性质。法律规定这3种请求权的目的是满足权利人的基本生活保障,如果适用诉讼时效的规定,则无法保障权利人的正常生活,他们的合法权益将会受到严重损害。

4. 依法不适用诉讼时效的其他请求权。该项属于兜底性条款。除上述3项不适用诉讼时效的情形外,法律中明确规定不适用诉讼时效的请求权,均属于本项规定的情形。例如,《诉讼时效解释》第1条规定,以下几种请求权不适用诉讼时效:支付存款本金及利息请求权;兑付国债、金融债券以及向不特定对象发行的企业债券本息请求权;基于投资关系产生的缴付出资请求权。又如,依据《民法典》第995条的规定,人格权受到侵害的,受害人有权依照本法和其他法律的规定请求行为人承担民事责任。受害人的停止侵害、排除妨碍、消除危险、消除影响、恢复名誉、赔礼道歉请求权,不适用诉讼时效的规定。

此外还需注意,当事人请求法院确认合同无效的权利,在性质上并非债权请求权或其他请求权,不受诉讼时效期间的限制。[2]

疑难问题论争 物权请求权是否适用诉讼时效

关于诉讼时效的适用范围,我国民法学界向来存在争论。争论主要集中于物权请求权是否适用诉讼时效。归纳起来,有"否定说"、"肯定说"和"折中说"3种学说。"否定说"认为,物权请求权并非独立请求权,而是物权的一种权能,物权请求权与物权不能分离。物权本身既然不因时效而消灭,物权请求权应该与其同命运,也不因诉讼时效而消灭,否则将使物权成为一种空洞的权力。"肯定说"认为,物权请求权是以特定人的给付为标的的独立请求权,并非物权的一部分,二者并非同一层次,物权请求权适用诉讼时效不会导致物权本身消灭。"折中说"认

[1] 参见黄薇主编:《中华人民共和国民法典总则编解读》,中国法制出版社2020年版,第657页。
[2] 参见王利明:《民法总则研究》,中国人民大学出版社2003年版,第717页。

为,物权请求权是否适用诉讼时效不可一概而论,应该对各种物权请求权区别对待。至于如何区别对待,则又形成不同观点。有学者主张,返还原物的请求权与恢复原状的请求权应适用诉讼时效,排除妨碍的请求权与消除危险的请求权不适用诉讼时效。[1] 有的学者主张,已经登记的不动产物权所产生的请求权不适用诉讼时效,但未登记的不动产所产生的请求权则适用诉讼时效。[2] 有学者主张,排除妨害、消除危险请求权应适用诉讼时效,而返还原物请求权不应适用诉讼时效。[3]

四、诉讼时效期间的分类

诉讼时效期间按照其长短和适用范围的不同,可分为普通诉讼时效和特别诉讼时效。

（一）普通诉讼时效期间

普通诉讼时效期间,又称一般诉讼时效期间,是一般民事法律关系适用的诉讼时效期间,具有普遍适用性。凡是法律没有规定特别诉讼时效期间的,均适用普通诉讼时效期间。《民法典》第188条第1款规定了普通诉讼时效期间:“向人民法院请求保护民事权利的诉讼时效期间为三年。法律另有规定的,依照其规定。”

虽然《民法典》将普通诉讼时效期间从原《民法通则》规定的2年延长为3年,但从比较法上看,我国规定的普通诉讼时效期间属于较短的时效期间。

（二）特别诉讼时效期间

特别诉讼时效期间,是指仅适用于某些特殊民事法律关系的诉讼时效期间。特别诉讼时效期间不具有普遍适用性,只有当法律有特别规定时才能适用。依据《民法典》和其他民事单行法的规定,我国的特别诉讼时效期间有以下几种:

1. 短期诉讼时效期间。短期诉讼时效期间,是指时效期间短于3年的诉讼时效。例如,《产品质量法》第45条规定,因产品存在缺陷造成损害要求赔偿的诉讼时效期间为2年。又如,《海商法》第十三章规定,就海上货物运输向承运人要求赔偿的请求权、有关海上拖航合同的请求权、有关共同海损分摊的请求权、有关船舶碰撞致第三人伤亡负连带责任的追偿请求权,诉讼时效期间均为1年。《拍卖法》第61条第3款规定,因拍卖标的物存在瑕疵未声明的,请求赔偿的诉讼时效期间为1年。

2. 长期诉讼时效期间。长期诉讼时效期间,是指时效期间超过3年而又短于20年的诉讼时效。长期诉讼时效主要适用于一些调查取证费时耗力的疑难案件或者涉外经济纠纷。例如,《保险法》第26条第2款规定,人寿保险的被保险人或者受益人向保险人请求给付保险金的诉讼时效期间为5年。又如,《民法典》第594条规定,因国际货物买卖合同和技术进出口合同争议提起诉讼或者申请仲裁的时效期间为4年。

3. 最长诉讼时效期间。最长诉讼时效期间,是指时效期间为20年的诉讼时效。《民法典》第188条第2款规定,自权利受到损害之日起超过20年的,人民法院不予保护。最长诉讼时效具有如下特点:第一,最长诉讼时效期间不适用诉讼时效的中止和中断的规定,属于不变期间;第二,最长诉讼时效期间采用客观主义的计算方法,从权利发生之日起计算。

---

[1] 参见梁慧星:《民法总论》,法律出版社1996年版,第242页。

[2] 参见陈华彬:《物权法原理》,国家行政学院出版社1998年版,第102页。

[3] 参见杨代雄:《民法总论专题》,清华大学出版社2012年版,第308~310页。

五、诉讼时效与除斥期间

（一）除斥期间的概念与特征

除斥期间，也称预定期间，是指法律规定或者当事人约定的某种权利预定存在的期间，权利人在此期间内不行使权利，预定期间届满即发生该项权利消灭的法律后果。《民法典》第199条确立了除斥期间的基本规则，该条规定："法律规定或者当事人约定的撤销权、解除权等权利的存续期间，除法律另有规定外，自权利人知道或者应当知道权利产生之日起计算，不适用有关诉讼时效中止、中断和延长的规定。存续期间届满，撤销权、解除权等权利消灭。"

作为民法中一项重要制度，除斥期间的主要特征如下：

1. 除斥期间既可以由法律规定，也可由当事人约定。从立法例看，除斥期间一般是由法律规定的，如《民法典》第152条、第541条、第1052条等关于撤销权期间的规定；又如，《民法典》第171条关于催告权期间的规定等。此外，也有法律规定可以由当事人确定除斥期间的情况，如《民法典》第564条第1款规定："法律规定或者当事人约定解除权行使期限。期限届满当事人不行使的，该权利消灭。"其所谓"当事人约定解除权行使期限"，就是法律授权当事人约定的除斥期间。[1]

2. 除斥期间是某种权利的存续期间。这里的某种权利主要是指撤销权、解除权等形成权，因为除斥期间的目的在于促使法律关系早日确定，防止相对人因为消极等待而蒙受损失，而形成权将会根据一方的意志而产生法律关系发生、变更和消灭的效果，期限的限制与他人的权利和社会公共利益都有一定的关联。[2]

除斥期间的适用对象是否仅限于形成权？对此问题一直存有争议。有学者认为，除斥期间只适用于形成权；也有学者认为，除斥期间还可以适用于其他性质的权利。[3]

3. 除斥期间为不变期间，不发生中止、中断和延长。因为如果允许除斥期间中止、中断和延长，可能会使法律关系长期处于不确定状态，从而致使除斥期间法律制度的目的难以实现。

（二）诉讼时效与除斥期间的区别

诉讼时效与除斥期间存在不少相同之处。二者都是对权利存续和行使的时间限制，都具有督促权利人积极行使权利、促使社会关系稳定的作用。但是二者也存在显著区别，主要体现为：

1. 立法精神不同。诉讼时效与除斥期间的重要作用都在于维持社会秩序，但二者所维持的社会秩序恰好相反。诉讼时效维持的是因权利不行使而建立的新秩序，除斥期间所维持的是因权利不行使而继续存在的原秩序。[4]

2. 适用对象不同。诉讼时效主要适用于债权请求权，除斥期间主要适用于撤销权、解除权等形成权。

3. 期间的起算点不同。根据《民法典》的规定，诉讼时效期间原则上从权利人知道或者应当知道权利受到损害以及义务人之日起计算，而除斥期间一般自权利人知道或者应当知道权

---

〔1〕 参见李永军主编：《民法学教程》，中国政法大学出版社2021年版，第176页。

〔2〕 参见芮沐：《民法法律行为理论之全部》，中国政法大学出版社2003年版，第162页。

〔3〕 有学者认为，绝对权与请求权均可能受除斥期间的规制。参见朱庆育：《民法总论》，北京大学出版社2016年版，第546页。

〔4〕 参见王泽鉴：《民法总则》，北京大学出版社2009年版，第411页。

利产生之日起计算。

4. 期间的可变性不同。诉讼时效期间通常可适用中止、中断的规定，性质上属于可变期间。例如，《总则编司法解释》第35条明确规定，《民法典》第188条第1款规定的3年诉讼时效期间，可以适用《民法典》有关诉讼时效中止、中断的规定。除斥期间不适用中止、中断和延长的规定，性质上属于不变期间。

5. 期间届满的法律效果不同。根据《民法典》的规定，诉讼时效期间届满，相关请求权本身并不消灭，只是使义务人产生拒绝履行的抗辩权。与此不同，除斥期间届满后，形成权本身直接消灭，相对人既无必要，也不可能取得抗辩权。

6. 法院能否主动援用不同。诉讼时效期间届满，义务人未行使诉讼时效抗辩权的，法院不得依职权主动适用诉讼时效规则。除斥期间届满后无论权利人是否行使形成权，也无论相对人是否主张除斥期间届满，法院都应依职权审查并认定形成权消灭，不允许原权利人再行使形成权。

第二节　诉讼时效起算、中止、中断与延长

一、诉讼时效期间的起算

诉讼时效期间的起算，是指诉讼时效期间的开始计算。《民法典》第188条第2款规定了具有普遍适用性的诉讼时效期间的一般起算规则，并在其他法条中对某些法律关系的诉讼时效期间起算规定了特别起算规则。

（一）诉讼时效期间的一般起算规则

关于诉讼时效期间的一般起算规则，大陆法系民法中形成了主观主义和客观主义两种立法模式。主观主义，是指自权利人知道或者应当知道权利被侵害或者请求权成立及义务人之时起开始计算诉讼时效期间。德国、瑞士、英国、俄罗斯、加拿大等国家的立法对某些类型的请求权采此模式。[1] 客观主义，是指权利客观上发生之时或者可行使之时开始计算诉讼时效期间。法国、意大利、葡萄牙、日本、韩国等国家的民法典采此模式。[2]

《民法典》第188条第2款第1句规定："诉讼时效期间自权利人知道或者应当知道权利受到损害以及义务人之日起计算。"该规定对诉讼时效的起算采取了主观主义模式，所谓知道，是指权利人客观上已经了解其权利遭受侵害的事实，所谓应当知道，是一种法律上的推定，无论当事人实际上是否已经知道权利遭受侵害以及义务人，只要客观上存在知道的条件和可能，即使当事人不知道其权利受到侵害及义务人，也应当开始计算诉讼时效期间。[3] 这一规定的目的，是防止权利人以不知道权利被侵害为借口而规避诉讼时效。这里"知道或者应当知道权利受到损害"和"知道或者应当知道义务人"两个条件应当同时具备。

---

〔1〕 参见朱岩：《消灭时效制度中的基本问题——比较法上的分析—兼评我国时效立法》，载《中外法学》2005年第2期。

〔2〕 参见杨巍：《民法时效制度的理论反思与案例研究》，北京大学出版社2015年版，第307页。

〔3〕 参见魏振瀛主编：《民法》（第8版），北京大学出版社、高等教育出版社2021年版，第213页。

(二)诉讼时效期间的特别起算规则

《民法典》及《总则编司法解释》对以下几种特殊请求权时效期间的起算作了专门规定,体现了对部分权利人的特别保护。

1. 分期履行债务诉讼时效期间的起算。《民法典》第189条规定:“当事人约定同一债务分期履行的,诉讼时效期间自最后一期履行期限届满之日起计算。”该规则是我国司法实践经验的总结。分期履行债务是按照当事人事先约定,分批分次完成一个债务履行的情况。分期付款买卖合同是最典型的分期履行债务。“同一债务”的整体性和唯一性特征是决定这类债务从最后一期履行期限届满之日起计算诉讼时效期间的主要理由,无论分几次履行,分期履行债务本质上都属于一个债务,应当自最后一期履行期限届满之日起计算。

2. 无民事行为能力人或限制民事行为能力人对法定代理人以外的人的请求权。《总则编司法解释》第36条规定:“无民事行为能力人或者限制民事行为能力人的权利受到损害的,诉讼时效期间自其法定代理人知道或者应当知道权利受到损害以及义务人之日起计算,但是法律另有规定的除外。”

3. 无民事行为能力人或限制民事行为能力人对其法定代理人的请求权。《民法典》第190条规定:“无民事行为能力人或者限制民事行为能力人对其法定代理人的请求权的诉讼时效期间,自该法定代理终止之日起计算。”这一规定旨在保护无民事行为能力人和限制民事行为能力人的利益。因为在法定代理关系存续期间,法定代理人一般不会代无民事行为能力人或者限制民事行为能力人向自己行使请求权,如果按照一般规则计算诉讼时效期间,难免会出现法定代理关系尚未终止时诉讼时效就已经完成的情况,由此损害无民事行为能力人或限制民事行为能力人的利益。

但在实践中,可能存在以下情况,即在该法定代理终止时,未能及时确定新的法定代理人,或者遭受侵害的无民事行为能力人、限制民事行为能力人及其新的法定代理人均不知道损害事实和义务人。此种特殊情况下适用《民法典》第190条计算诉讼时效期间显然不符合立法初衷。因此,《总则编司法解释》第37条规定:“无民事行为能力人、限制民事行为能力人的权利受到原法定代理人损害,且在取得、恢复完全民事行为能力或者在原法定代理终止并确定新的法定代理人后,相应民事主体才知道或者应当知道权利受到损害的,有关请求权诉讼时效期间的计算适用民法典第一百八十八条第二款、本解释第三十六条的规定。”

4. 未成年人遭受性侵害的损害赔偿请求权。《民法典》第191条规定:“未成年人遭受性侵害的损害赔偿请求权的诉讼时效期间,自受害人年满十八周岁之日起计算。”该规定旨在对遭受性侵害的未成年人提供特殊保护,使受害人在成年之后还能够获得寻求法律保护的机会。[1] 因为,未成年人遭受性侵特别是遭受监护人的性侵,有可能存在其自身难以维护自己的权利或者监护人不愿意维护其权利的情形,故从其年满18周岁之日起算该侵权行为的诉讼时效期间。[2]

除《民法典》外,还有一些特别法对诉讼时效期间的起算作出特别规定。例如,《海商法》第261条规定,有关船舶碰撞的2年诉讼时效期间从碰撞事故发生之日起计算。又如,《专利法》第74条规定,发明专利申请公布后至专利权授予前使用该发明未支付适当使用费

---

〔1〕 参见黄薇主编:《中华人民共和国民法典总则编解读》,中国法制出版社2020年版,第633页。

〔2〕 参见魏振瀛主编:《民法》(第6版),北京大学出版社、高等教育出版社2016年版,第214页。

的，专利权人要求支付使用费的诉讼时效为3年，自专利权人知道或者应当知道他人使用其发明之日起计算，但是，专利权人于专利权授予之日前即已知道或者应当知道的，自专利权授予之日起计算。

二、诉讼时效的中止、中断与延长

（一）诉讼时效的中止

1. 诉讼时效中止的概念

诉讼时效的中止，是指在诉讼时效进行中，因发生一定的法定事由而使权利人无法行使请求权，从而暂时停止计算诉讼时效期间，待终止事由消失后，时效期间继续计算的制度。诉讼时效中止，是为了保证因客观障碍的发生而导致权利人暂时不能行使请求权时仍然有行使权利的足够时间，不至于使权利人因不可控制的原因遭受不当损害。《民法典》第194条对诉讼时效中止制度作出了规定，该条规定："在诉讼时效期间的最后六个月内，因下列障碍，不能行使请求权的，诉讼时效中止：（一）不可抗力；（二）无民事行为能力人或者限制民事行为能力人没有法定代理人，或者法定代理人死亡、丧失民事行为能力、丧失代理权；（三）继承开始后未确定继承人或者遗产管理人；（四）权利人被义务人或者其他人控制；（五）其他导致权利人不能行使请求权的障碍。自中止时效的原因消除之日起满六个月，诉讼时效期间届满。"

2. 诉讼时效中止的事由

所谓中止事由，即中止时效的原因，是指阻碍权利人行使请求权的客观障碍。中止诉讼时效的事由必须是法定事由。依据《民法典》第194条第1款的规定，我国诉讼时效中止的事由有以下几种：

（1）不可抗力。不可抗力是权利人不能预见、不能避免且不能克服的客观情况。一般认为，不可抗力的范围包括自然灾害、国家行为、军事行为、社会异常事件等。不可抗力是导致时效中止的主要事由，但是不可抗力的发生并不必然产生诉讼时效中止的效力，需要发生不可抗力导致权利人在客观上不能行使权利，才能引起诉讼时效中止。虽然发生了不可抗力，但并没有足以影响权利人行使权利的诉讼时效不为中止。[1]

（2）无民事行为能力人或者限制民事行为能力人没有法定代理人，或者法定代理人死亡、丧失民事行为能力、丧失代理权。因为无民事行为能力人或者限制民事行为能力人缺乏健全的意思能力，不能独立实施民事法律行为，法定代理人的缺位会对其行使权利造成客观障碍，故有必要适用诉讼时效中止制度来保护其权利。

（3）继承开始后未确定继承人或者遗产管理人。继承开始后未确定继承人或者遗产管理人之前，被继承人生前享有的请求权无法由适格的权利人行使，被继承人的权利人也无从向适格的继承人或者遗产管理人主张请求权。[2] 此时，如果仍然计算诉讼时效期间，不仅无法实现督促权利人行使请求权，还会给继承人或者遗产管理人造成损害。

（4）权利人被义务人或者其他人控制。权利人是自然人时，所谓权利人被义务人或者其他人控制，一般包括两种情形：一是身体控制，即权利人被义务人或其他人限制人身自由，导致无法主张权利；二是精神控制，即使其不敢或者不能主张权利，这种状况多发生于权利人与义务

---

〔1〕 参见黄薇主编：《中华人民共和国民法典总则编解读》，中国法制出版社2020年版，第648页。

〔2〕 参见黄薇主编：《中华人民共和国民法典总则编释义》，法律出版社2020年版，第523页。

人之间存在家庭生活关系的情形。权利人是法人或非法人组织时，其被控制的情形主要表现为义务人是权利人的法定代表人或负责人、控股股东或实际控制人，利用其控制权阻止权利人行使请求权。[1]

（5）其他导致权利人不能行使请求权的障碍。这是一条兜底性的规定，为实践发展留下余地，允许人民法院根据实际情况裁定时效的中止。

3. 诉讼时效中止的时间

关于诉讼时效何时才能发生中止，主要有两种立法例：一是认为时效期间中止可以发生在时效进行中的任何时间；二是认为时效期间中止只能发生在时效期间的最后一定期限内。依据《民法典》第 194 条第 1 款的规定，我国采纳了第二种模式，即诉讼时效期间的中止只能发生于诉讼时效的最后 6 个月内。之所以作出 6 个月限制，依据学者解释，是因为此时请求权的行使已相当急迫，相反，在此之前，即便出现权利行使障碍，亦至少尚有 6 个月可供回旋，无中止之必要。[2] 中止事由发生在诉讼时效期间的最后 6 个月之前，但延续至诉讼时效期间的最后 6 个月之内的，诉讼时效期间自该最后 6 个月的第 1 日起中止。[3]

4. 诉讼时效中止的效力

依据《民法典》第 194 条的规定，诉讼时效期间中止的法律效力包括两个方面：（1）中止事由发生后，诉讼时效期间停止计算，中止事由消失之前的期间不计入诉讼时效期间；（2）自中止事由消除之日起满 6 个月，诉讼时效期间届满，这意味着无论诉讼时效中止前诉讼时效期间还剩余多长时间，在中止事由消失后，剩余的诉讼时效期间都为 6 个月。这是《民法典》一个比较重大的改变，[4] 这样的规定更有助于保障权利人从容行使权利，也简化了诉讼时效期间的计算方法，从而减少了相关纠纷。

（二）诉讼时效的中断

1. 诉讼时效中断的概念

诉讼时效期间中断，是指在诉讼时效期间进行中，因法定事由的发生致使已经经过的诉讼时效期间全部归于无效，待法定事由消除之日起重新计算原有的诉讼时效。《民法典》第 195 条是关于诉讼时效中断制度的规定，该条规定："有下列情形之一的，诉讼时效中断，从中断、有关程序终结时起，诉讼时效期间重新计算：（一）权利人向义务人提出履行请求；（二）义务人同意履行义务；（三）权利人提起诉讼或者申请仲裁；（四）与提起诉讼或者申请仲裁具有同等效力的其他情形。"

诉讼时效中断发生在时效期间的进行中，如果诉讼时效期间已经届满，则不适用诉讼时效中断。发生一定的法定事由才能导致诉讼时效中断，立法列举的法定事由都有一个共同特征，即权利人并未怠于行使请求权，此时如果强令诉讼时效期间继续进行，一方面会使诉讼时效制度的立法目的无法达到，另一方面也会损害权利人的利益。诉讼时效可以再次中断，根据《总则编司法解释》第 38 条第 1 款的规定，诉讼时效中断后，若在新的诉讼时效期间内再次出现《民法典》第 195 条规定的中断事由，可以认为诉讼时效再次中断。

---

[1] 参见黄薇主编：《中华人民共和国民法典总则编释义》，法律出版社 2020 年版，第 523 ~ 524 页。

[2] 参见张俊浩主编：《民法学原理》（上册）（修订第 3 版），中国政法大学出版社 2000 年版，第 363 页。

[3] 参见崔建远等：《民法总论》，清华大学出版社 2013 年版，第 274 页。

[4] 原《民法通则》第 139 条规定："从中止时效的原因消除之日起，诉讼时效时间继续计算。"

诉讼时效中断与诉讼时效中止，都可以缓和诉讼时效制度不利于权利人的结果，保护未在权利上“睡眠”的权利人，阻却诉讼时效的完成。[1] 但是二者在发生的原因、发生的期间及法律效果方面，都存在明显区别。

2. 诉讼时效中断的事由

依据《民法典》第195条的规定，导致诉讼时效中断的法定事由有：

(1)权利人向义务人提出履行请求。权利人向义务人提出履行请求意味着权利人在积极行使请求权，是对诉讼时效进行的事实状态的否定，应当发生诉讼时效中断的结果。请求有诉讼请求和诉外请求两种，这里的提出履行请求只指诉外请求，即权利人在诉讼及仲裁程序外向义务人提出履行义务的意思表示。这种意思表示可以表现为催促义务人履行义务，也可以表现为权利人主动抵消债权、行使同时履行抗辩权等情形。[2] 《诉讼时效解释》第8条对权利人向义务人提出履行请求的情形作了列举性规定，包括：当事人一方直接向对方当事人送交主张权利文书，对方当事人在文书上签名、盖章、按指印或者虽未签名、盖章、按指印但能够以其他方式证明该文书到达对方当事人的；当事人一方以发送信件或者数据电文方式主张权利，信件或者数据电文到达或者应当到达对方当事人的；当事人一方为金融机构，依照法律规定或者当事人约定从对方当事人账户中扣收欠款本息的；当事人一方下落不明，对方当事人在国家级或者下落不明的当事人一方住所地的省级有影响的媒体上刊登具有主张权利内容的公告的。另外，根据《总则编司法解释》第38条第2款的规定，权利人向义务人的代理人、财产代管人或者遗产管理人等提出履行请求的，也可以引起诉讼时效中断。

权利人提出请求的意思表示既可以采取明示方式，也可以采取默示方式；可以采取书面形式，也可以采取口头形式。诉讼时效的中断从权利人提出请求的意思表示生效时开始计算。依据《民法典》第137条的规定，权利人向义务人请求的意思表示以对话方式作出的，义务人知道其内容时生效；如果权利人请求的意思表示以非对话方式作出，意思表示必须到达相对人时才能发生效力。《诉讼时效解释》第8条列举的第一种和第二种情形都采取到达主义。

(2)义务人同意履行义务。义务人同意履行义务，是指义务人通过实际履行义务或者承诺履行义务的行为认可权利人享有请求权。[3] 义务人同意履行义务意味着对权利人权利的认可，这一认可行为使当事人之间的权利义务关系重新得以明确和稳定，因而应作为诉讼时效中断的法定事由。义务人同意履行义务的方式可以是明示或者默示。《诉讼时效解释》第14条规定：义务人作出分期履行、部分履行、提供担保、请求延期履行、制订清偿债务计划等承诺或者行为的，均应当认定为义务人同意履行义务。

(3)权利人提起诉讼或者申请仲裁。权利人提起诉讼或申请仲裁，表明权利人在积极行使自己的权利，诉讼时效失去适用的理由，因而发生诉讼时效的中断。《诉讼时效解释》第10条专门就提起诉讼作了规定：“当事人一方向人民法院提交起诉状或者口头起诉的，诉讼时效从提交起诉状或者口头起诉之日起中断。”

《诉讼时效解释》第11条规定：“下列事项之一，人民法院应当认定与提起诉讼具有同等诉讼时效中断的效力：(一)申请支付令；(二)申请破产、申报破产债权；(三)为主张权利而申请

---

[1] 参见崔建远等：《民法总论》，清华大学出版社2013年版，第275页。

[2] 参见黄薇主编：《中华人民共和国民法典总则编解读》，中国法制出版社2020年版，第652～653页。

[3] 参见李永军主编：《民法学教程》，中国政法大学出版社2021年版，第157页。

宣告义务人失踪或死亡;(四)申请诉前财产保全、诉前临时禁令等诉前措施;(五)申请强制执行;(六)申请追加当事人或者被通知参加诉讼;(七)在诉讼中主张抵销;(八)其他与提起诉讼具有同等诉讼时效中断效力的事项。"《诉讼时效解释》第 12 条规定:"权利人向人民调解委员会以及其他依法有权解决相关民事纠纷的国家机关、事业单位、社会团体等社会组织提出保护相应民事权利的请求,诉讼时效从提出请求之日起中断。"该条规定承认申请调解是一种与提起诉讼或申请仲裁具有同等效力的情形。[1] 上述就提起诉讼的认定、与提起诉讼具有同等效力事项的规定完善了我国诉讼时效期间中断制度,也解决了司法实践对于认定提起诉讼及类似行为效力的疑惑,具有较强的可操作性。[2]

需要讨论的是,如果权利人提起诉讼后又撤回起诉,或者法院不予受理,或者起诉被驳回,是否仍然发生诉讼时效的中断?我国立法对此没有一致的规定,学界也未形成统一意见。多数国家规定当事人撤回起诉或者撤回其他权利的申请,不具有时效中断的效力。

3. 诉讼时效中断的效果

依据《民法典》第 195 条的规定,诉讼时效中断将发生如下法律效果:第一,自中断事由发生之日起,诉讼时效即告中断,中断前已经经过的诉讼时效期间统归无效;第二,中断事由存续期间,诉讼时效期间暂不开始计算;第三,从中断、有关程序终结时起,诉讼时效期间重新计算。关于重新计算诉讼时效期间的起算点,《民法典》作了改变,从原《民法通则》规定"从中断时起"诉讼时效期间重新计算,改为现在的"从中断、有关程序终结时起"重新计算。法律规定更加明确,便于实践操作。具体而言,以《民法典》第 195 条第 1 项、第 2 项法定事由主张诉讼时效中断的,诉讼时效期间从中断时起重新计算;以第 3 项、第 4 项法定事由主张诉讼时效中断的,从有关程序终结时起重新计算。[3]

(三)诉讼时效的延长

诉讼时效的延长,是指在诉讼时效期间届满以后,权利人基于某种正当理由,而向人民法院提起诉讼,经人民法院调查确有正当理由而将诉讼时效期间予以延长的制度。《民法典》第 188 条第 2 款规定:"……自权利受到损害之日起超过二十年的,人民法院不予保护,有特殊情况的,人民法院可以根据权利人的申请决定延长。"该条对诉讼时效延长作出了规定。依据这一规定,诉讼时效的延长应具备如下条件:第一,以当事人主动申请为前提。第二,确有特殊情况发生。第三,由人民法院决定。关于哪些情况属于人民法院可以延长诉讼时效的特殊情况,法律未作规定,也难以作出具体规定。在司法实践中人民法院应以是否涉及重大利益或是否有重大影响为判断的基本依据。[4]

---

〔1〕 参见黄薇主编:《中华人民共和国民法典总则编释义》,法律出版社 2020 年版,第 527 页。

〔2〕 参见李少伟主编:《民法学教程》,法律出版社 2017 年版,第 209 页。

〔3〕 参见黄薇主编:《中华人民共和国民法典总则编解读》,中国法制出版社 2020 年版,第 656 页。

〔4〕 参见申卫星:《民法学》(第 2 版),北京大学出版社 2017 年版,第 159 页。

第三节　期 间 计 算

一、期日、期间的概念与类型

（一）期日、期间的概念

期日，是指法律上不可分割的特定时间点，如2021年6月1日、2021年6月1日7时30分等，都是一个期日。期日是时间上某一静态的点。期间是指从某一特定的时间点到另一特定的时间点所经过的时间段，如2020年1月1日至4月2日、10月1日7时至5日18时，都属于期间。期间是期日与期日之间的间隔时间，是时间上某一动态的阶段。期间的开始期日称为始期，始期到来称为期间届至。期间的终止期日称为终期，终期经过称为期间届满。

（二）期日、期间的类型

根据产生原因的不同，可将期日和期间分为法定型、指定型及约定型3种类型。

1. 法定型期日和期间，是由法律直接规定的期日和期间。如自然人的出生、成年和死亡之时，法人的成立和终止之时，都属于法定型期日。诉讼时效期间、法定的除斥期间，都属于法定型期间。法定型期日和期间不允许当事人通过约定加以变更。

2. 指定型期日和期间，是由人民法院、仲裁机构或者居民委员会、村民委员会等有关组织依法指定的期日和期间。如法院作出宣告死亡判决的日期为指定型期日，判决书确定的义务人偿还债务的履行期限为指定型期间。指定型期日和期间也不允许当事人通过约定加以变更。

3. 约定型期日和期间，是根据当事人意思而确定的期日和期间。如合同中确定的交付货物的期日或者期间、广告人在悬赏广告中确定的相对人领取报酬的期日或期间。当事人通过多方法律行为确定的期日和期间，可以由全体当事人协商一致予以变更。当事人通过单方法律行为确定的期日和期间，虽可由该当事人单方予以变更，但其变更不得不利于相对人。[1]

二、期间的计算

（一）期间的计算单位

依据《民法典》第200条的规定，我国期间的计算单位共有4种，分别是公历年、月、日和小时。以上的计算单位主要适用于法定型期间和指定型期间。对于约定型期间，可以依照当事人的约定计算期间。例如，当事人可以约定采用“周”“季度”“星期”作为计算单位。

（二）期间的计算方法

1. 自然计算法，是指以经过的实际时间为依据精确地进行计算的方法。按照自然计算法，1分为60秒，1小时为60分，1日为24小时，1月为30日，1年为365日，不考虑大小月与平闰年。一般认为，非连续期间[2]应当采用自然计算法，约定型连续期间，当事人也可以约定采用

---

〔1〕 参见李永军主编：《民法学教程》，中国政法大学出版社2021年版，第179页。

〔2〕 根据计算方法的不同，可将期间分为连续期间和非连续期间。连续期间，是指自始期至终期，所有时日毫不间断地全部予以计算。非连续期间，也称实用期间或有用期间，是指自始期至终期之间仅计算有用的时日，将无用的时日排除在外。参见郑玉波：《民法总则》，中国政法大学出版社2003年版，第476页。

自然计算法。以日、小时为计算单位的期间也采用自然计算法。[1]

2. 历法计算法，是指期间的计算依据历年的年、月、日进行。依历法，月分大小月，大月31日，小月30日；年分平闰年，平年为365日，闰年为366日。通常，年、月采用公历的历法计算法，这样每年的时间差距相差不大，既符合我国的社会实际，又符合国际通用规则，便于生产生活和国际交往。[2]

三、期间的起算点和终止点

（一）期间的起算点

依据《民法典》第201条的规定，期间的起算点区分以下两种情况确定：(1)按照年、月、日计算期间的，开始的当天不计入在内，从下一日开始计算，即次日为期间的起点，具体而言，是指以次日0时为起算点。(2)按照小时计算期间的，自法律规定或者当事人约定的时间开始计算，即规定的分或者秒就是期间的起算点。当然，关于期间的计算方法，如果法律另有规定或者当事人另有约定，不按照以上规则计算。[3]

（二）期间的终止点

除法律另有规定或者当事人另有约定外，期间的终止点区分以下3种情况确定：(1)《民法典》第202条规定，"按照年、月计算期间的，到期月的对应日为期间的最后一日；没有对应日的，月末日为期间的最后一日"。期间的最后一日的截止时间为24时，有业务时间的，停止业务活动的时间为截止时间。[4] 按照季度计算期间的，适用按照月计算期间的规则。(2)按照星期计算期间的，以最后一星期的对应日为期间的最后一日。(3)按照日、小时、分、秒计算期间的，以算足该期日之日、小时、分、秒之时为期间的终止点。

关于期间最后一日的顺延，《民法典》第203条第1款规定："期间的最后一日是法定休假日的，以法定休假日结束的次日为期间的最后一日。"

案例分析

2006年4月15日，美联公司与李某签订《联合开发协议书》，双方约定美联公司将某市场片区的两栋楼整体交给李某开发、承建，李某向美联公司交付相关费用。并约定2006年5月10日前，美联公司完成施工现场的三通一平工作，达到李某进入现场施工的条件……后来，美联公司未能在2006年5月10日前完成现场三通一平工作，给李某造成损失。2007年1月，李某向某市中级人民法院起诉，要求美联公司按照协议约定赔偿损失。2008年某市中级人民法院作出一审判决，认定李某和美联公司签订的《联合开发协议书》无效，对李某的赔偿请求不予支持。李某不服一审判决，向省高级人民法院提出上诉。本案经过多次审理。2014年，省高级人民法院作出二审判决，判决认定李某和美联公司签订的《联合开发协议书》有效，并对李某的赔偿请求予以支持。被告美联公司不服二审判决，向最高人民法院申请再审。2015年11月22日，最高人民法院作出民事裁定书，裁定如下："一、本案由本院提审；二、再审期

---

[1] 参见黄薇主编：《中华人民共和国民法典总则编解读》，中国法制出版社2020年版，第671页。

[2] 参见黄薇主编：《中华人民共和国民法典总则编解读》，中国法制出版社2020年版，第671页。

[3] 《民法典》第204条。

[4] 《民法典》第203条第2款。

间，中止原判决的执行。”2018 年 4 月 12 日最高人民法院就本案作出民事判决（本判决为终审判决）。

这次，李某对最高人民法院的判决不服，于 2020 年 5 月 15 日向省高级人民法院申请再审。在这次诉讼中，美联公司提出诉讼时效抗辩，认为李某的请求权诉讼时效已经届满，理由有二：第一，李某于 2007 年向美联公司提起诉讼，美联公司的违约行为就已经确定。后来在诉讼进行中李某撤回了赔偿损失的诉请，即表明李某放弃要求美联公司承担损失及违约责任，诉讼时效期间已经过了。第二，李某对省高级人民法院的二审判决并未申请再审，所以李某的请求权最晚应于收到二审判决书之日起算诉讼时效。[1]

问题：诉讼时效中断后何时开始重新起算？本案的诉讼时效是否已经届满？

分析：《民法典》第 188 条规定：“向人民法院请求保护民事权利的诉讼时效期间为三年。法律另有规定的，依照其规定。诉讼时效期间自权利人知道或者应当知道权利受到损害以及义务人之日起计算。法律另有规定的，依照其规定。但是，自权利受到损害之日起超过二十年的，人民法院不予保护，有特殊情况的，人民法院可以根据权利人的申请决定延长。”根据该规定，诉讼时效期间自权利人知道或者应当知道权利受到损害以及义务人之日起计算。本案中，美联公司未能按照协议约定在 2006 年 5 月 10 日前完成现场三通一平工作，给李某造成损失，此时即是李某债权的诉讼时效起算之时。如果没有出现法定事由，李某债权的诉讼时效期间应该截至 2008 年 5 月 10 日。但是《民法典》第 195 条规定：“有下列情形之一的，诉讼时效中断，从中断、有关程序终结时起，诉讼时效期间重新计算……（三）权利人提起诉讼或者申请仲裁……”所以，李某于 2007 年 1 月起诉美联公司的行为已经引起诉讼时效中断。诉讼时效中断意味着以前经过的时效期间统归无效，诉讼时效重新起算。从何时开始起算？根据《民法典》第 195 条的规定，从中断、有关程序终结时起，诉讼时效期间重新计算。本案的关键就在于：如何认定李某提起诉讼引起时效中断的行为已经终结。

本案中，李某诉请美联公司按照协议约定赔偿损失，该违约责任的承担系以案涉协议约定义务的有效存在为基础，但一审法院认为案涉协议无效。如案情所述，该案经多次审理，二审法院于 2014 年 12 月 30 日作出生效民事判决，认定案涉协议有效。美联公司又在法定期间内申请再审，最高人民法院于 2015 年裁定提审本案并中止对原判决的执行。因此，本案涉及的法律关系及协议效力始终处于不确定状态。直至最高人民法院提审并于 2018 年 4 月 22 日作出生效民事判决后，案涉协议才产生确定的执行力和约束力，即此时李某于 2007 年 1 月提起诉讼引起时效中断的行为才算是已经终结。所以，其诉讼时效期间应从（2017）民提字第 132 号民事判决生效之日起算，即从 2018 年 4 月 22 日重新起算。诉讼时效期间为 3 年，那么，李某的请求权诉讼时效期间应于 2021 年 4 月 22 日届满。李某于 2020 年 5 月 15 日向省高级人民法院申请再审，显然仍在诉讼时效期间内，所以美联公司的诉讼时效抗辩不成立。

---

〔1〕 案例来源：最高人民法院（2021）最高法民申 2287 号民事裁定书。

思考题

1. 时效制度有何功能？
2. 诉讼时效完成后有何法律效果？
3. 诉讼时效与除斥期间的区别是什么？
4. 诉讼时效中止和中断的区别是什么？

第二编

物权

第十二章　物权概述

学习要点

本章学习物权的概念和特征、物权的类型、物权的效力、物权的变动、物权的保护等基本知识。物权是典型的支配权，在财产权体系中居于核心地位。物权具有排他效力、优先效力、追及效力和物权请求权效力。在我国，基于法律行为的物权变动原则上以登记或交付为生效要件。

第一节　物权的概念和特征

一、物权的概念

一般认为，“物权”一词是由中世纪注释法学派首先提出来的，是注释法学派在研究罗马法所规定的所有权、用益权、居住权、奴畜使用权、地役权等财产权的过程中所作的抽象。罗马法并没有明确提出物权概念，只是为了诉讼便利而提出了对物之诉和对人之诉两个概念。中世纪时期，才提出了对物权的概念，并将其与对人权加以区别。但是，罗马法时期的对物权和我们现在所说的物权概念是有差别的，其含义基本上是支配权的含义，除物可以为其客体外，权利甚至继承权也可以为其客体。通说认为，1811 年的《奥地利普通民法典》在立法上率先使用物权概念。该法第 307 条规定了两种物权：对物的物权和对人的物权，前者是指一个人对一个物所拥有的可以对抗任何人的权利，称为“物权”；对人的物权则是指基于法律或者约束性行为而产生的可以对抗特定人的对物的权利。现代意义上的物权显然是指前者。该法第 308 条具体列举了对物的物权，包括占有权、所有权、担保物权、役权和继承权。[1] 1896 年的《德国民法典》以“物权”作为第三编的编名。此后，物权概念为多数国家的立法所接受，物权法也成为现今大陆法系各国民法的重要组成部分。

自近代以来，各国学者对物权下过很多种定义，将这些对物权的定义加以归类，可以总结出 3 种学说，即“对物关系说”、“对人关系说”和“折中说”。“对物关系说”给物权的定义是：人们直接就物享受其利益的财产权，或者人们对物直接支配的财产权；“对人关系说”的定义是：物权是具有禁止任何人侵害的消极作用的财产权或对抗一般人的财产权；“折中说”将物权定义为：人们对物可直接支配，且可对抗一般人的财产权。[2]

---

〔1〕 参见申卫星：《民法学》（第 2 版），北京大学出版社 2017 年版，第 164 ~ 165 页。

〔2〕 参见梁慧星、陈华彬：《物权法》（第 7 版），法律出版社 2020 年版，第 5 页。

我国学界一般将物权定义为:物权人直接支配特定物并排他性地享受其利益的权利。其中“直接支配特定物”,表明物权是一种对物的关系;“排他性地享受其利益”,表明物权又是一种反映人与人之间的对于财产的归属和(物权的)利用关系的法权形式,将二者结合起来,即形成物权概念的总体。[1]《民法典》第114条第2款是物权的立法概念,该条规定:“物权是权利人依法对特定的物享有直接支配和排他的权利,包括所有权、用益物权和担保物权。”可以看出,我国《民法典》和学界对物权的定义采“折中说”,这一立场符合当代物权法对物权制度核心本旨之认识。

二、物权的特征

1. 物权的主体是特定的权利人。物权是绝对权、对世权,所以物权的权利主体是特定的,义务主体是不特定的,义务内容是消极的不作为。我国《民法典》第114条第2款将物权的权利主体表述为权利人,这种表达方式具有高度的概括性,可以将所有民事主体纳入其中,包括自然人、法人、非法人组织,也包括国家,因为国家是国家所有权的权利主体。

2. 物权的客体是物。这里的物,首先,原则上是指有体物。有体物包括不动产、动产,以及虽然不占据一定空间或具备一定形状,但是能够为人力所控制的电、气、光波、磁波等物。我国《民法典》第115条规定,“物包括不动产和动产。法律规定权利作为物权客体的,依照其规定”。其明确表明了物权的客体主要是有体物,权利成为物权的客体,仅限于法律有明确规定的情况。其次,物权的客体必须是特定物。特定物可以是某个独一无二的物,也可以是特定化了的种类物。物权的客体必须特定化,是由物权的直接支配权性质决定的,如果物不能特定化,虽可为债权之标的,但不能作为物权的客体,正如法谚所称:“所有权不得未确定。”如果物不能确定,则物权支配的对象也不能确定,从而物权也难以存在。[2] 最后,物权的客体一般应是独立物。所谓独立物,是在经济上、法律上具有独立意义的物,不局限于在空间上能够个别地、单独地存在的物。例如,已划定界限并单独登记的地块,其虽与其他土地连成一片,但具有独立的法律意义,可单独作为物权的客体。

3. 物权以对物进行直接支配并享受物的利益为内容。所谓直接支配,是指物权人可以按照自己的意志对物直接行使权利,无须他人的意思或者义务人的行为的介入。权利人的支配可以通过民事法律行为来实现,如房屋所有人出卖、出租自己的房屋,或者在自己的房屋上设定抵押权等;也可以通过事实行为来实现,如房屋所有人自行居住,房屋所有人改造房屋。物权人直接支配标的物,是物权的基本内容,但是物权种类不同,其权利人支配物的范围则有所不同。所有权人对物可以进行全面支配,所有权以外的其他物权人只能在法定范围内对物进行有限支配。另外,物权中对于物的支配不一定都是有形的。对物的使用价值的支配往往是有形的,如土地承包经营权人对其承包经营的耕地的占有、使用和收益,居住权人对他人房屋的居住;对物的交换价值的支配往往是无形的,如就抵押权而言,不动产抵押权人对于抵押物无占有的事实,自然不可能对抵押物的实体进行有形的支配。

直接享受物的利益是物权的经济内容,[3]也是物权人的最终目的。任何民事权利均是以利益为落脚点的,物权也不例外。所以,对物进行支配只是物权人取得并享受利益的一种手

---

[1] 参见梁慧星、陈华彬:《物权法》(第7版),法律出版社2020年版,第6页。

[2] 参见王利明:《物权法论》,中国政法大学出版社1998年版,第8~9页。

[3] 参见彭万林主编:《民法学》(第7版),中国政法大学出版社2011年版,第173页。

段。物的利益通常表现为两个方面：一是利用物的使用价值满足生产经营和日常生活的需要；二是利用物的交换价值来担保债权的实现，取得生产、生活所急需的资金。物权人除享受物的经济利益外，有学者主张物的利益也包括精神利益。[1]

4. 物权是排他性的权利。物权排他性包含两个方面的含义：一是一物之上不得同时成立两个内容不相容的物权。例如，不能在同一物上设立两个所有权，不能在同一地块上设立两个土地承包经营权。二是物权具有排除他人侵害、干涉、妨碍的性质。换言之，物权具有对抗第三人的效力。物权的排他性说明物权不仅是人对物的关系，也是人与人之间的关系，即任何人不得非法干预他人行使物权。

三、物权与债权的区别

（一）权利性质上的区别

物权为支配权，债权为请求权，这是物权与债权最基本的区别。物权人无须借助他人的行为而仅依自己的意志与行为即可对标的物进行管领、支配并享受和实现其利益。而债权人欲实现其利益，必须借助他人的行为，即通过义务人履行义务的行为间接地实现自己的利益。

（二）权利客体上的区别

物权的客体主要是有体物，而债权主要以行为为客体，且作为物权客体的物主要是独立的、特定的，如果某物尚未成为特定的物，是不能成为物权的支配对象的。债权的标的因债权种类的不同而各不相同。一般而言，债权直接指向的是债务人的特定行为。在债权关系存续期间，债权人一般不直接占有债务人的财产，只有在债务人交付财产以后，债权人才能直接支配该财产，但交付以后往往导致债权的消灭和物权的产生。

（三）权利效力上的区别

物权为支配权，故物权具有排他性、优先性和追及效力；而债权为请求权，其具有相容性、平等性，无追及效力。依物权的排他性，在同一标的物之上不能有两个或两个以上互不相容的物权存在，且物权可直接排除不法之妨碍；而按照债权的相容性，在同一标的物上，允许同时或先后设立数个内容相同的债权，不发生排他效力。依物权的优先性，当同一标的物上并存数个相容的物权时，先成立的物权一般优先于后成立的物权；而按照债权的平等性，各债权无论成立先后，均平等受偿。依物权的追及效力，物权的标的物无论辗转落于何人之手，除法律另有规定外，物权人都可追及其物之所在而行使权利；而债权则没有追及效力。

（四）权利设定上的区别

物权的种类及其设定，法律上通常采用的是法定主义和公示主义，不允许当事人自由创设；而债权的设定则实行任意主义。依据契约自由原则，当事人只要不违反法律的强行性规定和公序良俗，就可通过合意任意设定债权或创设新债权。另外，物权的设立还须进行公示，当事人通过合同设立某项物权时，如果未以登记或交付的方式公示，一般情况下只能产生债权而不能产生物权。设立债权通常无须公示。

（五）权利期限上的区别

物权具有永久性和长期性，债权具有暂时性。对于物权尤其是所有权来说，法律上并无期限限制，据此，所有权被称为“永恒物权”，只要所有权人存在，则其所有权必然存在。即使他物

---

〔1〕 参见申卫星：《民法学》（第2版），北京大学出版社2017年版，第167页。

权存在期限，他物权的期限一般也比债权的期限长。债权都是有期限限制的权利。在法律上不存在无期限限制的债权，即使在一些合同之债中没有规定合同的存续期限，债权人享有的债权与债务人所应承担的债务也应受到时效的限制。

第二节　物权的类型

一、物权法定主义

物权法定主义，也称物权法定原则，被认为是“物权法构造重要支柱之一”[1]和“物权法上最具特色的基本原则之一”。[2] 关于物权法定主义的内容，学者有多种解释，莫衷一是。但在多种解释中，物权的种类和内容必须由法律规定，不得自由创设，为其共识。我国《民法典》第116条对物权法定主义作出规定，即“物权的种类和内容，由法律规定”。在我国，物权法定中的“法”，是指法律，即全国人大及其常委会制定的法律，除法律明确规定可以由行政法规、地方性法规规定的外，一般不包括行政法规和地方性法规。需要说明的是，物权法定中的法律，既包括《民法典》，也包括其他法律，如《土地管理法》《城市房地产管理法》《矿产资源法》《草原法》《森林法》《海域使用管理法》《渔业法》《海商法》《民用航空法》等，这些法律中都有对物权的规定。[3]

物权法定主义起源于罗马法，其后被大陆法系多数国家所采用，是19世纪欧陆各国在民法典编纂运动中关于物权立法的基本原则。在罗马法中，具有物权属性的权利有所有权、地上权、地役权、用益权、抵押权和质权等。这些权利的类型及取得方式都由法律作了明确规定，非以法定方式取得这些权利的，法律不予保护。在我国，物权法定主义的社会功能在维护国家的基本经济制度、保护公民的基本权利、确认和巩固社会经济并维护正常的社会秩序上的作用功不可没。[4]

当事人如果违反物权法定主义，一般不发生创设物权的法律效果，但也不意味着该法律行为不发生任何民事法律效果。不符合物权法定主义之情形不同，产生的法律效果也不同：(1)当事人的法律行为如意欲创设法律没有规定的物权，则不发生创设物权的法律效果。但是，如果该法律行为具备了债权行为的有效条件，即可产生债法上的效果，在当事人之间设定债权债务关系。(2)当事人的法律行为如意欲创设法律已作规定的物权，但其约定的内容有悖法律对该种物权所定内容，则该法律行为可以产生创设该种物权的法律效果，但其法律行为中有悖该种物权法定内容的部分无效。

---

〔1〕 谢在全：《民法物权论》（上册），中国政法大学出版社1999年版，第40页。

〔2〕 尹田：《物权法理论评析与思考》（第2版），中国人民大学出版社2008年版，第112页。

〔3〕 参见黄薇主编：《中华人民共和国民法典总则编解读》，中国法制出版社2020年版，第369页。

〔4〕 参见高圣平：《物权法定主义及其当代命运》，载《社会科学研究》2008年第3期。

疑难问题论争　物权法定主义的缓和

随着市场经济的发展，物权法定主义遇到立法之初规定的物权类型及内容无法满足现实社会的需要的情况，成为20世纪以来遭受较多批判的原则之一。物权法定，不仅被视为物权法之强行法性格的主要来源，同时几乎成为物权法之保守性、落后性的代名词。因此，就如何克服物权法定主义带来的弊端，理论界提出了各种方案和理由。于是，产生了民法上所谓的"物权法定主义之缓和"。物权法定主义之缓和由日本学者提出，是指或者对物权法定的内容作从宽解释，或者利用现行制度弥补物权法定之不足。

对于如何缓和物权法定主义，主要有以下几种学说：(1)"物权法定无视说"。此说认为，应根本无视物权法定主义的规定，而径直承认习惯物权的效力。(2)"习惯法包含说"。此说是由日本学者提出的，依据日本民法，认为法源上之习惯亦包括在物权法定之"法"中。(3)"习惯法物权有限承认说"。此说认为，物权法定主义所称的"法"虽不包括习惯法在内，但从物权法定主义之存在理由看，如社会惯性上所产生的物权不妨碍物权体系之建立，且不有碍公示，可突破物权法定主义之拘束，而直接承认该习惯上的物权为有效。(4)"物权法定缓和说"。此说理由同"习惯法物权有限承认说"，认为新生的社会上惯行的物权，如不违反物权法定原则的旨趣，且有一定的公示方法，可从宽解释物权法定原则的内容，将其解释为非新类型的物权。[1] 在实务中，克服物权法定主义局限性的方法主要有二：一是允许交易习惯或者生活习惯已经普遍认同的新的物权种类进入，承认习惯法所创设的物权；二是经由法院判例肯认或创立新型物权。依据法规、司法解释而形成的物权，如具有相应的公示方法，即可以认定其效力。

在原《物权法》起草过程中，曾有意见认为，物权法定作为一条原则是对的，但如果法律没有规定的就不具有物权效力，限制太严，随着实践的发展还会产生新的物权，应该开个口子，以适应实践发展的需要。[2] 根据这一意见，《物权法(草案)》曾规定："物权的种类和内容，由法律规定；法律未作规定的，符合物权性质的权利，视为物权。"之后，在审议过程中，有的意见提出，依照这条规定，哪些权利可以视为物权，谁来认定"符合物权性质"都不够清楚，建议删去例外规定。有观点认为，这一规定的本意是随着实践的发展为物权的种类留下一定空间，实际上哪些权利"符合物权性质"还需要通过立法解释予以明确。考虑依照《立法法》的规定，法律解释与法律具有同等效力，而且从一些国家和地区的实际情况看，新出现的物权种类并不多见。因此，原《物权法》删去了这一规定。[3] 在《民法典》物权编编纂过程中，仍有人提出同样的意见，最终考虑到对这一问题争议较大，且物权法立法时对该问题已有明确的说法，目前还没有足够的理由推翻这一说法，故未增加这一规定。

有关物权法定、物权缓和的争论依然持续着。

二、物权的类型

基于物权法定主义，各国民法都对物权作出了明确的规定。因社会经济制度和历史文化传统的不同，各国民法上规定的物权种类参差不一，但大多可以归纳为所有权、用益物权、担保

[1] 参见梁慧星、陈华彬：《物权法》(第7版)，法律出版社2020年版，第68页。
[2] 参见胡康生主编：《中华人民共和国物权法释义》，法律出版社2007年版，第31页。
[3] 参见黄薇主编：《中华人民共和国民法典总则编解读》，中国法制出版社2020年版，第368～369页。

物权和占有4类。我国《民法典》也规定了这4种类型：

(1)所有权。具体包括国家所有权、集体所有权、私人所有权以及其他主体的所有权(如宗教团体所有权、慈善团体所有权、法人所有权和业主的建筑物区分所有权等)。

(2)用益物权。具体包括土地承包经营权、建设用地使用权、宅基地使用权、地役权、居住权。

(3)担保物权。具体包括抵押权、质权和留置权。

(4)占有。

三、民法学上物权的分类

学理上根据不同的分类标准,对物权作以下的分类：

(一)自物权与他物权

这是根据物权的标的物为自有还是他有而作的分类。自物权是权利人对于自己的物所享有的权利。因其与他人之物无关,故称作自物权。所有权是自物权。他物权是在他人所有的物上设定的物权,他物权是对他人的物享有的权利,其内容是在占有、使用、收益或者处分某一方面对他人之物的支配。

(二)不动产物权、动产物权与权利物权

这是根据物权的客体种类的不同而作的分类。不动产所有权、建设用地使用权、不动产抵押权等是不动产物权。权利物权以可流通的财产性权利为客体的,主要包括权利抵押权与权利质权。

此类区分的意义在于：这3类物权的成立与变动要件、公示方法及法律上的限制程度不同。

(三)主物权和从物权

这是根据物权是否具有独立性而作的分类。主物权,是指能够独立存在的物权,如所有权、建设用地使用权。从物权,是指必须依附其他权利而存在的物权,如抵押权、质权、留置权,是为担保债权而设定的。地役权在与需役地的所有权或使用权的关系上,也是从物权。

此类区分的意义在于：在物权的取得、变更、丧失问题上,从物权应与其所依附的权利共命运。

(四)完全物权与定限物权

这是根据权利人对标的物支配范围的不同所作的分类。完全物权即自物权、所有权,是全面支配标的物的物权,定限物权是于特定方面支配标的物的物权。一些学者认为,所有权也要受法律、相邻关系等的限制,故应避免使用限制物权这一概念。日本学者松冈正义首创了“定限物权”一词,表示所有权以外的他物权内容是有一定限度的。但这只是名称之争,关于完全物权与定限物权分类的实质内容是一致的。定限物权指的就是所有权以外的物权。所有权是一种于全面关系上支配物的权利,是一种完全的支配权利。而其他物权与所有权不同,其是在他人之物上设定的、只在一定方面支配物的权利,没有完全的支配权。

定限物权是在他人之物上设定的权利,实际上是根据所有权人的意志设定的所有权上的负担,起着限制所有权的作用,因此定限物权有较优先的效力。例如,土地所有人在自己的土地上为他人设定了建设用地使用权,那么就只能由享有建设用地使用权的人使用土地。

(五)有期限物权与无期限物权

这是根据物权的存续有没有期限限制而作的分类。有期限物权,是指有一定存续期间的物权,如抵押权、质权、留置权。无期限物权则是指没有预定存续期间,永久存续的物权,所有权属于无期限物权。

此类区分的意义在于:有期限物权在期限届满时即当然归于消灭,而无期限物权除转让、抛弃、标的物灭失等特定情形外,永久存续。

(六)民法上的物权与特别法上的物权

这是根据物权所依据法律的不同而作的区分。民法上的物权,是指在《民法典》中规定的物权。特别法上的物权则是指《森林法》《海商法》等特别法所规定的物权。

此类区分的意义在于:特别法上的物权,如果该法对其有特别的规定,应当首先适用该法,在没有特别规定时,才适用民法中的一般规定。

(七)占有与本权

这是根据是否有物权之实质内容而作的区分。占有,是指对标的物享有管领力的一种事实状态。在大陆法系民法中,除日本民法明定占有为权利(称占有权)外,大多认为占有并非物权,而只是一种受法律保护的事实状态。本权是相对占有而言的,是指当事人不仅对标的物有事实上的管领力,而且有作为该管领力产生依据的权利。也就是说,对物进行占有所依据的基础权利,即本权。不仅所有权及以占有标的物为内容的物权为占有之本权,租赁权、借用权等,债权也属于本权。

区分占有与本权的意义主要在于:确定当事人对标的物的占有是否有权利基础,以便采用不同的保护方法。

第三节 物权的效力

一、物权效力的一般理论

一般认为,物权的效力,是指法律赋予物权的强制性作用力与保障力。[1] 物权的效力反映物权的权能和特性,界定法律保障物权人对标的物进行支配并排除他人干涉的程度和范围,集中体现了物权依法成立后所产生的法律效果。[2] 物权的效力有共同效力和特有效力之分。前者为物权的一般效力或基本效力,它是对所有种类的物权共同具备的效力运用法律技术予以概括的结果。后者为某项具体物权所具有的效力,如抵押权的效力。本节内容讨论物权的共同效力。

关于物权效力问题,各国基本上不在立法上对其作出系统性、完整性的规定,主要由学者对其进行归纳总结。目前,学者对物权效力的认识存在较大的分歧,主要形成以下观点:(1)“二效力说”。该学说认为,物权的效力有优先效力与物上请求权效力,而物权的排他效力与追及效力,应包含于上述两种效力之中。[3] (2)“三效力说”。此学说中又有不同的观点,有

---

〔1〕 参见刘保玉:《物权的效力问题之我见》,载《山东大学学报(哲学社会科学版)》2000 年第 2 期。

〔2〕 参见李永军主编:《民法学教程》,中国政法大学出版社 2021 年版,第 192 页。

〔3〕 参见史尚宽:《物权法论》,中国政法大学出版社 2000 年版,第 10 页;魏振瀛主编:《民法》(第 8 版),北京大学出版社、高等教育出版社 2021 年版,第 227 ~231 页。

的认为物权具有排他效力、优先效力与物上请求权效力;[1]有的认为物权的效力包括对物的支配力、对债权的优先力、物上请求权三个方面。[2] (3)“四效力说”。该学说认为,物权的效力有排他效力、优先效力、追及效力和物权请求权效力。[3]

二、物权的排他效力

早在罗马法中,物权的排他效力就获得了承认。所谓“所有权遍及全部,不得属于二人”的法谚,足见其由来已久。排他效力的作用在于保障权利主体能够独占支配标的物,享有物上利益,如果物权无排他效力则势必妨害权利人对标的物的有效支配。[4] 物权的排他效力主要表现在以下两个方面:

1. 所有权之间的排他效力。由于所有权是对物的全面支配权,同一物之上不可能存在两个相同的全面支配权,故所有权之间具有成立上的绝对排他效力,即“一物不容二主”。共有作为所有权的一种特殊形态,是多人享有一个所有权,而并非共有物上存在多个所有权。

2. 用益物权之间的排他效力。用益物权是对他人之物占有、使用、收益的实体支配权。用益物权通常以现实占有标的物为前提,因为同一物之上不可能同时成立两个现实占有,因此,用益物权之间当然具有成立上的排他性,但也有例外:根据地役权的性质、特点,其与土地使用权等用益物权可以并存不悖,而且同一供役地上也可设定两个以上非继续性的地役权。

物权的排他性是有限度的,不是绝对的、无限的。以下情形中同一标的物上的物权可以并存:(1)所有权与他物权可以并存于同一物上,这里的他物权包括用益物权与担保物权。(2)以占有为内容的他物权与非以占有为内容的他物权可以并存于同一物上,如建设用地使用权和抵押权可以并存,动产质权和抵押权可以并存。(3)数个非以占有为内容的他物权可并存于同一物上,如抵押权和抵押权可以并存。

三、物权的优先效力

物权的优先效力,又称物权的优先权。关于其范围,在传统物权理论中有3种观点:第一种观点认为,物权优先效力是指物权优先于债权的效力,仅限于物权优先于债权。第二种观点认为,物权优先效力仅限于物权之间的优先效力。第三种观点为通说,认为以上二者皆为物权优先效力的范围。无论是哪种观点,都可以看出物权优先效力的含义应是指同一标的物上有数个利益相互冲突的权利并存时,各权利效力的强弱问题,在一般情况下,物权具有优先于其他权利实现的效力。关于物权的优先效力,本书采通说观点。

(一)物权相互间的优先效力

物权相互间的优先效力,为物权的对内效力。这种优先效力,是以物权成立时间的先后确定物权效力的孰先孰后,即“时间在先,权利在先”原则。

1. 时间在先,权利在先

同一物上存在两个或两个以上不同内容或不同特性的物权时,成立在先的物权优先于成

---

〔1〕 参见谢在全:《民法物权论》(上册),中国政法大学出版社1999年版,第31~33页。

〔2〕 参见张俊浩主编:《民法学原理》(修订3版)(上册),中国政法大学出版社2000年版,第400页。

〔3〕 参见梁慧星、陈华彬:《物权法》(第7版),法律出版社2020年版,第51~63页;杨立新:《物权法》(第7版),中国人民大学出版社2020年版,第26~27页;申卫星:《民法学》(第2版),北京大学出版社2017年版,第221~236页;王泽鉴:《民法物权》(第2版),北京大学出版社2010年版,第47~48页。

〔4〕 参见韩松:《论物权的排他效力与优先效力》,载《政法论坛》2003年第2期。

立在后的物权，即时间在先，权利在先。《民法典》第 414 条规定："同一财产向两个以上债权人抵押的，拍卖、变卖抵押财产所得的价款依照下列规定清偿：（一）抵押权已经登记的，按照登记的时间先后确定清偿顺序；（二）抵押权已经登记的先于未登记的受偿；（三）抵押权未登记的，按照债权比例清偿。其他可以登记的担保物权，清偿顺序参照适用前款规定。"该规定确立的就是"时间在先，权利在先"原则，详言之，如果同一物上设立多个抵押权，则依抵押权登记的时间先后决定优先效力。需要注意的是，《民法典》第 414 条既适用于以登记为抵押权生效要件的不动产抵押，也适用于以登记为抵押权对抗要件的动产抵押。[1] 这意味着，先成立的动产抵押权如未经登记，其效力将落后于后成立但经过登记的抵押权。

2. 先成立的物权优先于后成立的物权之例外

（1）定限物权优先于所有权。定限物权是在一定范围内限制所有权的权利。同一标的物上，定限物权虽成立于所有权之后，但仍有优先于所有权的效力。例如，土地承包经营权人、宅基地使用权人可优先于土地所有人使用土地。（2）法律规定了特殊的顺位时，不适用该原则。法律基于特别理由而规定了物权相互间的顺位时，应依所定的顺位决定各物权的效力。例如，《民法典》第 456 条规定："同一动产上已经设立抵押权或者质权，该动产又被留置的，留置权人优先受偿。"

（二）物权优先于债权的效力

物权优先于债权的效力，为物权的对外效力，是指在同一物上同时存在物权和债权时，无论物权成立在先还是在后，物权均优先于债权。

1. 物权优先于债权的表现

（1）所有权优先于债权。此种情况常发生于"一物数卖"。例如，因交付或登记而先取得标的物所有权的人，即使其为后买受人，其权利也优先于未取得标的物所有权的债权人的权利。

（2）用益物权优先于债权。物上如存在用益物权，则无论其成立时间之先后，通常该物权有优先于以给付该物为内容的债权的效力，债权人不得向物权人请求移转其物，也不得请求除去该物上之物权；反之，在债权的存在妨害物权的实现时，用益物权人可因其权利的行使而除去债权。

（3）担保物权优先于债权。有担保物权作担保之债权，就担保物之变价可优先于一般债权人之债权而受偿。债务人破产时，对债务人之特定财产有担保物权的人，就该项财产享有"别除权"，对该项财产仍可优先受偿。质权人、留置权人于供债权担保的债务人或第三人的标的物因其他债权而受强制执行时，可基于物权的优先效力，诉请排除。[2]

2. 物权优先于债权之例外

物权优先于债权虽为基本规则，但法律也设有一些例外规定，从而使某些债权居于优先实现的地位。

（1）"买卖不破租赁"，即先设立的承租人的租赁权优先于租赁物受让人的所有权。这是由于租赁权被法律赋予了某些物权的效力成分（所谓的"租赁权的物权化"）。我国《民法典》第 725 条规定："租赁物在承租人按照租赁合同占有期限内发生所有权变动的，不影响租赁合同的效力。"该条文系"买卖不破租赁"的明文规定。这一规则同样适用于租赁权与抵押权的关系，

---

〔1〕 参见黄薇主编：《中华人民共和国民法典物权编释义》，法律出版社 2020 年版，第 711 页。

〔2〕 参见谢在全：《民法物权论》（上册），台北，新学林出版股份有限公司 2014 年版，第 27 页。

《民法典》第405条规定："抵押权设立前，抵押财产已经出租并转移占有的，原租赁关系不受该抵押权的影响。"

(2)进行了预告登记的债权。根据《民法典》第221条的规定，如果不动产买卖协议(尤其是商品房预售合同)在登记机构进行了预告登记，该买受人的债权就具有了物权的排他效力。

(3)被法律特别赋予了优先受偿效力的债权。物权不一定能强于具有优先权效力的特别债权。例如，按照《海商法》第22条的规定，船员工资请求权优先于船舶留置权或船舶抵押权。

四、物权的追及效力

物权的追及效力，是指物权成立后，其标的物无论辗转入何人之手，物权人均得追及物之所在，而直接支配其物的效力。[1] 关于物权的追及效力是否为物权的一项独立效力，学界有否定和肯定两种意见。"否定说"认为，物权的追及效力只不过是物权请求权的一个方面，或物权的追及效力已为物权的优先效力所包含。"肯定说"主张，物权的追及效力是独立的，追及效力可以起到保护物权的需要，以及更有助于彻底地认识物权的本质。本书采"肯定说"。

(一)物权追及效力的适用

物权追及效力的适用前提是物权的标的物辗转落入他人之手、被他人占有，这里的占有，既可能是合法占有，也可能是非法占有，这与物权优先效力的前提是一物之上必须合法存在数个物权不同，也与返还原物请求权的前提必须是物权的客体被他人无权占有不同。

物权的追及效力主要适用于以下两种情况：(1)当标的物由无权处分人转让给第三人时，除法律另有规定外，物权人有权向第三人请求返还原物；(2)物权的追及效力，以抵押权最为典型。抵押权的追及效力，是指当抵押人擅自转让抵押物给第三人时，抵押权人可追及至抵押物之所在行使抵押权。《民法典》第406条第1款明确承认了抵押权追及效力，该条规定："抵押期间，抵押人可以转让抵押财产。当事人另有约定的，按照其约定。抵押财产转让的，抵押权不受影响。"还有学者认为，抵押权的追及效力可以扩张，即当抵押物原有形态或者性质发生变化而有代位物时，抵押权仍可追及至抵押物的代位物。[2]

(二)物权追及效力的例外

物权的追及效力不是绝对的，而是相对的。现代民法为了保护交易安全，维护社会经济秩序，对物权的追及效力给予了一定的限制。对物权追及效力的限制包括如下情形：(1)善意第三人对标的物的占有受取得时效制度和善意取得制度的保护。当善意第三人按照时效取得制度或者善意取得制度取得标的物所有权时，原所有人的追及效力即被阻断，只能请求无权处分人赔偿损失。(2)登记对抗主义模式下，物权未按法定方式公示者，不具有对抗善意第三人的法律效力，即对善意第三人不具有追及效力。

五、物权请求权

物权请求权，又称物上请求权，是指物权人在物权受到不法妨碍或有受到不法妨碍的可能时，为了恢复其对物的圆满支配状态，而向不法妨碍人提出排除此等妨碍请求的权利。物权是对物的直接支配权，权利的实现无须他人行为的介入。如果有他人干涉的事实，使物权受到妨害或者有受到妨害的危险，必然影响物权人对物的直接支配，法律就赋予物权人请求除去妨害

---

[1] 参见王泽鉴：《民法物权》(第2版)，北京大学出版社2010年版，第50页。

[2] 参见邹海林：《论抵押权的追及效力及其缓和——兼论〈物权法〉第191条的制度逻辑和修正》，载《法学家》2018年第1期。

和防止妨害的权利。可见,物权请求权是基于物权的绝对权、支配权的性质而发生的法律效力。其赋予物权人不同内容的请求权,以排除对物权的享有与行使所造成的各种妨害,从而恢复物权人对其标的物的原有支配状态。

(一)物权请求权的性质

关于物权请求权的性质,主要有5种学说:(1)"债权说",认为物权请求权是权利人请求特定人为特定行为(排除侵害)的独立权利,为行为请求权、纯粹的债权。(2)"物权说",认为物权请求权系物权的作用,而非独立的权利,其依存物权而存在,随物权的消灭而消灭。(3)"准债权的特殊请求权说",认为物权请求权是一种准债权的特殊请求权。换言之,物权请求权是权利人请求特定人为特定行为的权利。在此点上,其与债权相类似。但该请求权系从属于基础物权而存在,并与之共命运:物权发生、移转或消灭的,该请求权也随同发生、移转或消灭。因而其也非纯债权,仅能认为系可准用债权规定的权利。(4)"物权效力所生请求权说",认为物权请求权是物权效力所生的请求权,与物权不可分离;物权移转的,该请求权也随之移转。(5)"独立请求权说",认为物权请求权是对人的请求权,为独立的权利。但其命运与物权相同,于物权存续期间内不断滋生,故不适用消灭时效。其虽然是对人的请求权,但于破产的情形下,却有异于普通债权的强力地位(如有取回权、别除权),由此强烈地表现出其系由物权派生的特性。[1]

笔者认为,物权请求权是以物权为基础的一项独立请求权。物权请求权由物权所派生,不能与物权分离而独立存在。物权请求权常与其所从出的基本物权同命运,基本物权移转、消灭的,物权请求权也随之移转、消灭。但是,物权请求权不以对物权标的物的支配为内容,故不是物权本身,而是独立于物权的一种请求权。

(二)物权请求权的内容

物权请求权以恢复物权的圆满支配状态为目的,因此,根据对物权妨害形态的不同,物权请求权可分为以下3类:请求返还原物、请求排除妨害、请求恢复原状。

1.请求返还原物。当物权人的物被他人非法占有时,物权人可以依照法律的规定请求不法占有人返还原物或者请求法院责令不法占有人返还原物,使物复归于物权人事实上的支配。为了维护商品交易的安全,稳定现实的占有关系,现代各国的民法一般均对请求返还原物设有若干限制。

《民法典》第235条规定了返还原物请求权,该条规定:"无权占有不动产或者动产的,权利人可以请求返还原物。"对此应作如下的理解:

第一,请求返还原物的一个必要前提是原物须为特定物且必须存在。如原物为种类物,则没有请求返还原物的必要。如原物虽为特定物,但已经灭失,也无请求返还原物之可能,此时物上请求权就因物的灭失而消灭了,权利人只能请求赔偿损失。[2]

第二,无权占有就是没有法律根据、没有合法原因的占有。一般包括两种情形:一是占有人从占有之始就没有法律根据,如占有人占有的物是盗窃物;二是占有之初本来有法律根据,但是后来该根据消灭,如租赁他人之物,租赁期限届满而不返还。

---

〔1〕 参见梁慧星、陈华彬:《物权法》(第7版),法律出版社2020年版,第58~59页。

〔2〕 参见申卫星:《民法学》(第2版),北京大学出版社2017年版,第234页。

第三，享有返还原物请求权的权利人应当是物权人，包括所有权人、用益物权人等，不包括没有本权的占有人。

2. 请求排除妨害。当他人的行为非法妨害物权人行使物权时，物权人可以请求妨碍人排除妨害，也可以请求法院责令妨碍人排除妨害。

《民法典》第 236 条规定了排除妨害请求权，该条规定："妨害物权或者可能妨害物权的，权利人可以请求排除妨害或者消除危险。"排除妨害请求权的行使应注意：

第一，请求排除妨害，既包括请求除去已经存在的妨害，也包括请求防止可能出现的妨害。前一种请求于存在实际妨害时提出，其目的在于除去已存在的妨害，可称为"请求除去妨害"，即《民法典》第 236 条中表述的"请求排除妨害"；后一种请求在出现妨害危险时提出，其目的在于预防可能发生的妨害，可称为"请求消除危险"，在《民法典》第 236 条中也表述为"请求消除危险"。

第二，这里的"妨害"，是指以非法的、不正当的行为，包括施加无权施加的设施，影响了特定物的权利人行使物权。例如，在他人家门口堆放物品，妨碍他人通行。"妨害"需具有不法性，倘若物权人负有容忍义务，则物权人不享有排除妨害请求权。[1]

第三，排除妨害的请求，不仅直接占有物的所有人可以提出，直接占有物的用益物权人也可以提出。

3. 请求恢复原状。物权请求权中的恢复原状，是指当物权的标的物因他人的侵权行为而损坏时，如果能够修复，物权人可以请求侵权行为人加以修理以恢复物之原状。恢复原状的请求可以由物的所有人基于所有权而提出，也可以由享有他物权的其他合法占有人提出，因为这些人对所有人负有维持其物的完整性的义务。

第四节　物权的变动

一、物权变动的含义和原因

（一）物权变动的含义

物权变动，是指物权的发生、变更和消灭。它是民事权利变更的一种具体现象，是物权法律关系运动的基本形式。物权变动的实质，就是人与人之间关于物权客体的归属和支配法律关系的变化。[2] 从物权主体角度来看，物权的变动就是物权的得丧变更。我国《民法典》物权编第二章"物权的设立、变更、转让和消灭"规定的就是物权变动规则。

1. 物权的发生

物权的发生，是指物权与特定主体相结合，即某一主体取得对某物的物权，故物权的发生也称物权的取得。物权的取得包括原始取得与继受取得两种情况。

（1）物权的原始取得

原始取得，又称固有取得或权利的绝对发生，是指权利人取得某物的权利并非基于原权利

---

〔1〕 参见黄薇主编：《中华人民共和国民法典物权编释义》，法律出版社 2020 年版，第 70 页。

〔2〕 参见梁慧星、陈华彬：《物权法》（第 7 版），法律出版社 2020 年版，第 80 页。

人的权利。具体包括:第一,在权利人取得物权之前,作为客体的物并未成为任何民事权利的客体,或者该物虽为某一民事主体权利的客体,但嗣后其抛弃了该权利或因其他原因而丧失了该权利,如无主物的先占取得、合法建造建筑物。第二,在权利人取得物权之前,作为该物权客体的物曾是某人物权的客体,但权利人对该物取得物权却不是基于原权利人的意志,如添附、善意取得、征收,此种情形下即便原权利人不同意,也无济于事。

一般而言,导致物权原始取得的法律事实是事实行为。在原始取得的情形下,被取得之物上原有的一切权利负担均因此而消灭。

(2)物权的继受取得

继受取得,又称传来取得或权利的相对发生,是指基于原权利人对其物权的让与而取得物权。一般而言,基于法律行为而取得物权,即属于继受取得。依据继受的范围不同,可将继受取得分为特定继受取得和概括继受取得。特定继受取得,是指就特定标的物的继受取得,如通过买卖取得负有抵押权的房屋的所有权;概括继受取得是指就他人的权利义务(不限于特定的物)全部取得,最典型的概括继受取得就是因继承而取得被继承人的权利和义务、法人的合并。需要注意的是,无论何种继受取得,基于物权的对世效力,存在于标的物上的所有物权负担,均继续存在而由取得人继受之。[1]

2. 物权的变更

物权的变更有广义、狭义之分。广义的物权变更,是指物权的主体、客体或内容等要素中的一项或者数项的变更,因此物权的取得、消灭也被包含在物权的变更当中。通常所说的物权变更,多指狭义的变更。狭义的物权变更是指物权客体和内容的变更,其中,物权客体的变更又称物权的量的变更,指物权的标的物于数量上的增减。例如,所有权的客体因添附(附和或混合)而增加,抵押权的客体因部分毁损而减少。物权内容的变更则为质的变更,指物权于内容上发生的某些改变。例如,地役权设立后,又通过协议将其存续期间延长或缩短;甲乙二人按份共有一辆货车,二人协商变更各自的份额。

3. 物权的消灭

物权的消灭也有广义、狭义之分。广义的物权消灭包括物权的绝对消灭与相对消灭。物权的绝对消灭,是指物权的客体不仅与其主体相分离,且他人也未对该物取得权利。例如,甲的摩托车因火灾被彻底烧毁,此时甲对摩托车的所有权就属于绝对消灭。物权的相对消灭,是指物权的客体与原主体分离,但又与新主体相结合,实际上,也就是物权的转让。通常所称的物权消灭系指物权的绝对消灭。

(二)物权变动的原因

物权变动的原因,是指引起物权变动的法律事实。物权变动的原因多种多样,从性质上可以分为以下3类:(1)法律行为。引起物权变动的法律行为包括单方法律行为与双方法律行为。前者如物权的抛弃[2]、遗赠等,后者如买卖、赠与、互易等。(2)事实行为与事件。事实行为,如商品的生产与制造、遗失物的拾得与埋藏物的发现、先占、添附等;事件,如法定期间的届满、人的出生与死亡、不可抗力等。(3)行政行为或法院判决等。公法上的行政行为或司法行

---

〔1〕 参见谢在全:《民法物权论》(上册),台北,新学林出版股份有限公司2014年版,第46页。

〔2〕 这里所讲的抛弃,是指依权利人的意思表示,使物权归于消灭的单独行为。抛弃物权,除需有抛弃的意思表示外,还须抛弃对该物的占有或办理注销登记,始生抛弃的效力。

为以及仲裁机构的裁决也可以引起物权的变动。例如,因征收或没收、法院及仲裁机构的法律文书等发生物权变动。

在上述3类原因中,基于法律行为引发的物权变动在社会生活中最普遍,也最重要。正因如此,依法律行为而发生的物权变动,特别是双方法律行为引发的物权变动,已成为各国家或地区民法上的一个重要问题。《民法典》物权编第二章用24个条文对我国物权变动的基本规则做出规定。

二、物权变动的原则

物权的变动,尤其是法律行为引起的物权变动,体现了当事人的意思自治,但是因物权变动的效果不仅与交易关系的直接当事人相关,而且还潜在地对所有民事主体产生影响,因此,如果不以一定的可以从外部查知的方式表现物权的变动,必然纠纷不断,难以维护交易秩序的安全。为此,《民法典》第208条明确规定了物权的公示原则,同时《民法典》第311条关于善意取得的规定,也体现了物权变动的公信原则。

(一)物权公示原则

1.物权公示原则的含义和立法理由

物权公示原则,是指因法律行为导致物权取得、变更、丧失的,须通过法定的方式向外界加以展示,使他人得以知悉,否则无法产生物权变动的法律效果。物权公示的实质内容,是物权的权属状况或者物权的不复存在。[1] 物权公示的目的在于使他人知晓。

物权公示原则是传统民法的原则,虽然具体制度的规定可能有差异,但是各国(地区)物权制度通行的原则。制定了民法典的国家或地区,通常在民法典的物权编中设专章、专节或专条规定物权的公示及其方法,并制定特别法如不动产登记法或不动产登记条例来明定不动产物权的公示。例如,《德国民法典》物权编第一章"占有"和第二章"土地权利的通则"就集中规定了动产物权和不动产物权的公示。另外,德国也制定了专门的不动产登记法(《德国土地登记法》)来规定不动产物权(土地物权)的公示;瑞士、日本亦同。[2] 我国《民法典》在物权编第一章"一般规定"中明确规定了物权公示原则,第208条规定:"不动产物权的设立、变更、转让和消灭,应当依照法律规定登记。动产物权的设立和转让,应当依照法律规定交付。"以此为基础,《民法典》物权编于第二章"物权的设立、变更、转让和消灭"中对物权公示原则的内容进一步展开。

确立物权公示原则的理由在于:首先,实际生活关系中,物权通常是可以从外部加以认识的,如动产的所有权人常常是自己占有、使用动产。故此,法律就以这些生活事实为规范基础,进而对物权的公示方法予以类型化和法定化。[3] 其次,物权属于绝对权,具有排他效力,除物权人外的一切人都必须尊重物权,不得侵害或妨害物权人的权利。物权具有排他性,若某物上已经存在一种物权,则与之有相同或相近内容的其他物权即不得再存在;而且物权变动也将产生排他性效果。物权的优先效力也可能使与之发生冲突的债权无法实现。既然物权具有如此强大的效力,那么它的变动就应当能从外部清晰地加以认识,否则不仅不利于明确物的归属、保护物权人的权利,也会给第三人带来不测之损害,无法保证交易的效率。

---

〔1〕 参见尹田:《物权法理论评析与思考》(第2版),中国人民大学出版社2008年版,第255页。

〔2〕 参见梁慧星、陈华彬:《物权法》(第7版),法律出版社2020年版,第91页。

〔3〕 参见[德]鲍尔、[德]施蒂尔纳:《德国物权法》(上册),张双根译,法律出版社2004年版,第61页。

2. 物权公示的方法

物权公示的方法必须要由法律明确规定，而不能由当事人随意创设。[1] 自近代以来各国立法例上，对物权公示方法的规定因不动产物权与动产物权的不同而有所区别：不动产物权以登记与登记变更作为享有与变更的公示方法；动产物权以占有作为权利享有的公示方法，以交付作为权利变更的公示方法。

3. 物权公示的效力

如果说物权公示的方法基本上是一个技术问题，那么，物权公示的效力便是一个最具重要性的实质性问题。各国物权公示制度的差异主要产生于公示的效力。关于物权公示的效力，目前形成了以下 3 种立法例：

(1)公示成立要件主义。此种立法主义不仅赋予法定公示方法以社会的公信力，还把登记与交付作为物权变动的要件之一。按照此种立法主义，仅有当事人关于物权变动的意思表示，而无法定的公示方法，其物权变动的意思表示不仅不发生社会的公信力，也不具有物权变动的法律效果。公示成立要件主义的典型立法是德国民法和瑞士民法。

(2)公示对抗要件主义。此种立法主义只赋予法定公示方法以社会的公信力，而不把它作为物权变动的要件。按照此种立法主义，当事人一形成物权变动的意思表示，即发生物权变动的法律效果，只是在未依法进行公示前，不具有社会的公信力，不能对抗善意第三人，即不知情的第三人可以当事人未公示为理由，否认其物权变动的效果。公示对抗要件主义的典型立法是法国民法和日本民法。

(3)公示折中主义。折中主义，是兼采成立要件主义与对抗要件主义的一种立法主义。但是在兼采两种立法主义的同时，往往有所偏重，或以成立要件主义为原则，以对抗要件主义为例外；或以对抗要件主义为原则，以成立要件主义为例外。

我国《民法典》原则上采公示成立要件主义。例如，第 209 条第 1 款规定："不动产物权的设立、变更、转让和消灭，经依法登记，发生效力；未经登记，不发生效力，但是法律另有规定的除外。"第 224 条规定："动产物权的设立和转让，自交付时发生效力，但是法律另有规定的除外。"以上规定原则上将登记和交付作为物权变动的成立要件，但是也允许例外。第 209 条第 1 款和第 224 条都包含"法律另有规定的除外"内容，这意味着，在确立公示成立要件主义这一原则之外，也承认了公示对抗要件主义的效力。《民法典》规定采物权公示对抗要件主义效力的主要有：①第 225 条关于船舶、航空器和机动车等物权的设立、变更、转让和消灭的规定。②第 335 条关于土地承包经营权人将土地承包经营权互换、转让的规定。③第 341 条关于流转期限为 5 年以上的土地经营权的设立的规定。④第 374 条关于地役权的设立的规定。

(二)物权公信原则

1. 物权公信原则的含义和立法理由

物权的公信原则与公示原则密切联系在一起，公信原则是由公示原则导引出来的。公示的目的是使社会一般人能够从外观上判断出该物由何人享有何物权。然而，第三人从外观上认定的物权状态与物上的权利真实状态未必完全一致，或者说会有或必有不一致的情形。但即使公示的物权状态与权利的真实状态不一致，法律也对因信赖该公示的第三人所取得的权

---

[1] 参见王利明：《物权法研究》(第 2 版)(修订版)，中国人民大学出版社 2007 年版，第 173 页。

利予以保护,也就是说,因信赖公示而从非真正权利人处取得的物权可以对抗在先取得权利的真正的权利人的权利。这就是物权的公信原则。[1] 所谓公信,简言之,即公示所产生的物权变动效力的可信赖性。法律之所以赋予公示可信赖性,旨在保护以公示方式取得物权的善意第三人。例如,在房屋登记簿上,A 房屋被登记为甲所有,乙信赖此登记而向甲买受了该房屋,并办理了产权转移登记。其后即使发现房屋的真实所有人为丙而非甲,法律对上述房屋所有权转移的法律效果,仍按照甲为真正的所有人处理以保护乙,即乙仍可取得 A 房屋的所有权。

物权公信原则的立法理由主要在于,在商品交换时,出让人公示所表现出的物权状况与真实的物权状况不相符合的情况,在现实生活中也是存在的。在此种情形下,受让人在事实上难以对出让人的处分权进行周详的了解,只要出让人以合法方式证明自己有处分权,受让人即可信任其有处分权,而物权公示在一般情况下足以证明出让人有处分权。所以按法定公示方式转让物权的,善意受让人基于对公示的信赖,当然应取得物权。否则,如果法定方式都无法保证出让人享有处分权,交换就失去了最起码的安全保障,人们不能安心地进行交换,社会经济也就无法正常发展。物权公信原则虽然牺牲了静态利益,但保护了动态交易的顺畅,因此不仅在物权变动的领域,在民法其他领域和商法领域也有很大意义。

我国《民法典》第 311 条规定了不动产或者动产的善意取得制度,第三人在符合法律规定的条件下可因信赖物权的公示而从无权处分人处取得物权,实际上是赋予了登记、交付公信力。这是物权公信原则在我国民法上的体现。

2. 不动产登记的公信力

(1)不动产登记的公信力的含义与善意第三人

不动产登记的公信力,也称不动产登记簿的公信力、不动产善意取得,[2] 是指不动产登记机构在登记簿册上所作的不动产物权登记,具有使社会公众相信其正确的法律效力。即便不动产登记机构的登记有错误,因相信登记正确而与登记名义人(登记簿上所记载的物权人)进行交易的善意第三人,其所取得的利益也受法律保护。

通常认为,受登记簿册的公信力保护的善意第三人,涵括自登记名义人处取得物权的人及向登记名义人履行给付义务的人。自登记名义人处取得物权的人(取得人)受下列保护:①自登记名义人处取得所有权的人,即便登记名义人不是真正的所有权人,取得人仍确定地取得在其名义下登记的所有权,真正权利人因此而丧失所有权。②自登记名义人处取得财产所有权的人,如果该财产上存在未登记的抵押权,则该财产即被视作不存在抵押权的财产,从而取得人所取得的即是无抵押权负担的所有权。③自处分权受限制(如受有破产宣告的限制)的登记名义人处受让物权的人,如所受的限制未记载于物权登记簿册,则受让人受让的物权即不受登记名义人所受限制的影响,受让人仍能确定地取得受让的物权。④向登记名义人履行给付义务,如登记名义人并非真正的权利人,但第三人基于登记相信其享有权利而履行给付义务,则第三人所作的履行有效,真正的权利人不得再请求第三人履行给付义务,其所受的损失只能请求登记名义人赔偿。例如,某房屋真正的所有权人为甲,但登记簿册登记的所有人为乙,该房屋的承租人丙相信登记簿册的记载而向乙履行交付租金的义务,其所作的履行有效,甲不得再请求丙交付租金,而仅可请求乙赔偿租金损失。

---

〔1〕 参见郭明瑞:《关于物权法公示公信原则诸问题的思考》,载《清华法学》2017 年第 2 期。

〔2〕 参见彭万林主编:《民法学》(第 7 版),中国政法大学出版社 2011 年版,第 227 页。

(2)第三人受登记的公信力保护的条件

一般认为,第三人受登记的公信力保护,应具备下列条件:①第三人须为善意,所谓善意,是指第三人不知登记错误且对不知无重大过失。②第三人取得权利须基于法律行为,且此法律行为除登记名义人实际上无处分权外在其他方面均须具备法律规定的有效要件。③不动产登记簿册上没有关于异议登记的记载。

(3)关于对真正权利人的保护

依据《民法典》的规定,真正权利人享有下列保护措施:①善意第三人自登记名义人处取得权利前,真正权利人可依据《民法典》第 234 条的规定,[1]请求人民法院等确认物权。获胜后,真正权利人有权以法院的判决为依据,请求登记机构更正错误登记。在此之前,真正权利人还可依据《民法典》第 220 条第 2 款[2]的规定向登记机构提出异议登记,阻止错误登记的公信力。②善意第三人自登记名义人处取得权利后,真正权利人的权利虽然因此而丧失,但真正权利人有权请求登记名义人赔偿损失。如登记机构对登记错误有过失,真正权利人还可依据《民法典》第 222 条第 2 款[3]请求登记机构赔偿损失。

3. 动产占有的公信力

公信原则在近代各国的立法例上,最先适用于动产物权。动产物权的享有以占有为其公示方法,从而也就使动产的实际占有具有了使社会公众信赖占有人对其占有的动产享有物权的公信力。基于占有的此种公信力,即使占有人对其占有的动产无处分权,自占有人处受让动产的善意第三人的利益也受保护。由占有的公信力出发,为了保护善意第三人的利益和财产所有权交易的动态安全,近现代和当代各国物权法大多规定了动产善意取得制度。

疑难问题论争 登记对抗主义中第三人的范围

登记对抗主义中“不登记不得对抗第三人”,其中,该第三人的范围一直是颇具争议的问题。这里的第三人,无疑是指除物权变动的当事人以外的人。但就是否泛指除此之外的所有的人,是否加以限制,形成了两种对立的学说:“无限制说”和“限制说”。“无限制说”主张对第三人不应设置任何限制。“限制说”则认为,所谓对抗,是于彼此利害相反时才发生的事项,处于这种关系中的人只限于就主张登记欠缺有正当利益的第三人,对于并无这种利益的第三人,无登记亦可对抗。[4] 日本民法和学说最初主张“无限制说”,但自 1908 年大审院民事联合部一项判决后,限制说成为日本判例和理论的主流。[5] 我国关于登记对抗主义的研究比较晚,着墨不多。从现有研究成果来看,基本上主张对第三人的范围加以限制,并在此大标准之下,

---

〔1〕《民法典》第 234 条规定:“因物权的归属、内容发生争议的,利害关系人可以请求确认权利。”

〔2〕《民法典》第 220 条第 2 款规定:“不动产登记簿记载的权利人不同意更正的,利害关系人可以申请异议登记。登记机构予以异议登记,申请人自异议登记之日起十五日内不提起诉讼的,异议登记失效。异议登记不当,造成权利人损害的,权利人可以向申请人请求损害赔偿。”

〔3〕《民法典》第 222 条第 2 款规定:“因登记错误,造成他人损害的,登记机构应当承担赔偿责任。登记机构赔偿后,可以向造成登记错误的人追偿。”

〔4〕参见[日]我妻荣:《日本物权法》,[日]有泉亨修订、李宜芬校订,台北,五南图书出版股份有限公司 1999 年版,第 143 页。转引自崔建远:《物权法》(第 3 版),中国人民大学出版社 2014 年版,第 48 页。

〔5〕参见尹田:《物权法理论评析与思考》(第 2 版),中国人民大学出版社 2008 年版,第 277 页。

进一步探讨不同类型情形下第三人的具体适用准则。关于不得对抗的第三人,日本学者我妻荣教授认为包括:(1)就同一不动产最终拥有互不相容权利的人,善意或者恶意在所不问。(2)对处于特定不动产物权人地位的人拥有合同上权利义务之人,善意或者恶意在所不问。〔1〕我国学者认为,第三人范围的本质是给怎样的第三人赋予否定权。这是一个价值衡量问题,与特定理性基础相关。〔2〕具体而言,不得对抗的第三人,首先,在物权法律关系中,已经办理登记的作为物权变动的第二个权利主体的第三人。其次,当第三人在一个债权法律关系中与交易物的权利主体发生冲突时,因为债权的种类很多,债权实现的情况也各不相同,所以需要作具体情况的区分。当一般债权具有某些特质使其效力得以提升时,物权变动未登记就有可能在债权与物权之间形成效力上的鲜明对比,从而让登记对抗规则有了适用的余地,即这时的物权未登记则不能对抗这时的一般债权人。例如,未登记的物权不应允许对抗租赁债权人。〔3〕

三、物权变动的模式

(一)基于法律行为的物权变动模式

1. 债权意思主义

债权意思主义,又称债权合意主义或意思主义,以法国、日本民法为代表。依此主义物权因法律行为而变动时,仅需当事人订立债权合同即可,无须以登记或交付为成立或生效要件。其要旨为:(1)物权变动是债权行为的当然结果,债权的意思表示与发生物权变动的意思表示合为一体;(2)物权变动的结果当然受其原因关系即债权行为效力的影响,原因行为无效或被撤销的,物权变动的结果随之失效;(3)物权公示原则所要求的登记或交付,并非物权变动的成立或生效要件,而只是发生对抗力的要件。

2. 物权形式主义

物权形式主义又称形式主义,以德国民法为代表。依此主义,物权因法律行为而发生变动时,除有债权契约(原因行为)外,还应有物权变动的意思表示一致(物权合意或物权契约)以及登记或交付的法定形式,该变动始能成立或生效。其要旨为:(1)引起债权发生的债权契约与引起物权变动的物权行为,是两个不同的法律行为,一个法律行为不能发生债权和物权变动的二重效果,故物权行为与债权行为相分离而独立存在。(2)物权行为不仅独立存在,而且物权行为的效果不受债权行为效力的影响,具有无因性。债权行为无效或被撤销的,物权变动的结果并不当然随之无效或被撤销。(3)物权公示原则所要求的登记或交付为物权行为的法定形式,是物权变动的生效要件和物权的成立要件而非对抗要件,非经登记或交付,不发生物权变动。

3. 债权形式主义

债权形式主义又称折中主义,以奥地利民法为典型。依此主义,物权因法律行为发生变动时,除当事人之间须有债权合意外,还需践行登记或交付的法定方式才能发生物权变动的效力。其要旨为:(1)债权的意思表示即物权变动的意思表示,二者合一;(2)物权变动的发生,仅

---

〔1〕 参见[日]我妻荣:《日本物权法》,[日]有泉亨修订、李宜芬校订,台北,五南图书出版股份有限公司1999年版,第143~150页。转引自崔建远:《物权法》(第3版),中国人民大学出版社2014年版,第48页。

〔2〕 参见郭志京:《也论中国物权法上的登记对抗主义》,载《比较法研究》2014年第3期。

〔3〕 参见姚虹:《物权法上的登记对抗主义》,载《学术交流》2014年第9期。

有当事人的意思表示尚有不足，还需履行登记或交付的法定方式，公示为物权变动的生效要件；(3)物权的变动仅需在债权意思表示之外加上登记或交付，不须另有物权变动的合意；④物权变动的效力受其原因关系即债权行为的影响。

4. 我国《民法典》确立的物权变动模式

《民法典》仍然沿用原《物权法》的做法，确立了多元并存的物权变动模式。

第一，《民法典》原则上以交付或者登记为基于法律行为的物权变动的生效要件。依据《民法典》第 209 条第 1 款和第 224 条的规定，基于法律行为的不动产物权变动（包括不动产物权的设立、变更、转让和消灭）只有经依法登记，才能发生效力，未经登记，不发生效力；基于法律行为的动产物权变动（仅限于动产物权的设立和转让），自交付时发生效力，没有交付的，不发生效力。由此可见，我国《民法典》原则上采取了折中模式。

第二，《民法典》对有些不动产的物权变动作了特殊规定。(1)依据《民法典》第 333 条、第 335 条以及《农村土地承包法》第 23 条、第 35 条的规定，土地承包经营权的设立、互换与转让都不以登记作为生效要件，而是自承包合同生效或互换、转让合同生效时即发生效力。同时，土地承包经营权的互换和转让，又以登记为对抗要件，即未经登记，不得对抗善意第三人。(2)依据《民法典》第 341 条的规定，流转期限为 5 年以上的土地经营权，自流转合同生效时设立。当事人可以向登记机构申请土地经营权登记；未经登记，不得对抗善意第三人。(3)依据《民法典》第 374 条的规定，地役权自地役权合同生效时设立。当事人要求登记的，可以向登记机构申请地役权登记；未经登记，不得对抗善意第三人。

第三，《民法典》对特殊动产的物权变动作了专门规定。《民法典》第 225 条规定："船舶、航空器和机动车等的物权的设立、变更、转让和消灭，未经登记，不得对抗善意第三人。"这意味着，船舶、航空器和机动车等物权变动应当以登记为公示方法，但在登记的效力上不采用登记生效主义，其所有权转移一般在交付时发生效力，其抵押权一般在抵押合同生效时设立。但是，如果物权的变动没有在登记部门进行登记，就不产生社会公信力，不能对抗善意第三人。

第四，《民法典》就国家对自然资源的所有权的设立作了专门规定。依据《民法典》第 209 条第 2 款的规定，依法属于国家所有的自然资源，所有权可以不登记。

（二）非基于法律行为的物权变动模式

在传统民法中，非基于法律行为的物权变动主要是指因继承、遗赠、建造建筑物、强制执行、征收、政府的指令、法院判决及其他依法发生的动产或不动产的物权变动。非基于法律行为发生的不动产物权变动不以登记为生效要件，而因法律规定的事实条件的成就而直接生效，在权利取得人办理不动产物权取得登记之前，其所享有的权利不具有对抗善意第三人的效力，而且，就非基于法律行为的不动产物权变动而言，在登记之前，权利人不得通过法律行为处分该权利。[1] 例如，《瑞士民法典》第 656 条第 2 款规定："取得人在先占、继承、征收、强制执行或法院判决等情况下，得在登记前，先取得所有权，但是，非在不动产登记簿上登记，不得处分土地。"

我国《民法典》物权编第二章第三节规定了非基于法律行为的物权变动，具体包括如下情形。

---

〔1〕 参见梅仲协：《民法要义》，中国政法大学出版社 1998 年版，第 518 页。

1. 因生效法律文书和征收决定引起物权变动。《民法典》第 229 条规定:“因人民法院、仲裁机构的法律文书或者人民政府的征收决定等,导致物权设立、变更、转让或者消灭的,自法律文书或者征收决定等生效时发生效力。”

2. 因继承引起物权变动。《民法典》第 230 条规定:“因继承取得物权的,自继承开始时发生效力。”

3. 因事实行为引起物权变动。《民法典》第 231 条规定:“因合法建造、拆除房屋等事实行为设立或者消灭物权的,自事实行为成就时发生效力。”

非基于法律行为的物权变动无须进行登记或者交付即可发生物权变动的效力。但该种情形毕竟是物权公示原则的例外,会导致实际权利状态与登记或占有所体现的权利状态不符,造成所谓的事实物权与法律物权的分离,可能妨害交易第三人的利益,给交易秩序和交易安全带来隐患。为避免上述问题,我国《民法典》第 232 条规定,“处分依照本节规定享有的不动产物权,依照法律规定需要办理登记的,未经登记,不发生物权效力”。这意味着非因法律行为取得不动产物权的,欲处分自己的不动产物权,必须先登记为权利人。该规定实质上促使物权公示原则在非因法律行为引起的物权变动特殊模式中及时回归。

四、物权变动的公示方式

(一)不动产登记

1. 不动产登记的概念和特征

不动产登记,是指国家登记机构将不动产物权变动的事项记载于不动产登记簿并供公众查阅的行为。换言之,不动产登记是指经申请人申请,专门的登记机构依照法定程序将不动产物权的设立、变更、转让和消灭的情况在不动产登记簿上进行记载,并供不特定的第三人查阅的行为。我国目前尚未制定专门的不动产登记法,关于不动产物权的享有与变动的登记的基本规定主要见于《民法典》和最高人民法院《民法典物权编解释(一)》中。另外,我国分别于 2015 年、2016 年施行了《不动产登记暂行条例》和《不动产登记暂行条例实施细则》。

不动产登记具有如下特征:(1)不动产登记属于私法领域中的国家行政事务,具有私法与公法的双重属性。具有私法性质是因为:不动产物权变动的核心是以当事人的意思表示为基础的法律行为,没有当事人变动不动产物权的意思表示和向登记机构提出的登记申请,就不存在登记的问题。具有公法性质是因为:不动产登记事务是由国家公权力机关具体管理和负责的。国家进行的不动产登记是服务于民事活动,以保护不动产权利、维护不动产交易安全为全部目的的行政活动。是否给予登记、如何登记既不能任由当事人决定,也不能由其他任何单位或个人决定。(2)不动产登记是由当事人与登记机构共同参与的活动。(3)不动产登记是由登记机构依法定程序从事的活动。《民法典》第 210 条规定:“不动产登记,由不动产所在地的登记机构办理。国家对不动产实行统一登记制度。统一登记的范围、登记机构和登记办法,由法律、行政法规规定。”(4)不动产登记是登记机构将依法应登记之事项记载于不动产登记簿的行为。

2. 不动产登记簿与不动产权属证书

不动产登记簿,是登记主管机构专门记录物权变动事项的特定簿册,该登记簿由登记机构管理,是确定物权归属和内容的根据。《民法典》第 216 条第 1 款规定:“不动产登记簿是物权归属和内容的根据。”据此可知,有关不动产物权的归属与内容,应一律以不动产登记簿的记载为准。不动产权属证书是在依法办理登记手续后,由登记机构制作并颁发给权利人作为其享有不动产物权的证明的文件。《民法典》第 217 条规定:“不动产权属证书是权利人享有该不动产物权的证明。不动产权属证书记载的事项,应当与不动产登记簿一致;记载不一致的,除有证据证明不动产登记簿确有错误外,以不动产登记簿为准。”该规定表明,在法律上真正可以信赖的应是不动产登记簿的记载,而非当事人所持有的不动产权属证书。[1]

3. 几种特殊的登记制度

(1)更正登记。更正登记,即权利人、利害关系人或者登记机构认为不动产登记簿记载的事项有错误时,对错误事项进行更正的登记。[2] 更正登记的目的是消除登记权利与真正权利不一致的状态,建立不动产登记制度的国家和地区,一般都建立了更正登记制度。《民法典》第 220 条第 1 款规定:“权利人、利害关系人认为不动产登记簿记载的事项错误的,可以申请更正登记。不动产登记簿记载的权利人书面同意更正或者有证据证明登记确有错误的,登记机构应当予以更正。”此处所说的错误,既包括登记簿的记载与登记的原始文件不一致,也包括与真实的物权状况不一致,在这两种情况下,权利人都有权请求登记机构进行更正登记。[3] 更正登记既可以由权利人或者利害关系人提出,也可以由登记机关在有证据证明登记确有错误的情况下自行更正,此时,不受不动产登记簿记载的权利人是否同意的限制。

(2)异议登记。异议登记,是指登记机构将利害关系人对不动产登记簿登记事项的异议记载在登记簿上的行为。[4] 《民法典》第 220 条第 2 款规定:“不动产登记簿记载的权利人不同意更正的,利害关系人可以申请异议登记。登记机构予以异议登记,申请人自异议登记之日起十五日内不提起诉讼的,异议登记失效。异议登记不当,造成权利人损害的,权利人可以向申请人请求损害赔偿。”该条对异议登记制度作出了明确规定。据此规定,异议登记发生于利害关系人要求对登记簿进行更正登记而登记簿上的权利人不予同意的情形。异议登记的本质是中止不动产登记权利正确性的推定效力和公信力,以保护事实上的权利人和真正的权利状态。[5]

异议登记是一种临时性保护措施。登记机构在进行异议登记之后,申请人应自异议登记之日起 15 日内向人民法院提起诉讼,要求确认自己在不动产上的物权。逾期不起诉的异议登记失效。之所以作此限制,是因为申请人自异议登记之日起 15 日内不起诉的,表明他不积极行使其权利,为使登记簿上记载的权利人的利益和正常的交易秩序不致受到严重的影响,法律规定这时该异议登记失去其效力。[6]

异议登记申请人自在登记机构进行异议登记之日起 15 日内提起了诉讼,则异议登记将继续保持其效力,直至法院作出生效的判决。如果异议申请人败诉,则申请人或登记簿记载的权利人可申请注销异议登记,权利人因此遭受损失的,可以向异议申请人要求损害赔偿;如果异议申请人胜诉,即法院判决申请人是真正的不动产权利人,则登记机构可根据生效的司法文书或协助执行通知书进行更正登记。

---

[1] 参见刘家安:《物权法论》,中国政法大学出版社 2009 年版,第 63 ~ 64 页。

[2] 参见梁慧星、陈华彬:《物权法》(第 7 版),法律出版社 2020 年版,第 96 页。

[3] 参见王利明主编:《民法》(第 8 版),中国人民大学出版社 2020 年版,第 258 页。

[4] 参见刘家安:《物权法论》,中国政法大学出版社 2009 年版,第 65 页。

[5] 参见孙宪忠:《不动产登记基本范畴解析》,载《法学家》2014 年第 6 期。

[6] 参见黄薇主编:《中华人民共和国民法典物权编释义》,法律出版社 2020 年版,第 39 页。

(3)预告登记。预告登记是与本登记对应的概念,是指为确保债权实现,保障将来取得不动产物权等目的,按照约定向不动产登记机构申请办理的预先登记。《民法典》第 221 条规定:“当事人签订买卖房屋的协议或者签订其他不动产物权的协议,为保障将来实现物权,按照约定可以向登记机构申请预告登记。预告登记后,未经预告登记的权利人同意,处分该不动产的,不发生物权效力。预告登记后,债权消灭或者自能够进行不动产登记之日起九十日内未申请登记的,预告登记失效。”

预告登记是不动产登记的特殊类型。其他的不动产登记都是对现实的不动产物权进行登记,而预告登记所登记的不是不动产物权,而是将来发生不动产物权变动的债权请求权。预告登记的本质特征是使被登记的债权请求权具有物权的效力,即进行了预告登记的债权请求权,对后来发生的与该项请求权内容相同的不动产物权的处分行为,具有对抗的效力。例如,买受人甲就其请求开发商乙移转 A 商品房所有权的债权办理了预告登记之后,开发商乙把 A 商品房出卖于丙或抵押于丁银行的,即使办理了过户登记手续或抵押登记手续,也不发生 A 商品房所有权的转移,A 商品房的抵押权也不设立。[1]

依据《民法典》第 221 条第 2 款的规定,出现以下两种情况,预告登记自动失效:一是债权消灭。《民法典物权编解释(一)》第 5 条对何谓债权消灭作了规定:“预告登记的买卖不动产物权的协议被认定无效、被撤销,或者预告登记的权利人放弃债权的,应当认定为民法典第二百二十一条第二款所称的‘债权消灭’。”二是自能够进行不动产登记之日起 90 日内未申请登记。如何理解“能够进行不动产登记之日”? 有学者认为,这主要是针对预售商品房和在建工程转让与抵押的情形,因为预售商品房或在建工程转让或抵押时,该房屋尚未建成,没有办理所有权的初始登记,自然无法办理转让登记或抵押权登记,因此只能办理预告登记。然而,在这些房屋已经建成并办理了初始登记后,就可以相应地办理转让登记或抵押权登记,此时预告登记已经没有存在的必要性了。[2]

4. 合同效力与物权登记效力的区分

《民法典》第 215 条规定:“当事人之间订立有关设立、变更、转让和消灭不动产物权的合同,除法律另有规定或者当事人另有约定外,自合同成立时生效;未办理物权登记的,不影响合同效力。”该条规定的内容,在民法学中称为物权变动与其基础关系或者原因关系的区分原则。这一规定明确区分了合同的效力与物权登记的效力。详言之,当事人之间订立的引发不动产物权变动的合同一经成立,只要在内容上不违反法律、行政法规的强行性规定和公序良俗,即可发生效力。登记和合同的效力没有直接联系,登记与不动产物权的变动密切联系在一起。

一般认为,区分两种效力符合物权为排他权而债权为请求权的基本法理,而且被民法实践证明对分清物权法律制度和债权法律制度的不同作用范围,区分当事人的不同法律责任,保障原因合同当事人的合法利益也是非常必要和行之有效的。

区分原则的实践意义在于:第一,有利于保护买受人依据合同所享有的占有权。在不动产买卖合同成立以后,虽然没有办理不动产权利移转的登记手续,但是因为合同已经生效,所以依据有效合同而交付之后,买受人因此享有的占有权仍然受到保护。即使买受人不享有物权,也仍可以享有合法的占有权,针对第三人侵害不动产的行为,可以提起占有之诉。第二,有利

---

〔1〕 参见崔建远:《物权法》(第 3 版),中国人民大学出版社 2014 年版,第 62 页。

〔2〕 参见王利明主编:《民法》(第 8 版),中国人民大学出版社 2020 年版,第 261 页。

于确立违约责任。如果一方在合同成立之后没有办理登记,或者拒绝履行登记义务,由于合同已经成立并生效,此种拒不履行登记的行为构成违约,应当承担相应的违约责任。假如未办理登记可导致合同无效,非违约方将无法要求违约方承担违约责任。[1]

5. 不动产登记的效力

(1)物权变动的效力。一般来说,基于法律行为发生的不动产物权变动,都是自登记之日起发生物权变动的效果。凡是依法应办理登记的,其不动产物权的变动,都需要依法办理登记,自办理登记时起才发生物权的变动。《民法典》第 214 条确认了此种效力。

(2)权利推定效力。是指不动产物权经过登记之后,即推定不动产登记簿上记载的权属状况和真实的权属状况相一致。《民法典》第 216 条确认了此种登记的效力。当然,登记可能发生错误,但在更正错误之前只能依据登记记载的权利人作出权利人推定。因为对第三人来说,登记由国家机关作出当然也就是最具有社会公信力的事实。

(3)善意保护的效力。所谓善意保护的效力,就是传统民法所谓的"公信力",是指登记记载的权利人在法律上被推定为真正的权利人,即便以后事实证明登记记载的物权不存在或存有瑕疵,对于信赖该物权的存在并已从事了物权交易的人,法律仍然承认其行为具有与真实的物权相同的法律效果。在登记申请人办理了登记之后,任何人因为信赖登记,而与登记权利人就登记的财产从事了交易行为的,符合善意取得的构成要件,应当受到善意取得制度的保护,取得该不动产的所有权。

6. 登记机构的审查义务

审查义务,是指登记机构在审查当事人申请不动产登记的材料时承担的职责。关于登记机构的审查义务主要有形式审查和实质审查两种模式。一般认为,形式审查是指登记机构仅仅对当事人所提交的材料进行审查,如果确定这些申请登记的材料符合形式要件,就应当认为其是合格的。实质审查,是指登记机构不仅应当对当事人提交的申请材料进行形式要件的审查,而且应当负责审查申请材料内容的真伪,甚至还要审查当事人的实体权利是否有效。

《民法典》第 212 条对登记机构的审查义务作了规定:"登记机构应当履行下列职责:(一)查验申请人提供的权属证明和其他必要材料;(二)就有关登记事项询问申请人;(三)如实、及时登记有关事项;(四)法律、行政法规规定的其他职责。申请登记的不动产的有关情况需要进一步证明的,登记机构可以要求申请人补充材料,必要时可以实地查看。"该规定并未就不动产登记机构究竟应进行形式审查还是实质审查表明态度。该条内容只是物权编作出的一个原则性规定,随着行政管理体制改革和不动产统一登记制度的建立,法律还将在总结实践经验的基础上对登记机构履行职责问题作出更具体的规定。[2] 例如,《不动产登记暂行条例》第 18 条规定:"不动产登记机构受理不动产登记申请的,应当按照下列要求进行查验:(一)不动产界址、空间界限、面积等材料与申请登记的不动产状况是否一致;(二)有关证明材料、文件与申请登记的内容是否一致;(三)登记申请是否违反法律、行政法规规定。"该条例第 19 条规定:"属于下列情形之一的,不动产登记机构可以对申请登记的不动产进行实地查看:(一)房屋等建筑物、构筑物所有权首次登记;(二)在建建筑物抵押权登记;(三)因不动产灭失导致的注销登记;(四)不动产登记机构认为需要实地查看的其他情形。对可能存在权属争议,或者可能涉及

〔1〕 参见黄薇主编:《中华人民共和国民法典物权编释义》,法律出版社 2020 年版,第 28 页。
〔2〕 参见黄薇主编:《中华人民共和国民法典物权编释义》,法律出版社 2020 年版,第 24 页。

他人利害关系的登记申请，不动产登记机构可以向申请人、利害关系人或者有关单位进行调查。不动产登记机构进行实地查看或者调查时，申请人、被调查人应当予以配合。”显然，《不动产登记暂行条例》赋予了登记机构调查不动产权利状况的权力。所以，本书认为，目前我国不动产登记审查形成了以形式审查为主、实质审查为辅的模式。

7. 不动产登记资料的查询与复制

《民法典》第 218 条规定：“权利人、利害关系人可以申请查询、复制不动产登记资料，登记机构应当提供。”该条将申请查询、复制登记资料的主体限制在权利人和利害关系人范围内，而不是全社会的人，原因在于：(1)登记簿等登记资料固然应当公开，但是，这种公开并非向所有的人公开，否则就会泄露登记簿记载的权利人的隐私、商业秘密以及其他个人信息数据，这可能会给权利人造成各种损害。(2)公示公信原则仅适用于基于法律行为的物权变动，公示并不等于向任何不特定人的展示，如果某人并未与不动产权利人之间存在法律行为，发生法律关系，那么对于他而言，就不存在公示的必要，其自然无权查询或复制登记资料。这里的利害关系人可以理解为合同双方当事人以外或者物权权利人以外的可能和这个物权发生联系的人。[1]

8. 登记错误的赔偿责任

《民法典》第 222 条规定：“当事人提供虚假材料申请登记，造成他人损害的，应当承担赔偿责任。因登记错误，造成他人损害的，登记机构应当承担赔偿责任。登记机构赔偿后，可以向造成登记错误的人追偿。”该条规定的责任有以下两种。

(1)当事人的赔偿责任

当事人的赔偿责任，也称虚假登记的赔偿责任，是指申请不动产登记的当事人提供虚假材料申请登记而造成他人损害时，该当事人依法应当承担的赔偿责任。《民法典》第 222 条第 1 款是对虚假登记赔偿责任的规定。一般而言，当事人提供虚假材料进行登记的主观心理状态多为故意，因此在侵权法上，此种因虚假登记引发的赔偿责任属于故意的侵权责任。

(2)登记机构的赔偿责任

登记机构的赔偿责任，也称登记错误的赔偿责任，是指不动产登记机构因没有尽到应有的审查职责而进行了错误登记，给他人造成损害时，依法应当承担的赔偿责任。《民法典》第 222 条第 2 款是对登记错误赔偿责任的规定。这里造成登记错误的原因，既包括登记机构工作人员存在故意以及疏忽大意等过错，也包括当事人提供虚假材料欺骗登记机构等情形。这样规定，可以为受害人提供更加充分的保护。[2] 需要提及的是，因为对不动产登记机构应当具有何种性质还有不同的意见，所以不动产登记机构的赔偿责任究竟是国家赔偿责任还是普通民事赔偿责任尚未明确，有待进一步研究。

(二)动产交付

1. 交付的概念

交付，即移转占有。[3] 原初意义上的交付，仅是指现实交付，即占有的现实移转。动产的

---

〔1〕 参见黄薇主编：《中华人民共和国民法典物权编释义》，法律出版社 2020 年版，第 34 ~ 35 页。

〔2〕 参见黄薇主编：《中华人民共和国民法典物权编释义》，法律出版社 2020 年版，第 44 页。

〔3〕 参见崔建远：《物权法》(第 2 版)，中国人民大学出版社 2011 年版，第 86 页。

交付以现实交付为原则。[1]《民法典》第 224 条规定："动产物权的设立和转让，自交付时发生效力，但是法律另有规定的除外。"这里所说的交付，是指物的直接占有的转移，即一方按照法律行为的要求，将物的直接占有移转给另一方的事实。[2] 随着经济的发展，基于交易便捷的考虑，法律上又产生了观念交付，具体包括简易交付、占有改定与指示交付。在基于法律行为的动产物权移转中，交付发挥着决定性作用——物权的归属作用。[3]

2. 交付的一般形态：现实交付

现实交付就是将物的占有现实地移转给他人。只有当受让人取得了单独占有并且出让人不享有任何占有时，现实交付才算完成。动产的交付可以由出让人亲自完成，也可以由占有辅助人等第三人来完成。在现实交付中，必要的单证（如发票、产品合格证、质量保证书、保险单等）应附随交付，但单证未交付不影响物权变动的生效。

现实交付可采用委托交付与拟制交付。[4] 委托交付，是指让与人根据约定将动产交付给承运人或邮局的交付方式。在这种交付方式中，办理完毕托运、交邮等手续，即为交付。拟制交付，是指让与人将代表标的物权利的有效凭证（如仓单、提单、票据等）交付给受让人，交付即告完成的交付方式。

现实交付是否完成，应依社会一般观念或交易观念而定，并且，交付须有出让人的意思，受让人自行占有标的物的，不构成占有。[5]

3. 交付的变通形态：观念交付

（1）简易交付

简易交付，是指动产物权的受让人或占有辅助人已经先行占有了该动产，之后双方达成了物权变动的合意，因而不必再行交付，物权变动自合同生效时发生。《民法典》第 226 条规定："动产物权设立和转让前，权利人已经占有该动产的，物权自民事法律行为生效时发生效力。"由于在简易交付中，仅仅是以当事人让与动产物权的合意来替代动产的现实移转占有，故而该交付方式也称为"无形交付"。至于此前受让人或其占有辅助人究竟是基于何种原因而占有动产，在所不问。受让人可以是基于委托、寄托、租赁、质权等合法的原因而占有动产，也可以是无权占有。值得提及的是，《民法典物权编解释（一）》第 17 条第 2 款规定："当事人以民法典第二百二十六条规定的方式交付动产的，转让动产民事法律行为生效时为动产交付之时……"

（2）占有改定

占有改定，是指动产物权的让与人使受让人取得对标的物的间接占有，以代替该动产现实移转的交付，而让与人继续对该标的物进行直接占有。《民法典》第 228 条规定："动产物权转让时，当事人又约定由出让人继续占有该动产的，物权自该约定生效时发生效力。"法律上规定占有改定的原因在于：实践中有可能出现出卖人虽将其动产出卖给他人，但在一定期限内仍有使用该动产的需要，如需要继续使用被出售的设备，或者买受人虽已取得动产所有权，但需要出卖人对该动产进行暂时的保管或者改进。

---

〔1〕 参见陈华彬：《论动产所有权让与中的交付》，载《比较法研究》2021 年第 2 期。

〔2〕 参见黄薇主编：《中华人民共和国民法典物权编释义》，法律出版社 2020 年版，第 47 页。

〔3〕 参见庄加园：《动产所有权变动中的"交付"》，载《环球法律评论》2014 年第 3 期。

〔4〕 学界对于拟制交付属于观念交付还是现实交付没有达成一致意见。

〔5〕 参见梁慧星、陈华彬：《物权法》（第 7 版），法律出版社 2020 年版，第 98 页。

依据各国法律的规定，占有改定需要符合下列两个要件：①须有当事人之间关于所有权转移的合意，同时，其转让协议须为有效；②须有使受让人取得间接占有的法律关系，这一法律关系主要是租赁、保管、仓储等。

(3)指示交付

指示交付，也称“返还请求权的让与”，是指在出让人的动产由第三人占有时，出让人可以将其对第三人的返还请求权让与受让人，以代替现实交付。《民法典》第227条规定：“动产物权设立和转让前，第三人占有该动产的，负有交付义务的人可以通过转让请求第三人返还原物的权利代替交付。”《民法典物权编解释(一)》第17条第2款规定：“……当事人以民法典第二百二十七条规定的方式交付动产的，转让人与受让人之间有关转让返还原物请求权的协议生效时为动产交付之时。”

指示交付的功能在于解决当事人出让动产时，作为标的物的动产，仍然由第三人占有的问题。需要注意的是，指示交付中所让与的“对第三人的返还请求权”，既指债权的返还请求权，如第三人基于债权债务关系(租赁、借用)而占有出让的动产，也指物权的返还请求权，如第三人无权占有出让的动产。

第五节　物权的保护

一、物权保护概念及特点

物权的保护，是指当物权的归属发生争议或者物权受到非法侵害时，为了保护物权人对物的归属和支配，而由民法所规定的一系列救济方式、方法的总和。保护物权是宪法、行政法、刑法、民法等各法律部门的共同任务，民法作为专门调整物权关系的普通法，更是将对物权的保护作为首要的职责。

民法对物权的保护具有如下特点：第一，民法对物权的保护或者救济，必须以权利人的物权归属发生了争议或者权利人的物权受到了不法侵害为前提条件，即“有侵害才有保护或救济”；第二，物权的民法保护以恢复权利人对物的圆满支配或者对权利人的充分补偿为目的；第三，针对物权受侵害的不同情形，民法设计了不同层次的救济方法，目的在于对物权人的利益给予全面保护。首先，在救济途径上，依据《民法典》第233条的规定，[1]在物权受到侵害时，权利人既可以采用诉讼外和解的方式，即通过相互协商解决有关物权的争议，也可以通过专门的调解机构或者通过司法机关、仲裁机构具有法律效力的调解来解决其有关物权的争议，还可以通过诉讼解决其纠纷。其次，依据《民法典》第238条的规定，[2]在物权遭受侵害时，权利人既可以主张物权请求权，也可以主张债权请求权，这就为物权遭受侵害提供了有效的救济。最后，依据《民法典》第239条的规定，[3]物权的各种保护方式并不相互排斥，在依据性质可以合

---

[1] 《民法典》第233条规定：“物权受到侵害的，权利人可以通过和解、调解、仲裁、诉讼等途径解决。”

[2] 《民法典》第238条规定：“侵害物权，造成权利人损害的，权利人可以依法请求损害赔偿，也可以依法请求承担其他民事责任。”

[3] 《民法典》第239条规定：“本章规定的物权保护方式，可以单独适用，也可以根据权利被侵害的情形合并适用。”

并适用时,权利人可以同时主张多种物权的保护方式。

二、物权确认请求权

所谓物权确认请求权,是指利害关系人在物权归属和内容发生争议时,请求确认物权归属、明确权利内容的权利。《民法典》第234条对此作出了专门规定:“因物权的归属、内容发生争议的,利害关系人可以请求确认权利。”确认物权是保护物权的前提,在权利的归属和内容未得到确定时,其他的保护方法都无所适从。

物权确认请求权主体应当限于利害关系人,包括真正权利人、对物主张权利的人,以及与他们具有债权债务关系的人。在物权确认中,应当对请求权主体作出一定的限定。如果任何人都可以主张确认权利,将不利于稳定财产秩序,也会增加法院的诉讼负担。[1] 物权的确认包括两方面的内容:一是对物权归属的确认。既可以是对所有权的确认,也可以是对他物权的确认。以所有权为例,请求确认所有权是保护所有权的前提,因为返还所有物、排除妨害等请求权都以所有权的确认为前提。如果所有权的归属不明确,则无法适用所有权的保护方法。二是对物权内容的确认。所谓对物权内容的确认,就是指当事人对物权的内容发生争议以后,请求人民法院对物权的内容加以确认。例如,请求确认房屋的面积或者请求确认抵押权所担保的债权数额。

疑难问题论争　物权确认请求权的性质

关于物权确认请求权性质的争议,主要围绕其究竟是一项实体法上的权利,还是一项程序法上的权利而展开,主要形成了两种观点。一种观点认为,物权确认请求权为物权请求权之一种,属于实体法上的权利。[2] 另一种观点认为,物权确认请求权属于程序上的权利。[3]

持第二种观点的学者都以物权确认请求权不属于物权请求权为切入点阐释自己的理由。例如,物权确认请求权发生于对物权是否存在或物权归属于谁有疑问的场合,不好断言物权一定存在。没有物权的人也享有物权确认请求权。而物权请求权是基于物权而生的权利,物权的存在是物权请求权产生的前提,没有物权便没有物权请求权。[4]

如果认为物权确认请求权在性质上为程序法上的权利,那么,其就不再是物权实体保护方法,而是确认之诉。进而引发了是否有必要在《民法典》物权编单独作出规定的讨论。反对者认为,确认之诉的适用范围极广,当事人享有民事实体权利的,通常有权提起确认之诉以确认自己的权利,现有立法并未在其他权利中都规定有确认权利的请求权,为何物权“独受恩宠”?其他权利虽未规定确认请求权,但丝毫不影响相关争议主体提起确认之诉,以诉请法院对争议权利进行确认。同理,不在《民法典》物权编中规定物权确认请求权,也不会导致物权确认请求权丧失实体法请求权基础规范。[5]

---

[1] 参见王利明主编:《民法》(第8版),中国人民大学出版社2020年版,第234页。

[2] 参见杨立新:《物权法》(第7版),中国人民大学出版社2020年版,第30页。

[3] 参见孙瑞玺:《物权确认请求权的性质及其与相关规定的适用问题探讨》,载《法学论坛》2014年第3期;崔建远:《物权法》(第3版),中国人民大学出版社2014年版,第114页;温世扬:《〈民法典〉物权编的守成、进步与缺憾》,载《法学杂志》2021年第2期。

[4] 参见崔建远:《物权法》(第3版),中国人民大学出版社2014年版,第113页。

[5] 参见温世扬:《〈民法典〉物权编的守成、进步与缺憾》,载《法学杂志》2021年第2期。

三、物权请求权的保护方法

物权请求权，是指当物权的圆满状态受到妨碍或者有被妨碍之可能时，物权人可请求妨碍人除去妨碍或防患于未然，以恢复其对物的圆满支配的权利。物权请求权的保护方法是我国《民法典》物权编规定的物权保护方法，其具体内容可见本章第三节“物权的效力”中物权请求权部分。

四、债权请求权的保护方法

（一）请求修理、重作、更换或者恢复原状

《民法典》第237条规定：“造成不动产或者动产毁损的，权利人可以依法请求修理、重作、更换或者恢复原状。”这里的“依法”是指依照《民法典》侵权责任编以及其他相关法律规范的规定。这就意味着权利人行使这种权利，需要符合这些相关法律关于请求权具体要件等方面的规定。[1] 恢复原状一般是通过修理或其他方法使财产在价值和使用价值上恢复到财产受损害前的状态，主要适用于不可替代物被毁损的情形，因为这类物品对特定当事人来说，可能意义重大，只有通过恢复原状的方式，才能充分保障所有人的权益。

请求恢复原状，一般需具备以下条件：(1)须有财产损坏的事实。(2)须财产之损坏系出于他人的违法行为，包括故意损坏财产的行为和因使用不当而致财产损坏的行为。(3)须损坏的财产有修复的可能。

（二）请求赔偿损失

《民法典》第238条规定：“侵害物权，造成权利人损害的，权利人可以依法请求损害赔偿，也可以依法请求承担其他民事责任。”该条前段规定的就是损害赔偿请求权。赔偿损失是对不法侵害造成的财产的毁损、灭失，依原物的价值折合货币进行赔偿。这里又分为两种情况：一是因侵害人的侵权行为致物权客体全部毁损或者无法要求返还。例如，房屋被完全烧毁；侵害人无权处分了他人的物，物的受让人根据善意取得制度的规定取得了物的所有权。这时侵害人就要依财产的全部价值予以赔偿。二是财产受到侵害，但仍有使用的可能。这时侵害人就要按照财产减损的价值进行赔偿。例如，房屋失火，但消防队及时赶到将火扑灭，房屋虽经修缮仍能居住，但房屋的价值明显减损，对此，房屋的所有人有权请求侵害人对房屋价值减损部分进行赔偿。

案例分析

2012年11月，中农集团与丰禾公司签订《尿素购销协议》，约定丰禾公司向中农集团出售5万吨尿素。该协议第5条约定：供方于协议签订后3个工作日内办理货权转移手续。丰禾公司的货物（尿素）始终存放于营口港某有限责任公司保管。2013年2月，中农集团因质量问题要求丰禾公司对5万吨尿素进行回购，双方就回购问题签订了《协议书》，其中共同确认5万吨货物的货权属于中农集团。因此，中农集团一直未在营口港办理货权转移手续。以上两份协议没有办理任何交接、交付手续，也没有与仓储人办理登记变更手续。

---

〔1〕 参见黄薇主编：《中华人民共和国民法典物权编释义》，法律出版社2020年版，第72页。

2014 年 3 月，中丝公司与丰禾公司签订《尿素购销协议》，中丝公司向丰禾公司购买 7400 吨尿素。协议签订后，中丝公司支付合理对价，同时双方在第三方仓储人营口港某有限责任公司处办理了《货权转移证明》，丰禾公司通过指示交付的方式向中丝公司交付了 7400 吨尿素。

中农集团提起诉讼，请求判决 7400 吨尿素归中农集团所有，理由是中农集团已通过指示交付的方式取得所有权。[1]

问题：7400 吨尿素的所有权归谁所有？

分析：《民法典》第 227 条规定："动产物权设立和转让前，第三人占有该动产的，负有交付义务的人可以通过转让请求第三人返还原物的权利代替交付。"《民法典物权编解释(一)》第 17 条第 2 款规定："……当事人以民法典第二百二十七条规定的方式交付动产的，转让人与受让人之间有关转让返还原物请求权的协议生效时为动产交付之时。"上述条款规定了指示交付方式不需要通知占有标的物的第三方，但明确要求指示交付的条件是"转让人与受让人之间有关转让返还原物请求权的协议生效"。本案中，中农集团与丰禾公司并不存在转让返还原物请求权的相关协议或意思表示。协议虽然规定供方于协议签订后 3 个工作日内办理货权转移手续，但这只是双方对返还原物请求权的转让时间进行了约定，可见，在本协议中并未转让返还原物请求权。所以，丰禾公司并未完成指示交付，即所有权并未转移，中农集团对案涉尿素不享有所有权。

思考题

1. 物权和债权有什么不同？
2. 什么是物权变动中的区分原则？
3. 物权公示的法律效力是什么？
4. 动产交付的具体形式有哪些？
5. 什么是物权优先效力？
6. 什么是预告登记？效力如何？

---

〔1〕 参见最高人民法院(2016)最高法民申 1514 号民事裁定书。

第十三章　所　有　权

| 学习要点 |

本章主要学习所有权的概念、特征和权能，所有权的类型，业主的建筑物区分所有权，相邻关系，共有，所有权取得的特别规定等内容。所有权是所有人对自己的不动产或者动产，依法享有的占有、使用、收益和处分的权利。所有权主要有国家所有权、集体所有权和私人所有权3种类型。业主的建筑物区分所有权是由专有所有权、共有权以及对业主社区的共同事务享有的共同管理权这3项权利构成的，这3项权利构成一个整体，不可分割。相邻关系的实质是对相邻的不动产所有人或使用人行使权利的扩张及限制。共有包括按份共有和共同共有，其不是一种独立的所有权类型。

第一节　概　　述

一、所有权的概念与特征

（一）所有权的概念

所有权的定义方式主要有两种：列举式定义和概括式定义。《德国民法典》采概括式定义，其第903条规定："物的所有人，只要不违反法律或损害第三人利益，可以根据自己的意愿处分其物并排除他人的任何干涉。"[1]我国立法一直采列举式方式给所有权下定义，我国《民法典》第240条将所有权界定为："所有权人对自己的不动产或者动产，依法享有占有、使用、收益和处分的权利。"具体列举式定义明确了所有权的权能，便于人们理解和掌握，但其很难反映所有权的本质特征，同时也给人们造成一种所有权就是占有、使用、收益、处分4项权能简单相加之结果的印象。所以，学者通常将所有权的定义概括为：所有权是所有人依法按照自己的意志通过对其所有物进行占有、使用、收益和处分等，独占性支配其所有物，并排斥他人非法干涉的永久性物权。[2]

（二）所有权的特征

1. 完全性，是指所有权是全面地支配其客体的物权。所有权人不仅支配物的交换价值，还支配物的使用价值，其对于所有物可以进行全面的占有、使用、收益与处分。简言之，任何对物的合法的支配和处置方法都归属于所有权人。

---

〔1〕 杜景林、卢谌：《德国民法典——全条文注释》（上册），中国政法大学出版社2015年版，第72页。

〔2〕 参见杨立新：《物权法》（第7版），中国人民大学出版社2020年版，第54页。

2. 整体性。所有权不是占有、使用、收益、处分等各种权能在量上的总和，而是一个整体（浑然一体）的权利。[1] 所有权的各项内容是结合在一起的，不能在内容和时间上加以分割。所有权人可以在其物上设定他物权，即使其物的占有、使用、收益、处分等权能分别归他人享有，但所有权人的所有权仍不受影响。

3. 弹力性。当在所有权之上设立他物权时，所有人对所有物的全面支配权将因此受到限制而缩减；该限制解除时，所有人又可恢复到其对所有物的圆满支配状态。所有人在其物上设立他物权、解除他物权的过程，就是所有权的权能分出、回归的过程。

4. 恒久性，是指所有权在设立时不预定存续期限，所有权因标的物的存在而永久存续。

二、所有权的权能

所有权的权能，也称所有权的内容或者所有权的作用，是所有人为利用所有物以实现对所有物的独占利益，在法律规定的范围内可以采取的手段与措施。所有权的权能包括积极权能与消极权能两个方面。

（一）所有权的积极权能

《民法典》第240条规定："所有权人对自己的不动产或者动产，依法享有占有、使用、收益和处分的权利。"依据该规定，占有、使用、收益、处分就是所有权的积极权能。

1. 占有权能。占有权能是对物的实际掌握和控制权能。只有行使对物的占有权能，才有可能实现对物的使用权能。所有人可以自己行使对物的占有权能，即合法地对所有物进行事实上的掌握和控制。非所有人也可能依据法律的规定或与所有人的约定（借用、租赁或设定用益物权、设定质权）获得对物的占有权能。非所有人对物的占有权能同样受法律保护，所有人不能随意请求其返还原物；当非所有人的合法占有被他人侵夺时，其同样可以诉请法律保护。

2. 使用权能。使用权能是依物的性能和用途对其加以利用，以满足生产或生活某种需要的权能。使用权能可以由所有人自己行使，也可依据法律或约定由非所有人行使。非所有人应按照指定的用途对物进行使用，因使用不当造成物的毁损或灭失的，须对所有人承担损害赔偿责任。在多数情况下，享有物的使用权能必然同时享有物的占有权能，但在某些场合，物的使用权能和占有权能可以分离。例如，质权人、保管人只能占有标的物，而不能任意加以使用。

3. 收益权能。收益权能是获取基于原物而产生的新增物质利益的权能。这里所说的新增物质利益，并不限于物的天然孳息和法定孳息，还包括利用物进行生产经营而生成的利润。收益权能一般由物的所有人行使，也可以根据法律或约定由非所有人行使。

在现代市场经济条件下，收益权与所有权相分离的情况十分普遍，且分离的形式复杂多样，如企业的租赁经营，建设用地使用权和农村土地承包经营权的设立，对"四荒"土地设立一定期限内的无偿使用、经营权等，均意味着所有权人将财产的收益权能部分或全部地让与他人。[2]

4. 处分权能。处分权能是对物进行处置，从而决定其命运的权能。处分权能的行使既包括事实上的处分，也包括法律上的处分。事实上的处分是针对物的实物形态进行物理上的消灭或改造，如食物被吃掉、原物经生产加工成为新的产品等。事实上的处分导致原物所有权的绝对消灭。法律上的处分是通过法律行为使物的所有权发生移转、消灭或受到限制，如出卖、

---

〔1〕 参见王泽鉴：《民法物权》（第2版），北京大学出版社2010年版，第110页。
〔2〕 参见李永军主编：《民法学教程》，中国政法大学出版社2021年版，第252页。

赠与、抛弃标的物等。法律上的处分导致所有权相对消灭。处分权一般由所有权人行使,但在某些情况下,非所有权人也可以有处分权,如运输的货物发生紧急情况,承运人也可以依法进行处分。[1]

(二)所有权的消极权能

所有权的消极权能,是指所有权人可依法排除他人对其所有物的不法侵夺、干扰或妨害。由于此项权能只有在遭受他人不法侵害时才体现出来,通常是隐而不彰的,故被称为消极权能。《民法典》第207条规定:"国家、集体、私人的物权和其他权利人的物权受法律平等保护,任何组织或者个人不得侵犯。"这种不得侵犯的义务,就是所有权的消极权能。

三、所有权的限制

自由与限制相伴,共同构成所有权的内容。所有权的积极权能和消极权能均应受法令限制。[2] 之所以对所有权给予一定的限制,目的在于保护社会公益和他人的正当权益。根据《民法典》第7条、第8条、第9条、第132条等的规定,所有权的行使应当遵循诚实信用原则,不得违反法律和违背公序良俗,有利于节约资源、保护生态环境,不得滥用权利而损害国家利益、社会公共利益或者他人的合法权益。此外,《民法典》上规定的征收和征用制度、正当防卫和紧急避险、预告登记制度、他物权制度、所有权保护中的诉讼时效、相邻关系等,都在一定程度上限制了所有权的行使。

第二节 国家、集体和私人所有权

一、国家所有权

国家所有权,是指国家对全民所有的财产享有的占有、使用、收益和处分的权利。《民法典》第246条第1款规定:"法律规定属于国家所有的财产,属于国家所有即全民所有。"该条文明确我国国家所有的性质为全民所有。[3]

国家所有权具有如下特征:

1. 所有权的主体是国家,具有唯一性。国家拥有双重身份,既是主权者又是一个经济实体。在国家财产所有权问题上,国家是以私法主体的身份出现的,可以享有和行使国家所有权。

2. 所有权的客体具有广泛性。任何财产都可以成为国家所有权的客体,而法律规定专属于国家所有的不动产和动产,任何单位和个人都不能取得其所有权。根据《民法典》第247条、第248条、第249条、第252条、第254条的规定,矿藏、水流、海域、无居民海岛、城市土地、无线电频谱资源、国防资产,专属于国家所有。根据《民法典》第249条、第250条、第251条、第253条、第254条的规定,法律规定属于国家所有的农村和城市郊区的土地,属于国家所有;森林、山岭、草原、荒地、滩涂等自然资源属于国家所有,但是法律规定属于集体所有的除外;法律规

[1] 参见黄薇主编:《中华人民共和国民法典物权编释义》,法律出版社2020年版,第78页。

[2] 参见王泽鉴:《民法物权》(第2版),北京大学出版社2010年版,第113~114页。

[3] 参见黄薇主编:《中华人民共和国民法典物权编释义》,法律出版社2020年版,第99页。

定属于国家所有的野生动植物资源、文物,以及铁路、公路、电力设施、电信设施和油气管道等基础设施,属于国家所有。

3. 所有权的取得方法具有特殊性。征收、没收、税收等只是国家所有权的取得方式,其他主体的所有权不能以这些方式产生。依据《民法典》第 318 条、第 319 条、第 1160 条的规定,所有人不明的埋藏物及无人认领的遗失物、漂流物等,也归国家所有;无人继承又无人受遗赠的财产,除死者生前是集体所有制组织成员外,归国家所有,用于公益事业。这些都属于国家取得所有权的特殊方式。

4. 所有权的行使具有特殊性。国家所有权由代表国家的专门机关或单位行使。依据《民法典》第 246 条第 2 款、第 256 条、第 257 条的规定:国有财产由国务院代表国家行使所有权;法律另有规定的,依照其规定。国家举办的事业单位对其直接支配的不动产和动产,享有占有、使用以及依照法律和国务院的有关规定收益、处分的权利。国家出资的企业,由国务院、地方人民政府依照法律、行政法规规定分别代表国家履行出资人职责,享有出资人权益。

5. 所有权的保护具有一定的特殊性。《民法典》第 258 条规定:"国家所有的财产受法律保护,禁止任何组织或者个人侵占、哄抢、私分、截留、破坏。"第 259 条规定:"履行国有财产管理、监督职责的机构及其工作人员,应当依法加强对国有财产的管理、监督,促进国有财产保值增值,防止国有财产损失;滥用职权,玩忽职守,造成国有财产损失的,应当依法承担法律责任。违反国有财产管理规定,在企业改制、合并分立、关联交易等过程中,低价转让、合谋私分、擅自担保或者以其他方式造成国有财产损失的,应当依法承担法律责任。"

二、集体所有权

集体所有权,是指劳动群众集体对其所有的财产享有的占有、使用、收益和处分的权利,它是劳动群众集体所有制在法律上的表现。

集体所有权具有如下特征:

1. 集体所有权的主体具有多元性。集体所有权的主体,是集体经济组织,包括区域性集体组织、城镇集体企业联合经济组织、合作社组织等。

2. 集体所有权的客体范围受到一定限制,具有有限的广泛性。集体所有权的客体虽然没有国家所有权那样无限广泛,但相对私人所有权来说,集体所有的财产范围也是非常宽泛的。《民法典》第 260 条规定:"集体所有的不动产和动产包括:(一)法律规定属于集体所有的土地和森林、山岭、草原、荒地、滩涂;(二)集体所有的建筑物、生产设施、农田水利设施;(三)集体所有的教育、科学、文化、卫生、体育等设施;(四)集体所有的其他不动产和动产。"

3. 集体所有权可以由集体组织直接行使,也可由其代表行使,重要事项应依照法定程序经本集体成员决定。《民法典》第 261 条第 2 款规定:"下列事项应当依照法定程序经本集体成员决定:(一)土地承包方案以及将土地发包给本集体以外的组织或者个人承包;(二)个别土地承包经营权人之间承包地的调整;(三)土地补偿费等费用的使用、分配办法;(四)集体出资的企业的所有权变动等事项;(五)法律规定的其他事项。"第 262 条规定:"对于集体所有的土地和森林、山岭、草原、荒地、滩涂等,依照下列规定行使所有权:(一)属于村农民集体所有的,由村集体经济组织或者村民委员会依法代表集体行使所有权;(二)分别属于村内两个以上农民集体所有的,由村内各该集体经济组织或者村民小组依法代表集体行使所有权;(三)属于乡镇农民集体所有的,由乡镇集体经济组织代表集体行使所有权。"第 264 条规定:"农村集体经济组织或者村民委员会、村民小组应当依照法律、行政法规以及章程、村规民约向本集体成员公布集体财产的状况。集体成员有权查阅、复制相关资料。”

4. 集体财产所有权和集体成员的合法权益同样受到法律的严格保护。《民法典》第 265 条规定：“集体所有的财产受法律保护，禁止任何组织或者个人侵占、哄抢、私分、破坏。农村集体经济组织、村民委员会或者其负责人作出的决定侵害集体成员合法权益的，受侵害的集体成员可以请求人民法院予以撤销。”

三、私人所有权

私人所有权，是指自然人、法人依法对其所有的动产或者不动产享有的占有、使用、收益和处分的权利。《民法典》第 266 条规定：“私人对其合法的收入、房屋、生活用品、生产工具、原材料等不动产和动产享有所有权。”该规定明确认可了私人所有权的存在，不仅如此，《民法典》还给予私人所有权与国家所有权、集体所有权相同的尊重和保护。《民法典》第 267 条规定：“私人的合法财产受法律保护，禁止任何组织或者个人侵占、哄抢、破坏。”第 207 条规定：“国家、集体、私人的物权和其他权利人的物权受法律平等保护，任何组织或者个人不得侵犯。”

私人所有权具有如下特征：

1. 私人所有权的主体具有广泛性。自然人和法人都可成为所有权的主体。

2. 私人所有权的客体是私人依法取得的归私人所有的财产，既包括生活资料，也包括生产资料。

3. 私人所有权的取得方式具有多样性。我国坚持社会主义公有制，要求社会财富的分配方式采取按劳分配的原则。与此同时，劳动所得之外的继承所得、经营所得以及投资所得，都可成为私人所有权合法的取得方式。依据《民法典》的规定，添附、善意取得等是私人所有权取得的特殊方式。

疑难问题论争　私人所有权中的“私人”

对于私人所有权中的“私人”的外延如何，学界并未达成共识。第一种观点将这里的私人等同公民。第二种观点认为，这里的私人应解释为自然人。[1] 第三种观点主张，这里的私人是与国家、集体相对应的物权主体，不但包括我国的公民，也包括在我国合法取得财产的外国人和无国籍人；不仅包括自然人，还包括个人独资企业、个人合伙等非公有制企业。[2] 第四种观点强调，私人所有权的主体主要是自然人，但不限于自然人。私人所有权指称的范围更广，包括了个体工商户、合伙、各类企业法人、三资企业中投资者的权益等。[3] 从目前看来，赞同第三种观点的居多，因为其注意到了我国现行法上民事主体的多样性。

四、社会团体法人、捐助法人所有权

《民法典》第 270 条规定：“社会团体法人、捐助法人依法所有的不动产和动产，受法律保

〔1〕 参见李永军主编：《民法学教程》，中国政法大学出版社 2021 年版，第 255 页。

〔2〕 参见黄薇主编：《中华人民共和国民法典物权编释义》，法律出版社 2020 年版，第 156 页；梁慧星、陈华彬：《物权法》（第 7 版），法律出版社 2020 年版，第 143 页；杨立新：《物权法》（第 7 版），中国人民大学出版社 2020 年版，第 73 页。

〔3〕 参见王利明主编：《民法》（第 8 版），中国人民大学出版社 2020 年版，第 299 页。

护。”该条规定确认了对社会团体法人和捐助法人财产的保护。

社会团体法人、捐助法人所有权的法律特征在于：

第一，它不能按照所有制归属于任何一类所有权。《民法典》将所有权区分为国家、集体和私人所有权3类，而社会团体法人、捐助法人很难归入其中任何一类，其既不是国家财产，也不是集体和个人的财产，实际上是国家、集体和私人所有权以外的一类所有权。

第二，它已经成为法人所有的财产，其所享有的财产权是一种特殊的法人财产权。

第三，社会团体法人、捐助法人的所有权在性质上属于“其他权利人的物权”。《民法典》第207条规定：“国家、集体、私人的物权和其他权利人的物权受法律平等保护，任何组织或者个人不得侵犯。”社会团体法人、捐助法人的财产权就属于此处“其他权利人的物权”范畴。

第三节　业主的建筑物区分所有权

一、建筑物区分所有权的概念和特征

（一）建筑物区分所有权的概念

关于建筑物区分所有权的概念，主要有“一元论说”、“二元论说”、“三元论说”及“新一元论说”等学说。[1] 各学说的主要分歧在于，建筑物区分所有权究竟包括专有权、共有权及成员权中的哪几项，尤其对成员权是否为建筑物区分所有权的构成要素争议最大。我国《民法典》第271条对业主的建筑物区分所有权的概念作了界定：“业主对建筑物内的住宅、经营性用房等专有部分享有所有权，对专有部分以外的共有部分享有共有和共同管理的权利。”该概念表明了我国建筑物区分所有权的概念采“三元论说”，符合当代建筑物区分所有权法的实际情形与发展趋势。另外，该概念也表明了我国建筑物区分所有权的主体是业主。

（二）建筑物区分所有权的特征

1. 建筑物区分所有权的权利主体是业主。在一般情况下，业主即建筑物区分所有权人。最高人民法院《关于审理建筑物区分所有权纠纷案件适用法律若干问题的解释》（以下简称《建筑物区分所有权解释》）第1条规定：“依法登记取得或者依据民法典第二百二十九条至第二百三十一条规定取得建筑物专有部分所有权的人，应当认定为民法典第二编第六章所称的业主。基于与建设单位之间的商品房买卖民事法律行为，已经合法占有建筑物专有部分，但尚未依法办理所有权登记的人，可以认定为民法典第二编第六章所称的业主。”据此，业主主要包括两类：一是依法取得专有部分所有权的人；二是基于买卖合同已合法占有建筑物专有部分的人。

2. 业主的建筑物区分所有权的权利内容具有复合性。根据《民法典》第271条的规定，业主的建筑物区分所有权，包括业主对于建筑物专有部分所享有的专有所有权、对建筑物专有部分以外的共有部分享有的共有权以及对业主社区的共同事务所享有的共同管理权这三个方面的内容。这3项权利构成一个整体，不可分割。

---

〔1〕 参见梁慧星、陈华彬：《物权法》（第7版），法律出版社2020年版，第177～179页。

3. 业主的建筑物区分所有权是一项以专有所有权为主导的权利。业主对于建筑物的区分所有，是以享有专有部分的单独所有权为基本目的的，业主对于建筑物区分所有权的得失变更，以对于专有所有权的得失变更为原因。只要专有所有权作了登记，建筑物区分所有权即可成立。此外，专有所有权的大小还决定着共有权及管理权（如表决权）的大小。

4. 业主的建筑物区分所有权具有不可分割性。建筑物区分所有权是一个权利的集合体，其以专有所有权为核心，3 项权利内容紧密结合成为一个整体，不可分割。这就意味着，权利人不能单独享有和行使其中某项权利，也不能将它们分割、抵押、继承、抛弃等。

二、专有部分所有权

（一）专有部分

专有部分，是指具有构造上及使用上的独立性，并能够成为分别所有权客体的部分。专有部分通常是在将建筑物分割为各个不同部分的基础上形成的，专有部分是建筑物区分所有权人单独享有的所有权的客体。

1. 专有部分的构成条件

《民法典》第 271 条只是列举了两类具体的专有部分，即住宅和经营性用房，没有对专有部分的构成条件作出具体规定。《建筑物区分所有权解释》第 2 条对此作了规定："建筑区划内符合下列条件的房屋，以及车位、摊位等特定空间，应当认定为民法典第二编第六章所称的专有部分：（一）具有构造上的独立性，能够明确区分；（二）具有利用上的独立性，可以排他使用；（三）能够登记成为特定业主所有权的客体。规划上专属于特定房屋，且建设单位销售时已经根据规划列入该特定房屋买卖合同中的露台等，应当认定为前款所称的专有部分的组成部分。本条第一款所称房屋，包括整栋建筑物。"据此，专有部分必须符合以下要件：

（1）构造上的独立性，又称"物理上的独立性"，是指作为建筑物中属于业主专有的部分应当在建筑构造上能够与同一建筑物中的其他部分完全隔离。这样才能在客观上划分为不同部分为不同所有人单独所有。

（2）使用上的独立性，又称"利用上的独立性"，是指该部分能够被单独地加以使用，具有独立的使用价值。例如，可以用来居住、办公或者存放物品。一般而言，判断是否具有独立的使用价值主要以能否单独使用以及有无独立的经济效用等作为标准。

（3）能够登记成为特定业主所有权的客体，又称"形式的独立性"，是指该部分符合不动产登记的要求，可以被依法记载于不动产登记簿上。换言之，特定部分即使已经具备专有部分的前两项条件，也并不必然成立建筑物区分所有权的专有部分，只有在业主通过登记将该特定部分作为区分所有权的客体现实化、具体化的情况下，才可成为专有部分。

学界将前两项要件称作实质上的独立性要件，把第三个要件称作形式上的独立性要件。

2. 专有部分的范围

关于专有部分的范围有以下几种观点：（1）中心说，又称"壁心说"，这种观点认为专有部分的范围达到墙壁、地板、天花板等界面部分厚度的中心。但是由于专有部分范围包含境界线中心线以上部分，专有权人可能对此部分无所顾忌地行使权利从而损害埋设于墙壁内的各种管线甚至整个建筑物的安全。（2）"空间说"，又称"全部属于共用部分说"，这种观点认为，专有部分是由建筑材料围成的空间部分，墙壁、地板、天花板等则为全体或部分区分所有人共有。但是，如果专有人对房屋墙壁、地板进行装修就会被认定为侵权，这显然有违生活常理。（3）"最后粉刷表层说”。这种观点认为，专有部分除了空间部分，还包括境界表层的粉刷部分，但这种观点有违一般以壁心为界限的交易习惯。(4)“壁心和最后粉刷表层折中说”。这种观点认为，专有部分应区分内外关系而有所不同。在区分所有人内部关系上，应当采“最后粉刷表层折中说”；而在区分所有人与第三人关系上，则应以“壁心说”为基准。第四种观点能据以澄清区分所有权人相互间以及区分所有权人与第三人间的权益，符合社会的现实情形与未来的发展需要，可资赞同。[1]

(二)专有权的概念

专有权是专有部分所有权的简称，是指业主对于建筑物中专有部分享有的所有权。它是业主对特定的建筑物内的住宅或者经营性用房等专有部分享有的所有权，这种所有权与普通的一栋房屋上的所有权没有本质的区别，都包含了占有、使用、收益、处分等权能。由于建筑物中的专有部分也属于不动产，因此，业主取得建筑物中专有部分的所有权时，应当进行所有权登记。

(三)专有权的内容

《民法典》第272条第1句规定：“业主对其建筑物专有部分享有占有、使用、收益和处分的权利。”据此，专有权本质上就是一般的所有权，在内容上与一般所有权并无差异，包括了一般所有权的全部权能。但是，由于许多业主居住在同一栋建筑物内和同一建筑区划内，专有权人对于其专有部分的支配，极易对其他业主产生影响。因此，任何业主在行使其对专有部分的所有权时均应受到一定限制。依据《民法典》的规定，业主行使专有权时应受到以下限制：

1. 不得实施损害建筑物安全的支配行为。《民法典》第272条第2句规定：“业主行使权利不得危及建筑物的安全，不得损害其他业主的合法权益。”如果专有权人实施有损建筑物安全的支配行为，则其他业主可请求相关的专有权人消除危险、恢复原状乃至赔偿损失。

2. 不得实施损害其他业主正当利益的支配行为。《民法典》第286条规定：“业主应当遵守法律、法规以及管理规约，相关行为应当符合节约资源、保护生态环境的要求。对于物业服务企业或者其他管理人执行政府依法实施的应急处置措施和其他管理措施，业主应当依法予以配合。业主大会或者业主委员会，对任意弃置垃圾、排放污染物或者噪声、违反规定饲养动物、违章搭建、侵占通道、拒付物业费等损害他人合法权益的行为，有权依照法律、法规以及管理规约，请求行为人停止侵害、排除妨碍、消除危险、恢复原状、赔偿损失。业主或者其他行为人拒不履行相关义务的，有关当事人可以向有关行政主管部门报告或者投诉，有关行政主管部门应当依法处理。”《民法典》第287条规定：“业主对建设单位、物业服务企业或者其他管理人以及其他业主侵害自己合法权益的行为，有权请求其承担民事责任。”

3. 不得擅自将住宅改变为经营用房。《民法典》第279条规定：“业主不得违反法律、法规以及管理规约，将住宅改变为经营性用房。业主将住宅改变为经营性用房的，除遵守法律、法规以及管理规约外，应当经有利害关系的业主一致同意。”据此，将住宅改变为经营性用房，一是必须遵守法律、法规以及管理规约的规定；二是必须经有利害关系的业主一致同意。这两个条件必须同时具备，才可以将住宅改变为经营性用房。对于该条中利害关系人的范围，《建筑物区分所有权解释》第11条将其界定为：一是本栋建筑物内的其他业主；二是建筑区划内，能

[1] 参见梁慧星、陈华彬：《物权法》(第7版)，法律出版社2020年版，第194页。

够证明其房屋价值、生活质量受到或者可能受到不利影响的本栋建筑物之外的业主。

三、共有部分的共有权

（一）共有权的概念和特征

建筑物区分所有权中的共有权，是指区分所有人依照法律的规定或管理规约及业主大会的决定，对建筑物内住房或经营性用房的专有部分以外的共用部分所享有的占有、使用、收益和处分的权利。也有学者称为共有部分的持分权[1]、互有权[2]。建筑物区分所有权中的共有权具有以下特征：

1. 权利主体具有广泛性。建筑物区分所有权中共有权的权利主体是全体业主。其不仅包括一栋建筑物的全体业主，还包括整个小区所有建筑物的全体业主。

2. 权利客体范围具有广泛性。共有权的客体和专有权的客体不同，专有权的客体是专有部分，只限于建筑物内。但对于共有权来说，则不限于建筑物内，还可能延伸到小区其他设施。共有部分的范围主要包括如下方面：(1)建筑物的基本构造部分，如支柱、屋顶、外墙或地下室等。(2)建筑物的共有部分及附属物，如楼梯、消防设备、走廊、水塔、自来水管道等，以及仅为部分建筑物区分所有人所共有的部分。(3)建筑物所占有的地基的使用权，在法律上归属于全体建筑物区分所有人共同所有。(4)住宅小区的绿地、道路、物业管理用房。(5)公共场所和公共设施，如小区大门建筑、艺术装饰物等地上或地下共有物和水电、照明、消防、保安等公用配套设施，除依法归属于国家或有关法人所有外，应当属于全体住宅小区的业主所共有。(6)小区内的空地。(7)其他共有财产，如小区内种植的树木等。

3. 共有权具有附从性。从业主的专有权与共有权两项权利的关系来看，专有权是建筑物区分所有权的核心目的所在，而业主对于建筑物以及小区共有部分的共有权的享有，只是为了专有权能够充分、有效实现。因此，从这个角度来说，共有权是依附专有权之上的。一般而言，专有部分的面积越大，共有部分的份额就越大。转让专有部分所有权，共有部分也应相应转让。[3]《民法典》第273条第2款规定："业主转让建筑物内的住宅、经营性用房，其对共有部分享有的共有和共同管理的权利一并转让。"

4. 共有权的内容包括权利与义务。《民法典》第273条第1款规定："业主对建筑物专有部分以外的共有部分，享有权利，承担义务；不得以放弃权利为由不履行义务。"业主对建筑物专有部分以外的共有部分在享有共有权和共同管理权的同时，也要承担对建筑物共有部分的维护、维修义务以及分担有关物业管理、维护维修的义务。如果小区的共有部分受有损失，也应当分担损失。物权编之所以强调业主对共有部分既享有权利，又要承担义务，原因在于，业主一般都注重对自己专有部分权利的行使和义务的履行，但易于忽视对共有部分义务的承担，其结果往往造成建筑物共有部分的损坏。

（二）共有权的内容

《民法典》第273条第1款规定："业主对建筑物专有部分以外的共有部分，享有权利，承担义务；不得以放弃权利为由不履行义务。"由此可见，共有权的内容包括权利和义务两个方面，业主对建筑物的共有部分享有共有权等权利的同时，也要对建筑物共有部分承担相应的义务。

---

[1] 参见崔建远：《物权法》（第3版），中国人民大学出版社2014年版，第195页。

[2] 参见杨立新：《共有权研究》，高等教育出版社2003年版，第387页。

[3] 参见陈华彬：《物权法》，法律出版社2004年版，第274页。

1. 共有权人的权利

(1)使用权。共有人有权按照共有部分的种类、性质、构造、用途使用共有部分,其他共有人不得限制和干涉。如使用建筑物内的电梯、在小区的绿地散步、利用小区的健身设施锻炼身体等。使用的方式既可以是共同使用,也可以是轮流使用。

(2)收益共享权。业主可取得建筑物的共有部分产生的利益。例如,出租屋顶设置广告物的租金、允许电梯间悬挂广告产生的收益等。《民法典》第 282 条明确规定:"建设单位、物业服务企业或者其他管理人等利用业主的共有部分产生的收入,在扣除合理成本之后,属于业主共有。"关于共有部分产生的收益如何分配,《民法典》第 283 条规定:"建筑物及其附属设施的费用分摊、收益分配等事项,有约定的,按照约定;没有约定或者约定不明确的,按照业主专有部分面积所占比例确定。"

(3)物权请求权和损害赔偿请求权。针对违反法律、法规及管理规约,侵害共有部分或者共有权的行为,依据《民法典》第 286 条[1]第 2 款的规定,业主有权请求行为人停止侵害、排除妨碍、消除危险、恢复原状、赔偿损失;针对建设单位、物业服务企业或者其他管理人等擅自占用、处分业主共有部分,改变其使用功能或者进行经营性活动的行为,《建筑物区分所有权解释》第 14 条[2]第 1 款规定业主可以请求排除妨害、恢复原状、确认处分行为无效或者赔偿损失。

2. 共有权人的义务

(1)维护现状的义务。各共有权人负有维持建筑物共有部分共有现状的义务,任何区分所有权人永远不得请求分割共有部分。这是建筑物区分所有权的基本特点。[3]

(2)按照共用部分的本来用途使用的义务。业主应当按共用部分的使用性质使用,不得将共用部分改作他用。使用性质也称为固有用途,就是以共用部分的种类、位置、构造、性质或依规约规定的目的或用途使用共用部分。

(3)费用分担义务。业主应当负担共有部分的正常费用。关于分摊规则,依据《民法典》第 283 条的规定,有约定的,按照约定;没有约定或者约定不明确的,按照业主专有部分面积所占比例确定。

(三)共有部分的范围

业主的共有部分,也称业主的共用部分。依实际使用情况可将共有部分分为全体业主共用部分与部分业主共用部分。前者如小区的道路、建设用地使用权、锅炉房等,后者如某一栋楼的某一个单元的电梯、楼梯、过道等。我国《民法典》对此种分类未作规定,而是对建筑区划

---

[1] 《民法典》第 286 条规定:"业主应当遵守法律、法规以及管理规约,相关行为应当符合节约资源、保护生态环境的要求。对于物业服务企业或者其他管理人执行政府依法实施的应急处置措施和其他管理措施,业主应当依法予以配合。业主大会或者业主委员会,对任意弃置垃圾、排放污染物或者噪声、违反规定饲养动物、违章搭建、侵占通道、拒付物业费等损害他人合法权益的行为,有权依照法律、法规以及管理规约,请求行为人停止侵害、排除妨碍、消除危险、恢复原状、赔偿损失。业主或者其他行为人拒不履行相关义务的,有关当事人可以向有关行政主管部门报告或者投诉,有关行政主管部门应当依法处理。"

[2] 《建筑物区分所有权解释》第 14 条规定:"建设单位、物业服务企业或者其他管理人等擅自占用、处分业主共有部分、改变其使用功能或者进行经营性活动,权利人请求排除妨害、恢复原状、确认处分行为无效或者赔偿损失的,人民法院应予支持。属于前款所称擅自进行经营性活动的情形,权利人请求建设单位、物业服务企业或者其他管理人等将扣除合理成本之后的收益用于补充专项维修资金或者业主共同决定的其他用途的,人民法院应予支持。行为人对成本的支出及其合理性承担举证责任。"

[3] 参见杨立新:《共有权研究》,高等教育出版社 2003 年版,第 390 页。

内哪些场所、区域属于业主的共有部分作出了统一的规定。

1. 建筑区划内的道路、绿地

《民法典》第274条规定："建筑区划内的道路，属于业主共有，但是属于城镇公共道路的除外。建筑区划内的绿地，属于业主共有，但是属于城镇公共绿地或者明示属于个人的除外……"据此，首先，建筑区划内的道路除非属于城镇公共道路，否则都属于业主共有。其次，对于绿地，如果属于城镇公共绿地，当然不属于业主共有；明示属于个人的绿地，也不属于业主共有。除前面两种情况外，剩下的绿地归业主共有。

2. 建筑区划内的其他公共场所、公用设施和物业服务用房

《民法典》第274条第3句规定："建筑区划内的其他公共场所、公用设施和物业服务用房，属于业主共有。"这是一个兜底性规定，因为业主共有的类型比较多，不可能一一列举。《建筑物区分所有权解释》第3条第1款对属于业主共有的公共场所和公用设施作了详细规定，包括两类：第一，建筑物的基础、承重结构、外墙、屋顶等基本结构部分，通道、楼梯、大堂等公共通行部分，消防、公共照明等附属设施、设备，避难层、设备层或者设备间等结构部分；第二，其他不属于业主专有部分，也不属于市政公用部分或者其他权利人所有的场所及设施等，如花园水池、喷泉、大门、操场、足球场等。物业服务用房包括物业办公用房、物业清洁用房、物业储藏用房、业主委员会活动用房等。

3. 停车位、车库

《民法典》第275条和第276条[1]对停车位和车库的归属问题作出规定：第一，占用业主共有的道路或者其他场地用于停放汽车的车位，属于业主共有。第二，建筑区划内，规划用于停放汽车的车位、车库的归属，由当事人通过出售、附赠或者出租等方式约定。需要注意的是，对于这类车库、车位，《民法典》及其他法律并没有强行规定由业主共有。这样规定，符合我国房地产市场的现实情况，既容易操作，也避免纠纷。[2]

4. 建筑物占地范围内的建设用地使用权

《民法典》第357条规定："建筑物、构筑物及其附属设施转让、互换、出资或者赠与的，该建筑物、构筑物及其附属设施占用范围内的建设用地使用权一并处分。"因此，当房地产开发企业将新建商品房出售给业主的时候，建筑物占用范围内的建设用地使用权也随之一并转移给业主，成为业主的共有部分。《建筑物区分所有权解释》第3条第2款对建筑区划内土地使用权的归属作了更详细的规定："建筑区划内的土地，依法由业主共同享有建设用地使用权，但属于业主专有的整栋建筑物的规划占地或者城镇公共道路、绿地占地除外。"建筑区划内归全体业主共有的道路和绿地占用范围内的建设用地使用权归属于全体业主。小区内其他归全体业主共有的公共场所、公用设施和物业服务用房占用范围内的建设用地使用权归属于全体业主共有。

四、业主成员权

（一）业主成员权的概念和特征

业主的成员权，也称共同管理权或成员权，是指建筑物区分所有人基于区分所有建筑物的

---

〔1〕《民法典》第275条规定："建筑区划内，规划用于停放汽车的车位、车库的归属，由当事人通过出售、附赠或者出租等方式约定。占用业主共有的道路或者其他场地用于停放汽车的车位，属于业主共有。"《民法典》第276条规定："建筑区划内，规划用于停放汽车的车位、车库应当首先满足业主的需要。"

〔2〕参见黄薇主编：《中华人民共和国民法典物权编释义》，法律出版社2020年版，第199页。

构造、权利归属和使用上的密切关系而形成的，作为建筑物管理团体成员所享有的权利和承担的义务。业主的成员权具有以下特征：

1. 业主的成员权是基于其专有权而派生出来的权利，具有附从性。业主成员权的产生、变更与消灭取决于专有权的产生和消灭。正因如此，业主的成员权是专属于业主的权利。

2. 业主的成员权是一种自治权，体现了私法自治的民法原则。业主的成员权性质上属于私权，它的主要内容是针对业主的共同财产和共同事务进行管理。这些事务本质上还是私人事务，所以要充分尊重业主的意愿。

3. 业主的成员权既是权利也是义务。业主参与对共同事务和共同财产的管理，是业主作为专有权人和共有权人所享有的基本权利，也是业主的一项义务，因而业主不得抛弃其成员权。例如，业主有权参与管理规约的制订，但也负有遵守管理规约的义务；业主有权管理共有财产，但也有义务支付管理费用。

（二）业主成员权的内容

1. 业主作为成员权人享有的权利

《民法典》第 278 条第 1 款规定："下列事项由业主共同决定：（一）制定和修改业主大会议事规则；（二）制定和修改管理规约；（三）选举业主委员会或者更换业主委员会成员；（四）选聘和解聘物业服务企业或者其他管理人；（五）使用建筑物及其附属设施的维修资金；（六）筹集建筑物及其附属设施的维修资金；（七）改建、重建建筑物及其附属设施；（八）改变共有部分的用途或者利用共有部分从事经营活动；（九）有关共有和共同管理权利的其他重大事项。"依据该条及相关法条的规定，业主作为成员权人的权利主要有：

（1）设立业主大会并选举业主委员会的权利。《民法典》第 277 条第 1 款规定："业主可以设立业主大会，选举业主委员会。业主大会、业主委员会成立的具体条件和程序，依照法律、法规的规定。"在设立业主大会的情况下，业主当然成为业主大会的会员，享有业主大会的成员权。

（2）表决权。表决权是业主基于其成员权，在社区共同事务的决定中发表自己意见的权利。这是业主成员权以及业主大会成员权的当然结果。业主的表决权在其成员权中居于基础性地位，它的范围非常广泛，可以涵盖社区共同事务的全部。

（3）关于建筑物及其附属设施的管理规约的制定和修改权，业主大会议事规则的制定和修改权。

（4）物业服务企业或者其他管理人的选聘和解聘权。

（5）建筑物及其附属设施的维修资金的筹集和使用权，建筑物及其附属设施的改建、重建权。

（6）改变共有部分用途的权利，利用共有部分从事经营活动的权利。

《民法典》第 278 条第 2 款对业主行使表决权时的表决程序作了明确规定："业主共同决定事项，应当由专有部分面积占比三分之二以上的业主且人数占比三分之二以上的业主参与表决。决定前款第六项至第八项规定的事项，应当经参与表决专有部分面积四分之三以上的业主且参与表决人数四分之三以上的业主同意。决定前款其他事项，应当经参与表决专有部分面积过半数的业主且参与表决人数过半数的业主同意。"根据该条规定，业主共同决定重大事项的表决程序有以下几点。

(1)关于"参会比例"的要求。不要求全体业主共同参与,只要参会的业主专有部分面积达到2/3以上且人数占到全体业主2/3以上即可。

(2)关于"表决比例"的要求。决定筹集建筑物及其附属设施的维修资金,改建、重建建筑物及其附属设施,改变共有部分的用途或者利用共有部分从事经营活动这些事项时,应当经参与表决专有部分面积3/4以上的业主且参与表决人数3/4以上的业主同意。上述事项以外的有关共有和共同管理权利的其他重大事项,属于建筑区划内的一般性、常规性事务,其决定的作出,应当经参与表决专有部分面积过半数的业主且参与表决人数过半数的业主同意。

2. 业主作为成员权人承担的义务

(1)执行业主大会或者业主委员会决定的义务。这是业主作为成员权人所承担的一项基本义务。《民法典》第280条第1款规定:"业主大会或者业主委员会的决定,对业主具有法律约束力。"但现实中,可能有的业主大会或者业主委员会不遵守法律、法规、管理规约,或者不依据法定程序作出某些决定,侵害业主的合法权益,针对这一情形,为了切实保护业主的合法权益,该条第2款规定:"业主大会或者业主委员会作出的决定侵害业主合法权益的,受侵害的业主可以请求人民法院予以撤销。"

(2)遵守法律、法规以及管理规约,保护环境的义务。《民法典》第286条第1款第1句对此作出明确规定:"业主应当遵守法律、法规以及管理规约,相关行为应当符合节约资源、保护生态环境的要求。"

(3)业主对于物业服务企业或者其他管理人执行政府依法实施的应急处置措施和其他管理措施,应当依法予以配合的义务。这是《民法典》第286条第1款第2句的规定,此规定是《民法典》新增内容。该条规定表明,在应急状态下,政府公权力势必会更加集中,业主私权利不可避免地会受到一定程度的克减,业主需要承担紧急状态下的容忍义务。[1]

第四节 相 邻 关 系

一、相邻关系的概念和特征

(一)相邻关系的概念

相邻关系,是指两个或两个以上相互毗邻或邻近的不动产的所有人或使用人,在行使不动产的所有权或使用权时,因相互间应当给予便利和接受限制而发生的权利义务关系。简单地讲,相邻关系就是不动产的相邻各方因行使所有权或使用权而发生的权利义务关系。[2] 从权利角度讲,相邻关系又称为相邻权。

相邻关系的实质是对相邻的不动产所有人或使用人行使权利的扩张及限制,这种扩张和限制既不损害所有人或使用人的合法权益,又给予了相邻他方必要的方便,有利于提高物的利用效益,促进邻里和谐。

---

〔1〕 参见孙铭成:《〈民法典〉物权编建筑物区分所有权制度的修改与评析》,载《上海房地》2021年第6期。

〔2〕 参见史尚宽:《物权法论》,中国政法大学出版社2000年版,第79页。

(二)相邻关系的特征

1. 相邻关系的主体是相邻近的不动产所有人或使用人。如果不动产不相毗邻,则所有人或使用人之间不会发生权利行使的冲突问题,自然也就不会发生相邻关系。不动产的毗邻或邻近,并不以不动产相连为必要,只要不动产所有人或使用人行使权利会影响到另一方不动产所有人或使用人的利益,即可产生相邻关系。相邻关系中的不动产,既可以是土地,也可以是房屋等地上定着物。

2. 相邻权的客体不同于一般物权的客体。关于相邻权的客体,理论上有不同的看法:第一种观点认为,相邻权的客体是不动产本身;第二种观点认为,相邻权的客体是行使不动产权利所体现的利益;第三种观点认为,相邻权的客体是相邻各方所实施的行为(作为或不作为)。本书认为第二种观点更可取。大多数相邻权的客体是行使不动产权利时所体现的合法权益。

3. 相邻关系的内容十分复杂。相邻关系因种类不同而具体内容不同,但是基本上都包含两个方面:一是相邻一方在行使所有权或使用权时,有权要求相邻他方给予便利,而相邻他方应当提供必要的便利。所谓必要的便利,是指若未从相邻方处得到这种便利,就不能正常行使不动产的所有权或使用权。这种相邻关系是以相邻方的作为为内容的。二是相邻各方行使权利,不得损害相邻他方的合法权益,这种相邻关系是以相邻方的不作为为内容的。

4. 相邻关系的产生有法定性。相邻关系不是由当事人通过合同设定的,而是法律为调和相邻的不动产所有人或使用人之间的利益冲突而对所有权所作的扩张和限制,属于所有权制度的一项重要内容。相邻权既然是依法产生的,就不存在设定的问题,也不存在公示的问题。

二、相邻关系的类型

(一)相邻用水、排水关系

《民法典》第290条规定:"不动产权利人应当为相邻权利人用水、排水提供必要的便利。对自然流水的利用,应当在不动产的相邻权利人之间合理分配。对自然流水的排放,应当尊重自然流向。"该条实际上规定了相邻用水和排水关系两个方面的内容。

1. 相邻用水关系。相邻用水关系,是指相邻当事人由于共用同一水源,彼此之间所形成的应当给予便利、接受限制的法律关系。相邻用水关系的内容包括以下几个方面:(1)对于自然水资源,相邻当事人各方不得将水资源据为己有,形成排他性的独占,排斥他人的正常使用。(2)对于自然水流,应按照"由近及远、由高到低"的顺序灌溉、使用。上游、高地的相邻当事人不得擅自改变水流的自然流向,同时必须考虑下游、低地相邻方对于用水的需要。

2. 相邻排水关系。相邻排水关系,是指因相邻当事人一方不动产所排放的自然水流,或者生产、生活废水,需要经过相邻他方土地,而形成的以排水权与排水义务为内容的相邻关系。相邻排水关系的内容包括如下几个方面:(1)自然水流的排放。对于自然水流的排放,高地的相邻当事人享有自然排水权,相应地,低地的相邻当事人则负有承水义务。低地的不动产权利人不得阻止这种由高地而来的、经过自己土地的自然水流的排放。(2)人工水流的排放。人工水流是指非因自然原因而产生的水流,或者虽因自然原因产生,但是被人为地约束着流向的水流。对于人工水流,原则上,相邻当事人并没有当然的向邻地排放的权利。因此,如果相邻一方因蓄水、排水或引水的设施崩溃、阻塞,导致相邻对方土地遭受损害或者有遭受损害之虞时,相邻对方有权要求排除妨碍、赔偿损失、消除危险。另外,相邻一方也不得设置屋檐或其他设施,使雨水直接倾注于相邻他方的建筑物或者土地上。

（二）相邻土地通行关系

《民法典》第 291 条规定："不动产权利人对相邻权利人因通行等必须利用其土地的，应当提供必要的便利。"该条对相邻关系中的通行权作了规定。相邻关系中的通行包括下面 3 种情况：

1. 因袋地产生的通行问题

袋地，是指土地被他人土地包围，为生产目的利用土地时无任何道路可通行，或者可通行的道路都无法通至公共道路的土地。在这种情况下，权利人只能从相邻他方的土地上通行。例如，甲承包地周围的土地全部都流转给了乙，导致甲的土地形成袋地，在此情况下，甲必须经由乙的土地，否则无路可走。袋地的通行问题属于最低限度的生产生活需要，相邻一方应当提供通行的便利。

2. 准袋地的通行问题

准袋地，是指虽有他道可通公路，但需要的费用过大，具有危险或者十分不便。[1] 这种土地的通行，往往因历史原因在他人所有或者使用的建筑物范围内形成必经通道，此种情形下，建筑物的所有权人或者使用权人不得堵塞必经通道。因堵塞影响他人生产、生活，他人要求排除妨害或者恢复原状的，应当予以支持。

3. 其他通行问题

《民法典》第 291 条规定："不动产权利人对相邻权利人因通行等必须利用其土地的，应当提供必要的便利。"此处使用了一个"等"字，即说明除上述两种通行的情况外，还存在其他通行的问题。例如，他人物品或者动物偶然失落于其土地上时，应允许他人进入其土地取回。

（三）相邻通风、采光关系

《民法典》第 293 条规定："建造建筑物，不得违反国家有关工程建设标准，不得妨碍相邻建筑物的通风、采光和日照。"据此，相邻通风、采光和日照关系的内容是：(1) 相邻建筑物的通风、采光，必须予以保障。(2) 为了保障邻人建筑物的通风、采光，相邻他方建筑物的修造必须遵守国家有关的工程建设标准，如关于建筑物高度和楼间距方面的规定。在存在国家有关工程建设标准的情况下，应当将此标准作为是否违反相邻关系的构成要件；在没有国家有关的工程建设标准时，对于相邻一方是否侵害对方的通风、采光权，则应当按照一般社会观念来确定。

（四）相邻环境保护关系

《民法典》第 294 条规定："不动产权利人不得违反国家规定弃置固体废物，排放大气污染物、水污染物、土壤污染物、噪声、光辐射、电磁辐射等有害物质。"该条实际上是关于不可量物侵害所引发的相邻关系的规定，大陆法系多数国家和地区都将其作为相邻关系的重要内容。所谓不可量物的侵害，是指按照通常的计量手段无法加以精确测量的某些物质因排放、扩散等致他人损害。不可计量的物，大体如气体、音响、光线、尘埃、采石之粉、灰、火花、湿气、真菌类、噪声、电流、臭气、烟气、煤气以及"光的有意图之侵入"。[2] 相邻环境保护关系的内容是：(1) 相邻一方不得弃置固体废物，排放大气污染物、水污染物、噪声、光电磁波辐射等有害物质给相邻他方造成损害。(2) 在相邻环境保护关系中，相邻一方违反相邻环境义务，给他方造成

---

〔1〕 参见梁慧星、陈华彬：《物权法》（第 7 版），法律出版社 2020 年版，第 220 页。

〔2〕 参见陈华彬：《德国相邻关系制度研究——以不可量物侵害制度为中心》，载梁慧星主编：《民商法论丛》第 4 卷，法律出版社 1996 年版，第 27 页。转引自王利明主编：《民法》（第 8 版），中国人民大学出版社 2020 年版，第 341 页。

妨害、损失的，受到妨害、损失的相邻他方，有权请求停止侵害、排除妨害、赔偿损失。

（五）因建造、修缮建筑物以及铺设管线形成的相邻关系

《民法典》第292条规定："不动产权利人因建造、修缮建筑物以及铺设电线、电缆、水管、暖气和燃气管线等必须利用相邻土地、建筑物的，该土地、建筑物的权利人应当提供必要的便利。"相邻施工、管线铺设关系的构成要件是：（1）须为建筑施工、管线铺设之活动需要；（2）如果不利用他人的土地或者建筑物，该建筑施工、管线铺设工程将无法进行。在具备上述要件情况下，相邻一方依法享有相邻权，无须征得相邻对方的同意，即可使用其不动产。但是，必须采取对对方影响最小的方式，且对对方采取必要的保护性措施。如果双方有约定，应按照双方约定的范围、用途和期限进行使用。如果因此给对方造成损害，应当承担损害赔偿责任。

（六）因挖掘土地、建造建筑物等发生的相邻关系

《民法典》第295条规定："不动产权利人挖掘土地、建造建筑物、铺设管线以及安装设备等，不得危及相邻不动产的安全。"此种相邻关系的构成要件是：（1）一方在自己的不动产上行使权利，既包括在自己所有的不动产上行使权利，也包括在自己享有他物权或者其他占有权的不动产上行使权利。（2）一方在自己土地上从事挖掘作业时给另一方造成妨害或者有造成妨害之虞。（3）一方的行为危及相邻不动产的安全。主要包括以下几种情形：第一，在自己的土地上开挖地基时，使相邻土地的地基发生动摇或有动摇之危险，致使相邻土地上的建筑物受到损害；第二，在相邻不动产的疆界线附近埋设水管时，发生土沙崩溃、水或污水渗漏到相邻不动产；第三，不动产权利人在自己的土地范围内种植的竹木根枝伸延，危及另一方建筑物的安全和正常使用。[1]

三、处理相邻关系的原则

《民法典》第288条规定："不动产的相邻权利人应当按照有利生产、方便生活、团结互助、公平合理的原则，正确处理相邻关系。"第289条规定："法律、法规对处理相邻关系有规定的，依照其规定；法律、法规没有规定的，可以按照当地习惯。"据此规定，在处理相邻关系时，应当坚持以下原则。

（一）有利生产和方便生活的原则

法律规定相邻关系的目的就是保证相邻各方生产生活顺利进行，满足相邻各方的利益需要。因此，在处理相邻关系纠纷时，应当从有利生产、方便生活的原则出发，满足各方的利益需要。当有利生产和方便生活不可兼顾时，则需进行利益衡量而作出取舍。

（二）团结互助的原则

相邻各方在行使所有权或者使用权时，要团结互助、兼顾各方的利益，最大限度地减少对方的损失，即本着与人为善的心态行使权利、解决纠纷。这也是诚实信用原则的基本要求。

（三）公平合理的原则

这一原则是法律对于相邻关系处理结果的要求。相邻关系种类繁多，法律很难对各种相邻关系作出具体规定。这就要求在处理相邻关系纠纷时，要兼顾各方利益，寻找到各方利益的最佳平衡点。这也是公平原则的基本要求。

---

〔1〕参见黄薇主编：《中华人民共和国民法典物权编释义》，法律出版社2020年版，第309页。

（四）尊重历史和习惯的原则

不动产相邻关系的形成，往往有历史原因，所以从稳定相邻关系、维护社会经济秩序出发，处理相邻关系纠纷时应当尊重历史。对于历史原因形成的用水、排水、通行等相邻关系以及历史原因形成的分界墙、分界沟、建筑物共用墙等，相邻一方未经他方同意，不得擅自变更。处理相邻关系还应尊重习惯，一方面，是因为相邻关系的种类繁多且内容丰富，法律不可能预测到相邻关系中可能发生的种种问题，并一一作出规定；另一方面，习惯是人们从事民事活动时普遍遵守的民间习俗、惯常做法等，易于为当事人所接受。

第五节　共　　有

一、共有的概念和特征

（一）共有的概念

共有，是指两个或两个以上的权利主体对同一物共同享有所有权的法律状态。我国《民法典》第 297 条规定："不动产或者动产可以由两个以上组织、个人共有。共有包括按份共有和共同共有。"在共有关系中，共同享有所有权的人为共有人；共有的不动产或者动产为共有物或共有财产；各个共有人对共有物所共同享有的所有权为共有权。共有包括按份共有和共同共有两种类型。

共有可以基于当事人的意思而发生，如数人共同出资购买一辆汽车，并约定共享所有权，也可以基于法律的直接规定而发生，如夫妻财产的共有、家庭财产的共有、遗产分割前数个继承人对遗产的共有。

（二）共有的特征

1. 共有的主体为两个或两个以上的民事主体，即共有的主体具有复合性。

2. 共有的客体是同一项特定财产。共有的客体即共有物，共有物是同一项特定财产是指其既可以是一个单一物，也可以是一个集合物（如夫妻对家庭财产的共有）；共有的客体既可以是特定物，也可以是权利（如建设用地使用权的共有）。由于对有体物的共有与对权利的共有既有共性，又有差别，学说上将对权利的共有称为准共有。在共有关系存续期间，各个共有人对共有物的整体享有所有权，而不是对共有物的某一部分享有所有权。

3. 共有的内容包括双重权利义务关系，即共有的内容包括各个共有人之间的内部关系和各个共有人与他人之间的外部关系两个方面。在共有的内部关系中，各共有人或是按照确定的份额享有权利和承担义务，或是不分份额、平等地分享权利、分担义务；在共有的外部关系中，共有人作为单一的权利主体同他人发生民事法律关系。

4. 共有不是一种独立的所有权类型。我国《民法典》规定了国家所有权、集体所有权、私人所有权 3 种不同类型的所有权，共有不是独立于这 3 种类型之外的、与之相并列的所有权类型，而是基于共同的生活、生产和经营的目的，在相同类型或不同类型的所有权之间发生的联合。

共有和公有是两个不同的概念，二者有本质区别，不可混淆。"公有"一词具有双重含义，既可以指代一种社会经济制度,即公有制,也可以指代一种财产形式。作为一种财产形式,公有财产包括国家所有和集体所有,国家所有权的主体是国家,集体所有权的主体是集体,显然,公有财产的主体是单一的,其本质上是单一主体的所有权。

二、按份共有

(一)按份共有的概念与特征

按份共有,又称分别共有,是数人按应有份额对共有物共同享有权利和分担义务的共有。《民法典》第298条规定:"按份共有人对共有的不动产或者动产按照其份额享有所有权。"按份共有具有如下特征:

1. 按份共有是数人对同一项财产共同享有所有权,其仍然是一个物上存在一个所有权,而非一个物上存在数个所有权。因此,按份共有与单独的所有权的区别仅在于权利人的数量不同。

按份共有人之间不需要存在特殊的团体性或身份关系(如亲属关系),而且在通常情况下,按份共有人之间原本也并无共有的基础关系,他们之间的联系是偶然的。

2. 按份共有人分别享有确定的份额。该份额通常被称为各共有人的"应有部分",一般由共有人通过协议约定。《民法典》第309条规定:"按份共有人对共有的不动产或者动产享有的份额,没有约定或者约定不明确的,按照出资额确定;不能确定出资额的,视为等额享有。"

3. 各按份共有人的权利和义务及于全部共有财产,而不是各按份共有人分别对共有财产的不同部分享受权利和承担义务。简言之,各按份共有人按各自的份额比例对整个共有财产享有权利、承担义务。

(二)按份共有中的份额

1. 共有份额的确定

我国《民法典》第309条规定:"按份共有人对共有的不动产或者动产享有的份额,没有约定或者约定不明确的,按照出资额确定;不能确定出资额的,视为等额享有。"据此,共有份额的比例依照下列规则确定:(1)当事人对于共有份额有约定的,按照当事人的约定确定共有份额。一般来说,当事人往往以各共有人的出资份额为标准约定共有份额。(2)在当事人没有约定共有份额或者约定不明的情况下,按照出资额确定。(3)如果各共有人的出资份额无法确定,则应推定各共有人的份额均等。

2. 共有份额的处分与共有人的优先购买权

在按份共有中,各共有人对共有份额享有相当于分别所有的权利,因此,共有人有权处分其享有的共有份额。按份共有人对其份额的处分,仅指法律上的处分,而不包括事实上的处分。

(1)共有份额的转让

《民法典》第305条规定:"按份共有人可以转让其享有的共有的不动产或者动产份额。其他共有人在同等条件下享有优先购买的权利。"该条第1句明确规定了在共有关系存续期间,按份共有人有权转让其享有的不动产或者动产份额。在一般情况下,按份共有人转让其享有的份额,无须得到其他共有人同意。但各共有人不得侵害其他共有人的利益,并受法律的限制。法律有特别规定的，共有人处分其份额应遵守法律的规定。[1] 此外，如果共有人之间通过合同约定的方式，对共有人处分其份额加以限制，则各个共有人也应当遵守。

(2)其他共有人对份额的优先购买权

《民法典》第305条第2句规定了共有人转让其份额时，其他共有人在同等条件下享有优先购买权。法律规定其他共有人享有优先购买权，是为了简化共有关系，防止因外人的介入而使共有人内部关系趋于复杂。此处优先购买权是共有人相对非共有人而言的，在共有人之间并无优先的问题。此外，《民法典》第306条对其他共有人行使优先购买权的规则作出具体规定："按份共有人转让其享有的共有的不动产或者动产份额的，应当将转让条件及时通知其他共有人。其他共有人应当在合理期限内行使优先购买权。两个以上其他共有人主张行使优先购买权的，协商确定各自的购买比例；协商不成的，按照转让时各自的共有份额比例行使优先购买权。"根据以上规定，按份共有人优先购买权的行使，应遵守以下几点要求：

第一，转让共有份额的人负有通知义务，应当将转让的条件及时通知其他共有人。转让人不仅要通知转让事实，更重要的是通知转让条件。从理论上说，出卖人的通知虽然不是有效行使优先购买权的前提条件，但却可保障优先购买权人获悉优先购买权的行使条件，以便其能够决定是否行使优先购买权，并且会导致优先购买权的除斥期间开始计算，因而在优先购买权制度中具有重要意义。[2] 一般认为，转让条件包括转让价格、价款、支付方式和期限，以及其他对转让人的利益可能产生重大影响的内容。

第二，优先购买权的行使，必须以"同等条件"作为前提。何为"同等条件"，《民法典物权编解释(一)》第10条规定："民法典第三百零五条所称的'同等条件'，应当综合共有份额的转让价格、价款履行方式及期限等因素确定。"

第三，其他共有人须在"合理期限"内行使优先购买权。关于如何确定"合理期限"，一般认为可以参考《民法典物权编解释(一)》第11条的规则，该条规定："优先购买权的行使期间，按份共有人之间有约定的，按照约定处理；没有约定或者约定不明的，按照下列情形确定：(一)转让人向其他按份共有人发出的包含同等条件内容的通知中载明行使期间的，以该期间为准；(二)通知中未载明行使期间，或者载明的期间短于通知送达之日起十五日的，为十五日；(三)转让人未通知的，为其他按份共有人知道或者应当知道最终确定的同等条件之日起十五日；(四)转让人未通知，且无法确定其他按份共有人知道或者应当知道最终确定的同等条件的，为共有份额权属转移之日起六个月。"

第四，两个或两个以上按份共有人均主张优先购买权的，协商确定各自的购买比例。协商不成的，按照转让时各自的共有份额比例行使优先购买权。

(三)按份共有中的内部关系

按份共有的内部关系，是指按份共有人相互之间就共有的不动产、动产究竟享有何种权利、承担何种义务，以及如何行使权利和承担义务的安排。

1. 按份共有人的使用收益权

按份共有人应当按照其份额就全部的共有物享有使用、收益的权利。也就是说，共有人对

---

[1] 《海商法》第16条第1款规定："船舶共有人就共有船舶设定抵押权，应当取得持有三分之二以上份额的共有人的同意，共有人之间另有约定的除外。"

[2] 参见戴孟勇：《论优先购买权中的通知义务》，载《云南社会科学》2019年第4期。

于全部的共有财产，依据份额的大小比例享有并行使权利。份额越大，使用共有财产并获取收益的权利就越大；反之，则越小。

2. 对共有物的管理

对共有物进行管理既是共有人的权利，也是义务。《民法典》第300条规定："共有人按照约定管理共有的不动产或者动产；没有约定或者约定不明确的，各共有人都有管理的权利和义务。"该条规定的对共有物的"管理"是一个外延宽泛的大概念，包括共有人对共有物的保存、使用和简易修缮。对共有物的处分和重大修缮则不属于对共有物的管理的内容。[1] 一般认为，共有人对共有物的管理主要体现为保存、改良和利用3种行为。

3. 对共有物的处分

《民法典》第301条规定："处分共有的不动产或者动产以及对共有的不动产或者动产作重大修缮、变更性质或者用途的，应当经占份额三分之二以上的按份共有人或者全体共同共有人同意，但是共有人之间另有约定的除外。"可以看出，该条文在对按份共有物的处分问题上实行"多数决"原则，即经占份额2/3以上的按份共有人同意，即可处分共有物。传统民法从公平原则出发，规定只有在全体按份共有人同意的前提下，才能对共有物进行处分。但这种做法可能会出现全体共有人就共有物的处分无法达成一致的情形，从而形成僵局。因此，《民法典》放宽了按份共有人对共有物处分的表决规则。

4. 共有物的费用分摊

所谓共有物的费用，是指在对共有物的支配过程中所产生的费用，如共有物的维修费用、保险费用、物业费用、水电气暖费用以及公法上的税费等。对于这些费用的负担，《民法典》第302条规定："共有人对共有物的管理费用以及其他负担，有约定的，按照其约定；没有约定或者约定不明确的，按份共有人按照其份额负担，共同共有人共同负担。"

（四）按份共有中的外部关系

按份共有的外部关系，是指共有人作为一个整体，与其他民事主体产生的权利义务关系。

1. 共有人对第三人的权利

共有人作为一个整体对共有物享有所有权，共有人以外的任何人作为所有权的义务主体，负有不得侵害、妨碍共有人所有权的消极义务。如果第三人违反消极义务，那么在共有人与第三人之间则会产生一定的请求权法律关系，包括物权请求权和债权请求权。

（1）共有人对第三人的物权请求权

当第三人的行为妨害共有物或者有妨害之虞时，共有人可以请求排除妨害；当共有物被他人非法侵夺时，共有人可以行使共有物返还请求权。

（2）共有人对第三人的债权请求权

《民法典》第307条规定："因共有的不动产或者动产产生的债权债务，在对外关系上，共有人享有连带债权、承担连带债务，但是法律另有规定或者第三人知道共有人不具有连带债权债务关系的除外……"据此，因共有物产生的对于第三人的债权，无论各个共有人之间约定内部系按份享有还是连带享有，就与第三人的关系而言，各按份共有人都享有连带债权，除非法律另有规定或第三人知道共有人不具有连带债权债务关系。

---

[1] 参见黄薇主编：《中华人民共和国民法典物权编释义》，法律出版社2020年版，第323页。

2. 共有人对第三人的义务

共有人对第三人的义务，是指因共有物所产生的共有人对第三人的债务，包括共有人因管理共有物而对第三人所负的对共有物管理费用的支付义务，以及共有物致人损害时共有人所应承担的损害赔偿责任。依据《民法典》第 307 条的规定，共有的不动产或动产产生的债务，在对外关系上，共有人之间是连带关系，但法律另有规定或者第三人知道共有人不具有连带关系的除外。

三、共同共有

（一）共同共有的概念与特征

共同共有是两个或两个以上的民事主体不分份额、平等地对共有物享有所有权。《民法典》第 299 条规定："共同共有人对共有的不动产或者动产共同享有所有权。"共同共有具有以下特征：

1. 共同共有一般发生在互有特殊身份关系的当事人之间，且以当事人之间存在某种共有关系为前提。例如，夫妻之间对婚姻关系存续期间所得的财产形成夫妻财产共有关系，家庭成员之间因共同劳动和经营而形成的家庭财产共有关系等。

2. 共同共有人不分份额、平等地对共有物享有所有权。只要共有关系存在，共有人就不能对共有财产划分份额；只有当共有关系消灭时，才能确定各共有人的应有份额。正因如此，有人说共同共有关系中的份额隐而不显。[1]

3. 在共同共有关系存续期间，为稳固共同关系之经济基础而实现共同关系的目的，共同共有人不得请求分割共有物，除非法律有明确规定。《民法典》第 303 条第 1 句规定："共有人约定不得分割共有的不动产或者动产，以维持共有关系的，应当按照约定，但是共有人有重大理由需要分割的，可以请求分割；没有约定或者约定不明确的，按份共有人可以随时请求分割，共同共有人在共有的基础丧失或者有重大理由需要分割时可以请求分割。"

（二）共同共有的类型

1. 夫妻财产共有。这是共同共有的基本类型。根据《民法典》第 1062 条的规定，除法律另有规定或夫妻另有约定外，夫妻在婚姻关系存续期间所得的下列财产，为夫妻的共同财产，归夫妻共同所有：(1)工资、奖金、劳务报酬；(2)生产、经营、投资的收益；(3)知识产权的收益；(4)继承或受赠的财产（但不包括遗嘱或赠与合同确定只归一方的财产）；(5)其他应当归夫妻共同所有的财产。夫妻对共同所有的财产，有平等的处理权。

2. 家庭财产共有。家庭共有财产，是指家庭成员在家庭共同生活关系存续期间共同创造、共同享有的财产。家庭共有财产不同于家庭财产，后者还包括家庭成员各自所有的财产。关于家庭共有财产的共有人范围如何确定，理论上有不同认识。有学者认为，所有的家庭成员都是家庭共有财产的共有人，这样有利于稳定家庭关系、促进家庭和睦团结。也有学者认为，并非每一个家庭成员都当然是家庭共有财产的共有人，只有对家庭共有财产的形成作出贡献的家庭成员才能成为共有人。笔者赞同后一种观点。

3. 遗产分割前的共有。在遗产继承人有数人且继承开始后、遗产分割前，通常会发生遗产的共有。通说认为，这种共有为共同共有。

---

〔1〕 参见李少伟主编：《民法学教程》（第 3 版），法律出版社 2017 年版，第 324 页。

除上述类型外，还有学者认为，合伙人对合伙财产的共有也属于共同共有。[1] 学界对此未达成一致意见。

疑难问题论争 合伙财产的共有性质

关于合伙财产的共有性质，各国(地区)立法和理论上都有争议。从立法例上看，《日本民法典》《德国民法典》都规定各合伙人的出资及其他合伙财产为全体合伙人"公同共有"(共同共有)；《法国民法典》则规定合伙财产归属于独立的合伙团体。[2] 我国民法学界对于合伙财产的共有性质，主要存在如下观点：一种观点认为，合伙财产属于按份共有。理由在于，按份共有与共同共有的本质区别在于，共有人对共有物所有权的享有是否划分份额，而合伙人对合伙财产的共有系以出资比例为份额划分依据，合伙人彼此之间具有确定的利益界限，因此合伙财产属于按份共有。[3] 另一种观点认为，合伙财产为共同共有。持该观点的学者比较多，但理由亦不相同。有学者从合伙的目的出发，认为合伙的目的在于团体性和共同性，合伙财产符合共同共有的全部特征，虽然合伙财产中"潜在的应有部分"极为明显，但合伙财产在性质上仍属于共同共有。[4] 有学者认为，合伙财产完全不同于按份共有，共有财产是针对整个财产而言的，具体的某个物上并不存在份额，因此属于共同共有。[5] 还有一种观点认为，合伙财产的法律性质应当为混合共有。理由在于，持按份共有观点的学者描述的是合伙人出资形成合伙的性质、状态，持共同共有观点的学者描述的是合伙运营的收获的性质、状态等，均有所据，但不够全面，将合伙财产看作混合的共有，较符合实际。[6]

(三)共同共有人的内部关系

1. 共同共有中各共有人的权利及于共有财产的全部而不局限于某一部分，且各共有人对于共有财产享有平等的管理权利和义务，共有人有约定的除外。

2. 在共同共有的基础丧失之前，共有人不得请求分割共有财产。对此，《民法典》第303条第1句作了明确规定。

3. 对共有财产的处分、重大修缮以及变更性质或用途，原则上应当得到全体共有人的同意。《民法典》第301条这样规定的理论基础在于：(1)维护家庭关系的稳定和共有人之间的和睦；(2)平等地对共有物行使所有权是共同共有的本质特征。[7]

依据《民法典》第301条的规定，共有人未经全体共有人的同意，擅自处分共有财产的行为属于无权处分，构成对其他共有人权利的侵害。买受人能否因此而取得共有财产，取决于善意取得制度的规定。

---

[1] 参见魏振瀛主编：《民法》(第8版)，北京大学出版社、高等教育出版社2021年版，第292页。
[2] 参见阮致远、段晓彦：《合伙财产的共有性质——以大理院民事判例为中心》，载《海峡法学》2019年第3期。
[3] 参见尹田：《物权法》，北京大学出版社2013年版，第313~314页。
[4] 参见杨立新：《共有权研究》，高等教育出版社2003年版，第167~171页。
[5] 参见李石山、汪安亚、唐义虎：《物权法原理》(第2版)，北京大学出版社2011年版，第183~185页。
[6] 参见崔建远：《物权法》(第3版)，中国人民大学出版社2014年版，第251页。
[7] 参见黄薇主编：《中华人民共和国民法典物权编释义》，法律出版社2020年版，第330页。

(四)共同共有人的外部关系

1. 当共有人之外的第三人侵害共有物或有侵害之虞时,任何一个共有人都有权行使基于所有权的物权请求权,包括返还原物请求权、排除妨害请求权和恢复原状请求权。

2. 因共有物而产生的对于第三人的债权和债务,在性质上为连带债权和连带债务。

四、共有物的分割方式和效力

共有物的分割,是指共有人以一定的方式,将原先的共有变为各自的单独所有。共有物分割的结果就是共有关系的终止。我国《民法典》第304条规定:“共有人可以协商确定分割方式。达不成协议,共有的不动产或者动产可以分割且不会因分割减损价值的,应当对实物予以分割;难以分割或者因分割会减损价值的,应当对折价或者拍卖、变卖取得的价款予以分割。共有人分割所得的不动产或者动产有瑕疵的,其他共有人应当分担损失。”

(一)共有物的分割方式

依据《民法典》第304条的规定,共有物的分割方法有两种:一是协议分割;二是裁判分割。协议分割是各共有人间协商确定分割的方式。当无法达成协议时,共有人可提请法院进行裁判分割。裁判分割应遵循《民法典》第304条关于实物分割、变价分割或者折价赔偿的原则规定:(1)实物分割。在不影响共有物的使用价值和特定用途时,可以对共有物进行实物分割。(2)变价分割。如果共有物无法进行实物分割,或者实物分割将减损物的使用价值或者改变物的特定用途,应当将共有物进行拍卖或者变卖,对所得价款进行分割。还有一种情形,也适用变价分割的方式,即各共有人都不愿接受共有物,这时也可采取将共有物出卖,分割价金的方式。(3)折价赔偿。折价赔偿的分割方式主要存在于以下情形,即对于不可分割的共有物或者分割将减损其价值的,如果共有人中有人愿意取得共有物,可以由该共有人取得共有物,并由该共有人向其他共有人作价赔偿。

(二)共有物分割的效力

共有财产分割后,共有关系归于消灭,各共有人对其分得的财产取得单独的所有权。这是分割共有财产最直接的效力。此外,依据《民法典》第304条第2款的规定,各共有人应以其分得的财产,对其他共有人分得的财产承担与出卖人一样的瑕疵担保责任,包括权利的瑕疵担保责任和物的瑕疵担保责任。权利的瑕疵担保责任指共有人应担保第三人就其他共有人分得之物不得主张任何权利;物的瑕疵担保责任指共有人对其他共有人应担保其分得部分于分割前未隐含瑕疵。这样规定可以防止共有物分割后,共有人发现权利或者利益受到侵害而得不到赔偿的情况发生。

五、准共有

所谓准共有,是指两个以上权利主体共同享有所有权以外的财产权的共有形态。在现实生活中,存在大量数人共有所有权以外的财产权的现象。例如,二人以上共享一块土地的建设用地使用权。准共有的客体只能是所有权以外的财产权,而不能是有形的财产,也不能是人身性权利。除客体的差异外,这种类型的共有与普通的共有(对有体物的共有)并无质的差异。所以,除法律有特别规定外,准共有适用共有的相关规定。准共有究竟是准用按份共有还是共同共有,应当视其共有关系而定。我国《民法典》第310条规定:“两个以上组织、个人共同享有用益物权、担保物权的,参照适用本章的有关规定。”其对用益物权和担保物权的准共有作出了明确规定。

第六节　所有权取得的特别规定

一、先占

（一）先占的概念和成立要件

先占，是指以所有的意思占有无主的动产而取得该动产所有权的法律事实。先占为事实行为，因此不要求先占人具备完全民事行为能力。我国《民法典》目前未对先占制度作出规定。

先占须具备如下几个条件：

1. 先占之物须是无主物，即不属于任何人的物，包括尚无任何人取得所有权之物和被原所有人抛弃之物。

2. 先占之物限于动产。各国立法通常规定，无主不动产只能归国家所有，不能成为先占的标的物。同时，并非所有的动产都能成为先占的标的物，一般认为以下几类动产不能成为先占的标的物：禁止流通物、特别法上规定的不允许先占之物，以及特定人享有独占的先占权之物，如人类尸体，法律规定禁止交易、捕获、采摘的重要文物和动植物等。[1]

3. 先占人须以所有的意思占有无主动产。一方面，先占人须基于“所有的意思”；另一方面，先占人须实际占有动产。

4. 先占不得违反法律、法规的规定。违法的行为（如在禁猎区内狩猎、在禁渔期捕鱼）不能成立先占。

（二）先占的法律效果

在符合先占之条件时，先占人即取得动产的所有权，此种取得属于原始取得，动产上原先存在的权利负担一概消灭。

二、善意取得

（一）善意取得的概念

善意取得，也称即时取得，是指出让人与受让人间以移转标的物的所有权或其他物权为目的而为不动产的移转登记或者动产的交付，即使出让人无移转所有权或其他物权的权利，于受让人为善意时仍可由其取得标的物的所有权或其他物权的制度。[2] 善意取得包括不动产的善意取得和动产的善意取得。在现代社会，善意取得制度既是适应商品经济发展的一项交易规则，也是现代民法中的一项重要制度。《民法典》第 311 条第 1 款规定：“无处分权人将不动产或者动产转让给受让人的，所有权人有权追回；除法律另有规定外，符合下列情形的，受让人取得该不动产或者动产的所有权：（一）受让人受让该不动产或者动产时是善意的；（二）以合理的价格转让；（三）转让的不动产或者动产依照法律规定应当登记的已经登记，不需要登记的已经交付给受让人。”

（二）善意取得的构成要件

依据《民法典》第 311 条第 1 款和《民法典物权编解释（一）》的相关规定，善意取得的构成

---

〔1〕 参见温世扬：《〈民法典〉物权编的守成、进步与缺憾》，载《法学杂志》2021 年第 2 期。

〔2〕 参见刘家安：《物权法论》，中国政法大学出版社 2009 年版，第 112 页。

要件包括以下5项。

1. 让与人系具有公示外观的无处分权人

善意取得制度中的让与人应当是无处分财产权利的非所有权人，且其必须具备所处分权利的公示外观，这是善意取得发生的事实前提。具体而言，在处分不动产时，无处分权人应当是该不动产的登记名义人。在处分动产时，无处分权人应当是占有该动产的人。

2. 转让合同符合法律行为的其他有效要件

作为善意取得基础的转让合同是存在瑕疵的，该瑕疵表现为转让人欠缺处分权。但是转让合同除存在这一瑕疵外，必须满足法律行为有效的其他要件。如果转让合同因欠缺其他有效要件而不发生效力，则不能产生善意取得的效果。《民法典物权编解释(一)》第20条规定："具有下列情形之一，受让人主张依据民法典第三百一十一条规定取得所有权的，不予支持：(一)转让合同被认定无效；(二)转让合同被撤销。"该条规定表明，在转让合同不存在无效或未被撤销的情形下，才可能发生善意取得的效果。也就是说，善意取得的成立以转让合同符合法律行为的生效要件为前提。

3. 受让人受让该不动产或动产时须为善意

该要件包括两层含义：一是受让人须为善意；二是善意的判断时间是受让人受让不动产或动产时。

如何确定善意，学说上有"积极观念"和"消极观念"两种主张。积极观念主张受让人必须具有将让与人视为所有人的认识，才为善意；消极观念则主张受让人不知让与人为非所有人即为善意。采用消极观念的国家居多，这对善意受让者有利。《民法典物权编解释(一)》第14条对善意的认定作出明确规定：受让人受让不动产或者动产时，不知道转让人无处分权，且无重大过失的，应当认定受让人为善意。并且该条进一步规定，真实权利人主张受让人不构成善意的，应当承担举证证明责任。此外，《民法典物权编解释(一)》第15条对不动产善意取得中受让人非善意的情形作了列举性规定，即"具有下列情形之一的，应当认定不动产受让人知道转让人无处分权：(一)登记簿上存在有效的异议登记；(二)预告登记有效期内，未经预告登记的权利人同意；(三)登记簿上已经记载司法机关或者行政机关依法裁定、决定查封或者以其他形式限制不动产权利的有关事项；(四)受让人知道登记簿上记载的权利主体错误；(五)受让人知道他人已经依法享有不动产物权。真实权利人有证据证明不动产受让人应当知道转让人无处分权的，应当认定受让人具有重大过失"。关于动产善意取得中如何认定受让人具有重大过失(受让人非善意)，《民法典物权编解释(一)》第16条规定，"受让人受让动产时，交易的对象、场所或者时机等不符合交易习惯的，应当认定受让人具有重大过失"。

受让人善意的判断时间是受让人受让该不动产或者动产时，对此，《民法典物权编解释(一)》第17条作了详细规定，依据该条规定，认定受让人善意的时间点是依法完成不动产物权转移登记或者动产交付之时。当事人以《民法典》第226条规定的简易交付方式交付动产的，转让动产法律行为生效时间为动产交付之时；当事人以《民法典》第227条规定的指示交付方式交付动产的，转让人与受让人之间有关转让返还原物请求权的协议生效时间为动产交付之时；法律对不动产、动产物权的设立另有规定的，应当按照法律规定的时间认定权利人是否为善意。

4. 受让人以合理价格受让

首先，要构成善意取得，其财产转移必须是通过有偿交换实现的，交换可以是买卖、互易、债务清偿等行为。非通过有偿交换而转移财产的,即使受让人已经实际占有该财产或者该财产已经完成变更登记,也不发生善意取得效力。

其次,受让人须以合理的价格有偿受让。关于合理价格如何界定,《民法典物权编解释(一)》第 18 条规定:"……应当根据转让标的物的性质、数量以及付款方式等具体情况,参考转让时交易地市场价格以及交易习惯等因素综合认定。"

5. 转让的财产依照法律规定应当登记的已经登记,不需要登记的已经交付给受让人

《民法典物权编解释(一)》第 17 条规定:"民法典第三百一十一条第一款第一项所称的'受让人受让该不动产或者动产时',是指依法完成不动产物权转移登记或者动产交付之时。当事人以民法典第二百二十六条规定的方式交付动产的,转让动产民事法律行为生效时为动产交付之时;当事人以民法典第二百二十七条规定的方式交付动产的,转让人与受让人之间有关转让返还原物请求权的协议生效时为动产交付之时。法律对不动产、动产物权的设立另有规定的,应当按照法律规定的时间认定权利人是否为善意。"依据这一规定,在一般情况下,对不动产来说,法律要求不动产物权的变动必须登记的场合,不动产物权的善意取得以办理了变更登记为要件;法律不要求不动产物权的存在与变动以登记为生效要件的场合,不动产物权的善意取得以不动产已经交付为要件。对动产来说,受让人实际占有出让人交付的动产,是动产善意取得的必备要件。出让人交付动产的方式既可以是现实交付,也可以是简易交付和指示交付。

(三)善意取得的效力

1. 受让人取得标的物的所有权等物权

具备善意取得的构成要件,受让人即时取得受让财产的所有权等物权。原所有权人对该财产的所有权归于消灭,原所有权人不得向善意受让人请求返还原物。《民法典》第 311 条第 2 款规定:"受让人依据前款规定取得不动产或者动产的所有权的,原所有权人有权向无处分权人请求损害赔偿。"第 313 条规定:"善意受让人取得动产后,该动产上的原有权利消灭。但是,善意受让人在受让时知道或者应当知道该权利的除外。"

2. 原所有权人可向无权处分人主张权利

善意取得保护交易的动态安全和善意第三人的利益,基于平等原则和公平原则的考虑,也必须对原所有权人的权益进行保护。首先,原所有权人可向无权处分人主张侵权损害赔偿,赔偿的范围应包括原物的价值及因此而造成的其他损失。其次,原所有权人和无权处分人之间若存在合同关系(如借用、保管、租赁合同关系),则因无权处分人的处分导致受让人取得所有权,由此也就使作为合同一方当事人的无权处分人陷入履行不能(如借用人、保管人、承租人无法返还借用物、保管物、租赁物),原所有权人可请求无权处分人承担违约责任。

三、拾得遗失物

(一)拾得遗失物的概念和成立要件

拾得遗失物,是指发现他人遗失的物并予以占有的事实行为。拾得遗失物属于事实行为,因而不要求拾得人具备完全民事行为能力。我国《民法典》对拾得遗失物的问题作了详细规定。拾得遗失物的成立,需要具备以下条件:

1. 须有拾得的行为。所谓拾得,是指发现并且实际占有遗失物的行为。只发现而不占有,不能构成拾得。

2. 标的物须是遗失物。遗失物是指权利人丢失而未被任何人占有的动产。构成遗失物需要具备4个条件:(1)应为动产;(2)须是他人之物(有主物);(3)遗失人丧失了对物的占有;(4)占有的丧失不是出于遗失人的本意(否则应属抛弃物)。

(二)拾得人的义务

1. 通知义务与返还义务。通知义务,是指拾得遗失物后,不能据为己有,而应当通知遗失人。返还义务,是指在一定期间内,如果遗失人认领其遗失物,拾得人应当将遗失物交还给遗失人,或者将遗失物交给公安机关等有关部门。《民法典》第314条规定:"拾得遗失物,应当返还权利人。拾得人应当及时通知权利人领取,或者送交公安等有关部门。"该条中的权利人包括遗失物的所有权人或者其他有权占有之人(如承租人、质权人等)。目前我国法律没有明确专门负责接收遗失物的机关,但是从一些部门规章、地方性的法规以及有关规定来看,目前接收遗失物的机关主要有火车站管理机构、机场管理机构、公安机关、公证机关等。

《民法典》第315条对有关部门收到遗失物的处理作了明确规定:"有关部门收到遗失物,知道权利人的,应当及时通知其领取;不知道的,应当及时发布招领公告。"该规定可以防止遗失物招领机关或公安机关在接收拾得物后怠于履行其职务。

2. 保管义务。《民法典》第316条规定:"拾得人在遗失物送交有关部门前,有关部门在遗失物被领取前,应当妥善保管遗失物。因故意或者重大过失致使遗失物毁损、灭失的,应当承担民事责任。"值得注意的是,拾得人只在因故意或者重大过失致使遗失物毁损、灭失的情形下才承担损害赔偿责任。这是因为虽然拾得人有保管义务,但是这种义务是无偿的,从权利义务相一致的原则出发,这种责任不宜过重。

(三)拾得人的权利

1. 费用偿还请求权。拾得人对于保管遗失物以及通知遗失人所支出的费用,有权要求遗失人予以偿还。在拾得人依法将遗失物送交有关机关,该机关再将遗失物返还遗失人的情况下,拾得人仍然有权请求偿还支出的费用。《民法典》第317条第1款规定:"权利人领取遗失物时,应当向拾得人或者有关部门支付保管遗失物等支出的必要费用。"

2. 报酬请求权。关于拾得人是否有权要求遗失人支付报酬的问题,学界与舆论上一直有很大的争论。为了弘扬拾金不昧的中华美德,《民法典》仍然没有赋予拾得人以报酬请求权,只是在第317条第2款规定:"权利人悬赏寻找遗失物的,领取遗失物时应当按照承诺履行义务。"

(四)无人认领的遗失物的归属

无人认领的遗失物,是指在有关机关发出招领公告后仍然无人认领的遗失物。关于无人认领的遗失物的归属问题,现今各国法律并不固守遗失人的所有权,而是依据"物尽其用"原则对遗失物的所有权重新配置,并且将该问题与道德相分离。从许多国家民法典的规定来看,无人认领的遗失物一般都归拾得人。我国《民法典》第318条规定:"遗失物自发布招领公告之日起一年内无人认领的,归国家所有。"

四、发现埋藏物或隐藏物

(一)埋藏物和隐藏物的概念

埋藏物,系埋藏于土地中的物,生活中常见者为埋藏于某块土地、建筑物或生长着的树木之下,或与某固定物相距一定距离的地方。埋藏物为动产,常见为金银物品。[1] 隐藏物,即隐藏于土地以外的其他物中之物。隐藏物亦为动产类物品,且易隐于他物中,多为现金、证券、字据、金银之类的稀缺贵重而体积较小的物品。隐藏物常见者多为隐藏于房墙、屋顶、洞穴或如被褥等其他物件中。[2] 隐藏物是我国民法创造的概念。

埋藏物和隐藏物的共性在于:(1)二者都为动产;(2)主体的目的都在于"藏",即不想被人知晓;(3)都是所有权人不明之物。首先,埋藏物不是无主物,而是他人享所有权之物。其次,埋藏物是所有权人不明之物,即从物之存在状态及其属性出发,只能够得到其存在所有权人的结论,但是却不能确定谁是该物的所有权人。[3]

(二)发现埋藏物和隐藏物的法律效力

我国《民法典》第319条规定:"拾得漂流物、发现埋藏物或者隐藏物的,参照适用拾得遗失物的有关规定。法律另有规定的,依照其规定。"据此,发现埋藏物和隐藏物的法律效力包括:

1. 发现人的权利和义务。(1)通知、返还与送交义务。发现人在发现埋藏物之后,应当及时发出埋藏物和隐藏物的招领通知,寻找埋藏物和隐藏物的所有人或者其继承人。在通知做出后,如果无人认领,则发现人应当将其送交公安等有关机关。(2)保管义务。发现人应当妥善保管埋藏物和隐藏物。因故意或重大过失导致其毁损、灭失的,发现人须承担赔偿责任。(3)费用偿还请求权。发现人因发现、保管埋藏物和隐藏物以及通知其所有人或继承人所支出的费用,有权要求认领人予以偿还。

2. 有关机关的权利和义务。发现人将埋藏物和隐藏物送交有关机关后,比照拾得遗失物的制度处理。有关机关享有和承担的权利与义务,包括妥善保管义务、及时公告义务、返还义务等。

需要注意的是,由于埋藏物、隐藏物的概念在外延上同"文物"的概念存在交叉,所以只要埋藏物或隐藏物构成"文物",《文物保护法》的规定就将优先适用。

(三)无人认领的埋藏物和隐藏物的归属

比照适用《民法典》第318条规定,无人认领的埋藏物和隐藏物应当归国家所有。

五、添附

添附,是指不同所有人之物结合成为一物或对他人之物施以劳作使其成为新物的法律事实,是附合、混合和加工3种法律现象的统称。附合和混合属于物与物的结合,加工属于劳动与物的结合。[4] 添附的发生一般基于人的行为,也有基于自然的偶然因素而发生的。《民法典》第322条规定:"因加工、附合、混合而产生的物的归属,有约定的,按照约定;没有约定或者约定不明确的,依照法律规定;法律没有规定的,按照充分发挥物的效用以及保护无过错当事人的原则确定。因一方当事人的过错或者确定物的归属造成另一方当事人损害的,应当给予赔偿或者补偿。"这是我国立法首次对添附制度作出明确规定。该规定对确定添附物的物权归属、发挥物的经济效用以及保护善意当事人的相关利益,均具有重要的法律价值。[5]

---

〔1〕 参见王明锁:《论隐藏物与埋藏物及其所有权归属》,载《晋阳学刊》2019年第4期。

〔2〕 参见王明锁:《论隐藏物与埋藏物及其所有权归属》,载《晋阳学刊》2019年第4期。

〔3〕 参见李少伟主编:《民法学教程》(第3版),法律出版社2017年版,第303页。

〔4〕 参见温世扬:《〈民法典〉物权编的守成、进步与缺憾》,载《法学杂志》2021年第2期。

〔5〕 参见彭诚信:《〈民法典〉物权编的进步、局限与未来》,载《法制与社会发展》2020年第4期。

（一）添附的3种形态

1. 附合。附合，是指不同所有人的物密切结合在一起而成为一种新物。在附合的情况下，不同所有人的财产虽从外观上可以识别，但非经毁损不能分离或虽能分离但耗费太大。附合包括下列3种具体情形：(1)动产与不动产的附合。例如，误用他人的漆刷了自己的墙。(2)动产与动产的附合。例如，将他人钻石镶嵌于自己戒指上，用他人的漆刷了自己的家具。(3)不动产与不动产的附合。例如，河流泥沙淤积形成的土地附合于河流两岸的土地；[1]承租人、承包人在租赁、承包土地上建造建筑物、构筑物，种植苗木。[2]

2. 混合。混合，是指不同所有人的物掺合、融合在一起而成为新物。比如，误将两人的米混合在一起、误将两人的油混合在一起等。其无法识别，或者虽有办法识别分离，但识别分离在经济上不合理。

3. 加工。加工，是指将他人的物加工制造成新物。加工是一种事实行为，是劳动与他人动产的结合。比如，在他人的纸张上作画使之成为艺术品，或将他人的树根进行雕刻成为根雕艺术品等。

（二）添附物的归属确定

根据《民法典》第322条第1句的规定，因加工、附合、混合而产生的物的归属按照以下原则确定：首先，当事人之间如果就添附产生的物的归属有约定，确定物的归属时，先按照当事人的约定。其次，如果当事人未就添附产生的物的归属事先作出约定，或者事先有约定但约定不明确的，依照法律规定确定物的归属。最后，如果当事人未就添附产生的物的归属事先作出约定，也没有相应的法律规定，按照充分发挥物的效用以及保护无过错当事人的原则确定。

1. 充分发挥物的效用原则。法律把添附作为取得所有权的一种根据，其原因就在于添附发生后，要恢复各物之原状事实上已不可能，或者虽有可能但在经济上很不合理，因此有必要使添附物归一方所有或各方共有。确定添附物的归属时，应以充分发挥物的效用为原则。学界普遍认为，在一般情况下，按照下列规则处理能充分发挥物的效用：(1)动产与不动产的附合，由不动产所有人取得附合物的所有权。(2)动产与动产的附合，两个动产的“主从”关系可判定时，原则上由主物的所有人取得附合物所有权；“主从”关系不可判定时，原则上由各原所有人按照各自动产的价值比例按份共有附合物。(3)不动产与不动产的附合，原则上由土地权利人取得建筑物、构筑物等的所有权。(4)混合之情形，得准用动产与动产附合之规定。(5)加工他人的动产的加工物的所有权属于材料的所有权人。但是，因加工致使其价值显著大于原材料价值的，可以由加工人取得该加工物的所有权。[3]

2. 保护无过错当事人原则。在考虑充分发挥物的效用以确定添附物的同时，还需考虑当事人是否有过错。例如，如果加工人明知被加工的物是他人之物，而故意对原材料进行加工，即使加工价值显著大于原材料价值，也可以综合考虑充分发挥物的效用和保护无过错当事人原则，将添附物判决归材料的所有权人所有。

（三）当事人之间的赔偿或补偿

添附物确定归一方所有时，就会产生取得添附物所有权的一方对丧失原物所有权的一方

---

〔1〕 参见李永军主编：《民法学教程》，中国政法大学出版社2021年版，第280页。

〔2〕 参见温世扬：《〈民法典〉物权编的守成、进步与缺憾》，载《法学杂志》2021年第2期。

〔3〕 参见温世扬：《〈民法典〉物权编的守成、进步与缺憾》，载《法学杂志》2021年第2期。

的赔偿或者补偿问题。《民法典》第322条第2句规定:“因一方当事人的过错或者确定物的归属造成另一方当事人损害的,应当给予赔偿或者补偿。”详言之,取得添附物所有权的一方有过错,造成丧失原物所有权的一方损害的,应当给予赔偿;取得添附物所有权的一方当事人无过错,因确定物的归属而造成丧失原物所有权的一方损害的,应当给予补偿。

六、取得时效

(一)取得时效的概念与特征

取得时效,是指财产的占有人以所有为目的、平稳且公然占有他人之物甚至其他财产权并达到法定期间的,可取得他人所有权或财产权的制度。[1] 取得时效是事实行为。依据取得时效取得所有权,为原始取得,其本旨系法律对社会财富之归属与分配的一种强制性配置。[2] 我国《民法典》没有规定取得时效制度。

取得时效具有以下特征:

1. 取得时效是物权法律制度,是一种物权的取得方式,一般都规定在民法典物权编。

2. 取得时效的法律后果是取得所有权或他物权,这种法律后果恰好与消灭时效相反。而且取得时效不仅适用于所有权,也适用于他物权。

3. 取得时效以时间的延续为取得物权的必要条件,未经时间的延续,不能取得某种物权,这一点与善意取得不同,善意取得又称即时取得,是无须经过时间的延续就可取得财产权。

(二)取得时效的构成要件

1. 占有人有为自己取得权利的主观意思,这是取得时效构成的主观要件,为自己取得权利的主观意思,包括为自己取得所有权的意思和为自己取得他物权的意思。

2. 占有人对他人之物的占有须是公开占有、和平占有。首先,占有人的占有必须为公开占有,即占有人占有该项财产不得带有任何隐蔽瑕疵。其次,占有人的占有必须为和平占有,而不是以暴力或胁迫手段取得或维持的。无论是所有权取得时效还是他物权取得时效都必须满足公开、和平占有的条件。

3. 占有的标的物须为他人之物。时效取得所有权的标的物须为他人的动产或不动产,而不能是自己所有之物,也不能是无主物。对自己之物的占有当然不发生时效取得的问题;无主物可因先占而取得,也不适用时效取得。

4. 占有或权利行使的事实状态须经过一定时间。这是时效制度的基本特征。由于时效观念与法律传统等差异,各国立法对取得时效的期间长短规定有所不同,唯在不动产的取得时效期间应长于动产、善意占有的取得时效期间应短于恶意占有等方面,各国立法及学说较一致。[3]

案例分析

原告是三和花园的业主,其要求将一只超大豪华型进口冲浪浴缸(长、宽、高分别为4.3米、2.3米、1.2米,自重263公斤,占地约9平方米)搬到自己所在的三和花园的居室里。原告

---

〔1〕 参见张民安、丘志乔主编:《民法总论》(第5版),中山大学出版社2017年版,第527页。
〔2〕 参见梁慧星、陈华彬:《物权法》(第7版),法律出版社2020年版,第159页。
〔3〕 参见李永军主编:《民法学教程》,中国政法大学出版社2021年版,第283页。

的居室内有3间卫浴,均无法容纳下大浴缸。被告物业公司阻止了原告的行为。原告将物业公司告上法庭,诉讼请求是排除妨碍,赔偿损失。庭审时,被告物业公司请来了三和花园的设计者和结构学方面的专家。专家明确表示:根据国家标准,三和花园每一层楼板平均最高承重应该是每平方米200公斤,而现在原告的浴缸最高承重却将近500公斤,远远超过国家标准。

问题:原告的诉讼请求是否可以得到支持?

分析:原告作为小区的业主,对自己的住宅享有所有权,可以自由地使用、收益和处分自己的住宅,并排除他人的干涉。但是,任何自由都是有限度的,所有权的行使也必须在法律规定的限度内。为了防止单个的业主侵害全体业主的共同利益,确保居住品质,《民法典》对业主行使专有权作了限制性规定。其第272条第2句规定:"业主行使权利不得危及建筑物的安全,不得损害其他业主的合法权益。"第286条规定:"业主应当遵守法律、法规以及管理规约,相关行为应当符合节约资源、保护生态环境的要求……"第279条规定:"业主不得违反法律、法规以及管理规约,将住宅改变为经营性用房。业主将住宅改变为经营性用房的,除遵守法律、法规以及管理规约外,应当经有利害关系的业主一致同意。"

本案原告的行为违反了专有权人应承担的义务。首先,涉案浴缸是有特定使用功能的物品,而不是摆设物,因此注水后,其全部重量必然对大楼造成危害,危及大楼的安全;其次,原告3间卫浴均无法容纳"大浴缸",而原告欲把浴缸摆放在其他部位,必然改变该房屋设计用途和功能,从本案来看,该行为将直接违反管理规约的规定;最后,从相邻关系角度,对原告安装、使用"大浴缸"应当加以必要的限制,以免影响邻人的利益。由此不应支持原告的诉讼请求。

思考题

1. 所有权的概念和特征是什么?
2. 建筑物区分所有权的概念和特征是什么?
3. 建筑物区分所有权中成员权的内容是什么?
4. 业主对共有部分享有的权利和承担的义务是什么?
5. 如何认识相邻关系的实质?
6. 按份共有人如何行使优先购买权?
7. 什么是善意取得? 其构成要件是什么?

第十四章　用 益 物 权

|学习要点|

本章学习用益物权的概念,土地承包经营权的概念和相关权利义务,建设用地使用权的概念和设立,宅基地使用权的概念和内容,居住权的概念和设立、效力,地役权的概念和取得。本章的重点问题:需了解建设用地使用权的种类及取得,“三权”分置下的土地经营权;难点问题:需了解掌握地役权和相邻关系的区别,居住权的特征和设立。

第一节　概　　述

一、用益物权的概念、特征和社会意义

(一)用益物权的概念

所谓用益物权,是指以支配标的物的使用价值为内容的物权,或者说是权利人对他人所有的物依法享有占有、使用和收益权利的定限物权。土地承包经营权、建设用地使用权、宅基地使用权、居住权、地役权、探矿权、采矿权、养殖权、捕捞权等均属于此类。用益物权不是一种物权的概念,而是一组物权的集合的称谓。《民法典》第 323 条规定:“用益物权人对他人所有的不动产或者动产,依法享有占有、使用和收益的权利。”

用益物权起源于罗马法。古罗马法认为,所有人在其所有的不动产上设定用益物权,将该财产的占有、使用和收益权让与他人行使,不仅不会使所有权人丧失所有权,而且正是所有人行使所有权的一种方式。用益物权的设定就是着眼不动产的使用价值,因此,它在一定程度上克服了传统所有权制度因强调物的归属和物的实体支配而导致的对物的利用价值相对漠视的消极观念。正因如此,用益物权制度才为近代大陆法系国家的民事立法普遍继受,并成为物权法的重要制度。

(二)用益物权的法律特征

1.用益物权是一种他物权

用益物权是典型的他物权,其表现为权利人对他人所有之物享有使用和收益权。用益物权是与所有权相对而言的,所有权是自物权,而用益物权是在所有权之上设立的以使用和收益为目的的物权,其就是在他人所有之物上设立一个新的物权。[1] 用益物权派生于所有权,没有标的物的所有权,就没有用益物权。

---

〔1〕 参见崔建远:《论他物权的母权》,载《河南省政法管理干部学院学报》2006 年第 1 期。

2. 用益物权是以使用和收益为内容的限制物权

设置用益物权的目的就是对他人所有的不动产进行使用和收益，因此，用益物权的根本内容就是对物的使用和收益，取得他人所有之物的使用价值。由于用益物权的内容体现为权利人对标的物的直接支配，因而对标的物的实际占有成为用益物权的前提，丧失了对标的物的实际占有，用益物权便失去了存在的依据。担保物权与其不同，是着眼物的交换价值而为债权进行担保，因而不强调担保物权人对担保物的占有、使用和收益，这是用益物权与担保物权的重要区别。

用益物权的种类不同，其基本目的也不相同，有的用益物权仅以对他人所有之物的使用为目的，如宅基地使用权；有的则同时包含使用和收益两种目的，如建设用地使用权。因此，用益物权应当贯彻效益原则，鼓励权利人有效地利用和获取物的使用价值，以满足权利人的需要，促进社会财富的增长。用益物权人首先应当实际占有标的物，如果丧失对物的占有，将导致用益物权不能行使。因为用益物权的内容不包括处分权，如果用益物权人可以行使法律上的对标的物的处分权，将会抹杀所有权和用益物权的界限。但用益物权人可以将其享有的土地使用权等权利予以转让、设定抵押等。

3. 用益物权为独立物权

用益物权虽然是以他人的所有权为前提而存在的他物权，但在法律上仍具有独立性。用益物权一旦依当事人约定或法律直接规定设立（如法定地役权），〔1〕用益物权人便能独立地享有对标的物的使用和收益权，除了能有效地对抗第三人以外，也能对抗所有人。此外，用益物权是一种有期限的权利，不存在永久无期限的用益物权。在权利存续期限内，用益物权独立存在，不受其他权利的影响。与此相反，担保物权则依附主债权而存在，为主债权的从权利，主债权一旦消灭，则担保物权随之消灭。用益物权作为一项他物权，权利人不仅可以依用益物权限定的范围支配不动产，而且有权对抗包括所有权人在内的任何人对其权利行使的干涉。

4. 用益物权的客体应为不动产，《民法典》也承认有动产

首先，从标的物方面来看，《民法典》第 323 条规定，用益物权的标的物为不动产和动产，但是，动产以占有为公示方法，这种公示方式很难形成稳定、复杂的用益物权关系；如果需要利用他人的动产，则完全可以采取借用、租赁甚至购买的方式来实现目的。而不动产则因其固定性和价值较大的特性，只有通过设定用益物权才能解决他人的利用问题。其次，动产流通相对快捷，种类繁多，时限较短，采取用益物权的方式进行用益则过于烦琐，不利于发挥用益物权应有的效率原则的作用。最后，依据物权法定主义（《民法典》第 116 条），《民法典》及其他法律规定的用益物权只含有土地承包经营权、建设用地使用权、宅基地使用权、居住权、地役权、探矿权、采矿权、养殖权、捕捞权等，而这些用益物权的客体均为不动产，所以，实际上，在现行法律上，用益物权的标的物只有不动产，尚无动产。〔2〕

（三）用益物权的社会意义

1. 用益物权是所有权的一种实现方式

所有权是对物进行全面支配的权利，它的权能包括占有、使用、收益、处分。所有权人通过对自己所有之物设定用益物权，能够让他人在对自己所有之物的使用中实现一定的收益，从而

〔1〕 参见崔建远：《物权法》（第 5 版），中国人民大学出版社 2021 年版，第 369 页。

〔2〕 参见崔建远：《物权法》（第 5 版），中国人民大学出版社 2021 年版，第 271 页。

实现所有权本身的价值。我国的土地属于国家或集体所有,国家和集体对土地的所有权的实现更要通过对土地的分散利用来完成,如果没有对国有的和集体所有的土地的有偿使用,国家或者集体对土地的所有权就会只剩下空壳,不能产生收益和实效。

2. 设立用益物权的目的是满足非所有人利用他人不动产的需求

土地、房屋等不动产具有永久性、安全性、供给有限性、资本价值性等诸多特点,决定了不可能人人都现实地拥有土地和房屋。法律为调节人的支配需求与资源有限性之间的矛盾,从满足需求、稳定社会目的出发,创设用益物权制度,以达到对资源的充分有效利用,满足非所有权人利用他人不动产的需要。用益物权制度以其特有的种类和效力,将不动产所有人与用益物权人间的权利、义务明确下来,从而使对不动产的所有和利用关系得到协调和发展。

3. 用益物权有利于实现物的最高价值的利用

用益物权具有可转让性和相容性。可转让性使用益物权可以自由、平等地在不同主体之间进行流转,使不动产的使用价值在市场中实现最优化的配置。相容性,是指在同一物的客体上可以设定不相冲突的多种用益物权,做到物尽其用,有利于实现对物的价值的最大利用。

二、用益物权的一般规则

《民法典》物权编第十章对用益物权的一般规则作了规定,内容如下。

(一)用益物权的基本内容

用益物权的基本内容,按照《民法典》第323条的规定,是对用益物权的标的物享有占有、使用和收益的权利。该条文规定的用益物权的标的物为不动产或者动产以及自然资源。但目前其实只有不动产和自然资源之上才能够设立用益物权,动产之上尚不能设定用益物权。

用益物权的基本内容是占有、使用和收益。这是从所有权的权能中分离出来的权能,表现的是对财产的利用关系。用益物权人享有用益物权,就可以享有占有、使用、收益标的物的权利。

(二)行使用益物权应当依法保护和合理开发利用资源

用益物权的标的物主要是土地,特许物权的标的物是自然资源。无论是土地还是自然资源,都具有不可再生性,用益物权人依法取得用益物权后,在行使该权利时,必须依照法律规定,保护资源,对资源进行合理的开发利用,保护生态环境,不得滥用权利,破坏性地使用资源,更不得毁坏资源。

(三)用益物权人行使权利,所有权人不得干涉

用益物权是在所有权上设置的负担,所有权人依法将标的物交付用益物权人占有、使用和收益,对所有权人自己的权利就设置了限制。因此,用益物权人对标的物享有除处分权外的其他所有的所有权权能,完全可以依照自己的意愿,对标的物进行占有、使用和收益,所有权人无权干涉。所有权人无端对用益物权人行使权利进行非法干涉,构成对用益物权人的权利侵害,所有权人应当承担民事责任。例如,在农村承包土地之后,农户是土地承包经营权人,享有完整的用益物权,可以依照自己的意愿耕种土地,收获农作物,发包人不得指手画脚,包办代替,更不得非法干涉。

(四)用益财产被征收、征用的,用益物权人有权获得补偿

用益物权的标的物被国家征收、征用,致使用益物权消灭,或者影响用益物权行使的,用益物权人有权得到补偿。应当注意的是,征收、征用时,对所有权人和用益物权人都应当进行补

偿,而不能只对所有权人予以补偿,对用益物权人不予补偿。

三、用益物权的体系

用益物权起源很早,其种类和内容因历史传统、国情地域不同而不同,我国的用益物权制度,是由我国社会主义基本经济制度决定的。我国实行土地公有制,土地所有权取得极受限制。因此,用益物权制度极为重要。但是,在原《物权法》公布之前,我国成文法上尚无"用益物权"一语,制度发展并无统一的基础。在解释上,土地使用权、农村土地承包经营权、宅基地使用权、典权、采矿权、水产养殖权、捕捞权、狩猎权、取水权等均属用益物权形态。这些形态几乎都是针对改革开放实践中的具体问题而进行的规定,其内容繁杂、缺乏体系性,难以适应新时代经济、社会发展的需要。

《民法典》物权编对用益物权进行了科学化、体系化的整合,确立了土地承包经营权、建设用地使用权、宅基地使用权、居住权和地役权 5 种主要的用益物权,建构了如下用益物权体系:第一,土地承包经营权,即权利人依法对其承包经营的耕地、林地、草地等享有占有、使用和收益的权利,有权从事种植业、林业、畜牧业等农业生产。第二,建设用地使用权,即权利人依法对国家所有的土地享有占有、使用和收益的权利,有权利用该土地建造建筑物、构筑物及其附属设施。第三,宅基地使用权,即权利人依法对集体所有的土地享有占有和使用的权利,有权依法利用该土地建造住宅及其附属设施。第四,居住权,即权利人有权按照合同约定,对他人的住宅享有占有、使用的用益物权,以满足生活居住的需要。第五,地役权,即权利人有权按照合同约定利用他人的不动产,以提高自己的不动产的效益。

《民法典》的上述用益物权体系以对他人的不动产的利用用途为标准,体现用途管制的基本思想。其中对地役权的利用用途未作限定,全由当事人在地役权合同中任意约定。此外,我国《民法典》对于土地以外的其他自然资源用益物权作了宣示性的规定,如海域使用权、探矿权、采矿权、取水权、养殖权和捕捞权,明文规定这些权利受法律保护。《民法典》将特许物权归入用益物权,显然是认为特许物权属于用益物权性质。

第二节 土地承包经营权

一、土地承包经营权的概念与特征

(一)土地承包经营权的概念

土地承包经营权,是指承包农户以从事农业生产为目的,对集体所有或国家所有的由农民集体使用的土地进行占有、使用和收益的权利。《民法典》第 331 条规定:"土地承包经营权人依法对其承包经营的耕地、林地、草地等享有占有、使用和收益的权利,有权从事种植业、林业、畜牧业等农业生产。"这里"从事种植业、林业、畜牧业等农业生产"体现着土地用途管制的基本思想。在土地利用过程中,土地承包经营权人应当维持土地的农业用途,不得用于非农建设,禁止占用耕地建窑、建坟或者擅自在耕地上建房、挖砂、采石、采矿、取土等,禁止占用基本农田发展林果业和挖塘养鱼。2007 年原《物权法》首次明确将土地承包经营权规定为一类用益物权。

（二）土地承包经营权的特征

1. 土地承包经营权的主体具有确定性

《民法典》第331条将土地承包经营权的主体界定为“土地承包经营权人”，但结合《农村土地承包法》第16条第1款的规定，土地承包经营权的主体仅限于本集体经济组织的承包农户，我国2018年修正前的《农村土地承包法》和原《物权法》上的土地承包经营权以“两权”分离为理论基础，只要是利用农村土地从事农业生产，在法律上均表达为土地承包经营权，而无论权利人是否属于本集体经济组织的承包农户，但在“三权”分置之下，土地承包经营权负载特定的政策目标，即农村集体土地由作为本集体经济组织成员的农民家庭承包，无论土地经营权如何流转，土地承包经营权都属于农民家庭。如此，土地承包经营权已经被纯化为只有本集体经济组织的承包农户才能取得和享有的兼具财产属性和保障属性的权利。土地承包经营权是农村集体经济组织成员的财产性权利，农村集体经济组织成员身份又是获得土地承包经营权的前提条件。2018年修正前的《农村土地承包法》和原《物权法》上所谓“以招标、拍卖、公开协商等方式取得的土地承包经营权”，与“承包”所蕴含的成员属性并不相符，而与土地经营权的功能和意义相同。这种意义上的土地承包经营权已经属于市场化的权利，脱逸出了主体的身份属性，已经不能由“两权分离”和“三权”分置之下的“土地承包经营权”概念所涵盖。因此，《民法典》删除这一土地承包经营权类型，将其修改为土地经营权。

此外，《民法典》《农村土地承包法》为强化土地承包经营权的身份属性，还将土地承包经营权的转让、互换局限在本集体经济组织内部。

2. 土地承包经营权的客体具有确定性

土地根据用途的不同可分为农用地、建设用地和未利用地。所谓农用地，是指直接用于农业生产的土地，包括耕地、林地、草地等。土地承包经营权人承包土地是为了从事农业生产，因而其客体为农用地。我国实行农村土地家庭承包经营制度，所谓“农村土地”，既包括农民集体所有的土地，也包括国家所有依法由农民集体使用的土地。对此，《农村土地承包法》第2条规定：“本法所称农村土地，是指农民集体所有和国家所有依法由农民集体使用的耕地、林地、草地，以及其他依法用于农业的土地。”《民法典》第343条规定：“国家所有的农用地实行承包经营的，参照适用本编的有关规定。”《农村土地承包法》对国家所有依法由农民集体使用的农村土地的承包经营，也作出了一些规定。例如，该法第13条第2款规定：“国家所有依法由农民集体使用的农村土地，由使用该土地的农村集体经济组织、村民委员会或者村民小组发包。”对该类土地，从法律上应当由作为所有权人的国家作为发包人，但是这既不现实，也无必要。《农村土地承包法》规定，该类土地由依法享有土地使用权的农村集体经济组织、村民委员会或者村民小组等作为发包方，依据《农村土地承包法》第13条第1款的规定进行发包。尤其是在牧区，为发展畜牧业，国家将草场划拨给集体使用，在多数情况下是国家所有、集体经营或国家所有、承包经营，因此，该条第2款规定的发包方式成为牧区承包制的典型形式。

3. 土地承包经营权的内容具有特定性

土地承包经营权人对承包经营的耕地、林地、草地等进行占有、使用和收益，以从事种植业、林业、畜牧业等农业生产为目的。一方面，土地承包经营权人享有非常充分的权利，包括依法享有承包地使用、收益的权利，有权自主组织生产经营和处置产品；依法互换、转让土地承包经营权；依法流转土地经营权；承包地被依法征收、征用、占用的，有权依法获得相应的补偿；法律、行政法规规定的其他权利。另一方面,土地承包经营权人也负有相应的义务,包括维持土地的农业用途,未经依法批准不得用于非农建设;依法保护和合理利用土地,不得给土地造成永久性损害;违反法律、行政法规规定的其他义务。

4. 土地承包经营权的期限具有稳定性

《民法典》第332条规定:"耕地的承包期为三十年。草地的承包期为三十年至五十年。林地的承包期为三十年至七十年。前款规定的承包期限届满,由土地承包经营权人依照农村土地承包的法律规定继续承包。"《农村土地承包法》第21条也规定,耕地的承包期为30年。草地的承包期为30~50年,林地的承包期为30~70年。前述规定的耕地承包期届满后再延长30年,草地、林地承包期届满后依照前述规定相应延长。

(三)"三权"分置改革

《民法典》物权编就新一轮土地制度改革成果的反映,主要集中在承包地"三权"分置政策的法律表达上。所谓"三权"分置,就是要不断探索农村土地集体所有制的有效实现形式,落实集体所有权、稳定农户承包权、放活土地经营权,习近平总书记于2013年7月在湖北考察改革发展工作时强调,"深化农村改革,完善农村基本经营制度,要好好研究农村土地所有权、承包权、经营权三者之间的关系"。这一改革思想旨在在承认土地承包经营权具有身份属性、负载社会保障功能的前提之下,通过一定的法律技术路径,从土地承包经营权中派生出一种市场化的权利,以使经营主体取得稳定的经营预期,并允许经营主体以其取得的经营农村土地的权利担保融资,达到以下目标:促进土地资源合理利用,构建新型农业经营体系,发展多种形式适度规模经营,提高土地产出率、劳动生产率和资源利用率,推动现代农业发展。

《农村土地承包法》在既有土地所有权和土地承包经营权"两权分离"的基础上,通过土地承包经营权派生出土地经营权这一新类型权利来达到"三权"分置的政策目标:在维系土地承包经营权的保障功能的前提下,派生出市场化的土地经营权,以促进适度规模经营。就此,《民法典》首先明确,土地承包经营权是巩固和完善农村基本经营制度的基础,是从集体土地所有权中派生出的一种用益物权。这一立法安排体现"两权"分离之下集体与承包农户之间的承包地产权配置,重置承包地的社会保障功能,强调承包地在本集体经济组织成员之间的公平分配。同时,《民法典》将土地承包经营权界定为物权,并位列各类用益物权之首,足见其对我国社会经济的极端重要性,旨在激发承包农户的生产积极性,解放农村生产力。为提高土地利用效率,促进适度规模经营,《民法典》确认承包农户可以从其土地承包经营权中为经营主体派生出土地经营权。这是对承包农户和经营主体之间承包地产权的再次配置,释放承包地的财产功能,强调生产要素的市场化配置。即使流转了土地经营权,承包农户享有的还是土地承包经营权,只是其行使土地承包经营权受到了土地经营权的限制。如此,《民法典》形成了"土地所有权→土地承包经营权→土地经营权"的承包地产权结构。

二、土地承包经营权的取得及效力

当事人通过订立土地承包经营权合同设立土地承包经营权,是目前取得土地承包经营权的最主要的方式。

(一)土地承包经营权合同

《民法典》第333条第1款规定:"土地承包经营权自土地承包经营权合同生效时设立。"土地承包经营权虽然为不动产用益物权,但是自合同生效时取得,无须登记。由此可见,就土地承包经营权的设立而言,《民法典》采取了债权意思主义的立场。[1] 从立法本意来看,考虑我国农村土地承包的实际情况和登记制度的现状,土地承包经营权依合意取得显然是符合我国国情的。一是承包方案经村民会议或村民代表会议讨论同意,集体经济组织成员相互熟悉,承包的地块人所共知,能够起到相应的公示作用;二是承包证书的发放和登记造册,往往滞后于土地承包经营权合同的签订,不能因此否定承包农户的土地承包经营权。我国农村目前仍然属于熟人社会,在土地承包经营权合同签订之后,即便没有登记,第三人也知悉该土地并非自己的,从而不会侵害其权利。

土地承包经营权合同的主体是发包方和承包方。其中,农民集体所有的土地依法属于村农民集体所有的,由村集体经济组织或者村民委员会发包;已经分别属于村内两个以上农村集体经济组织的农民集体所有的,由村内各该农村集体经济组织或者村民小组发包;承包方是本集体经济组织的农户,承包方是以"户"的名义而不是以个人的名义与发包方签署合同。[2] 土地承包经营权合同由发包方和承包方平等协商订立。

土地承包经营权合同应当采用书面形式,一般应包括以下条款:(1)发包方、承包方的名称,发包方负责人和承包方代表的姓名、住所。(2)承包土地的名称、坐落、面积、质量等级。(3)承包期限和起止日期。为了稳定农村土地承包关系,鼓励农民增加对土地的投入,切实保障农民的土地承包经营权,我国法律对土地承包经营权规定了较长的承包期限,当事人的约定不得违反法律的规定。(4)承包土地的用途。(5)发包方和承包方的权利与义务。尽管《民法典》和《农村土地承包法》对发包方和承包方的权利、义务有所规定,但双方当事人可以作更明确的约定。(6)违约责任。

(二)土地承包经营权人的权利和义务

1. 土地承包经营权人的权利

依据《民法典》《农村土地承包法》,土地承包经营权的权利人享有下列权利:第一,依法享有对承包地进行使用、收益的权利,有权自主组织生产经营和处置产品。第二,依法互换、转让土地承包经营权。所谓互换,是指承包方之间为方便耕种或者各自需要,将属于同一集体经济组织的土地的承包经营权互相进行交换。转让则是指经发包方同意,承包方将全部或者部分的土地承包经营权转让给本集体经济组织的其他农户,由该农户同发包方确立新的承包关系,原承包方与发包方在该土地上的承包关系即行终止。依据《民法典》第335条和《农村土地承包法》第35条的规定,土地承包经营权互换、转让的,当事人可以向登记机构申请登记;未经登记,不得对抗善意第三人。第三,依法流转土地经营权。所谓依法流转土地经营权,是指承包方自主决定,依法采取出租、入股或其他方式向他人流转土地经营权,并向发包方备案。土地承包经营权人依法流转土地经营权时,必须签订书面的土地经营权流转合同,同时符合以下条件:不得改变土地所有权的性质和土地的农业用途;不得破坏农业综合生产能力和农业生态环境;流转期限不得超过承包期的剩余期限;受让方须有农业经营能力或者资质;在同等条件下,本集体经济组织成员享有优先权。第四,承包方可以用承包地的土地经营权向金融机构融资担保,并向发包方备案。担保物权自融资担保合同生效时设立。当事人可以向登记机构申请登记;未经登记,不得对抗善意第三人。第五,承包地被依法征收、征用、占用的,有权依法获得

---

〔1〕 参见胡康生主编:《中华人民共和国农村土地承包法释义》,法律出版社2002年版,第41页。

〔2〕 参见王利明等:《民法学》(第6版),法律出版社2020年版,第429页。

相应的补偿。第六,法律、行政法规规定的其他权利。

2. 土地承包人的义务

承包人承担的义务包括:第一,维持土地的农业用途,未经依法批准不得用于非农建设;第二,依法保护和合理利用土地,不得给土地造成永久性损害;第三,转为非农业户口的,可以自愿将承包的耕地和草地交回发包方(《农村土地承包法》第 27 条第 3 款);第四,不得撂荒弃耕。此外,还应当承担法律、行政法规规定以及合同约定的其他义务。

(三)发包方的权利和义务

1. 发包方的权利

发包方有权发包本集体所有的或者国家所有依法由本集体使用的农村土地,监督承包方按照承包合同约定的用途合理利用和保护土地,制止承包方损害承包地和农业资源的行为,并依法享有法律、行政法规规定的其他权利。

2. 发包方的义务

发包方负有的义务包括:第一,发包方应当维护承包方的土地承包经营权,不得非法变更、解除承包合同。例如,在承包期内,发包方不得单方面解除承包合同,不得假借少数服从多数强迫承包方放弃或者变更土地承包经营权,不得收回承包地搞招标承包,不得将承包地收回抵顶欠款。第二,发包方应当尊重承包方的生产经营自主权,不得干涉承包方依法进行正常的生产经营活动。第三,依照承包合同约定为承包方提供生产、技术、信息等服务。第四,执行县、乡(镇)土地利用总体规划,组织本集体经济组织内的农业基础设施建设。第五,承担法律、行政法规规定的其他义务。

三、土地承包经营权的消灭

(一)土地承包经营权的存续期间届满

土地承包经营权的存续期间届满,只要未再续期,土地承包经营权即消灭。土地承包经营权业已登记的,应当注销登记。应当注意,按照优惠农民的政策,在以家庭承包方式设立土地承包经营权的场合,承包方请求续期的,发包人负有必须同意的义务,除非出现了法律、法规规定的土地承包经营权必须消灭的情形。在通过招标、拍卖、公开协商等方式设立“四荒”土地承包经营权的场合,承包人请求续期,发包人并无强制缔约的义务。

(二)土地承包经营权人自愿交回承包地

承包期内,承包方可以自愿将承包地交回发包方。承包方自愿交回承包地的,可以获得合理补偿,但是应当提前半年以书面形式通知发包方。承包方在承包期内交回承包地的,在承包期内不得再要求承包土地,土地承包经营权业已登记的,应当注销登记。

(三)承包地灭失

承包地灭失,土地承包经营权因失去客体而归于消灭。土地承包经营权业已登记的,应当注销登记。

(四)承包地调整

承包期内,发包方不得调整承包地。但是,承包期内,因自然灾害严重毁损承包地等特殊情形,对个别农户承包的耕地和草地可以予以适当调整。该种调整必须经本集体经济组织成员的村民会议 2/3 以上成员或者 2/3 以上村民代表的同意,并报乡(镇)人民政府和县级人民政府农业农村、林业和草原等主管部门批准。承包合同中约定不得调整的,按照其约定。

(五)土地承包经营权的提前收回

土地承包经营权是在集体土地所有权之上设定的他物权,一经设定,即具有对抗所有权的效力,只要土地承包经营权未因法定原因而消灭,发包方即不得收回和调整。由此可见,土地承包经营权的收回和调整受土地承包经营权身份性与保障性的限制。在承包期内,禁止发包方收回和调整承包地,以体现稳定土地承包关系并保持长久不变的政策目标。

《农村土地承包法》和《民法典》中就发包方有权收回承包地的情形未作规定。目前于法律上直接规定发包方收回权的,主要是《土地管理法》第66条,该条中所称的"土地"自然包括承包地。由此可见,发包方可以基于公共设施、公益事业的建设收回承包地,使承包方丧失土地承包经营权。此外,在解释上,因承包方家庭成员死亡,承包经营的家庭消亡,不具有本集体经济组织成员身份的继承人的,发包方自可收回承包地。

(六)承包地被征收

承包地被征收,被征收的土地所有权消灭。集体土地所有权移转并变成国家所有之后,该集体土地上设立的土地承包经营权随之消灭。

(七)承包人死亡,无继承人继续承包

在承包人死亡,无继承人继续承包的情况下,土地承包经营权因无主体而归于消灭。土地承包经营权消灭,承包人有权取回自己在承包地上兴建的农田水利等设施、农作物、林木等;也可以留给发包人,但有权请求作价补偿。承包人在承包地上投入而提高土地生产能力的,有权请求相应的补偿。

四、土地经营权

(一)概念

1. 土地经营权的概念

土地经营权,是指享有土地承包经营权的农村集体经济组织成员,保留自己的土地承包经营权,将其承包的土地流转给他人经营,在土地承包经营权上设立的用益物权。

土地承包经营权是农村集体经济组织成员在集体所有的土地上取得的用益物权,如果土地承包经营权人自己对承包的土地进行经营,行使的就是土地承包经营权本身;如果土地承包经营权人把土地承包经营权中的经营权流转给他人经营,该他人取得的经营他人承包土地的权利,就是土地经营权。

2. 土地经营权的保护

《农村土地承包法》第10条规定:国家保护承包方依法、自愿、有偿流转土地经营权,保护土地经营权人的合法权益,任何组织和个人不得侵犯。《民法典》第339条规定:"土地承包经营权人可以自主决定依法采取出租、入股或者其他方式向他人流转土地经营权。"

土地经营权是我国农村土地"三权"分置改革的产物,通过设立土地经营权这种新型权利,既可以使土地承包经营权人在流转土地经营权后仍然保留土地的承包权,从而实现中央提出的保持农村土地承包关系长期稳定并长久不变的政策,消除了承包农户的顾虑,也将农村集体经济组织成员通过家庭承包方式取得的农村土地承包经营权,与民事主体不受限制而通过招标、拍卖、公开协商等方式取得的荒山、荒沟、荒丘、荒滩等农村土地的土地经营权相互区分,更加有利于农业生产经营。

(二)土地经营权的流转

1. 土地经营权流转的原则

土地经营权流转应当遵循的原则是:第一,依法、自愿、有偿,任何组织和个人不得强迫或者阻碍土地经营权流转;第二,不得改变土地所有权的性质和土地的农业用途,不得破坏农业综合生产能力和农业生态环境;第三,流转期限不得超过承包期的剩余期限;第四,受让方须有农业经营能力或者资质;第五,在同等条件下,本集体经济组织成员享有优先权。

2. 土地经营权流转的方式

土地经营权流转包括两种:一是在土地承包经营权基础上设立的经营权流转。《农村土地承包法》第36条规定:"承包方可以自主决定依法采取出租(转包)、入股或者其他方式向他人流转土地经营权,并向发包方备案。"因此,对家庭承包方式的土地之上的土地经营权来说,其流转方式包括出租(转包)、入股和其他方式,其中并不包括抵押的方式。同时,通过此种方式流转的,必须向发包人备案。二是通过招标、拍卖、公开协商等方式承包的"四荒"土地经营权,可以采取出租、入股、抵押等方式流转。

承包方将土地交由他人代耕,且期限不超过一年的,不认为是土地经营权流转,可以不签订书面合同。土地经营权流转的价款,应当由当事人双方协商确定。流转的收益归承包方所有,任何组织和个人不得擅自截留、扣缴。土地所有权人即发包方不得主张获取土地经营权流转获得的利益。

土地经营权流转期限为5年以上的,当事人可以向登记机构申请土地经营权登记。未经登记,不得对抗善意第三人;不满5年的,不用申请土地经营权登记。通过招标、拍卖、公开协商等方式承包农村土地,经依法登记取得权属证书的,可以依法采取转让、出租、入股、抵押或者其他方式流转其土地经营权。

(三)土地经营权的效力

1. 承包方的权利

第一,获得土地经营权转让的利益。

第二,承包方向他人流转土地经营权,不影响其依法享有的土地承包权,承包方与发包方的承包关系不变。

第三,在土地经营权转让期间,受让方有违约行为的,承包方可以解除合同,具体违约情形包括:一是擅自改变土地的农业用途;二是弃耕抛荒连续2年以上;三是给土地造成严重损害或者严重破坏土地生态环境;四是有其他严重违约行为。此外,承包方不得单方解除土地经营权流转合同。

第四,通过招标、拍卖、公开协商等方式取得土地经营权的,该受让人死亡后,其应得的经营收益,依照《民法典》继承编的规定继承,在有效期内,其继承人可以继续经营。

2. 受让方的权利

第一,土地经营权人有权在合同约定的期限内占有、使用农村土地,自主开展农业生产经营并取得收益。

第二,经承包方同意,受让方可以依法投资改良土壤,建设农业生产附属、配套设施,并按照合同约定就其投资部分获得合理补偿。

第三,经承包方书面同意,并向本集体经济组织备案,土地经营权人可以再流转土地经营权。

第四,承包方可以用承包地的土地经营权向金融机构融资担保,并向发包方备案。受让方通过流转取得的土地经营权,经承包方书面同意并向发包方备案,可以向金融机构融资担保。担保物权自融资担保合同生效时设立。当事人可以向登记机构申请登记;未经登记,不得对抗善意第三人。实现担保物权时,担保物权人有权就土地经营权优先受偿。

疑难问题论争 土地经营权性质论争

对于土地经营权的性质认定,学术界存在较大争议。归纳梳理一下,大致存在以下几种观点:

1.“物权说”。该说主要理由如下:(1)土地经营权物权化有利于满足中央文件所提出的“可转让”“可抵押”的权利要求,满足转让中的交易安全需要,满足设置抵押的需要,权利的保护会更加强化。(2)基于尽可能地优化权利人的法律地位、使土地经营权成为更有效的融资手段等方面,将土地经营权设计为用益物权确有必要。(3)土地经营权是土地承包经营权人设定的、对其享有用益物权之农地占有、使用及收益的权利,其本质为权利人对土地承包经营权人享有权利之土地的用益,将土地经营权塑造成一种物权性质的财产权,实现经营权的法定化。土地经营权不承载社会保障功能,而是通过市场机制在土地承包经营权这一用益物权之上设定的纯粹财产权。

2.“债权说”。该说主要理由如下:(1)在土地经营权一体化地反映多样化的利用关系的背景之下,不宜将土地经营权定性为物权。土地经营权在性质上属于债权,但经登记的土地经营权具有对抗善意第三人的效力。(2)经营权人与承包权人是一种债权法律关系,更多地受合同法约束,经营权的本权是基于土地流转合同意定原因而产生的,因而其本权是债权,为意定本权,而不是物权。(3)土地经营权确定为租赁债权符合法律规定。囿于物权法定原则以及物权既有理论的限制,土地经营权并非法定的物权类型,不具备法定物权效力。但土地承包经营权人可以通过租赁方式流转土地承包经营权。实践中,我国大部分农村地区的土地承包经营权的流转均采取租赁方式,以租赁方式流转的土地承包经营权即可认定为土地经营权。将土地经营权界定为租赁债权,既符合我国农地权利流转的实际,又符合我国现行法律规定。

3.“总括权利说”。该说主要理由为:(1)土地经营权并非具体化的单一权利,而是包括土地承包经营权在内的各种农地使用权的总称。(2)土地经营权只是权能,既可以来自土地所有权,也可以来自土地承包经营权等用益物权,还可以来自租赁权。因此,土地经营权不是独立的民事权利,也不是法律语言,无法通过立法成为法律概念。

4.“物权化债权说”。该说主要理由为在“三权”分置法律构架中,土地经营权作为土地经营者依法取得的实际经营他人承包集体土地的权利,并非与土地所有权、土地承包权一样具有物权属性,而是对他人承包土地的债权型利用权。因此,民法意义上的“三权”分置实质上是一种“物权—物权—债权”的土地权利构造。

尽管学术界对土地经营权的性质未能达成一致意见,但在现行法律框架下,土地经营权内容已被归入《民法典》物权编中的用益物权分编之中。显而易见,土地经营权具有物权属性,该规定与学术界主流观点一致。作为基于土地承包权而派生出来的一种权利,土地经营权与土地所有权、土地承包权并列为我国土地之“三权”分置制度设计，已为修正后的《农村土地承包法》所明确。比如，《农村土地承包法》第二章第五节的内容为土地经营权。通过对该项权利的物权化制度规定，将“三权”分置进行“物权—物权—物权”的土地权利构造，落实了中央的政策要求，有利于对权利的同等保护，有利于稳定土地利用关系，保障权利主体的合法权益，进而推进农业、农村的现代化。同时，也为土地经营权相关问题的解决，提供了法律依据。

第三节 建设用地使用权

一、建设用地使用权的概念和特征

建设用地使用权，是指自然人、法人或其他组织依法享有的在国有土地及其上下建造建筑物、构筑物及其附属设施的用益物权。建设用地使用权具有如下特征。

(一)建设用地使用权的客体为国家所有的土地，不包括集体所有的农村土地

我国《民法典》第 361 条规定：“集体所有的土地作为建设用地的，应当依照土地管理法等法律规定办理。”可见，使用集体所有的土地进行建设的，则不属于《民法典》物权编第十二章所规定的建设用地使用权。

(二)设立建设用地使用权的目的是建造并保有建筑物、构筑物及其附属设施

建筑物，是指定于土地上或地面之下，具有顶面、梁柱、墙壁，供人居住或使用的建造物，主要是指房屋；构筑物是指人们一般不直接在里面进行生产和生活活动的建造物，如桥梁、沟渠；附属设施，是指与建筑物、构筑物不可分割的各种设施，包括电梯、水暖、除尘、通风、通信线路、输电线路、水电管道等。建设用地使用权人对土地的支配，并非对土地使用价值的全面概括支配，而是在建设用地特定用途内的支配。根据《民法典》第 344 条的规定，这种特定用途内的支配主要是“利用该土地建造建筑物、构筑物及其附属设施”。

(三)建设用地使用权的内容具有限制性

建设用地使用权作为一种用益物权，其对标的土地的支配不仅在范围上限于对土地使用价值的支配，而且这种支配也是有期限的。根据《城镇国有土地使用权出让和转让暂行条例》的规定，土地使用权出让最高年限按下列用途确定：(1)居住用地 70 年；(2)工业用地 50 年；(3)教育、科技、文化、卫生、体育用地 50 年；(4)商业、旅游、娱乐用地 40 年；(5)综合或其他用地 50 年。[1]

二、建设用地使用权的取得

出让与划拨是设立建设用地使用权的两种基本方式，出让是有偿获得建设用地使用权，划拨是无偿取得建设用地使用权。我国依法实行国有土地有偿使用制度。但是，国家在法律规定的范围内划拨国有土地使用权的除外。

---

〔1〕《土地管理法》第 63 条第 4 款规定：“集体经营性建设用地的出租，集体建设用地使用权的出让及其最高年限、转让、互换、出资、赠与、抵押等，参照同类用途的国有建设用地执行。具体办法由国务院制定。”

（一）以出让方式设立建设用地使用权

1. 建设用地使用权出让的含义和特征

以出让方式设立建设用地使用权是指国家以土地所有人的身份将建设用地使用权在一定期限内出让给土地使用人，由土地使用人向国家支付土地出让金的行为。与划拨相比，出让有以下几点特征：第一，交易性。与划拨带有行政性不同，出让是国家作为土地所有权人与土地使用权人之间的交易行为，须以书面合同形式完成。第二，有偿性。交易性决定了出让的有偿性，土地使用权人取得建设用地使用权均须缴纳土地出让金。第三，期限性。以出让方式取得的建设用地使用权均有期限限制。

2. 建设用地使用权出让的方式

依现行法律规定，建设用地使用权出让的方式主要有4种：

第一，协议出让，即国家以协议方式将建设用地使用权在一定年限内出让给土地使用者，由土地使用者向国家支付土地出让金的行为。我国现行法严格限制了以协议方式出让的土地的范围，禁止对商业、旅游、娱乐和商品住宅等经营性用地通过协议方式出让。对其他用地，如果同一地块有两个或者两个以上意向用地者，也不得采用协议方式出让。此外，以协议方式出让时，出让金不得低于国家规定的最低价。

第二，拍卖出让，是指出让人发布拍卖公告，由拍卖人在指定时间、地点以公开竞价的形式将建设用地使用权出让给最高应价者的行为。如果对于土地的使用者、土地的用途等无特殊要求，单纯以最大限度获取土地出让金为目的，拍卖的方式是一种理想的选择。

第三，招标出让，是指出让人发布招标公告，邀请特定或者不特定的自然人、法人和其他组织参加建设用地使用权投标，根据投标结果确定建设用地使用权人的行为。如果在获取较高的土地出让金外，还具有其他综合性的目标或某些特殊要求，那么采取招标的方式比较合适。

第四，挂牌出让，是指出让人发布挂牌公告，按公告规定的期限将拟出让土地的交易条件在指定的土地交易场所挂牌公布，接受竞买人的报价申请并更新挂牌价格，根据挂牌期限截止时的出价结果确定建设用地使用权人的行为。

上述4种方式中，协议出让属于非公开竞价的方式，其他三种属于公开竞价的方式。考虑到公开竞价更能保证建设用地使用权出让的公开、公平、公正。《民法典》第347条第2款规定，工业、商业、旅游、娱乐和商品住宅等经营性用地以及同一土地有两个以上意向用地者的，应当采取招标、拍卖等公开竞价的方式出让。

3. 建设用地使用权出让合同

采取出让方式设立建设用地使用权的，当事人应当采取书面形式订立建设用地使用权出让合同。建设用地使用权出让合同一般包括下列条款：当事人的名称和住所，土地位置、面积等，建筑物、构筑物及其附属设施占用的空间，规划条件，土地用途，建设用地使用权期限，土地出让金等费用及其支付方式，解决争议的办法。建设用地使用权出让合同属于民商事合同，而非行政合同。[1]

---

〔1〕 参见崔建远：《物权法》（第5版），中国人民大学出版社2021年版，第317页。

（二）以划拨方式设立建设用地使用权

1. 建设用地使用权划拨的含义和特征

建设用地使用权的划拨，是指县级以上人民政府依照相关法律规定的权限和审批程序，将国有土地无偿地交付给符合法律规定条件的土地使用者使用，土地使用者因此取得建设用地使用权的行为。

建设用地使用权的划拨具有以下特征：

第一，公益性。以划拨方式设立建设用地使用权必须以公共利益为目的，经县级以上人民政府依法批准而取得。例如，国家机关用地和军事用地，城市基础设施用地和公益事业用地，国家重点扶持的能源、交通、水利等基础设施用地，法律、行政法规规定的其他用地，可以通过划拨取得。

第二，无偿性。划拨区别于出让最主要的一点就是划拨是以无偿使用的方式取得国有土地使用权，而出让是以有偿使用的方式取得国有土地使用权。国家将土地划拨给土地使用人，土地使用人无须向国家支付土地出让金。“无偿性”是建设用地使用权人相对国家而言的，并不意味着建设用地使用权人不支付任何费用。在有些情况下权利人仍需支付补偿费、安置费，但此种费用的性质在法律上并非合同对价，也远远低于土地出让金，不能以此否定划拨的无偿性。

第三，无期限性。以划拨方式取得的建设用地使用权，除法律、行政法规另有规定外，没有使用期限的限制，这是由以划拨方式设立建设用地使用权的公益性所决定的。而通过出让方式取得的建设用地使用权，则根据土地的用途都设有最高年限的限制，如居住用地为70年，工业和教科文卫体用地为50年，商业、旅游、娱乐用地为40年，综合或者其他用地为50年。

第四，限制流通性。以划拨方式设立的建设用地使用权，原则上不得进入市场进行交易。以划拨方式设立建设用地使用权的，转让房地产时，应当按照国务院规定，报有批准权的人民政府审批。有批准权的人民政府准予转让的，应当由受让方办理建设用地使用权出让手续，并依照国家有关规定缴纳土地出让金。以划拨方式设立建设用地使用权的，转让房地产报批时，有批准权的人民政府按照国务院规定决定可以不办理建设用地使用权出让手续的，转让方应当按照国务院规定将转让房地产所获收益中的土地收益上缴国家或者作其他处理。

2. 建设用地使用权划拨的适用范围

我国严格限制以划拨方式设立建设用地使用权。采取划拨方式的，应当遵守法律、行政法规关于土地用途的规定。下列建设用地使用权，确属必需的，可以由县级以上人民政府依法批准划拨：国家机关用地和军事用地，城市基础设施用地和公益事业用地，国家重点扶持的能源、交通、水利等基础设施用地，法律、行政法规规定的其他用地。

（三）建设用地使用权的登记

《民法典》第349条规定：“设立建设用地使用权的，应当向登记机构申请建设用地使用权登记。建设用地使用权自登记时设立。登记机构应当向建设用地使用权人发放权属证书。”由此可见，我国对建设用地使用权的设定采取了严格的登记要件主义，即建设用地使用权出让合同的生效，并不直接发生建设用地使用权这一用益物权设定的效力，仅发生债的效力，即出让方有权请求受让人交付土地出让金，受让人则有权请求出让方交付土地并办理建设用地使用权登记。只有完成建设用地使用权登记，才能发生建设用地使用权设定的效果。

三、建设用地使用权的内容

(一)建设用地使用权人的权利

建设用地使用权人对作为权利客体的土地,享有占有、使用及利用该土地建造并经营建筑物、构筑物及其附属设施的权利。以出让方式设立建设用地使用权,权利人还可依法转让、互换、出资、赠与或抵押。

(二)建设用地使用权人的义务

第一,支付出让金等费用。建设用地使用权人应当依照法律规定以及合同的约定支付出让金等费用。这是建设用地使用权人的主要义务,违反这一义务,出让方有权解除合同,主张违约责任。

第二,合理使用土地。建设用地使用权人应当按照土地的自然属性和法律属性合理地使用土地,维护土地的价值和使用价值。对于该项义务当事人不得以约定排除或改变,即使出让合同对此未作出明确约定,建设用地使用权人同样负有此种义务。

第三,返还建设用地。《民法典》第 359 条第 2 款规定:"非住宅建设用地使用权期限届满后的续期,依照法律规定办理。该土地上的房屋以及其他不动产的归属,有约定的,按照约定;没有约定或者约定不明确的,依照法律、行政法规的规定办理。"该款规定了非住宅建设用地使用权期限届满后的续期,应该依照法律规定办理。该法律规定主要是指《城市房地产管理法》第 22 条及《土地管理法》第 58 条第 2 项的规定。

《城市房地产管理法》第 22 条第 2 款规定:"土地使用权出让合同约定的使用年限届满,土地使用者未申请续期或者虽申请续期但依照前款规定未获批准的,土地使用权由国家无偿收回。"根据相关法律规定,续期采取申请报批模式,即权利人应当至迟于期限届满前 1 年报请原出让土地的土地管理部门批准,政府原则上应批准续期申请,除非因公共利益需要收回土地。未在法定期限内申请或申请未经批准的,建设用地使用权消灭,由有关部门报经原批准用地的人民政府或者有批准权的人民政府批准,收回土地。这表明,建设用地使用权终止,建设用地使用权人有义务返还建设用地。[1]

第四,容忍出让人提前收回建设用地。《城镇国有土地使用权出让和转让暂行条例》第 17 条第 2 款规定:"未按合同规定的期限和条件开发、利用土地的,市、县人民政府土地管理部门应当予以纠正,并根据情节可以给予警告、罚款直至无偿收回土地使用权的处罚。"遇到无偿收回的处罚,建设用地使用权人负有容忍的义务。

四、建设用地使用权的流转

建设用地使用权人有权将建设用地使用权转让、互换、出资、赠与或者抵押,法律另有规定的除外。转让、互换、出资、赠与的流转方式,均涉及建设用地使用权主体的变更。确认建设用地使用权人有权对其权利依法进行处分,既肯定和保护了权利人的合法权益,也有助于促进土地权利的市场流动和提高土地利用效率。

建设用地使用权流转中要贯彻房地一并处分原则(也称"地随房走,房随地走"的原则)。房屋必须建造于土地之上,因此,建设用地使用权和建筑物所有权存在紧密的联系,如果两者

---

〔1〕 参见最高人民法院民法典贯彻实施工作领导小组主编:《中华人民共和国民法典物权编理解与适用》(下),人民法院出版社 2020 年版,第 822 ~ 823 页。

的权利主体不同,则无法行使权利,容易产生纠纷。因此,按照建设用地使用权和建筑物所有权的主体保持一致的原则,我国法律要求建设用地使用权与建筑物所有权一并处分,即房地一并处分原则。《城市房地产管理法》第 32 条明确规定:“房地产转让、抵押时,房屋的所有权和该房屋占用范围内的土地使用权同时转让、抵押。”《民法典》第 356 条、第 357 条也规定,建设用地使用权转让、互换、出资或者赠与的,附着于该土地上的建筑物、构筑物及其附属设施一并处分;建筑物、构筑物及其附属设施转让、互换、出资或者赠与的,该建筑物、构筑物及其附属设施占用范围内的建设用地使用权一并处分。

(一)建设用地使用权的转让

建设用地使用权的转让,是指建设用地使用权人不改变权利的客体和内容,将其权利以合同方式再行转移的行为,包括互换、出资、赠与等形式。我国实行“房随地走”的原则,因此,建设用地使用权转让时,附着于该土地上的建筑物、构筑物及其附属设施一并处分。

1. 建设用地使用权转让合同。建设用地使用权转让合同必须以书面形式订立,一般包括下列条款:当事人的名称和住所,土地界址、面积等,建筑物、构筑物及其附属设施占用的空间,土地用途,使用期限,转让价款的数额及其支付方式,解决争议的方法。

2. 以出让方式设立的建设用地使用权转让的条件。以出让方式设立的建设用地使用权的转让依法应具备以下条件:第一,按照出让合同约定已经支付全部土地使用权出让金,并取得土地使用权证书。第二,按照出让合同约定进行投资开发,属于房屋建设工程的,完成开发投资总额的 25% 以上,属于成片开发土地的,形成工业用地或者其他建设用地条件。转让房地产时房屋已经建成的,还应当持有房屋所有权证书。

3. 以划拨方式设立的建设用地使用权转让的条件。以划拨方式设立的建设用地使用权的转让须经有批准权的人民政府审批,并办理建设用地使用权出让手续。

4. 建设用地使用权转让的变更登记。变更登记是建设用地使用权发生变动的要件,未经变更登记,建设用地使用权转让不发生效力,受让人并未取得建设用地使用权。但是,是否办理变更登记手续对建设用地使用权转让合同的效力没有影响。土地使用权人作为转让方与受让方订立土地使用权转让合同后,当事人一方以未办理土地使用权变更登记手续为由,请求确认合同无效的,人民法院不予支持。

(二)建设用地使用权的抵押

建设用地使用权的抵押,是指抵押人以其建设用地使用权向抵押权人提供债务履行担保的行为,债务人不履行到期债务或出现当事人约定的实现抵押权条件时,抵押权人有权依法从抵押的建设用地使用权的变价款中优先受偿。此种抵押在性质上属于权利抵押,而不是权利质押。

设立建设用地使用权的抵押权应当订立书面合同,并应办理抵押登记,抵押权自登记时设立。根据“房随地走”和“地随房走”的规则,建设用地使用权抵押时,其地上建筑物、其他附着物也随之抵押。以建筑物抵押的,该建筑物占用范围内的建设用地使用权一并抵押。抵押人未依照前述规定一并抵押的,未抵押的财产视为一并抵押。

(三)建设用地使用权的出租

建设用地使用权的出租,是指建设用地使用权人作为出租人,将建设用地使用权随同地上建筑物、其他附着物租赁给承租人使用,由承租人向出租人交付租金的行为。

建设用地使用权出租的客体应当是已经完成了合同约定的开发任务的土地，未按土地使用权出让合同规定的期限和条件投资开发、利用的土地，土地使用权不得出租。这是为了防止建设用地使用权人取得土地使用权之后，不对土地做任何实际投资、不做任何开发建设，即进行出租，从而变相将建设用地使用权转手，哄抬地价，或者在层层转租中造成土地的闲置和浪费。建设用地使用权出租时，出租人与承租人应当签订书面租赁合同。租赁期限应由当事人协商确定，但不得超过建设用地使用权的剩余期限。

五、建设用地使用权的消灭

（一）建设用地使用权消灭的事由

依据现行规定，建设用地使用权消灭的事由主要包括以下 5 种：

第一，存续期间届满。依据《民法典》第 359 条的规定："住宅建设用地使用权期限届满的，自动续期。续期费用的缴纳或者减免，依照法律、行政法规的规定办理。非住宅建设用地使用权期限届满后的续期，依照法律规定办理。该土地上的房屋以及其他不动产的归属，有约定的，按照约定；没有约定或者约定不明确的，依照法律、行政法规的规定办理。"但非住宅建设用地使用权的续期应采取"申请续期"而不是"自动续期"制度，如果权利人未按时提出续期申请并办理相关手续，则其建设用地使用权即于期满之日消灭。

第二，国家因公共利益征收土地。建设用地使用权期间届满前，因公共利益需要提前收回该土地的，国家应当依照《民法典》的规定对该土地上的房屋及其他不动产给予补偿，并退还相应的出让金。

第三，土地灭失。在土地全部灭失的情况下，建设用地使用权的标的已经不复存在，权利也应当消灭；在部分灭失的情况下，建设用地使用权就剩余的部分继续存在。

第四，建设用地使用权被收回。在两种情况下建设用地使用权会被土地所有权人收回：一是建设用地使用权人违反按照约定用途使用土地的义务，经所有权人请求停止仍不停止，或已经造成土地永久性损害的，土地所有权人可以收回建设用地使用权。二是建设用地使用权人未按合同约定开发土地达一定程度（满两年未动工开发）的，国家可以无偿收回建设用地使用权。

第五，其他消灭事由。建设用地使用权还可以因权利人的抛弃、国家受让建设用地使用权从而发生混同而消灭。但此时，如果该权利为他人权利的标的，则建设用地使用权不能消灭。例如，该建设用地使用权上设定了抵押。

（二）建设用地使用权消灭的法律后果

建设用地使用权消灭的，出让人应当及时办理注销登记。登记机构应当收回建设用地使用权证书。

第四节 宅基地使用权

一、宅基地使用权的概念和特征

（一）宅基地使用权的概念

宅基地使用权，是指农村居民对集体所有的土地占有和使用，自主利用该土地建造住房及其附属设施,以供居住的用益物权。宅基地使用权人依法享有对集体所有的土地占有和使用的权利,有权自主利用该土地建造住房及其附属设施。《民法典》第 362 条规定:“宅基地使用权人依法对集体所有的土地享有占有和使用的权利,有权依法利用该土地建造住宅及其附属设施。”

(二)宅基地使用权的特征

宅基地使用权是我国特有的一种用益物权形式,其主要特征如下。

1. 宅基地使用权是我国农村居民因建造住宅而享有的用益物权

我国现行的宅基地为农村宅基地,法律规定的宅基地使用权专指农村居民因建造住宅而享有的用益物权。宅基地属于集体所有的土地,农村宅基地的主体主要为农村集体经济组织的成员,其享有宅基地使用权是与其拥有集体经济组织成员的资格联系在一起的。

2. 宅基地使用权与农村集体经济组织成员的资格和福利不可分离

我国的农村宅基地使用权是与农村集体经济组织成员的成员权联系在一起的,从而使农村宅基地具有一定的福利性质。这种福利体现为农民可以无偿取得宅基地,以获取最基本的生活条件,而集体经济组织以外的人员不能享有这种权利。

3. 宅基地使用权是特定主体在集体土地上设定的用益物权

宅基地使用权的取得采取审批方式,《民法典》第 363 条规定,宅基地使用权的取得、行使和转让,适用土地管理的法律和国家有关规定。农村村民要获得宅基地使用权,应提出申请并获得有权机关的批准。

取得宅基地使用权必须具备如下条件:第一,必须是本村集体经济组织成员。申请人必须是无宅基地、家庭人口众多确需分户居住的,因国家或乡(镇)建设需要另行安排宅基地的或者在农村落户需建住宅而无宅基地的村民。第二,申请人提出申请。宅基地使用权一经设立,便具有用益物权的效力。宅基地使用权的设立虽然不以登记为要件,但因登记有其固有的优点,权利人可以要求办理登记。

《不动产登记暂行条例实施细则》第 40 条规定:“依法取得宅基地使用权,可以单独申请宅基地使用权登记。依法利用宅基地建造住房及其附属设施的,可以申请宅基地使用权及房屋所有权登记。”第 41 条规定:“申请宅基地使用权及房屋所有权首次登记的,应当根据不同情况,提交下列材料:(一)申请人身份证和户口簿;(二)不动产权属证书或者有批准权的人民政府批准用地的文件等权属来源材料;(三)房屋符合规划或者建设的相关材料;(四)权籍调查表、宗地图、房屋平面图以及宗地界址点坐标等有关不动产界址、面积等材料;(五)其他必要材料。”

4. 集体经济组织的成员只能申请一处宅基地

《土地管理法》第 62 条第 1 款规定,农村村民一户只能拥有一处宅基地,其宅基地的面积不得超过省、自治区、直辖市规定的标准。这样规定,是由我国目前土地资源的有限性决定的。农村居民只能以户的形式申请宅基地,并且一户只能享有一处宅基地使用权。农村村民出卖、出租、赠与住宅后,再申请宅基地的,不予批准。

二、宅基地使用权的内容

(一)宅基地使用权人的权利

1. 有权在宅基地上建造住房及其附属设施

自然人经法定审批程序取得宅基地使用权后,用途特定,只能用于建造住宅及其附属设施。这是宅基地使用权存在的主要目的。住宅,是指农民所建住房及与住房的居住生活有关的其他建筑物和设施,如厨房、厕所、院墙、储藏室等。[1] 在宅基地的空地上,权利人也有权种植树木。对宅基地上的房屋及其他附属设施,权利人享有完全的所有权。

2. 有权依照法律的规定转让宅基地使用权

宅基地使用权人在经过本集体的同意之后,可以将建造的住房转让给本集体内符合宅基地使用权分配条件的农户;住房转让时,宅基地使用权一并转让。同时,自然人在订立遗嘱确定房屋继承人时,有权将宅基地使用权作为继承财产一并处理。

3. 行使宅基地使用权不受期限限制

宅基地使用权没有期限限制。宅基地上的建筑物或者其他附属物灭失时,不影响宅基地使用权的效力,权利人仍有权在宅基地上重建房屋,以供居住。

(二)宅基地使用权人的义务

1. 不得非法转让宅基地使用权的义务

权利人除了转让住房时一并转让宅基地使用权外,不得将宅基地非法转让。以馈赠钱款、索取物资、土地入股等方式变相买卖宅基地使用权的,不产生宅基地使用权转移的法律效力。因村民迁居并拆除房屋而腾出的宅基地,应当由集体经济组织收回,以作统一安排。即使是合法转让宅基地使用权,农户也不得再申请宅基地使用权。宅基地使用权人有意长期闲置宅基地的,根据原国家土地管理局颁发的《确定土地所有权和使用权的若干规定》第 52 条关于“空闲或房屋坍塌、拆除两年以上未恢复使用的宅基地,不确定土地使用权。已经确定使用权的,由集体报经县级人民政府批准,注销其土地登记,土地由集体收回”的规定处理,由本集体经济组织将宅基地收回。

2. 接受政府和乡村统一规划的义务

因公共利益需要征用土地,或者因乡村公共设施和公益事业建设需要,经县级人民政府批准,本集体可以收回宅基地。对此,权利人应当接受政府统一规划和乡村的统一安排,但应当为宅基地被占用的农户重新分配宅基地。因此造成宅基地使用权人损失的,应当给予补偿。

3. 正当使用宅基地的义务

宅基地使用权人未经依法批准,不得改变宅基地用途。权利人不得将宅基地作为生产资料使用,如盖厂房或改作鱼塘等,也不得改作其他用途使用。

三、宅基地使用权的消灭

(一)宅基地使用权消灭的原因

宅基地使用权的消灭,有下列几种原因。

1. 宅基地的收回和调整

土地所有权人根据乡村的发展规划,可以收回宅基地使用权。宅基地使用权调整后,宅基地使用权被收回的,其宅基地使用权消灭。土地所有权人收回农户宅基地的,应当为其另行批准相应的宅基地使用权,以保证农户正当生活需要。

2. 宅基地被征收

国家为了社会公共利益的需要,可以征收宅基地使用权,并就宅基地上的建筑物给予相应

---

[1] 参见国家土地管理局政策法规司《关于对农村居民“建住宅”含义理解问题的答复》(1992 年 5 月 28 日)。

的补偿。宅基地被征收的，宅基地使用权消灭。宅基地使用权被征收后，经原宅基地使用权人申请，土地所有权人应当另行给予相当的宅基地使用权。

3. 宅基地使用权抛弃

宅基地使用权人有权抛弃宅基地使用权。抛弃宅基地使用权的，该权利消灭。为防止权利人通过抛弃宅基地使用权而取得其他更有利的宅基地使用权，宅基地使用权人抛弃宅基地使用权的，不得再申请新的宅基地使用权。

4. 宅基地灭失

作为宅基地使用权客体的土地如果发生灭失，则宅基地使用权丧失了存在的基础，应归于消灭。对此，《民法典》第364条规定："……对失去宅基地的村民，应当依法重新分配宅基地。"但如果只是宅基地上的建筑物或其他附属物灭失，则不影响宅基地使用权的效力，宅基地使用权人有权在宅基地上重新建造房屋。

5. 宅基地长期闲置的，土地使用权由集体收回

宅基地长期闲置的，集体有权收回该宅基地使用权，从而导致宅基地使用权的消灭。根据原国家土地管理局颁发的《确定土地所有权和使用权的若干规定》第52条的规定："空闲或房屋坍塌、拆除两年以上未恢复使用的宅基地，不确定土地使用权。已经确定使用权的，由集体报经县级人民政府批准，注销其土地登记，土地由集体收回。"

（二）宅基地使用权消灭的登记

《民法典》第365条规定："已经登记的宅基地使用权转让或者消灭的，应当及时办理变更登记或者注销登记。"对宅基地使用权的取得，法律并没有要求进行登记。已经登记的，在转让或者消灭的时候，应当及时办理变更登记或者注销登记。

第五节　居　住　权

一、居住权概述

（一）居住权的概念

居住权，是指自然人为满足生活居住的需要，按照合同的约定，对他人所有的住宅享有的占有、使用的用益物权。《民法典》第366条规定："居住权人有权按照合同约定，对他人的住宅享有占有、使用的用益物权，以满足生活居住的需要。"

这就是所谓生活性居住权，系自罗马法以来的传统居住权，属于典型的人役权，系老年人、妇女及未成年人等特殊群体因居住他人住房而享有的权利，具有保护弱者权益的功能。物权法上的居住权与公法上的居住权不同。在公法上，国家保障人人有房屋居住的权利也称居住权，或者称为住房权，为宪法权利，是基本人权和自由，并不是民法上的用益物权。

（二）居住权的特征

1. 严格遵循居住属性

居住权的设立目的是满足生活居住需要，因此无论是权利主体、权利客体还是权利内容都紧密围绕着居住属性展开。居住权的权利主体只能是有生活居住需求的自然人，权利客体只

能是用于生活居住用途的房屋,权利内容中的占有、使用该房屋也只能是为了满足居住需要,不可用作其他用途。

2. 以无偿设立为原则

居住权与房屋租赁权不同,其本身的立法目的不是解决市场环境下的房屋供需问题,而是保障特定民事主体的基本居住利益,因而具有一定的福利属性。《民法典》第 368 条规定:“居住权无偿设立,但是当事人另有约定的除外……”由此可见,居住权的设立以无偿为原则。但从尊重意思自治的角度考虑,立法者也给当事人通过另行约定为居住权设置一定的对价保留了空间。

3. 居住权是为特定自然人基于生活用房需要而设立的物权,具有人身性

居住权的基本性质虽然是用益物权,但是其设立并不是为了商业目的或者其他经济上的目的,而是为了解决自然人的赡养、扶养等需要,满足自然人对生活用房的特定需要,具有人身性,其主体一般都是具有特定身份的自然人,而不是法人或者非法人组织。

4. 居住权是一种长期存在的物权,具有独立性

居住权是一种物权,因而具有长期性和稳定性的特点。居住权的设立通常是根据合同的约定或者遗嘱的内容而确定的,居住权具有独立的物权属性。居住权期限由设立居住权的合同约定;如果没有约定居住权的期限,则应当推定居住权的期限至居住权人死亡时止。居住权的最长期限,不应当超过居住权人的终身。

5. 流转受到严格限制

居住权是为自然人的居住利益而设立的用益物权,而居住利益显然只能与特定身份的人相联系,不具有流转的必要和可能。而且居住权的设立往往是基于当事人之间的信赖关系,其在性质上也不适于流转。《民法典》第 369 条规定:“居住权不得转让、继承。设立居住权的住宅不得出租,但是当事人另有约定的除外。”因此,基本排除了居住权通过转让、继承、出租的方式进行流转的可能。

(三)居住权的发展历史

居住权的发展历史源远流长,最早产生于罗马婚姻家庭关系中,而且与财产继承制度紧密相关。在当时,居住权是家长处分其遗产的一种特殊手段。家长通过遗赠方式将房屋的居住权利赠与部分没有继承权而又需要照顾的家庭成员,特别是继承权被剥夺的寡妇和未婚女儿,使之获得一种供养,以保障受遗赠人的基本生活需要,而保留“空虚所有权”给其继承人,在受照顾的人死亡后,继承人再恢复所有权的圆满状态。此外,随着解放奴隶的风气出现,家主有时会把一部分家产的使用、收益、居住等权利遗赠予被解放的奴隶,使他们生有所靠,老有所养。上述罗马法上的制度,构成现代居住权制度的雏形。[1]

大陆法系主要国家均对罗马法传统上规定的居住权有所继受,但并非照抄罗马法上的居住权。以法国和德国为例,法国民法一方面继受了罗马法的人役权制度,构建了用益权、使用权、居住权的规则体系。另一方面又以所有权绝对原则、契约自由原则对居住权制度进行了改造。例如:(1)规定了居住权的设立,居住权可以由法律规定或依合意设定,契约成为居住权设定的主要方式;(2)规定了关于居住权的任意性规定,只有在当事人未作约定的情况下,该规定

---

〔1〕 参见周枏:《罗马法原论》(上),商务印书馆 1994 年版,第 361 页。

才具有补充当事人意思不足的作用；(3)为居住权的创设提供了广泛自由，当事人可以突破传统居住权的人身专属性、不可转让性、无偿性、期限性等特征约定居住权的权利内容；(4)对居住权人科以担保义务和善良管理人的注意义务；等等。德国民法则规定了两种性质不同的居住权，一种是属于传统人役权性质的居住权，规定在《德国民法典》中；另一种是突破人役权限制的新型财产权性质的居住权，规定在《德国住宅所有权及长期居住权法》这一单行法中。就前者而言，其规则准用用益物权的大部分规则。该居住权只能通过设立取得，并应遵从合意与登记的原则；居住权人在行使其权利时，应维持房屋原来的经济用途，并依通常的经营规则进行使用。就后者而言，传统居住权被改造成一种长期居住权，即对于公寓化住宅中的房屋享有以居住为目的的用益物权。长期居住权可让与和继承，而且长期居住权人有权进行任何合理的用益，尤其是有权用于出租。这就使长期居住权溢出了婚姻家庭领域，摆脱了人身专属性的限制，成为一种房产投资的手段。由上述历史发展可知，居住权制度的最初创设，是为了使婚姻家庭领域的特定身份主体对房屋享有伴随终身、不可转让的居住权益。但在后世的改造中，其有逐渐突破伦理和人身属性，向自治化方向发展的趋势。大陆法系国家的居住权制度虽然均可追溯到罗马法，但是各国立法规定的居住权制度实际上有较大差异，其对居住权的人身性、非流转性限制的突破程度也各不相同。[1]

(四)我国居住权存在的意义

我国居住权存在的意义表现在以下三个方面：

第一，充分发挥房屋的效能。用益物权是为充分发挥不动产的利用效能而设立的他物权，包括土地的用益物权和房屋的用益物权。但在我国的用益物权体系中，只重视土地的役权，而忽视、轻视房屋的役权，因而对房屋的利用效能的发挥具有阻滞作用。居住权可以更好地发挥房屋的利用效能，建立全面的用益物权体系。

第二，充分尊重所有权人的意志和利益。所有权是最充分的物权，所有权人对自己所有的财产具有最完全的支配力。对自己所有的房屋设定居住权，是所有权人支配自己财产的意志，符合自己的利益。通过遗嘱以及合同等方式，将自己的房屋设定居住权，体现了自己支配财产的意志，即使是在其死后根据其遗嘱而设立的居住权，也完全是其支配财产意志的体现。确立居住权，能使所有权人支配自己权利的意志得到充分尊重。

第三，有利于发挥家庭职能，体现自然人之间的互帮互助。居住权可以在亲属之间设立，也可以在非亲属的自然人之间设立，因而能为家庭成员、亲属之间提供必要的生活条件，实现养老育幼的家庭职能。自然人之间设定居住权能够互通有无，弘扬社会道德及良好的社会风气。

二、居住权的设立和效力

(一)居住权的取得

我国《民法典》规定了两种居住权的设立方式，即第367条规定的采用订立合同的方式设立居住权，以及第371条规定的以订立遗嘱的方式设立居住权。目前，我国法上的居住权只能通过这两种民事法律行为设立。学说上还主张有依法院裁判而设立的类型。[2]

---

〔1〕 参见王利明主编：《民法》(第8版)，中国人民大学出版社2020年版，第436～437页。
〔2〕 参见王利明主编：《民法》(第8版)，中国人民大学出版社2020年版，第438页。

1. 以合同方式设立居住权

居住权合同，是居住权人与房屋所有权人之间为设立居住权而达成的合同。以合同方式设立居住权，是最常见的居住权设立方式。依据《民法典》第 367 条的规定，居住权合同应当采用书面形式订立，属于要式合同。书面形式有利于当事人谨慎订立合同，保留意思表示证据，有利于减少和解决纠纷。《民法典》第 367 条规定了居住权合同一般应当包括的条款。该规则属于倡导性规范，实际订立的居住权合同条款可以多于或少于该规定，但其中决定合同性质的核心条款不得缺失。

2. 以遗嘱方式设立居住权

《民法典》第 371 条规定了以订立遗嘱的方式设立居住权。遗嘱是一种单方民事法律行为，住宅所有权人可以在生前订立遗嘱，通过相应的意思表示，为居住权人设立居住权。

《民法典》规定以订立遗嘱的方式设立居住权，参照适用以合同方式设立居住权的规定。由此，结合《民法典》继承编的规定，以遗嘱方式设立居住权有如下规则：(1) 以遗嘱方式设立居住权，应参照以合同方式设立居住权，采用书面形式。据此，继承编规定的遗嘱形式中，口头遗嘱不属于可以设立居住权的遗嘱形式。(2) 遗嘱中确立的居住权人如是住宅所有权人的法定继承人，则居住权的设立属于遗嘱继承，继承人无须为接受居住权的意思表示；居住权人如不是住宅所有权人的法定继承人，则居住权的设立属于遗赠，受遗赠人需要在知道受遗赠后 60 日内作出接受居住权的意思表示，否则视为放弃受遗赠。(3) 依据《民法典》第 230 条的规定，因继承取得物权的，物权自继承发生时发生效力，不以登记为生效要件。(4) 以遗嘱方式设立的居住权，其包含的居住的条件和要求、期限、是否有偿、居住权住宅是否可以出租等，均遵循遗嘱的内容，居住权人不得擅自违背遗嘱的规定。

3. 居住权登记

设立居住权，应当向登记机构申请居住权登记。《民法典》第 368 条规定："……设立居住权的，应当向登记机构申请居住权登记。居住权自登记时设立。"

（二）居住权的效力

1. 居住权人的权利

(1) 占有和使用权。居住权人对设立居住权的房屋享有占有和使用权，居住权人对部分住房享有居住权的，可以使用该住房的共用部分。其使用的范围，以居住权合同约定的内容为准。如果是区分所有权的建筑物，则依照建筑物区分所有权的内容确定使用权的内容：就建筑物的部分取得居住权的，使用权的范围包括该住房的共用部分；对住房附属的树木及果实等自然孳息，如果没有特别约定，居住权人应当享有收取的权利。住房的使用方式，应以保障居住权人正常居住、生活为限。居住权人使用该房屋一般不支付使用费。

(2) 进行必要改良和修缮的权利。居住权人为了正常使用房屋，可以对房屋进行必要的改良和修缮，如进行装修、安装空调等，但不得进行重大的结构性改变。居住权人对房屋进行必要改良和修缮的费用，在居住权消灭返还原物时，不享有返还请求权。

(3) 排除所有权人侵害的权利。居住权人取得居住权，能够对抗房屋的所有权人，有权要求所有权人不为妨害其居住的行为，所有权人不得对居住权人行使排除妨害、返还原物等物上请求权。

(4) 对抗房屋所有权人变更的权利。在居住权存续期间，即使住房所有权人发生变更，居住权人的权利也不受其影响，所有权人不得以此为理由而撤销居住权。

2. 居住权人的义务

（1）合理使用房屋的义务。居住权人不得将房屋用于生活消费以外的目的，不得改建、改装和作重大的结构性改变。

（2）对房屋的合理保管及维修义务。居住权人在居住期内，应妥善使用和维修住宅，履行必要的看护、修缮义务，应当尽到善良管理人的注意义务，不从事任何损害房屋的行为。如果房屋存在毁损的隐患，居住权人应当及时通知所有权人进行修缮或者采取必要的措施。

（3）不得转让、出租和继承的义务。《民法典》第 369 条规定："居住权不得转让、继承。设立居住权的住宅不得出租，但是当事人另有约定的除外。"居住权人对其居住的房屋不得转让，不得出租，该房屋也不能成为居住权人的遗产，不能通过继承而由其继承人继承。但是，依照《民法典》第 369 条后段规定，出租有例外，即当事人另有约定的除外。

三、居住权的期限和消灭

（一）居住权的期限

居住权的产生时间，是居住权登记生效的时间。居住权依据遗嘱发生的，则应当在遗嘱生效时发生。

居住权存续的期限分为 3 种：一是确定期限的居住权，当事人设立居住权，对存续期间有明确表示和约定的，应当依照明确表示和约定确定居住权的期限。二是确定为终身期限的，则以居住权人的终身为居住权存续期间，直至居住权人死亡时该权利消灭。三是没有约定期限的居住权，应当推定其存续期间为居住权人终身。

（二）居住权的消灭

1. 居住权消灭的原因

《民法典》第 370 条列举了居住权期限届满和居住权人死亡两种居住权终止的事由。居住权系有期物权，存续期限届满，该有期物权自然寿终正寝。居住权人死亡，生活性的居住权这个专为居住权人特定利益的需要而设的有限制的人役权的目的便已经达到，也无存续的必要，应该归于消灭。

其实，居住权消灭的事由不限于此，至少还应有如下几种：（1）作为居住权客体的住宅毁损；（2）作为居住权客体的住宅被征收；（3）居住权与住宅所有权混同；（4）居住权合同约定的解除条件成就；（5）法定的或约定的解除条件成就时，解除权人行使解除权；（6）居住权人放弃居住权；等等。[1]

2. 注销居住权登记

由于居住权的变动以登记为生效要件，其登记不单具有公示的功效，而且具有公信力。如此，居住权的登记直接关涉第三人的利益，尤其是交易第三人的切身利益。再者，居住权登记作为公示方式，对于住宅的行政管理、征收决定作出前听取意见等有影响。所有这些，都决定了居住权消灭时有必要及时办理注销登记。

---

〔1〕 参见崔建远：《物权法》（第 5 版），中国人民大学出版社 2021 年版，第 348 页。

第六节　地　役　权

一、地役权的概念与特征

（一）地役权的概念

地役权，是指不动产的所有权人或使用权人为了便利地利用不动产，通过法律行为设立或取得的对他人不动产加以利用，从而提高自己不动产的效益的权利。在地役权法律关系当中，需要其他土地提供便利的土地被称为“需役地”，而提供此种便利的土地称为“供役地”。

地役权的历史悠久，早在古罗马法中便已存在，其后继受罗马法的法国、德国等国家也相继在民法典中规定了该制度。由于地役权能够在一定程度上实现社会资源的最大化利用，因此时至今日这一古老的法律制度依然具有其存在的合理性。我国《民法典》物权编第十五章对地役权制度作出了规定。该法第372条规定：“地役权人有权按照合同约定，利用他人的不动产，以提高自己的不动产的效益。前款所称他人的不动产为供役地，自己的不动产为需役地。”

（二）地役权的特征

地役权是用益物权的一种，其法律特征如下：

1. 地役权是存在于他人土地之上的用益物权。首先，地役权的标的物是土地。其次，地役权是在他人土地之上设立的。因此，设立地役权的目的不在于调节土地的所有关系，而在于调节土地的利用关系。

2. 地役权是利用他人不动产（土地）的用益物权。地役权包含的“利用”，在多数情况下以供役地权利人的不作为为内容，也不以地役权人实际占有他人的土地为要件，而只是在他人的土地上设置一定的负担。如果需要供役地权利人承担积极的作为义务，则需当事人双方订立某项合同，使供役地权利人承担积极的作为义务，但此项约定的内容不属于地役权的内容，而仅产生债的约束效力。对供役地的使用范围较广泛，法律并没有严格的限制，由双方当事人通过约定来确定。只要双方约定的内容不违反法律的强制性规定，就应当尊重当事人的约定。

3. 地役权是为需役地的便利而设定的他物权。设定地役权是为了便利自己对土地即需役地的利用，并不是为了使用他人的土地，因此，地役权就是为自己土地的使用提供便利，以增加自己土地的效用。如果不是为了这样的目的，而是设定以禁止袋地通行为内容的地役权，或设定滥用容忍权利的地役权，则都是无效的。

需役地的便利，包括在供役地上通行、取水、排水、铺设管线、眺望等，以及其他需要供役地人负容忍或者不作为义务的便利。便利的内容，既可以是有财产价值的利益，如通行地役权中的通行利益，也可以是非财产的利益，如眺望地役权的美观舒适利益；既可以是为需役地提供现实利用土地的利益，也可以是为需役地提供将来利用土地的利益；既可以是为需役地的直接便利，如设定通行地役权，也可以是为需役地的间接利益，如设定眺望地役权。

4. 地役权具有从属性和不可分性。地役权虽然是一种独立的用益物权，但必须从属于需役地而存在,即地役权从属于需役地的所有权或使用权。[1] 地役权的从属性包括以下两个方面的内容:第一,地役权不得与需役地分离而为让与,需役地人不得自己保留需役地的所有权(或者使用权)而仅将地役权让与他人;不得自己保留地役权而将需役地的所有权(或者使用权)让与他人;不得将需役地的所有权(或者使用权)和地役权分别让与不同的人。第二,地役权不得与需役地分离而为其他权利的标的,不能单独以地役权设定抵押、出租等。

地役权须存在于需役地和供役地的全部,不能被分割为各个部分或仅仅在一部分上单独存在。[2] 具体表现为:一是地役权发生和消灭上的不可分性,即在地役权设定时,需役地为多人共有的,各共有人不得仅就自己的应有部分取得地役权,供役地为共有的,各共有人也不能仅就自己的应有部分为他人设定地役权;在地役权设定后,需役地为共有的,各共有人不能按其应有部分,使已经存在的地役权一部分消灭,供役地为共有的,各共有人也不能仅就其应有部分消灭地役权。二是地役权享有或负担上的不可分性,即需役地为共有的,地役权由需役地共有人共同享有,不得由需役地各共有人分别享有;供役地为共有时,地役权由供役地共有人共同负担,不得由供役地各共有人分别负担。

二、地役权与相邻权的区别

相邻权即不动产相邻权,它是调整不动产相邻关系的一项民事法律制度。不动产相邻关系,是指两个或两个以上的不动产所有人或者占有人在对自己的财产行使占有、使用、收益或处分权时,由于不动产相邻而发生的权利义务关系。《民法典》物权编对相邻关系作出了明确规定。地役权与相邻权存在如下区分。

(一)权利性质不同

相邻权并非一类独立的物权形态,而是基于“有利生产、方便生活、团结互助、公平合理”等原则,从私益角度对相邻不动产的一方所有权或使用权的适当限制,对另一方所有权或使用权的适当延伸。因此,本质上相邻权人享有的只是一种利益而非权利。地役权是一类独立的物权形态,是相邻不动产双方基于合意而为其中一方设定的用益物权。

(二)权利的取得方式不同

相邻权是法定权利,依照法律的规定而取得。而地役权是约定的权利,当事人须经过约定来设定这种权利。地役权也可基于取得时效的完成等法定方式取得,各国民法普遍承认通过时效取得地役权。例如,需役地人持续、公开、和平且表见地使用供役地达10年者,可以取得地役权。然而,我国立法没有作出明确规定,原因在于取得时效制度尚未在《民法典》总则部分作出规定。

由于相邻权本质上依附所有权,不可能作为独立的物权转让或对抗第三人,因而,相邻权的成立无须特定的公示方式。而地役权是一种独立的用益物权,它可能因相对人的意思而发生变动,而在变动过程中会产生对抗第三人问题,因此地役权尽管是在地役权合同生效时取得的,但须经过登记才能取得对抗第三人的效力。对此,《民法典》第374条将地役权的登记规定为登记对抗主义,当事人要求登记的,可以向登记机构申请地役权登记;未经登记,不得对抗善意第三人。

---

〔1〕 我国实行土地公有制,在实践中能够转让的只有各类土地使用权。因此,在我国地役权的从属性主要体现为对土地使用权的从属。

〔2〕 参见谢在权:《民法物权论》(中册),台北,新学林出版股份有限公司2020年版,第515页。

（三）权利的内容不同

在相邻关系中，一方为了使自己的权利得到正常的行使，或者使自己能够正常生活和生产，有权对相邻关系的另一方提出提供便利的最低要求，其目的在于维护社会最基本的生产和生活秩序。地役权设定的目的是使自己的权利得到更好的行使，而对对方提出更高的提供便利的需求。

（四）对不动产是否相邻的要求不同

相邻关系依法发生在相互毗邻的不动产合法占有人之间，而地役权则既可以发生在相邻两块土地合法占有人之间，也可以发生在不相邻的土地合法占有人之间，即不受土地是否相毗邻的限制。尽管在现代民法中，相邻关系也适用于两个不动产的所有人或使用人相距甚远的情况，如在上游和下游的用水人之间也可以发生相邻关系，但仍未脱离相邻关系的基本范畴，而地役权则可以完全不受不动产是否相邻这一条件的限制。

（五）权利的有偿性和期限限制不同

相邻权是无偿、无固定期限的，只要不动产物权仍然存续，相邻关系便当然存在；除非相邻权的行使损害了相邻方的合法利益，否则提供便利的一方不得要求对方偿付费用。而地役权一般是有偿的、有固定期限限制的。因为供役地人为需役地人提供了额外的便利，这种便利不是需役地人依法必须提供的，所以需役地人应当向对方支付一定的费用作为自己获得一定的便利的对价。《民法典》第 376 条规定，地役权人应当按照合同约定的利用目的和方法利用供役地，尽量减少对供役地权利人物权的限制。

综上所述，地役权与相邻权在调整不动产之间关系上的地位和作用并不相同，不能相互替代。正是由于地役权与相邻权的差别，我国《民法典》将相邻权规定在物权编“所有权”分编，而将地役权规定在“用益物权”分编，其界限十分明显。

三、地役权的设定

（一）通过地役权合同设定地役权

原则上，当事人需要通过订立书面的地役权合同设立地役权。地役权合同包括但不限于下列条款：（1）当事人的姓名或者名称和住所；（2）供役地和需役地的位置；（3）利用目的和方法；（4）利用期限；（5）费用及其支付方式；（6）解决争议的方法。

我国法律上规定了一种例外情形，在此情形下，当事人可以直接取得地役权。《民法典》第 378 条规定：“土地所有权人享有地役权或者负担地役权的，设立土地承包经营权、宅基地使用权等用益物权时，该用益物权人继续享有或者负担已经设立的地役权。”由于该条只是规定了土地承包经营权、宅基地使用权，所以其中的“土地所有权人”仅仅是指集体土地所有权人，而不包括国有土地的所有权人。这是因为，国家实行自然资源有偿使用制度，但法律另有规定的除外。因此，国家直接以国有土地所有权人的身份行使土地所有权的情形非常少，通常国家行使国有土地所有权都是通过拍卖、招标、划拨等让与国有土地使用权的方式实现的。

（二）地役权的设立采取登记对抗要件主义

我国法律对于地役权的设立采取了登记对抗要件主义。《民法典》第 374 条规定：“地役权自地役权合同生效时设立。当事人要求登记的，可以向登记机构申请地役权登记；未经登记，不得对抗善意第三人。”

（三）设定地役权应当经用益物权人同意

《民法典》第 379 条规定：“土地上已经设立土地承包经营权、建设用地使用权、宅基地使用权等用益物权的,未经用益物权人同意,土地所有权人不得设立地役权。”这一规定体现了“一物一权”的原理以及物权的排他效力,即同一个物上只能有一个所有权,同一个物上不能存在两个内容相互冲突的他物权,先设立的物权优先于后设立的物权。由于土地承包经营权、建设用地使用权、宅基地使用权、地役权都属于权利人对国家或集体所有的土地享有的以占有、使用和收益为内容的用益物权,因此,如果同一土地上已经先设立了土地承包经营权、建设用地使用权、宅基地使用权,那么土地所有权人未经这些用益物权人的同意再行设定地役权,可能对先设立的用益物权的权利人造成损害。

四、地役权的效力

(一)地役权人的权利

1. 使用供役地的权利。地役权人有权依据地役权的设定目的和约定的范围、方式使用供役地。《民法典》第376条规定:“地役权人应当按照合同约定的利用目的和方法利用供役地,尽量减少对供役地权利人物权的限制。”“合同约定的利用目的”,是指地役权所满足的需役地的效益。例如,通行地役权使需役地的所有人或使用人可以从供役地通过以进入需役地。因此,通行地役权人只能从供役地通行而不能从供役地上取水或者排水,或从事其他的行为。而合同约定的利用方法,是指地役权人能够在供役地上的哪一部分,以何种方式行使地役权。例如,在通行地役权中,如果合同约定了地役权人只能从特定的部分通行但不能铺设专门的通道,那么能够通行的部分就是地役权合同约定的范围,从特定的部分通行而不能铺设通道就是地役权合同约定的方法。

2. 从事附随行为的权利。地役权人为了实现设定地役权的目的,有权在供役地上从事必要的附随行为。例如,取水地役权人为了从供役地上取水必然要通过供役地,此种通过之行为属于附随行为。但附随行为必须是必要的,即无此种行为则地役权设定的目的将落空。

3. 设置附属设施的权利。地役权人为了行使权利,可以在供役地上修建必要的附属设施,并取得该设施的所有权。所谓必要的附属设施是指为实现地役权设定的目的而建造的工作物。例如,甲取得了对乙的土地的排水地役权,则甲有权在乙的土地上设置排水管道以实现通过供役地排水的目的,这个排水管道就是附属设施。附属设施的所有权虽然归属于地役权人,但地役权人不能因此取得该设施占用范围内的土地所有权或者使用权。

4. 物权请求权。物权请求权包括返还原物请求权、排除妨害请求权、消除危险请求权。对于后两种请求权,理论上皆认为其能够适用于地役权,即当供役地受到侵害或者具有受到侵害的危险时,地役权人有权请求排除妨害或者消除危险。但是关于供役地受到他人非法占有而致地役权人无法行使地役权时,地役权人能否享有返还原物请求权,[1]则存在争论。

(二)地役权人的义务

1. 损害防止义务。地役权人在行使地役权如使用供役地、从事附随行为或设置附属设施时,都应当尽可能保全供役地所有人或使用人的利益,将由此产生的损害降低到最小限度。对此,《民法典》第376条有规定。

2. 维持附属设施义务。既然地役权人为了实现设定地役权的目的而有权在供役地上建造必要的附属设施,且取得该设施的所有权,那么地役权人自然应当保养、维修其附属设施。

---

〔1〕 参见梅仲协:《民法要义》,中国政法大学出版社1998年版,第588页。

(三)供役地所有人或使用人的义务

《民法典》第375条规定:“供役地权利人应当按照合同约定,允许地役权人利用其不动产,不得妨害地役权人行使权利。”供役地所有人或使用人主要的义务就是容忍及不作为的义务。例如,为了使需役地所有人或使用人能够不绕行很远的距离而在供役地开设一条通道。在消极地役权中,供役地所有人或使用人负有不于其土地上为一定行为的义务。例如,为了保证需役地上具有良好的空气、光线或者视线而设定地役权,使供役地所有人或使用人不得在该土地上建造超过一定高度的房屋。

(四)供役地所有人或使用人的权利

1. 使用附属设施的权利。通常附属设施是地役权人为了实现设定地役权的目的而设置的,且其享有所有权,因此归地役权人使用。但附属设施毕竟是建立在供役地上的,因此有时供役地所有人或使用人也有使用此附属设施的需要。因此,应当允许当事人约定,供役地所有人或使用人在不妨害地役权设定目的的前提下,通过支付一定的维修和保养费用,享有使用该设施的权利。

2. 请求变更利用场所及方法的权利。当地役权的行使仅在供役地的某一部分时,供役地的所有人或使用人在与需役地的所有人或者使用人订立地役权合同时,就会考虑尽量将利用自己土地所造成的不便降低到最低限度。但是,随着时间的经过,可能会出现这样一种情况,如果仍然使地役权在供役地的某一部分行使,将会给供役地的所有人或者使用人带来一些当初没有想到的不便。一般而言,由于地役权已经设定,供役地的所有人或使用人不能为此而减少地役权的行使或者妨害地役权的行使。但是,当此种不便是非常重大的或者特殊的不便时,如果仍然僵化地坚持地役权行使的部分不得加以改变,那么就违背了地役权制度的实现土地利用最大化的目的。因此,不少国家允许此时供役地的所有人或使用人要求将地役权的行使迁移到供役地上其他适合地役权行使的部分,地役权人不得加以拒绝,但由此产生的费用应由供役地的所有人或使用人负担。

五、地役权的消灭

地役权因如下事由消灭:

1. 地役权期限届满而未续期。

2. 当需役地的所有权与供役地的所有权同归于一人,或需役地的使用权与供役地的使用权同归于一人时,即发生混同。[1]

3. 供役地被国家征收。

4. 地役权人抛弃地役权。

5. 地役权设定合同中约定的地役权消灭事由发生。

6. 供役地的权利人依法解除地役权合同。根据《民法典》第384条的规定,地役权人有下列情形之一的,供役地权利人有权解除地役权合同:(1)违反法律规定或者合同约定,滥用地役权;(2)有偿利用供役地,约定的付款期间届满后在合理期限内经两次催告未支付费用。

---

〔1〕 参见黄薇主编:《中华人民共和国民法典释义:总则编·物权编》(上),法律出版社2020年版,第739页。

案例分析

甲房地产公司购得位于市中心一块土地的建设用地使用权,以“观海”为理念设计并建造高层观海商品住宅楼。为防止观海公寓的景观受到损害,甲公司与前面相邻的乙学校商定,乙在20年内不得在该处兴建高层建筑,甲每年向乙支付10万元补偿金。甲、乙未到登记部门予以登记。3年后乙迁址,将房屋转让给丙房地产公司,未向丙提及与甲之间的协议。丙购得该房屋后改建高层住宅。甲要求丙立即停止建设,遭到拒绝后诉请法院确认乙、丙之间关于转让房屋的合同无效,并要求赔偿损失。

问题:

1. 甲、乙之间约定取得的是何种物权?
2. 这种物权与相邻权有何区别?
3. 该物权没有进行登记,能否对抗丙建设高层建筑的行为?
4. 你如果作为审理本案的法官,会如何判决这个案件?

分析:

在本案中,甲公司与乙学校之间签订的协议,是设定地役权的合同。依据该合同,甲公司取得地役权。这种地役权按照地役权的种类分析,属于消极地役权、继续地役权和非表见地役权。

从甲公司和乙学校之间的协议可以清楚地看出,地役权与相邻关系是不同的,具体表现在:第一,甲公司取得的地役权是一种用益物权,并不是不动产物权人依照法律规定所享有的权利义务,因此不是相邻权。第二,甲公司取得的地役权是通过约定取得的,是通过双方的协议设定的权利,不像相邻权那样是法定权利。第三,双方设定的地役权,并不是为了满足不动产权利行使过程中的最低要求,而是为了使一方的权利能够更好地得到行使,使观海公寓的业主能够观看海景景观,是为了满足权利人的更高的权利需要。这不是一方为了使自己的权利得到正常的行使,或者使自己能够维持正常的生活和生产而对相邻的另一方提出的提供便利的最低要求。第四,双方约定的地役权具有20年的存续期间,并且一方须支付每年10万元的对价,因此,具有有偿性和期限性,而相邻权是无偿、无固定期限的。因此,甲公司享有的权利是地役权而不是相邻权。甲公司是地役权人,享有约定的关于地役权的权利和义务;乙学校是供役地人,负有约定的关于地役权的义务,享有相应的权利。

按照《民法典》关于地役权的规定,地役权设定之后,可以登记,也可以不登记。不登记的地役权不能对抗第三人。已经登记的地役权,地役权消灭时,应当进行注销登记。在本案中,丙公司通过转让合同,取得了关于乙学校的房地产的权利,对后者拆除后建设高层住宅,这究竟算不算侵害地役权?相对甲公司和乙学校,丙公司并不是地役权的当事人,不是供役地人,因此,并不受该地役权的约束。该地役权如果经过登记,就具有了对抗效力,甲公司当然可以依据地役权对抗丙公司。但该地役权由于没有进行登记,因而,不能对抗丙公司的行为。法官不应当支持甲公司的诉讼请求,但甲公司从此也无义务向乙学校继续支付补偿费。但因为地役权合同仍然有效,甲公司可以向乙学校主张违约责任。

思考题

1.《民法典》对用益物权的一般规则是怎样规定的？

2. 农村土地“三权”分置的基本原理是什么？土地经营权的内容有哪些？

3. 建设用地使用权与建筑物之间的关系应当怎样明确？

4. 居住权通过什么方式设立？设立后有哪些效力？

5. 地役权人、供役地人有哪些权利和义务？

第十五章　担 保 物 权

学习要点

本章学习担保物权的概念与特征，抵押权的概念、取得和效力，质权的概念和种类，留置权的概念、成立和效力。本章的重点问题是担保物权的特征；抵押财产的范围，抵押合同的效力；质权和质押合同的效力；留置权的适用范围。难点问题是担保物权之间及其与其他权利之间的冲突与协调。

第一节　概　　述

一、担保物权的概念与特征

（一）担保物权的概念

《民法典》第386条规定："担保物权人在债务人不履行到期债务或者发生当事人约定的实现担保物权的情形，依法享有就担保财产优先受偿的权利，但是法律另有规定的除外。"由此可见，担保物权，是指权利人在债务人不履行到期债务或者发生当事人约定的其他实现情形时，依法享有的就标的财产优先受偿的权利。由此可见，担保物权的意义如下。

1.担保物权以确保债权清偿为目的

担保物权人"依法享有就担保财产优先受偿"的权利，由此可见，设定担保物权的直接目的在于保障债务的清偿，加强和补充债权的效力。《民法典》第394条、第425条均直接规定抵押权、质权的设立目的为"担保债务的履行"。担保物权人可以直接将标的财产的交换价值变换为价款或其他足以使债权获得满足的某种价值，使被担保的债权获得优先受偿。因此，担保物权为价值权或变价权，并以此与同属他物权的用益物权相区别。建设用地使用权、地役权等用益物权以支配标的财产的使用价值、占有标的物为内容，以利用标的财产为目的。

2.担保物权是在债务人或第三人的物或者权利上设立的权利

担保物权的标的财产应当为债权人以外的他人所有的动产、不动产或者权利。担保物权作为物权的一种，原则上其标的物应当特定化，即担保财产应为"特定的物"。但是，基于交易的需要，也例外地承认在设定时不特定但在实现时特定的财产之上亦可成立担保物权。《民法典》第396条关于浮动抵押权的规定、第440条关于将应收账款出质的规定就是特例。担保物权的标的物（客体）包括不动产和动产，法律规定权利作为担保物权客体的，依照其规定。因此，《民法典》第386条将担保物权的客体称为"担保财产"，而非"担保物"，以涵盖权利作为客体的情形。建设用地使用权，海域使用权，汇票、本票、支票，债券、存款单，仓单、提单，基金份额、股权,注册商标专用权、专利权、著作权等知识产权中的财产权,应收账款等均为担保物权的客体。

3. 担保物权是一种定限物权

定限物权即他物权,是指在一定范围内对标的财产予以支配的所有权之外的其他物权。担保物权对标的财产的支配并不是一种全面的支配,仅仅是对标的财产的交换价值的支配,因此,担保物权是一种定限物权。其效力体现在三个方面:第一,担保物权对担保财产的价值具有优先支配力。担保物权优先支配标的财产的交换价值,在被担保的债权届期而未获清偿或者出现当事人约定的其他实现担保物权的情形时,债权人可以就担保财产进行变价以优先清偿债权。担保物权对标的财产交换价值的支配效力,抵押权、质权、留置权均有。第二,对担保物所有权、标的权利的限制效力。一般而言,担保物权人不占有或者控制标的财产,担保物所有权或标的权利之移转,受担保物权的限制,担保物权对担保财产的新所有人或权利人同样有效。第三,担保物权人在债权获得清偿前,对其占有的担保财产有权予以留置,以迫使债务人履行债务。担保物权所具有的留置标的物的效力,以质权、留置权最典型。

4. 担保物权限制了担保人对担保标的物的处分权

担保人在担保标的物上设定了担保物权,担保权人取得担保物权之后,其对担保物的权利行使就受到了法律上的限制。担保物权人通过两种方法实现这一限制:第一,通过移转占有由债权人直接占有担保标的物,这是一种事实状态的限制;第二,尽管不转移占有标的物但登记担保物权,这是一种法律状态的限制。[1]

(二)担保物权的特征

1. 从属性

担保物权的从属性,是指担保物权必须从属于债权而存在。担保物权与用益物权完全不同,不具有独立性,而具有从属性,其成立以债权的成立为前提,并因债权的移转而移转,因债权的消灭而消灭。应当强调指出的是,担保物权的从属性因其种类不同而不完全相同。法定担保物权是法律为了保障特定债权的实现而设定的,因此其从属性表现得更强;约定的担保物权出于便利融资而设立,因此,为了防止产生融资上的不当障碍,其从属性通常比较缓和。

2. 不可分性

担保物权的不可分性,是指在被担保的债权全部清偿前,担保物权人可以就担保物的全部行使权利。即使被担保的债权经过分割、部分清偿或消灭,担保物权仍为了担保各部分的债权或剩余的债权而存在;即使担保物经过分割或一部分灭失,各部分或余存的担保物仍为担保全部债权而存在。确定担保物权的不可分性,宗旨在于确保担保物权的效力。在实践中,当事人可以通过特别的约定加以排除或限制这种不可分性,这种特别约定因为改变了担保物权的通常属性,所以只有经过登记才能对抗第三人。

3. 物上代位性

担保物权的物上代位性,是指担保物因灭失、毁损而获得赔偿金、补偿金或保险金的,该赔偿金、补偿金或保险金成为担保物的代位物,权利人有权就其行使担保物权。法律之所以确立担保物权的物上代位性,是因为设立担保物权就是为了通过对标的物交换价值加以直接的支

---

〔1〕 参见谢怀栻:《外国民商法精要》,法律出版社2002年版,第157页。

配来保障债权,所以只要标的物的交换价值依然存在,则无论其附着在何种载体之上,仍应继续为担保物权的效力所及。

二、担保物权的类型

(一)法定担保物权与约定担保物权

依据担保物权的发生原因不同,可以将担保物权分为法定担保物权与约定担保物权。法定担保物权,是指具备法律规定的条件或者原因而当然发生的担保物权,如留置权、建设工程价款优先受偿权;约定担保物权是指当事人根据其意思而设定的担保物权,如抵押权、质权以及各种非典型担保物权形态。法定担保物权通常是为担保一定债权而发生的,主要是就标的物施以劳务、技术或供给材料,以保全标的物价值或增加标的物价值为目的而设立,故学者又称为"费用性担保物权"。而约定担保物权通常具有媒介融资的作用,即以担保物权的设定作为获取融资的手段,因此,学者又称为"融资性担保物权"。

(二)留置性担保物权与优先清偿性担保物权

依据担保物权的法律效力不同,担保物权可分为留置性担保物权和优先清偿性担保物权。担保物权的主要法律效力:一是留置财产;二是优先清偿。在债务全部清偿前,担保物权人有权留置标的物,以迫使债务人清偿债务,这样的担保物权就是留置性担保物权。优先清偿效力是担保物权得以发挥其债权担保作用的利器。以担保物权的优先清偿效力作为其基本内容的担保物权,就是优先清偿性担保物权。前者以留置权为典型代表;后者以抵押权为典型代表;还有兼具留置效力与优先受偿效力两种性质的担保物权,如质权。

(三)占有担保物权与非占有担保物权

以是否转移担保标的物的占有为标准,可以将担保物权分为占有担保物权和非占有担保物权。占有担保物权是以标的物转移给债权人占有为其成立和存续要件的担保物权,质权、留置权属于这种担保物权。非占有担保物权是不以标的物转移给债权人占有为条件,而担保人仍可继续用以担保标的物的担保物权,抵押权属于这种担保物权。

《民法典》第406条第1款规定:"抵押期间,抵押人可以转让抵押财产。当事人另有约定的,按照其约定。抵押财产转让的,抵押权不受影响。"因此,在选择非占有担保物权时,应当对此加以特别的注意。

(四)典型担保与非典型担保

此种分类是以担保制度是否属于民法上已有规定的类型为标准而作出的。在我国,典型担保就是法律已有规定的担保物权,即抵押权、质权、留置权。非典型担保是因社会经济生活的发展而产生的一些新型的担保物权,《民法典》没有将其作为典型担保,但在实践中已经实际存在并发挥作用,如让与担保等。

三、担保物权的担保范围

担保物权是担保债权实现的限制物权,故担保物权设定之时或实行之前必须存在特定的被担保的债权。[1] 法律中规定担保物权的担保范围,就债权人而言,其最大意义在于明确当债务人届期不履行债务或者发生当事人约定的实现担保物权的情形时,债权人能优先受偿的范围;就债务人、担保人或担保物的第三取得人而言,明确担保范围可以明确为了使担保物权

---

〔1〕 参见谢在权:《民法物权论》(中册),中国政法大学出版社2011年版,第608页。

消灭其所必须清偿的债务范围究竟是多大。

《民法典》第389条规定："担保物权的担保范围包括主债权及其利息、违约金、损害赔偿金、保管担保财产和实现担保物权的费用。当事人另有约定的，按照其约定。"也就是说，担保物权的担保范围首先取决于当事人的约定，只有在当事人没有约定的情况下，才依据法律的上述规定。

（一）主债权

主债权，即担保物权所担保的原本的债权，也称"原债权"。所谓原债权，就是依当事人之间的主合同产生的不包括约定利息、违约金或损害赔偿金在内的初始债权。担保物权所担保的主债权具有以下3个特点。

第一，具有合法性。担保物权所担保的主债权应当具有合法性，如果该债权本身是非法的，如基于赌博产生的赌债（其并非合法有效的债权），不能成为担保物权担保的对象。

第二，具有特定性。因为担保物权必须是为特定债权而设定的，所以主债权必须特定化。所谓特定化，就是指担保物权所担保的债权应当是确定的某个或某些债权。如果担保物权需要登记，当事人应当在登记簿中记载主债权的数额、种类等。当然，所谓特定化并不一定必须在设立担保物权时就特定，也可以在担保物权实现时由当事人协商确定主债权。在最高额抵押中，抵押权并不附着于特定的主债权，只有发生法定或者约定的事由后，被担保的债权数额才能最终确定。

第三，具有不可分性。担保物权所担保的债权具有不可分性，也就是说，在该债权被部分转让，或者部分清偿的情形下，在主债权受到全部清偿之前，担保物权人仍可以就担保财产的全部行使担保物权。

（二）利息

利息，是指实现担保物权时，主债权所应当产生的法定孳息。一般而言，只有在金钱债权中才产生利息的问题，在非金钱债权中不存在利息的问题。利息包括法定利息和约定利息两种。所谓法定利息，是指依照法律规定而产生的利息，如迟延履行的利息。法定利息是按照法定的利息率而计算的。所谓约定利息，是指依据当事人的约定而产生的利息。例如，当事人约定的迟延履行的利息。利息率通常都是由法律明确规定的，但是，在不违反法律规定的情况下，当事人也可以自行约定利息率。

（三）违约金

违约金，是指合同当事人约定或者法律直接规定的，当一方当事人不履行或不适当履行合同时，应当向对方当事人支付的一定数额的金钱。[1] 违约金一般分为惩罚性违约金和补偿性违约金，两者都属于担保物权的担保范围。在数额限制上，当事人约定违约金的，按约定支付违约金，但在过分高于损失需要适当减少或过分低于损失需要适当增加时，计入担保范围的违约金应当以人民法院或仲裁机构最终确定的数额为准。《民法典》第585条第1款、第2款规定："当事人可以约定一方违约时应当根据违约情况向对方支付一定数额的违约金，也可以约定因违约产生的损失赔偿额的计算方法。约定的违约金低于造成的损失的，人民法院或者仲

---

〔1〕 一般来说，实践中的违约金多是由当事人约定，即约定违约金。法定违约金存在情况较少，如《电信条例》第34条第1款、《电力供应与使用条例》第39条。

裁机构可以根据当事人的请求予以增加;约定的违约金过分高于造成的损失的,人民法院或者仲裁机构可以根据当事人的请求予以适当减少。”

（四）损害赔偿金

损害赔偿金,是指合同一方当事人未履行或未充分履行合同时给另一方当事人造成了一定的损失,从而向另一方当事人支付的赔偿损失的费用。损害赔偿金与违约金均属违约责任的形式,其区别主要在于违约金为事先约定的,而损害赔偿金是事后根据实际损失确定的。损害赔偿金是一种“法定性债务”,是因原本债权未受清偿而发生的债权,与原本债权具有同一性。因此,损害赔偿金属于担保物权的担保范围。

《民法典》第583条规定:“当事人一方不履行合同义务或者履行合同义务不符合约定的,在履行义务或者采取补救措施后,对方还有其他损失的,应当赔偿损失。”《民法典》第584条规定:“当事人一方不履行合同义务或者履行合同义务不符合约定,造成对方损失的,损失赔偿额应当相当于因违约所造成的损失,包括合同履行后可以获得的利益;但是,不得超过违约一方订立合同时预见到或者应当预见到的因违约可能造成的损失。”也就是说,损害赔偿金的数额以债权人所受损失为限。赔偿全部损失,既包括赔偿现实损失,也包括赔偿可得利益损失。但是,将可得利益损失的范围纳入担保范围时,应当受到可预见规则、减损规则、损益相抵规则以及过失相抵规则等的限制。

（五）保管担保财产的费用

质权人和留置权人有妥善保管担保财产的义务,同时有权向担保人请求保管费用,因此担保财产保管费用当然地被纳入被担保债权中。保管费用的开支应以必要为原则。

（六）实现担保物权的费用

实现担保物权的费用,是担保物权人因行使担保物权所支付的一切费用,主要包括担保财产的估价费用,担保财产拍卖、变卖所需的费用,交通费,诉讼费用等。《民法典》第389条规定:“担保物权的担保范围包括主债权及其利息、违约金、损害赔偿金、保管担保财产和实现担保物权的费用。当事人另有约定的,按照其约定。”

实现担保物权的费用完全是因债务人不履行债务而发生的,自应由债务人承担,并属担保范围,但如当事人约定此项费用不由债务人负担,则该项费用不在担保范围之列。担保物权人若依诉讼程序实现担保物权,则法院因强制执行而支出的全部费用应当以担保财产优先受偿,不得由债权人承担。担保物权人以诉讼外的方法变价担保财产而应当支出的费用,因直接产生于担保物权的行使,应以担保财产的变价款优先受偿。当然,实现担保物权的费用也应受费用必要性的限制。

四、担保物权的消灭

物权消灭的事由,如标的物灭失且无代位物等,当然是担保物权消灭的事由。此外,《民法典》第393条还规定了担保物权消灭的特别事由,包括主债权消灭、担保物权实现、债权人放弃担保物权、法律规定担保物权消灭的其他情形。

（一）主债权消灭

担保物权以担保主债权的实现为目的,主债权存在,担保物权就存在。主债权是担保物权成立的基础,担保物权与其担保的主债权同命运,主债权因清偿、混同、抵销、免除等原因而消灭的,原则上担保物权也消灭。

(二)担保物权实现

担保物权实现,使命完成,应当"寿终正寝"。被担保债权因此获得完全清偿,即使是尚未获得全部清偿,也只能作为无担保物权担保的普通债权存在,无法再求助于担保物权,换句话说,担保物权不会因此而继续存在。

(三)债权人放弃担保物权

债权人放弃担保物权,又称债权人抛弃担保物权,担保物权因此而不复存在。但须注意,担保物权已经登记的,应当及时将担保物权的登记注销;若未注销,虽然对于"担保物权"人来说,担保物权业已消灭,但对于第三人来说,"担保物权"人不得以担保物权已经消灭为由予以对抗。

(四)法律规定担保物权消灭的其他情形

所谓法律规定担保物权消灭的其他情形,包括现行法规定的担保物权消灭的其他事由,也包括未来的立法新增设的担保物权消灭的事由。从现行法的规定看,《民法典》第457条规定的留置权人丧失对留置财产的占有或接受债务人另行提供担保的,留置权消灭,属于这种情况。

五、流质契约的效力[1]

所谓流质契约,是指当事人双方在设立担保时,在担保合同中约定,债务履行期限届满而担保物权人尚未受清偿时,担保物的所有权移转为债权人所有。例如,某个债务人向银行借款800万元,用其价值900万元的房产抵押,而且合同中明确约定到期不能清偿债务的,该房屋就归银行债权人所有。流押、流质契约改变了法定的物权实现方式。我国《民法典》分别在抵押权制度中规定了流押契约(第401条),在质权制度中规定了流质契约(第428条)。

自罗马法确立禁止流质契约制度以来,大陆法系国家(地区)保持禁止流质契约的传统。我国原《担保法》第40条和第66条、原《物权法》第186条和第211条即遵循此传统,均规定当事人在合同中不得约定债务履行期届满前债权人未受清偿时,担保财产的所有权转为债权人所有。

流质契约具有如下特点:[2]第一,流质契约必须是在债务履行期届满前作出的约定。也就是说,在债务履行期届满之前,当事人约定担保财产在债务未履行时直接归属于担保物权人的,则属于流质(流押)契约。如果在债务履行期届满以后,双方约定,质押财产归属于债权人,这实际上是折价补偿的协议。折价补偿协议和流质契约的区别就在于,二者订立的时间不同,前者是在债务履行期届满以后订立的,而后者是在债务履行期届满以前订立的。因此,要区分以物抵债条款订立的时间,即该条款是在担保合同订立时就约定的,还是在实现担保物权后才约定。如果是后者,可以解释为担保物权实现的折价条款。如果是在担保合同订立时就约定的以房抵债协议,那么就构成流质契约,根据《民法典》物权编的相关规定,只能依法就抵押财产变价优先受偿。

第二,流质契约通常规定在债务人不履行到期债务时,担保物的所有权完全归债权人所有。因为这一原因,流质契约改变了法定的物权实现方式。通常而言,担保物权人支配的是

---

〔1〕 为行文便捷,本书以"流质契约"统称流质和流押两种情形。

〔2〕 参见王利明:《物权法》(第2版),中国人民大学出版社2021年版,第342~343页。

担保财产的交换价值，只能在拍卖、变卖、折价之后就担保财产的价值优先受偿。而按照流质契约的约定，担保权人可以直接取得担保财产，不需要经过变价的程序。由此，通过流质契约直接实现质权（抵押权）所带来的问题是，担保物权实现程序的不透明性，完全缺乏外部必要的监督（如司法监督），极有可能导致对债务人和其他债权人利益的损害。

关于流质契约的效力，我国原《物权法》明令禁止当事人订立流质契约，如果当事人订立该契约，则因为违反了强制性规范而应当被宣告无效。法律作出此种规定的原因在于：一方面，流质契约通常约定了在债务不能履行时，担保物的所有权将移转归债权人所有，如此将对债务人显失公平，甚至可能成为一个变相的“高利贷”条款，因为债务人到银行借款，银行提供借款的数额肯定是要低于担保物的价值的，甚至在某些情形下，担保物的价值远超过债权数额。比如，用1500万元的房屋担保1000万元的债权，如果到期不还款，该套房屋归债权人所有，这其实是变相的“高利贷”。另一方面，假如在一项财产上设置了多个担保物权，如果约定到期不还，该财产归某一担保物权人所有，这无疑会损害到后顺位的担保物权人的权利实现。因为如果进行拍卖、变卖，后顺位的抵押权人在债务人清偿了第一个债务之后还能有顺位利益，使顺位在后的抵押权人还能受偿，但如果全部被第一个担保物权人取得，后面的担保物权人就无法实现权利。这无疑不利于在一物上设置多重担保，不利于充分发挥物的交换价值。

但在《民法典》编纂过程中，立法者对于流质契约不再直接规定为无效。《民法典》第401条规定：“抵押权人在债务履行期限届满前，与抵押人约定债务人不履行到期债务时抵押财产归债权人所有的，只能依法就抵押财产优先受偿。”《民法典》第428条规定：“质权人在债务履行期限届满前，与出质人约定债务人不履行到期债务时质押财产归债权人所有的，只能依法就质押财产优先受偿。”其在一定程度上改变了对流质契约的态度。依据《民法典》第401条和第428条的规定，流质契约的效力包括如下两个方面的内容：

一方面，《民法典》第401条和第428条，不再直接规定“不得”约定流质契约条款，而是“只能依法就抵押财产优先受偿”。这两个条款的意思是，法律并不绝对禁止流质契约条款，当事人如果约定了流质契约条款，并不当然导致担保物权无法设立。毕竟流质契约条款也是当事人真实意思的体现，也并不违反公序良俗，且有利于降低担保物权实现的成本，因此法律并无必要否定这一约定的效力。另一方面，在当事人约定流质契约之后，一旦债务到期，债务人无法履行债务时，并不能由债权人按照约定直接取得担保财产的所有权，而是应当根据《民法典》第410条、第413条规定的实现抵押权的方式就抵押财产优先受偿。也就是说，即便当事人约定流质契约，也不能发生当事人预期的法律效果，即不能产生担保财产直接归属于债权人的效果，而是要通过拍卖、变卖等程序实现担保物权。因此，在实现担保物权时，担保权人负有清算义务，无论是通过拍卖、变卖，还是折价的方式，都需要经过清算程序，超过债权部分的变价款应当返还给债务人，从而使其他的担保权人、债权人还可以从中获得清偿。通过清算程序的引入，不仅可以实现担保人和担保权人之间利益的均衡，而且可以保护其他担保权人、债权人的正当利益。

六、人的担保与物的担保之并存

从实践来看，为确保债权的实现，债权人常常会综合利用多种担保方式，如就同一债权，既要求主债务人（或第三人）提供物的担保，又要求第三人提供保证担保。由此，产生了同一债权上多种担保同时存在的情形。这种共同担保中各担保方式的性质不同，一是物的担保，二是人的担保,因此为与共同保证、共同抵押相区分,理论上称为“混合共同担保”。对此,《民法典》第392条规定:“被担保的债权既有物的担保又有人的担保的,债务人不履行到期债务或者发生当事人约定的实现担保物权的情形,债权人应当按照约定实现债权;没有约定或者约定不明确,债务人自己提供物的担保的,债权人应当先就该物的担保实现债权;第三人提供物的担保的,债权人可以就物的担保实现债权,也可以请求保证人承担保证责任。提供担保的第三人承担担保责任后,有权向债务人追偿。”该条包括以下含义:

第一,混合共同担保时各类担保权如何行使应先按照当事人的约定。这种约定既可以是对各类担保权行使顺序的约定,也可以是对各类担保权担保的债权份额的约定。

第二,混合共同担保时没有约定或者约定不明确的,应区分不同的情形确定债权人行使担保权的顺序。其一,当物的担保由债务人提供时,债权人应当先实现该物的担保。至于第三人提供的究竟是物的担保还是保证,在所不问。这是因为:首先,当同一债权既有债务人提供的担保物权,又有保证人提供的一般保证担保,且债权人于债务履行期限届满而未受清偿之时,因担保物属于债务人的财产,倘若债权人不先实现该担保物权,一般保证人完全可以行使先诉抗辩权而拒绝债权人提出的履行保证债务的请求。其次,即便保证人提供的是连带责任保证,由于债务人是债务的终局承担者,而保证人属于第二层次上的债务人而非债务的终局承担者,所以债权人先实现债务人提供的担保物权,能够有效地简化法律关系,节约司法资源,维护保证人的利益。其二,当物的担保由第三人提供之时,应遵循平等原则。如果同一债权上担保物权与保证并存,且担保物权也是由债务人之外的第三人提供,则债权人可以就物的担保实现债权,也可以请求保证人承担保证责任。这是因为:首先,无论是保证人还是物上保证人,其承担的都是补充性的债务。因此,不能认为债权人必须先实现其中任何一者。其次,如果一味要求必须先实现物的担保,那么在实践中则可能会导致物上保证人因为债务人没有偿还能力而成为债务的最终承担人,这对于物上保证人显然是不公平的。从公平原则出发,在当事人没有特别约定或者法律没有特别规定的情况下,应当说此种可能出现的债务人无法偿还的风险应由保证人与物上保证人进行合理的分摊,而不能完全由物上保证人承担。再次,物的担保并非任何时候都易于实现,都对债权人一定有利。有的时候由于保证人的资力雄厚,债权人可能更愿意先请求保证人承担保证责任,而非实现担保物权。考虑到我国担保物权的实现存在高额的成本以及复杂的程序,这种情形发生的可能性更大。最后,同一债权既有物的担保又有人的担保时,不适用所谓的“物权优先于债权”的原则,因为这里根本不存在物权与债权相互冲突以至于要使物权优先的问题。

第三,提供担保的第三人的追偿权。首先,所谓“提供担保的第三人”既包括保证人,也包括物上保证人。其次,该条规定了物上保证人和保证人的追偿权,它是指物上保证人、保证人在代替债务人清偿债务或者债权人因行使担保物权而获得清偿之后,所享有的向主债务人请求偿还的权利。保证人追偿权的法律依据是《民法典》第700条。需要注意的是,《民法典》没有规定某一担保人在承担担保责任后,可以向其他担保人追偿。主要的考虑有两点:其一,既然当事人没有相互追偿的意思,甚至为同一债权提供担保的各个担保人都互不认识,那么为什么能够追偿?其二,如果允许追偿,就会出现因担保人循环追偿而产生的大量案件,浪费司法资源。

第二节 抵 押 权

一、抵押权的概念和特征

抵押权，是指债权人对于债务人或者第三人不转移占有而为债权提供担保的抵押财产，于债务人不履行债务，或者发生当事人约定的实现抵押权的情形时，依法享有的就该物变价并优先受偿的担保物权。《民法典》第394条第1款规定："为担保债务的履行，债务人或者第三人不转移财产的占有，将该财产抵押给债权人的，债务人不履行到期债务或者发生当事人约定的实现抵押权的情形，债权人有权就该财产优先受偿。"

在抵押权法律关系中，提供担保财产的债务人或者第三人为抵押人；享有抵押权的债权人为抵押权人；抵押人提供的担保财产为抵押财产，也称作抵押物。

第一，抵押权的性质属于担保物权，用以担保债权的实现，权利人对抵押财产具有支配效力与优先效力。

第二，抵押权的标的物是债务人或者第三人的不动产、动产或者权利。这些动产、不动产或者权利的提供者，既可以是债务人，也可以是债权关系以外的第三人。

第三，抵押权的标的物不需要移转占有，抵押人仍然可以占有标的物而予以使用、收益、处分，抵押权人也不负保存标的物的义务，并能取得完全的担保权。

第四，抵押权的价值功能在于就抵押财产所卖得的价金优先受偿。抵押权人优先受偿的范围，以抵押财产的变价款为限，如果抵押财产的变价款不足以清偿所担保的债权，则债权人就未清偿的部分对于债务人的其他财产无优先受偿的效力，与其他债权人一起平等受偿。

二、抵押财产的范围和抵押权的取得

（一）抵押财产的范围

抵押财产，也称为抵押权的标的物或者抵押物，是指被设置了抵押权的不动产、动产或者权利。《民法典》第395条和第399条详细规定了允许抵押的财产范围与禁止抵押的财产范围。

允许抵押的财产范围是：(1)建筑物和其他土地附着物；(2)建设用地使用权；(3)海域使用权；(4)生产设备、原材料、半成品、产品；(5)正在建造的建筑物、船舶、航空器；(6)交通运输工具；(7)法律、行政法规未禁止抵押的其他财产。

禁止抵押的财产范围是：(1)土地所有权；(2)宅基地、自留地、自留山等集体所有土地的使用权，但是法律规定可以抵押的除外；(3)学校、幼儿园、医疗机构等为公益目的成立的非营利法人的教育设施、医疗卫生设施和其他公益设施；(4)所有权、使用权不明或者有争议的财产；(5)依法被查封、扣押、监管的财产；(6)法律、行政法规规定不得抵押的其他财产。

《民法典》对抵押财产还有以下特别规定：第一，建筑物与其建设用地使用权一并抵押。这一规定的目的在于体现和维护"房随地走"和"地随房走"的原则，以避免出现纠纷。第二，乡镇、村企业的建设用地使用权不得单独抵押；以乡镇、村企业的厂房等建筑物抵押的，其占用范围内的建设用地使用权一并抵押。

（二）抵押权的取得

抵押权的取得可以分为基于法律行为取得和非基于法律行为取得两种。

1. 基于法律行为取得

基于法律行为取得抵押权分为抵押权设立与抵押权转让两种。

抵押权设立是取得抵押权最常见的方式，即债权人与债务人或第三人通过抵押合同设定抵押权。基于法律行为取得的抵押权也叫作约定抵押或意定抵押。

《民法典》第400条规定："设立抵押权，当事人应当采用书面形式订立抵押合同。抵押合同一般包括下列条款：（一）被担保债权的种类和数额；（二）债务人履行债务的期限；（三）抵押财产的名称、数量等情况；（四）担保的范围。"

抵押权转让的，受让人取得抵押权。《民法典》第407条规定："抵押权不得与债权分离而单独转让或者作为其他债权的担保。债权转让的，担保该债权的抵押权一并转让，但是法律另有规定或者当事人另有约定的除外。"因此，当债权人向他人转让债权时，该债权的抵押权随同该债权一并转让，受让人因此而同时取得抵押权。

2. 非基于法律行为取得

在现行法上，基于法律的直接规定而取得抵押权，依据善意取得制度而取得抵押权，通过继承而取得抵押权，都属于非基于法律行为而取得抵押权。

（三）抵押权登记

1. 抵押权登记概述

抵押权登记，又称抵押登记、抵押财产登记，是指基于抵押权人和抵押人的申请，登记部门将抵押合同约定的有关事项在不动产登记簿及不动产权利证书或其他载体上加以记载，并向抵押权人颁发他项权利证明书的现象。

就抵押权而言，由于不转移抵押财产占有，不能以交付为公示方法，故只能采取登记的方法。抵押权登记对于充分发挥抵押的担保功能、维护交易安全、保护第三人的利益、避免纠纷发生，都具有非常重要的意义。

不动产（权利）抵押权登记的功能在于：第一，创设抵押权。不动产抵押权登记属于设权登记，不动产抵押权未经登记不能设定，由此可见，登记是不动产抵押权的生效要件，在"定分止争"上功不可没。第二，确定竞存权利之间的优先顺位。不动产抵押权登记具有公信力，在同一抵押财产上存在两个或两个以上抵押权时，依登记的时间先后确定抵押权的受偿顺序。后顺位抵押权人理应知道抵押财产之上已经存在的抵押负担，但其仍接受该抵押财产作为担保物，自应受前顺位抵押权的约束。

2. 抵押权登记的效力

我国对抵押权采取登记生效模式和登记对抗模式。

（1）登记生效模式

登记生效模式，是指抵押权的设定，以登记为发生效力的要件。换言之，未经登记，不仅不能对抗第三人，而且在抵押当事人之间也无约束力，《民法典》第402条规定："以本法第三百九十五条第一款第一项至第三项规定的财产或者第五项规定的正在建造的建筑物抵押的，应当办理抵押登记。抵押权自登记时设立。"登记生效模式的最大优点在于，抵押权的设定时间较易确定，其内容易为外界所知，第三人查询抵押财产上的权利状况的成本较低，同时，第三人可以信赖登记簿，不必担心登记不实而遭受不测之损害。

(2)登记对抗模式

登记对抗模式，是指抵押权依当事人之间的合意即设定，但未经登记，不得对抗善意第三人。就土地承包经营权和土地经营权抵押权而言，《农村土地承包法》第47条第2款规定："担保物权自融资担保合同生效时设立。当事人可以向登记机构申请登记；未经登记，不得对抗善意第三人。"

在登记对抗模式下，当事人依合意成立抵押权后，对第三人来说，未经登记者并非无效，只是效力不及于善意第三人。此时，如果抵押人将抵押财产转移，对于善意取得该财产的第三人，抵押权人无权追偿，而只能要求债务人提供新的担保，或者要求主债务人及时偿还债务。如经登记，则抵押权人所拥有的抵押权具有绝对效力，可以对抗善意第三人，即抵押权人可基于其抵押权，追踪取回占有抵押财产，该第三人不得主张善意受让而取得权利，也不能排除权利人行使优先受偿权或其他权利，而仅能向债务人请求损害赔偿。

疑难问题论争　动产抵押权能否发生善意取得？

就动产抵押权能否发生善意取得，存在不同意见。"否定说"认为，由于抵押权不以占有为内容，且善意取得以交付为要件，因此动产抵押权不能善意取得。"肯定说"认为，善意取得制度建立在占有的公示力基础上，即占有具有推定占有人为动产的所有人的效力，那么第三人因信赖占有人为动产的所有人而与之订立动产抵押权的设定合同，自然能够善意取得该动产抵押权。最高人民法院《关于适用〈中华人民共和国民法典〉有关担保制度的解释》(法释〔2020〕28号)第37条第1款采取了"肯定说"，即"当事人以所有权、使用权不明或者有争议的财产抵押，经审查构成无权处分的，人民法院应当依照民法典第三百一十一条的规定处理"。另有学者认为，动产抵押权能否善意取得，关键在于是否办理登记。因为《民法典》第311条第3款规定："当事人善意取得其他物权的，参照适用前两款规定。"而该条第1款在规定动产或不动产所有权的善意取得时明确提出了3项要件的要求，其中第3项是"转让的不动产或者动产依照法律规定应当登记的已经登记，不需要登记的已经交付给受让人"。由于动产抵押权不以交付作为生效要件，而是以登记作为对抗要件，因此善意第三人只有在办理了抵押权登记之后才可能符合善意取得的构成要件。

三、抵押权的效力

(一)抵押权对担保债权的效力

抵押权担保的范围包括主债权及其利息、违约金、损害赔偿金、实现抵押权的费用。当事人另有约定的，按照约定。

(二)抵押权对抵押财产的效力

抵押权对抵押财产的效力，就是抵押权效力所及标的物的范围，是指当抵押权人实现抵押权时可以就哪些财产进行折价或拍卖、变卖，并优先受偿。抵押权效力及于抵押财产本身，自不待言。但从抵押权的设定到抵押权的实现还有一定的时空界限，期间可能会发生添附、孳息等情事。所以，依据《民法典》的相关规定，抵押权的效力也及于抵押财产的从物、添附物、孳息、代位物等。

（三）抵押权对抵押权人的效力

1. 保全抵押权的权利

依据《民法典》第408条的规定，抵押人的行为足以使抵押财产价值减少的，抵押权人有权请求抵押人停止其行为；抵押财产价值减少的，抵押权人有权请求恢复抵押财产的价值，或者提供与减少的价值相应的担保。

2. 抵押权人的处分权

抵押权的处分，是指抵押权人就抵押权支配力的维持、消灭或者减弱所为的具有法律效力的行为。这种处分包括抵押权的转让、将抵押权作为债权的担保、抵押权的抛弃等。

3. 抵押权人的顺位权

抵押权的顺位也称作抵押权的次序、顺序，是指抵押人因担保两个或两个以上债权，就同一财产设定两个或两个以上的抵押权时，各抵押权之间优先受偿的先后次序。通俗地说，就是同一抵押财产上多个抵押权之间的顺位关系。[1]

《民法典》第414条第1款规定，同一财产向两个以上债权人抵押的，拍卖、变卖抵押财产所得的价款依照下列规定清偿：(1)抵押权已经登记的，按照登记的时间先后确定清偿顺序；(2)抵押权已经登记的先于未登记的受偿；(3)抵押权未登记的，按照债权比例清偿。据此可知，抵押登记是确定抵押权顺位的首要标准，登记在先的，抵押权的顺位在先。

《民法典》第414条规定确立了以登记为确定抵押权顺位的标准。抵押权的顺位直接决定着抵押权人的受偿机会、受偿数额。可见，抵押权顺位蕴含了一种利益，因此，允许抵押权人对其顺位的处分，是对抵押权人自由意思的尊重。《民法典》第409条第1款规定："抵押权人可以放弃抵押权或者抵押权的顺位。抵押权人与抵押人可以协议变更抵押权顺位以及被担保的债权数额等内容。但是，抵押权的变更未经其他抵押权人书面同意的，不得对其他抵押权人产生不利影响。"这一规定对抵押权顺位的处分作出了肯定。

4. 抵押权人的优先受偿权

抵押权人的优先受偿权，是抵押权对抵押权人的最基本的效力，是抵押权之所以能发挥功能的关键所在。优先受偿权，是指债务履行期限届满，债务人不清偿债务或发生当事人约定的实现抵押权的情形的，抵押权人以抵押财产折价，或以拍卖、变卖抵押财产所得价款优先受偿的权利。抵押权的优先受偿性主要体现在优先于无担保债权而受偿。

（四）抵押权对抵押人的效力

1. 出租抵押财产的权利

在抵押关系存续期间，抵押人可以出租抵押财产。在抵押权人实现抵押权时，该租赁关系不得对抗已登记的抵押权。《民法典》第405条规定："抵押权设立前，抵押财产已经出租并转移占有的，原租赁关系不受该抵押权的影响。"

2. 转让抵押财产的权利

依照《民法典》第406条的规定，抵押期间，抵押人可以转让抵押财产。当事人另有约定的，按照其约定。抵押财产转让的，抵押权不受影响。抵押人转让抵押财产的，应当及时通知

---

〔1〕 参见谢在全：《民法物权论》（下册），中国政法大学出版社1999年版，第614页。

抵押权人。抵押权人能够证明抵押财产转让可能损害抵押权的,可以请求抵押人将转让所得的价款向抵押权人提前清偿债务或者提存。转让的价款超过债权数额的部分归抵押人所有,不足部分由债务人清偿。

3. 在抵押财产上多次设定抵押权的权利

财产抵押后,该财产的价值大于所担保债权的余额部分,可以再次抵押。这种抵押也称作再抵押。再抵押的限制是:数个抵押权所担保的债权总额不超出抵押财产的总价值,这就是禁止超额抵押规则。违反超额抵押规则的后果是超出的部分不具有优先受偿的效力。所以,在实现抵押权时,担保的债权超出抵押财产价值的部分只能作为一般债权,不具有优先受偿的效力。

四、特殊抵押权

(一)共同抵押权

共同抵押权,也称总括抵押权或聚合抵押权,是指为担保同一个债权而在数项不动产、动产、权利上设定抵押权。这数个不动产、动产或权利可以属于同一个人,也可以分别属于不同人。例如,债务人甲为担保所欠乙的300万元债务,提供丙、丁各价值200万元的两宗土地的建设用地使用权设定抵押权。《民法典》第395条第2款规定:“抵押人可以将前款所列财产一并抵押。”

(二)浮动抵押权

浮动抵押,是指抵押人以其所有的财产包括现有的以及将有的财产为标的而设立的抵押权。《民法典》第396条规定:“企业、个体工商户、农业生产经营者可以将现有的以及将有的生产设备、原材料、半成品、产品抵押,债务人不履行到期债务或者发生当事人约定的实现抵押权的情形,债权人有权就抵押财产确定时的动产优先受偿。”

浮动抵押权的特点就是其担保物的不特定性,因此,在抵押权实现时,应当按照《民法典》第411条的规定将其确定,才能够保障抵押权的实现。浮动抵押权在以下情形时确定:(1)债务履行期限届满,债权未实现;(2)抵押人被宣告破产或者解散;(3)发生当事人约定的实现抵押权的情形;(4)严重影响债权实现的其他情形。

《民法典》第403条规定:“以动产抵押的,抵押权自抵押合同生效时设立;未经登记,不得对抗善意第三人。”这就确立了动产浮动抵押实行登记对抗模式。此处所说的“善意第三人”,是指在设定了动产浮动抵押之后,办理了登记的其他抵押权人。因为在设定了动产浮动抵押之后,抵押人还可能再设立一般的抵押,如将某台机器设备用于抵押。对于抵押人是否可以实施此种行为,我国《民法典》并没有明确规定。在解释上可以认为,《民法典》允许抵押人再设立抵押的行为。[1] 在此情况下,如果后一抵押已经办理了登记,且抵押权人是善意的,则浮动抵押权人就不能对抗在后的普通抵押权人。如果在先的浮动抵押已经办理了登记,则可以对抗后设立的普通抵押。因为我国法律没有承认普通抵押优先于浮动抵押的规则,有关抵押权的实现应当根据登记在先的规则处理。如果后位的抵押权办理了登记,而在先的抵押权未办理登记,则后位登记的抵押权可以对抗在先的未办理登记的抵押权,这也符合“已登记的优先于未登记”的规则。

---

〔1〕 参见王利明:《物权法》(第2版),中国人民大学出版社2021年版,第398页。

浮动抵押权无权对抗正常经营活动中已支付合理价款并取得抵押财产的买受人。《民法典》第404条规定:"以动产抵押的,不得对抗正常经营活动中已经支付合理价款并取得抵押财产的买受人。"浮动抵押权即便已经登记完毕,也不得对抗正常经营活动中已支付合理价款并取得抵押财产的买受人。

(三)价款超级优先权

价款超级优先权,是指债权人在动产之上取得的担保因购买该动产而产生的价款给付的担保权。我国《民法典》第416条规定:"动产抵押担保的主债权是抵押物的价款,标的物交付后十日内办理抵押登记的,该抵押权人优先于抵押物买受人的其他担保物权人受偿,但是留置权人除外。"该条对价款超级优先权作出了规定。例如,甲以自己的生产设备、原材料等为丙设定了浮动抵押,后从乙处赊购了一套新设备,甲以该设备为乙设置了担保价金支付的抵押权,且于交付后10日内办理了登记。其后甲未能依约定支付价款,此时乙就对抵押物享有优先于浮动抵押的抵押权人而受偿的权利。

《民法典》物权编之所以规定价款超级优先权,主要目的是解决在实践中普遍存在的借款人借款购买货物情形下贷款人的利益保障问题,即在借款人借款购买货物并将该货物抵押给贷款人作为价款的担保的情形下,该条规定赋予该抵押权优先效力,从而保障贷款人权利的实现,这也有利于融通资金,促进融资。在交易实践中,承认价金优先权对各方当事人都是有利的。对于新的信用提供者来说,因为超级优先权的顺位保障,其债权可以得到优先实现;而对债务人而言,借助该规则,其可以获得新的融资,这也有利于其展开经营活动,扩大再生产,且有利于增强其偿债能力。

1.价款超级优先权的设立条件

(1)主债权主要是抵押物的价款。也就是说,价款超级优先权所担保的债权限于债务人购买抵押物的价款,旨在担保债务人购买该抵押物全部或者部分价款的清偿。从《民法典》第416条规定来看,除留置权外,价款超级优先权一旦设立,即具有优先于抵押物买受人的其他担保物权人受偿的效力,价款超级优先权所担保的主债权仅限于购买抵押物的价款。根据债权人主体的不同,主债权可以分为两类:一类是动产出卖人请求动产买受人支付价款的债权;另一类是贷款人请求动产买受人返还其发放的用于支付动产价款的贷款债权,在这一类债权关系中涉及三方当事人,即动产买受人、动产出卖人和贷款人,买受人与贷款人协商,约定以贷款人发放的贷款向出卖人支付部分或者全部价款,买受人为担保贷款人的债权,在买受的动产上为该债权设定抵押。可见,买卖价款抵押权所担保的债权有其特殊性,必须是债务人应当支付的买受动产的价款。

(2)价款超级优先权的标的物限于债务人所购置的动产。在价款超级优先权的设立过程中,必须以债务人买受的动产作为担保,以担保买受该动产所应支付的价款,具有价款超级优先权的动产要与所担保的价款债权具有对应关系。

(3)买卖价款标的物的所有权或处分权必须移转。因为抵押权是在债务人和第三人财产之上设定的担保权,在设定价款超级优先权时,抵押人应当对抵押财产享有所有权或处分权,才能有效设立抵押权。因此,价款超级优先权的设立要求标的物应当交付。

(4)标的物交付后10日内办理抵押登记。由于买卖价款抵押权人对抵押财产具有优先于债务人在该动产上的除留置权人以外的其他担保物权人受偿的效力,为了向相关交易主体公示存在这样一种超级优先权,保障交易的安全性与稳定性,《民法典》第416条明确了其应在规定的期限内进行抵押登记的要求,如果当事人未在动产交付后10日内办理抵押登记,该抵押权仅构成一般的动产抵押权,不具有《民法典》第416条规定的优先受偿的效力,其优先受偿顺序将按照《民法典》第414条、第415条确定。

2. 价款超级优先权的法律效力

关于价款超级优先权的效力,《民法典》第416条确立了两项规则:

第一,优先于抵押物买受人的其他担保物权人受偿。价款超级优先权优先于其他抵押权,在标的物购买人已经在其财产之上设定浮动抵押的情形下,其所购买的标的物原则上应当纳入浮动抵押的财产范围之内,如果不承认价款超级优先权,则即便价金的借款人在该标的物之上设定抵押权,该抵押权也将劣后于浮动抵押权人的权利,这可能导致借款人的借款债权难以实现,因此,法律规定,价款超级优先权应当优先于其他抵押权。

第二,不得优先于留置权人。价款超级优先权不得优先于留置权人的权利。例如,甲向乙购买某设备,乙在该设备之上设定抵押权,并已经依法办理了抵押登记,乙依法享有价款超级优先权。在此种情形下,乙所享有的价款超级优先权具有优先于在先担保物权的效力,但如果甲将该机器设备交由丙维修,后无正当理由拒绝支付维修费用,则丙有权依法留置该设备,在此情形下,乙就该设备所享有的价款超级优先权即不得优先于丙的留置权。

(四)最高额抵押权

最高额抵押权,是指为担保债务的履行,债务人或者第三人对一定期间内将要连续发生的债权提供担保财产的,债务人不履行到期债务或者发生当事人约定的实现抵押权的情形时,抵押权人有权在最高债权额限度内就该担保财产优先受偿的特殊抵押权。例如,甲公司以其所有的一栋楼房(价值3000万元)为甲在乙投资公司的借款进行担保,双方于2021年1月5日约定,自2021年2月1日至2022年12月底,在此期间所发生的债权均以该楼房作抵押。由于该楼房当时估价为3000万元,因而双方约定担保借款的最高限额为3000万元,若借款超过3000万元,甲将以其他财产作保。双方签订合同以后,在登记部门办理了抵押登记手续。

由此可见,最高额抵押是为一定范围内的债权所提供的担保,该“一定范围”受到“最高债权额限度”“一定期间”“连续发生”三方面的限制。“最高债权额限度”是抵押权人基于最高额抵押权所能优先受偿的最高债权金额,它表明抵押权人对抵押财产交换价值的支配范围;“一定期间”即最高额抵押权的债权确定期间或决算期;“连续发生”,是指最高额抵押权所担保的债权是债权人和债务人之间因一定法律关系所连续产生的债权。

“连续发生的债权”是否限定于将来发生的债权?最高额抵押权的本质特征不在于其所担保的债权为将来的债权,而在于所担保的债权为不特定债权,且具有最高债权额。最高额抵押权具有相对独立性,设立时不以债权之存在和特定为必要,但并非指最高额抵押权设立时不能将已存在和特定的债权纳入担保范围。《民法典》第420条第2款规定:“最高额抵押权设立前已经存在的债权,经当事人同意,可以转入最高额抵押担保的债权范围。”

最高额抵押权设立后,产生以下特殊效力:第一,依据《民法典》第421条的规定,最高额抵押担保的债权确定前,部分债权转让的,最高额抵押权不得转让,但当事人另有约定的除外。第二,依据《民法典》第422条的规定,最高额抵押担保的债权确定前,抵押权人与抵押人可以通过协议变更债权确定的期间、债权范围以及最高债权额。但是,变更的内容不得对其他抵押权人产生不利影响。

最高额抵押所担保的债权的确定，是指因法定的事由或约定的债权确定期届满，而使最高额抵押所担保的债权特定化。最高额抵押所担保的债权之所以要确定，一方面，是因为最高额抵押只是对一定时期内连续发生的债权所作的担保，如果对其不予确定，就无法实际确定被担保的债权范围，从而也无法确定抵押权实际支配的范围和抵押权人优先受偿的范围；另一方面，只有在最高额抵押所担保的债权确定以后，该最高额抵押权才转化为一般抵押权，从而按照一般抵押权的实现规则来实现。《民法典》第 423 条规定，有下列情形之一的，抵押权人的债权确定：(1)约定的债权确定期间届满；(2)没有约定债权确定期间或者约定不明确的，抵押权人或者抵押人自最高额抵押权设立之日起满 2 年后请求确定债权；(3)新的债权不可能发生；(4)抵押权人知道或者应当知道抵押财产被查封、扣押；(5)债务人、抵押人被宣告破产或者解散；(6)法律规定债权确定的其他情形。

最高额抵押担保的债权确定之后，效力的发生有下述两种情况：第一，只有在确定时已经发生的主债权属于抵押权担保的范围，确定之后产生的债权即使源于基础法律关系，也不属于担保的范围。第二，最高额抵押担保的债权一经确定，无论出于何种原因，担保债权的流动性均随之丧失，该抵押权所担保的不特定债权变为特定债权，这时，最高额抵押权的从属性与普通抵押权完全相同。

五、抵押权的实现

(一)抵押权实现的条件

抵押权实现，是指债务履行期限届满，债务人未履行债务，通过依法处理抵押财产而使债权获得清偿。抵押权实现的条件是：(1)抵押权有效存在；(2)债务人不履行到期债务，或者发生当事人约定的实现抵押权的情形；(3)债权人的债权未受清偿。具备以上 3 个条件，抵押权人即可实现其抵押权。

(二)抵押权实现的程序

1. 协议实现

具备抵押权实现的条件后，抵押权人可以与抵押人通过协议，以抵押财产折价或者拍卖、变卖该抵押财产所得的价款优先清偿债务。协议损害其他债权人利益的，其他债权人可以请求人民法院撤销该协议。

2. 请求法院实现抵押权

《民法典》第 410 条第 2 款规定："抵押权人与抵押人未就抵押权实现方式达成协议的，抵押权人可以请求人民法院拍卖、变卖抵押财产。"由此可见，只有在抵押人和抵押权人双方未就抵押权实现方式达成协议的情况下，才能够请求法院来实现抵押权。所谓未就抵押权实现方式达成协议，是指债务人不履行到期债务或者发生当事人约定的实现抵押权的情形时，抵押人和抵押权人之间没有达成有关抵押权实现的协议，此时抵押权人就可以直接请求法院实现抵押权。请求法院实现担保物权可以采取两种不同程序：一是普通的诉讼程序；二是特别程序中的担保物权实现程序。

(三)抵押权实现的方法

抵押权实现的具体方法包括对抵押财产进行折价、拍卖、变卖。

1. 抵押财产折价

折价，是指抵押权人与抵押人协议，或不经判决，按照抵押财产自身的品质、参考市场价格折算为价款，把抵押财产所有权转移给抵押权人，从而实现抵押权。

2. 抵押财产拍卖

抵押权人与抵押人就抵押财产拍卖协商一致的，可以自行委托拍卖机构进行拍卖。如果当事人就抵押财产拍卖没有达成一致，则只能通过人民法院强制拍卖。

3. 抵押财产变卖

当事人可以通过协商方式将抵押财产变卖。协商不成的，抵押权人可以向法院申请，人民法院审查后做出裁定，通过法院的强制执行程序将抵押财产拍卖或变卖。人民法院一般是以拍卖为原则，以变卖为例外。

（四）抵押权人的优先受偿

抵押权人的优先受偿，是指抵押权人可以就抵押财产卖得的价金优先分配，而不必与普通债权人或后位抵押权人按债权比例分配该抵押财产的价金。抵押权人的优先受偿权主要表现在以下四个方面：

第一，在一般情况下，抵押权人优先于普通债权人受偿。第二，在抵押财产被查封、被执行时，抵押权优先于执行权。第三，顺序在先的抵押权优先于顺序在后的抵押权。依据《民法典》第 414 条的规定，抵押权已登记的，按照登记的先后顺序清偿；抵押权已登记的优先于未登记的受偿；抵押权未登记的，按照债权比例清偿。第四，价款超级优先权优先于其他抵押权，但不得优先于留置权。

抵押财产折价或者拍卖、变卖后，其价款超过债权数额的部分归抵押人所有，不足部分由债务人清偿。抵押权人与抵押人之间可以就该抵押财产折价、拍卖或变卖后所得价款的清偿顺序问题作出约定。如果当事人没有约定，则应按照下列顺序清偿：首先，抵偿实现抵押权的费用，即将抵押财产折价或拍卖、变卖抵押财产的花费，包括诉讼费、保全费、鉴定费、评估费、拍卖费等；其次，抵偿主债权的利息；最后，抵偿主债权。

（五）抵押权实现的其他问题

1. 抵押财产不足以清偿债务时的情况

《民法典》第 413 条规定："抵押财产折价或者拍卖、变卖后，其价款超过债权数额的部分归抵押人所有，不足部分由债务人清偿。"如果抵押人是债务人以外的第三人，剩余财产应当返还给第三人，而不能将该财产返还给债务人，因为抵押财产是第三人的财产。如果债务人自己提供抵押财产，且抵押财产不足以清偿债务，债务人应当以自己的责任财产来补充。

2. 抵押后的新增财产

《民法典》第 417 条规定："建设用地使用权抵押后，该土地上新增的建筑物不属于抵押财产。该建设用地使用权实现抵押权时，应当将该土地上新增的建筑物与建设用地使用权一并处分。但是，新增建筑物所得的价款，抵押权人无权优先受偿。"新增财产之所以不属于抵押财产，是因为建设用地使用权抵押时，建筑物尚未建造，所以抵押后新增的建筑物不应包括在抵押财产的范围之内，这也是符合当事人的意思的。但是，根据《民法典》所确立的"房随地走""地随房走"的原则，在实现抵押权时，应当一并处分。所谓一并处分，就是指将建设用地使用权和新增建筑物一并转出，而不能分别转让给不同的民事主体。但是，在优先受偿时，抵押权人不能就新增建筑物的价值优先受偿。

3. 乡镇企业财产的抵押

《民法典》第 418 条规定："以集体所有土地的使用权依法抵押的，实现抵押权后，未经法定程序，不得改变土地所有权的性质和土地用途。"该条规定包括以下内容：第一，以可以抵押的集体所有土地的使用权设定抵押的，按照"房随地走""地随房走"的原则，土地上的厂房等建筑物不能单独抵押，必须与建筑物占用范围内的集体土地使用权一并抵押。第二，在实现抵押权时，不得改变土地所有权的性质和土地用途。事实上，集体所有土地的使用权移转，原本不涉及土地所有权，法律作出此规定旨在防止以抵押为名导致土地所有权的移转。另外，在实现抵押权之后，抵押财产的受让人不能改变土地的用途，这既是保护耕地政策的要求，也是物权法定原则的要求。

第三节　质　　权

一、质权的概念与特征

质权，是指债务人或第三人将标的动产或权利交债权人占有或控制，在债务人不履行债务或者发生当事人约定的实现权利的情形时，债权人以该动产或权利折价或拍卖、变卖所得价款优先受偿的权利。在质押法律关系中，享有质权的人称为质权人；将标的财产移转于质权人占有或控制而供债权担保的债务人或第三人，称为出质人；出质人移转给债权人占有以供债权担保的财产，称为质物或质押财产。

质权作为担保物权之一种，除具有担保物权的共有属性外，还有其自身特点。

（一）质权原则上以交付（占有）为公示方法

质权的标的物为动产或者财产权利，且必须属于债务人或第三人所有，并具有可转让性。动产质权以质权人占有债务人或第三人动产为要件，这是由动产物权的变动以占有为公示方式和生效要件的立法模式所决定的。《民法典》第 429 条规定："质权自出质人交付质押财产时设立。"动产质权设立要件的"交付质押财产"，到了权利质权领域，也成为"移转权利凭证"或者"权利证书的交付"，更多地体现为一种观念上的占有，也就是权利质权人对入质权利的"准占有"。但这一公示方法的公示力明显不足，《民法典》就其中部分权利质权改采登记公示的方法。

（二）质权的标的为动产或财产权利，但不包括不动产或不动产权利

权利可为抵押权的标的财产，也可为质权的标的财产。一般认为，基于不动产而产生的用益物权或其他不动产利用权，属于与质权性质相抵触的财产权利，因而被纳入抵押财产的范畴。《民法典》不承认不动产质权。因此，不动产权利不得为权利质权的标的财产。其他类型的财产权利，如知识产权中的财产权、可转让的证券权利、应收账款等，由于其具有交换价值，同时在可移动性上与动产相似，因而被归入质押财产的范畴，可在其上设立权利质权。

（三）质权具有留置效力，并就标的财产直接支配以实现质权

债务人不履行到期债务或者发生当事人约定的实现质权的情形的，质权人可以继续留置

质押财产,并对质押财产的全部行使权利。债务人履行债务或者出质人提前清偿所担保的债权的,质权人应当返还质押财产。债务履行期限届满后,出质人可以请求质权人及时行使质权;质权人不行使的,出质人可以请求人民法院拍卖、变卖质押财产。出质人请求质权人及时行使质权,因质权人怠于行使权利造成出质人损害的,由质权人承担赔偿责任。

二、动产质权

动产质权,是指债权人对于债务人或者第三人移转占有而供作担保的动产,在债务人不履行到期债务或者发生当事人约定的实现质权的情形下,依法享有以该动产折价或者以拍卖、变卖该动产所得的价款优先受偿的权利。

(一)动产质权的取得

设立质权,当事人应当采取书面形式订立质押合同。质押合同是质权产生的前提,也是将来处理当事人之间纠纷的重要根据。同时,《民法典》第429条规定:"质权自出质人交付质押财产时设立。"

1. 动产质权的当事人

动产质权的当事人为质权人和出质人。质权人必须是质权担保的主债权的债权人,质权旨在为债权人设定担保利益。出质人既可以是债务人,也可以是第三人。第三人为出质人的,该第三人又称物上保证人。质权的设定属于对物的处分行为,故出质人对标的物应当具有处分权。

2. 动产质权的标的物

动产充作质押财产须具备以下条件:

第一,须是特定化动产。充作质押财产的动产须是特定化的物,包括特定物和特定化的种类物。如果质押财产尚未特定,质权将无从依附,质押财产也无从移转占有。

第二,须是有交换价值的动产,否则质权设定的目的将无从实现。

第三,须有可让与性。质权人的权利重在对动产的交换价值的支配权,质权即价值权。如果以不可让与或不能让与的财产充当质押财产,质押财产无法变价,质权也就无法实现。因此,不可让与的财产或者法律禁止流通的财产,不能独立存在的物,都不能成为质押财产。至于共有人中的一人以其对共有物的应有份额设定质权,并将共有物移交债权人占有,应视为动产质权有效成立。法律限制流通的物可以作为质押财产,只是实现质权时,质权人不能协议以质押财产折价或以拍卖、变卖的方式实现质押财产的变价,而只能由有权收购的部门收购质押财产,质权人以质押财产的收购款优先受偿。

3. 动产质权的善意取得

动产质权以交付为公示方法。对于动产所有权人为何人,第三人一般只能根据动产的占有来判断。动产占有发生移转,便"推定适法权利"移转,亦即不论动产的所有权人是何人,如善意第三人可以信赖占有人享有权利,即应推定第三人享有质权。因此,从占有公信力的角度来看,善意第三人应取得质权。同时,基于确保交易安全的目的,也应承认在无权处分人处分他人财产的情况下,善意第三人应当取得质权。

动产质权的善意取得应当具备以下要件:第一,须以设定质权为目的,即出质人移转动产占有于质权人,旨在设定质权担保债权的实现;第二,须出质人无处分质押财产的权利;第三,须质权人已占有该质押财产;第四,须质权人受让质押财产的占有时为善意,而不知出质人无处分权。善意相对恶意而言,是指质权人的主观心理状态,即质权人在接受标的物之时不知出质人为非所有权人,或无转让权人,而误以为出质人为有处分权人。这里的“不知”包括不知道和不应当知道,即无故意又无重大过失的情形。

(二)动产质权的效力

1. 动产质权所及标的物的范围

动产质权所及标的物的范围,主要包括从物、孳息、质押财产的代位物。动产质权的效力及于质押财产的从物。但是,从物未随同质押财产移交质权人占有的,质权的效力不及于从物。除非另有约定,质权人有权收取质押财产的孳息。收取的孳息按照下列顺序清偿:(1)收取孳息的费用;(2)主债权的利息;(3)主债权。孳息的所有权仍然属于出质人,质权人对于孳息仅取得质权。这里的孳息,不限于天然孳息,法定孳息也包含在内。孳息既可以是金钱,也可以是金钱以外的物。质权具有物上代位性,质权的效力当然也及于质押财产的代位物。质押期间,质押财产毁损、灭失或者被征收等,质权人可以就获得的保险金、赔偿金或者补偿金等优先受偿。被担保债权的履行期限未届满的,也可以提存该保险金、赔偿金或者补偿金等。

2. 动产质权对于质权人的效力

(1)占有和留置质押财产的权利

动产质权以移转标的物的占有为成立要件,质权人对质押财产有权占有。质权人对质押财产的占有是合法的他主占有,质权人在其占有权受到侵害时,可以依法提起占有恢复之诉。

质权人在债权受清偿之前,对其占有的质押财产有留置的权利。只要质权人未受完全清偿,质权人就有权拒绝出质人返还质押财产的请求。即使出质人将质押财产转让给第三人,质权人留置质押财产的权利也不受影响。质权人留置质押财产的权利与留置权人的留置权不同:质权人留置质押财产的权利,并非质权的基本效力,只是维持质权存续的必要措施;而留置权人的留置权是留置权的基本效力之一。

(2)质押财产孳息收取权

质押财产孳息为质权效力所及。质权人有权收取质押财产的孳息,但是合同另有约定的除外。质权人享有收取质押财产孳息的权利并不是因为其已占有质押财产,而是因为质权的存在。质权人收取由质押财产所产生的孳息,并非取得孳息的所有权,而只是取得对孳息的质权。《民法典》第430条规定:“质权人有权收取质押财产的孳息,但是合同另有约定的除外。前款规定的孳息应当先充抵收取孳息的费用。”

(3)费用返还请求权

质押财产出质后仍由出质人享有所有权,质权人只是占有质押财产并负有妥善保管质押财产的义务。因此,质权人对于因保管质押财产所支出的必要费用有请求出质人予以偿还的权利。

(4)物上代位权

物上代位权的行使,主要是由于质押财产毁损、灭失或被征收,因此所得的保险金、赔偿金或者补偿金应作为代位物,为主债权继续提供担保。

(5)转质权

质权人为了担保自己或者他人的债务,有权以质押财产设定新的质权,称为转质。质权为财产权,质权人对质押财产的占有和收益享有利益,在合理的限度内,法律没有限制当事人利用和处分质权的必要。转质在性质上属于质权的再设定,只不过新设定的质权所支配的标的仍为原质权支配的标的,转质权就质押财产取得更优先的支配力而已。我国《民法典》不提倡转质,但也没有禁止转质。为了保护出质人的利益,《民法典》第 434 条规定:"质权人在质权存续期间,未经出质人同意转质,造成质押财产毁损、灭失的,应当承担赔偿责任。"

承诺转质,是指质权人征得出质人的同意而将质押财产转质于第三人的行为。在承诺转质的情形下,质权人仅对因转质权人的过错而造成的损失承担责任,对于质押财产转质后非因转质权人的过错而发生的损失不承担责任。承诺转质实际上是以出质人让与对质物的部分处分权为基础而发生的意思自治行为,在以契约自由为本的财产流转社会中,应承认承诺转质的效力。

责任转质,是指质权人在质权存续期间,无须出质人同意将质押财产转质于第三人的行为。在责任转质的情形下,质权人对于质押财产转质后所发生的任何损失,包括因不可抗力而发生的损失,均应承担责任。责任转质对于质权人充分利用质押财产的交换价值有重要的意义,对出质人的利益并无明显不利影响。《民法典》不承认责任转质。

(6)质权的处分权

质权在性质上属于一种可以移转的财产权利,质权人有权基于自己的意志和利益处分自己的权利。例如,质权人可以将质权抛弃。一旦质权人处分质权,通常将导致质权的消灭。《民法典》第 435 条规定:"质权人可以放弃质权。债务人以自己的财产出质,质权人放弃该质权的,其他担保人在质权人丧失优先受偿权益的范围内免除担保责任,但是其他担保人承诺仍然提供担保的除外。"

(7)优先受偿权

优先受偿权是质权的基本内容,也是实现质权担保作用的方式。质权人的优先受偿权主要表现在质权人较债务人的一般债权人即无担保的债权人优先受偿,在出质人破产时,质权人享有别除权。

(8)妥善保管质押财产的义务

《民法典》第 431 条规定:"质权人在质权存续期间,未经出质人同意,擅自使用、处分质押财产,造成出质人损害的,应当承担赔偿责任。"质权人在享有占有质押财产的权利的同时,也负有在占有期间妥善保管质押财产的义务。因质权人的过错即保管不善致使质押财产毁损、灭失的,质权人应当承担赔偿责任。质权人的行为可能使质押财产毁损、灭失的,出质人可以请求质权人将质押财产提存,或者请求提前清偿债务并返还质押财产。

(9)返还质押财产的义务

债务人履行债务或者出质人提前清偿所担保的债权的,质权人应当返还质押财产。

3. 动产质权对于出质人的效力

(1)质押财产的处分权

出质人虽将质押财产出质于质权人,并且移转占有于质权人,但并不丧失所有权,因此出质人仍有权处分质押财产,但当出质人转让质押财产时,不能于质权实现前现实交付,只能采取指示交付的方式,因此,质权设定后,出质人对质押财产的处分权受到一定的限制。

(2)质押财产受侵害时的救济权

在质权人不履行妥善保管的义务而侵害质押财产时,出质人有权请求排除侵害;在质权人不能妥善保管,可能使质押财产灭失或者毁损的情形下,出质人可以请求质权人将质押财产提存,质押财产的提存费用应由质权人承担。出质人也可向债权人提前清偿债务而请求返还质押财产,以代替将质押财产提存。

(3)请求及时行使质权的权利

在债务履行期限届满后,质押财产仍然处于质权人占有之下,并且由质权人继续收取孳息。如质权人不及时行使质权,有可能使质物的价值降低,造成出质人的损失。出质人可以请求质权人及时行使质权。如果质权人不行使质权,出质人可以享有如下权利:一是请求人民法院拍卖、变卖质押财产。之所以必须请求法院拍卖、变卖,主要是因为质押财产处于质权人占有下,如允许出质人直接拍卖、变卖,则难免导致纠纷,也难以保障质权人的利益。二是请求损害赔偿。因质权人怠于行使权利给出质人造成损害的,应由质权人承担赔偿责任。此处所说的损害,是指在债务履行期届满后,质权人怠于行使质权给出质人造成的损害,而不包括债务履行期限届满以前产生的损害。

(4)物上保证人的求偿权与清偿承受权

为债务人提供质押担保的第三人在其代债务人清偿债务,或者因质权人行使质权而使其丧失对质押财产的所有权时,有权向债务人求偿,同时有权在其承担责任的范围内承受债权人对债务人的权利,但是不得损害债权人的利益。

(三)动产质权的实现

动产质权的实现,是指质权人于其债权已届受偿期而未受偿,或者发生当事人约定实现质权的情形时,以质押财产的价值受偿。动产质权的实现方法有3种,即折价、拍卖、变卖。动产质权的实现须具备以下条件。

1. 债务人不履行到期债务或者发生当事人约定的实现质权的情形

如债权人的债权未届清偿期而允许质权人行使质权,将损害债务人依法应当享有的期限利益。债权是否已届清偿期,依当事人的约定,无约定时应依法予以确定。对于已届清偿期的债权,除非债务人有法定的抗辩权存在,如同时履行抗辩权、不安抗辩权等,债务人拒绝或者迟延履行债务的,质权人即可实现质权。而且,只要债权已届清偿期而未受清偿,无论债权人是否请求债务人为清偿,更无论债务人是否已为部分清偿,质权人均可实现质权。“发生当事人约定的实现质权的情形”将除债务人不履行到期债务之外的实现情形交由当事人自己约定,符合合同自由的精神。

2. 须质权人占有质押财产

质权人保有质权以其持续占有质押财产为前提,质权人丧失对质押财产的占有即意味着质权的消灭。

(四)动产质权的消灭

1. 担保债权消灭

动产质权所担保的债权消灭,从属于该债权的动产质权随之消灭。

2. 质物的返还

质权人占有质物为动产质权的成立要件和存续要件,且质权人不得以占有改定的方法设立动产质权,因此,质权人将质物返还出质人的,动产质权归于消灭。[1]

---

〔1〕 参见梁慧星、陈华彬:《物权法》(第4版),法律出版社2007年版,第356页。

3. 丧失对质物的占有

质物因遗失、被盗、被侵夺或其他原因,致使质权人事实上丧失了对质物的占有,且不能请求返还时,动产质权消灭。

4. 质物灭失

质物灭失,又无代位物或代偿物时,动产质权消灭。

5. 动产质权的抛弃

质权人抛弃动产质权,动产质权自然归于消灭。《民法典》第 435 条规定:“质权人可以放弃质权。债务人以自己的财产出质,质权人放弃该质权的,其他担保人在质权人丧失优先受偿权益的范围内免除担保责任,但是其他担保人承诺仍然提供担保的除外。”

6. 动产质权实现

动产质权的实现,无论被担保债权是否获得全部清偿,动产质权均告消灭(《民法典》第 393 条第 2 项)。

(五)最高额质权

《民法典》第 439 条规定:“出质人与质权人可以协议设立最高额质权。最高额质权除适用本节有关规定外,参照适用本编第十七章第二节的有关规定。”设立最高额质权,可在质押财产的价值范围内,对一定时期内发生的连续性交易关系进行担保。具体规则应当适用关于质权的规定,参照适用关于最高额抵押权的规定。

三、权利质权

权利质权,是指以依法可转让的债权或者其他财产权利为标的而设定的质权。

(一)可以出质的权利

1. 权利质权是以所有权、用益物权以外的财产权利为标的的质权

权利质权与动产质权最大的区别在于,权利质权的客体是权利,这里的权利仅指所有权、用益物权以外的可以让与的财产权利。

2. 须有可让与性

质权为价值权,其标的须有变价的可能。虽为财产权,但无可让与性的权利,不能为权利质权的标的。不得转让的权利有:(1)根据权利的性质而不能转让的权利,包含以下三个方面的情况:一是基于权利、义务关系人之间特殊的信任关系所产生的权利;二是以特定身份为基础的权利;三是从权利。(2)当事人约定不得转让的权利。《民法典》第 545 条第 2 款规定:“当事人约定非金钱债权不得转让的,不得对抗善意第三人。当事人约定金钱债权不得转让的,不得对抗第三人。”(3)依法不得转让的权利。例如,我国《公司法》第 160 条规定,公司公开发行股份前已发行的股份,自公司股票在证券交易所上市交易之日起 1 年内不得转让;公司董事、监事、高级管理人员所持本公司股份自公司股票上市交易之日起 1 年内不得转让;上述人员离职后半年内,不得转让其所持有的本公司股份。

3. 须为适于设质的权利

我国《民法典》不承认不动产质权,且第 446 条规定权利质权准用动产质权的规定,因此,不动产用益物权及其他不动产权利虽具可让与性,但与质权的性质不合,均不得作为权利质权的标的财产。值得注意的是,不动产抵押权虽然可以随同其所担保的债权出质,但所设定的是附抵押权担保的应收账款质权,而并非以不动产抵押权为权利质权的标的财产。

依据《民法典》第440条的规定，可以作为权利质权标的的权利具体有以下几种：(1)汇票、本票、支票；(2)债券、存款单；(3)仓单、提单；(4)可以转让的基金份额、股权；(5)可以转让的注册商标专用权、专利权、著作权等知识产权中的财产权；(6)现有的以及将有的应收账款；(7)法律、行政法规规定可以出质的其他财产权利。

4. 权利质权的设立分别以登记、背书或交付权利凭证为要件

与动产质权的设立以动产交付为生效要件不同，权利质权的设立，有的以登记为生效要件，有的以背书为生效要件，有的以交付权利凭证为生效要件。

（二）权利质权的设定

由于权利质权准用动产质权的规定，因此其取得方式大体与动产质权相同，即包括基于法律行为（如质权合同）而取得、基于法律行为以外的事实而取得（如善意取得）等。通过质权合同设定权利质权，是最常见、最重要的方式。

1. 有价证券质权

《民法典》第441条规定："以汇票、本票、支票、债券、存款单、仓单、提单出质的，质权自权利凭证交付质权人时设立；没有权利凭证的，质权自办理出质登记时设立。法律另有规定的，依照其规定。"

2. 基金份额、股权质权

基金份额、上市公司股权质权的设立，须经登记后生效。目前，我国的证券登记结算机构是中国证券登记结算有限责任公司，下设深圳分公司和上海分公司。基金份额的登记结算适用《证券登记结算管理办法》的规定。

以非上市公司的股权出质的，或者以有限责任公司的股份出质的，质权自办理登记时设立。质押登记在市场监管机构办理。

3. 知识产权质权

以注册商标专用权、专利权、著作权等知识产权中的财产权出质的，当事人应当订立书面合同，质权自办理出质登记时设立。知识产权中的财产权出质后，出质人不得转让或者许可他人使用，但经出质人与质权人协商同意的除外。出质人转让或者许可他人使用出质的知识产权所得的价款，应当向质权人提前清偿债权或者提存。

4. 应收账款质权

应收账款质权是以应收账款为标的而设定的质权。所谓应收账款，是指权利人因提供一定的货物、服务或设施而获得的要求义务人付款的权利以及依法享有的其他付款请求权，包括现有的和未来的金钱债权，但不包括因票据或其他有价证券而产生付款请求权，以及法律、行政法规禁止转让的付款请求权。应收账款包括下列权利：销售、出租产生的债权，包括销售货物，供应水、电、气、暖，知识产权的许可使用，出租动产、不动产等；提供医疗、教育、旅游等服务或劳务产生的债权；能源、交通运输、水利、环境保护、市政工程等基础设施和公用事业项目收益权；提供贷款或其他信用活动产生的债权；其他以合同为基础的具有金钱给付内容的债权。

以应收账款出质的，当事人应当订立书面合同，质权自登记时设立。应收账款出质后，不得转让，但经出质人与质权人协商同意的除外。出质人转让应收账款所得的价款，应当向质权人提前清偿债务或者提存。

5. 依法可以质押的其他权利

《民法典》第440条第7项关于"法律、行政法规规定可以出质的其他财产权利"的规定,是对权利质权标的物范围的兜底性规定,表明权利质权体系不是封闭的,本条明确可以出质的权利并不能涵盖所有可以出质的权利范围,根据现实需要,法律、行政法规可以规定其他权利可以出质;只要在法律、行政法规中明确规定可以出质,也适用本节权利质权的有关规定。

疑难问题论争 欠缺书面形式的票据质押合同有无法律效力?

《民法典》第427条第1款规定:"设立质权,当事人应当采用书面形式订立质押合同。"质押合同未采用书面形式的,究竟为无效还是效力不受影响?该条规定应为非强制性规定,应该属于倡导性规定,不宜仅因质押合同未采取书面形式即认定其无效,只要当事人都认可质押合同,或有其他证据证明质押合同存在,且不违反法律、行政法规的强制性规定,即应承认质押合同的效力。

鉴于此,对于票据质押合同,《民法典》第441条删除了"应当订立书面合同"的表述,规定为:"以汇票、本票、支票、债券、存款单、仓单、提单出质的,质权自权利凭证交付质权人时设立;没有权利凭证的,质权自办理出质登记时设立。法律另有规定的,依照其规定。"

(三)权利质权的效力

1. 权利质权对担保的债权和质押财产的效力

权利质权对担保的债权的担保范围包括主债权、利息、违约金、损害赔偿金以及实现质权的费用。

就权利质权效力所及的标的范围而言,应当准用关于动产质权的有关法律规定。但是由于权利质权的标的特殊,因而权利质权对质押标的的效力与动产质权存在差别。例如,票据权利的代位物问题,票据毁损消灭,权利人可以通过挂失支付、公示催告等特定方式而重新获得票据权利,此时重新获得的票据权利与先前的票据权利具有同一性而非代位物。因此,不存在作为质权标的的权利的代位物的问题,其仍然是质权的标的。又如,公司股东将股权质押后不久,公司宣告破产,股东享有对公司破产后的剩余财产索取权,行使该权利获得的财产并不是股权的代位物,而是股权的内容之一,仍然是质权的标的物。

2. 权利质权对出质人的效力

出质人的权利是:(1)质权人不能尽到善良管理人的义务保管质押的权利凭证,而可能致其灭失或毁损的,出质人有权要求质权人将该权利凭证提存,也有权提前清偿债权而消灭权利质权,以取回设质的权利凭证。(2)权利质权设定后,权利质权因出质人提前清偿债权而消灭的,出质人有权取回质押的权利凭证或者注销权利质权的登记。

出质人在将其享有的权利出质之后,并未丧失对该权利的处分权。由于权利质权的标的是权利,出质人完全可以通过法律行为使该权利消灭,所以,在权利质权中对出质人处分权的限制应当加强,即出质人应承担以下义务:(1)股权出质后,不得转让,但经出质人与质权人协商同意的,可以转让。出质人转让股票所得的价款应当向质权人提前清偿或者提存。(2)以依法可以转让的商标专用权或者专利权、著作权中的财产权出质的,出质人不得转让或者许可他人使用,但经出质人与质权人协商同意的,可以转让或者许可他人使用。出质人所得的转让费、许可费,应当向质权人提前清偿或者提存。如果出质人未经质权人同意而转让或者许可他人使用已出质权利的,为无效,因此给质权人或者第三人造成损失的,由出质人承担民事责任。

3. 权利质权对质权人的效力

依据《民法典》第 446 条的规定,权利质权准用动产质权的有关规定。因此,权利质权人的权利义务基本上与动产质权人相同。例如,股票、基金质权人保全股票价值的权利。由于股票市场瞬息万变,出于保全质押财产权利的考虑,《民法典》第 443 条第 2 款规定:"基金份额、股权出质后,不得转让,但是出质人与质权人协商同意的除外。出质人转让基金份额、股权所得的价款,应当向质权人提前清偿债务或者提存。"

(四)权利质权的实现

权利质权的实现是指质权所担保的主债权已届清偿期而债务人不履行债务时,或者发生当事人约定的实现质权的情形,质权人依法以质押的权利变价,并就其价款优先受偿的行为。

质权实现的一般方法有 3 种,即以质押的权利折价、拍卖和变卖。

第四节 留 置 权

一、留置权概述

(一)留置权的概念

依据《民法典》第 447 条的规定,留置权是债务人不履行到期债务时,债权人可以留置已经合法占有的债务人的动产,并有权就该动产优先受偿的权利。

在留置权法律关系中,留置债务人财产的债权人称作留置权人,被留置财产的债务人称作被留置人,被留置的财产称作留置财产,也称作留置物。

(二)留置权的特征

(1)留置权的性质为他物权。留置权是以他人之物而发生的物权,因而是限制物权。

(2)留置权是法定担保物权。当事人自己不能约定留置权,当法律规定的条件具备时,留置权自行产生,留置权的适用范围由法律规定。

(3)留置权具有双重效力。第一重效力为留置效力。发生在留置权产生之时,债权人即留置权人于其债权受清偿前可以留置债务人的财产,促使债务人履行其义务,留置权人对留置财产享有继续占有的权利,并享有物上请求权,至债务人履行债务时,该效力终止。第二重效力为优先受偿效力。发生在债务人经过催告仍不履行债务时,留置权人依法以留置财产折价或拍卖、变卖的价款优先受偿。

(4)留置权是不可分性物权,其效力及于留置财产的全部。但是,《民法典》第 450 条规定:"留置财产为可分物的,留置财产的价值应当相当于债务的金额。"

(5)留置权为从权利,随主权利的存在而存在,随主权利的消灭而消灭。

(三)留置权的作用

留置权的作用就是担保债权,具体表现在:留置权是被动发生的,仅具有债权担保一项作用,不能起到融通资金的作用。

二、留置权的成立

留置权成立要件分为积极要件和消极要件。

(一)留置权成立的积极要件

留置权成立的积极要件是留置权成立所应具备的事实,为以下3项:

(1)债权人合法占有债务人的动产。债权人占有债务人的动产,必须依自己的意思对某物予以控制。债权人持有某物,不能成立留置权。

(2)债权的发生与该动产有牵连关系。债权人所占有的债务人的动产必须与其债权的发生有牵连关系,才可成立留置权。《民法典》第448条规定:"债权人留置的动产,应当与债权属于同一法律关系,但是企业之间留置的除外。"也就是说,债权人的权利与债务人的请求交付标的物的权利是基于同一法律事实发生的,即认为债权的发生与该动产有牵连关系。

(3)债权已届清偿期且债务人未履行债务。只有在债权已届清偿期,债务人仍不履行义务时,债权人才可以留置债务人的动产。

(二)留置权成立的消极要件

留置权成立的消极要件,是留置权成立的否定条件,即虽然具备留置权成立的上述积极要件,但因消极要件的存在,而使留置权仍不能成立。留置权成立的消极要件虽然有多项,但只要具备其中之一,即发生否定留置权的效果。

留置权成立的消极要件通常有以下几项:

第一,因非法行为而占有他人的动产。依据《民法典》第114条的规定,民事主体依法享有物权。据此,物权不能因非法行为而取得。如果占有人因非法行为而占有他人的动产,如占有人因盗窃、抢夺等侵权行为而占有他人的动产,则即使占有人就占有物支出了修缮费用或有益费用,也不得在受害人请求返还动产时,以未受偿各项费用而留置其所占有的动产。

第二,法律规定或当事人约定不得留置动产。依据《民法典》第449条的规定,法律规定或者当事人约定不得留置的动产,不得留置。法律规定不得留置动产的情形,主要是指债权人留置财产违反公共秩序和善良风俗的情形。例如,留置他人的身份证件或者尸体运送人以运费未付而对尸体主张留置权。

第三,留置财产与债权人所承担的义务相抵触。例如,甲委托乙将一批货物运到某地,双方约定货到目的地后付运费。在此情形下,乙不得要求甲先行支付运费,更不得以甲未支付运费为由而留置货物。

三、留置权的效力

(一)留置权的一般效力范围

1. 留置权所担保的债权范围

留置权所担保的债权范围,原则上应与担保物权所担保的债权范围相同,是与留置财产有牵连的一切债权,包括原债权、债权的利息、迟延的利息、实现留置权的费用、留置财产保管费以及因留置财产瑕疵而产生的损害赔偿等。

2. 留置权标的物的范围

留置权的标的物就是留置财产。对于留置权对留置财产所及的效力范围,法律无明文规定,在解释上认为包括主物、从物、孳息和代位物。

（二）留置权对留置权人的效力

1. 留置权人的权利

（1）留置财产的占有权。留置财产占有权的内容包括两个方面，一方面对抗债务人即留置财产的所有人或原占有人，另一方面对抗该合同关系以外的第三人。

（2）留置财产的孳息收取权。《民法典》第 452 条规定："留置权人有权收取留置财产的孳息。前款规定的孳息应当先充抵收取孳息的费用。"

（3）留置财产必要的使用权。在下述两种情况下，留置权人有使用留置财产的权利：第一，为留置财产保管上所必要的使用，如适当使用留置的车、船、机械，为防止锈蚀而进行适度运转；第二，经债务人同意而为的使用。

（4）必要费用偿还请求权。必要费用是指保存、管理所不可或缺的费用，包括保管费、维修费、养护费、搬运费等。

（5）留置财产变价权。该变价权并不产生于留置权产生之时，而是产生于留置权实行之时，即留置权的第二重效力发生之时。关于留置财产变价权的行使，《民法典》第 453 条规定："……债务人逾期未履行的，留置权人可以与债务人协议以留置财产折价，也可以就拍卖、变卖留置财产所得的价款优先受偿。留置财产折价或者变卖的，应当参照市场价格。"

（6）优先受偿权，优先受偿权是留置权第二重效力中的最后一个权利，是保障留置权人债权的根本手段。

2. 留置权人的义务

（1）留置权人的保管义务。《民法典》第 451 条规定："留置权人负有妥善保管留置财产的义务；因保管不善致使留置财产毁损、灭失的，应当承担赔偿责任。"

（2）不得擅自使用、利用留置财产的义务。留置权人未经债务人同意而擅自使用、利用留置财产，构成对应负义务的违反，导致发生损害时，留置权人应负损害赔偿责任。

（3）返还留置财产的义务。留置权消灭时，留置权人丧失对留置财产的占有权，应将留置财产返还给债务人。违背这一义务，债权人为非法占有，应负民事责任。

（三）留置权对债务人的效力

在留置权法律关系中，债务人是留置财产的合法权利人，其既可以是留置财产的所有人，也可以是对留置财产享有合法占有权的人。留置权产生以后，除对留置权人发生法律效力以外，还对债务人发生法律效力。

1. 债务人仍享有留置财产的原有权利

留置财产被留置以后，留置财产的所有人仍对留置财产享有所有权，留置财产合法占有人仍对留置财产享有相应的权利。债务人在其权限范围内可以处分留置财产，但受让人成为新的债务人，成为留置权关系的当事人。

2. 债务人行使留置财产的权利受到限制

债务人丧失对留置财产的占有，也无法使用，收益的权能则部分受限制，债务人的出质权受到限制，租赁权也受到限制。

3. 不得干扰、阻碍留置权人行使留置权

留置财产被留置以后，债务人必须尊重留置权人行使留置权的事实，不得干扰、阻碍留置权人行使权利，必要时还须予以协助。

4. 偿付因留置财产而支出的必要费用

留置财产被留置以后，由于其所有权等权属未变，因而债务人对于留置权人因保管、维护留置财产而发生的一切费用均应承担。

四、留置权的实现

留置权的实现也称留置权的实行，是指留置权的第二重效力的实现。债务人于留置标的物后一定的期限内仍不履行其债务的，留置权人得以留置财产的变价款优先受偿。

（一）留置权实现的程序和条件

留置权的实现必须经过一定的程序和具备一定的条件。

1. 确定留置财产后的履行债务宽限期

债权人一经留置依债权占有的债务人的财产，应当立即确定宽限期。宽限期的确定有两种办法：一是由当事人双方事先在合同中约定；二是当事人双方在合同中没有事先约定宽限期的，债权人在留置财产后应自行确定一个宽限期，但最短不得少于 60 日。

2. 对债务人的通知义务

债权人留置合同标的物以后，应当立即通知债务人。通知的内容包括：一是告知已将合同的标的物留置；二是告知债务人宽限期；三是催告债务人在宽限期内履行债务。债权人未通知债务人的，不得实现留置权。宽限期应于债权人通知留置之日起计算。

3. 留置财产变价、受偿

债务人在宽限期届满仍不履行债务，也不另行提供担保的，留置权人可以对留置财产变价、受偿。债务人在宽限期届满前履行了债务，或者另行提供了担保，则留置权消灭。

（二）留置权实现的方式

依照我国《民法典》的规定，留置权的实现方式有两种：一是当事人协商一致折价的，可依约定办理；二是当事人约定折价不成，则须依变价方式。当事人约定变价的，也应准许。《民法典》第 454 条规定："债务人可以请求留置权人在债务履行期限届满后行使留置权；留置权人不行使的，债务人可以请求人民法院拍卖、变卖留置财产。"留置权人最终实现留置权，是以处分留置财产的变价款和留置财产的折价款，优先受偿。按照《民法典》第 455 条的规定，留置财产折价或者拍卖、变卖后，其价款超过债权数额的部分归债务人所有，不足部分由债务人清偿。但剩余债权因已无担保，成为普通债权，并无优先受偿权。

五、留置权的消灭

（一）留置权消灭的概念和类型

留置权的消灭，是指留置权成立以后至留置权实现之前，留置权因一定原因的出现而不复存在。留置权的消灭分两种：一是永久消灭，即一经消灭，永不再产生；二是相对消灭，即留置权消灭后还会依法再生。

（二）留置权消灭的原因

1. 留置权因物权消灭的共同原因而消灭

留置权是物权，当物权消灭的共同原因出现时，留置权因此而消灭。这些原因是：(1)标的物灭失；(2)标的物被征用；(3)留置权与所有权混同。

2. 留置权因担保物权消灭的共同原因而消灭

《民法典》第 393 条规定的担保物权消灭的共同原因，都适用于留置权的消灭。这些原因是:(1)主债权消灭;(2)担保物权实现;(3)债权人放弃担保物权;(4)法律规定担保物权消灭的其他情形。

3. 留置权消灭的特别原因

留置权消灭的特别原因,是指只能引起留置权消灭的特殊事实,既不可适用于其他担保物权,更不能适用于其他物权。这些原因是:(1)债务人另行提供担保并被债权人接受。(2)留置权人对留置财产丧失占有。(3)债权清偿期的延缓。留置权的成立以债务人不履行到期债务为要件,如果留置权人同意延缓债权的清偿期,则留置权人就不能请求债务人履行债务,不能认为债务人超过约定的期限不履行义务,从而也就欠缺留置权成立的要件。因此,在债权清偿期延缓时,留置权消灭。(4)留置财产的任意返还。留置权以留置财产的占有为存续条件,因此,留置权人任意将留置财产返还给债务人的,留置权归于消灭。

六、留置权与其他担保物权的竞存

《民法典》第456条规定:"同一动产上已经设立抵押权或者质权,该动产又被留置的,留置权人优先受偿。"依据这一规定,如果留置权和抵押权、质权发生冲突,则留置权人优先受偿。这是因为:第一,法定的物权原则上优先于约定的物权。第二,留置权具有优先效力,债权人不必担心留置物上负担其他担保物权从而谨慎行为,有利于节省交易成本,促进交易。第三,留置权具有优先效力,有利于债权人行使留置权的二次效力,保障债权实现。第四,留置权人已经合法占有留置物。基于占有事实的对抗效力,应当承认留置权具有优先效力。

案例分析

某房地产开发公司在某市郊区购买了一块建设用地用于写字楼开发。2015年5月,该公司以该土地使用权作抵押,向该市某银行借款5000万元,该块土地经评估为7200万元,双方在登记机关办理了抵押权登记手续。在登记时,注明抵押期限为2年。2018年3月,因某房地产开发公司拖欠债务,债权人银行向人民法院申请实现担保物权。

问题:

1. 银行对于某房地产开发公司的土地使用权享有何种物权?
2. 抵押权的作用是什么?
3. 银行请求法院实现其抵押权是否能得到支持?
4. 抵押合同需要约定抵押期限吗?

分析:

1. 由于某房地产开发公司的土地使用权已经设置了抵押并登记,银行已经取得了该土地的抵押权。该权利的性质是担保物权。

2. 抵押权的作用在于保障债权人的债权实现,当债务人不履行债务的时候,以抵押物的变现优先予以清偿,实现债权。

3. 本案的原告银行请求法院实现其抵押权,法院应当予以支持,因为该抵押权的实现条件已经具备。

4. 抵押合同不需要约定抵押期限。这是因为抵押权人对担保物取得了担保物权,也就是说,抵押权是一种担保物权。担保物权属于从权利,债权消灭的,抵押权也消灭。《民法典》第

393 条规定:“有下列情形之一的,担保物权消灭:(一)主债权消灭;(二)担保物权实现;(三)债权人放弃担保物权;(四)法律规定担保物权消灭的其他情形。”

思考题

1.《民法典》对用益物权的一般规则是怎样规定的?

2. 农村土地“三权”分置的基本原理是什么?土地经营权的内容有哪些?

3. 建设用地使用权与建筑物之间的关系应当怎样予以明确?

4. 居住权通过什么方式设立?设立后有哪些效力?

5. 地役权人、供役地人有哪些权利和义务?

第十六章　占　　有

| 学习要点 |

本章学习占有的概念和特征、占有的分类、占有的效力和占有的保护等内容。占有是人对物在事实上的控制与支配，占有只是一种事实状态，不是一种权利。占有的效力主要包括权利推定效力、状态推定效力、占有人的权利与义务等方面。法律对占有的保护可以分为自力救济和公力救济、物权法上的保护和债权法上的保护。

第一节　概　　述

一、占有的概念与特征

(一) 占有的概念

占有，是指人对物在事实上的管领与支配。在占有法律关系中，主体为物之管领人，即占有人，任何民事主体都可以成为占有人；客体为被管领之物，即占有物。

与占有相类似的概念是持有。持有，是刑法上的概念，是指对物的一种事实上的控制状态。[1] 占有和持有，虽同系指对于物有事实上的管领力，但持有却重在对物的事实上的实力支配，因此二者的范围或有重叠之处，如受寄人对于寄存物品既为民法上的占有，也为刑法上的持有。[2] 二者的差异在于：(1) 占有可以依抽象状态而成立间接占有，持有不具有这样的效力；(2) 占有人于占有物上行使的权利，推定其适法有此权利，持有无此推定；(3) 占有可以转移、继承，持有不得转移、继承；(4) 禁止流通物不能成为占有的标的物，但是可以成为持有的标的物。

在现代民法上，占有是独立于所有权及他物权的一项重要制度。无论是所有权人的占有，还是非所有权人的合法占有、非法占有，均受到占有制度的保护。占有制度的主要功能是稳定现实占有关系，维护交易安全，从而促进社会经济关系的发展。

(二) 占有的特征

1. 占有以物为客体。占有作为一种事实状态，反映的是一种人对物的管领关系。这里的物，既可以是动产，也可以是不动产。作为占有客体的物，并不以独立物为限，在物的成分上，无论是重要成分抑或是非重要成分，只要在事实上可以被人直接支配，都可以成为占有的客

---

〔1〕 参见王利明：《物权法研究》，中国人民大学出版社 2002 年版，第 639 页。

〔2〕 参见梁慧星、陈华彬：《物权法》(第 7 版)，法律出版社 2020 年版，第 405 ~ 406 页。

体。如承租三居室的一间。[1]

2. 占有人须对占有物有事实上的管领力。所谓事实上的管领力，是指对物的事实上的控制与支配。控制，是指物处于占有人的管理或影响之下；支配，是指占有人能够对物加以利用。通常对于动产的占有表现为控制，而对不动产的占有表现为利用。某人的控制力与支配力能否及于某物，应依社会一般观念并结合空间关系、时间关系以及法律关系确定。[2] 空间关系，是指人和物在场合上须有一定的结合关系，如居住于房屋、耕作于田地、佩戴珠宝等。时间关系，是指人和物的结合于时间上须有相当的继续性，如果人和物的结合只是瞬间的、暂时的，则不能认为人对物具有事实上的管领力，不成立占有。例如，在图书馆取阅杂志、在公园坐卧长椅、在朋友家中客房借宿等，均不成立占有。法律关系，是指人和物之间既无空间上的关系，也无时间上的关系，但由于占有已由实力支配扩大至观念的支配，人对于物的支配已无须亲自为之，于是基于法律和秩序的要求应当承认占有的，应予肯定。[3]

3. 占有是一种为法律所保护的事实。占有不是一种权利，只是一种事实状态，这种事实状态就是一种对物的控制。法律对这种事实状态并没有认定为权利，但对其仍然进行保护，保护的手段与对物权的保护手段基本相同。因此占有人取得了类似于物权人的地位，占有制度具有了准物权的性质。

疑难问题论争 占有的本质

对于占有的本质究竟为事实还是权利，罗马法上已有争论，各国家或地区的立法例也不一致。罗马法时代，占有被认为系一种事实，其功能不在于保护权利，而在于保护社会和平。而在日耳曼法上，占有是物权法的核心概念，是物权的表现方式，占有与所有权并未严格区分，占有并不是一种单纯的事实，而系一种物权。占有具有公示性，权利被包裹于占有中，并借占有得以体现。由此在日耳曼法上，占有又被称为"权利的外衣"。[4]

罗马法与日耳曼法关于占有的不同观念，对各国家或地区民法的占有制度产生了直接影响。大体而言，1896 年《德国民法典》兼采罗马法上的占有与日耳曼法上的占有，而建立了混合的占有制度，1804 年《法国民法典》、1898 年施行的《日本民法典》与 1958 年公布的《韩国民法典》，均认为占有为权利。1907 年《瑞士民法典》、1929 年《中华民国民法》等，皆规定占有是一项事实而非权利。

关于占有的本质，学者也存在诸多分歧。有人主张，占有为一种事实。他们认为，占有仅系一项事实而非权利，但此项事实在民法上却有一定的效力，受法律保护，具有法律意义。这种保护系对物的事实支配状态的保护，是否具有法律上的正当权利在所不问。[5] 还有学者认为，把占有作为事实更妥当的理由是，物权的本质在于排他性和支配性，占有虽有排他性，却无权利归属的支配性。[6] 另有学者认为，占有是一种权利。他们认为，从理论上讲，一切权利系

---

〔1〕 参见崔建远：《物权法》，中国人民大学出版社 2014 年版，第 137 页。

〔2〕 参见李永军主编：《民法学教程》，中国政法大学出版社 2021 年版，第 242 页。

〔3〕 参见崔建远：《物权法》，中国人民大学出版社 2014 年版，第 138 页。

〔4〕 参见王泽鉴：《民法物权》（第 2 版），北京大学出版社 2010 年版，第 411 页。

〔5〕 参见谢在全：《民法物权论》，中国政法大学出版社 1999 年版，第 982 页。

〔6〕 参见崔建远：《物权法》，中国人民大学出版社 2014 年版，第 139 页。

因法律保护的一定事实关系而发生。占有本身虽系一种事实,但法律既予以保护而赋予一定的效力,使占有人享有因占有所发生的利益,即可成为权利。本书认为,占有只是一种事实,而不是一种权利。如把占有规定为权利,实务上可能发生不利于保护占有的效果,不符合占有立法的目的。详言之,权利被侵害时,权利人欲寻求法律保护,须先证明自己享有该项权利。但在许多场合,占有人证明自己的占有权利并不容易。而把占有规定为事实,占有人只需证明占有的存在,即可受到占有制度的保护,而对自己是否有权占有则无须证明,免除了举证困难。

二、占有的分类

(一)自主占有与他主占有

以占有人是否以所有的意思进行占有为标准,占有可以分为自主占有和他主占有。自主占有,是指占有人以自己所有的意思对物进行的占有。自主占有中的“所有的意思”,是指具备所有人占有的意思,而不必是真正的所有人或者要求其自信为所有人。[1] 因此,所有人对所有物的占有是自主占有,非所有人以所有人的名义占有他人财产,也构成自主占有,如误认他人之物为自己所有而进行的占有,小偷对赃物的占有,皆属于自主占有。他主占有,是指无所有的意思,仅以某种特定关系为媒介对物进行的占有,如承租人对租赁物的占有、保管人对保管物的占有。

区分二者的意义在于:依时效及先占方式取得所有权时,须以自主占有为成立要件。我国《民法典》没有区分自主占有与他主占有。

(二)直接占有与间接占有

以占有人是否直接占有标的物为标准,占有分为直接占有与间接占有。直接占有,是指占有人直接对物具有事实上的管领力的占有,即占有人与物之间具有直接的关系。间接占有,是指占有人并不直接管领物,而是依据其与直接占有人之间的法律关系而享有的对物的间接的支配关系。质权人、承租人等,都是直接占有人;出质人、出租人等,都是间接占有人。

区分二者的意义在于:直接占有可以独立存在,间接占有不能独立存在,间接占有人和直接占有人之间必须存在某种法律关系。所以有观点认为,间接占有并非真正的占有,占有的保护通常仅限于直接占有。

(三)有权占有与无权占有

以占有人是否基于真正的权利而对物进行占有为标准,占有分为有权占有和无权占有。有权占有又称有本权的占有。本权,是指占有人所享有的可以占有某物的权利,本权既可以是物权(如所有权、留置权),也可以是债权(如租赁权、保管权),还可以是身份权(如父母基于亲权可以占有未成年子女的财产)。[2] 所以,所有权人、留置权人、租赁权人对标的物的占有都属于有权占有。无权占有又称为无本权的占有,如窃贼对赃物的占有、承租人在租赁合同消灭后对租赁物的占有。我国《民法典》区分了有权占有和无权占有,《民法典》第458条规定:“基于合同关系等产生的占有,有关不动产或者动产的使用、收益、违约责任等,按照合同约定;合同没有约定或者约定不明确的,依照有关法律规定。”这是关于有权占有的规定。

---

〔1〕 参见魏振瀛主编:《民法》(第8版),北京大学出版社、高等教育出版社2021年版,第345页。

〔2〕 参见王利明主编:《民法》(第8版),中国人民大学出版社2020年版,第559页。

区分二者的意义在于：第一，无权占有人在权利人请求返还占有物时，负有返还的义务。有权占有人基于本权可以拒绝他人包括所有权人在内的返还请求权。第二，作为留置权成立要件的占有必须是有权占有。如果是无权占有，则占有人不因此而享有留置权。

（四）善意占有与恶意占有

这一区分仅适用于无权占有，对于有权占有来说，无所谓善意与恶意问题，因为其占有是有权和合法的占有，其占有并不存在权利瑕疵，无所谓是否知晓权利瑕疵而具有善意或者恶意的问题。[1] 以无权占有人的主观状态为标准，无权占有可分为善意占有和恶意占有。善意占有是指占有人不知道也不可能知道自己的占有为不法，误以为自己的占有是合法占有。恶意占有，是指占有人明知无占有的权利或对有无占有的权利有怀疑而仍然进行的占有。

区分二者的意义在于：总体来说，法律对善意占有的保护程度高于恶意占有。第一，善意占有是善意取得制度的构成要件，恶意占有人不发生善意取得。第二，占有人是否承担赔偿责任不同。我国《民法典》第459条规定："占有人因使用占有的不动产或者动产，致使该不动产或者动产受到损害的，恶意占有人应当承担赔偿责任。"善意占有人因使用占有物致使物遭受损害的，各国立法例一般都规定无须承担赔偿责任。第三，权利人请求占有人返还原物及孳息时，应当支付善意占有人因维护占有物而支出的必要费用。

（五）自己占有与辅助占有

以占有人是否亲自占有为标准，可将占有分为自己占有和辅助占有。自己占有，是指占有人自己对物进行事实上的管领；辅助占有，是指基于特定的从属关系，受他人的指示而对物进行事实上的管领。所谓特定的从属关系，是指受雇人、学徒或其他基于受他人的指示而为占有的情形。在占有辅助关系中，指示人为直接占有人，而对物进行事实上管领的人为占有辅助人。如甲雇用乙为其开车，甲是自己占有人，乙是占有辅助人。

区分二者的意义在于：占有辅助人虽然事实上控制某物，但并不因此而取得占有，仍以他人为占有人，从而占有辅助人不享有或承担基于占有而产生的权利和义务。

（六）暴力占有与和平占有

以占有手段的不同为标准，可以将占有分为暴力占有与和平占有。暴力占有，是指通过暴力手段而取得对某物的占有；和平占有，是指并非通过暴力手段而取得对某物的占有。

区分二者的意义在于：时效取得的成立须以和平占有为前提。

（七）公然占有与隐秘占有

以占有方法为标准，可将占有分为公然占有和隐秘占有。公然占有，是指以公开的方式而进行的占有；隐秘占有，是指以秘密方式为避免他人发现而为的占有。

区分二者的意义在于：时效取得的成立须以公然占有为前提。

三、准占有

准占有，又称权利占有，是指行使不包含物的占有权能的财产权的事实。行使此种财产权的人称为准占有人。[2] 所谓"准"指的是准用，即准占有要准用关于占有的规定。占有是对物有事实上的管领力，对于权利有事实上的管领力，本不属于占有的范围。但是，事实上行使某

---

〔1〕 参见石佳友：《〈物权法〉占有制度的理解与适用》，载《政治与法律》2008年第10期。

〔2〕 参见彭万林主编：《民法学》（第7版），中国政法大学出版社2011年版，第358页。

种权利的人，与事实上对于某物有管领力的人没有本质的区别，因而法律也相应地给予其与占有同等的保护。所以，各国家或者地区的民法在保护占有之外，另设保护事实上行使权利（准占有）的规定，二者仅在保护范围上有差别，如《德国民法典》第1029条、《日本民法》第205条。

第二节 占有的效力

占有的效力，是指占有发生后，在占有人与财产所有人以及其他任何人之间依据法律所发生的权利义务关系。占有的效力主要体现为对占有人的保护，同时也须兼顾真正权利人和社会整体的利益。

一、占有的权利推定效力

所谓权利推定效力，是指在没有相反证据的情况下，占有人在占有物上行使的权利，就是该占有人依法享有的权利，而无论其实际情况如何。如在无相反证据时，甲占有一台笔记本电脑，法律就推定甲是该笔记本电脑的所有人。在现代民法中，占有是权利变动的要件，是权利的外观；占有通常以实质或真实权利为基础。基于这种盖然性而赋予占有以权利推定的效力，体现了占有制度维护社会秩序、促进交易安全、贯彻经济效益原则的价值取向。[1]

关于权利推定的适用，应说明如下几点：(1)占有人在占有物上行使的权利，推定为其合法享有的权利。占有人在占有物上行使的权利可以是依占有所表现出的一切权利，可以是物权，也可以是债权。(2)受权利推定保护的占有人不承担有权占有举证责任，即在对其有无真正的权利发生争议时，占有人可直接援用该推定对抗相对人，无须举证证明自己是权利人。但是当相对人提出反证时，占有人为推翻该反证，仍需举证。(3)不仅占有人可以主张权利的推定效力，第三人也可以主张。例如，债权人对债务人占有的动产，得主张该动产为债务人所有，而申请法院查封之。(4)权利的推定，一般是为占有人的利益而为推定，但在特殊情况下也可以是为占有人的不利益而为推定。例如，推定占有人为所有人，则物上的负担也应由占有人承受，如税收。(5)权利的推定仅具有消极的效力，占有人不得将此推定作为享有权利的证明。例如，占有人不得仅依据权利的推定而申请物权登记。(6)权利的推定适用于动产和没有登记的不动产，已登记的不动产不发生权利推定问题。

二、占有的状态推定效力

所谓状态推定效力，是指在无相反证明的情况下，法律推定占有人的占有为自主、善意、和平、公开的占有；占有人主张继续占有的，只需证明前后两端有占有，即可推定期间为无间断的继续占有。简言之，法律上直接推定占有人的占有为无瑕疵的占有，但有相反证据证明的除外。

占有的状态对取得时效有直接而重大的影响。承认取得时效的民法均规定，以所有的意思，善意、和平、公然并继续占有标的物达到一定期间，才能因时效取得其权。而占有人的占有

---

〔1〕 参见梁慧星、陈华彬：《物权法》（第7版），法律出版社2020年版，第416～417页。

为自主或他主、善意或恶意,均依其内心意思所定。如果要求占有人对其属于何种状态一一予以证明,操作起来必将十分困难,不利于保护占有人的利益。为此法律承认占有的状态推定效力。[1]

三、占有人的权利和义务

占有人的权利和义务,包括有权占有人的权利义务和无权占有人的权利义务。有权占有人通常可依其权利来寻求救济而不必借助占有保护的规定,所以这里重点介绍无权占有人的权利义务。

(一)占有物的使用、收益权

立法例与学理上,有的人认为,只有善意占有人有权对占有物进行使用、收益,恶意占有人则不享有此项权利。[2] 但是,我国《民法典》第459条规定,"占有人因使用占有的不动产或者动产,致使该不动产或者动产受到损害的,恶意占有人应当承担赔偿责任"。由此可以得出,在我国,无论是善意占有人还是恶意占有人,都有权对占有物进行使用、收益。占有人对占有物的使用、收益,应以其权利推定的范围为限,并且只有当所推定的占有人的权利中有使用、收益的内容时,才可在其推定的权利范围内进行使用、收益。如果被推定的权利本身就没有使用、收益的内容,如质权、留置权等,则占有人不享有此项权利。

(二)费用偿还请求权

费用偿还请求权,是指当权利人请求占有人返还占有物时,占有人享有的请求其偿还有关费用的权利。有关费用一般分为必要费用与有益费用两种。必要费用,是指为保持占有物的效用和价值,避免占有物的毁损灭失而支出的费用,如占有物的维修费、饲养费等;有益费用,是指能使占有物增值的费用,如对占有物进行加工、对房屋进行改建等。依据法理和各国法律的通行规定,善意占有人为占有物所支出的必要费用和有益费用都有权要求权利人偿还。[3]

我国《民法典》第460条规定:"不动产或者动产被占有人占有的,权利人可以请求返还原物及其孳息;但是,应当支付善意占有人因维护该不动产或者动产支出的必要费用。"可以看出,我国《民法典》只明确规定了善意占有人的必要费用偿还请求权,而未规定恶意占有人享有费用偿还请求权。

(三)返还占有物的义务

无论是善意占有人还是恶意占有人,对于权利人皆有返还占有物的义务。在认定占有人的返还占有物义务时,应注意:第一,只有无权占有人才负有返还占有物的义务;第二,如果占有人符合善意取得的构成要件,则不负返还义务。

占有人在占有期间通过对占有物的使用而获得收益,期间有可能收取占有物的天然孳息或法定孳息。当权利人向占有人主张占有物的返还时,能否一并要求占有人返还孳息?对此,各国家或地区的做法不尽相同。对于恶意占有人应承担返还义务,各国家或地区做法是一致的,区别主要在于善意占有人的返还义务。[4] 依据我国《民法典》第460条前半句的规定,"不

---

[1] 参见王利明主编:《民法》(第8版),中国人民大学出版社2020年版,第564页。

[2] 参见李永军主编:《民法学教程》,中国政法大学出版社2021年版,第246页。

[3] 参见李永军主编:《民法学教程》,中国政法大学出版社2021年版,第247页。

[4] 有的国家认为,善意占有人原则上不承担返还从原物中获取收益的义务,如《德国民法典》。参见黄薇主编:《中华人民共和国民法典物权编释义》,法律出版社2020年版,第840页。

动产或者动产被占有人占有的，权利人可以请求返还原物及其孳息”。该条关于孳息返还义务的规定，并未区分善意占有与恶意占有，这意味着在我国，无论是善意占有人还是恶意占有人，对占有占有物期间所产生孳息，均须返还给权利人。

（四）赔偿损失的义务

占有物因占有人的过失而毁损、灭失的，占有人负有向权利人赔偿损失的义务。但这种赔偿义务也因占有的善意、恶意而有不同：因为善意占有人对占有物行使的权利被推定为合法，其当然不能预见到自己应负何种责任，所以其对占有物的毁损灭失负有较轻的赔偿责任。我国《民法典》第461条规定：“占有的不动产或者动产毁损、灭失，该不动产或者动产的权利人请求赔偿的，占有人应当将因毁损、灭失取得的保险金、赔偿金或者补偿金等返还给权利人；权利人的损害未得到足够弥补的，恶意占有人还应当赔偿损失。”依据此规定，善意占有人只承担将因毁损、灭失取得的保险金、赔偿金或者补偿金等返还给权利人的义务，适用的是不当得利的返还规则。恶意占有人的占有既无法律上的根据，又缺乏道德上的正当性，在法律上没有保护的必要，因此各国法律均对其规定了较重责任。对可归责于恶意占有人的占有物的毁损灭失，按侵权行为的原则处理，应负赔偿全部损失的责任。

第三节　占有的保护

一、物权法上的保护

（一）占有人的自力救济权

自力救济又称私力救济，是指当权利受到侵害或妨害时，权利人以自我保护力排除妨害，确保其权利得以实现的行为。现代社会虽然以公力救济为主要的权利救济手段，但当权利人的权利受到他人侵害来不及寻求国家有关机关的帮助，且权利如不马上进行保护以后将不能实现或实现显然有困难时，法律亦允许权利人以自助行为实行救济。占有虽不是权利，但亦得适用自力救济的规则。占有被侵害时的自力救济权包括两种：(1)自力防卫权，是指占有人对侵夺或妨害其占有的行为，以自己的力量进行防卫的权利。自力防卫权的行使，应当具备三个条件：①只有直接占有人或占有辅助人才能行使此项权利，而间接占有人无该项权利。②必须针对现存的侵夺或妨害占有的行为，对已过去的侵夺或妨害行为不得行使。③恶意占有人及其他有瑕疵占有的占有人，针对其所侵夺的原占有人及其占有辅助人为追索而行使的自力防卫权或取回权，不得行使自力防卫权。[1]　(2)自力取回权，是指占有人在占有物被侵夺后，有权立即以自力取回占有物而回复占有的权利。通常情况下，被侵夺的占有物如为不动产，占有人可以在被侵夺后立即排除行为人的侵害，回复占有；被侵夺的占有物如为动产，占有人可当场或追踪取回。

（二）占有保护请求权

占有保护请求权又称占有人的物上请求权、占有诉权，是指占有人在其占有被侵夺或妨害

〔1〕　参见杨立新：《物权法》(第7版)，中国人民大学出版社2020年版，第305页。

时,于法定期间内请求侵害人返还占有物或者请求排除妨害、除去妨害危险的实体权利。占有保护请求权是占有人对占有的公力救济。通说认为,占有保护请求权包括3种:占有物返还请求权、占有妨害排除请求权和占有妨害防止请求权。我国《民法典》第462条第1款中关于"占有的不动产或者动产被侵占的,占有人有权请求返还原物;对妨害占有的行为,占有人有权请求排除妨害或者消除危险"的规定,确认了占有人的占有保护请求权。

占有保护请求权的成立须具备以下要件:①占有人对占有物存在或者曾经存在过占有。②占有人的占有被侵夺、妨害或存在妨害之虞。③侵害行为没有合法事由,但法律有特别规定者除外。[1] 在占有保护请求权的行使中,占有人有无占有的本权以及侵害人对侵害是否具有过失等,均不考虑。需要注意的是,《民法典》第462条第2款规定,"占有人返还原物的请求权,自侵占发生之日起一年内未行使的,该请求权消灭"。此处1年期间为除斥期间。

占有保护请求权与所有人等物权人的物权请求权系对不同权益予以保护的两种制度,既有严格的区别又可以协同发挥权益保护的作用。无权占有人,仅可依占有保护请求权获得一定的保护,而有权占有人则可根据条件而选择行使两种请求权中的任何一种。但如想获得终局、确定性的保护或者免受占有保护请求权的短期时效期间的限制,则应选择主张物权人的物权请求权,因为占有保护的诉讼结果可能被本权保护的诉讼结果所推翻。

二、债权法上的保护

(一)不当得利返还请求权

占有虽然只是一种事实状态,但也是法律保护的财产利益,因而可以成为不当得利的客体。因占有而产生的不当得利包括两种:一是因侵夺他人占有而获得的利益。例如,乙擅自将甲寄存在自己家的花瓶出售给丙,丙善意取得该花瓶时,乙所受到的利益(花瓶的价金),系侵害应归属于甲的权益,无法律上的原因,乙应负返还的义务。二是因给付目的未达到而发生的不当得利。例如,甲占有某房屋,出租给乙,并完成交付,其后甲以意思表示错误为理由撤销了租赁合同,甲可依不当得利规定请求乙返还该物的占有。

(二)侵权损害赔偿请求权

关于占有是否可以作为侵权行为的客体,学理上有"肯定说"与"否定说"两种观点。"否定说"认为,占有仅为一种事实状态而非一种权利,与侵权法保护的对象不符,故不应成为侵权行为的客体。"肯定说"则认为,无论占有是否可以解释为权利,只要占有人在占有物上行使事实上的权利,就可推定占有人享有一种利益或法益,所以,占有可以成为侵权行为的客体,任何侵害合法占有者,皆应承担侵害占有的侵权责任。我国《民法典》第462条第1款中关于"因侵占或者妨害造成损害的,占有人有权依法请求损害赔偿"的规定,实际上肯定了占有人享有侵权损害赔偿请求权。学界通说认为,对于侵害占有的侵权行为,应该首先适用《民法典》第462条第1款前半句规定的返还原物、排除妨碍、消除危险这3类占有保护请求权,债权请求权具有兜底性质,如果适用上述占有保护请求权能够使占有人之权利得到圆满救济,那么侵害占有的损害赔偿请求权可不适用。

---

[1] 参见章正璋:《民法典第462条占有保护制度的几个解释与适用问题》,载《苏州大学学报(法学版)》2020年第4期。

案例分析

案外人王某兴(王某枝、陈某笑之女,王某超之姐)因犯职务侵占罪被判处有期徒刑6年,福星公司追讨赃款未果,便对王某枝、陈某笑夫妻兴建并由其子王某超对外出租的涉案建筑物进行处置。李某高在福星公司组织的“拍卖”活动中竞得涉案建筑物,并对建筑物进行控制。王某超等人随即以其占有的涉案建筑物被侵占为由,要求李某高、福星公司返还。

广东省深圳市宝安区人民法院经审理认为,涉案建筑物未取得合法权属,亦未经行政主管部门就其合法性作出处理。在行政部门对涉及的土地及地上建筑物、构筑物和其他设施进行处理之前,本案不符合起诉条件。故裁定驳回王某超等人的起诉。王某超等人不服,提起上诉。

问题:王某超等人是否有权请求返还原物?

分析:占有作为占有人对不动产或者动产实际控制与支配的事实状态,其本身并不一定反映产权关系;占有制度所保护的也仅仅是占有的事实状态,而非通过确认、保护占有而对占有物进行权属判断。占有人提出返还原物请求权,仅需证明其持续稳定地实际占有标的物这一事实即可,无须证明自己是占有物的合法产权人。虽然本案中现有证据不能证明王某超等人为涉案不动产的合法产权人,但王某超、王某枝、陈某笑基于对涉案房产的建造、出租和长期控制,已对该不动产形成稳定的占有,应受法律保护。根据《民法典》第462条第1款的规定,王某超等人可行使返还原物请求权,以恢复其原本的占有。

思考题

1. 占有制度与所有权制度、用益物权制度有何不同? 此项制度有何意义?
2. 占有有哪些分类? 这些分类有何意义?
3. 什么是权利推定?
4. 占有有哪些效力?
5. 什么是占有保护请求权? 它与物权请求权有何异同?

第三编

合同

第十七章　通　　则

学习要点

本章学习债与合同的关系，按照合同从无到有、从成立到终止的过程对合同的基本知识进行梳理，主要涉及合同的概念和特征、合同的订立、合同的效力、合同的履行、合同的保全、合同的变更和转让、合同的权利义务终止以及违约责任等内容。

第一节　债与合同概述

一、债的概述

（一）债的解析

债，是指特定当事人之间请求一定给付的民事法律关系。

《民法典》第118条规定，民事主体依法享有债权。债权是因合同、侵权行为、无因管理、不当得利以及法律的其他规定，权利人请求特定义务人为或者不为一定行为的权利。

债的主体，是指参与债的法律关系的当事人，包括权利主体和义务主体。债的权利主体是债权人，义务主体是债务人。

债的内容是债权人享有的权利和债务人负担的义务，即债权和债务。债权在本质上是一种请求权，是债权人依据法律或者合同规定请求债务人为给付的权利。债务是债务人依约定或法定应为给付的义务，其内容是债务人须按照合同的约定或法律的规定为一定行为或不为一定行为。

债权和债务相互对应、相互依存、相互联系，统一地构成债的内容。没有无债权的债务，也没有无债务的债权。债权和债务，缺少任何一个，债都不能成立，所以债亦称债权关系、债务关系或债权债务关系。

债的客体，又称债的标的，是给付行为，是指债权人的权利和债务人的义务共同指向的对象，包括作为和不作为。给付行为的对象（债的标的物）既可以是物（包括有价证券、货币），也可以是劳务，还可以是知识产权等，但它须具备合法性，凡法律或国家政策禁止流通的物或者禁止实施的行为，不能成为给付的对象。

由此可见，债的性质可以体现在以下几个方面：

1. 债是一种特定当事人之间的民事法律关系，是实现当事人特定利益的法律手段，可以理解为债的主体、内容以及责任的相对性。债权人和债务人是相互对立、相互依存的债的双方当事人，缺少任何一方，债的法律关系就不能成立。在一般情况下，债的关系只能约束债权人和债务人,只能对债的主体发生法律效力,不能对债权人、债务人之外的第三人发生法律效力,法律有特别规定的除外。

2. 债权债务关系主要表现为财产法律关系。债权作为债权人所期待的利益,是一种重要的财产权。

3. 债是有期限的民事法律关系,目的已达,即归消灭。

（二）债的发生根据

债的发生根据,是指产生债的法律事实,凡能引起债的发生的法律事实都是债发生的根据,包括意定(单方、双方)和法定两种。根据《民法典》第 118 条的规定,债发生的根据可以是合同、侵权行为、无因管理、不当得利以及法律的其他规定。

由此可见,合同是债发生的一种根据,也可以说,合同是引起债权债务关系发生的一种原因,合同是约定之债。

（三）债法

债法是民法中调整债权债务关系的法律规范的总和。相较物权法,债法主要调整财产的流转关系,可以称为动态财产法,债的关系通过给付义务创设出债权人与债务人之间的紧张关系,又迫使债务人通过清偿予以消除,从而促成金钱、货物以及服务的流动。合同法是债法的主干,在其他原因产生的债的关系中,其最终结果也是因民事责任的承担而发生财产流转的结果;债法主要是任意性法律规范,表现为当事人的意思自治。债法规则是为法律意义上的人而设定的,且法律上的人以自己之责任满足其经济上的需要并能自由决定。当然,为了维护债权人利益及公共利益,不可能完全任意,效力、责任尤其是无过失责任的出现都是对个人自由的限定;债法属于非固有法,民族特征较少,具有世界共通性。

债法表现为形式上的债法和实质上的债法,我国没有形式意义上的债法,实质意义上的债法则以合同法为主干,尤其在我国新出台的《民法典》中,在保持合同编完整的情况下,合同编的通则部分发挥了债法总则的功能。

二、合同的概念

合同在英语中称为"contract",源于罗马法中的合同概念"contractus",有"共同交易"的意思,是反映交易关系的主要形式。在我国历史上自古就有"立契为据"的说法,中华人民共和国成立之前,民间以及相关著述多使用"契约"一词。在民法及其学说史上,曾有合同和契约的区别:合同是当事人具有共同性意思表示一致的协议,即约定共同去完成某一行为,其订约目的具有同向性、一致性,如成立公司、合伙;相反,契约则是当事人从不同立场出发,具有对应性意思表示一致的协议,即约定相互完成某一行为的意思表示,此含义与现代人对合同的理解相同。现今,我国现行法已不再作这样的区分,将二者都称为合同。

关于合同的概念有各种不同的理论,如大陆法系的"合意说"、英美法系的"允诺说"等,我国《民法典》也对合同的概念进行了新的界定。下面我们就其概念进行具体的认识。

（一）大陆法系合同的定义

大陆法系合同的定义源于罗马法,根据罗马法的规定,"合同为双方当事人之间发生债权债务的合意"。法国法学家波蒂埃在其《合同之债(续)》一书中将合同的定义表述为:合同是"由双方当事人互相承诺或由双方之一的一方当事人自行允诺给予对方某物品或允诺做或不做某事的一种契约"。[1] 后来,《法国民法典》中合同的定义承袭了罗马法的规定,在波蒂埃所作定义的基础上略作改动,该法在第1101条规定:合同为一种合意,依此合意,一人或数人对于其他一人或数人负担给付、作为或不作为的债务。[2] 这一定义逐渐成为大陆法系民事立法关于合同的经典定义。

(二)英美法系合同的定义

在中世纪的英国法中,没有明确的合同概念,只有所谓的"诺言之诉",即当诺言人违背了其诺言时,受诺人向法院起诉,要求强制执行诺言。英美法系关于合同定义较确切的规定见于美国法学会的《美国合同法第二次重述》中:合同指的是一个允诺或一系列允诺,如果违反该允诺,则法律给予救济,履行该允诺是法律所确认的义务。后《美国统一商法典》第1-201(11)条将合同定义为:"合同指当事方通过协议而承担的受本法或其他适用法约束的全部法律义务。"[3] 从以上大陆法系和英美法系关于合同定义的表述中,我们可以看出,随着经济和社会的发展,英美法系国家和大陆法系国家关于合同的概念呈现日趋融合的趋势。

(三)我国的合同定义

从广义上说,合同关系涵盖的范围比较广,包括行政合同、劳动合同、国家间的合同等,而我们所探讨的仅限于民事合同。我国《民法典》第464条将合同定义为:合同是民事主体之间设立、变更、终止民事法律关系的协议。婚姻、收养、监护等有关身份关系的协议,适用有关该身份关系的法律规定;没有规定的,可以根据其性质参照适用合同编的规定。这一合同定义采用狭义的解释方法与排除法相结合的方式明确界定了我国《民法典》合同编的调整范围:一是民事主体之间的债权债务合同。二是并不完全反映债权债务关系,而在于取得共同利益的合同,如合伙合同等。三是有关身份关系的协议,如果没有规定,可以参照适用《民法典》合同编的规定,《民法典》第464条第2款未将有关身份关系的协议列入债权债务的合意,是因为身份关系如结婚、离婚、收养等合意确有自己的特性和规律,因此采用排除界定方式将其排除在合同编之外是合理的。但是,考虑到我国的现实状况,婚姻、收养、监护等有关身份关系的协议也是民事合同,由于其调整内容的性质不同,因而应当适用有关该身份关系的法律规定;但这些具有身份关系的协议在总则、婚姻家庭等编或者其他法律中没有规定的,可以根据其性质参照适用合同编关于合同的规定。四是非因合同产生的债权债务关系。《民法典》第468条规定,非因合同产生的债权债务关系,适用有关该债权债务关系的法律规定;没有规定的,适用合同编通则的有关规定,但是根据其性质不能适用的除外。

三、合同的法律性质

从合同的概念以及我国《民法典》规定的内容出发,若要从本质上认识合同的概念则必须从以下合同的法律性质着手。

(一)合同是一种民事法律事实

法律事实,可以理解为具有法律效力的事实,民事法律事实,是指能够发生民事法律效力的事实,其效力就是能够引起民事法律关系的产生、变更和消灭。而合同关系即可以在民事主体之间设立、变更、终止一定的债权债务等关系,而且此种关系的设立、变更或终止是能够产生

---

[1] [德]海因·克茨:《欧洲合同法》(上卷),周忠海、李居迁、宫立云译,法律出版社2001年版,第3页。

[2] 参见王家福主编:《中国民法学·民法债权》,法律出版社1991年版,第256页。

[3] Bradford Stone, *Uniform Commercial Code*, Law Press, 2004, p. 3.

法律效力的。

（二）合同属于人的行为

法律事实以其是否与人的意志有关分为自然现象（事件）和人的行为，法律上所称的人的行为是指有行为能力的人在自己自由意志的支配下所进行的具有法律效力的行为，即能引起法律后果的行为。而合同正是当事人在自己意志的支配下所进行的具有法律效力的行为，如果当事人是在违背自己真意的情况下（如受欺诈、受胁迫等）订立的合同，则会导致合同的可撤销。

（三）合同属于民事法律行为

我国《民法典》第133条规定："民事法律行为是民事主体通过意思表示设立、变更、终止民事法律关系的行为。"民事法律行为的有效实质要件有：一是具有相应的民事行为能力的行为人以发生民事法律后果为目的的行为，即目的性；二是该行为必须以行为人的意思表示为构成要素。民事法律行为在本质上是以设立、变更、终止民事法律关系为目的的具有法律效力的意思表示，其目的性和表意性是其区别于事实行为的关键。所谓事实行为，是指行为人不具有设立、变更或消灭民事法律关系的意图，也无须为意思表示，但依照法律规定能引起民事法律后果的行为。依照《民法典》的规定，事实行为包括无因管理、正当防卫、紧急避险、侵权行为、拾得遗失物以及发现埋藏物等行为。从以上区别不难看出，合同是民事主体之间设立、变更、终止民事权利义务关系的合意，完全符合民事法律行为的构成要件。

（四）合同是双方或多方当事人之间的法律行为

按照前文的界定，合同既包括平等主体之间的债权债务合同，也包括某些方向一致、主体众多的取得共同利益的合同。因此，合同的成立必须有两个或两个以上的当事人，他们相互或共同为意思表示，并且意思表示相一致。这是合同区别于单方法律行为的重要标志，且在合同这种双方或多方的法律行为中，各方应在平等自愿的基础上达成一致的意思表示。

（五）合同是以设立、变更、终止民事权利义务关系为基本内容或目的的协议

我国对合同采取的是狭义概念，其结果是发生债权债务关系的变动或其他民事权利义务关系，而将人身关系排除在外。

四、合同的分类

合同的分类，是指基于一定的标准将合同划分为不同的类型。对合同进行分类的意义表现在以下四个方面：一是有助于合同立法的科学化；二是有助于合同法的适用；三是有助于完善合同法的理论；四是有助于当事人之间合同的订立和履行。大陆法系合同的分类既有学理上的分类也有法典上的分类，以下我们就几种较重要的分类进行介绍。

（一）典型合同与非典型合同

以法律是否设有规范并赋予特定名称为标准，可以将合同分为典型合同与非典型合同。典型合同又称有名合同，是指法律设有规范，并赋予一定名称的合同，《民法典》合同编规定的买卖、赠与等19种合同都是有名合同；非典型合同又称无名合同，是指法律尚未特别规定，也没有赋予一定名称的合同。区分典型合同与非典型合同的法律意义在于合同的适用，典型合同当然适用《民法典》合同编分编中的相关规定，而非典型合同该如何适用呢？按照《民法典》第467条第1款的规定："本法或者其他法律没有明文规定的合同，适用本编通则的规定，并可以参照适用本编或者其他法律最相类似合同的规定。"

（二）双务合同与单务合同

以合同当事人双方权利义务的分担方式为标准，可以将合同分为双务合同与单务合同。双务合同，是指双方当事人都享有相应权利和承担相应义务的合同，即当事人双方互负对待给付义务，如合同法分则中规定的买卖合同、租赁合同、运输合同等；单务合同，是指一方当事人只享有权利而不承担义务，另一方当事人只承担义务而不享有权利的合同，如普通的赠与合同、借用合同等。在实践中，双务合同是普遍性的，而单务合同则是合同中的例外。区分双务合同与单务合同的法律意义在于合同履行的不同后果与可能：(1)双务合同适用合同履行中的抗辩权，而单务合同则不能；(2)在双务合同中可能发生合同不能履行后的风险负担问题，而在单务合同中，一般情况下风险一律由债务人承担，不存在风险分担的问题；(3)在双务合同中，已经履行合同的守约方可以要求违约方承担违约责任或解除合同，而在单务合同中，由于一方当事人无须承担任何合同义务，因此不会产生违约责任的承担问题。

（三）有偿合同与无偿合同

以当事人取得利益是否须支付相应对价为标准，可以将合同分为有偿合同与无偿合同。有偿合同，是指当事人一方享有合同约定的利益，前提是须向对方当事人偿付相应对价的合同，如买卖合同、租赁合同等；无偿合同，是指当事人一方享有合同约定的利益，无须向对方当事人偿付相应对价的合同，如普通的赠与合同、借用合同等。有偿合同与无偿合同的划分，同双务合同与单务合同的划分并不完全相同，一般情况下，有偿合同大多数是双务合同，但并非所有的双务合同都是有偿的，如无偿的委托合同；无偿合同原则上是单务合同，但单务合同中有利息的民间借贷合同却属于有偿合同。区分有偿合同与无偿合同的法律意义表现在以下四个方面：一是责任的轻重不同。在有偿合同中，债务人所负的注意义务程度较高，而在无偿合同中，债务人所承担的注意义务程度相对较低。二是主体资格的要求不同。有偿合同的当事人原则上应为完全民事行为能力人，限制民事行为能力人订立的合同为效力待定的合同，需要经过其法定代理人的追认才能生效，但是限制民事行为能力人订立的与其年龄、智力相适应的合同以及纯获利益的合同除外。三是能否行使撤销权不同。债权人对于债务人危及自己利益的无偿转让行为享有撤销权，而对于有偿的不合理低价转让行为的撤销则还要求债务人及第三人具有主观恶意。四是能否适用善意取得制度不同。在无处分权人订立的有偿转让合同中受让人可以因善意而取得物的所有权，若是无偿的转让，则受让人须将原物返还给原物所有人。

（四）诺成合同与实践合同

以合同的成立是否须交付标的物或完成其他给付为标准，可以将合同分为诺成合同与实践合同。诺成合同是指当事人各方意思表示一致即可成立的合同，如买卖合同、赠与合同；实践合同又称要物合同，是指除双方当事人意思表示一致以外，尚需交付标的物或完成其他给付才能成立的合同，如保管合同等。在一般情况下，诺成合同为常态，而实践合同则是特殊情况。区分诺成合同与实践合同的法律意义主要表现在以下三个方面：一是合同成立的时间不同。在诺成合同中，合同自当事人达成合意时即告成立，俗语称为“一诺即成”；而在实践合同中，不仅需要双方当事人达成合意，还需要交付标的物或完成其他的给付，合同才能成立。二是合同是否成立以及当事人承担的责任不同。在诺成合同中，一方当事人在未交付标的物或未完成其他给付的情况下将承担违约责任，而在实践合同中仅判断为合同没有成立，可构成缔约过失责任。三是两类合同中物的所有权、使用权以及风险转移的时间不同。

(五)要式合同与不要式合同

以合同的成立是否需要采用特定的形式或特定的程序为标准,可以将合同分为要式合同与不要式合同。要式合同,是指法律规定或当事人约定合同的成立需要具备特定形式或特定程序的合同,前者为法定要式合同,后者为约定要式合同;反之,法律没有规定或当事人没有约定合同的成立需要具备特定形式或特定程序的合同为不要式合同。根据现行法律的规定,特定形式,是指书面形式,特定程序,是指公证、鉴证、批准、登记等手续。我国《民法典》对于合同形式的规定是以不要式为原则,而以要式为例外。区分要式合同与不要式合同的法律意义在于采用法定或约定的方式,对合同成立、效力的影响不同。不要式合同,无论采用哪种方式,均不影响其成立及效力。而要式合同则不同,其法律所规定的形式在效力上有较大的差别,在一般情况下合同要求具备书面形式只是证据效力,而不能否定合同的存在;有的要式合同,不具备法定形式或手续则不能成立,如专利转让合同非书面形式不能成立;有的要式合同,不具备法定形式则不能生效或不能向法院诉请强制执行。

(六)主合同与从合同

以合同是否具有从属性为标准,可以将合同分为主合同与从合同。凡不以他种合同的存在为前提,即不受其制约就能独立存在的合同为主合同;反之,必须以他种合同的存在为前提而自身不能独立存在的合同为从合同。如借款合同为主合同,而为借款合同设定的担保合同则为从合同。区分主合同与从合同的法律意义在于明确他们之间的制约关系,从合同以主合同的存在为前提,主合同变更或消灭,从合同原则上也随之变更或消灭,而从合同的成立与否及效力有无一般并不影响主合同的成立和效力。

(七)确定合同与射幸合同

以合同的效果在缔约时是否确定为标准,可以将合同分为确定合同与射幸合同。确定合同,是指合同的法律效果在缔约时已经确定的合同,绝大多数合同是确定合同;射幸合同是指合同的法律效力在缔约时不能确定的合同,如保险合同、有奖销售合同等。区分确定合同与射幸合同的法律意义在于:确定合同一般要求等价有偿,而射幸合同的成立与效力一般不能从等价与否的角度来衡量合同是否公平。

(八)预约合同与本合同

以订立合同是否存在事先约定的关系为标准,可以将合同分为预约合同与本合同。预约合同是当事人约定将来订立相关合同的预备合同;而将来要订立的合同称为本合同。我国《民法典》第495条规定,当事人约定在将来一定期限内订立合同的认购书、订购书、预订书等,构成预约合同。当事人一方不履行预约合同约定的订立合同义务的,对方可以请求其承担预约合同的违约责任。区分预约合同与本合同的法律意义在于两种合同的目的和效力不同:预约合同的债务人负有订立本约的义务,若违反预约合同的规定,权利人可以请求其承担预约合同的违约责任;本约成立之后,债权人即有权请求债务人给付。

关于预约合同和本合同的成立问题,《合同编通则司法解释》第6条规定:“当事人以认购书、订购书、预订书等形式约定在将来一定期限内订立合同,或者为担保在将来一定期限内订立合同交付了定金,能够确定将来所要订立合同的主体、标的等内容的,人民法院应当认定预约合同成立。当事人通过签订意向书或者备忘录等方式,仅表达交易的意向,未约定在将来一定期限内订立合同,或者虽然有约定但是难以确定将来所要订立合同的主体、标的等内容,一方主张预约合同成立的,人民法院不予支持。当事人订立的认购书、订购书、预订书等已就合同标的、数量、价款或者报酬等主要内容达成合意,符合本解释第三条第一款规定的合同成立条件,未明确约定在将来一定期限内另行订立合同,或者虽然有约定但是当事人一方已实施履行行为且对方接受的,人民法院应当认定本约合同成立。"

对于预约合同生效后,当事人不按照预约合同约定订立本合同的情况,《合同编通则司法解释》第 8 条第 1 款规定:"预约合同生效后,当事人一方不履行订立本约合同的义务,对方请求其赔偿因此造成的损失的,人民法院依法予以支持。"

(九)为订约人自己利益订立的合同与为第三人利益订立的合同

以订约人订立合同的目的为标准,可以将合同分为为订约人自己利益订立的合同与为第三人利益订立的合同。为订约人自己利益订立的合同,是指订立合同的当事人是为自己设定权利,使自己能够直接享有约定权利的合同,日常生活中我们见到的绝大多数合同是为订约人自己利益订立的合同;为第三人利益订立的合同,是指当事人订立合同不是为自己设定权利,而是为第三人设定利益,如保险合同中以第三人为受益人的合同。区分这两类合同的法律意义在于两者的效力范围不同:为订约人自己利益订立的合同既可以在合同中为自己设定权利,也可以为自己设定义务,但其效力只能及于订约人自己;在为第三人利益订立的合同中,合同的内容涉及订约人之外的第三人,但是缔约当事人只能为第三人设定权利而不能为第三人设定义务,擅自为第三人设定义务的合同是无效的。若在合同履行中发生第三人的违约,按照合同相对性的原则,一般仍然由合同的债务人向债权人承担违约责任,而债务人与第三人之间的关系不在该合同关系的调整范围之内,除非是真正利益第三人。

(十)一时性合同与继续性合同

以时间因素是否对合同义务的履行发生影响为标准,可以将合同分为一时性合同与继续性合同。一时性合同,是指经一次给付就可以使合同内容实现的合同,如买卖合同,即使是约定分期付款的合同,因其总给付义务在合同订立之初就已经确定,故也属于一时性合同;继续性合同,是指合同的内容非一次性给付就可以完结,而是随着履行时间的推移在当事人之间不断产生新的权利和义务,如租赁合同、雇佣合同、委托合同、保管合同、消费借贷与使用借贷合同等。区分一时性合同与继续性合同的法律意义在于:(1)两类合同中解除权产生的原因不同。继续性合同特别强调缔约当事人之间的信赖关系,一旦信赖基础丧失,则双方很难继续合作,因此允许一方当事人在双方丧失信赖基础的情况下享有解除合同的权利,而一时性合同在解除限制上规定比较严格。(2)合同解除后溯及既往的效力不同。一时性合同由于权利义务可以一次性履行完毕,因此合同具有恢复原状的可能性,合同解除后其效力可以溯及既往;而继续性合同则不具有恢复原状的可能性,因此其效力也就不可能溯及既往。如在租赁合同中,如果租赁合同双方当事人解除合同,出租人可以返还全部租金,但是承租人已经享有的租住的权利却无法返还。

五、合同法的基本原则

合同法是调整平等民事主体之间利用合同进行财产流转或交易而产生的社会关系的法律规范的总和。合同法在本质上调整的是平等主体之间的合法经济流转关系,即动态的财产关系。

合同法的基本原则,是指合同法立法的指导思想以及调整合同关系所必须遵循的基本方针和准则。合同法是民法的重要组成部分,因此民法当中的公平原则、诚实信用原则、绿色原则等都适用于合同法领域,也同样适用于物权法领域,本书对此不作特别介绍,我们重点介绍合同法领域专有的基本原则。

合同法的基本原则在合同法的适用中发挥重要作用:

1. 合同法的基本原则是合同立法的准则,具体合同制度的设置及合同法律规范的制定都应当以合同法的基本原则为依据。

2. 合同法的基本原则是解释和补充合同法的准则。随着一般性条款作用的增强,当具体的合同法规范没有明确规定或在实践中产生多种解释的时候,合同法的基本原则就可以起到解释和补充法条的作用。

3. 合同法的基本原则是解释、评价和补充合同的依据。当事人签订的合同中产生漏洞或者不明确时,也可以应用合同法的基本原则加以解释、评价和补充。

4. 在一定条件下,合同法的基本原则本身具有规范作用,可以起到指导人们正确行使权利,适当履行义务,兼顾个人利益与社会利益,不损害他人合法利益的作用。

合同法的基本原则是强制性规范,当事人必须遵守,不得以约定排除其适用。当事人在合同中约定排除基本原则适用的,该约定不发生法律效力。

(一)合同自由原则

合同自由,是指当事人在法律允许的范围内,就与合同有关的事项享有选择和决定的自由。所有权绝对、过错责任和契约自由被认为是近代私法的三大原则。契约自由原则是随着资产阶级革命的胜利而产生的,资产阶级提出了"自由""平等"的口号,这种政治上的自由和平等理念反映到经济生活中,就产生了契约自由的法律思想,该思想于资本主义制度建立后,在法律上被确认为契约自由原则。根据契约自由原则,当事人的意志是权利义务产生的渊源和根据,因而每个人的缔约行为不应受到任何限制,只要当事人所有的法律行为以双方的合意为基础,法律就不应该加以干涉,而只能保障其正确履行契约。

根据英国著名契约法学者阿蒂亚的理论,契约自由应当包括两大方面:首先,契约是当事人相互同意的结果;其次,契约是当事人自由选择的结果。具体来说,契约自由应当包括以下含义:一是是否缔约的自由,即一个人有权根据自己的意志决定缔结或者不缔结契约,他没有法定的缔约义务,任何人也无法强迫其缔结契约。二是与谁缔结契约的自由,即当事人有权决定缔结契约的相对人,这一自由只有在一个具有完备市场竞争机制的社会中才可以实现,如果这种客观条件不具备,这种自由权也就无法实现了。例如,在商品生产极度单一或商品提供者极为有限的社会中,对于广大的消费者而言就不可能有选择缔约人的自由。三是决定契约内容的自由。当事人有自主决定契约内容的自由,即使当事人所订立的契约有严重的不公正和不平等,但如果的确是当事人自愿接受而不是出于胁迫等其他因素,那么任何人都不能改变,英美法系国家契约法理论之"约因不必充分"的原则即出自这一思想。此外,当事人还可用协议的方式改变任意性的法律规定,如协议管辖原则以及对某些法定义务的排除等。四是当事人选择契约形式的自由。当事人对所订立的契约采取何种形式,应由当事人自由协商决定,法律不应强行规定。因为既然双方的意思表示一致是契约成立的核心,则契约自双方当事人意思表示一致时即可成立,不应受任何形式的制约。此外,契约自由还可以从以下几个方面加以理解:一是契约神圣,即法律应当对合法的契约进行保护,当事人的合意具有法律的效力,当事人应当严格遵守契约,不得违反;二是契约的相对性或契约效力的相对性,即契约的效力只约束合同的当事人,而对合同之外的第三人没有任何约束力。

实际上,合同及其法律效力是当事人的合意与上升为法律的国家意志的有机统一。一方面,国家及其法律尽可能地尊重当事人的意思,按照当事人的合意赋予法律效力;另一方面,当事人的意思应在法律允许的范围内表示,若当事人的表示违反了法律规范或公序良俗,则该合意无效。因此,合同自由不是绝对的、无限制的自由,真正的合同自由应当包括自我限制。

我国实行社会主义市场经济,已经拥有了合同自由原则存在的经济基础,同时强调社会公平与社会公德,注重维护公共利益,需要对合同自由予以必要的限制,如在医疗、交通运输、电信等领域的强制缔约以及在保险、运输领域内的众多格式条款,其目的都是通过对合同自由的限制来达到合同正义的结果。

(二)合同正义原则

合同正义系属平均正义,是指对任何人都同样看待,双方的所得与所失应是对等的,而不考虑其身份与地位如何。[1] 合同正义主要作用于人们之间的交换关系,又称交换正义,其法律上的适用领域主要是私法,尤其是合同法。[2] 合同正义原则是在契约自由原则的基础上产生和发展起来的。

契约自由原则在形成之初就带有许多理想化的东西,例如,契约自由的前提为假设缔约主体是理性的、抽象平等的人,假设契约只涉及缔约当事人的利益,等等。但随着工商业的迅猛发展,垄断时代出现,经济活动的主体由个体发展为大公司、大企业集团,形成了普通消费者与财力雄厚的公司之间的对抗,双方平等的机会只具有形式上的意义,这就使契约自由假设的前提不复存在。而且关于契约不涉及第三人的假定也是完全不可能的,涉及第三人利益的契约比比皆是,这个"第三人"既可以是抽象的人,如社会、公共利益、国家,还可以是具体的个人、企业、组织,因此契约的订立不可能完全由缔约双方加以决定,法律的适度干预是理所当然的,违背公序良俗的合同,即使是自愿、自主订立的,也会导致契约的效力瑕疵。另外,随着社会的进步、经济的发展、经济政策的变化以及国家对经济宏观调控的加强,出现了强制性合同,如城市交通、公路运营、城市供水、供电、供气、铁路、电信、航空等,这使一方当事人订立合同的任意性权利和选择合同相对人的自由也受到了限制,如股东对股份的优先购买权、证券交易代理协议书等,这些都背离了契约自由原则所包含的基本内容——是否订立合同及选择相对人的自由。

在现实生活中,格式合同的出现和广泛运用,正是"契约正义"思想在立法上和司法上的体现。在立法上,集中体现在劳动法领域中对劳动者订立劳动契约的单向保护和消费立法中对消费者这一弱势群体的诸多保护以及对提供消费或服务的企业的诸多限制上,以消除对立者之间的不平衡;在司法上,诚实信用原则等被广泛运用于审判实践。

徐国栋先生在其《民法基本原则解释——成文法局限性之克服》一书中对正义进行了解释:正义首先是一种分配方式,无论是利益或不利益,如果其分配方式是正当的,能使分配的参与者各得其所,它就是正义的。因此,我们对于合同正义原则可以从以下三个方面进行理解:

---

〔1〕 参见崔建远主编:《合同法》(第5版),法律出版社2010年版,第19页。
〔2〕 参见[美]波斯纳:《法理学问题》,苏力译,中国政法大学出版社1994年版,第393页。

首先是合同正义表现为平均正义,强调一方给付与对待给付之间的等值性(主观等值原则)。关于给付与对待给付之间的等值性,在判断上有“客观说”和“主观说”之分。“客观说”以客观的市场标准或理性之人的标准来判断当事人之间的给付与对待给付是否等值;“主观说”则以当事人的主观意愿为标准来判断,纵使以市场标准或自理性之人的角度衡量并非等值,但只要当事人具有真实的合意,在主观上愿意以自己的给付换取对方的给付,那么对双方来说就是公正的。我们一般所说的合同正义主要是指形式上的或程序上的,即建立在当事人自愿真实的意思表示之上的公正,一般不涉及内容客观上合理或正确的要求,即不涉及实质上的公正;只有在当事人的自由意志受到他人侵害,致使意思表示不真实之际,合同公正与否才可依照客观标准来判断,即追求实质的公正。其次是合同上风险的合理分配,在以往的实务中关于买卖合同中标的物损毁灭失的风险,由《民法典》合同编规定为交付主义,相比更古老的所有人主义更合理。最后是合理分配其他类型的合同负担,如附随义务的合理配置、债务履行费用的分担以及免责条款的法律规制等。在合同立法和实务当中,合同自由和合同正义原则必须相互补充、彼此协力,才能更好地实践合同法的机能。

(三)鼓励交易原则

《民法典》合同编属于市场交易法,其立法目的就是鼓励合法、正当的交易。鼓励交易原则是促进市场发展所必需的,是提高效率、增进社会财富积累的手段,是维护合同自由、实现当事人意志和缔约目的的应有之义。在我国《民法典》合同编中,鼓励交易原则主要从以下几个方面体现出来:一是严格限制无效合同的范围。无效合同的范围应当限定在违反法律法规强行性规定以及公序良俗方面,因欺诈、胁迫而成立的合同主要是意思表示不真实,从维护交易的角度出发应将此类合同作为可撤销的标的;主体不合格订立的合同也不能归于无效,而应该属于效力待定,以此来限制无效合同的种类。二是详细规定了合同的订立程序。关于要约与承诺两个订立合同程序的详尽规定使缔约双方当事人对于缔约规则和制度都能够清楚掌控,大大提高了缔约的成功率,从而起到鼓励交易的作用。三是严格限制违约解除的条件。例如,《民法典》第563条规定,有下列5种情形之一的,当事人才可以解除合同:(1)因不可抗力致使不能实现合同目的;(2)在履行期限届满前,当事人一方明确表示或者以自己的行为表明不履行主要债务;(3)当事人一方迟延履行主要债务,经催告后在合理期限内仍未履行;(4)当事人一方迟延履行债务或者有其他违约行为致使不能实现合同目的;(5)法律规定的其他情形。

第二节 合同的成立

一、合同订立的一般程序

合同是一个动态的全过程,始于订立,终于适当履行、责任承担以及合同解除。合同经法律规定的程序才能成立,我国《民法典》明确规定了订立合同应当经过要约和承诺两个程序。

(一)要约

《民法典》第472条规定:“要约是希望与他人订立合同的意思表示……”可见要约是一方当事人向另一方当事人发出的希望与之订立合同的意思表示,在商业活动和对外贸易中又称为报价、发价或发盘。其中,发出要约的人为要约人,相对方称为受要约人。

1. 要约成立的要件

一项希望订立合同的意思表示只有具备了特定的条件以后才能发生法律上的效力,才能成为合同法上的要约,根据法律的规定,一项有效的要约应当具备以下几个条件:(1)要约必须是特定人的意思表示。此处的“特定”是指受要约人能够确定发出要约的人,只有如此,受要约人才能对之进行承诺,进而才能成立合同。(2)要约必须是向相对人作出的意思表示。要约只有经过受要约人的承诺才能成立合同,所以要约必须有一定的相对人,此处的相对人既可以是一个人,也可以是范围确定的多数人,但在特殊情况下,要约也可以向不特定的相对人发出,例如,悬赏性的广告就是向不特定多数人发出的一种特殊形式的要约。(3)要约的内容必须具体而且明确。此项条件要求要约的内容明确、完整、具体,能够包含合同的主要条款,否则,即使相对人作出同意要约的所谓承诺,也会因无从确定双方是否对合同的主要条款达成一致而使合同不能成立。(4)要约须具有订立合同的目的,即要约人应当在要约中表明要约一旦经受要约人承诺,要约人即受该意思表示的约束。

以上要约的有效条件将要约与要约邀请区别开来。要约邀请又称要约引诱,是希望他人向自己发出要约的表示,《民法典》第 473 条规定:“要约邀请是希望他人向自己发出要约的表示。拍卖公告、招标公告、招股说明书、债券募集办法、基金招募说明书、商业广告和宣传、寄送的价目表等为要约邀请。商业广告和宣传的内容符合要约条件的,构成要约。”由此法律规定可以看出,要约邀请是订立合同的预备行为,并不含有受约束的意思表示,因此它不能发生约束双方当事人的法律效果。要约与要约邀请的区别主要体现在以下几个方面:一是作出表示的直接目的不同。要约的直接目的是希望对方接受自己的意思表示以使合同得以成立;而要约邀请只是希望对方向自己发出要约,从而将成立合同的主动权掌握在自己手中。二是两种表示内容的明确程度不同。要约的内容必须明确而具体,以便对方当事人一经承诺就成立合同;而要约邀请只是起到引诱对方向自己发出要约的作用,因此在意思表示中主要体现的是吸引力而一般不具备具体的合同内容,所以即便是对方作出接受的意思表示也不可能使合同成立。三是表示的相对人是否明确不同。要约在一般情况下应当向明确或者范围确定的相对人作出(当然有特例);而要约邀请的相对人一般是不确定的。四是两种意思表示的约束力不同。要约必须具有订立合同的目的,即一经对方当事人的承诺,要约人即应当订立合同并受要约效力的约束;而要约邀请则不具有此项约束力。

2. 要约的法律效力

要约的法律效力又称为要约的法律约束力,是指要约所产生的法律后果,主要包括要约对要约人的效力和对相对人的效力两个方面。

(1)要约的生效时间

《民法典》第 137 条规定:“以对话方式作出的意思表示,相对人知道其内容时生效。以非对话方式作出的意思表示,到达相对人时生效。以非对话方式作出的采用数据电文形式的意思表示,相对人指定特定系统接收数据电文的,该数据电文进入该特定系统时生效;未指定特定系统的,相对人知道或者应当知道该数据电文进入其系统时生效。当事人对采用数据电文形式的意思表示的生效时间另有约定的,按照其约定。”根据《民法典》第 474 条的规定,要约生效的时间适用第 137 条的规定。

对于对话方式作出的要约,在要约人作出口头要约的同时,即在相对人一经了解该要约内容的同时立即生效,而无须送达的过程。对于非对话方式的要约,要约到达受要约人的控制范围内时才生效。而采用数据电文形式订立合同且收件人指定特定系统接收数据电文的,该数据电文进入该特定系统的时间视为到达时间;未指定特定系统的,相对人知道或者应当知道该数据电文进入其系统时生效。当事人对采用数据电文形式的意思表示的生效时间另有约定的,按照其约定。

(2)要约效力的存续期间

要约生效之后,其效力不可能永久存续,是有一定时间限制的,要约的存续期间就是指要约受承诺拘束的期间,也称为承诺期间。该存续期间有下面两种情况:一是定有存续期间。要约人可以在要约中约定存续期间,有约定的,按照约定。二是未定有存续期间。在没有约定的情况下,对于口头要约,仅在受约人立即承诺时,才对要约人有约束力,否则该要约即失去法律拘束力;对于书面要约,应当在合理期限内承诺,该合理期限包括 3 个时间段,即要约到达受要约人的时间、受要约人对要约进行考虑的时间以及承诺通知到达要约人所需要的时间。

(3)要约效力的约束对象

在采用到达生效的前提下,要约一经到达受要约人的控制范围即发生要约的法律拘束力,该拘束力表现为两个方面:一是要约的形式拘束力,即对要约人发生的效力。要约一经生效,要约人即受到要约的拘束,不得随意撤回、撤销或对要约加以限制、变更和扩张,也就是说要约对于要约人具有完全的拘束力。二是要约的实质拘束力。它是指受要约人在要约发生效力时,即取得承诺的资格,有权在要约的有效期内做出答复。但是受要约人既没有必须承诺的义务,也没有在不为承诺时的通知义务,若在要约的有效期内不为承诺,则受要约人只是失去承诺的资格而无须承担任何法律责任。由此可见,要约对于受要约人来说完全没有法律上的拘束力。

(4)要约的撤回和撤销

要约的撤回,是指要约人在要约生效之前使要约不发生法律效力的行为。我国《民法典》第 475 条规定:"要约可以撤回。要约的撤回适用本法第一百四十一条的规定。"根据《民法典》第 141 条的规定:"行为人可以撤回意思表示。撤回意思表示的通知应当在意思表示到达相对人前或者与意思表示同时到达相对人。"可见要约的撤回针对的是未生效的要约,这也是对要约人的利益和意愿充分加以尊重的体现。

要约的撤销,是指在要约生效之后,受要约人发出承诺的通知之前,将该项要约取消,使要约的效力归于消灭的行为,可见要约的撤销针对的是已经生效的要约。我国《民法典》第 476 条规定:"要约可以撤销,但是有下列情形之一的除外:(一)要约人以确定承诺期限或者其他形式明示要约不可撤销;(二)受要约人有理由认为要约是不可撤销的,并已经为履行合同做了合理准备工作。"由于要约一经生效就对要约人具有完全的拘束力,而且要约的撤销往往不利于受要约人,因此有必要对要约的撤销加以限制。

(5)要约的失效

《民法典》第 478 条规定,有下列情形之一的,要约失效:一是要约被拒绝。受要约人拒绝要约后,在承诺期内又表示同意的,其意思表示为发出的新要约。但是对于向不特定的人发出的要约,如标价商品,则不因特定人的拒绝而消灭。二是要约被依法撤销。在不违背法律规定的情况下,要约人在要约生效之后可以将其撤销,使要约的效力归于消灭。三是承诺期限届满,受要约人未作出承诺。如果期限届满后,相对人对要约又表示接受的,该意思表示视为一种新要约。四是受要约人对要约的内容作出实质性变更。此处所说的实质性变更是指有关合同标的、数量、质量、价款或者报酬、解决争议的方法等合同主要条款的变更。受要约人对要约的内容作出实质性变更的，为新要约，如要继续成立合同需要原要约人重新作出承诺。

（二）承诺

根据我国《民法典》第479条的规定：承诺是受要约人同意要约的意思表示。在商业交易中，承诺又可以称为接盘。要约人有接受承诺的义务，要约一经承诺，合同即告成立。

1. 承诺成立的要件

由于承诺一旦生效，合同即告成立，对双方当事人都将产生法律上的拘束力，因此有效的承诺应当具备以下几个要件：

（1）承诺必须由受要约人作出。因为承诺是与要约方向相对的意思表示，因此承诺必须由受要约人或其代理人作出才具有法律意义。如果受要约人是特定的人，则必须由该特定人作出；若受要约人是非特定的一定范围内的人，则该范围内任何人作出同意要约的意思表示均可视为承诺。

（2）承诺必须向要约人作出。因为承诺是同意要约的意思表示，因此该意思表示也必须向要约人或其代理人发出，如果向其他人作出同意要约的意思表示，按照不同情况在性质上应当属于新的要约或根本不具有法律意义。

（3）承诺必须是对要约内容作出完全同意的意思表示。由于承诺一旦生效，合同即告成立，所以承诺应当是对要约内容的完全接受，否则将无法确定将来合同的内容，也就使该合同无法成立。如果受要约人对要约的实质内容进行了变更则视为新要约，如要继续成立合同需要原要约人重新作出承诺。同时，我国《民法典》第488条还规定："有关合同标的、数量、质量、价款或者报酬、履行期限、履行地点和方式、违约责任和解决争议方法等的变更，是对要约内容的实质性变更。"如果承诺对要约的内容作出非实质性变更，除要约人及时表示反对或者要约表明承诺不得对要约的内容作出任何变更的以外，该承诺有效，合同的内容以承诺的内容为准。

（4）承诺必须在要约的有效期内作出，逾期承诺亦视为新要约。此处所说要约的有效期是指要约法律效力的存续期间。《民法典》第481条规定："承诺应当在要约确定的期限内到达要约人。要约没有确定承诺期限的，承诺应当依照下列规定到达：（一）要约以对话方式作出的，应当即时作出承诺；（二）要约以非对话方式作出的，承诺应当在合理期限内到达。"可见，承诺有效期的计算应当依照当事人的约定来确定，没有约定的，对于对话方式的要约，要求受要约人必须立即承诺，而对于非对话方式的要约，则应当在合理期间内作出承诺，在要约的有效期内，受要约人不为承诺的，要约即丧失法律效力，对要约人不再具有法律上的拘束力。需要特别注意的是特殊情况承诺期限的计算，《民法典》第482条规定："要约以信件或者电报作出的，承诺期限自信件载明的日期或者电报交发之日开始计算。信件未载明日期的，自投寄该信件的邮戳日期开始计算。要约以电话、传真、电子邮件等快速通讯方式作出的，承诺期限自要约到达受要约人时开始计算。"

2. 承诺的方式

承诺的方式，是指承诺人采用何种方式将承诺通知送达要约人。对于承诺的方式当事人可以约定，否则应当按照法定的方式进行承诺，我国《民法典》第480条规定："承诺应当以通知的方式作出;但是,根据交易习惯或者要约表明可以通过行为作出承诺的除外。”由此规定可以看出法定的承诺方式有两种:一是通知的方式;二是行为的方式。以通知方式作出承诺又可以称为意思表示的方式,无论是以口头形式或是书面形式作出承诺,一般均应与要约的形式相一致。而行为承诺的方式,相对通知的意思表示,又可以称其为意思实现,是指依照交易习惯、事件性质或者要约人为要约时的预先声明,承诺无须通知,在相当时期内有可以为承诺的事实时,合同即成立的现象。此处所说的行为多指履行行为,如装运货物、预留房间等,因行为承诺不易被要约人所知晓,因此必须在有交易习惯或要约明确表明的情况下方可采用。

3. 承诺的效力

关于承诺的生效时间,我国《民法典》第 484 条规定:“以通知方式作出的承诺,生效的时间适用本法第一百三十七条的规定。承诺不需要通知的,根据交易习惯或者要约的要求作出承诺的行为时生效。”因为法定的承诺方式有两种,所以承诺的生效时间也会有所不同,如果受要约人以通知的方式作出承诺,则依据《民法典》第 137 条的规定确定生效的时间;如果受要约人以行为的方式作出承诺,则该行为作出时承诺生效。关于承诺的撤回,我国《民法典》第 485 条规定:“承诺可以撤回。承诺的撤回适用本法第一百四十一条的规定。”关于承诺是否可以撤销,回答是否定的,因为承诺一经生效,合同即告成立,而如果法律允许承诺可以单方撤销无异于规定合同可以无条件单方解除,这与契约的双方合意性相背离,因此承诺不可撤销。

4. 承诺的迟到

承诺的迟到,是指承诺的通知在要约规定的期限内或合理的期限内没有到达要约人的情况,承诺的迟到根据迟到的原因不同发生不同的法律效力。承诺的迟到可以分为两种:一是通常情况下的迟到,是指因为承诺人自己的原因导致承诺迟到的情况。对于这种迟到承诺的效力,我国《民法典》第 486 条规定:“受要约人超过承诺期限发出承诺,或者在承诺期限内发出承诺,按照通常情形不能及时到达要约人的,为新要约;但是,要约人及时通知受要约人该承诺有效的除外。”也就是说,如果因为承诺人自己的原因导致了承诺的迟到,因其超出了要约的有效期限所以不发生法律效力,除非原来的要约人针对这一迟到的意思表示重新作出肯定的答复。二是特殊情况下的迟到,是指除承诺人自身原因之外的其他因素导致承诺迟到的情况,如因为送达的原因等。针对这种情况,我国《民法典》第 487 条规定:“受要约人在承诺期限内发出承诺,按照通常情形能够及时到达要约人,但是因其他原因致使承诺到达要约人时超过承诺期限的,除要约人及时通知受要约人因承诺超过期限不接受该承诺外,该承诺有效。”也就是说,在这种非因承诺人的原因导致承诺迟到的情况下,承诺人是没有过错的,而且从鼓励交易的原则出发也应当认定该承诺是有效的承诺,但是如果承认此种承诺有效将会损害到要约人的利益,则法律给予要约人拒绝接受此种承诺的权利,当然这种拒绝必须以通知的方式作出,否则该承诺有效。

二、合同成立的时间、地点及特殊方式

合同的成立,是指当事人双方就合同的主要条款取得合意并达成协议的法律事实。它不同于合同的生效,只需要双方或多方当事人达成合意即可。合同的订立过程是合同成立的前提和必要程序,在一般情形下,缔约双方当事人经过要约和承诺两个阶段就合同的内容达成合意之后,合同即告成立。

(一)合同成立的时间

我国《民法典》第 483 条规定:“承诺生效时合同成立,但是法律另有规定或者当事人另有

约定的除外。”可见，在一般情况下合同成立的时间是由承诺生效的时间决定的，但是在实践中根据具体情况的不同合同成立的时间也会有所不同。我国《民法典》第 490 条规定：“当事人采用合同书形式订立合同的，自当事人均签名、盖章或者按指印时合同成立。在签名、盖章或者按指印之前，当事人一方已经履行主要义务，对方接受时，该合同成立。法律、行政法规规定或者当事人约定合同应当采用书面形式订立，当事人未采用书面形式但是一方已经履行主要义务，对方接受时，该合同成立。”

同时，我国《民法典》对签订确认书的合同和电子合同的成立时间作了特别规定，第 491 条规定：“当事人采用信件、数据电文等形式订立合同要求签订确认书的，签订确认书时合同成立。当事人一方通过互联网等信息网络发布的商品或者服务信息符合要约条件的，对方选择该商品或者服务并提交订单成功时合同成立，但是当事人另有约定的除外。”

（二）合同成立的地点

合同成立的地点涉及确定法院管辖权以及选择法律的适用等问题，因此加以明确十分必要。

我国《民法典》第 492 条规定：“承诺生效的地点为合同成立的地点。采用数据电文形式订立合同的，收件人的主营业地为合同成立的地点；没有主营业地的，其住所地为合同成立的地点。当事人另有约定的，按照其约定。”其中，承诺生效的地点有两种不同情况，如果承诺是以通知的形式作出的，则承诺通知到达的地点为承诺生效的地点；如果承诺是以行为作出的，则承诺行为作出的地点为承诺生效的地点。同时，《民法典》第 493 条规定：“当事人采用合同书形式订立合同的，最后签名、盖章或者按指印的地点为合同成立的地点，但是当事人另有约定的除外。”

（三）合同成立的特殊方式

1. 交叉要约

交叉要约又称交错要约，是指当事人一方向对方为要约时，适值对方亦为同一内容的要约，且双方当事人彼此均不知有要约的现象。对于交叉要约能否成立合同，有两种观点。一是“形式说”，这一观点认为虽有双方的合意，但没有承诺，则合同成立的形式不完备，因此合同不能成立；二是“实质说”，该观点认为在交叉要约的情形下，虽然欠缺承诺这一合同成立的要件，但当事人已经达成合意，内容又完全一致，因此应当认定合同已经成立。对于这一情形，我国采取“实质说”，认为只要意思表示一致就应当成立合同，成立的时间以在后的要约到达相对人的时间为准。

2. 竞争缔约

竞争缔约，是指在缔约的过程中引入了竞争机制，以便使合同的订立更加公平、更有效率。其中，以招投标方式订立合同以及拍卖方式订立合同较典型。

招投标方式订立合同。招投标方式订立合同，是指由招标人向数人发出招标通知或招标公告，在诸多投标中选择自己最满意的投标人并与之订立合同的方式。

拍卖方式订立合同。拍卖，是指以公开竞价的形式，将特定物品或者财产权利转让给最高应价者的买卖方式。目前，国内外拍卖业最常用的拍卖方式主要有增价拍卖、减价拍卖和密封式投标拍卖 3 种，从我国《拍卖法》对拍卖的定义来看，我国选择的是增价拍卖的方式。增价拍卖又可以称为“英格兰式拍卖”，它是一种价格上行的报价方式，即竞价由低至高，依次递增，直到最高价格成交为止。

3. 强制缔约

强制缔约，是指依据法律规定，民事主体负有与他人缔结契约的法定义务，非有正当理由，不得拒绝缔结契约。强制缔约又可以分为强制要约和强制承诺。

我国《民法典》第 494 条规定："国家根据抢险救灾、疫情防控或者其他需要下达国家订货任务、指令性任务的，有关民事主体之间应当依照有关法律、行政法规规定的权利和义务订立合同。依照法律、行政法规的规定负有发出要约义务的当事人，应当及时发出合理的要约。依照法律、行政法规的规定负有作出承诺义务的当事人，不得拒绝对方合理的订立合同要求。"

4. 采用格式条款订立合同

我国《民法典》第 496 条第 1 款规定："格式条款是当事人为了重复使用而预先拟定，并在订立合同时未与对方协商的条款。"格式条款的特征主要表现在以下几个方面：(1)格式条款具有广泛性、持久性和细节性的特征；(2)格式条款具有单方事先拟定性特征；(3)格式条款具有不变性或不可协商性的特征；(4)采用格式条款的缔约双方地位的不平等性特征。

格式条款的表现方式多样，有些格式条款并不直接体现在合同中，而是以店堂告示、工作规则、附则等形式存在于合同文本之外，这些格式条款不能直接成为合约的内容，必须经要约人的合理提示并经相对人认可。我国《民法典》第 496 条第 2 款规定："采用格式条款订立合同的，提供格式条款的一方应当遵循公平原则确定当事人之间的权利和义务，并采取合理的方式提示对方注意免除或者减轻其责任等与对方有重大利害关系的条款，按照对方的要求，对该条款予以说明。提供格式条款的一方未履行提示或者说明义务，致使对方没有注意或者理解与其有重大利害关系的条款的，对方可以主张该条款不成为合同的内容。"因此，格式条款订入合同应当具备以下两个条件：一是以合理的方式提示对方注意；二是按照对方的要求对条款予以说明。

对于我国《民法典》第 496 条第 2 款规定的提示和说明义务，《合同编通则司法解释》第 10 条作出了详细解释，该条规定："提供格式条款的一方在合同订立时采用通常足以引起对方注意的文字、符号、字体等明显标识，提示对方注意免除或者减轻其责任、排除或者限制对方权利等与对方有重大利害关系的异常条款的，人民法院可以认定其已经履行民法典第四百九十六条第二款规定的提示义务。提供格式条款的一方按照对方的要求，就与对方有重大利害关系的异常条款的概念、内容及其法律后果以书面或者口头形式向对方作出通常能够理解的解释说明的，人民法院可以认定其已经履行民法典第四百九十六条第二款规定的说明义务。提供格式条款的一方对其已经尽到提示义务或者说明义务承担举证责任。对于通过互联网等信息网络订立的电子合同，提供格式条款的一方仅以采取了设置勾选、弹窗等方式为由主张其已经履行提示义务或者说明义务的，人民法院不予支持，但是其举证符合前两款规定的除外。"

我国《民法典》第 498 条规定："对格式条款的理解发生争议的，应当按照通常理解予以解释。对格式条款有两种以上解释的，应当作出不利于提供格式条款一方的解释。格式条款和非格式条款不一致的，应当采用非格式条款。"

我国《民法典》第 497 条规定："有下列情形之一的，该格式条款无效：(一)具有本法第一编第六章第三节和本法第五百零六条规定的无效情形；(二)提供格式条款一方不合理地免除或者减轻其责任、加重对方责任、限制对方主要权利；(三)提供格式条款一方排除对方主要权利。”

三、合同的内容和形式

对合同内容的理解可以从两个角度出发:(1)从合同关系的角度出发,合同的内容是指依照法定或约定所产生的合同的权利和义务;(2)从合同内容的具体表现角度出发,可以将其理解为合同的具体条款。

(一)合同的权利与义务

合同的权利与义务在性质上具有相对性,除法律或者合同另有规定外,只有合同的当事人才能享有合同所规定的权利,也只有合同的当事人才有履行合同的义务,即合同当事人无权为他人设定合同上的义务。

1. 合同权利

合同权利又称合同债权,主要是指债权人依据合同约定所享有的请求债务人为特定行为的权利。合同权利作为一种财产权利,其权能主要体现在以下几个方面:

第一,请求履行和接受履行的权利,即合同债权人有权按照合同的约定请求合同债务人为一定行为或不为一定行为。如在买卖合同中,买方在交付货款之后有权要求卖方交付货物。接受履行既是债权人的权利也是债权人的义务。

第二,请求保护债权的权利。当债务人或第三人的行为对合同债权人的债权实现构成侵害时,债权人依法享有采取合法形式保护债权的权利。此项权利体现在以下两个方面:一是保全债权的权利,是指法律为防止债务人的财产不当减少给债权人的债权带来危害,而允许债权人对于债务人或第三人的行为行使代位权或者撤销权,这两项权利是由法律直接规定的,属于债权人的法定权能,而无须合同的约定;二是违约救济请求权,当合同债务人不履行或不适当履行合同债务时,债权人有权请求国家机关予以保护,要求债务人承担相应的违约责任。

第三,处分债权的权能。合同债权属于财产权利,当事人对其有合法的处分权,如将合同债权进行转让、免除甚至抛弃债权等,这完全符合契约自由的原则。

2. 合同义务

相对合同权利的概念,合同义务,主要是指缔约人一方依照合同约定所应当向对方当事人承担的义务,主要包括给付义务和附随义务。

其中给付义务又可以分为主给付义务和从给付义务。主给付义务,简称主义务,是指合同关系所固有的、必备的并能够直接决定合同类型的基本义务。从给付义务,简称从义务,与主义务存在于同一个合同当中,不具有独立的意义,对主义务具有辅助的功能,其性质不能决定合同的类型,其主要功能在于确保债权人的利益能够最大限度实现。无论是主给付义务还是从给付义务都是依据法律的规定或合同的约定产生的,而附随义务则是基于诚实信用原则产生的。

附随义务,是指合同当事人基于诚实信用原则所产生的,根据合同的性质、目的和交易习惯所应当承担的通知、协助、保密等义务。我国《民法典》第509条第2款规定:“当事人应当遵循诚信原则,根据合同的性质、目的和交易习惯履行通知、协助、保密等义务。”

(二)合同的条款

合同的权利和义务反映到具体的合同当中就是合同的条款,同样,合同条款直接反映的是合同的具体内容,我们可以将合同条款分为 3 类。

1. 合同的基本条款

我国《民法典》第 470 条第 1 款规定:“合同的内容由当事人约定,一般包括下列条款:(一)当事人的姓名或者名称和住所;(二)标的;(三)数量;(四)质量;(五)价款或者报酬;(六)履行期限、地点和方式;(七)违约责任;(八)解决争议的方法。”

2. 根据法律规定或按合同性质必须具备的条款

除提示性的合同基本条款外,根据法律或合同的性质,有些合同还需要具备一些特殊的条款,如建筑工程合同中必须具备有关防止污染的条款。

3. 当事人协商一致的条款

本着意思自治的原则,合同当事人可以约定合同的条款,但内容不得违反法律、法规和公序良俗。

(三)合同的形式

合同的形式是合同成立的外在表现方式,是合同内容的载体。我国《民法典》第 469 条规定:“当事人订立合同,可以采用书面形式、口头形式或者其他形式。书面形式是合同书、信件、电报、电传、传真等可以有形地表现所载内容的形式。以电子数据交换、电子邮件等方式能够有形地表现所载内容,并可以随时调取查用的数据电文,视为书面形式。”可见,我国法律规定的合同形式有 3 种:口头形式、书面形式和其他形式。《民法典》第 490 条规定,法律、行政法规规定或者当事人约定合同应当采用书面形式订立,当事人未采用书面形式但是一方已经履行主要义务,对方接受时,该合同成立。此处所说的其他形式即指的是行为默示形式,又称为推定形式,或称意思实现形式,指合同当事人以某种表明法律意图的行为间接地表示合同内容的合同形式。《民法典》第 484 条第 2 款规定:“承诺不需要通知的,根据交易习惯或者要约的要求作出承诺的行为时生效。”这便是对行为默示形式的法律认可。

由此可见,我国《民法典》对合同形式兼采要式与不要式规则,且辅以实际履行原则作为补充。

第三节 合同的效力

一、合同效力概述

合同的效力是法律赋予依法成立的合同对当事人的法律强制力。其效力表现在对内、对外两个方面:对内效力,是指合同对合同当事人的效力;对外效力,是指合同对第三人的效力。在一般情况下,合同的权利义务具有相对性,只能约束缔约双方当事人,但是在特殊情况下,合同效力也会对合同当事人之外的第三人发生。

(一)合同生效的要件

合同生效,是指已经成立的合同在当事人之间产生法律拘束力。我国《民法典》第 119 条规定:“依法成立的合同,对当事人具有法律约束力。”依照我国《民法典》第 143 条的规定,已成立的合同要产生当事人预期的后果,应当具备的有效要件包括以下三方面。

1. 当事人缔约时具有相应的缔约能力

所谓缔约能力，是指合同主体据以独立订立合同并独立享有合同权利、承担合同义务的主体资格。合同的主体可以是自然人、法人、非法人组织，自然人签订合同，原则上须有完全民事行为能力，限制民事行为能力人和无民事行为能力人缔结合同须由其法定代理人代为签订，但也有两个例外：一是限制民事行为能力人独立签订的纯获利益的合同，如接受赠予；二是限制民事行为能力人可以独立签订与其年龄、智力和精神健康状态相适应的合同。

关于法人或非法人组织作为合同的主体是否受到经营范围的限制问题，理论界有不同的认识，我国《民法典》第505条规定："当事人超越经营范围订立的合同的效力，应当依照本法第一编第六章第三节和本编的有关规定确定，不得仅以超越经营范围确认合同无效。"

2. 意思表示真实

意思表示，是指行为人将其设立、变更、终止民事权利义务的内在意思表示于外部的行为。意思表示作为法律行为的核心要素，其真实性对于保证行为人正确实现行为目的至关重要。意思表示包括效果意思和表示行为两个要素，合同的生效要求当事人的意思表示真实，即当事人内在意思与外在的表示相一致。

3. 不违反法律、行政法规的强制性规定，不违背公序良俗

我国《民法典》第153条规定："违反法律、行政法规的强制性规定的民事法律行为无效。但是，该强制性规定不导致该民事法律行为无效的除外。违背公序良俗的民事法律行为无效。"

（二）合同生效的时间

合同生效时间，是指合同在什么时间发生法律拘束力。根据我国《民法典》第502条及其他相关条文的规定，合同生效的时间可分为以下4种情况。

1. 合同自成立时生效

合同生效的一般时间界限，是合同依法成立。在这种情况下，合同成立和合同生效的时间是一致的。

2. 合同自批准等手续办理完成时生效

我国《民法典》第502条第2款规定："依照法律、行政法规的规定，合同应当办理批准等手续的，依照其规定……"也就是说，依照法律、行政法规规定应当办理批准等手续的合同，在办理了相关手续后生效。如果没有办理批准等手续，该合同不生效，但不是合同无效，仍然可以通过补办报批手续而使其生效。同时，未办理批准等手续，并不影响合同中履行报批等义务条款以及相关条款的效力。应当办理申请批准等手续的当事人未履行义务的，对方可以请求其承担违反该义务的责任。

3. 合同自所附条件成就时生效

我国《民法典》第158条规定："民事法律行为可以附条件，但是根据其性质不得附条件的除外。附生效条件的民事法律行为，自条件成就时生效。附解除条件的民事法律行为，自条件成就时失效。"当事人对合同的效力可以约定附条件。所谓附条件的合同，是指当事人在合同中特别约定一定的条件，以该条件是否成就来决定合同效力发生或消灭的合同。条件是将来可能发生也可能不发生的不确定的事实，而且合同当事人所附的条件必须是符合法律规定且符合公序良俗的条件。

附生效条件(又称延缓条件)的合同,自条件成就时生效;附解除条件(又称消灭条件)的合同,自条件成就时失效。当事人为自己的利益不正当地阻止条件成就的,视为条件已经成就;不正当地促成条件成就的,视为条件不成就。我国《民法典》第159条规定:“附条件的民事法律行为,当事人为自己的利益不正当地阻止条件成就的,视为条件已经成就;不正当地促成条件成就的,视为条件不成就。”

4. 合同自所附期限届至时生效

我国《民法典》第160条规定:“民事法律行为可以附期限,但是根据其性质不得附期限的除外。附生效期限的民事法律行为,自期限届至时生效。附终止期限的民事法律行为,自期限届满时失效。”

当事人对合同的效力可以约定附期限。所谓附期限的合同,是指当事人在合同中设定一定的期限,并把期限的到来作为合同效力的发生或消灭根据的合同。附期限和附条件的不同之处在于期限是确定会到来的,而条件的成就与否是不确定的。

附生效期限(又称延缓期限)的合同,自期限届至时生效;附终止期限(又称解除期限)的合同,自期限届至时失效。

二、合同欠缺生效要件的法律后果

(一)合同的无效

1. 合同无效的概念及特征

合同的无效,是指合同虽然已经成立,但因其违反法律、行政法规或公序良俗而自始不具备法律效力的状态。然而,应当注意的是,无效合同不发生法律效力,是指不发生合同当事人追求的法律效果,而不是不发生任何其他意义上的法律效果。

无效合同具有以下几个特点:第一,违法性。违法性,是指合同无效的原因是违反了法律或行政法规的强制性规定以及公序良俗,而不是违反了双方的约定或法律的任意性规范。第二,无效合同的不得履行性。不得履行性,是指因为违法而导致无效的合同不发生法律的拘束力,当事人不能够按照合同的约定履行,即使履行合同也不会受到法律的保护,而不履约也不用承担违约责任。第三,自始无效、绝对无效性。自始无效,是指合同一旦被确认为无效将会发生溯及力,溯及合同订立之时,即合同自成立时起就不具有法律上的拘束力。绝对无效,是指因其违法性导致合同的整体无效,不会因部分的修正而使其重新产生法律效力。

合同无效分为全部无效和部分无效,根据我国《民法典》第156条的规定,如果只是合同内容中的一部分无效,不影响合同其他部分效力,则其他部分仍然有效。

2. 合同无效的原因

我国《民法典》第144条、第146条、第153条及第154条规定了5种可导致合同无效的原因:

(1)无民事行为能力人实施的民事法律行为无效。

(2)行为人与相对人以虚假的意思表示实施的民事法律行为无效。

虚假意思表示,又称虚伪表示,是指行为人与相对人都知道自己所表示的意思并非真意,通谋作出与真意不一致的意思表示。其特征在于双方当事人都知道自己所表示出的意思不是真实意思,民事法律行为本身就欠缺效果意思,双方均不希望此行为能够真正发生法律上的效力。根据《民法典》第146条的规定,行为人与相对人以虚假的意思表示订立的合同无效,以虚假的意思表示隐藏的合同的效力,依照有关法律规定处理。

(3)违反法律、行政法规的强制性规定的民事法律行为无效。但是,该强制性规定不导致该民事法律行为无效的除外。

(4)违背公序良俗的民事法律行为无效。

公序良俗是公共秩序和善良风俗的简称,属于不确定概念。同强制性规定一样,公序良俗也体现了国家对民事领域意思自治的一种限制。因此,对公序良俗的违背也构成民事法律行为无效的理由。

(5)行为人与相对人恶意串通,损害他人合法权益的民事法律行为无效。

恶意串通,是指行为人与相对人互相勾结,为谋取私利而实施的损害他人合法权益的民事法律行为。恶意串通的民事法律行为在主观上要求双方有互相串通、为满足私利而损害他人合法权益的目的,客观上表现为实施了一定形式的行为来达到这一目的。

除以上5种导致合同无效的原因外,法律还规定了合同免责条款的无效,我国《民法典》第506条规定:“合同中的下列免责条款无效:(一)造成对方人身损害的;(二)因故意或者重大过失造成对方财产损失的。”

(二)合同的撤销

1. 合同撤销的概念及特征

合同的撤销,是指因订立合同时当事人意思表示不真实,故法律允许撤销权人通过行使撤销权,使已经生效的合同归于无效。其特征表现在以下几个方面:

(1)合同的撤销是因为当事人的意思表示不真实。可撤销合同是由于订立合同的意思表示不是出自当事人的真意,即双方当事人的合意不真实,存在瑕疵。

(2)合同的撤销要通过撤销权人行使撤销权来实现。对无撤销权的另一方当事人来说,该合同具有完全的约束力,在合同撤销之前,应当按照约定履行。

(3)在撤销权行使之前,合同是效力确定的,当事人必须按约履行,而一旦撤销权人行使了撤销权则该合同自始无效。

2. 可撤销的原因

根据《民法典》第147条至第151条的规定,可撤销合同包括以下几种情形:

(1)基于重大误解实施的民事法律行为,行为人有权请求人民法院或者仲裁机构予以撤销。

重大误解,是指合同一方当事人作出意思表示时,对涉及合同法律效果的重要事项存在认识上的显著错误,其后果是使误解者的利益受到较大的损失或根本达不到订立合同的目的。可见,重大误解的构成需要具备以下几个条件:一是表意人对合同的主要内容发生了重大的误解;二是重大误解是误解者自己的过错(一般是过失)造成的,如果是对方当事人的欺诈造成的,则构成欺诈;三是表意人因为重大误解作出了订立合同的意思表示,其错误认识与行为后果之间存在因果关系,即若无这种错误认识,将不会产生该行为后果;四是重大误解的结果是使误解者的利益受到较大的损失或者根本达不到误解者订立合同的目的。

(2)一方以欺诈手段,使对方在违背真实意思的情况下实施的民事法律行为,受欺诈方有权请求人民法院或者仲裁机构予以撤销。

欺诈,一般是指行为人故意欺骗他人,使对方陷入错误判断,并基于此错误判断作出意思表示的行为。欺诈的构成要件一般包括4项:一是行为人须有欺诈的故意;二是行为人须有欺诈的行为;三是受欺诈人因行为人的欺诈行为陷入错误判断;四是受欺诈人基于错误判断作出意思表示。

(3)第三人实施欺诈行为,使一方在违背真实意思的情况下实施的民事法律行为,对方知道或者应当知道该欺诈行为的,受欺诈方有权请求人民法院或者仲裁机构予以撤销。

第三人一般是指合同当事人之外、与合同当事人一方存在某种关系的特定人。第三人欺诈情形下撤销权的行使须满足一定的条件,即在受欺诈人的相对方非属善意时,受欺诈人才能行使撤销权。此种非善意表现为,对于第三人的欺诈行为,受欺诈人的相对方知道或者应当知道。

(4)一方或者第三人以胁迫手段,使对方在违背真实意思的情况下实施的民事法律行为,受胁迫方有权请求人民法院或者仲裁机构予以撤销。

胁迫是向对方当事人表示施加不法的危害使其产生恐惧,并且基于此种恐惧而为一定意思表示的行为。胁迫的构成一般应当具备以下4个要件:一是胁迫人有胁迫的故意,即胁迫人明知其胁迫行为将会使对方产生恐惧并追求该结果的发生;二是胁迫人有胁迫的行为,且该胁迫行为属于非法行为,即胁迫人具有将对相对人或其亲近的人施加非法危害的表示行为;三是受胁迫人因胁迫行为产生恐惧,即当事人的恐惧与胁迫行为之间存在因果关系;四是受胁迫人因恐惧而作出违背自己真意的意思表示。

(5)一方利用对方处于危困状态、缺乏判断能力等情形,致使民事法律行为成立时显失公平的,受损害方有权请求人民法院或者仲裁机构予以撤销。

因乘人之危订立合同致显失公平的构成要件主要包括以下两方面:一是在主观上,合同一方当事人利用了对方处于危困状态、缺乏判断能力等情形;二是在客观上,合同的后果为显失公平,即双方当事人在合同中的权利义务明显失衡、显著不相称。

3. 撤销权的消灭

根据《民法典》第152条的规定,撤销权在以下情形下消灭:(1)当事人自知道或者应当知道撤销事由之日起1年内、重大误解的当事人自知道或者应当知道撤销事由之日起90日内没有行使撤销权;(2)当事人受胁迫,自胁迫行为终止之日起1年内没有行使撤销权;(3)当事人知道撤销事由后明确表示或者以自己的行为表明放弃撤销权。

以上情形下当事人自民事法律行为发生之日起5年内没有行使撤销权的,撤销权消灭。

(三)合同的效力待定

所谓合同的效力待定,是指已成立的合同因欠缺一定的生效要件,其生效与否,尚未确定,须经过补正方可生效。此类效力待定合同并无意思表示的瑕疵,也不违反法律的强制性规定和公序良俗,仅仅是主体资格的欠缺,因此需要有权利人的补正,使其生效。

1. 限制民事行为能力人订立的合同

限制民事行为能力人包括8周岁以上不满18周岁的未成年人以及不能完全辨认自己行为的成年人,其缔约能力受到法律上的限制。出于对限制民事行为能力人利益的保护,《民法典》第145条第1款规定,限制民事行为能力人订立的合同,须经其法定代理人同意或追认方能有效,如果没有经过同意或追认,合同即使成立,也并不实际生效,而处于效力待定状态。当然,法律也规定了例外,即限制民事行为能力人订立的纯获利益的合同或者与其年龄、智力、精神健康状况相适应的合同有效,无须法定代理人的同意或追认。例如,一个10岁的小学生花了5角钱购买一支铅笔的合同,因与其年龄、智力、精神健康状况完全相适应,所以是一个完全有效的合同,无须其代理人的同意或追认;又如,一个限制民事行为能力人获得了一笔无任何附加条件的赠与,因该赠与合同对其不会产生任何不利,所以该赠与合同无须代理人同意或追认,是完全有效的合同。

法律出于平衡利益的考虑,在赋予法定代理人追认权的同时,也赋予了相对人两项权利,即催告权和撤销权,其中撤销权仅赋予善意相对人。我国《民法典》第145条第2款规定:"相对人可以催告法定代理人自收到通知之日起三十日内予以追认。法定代理人未作表示的,视为拒绝追认。民事法律行为被追认前,善意相对人有撤销的权利。撤销应当以通知的方式作出。"

2. 无权代理人订立的合同

无权代理人以被代理人的名义订立合同的行为属于无权代理行为,必须经被代理人追认才能生效,其中,被代理人已经开始履行合同义务或者接受相对人履行的,视为对合同的追认。这里的无权代理是指行为人没有代理权、超越代理权或代理权终止之后的代理行为。

同样,相对人也享有催告权和撤销权,撤销权仅赋予善意相对人。我国《民法典》第171条第2款规定:"相对人可以催告被代理人自收到通知之日起三十日内予以追认。被代理人未作表示的,视为拒绝追认。行为人实施的行为被追认前,善意相对人有撤销的权利。撤销应当以通知的方式作出。"

但是,如果善意相对人出于对行为人代理权的信任而订立合同,按照效力待定的规定须由被代理人追认才能生效,若被代理人不追认则合同无效。这样的后果显然对善意相对人不公平,为了体现对善意相对人的特别保护,《民法典》规定了表见代理行为作为例外。《民法典》第172条规定:"行为人没有代理权、超越代理权或者代理权终止后,仍然实施代理行为,相对人有理由相信行为人有代理权的,代理行为有效。"

三、合同被确认无效或被撤销后的法律责任

根据我国《民法典》第155条的规定,无效的合同或者被撤销的合同自始没有法律约束力。可见,合同一旦被认定为无效或者被撤销,其效力得以溯及合同成立之初,即该合同自成立时起就没有法律效力。同时,《民法典》第507条规定了合同中争议解决条款的独立性,即合同不生效、无效、被撤销或者终止的,不影响合同中有关解决争议方法条款的效力。

根据《民法典》第157条的规定,合同被确认无效或被撤销之后,视不同情况,当事人主要承担以下两种民事责任。

(一)返还财产

合同被确认无效或被撤销或者确定不发生效力后,依照合同约定已交付财产的当事人有权请求返还财产,同时接受对方的返还。若原物灭失不能返还或合同关系中不存在物的交付,则受让方应当将该物或受领的某种利益折价补偿。返还财产可分为单方返还和双方返还。其中,返还的范围是因该合同而取得的财产,不仅限于原物以及产生的孳息,还包括相对人基于对原物的占有而取得的其他利益,如因原物被第三人损坏而获得的赔偿金。

(二)赔偿损失

凡在主观上对合同无效或被撤销有过错的一方当事人,应当基于缔约过失责任给予对方一定的损失赔偿,如果双方均有过错则适用过错相抵原则。

四、缔约过失责任

缔约过失责任产生的理论基础应当是诚实信用原则,它是一种合同前的责任,即在合同订立的过程中缔约人由于过错违反先合同义务而致另一方信赖利益损失依法应承担的民事责任。“缔约上过失”(culpa in contrahendo)是由德国法学家耶林创设的。我国《民法典》将缔约过失责任作为独立制度纳入其中,使缔约过失责任成为区别于违约责任及侵权责任的一项独立的民事责任制度。

(一)缔约过失责任的构成要件

缔约过失责任的构成要件通常认为有以下4个:

1. 缔约一方须有违反先合同义务的行为。

所谓先合同义务,是指自缔约双方为签订合同而相互接触、磋商开始,依据诚实信用原则而逐渐产生的注意义务,而非合同有效成立产生的给付义务,主要包括告知、协助、保密、保护等义务。

2. 违反先合同义务者有过错。

缔约过失责任中的“过失”即指的是过错,既包括故意也包括过失。

3. 对方当事人因违反先合同义务的行为而受到损失。

这里的损失是指信赖利益的损失。信赖利益的损失是一方当事人由于信赖法律行为的有效性而遭受的损害。[1]

4. 违反先合同义务的行为与当事人的损失之间有因果关系。

(二)缔约过失责任的类型

我国《民法典》第500条和第501条共规定了4种应当承担缔约过失责任的类型:

1. 假借订立合同,恶意进行磋商。

2. 故意隐瞒与订立合同有关的重要事实或者提供虚假情况。

3. 泄露或不正当地使用商业秘密或者其他应当保密的信息。

4. 有其他违背诚信原则的行为。这是关于缔约过失责任的兜底性条款,包括合同无效和被撤销、当事人一方擅自撤回要约时的缔约过失责任,缔约之际当事人一方未尽到通知、告知、协助义务时的缔约过失责任,一方负有照顾、保护的义务而疏于履约造成对方人身财产损害时应当承担的缔约过失责任。

第四节　合同的履行

一、合同履行概述

合同的履行,是指债务人全面地、适当地完成合同债务,使债权人实现其合同债权的给付行为和给付结果的统一。从某种意义上说,合同的履行是其他一切合同法律制度的归宿和延

---

〔1〕 参见韩世远:《合同法学》,高等教育出版社2010年版,第321页以下。

伸,合同的订立与合同的效力制度最终目的都归结为合同的履行,而合同违约责任制度的设置既是对不履行合同的补救手段,又是促进债务人履行合同的法律措施。合同得以有效履行的前提条件有两个:一是以存在合法有效的合同为前提;二是该合同没有超出约定或法定的有效期。

(一)履行的主体

在一般情况下,合同的履行主体为债务人,接受履行的主体为债权人,但我国《民法典》第522条、第523条、第524条分别规定了合同履行主体的例外情形,即向第三人履行、由第三人履行和第三人代为履行。

1. 向第三人履行

向第三人履行,即第三人代债权人受领。合同当事人约定向第三人履行合同的,只要该第三人符合法律或合同规定的受履行资格能够受领,该第三人就成为合同的受领主体,有权接受履行。

一般而言,第三人接受履行时,只是接受履行的主体,而不是合同当事人。第三人替债权人接受履行不适当或因此给债务人造成损失的,应由债权人承担民事责任。债务人向第三人履行清偿义务时,履行增加的费用,应当由债权人负担。债务人未向第三人履行债务或履行债务不符合约定的,构成违约行为,债务人应当向债权人承担违约责任。

《民法典》第522条第2款在此基础上增加了真正利益第三人的规定,即法律规定或者当事人约定第三人可以直接请求债务人向其履行债务,第三人未在合理期限内明确拒绝,债务人未向第三人履行债务或者履行债务不符合约定的,第三人可以请求债务人承担违约责任;债务人对债权人的抗辩,可以向第三人主张。在此种情形下,第三人享有拒绝权、履行请求权以及请求债务人承担违约责任的权利。

2. 由第三人履行

由第三人履行,也称第三人代债务人履行,是指在合同的履行中,由第三人代替债务人向债权人履行债务。《民法典》第523条规定:"当事人约定由第三人向债权人履行债务,第三人不履行债务或者履行债务不符合约定的,债务人应当向债权人承担违约责任。"

3. 第三人代为履行

《民法典》第524条第1款规定:"债务人不履行债务,第三人对履行该债务具有合法利益的,第三人有权向债权人代为履行;但是,根据债务性质、按照当事人约定或者依照法律规定只能由债务人履行的除外。"当某项债务已届履行期,债务人不履行债务,该不履行债务的行为有可能损害第三人的利益时,第三人得代债务人向债权人履行债务,以使自己的合法利益得到保全。

对于债务具有合法利益的第三人,依据《合同编通则司法解释》第30条的规定,具体包括:一是保证人或者提供物的担保的第三人;二是担保财产的受让人、用益物权人、合法占有人;三是担保财产上的后顺位担保权人;四是对债务人的财产享有合法权益且该权益将因财产被强制执行而丧失的第三人;五是债务人为法人或者非法人组织的,其出资人或者设立人;六是债务人为自然人的,其近亲属;七是其他对履行债务具有合法利益的第三人。

第三人代债务人履行之后,债权人已经接受第三人的履行的,债权人对债务人的债权就转让给了第三人,第三人对债务人享有该债权,可以向债务人主张该债权。如果债务人和第三人对如何确定他们之间的债权债务关系另有约定,则按照约定办理,不受这一债权转让规则的约束。

(二)合同履行的原则

合同履行的原则,是指当事人在履行合同的过程中应当遵循的基本原则。合同履行的原则主要包括以下几项。

1. 适当履行原则

适当履行原则又称正确履行原则或全面履行原则,是指当事人按照合同规定的标的、质量、数量,由适当的主体在适当的履行期限、履行地点,以适当的履行方式,全面完成合同义务的履行原则。我国《民法典》第509条第1款规定:“当事人应当按照约定全面履行自己的义务。”适当履行中的“按照合同规定的标的履行”隐含实际履行原则,即债务人按照合同的约定交付标的物或提供服务,不得任意以其他标的代替。

2. 协作履行原则

协作履行原则,是指当事人不仅要适当履行自己的合同债务,而且要基于诚实信用原则对对方当事人的履行予以协助的合同履行原则。我国《民法典》第509条第2款规定:“当事人应当遵循诚信原则,根据合同的性质、目的和交易习惯履行通知、协助、保密等义务。”这体现的就是协作履行的精神。

3. 绿色原则

我国《民法典》第509条第3款规定:“当事人在履行合同过程中,应当避免浪费资源、污染环境和破坏生态。”

4. 情势变更原则

《民法典》第533条规定:“合同成立后,合同的基础条件发生了当事人在订立合同时无法预见的、不属于商业风险的重大变化,继续履行合同对于当事人一方明显不公平的,受不利影响的当事人可以与对方重新协商;在合理期限内协商不成的,当事人可以请求人民法院或者仲裁机构变更或者解除合同。人民法院或者仲裁机构应当结合案件的实际情况,根据公平原则变更或者解除合同。”

在合同领域,情势变更原则的适用条件是相当严格的,其应当具备的条件是:(1)须有应变更或解除合同的情势,即订立合同的基础条件发生了重大变动,在履行时成为一种新的情势,与当事人的主观意思无关;(2)变更的情势须发生在合同成立后至履行完毕之前;(3)情势变更的发生不可归责于双方当事人,当事人对于情势变更的发生没有主观过错;(4)情势变更须为当事人无法预料且不能预料,而且不属于商业风险;(5)继续维持合同效力将会产生显失公平的结果。

情势变更原则适用的法律效力体现为:当事人重新协商,即再协商,再协商达成协议的,按照协商达成的协议确定双方当事人的权利义务关系;再协商达不成协议的,可以变更或解除合同。人民法院或者仲裁机构应当结合案件的实际情况,根据公平原则确定变更或解除合同。

二、合同履行的具体规则

在合同生效之后,债务人应当按照合同的约定以及合同履行的原则全面履行合同,在履行当中应当遵循以下履行规则。

(一)不完全合同的履行补正规则

不完全合同,是指合同虽然成立并生效,但是按照合同的约定却没有办法履行,须补正方可履行。根据《民法典》第510条、第511条及第513条的规定,合同生效后,当事人就质量、价款或者报酬、履行地点等内容没有约定或者约定不明确的,可以协议补充;不能达成补充协议的,按照合同相关条款或者交易习惯确定。仍不能确定的,适用以下规则:(1)质量要求不明确的,按照强制性国家标准履行;没有强制性国家标准的,按照推荐性国家标准履行;没有推荐性国家标准的,按照行业标准履行;没有国家标准、行业标准的,按照通常标准或者符合合同目的的特定标准履行。(2)价款或者报酬不明确的,按照订立合同时履行地的市场价格履行;依法应当执行政府定价或者政府指导价的,依照规定履行。《民法典》第513条还规定,执行政府定价或者政府指导价的,在合同约定的交付期限内政府价格调整时,按照交付时的价格计价。逾期交付标的物的,遇价格上涨时,按照原价格执行;价格下降时,按照新价格执行。逾期提取标的物或者逾期付款的,遇价格上涨时,按照新价格执行;价格下降时,按照原价格执行。(3)履行地点不明确,给付货币的,在接受货币一方所在地履行;交付不动产的,在不动产所在地履行;其他标的,在履行义务一方所在地履行。(4)履行期限不明确的,债务人可以随时履行,债权人也可以随时请求履行,但是应当给对方必要的准备时间。(5)履行方式不明确的,按照有利于实现合同目的的方式履行。(6)履行费用的负担不明确的,由履行义务一方负担;因债权人原因增加的履行费用,由债权人负担。(7)对于电子合同标的交付时间,《民法典》第512条规定,通过互联网等信息网络订立的电子合同的标的为交付商品并采用快递物流方式交付的,收货人的签收时间为交付时间。电子合同的标的为提供服务的,生成的电子凭证或者实物凭证中载明的时间为提供服务时间;前述凭证没有载明时间或者载明时间与实际提供服务时间不一致的,以实际提供服务的时间为准。电子合同的标的物为采用在线传输方式交付的,合同标的物进入对方当事人指定的特定系统且能够检索识别的时间为交付时间。电子合同当事人对交付商品或者提供服务的方式、时间另有约定的,按照其约定。(8)对于履行币种约定不明确的,《民法典》第514条规定,以支付金钱为内容的债,除法律另有规定或者当事人另有约定外,债权人可以请求债务人以实际履行地的法定货币履行。

(二)选择之债的履行规则

选择之债,是指债的关系在成立之时,确定的标的有数个,当事人在履行时只需选定其中一个为给付的债。在数种给付中确定其一为给付,就是选择之债的确定。选择权也称择定权,是指在选择之债中,一方当事人享有的因自己的意思表示而引起的选择之债变更为简单之债的形成权。选择权以属于债务人为原则,因为债务毕竟是要由债务人实际履行的,选择权归属于债务人,既有利于保护债务人的利益,也有利于债务的履行。如果法律另有规定、当事人另有约定或者当事人另有交易习惯,则从其规定、约定或者交易习惯。选择权也可以转移,享有选择权的当事人在约定期限内或者履行期限届满未作选择,经催告后在合理期限内仍未选择的,选择权转移至对方。

《民法典》第516条规定了选择之债的履行规则:选择权一经行使,即发生选择的效力,被选择的债务就被特定化。标的确定后不得变更,但是经对方同意的除外。故享有选择权的当事人在行使选择权时,以对相对人作出意思表示而发生效力,即及时通知对方,通知到达对方时,标的确定,从而使该选择之债自始成为简单之债。如果在选择之债的数种给付中,其中一个或数个因不可抗力等原因而不能履行,则选择权人只能就剩余的给付加以选择。尤其是在只有一种可以履行而其他均发生不能履行时,当事人丧失选择的余地,只能按可以履行的标的履行。此种不能履行应当以不可归责于无选择权的当事人为限。可选择的标的发生不能履行情形的，享有选择权的当事人不得选择不能履行的标的，但是该不能履行的情形是由对方造成的除外。

（三）按份之债的履行规则

按份之债，是指在债的关系中，债权或者债务是可以分割的债，其性质为复数之债，债权或者债务的分割不会损害债的目的。《民法典》第517条规定了按份之债的份额确定规则，即债权人为二人以上，标的可分，按照份额各自享有债权的，为按份债权；债务人为二人以上，标的可分，按照份额各自负担债务的，为按份债务。按份债权人或者按份债务人的份额难以确定的，视为份额相同。

（四）连带之债的履行规则

连带之债，是指在一个债的关系中，债权人或者债务人有数人时，各债权人均得请求债务人履行全部债务，各债务人均负有履行全部债务的义务，且全部债务因债务人的一次全部履行而归于消灭的债。按照法律的规定，连带债权或者连带债务只能由法律规定或者当事人约定产生。法定连带之债，包括合伙债务、代理上的连带债务、共同侵权行为的损害赔偿责任以及法律规定的其他连带之债；意定连带之债是当事人通过协议，约定为连带债权或者连带债务的情形，如数个借款合同债务人就同一借贷，约定各负清偿全部债务的义务。

连带之债分为连带债权和连带债务。在连带债权中，连带债权人之间的份额难以确定的，视为份额相同。实际受领债权的连带债权人，应当按比例向其他连带债权人返还。在连带债务中，由于每一个债务人对外均负有履行全部债务的义务，被请求的债务人不得以还有其他债务人为由而互相推诿，也不得以自己仅负担债务中的一定份额为由而拒绝履行全部债务。连带债务人这时承担的清偿责任属于中间责任，如果其承担了超过自己份额的实际债务，有权就超出部分在其他连带债务人未履行的份额范围内进行追偿。在行使追偿权时，实际上享有了债权人的权利，但是不得损害债权人的利益。同时，其他连带债务人对债权人享有抗辩权的，可以向该债务人主张对债权人的抗辩。被追偿的连带债务人不能履行其应分担份额的，其他连带债务人应当在相应范围内按比例分担。

在连带债务中，就一个债务人所生的事项如果效力及于其他债务人，可以称为有涉他效力的事项。连带债务的涉他效力规定于我国《民法典》第520条，即部分连带债务人履行、抵销债务或者提存标的物的，其他债务人对债权人的债务在相应范围内消灭；该债务人可以依据《民法典》第519条规定向其他债务人追偿。部分连带债务人的债务被债权人免除的，在该连带债务人应当承担的份额范围内，其他债务人对债权人的债务消灭。部分连带债务人的债务与债权人的债权同归于一人的，在扣除该债务人应当承担的份额后，债权人对其他债务人的债权继续存在。债权人对部分连带债务人的给付受领迟延的，对其他连带债务人发生效力。

（五）合同部分履行的规则

《民法典》第531条规定："债权人可以拒绝债务人部分履行债务，但是部分履行不损害债权人利益的除外。债务人部分履行债务给债权人增加的费用，由债务人负担。"

（六）因债权人原因致债务履行困难时的处理

《民法典》第529条规定："债权人分立、合并或者变更住所没有通知债务人，致使履行债务发生困难的，债务人可以中止履行或者将标的物提存。"

（七）债务人提前履行的规则

《民法典》第530条规定："债权人可以拒绝债务人提前履行债务，但是提前履行不损害债权人利益的除外。债务人提前履行债务给债权人增加的费用，由债务人负担。"

除以上规则外，还需要注意的是合同生效后，当事人不得因姓名、名称的变更或者法定代表人、负责人、承办人的变动而不履行合同义务。

三、双务合同履行中的抗辩权

抗辩权又可称异议权，是指对抗权或否认对方权利主张的一种权利，它有两种类型，体现不同的功能：一是消灭的抗辩权，又称永久的抗辩权，是指该抗辩权的行使会导致对方请求权的消灭；二是延缓的抗辩权，又可称一时的抗辩权，该抗辩权的行使只能使对方的请求权在一定期限内不能行使，即请求权的效力向后延展。

双务合同履行中的抗辩权，是指在符合法定条件时，当事人一方对抗对方当事人的履行请求权，暂时拒绝履行其债务的权利，它包括同时履行抗辩权、先履行抗辩权和不安抗辩权。它们的行使，只是在一定期限内中止履行债务，并不消灭债的履行效力。产生抗辩权的原因消失后，债务人仍应履行其债务。所以，双务合同履行中的抗辩权为一时的抗辩权、延缓的抗辩权。

（一）同时履行抗辩权

同时履行抗辩权，是指双务合同的当事人在没有约定和法定的先后履行顺序时，一方在对方未为对待给付以前，可以拒绝履行自己债务的权利。该制度是大陆法系国家民法的概念，通说认为，同时履行抗辩权是诚信原则在双务合同履行中的具体应用，即当事人一方在自己未履行合同义务或根本没有提出履行义务时，也无权要求对方的履行，以此抗辩权来对抗对方的履行请求权，从而使双方利益趋于平衡。我国《民法典》第525条规定："当事人互负债务，没有先后履行顺序的，应当同时履行。一方在对方履行之前有权拒绝其履行请求。一方在对方履行债务不符合约定时，有权拒绝其相应的履行请求。"

同时履行抗辩权的构成要件主要包括以下几个方面：

1. 须在同一个双务合同中，当事人双方互负对等债务。

同时履行抗辩权的主张，必须是基于同一双务合同而产生的对待给付。因此，同时履行抗辩权的成立，必须具备双方当事人基于同一双务合同互负债务这一要件。

2. 须合同中没有约定履行顺序或依法、依交易习惯无法确定履行顺序，且双方互负的债务均已届清偿期。

3. 须对方未履行债务或履行债务不符合约定。

此处所说的履行债务不符合约定，是指履行严重违约，为了限制同时履行抗辩权的滥用，各国法律一般都规定违约程度的严重性作为同时履行抗辩权的行使前提。

4. 须对方的对待给付是可能的。

同时履行抗辩权制度旨在促使双方当事人同时履行其债务，当对方当事人的对待给付已不可能时，则同时履行的目的已经不可能达到，因此不发生同时履行抗辩权问题。

（二）先履行抗辩权

依据《民法典》第526条的规定，先履行抗辩权，是指"当事人互负债务，有先后履行顺序，应当先履行债务一方未履行的，后履行一方有权拒绝其履行请求。先履行一方履行债务不符合约定的，后履行一方有权拒绝其相应的履行请求"。

先履行抗辩权的构成要件主要包括以下几个方面：

1. 须双方当事人因同一双务合同而互负对等债务。此要求与同时履行抗辩权相同。

2. 该双务合同须有先后履行顺序，即一方当事人负有先履行的义务。

3. 先履行一方未履行或其履行不符合约定。

如果先履行义务人在履行期届至后不履行自己的义务或履行义务不符合约定都构成违约行为，则后履行方有权拒绝履行相应的义务，而无须承担违约责任。

需要注意的是，先履行抗辩权的成立及行使，只是赋予后履行方中止履行自己债务的权利，以对抗先履行一方的履行请求，保护自己的期限利益、顺序利益；而当先履行一方采取了补救措施或将违约行为变为适当履行时，先履行抗辩权就会丧失其成立的基础，后履行一方必须按约履行其债务。当然，先履行抗辩权的行使不影响后履行一方主张违约责任。

（三）不安履行抗辩权

不安履行抗辩权，是指在有先后履行顺序的同一双务合同中，负有先履行义务的当事人在有确切证据证明后履行义务当事人有丧失或者可能丧失履行债务能力的情况时，可中止自己履行的权利。

不安履行抗辩权制度是大陆法系合同法中的一项重要制度，各国普遍加以规定，但在适用条件上则不尽相同。我国《民法典》第527条规定："应当先履行债务的当事人，有确切证据证明对方有下列情形之一的，可以中止履行：（一）经营状况严重恶化；（二）转移财产、抽逃资金，以逃避债务；（三）丧失商业信誉；（四）有丧失或者可能丧失履行债务能力的其他情形。当事人没有确切证据中止履行的，应当承担违约责任。"

不安履行抗辩权的构成要件主要包括以下几个方面：

1. 双方当事人因同一双务合同而互负债务。

不安履行抗辩权为双务合同的效力表现，其成立须双方当事人因同一双务合同而互负债务，并且相互的债务构成对价关系。

2. 当事人双方有先后的履行顺序。

不安履行抗辩权是先履行义务人对后履行义务人的抗辩，所以必须要求依照合同约定、法律规定或交易习惯能够确定合同的先后履行顺序。

3. 先履行义务人一方的债务已届清偿期。

如果未届清偿期，先履行义务一方并不会产生履行义务，主张不安履行抗辩权是没有法律意义的，且在先履行义务人履行期限到来之前，后履行义务人的履行状态是不确定的，其暂时的履行能力降低很有可能在先履行义务人履行期限到来时得到恢复，因此必须强调先履行义务人一方的债务已届清偿期。

4. 先履行义务人有证据证明后履行义务人的履行能力明显降低，有不能为对待给付的现实危险。

为了保证该项权利不会被滥用，并兼顾后履行义务人的利益，不安履行抗辩权的行使有其限制性条件：一是先履行义务人必须自负举证责任，以证明后履行义务人的履行能力明显降低，有不能为对待给付的现实危险，如果先履行义务人没有确切证据而中止履行，应当承担违约责任；二是先履行义务人行使不安履行抗辩权的，应及时通知后履行义务人，该通知的内容包括中止履行的意思表示及指明后履行义务人提供适当担保的合理期限。

我国《民法典》第528条规定:"当事人依据前条规定中止履行的,应当及时通知对方。对方提供适当担保的,应当恢复履行。中止履行后,对方在合理期限内未恢复履行能力且未提供适当担保的,视为以自己的行为表明不履行主要债务,中止履行的一方可以解除合同并可以请求对方承担违约责任。"由此可见,不安履行抗辩权行使后产生的法律后果主要表现为以下几个方面:(1)先履行一方在中止履行之后应当及时向后履行一方发出通知;(2)后履行一方当事人接到通知后,向对方提供了适当担保的,不安履行抗辩权消灭,合同恢复履行,主张不安履行抗辩权的当事人应当承担先履行的义务;(3)先履行债务的当事人中止履行并通知对方当事人后,对方当事人在合理期限内没有恢复履行能力,也没有提供适当担保的,先履行债务的当事人产生法定解除权,可以单方解除合同,同时可以追究后履行一方的违约责任。

第五节　合同的保全

合同的保全,即合同债权的保全,是指法律为防止因债务人的财产不当减少或不增加给债权人的债权带来危害,而允许债权人代债务人之位向第三人行使债务人的权利,或者请求法院撤销债务人与第三人的民事行为的法律制度。我国《民法典》规定合同保全的基本方法有两种:代位权和撤销权。合同保全的特点主要表现在以下几个方面:

第一,合同的保全是债的对外效力的体现。根据合同的相对性原则,合同中的权利义务,包括合同责任,仅对缔约双方当事人具有法律约束力,一般不会对合同之外的第三人产生效力。但是当债务人的责任财产减少并影响债权人权利实现时,债权人的代位权或撤销权的行使均可对合同外的第三人发生法律效力。

第二,在合同保全制度中,债权人享有的代位权和撤销权都是实体权利,属于债权的法定权能,无须当事人在合同中约定。

第三,合同的保全主要发生在合同生效之后,合同履行完毕之前。

第四,按照《民法典》第535条、第538条和第539条的规定,合同保全的行使都应以诉讼的方式进行。合同保全制度突破了合同相对性原则,将对合同之外的第三人发生法律拘束力,因此需要慎重对待,其保全措施是否适当应当交由司法机关判断。

一、代位权

代位权,是指债务人怠于行使自己对相对人享有的债权或者与该债权有关的从权利而危及债权人的债权时,债权人为了保全自己的债权,可以自己的名义向法院诉请代位行使债务人对相对人的权利。

债权人的代位权源于罗马法中的代位请求权或称间接诉权,现代意义上的代位权最先由《法国民法典》第1166条加以确定。我国《民法典》第535条第1款规定:"因债务人怠于行使其债权或者与该债权有关的从权利,影响债权人的到期债权实现的,债权人可以向人民法院请求以自己的名义代位行使债务人对相对人的权利,但是该权利专属于债务人自身的除外。"第536条规定:"债权人的债权到期前,债务人的债权或者与该债权有关的从权利存在诉讼时效期间即将届满或者未及时申报破产债权等情形,影响债权人的债权实现的,债权人可以代位向债务人的相对人请求其向债务人履行、向破产管理人申报或者作出其他必要的行为。”

（一）代位权的成立要件

第一，债权人与债务人之间存在合法的债权债务关系。

第二，债务人怠于行使其债权或者与该债权有关的从权利，即代位权针对的是债务人对合法债权及相关从权利的消极行为。“怠于行使其债权或者与该债权有关的从权利”，是指债务人不履行其对债权人的到期债务，又不以仲裁或者诉讼方式向其债务人主张其享有的具有金钱给付内容的债权或者与该债权有关的从权利，从而影响债权人的到期债权实现。

第三，债务人怠于行使权利的行为影响债权人的到期债权实现。

第四，债务人的债权不是专属于债务人自身的债权。由此可见，债权人可以代为行使的权利必须是非专属于债务人的权利。《合同编通则司法解释》第 34 条规定了 5 种可以认定为专属于债务人自身的权利：一是抚养费、赡养费或者扶养费请求权；二是人身损害赔偿请求权；三是劳动报酬请求权，但是超过债务人及其所扶养家属的生活必需费用的部分除外；四是请求支付基本养老保险金、失业保险金、最低生活保障金等保障当事人基本生活的权利；五是其他专属于债务人自身的权利。

需要注意的是，《民法典》第 536 条规定在一定条件下，债权到期前，债权人也可行使代位权以保护自己的债权。债权到期前债权人代位权行使的条件是债务人对相对人享有的债权或者与该债权有关的从权利可能存在诉讼时效期间即将届满或者未及时申报破产债权等情形，影响债权人的债权实现。

（二）代位权的行使

代位权只能以诉讼方式行使，行使代位权的主体是债权人。在代位权之诉中，债权人应当以自己名义行使代位权，即债权人作为原告，或多个债权人作为共同原告，但如果有人已经提起过代位权之诉，则其他债权人不得提起，否则法院将驳回。而代位权之诉中的被告是相对人，债权人可以将相对人列为第三人，没有列为第三人的，人民法院可以追加相对人为第三人。如果两个或者两个以上债权人以同一相对人为被告提起代位权诉讼，人民法院可以合并审理。

我国《民法典》第 535 条第 2 款规定：“代位权的行使范围以债权人的到期债权为限。债权人行使代位权的必要费用，由债务人负担。”对超出到期债权范围的部分，不能行使代位权。

（三）代位权的效力

1. 对债权人的效力

关于债权人的代位权之诉获得法律支持后，相对人的履行能否直接归属于债权人的问题，我国法律规定债权人享有直接受偿的权利，以体现对债权人积极行使代位权的激励。《民法典》第 537 条规定：“人民法院认定代位权成立的，由债务人的相对人向债权人履行义务，债权人接受履行后，债权人与债务人、债务人与相对人之间相应的权利义务终止。债务人对相对人的债权或者与该债权有关的从权利被采取保全、执行措施，或者债务人破产的，依照相关法律的规定处理。”

2. 对债务人的效力

代位权的行使是债权人以自己的名义直接行使债务人的债权，债权人按照法律规定享有直接受偿的权利，债权人受领后，债务人对相对人享有的债权在受偿范围内消灭。

3. 对相对人的效力

在代位权诉讼中，由于债权人是以自己名义向相对人提起的诉讼，所以在法律地位上，债权人与债务人相同，相对人对债务人享有的一切抗辩权均可向债权人主张。代位权的请求一旦获得法律支持，则相对人应当依照法院的判决向债权人作出履行。

二、撤销权

债权人的撤销权，又称废罢诉权、保列斯诉权，是指债权人依法享有的为保全其债权，对债务人无偿或者低价处分作为债务履行资力的现有财产，以及放弃其债权或者债权担保、恶意延长到期债权履行期限的行为，请求法院予以撤销的权利。

（一）债权人撤销权的成立要件

1. 客观要件

（1）债务人实施了损害债权人债权实现的财产上的法律行为。《民法典》第 538 条及第 539 条分别规定了不同情形下债权人的撤销权。一是债务人以放弃其债权、放弃债权担保、无偿转让财产等方式无偿处分财产权益，影响债权人的债权实现的；二是债务人恶意延长其到期债权的履行期限，影响债权人的债权实现的；三是债务人以明显不合理的低价转让财产、以明显不合理的高价受让他人财产或者为他人的债务提供担保，影响债权人的债权实现，债务人的相对人知道或者应当知道该情形的。可见，撤销权针对的是债务人的积极行为，与代位权不同；而且该行为属于法律上的行为，如果是事实行为则无法撤销；另外，该行为必须是涉及债务人责任财产的行为。

（2）债务人的行为有害于债权。无论是债务人减少积极财产的行为还是增加消极财产的行为都将使债务人的清偿资力减少，但这并非债权人行使撤销权的必要条件，只有当该行为对债权人债权的实现造成危害时，该权利才得以成立。

2. 主观要件

主观要件，是指债务人以及相对人的主观恶意。债务人的恶意，是指债务人在行为时必须有诈害的意思，即明知该行为将有害于债权人的债权；相对人的恶意，是指其取得一定的财产或取得一定的财产利益时，已经知道债务人所为的行为有害于债权人的债权。

因债务人所为的行为有无偿或有偿之分，故对主观恶意的要求也不相同：（1）在债务人无偿处分财产的情形下，债权人行使撤销权无须具备主观要件，只需要具备客观要件，因为在无偿的情况下，撤销行为不会对相对人造成损害；（2）在债务人以不合理价格转移财产的情形下，则要求债务人主观上有逃避债务的恶意，且低价处分财产行为的相对人知道或者应当知道该情形。

（二）撤销权的行使

撤销权只能以诉讼方式行使，行使撤销权的主体是债权人。在撤销权之诉中，债权人以自己的名义作为原告，而被告则是债务人，诉讼中，受益人或受让人作为第三人出现。两个或者两个以上债权人以同一债务人为被告，就同一标的提起撤销权诉讼的，人民法院可以合并审理。我国《民法典》第 540 条规定："撤销权的行使范围以债权人的债权为限……"

为了保护交易的安全，《民法典》第 541 条规定了撤销权行使的期限："撤销权自债权人知道或者应当知道撤销事由之日起一年内行使。自债务人的行为发生之日起五年内没有行使撤销权的，该撤销权消灭。"

（三）撤销权的效力

1. 对债务人和相对人的效力

根据《民法典》第542条的规定，债务人的行为一经撤销即自始失去法律效力。已经交付给相对人的财产，相对人应当返还，无法返还的应当作价返还；未交付的不用交付。

2. 对债权人的效力

债权人行使撤销权的必要费用，由债务人负担。

第六节　合同的变更及转让

一、合同的变更

合同的变更从广义上理解，包括合同主体的变更和合同内容的变更，此处合同的变更，是指合同内容的变更。

（一）合同变更的概念和特征

合同的变更，是指有效成立的合同在尚未履行时或履行完毕以前，由于一定的法律事实的出现而使合同内容发生改变。例如，标的的数量、质量发生改变等。按照我国《民法典》的相关规定，合同变更的特征主要表现在以下几个方面。

1. 合同的变更是对非合同要素内容的变更

合同变更是在合同同一性和连续性的基础上进行的，因此变更的是除要素内容外的合同的其他内容。而所谓要素变更是指合同标的改变，它既包括标的种类的改变，又包括合同性质的改变。如果涉及合同要素的条款变更则在性质上属于合同的更新，又可称为合同的更改。在发生合同更改的情况下，更改前后的合同在内容上将会失去同一性和连续性，导致原合同关系的消灭，新合同关系的产生。

2. 合同变更以当事人协商一致为原则

我国《民法典》第543条规定："当事人协商一致，可以变更合同。"由此可见，我们此处所探讨的合同的变更，是指当事人双方协商一致的变更，而不包括法定的变更，如情势变更。

（二）合同变更的条件

1. 合同变更须以原合同关系的有效存在为前提。合同的变更，是改变原合同关系，无原合同关系便无变更的对象，所以合同的变更离不开原已存在的合同关系这一条件。合同无效，自始即无合同关系；合同被撤销，合同自始失去法律约束力，亦无合同关系；追认权人拒绝追认效力待定的合同，仍无合同关系。在这些情况下，自无变更合同的余地。[1]

2. 双方当事人必须协商一致，并对变更的内容作出明确约定。我国《民法典》第544条规定，"当事人对合同变更的内容约定不明确的，推定为未变更"。

（三）合同变更的效力

合同变更的效力或者变更后的合同效力的认定，要遵从合同效力的一般规则判定。合同

---

〔1〕 参见崔建远：《合同法总论》（中卷），中国人民大学出版社2012年版，第561页。

一经变更便发生以下法律效力：

1. 就合同已经变更的部分发生债权债务消灭的法律效力；同时，合同未变更的部分仍保持原有的状态，当事人应当按照变更后的合同履行。

2. 合同的变更仅对合同未履行部分发生法律效力，对已经履行的部分没有溯及力，当事人不得主张对已经履行的部分按变更后的内容重新履行，除非当事人另有约定。

3. 合同的变更不影响当事人请求损害赔偿的权利。因合同的变更给对方当事人造成损失或合同变更以前由于一方的过错给另一方造成损失的，应负损害赔偿责任。

二、合同的转让

合同的转让就是合同主体的变更，又称合同权利义务的转让，是指在不改变合同内容的前提下，合同的一方当事人依法将其合同权利与义务全部或部分地转让给第三人的法律行为。此处的合同转让是指通过合同行为而使合同权利义务发生转移的法律行为，包括合同权利的转让、合同义务的转让以及权利义务的概括转让。

（一）合同权利的转让

合同权利转让又称债权让与，是指不改变合同关系的内容，债权人一方将其合同债权全部或部分地转移给第三人的行为。合同权利的转让是应债权资本化和自由流通的要求而产生的，其设立的目的在于满足合同债权人自由处分债权的愿望。

1. 合同权利转让的条件

（1）合同权利转让的前提是存在有效的合同债权。如果该合同根本不存在或者合同无效、被撤销，则针对该合同的权利转让均无效，因此给善意受让人造成的损害应当由转让人承担。

（2）合同权利让与人与受让人之间必须达成合法有效的转让合意，并且该合同不得违背法律的有关规定。

（3）被转让的合同权利必须具有可转让性。我国《民法典》第545条规定了3种不得转让的合同债权：一是根据债权性质不得转让。根据债权性质不得转让的权利，主要是指基于特定当事人的身份关系或者对特定人资质能力等的信赖订立合同而产生的债权。[1] 二是按照当事人的约定不得转让。三是依照法律规定不得转让。如果相关法律对债权转让作出了禁止性规定，就应当遵守这些规定。违反此禁止性规定转让债权的，应当认定为无效。比如，《文物保护法》第25条第1款规定："非国有不可移动文物不得转让、抵押给外国人。"民事主体违反这一规定，将文物买卖合同中的权利转让给外国人的，其转让所有权的行为是无效的。另外《民法典》还规定，当事人约定非金钱债权不得转让的，不得对抗善意第三人。当事人约定金钱债权不得转让的，不得对抗第三人。

（4）合同债权的转让应当通知债务人，未经通知，该转让对债务人不发生法律效力。我国《民法典》第546条规定，债权人转让债权，未通知债务人的，该转让对债务人不发生效力。债权转让的通知不得撤销，但是经受让人同意的除外。

2. 合同权利转让的效力

合同权利转让的对内效力，即合同权利转让在合同权利的转让人与受让人之间发生的法律效力。

---

〔1〕 参见最高人民法院民法典贯彻实施工作领导小组主编：《中华人民共和国民法典合同编理解与适用》，人民法院出版社2020年版，第562页。

(1)主权利与从权利的转移。我国《民法典》第547条规定:“债权人转让债权的,受让人取得与债权有关的从权利,但是该从权利专属于债权人自身的除外。受让人取得从权利不因该从权利未办理转移登记手续或者未转移占有而受到影响。”

(2)转让人对受让人应承担相应的义务。这些义务主要包括:第一,权利瑕疵担保责任,即转让人应当保证转让债权有效存在并不受到追索;第二,转让人应当履行交付与告知义务;第三,除非转让人与受让人有明确约定,否则,转让人对债务人的履行能力不负担保责任。

合同权利转让的对外效力,主要是指合同转让对债务人的法律效力。

(1)债务人应当对受让人承担履行义务。

(2)债务人享有对原债权人的抗辩权。我国《民法典》第548条规定:债务人接到债权的转让通知后,债务人对原债权人的抗辩,可以向受让人主张。

(3)债务人享有对原债权人的抵销权。我国《民法典》第549条规定:“有下列情形之一的,债务人可以向受让人主张抵销:(一)债务人接到债权转让通知时,债务人对让与人享有债权,且债务人的债权先于转让的债权到期或者同时到期;(二)债务人的债权与转让的债权是基于同一合同产生。”

(4)债务人针对表见让与的履行有效,即债权人将债权让与第三人的事项通知债务人后,即使让与并未发生或该让与无效,债务人基于对让与人通知的信赖而向该第三人所为的履行行为仍然有效。

(二)合同义务的转让

合同义务的转让,又称债务承担,是指在不改变债的内容的前提下,债务人将合同债务全部或部分转让给第三人,包括债务全部移转之免责的债务承担和债务部分移转之并存的债务承担。

1. 合同义务转让的条件

(1)合同义务转让的前提是存在有效的合同关系。

(2)合同义务让与人与受让人之间必须达成合法有效的转让合意,并且该合同不得违背法律的有关规定。

(3)被转让的合同义务必须具有可转让性,不得转让的合同义务可以比照不得转让的合同债权加以确定。

(4)合同义务的转让必须经过债权人同意。我国《民法典》第551条规定:“债务人将债务的全部或者部分转移给第三人的,应当经债权人同意。债务人或者第三人可以催告债权人在合理期限内予以同意,债权人未作表示的,视为不同意。”之所以要求合同义务的转让经过债权人的同意,是因为债务人的变更会使债务人的履约能力发生改变,可能会对债权人权利的实现产生较大影响。

2. 合同义务转让的法律效力

(1)合同义务转让后,义务的受让人作为债务人的法律地位产生。在免责的债务承担中,原合同义务人退出合同关系,受让人成为新的合同义务人;在并存的债务承担中,原合同义务人与受让部分合同义务的人成为共同的合同义务主体。我国《民法典》第552条规定,第三人与债务人约定加入债务并通知债权人,或者第三人向债权人表示愿意加入债务,债权人未在合理期限内明确拒绝的,债权人可以请求第三人在其愿意承担的债务范围内和债务人承担连带债务。同时,《合同编通则司法解释》第 51 条还规定了第三人追偿权的行使,即“第三人加入债务并与债务人约定了追偿权,其履行债务后主张向债务人追偿的,人民法院应予支持;没有约定追偿权,第三人依照民法典关于不当得利等的规定,在其已经向债权人履行债务的范围内请求债务人向其履行的,人民法院应予支持,但是第三人知道或者应当知道加入债务会损害债务人利益的除外。债务人就其对债权人享有的抗辩向加入债务的第三人主张的,人民法院应予支持”。

(2)受让人享有原债务人对债权人的抗辩。我国《民法典》第 553 条规定:“债务人转移债务的,新债务人可以主张原债务人对债权人的抗辩;原债务人对债权人享有债权的,新债务人不得向债权人主张抵销。”

(3)受让人承担与主债务有关的从债务。我国《民法典》第 554 条规定:“债务人转移债务的,新债务人应当承担与主债务有关的从债务,但是该从债务专属于原债务人自身的除外。”

(三)合同权利义务的概括转让

合同权利义务的概括转让,是指合同的当事人一方将自己的权利、义务概括地转让给第三人。该转让依照当事人之间的合意而发生,如房屋租赁合同中权利义务的转让。

我国《民法典》第 555 条规定:“当事人一方经对方同意,可以将自己在合同中的权利和义务一并转让给第三人。”合同的权利和义务一并转让的,适用债权转让、债务转让的有关规定。合同权利义务的概括转让不同于债权转让和债务转让的是,它是合同一方当事人对合同权利和义务的全面处分,其实际上包括权利的转让和义务的转让两方面内容。权利义务一并转让后,原合同关系消灭,第三人取代了转让方的地位,由此产生了新的合同关系。[1]

第七节　合同权利义务的终止

一、合同的终止

合同的权利义务终止即合同的终止,又称合同的消灭,是指因一定法律事实的出现而使合同关系不复存在,当事人之间的债权债务在客观上消灭,当事人不再受合同关系的约束。

合同是有期限的民事法律关系,它不能永久存在,当某种法律事实出现时,合同的权利义务关系就会在客观上消灭。合同的终止不同于合同的解除,按照我国《民法典》的相关规定,合同的解除是合同终止的一种原因。

(一)合同权利义务关系终止的原因

按照我国《民法典》第 557 条的规定,有下列情形之一的,债权债务终止:(1)债务已经履行;(2)债务相互抵销;(3)债务人依法将标的物提存;(4)债权人免除债务;(5)债权债务同归于一人(混同);(6)法律规定或者当事人约定终止的其他情形。合同解除的,该合同的权利义务关系终止。

---

[1] 参见最高人民法院民法典贯彻实施工作领导小组主编:《中华人民共和国民法典合同编理解与适用》,人民法院出版社 2020 年版,第 589 页。

我国采取的立法思路,即采取狭义的合同终止论,将合同终止和合同解除相区分。

疑难问题论争 合同终止与合同解除的区别

关于合同终止与合同解除的区别,在原《合同法》制定之时就有过争论,主张二者应加以区分的理由为:合同终止与合同解除都是使合同债权债务消灭的事由,两者效力和适用范围不同。合同终止是使继续性的合同关系自终止之日起向将来消灭的行为;而合同解除是使合同权利义务关系自始消灭的行为。[1] 合同终止既可适用于违约的情形,也可以适用于非违约情形;而合同解除在性质上是对违约的一种补救,是一种特殊的合同责任。合同权利义务的消灭,是指合同关系的消灭,是合同权利义务关系全体的消灭,主要是合同的解除。故不应笼统使用"合同的权利义务终止"的概念,将单个债权债务的消灭和合同整体权利义务关系的消灭混在一起,建议将债的消灭原因与合同消灭原因分别规定。[2] 我国《民法典》第557条将债权债务终止和合同解除分别加以规定,故该条第1款采用的是"债权债务终止"的措辞;该条第2款则限定于合同解除的情形,规定合同解除的后果是合同权利义务关系的整体消灭,故使用"合同的权利义务关系终止"的措辞,在逻辑体系和用语上更严密规范。[3]

(二)合同终止的法律后果

1. 当事人之间的合同权利、义务关系自终止事由发生之日起消灭,同时,依附主权利义务关系的从权利、从义务一并消灭,合同当事人不再受合同权利义务的约束,但是法律另有规定或当事人另有约定的除外。

2. 合同权利义务关系终止之后,当事人还应遵循诚信原则,履行相应的附随义务。我国《民法典》第558条规定,债权债务终止后,当事人应当遵循诚信等原则,根据交易习惯履行通知、协助、保密、旧物回收等义务。

3. 合同权利义务的终止不影响合同中结算和清理条款的效力。

4. 合同终止不影响当事人请求赔偿损失的权利。

二、合同的清偿

合同的清偿又称合同的履行,是指债务人依照法律规定或合同约定所实施的完成义务的行为,并使债的目的得到实现。我国《民法典》没有使用清偿的概念,而是使用了履行的概念,实际上,履行和清偿是一个问题的两个方面。履行是从债务人按照约定为给付行为的动态过程理解;而清偿则是从合同权利义务终止以及债的消灭角度来理解。

从清偿的性质上看,我国学者多认为清偿属于非法律行为,清偿无须具备清偿的意思表示,在清偿的具体手段上,其既可以是事实行为,也可以是法律行为;既可以是作为,也可以是不作为。

代物清偿也属于债务全面履行的一种情形,而在债务人的给付不足以清偿其全部债务时,

---

〔1〕 参见王利明:《合同法研究》(第2卷),中国人民大学出版社2003年版,第309页。

〔2〕 参见韩世远:《合同法总论》(第2版),法律出版社2008年版,第446页。

〔3〕 参见最高人民法院民法典贯彻实施工作领导小组主编:《中华人民共和国民法典合同编理解与适用》,人民法院出版社2020年版,第595页。

清偿抵充则是应当适用的重要规则。

（一）代物清偿

代物清偿，是指以他种给付代替合同原定给付而使合同债权债务关系消灭的行为。债务人原则上应当按照债的标的履行债务，不得以其他标的代替，但在双方当事人达成合意时，债务人也可以代物清偿，代物清偿仍然发生债权债务关系消灭的法律后果。

1. 代物清偿的要件

（1）须有原债权债务关系存在。（2）须以他种给付代替原定给付。给付的形态包括支付金钱、交付财物、移转权利、提供劳务、提交成果、不作为等。以一种给付代替他种给付，才为代物清偿。（3）须有当事人之间的合意。由于代物清偿改变了原债中的给付，因而须依债权人、债务人合意才能成立。（4）须清偿受领人现实受领他种给付。债权人与债务人达成代物清偿的合意，即成立代物清偿契约，此代物清偿契约为要物契约，须清偿人现实地为给付行为并经清偿受领人受领，才发生代物清偿的效力。

2. 代物清偿的效力

（1）使债权债务关系归于消灭。在代物清偿后，债的关系消灭，债权的从权利也随之消灭。

（2）发生标的物的瑕疵担保责任。当原债权债务关系基于有偿契约而发生时，即产生标的物的瑕疵担保责任。如果代替给付具有权利上或者物的质量上的瑕疵时，适用瑕疵担保责任的有关规定。

（3）关于代物清偿中差额部分的处理。在代物清偿中，原定给付与他种给付的价值并不一定相等，在一般情况下，当事人可以就价值差额部分作出约定。如果没有约定，当价值不等时，若原定给付的价值高于他种给付的价值，则债务人应一并履行他种给付少于原定给付的差额；若原定给付的价值低于他种给付的价值，则债权人应补偿或者退回他种给付超出原定给付的差额。

（二）清偿抵充

清偿抵充，是指债务人对于同一债权人负担数项同种类债务，或负担同一项债务而约定数次给付时，如果债务人的给付不足以清偿其全部债务，则约定、指定给付抵充某项债务的制度。[1]

在债务人对同一债权人负担的数项债务中，既可能有附利息的，也可能有不附利息的；既可能有附条件的，也可能有不附条件的；既可能有设定担保的，也可能有未设定担保的。当债务人的履行不足以清偿债权人的全部债务时，到底如何确定债务人履行的是哪一项债务，是有利息的还是无利息的，是有担保的还是无担保的，等等。这对债权人和债务人均有重要的利害关系，因此为解决这一问题，许多国家设定了清偿抵充的规则。

根据世界大多数国家民法的规定，清偿抵充的构成要件主要有以下 3 点：[2]（1）须债务人对于同一债权人负担数宗债务；（2）须数宗债务之给付种类相同；（3）须债务人之给付不足以清偿全部债务。

债务人之给付如足以清偿全部债务，则全部债务因清偿而消灭，即无抵充可言。唯有清偿人的给付不足以清偿全部债务时，始发生究竟应抵充何宗债务的问题。

---

〔1〕 参见史尚宽：《债法总论》，台北，荣泰印书馆 1978 年版，第 752 页。

〔2〕 关于清偿抵充的构成要件，参见孙森焱：《民法债编总论》，法律出版社 2006 年版，第 868 ~ 869 页。

我国《民法典》参照大陆法系相关国家和地区的立法经验，将债的清偿抵充方法设定为3种类型：约定抵充、指定抵充和法定抵充。当事人的约定即使与法律的规定不同，亦属有效。指定抵充，即由一方当事人指定的抵充。清偿人在为给付时，可以向清偿受领人作出意思表示，指示其清偿所要抵充的债务。之所以如此，是因为在债的关系中清偿人本已处于弱势地位，故赋予其指定权，有利于保护其利益，而且也与清偿抵充及清偿人的本来意图相一致。[1]抵充指定权原则上归属于债务履行人，债务履行人不为指定时，视为放弃抵充指定权，此时即应当适用法定抵充的方法。法定抵充，即由法律规定的抵充。法律所规定的抵充顺序，意在补充当事人意思之不完备，仅在欠缺当事人意定抵充的场合，才有法定抵充的适用。

我国《民法典》第560条第1款规定了约定抵充和指定抵充两种抵充方法，第2款则是关于法定抵充的规定，对由同一债务人所负担的种类相同的数项债务所确定的抵充方法的适用顺序为：约定抵充优先，指定抵充次之，最后才是法定抵充。

我国在《民法典》中明确规定了清偿抵充问题，第560条第1款规定，债务人对同一债权人负担的数项债务种类相同，债务人的给付不足以清偿全部债务的，除当事人另有约定外，由债务人在清偿时指定其履行的债务。债务人未作指定的，应当优先履行已经到期的债务；数项债务均到期的，优先履行对债权人缺乏担保或者担保最少的债务；均无担保或者担保相等的，优先履行债务人负担较重的债务；负担相同的，按照债务到期的先后顺序履行；到期时间相同的，按照债务比例履行。《民法典》第561条还规定，债务人除履行主债务外还应当支付利息和实现债权的有关费用，其给付不足以清偿全部债务的，除当事人另有约定外，应当按照下列顺序履行：(1)实现债权的有关费用；(2)利息；(3)主债务。

三、合同解除

广义的合同解除，是指在合同有效成立后，履行或履行完毕之前，当事人双方通过协议或者一方行使解除权的方式，使合同关系提前消灭，它包括双方协议解除和单方行使解除权两种情况。而狭义的合同解除则是指单方行使解除权的解除，即当事人一方行使法定的或约定的解除权，使合同效力归于消灭。

从我国《民法典》的规定来看，合同的解除属于广义上的解除。

（一）合同解除的特征

1. 合同解除的对象是有效的合同。合同解除制度设立的目的就在于使已经生效的合同归于消灭，所以必须以有效的合同为前提；如果合同因欠缺有效要件而绝对无效或被撤销，则不能适用合同解除的规定。

2. 合同解除必须要通过当事人的解除行为。所谓解除行为，是指合同当事人使合同关系消灭的法律行为。根据《民法典》的规定，解除行为包括协商一致解除合同的双方行为和行使解除权解除合同的单方行为两种。

3. 合同解除的效力是使合同关系在一般情况下自始消灭。根据我国《民法典》第566条的规定，合同解除后，尚未履行的，终止履行；已经履行的，根据履行情况和合同性质，当事人可以请求恢复原状或者采取其他补救措施，并有权请求赔偿损失。合同因违约解除的，解除权人可以请求违约方承担违约责任，但是当事人另有约定的除外。主合同解除后，担保人对债务人应

---

〔1〕 参见韩世远：《合同法总论》（第4版），法律出版社2018年版，第428页。

当承担的民事责任仍应当承担担保责任,但是担保合同另有约定的除外。

(二)合同解除的方式

1. 合意解除

合意解除,是指合同的解除须经双方当事人的意思表示一致方可成立的解除方式。按照合意解除方式的不同又可将其分为约定解除权和协议解除。

(1)约定解除权(单方解除)

约定解除权,是指当事人以合同条款的形式,在合同成立以后履行或完全履行之前,由一方当事人在约定的解除合同事由发生时享有解除权,并据此通过行使解除权,使合同关系归于消灭。按照合同自由原则,当事人因协商一致而缔结合同,也有权对解除合同的事由作出约定。[1] 其中,约定解除权的合意称为解约条款,解除权可以保留给当事人一方,也可以保留给当事人双方。保留解除权,可以在当事人订立合同时约定,也可以在以后另外订立保留解除权的合同。

(2)协议解除

协议解除,是指在合同有效成立之后,当事人双方通过协商一致同意将合同解除的行为,即协议解除是双方当事人通过订立一个新合同来解除原有的合同。

2. 法定解除

法定解除,是指由法律直接规定合同解除的条件,在合同依法成立之后,履行或履行完毕之前,一旦条件成就,当事人便可单方行使解除权的解除方式。

我国《民法典》第 563 条规定,有下列情形之一的,当事人可以解除合同:

(1)因不可抗力致使不能实现合同目的。所谓不可抗力,是指不能预见、不能避免,并且不能克服的客观情况。只有在不可抗力已使债务人不能履行主债务,或者虽然合同还能够继续履行,但履行已使债权人无法实现订立合同的预期目的时,债权人才能够单方解除合同。

(2)在履行期限届满前,当事人一方明确表示或者以自己的行为表明不履行主要债务。这一规定就是预期违约制度,它包括明示预期违约和默示预期违约。当一方当事人在履行期限到来之前有明示或默示违约行为时,另一方当事人就可以提前解除合同,以保护自己的合法利益。

(3)当事人一方迟延履行主要债务,经催告后在合理期限内仍未履行。在当事人迟延履行主要义务时,法律并不允许对方立即解除合同,因为解除合同对债务人来说,往往会因为准备履行的费用得不到补偿而遭受严重的损失。因此,为了平衡双方当事人的利益关系,应当给予迟延履行一方一定的宽限期,待宽限期结束后,违约方仍未履行合同的,守约方就可以行使解除合同的权利。

(4)当事人一方迟延履行债务或者有其他违约行为致使不能实现合同目的。此处的迟延履行债务或其他违约行为致使不能实现合同目的时,非违约方无须催告便可以单方行使合同解除权。可见,法定解除权的行使前提是构成根本违约,我国《民法典》强调了违约后果的严重性,即合同目的的落空是认定根本违约的唯一标准。

(5)法律规定的其他情形。无论是哪一种解除权,其发生都必须以“不履行主要义务”或

---

[1] 参见最高人民法院民法典贯彻实施工作领导小组主编:《中华人民共和国民法典合同编理解与适用》,人民法院出版社 2020 年版,第 633 页。

“不能实现合同目的”为前提条件，即必须达到根本违约才能解除合同，其目的是限制解除权的滥用，以保护交易的安全。特别需要注意的是，法律规定以持续履行的债务为内容的不定期合同，当事人可以随时解除合同，但是应当在合理期限之前通知对方。

（三）解除权的行使及消灭

合同解除权系形成权，依法定或约定享有合同解除权的一方当事人，经其单方面意思表示即可使合同效力归于消灭。

《民法典》第565条规定：“当事人一方依法主张解除合同的，应当通知对方。合同自通知到达对方时解除；通知载明债务人在一定期限内不履行债务则合同自动解除，债务人在该期限内未履行债务的，合同自通知载明的期限届满时解除。对方对解除合同有异议的，任何一方当事人均可以请求人民法院或者仲裁机构确认解除行为的效力。当事人一方未通知对方，直接以提起诉讼或者申请仲裁的方式依法主张解除合同，人民法院或者仲裁机构确认该主张的，合同自起诉状副本或者仲裁申请书副本送达对方时解除。”可见，我国法定的合同解除权的行使方式有两种：一是通知解除，合同自通知到达对方时或通知载明的期限届满时解除；二是诉讼或仲裁解除，合同自起诉状副本或者仲裁申请书副本送达对方时解除。

解除权的行使打破了已有的交易秩序，对当事人的权利义务将产生重大影响，如果解除权人对于享有的合同解除权，既不行使也不放弃，因合同随时有被解除的可能，将使合同当事人的权利义务关系长期处于不稳定的状态，这与我国民法保护交易安全和维护社会经济秩序稳定的立法目的相悖。因此，合同解除权与其他形成权一样，受到除斥期间的限制。故当事人经过除斥期间不行使法定解除权或约定解除权的，则应认定解除权归于消灭。

我国《民法典》第564条规定了解除权消灭的两种情况：一是法律规定或者当事人约定的解除权行使期限届满；二是解除权期限未确定的，自解除权人知道或者应当知道解除事由之日起一年内不行使或者经相对人催告后，解除权人在合理期限内未行使解除权的，解除权消灭。

（四）合同解除的效力

1.合同解除的效力体现在两个方面：一是向将来发生效力，即尚未履行的，终止履行；二是合同解除可以产生溯及力（引起恢复原状的法律后果）。而关于溯及力的问题，还可以分为两种情况：一是协议解除、约定解除是否具有溯及力，应当由双方当事人自行协商或在合同中进行约定，当事人协商不成或约定不明时，可适用法定解除中有关解除效力的规定；二是对于法定解除，可根据具体情况区别对待，非继续性合同的解除原则上有溯及力，继续性合同的解除原则上应没有溯及力，即不产生恢复原状的效力。所谓继续性合同，在大陆法上是指债务不能一次履行完毕，必须持续履行才能完成的合同，如租赁合同、承揽合同等大部分以提供劳务为标的的合同。继续性合同之所以不能溯及既往，是因为债务履行后即为受领人所消费或被物化，难以恢复原状或者恢复原状会使善意第三人的利益受到损害。

2.合同的解除不影响合同中有关清理条款的效力。这些条款继续有效，仍可以作为处理善后事宜的依据。

3.合同的解除不影响合同当事人请求赔偿的权利。赔偿范围应当包括不履行合同义务所造成的损失和恢复原状所造成的损失。

四、抵销

抵销，是指两人互负债务时，各以其债权充抵其债务的清偿方式，从而使自己的债务与对方的债务在对等的数额内消灭。在抵销中,主张抵销的人享有的债权,称为主动债权、为抵销的债权、抵销债权或反对债权;他方对主张抵销的人享有的债权叫作被动债权、被抵销的债权。

抵销既具有便利当事人履行合同的作用,在某种意义上又具有担保的功能。

(一)法定抵销

1. 法定抵销的概念

法定抵销,是指两人互负给付种类相同的债务,一方主张以自己的债务与对方到期的债务按对等数额消灭的单方意思表示。

我国《民法典》第568条规定,当事人互负债务,该债务的标的物种类、品质相同的,任何一方可以将自己的债务与对方的到期债务抵销;但是,根据债务性质、按照当事人约定或者依照法律规定不得抵销的除外。当事人主张抵销的,应当通知对方。通知自到达对方时生效。抵销不得附条件或者附期限。

可见,我国对于法定抵销的性质采用了单独行为说,即抵销为单方的法律行为,依据当事人一方的意思表示而发生,具有与清偿同样的消灭债的效力。

2. 法定抵销的构成要件

根据我国《民法典》第568条第1款的规定,法定抵销有以下构成要件:

(1)须双方当事人互负债务、互享债权,而且该债权债务必须合法有效。

(2)须双方债务的种类、品质相同。因为只有双方债务的种类、品质相同时,当事人双方才有相同的经济目的,抵销才可以满足双方当事人的利益需要。抵销的债务一般为金钱之债和种类之债。然而若种类虽然相同,但品质不相同,原则上不允许抵销,但允许高品质的给付抵销较低品质的给付,即允许品质较高的主动债权与品质较低的被动债权抵销。

当以特定物为给付物时,即使双方的给付物属于同一种类,也不允许抵销。但若一方的给付物为特定物,对方的给付物为同种类的不特定物,则不允许以种类债权抵销特定债权,但允许以特定债权抵销种类债权,即特定债权可以作为主动债权。

(3)须债务之性质可以抵销。按照我国《民法典》的规定,以下债务是不得抵销的:

第一,依债的性质不得抵销的。某些合同债务的性质决定合同双方必须相互履行才能实现订立合同的目的,若进行抵销则不能实现债的目的。例如,不作为的债务、约定向第三人给付的债务以及提供劳务的债务等。

第二,依法律规定不得抵销的债务。如禁止强制执行的债务,我国民事诉讼法规定,法院决定扣留、提取收入时,应保留被执行人及其所抚养的家属的生活必须费用。

第三,依当事人约定不得抵销的债务。

(二)合意抵销

当事人之间相互所负的债务,可以依照意思自治原则,由双方当事人协商一致订立抵销合同而消灭。我国《民法典》第569条规定:当事人互负债务,标的物种类、品质不相同的,经协商一致,也可以抵销。由此可见,在合意抵销中,当事人双方可以自由约定抵销的条件,完全排除法定抵销的条件限制。

(三)抵销的效力

1. 抵销使双方债权按照抵销数额而消灭。如果双方债务的数额相同,则其所负债务均归于消灭;如果数额不同,则数额少的一方的债务全部消灭,另一方的债务在与对方债务相等的数额内消灭,其余额仍然存在。

2. 抵销自当事人的通知到达对方时生效。我国《民法典》第568条第2款规定:当事人主张抵销的,应当通知对方。通知自到达对方时生效。抵销不得附条件或者附期限。抵销权在性质上属于形成权,依照当事人一方的意思表示即可发生法律效力,但是抵销必须以通知的方式作出。而且抵销的通知不得附条件或者附期限,因为抵销附条件或期限之后,抵销的效力便难以确定,与设定抵销制度的目的相违背,而且有害于对方当事人的利益。

3. 抵销使双方的债权溯及得为抵销时消灭。得为抵销时是指抵销权发生之时,当抵销生效时,双方债权的消灭效力溯及抵销权发生之时。双方债务的履行期有先后的,以在后的履行期届至时间为准。如债务未到履行期即主张抵销,以抛弃期限利益时间为准,债的关系归于消灭。其效力表现主要有:(1)自得为抵销时,就消灭的债务不再发生支付利息的债务;(2)自得为抵销时,不再发生迟延责任;(3)自得为抵销的情形发生后,就一方当事人所发生的损害赔偿及违约金责任,因抵销的溯及力而消灭。

五、提存

提存,是指由于债权人的原因而无法向其交付合同标的物时,债务人将该标的物提交给提存机关而消灭债务,使债权债务关系终止的制度。其意义主要在于保护债务人的利益,救济受领迟延制度的不足。因为债务的履行往往需要债权人的协助,而当债权人无正当理由拒绝受领或不能受领时,债务人的债务无法消灭,使债务人无限期地受到合同关系的约束,显然对其不利。因此,设定提存制度以消灭债权债务关系,使债务人可以从债务的约束中解脱。

在提存法律关系中存在三方当事人:一是提存人,是指为履行清偿义务或担保义务而向提存机关申请提存的人,包括债务人、债务人的代理人、可以为清偿的第三人,如保证人、抵押人、出质人。二是提存机关,即国家设立的接受提存标的物并进行保管以及将提存物发还债权人的专门机关,我国的提存机关为公证处或法院指定的银行,而且一般应在合同履行地的提存机关履行。三是提存受领人,即原合同的债权人。

提存的客体范围比较广泛:货币、有价证券、票据、提单、权利证书、贵重物品、担保物或其替代物、不动产、其他适宜提存的标的物。债务人提存时,不得将与债的内容不符的标的物交付提存机关。而且我国《民法典》第570条第2款规定,标的物不适于提存或者提存费用过高的,债务人依法可以拍卖或者变卖标的物,提存所得的价款。

(一)提存的原因

从总体上说,提存是债权人的原因造成的,我国《民法典》第570条规定的具体的提存原因有以下几种:

1. 债权人无正当理由拒绝受领。在合同履行期届至后,债权人无正当理由拒绝受领债务人履行的,债务人可以将履行标的物提存以消灭债权债务关系。

2. 债权人下落不明。主要是指无法确定债权人的地址,或无法得知债权人的下落,使合同的履行无法实现。

3. 债权人死亡未确定继承人、遗产管理人,或者丧失民事行为能力未确定监护人。

4. 法律规定的其他情形。例如,债权人不在债务履行地而又不能到履行地受领、双方自由约定以提存作为履行的方式等。

(二)提存的效力

1. 在提存人与提存机关之间的效力

(1)自提存之日起,提存机关取得占有提存物的权利,同时负有妥善保管提存物并通知债权人领取的义务。如果因提存机关的故意或者重大过失造成提存物毁损、灭失,提存机关应当承担赔偿责任。

(2)提存物交付提存后,提存人原则上不得取回提存物。《民法典》第 574 条规定,债权人未履行对债务人的到期债务,或者债权人向提存部门书面表示放弃领取提存物权利的,债务人负担提存费用后有权取回提存物。我国《提存公证规则》第 26 条也规定,提存人可以凭人民法院生效的判决、裁定或提存之债已经清偿的公证证明取回提存物。提存受领人以书面形式向公证处表示抛弃提存受领权的,提存人得取回提存物。可见,我国对提存物以禁止取回为原则。提存人取回提存物的,视为未提存,因此产生的费用由提存人承担。

2. 在提存人与债权人之间的效力

(1)自提存之日起,债权债务关系在提存范围内消灭,债权人不得再向债务人请求履行合同。此为提存的主要法律效力之所在。同时,《提存公证规则》第 13 条第 2 款还规定:“提存标的与债的标的不符或在提存时难以判明两者是否相符的,公证处应告知提存人如提存受领人因此原因拒绝受领提存物则不能产生提存的效力。提存人仍要求提存的,公证处可以办理提存公证,并记载上述条件。”

(2)标的物交付。《民法典》第 571 条第 2 款规定,提存成立的,视为债务人在其提存范围内已经交付标的物。提存标的物的孳息也归债权人所有。

(3)标的物的风险转移。自提存之日起,提存人不再承担标的物意外灭失的风险,转由债权人承担。

(4)提存通知的义务。标的物提存后,债务人应及时通知债权人或债权人的继承人、监护人、遗产管理人和财产代管人。

3. 在债权人与提存机关之间的效力

(1)债权人可随时领取提存物,但债权人对债务人附有到期债务的,在债权人履行债务或提供担保之前,提存部门根据债务人的要求应当拒绝其领取提存物。提存机关的拒绝仅以提存人在提存时或债权人提取提存物之前明确将该事实告知提存机关为限。

(2)债权人领取提存物的权利,自提存之日起 5 年内不行使即消灭,提存物扣除提存费用后归国家所有。但是,债权人未履行对债务人的到期债务,或者债权人向提存部门书面表示放弃领取提存物权利的,债务人负担提存费用后有权取回提存物。

(3)债权人承担提存费用。标的物寄存于提存机关产生的费用,包括提存公证费、公告费、邮电费、保管费、评保鉴定费、代管费、拍卖变卖费、保险费,以及为保管、处理、运输提存标的物所支出的其他费用。如果提存人依法取回提存物,则上述费用由提存人负担。

六、免除

(一)免除的概念和特征

债务免除是债权人抛弃债权,从而消灭合同关系的单方行为。根据法律的规定,免除具有以下特点。

1. 免除是单方行为

对于债务免除的性质，各国民法有两种不同的认识。第一种观点认为，免除是契约行为，即债务的免除需要征得债务人的同意。大陆法系多数国家持这种观点，如《德国民法典》第 397 条第 1 款规定，“债权人通过合同向债务人免除债务者，债务关系消灭”[1]。第二种观点认为，债务的免除是单方行为，即依照债权人单方的意思表示就可以消灭债权债务关系。我国《民法典》第 575 条规定：“债权人免除债务人部分或者全部债务的，债权债务部分或者全部终止，但是债务人在合理期限内拒绝的除外。”从该条的规定来看，并没有要求免除须经过债务人同意，但是允许债务人通过行使拒绝权，使债务免除的效果溯及既往地不发生效力。因此，我国立法对于债务的免除采取的是修正的单方行为模式。[2]

2. 债务免除是无因行为

债务免除的原因有很多，如赠与、和解或对待给付等，但是免除只因债权人的免除行为而成立，不会因为免除原因的消灭而影响免除的效力。

3. 债务免除是无偿行为

债务免除是债权人放弃债权的单方行为，并不以取得相应对价为条件。尽管免除的条件既可以是无偿的也可以是有偿的，但是免除行为本身是无偿的。

4. 债务免除是非要式行为

债务免除的意思表示没有特定形式的要求，既可以采取书面形式，也可以采取口头或其他形式。

（二）免除的成立要件

债务免除既然是一种法律行为，则需要具备相应的要件：

1. 免除人应对债权享有处分权。债务的免除实际上就是债权人单方面放弃自己的债权，因此债权人必须对该债权享有处分权。

2. 免除人应向债务人或其代理人为意思表示，向第三人作出免除债务的意思表示不发生免除的法律效力。

3. 债务免除不得撤回。免除是债权人的单方行为，无须对方当事人的同意，一经作出免除的意思表示就会发生债务消灭的法律后果，因此免除不得撤回。

4. 免除不得损害债务人及第三人的合法权益。正因为免除无须债务人的同意，所以不能损害债务人的权益。同样，免除不能损害第三人的合法权益，例如，已就债权设定质权的债权人不得免除债务人的债务而以之对抗质权人。

（三）债务免除的效力

1. 免除使债权债务关系部分或全部终止。债务免除成立后，合同的权利义务部分或者全部终止，其无偿性不影响该法律效力。债权人在作出债务免除的意思表示时，应当预想到其法律后果，并谨慎作出。[3]

---

[1] 杜景林、卢谌：《德国民法典——全条文注释》（上册），中国政法大学出版社 2015 年版，第 290 页。

[2] 参见最高人民法院民法典贯彻实施工作领导小组主编：《中华人民共和国民法典合同编理解与适用》，人民法院出版社 2020 年版，第 703 页。

[3] 参见最高人民法院民法典贯彻实施工作领导小组主编：《中华人民共和国民法典合同编理解与适用》，人民法院出版社 2020 年版，第 704 页。

2. 主债务因免除而消灭后，从债务如利息债务、担保债务等也一同消灭。需要注意的是，免除从债务的，主债务并不消灭。

七、混同

混同，是指债权债务同归一人，致使合同关系及其他债的关系消灭的事实。我国《民法典》第 576 条规定："债权和债务同归于一人的，债权债务终止，但是损害第三人利益的除外。"由此可见，混同是一种法律事实，只要发生债权债务同归一人的事实就会导致债权债务消灭，无须任何意思表示。

混同发生的原因有两个：一是债权债务的概括承受，即合同关系的一方当事人概括承受他方的权利和义务；二是特定承受，即债务人受让债权人的债权或者债权人承受债务人的债务。

混同的法律效力如下：(1) 混同将导致合同关系及其债的关系绝对消灭，从权利或从债务也归于消灭。需要注意的是，在连带债务人中一人与债权人混同时，合同仅在该连带债务人应承担的债务额度内消灭，其他连带债务人对剩余部分的债务仍负连带责任。(2) 损害第三人利益的债权不因混同而消灭。当债权债务同归于一人而合同权利义务关系损害第三人利益，即合同权利系他人权利标的时，从保护第三人利益角度出发，债权债务不因混同而消灭。

第八节　违约责任

一、违约责任概述

违约责任就是违反合同的民事责任，是指当事人不履行合同债务或其履行不符合约定时依法应当承担的法律责任。违约责任既是违约行为的法律后果，同时也是合同效力的表现。

我国《民法典》第 577 条规定："当事人一方不履行合同义务或者履行合同义务不符合约定的，应当承担继续履行、采取补救措施或者赔偿损失等违约责任。"可见，违约责任是以当事人不履行或不适当履行合同义务为基础的；也就是说，合同债务是违约责任产生的前提，是债务人的第一性义务，是相对债权人的权利而言的。而违约责任是在债务人未履行第一性义务的情况下，国家强制债务人继续履行债务和承担法律责任的表现，违约责任相对于债务而言是第二性的义务，而且具有国家强制性。可以简单理解为：债务属于"当为"，而责任属于"替代"，违约责任具有担保债务履行的作用。

（一）违约责任的特征

违约责任属于民事责任的一种，因此它具有民事责任的一般法律特征，同时它还具有区别于其他民事责任的特征：

1. 违约责任是不履行或不适当履行合同债务所引起的法律后果。

这一特征包含了两层含义：(1) 违约责任的成立以有效合同的存在为前提。如果没有有效的合同，就谈不上合同债务，因此也就没有什么违约责任。(2) 违约责任的成立是当事人违反合同约定义务的结果。这是违约责任不同于其他民事责任的关键之处。

2. 违约责任具有相对性。

前文我们分析了合同权利义务具有相对性，而作为违反合同义务应当承担的违约责任也同样具有相对性。违约责任的相对性,是指违约责任一般情况下发生于特定的当事人之间,合同关系以外的人不承担违约责任,合同当事人也不对合同关系以外的第三人负违约责任。违约责任的相对性源于合同的相对性。所谓合同的相对性,是指合同关系只存在于特定的当事人之间,是特定当事人之间的债权债务关系。只有合同的当事人才能基于合同关系向对方提出请求或者提起诉讼,而不能向与其他无关的第三人提出请求,也不能擅自为第三人设定合同上的义务。既然合同关系只能存在于特定的当事人之间,那么作为违反合同义务之法律结果的违约责任也只能存在于特定的当事人之间,此即违约责任的相对性。当然违约责任作为合同责任,其相对性也会有例外。如《民法典》第 522 条规定的真正意义上的第三人。

具体来说,违约责任的相对性包含以下几层含义:(1)违反合同债务的当事人应对自己的违约行为负责,不能将违约责任推卸给别人。例如,《民法典》第 523 条规定:“当事人约定由第三人向债权人履行债务,第三人不履行债务或者履行债务不符合约定的,债务人应当向债权人承担违约责任。”(2)因第三人的原因造成违约的,债务人仍应对债权人负违约责任,而不应由第三人向债权人负违约责任。例如,《民法典》第 593 条规定:“当事人一方因第三人的原因造成违约的,应当依法向对方承担违约责任。当事人一方和第三人之间的纠纷,依照法律规定或者按照约定处理。”当然,如果第三人的行为构成了对债权人债权的侵犯,则第三人应对债权人承担侵权责任,这就是第三人侵害债权制度。(3)债务人应当向债权人承担违约责任,而不是向国家或第三人承担违约责任。

违约责任的确定具有一定的任意性。作为法律责任的一种,违约责任当然具有强制性。但与侵权责任等民事责任不同的是,违约责任在具有强制性的同时,还具有一定程度的任意性,法律允许当事人在一定的范围内事先对违约责任作出约定。例如,《民法典》第 585 条第 1 款规定:“当事人可以约定一方违约时应当根据违约情况向对方支付一定数额的违约金,也可以约定因违约产生的损失赔偿额的计算方法。”违约责任的任意性是由合同的性质及合同自由原则决定的。

当然,违约责任的任意性不应减少违约责任的强制性,同时当事人对违约责任的约定也是有一定范围和程度限制的。例如,《民法典》第 585 条第 2 款规定,当事人约定的违约金低于或者过分高于违约所造成的实际损失的,当事人可以请求人民法院或者仲裁机构予以增加或者适当减少。

3. 违约责任具有补偿性与惩罚性,以补偿性为主,以惩罚性为辅。

违约责任在性质上旨在弥补或补偿因违约行为所造成的损害结果,目的在于使受害人所受损害得到及时的恢复或补救,从而维护当事人利益的平衡,因此违约责任应以补偿性为主。但当违约行为未造成损害后果或违约责任重于损害后果时,违约责任则具有惩罚性。

4. 违约责任是一种纯财产责任。

合同是财产流转的法律形式,相应地,合同关系属于财产关系而非人身关系。而且追究违约责任的主要目的在于补救合同中权利人因为对方当事人违反合同造成的经济损失,所以违约责任是一种纯财产责任。如实际履行、赔偿损失、支付违约金、执行定金罚则等,大都可以通过财产、金钱来进行计算,属于财产责任范畴。

(二)违约责任的归责原则

违约责任的归责原则,是指确定违约责任是否成立,即违约行为人是否应对其违约行为承担违约责任的原则。在各国现行的民法典和合同法中,违约责任的归责原则通常有过错责任、过错推定责任和无过错责任三种。

我国《民法典》第577条规定:“当事人一方不履行合同义务或者履行合同义务不符合约定的,应当承担继续履行、采取补救措施或者赔偿损失等违约责任。”由此可见,违约责任的构成无须主观上的过错,为无过错责任。无过错责任原则又可以称为无过失责任原则、客观责任原则、严格责任原则,是指违约责任的成立无须当事人主观上具有过错,只要存在违约行为,违约方就应对其违约行为负责。但同时《民法典》在个别情况下采用过错责任,例如,《民法典》第824条规定,在运输过程中旅客随身携带物品毁损、灭失,承运人有过错的,应当承担赔偿责任;又如,第841条规定,因托运人托运货物时的过错造成多式联运经营人损失的,即使托运人已经转让多式联运单据,托运人仍然应当承担赔偿责任;等等。

由此可见,我国《民法典》合同编规定的违约责任的归责原则以严格责任原则为主,而以过错责任原则为补充。

(三)违约责任的构成要件

违约责任的构成要件,是指违约责任成立所必须具备的要件。

违约责任的构成要件与违约责任的归责原则有密切的关系。在采用严格责任原则的情况下,违约责任的构成要件只有一个——违约行为。只要有违约行为,无论当事人主观上是否有过错,也无论该行为是否造成了实际损失,当事人都必须承担违约责任,具有法定免责事由的除外。如不可抗力、约定免责等。

二、违约行为

违约行为,是指合同当事人违反合同义务的行为,即不履行合同义务或者履行合同义务不符合约定条件的行为。我们可以将违约行为简单归结为不履行或不适当履行行为。

根据法律规定和司法实践中的总结,违约行为的形态(违约形态)大体有以下几种。

1. 预期违约

《民法典》第578条规定:“当事人一方明确表示或者以自己的行为表明不履行合同义务的,对方可以在履行期限届满前请求其承担违约责任。”这一规定就是预期违约制度在我国法律上的体现。预期违约原是英美合同法中的制度,是指合同一方在合同规定的履行时间到来之前有违背合同约定的行为,而对方当事人可以在履行期限到来之前要求违约方承担责任的制度。预期违约制度的目的是使守约方提前得到法律上的救济,防止其蒙受本来可以避免的损失。

预期违约的类型包括明示违约和默示违约两种。明示违约,是指债务人在履行期限到来之前,明确向对方作出不履行合同义务之意思表示的违约方式;默示违约,是指债务人在履行期限到来之前,通过自己的行为表明将不履行合同义务的违约方式,如转移财产、抽逃资金等。

针对预期违约,守约方享有选择权,可以在履行期限届满之前要求违约方承担违约责任,也可以等待履行期限届满,再追究违约方实际违约的违约责任。

2. 实际违约

与预期违约相对应的是实际违约,按照我国《民法典》合同编的相关规定,实际违约行为主要有以下类型。

(1)完全不履行

完全不履行行为包括拒绝履行和履行根本违约两种形式。

拒绝履行包括债务人的拒绝履行和债权人的拒绝受领。债务人拒绝履行合同,既可以通过明示方式,也可以通过默示方式。在特定情形下,债务人有权拒绝履行,如享有同时履行抗辩权、先履行抗辩权等,并不构成拒绝履行。[1] 有学者认为,违法的拒绝履行是违约责任的构成要件,行使权利的拒绝履行不引起违约责任。[2]

履行根本违约是指当事人虽然履行了合同,但其履行行为在根本上违反了合同的主要义务,致使合同的目的落空。

(2)迟延履行

迟延履行又称逾期履行,是指合同债务已经到期,合同当事人能够履行而不按法定或者约定的时间履行的情况。迟延履行是合同当事人在合同履行时间上的不当履行。迟延履行分为债务人迟延履行和债权人迟延受领两种类型。

(3)瑕疵履行

瑕疵履行,是指债务人履行的标的物、履行行为不符合当事人约定或者法律的规定,以致不能实现合同全面履行或者合同目的的行为。瑕疵履行在德国民法上称为积极侵害债权。瑕疵履行的范围包括履行的时间、数量、标的物、方法、地点、附随义务等与当事人约定、法律规定或实现合同目的不相符合的情形。学理上,瑕疵履行主要原因分为瑕疵给付和加害给付。[3]

瑕疵给付,是指债务人的履行不符合规定或约定的条件,致使债权人减少或丧失合同履行的价值或效用,即侵害的是债权人的履行利益。

加害给付不是一般的不完全履行,加害给付不仅违反了合同的约定,而且还因其履行行为有瑕疵而造成了债权人的人身或财产损失,不仅侵害债权人的履行利益还侵害债权人的既有利益。

三、违约责任的承担

根据《民法典》第 577 条、第 581 条、第 585 条、第 587 条的规定,违约责任的承担方式主要有继续履行、第三人替代履行、赔偿损失、违约金、定金罚则及其他方式。

(一)继续履行

继续履行又称强制实际履行,是指在一方当事人违反合同义务时,另一方当事人请求法院强制违约方继续履行合同债务的责任形式。与违约金、损害赔偿等违约责任形式相比,继续履行的目的不在于对受害方所受损失进行弥补,而是要求违约方继续履行合同约定的义务,因此它更有利于合同目的的实现。

对于金钱债务,我国《民法典》第 579 条规定:“当事人一方未支付价款、报酬、租金、利息,或者不履行其他金钱债务的,对方可以请求其支付。”对于非金钱债务,我国《民法典》第 580 条第 1 款规定:“当事人一方不履行非金钱债务或者履行非金钱债务不符合约定的,对方可以请

---

[1] 参见最高人民法院民法典贯彻实施工作领导小组主编:《中华人民共和国民法典合同编理解与适用》,人民法院出版社 2020 年版,第 716 页。

[2] 参见崔建远:《合同法学》,法律出版社 2015 年版,第 254 页。

[3] 参见最高人民法院民法典贯彻实施工作领导小组主编:《中华人民共和国民法典合同编理解与适用》,人民法院出版社 2020 年版,第 751 页。

求履行,但是有下列情形之一的除外:(一)法律上或者事实上不能履行;(二)债务的标的不适于强制履行或者履行费用过高;(三)债权人在合理期限内未请求履行。”那么在上述债务人违约但不能请求继续履行的情况下,合同的继续存在已经没有实质意义了,因此,《民法典》第580条第2款规定:“有前款规定的除外情形之一,致使不能实现合同目的的,人民法院或者仲裁机构可以根据当事人的请求终止合同权利义务关系,但是不影响违约责任的承担。”需要注意的是,该款适用的条件有两个:一是对方当事人不能请求违约方继续履行;二是致使不能实现合同目的。该款适用的法律后果有两个:一是人民法院或者仲裁机构可以终止权利义务关系;二是不影响违约方承担继续履行之外的其他违约责任。

可见,按照法律规定,金钱债务必须实际履行,除非债权人明确同意采取替代履行方式,否则不能以实物或劳务替代金钱债务的履行,且对金钱债务而言,债务人不存在任何免责事由。

(二)替代履行

我国《民法典》第581条规定,当事人一方不履行债务或者履行债务不符合约定,根据债务的性质不得强制履行的,对方可以请求其负担由第三人替代履行的费用。

(三)采取补救措施

所谓补救措施,主要是指我国《民法典》中所确定的,在当事人违反合同的事实发生后,为防止损失的发生或扩大,由受损害方合理选择修理、重作、更换、退货、减少价款或者报酬、补充数量、物资处置等措施,以给权利人弥补或挽回损失的责任形式。采取补救措施的情形主要发生在履行不符合约定的情况下,而且采取补救措施必须具备可能性。

(四)赔偿损失

赔偿损失又称违约损害赔偿,是指违约方的违约行为给对方当事人造成损失时,依据合同的约定或者法律的规定向对方当事人支付一定数额的金钱用于弥补其损失的一种责任方式。

赔偿损失在性质上具有补偿性而不具有惩罚性,其目的在于弥补或填补债权人因对方的违约行为所遭受的实际损失,因此,对于赔偿损失的范围,我国采用的是“完全赔偿”原则。所谓完全赔偿原则,是指违约方对于因违约行为造成的损失应当全部赔偿的原则。完全赔偿可以全面、充分地保护受害人的利益。《民法典》第584条规定,当事人一方不履行合同义务或者履行合同义务不符合约定,造成对方损失的,损失赔偿额应当相当于因违约所造成的损失,包括合同履行后可以获得的利益。所谓可得利益是指合同在适当履行以后可以实现和取得的财产利益。

在确定赔偿范围时,应当注意相关的几个规则:

1. 合理预见规则。所谓合理预见规则,是指违约方承担损害赔偿责任的范围不得超过其在订立合同时所能预见或者应当预见到的损失的规则。我国《民法典》第584条规定:“当事人一方不履行合同义务或者履行合同义务不符合约定,造成对方损失的,损失赔偿额应当相当于因违约所造成的损失,包括合同履行后可以获得的利益;但是,不得超过违约一方订立合同时预见到或者应当预见到的因违约可能造成的损失。”立法上确立合理预见规则的目的是鼓励交易,防止利用合同使交易当事人陷于不合理的被动地位,承受不可预期的、不利的后果。

2. 减轻损失规则。我国《民法典》第591条规定:“当事人一方违约后,对方应当采取适当措施防止损失的扩大;没有采取适当措施致使损失扩大的,不得就扩大的损失请求赔偿。当事人因防止损失扩大而支出的合理费用,由违约方负担。”减轻损失规则设立的目的是增进社会整体的经济效益，同时促进合同当事人之间在履约上的协作。

3. 双方违约与有过失规则，是指当事人双方都存在违约责任时，根据各自应负的责任确定赔偿责任和赔偿范围。这并非双方当事人的责任相互抵销，而是依据双方当事人违约责任的大小、轻重、主次，分别承担责任。《民法典》第 592 条规定："当事人都违反合同的，应当各自承担相应的责任。当事人一方违约造成对方损失，对方对损失的发生有过错的，可以减少相应的损失赔偿额。"

（五）违约金责任

违约金，是指由当事人约定或法律直接规定的，一方违约后向对方支付的一定数额的货币。《民法典》第 585 条第 1 款规定："当事人可以约定一方违约时应当根据违约情况向对方支付一定数额的违约金，也可以约定因违约产生的损失赔偿额的计算方法。"违约金责任只有在双方当事人有明确约定或法律有规定时才能适用，否则就只能适用损害赔偿的民事责任形式。

我国《民法典》第 585 条第 2 款规定："约定的违约金低于造成的损失的，人民法院或者仲裁机构可以根据当事人的请求予以增加；约定的违约金过分高于造成的损失的，人民法院或者仲裁机构可以根据当事人的请求予以适当减少。"由于违约金被视为当事人对事后发生的损失的预先估算，因此约定的违约金数额可能与实际的损失有出入。只要不低于或过分高于实际损失，这一出入应当是允许的。当约定的违约金低于或过分高于实际损失时，根据《民法典》的规定，法院或仲裁机构可以根据当事人请求予以增加或适当减少。当事人就迟延履行约定违约金的，违约方支付违约金后，还应当履行债务。

（六）定金责任

我国《民法典》第 586 条规定："当事人可以约定一方向对方给付定金作为债权的担保。定金合同自实际交付定金时成立。定金的数额由当事人约定；但是，不得超过主合同标的额的百分之二十，超过部分不产生定金的效力。实际交付的定金数额多于或者少于约定数额的，视为变更约定的定金数额。"

《民法典》第 587 条规定了定金罚则：债务人履行债务的，定金应当抵作价款或者收回。给付定金的一方不履行债务或者履行债务不符合约定，致使不能实现合同目的的，无权请求返还定金；收受定金的一方不履行债务或者履行债务不符合约定，致使不能实现合同目的的，应当双倍返还定金。

如果在同一合同中，当事人既约定了违约金又约定了定金，《民法典》第 588 条明确规定，当一方违约时，对方可以选择适用违约金或者定金条款。也就是说，定金与违约金二者只能选其一。同时规定，定金不足以弥补一方违约造成的损失的，对方可以请求赔偿超过定金数额的损失。

（七）价格制裁

我国《民法典》第 513 条规定："执行政府定价或者政府指导价的，在合同约定的交付期限内政府价格调整时，按照交付时的价格计价。逾期交付标的物的，遇价格上涨时，按照原价格执行；价格下降时，按照新价格执行。逾期提取标的物或者逾期付款的，遇价格上涨时，按照新价格执行；价格下降时，按照原价格执行。"该条规定就是以价格制裁作为违约责任的一种承担形式。

案例分析

甲于21时从机场回家，此时机场公交车因为客人太少拒绝拉客。后甲只能打出租车回家，但此时出租车仅剩1辆，按里程估算其价格刚好到出租车的起步价10元，因此出租车司机乙提出不按照计程器计价，如果甲愿意支付50元的价格，则载甲，否则拒载，甲只好同意。事后甲要求乙返还多付的40元，乙以甲自愿出价而拒绝。双方发生争执。

问题：出租车司机乙按正常价格拒载而提出5倍的价额，是否符合合同自由原则？

分析：合同自由原则是合同法的一项基本原则，其基本含义是指是否订立合同，与何人订立合同，确定合同有哪些内容，以及是否变更或解除合同，均由当事人自由决定，而不受他人的非法干涉。但是任何自由都不是绝对的，合同自由原则除受合同的其他基本原则的制约外，现代社会的合同自由还受到其他的限制。例如，格式条款与强制性规范都限制合同自由。强制缔约为法律的强行性规定，属于对缔约自由的限制。所谓强制缔约，是指自然人、法人或其他组织负有应相对人的请求与其订立合同的义务，有正当理由的除外。强制缔约按照义务来源的不同可分为两种：一种为法律明文规定的直接强制缔约，包括公用事业的缔约义务、医疗合同的缔结等；另一种法律无明文规定，但是经营者为事实上居于独占地位而供应重要民生必需品者，负有以合理条件与用户订立合同的义务。后者就是间接强制缔约，属于对直接强制缔约的类推适用。强制缔约义务具有下列法律效力：(1)强制缔约义务人对于对方合理的要约，不得拒绝；(2)强制缔约义务人不得提出不合理的反要约，否则强制缔约义务会名存实亡；(3)违反强制缔约义务给对方造成损失的，应负赔偿责任。在本案中，乙负有强制缔约义务，该义务是对其订约自由的合法限制。因其违反该强制缔约义务，而使甲不得不多支付40元车费，故乙应向甲返还多收的40元车费。

思考题

1. 债与合同的关系是什么？
2. 我国《民法典》合同编的调整范围是什么？
3. 合同的分类标准及分类的意义是什么？
4. 合同法的基本原则是什么？
5. 要约与承诺的法律效力是什么？
6. 格式条款订入合同的规则是什么？
7. 合同生效的一般要件是什么？
8. 合同履行的原则是什么？
9. 双务合同履行中的抗辩权是什么？
10. 代位权与撤销权的区别是什么？
11. 什么是合同债权让与的条件和效力？
12. 合同终止的条件和效力是什么？
13. 合同解除的条件、方式及效力是什么？
14. 违约责任的承担方式是什么？
15. 违约行为的形态是什么？

第十八章　典型合同

学习要点

本章学习《民法典》合同编分则中规定的19种典型合同。第一类是转移财产的合同，包括买卖合同，供用电、水、气、热力合同，赠与合同，借款合同，租赁合同，融资租赁合同，保理合同；第二类是提供服务的合同，包括承揽合同、建设工程合同、运输合同、保管合同、仓储合同、委托合同、物业服务合同、行纪合同、中介合同；第三类是保证合同；第四类是技术合同；第五类是合伙合同。其中，保理合同、物业服务合同、合伙合同是此次《民法典》编纂中新增加的合同类型。

第一节　转移财产的合同

一、买卖合同

（一）买卖合同概述

按照《民法典》第595条的规定，买卖合同是出卖人转移标的物的所有权于买受人，买受人支付价款的合同。买卖合同是经济生活中最普遍、最常见的一种合同。在买卖合同关系中，转移所有权一方为出卖人或者卖方，支付价款而取得所有权的一方为买受人或者买方。买卖合同的标的物只能是有体物，包括动产和不动产，不属于法律、行政法规禁止或者限制转让的标的物。

买卖合同具有以下法律特征：(1)买卖合同是典型的具有对待给付关系的合同。(2)买卖合同是双务有偿合同。(3)买卖合同是诺成合同。除法律另有规定或者当事人另有约定外，买卖合同当事人就买卖达成合意，买卖合同即成立，而不以标的物或者价款的现实交付为成立的要件，因而不同于实践合同。(4)买卖合同是不要式合同。如果法律、行政法规规定必须采用书面形式，应当采用书面形式。

根据《民法典》第596条的规定，买卖合同的内容一般包括标的物的名称、数量、质量、价款，履行期限，履行地点和方式，包装方式，检验标准和方法，结算方式，合同使用的文字及其效力等条款。

（二）买卖合同的效力

买卖合同的效力，是指有效的买卖合同所具有的法律效果，体现为买卖双方的权利和义务。由于买卖合同是一种典型的双务有偿合同，一方当事人所负担的义务就是另一方当事人所享有的权利，因而下面从一方的义务角度进行介绍。

1. 出卖人的义务

出卖人是买卖合同中转移标的物所有权并接受价款的一方当事人。出卖人的基本义务主要表现为以下三个方面。

(1)交付标的物

按照买卖合同,出卖人应按照合同约定的时间、地点将买卖合同的标的物交付给买受人,即出卖人交付标的物就是移转标的物的占有,从而将标的物置于买受人的实际控制之下。从理论上说,交付可分为现实交付和观念交付两种类型。我国《民法典》第 598 条规定,出卖人应当履行向买受人交付标的物或者交付提取标的物的单证,并转移标的物所有权的义务。第 599 条规定,出卖人应当按照约定或者交易习惯向买受人交付提取标的物单证以外的有关单证和资料。

出卖人应当按照约定的时间交付标的物。约定交付期限的,出卖人可以在该交付期限内的任何时间交付。当事人没有约定标的物的交付期限或者约定不明确的,适用《民法典》第 510 条、第 511 条第 4 项的规定。出卖人还应当按照约定的地点交付标的物,对于交付地点约定不明的,我国《民法典》第 603 条第 2 款规定:"当事人没有约定交付地点或者约定不明确,依据本法第五百一十条的规定仍不能确定的,适用下列规定:(一)标的物需要运输的,出卖人应当将标的物交付给第一承运人以运交给买受人;(二)标的物不需要运输,出卖人和买受人订立合同时知道标的物在某一地点的,出卖人应当在该地点交付标的物;不知道标的物在某一地点的,应当在出卖人订立合同时的营业地交付标的物。"

(2)转移标的物的所有权

从买卖合同角度来说,当事人双方签订买卖合同的目的即在于转移标的物的所有权,通过价款与标的物的交换,买受人取得标的物的所有权,从而能够对标的物行使所有权的权能,即占有、使用、收益和处分。

关于标的物所有权转移的时间,我国《民法典》第 209 条规定:"不动产物权的设立、变更、转让和消灭,经依法登记,发生效力;未经登记,不发生效力,但是法律另有规定的除外。依法属于国家所有的自然资源,所有权可以不登记。"第 224 条规定:"动产物权的设立和转让,自交付时发生效力,但是法律另有规定的除外。"按照这两条规定,除非法律有特别的规定,标的物为动产的合同,标的物何时交付,标的物所有权就何时转移,即二者同步转移;而标的物为不动产的合同,标的物所有权自登记时转移。

(3)瑕疵担保义务

瑕疵担保义务包括两个方面:一是权利瑕疵担保义务;二是物的瑕疵担保义务。

权利瑕疵担保义务,是指出卖人就交付的标的物享有合法的权利,对标的物具有所有权或者处分权,负有保证第三人不得向买受人主张任何权利的义务。我国《民法典》第 597 条规定,因出卖人未取得处分权致使标的物所有权不能转移的,买受人可以解除合同并请求出卖人承担违约责任。对于出卖人的权利瑕疵担保义务,我国《民法典》第 612 条还规定:"出卖人就交付的标的物,负有保证第三人对该标的物不享有任何权利的义务,但是法律另有规定的除外。"在实践中可以理解为:一是出卖人保证在其出售的标的物上不存在任何未向买受人透露的担保物权;二是出卖人还应该保证其出售的标的物没有侵犯任何第三人的知识产权等权利。当然,买受人订立合同时知道或者应当知道第三人对买卖的标的物享有权利的,出卖人不承担权利瑕疵担保义务。我国《民法典》第 614 条规定:"买受人有确切证据证明第三人对标的物享有权利的,可以中止支付相应的价款,但是出卖人提供适当担保的除外。"

物的瑕疵担保义务，又称标的物品质的瑕疵担保义务，是指出卖人对于所出售的标的物的瑕疵所承担的担保责任。对于物的瑕疵担保义务的救济方法主要适用我国《民法典》第 582 条至第 584 条的规定。《民法典》第 582 条规定："履行不符合约定的，应当按照当事人的约定承担违约责任。对违约责任没有约定或者约定不明确，依据本法第五百一十条的规定仍不能确定的，受损害方根据标的的性质以及损失的大小，可以合理选择请求对方承担修理、重作、更换、退货、减少价款或者报酬等违约责任。"

2. 买方的义务

(1) 支付价款

买受人支付价款是其主要义务，买受人应该按照合同约定的数额、时间、地点支付价款。按照《民法典》第 626 条至第 629 条的规定，对价款的数额和支付方式没有约定或者约定不明确的，适用《民法典》第 510 条、第 511 条第 2 项和第 5 项的规定。对支付地点没有约定或者约定不明确，依据《民法典》第 510 条的规定仍不能确定的，买受人应当在出卖人的营业地支付；但是，约定支付价款以交付标的物或者交付提取标的物单证为条件的，在交付标的物或者交付提取标的物单证的所在地支付。对支付时间没有约定或者约定不明确，依据《民法典》第 510 条的规定仍不能确定的，买受人应当在收到标的物或者提取标的物单证的同时支付。出卖人多交标的物的，买受人可以接收或者拒绝接收多交的部分。买受人接收多交部分的，按照约定的价格支付价款；买受人拒绝接收多交部分的，应当及时通知出卖人。

(2) 检验义务

买卖合同的履行过程中，在出卖人交付标的物后，接着的一个重要问题就是买受人对标的物的检验。检验的目的是查明出卖人交付的标的物是否与合同的约定相符，因此它与买受人的合同利益密切相关。

按照《民法典》第 620 条至第 624 条的规定，买受人收到标的物时应当在约定的检验期限内检验。没有约定检验期限的，应当及时检验。当事人约定检验期限的，买受人应当在检验期限内将标的物的数量或者质量不符合约定的情形通知出卖人。买受人怠于通知的，视为标的物的数量或者质量符合约定。当事人没有约定检验期限的，买受人应当在发现或者应当发现标的物的数量或者质量不符合约定的合理期限内通知出卖人。买受人在合理期限内未通知或者自收到标的物之日起 2 年内未通知出卖人的，视为标的物的数量或者质量符合约定；但是，对标的物有质量保证期的，适用质量保证期，不适用该 2 年的规定。出卖人知道或者应当知道提供的标的物不符合约定的，买受人不受前两款规定的通知时间的限制。当事人约定的检验期限过短，根据标的物的性质和交易习惯，买受人在检验期限内难以完成全面检验的，该期限仅视为买受人对标的物的外观瑕疵提出异议的期限。约定的检验期限或者质量保证期短于法律、行政法规规定期限的，应当以法律、行政法规规定的期限为准。当事人对检验期限未作约定，买受人签收的送货单、确认单等载明标的物数量、型号、规格的，推定买受人已经对数量和外观瑕疵进行检验，但是有相关证据足以推翻的除外。应特别注意向第三人履行情形下的检验标准，出卖人依照买受人的指示向第三人交付标的物，出卖人和买受人约定的检验标准与买受人和第三人约定的检验标准不一致的，以出卖人和买受人约定的检验标准为准。

(3) 保管义务

《民法典》第 629 条规定，出卖人多交标的物的，买受人可以接收或者拒绝接收多交的部分。买受人接收多交部分的，按照约定的价格支付价款；买受人拒绝接收多交部分的，应当及时通知出卖人。根据相关法条的规定,在特殊情况下,买受人虽然作出了拒绝接受的意思表示,但是有暂时保管并应急处置标的物的义务。

(三)标的物风险的负担和利益承受

1. 风险负担

标的物毁损、灭失的风险负担,是指在买卖合同订立后,标的物因不可归责于任何一方的事由而发生的毁损、灭失的风险由何方承担的问题。如果风险由买受人承担,即使标的物已经发生毁损、灭失,买受人仍有义务向出卖人支付价款;如果标的物在风险转移前毁损、灭失,出卖人仍有义务重新交付标的物或者按照履行不能处理。由此,可以看出区别风险负担的关键点在于标的物风险的转移时间。对此,《民法典》第 604 条作了原则性规定,即"标的物毁损、灭失的风险,在标的物交付之前由出卖人承担,交付之后由买受人承担,但是法律另有规定或者当事人另有约定的除外"。这表明我国法律对风险承担采取的是"交付转移风险"的原则,它是建立在"交付转移所有权"这一原则的基础上的。因此可以说,除法律另有规定或者当事人另有约定以外,合同标的物的所有权与风险责任同时于标的物交付时起转移。根据《民法典》第 604 条至第 610 条以及其他相关规定,买卖合同标的物风险承担的规则主要有下列内容:

(1)在一般情形下,标的物风险在标的物交付之前由出卖人承担,交付之后由买受人承担。

(2)因买受人的原因致使标的物未按照约定的期限交付的,买受人应当自违反约定时起承担标的物毁损、灭失的风险。

(3)出卖人出卖交由承运人运输的在途标的物,除当事人另有约定外,毁损、灭失的风险自合同成立时起由买受人承担。

(4)当事人没有约定交付地点或者约定不明确,而由出卖人将标的物交付给第一承运人后,标的物毁损、灭失的风险由买受人承担。

(5)出卖人按照约定或者依照法律有关规定将标的物置于交付地点,买受人违反约定没有收取的,买受人自违反约定时起承担标的物风险。

(6)出卖人按照约定未交付有关标的物毁损、灭失的单证和资料的,不影响标的物毁损、灭失风险的转移,即标的物风险的转移不受上述单证、资料是否交付的影响。

(7)因标的物不符合质量要求,致使不能实现合同目的的,而买受人拒绝接受标的物或者解除合同的,标的物风险由出卖人承担。

2. 利益承受

利益承受,是指标的物在买卖合同订立后所生孳息的归属。在买卖合同中,标的物孳息的归属也是合同中的一个重要问题,一般在法律上都有一个确定其归属的界限,按照我国《民法典》第 630 条的规定:"标的物在交付之前产生的孳息,归出卖人所有;交付之后产生的孳息,归买受人所有。但是,当事人另有约定的除外。"即以交付时间为确定界限,标的物在交付之前产生的孳息归出卖人所有,交付之后产生的孳息归买受人所有。

(四)特种买卖

1. 分期付款买卖

分期付款买卖,是指当事人双方约定出卖人先行移转标的物的占有于买受人,买受人在一定期限内分期支付价款给出卖人的买卖。在分期付款买卖中,出卖人在未得到全部价款的情况下将标的物交付给买受人,出卖人面临较大风险。因此,在实践中的当事人往往通过在合同中约定权利保护和限制条款,以达到双方利益的平衡,其中这类特别约定的条款主要有以下两种:

(1)所有权转移的特别约定。因分期付款买卖并非就是保留所有权的买卖,所以当事人对所有权的转移有特别约定的,应以书面形式明确表示;当事人无特别约定的,标的物的所有权仍自交付时起转移给买受人。

(2)关于合同解除的特别约定。根据《民法典》第630条的规定,标的物交付之后的孳息归买受人所有,故不应当返还给出卖人。但在分期付款买卖合同关系中,合同一旦解除,则合同的效力丧失,如果出卖人行使解除权是基于买受人的违约行为,那么买受人就不能基于合同更不能基于其违约行为而获利,合同解除后,买受人应当向出卖人返还原物及孳息。

2. 样品买卖

样品买卖,又称凭货样买卖,是指买卖双方按货物样品确定买卖标的物的品质,出卖人交付的标的物应当与样品具有相同品质的买卖。样品买卖具有一定的特殊性:首先,样品应当确认、封存。我国《民法典》第635条关于"凭样品买卖的当事人应当封存样品"的规定应当视为对样品买卖成立要件的规定。其次,样品的品质原则上是样品买卖合同的质量标准。《民法典》第635条规定,当事人"可以对样品质量予以说明。出卖人交付的标的物应当与样品及其说明的质量相同"。最后,出卖人对物的隐蔽瑕疵承担担保责任。《民法典》第636条规定:"凭样品买卖的买受人不知道样品有隐蔽瑕疵的,即使交付的标的物与样品相同,出卖人交付的标的物的质量仍然应当符合同种物的通常标准。"

3. 试用买卖

试用买卖合同,是指双方当事人约定,由买受人对一标的物先行试用或检验,并以买受人在约定期限内对标的物的认可为生效条件的买卖合同。对于试用买卖合同的效力,要特别注意以下几点:

(1)买受人接受标的物后应妥善使用,并于试用期间内明确表示是否购买,既可以确定购买,也可以拒绝。买受人同意购买的,试用买卖转变为普通买卖;买受人不同意购买的,应当在试用期限内返还标的物,但无须对拒绝购买的原因进行解释。在试用期间内,买受人既未返还标的物,又不表示购买的,推定其同意购买。试用买卖的买受人在试用期内已经支付部分价款或者对标的物实施出卖、出租、设立担保物权等行为的,视为同意购买。

(2)试用买卖的当事人对标的物使用费没有约定或者约定不明确的,出卖人无权请求买受人支付。

(3)标的物在试用期内毁损、灭失的风险由出卖人承担。

4. 所有权保留买卖

所有权保留买卖,是指当事人可以在买卖合同中约定买受人未履行支付价款或者其他义务的,标的物的所有权属于出卖人。出卖人对标的物保留的所有权,未经登记,不得对抗善意第三人。当事人约定出卖人保留合同标的物的所有权的,在标的物所有权转移前,买受人有下列情形之一,造成出卖人损害的,除当事人另有约定外,出卖人有权取回标的物:(1)未按照约定支付价款,经催告后在合理期限内仍未支付;(2)未按照约定完成特定条件;(3)将标的物出卖、出质或者作出其他不当处分。出卖人可以与买受人协商取回标的物;协商不成的,可以参照适用担保物权的实现程序。在所有权保留买卖中,买受人享有回赎权。即出卖人依据规定取回标的物后，买受人在双方约定或者出卖人指定的合理回赎期限内，消除出卖人取回标的物的事由的，可以请求回赎标的物。买受人在回赎期限内没有回赎标的物的，出卖人可以以合理价格将标的物出卖给第三人，出卖所得价款扣除买受人未支付的价款以及必要费用后仍有剩余的，应当返还买受人，不足部分由买受人清偿。

除以上几种特殊买卖外，招标投标买卖、拍卖合同当事人的权利和义务以及相关程序等，依照有关法律、行政法规的规定。当事人约定易货交易，转移标的物所有权的互易合同，参照适用买卖合同的有关规定。法律对其他有偿合同没有规定的，参照适用买卖合同的有关规定。

二、供用电、水、气、热力合同

（一）供用电合同概述

供用电合同，是指供电人向用电人供电，用电人支付电费的合同。

虽然供用电合同是一种以特殊的商品“电”作为标的物的常见的双务有偿诺成性合同，但是无论是供电、供水、供气还是供热力都属于具有自然垄断性的行业，合同标的物具有特殊性，供应时间上具有连续性，合同相对人具有广泛性。因此，需要在了解一般买卖合同的基础上加深对此类合同的理解。供用电合同具有以下法律特征：

1. 合同的主体是供电人和用电人。供电人，是指在国家批准的供电营业区内向用户提供电力的供电单位，除此之外，其他任何单位和个人都不得作为供电人。

2. 合同的标的是一种无形物质——电力。这也是民法上“物”的一种，从本质上讲电力属于无体物；同时，电力也是国民经济中的重要能源，是一种特殊的商品。作为供用电合同标的的电力具有不易储存、极易消耗的特点，只有在连续使用的过程中才能表现出来。

3. 供用电合同属于持续供给合同，因此合同的履行方式处于一种持续状态。在我国，供用电合同可分为生产经营性用电合同和生活消费性用电合同，无论何种供用电合同，电的供应和利用都不是一次性的。

4. 供用电合同一般是以格式条款的形式订立的。供电企业对电力的供应及对电网的管理具有一定的垄断性，供电企业为了与不特定的多个用电人订立合同而预先拟定格式条款，双方当事人按照格式条款订立合同。

5. 电力的价格实行统一定价原则。

供用电合同的内容即供用电合同的条款，它是确定供电方与用电方权利义务的主要依据。供用电合同是格式合同，其合同条款是由供电人单方预先制定好的，经过用电人签字认可后，即可完成合同的订立程序。根据《民法典》第 649 条的规定，供用电合同的内容一般包括供电的方式、质量、时间，用电容量、地址、性质，计量方式，电价、电费的结算方式，供用电设施的维护责任等条款。其中，特别注意对于供用电合同的履行地，当事人有约定的按照约定，当事人没有约定或者约定不明确的，以供电设施的产权分界处为履行地点。

（二）供用电合同的效力

供用电合同的效力，是指供用电合同成立后所产生的法律后果，其表现为供电人与用电人双方的权利义务。由于供用电合同为双务有偿合同，因此其效力可经由双方当事人所负担的义务来体现。

1. 供电人的义务

根据我国《民法典》的规定，供电人负有以下义务：

(1)供电人的强制缔约义务。《民法典》第648条规定,向社会公众供电的供电人,不得拒绝用电人合理的订立合同要求。

(2)供电人的安全供电义务。供电人应当按照国家规定的供电质量标准和约定安全供电。供电人未按照国家规定的供电质量标准和约定安全供电,造成用电人损失的,应当承担赔偿责任。

(3)供电人因限电、检修等停电的通知义务。根据《民法典》第652条的规定,供电人因供电设施计划检修、临时检修、依法限电或者用电人违法用电等原因,需要中断供电时,应当按照国家有关规定事先通知用电人;未事先通知用电人中断供电,造成用电人损失的,应当承担赔偿责任。

(4)对事故断电的抢修义务。根据《民法典》第653条的规定,因自然灾害等原因断电,供电人应当按照国家有关规定及时抢修;未及时抢修,造成用电人损失的,应当承担赔偿责任。

2.用电人的义务

根据我国《民法典》的规定,用电人负有以下义务:

(1)用电人按国家核定的电价及时支付电费的义务。根据《民法典》第654条的规定,用电人应当按照国家有关规定和当事人的约定及时支付电费。用电人逾期不支付电费的,应当按照约定支付违约金。经催告用电人在合理期限内仍不支付电费和违约金的,供电人可以按照国家规定的程序中止供电。供电人依据前述规定中止供电的,应当事先通知用电人。

(2)用电人的安全、节约和计划用电义务。根据《民法典》第655条的规定,用电人应当按照国家有关规定和当事人的约定安全、节约和计划用电。用电人未按照国家有关规定和当事人的约定用电,造成供电人损失的,应当承担赔偿责任。

供用水、供用气、供用热力合同,参照适用供用电合同的有关规定。

疑难问题论争 物业服务人是否可以用电人未支付物业费为由中止供电?

物业服务人不得以用电人未支付物业费为由中止供电。在供用电合同中,物业服务人并非合同主体,不享受中止、解除供用电合同的权利,不得以用电人未支付物业费为由,对供电人和用电人之间的供用电合同进行干涉。对此,《民法典》第944条进行明确规定,物业服务人不得采取停止供电、供水、供热、供燃气等方式催交物业费。这不仅是因为维护广大人民群众正常基本生活的需要,也是因为物业服务人并非供用电、水、热、气合同的主体,没有中止、解除合同的主体资格。

三、赠与合同

(一)赠与合同概述

赠与合同是赠与人将自己的财产无偿给予受赠人,受赠人表示接受赠与的合同。赠与合同具有以下法律特征:

1.赠与合同是典型的单务合同。赠与合同中,赠与人只负有义务而不享有权利,而受赠人只享有权利而不负有义务,其是典型的单务合同。虽然法律规定赠与可以附义务,受赠人应当按照约定履行义务。但是受赠人所负有的义务并不是赠与人履行义务的对价，两者之间也不具有对等性，赠与合同也不因负义务而成为双务合同。因为赠与合同是单务合同，所以在合同履行过程中不适用同时履行抗辩权规则，赠与人不得因为受赠人没有履行附赠义务而拒绝履行自己的义务；另外，赠与合同也不存在双务合同中的风险负担问题。

2. 赠与合同是无偿合同。在赠与合同中，财产所有权的转移为无偿，受赠人在取得受赠财产的所有权时不必向赠与人付出任何对价。关于无偿，不能将其绝对化，应具体情况具体对待。在某种情况下，虽然赠与人可以要求受赠人负担一定的义务，但是此义务并不构成对价。

3. 赠与合同是双方的法律行为。一方有赠与的意思表示而另一方没有愿意接受赠与的意思表示，或者一方有接受赠与的意思表示而另一方则无赠与的意思表示的，赠与合同均不成立。

4. 赠与合同是诺成合同。赠与合同不是实践合同，而是典型的诺成合同，当事人意思表示一致合同即宣告成立。

5. 赠与合同是不要式合同。法律对赠与合同的形式并没有作强制性规定，只要不违反法律法规的规定，各种形式的赠与合同均会被认可。

（二）赠与合同的效力

赠与合同是典型的单务合同，赠与合同的效力主要体现为赠与人的义务和责任。

1. 赠与合同对赠与人的效力

（1）转移赠与标的物的义务

在赠与合同中，赠与人最基本的义务就是转移赠与财产。赠与人虽然在赠与的财产权利转移之前可以撤销赠与，但对于依法不得撤销的具有救灾、扶贫、助残等公益、道德义务性质的赠与合同或者经过公证的赠与合同，不得随意撤销，赠与人不交付赠与财产的，受赠人可以要求交付，如不交付，则构成违约，赠与人应当承担相应的违约责任。

（2）瑕疵担保义务

赠与人的瑕疵担保义务包括以下两个方面：第一，瑕疵告知义务；第二，因赠与财产的瑕疵而引起的赔偿责任。我国《民法典》第662条规定，赠与的财产有瑕疵的，赠与人不承担责任。附义务的赠与，赠与的财产有瑕疵的，赠与人在附义务的限度内承担与出卖人相同的责任。赠与人故意不告知瑕疵或者保证无瑕疵，造成受赠人损失的，应当承担赔偿责任。

2. 赠与合同对受赠人的效力

赠与合同是典型的单务合同，一般而言，受赠人并不需要承担义务。但对于附义务的合同，当事人可以在自愿平等的基础上进行协商，在合同中约定受赠人的义务，一般而言，合同中附加给受赠人的义务不得超过其所享受的权利。

一旦合同中对受赠人的义务作了相应规定，受赠人就应该按照合同的约定善意地履行义务，不得借故不履行或者不完全履行相应的义务，否则赠与人可以根据法律的相关规定撤销赠与合同。

（三）赠与合同的终止

赠与合同的终止，又称赠与合同的消灭，是指依法成立的赠与合同因为法定原因的出现而使其效力终止，从而赠与合同当事人的权利义务归于消灭。赠与合同终止的原因主要有以下几种。

1. 因赠与合同履行完毕而终止

因合同履行完毕而使合同终止不仅是赠与合同终止的一个重要原因，也是在正常情况下合同终止的原因。

2. 因任意撤销而终止

《民法典》第 658 条规定了赠与合同的任意撤销，即“赠与人在赠与财产的权利转移之前可以撤销赠与。经过公证的赠与合同或者依法不得撤销的具有救灾、扶贫、助残等公益、道德义务性质的赠与合同，不适用前款规定”。赠与合同是典型的单务、无偿合同，赠与人是赠与合同中的义务承担者，为了保护处于劣势地位的赠与人，法律赋予赠与人以任意撤销权，但是，法律对其也作了一定的限制，对于已经转移财产权利的赠与合同、经过公证的赠与合同以及依法不得撤销的具有救灾、扶贫、助残等公益、道德义务性质的赠与合同，赠与人不能行使任意撤销权。

3. 因法定撤销而终止

《民法典》第 663 条、第 664 条规定了赠与人及其继承人或者法定代表人享有的法定撤销权。受赠人有下列情形之一的，赠与人享有法定撤销权：严重侵害赠与人或者赠与人近亲属的合法权益；对赠与人有扶养义务而不履行；不履行赠与合同约定的义务。撤销权必须在法定期限内行使，即赠与人应当自知道或者应当知道撤销事由之日起 1 年内行使。因受赠人的违法行为致使赠与人死亡或者丧失民事行为能力的，赠与人的继承人或者法定代理人可以撤销赠与。赠与人的继承人或者法定代理人的撤销权，自知道或者应当知道撤销事由之日起 6 个月内行使。

4. 因法定抗辩而终止

《民法典》第 666 条规定，赠与人的经济状况显著恶化，严重影响其生产经营或者家庭生活的，可以不再履行赠与义务。

四、借款合同

（一）借款合同概述

借款合同是借款人向贷款人借款，到期返还借款并支付利息的合同。其中，提供货币的一方称贷款人，受领货币的一方称借款人。

借款合同是转让借款所有权的合同。货币是消耗物，一旦交付给借款人，则该部分货币即归借款人所有，贷款人对该部分货币的所有权则转化为合同到期时主张借款人偿还本息的请求权。法律规定借款合同应当采用书面形式，但是自然人之间借款另有约定的除外。借款合同的内容一般包括借款种类、币种、用途、数额、利率、期限和还款方式等条款。

在一般情况下，借款合同根据贷款主体的不同可以分为两类。一类是金融机构与自然人、法人和非法人组织的借款合同关系，这一类合同是诺成合同，当事人达成借款的意思表示后合同就成立；另一类是自然人、法人、非法人组织之间的借款合同关系，又可称为民间借贷，这类合同是实践合同，贷款人实际交付借款时合同生效。

《民法典》合同编中的借款合同主要调整的是一方为金融机构的借款合同，即办理贷款业务的金融机构作为贷款人一方，向借款人提供贷款，借款人到期返还借款并支付利息的合同，此类合同具有如下法律特征：

1. 有偿性。金融机构发放贷款，意在获取相应的营业利润，因此，借款人在获得金融机构所提供的贷款的同时，不仅负担按期返还本金的义务，还要按照约定向贷款人支付利息。

关于借款利息,《民法典》第680条第2款规定:借款合同对支付利息没有约定的,视为没有利息。

2. 要式性。金融机构借款合同应当采用书面形式,没有采取书面形式,当事人双方就该合同关系的存在产生争议的,推定合同关系不成立。如果一方当事人已经履行了主要义务,对方接受,则合同成立。在这一点上,该合同也与自然人间的借款合同不同,《民法典》第668条第1款规定,对于自然人间的借款合同,当事人可以约定不采用书面形式。

3. 诺成性。金融机构借款合同在合同双方当事人协商一致时,合同关系即可成立,依法成立的,自成立时起生效。合同的成立和生效在双方当事人没有特别约定时,不需以贷款人贷款的交付作为要件,所以金融机构借款合同为诺成性合同。自然人间的借款合同则有所不同,《民法典》第679条规定:"自然人之间的借款合同,自贷款人提供借款时成立。"自然人之间的借款合同是实践合同,该合同仅有双方当事人的合意不能成立,必须要有实际的交付行为,即合同是在贷款人提供借款时成立。

(二)借款合同的效力

借款合同的效力,又称借款合同的法律效力,是指已成立的借款合同对合同当事人产生的法律效果,或者说是法律拘束力,通常是指借款合同当事人的权利和义务。

1. 借款合同对贷款人的效力

主要权利:(1)有权请求返还本金和利息。(2)对借款使用情况的监督检查权。贷款人可以按照约定监督检查贷款的使用情况,借款人应当按照约定向贷款人定期提供有关财务会计报表或者其他资料。(3)停止发放借款、提前收回借款和解除合同权。借款人未按照约定的借款用途使用借款的,贷款人可以停止发放借款、提前收回借款或者解除合同。

主要义务:(1)按期、足额提供借款的义务。贷款人应当按照约定的日期提供借款,未按照约定的日期提供借款,造成借款人损失的,应当赔偿损失。贷款人还应当按照合同约定的数额足额提供借款,并且借款的利息不得预先在本金中扣除。利息预先在本金中扣除的,借款人有权按照实际借款数额返还借款并计算利息。由于贷款人未足额提供借款,给借款人造成损失的,应赔偿损失。(2)保密义务。作为贷款人一方的金融机构,对于其在合同订立和履行阶段所掌握的借款人的各项商业秘密,有保密义务,不得泄密或进行不正当使用。该项义务系贷款人的附随义务。[1]

2. 借款合同对借款人的效力

(1)提供真实情况。为了保证贷款能够及时收回,借款人在申请贷款时,应当按照贷款人的要求提供与借款有关的业务活动和财务状况的真实情况。

(2)借款人按期收取借款的义务。借款人应当按照合同约定的日期、数额收取借款,借款人如果未按约定的日期、数额收取借款,会影响贷款人资金的正常周转,损害贷款人的合法利益。《民法典》第671条第2款规定,借款人未按照约定的日期、数额收取借款的,应当按照约定的日期、数额支付利息。

(3)接受贷款人检查、监督的义务。借款人应当按照约定向贷款人定期提供有关财务会计报表或者其他资料。

---

〔1〕 参见王利明等:《民法学》(第6版),法律出版社2020年版,第795页。

(4)借款人按照约定的用途使用借款的义务。借款人未按照约定的借款用途使用借款的，贷款人可以停止发放借款、提前收回借款或者解除合同。

(5)借款人按期返还借款及利息的义务。《民法典》第 675 条规定："借款人应当按照约定的期限返还借款。对借款期限没有约定或者约定不明确，依据本法第五百一十条的规定仍不能确定的，借款人可以随时返还；贷款人可以催告借款人在合理期限内返还。"《民法典》第 674 条规定，借款人应当按照约定的期限支付利息。对支付利息的期限没有约定或者约定不明确，依据本法第 510 条的规定仍不能确定，借款期间不满 1 年的，应当在返还借款时一并支付；借款期间 1 年以上的，应当在每届满 1 年时支付，剩余期间不满 1 年的，应当在返还借款时一并支付。《民法典》第 680 条规定："禁止高利放贷，借款的利率不得违反国家有关规定。借款合同对支付利息没有约定的，视为没有利息。借款合同对支付利息约定不明确，当事人不能达成补充协议的，按照当地或者当事人的交易方式、交易习惯、市场利率等因素确定利息；自然人之间借款的，视为没有利息。"

借款人可以在还款期限届满前向贷款人申请展期；贷款人同意的，可以展期。

五、租赁合同

(一)租赁合同概述

租赁合同是出租人将租赁物交付承租人使用、收益，承租人支付租金的合同。租赁合同具有以下特点：

1. 租赁合同是将财产的使用权和收益权转让的合同。租赁合同中对租赁物的转让与其他合同有所不同，租赁合同只是暂时转让租赁物的使用权和收益权，无论租赁合同的期限有多长，其所有权始终在出租人手中。

2. 租赁合同是双务有偿合同。在租赁合同中，当事人的权利与义务关系是对等的。承租人有获得租赁物的使用权的权利，也有向出租人支付一定租金的义务；出租人有获得承租人所付租金的权利，也必须履行向承租人转让租赁物使用权的义务。

3. 租赁合同具有临时性。无论租赁合同当事人约定的期限有多长，租赁合同也必须有一个期限，都是临时性的。我国《民法典》第 705 条规定，租赁期限不得超过 20 年。超过 20 年的，超过部分无效。租赁期限届满，当事人可以续订租赁合同；但是，约定的租赁期限自续订之日起不得超过 20 年。按照《民法典》第 734 条的规定，租赁期限届满，承租人继续使用租赁物，出租人没有提出异议的，原租赁合同继续有效，但是租赁期限为不定期。租赁期限届满，房屋承租人享有以同等条件优先承租的权利。

4. 租赁合同是诺成合同。租赁合同的成立，并不以租赁物的交付为要件，因而是诺成合同。当事人未依照法律、行政法规规定办理租赁合同登记备案手续的，不影响合同的效力。

租赁合同中租赁期限 6 个月以上的，应当采用书面形式。当事人未采用书面形式，无法确定租赁期限的，视为不定期租赁。租赁合同的内容一般包括租赁物的名称、数量、用途、租赁期限、租金及其支付期限和方式、租赁物维修等条款。其中需要特别注意关于租赁期限的法律规定，我国《民法典》第 705 条规定，租赁期限不得超过 20 年。超过 20 年的，超过部分无效。租赁期限届满，当事人可以续订租赁合同；但是，约定的租赁期限自续订之日起不得超过 20 年。第 730 条规定，当事人对租赁期限没有约定或者约定不明确，依据《民法典》第 510 条的规定仍不能确定的，视为不定期租赁；当事人可以随时解除合同，但是应当在合理期限之前通知对方。

(二)租赁合同的效力

1. 租赁合同对出租人的效力

(1)交付租赁物并维持租赁物适用状态的义务。一方面,出租人应当按照合同约定的时间、地点等将租赁物交付承租人;另一方面,出租人应当在租赁期限内保持租赁物符合约定的用途,不得妨碍承租人对租赁物行使使用、收益的权利。

(2)维修租赁物的义务。出租人应当履行维修租赁物的义务,但是,当事人另有约定的除外。承租人在租赁物需要维修时可以请求出租人在合理期限内维修。出租人未履行维修义务的,承租人可以自行维修,维修费用由出租人负担。因维修租赁物影响承租人使用的,应当相应减少租金或者延长租期。因承租人的过错致使租赁物需要维修的,出租人不承担维修义务。

(3)出卖租赁物的通知义务。出租人出卖已出租的房屋,应提前通知承租人。出租人如出售已出租的房屋,应当在出卖之前的合理期限内通知承租人,在同等条件下,承租人享有优先购买权;但是,房屋按份共有人行使优先购买权或者出租人将房屋出卖给近亲属的除外。出租人履行通知义务后,承租人在 15 日内未明确表示购买的,视为承租人放弃优先购买权。

(4)租赁物的瑕疵担保义务。当租赁物有质量瑕疵或存在权利瑕疵致使承租人不能依约使用、收益时,承租人可以请求减少租金或者不支付租金。但承租人订约时明知有瑕疵的除外。租赁物危及承租人的安全或者健康的,即使承租人订立合同时明知该租赁物质量不合格,承租人仍然可以随时解除合同。

2. 租赁合同对承租人的效力

(1)承租人应当按照约定的方法使用租赁物。对租赁物的使用方法没有约定或者约定不明确,依照《民法典》第 510 条的规定仍不能确定的,应当按照租赁物的性质使用。承租人未按照约定的方法或者未根据租赁物的性质使用租赁物,致使租赁物受到损失的,出租人可以解除合同并请求赔偿损失。

(2)妥善保管租赁物的义务。承租人应当妥善保管租赁物,因保管不善造成租赁物毁损、灭失的,应当承担损害赔偿责任。承租人经出租人同意,可以对租赁物进行改善或者增设他物。承租人未经出租人同意,对租赁物进行改善或者增设他物的,出租人可以要求承租人恢复原状或者赔偿损失。

(3)不得擅自转租的义务。承租人未经出租人同意,不得将租赁物转租给第三人或者作其他处分。承租人未经出租人同意转租的,出租人可以解除合同。出租人知道或者应当知道承租人转租,但是在 6 个月内未提出异议的,视为出租人同意转租。

(4)支付租金的义务。承租人应当按照合同约定的期限,向出租人支付租金。承租人无正当理由未支付或者迟延支付租金的,出租人可以请求承租人在合理期限内支付;承租人逾期不支付的,出租人可以解除合同。如果对支付期限没有约定或者约定不明确,依据《民法典》第 510 条的规定仍不能确定,则租赁期限不满 1 年的,应当在租赁期限届满时支付;租赁期限 1 年以上的,应当在每届满 1 年时支付,剩余期限不满 1 年的,应当在租赁期限届满时支付。

(5)有关情况的通知义务。第三人对租赁物主张权利的,承租人应当将此情况及时通知出租人。

(6)返还租赁物的义务。租赁期限届满,承租人应当返还租赁物。返还的租赁物应当符合按照约定或者根据租赁物的性质使用后的状态。但是除当事人另有约定外,在租赁期限内因占有、使用租赁物获得的收益,归承租人所有。

作为租赁物的房屋在承租人按照租赁合同占有期限内发生所有权变动的,不影响租赁合同的效力。在租赁合同中有一个基本的原则——“买卖不破租赁”,是指当出租人在承租人按照租赁合同占有房屋期限内将房屋的所有权转让给第三人时,租赁合同对新所有人有效。

承租人除承担以上主要义务之外还享有两项主要的权利,即同等条件下的优先承租权和优先购买权。《民法典》第734条规定,租赁期限届满,房屋承租人享有以同等条件优先承租的权利。《民法典》第726条、第727条规定,出租人出卖租赁房屋的,应当在出卖之前的合理期限内通知承租人,承租人享有以同等条件优先购买的权利;但是,房屋按份共有人行使优先购买权或者出租人将房屋出卖给近亲属的除外。出租人履行通知义务后,承租人在15日内未明确表示购买的,视为承租人放弃优先购买权。出租人委托拍卖人拍卖租赁房屋的,应当在拍卖5日前通知承租人。承租人未参加拍卖的,视为放弃优先购买权。

六、融资租赁合同

(一)融资租赁合同概述

融资租赁合同是出租人根据承租人对出卖人、租赁物的选择,向出卖人购买租赁物,提供给承租人使用,承租人支付租金的合同。融资租赁合同涉及两个合同,即买卖合同和租赁合同,以及三方当事人,即出租人(买受人)、承租人、供应商(出卖人)。它既不同于买卖合同,亦不同于传统的租赁合同,是一种独立的合同形式。另外,从融资租赁合同的字面意义来看,出租人是根据承租人对出卖人、租赁物的选择购买租赁物的,使承租人不必付出租赁物的价值就可以取得对租赁物的使用收益权,从而达到融资的效果。融资租赁,对承租人来说,可以较少的资金解决生产所需;对出租人来说,既可获得丰厚的利润,又有较可靠的债权保障,能够适应企业间各种实际需要,因此颇受当事人各方的青睐。

融资租赁合同是要式合同,应当采用书面形式。融资租赁合同的内容一般包括租赁物的名称、数量、规格、技术性能、检验方法,租赁期限,租金构成及其支付期限和方式、币种,租赁期限届满租赁物的归属等条款。

在合同效力方面特别需要注意的是,当事人以虚构租赁物方式订立的融资租赁合同无效。依照法律、行政法规的规定,对于租赁物的经营使用应当取得行政许可的,出租人未取得行政许可不影响融资租赁合同的效力。

融资租赁合同属于财产使用类合同,是继续性合同,是双务、有偿合同,这是融资租赁合同与其他财产使用类合同所具有的共同特征。但与其他财产使用类合同相比,其仍然有自身独具的特征:

1. 融资租赁合同是以融资为目的,以融物为手段的合同,这是融资租赁合同区别于其他财产使用类合同的实质性特征。对于承租人来讲,融资租赁的目的并不在于取得标的物的所有权,而在于获得标的物的使用权。通过融资租赁由出租人根据承租人的选择购买租赁物提供给承租人使用,而由承租人支付相应的租金。如此一来,承租人可以通过分期支付租金的方式取得租赁物的使用权,从而解决资金短缺的困难。

2. 融资租赁合同的租金具有特殊性。融资租赁合同的承租人须向出租人支付租金,但租金并非承租人对租赁物为使用收益的代价,而是融资的代价。租金实际上是承租人分期对出租人购买租赁物的价金的本息和应获取的合理利润等费用的偿还。因此,融资租赁合同中的租金往往高于传统一般租赁中的租金,具有自身的特殊性。

3. 融资租赁合同的主体具有特殊性。融资租赁合同的出租人只能是专营融资租赁业务的融资租赁公司,而不能是自然人、一般法人或非法人组织。在融资租赁合同中,一般是由承租人依靠自己的技能和判断来选择出卖人和选定租赁物的,出租人只是应承租人的要求签订买卖合同。因此,出租人不承担租赁物的瑕疵担保责任,但是在承租人依赖出租人的技能确定租赁物或者出租人干预选择租赁物时,出租人必须承担租赁物的瑕疵担保责任。

4. 融资租赁合同的标的物具有广泛性、限定性等特殊性。

(二)融资租赁合同的效力

融资租赁合同是由买卖合同和租赁合同两个合同构成的,存在供应商(出卖人)、出租人(买受人)及承租人三方当事人。在实践中,融资租赁交易表现为这样一个复杂的过程:第一,用户与供应商(出卖人)之间商定设备买卖合同条件;第二,用户向租赁公司提出缔结租赁合同的申请;第三,用户与租赁公司之间签订租赁合同;第四,租赁公司与供应商(出卖人)之间签订买卖合同;第五,供应商向用户交货,用户进行验收;第六,用户向租赁公司交付标的物受领证,并支付第一期租金;第七,租赁公司向供应商(出卖人)支付买卖价金。

作为融资租赁合同构成部分的买卖合同和租赁合同,并非完全独立存在,二者常常呈现效力上的相互交错。这种效力上的交错主要体现在:买卖合同的一方当事人即出卖人,不是向买卖合同的买受人履行交付标的物的义务,而是向另一个租赁合同中的承租人交付标的物,承租人享有与受领标的物有关的买受人的权利和义务;在出卖人不履行买卖合同中的义务时,承租人在一定前提下,有权向出卖人主张赔偿损失;买卖合同的双方当事人不得随意变更买卖合同中与租赁合同的承租人有关的条款。

融资租赁合同的效力具体体现为合同主体的权利和义务。

1. 融资租赁合同对出租人的效力

(1)享有租赁物的所有权,但是未经登记的,不得对抗善意第三人。

(2)免除责任的权利。在通常情况下,作为出租人的租赁公司并不承担租赁物的瑕疵担保责任,不负担租赁物在租赁期间毁损、灭失的风险,免除其在租赁期间对租赁物的维修义务。这主要是由于,租赁物是由承租人选择并由承租人直接从出卖人处取得的,因选择错误而发生的责任如果由出租人来承担,未免有失公平。

(3)收取租金的权利。按照合同的约定收取租金是出租人最主要的权利,也是出租人参与融资租赁关系收回融资成本和获取利润的唯一途径。

(4)收回租赁物的权利。在以下 3 种情况下,出租人有权收回租赁物:第一,在融资租赁合同期满后,对于租赁物,承租人可以选择留购、续租或退租;第二,对于融资租赁合同期满后,租赁物的归属,如果当事人没有约定或约定不明,又不能达成补充协议,也不能通过合同条款或交易习惯加以确定,出租人可以依法收回租赁物;第三,合同因解除而终止时,出租人也有权收回租赁物。

(5)购买租赁物的义务。出租人应当按照承租人对出卖人和租赁物的选择,以自己的名义与出卖人签订买卖合同而购买租赁物。未经承租人同意,出租人不得变更与承租人有关的合同内容。

(6)交付租赁物的义务。在融资租赁合同中出租人所负有的交付义务,并不是直接的交付,而是通过出卖人来实现的。相关法律规定,出卖人应当按照约定向承租人交付标的物,承租人享有与受领标的物有关的买受人的权利。

(7)确保承租人对租赁物的占有和使用。《民法典》第 748 条规定,出租人应当保证承租人对租赁物的占有和使用。出租人有下列情形之一的,承租人有权请求其赔偿损失:①无正当理由收回租赁物;②无正当理由妨碍、干扰承租人对租赁物的占有和使用;③因出租人的原因致使第三人对租赁物主张权利;④不当影响承租人对租赁物占有和使用的其他情形。

(8)租赁物的瑕疵担保责任。租赁物不符合约定或者不符合使用目的的,在一般情况下出租人不承担责任。但承租人依赖出租人的技能确定租赁物或者出租人干预选择租赁物的除外。

(9)协助的义务。出租人、出卖人、承租人可以约定,出卖人不履行买卖合同义务的,由承租人行使索赔权。承租人行使索赔权利的,出租人应当协助。索赔不能的,出租人按照法律规定承担相应的损害赔偿责任。

2. 融资租赁合同对承租人的效力

(1)选择出卖人和租赁物的权利。租赁物的买卖合同虽然是由出租人和出卖人签订的,但承租人才是租赁物的直接占有、使用和受益者,租赁物的情况和出卖人的信誉以及其所提供的服务,关系承租人的切身利益。由承租人依靠自身的专业知识、技能和经验选择租赁物的名称、规格、型号、性能、数量以及出卖人,更有利于实现合同的目的。

(2)享有与受领标的物有关的买受人的权利。首先,承租人有权要求出卖人直接向其交付标的物,出卖人不得拒绝。其次,承租人享有向出卖人索赔的权利。在一般情况下,出租人并不对租赁物负担瑕疵担保责任,但出租人可以通过债权让与的方式,将其对出卖人享有的债权转让给承租人。这样承租人就可以直接向出卖人索赔,省却了出租人这一环节。

(3)对租赁物享有独占的使用、收益的权利。

(4)对租赁物进行检验和受领的义务。在符合法律规定时,承租人有拒绝受领的权利,《民法典》第 740 条规定,出卖人违反向承租人交付标的物的义务,有下列情形之一的,承租人可以拒绝受领出卖人向其交付的标的物:①标的物严重不符合约定;②未按照约定交付标的物,经承租人或者出租人催告后在合理期限内仍未交付。承租人拒绝受领标的物的,应当及时通知出租人。

(5)妥善保管、使用以及维修租赁物的义务。

(6)支付租金的义务。如前所述,租金是承租人融资的对价,有着其特殊的构成。因此,融资租赁合同的租金,除当事人另有约定外,应当根据购买租赁物的大部分或者全部成本以及出租人的合理利润确定。如果承租人经催告后在合理期限内仍不支付租金,出租人可以请求支付全部租金,也可以解除合同,收回租赁物。租赁物在承租人占有期间毁损、灭失的,出租人有权请求承租人继续支付租金,但是法律另有规定或者当事人另有约定的除外。

(7)承担租赁物致害的责任。由于出租人原则上不对租赁物承担瑕疵担保责任,所以承租人占有租赁物期间,租赁物造成第三人人身损害或者财产损失的,由承租人承担责任。

(8)承担租赁物毁损、灭失的风险。这里的风险是指租赁物因不可归责于租赁合同双方当事人的事由毁损、灭失时所造成的损失。此时,承租人不得以租赁物有毁损,或因租赁物不复存在而无法使用、收益为由进行抗辩,请求减免或迟延支付租金,但是法律另有规定或者当事人另有约定的除外。

(9)返还租赁物的义务。如果承租人选择退租而放弃留购或续租的权利,那么,在融资租赁合同期间届满后,就应当将租赁物按照合同终止时的完好状态返还给出租人。

(三)融资租赁合同的解除

鉴于融资租赁合同的特殊性,合同的解除应当受到一定的限制。按照法律规定,有以下几种特殊情况下的解除:

1. 承租人未经出租人同意,将租赁物转让、抵押、质押、投资入股或者以其他方式处分的,出租人可以解除融资租赁合同。

2. 出租人或者承租人在以下情况下可以解除融资租赁合同:(1)出租人与出卖人订立的买卖合同解除、被确认无效或者被撤销,且未能重新订立买卖合同;(2)租赁物因不可归责于当事人的原因毁损、灭失,且不能修复或者确定替代物;(3)因出卖人的原因致使融资租赁合同的目的不能实现。

3. 如果承租人依赖出租人的技能确定租赁物或出租人干预租赁物的选择,则出租人不可免除瑕疵担保义务。承租人可以向其请求修理、退换等,如果出租人在合理的期限内未为上述行为或虽实施了上述行为但承租人仍不能对租赁物使用、收益,则承租人可以要求解除合同。

对于合同解除后的后果,《民法典》第755条规定:“融资租赁合同因买卖合同解除、被确认无效或者被撤销而解除,出卖人、租赁物系由承租人选择的,出租人有权请求承租人赔偿相应损失;但是,因出租人原因致使买卖合同解除、被确认无效或者被撤销的除外。出租人的损失已经在买卖合同解除、被确认无效或者被撤销时获得赔偿的,承租人不再承担相应的赔偿责任。”

(四)租赁期满后租赁物的归属

1. 归出租人所有。在一般情况下,出租人和承租人可以约定归属;没有约定或者约定不明确,依据《民法典》第510条的规定仍不能确定的,租赁物的所有权归出租人。

2. 归承租人所有。当事人约定租赁期限届满,承租人仅需向出租人支付象征性价款的,视为约定的租金义务履行完毕后租赁物的所有权归承租人。

(五)融资租赁合同无效后租赁物的归属

《民法典》第760条规定:“融资租赁合同无效,当事人就该情形下租赁物的归属有约定的,按照其约定;没有约定或者约定不明确的,租赁物应当返还出租人。但是,因承租人原因致使合同无效,出租人不请求返还或者返还后会显著降低租赁物效用的,租赁物的所有权归承租人,由承租人给予出租人合理补偿。”

需要特别注意的是,当事人约定租赁期限届满租赁物归承租人所有,承租人已经支付大部分租金,但是无力支付剩余租金,出租人因此解除合同收回租赁物,收回的租赁物的价值超过承租人欠付的租金以及其他费用的,承租人可以请求相应返还。当事人约定租赁期限届满租赁物归出租人所有,因租赁物毁损、灭失或者附合、混合于他物致使承租人不能返还的,出租人有权请求承租人给予合理补偿。

七、保理合同

(一)保理合同概述

保理合同是应收账款债权人将现有的或者将有的应收账款转让给保理人,保理人提供资金融通、应收账款管理或者催收、应收账款债务人付款担保等服务的合同。可见,保理合同包含应收账款转让和相应的保理服务两方面内容，涉及债权人、保理人、应收账款债务人三方当事人。保理并非一个单一的法律概念，对保理概念的界定应着眼它的关键点和综合性，所谓关键点，即保理以货物或服务贸易等基础合同所产生的应收账款即债权的转让为前提。[1]

保理合同具有以下法律特征：

1. 保理合同以债权人转让应收账款债权为前提。所谓应收账款，是指权利人因转移财产或者提供服务而获得的要求债务人付款的权利以及依法享有的其他付款请求权，只能是现有的或者未来的金钱债权，不包括因票据或其他有价证券而产生的付款请求权，以及法律、行政法规禁止转让的付款请求权。《民法典》第763条规定："应收账款债权人与债务人虚构应收账款作为转让标的，与保理人订立保理合同的，应收账款债务人不得以应收账款不存在为由对抗保理人，但是保理人明知虚构的除外。"

2. 保理人负担的主合同义务包括提供资金融通、应收账款管理或者催收、应收账款债务人付款担保等服务。资金融通，是指保理人应债权人的申请，在债权人将应收账款转让给保理人后，为债权人提供贷款或者应收账款转让预付款；应收账款管理，又称为销售分户账管理，是指保理人根据债权人的要求，定期或不定期向其提供应收账款的回收情况、逾期账款情况、对账单等财务和统计报表，协助其进行应收账款管理；应收账款催收，是指保理人根据应收账款账期，主动或应债权人要求，采取电话、函件、上门等方式直至运用法律手段等对债务人进行催收；应收账款债务人付款担保，是指保理人与债权人签订保理合同后，为债务人核定信用额度，并在核准额度内，对债权人无商业纠纷的应收账款，提供约定的付款担保。除这些服务外，保理合同中，保理人提供的服务通常还包括资信调查与评估，信用风险控制等其他可认定为保理性质的金融服务。

3. 保理合同为要式合同，应当采用书面形式。保理合同的内容一般包括业务类型、服务范围、服务期限、基础交易合同情况、应收账款信息、保理融资款或者服务报酬及其支付方式等条款。

（二）保理合同的效力

保理合同的当事人是应收账款债权人和保理人，并不包括应收账款债务人，因此保理合同的效力主要体现为当事人的权利和义务。

1. 保理合同对保理人的效力

（1）表明身份的义务。保理人依据保理合同向应收账款债务人主张债权，须让应收账款债务人明确保理人的身份、地位以及事实依据和法律依据。《民法典》第764条规定："保理人向应收账款债务人发出应收账款转让通知的，应当表明保理人身份并附有必要凭证。"

（2）视保理种类不同享有选择权和追索权。按照法律规定，有追索权保理合同的保理人享有追索权，保理人既可以向应收账款债权人主张返还保理融资款本息或者回购应收账款债权，也可以向应收账款债务人主张应收账款债权。保理人向应收账款债务人主张应收账款债权，在扣除保理融资款本息和相关费用后有剩余的，剩余部分应当返还给应收账款债权人。但如果是无追索权保理合同，那么保理人则没有选择权，只能向应收账款债务人主张应收账款债权，保理人取得的超过保理融资款本息和相关费用的部分，无须向应收账款债权人返还。

---

[1] 参见冯宁：《保理合同纠纷案件相关法律问题分析》，载《人民司法》2015年第17期。

2. 保理合同对应收账款债权人的效力

(1)其主要权利是取得转让应收账款债权的相应对价。

(2)承担有效转让债权的义务,不得虚构应收账款。应收账款债权人与债务人虚构应收账款作为转让标的与保理人订立保理合同的,应收账款债务人不得以应收账款不存在为由对抗保理人,但是保理人明知虚构的除外。

(3)不得无故变更或者终止基础交易合同。应收账款债务人接到应收账款转让通知后,应收账款债权人与债务人无正当理由协商变更或者终止基础交易合同,对保理人产生不利影响的,对保理人不发生效力。

3. 多重保理的效力

应收账款债权人将同一应收账款重复转让,订立多份保理合同的,形成多重保理。《民法典》第768条规定:"应收账款债权人就同一应收账款订立多个保理合同,致使多个保理人主张权利的,已经登记的先于未登记的取得应收账款;均已经登记的,按照登记时间的先后顺序取得应收账款;均未登记的,由最先到达应收账款债务人的转让通知中载明的保理人取得应收账款;既未登记也未通知的,按照保理融资款或者服务报酬的比例取得应收账款。"

多名保理人主张权利时,确定行使保理权利顺序的方法是:(1)登记在先权利优先,即已经登记的保理权利先于未登记的保理权利取得应收账款。(2)时间在先权利优先,多重保理合同的保理权利均已登记的,按照登记的先后顺序取得应收账款。(3)通知在先权利优先,多重保理合同的保理权利均未登记的,由最先到达应收账款债务人的转让通知中载明的保理人优先取得应收账款;既未登记也未通知的,按照保理融资款或者服务报酬的比例取得应收账款。[1]

《民法典》第769条规定:"本章没有规定的,适用本编第六章债权转让的有关规定。"保理合同是以债权人让与其债权为前提的,可谓"不让与,非保理",因而保理合同中没有规定的可以适用债权转让的有关规定。

第二节　提供服务的合同

一、承揽合同

(一)承揽合同概述

承揽合同是承揽人按照定作人的要求完成工作、交付工作成果,定作人支付报酬的合同。完成并交付工作成果的人称为承揽人,接受工作成果并支付报酬的人称为定作人。由此可见,承揽合同的法律特征表现如下:(1)承揽合同是以完成一定工作并交付工作成果为目的的合同;(2)承揽合同强调履行的协作性;(3)具有一定的人身属性,即承揽人完成工作依赖于自身的技术、经验和技能,不能将其承揽的工作交由第三人完成;(4)承揽合同是双务、有偿、诺成性合同,不以交付标的物为合同成立、生效的必要条件。

承揽合同的内容一般包括承揽的标的、数量、质量、报酬,承揽方式,材料的提供,履行期

---

[1] 参见杨立新:《中华人民共和国民法典条文要义》,中国法制出版社2020年版,第547～548页。

限，验收标准和方法等条款。

承揽涉及生活、生产的各个方面，承揽合同的种类繁多。常见的承揽合同有加工合同、定作合同、修理合同、复制合同、测试合同、检验合同等。(1)加工合同，是指由定作人提供原材料，由承揽人将原材料加工成为成品，定作人接受成品并给付报酬的合同。(2)定作合同，是指由承揽人自备原材料，应定作方的特殊要求制作成品，定作人接受工作成果并支付报酬的合同。定作合同与加工合同的最大区别是原材料的提供者不同。(3)修理合同，是指承揽人为定作人修理功能不良或被损坏的物品，使其恢复原状或价值，定作人支付报酬的合同。(4)复制合同，是指承揽人根据定作人提供的样品，制作与样品相同的成品，定作人接受成品并支付报酬的合同。(5)测试合同，是指承揽人依定作人的要求，为定作人指定的项目或工程进行测试，取得测验、实验指标等结果，并将测试结果交付给定作人，定作人接受其成果并支付报酬的合同。(6)检验合同，是指承揽人按照定作人的要求，对定作人提供的检验品进行检测、化验、分析等，并就检验品的品质、成分、结构、性能等方面作出报告或结论，定作人接受报告或结论并支付报酬的合同。

（二）承揽合同的效力

承揽合同的效力，是指承揽合同对当事人所产生的法律约束力，承揽合同的效力集中体现在承揽合同当事人的权利和义务上。

1. 对承揽人的效力

(1)亲自完成主要工作的义务

承揽人的主要合同义务是按照合同的约定，以自己的技术、设备完成所承揽的工作。即使承揽人将辅助工作交由第三人完成，也应当就该第三人完成的工作成果向定作人负责。《民法典》第772条规定，承揽人应当以自己的设备、技术和劳力，完成主要工作，但是当事人另有约定的除外。承揽人将其承揽的主要工作交由第三人完成的，应当就该第三人完成的工作成果向定作人负责；未经定作人同意的，定作人也可以解除合同。这里所谓的主要工作，主要是指对工作成果的质量起决定性作用的部分，如果其质量在承揽工作中不起决定性作用，工作成果属于一般人均可完成的工作，主要工作即指数量上的大部分。

(2)依约提供材料或接受定作人提供材料并及时通知的义务

承揽合同中，依当事人双方的约定，可以由定作人提供材料，也可以由承揽人自己准备材料。承揽人提供材料的，应当按照约定选用材料，并接受定作人检验。定作人提供材料的承揽合同称为加工合同，承揽人在定作人提供材料后，要及时对材料进行验收，如发现定作人提供的材料不符合约定，应及时通知定作人更换或补齐或者采取其他补救措施，否则造成合同履行迟延的，承揽人要承担责任。承揽人对定作人提供的材料，负有妥善保管及合理使用的义务，且承揽人不得擅自更换定作人提供的材料，不得更换不需要修理的零部件。

(3)接受定作人的检验、监督的义务

承揽人在工作期间，应当接受定作人必要的监督检验，以保证承揽人完成的工作符合定作人的要求。定作人不得因监督检验妨碍承揽人的正常工作。

(4)交付工作成果的义务并承担瑕疵担保责任

承揽人不仅应按照合同约定完成工作，还要将完成的工作成果交付给定作人，并提交必要的技术资料和有关质量证明。经定作人验收合格，才算完成合同的主要义务。如果承揽人交付的工作成果不符合质量要求，定作人可以合理选择请求承揽人承担修理、重作、减少报酬、赔偿损失等违约责任。

疑难问题论争

《民法典》第 780 条强调，承揽人交付工作成果时，定作人应当验收该工作成果。验收之内涵，是否应等同于《民法典》第 608 条之收取？

两者的内涵并不完全相同。验收是承揽合同法的中心概念。验收最重要的内容在于定作人对工作的认可，而不在于实体上的收取。正是在此基础上，承揽合同法区别于买卖法，后者以有体物的所有权变动为核心内容，整个给付交换表现为出卖人交付标的物于买受人并使其取得该物的所有权，买受人应同时支付约定的价金给出卖人。而对于承揽，仅在定作人认可工作成果时，才发生承揽人的报酬请求权。由于承揽人的给付效果取决于验收，而验收及其法律效果的发生原则上都依赖于定作人的行为，因此可以说，验收是一件服务于定作人利益的工具。[1]

(5)承揽人的保密义务

承揽人对定作人要求保密的工作，应负保密义务，不得擅自留存工作成果复制品或资料。否则，定作人有权要求销毁或赔偿损失。《民法典》第 785 条规定，承揽人应当按照定作人的要求保守秘密，未经定作人许可，不得留存复制品或者技术资料。

(6)共同承揽人的连带责任

两人以上的承揽人共同为定作人完成一项工作时，在承揽合同没有相反约定的情况下，共同承揽人对其给定作人造成的损失负连带赔偿责任，当事人另有约定的除外。

2. 对定作人的效力

(1)按照约定提供原材料、零配件、图纸、技术资料的义务

原材料、零配件、图纸、技术资料是保证承揽工作进行所必需的工作资料，如果合同约定由定作人提供，定作人应及时按合同约定的时间、地点、数量、质量提供。

(2)协助义务

合同的顺利履行往往是当事人双方互相协助的结果，依照诚实信用原则，当事人双方应互相协助对方顺利完成任务、履行合同义务。定作人不履行协助义务致使承揽工作不能完成的，承揽人可以催告定作人在合理期限内履行义务，并可以顺延履行期限；定作人逾期不履行的，承揽人可以解除合同。定作人中途变更承揽工作的要求，造成承揽人损失的，应当赔偿损失。

(3)受领工作成果的义务

定作人在受领工作成果的同时，有义务对工作成果进行验收。但是，验收本身不能作为承揽人免除责任的理由。承揽人交付的工作成果不符合质量要求的，定作人可以合理选择请求承揽人承担修理、重作、减少报酬、赔偿损失等违约责任。

---

〔1〕 参见黄喆：《民法典背景下承揽合同验收制度的教义学展开》，载《苏州大学学报（哲学社会科学版）》2020 年第 4 期。

(4)向承揽人支付报酬的义务

定作人应当按照约定的期限支付报酬。对支付报酬的期限没有约定或者约定不明确,依照《民法典》第510条的规定仍不能确定的,定作人应当在承揽人交付工作成果时支付;工作成果部分交付的,定作人应当相应支付。定作人未向承揽人支付报酬或者材料费等价款的,承揽人对完成的工作成果享有留置权或者有权拒绝交付,但当事人另有约定的除外。

(5)任意解除权

《民法典》第787条规定,定作人在承揽人完成工作前可以随时解除合同,造成承揽人损失的,应当赔偿损失。

二、建设工程合同

(一)建设工程合同概述

1. 概念和特征

建设工程合同是承包人进行工程建设,发包人支付价款的合同。建设工程合同包括工程勘察、设计、施工合同。建设工程合同实际上是一种特殊的承揽合同。建设工程合同具备完成工作合同的一般特征,它的标的是完成工作成果,并具有诺成、双务、有偿、要式的特征,因而传统民法将它作为加工承揽合同中的一类。但建设工程合同又不同于加工承揽合同,具有自己的特征:

(1)建设工程合同是一种特殊承揽合同。建设工程合同的标的是建设工程项目,而并非一般的加工定作物。《民法典》第808条规定,建设工程合同中没有规定的,适用承揽合同的有关规定。

(2)建设工程合同的要式性。相关法律规定,建设工程合同应当采用书面形式。

(3)建设工程合同的主体资格要求特别严格。由于每个工程项目的质量与经济效益对国家或某个局部地区的经济与社会发展有长期、重要的影响。因此,对于建设工程承包合同的主体资格都是有限制性规定的。

(4)合同管理的特殊性。建设工程具有投资大、周期长、质量要求高等特点,从整体上看,建设工程还会影响国计民生。因此,建设工程合同的订立和履行,会受到国家的严格管理和调控。

建设工程合同的订立,可以采取一般协商方式,也可采用招标投标方式。我国《招标投标法》第3条规定:"在中华人民共和国境内进行下列工程建设项目包括项目的勘察、设计、施工、监理以及与工程建设有关的重要设备、材料等的采购,必须进行招标:(一)大型基础设施、公用事业等关系社会公共利益、公众安全的项目;(二)全部或者部分使用国有资金投资或者国家融资的项目;(三)使用国际组织或者外国政府贷款、援助资金的项目。前款所列项目的具体范围和规模标准,由国务院发展计划部门会同国务院有关部门制订,报国务院批准。法律或者国务院对必须进行招标的其他项目的范围有规定的,依照其规定。"

《民法典》还规定,建设工程的招标投标活动,应当依照有关法律的规定公开、公平、公正进行。国家重大建设工程合同,应当按照国家规定的程序和国家批准的投资计划、可行性研究报告等文件订立。

为了确保工程质量,有些建设工程合同还应当实行监理制度。法律规定,建设工程实行监理的,发包人应当与监理人采用书面形式订立委托监理合同。发包人与监理人的权利和义务以及法律责任,应当依照委托合同以及其他有关法律、行政法规的规定。

2. 合同的内容

勘察、设计合同的内容一般包括提交有关基础资料和概预算等文件的期限、质量要求、费用以及其他协作条件等条款。

施工合同的内容一般包括工程范围、建设工期、中间交工工程的开工和竣工时间、工程质量、工程造价、技术资料交付时间、材料和设备供应责任、拨款和结算、竣工验收、质量保修范围和质量保证期、相互协作等条款。

3. 建设工程合同的发包、承包和分包

(1)发包与承包

建设工程的发包和承包,是从不同主体的视角对同一民事行为的描述。建设工程承包合同即是指建设工程的发包方与承包方之间,或者发包人与勘察人、设计人、施工人之间,为建设某一工程项目而签订的规定双方权利、义务的协议。根据《民法典》第 791 条第 1 款的规定,建设工程承包合同主要采取两种形式:其一,发包方与承包方就整个建设工程从勘察、设计到施工签订总承包协议,由承包方对整个建设工程负责。这里的承包方可以是一家单位,对于大型工程或结构复杂的工程,也可由两个以上的承包单位共同与发包方签订总承包合同。其二,由发包方分别与勘察人、设计人、施工人签订勘察、设计、施工合同,实行平行发包。各承包方分别就建设工程的勘察、设计、建筑、安装阶段的质量、工期、工程造价等与发包方产生债权、债务关系。

(2)分包与转包

建设工程分包,是指工程的承包方(含勘察人、设计人、施工人)经发包人同意后,依法将其承包的部分工程交给第三人完成的行为。转包,是指施工单位以营利为目的,将承包的工程转包给第三人,不对工程承担任何技术、质量等法律责任的行为。《民法典》禁止转包和非法分包。

《民法典》第 791 条规定,发包人不得将应当由一个承包人完成的建设工程支解成若干部分发包给数个承包人。总承包人或者勘察、设计、施工承包人经发包人同意,可以将自己承包的部分工作交由第三人完成。第三人就其完成的工作成果与总承包人或者勘察、设计、施工承包人向发包人承担连带责任。承包人不得将其承包的全部建设工程转包给第三人或者将其承包的全部建设工程支解以后以分包的名义分别转包给第三人。禁止承包人将工程分包给不具备相应资质条件的单位。禁止分包单位将其承包的工程再分包。建设工程主体结构的施工必须由承包人自行完成。

(二)建设工程合同的效力

建设工程合同属于承揽合同的特殊存在形式,应适用承揽合同的一般规定。此处仅介绍建设工程合同在效力上不同于承揽合同的一些相关内容。

1. 建设工程合同对发包人的效力

(1)协助的义务。第一,发包人应当按照合同的约定提供原材料、设备、场地、资金、技术资料等。法律规定发包人未按照约定的时间和要求提供原材料、设备、场地、资金、技术资料的,承包人可以顺延工程日期,并有权请求赔偿停工、窝工损失。第二,因发包人的原因致使工程中途停建、缓建的,发包人应当采取措施弥补或者减少损失,赔偿承包人因此造成的停工、窝工、倒运、机械设备调迁、材料和构件积压等损失和实际费用。第三,因发包人变更计划,提供的资料不准确,或者未按照期限提供必需的勘察、设计工作条件而造成勘察、设计返工、停工或者修改设计的,发包人应当按照勘察人、设计人实际消耗的工作量增付费用。第四,发包人提供的主要建筑材料、建筑构配件和设备不符合强制性标准或者不履行协助义务,致使承包人无法施工,经催告后在合理期限内仍未履行相应义务的,承包人可以解除合同。合同解除后,已经完成的建设工程质量合格的,发包人应当按照约定支付相应的工程价款;已经完成的建设工程质量不合格的,参照《民法典》第 793 条的规定处理。

(2)检查的权利和义务。发包人在不妨碍承包人正常作业的情况下,可以随时对作业进度、质量进行检查。隐蔽工程在隐蔽以前,承包人应当通知发包人检查。发包人没有及时检查的,承包人可以顺延工程日期,并有权请求赔偿停工、窝工等损失。

(3)验收的义务。建设工程完工后,发包人应及时进行验收,验收所应遵循的依据包括:第一,施工图纸及说明书;第二,国家颁发的施工验收规范;第三,国家颁发的建设工程质量检验标准。《民法典》第 799 条规定,建设工程竣工后,发包人应当根据施工图纸及说明书、国家颁发的施工验收规范和质量检验标准及时进行验收。验收合格的,发包人应当按照约定支付价款,并接收该建设工程。建设工程竣工并经验收合格后,方可交付使用;未经验收或者验收不合格的,不得交付使用。

(4)支付价款的义务。逾期不支付的,承包人有建设工程价款优先受偿权。建设工程价款优先受偿权的实行优先于抵押权。《民法典》第 807 条规定,发包人未按照约定支付价款的,承包人可以催告发包人在合理期限内支付价款。发包人逾期不支付的,除根据建设工程的性质不宜折价、拍卖外,承包人可以与发包人协议将该工程折价,也可以请求人民法院将该工程依法拍卖。建设工程的价款就该工程折价或者拍卖的价款优先受偿。

《民法典》第 793 条规定:“建设工程施工合同无效,但是建设工程经验收合格的,可以参照合同关于工程价款的约定折价补偿承包人。建设工程施工合同无效,且建设工程经验收不合格的,按照以下情形处理:(一)修复后的建设工程经验收合格的,发包人可以请求承包人承担修复费用;(二)修复后的建设工程经验收不合格的,承包人无权请求参照合同关于工程价款的约定折价补偿。发包人对因建设工程不合格造成的损失有过错的,应当承担相应的责任。”

(5)接受工程的义务和权利。接受工程是权利,按期接受工程是义务。发包人应与承包人办理移交手续,正式接收该项建设工程,发包人可按自己的意图使用此建筑物,承包合同的主要条款即告履行完毕,该工程的诸多风险,自接收之日起,即由承包人移转到发包人。

2. 建设工程合同对承包人的效力

(1)容忍义务。承包人的容忍义务,是指承包人接受发包人检查监督的义务。承包人有义务接受发包人对作业进度和工程、质量的必要的监督检查;对于发包人的检查,承包人应予以支持和协助。当然,发包人在不妨碍承包人正常作业的情况下,可以随时对作业进度、质量进行检查。

(2)承包人在工程隐蔽前的通知义务。对于铺设的自来水、煤气等地下管线工程等隐蔽工程的检查验收一般要先于主体工程,如果在覆盖隐蔽后再与主体工程一道检查验收,则需要重新开挖,增加不必要的费用,因此法律规定了此类工程在隐蔽以前,承包人应当及时通知发包人检查。

(3)依法、按约履行及交付工作成果的义务。承包人应当依法履约,应当严格按照操作规程履约,按时、按质交付工作成果。《民法典》第800条规定,勘察、设计的质量不符合要求或者未按照期限提交勘察、设计文件拖延工期,造成发包人损失的,勘察人、设计人应当继续完善勘察、设计,减收或者免收勘察、设计费并赔偿损失。第801条规定,因施工人的原因致使建设工程质量不符合约定的,发包人有权请求施工人在合理期限内无偿修理或者返工、改建。经过修理或者返工、改建后,造成逾期交付的,施工人应当承担违约责任。第806条第1款规定,承包人将建设工程转包、违法分包的,发包人可以解除合同。

(4)质量保证责任。因承包人的原因致使建设工程在合理使用期限内造成人身损害和财产损失的,承包人应当承担赔偿责任。

三、运输合同

(一)运输合同概述

运输合同又称运送合同,是指承运人将旅客或者货物从起运地点运输到约定地点,旅客、托运人或者收货人支付票款或者运输费用的合同。将旅客或者货物从起运地点运输到约定地点的一方称为承运人,支付票款或者运输费用的一方称为旅客、托运人或者收货人。运输合同的标的是运送行为。

1. 运输合同为双务有偿的合同。承运人承担按照适当的路线、约定期间或者合理期间安全运输的义务;旅客、托运人或者收货人承担支付票款或者运输费用的义务。

2. 运输合同原则上为诺成合同。从《民法典》的规定看,运输合同一般为诺成合同,当事人另有约定或者另有交易习惯的除外。例如,《民法典》第814条规定:“客运合同自承运人向旅客出具客票时成立,但是当事人另有约定或者另有交易习惯的除外。”

3. 运输合同一般为格式合同。运输合同的主要内容一般是由承运人预先制定好的,当事人的基本权利、义务和责任多由专门法规调整,客票、货运单和提单统一印制,运费也统一规定,因而运输合同一般为格式合同。

4. 运输合同的强制缔约性。承运人一般属于公用企业,提供的是一种特殊的甚至垄断性的服务,旅客、托运人或者收货人除接受其服务外一般别无选择,因而为保护相对人的利益,我国《民法典》第810条特别规定,从事公共运输的承运人不得拒绝旅客、托运人通常、合理的运输要求。

运输合同适用范围极广,种类甚多。从不同的角度对运输合同可以作不同的分类。常见的分类标准有以下几种:

1. 以运输工具为标准,可分为铁路运输合同、公路运输合同、航空运输合同、水上运输合同、海上运输合同、管道运输合同等。

2. 以被运输的对象为标准,可分为旅客运输合同和货物运输合同。

3. 以运输方式为标准,可分为单一运输合同和联合运输合同。单一运输合同,是指以一种运输工具进行的运输;联合运输合同简称为联运,是指以两种以上的运输工具进行的同一运输活动。联运合同又可分为国内联运合同和国际联运合同。

(二)客运合同

1. 客运合同概述

客运合同即旅客运输合同,是指承运人与旅客签订的由承运人将旅客及其行李运输到目的地而由旅客支付票款的合同。客运合同运送的标的是旅客及其行李,采用客票形式,客票的表现形式为车票、船票、机票,属于格式合同。《民法典》第814条规定,客运合同自承运人向旅客出具客票时成立,但当事人另有约定或者另有交易习惯的除外。第 815 条第 2 款规定,实名制客运合同的旅客丢失客票的,可以请求承运人挂失补办,承运人不得再次收取票款和其他不合理费用。

2. 客运合同的效力

(1)客运合同对旅客的效力

①持有效客票按照规定乘坐的义务。《民法典》第 815 条第 1 款规定,旅客应当按照有效客票记载的时间、班次和座位号乘坐。旅客无票乘坐、超程乘坐、越级乘坐或者持不符合减价条件的优惠客票乘坐的,应当补交票款,承运人可以按照规定加收票款;旅客不支付票款的,承运人可以拒绝运输。

②限期退票或者办理变更手续的义务。《民法典》规定,旅客因自己的原因不能按照客票记载的时间乘坐的,应当在约定的期限内办理退票或者变更手续;逾期办理的,承运人可以不退票款,并不再承担运输义务。

③限量携带行李的义务。《民法典》第 817 条规定,旅客随身携带行李应当符合约定的限量和品类要求;超过限量或者违反品类要求携带行李的,应当办理托运手续。

④不得携带危险品或者其他违禁物品的义务。《民法典》第 818 条规定,旅客不得随身携带或者在行李中夹带易燃、易爆、有毒、有腐蚀性、有放射性以及可能危及运输工具上人身和财产安全的危险物品或者违禁物品。旅客违反前述规定的,承运人可以将危险物品或者违禁物品卸下、销毁或者送交有关部门。旅客坚持携带或者夹带危险物品或者违禁物品的,承运人应当拒绝运输。

⑤旅客的协助和配合义务。《民法典》规定,旅客对承运人为安全运输所作的合理安排应当积极协助和配合。

(2)客运合同对承运人的效力

①按约定运输及告知的义务。《民法典》规定,承运人应当按照有效客票记载的时间、班次和座位号运输旅客,严格履行安全运输义务,及时告知旅客安全运输应当注意的事项以及其他运输变动情况。发生迟延运输或者有其他不能正常运输的情形时,承运人应当及时告知和提醒旅客,采取必要的安置措施,并根据旅客的要求安排改乘其他班次或者退票;由此造成旅客损失的,承运人应当承担赔偿责任,但是不可归责于承运人的除外。

②变更服务标准的退票或者降低费用等义务。《民法典》规定,承运人擅自降低服务标准的,应当根据旅客的请求退票或者减收票款;提高服务标准的,则不得加收票款。

③救助义务。《民法典》规定,承运人在运输过程中,应当尽力救助患有急病、分娩、遇险的旅客。

④对旅客伤亡的赔偿责任。《民法典》规定,承运人应当对运输过程中旅客的伤亡承担赔偿责任;但是,伤亡是旅客自身健康原因造成的或者承运人证明伤亡是旅客故意、重大过失造成的除外。按照规定免票、持优待票或者经承运人许可搭乘的无票旅客同样适用该规定。

⑤对行李的损害赔偿责任。《民法典》规定,在运输过程中旅客随身携带物品毁损、灭失,承运人有过错的,应当承担赔偿责任。旅客托运的行李毁损、灭失的,适用货物运输的有关规定。

(三)货运合同

1. 货运合同概述

货运合同即货物运输合同,是指当事人为完成一定数量的运输任务,约定承运人使用约定的运输工具,在约定的时间内,将托运人的货物运输到约定地点交由收货人收货并收取一定运费而明确相互权利义务的协议。货运合同中,承运人不仅应当将货物运输到目的地,而且只有在其将货物交付给收货人后方为履行完毕。货运合同往往涉及第三人。既可以托运人自己为收货人,也可以第三人为收货人。在以第三人为收货人的情况下,收货人虽不是订立合同的当事人,但却是合同的利害关系人。

2. 货运合同的效力

(1)货运合同对托运人的效力

①托运人的如实告知义务。《民法典》规定,托运人在将货物交付运输时,有对法律规定或当事人约定的事项如实进行申报的义务。因托运人申报不实或者遗漏重要情况,造成承运人损失的,托运人应当承担赔偿责任。

②托运人按约定或法律规定提交托运货物的义务。托运人应当按照约定的托运时间、地点,约定的或足以保护标的物的包装方式交付托运物。货物运输需要得到有关部门的批准或事先需经过有关机关检验的,托运人应将办完有关手续的文件提交承运人。

③托运人托运危险物品时的义务。托运人托运易燃、易爆、有毒、有腐蚀性、有放射性等危险物品的,应当按照国家有关危险物品运输的规定对危险物品妥善包装,做出危险物品标志和标签,并将有关危险物品的名称、性质和防范措施的书面材料提交承运人。托运人违反规定的,承运人可以拒绝运输,也可以采取相应措施以避免损失的发生,因此产生的费用由托运人负担。

④支付运费、保管费以及其他运输费用的义务。在承运人全部、正确履行运输义务的情况下,托运人或者收货人有按照规定支付运费、保管费以及其他运输费用的义务。《民法典》第836条规定了承运人的留置权:托运人或者收货人不支付运费、保管费或者其他费用的,承运人对相应的运输货物享有留置权,但是当事人另有约定的除外。

⑤托运人变更或者解除运输合同的权利。在承运人将货物交付收货人之前,托运人可以要求承运人中止运输、返还货物、变更到达地或者将货物交给其他收货人,但是应当赔偿承运人因此受到的损失。

(2)货运合同对承运人的效力

①安全运输义务。承运人应依照合同约定,将托运人交付的货物安全运输至约定地点。运输过程中,货物毁损、灭失的,承运人应承担损害赔偿责任。对于货物毁损、灭失的赔偿额,当事人有约定的,按照其约定;没有约定或者约定不明确的,当事人可以协议补充,不能达成补充协议的,按照合同相关条款或者交易习惯确定。仍不能确定的,按照交付或者应当交付时货物到达地的市场价格计算。法律、行政法规对赔偿额的计算方法和赔偿限额另有规定的,依照其规定。如果承运人能够证明货物的毁损、灭失是不可抗力、货物本身的自然性质或者合理损耗以及托运人、收货人的过错造成的,不承担损害赔偿责任。

②承运人的通知义务。货物运达目的地后,承运人知道或应当知道收货人的,负有及时通知收货人的义务。

③相继运输中承运人的责任。《民法典》规定,两个以上承运人以同一运输方式联运的,与托运人订立合同的承运人应当对全程运输承担责任;损失发生在某一运输区段的,与托运人订立合同的承运人和该区段的承运人承担连带责任。

(3)货运合同对收货人的效力

①及时提货和交付有关费用的义务。收货人逾期提货的,应当向承运人支付保管费等费用。收货人不明或者收货人无正当理由拒绝受领货物的,根据《民法典》第837条的规定承运人有提存货物的权利。

②收货人有在一定期限内检验货物的义务。货物运交收货人后,收货人负有对货物及时进行验收的义务。收货人应当按照约定的期限检验货物。对检验货物的期限没有约定或者约定不明确的,当事人可以协议补充,不能达成补充协议的,按照合同有关条款或者交易习惯确定。仍不能确定的,应当在合理期限内检验货物。收货人在约定的期限或者合理期限内对货物的数量、毁损等未提出异议的,视为承运人已经按照运输单证的记载交付的初步证据。

(四)多式联运合同

1. 多式联运合同概述

多式联运合同又称"多式联合运输合同""混合运输合同",是指以两种以上的不同运输方式将旅客(及其行李)或货物运输到约定地点的运输合同。《民法典》第838条规定,多式联运经营人负责履行或者组织履行多式联运合同,对全程运输享有承运人的权利,承担承运人的义务。

多式联运合同的经营人可以与参加多式联运的各区段的承运人就多式联运合同的各区段运输约定相互之间的责任,但不影响多式联运经营人对全程运输承担的义务。

除具有一般运输合同的特征外,多式联运合同还具有以下法律特征:(1)多式联运合同的承运人一方为两人以上。(2)多式联运合同的各承运人以相互衔接的不同的运输方式承运。如铁路与公路联运、铁路与水路联运、公路与水路联运等。(3)托运人或旅客一次交费并使用同一运输凭证。多式联运一般实行"一次托运,一次收费,一票到底,全程负责"的"一条龙"服务的综合性运输,减少运输的中间环节,有利于加快运输速度,提高运输效率。

2. 多式联运合同的特殊效力

(1)多式联运经营人的地位及与区段承运人的关系。多式联运合同的一方是托运人,另一方是多式联运经营人。多式联运经营人与区段承运人不同,区段承运人与多式联运经营人存在合同关系,区段承运人只对自己负责运送的过程承担责任。《民法典》第838条规定,多式联运经营人负责履行或者组织履行多式联运合同,对全程运输享有承运人的权利,承担承运人的义务。第839条规定,多式联运经营人可以与参加多式联运的各区段承运人就多式联运合同的各区段运输约定相互之间的责任;但是,该约定不影响多式联运经营人对全程运输承担的义务。也就是说,多式联运经营人与区段承运人的约定,不能对抗托运人。

(2)多式联运单据。《民法典》第840条规定,多式联运经营人收到托运人交付的货物时,应当签发多式联运单据。按照托运人的要求,多式联运单据可以是可转让单据,也可以是不可转让单据。单据是否可以转让,托运人有选择权,多式联运经营人应当根据托运人的要求签发。第841条规定,因托运人托运货物时的过错造成多式联运经营人损失的,即使托运人已经转让多式联运单据,托运人仍然应当承担赔偿责任。

(3)赔偿的法律特别适用。按照《民法典》和有关法律的规定,多式联运经营人对运输的全过程承担义务。货物的毁损、灭失无论发生在哪一运输区段,其都要承担赔偿责任。《民法典》第842条规定,货物的毁损、灭失发生于多式联运的某一运输区段的,多式联运经营人的赔偿责任和责任限额,适用调整该区段运输方式的有关法律规定;货物毁损、灭失发生的运输区段不能确定的,依照法律规定承担赔偿责任。

四、保管合同

(一)保管合同概述

保管合同又称寄托合同、寄存合同,是指双方当事人约定一方将物交付他方保管并返还该物的合同。寄存人到保管人处从事购物、就餐、住宿等活动,将物品存放在指定场所的,视为保管,但是当事人另有约定或者另有交易习惯的除外。

保管合同的法律特征表现为以下几个方面:一是保管合同以物品的保管为目的。保管合同的标的是保管人的保管行为,保管人的主要义务是保管寄存人交付其保管的物品。二是保管合同为实践合同。保管合同的成立,不仅须有当事人双方的意思表示一致,而且须有寄存人将保管物交付于保管人的行为。三是保管合同可以是无偿合同,也可以是有偿合同。我国《民法典》第889条规定,寄存人应当按照约定向保管人支付保管费。当事人对保管费没有约定或者约定不明确,依据本法第510条的规定仍不能确定的,视为无偿保管。按照此条规定,保管合同原则上是无偿的,如果是有偿的,需要当事人约定。四是保管合同可以是双务合同,也可以是单务合同。在无偿保管合同中,寄存人不承担任何义务的,为单务合同。在无偿的保管合同中,寄存人需要支付必要费用(应当是指保管人为保管标的物实际支出的费用,不包括报酬)的为不真正双务合同。五是保管合同原则上为不要式合同。

(二)保管合同的效力

1. 保管合同对保管人的效力

(1)给付保管凭证的义务。保管人应当向寄存人出具保管凭证,但是另有交易习惯的除外。

(2)亲自并妥善保管的义务。除非当事人另有约定,保管人须亲自保管,不得将保管物转交第三人保管。保管人违反规定将保管物转交第三人保管造成保管物损失的,应当承担赔偿责任。保管人应当妥善保管保管物。当事人可以约定保管场所或者方法。除紧急情况或者为维护寄存人利益外,不得擅自改变保管场所或者方法。而且,除非另有约定,保管人不得使用或者许可第三人使用保管物。

(3)权利危险时的返还和通知义务。当第三人对保管物主张权利时,除依法对保管物采取保全或者执行措施外,保管人应当向寄存人返还保管物。第三人对保管人提起诉讼或者对保管物申请扣押的,保管人应当及时通知寄存人。

(4)返还保管物及其孳息的义务。保管期间届满或者寄存人提前领取保管物的,保管人应当将原物及其孳息归还寄存人。保管人保管货币的属于消费保管合同,可以返还相同种类、数量的货币;保管其他可替代物的,可以按照约定返还相同种类、品质、数量的物品。

(5)保管人的留置权及排除。寄存人未按照约定支付保管费或者其他费用的,保管人对保管物享有留置权,但是当事人另有约定的除外。

(6)保管人的赔偿责任和法定免责。保管期间,因保管人保管不善造成保管物毁损、灭失的,保管人应当承担赔偿责任。但是,无偿保管人证明自己没有故意或者重大过失的除外。

2. 保管合同对寄存人的效力

(1)按期支付保管费的义务。对于有偿的保管合同,寄存人应当按照约定的期限向保管人支付保管费。当事人对保管费没有约定或者约定不明确,依照《民法典》第510条的规定仍不能确定的,视为无偿保管。当事人对支付期限没有约定或者约定不明确,依据《民法典》第510条的规定仍不能确定的,应当在领取保管物的同时支付。

(2)告知义务。寄存人交付的保管物有瑕疵或者根据保管物的性质需要采取特殊保管措施的,寄存人应当将有关情况告知保管人。寄存人未告知,致使保管物受损失的,保管人不承担赔偿责任;保管人因此受损失的,除保管人知道或者应当知道并且未采取补救措施外,寄存人应当承担赔偿责任。

(3)寄存贵重物品的声明义务。寄存人寄存货币、有价证券或者其他贵重物品的,应当向保管人声明,由保管人验收或封存;寄存人未声明的,该物品毁损、灭失后,保管人可以按照一般物品予以赔偿。

(4)寄存人可以随时领取保管物。当事人对保管期限没有约定或者约定不明确的,保管人可以随时请求寄存人领取保管物;约定保管期限的,保管人无特别事由,不得请求寄存人提前领取保管物。

五、仓储合同

(一)仓储合同概述

仓储合同,是指当事人双方约定由保管人(又称仓管人或仓库营业人)为存货人保管储存货物,存货人支付仓储费的合同。仓储合同是一种特殊的保管合同,仓储合同没有规定的,适用保管合同的有关规定。它除具有保管合同的基本特征外,还具有其独特的法律特征:

1. 合同主体的特殊性。仓储合同的保管人是以仓储保管为业的人,是经营人,不仅具有专门仓储设备并专事仓储保管业务,而且需要有仓库营业资质。

2. 仓储合同原则上是诺成性的双务有偿合同。在仓储合同中,一方提供仓储服务,另一方给付报酬和其他费用。在某些情况下,仓储合同也可以是无偿合同。是否有偿,依法律规定或由双方在合同中约定。

3. 仓单是仓储合同的重要特征。仓单,是指保管人签发的用以证明仓储合同存在和仓储物已经由保管人接收,以及保管人保证据以返还仓储物的一种单据(一种有价证券)。仓单是提取仓储物的凭证。存货人或者仓单持有人在仓单上背书并经保管人签名或者盖章的,可以转让提取仓储物的权利。

仓单的内容应当与仓储合同的基本内容一致。《民法典》第909条对仓单的内容作了具体规定。根据该条规定,仓单包括下列事项:(1)存货人的姓名或者名称和住所;(2)仓储物的品种、数量、质量、包装及其件数和标记;(3)仓储物的损耗标准;(4)储存场所,即储存仓储物的具体场所;(5)储存期限;(6)仓储费;(7)仓储物已经办理保险的,应记载其保险金额、期间以及保险人的名称;(8)仓单的填发人、填发地以及填发日期。此外,仓单还是处理保管人与存货人或仓单持有人之间关于仓储合同纠纷的依据。

（二）仓储合同的效力

1. 仓储合同对保管人的效力

（1）给付仓单的义务。存货人交付仓储物的，保管人应当出具仓单、入库单等凭证。

（2）接收、验收以及通知的义务。保管人应当按照约定对入库仓储物进行验收。保管人验收时发现入库仓储物与约定不符合的，应当及时通知存货人。保管人验收后，发现仓储物的品种、数量、质量不符合约定的，保管人应当承担赔偿责任。

（3）危险通知及处置的义务。当仓储物出现危险时，保管人有义务及时通知存货人或者仓单持有人。保管人发现入库仓储物有变质或者其他损坏，危及其他仓储物的安全和正常保管的，应当催告存货人或者仓单持有人作出必要的处置。因情况紧急，保管人可以作出必要的处置，但事后应当将该情况及时通知存货人或者仓单持有人。

（4）妥善保管的义务。保管人应当按照合同约定的储存条件和保管约定，妥善保管仓储物，这是保管人的义务，一旦保管物发生毁损，保管人就要承担违约责任。但是由于不可抗力、自然因素或货物本身的性质发生存储物的灭失、变质、损坏、污染的，保管人不用承担赔偿责任。

（5）提存仓储物的权利。储存期限届满，存货人或者仓单持有人不提取仓储物的，保管人可以催告其在合理期限内提取；逾期不提取的，保管人可以提存仓储物。

2. 仓储合同对存货人的效力

（1）存货人的说明义务。储存易燃、易爆、有毒、有腐蚀性、有放射性等危险物品或者易变质物品时，存货人应当说明该物品的性质，提供有关资料。不履行说明义务，会对保管人的利益造成侵害（如破坏保管设备和保管场所），导致存货人的侵权责任。

（2）检查仓储物或者提取样品的权利。

（3）提取仓储物并支付仓储费用的义务。当事人在合同中约定储存期间的，存货人或者仓单持有人应当在储存期间届满后凭仓单提取仓储物，并按约定支付仓储费；存货人或者仓单持有人也可以提前提取仓储物，但是不减收仓储费；存货人或者仓单持有人逾期提取仓储物的，应当加收仓储费。

当事人在仓储合同中明确约定储存期间的，在储存期间届满前，保管人不得要求存货人或者仓单持有人提取仓储物，法律另有规定或者当事人另有约定的除外。当事人对储存期间没有约定或者约定不明确的，存货人或者仓单持有人可以随时提取仓储物，保管人也可以随时请求存货人或者仓单持有人提取保管物，但应当给予对方必要的准备时间。

六、委托合同

（一）委托合同概述

委托合同，又称委任合同，是委托人和受托人约定，由受托人处理委托人事务的合同。委托合同是一种常见的民事合同，在现实生活中运用广泛。委托人可以特别委托受托人处理一项或者数项事务，也可以概括委托受托人处理一切事务。它具有下列法律特征：

1. 委托合同的标的是处理委托事务的行为。处理委托事务的行为既可以是法律行为，也可以是事实行为。委托合同的目的是使委托人的利益得到实现，一般情况下，具有人身属性的法律行为或法律事实不适用委托，如结婚、离婚、收养关系的建立或终止。

2. 委托合同是诺成、双务、非要式合同。

3. 委托合同既可以是有偿的，也可以是无偿的。

4. 最大诚信合同。委托合同建立在双方相互信任关系的基础上。委托人委托受托人处理事务是以委托人对受托人能力和信誉的信任为基础的，因此，受托人必须亲自办理委托事务，一旦双方丧失了信任基础，任何一方都可以随时解除合同，即使赔偿给对方由此带来的损失也在所不惜。

（二）委托合同的效力

委托合同的效力，是指委托合同生效期间所具有的对合同当事人的约束力，即当事人应当承担的义务和责任。

1. 委托合同对委托人的效力

（1）支付处理委托事务所需的费用。委托人应当预付处理委托事务的费用。对于受托人为处理委托事务垫付的必要费用，委托人应当偿还并支付利息。

（2）支付报酬的义务。受托人完成委托事务的，委托人应当按照约定向其支付报酬。因不可归责于受托人的事由，委托合同解除或者委托事务不能完成的，委托人应当向受托人支付相应的报酬。当事人另有约定的，按照其约定。

（3）赔偿损失的责任。因不可归责于自己的事由受到损失的，受托人可以向委托人请求赔偿损失。

2. 委托合同对受托人的效力

（1）按照委托人的指示处理委托事务。受托人应当按照委托人的指示处理委托事务，需要变更委托人指示的，应当经委托人同意；因情况紧急，难以和委托人取得联系的，受托人应当妥善处理委托事务，但事后应当将该情况及时报告委托人。

（2）亲自处理事务的义务。受托人应当亲自处理委托事务。在特殊情况下经委托人同意，受托人可以转委托。转委托经同意或者追认的，委托人可以就委托事务直接指示转委托的第三人，受托人仅就第三人的选任及其对第三人的指示承担责任。转委托未经同意或者追认的，受托人应当对转委托的第三人的行为承担责任；但在紧急情况下，受托人为了维护委托人的利益需要转委托第三人的除外。

（3）报告的义务。受托人应当按照委托人的要求，报告委托事务的处理情况。委托合同终止时，受托人应当报告委托事务的结果。

（4）转交因委托事务取得的财产。受托人处理委托事务取得的财产，应当转交给委托人。

（5）承担损失。有偿的委托合同，因受托人的过错给委托人造成损失的，委托人可以请求赔偿损失。无偿的委托合同，因受托人故意或者重大过失给委托人造成损失的，委托人可以请求赔偿损失。受托人超越权限给委托人造成损失的，应当赔偿损失。

（6）以自己名义从事委托事务。受托人以自己名义，在委托人的授权范围内与第三人订立的合同，如果第三人在订立合同时知道受托人与委托人之间的代理关系，则该合同直接约束委托人和第三人；但是，有确切证据证明该合同只约束受托人和第三人的除外。

（7）披露义务。受托人以自己的名义与第三人订立合同时，第三人不知道受托人与委托人之间的代理关系，受托人因第三人的原因对委托人不履行义务的，受托人应当向委托人披露第三人，委托人因此可以行使受托人对第三人的权利。但是，第三人与受托人订立合同时如果知道该委托人就不会订立合同的除外。受托人因委托人的原因对第三人不履行义务的，受托人应当向第三人披露委托人，第三人因此可以选择受托人或者委托人作为相对人主张其权利，但是第三人不得变更选定的相对人。委托人行使受托人对第三人的权利的，第三人可以向委托人主张其对受托人的抗辩。第三人选定委托人作为其相对人的，委托人可以向第三人主张其对受托人的抗辩以及受托人对第三人的抗辩。

(8)连带责任的承担。两个以上的受托人共同处理委托事务的，对委托人承担连带责任。

(三)委托合同的终止

委托合同的终止，又称委托合同的消灭，是指依法成立的委托合同因法定原因的出现而使其效力终止，从而委托合同当事人的权利义务归于消灭。委托合同终止的原因有多种，如因委托事务的完成而终止、因受托人或委托人的死亡而终止等，因不同原因终止委托合同产生的后果也不同。

1. 委托人或受托人解除合同

委托人或受托人可以随时解除委托合同。因解除合同造成对方损失的，除不可归责于该当事人的事由外，无偿委托合同的解除方应当赔偿因解除时间不当造成的直接损失，有偿委托合同的解除方应当赔偿对方的直接损失和合同履行后可以获得的利益。

2. 因委托人死亡或者受托人死亡、丧失民事行为能力或者委托人或受托人破产而终止

委托人死亡或者受托人死亡、丧失民事行为能力的，委托合同终止；但是，当事人另有约定或者根据委托事务的性质不宜终止的除外。《民法典》第935条规定："因委托人死亡或者被宣告破产、解散，致使委托合同终止将损害委托人利益的，在委托人的继承人、遗产管理人或者清算人承受委托事务之前，受托人应当继续处理委托事务。"

《民法典》第936条规定："因受托人死亡、丧失民事行为能力或者被宣告破产、解散，致使委托合同终止的，受托人的继承人、遗产管理人、法定代理人或者清算人应当及时通知委托人。因委托合同终止将损害委托人利益的，在委托人作出善后处理之前，受托人的继承人、遗产管理人、法定代理人或者清算人应当采取必要措施。"

七、物业服务合同

(一)物业服务合同概述

物业服务合同是物业服务人在物业服务区域内，为业主提供建筑物及其附属设施的维修养护、环境卫生和相关秩序的管理维护等物业服务，业主支付物业费的合同。物业服务合同分为两类，即前期物业服务合同与后期物业服务合同。前者是指建设单位(开发商)与物业服务人订立的物业服务合同；后者是指业主或业主委员会与物业服务人订立的物业服务合同。法律规定，前期物业服务合同约定的服务期限届满前，业主或者业主委员会与新物业服务人订立的物业服务合同生效的，前期物业服务合同终止。

物业服务人包括物业服务企业和其他管理人。物业服务企业，是指符合法律规定，依法向业主提供物业服务的民事主体(市场主体)。我国法律要求物业服务企业必须是法人。其他管理人，是指物业服务企业以外的根据业主委托管理建筑区划内的建筑物及其附属设施的组织或者自然人，主要包括管理单位住宅的房管机构，以及其他组织、自然人等。[1]

---

〔1〕 参见最高人民法院民法典贯彻实施工作领导小组主编：《中华人民共和国民法典合同编理解与适用》，人民法院出版社2020年版，第2553页。

物业服务合同的法律特征表现如下：

(1)物业服务合同以劳务为标的。物业服务企业的义务是提供合同约定的劳务服务：一是为业主持续提供建筑物及其附属设施的维修养护；二是在物业服务区域内维护环境卫生；三是对物业服务区域内的相关秩序提供管理服务；四是其他物业方面的服务。

(2)物业服务合同是双务、有偿、诺成性的要式合同。物业服务合同因其服务综合事务涉及面广且利益关系相当重大，合同履行期也相对较长，为避免口头合同取证困难的弱点，《物业管理条例》明确要求物业服务合同以书面形式订立，并且须报物业管理行政主管部门备案，因此其为要式合同。

物业服务合同的内容一般包括服务事项、服务质量、服务费用的标准和收取办法、维修资金的使用、服务用房的管理和使用、服务期限、服务交接等条款。物业服务人公开作出的有利于业主的服务承诺，为物业服务合同的组成部分。

(二)物业服务合同的效力

1. 物业服务合同对物业服务人的效力

(1)提供服务及安全保障的义务。物业服务人应当按照约定和物业的使用性质，妥善维修、养护、清洁、绿化和经营管理物业服务区域内的业主共有部分，维护物业服务区域内的基本秩序，采取合理措施保护业主的人身、财产安全。对于物业服务区域内违反法律法规的行为，物业服务人应当及时采取合理措施制止或者向有关部门报告并协助处理。

(2)不得随意转委托的义务。物业服务人将物业服务区域内的部分专项服务事项委托给专业性服务组织或者其他第三人的，应当就该部分专项服务事项向业主负责。物业服务人不得将其应当提供的全部物业服务转委托给第三人，或者将全部物业服务支解后分别转委托给第三人。

(3)信息公开的义务。物业服务人应当定期将服务的事项、负责人员、质量要求、收费项目、收费标准、履行情况，以及维修资金使用情况、业主共有部分的经营与收益情况等以合理方式向业主公开，并向业主大会、业主委员会报告。

(4)后合同义务。物业服务合同终止的，原物业服务人应当在约定期限或者合理期限内退出物业服务区域，将物业服务用房、相关设施、物业服务所必需的相关资料等交还给业主委员会、决定自行管理的业主或者其指定的人，配合新物业服务人做好交接工作，并如实告知物业的使用和管理状况。

(5)请求报酬的权利。业主违反约定逾期不支付物业费的，物业服务人可以催告其在合理期限内支付；合理期限届满仍不支付的，物业服务人可以提起诉讼或者申请仲裁。但是，物业服务人不得采取停止供电、供水、供热、供燃气等方式催交物业费。

(6)不定期合同解约的通知义务。物业服务期限届满后，业主没有依法作出续聘或者另聘物业服务人的决定，物业服务人继续提供物业服务的，原物业服务合同继续有效，但是服务期限为不定期。当事人可以随时解除不定期物业服务合同，但是应当提前60日书面通知对方。

2. 物业服务合同对业主或者业主委员会的效力

(1)事先告知的义务。业主装饰装修房屋的，应当事先告知物业服务人，遵守物业服务人提示的合理注意事项，并配合其进行必要的现场检查。业主转让、出租物业专有部分、设立居住权或者依法改变共有部分用途的，应当及时将相关情况告知物业服务人。

(2)给付物业费的义务。业主应当按照约定向物业服务人支付物业费。

(3)任意解除权。业主依照法定程序共同决定解聘物业服务人的,可以解除物业服务合同。决定解聘的,应当提前60日书面通知物业服务人,但是合同对通知期限另有约定的除外。决定对物业服务合同行使解除权的,应当提前60日书面通知物业服务人,使物业服务人有必要的准备时间。如果物业管理合同对通知期限另有约定的,应当依照其约定,不适用60日的规定。因解除物业服务合同造成物业服务人损失的,除不可归责于业主的事由外,业主应当赔偿损失。

八、行纪合同

(一)行纪合同概述

行纪合同,是行纪人以自己的名义为委托人从事贸易活动,委托人支付报酬的合同。

行纪合同具有以下法律特征:

1. 行纪合同中的行纪人具有主体的限定性。行纪人应当是经过批准可以从事行纪业务的自然人、法人和非法人组织。

2. 行纪人以自己的名义为委托人办理业务。行纪人在接受委托办理业务时,须以自己名义,而非委托人名义实施民事行为。也就是说,行纪人与第三人才是合同的双方主体,行纪人对该合同直接享有权利、承担义务。第三人不履行义务致使委托人受到损害的,行纪人应当承担赔偿责任,但是行纪人与委托人另有约定的除外。

3. 行纪人为委托人的利益办理业务。

4. 行纪合同的标的是行纪人为委托人实施一定法律行为。

5. 行纪合同是双务、有偿、诺成和不要式合同。[1]

行纪合同与委托合同最相近,行纪关系中委托人与行纪人的基础关系就是委托,只不过是委托的事项特殊、固定而已。行纪合同就是一种特殊的委托合同。[2] 作为一种特殊的委托合同,法律对行纪合同没有规定的,参照适用委托合同的有关规定。

两者的区别则在于:第一,适用范围不同。行纪合同适用范围窄,仅限于代销等贸易行为,一般是法律行为,而委托合同的适用范围宽,既可以是法律行为也可以是事实行为。第二,行纪合同的受托人只能以自己的名义处理委托事务,而委托合同的受托人处理事务时既可以以委托人名义,也可以以自己的名义。第三,行纪人一般是专门从事贸易活动的人,其开业和经营需要经过国家有关部门的审查、登记,而委托合同的当事人不必是专门从事贸易活动的人,可以是自然人,也可以是法人。第四,行纪合同是有偿合同,而委托合同既可以是有偿合同也可以是无偿合同。

(二)行纪合同的效力

1. 行纪合同对行纪人的效力

(1)负担行纪费用的义务。行纪人处理委托事务支出的费用,由行纪人负担,但当事人另有约定的除外。

(2)妥善保管委托物的义务。行纪人对于占有的委托物应当妥善保管。

(3)合理处理委托物的义务。委托物交付给行纪人时有瑕疵或者容易腐烂、变质的,经委托人同意,行纪人可以处分该物;不能和委托人及时取得联系的,行纪人可以合理处分。

---

[1] 参见王利明等:《民法学》(第6版)(下册),法律出版社2020年版,第849页。

[2] 参见杨立新:《中华人民共和国民法典条文要义》,中国法制出版社2020年版,第669页。

(4)按照委托人指定价格买卖委托物的义务。《民法典》第955条规定:"行纪人低于委托人指定的价格卖出或者高于委托人指定的价格买入的,应当经委托人同意;未经委托人同意,行纪人补偿其差额的,该买卖对委托人发生效力。行纪人高于委托人指定的价格卖出或者低于委托人指定的价格买入的,可以按照约定增加报酬;没有约定或者约定不明确,依据本法第五百一十条的规定仍不能确定的,该利益属于委托人。委托人对价格有特别指示的,行纪人不得违背该指示卖出或者买入。"

(5)行纪人的自行交易权,又称介入权,是指行纪人在接受委托买入或者卖出具有市场定价的商品时,在委托人没有相反的意思表示的情况下,行纪人可以自行介入交易作为委托人的交易相对方,也就是自己可以作为买受人或者出卖人与委托人进行交易,而不影响请求委托人支付报酬的权利。

(6)报酬请求权和留置权。行纪人完成或者部分完成委托事务的,委托人应当向其支付相应的报酬。委托人逾期不支付报酬的,行纪人对委托物享有留置权,但是当事人另有约定的除外。

2. 行纪合同对委托人的效力

(1)委托人支付报酬的义务。行纪人完成或者部分完成委托事务的,委托人应当向其支付相应的报酬。

(2)及时受领委托事务后果以及取回委托物的义务。行纪人按照约定买入委托物的,委托人应当及时受领。经行纪人催告,委托人无正当理由拒绝受领的,行纪人依法可以提存委托物。委托物不能卖出或者委托人撤回出卖,经行纪人催告,委托人不取回或者不处分该物的,行纪人依法可以提存委托物。

九、中介合同

(一)中介合同概述

中介合同是中介人向委托人报告订立合同的机会或者提供订立合同的媒介服务,委托人支付报酬的合同。中介合同就是原《合同法》中的居间合同,因中介合同的表述更符合社会大众的理解和认知而使用。作为一种特殊的委托合同,法律对中介合同没有规定的,参照适用委托合同的有关规定。在中介合同关系中,委托他人寻找订立合同机会或订约的媒介服务的一方为委托人;接受该委托,为其提供订立合同机会或媒介服务的另一方为中介人。报告定约机会的中介行为称报告中介;提供订立合同媒介服务的中介行为称媒介中介。

中介合同的法律特征表现如下:

1. 中介合同以促成委托人与第三人订立合同为目的。在中介合同中,中介人是为委托人提供服务的,这种服务表现为报告订约的机会或为订约的媒介。中介合同的标的是中介人进行中介活动的结果,其目的在于通过中介活动获取报酬。中介人的活动只有促成委托人与第三人之间建立起有效的合同关系才有意义。

2. 中介人在合同关系中处于介绍人的地位。无论何种中介,中介人都不是委托人的代理人或当事人一方,中介人只是按照委托人的指示,为委托人报告有关可以与委托人订立合同的第三人,给委托人提供订立合同的机会,或者在当事人之间起到"牵线搭桥"的媒介作用,并不参加委托人与第三人之间具体的订立合同的过程,他的角色只是一个中介服务人。

3. 中介合同是双务、有偿、诺成和不要式合同。

（二）中介合同的效力

1. 中介合同对中介人的效力

（1）如实报告有关事项的义务。中介人应当就有关订立合同的事项向委托人如实报告。中介人故意隐瞒与订立合同有关的重要事实或者提供虚假情况，损害委托人利益的，不得请求支付报酬并应当承担赔偿责任。

这是对中介人报告义务的规定。订约的有关事项，包括相对人的资信状况、生产能力、产品质量以及履约能力等与订立合同有关的事项。订立合同的有关事项根据不同的合同还有许多不同的事项。对中介人来说，不可能具体了解，只需将其所知道的情况如实报告给委托人就可以了。但作为中介人应当尽可能掌握更多的情况，提供给委托人，以供其选择。

除上述义务外，基于诚实信用原则，中介人还负有其他一些义务。例如，中介人不得对交易双方订立合同实施不利影响，从而影响合同的订立或损害委托人的利益；在中介活动中应当遵守法律、法规和国家政策，遵循商事惯例和交易习惯，不得从事违法的中介活动等。

（2）中介报酬请求权。中介人促成合同成立的，委托人应当按照约定支付报酬。对中介人的报酬没有约定或者约定不明确，依据《民法典》第 510 条的规定仍不能确定的，根据中介人的劳务合理确定。因中介人提供订立合同的媒介服务而促成合同成立的，由该合同的当事人平均负担中介人的报酬。

但应当注意的是，促成合同成立的，中介活动的费用由中介人负担；如果中介人未促成合同成立则不享有报酬请求权，但是可以按照约定请求委托人支付从事中介活动支出的必要费用。

2. 中介合同对委托人的效力

（1）支付报酬的义务。中介人促成合同成立的，委托人应当按照约定支付报酬。对中介人的报酬没有约定或者约定不明确，依照《民法典》第 510 条的规定仍不能确定的，根据中介人的劳务合理确定。因中介人提供订立合同的媒介服务而促成合同成立的，由该合同的当事人平均负担中介人的报酬。中介人促成合同成立的，中介活动的费用由中介人负担。

（2）负担中介活动中支出的必要费用的义务。中介人未促成合同成立的，委托人应该根据中介人的请求支付从事中介活动支出的必要费用。

（3）承担私下与第三人订立合同的后果。《民法典》第 965 条规定，委托人在接受中介人的服务后，利用中介人提供的交易机会或者媒介服务，绕开中介人直接订立合同的，应当向中介人支付报酬。

这种委托人绕开中介人私下与第三人订立合同的行为就是所谓“跳单”行为，又称“跳中介”。“跳单”在中介合同中时有发生，尤其体现在二手房买卖中介纠纷中。之所以容易发生“跳单”，是由中介合同的特征决定的。在中介合同中，当事人双方掌握的信息不对称，中介人利用自身的信息优势为委托人创造缔约机会而取得报酬。与此同时，委托人如何利用中介人提供的交易机会或者媒介服务，难以为外人察觉，况且此时委托人尚未支付中介报酬，这就容易产生道德风险的问题。

委托人向中介人支付报酬是附条件的，需以促成合同成立为条件，而根据《民法典》第 159 条的规定，附条件的民事法律行为，当事人为自己的利益不正当地阻止条件成就的，视为条件已经成就。因此,如果委托人"跳单"而不正当地阻止报酬支付条件成就,视为条件已成就,委托人应向中介人支付报酬。[1]

第三节 保证合同

一、保证合同概述

(一)保证合同的概念和特征

保证合同是为保障债权的实现,保证人和债权人约定,当债务人不履行到期债务或者发生当事人约定的情形时,保证人履行债务或者承担责任的合同。保证合同涉及三方关系人、3种合同关系。保证合同的特征如下:

1. 保证合同属于人的担保,具有人身性,保证人必须是主合同之外的第三人。

2. 从属性。保证合同的从属性体现在合同的成立、存续、保证范围、权利转移等各方面。(1)保证合同以主合同的存在和有效成立为存在前提,以主合同的存续为存续条件。主债权债务合同无效的,保证合同无效,但是法律另有规定的除外。保证合同被确认无效后,债务人、保证人、债权人有过错的,应当根据其过错各自承担相应的民事责任。(2)保证范围和存续上的从属性。保证合同系为担保主债务而设立,由此决定了保证债务的范围和存续从属于主债务。《民法典》第691条规定,保证的范围包括主债权及其利息、违约金、损害赔偿金和实现债权的费用。当事人另有约定的,按照其约定。(3)变更上的从属性。在保证之债中,主合同权利、义务的转移,原则上应导致保证合同所生权利、义务的转移,保证债务不能与主债权相分离而单独转让或者作为其他债权的担保。保证债务以担保主债务为唯一目的,主债务如因清偿、提存、抵销、免除等原因而全部消灭,则保证债务随之消灭。[2]

我国《民法典》第682条规定,保证合同是主债权债务合同的从合同。主债权债务合同无效的,保证合同无效,但法律另有规定的除外。这实际上承认了独立保证的地位,独立保证是指当事人之间特别约定的与主债务合同之间没有从属关系的保证,如银行或者非银行金融机构出具的独立保函。在独立保证中,合同无效或者被撤销不会导致独立保证的效力丧失,同时,独立保证人也不享有主债务人对债权人的抗辩。

3. 相对独立性。保证合同虽然是从合同,但是毕竟有独立的合同主体、客体和内容,是相对独立的法律关系。

4. 保证的补充性。从保证合同的目的来看,它是在债务人不履行到期债务或者发生当事人约定的情形时,保证人为了债权人债权的实现而履行债务或者承担责任的合同,所以保证责任对于主债务而言具有补充性。

5. 单务、无偿、要式合同。在保证合同中,保证人只是单方向债权人负担相应的保证债务且债权人无须支付相应的对价。《民法典》第685条规定,保证合同可以是单独订立的书面合

---

〔1〕 参见最高人民法院民法典贯彻实施工作领导小组主编:《中华人民共和国民法典合同编理解与适用(四)》,人民法院出版社2020年版,第2725页。

〔2〕 参见王利明等:《民法学》(第6版)(下册),法律出版社2020年版,第797页。

同,也可以是主债权债务合同中的保证条款。第三人单方以书面形式向债权人作出保证,债权人接收且未提出异议的,保证合同成立。

(二)保证的分类

1. 依照保证人的数目可以将保证分为单独保证和共同保证。

单独保证(一个保证),是指仅有一个保证人的保证。

共同保证,是指两个或两个以上的保证人就同一债务人的同一债务共同做保证人的保证方式。《民法典》第699条规定,同一债务有两个以上保证人的,保证人应当按照保证合同约定的保证份额,承担保证责任;没有约定保证份额的,债权人可以请求任何一个保证人在其保证范围内承担保证责任。

2. 按照保证人承担责任的不同可以将保证分为一般保证和连带责任保证。

一般保证,是指当事人在保证合同中约定,债务人不能履行债务时,由保证人承担保证责任的保证。根据《民法典》第687条的规定,在一般保证中,保证人享有检索抗辩权,又称先诉抗辩权,是指一般保证的保证人在主合同纠纷未经审判或者仲裁,并就债务人的财产依法强制执行仍不能履行债务前,有权拒绝向债权人承担保证责任,但有下列情形之一的除外:(1)债务人下落不明,且无财产可供执行;(2)人民法院已受理债务人破产案件;(3)债权人有证据证明债务人的财产不足以履行全部债务或者丧失履行债务能力;(4)保证人书面表示放弃该权利。

连带责任保证,是指当事人在保证合同中约定保证人和债务人对债务承担连带责任的保证。当事人在保证合同中对保证方式没有约定或者约定不明确的,按照一般保证承担保证责任。

3. 根据当事人对保证债务的范围有无明确约定可以分为有限保证和无限保证。

有限保证,是指当事人自由约定了担保范围的保证,保证范围小于或等于主债务的范围。

无限保证,是指当事人未特别约定保证的范围,而是依照法律的规定确定该范围的保证。保证的范围包括主债权及利息、违约金、损害赔偿金、实现债权的费用。保证的范围可能大于主债务。

4. 依照被担保的债务是否为既存的债务,保证可以分为对既存债务的保证(普通保证)和对将来债务的保证(如最高额保证)。

普通保证,是指担保的主债权在合同订立时数额就已经确定的保证。

最高额保证,是指保证人与债权人协议在最高债权额限度内就一定期间内连续发生的借款合同或某种商品交易合同订立一个保证合同的保证形式。条件如下:(1)它所担保的主债务是在将来一定期间内循环往复、多次发生的合同债务,而不是已经发生的债权、债务;(2)它所担保的主债务仅限于因借款合同或某种商品交易而产生的债务;(3)应限定在一定期间内。

二、保证的设立

(一)保证人

保证人只能是合同当事人之外的第三人,保证人是自然人的,应当具备完全的民事行为能力;如果是法人或者非法人组织,只要符合法律规定就可以作为保证人。当然,保证人应当具备代偿能力,也就是代为清偿债务的能力,这取决于主体拥有的财产或取得财产的能力。

《民法典》第683条规定了不得担任保证人的主体范围:(1)机关法人不得为保证人,但是经国务院批准为使用外国政府或者国际经济组织贷款进行转贷的除外;(2)以公益为目的的非营利法人、非法人组织不得为保证人。

如果不能担任保证人的主体充当了保证人,合同应是无效的,保证人应当承担无效保证合同的缔约过失责任。

(二)保证的方式

1. 保证合同。

2. 保证条款。保证合同可以是单独订立的书面合同,也可以是主债权债务合同中的保证条款。

3. 保证函。由保证人单方面向债权人以书面形式出具,并为债权人所接受。

(三)保证合同的内容

1. 被保证的主债权的种类、数额。

2. 债务人履行债务的期限。

3. 保证的方式,一般保证或连带责任保证。按照相关法律规定,当事人在保证合同中对保证方式没有约定或者约定不明确的,按照一般保证承担保证责任。

4. 保证担保的范围,又称保证责任的范围、保证债务的范围,是指保证人在主债务人不履行债务或者发生当事人约定的情形时,向债权人履行保证债务的限度。保证的范围包括主债权及其利息、违约金、损害赔偿金和实现债权的费用,当事人另有约定的,按照其约定。

5. 保证的期间。保证期间,是指保证人承担保证责任的时间范围,由于保证期间直接关系保证责任的承担与否,因而也称为保证责任期间。保证期间为除斥期间,不发生中止、中断和延长。

债权人与保证人可以约定保证期间,但是约定的保证期间早于主债务履行期限或者与主债务履行期限同时届满的,视为没有约定;没有约定或者约定不明确的,保证期间为主债务履行期限届满之日起6个月。债权人与债务人对主债务履行期限没有约定或者约定不明确的,保证期间自债权人请求债务人履行债务的宽限期届满之日起计算。

要特别注意保证期间与诉讼时效的关系。《民法典》第694条规定,一般保证的债权人在保证期间届满前对债务人提起诉讼或者申请仲裁的,从保证人拒绝承担保证责任的权利消灭之日起,开始计算保证债务的诉讼时效。连带责任保证的债权人在保证期间届满前请求保证人承担保证责任的,从债权人请求保证人承担保证责任之日起,开始计算保证债务的诉讼时效。

6. 双方认为需要约定的其他事项。

三、保证的法律效力

保证合同涉及三方关系人、3种合同关系。所以我们从这三方关系人和3种合同关系着手分析保证的法律效力。

(一)保证在债权人与保证人关系上的效力

1. 保证条件成就后,债权人有权依法请求保证人承担保证责任。但是依据保证方式的不同,债权人的请求权有所不同。在一般保证中,保证人享有先诉抗辩权,只有在主合同纠纷经过审判或者仲裁,并就债务人的财产依法强制执行后仍不能履行债务时,债权人才得以享有请求保证人承担保证责任的权利。在连带责任保证中,保证人没有先诉抗辩权,而债权人可以选择债务人或者保证人承担保证责任。同时,无论是何种方式的保证,保证人均享有主债务人的抗辩权,如延期抗辩权、时效消灭的抗辩权、权利未发生的抗辩权、权利已消灭的抗辩权等。这些抗辩权是基于保证人的特有地位而行使的,而不是以主债务人代理人的身份行使的。

2. 一般保证人的特定免责。一般保证的保证人在主债务履行期限届满后,向债权人提供债务人可供执行财产的真实情况,债权人放弃或者怠于行使权利致使该财产不能被执行的,保证人在其提供可供执行财产的价值范围内不再承担保证责任。

3. 保证人的拒绝履行权。债务人对债权人享有抵销权或者撤销权的,保证人可以在相应范围内拒绝承担保证责任。

(二)保证在保证人和债务人之间的效力

主要体现为保证人的求偿权,又称保证人的追偿权,是指保证人在承担保证责任之后,有向债务人请求偿还的权利。

(三)主合同主体或内容的变更对保证责任的效力

1. 合同内容变更的效力。债权人和债务人未经保证人书面同意,协商变更主债权债务合同内容,减轻债务的,保证人仍对变更后的债务承担保证责任;加重债务的,保证人对加重的部分不承担保证责任。债权人和债务人变更主债权债务合同的履行期限,未经保证人书面同意的,保证期间不受影响。

2. 主债权转让对保证责任的效力。债权人转让全部或者部分债权,未通知保证人的,该转让对保证人不发生效力。保证人与债权人约定禁止债权转让,债权人未经保证人书面同意转让债权的,保证人对受让人不再承担保证责任。

3. 主债务转移对保证责任的影响。债权人未经保证人书面同意,允许债务人转移全部或者部分债务,保证人对未经其同意转移的债务不再承担保证责任,但是债权人和保证人另有约定的除外。第三人加入债务的,保证人的保证责任不受影响。

第四节　技术合同

一、技术合同概述

(一)技术合同的概念和特征

技术合同是当事人就技术开发、转让、许可、咨询或者服务订立的确立相互之间权利和义务的合同。订立技术合同,应当遵循有利于知识产权的保护和科学技术的进步,促进科学技术成果的研发、转化、应用和推广的原则。那些非法垄断技术、侵害他人技术成果的行为与技术合同的立法目的和立法原则是相背离的,因此《民法典》第850条规定,非法垄断技术或者侵害他人技术成果的技术合同无效。按照《民法典》的规定,根据行为的方式,技术合同可分为技术开发合同、技术转让合同、技术许可合同、技术咨询合同和技术服务合同。

技术合同主要有以下特征:

1. 技术合同的标的为技术成果。技术合同的标的不是一般的财产或劳务,而是一种特殊商品,即技术成果。

2. 技术合同的履行具有特殊性。技术合同在履行中,常常会涉及与技术有关的其他权利的归属问题,如发明权、专利权、非专利技术使用权和转让权等,因而技术合同既受合同法之约束,又受知识产权制度的调整。

3. 技术合同当事人具有广泛性与特定性。对于技术合同当事人来说,通常至少一方是能够利用自己的技术力量进行技术开发、技术转让、技术许可、技术咨询、技术服务的组织或个人,否则合同将履行不能,因此合同当事人的范围并非无所限定。

(二)技术合同的主要条款

考虑到技术合同涉及的技术内容较复杂,订立技术合同又是一项专业性较强的工作,故《民法典》规定了技术合同应当具备的一般条款,目的在于引导当事人的行为。根据《民法典》第 845 条的规定,技术合同一般应包括以下条款:(1)项目名称;(2)标的的内容、范围和要求;(3)履行的计划、地点和方式;(4)技术信息和资料的保密;(5)技术成果的归属和收益的分配办法;(6)验收标准和方法;(7)名词和术语的解释等。与履行合同有关的技术背景资料、可行性论证和技术评价报告、项目任务书和计划书、技术标准、技术规范、原始设计和工艺文件,以及其他技术文档,按照当事人的约定可以作为合同的组成部分。技术合同涉及专利的,应当注明发明创造的名称、专利申请人和专利权人、申请日期、申请号、专利号以及专利权的有效期限。

因为技术合同是双务有偿的合同,所以合同的价款、报酬、使用费也是合同的重要内容。《民法典》第 846 条规定,当事人可以约定技术合同价款、报酬或者使用费的支付方式,可以一次总算、一次总付或者一次总算、分期支付,也可以采取提成支付或者提成支付附加预付入门费的方式。约定提成支付的,可以按照产品价格、实施专利和使用技术秘密后新增的产值、利润或者产品销售额的一定比例提成,也可以按照约定的其他方式计算。提成支付的比例可以采取固定比例、逐年递增比例或者逐年递减比例。约定提成支付的,当事人可以约定查阅有关会计账目的办法。

(三)技术成果的权利归属

技术成果可以分为职务技术成果和非职务技术成果,又由于这些成果之上所负载的权利性质不同,有财产权属性的权利,也有人身权属性的权利,所以权利的归属也不相同。

1. 职务技术成果的财产权归属。

职务技术成果是执行法人或者其他组织的工作任务,或者主要是利用法人或者其他组织的物质技术条件所完成的技术成果。我国《民法典》第 847 条第 1 款规定,职务技术成果的使用权、转让权属于法人或者非法人组织的,法人或者非法人组织可以就该项职务技术成果订立技术合同。法人或者非法人组织订立技术合同转让职务技术成果时,职务技术成果的完成人享有以同等条件优先受让的权利。

虽然技术成果都是运用自然人的脑力劳动的财富,但是当这项任务是受法人或其他组织的派遣或者是利用法人或者其他组织的物质技术条件完成时,其使用权、转让权就理应属于该法人或其他组织。作为该项技术的发明人或发现人,因为其付出了脑力劳动,所以取得权利的法人或者其他组织应当给予奖励或报酬,同时其对此法人或者其他组织转让该技术的行为享有优先受让权,享有劳动合同权利的同时也享有特别的权利。

2. 非职务技术成果的财产权归属。

《民法典》第 848 条规定,非职务技术成果的使用权、转让权属于完成技术成果的个人,完成技术成果的个人可以就该项非职务技术成果订立技术合同。

3. 技术成果的精神权属。

人类的脑力劳动是技术成果的一个重要基础，尤其在技术上具有很强的专属性，精神成果理应归个人所有。因此，《民法典》第849条规定，完成技术成果的个人享有在有关技术成果文件上写明自己是技术成果完成者的权利和取得荣誉证书、奖励的权利。

二、技术开发合同

（一）技术开发合同概述

技术开发合同，是指当事人之间就新技术、新产品、新工艺、新品种或者新材料及其系统的研究开发所订立的合同。可见，在技术开发合同中，标的物涉及新技术、新产品、新工艺、新品种或者新材料及其系统，也就是当事人在订立技术合同时尚未掌握的，具有一定新颖性、创造性及实用性的产品、工艺、品种材料及其系统等技术方案。

技术开发合同具有如下特征：其一，标的物具有一定新颖性、创造性及实用性，包括新技术、新产品、新工艺、新品种或者新材料及其系统；其二，技术开发合同的内容是进行研究开发工作，包括委托开发与合作开发；其三，技术开发合同是双务、有偿、诺成性的要式合同，合同履行具有协作性；其四，技术开发合同的风险由双方共同负担。

（二）技术开发合同的效力

技术开发合同包括委托开发合同和合作开发合同。

第一，委托开发合同。委托开发合同，是指当事人一方委托另一方进行技术研究开发所订立的合同。委托开发合同的特征是研究开发人以自己的名义、技术和劳务独立完成研究开发工作，委托人不得非法干涉。

1. 委托开发合同委托人的主要义务：

（1）按照合同的约定，支付研究开发经费和报酬。

（2）按照合同的约定，提供技术资料、提出研究开发要求、完成协作事项。

（3）按期接受研究开发成果。

2. 委托开发合同研究开发人的主要义务：

（1）按照约定制订和实施研究开发计划。

（2）合理使用研究开发经费。

（3）按期完成研究开发工作，交付研究开发成果，提供有关的技术资料和必要的技术指导，帮助委托人掌握研究开发成果。

3. 技术成果的归属。委托开发完成的发明创造，除法律另有规定或者当事人另有约定外，申请专利的权利属于研究开发人。研究开发人取得专利权的，委托人可以依法实施该专利。

第二，合作开发合同。合作开发合同，是指当事人各方就共同进行研究开发所订立的合同，即当事人各方共同投资、共同参与研究开发活动、共同承担研究开发风险、共享研究开发成果。

1. 当事人各方的主要义务是：

（1）按照合同的约定进行投资，包括以技术进行投资。

（2）按照合同约定的分工参与研究开发工作。

（3）协作配合研究开发工作。

2. 技术成果的归属。合作开发完成的发明创造，申请专利的权利属于合作开发的当事人共有;当事人一方转让其共有的专利申请权的,其他各方享有以同等条件优先受让的权利。但是,当事人另有约定的除外。一方声明放弃其共有的专利申请权的,除当事人另有约定外,可以由另一方单独申请或者由其他各方共同申请。申请人取得专利权的,放弃专利申请权的一方可以免费实施该专利。合作开发的当事人一方不同意申请专利的,另一方或者其他各方不得申请专利。

(三)技术秘密成果的归属

《民法典》第861条规定,委托开发或者合作开发完成的技术秘密成果的使用权、转让权以及收益的分配办法,由当事人约定;没有约定或者约定不明确,依据《民法典》第510条的规定仍不能确定的,在没有相同技术方案被授予专利权前,当事人均有使用和转让的权利。但是,委托开发的研究开发人不得在向委托人交付研究开发成果之前,将研究开发成果转让给第三人。

(四)风险负担及通知

技术开发合同履行过程中,因出现无法克服的技术困难,致使研究开发失败或者部分失败的,该风险由当事人约定;没有约定或者约定不明确,依据《民法典》第510条的规定仍不能确定的,风险由当事人合理分担。当事人应当及时通知另一方并采取适当措施减少损失,否则应当就扩大的损失承担责任。

(五)合同的解除

《民法典》第857条规定,因作为技术开发合同标的的技术已经由他人公开,致使技术开发合同的履行没有意义的,当事人可以解除合同。

三、技术转让合同与技术许可合同

(一)技术转让合同与技术许可合同概述

技术转让合同,是指合法拥有技术的权利人,将现有特定的专利、专利申请、技术秘密的相关权利让与他人所订立的合同。技术转让合同包括专利权转让、专利申请权转让、技术秘密转让等合同。

技术许可合同是合法拥有技术的权利人,将现有特定的专利、技术秘密的相关权利许可他人实施、使用所订立的合同。

技术合同的订立遵循有利于知识产权的保护和科学技术的进步的原则,技术转让合同与技术许可合同也应当遵循这一原则,因此《民法典》第864条规定了限制性条款,即技术转让合同和技术许可合同可以约定实施专利或者使用技术秘密的范围,但是不得限制技术竞争和技术发展。

技术转让合同与技术许可合同具有以下特点:

1. 合同标的是已有的、完整的技术成果。合同标的为当事人订立合同时已经掌握的技术成果,包括发明创造专利和非专利技术成果;合同标的有特定的、完整的技术内容,构成一项产品、工艺、材料及其改进的技术方案。

2. 是双务、有偿、诺成性的要式合同。相关法律规定,技术转让合同和技术许可合同应当采用书面形式。

技术转让合同转让的标的是技术成果的产权,可以是专利权、专利申请权或对技术秘密拥有的权利,而技术许可合同转移的仅是相关权益的使用权,这也是两种合同的区别所在。

(二)技术转让合同与技术许可合同的效力

1. 让与人或许可人的义务与责任

(1)专利技术的让与人或许可人应当按照约定转让或者许可被许可人实施专利,交付与实施专利有关的技术资料,提供必要的技术指导。

(2)技术秘密转让合同的让与人和技术秘密使用许可合同的许可人应当按照约定提供技术资料,进行技术指导,保证技术的实用性、可靠性,承担保密义务。前述规定的保密义务,不限制许可人申请专利,但是当事人另有约定的除外。

(3)技术转让合同让与人和技术许可合同许可人的保证义务。技术转让合同的让与人和技术许可合同的许可人应当保证自己是所提供技术的合法拥有者,并保证所提供的技术完整、无误、有效,能够达到约定的目标。

(4)许可人和让与人的违约责任。许可人未按照约定许可技术的,应当返还部分或者全部使用费,并应当承担违约责任;实施专利或者使用技术秘密超越约定范围的,违反约定擅自许可第三人实施该项专利或者使用该项技术秘密的,应当停止违约行为,承担违约责任;违反约定的保密义务的,应当承担违约责任。让与人承担违约责任,参照适用以上规定。

2. 受让人或被许可人的义务与责任

(1)专利实施许可合同的被许可人应当按照约定实施专利,不得许可约定以外的第三人实施该专利,并按照约定支付使用费。

(2)技术秘密转让合同的受让人和技术秘密使用许可合同的被许可人应当按照约定使用技术,支付转让费、使用费,承担保密义务。

(3)技术转让合同的受让人和技术许可合同的被许可人应当按照约定的范围和期限,对让与人、许可人提供的技术中尚未公开的秘密部分,承担保密义务。

(4)被许可人和受让人的违约责任。被许可人未按照约定支付使用费的,应当补交使用费并按照约定支付违约金;不补交使用费或者支付违约金的,应当停止实施专利或者使用技术秘密,交还技术资料,承担违约责任;实施专利或者使用技术秘密超越约定的范围的,未经许可人同意擅自许可第三人实施该专利或者使用该技术秘密的,应当停止违约行为,承担违约责任;违反约定的保密义务的,应当承担违约责任。受让人承担违约责任,参照适用以上规定。

(5)受让人和被许可人的侵权责任。《民法典》第 874 条规定:“受让人或者被许可人按照约定实施专利、使用技术秘密侵害他人合法权益的,由让与人或者许可人承担责任,但是当事人另有约定的除外。”

3. 技术转让合同后续成果的归属

基于“谁开发归谁所有”的原则,当事人可以按照互利的原则,在合同中约定实施专利、使用技术秘密后续改进的技术成果的分享办法;没有约定或者约定不明确,依据《民法典》第 510 条的规定仍不能确定的,一方后续改进的技术成果,其他各方无权分享。

四、技术咨询合同和技术服务合同

(一)技术咨询合同与技术服务合同概述

技术咨询合同,是指当事人一方以技术知识为对方就特定技术项目提供可行性论证、技术预测、专题技术调查、分析评估报告等所订立的合同。技术咨询合同有以下特征:

1. 主体具有特殊性。技术咨询合同中,从事咨询服务的受托人一般都是专门机构和咨询公司,需要有专门的技术人员和技术知识。

2. 咨询服务内容具有特殊性。技术咨询合同中咨询服务内容是特定技术项目,可以是有关科学技术与经济社会协调发展的软科学研究项目,也可以是促进技术进步和管理现代化、提高经济效益和社会效益等运用科学知识和技术手段进行调查、分析、论证、评价、预测的专业性技术项目。工作成果为提供可行性论证、技术预测、专题技术调查、分析评估报告等。

技术服务合同是当事人一方以技术知识为对方解决特定技术问题所订立的合同,不包括承揽合同和建设工程合同。技术服务合同有以下特征:

1. 标的具有特殊性。技术服务合同中的标的是一定的技术行为,以及服务方提供技术服务工作以解决特定的技术问题。与技术咨询不同的是,它需要提供技术成果,而不仅仅是提供咨询意见或报告。

2. 合同目的具有特殊性。技术服务合同的目的在于受托人向委托人提供技术服务工作以解决特定的技术问题。此处所说的特定技术问题,是指需要运用专业技术知识、经验和信息解决的有关改进产品结构、改良工艺流程、提高产品质量、降低产品成本、节约资源能耗、保护资源环境、实现安全操作、提高经济效益和社会效益等的专业技术问题。

(二)技术咨询合同与技术服务合同的效力

1. 技术咨询合同当事人的义务及责任。

(1)委托人的主要义务。委托人应当按照约定阐明咨询的问题,提供技术背景材料及有关技术资料,接受受托人的工作成果,支付报酬。

(2)受托人的主要义务。受托人应当按照约定的期限完成咨询报告或者解答问题,提出的咨询报告应当达到约定的要求。

(3)违约责任。委托人未按照约定提供必要的资料,影响工作进度和质量,不接受或者逾期接受工作成果的,支付的报酬不得追回,未支付的报酬应当支付。受托人未按期提出咨询报告或者提出的咨询报告不符合约定的,应当承担减收或者免收报酬等违约责任。委托人按照受托人提出的符合约定要求的咨询报告和意见作出决策所造成的损失,由委托人承担,但是当事人另有约定的除外。

2. 技术服务合同当事人的义务及责任。

(1)委托人的义务。委托人应当按照约定提供工作条件,完成配合事项,接受工作成果并支付报酬。

(2)受托人的义务。技术服务合同的受托人应当按照约定完成服务项目,解决技术问题,保证工作质量,并传授解决技术问题的知识。

(3)违约责任。委托人不履行合同义务或者履行合同义务不符合约定,影响工作进度和质量,不接受或者逾期接受工作成果的,支付的报酬不得追回,未支付的报酬应当支付。受托人未按照约定完成服务工作的,应当承担免收报酬等违约责任。

3. 成果的归属。在技术咨询合同、技术服务合同履行过程中,受托人利用委托人提供的技术资料和工作条件完成的新的技术成果,属于受托人。委托人利用受托人的工作成果完成的新的技术成果,属于委托人。当事人另有约定的,按照其约定。

4. 工作费用的负担。技术咨询合同和技术服务合同对受托人正常开展工作所需费用的负担没有约定或者约定不明确的,由受托人负担。

第五节　合伙合同

一、合伙合同概述

合伙合同是两个以上合伙人为了共同的事业目的，订立的共享利益、共担风险的协议。合伙特别是商事合伙是由合伙合同和合伙组织两部分组成的，合伙合同是合伙产生的基础，规制的是合伙人之间的法律关系，而合伙组织则是对外与第三人产生各种法律关系的主体。

合伙合同的合伙人不限于两个以上的自然人，可以是任何民事主体。它具有下列法律特征：

1. 合伙合同属于共同行为。合伙人必须有共同的事业目的，这是合伙合同与一般的以财产关系为内容的合同的显著区别之一。而且合伙人之间具有利益的共同指向，是合作而非对立和竞争的关系，这也是合伙合同与其他合同不同的地方。

2. 合伙人必须参加合伙事业的经营管理。只提供资金而不参加合伙事业的经营管理，不能成为合伙人。也就是说合伙关系要求合伙人共同出资、共同经营、共享利益、共担风险，这也是合伙合同区别于借款合同的重要特点。

3. 合伙合同属于继续性合同。因为合伙合同中约定的权利义务不可能一次性履行完毕，会随着时间的推移不断产生，因此属于继续性合同，其在解除效力等方面也不同于一般的合同。例如，《民法典》第976条对不定期合伙合同解除的规定：“合伙人对合伙期限没有约定或者约定不明确，依据本法第五百一十条的规定仍不能确定的，视为不定期合伙。合伙期限届满，合伙人继续执行合伙事务，其他合伙人没有提出异议的，原合伙合同继续有效，但是合伙期限为不定期。合伙人可以随时解除不定期合伙合同，但是应当在合理期限之前通知其他合伙人。”

4. 原则上合伙合同属于不要式合同，如果合伙人通过合伙合同设立合伙企业则需要订立书面合同。

二、合伙合同的效力

（一）合伙的内部关系

1. 合伙人的出资义务。合伙人应当按照约定的出资方式、数额和缴付期限，履行出资义务。根据《合伙企业法》的有关规定，合伙人可以用货币、实物、知识产权、土地使用权或者其他财产权利出资，也可以用劳务出资。合伙人以实物、知识产权、土地使用权或者其他财产权利出资，需要评估作价的，可以由全体合伙人协商确定，也可以由全体合伙人委托法定评估机构评估。合伙人以劳务出资的，其评估办法由全体合伙人协商确定，并在合伙协议中载明。无论是出资方式、数额还是缴付期限都应当在合伙协议中约定。

2. 依照法律规定和合伙合同的约定确定合伙财产的归属。《民法典》第969条规定：“合伙人的出资、因合伙事务依法取得的收益和其他财产，属于合伙财产。合伙合同终止前，合伙人不得请求分割合伙财产。”可见，合伙财产在性质上属于共同共有，故在共同共有的基础关系消灭，即合伙合同终止前，合伙人不得请求分割合伙财产。

3. 依照法律规定和合伙合同的约定执行合伙事务。与法人专门设有执行机构不同的是，合伙事务原则上由全体合伙人共同执行，这体现了合伙更强的人合性。《民法典》第 970 条规定："合伙人就合伙事务作出决定的，除合伙合同另有约定外，应当经全体合伙人一致同意。合伙事务由全体合伙人共同执行。按照合伙合同的约定或者全体合伙人的决定，可以委托一个或者数个合伙人执行合伙事务；其他合伙人不再执行合伙事务，但是有权监督执行情况。合伙人分别执行合伙事务的，执行事务合伙人可以对其他合伙人执行的事务提出异议；提出异议后，其他合伙人应当暂停该项事务的执行。"合伙人执行合伙事务原则上是无偿的，但合伙合同另有约定的除外。

4. 依照法律规定和合伙合同的约定进行利润分配和亏损分担。"有福同享，有难同担"是合伙人应有的基本常识，这一常识上升到立法，就是利润分配和亏损分担问题。《民法典》第 972 条规定："合伙的利润分配和亏损分担，按照合伙合同的约定办理；合伙合同没有约定或者约定不明确的，由合伙人协商决定；协商不成的，由合伙人按照实缴出资比例分配、分担；无法确定出资比例的，由合伙人平均分配、分担。"

5. 依照法律规定和合伙合同的约定承担债务。《民法典》第 973 条规定："合伙人对合伙债务承担连带责任。清偿合伙债务超过自己应当承担份额的合伙人，有权向其他合伙人追偿。"由于合伙本身并不是独立的民事主体，所以合伙债务直接由合伙人对外承担连带责任。但是，任何连带责任对内其实都是按份的，所以清偿合伙债务超过自己应当承担份额的合伙人，有权向其他合伙人追偿。

6. 合伙终止的效力。《民法典》第 977 条规定："合伙人死亡、丧失民事行为能力或者终止的，合伙合同终止；但是，合伙合同另有约定或者根据合伙事务的性质不宜终止的除外。"第 978 条规定："合伙合同终止后，合伙财产在支付因终止而产生的费用以及清偿合伙债务后有剩余的，依据本法第九百七十二条的规定进行分配。"

（二）合伙的外部关系

1. 合伙人与第三人发生法律关系时的效果归属。合伙事务执行人代表合伙组织与第三人发生的法律关系之效果归属于合伙组织及全体合伙人，即使合伙人对合伙事务的执行作出了约定和限制，该约定和限制也仅属于内部约定，不能对抗善意第三人。这也是出于对善意第三人合理信赖的保护，是维护交易安全的需要。

2. 合伙人原则上对外承担无限连带责任。《民法典》第 973 条规定："合伙人对合伙债务承担连带责任。清偿合伙债务超过自己应当承担份额的合伙人，有权向其他合伙人追偿。"

3. 合伙财产的转让原则上需要经过全体合伙人的同意。《民法典》第 974 条规定："除合伙合同另有约定外，合伙人向合伙人以外的人转让其全部或者部分财产份额的，须经其他合伙人一致同意。"

（三）合伙人的债权人不得代位行使合伙人的合伙权利

《民法典》第 975 条规定："合伙人的债权人不得代位行使合伙人依照本章规定和合伙合同享有的权利，但是合伙人享有的利益分配请求权除外。"

案例分析

甲与乙系再婚夫妻关系，小甲为甲儿子之子，小乙为乙儿子之子。甲、乙为小甲、小乙将来读书方便，欲用旧房拆迁款在泸州购房一套，赠与小甲、小乙。甲、乙选定了房屋，由甲签署了房屋认购协议书，并支付了房款。后甲病故，泸州市A公司与小甲、小乙在诉讼中达成协议，双方自愿解除房屋买卖合同，泸州市A公司退还小甲、小乙购房款，小甲、小乙支付违约金。2019年6月25日，乙向一审法院起诉，认为双方当事人之间的赠与合同尚未成就，请求撤销赠与，退还购房款。

问题：赠与合同是否成就？购房款是否应当退还？

分析：根据一审、二审查明的事实，案涉赠与的具体实施方式是赠与人选定拟购买的房产后，由受赠的孙子女直接与开发商订立商品房买卖合同，赠与人再向开发商支付购房款。客观而言，甲、乙赠与的初衷指向的确实是特定房产，且购房款并未直接交付给受赠人，与通常的赠与金钱貌似有所不同。但是，由于赠与人甲、乙彼时并不享有该房产的所有权，无法通过赠与的方式行使处分权，并且，按照赠与最终的实施方式，在案涉商品房买卖合同签订完毕并支付部分购房款后，赠与人甲、乙便无法再实际占有、支配和控制已支付的相关款项。同时，甲、乙并非案涉商品房买卖合同的当事人，亦不享有该买卖合同项下的权利义务。因此，从法律角度而言，甲、乙向两名孙子女赠与的财产，应当是就该特定房产向开发商实际支付的已付部分购房款，而非该房产本身。此外，《民法典》第658条第1款规定："赠与人在赠与财产的权利转移之前可以撤销赠与。"该规定赋予了赠与人单方享有的、在赠与财产权利转移之前撤销赠与的权利。行使该任意撤销权所产生的法律后果是赠与的权利义务关系消灭，赠与人不再负有交付赠与财产的义务。而本案中，乙诉请的是退还购房款，亦从反面印证了赠与财产已经转移的法律事实。虽然甲、乙未将全部购房款支付完毕，但由于赠与属于单方施惠行为，受赠人是纯获利益者，赠与人实际仅支付了部分购房款，不会影响该赠与合同目的的实现。鉴于案涉赠与财产的权利已完成转移，乙不能再行使任意撤销权，本案亦不具备可以行使法定撤销权的相关事实基础，故乙主张退还已付购房款的诉讼请求，依法不能成立。

思考题

1. 买卖合同中标的物所有权转移有哪几种情况？
2. 买卖合同中标的物风险转移有哪些情况？
3. 赠与合同有哪些效力？
4. 借款合同有哪些特征？
5. 出租人和承租人的权利与义务分别是什么？
6. 融资租赁合同有哪些特征？
7. 债权转让与保理是什么关系？
8. 承揽合同有哪些特征？
9. 建设工程合同中承包人有哪些主要义务？
10. 多式联运合同中承运人的责任有哪些？
11. 保管人有哪些权利与义务？

12. 仓储合同的法律特征有哪些?
13. 物业服务人的义务有哪些?
14. 如何区分中介合同、行纪合同及委托合同?
15. 保证合同的效力如何?如何确定保证期间?
16. 技术开发合同的违约责任主要有哪些?
17. 在合伙合同中如何分配利润、分担亏损?

第十九章　准　合　同

| 学习要点 |

本章学习无因管理和不当得利的概念、构成要件以及法律效力。无因管理和不当得利都是债产生的原因,属于法定之债。由于此次《民法典》的编纂没有设置债法总则,而是保持合同法总则体系的完整性,以合同编发挥了债法总则的功能,因此将无因管理和不当得利以准合同的形式加以规定。

第一节　无　因　管　理

一、无因管理的概念及构成

无因管理,是指没有法定的或者约定的义务,为了避免他人利益受损失而进行管理或者服务的行为。《民法典》第979条规定了无因管理的定义,即管理人没有法定的或者约定的义务,为避免他人利益受损失而管理他人事务的,可以请求受益人偿还因管理事务而支出的必要费用;管理人因管理事务受到损失的,可以请求受益人给予适当补偿。管理事务不符合受益人真实意思的,管理人不享有前述规定的权利;但是,受益人的真实意思违反法律或者违背公序良俗的除外。

从无因管理的定义中,我们可以看出法律的价值取舍,一方面,法律鼓励他人的互助行为;另一方面,法律禁止过度干预他人的生活以实现保护私权的目的。立法者也试图找到两者平衡的界点。从性质上说,无因管理不以意思表示为要素,不属于民事法律行为,它是一种合法的事实行为,是一种法律事实,不适用民法关于意思表示和法律行为的规定。如果是对"事务管理的实施"进行分析,或者说,考察一个个具体的管理行为,某个或者某些具体行为可能是法律行为,如招工修缮房屋、代人清偿水电费等。但是,该法律行为只是为管理实务所采取的措施和方法,因而未能改变无因管理为事实行为的本性。[1]

无因管理的构成要件有以下几个方面。

(一)在客观上管理了他人事务

此处的管理事务,比委托合同中处理的事务含义狭窄得多,仅限"为避免他人利益受损失而进行"的且能够产生债务关系的管理。无因管理重在管理事务本身,目的是否达成,不影响无因管理之成立。管理的对象须是他人事务。

---

〔1〕 参见崔建远:《债法总论》,法律出版社2013年版,第316页。

(二)在主观上是为了他人利益而管理事务

无因管理有为他人谋利益的意思,这也是无因管理阻却违法性的根本原因。为他人管理事务的含义是指管理人认识到其所管理的事务属于他人事务,并欲使管理事务所生利益归属于该他人(受益人),需对他人事务有管理的意思。通说认为,管理人为自己之意思与为他人之意思可以并存,为他人管理事务兼具为自己利益者,不妨碍无因管理之成立。只要管理行为在客观上避免了他人利益受损且管理人不纯粹是出于为自己谋利的目的,就构成无因管理行为。

(三)实际上没有法律上的义务

无法律上之义务,是指既没有法定义务(如监护、赡养、财产代管、消防警察救火),也没有约定的义务(如委托、雇佣等)。

(四)关于当事人的行为能力

受益人不必具备行为能力,故受益人为无、限制民事行为能力人的,并不妨碍成立无因管理。

管理人是否须有行为能力?通说认为,无因管理本身属事实行为,故原则上不要求管理人有行为能力;但在管理的事务为法律行为(如代人还债)时,管理人应具有相应的行为能力。[1]

二、无因管理的效力

无因管理一经成立,当事人之间即形成法定之债的关系。

(一)管理人的义务

1. 管理人的善良管理义务

《民法典》第981条规定,管理人管理他人事务,应当采取有利于受益人的方法。中断管理对受益人不利的,无正当理由不得中断。该条规定了管理人在管理事务的过程中必须尽到善良管理人的注意义务。如果在管理事务的过程中,没有注意到该义务而侵害了被管理人的权利,就可能要承担侵权责任。

2. 管理人的通知义务

《民法典》第982条规定,管理人管理他人事务,能够通知受益人的,应当及时通知受益人。管理的事务不需要紧急处理的,应当等待受益人的指示。通知义务是指管理人开始管理时,如能通知受益人,应当及时通知受益人;如无急迫情事者,应依受益人指示。如果受益人指示继续管理,视为对管理事务的承认,若被管理人指示停止管理,而管理人仍为管理,应认为违反了受益人之意思,自其违反指示而为管理时起,适用不当的无因管理规定。《民法典》第979条第2款对此有规定。

3. 管理人的报告及转交财产义务

《民法典》第983条规定,管理结束后,管理人应当向受益人报告管理事务的情况。管理人管理事务取得的财产,应当及时转交给受益人。

(二)管理人的权利

1. 支出必要费用偿还请求权。管理人为管理事务而支出的必要费用,可以请求受益人偿还。

2. 清偿负担债务请求权。管理人因管理事务而对第三人负担之债务,得请求受益人代为

---

[1] 参见李建伟:《民法60讲》,人民日报出版社2020年版,第451页。

清偿；受益人拒绝的，管理人可对第三人自行偿付，然后再向受益人行使代位求偿权。

3. 损害赔偿请求权。管理人因管理事务而受损害的，可请求受益人给予适当补偿。

疑难问题论争　无因管理人是否享有报酬请求权？

无因管理人是否享有报酬请求权？学界对此一直存在不同的学说，有“否定说”、“有限肯定说”和“完全肯定说”。其中，支持“否定说”的以梁慧星等学者为主要代表。梁慧星教授认为：“无因管理本为社会善良行为，法律鼓励社会成员从事无因管理，但不鼓励社会成员通过无因管理为自己谋利。如果管理人因无因管理行为而收取报酬，与无因管理制度为他人利益而存在的基本目的不和。”基于“否定说”观点，如果承认无因管理人因管理行为而享有报酬请求权，无疑是在鼓励社会成员通过无因管理为自己谋取利益，此结论显然不合适。如上文所述，我国民事立法也暂不承认无因管理人享有报酬请求权。

“有限肯定说”为德国通说。该学说认为，管理人通常不能就其为他人管理事务而请求报酬，但倘若管理事务系管理人之职业范畴，如医师救助遭遇车祸之人，应肯定其有报酬请求权。基于“有限肯定说”的观点，管理人享有报酬请求权的前提是无因管理的事务本身与管理人的职业行为有关。郭明瑞教授也认为：“无因管理人一般不享有报酬请求权，但如果管理人的报酬能计入必要费用，则应当允许请求偿付……管理事务系在管理人的职业范围内的，可认为有间接财产支出，得请求通常的报酬的赔偿。”

“完全肯定说”以郑玉波等学者为主要代表。郑玉波教授认为：“无因管理制度一方面保护了本人利益，一方面谋取社会利益，若对管理人赋予报酬请求权，不更具有重要之意义乎？”基于“完全肯定说”的视角，只要是行为人认真从事了无因管理事务，便应肯定报酬请求权的存在，不因管理事务是否系职业行为而不同。〔1〕

第二节　不当得利

一、不当得利的概念

不当得利，是指没有法律根据，使他人受到损失而自己获得利益的事实。正因为不当得利没有法律根据，因此虽属既成事实也不能受到法律的保护，取得利益的人应将不当利益返还给受损失的人，这种权利义务关系就是不当得利之债。其中，取得不当利益的人为受益人，是不当得利之债的债务人，负有返还不当得利的债务；财产受损失的人为受害人，是不当得利之债的债权人，享有请求受益人返还不当得利的债权。

二、不当得利的构成要件

《民法典》第122条规定：“因他人没有法律根据，取得不当利益，受损失的人有权请求其返还不当利益。”不当得利的构成要件包括以下四个方面：一方取得利益；另一方受到损失；取得

〔1〕　参见孙毅：《无因管理人报酬请求权的合理性分析》，载《黑龙江生态工程职业学院学报》2020年第1期。

利益与受到损失之间有因果关系；无法律上的根据。

（一）一方取得利益

根据《民法典》第985条的规定，得利人没有法律根据取得不当利益的，受损失的人可以请求得利人返还取得的利益，得利人没有法律根据取得不当利益是不当得利的一个构成要件。所谓取得利益，是指因为一定事实使财产总额增加。增加有积极的增加和消极的增加两类。财产积极的增加，是指权利的增强或义务的消灭，使财产范围扩大。财产消极的增加，是指当事人的财产本应减少却因一定事实而没有减少。〔1〕

《民法典》第985条规定了例外情形：一是为履行道德义务而进行的给付；二是债务到期之前的清偿；三是明知无给付义务而进行的债务清偿。

（二）另一方受到损失

损失，包括现有财产利益的减少，即直接损失或积极损失，以及财产利益应当增加而没有增加，即间接损失或消极损失。就间接损失而言，只要在通常情况下财产可能增加而实际没有增加即为损失。这是因为，不当得利制度的功能在于使得利人返还其没有法律上依据而取得的利益，而非填补损害。〔2〕

（三）取得利益与受到损失之间有因果关系

要成立不当得利，还需要受害人受到损失与受益人取得利益有因果关系。此处的因果关系，是指受益人的利益取得建立在受害人受到损失的基础上。就因果关系而言，存在直接因果关系和非直接因果关系两种学说。

"直接因果关系说"认为，受益和受损须基于同一事实而发生。如果受损和受益系基于两个不同的原因事实，即使这两个事实之间有牵连关系，也不应视为具有因果关系。非直接因果关系说认为，如果受益与受损之间具有牵连关系，依社会观念，也应成立不当得利。〔3〕

（四）无法律根据

根据《民法典》第985条的规定，具备了受益和损失有因果关系这一条件并不当然成立不当得利，还需要具备"无法律依据"这一要件。不当得利中的"无法律根据"，是指受益人取得利益并非基于法律规定，也非基于其他合法原因。

三、不当得利的法律效果

不当得利的要件具备后，在受益人和受害人之间产生法定的债权债务关系，即受害人有请求返还不当得利的权利，受益人有返还不当得利的义务。其具体规定如下：

1. 善意得利人返还义务的免除。如果得利人不知道且不应当知道取得的利益没有法律根据，且取得的利益已经不存在，不承担返还该利益的义务。这是得利人为善意的情形。得利人为善意，即在得利人取得利益时不知道且不应当知道没有法律根据，其返还利益的范围以利益存在的部分（现存利益）为限；如利益已不存在，则不负返还义务（《民法典》第986条）。所谓现存利益不限于原物的固有形态，如果形态改变，但其财产价值仍然存在或者可以代偿的，仍然属于现存利益。〔4〕

---

〔1〕　参见王利明等：《民法学》（第6版）（下册），法律出版社2020年版，第875页。

〔2〕　参见王利明主编：《民法》（第8版）（下册），中国人民大学出版社2020年版，第349页。

〔3〕　参见江平主编：《民法学》（第4版），中国政法大学出版社2019年版，第601页。

〔4〕　参见王利明等：《民法学》（第6版）（下册），法律出版社2020年版，第877页。

2. 恶意得利人的返还义务。得利人知道或者应当知道取得的利益没有法律根据的，受损失的人可以请求得利人返还其取得的利益并依法赔偿损失。这是得利人为恶意的情形。得利人为恶意，即在取得利益时知道或者应当知道没有法律根据，其返还利益的范围应是得利人取得利益时的数额，即使该利益在返还之时已经减少甚至不复存在，返还义务也不免除，并应当依法赔偿损失（《民法典》第987条）。之所以如此，是因为得利人明知其取得利益没有合法根据，却仍然置受损失的人的合法利益于不顾，法律对此没有加以特别保护的必要。[1]

3. 第三人的返还义务。得利人已经将取得的利益无偿转让给第三人的，受损失的人可以请求第三人在相应范围内承担返还义务。

4. 得利人在取得利益时为善意，事后为恶意的，其返还范围应以恶意开始之时存在的利益为准。

案例分析

甲、乙本为非常要好的邻居，但因为甲曾经未借钱于乙，乙遂怀恨在心。一日，甲宅突发大火，由于甲宅与乙宅相邻，乙怕“城门失火，殃及池鱼”，于是就持灭火器前往救火。在乙的努力下大火终被扑灭，但乙也被熊熊燃烧的大火烧伤。

问题：乙的行为是否构成无因管理？

分析：乙的行为构成无因管理。首先，乙的行为符合无因管理的客观构成要件，乙管理了甲的事务即他人的事务。其次，乙无法律或者约定上的义务，虽然甲、乙为邻居但乙没有帮助甲灭火的义务。最后，乙怕“城门失火，殃及池鱼”的这种心理态度，可能使初学者产生困惑（乙帮助甲灭火也是为了自己的利益，这能否构成无因管理），我们只要求管理行为在客观上避免了他人利益受损且管理人不纯粹是出于为自己谋利的目的，符合这一要求就可以构成无因管理。

思考题

1. 无因管理的构成要件有哪些？
2. 无因管理中管理人有哪些义务？
3. 不当得利的构成要件有哪些？
4. 不当得利有何法律效果？

[1] 参见王利明主编：《民法》（第8版）（下册），中国人民大学出版社2020年版，第351页。

第四编

人格权

第二十章　人格权概述

| 学习要点 |

本章学习的是人格权法的基本概念。人格权意义上的人格，是指专属于民事主体的人格利益，而人格权则是民事主体对其特定的人格利益所享有的、以维护人身自由和人格尊严为目的的固有权利。人格权可以分为一般人格权和具体人格权。一般人格权，是指自然人享有的，概括人格自由和人格尊严等一般人格利益全部内容的权利。具体人格权则包括生命权、身体权、健康权、姓名权、名称权、肖像权、名誉权、荣誉权、隐私权等权利。

第一节　人格权的概念和特征

一、人格权的概念

（一）人格的概念

法律上的人格概念可以从这样几个方面来理解：首先，人格，是指具有独立法律地位的民事主体，包括自然人、法人和非法人组织。作为民事主体的人格是一种独立、平等的主体资格，是人格权的载体。其次，人格，是指民事权利能力，即享有民事权利和承担民事义务的资格。和每个民事主体都具有民事权利能力一样，每个民事主体都享有人格。最后，人格还是人格权的客体，是人格权予以保护的与民事主体不可分离的人格利益。人格权意义上的人格指的就是人格利益。[1] 人格利益主要是一种精神利益，包括抽象人格利益和具体人格利益。抽象人格利益包括独立、自由、尊严等。具体人格利益包括生命、身体、健康、姓名、名称、肖像、名誉、荣誉、隐私等。

法人和非法人组织也是民事主体，具有法律上的人格。和自然人当然具有人格不同，法人和非法人组织的人格是法律所赋予的，是对这些组织在社会经济生活中地位和作用的法律确认。民法保护法人和非法人组织的意志自由和精神利益完整等人格利益。

（二）人格权的概念和性质

人格权，是指民事主体对其特定的人格利益所享有的排除他人侵害以维护和实现人身自由和人格尊严为目的的权利。[2]《民法典》第990条第1款规定了民事主体所享有的人格权的具体法定类型："人格权是民事主体享有的生命权、身体权、健康权、姓名权、名称权、肖像权、

〔1〕 参见王利明：《人格权法研究》（第3版），中国人民大学出版社2018年版，第5～6页。

〔2〕 参见黄薇主编：《中华人民共和国民法典人格权编释义》，法律出版社2020年版，第6页。

名誉权、荣誉权、隐私权等权利。”人格权关系每个人的人格尊严,是民事主体最基本的权利。如果说物权是对物的权利,债权是对他人的权利;那么人格权就是对自己的权利,是民事主体支配自己人格利益和排除他人侵害的权利。需要注意区分的是,人格权虽然是权利人对自身的权利,但人格权法律关系作为一种民事法律关系,只能是人与人之间的关系。

人格权具有法定性。通过对具体人格权和其他人格权益的规定,《民法典》全面确立了人格权的法定性。《民法典》规定了生命权(第1002条)、身体权(第1003条)、健康权(第1004条)、姓名权(第1012条)、名称权(第1013条)、肖像权(第1018条)、名誉权(第1024条)、荣誉权(第1031条)、隐私权(第1032条)等具体人格权。这些规定明确了具体人格权的类型、内容,对于确认和保护人格权、防止人格权的泛化具有重要意义。需要说明的是,《民法典》第110条第1款还规定了自然人的婚姻自主权。婚姻自主权也是人格权的一种,规定在《民法典》婚姻家庭编中,应认为包含在《民法典》第990条第1款所规定的“等”中。

为了强化对人格权的保护,人格权法具有强行法的特点,对于人格权的行使方式如转让等有明确限制。但是,和严格的物权法定主义不同,新的人格权益会随着社会发展而不断出现并应予以法律保护,因此《民法典》第990条第2款规定:“除前款规定的人格权外,自然人享有基于人身自由、人格尊严产生的其他人格权益。”该条规定和《民法典》第3条、第126条一脉相承,将法律保护的范围从权利拓展到合法权益和利益,避免法律保护出现漏洞。

人格权是一种私权。我国《宪法》第37条第1款规定:“中华人民共和国公民的人身自由不受侵犯。”《宪法》第38条规定:“中华人民共和国公民的人格尊严不受侵犯。禁止用任何方法对公民进行侮辱、诽谤和诬告陷害。”所以,宪法是人格权的最高法律渊源。[1] 但是,由于我国《宪法》并不能直接适用于具体的民事案件,只有通过《民法典》将人格权从私法的角度转化为私权,人格权才能真正获得民事救济。《民法典》第109条在“民事权利”一章的开始就规定:“自然人的人身自由、人格尊严受法律保护。”该规定具有宣示人身自由和人格尊严作为民事权利价值基础的重要作用。《民法典》专编规定人格权,正是以人格权是一种私权作为理论基础的。

我国《宪法》第33条第3款规定:“国家尊重和保障人权。”人格权是人权的基础,体现了尊重个人的人格平等、个人自由和人格尊严的人权基本精神。但是,人格权仅仅是人权的一种,人权的范围要更广泛。《民法典》主要是从民事法律规范的角度规定民事主体的人格权,不涉及政治、社会等方面的基本权利。

二、人格权的特征

人格权是民事主体的固有权利。人格权是民事主体与生俱来、始终享有的权利。人格权的固有性是人格权和其他民事权利区别的重要特征。民事主体不需要通过行为去获取人格权,而是在民事主体出生或成立时就当然享有权利。同时,人格权保护的是民事主体的人格利益,除非民事主体死亡或者终止,不因任何原因而丧失。自然人死亡后,虽然人格权随权利主体的死亡而消灭,但死者的姓名、肖像、名誉、荣誉、隐私、遗体仍然受到法律的保护。

人格权是专属民事主体的权利。权利通常和权利主体联系在一起,但所有权、债权等财产权和权利主体的联系并不紧密。财产权等权利独立于权利主体也可以存在,可以放弃、转让或

---

〔1〕 参见王利明:《人格权法研究》(第3版),中国人民大学出版社2018年版,第80页。

者继承,权利主体的死亡或者终止并不影响财产权的继续存在。但是人格权则具有专属性,和特定的民事主体紧密联系在一起。人格权只能由民事主体享有,非民事主体不能享有人格权;人格权只能专属于每一个具体的民事主体,不存在脱离特定民事主体的人格权。人格权因特定权利主体的死亡或者终止而消灭。《民法典》第 992 条规定:“人格权不得放弃、转让或者继承。”例如,自然人的生命权是与生俱来且不可放弃的,放弃生命权的约定无效。再如,生命权、名誉权、荣誉权等作为具有严格专属性的权利是不能转让的。但依据《民法典》第 1013 条的规定,法人和非法人组织可以依法转让自己的名称。此外,民事主体可以许可他人使用自己的姓名、名称和肖像。许可并非转让,许可后人格权仍然属于权利主体。人格权也不得继承。基于《宪法》第 38 条的价值判断,人格尊严不受侵犯不应因为自然人的死亡而受到影响。依据《民法典》第 994 条的规定,死者的近亲属有权保护死者的人格利益,但这并非人格权的继承。

人格权是维护人格独立的必备权利。人格权存在的目的就是维护人格独立,民事主体通过人格权对自己的人格利益进行控制和使用以满足自身需要,没有人格权甚至意味着失去了做人的权利。损害人格权的行为则会直接导致人格遭受损害。

人格权是以人格利益为客体的权利。人格利益主要是一种精神利益,人格权就是保护这种精神利益的一类权利。当然,对这种精神利益的保护在具体情形中可能转化为对特定物质利益的保护,但是本质上仍然是为了保护人格利益。依据《民法典》第 110 条的规定,人格权可以分为自然人的人格权和法人、非法人组织的人格权。自然人的人格权具有更强的人身属性,而法人、非法人组织的人格权相对而言则和财产利益关系更加密切。正因如此,最高人民法院《关于确定民事侵权精神损害赔偿责任若干问题的解释》第 4 条规定:“法人或者非法人组织以名誉权、荣誉权、名称权遭受侵害为由,向人民法院起诉请求精神损害赔偿的,人民法院不予支持。”

第二节　一般人格权

一、一般人格权的概念和特征

人格权可以分为一般人格权和具体人格权。《民法典》既详细规定了具体人格权,又规定了一般人格权,实现了对人格权益的全面保护。一般人格权,是指自然人享有的、概括人格自由和人格尊严等一般人格利益全部内容的权利。《民法典》第 990 条第 2 款规定:“除前款规定的人格权外,自然人享有基于人身自由、人格尊严产生的其他人格权益。”该款规定了我国法上的一般人格权。[1] 一方面,一般人格权以一般人格利益作为自己独立的调整对象;另一方面,作为具体人格权的上位概念,一般人格权对具体人格权具有规范意义。一般人格权的规定是框架性的、有待价值填充的、不确定的一般条款,其避免了具体列举人格权所带来的封闭性,可以更加全面地保护自然人人格权。

一般人格权具有这样一些法律特征:第一,一般人格权的主体限于自然人。法人和非法人

〔1〕 参见杨立新:《人格权法》,法律出版社 2020 年版,第 70 页。

组织作为组织体,其需要法律保护的人格权相对稳定。因此,法人和非法人组织的人格权保护通过法律明文规定具体人格权即可,不需要再通过一般人格权创设新的权利。第二,一般人格权的客体具有高度概括性。一般人格权的客体是一般人格利益,包括人格独立、人格自由和人格尊严,具有高度的概括性。一般人格利益的高度概括性体现在其不能被化约为具体的人格利益,不能成为具体人格权的客体;同时,具体人格权的客体都可以抽象概括为一般人格利益。第三,一般人格权的内容具有广泛性。具体人格权的内容可以被一般人格权完全包括,同时一般人格权还包括那些具体人格权所不能涵盖的人格利益。第四,一般人格权是人的基本权利。一般人格权决定和派生出具体人格权,同时其本身又是独立的最具典型性的基本人格权。

二、一般人格权的基本功能

(一)解释功能

一般人格权对于具体人格权有解释功能,对确定具体人格权的基本性质、具体内容具有重要意义。《宪法》第38条规定,公民的人格尊严不受侵犯。该项宪法规定在《民法典》中需要通过一般人格权予以落实。在解释具体人格权时,应当充分注意与一般人格权保持协调一致,不能作出违背一般人格权的解释。通过一般人格权的解释功能,能够将人身自由和人格尊严的基本价值贯彻于具体人格权。

(二)创设功能

在成文法国家,权利必须依据法律的明文规定才能创设。我国《民法典》也明文规定了各种具体人格权。但人格权是随着社会进步而不断发展的概念,出现《民法典》没有明文规定但却亟须保护的人格权益可以说是必然的。针对成文法的这种局限性,在成文法尚未创设新的具体人格权时将尚未权利化的具体人格权益作为一般人格权加以保护,从而满足社会进步的要求,同时为未来成文法创设具体人格权积累司法经验。

(三)补充功能

由于人格权是维护人格独立的必备权利,法律对人格权的保护必须是全面的。为了法律适用的统一性和安定性,应当优先适用法律已经明确规定的具体人格权,一般人格权则发挥兜底和补充适用的功能。现实社会中对人格权的侵犯则呈现多种多样和不断变化的特点,尤其是在一些特殊情形下对人格权的侵犯难以在事前作出清晰界定。一般人格权则始终保持其具有弹性的特点,能够应对新型疑难的侵犯人格权问题。例如,对于遗体利益、祭奠利益等,司法实践中多通过一般人格权加以保护。[1]

三、一般人格权的内容

(一)一般人格权的内容概述

一般人格权的内容极其广泛,难以通过列举的方式穷尽。一般人格权的内容可以概括为人身自由和人格尊严。[2]《民法典》第990条第1款列举了民事主体享有的具体人格权,包括生命权、身体权、健康权、姓名权、名称权、肖像权、名誉权、荣誉权、隐私权,接着在第2款规定了自然人享有基于人身自由、人格尊严产生的其他人格权益。《民法典》第110条第2款规定:

---

〔1〕 参见王利明:《人格权重大疑难问题研究》,法律出版社2019年版,第253~256页。

〔2〕 参见黄薇主编:《中华人民共和国民法典人格权编释义》,法律出版社2020年版,第16页。

“法人、非法人组织享有名称权、名誉权和荣誉权。”对比可知,生命权、身体权、健康权、姓名权、肖像权、隐私权这些具体人格权都是只有自然人才能享有的。人格权最重要的目的就是维护自然人的人身自由和人格尊严。法人和其他组织并无基于宪法的人身自由和人格尊严,对其概括保护人格权益还可能会伤害其他民事主体的市场活动。因此,只有自然人才能享有基于人身自由和人格尊严产生的其他人格权益。

(二)人身自由

人身自由,包括身体行动的自由和自主决定的自由,是自然人自主参加各项社会活动、参与各种社会关系、行使其人身权和财产权的基本保障,是自然人行使其他一切权利的前提和基础。[1] 作为一般人格权的内容,人身自由并非仅仅是由身体权这一具体人格权涵盖的“身体完整”或者“行动自由”的人格利益,也并非由公法规定的政治自由。作为一般人格权内容的人身自由,是指自然人所享有的人格不受约束和控制的地位和权利,是自然人享有身体自由、财产自由、合同自由等具体自由的前提。一般人格权是意志对自己的支配,其保护的不是载体而是意志对这一载体的支配。[2] 即使一个人的行动自由被限制,其仍然享有一般人格权意义上的人身自由。同时,任何一个人都有权通过接受教育、反复实践等途径自由地发展自己。

(三)人格尊严

人格尊严是一般人格权中最为核心的内容,是指民事主体作为人应当享有、其他人和社会应予尊重的最基本的社会地位。因此,无论自然人的年龄、性别、种族、民族、财产状况、职业等有什么差别,其人格尊严都是相同的。每一个人在法律上都应被作为主体而非客体。人格尊严不受侵犯,是自然人作为人的基本条件之一。人格尊严既包括人对自身的主观认可,也包括社会对他的客观评价;但这里的社会评价仅仅是最基本的对人的尊重,任何人都理应获得这个意义上的社会评价,其在人与人之间不存在差别。而名誉权所保护的社会评价则是对一个特定民事主体品德、声望、才能、信用等的评价;因此不仅人与人的社会评价不同,即便是同一个人,其社会评价也会不断变化。

疑难问题论争 一般人格权的本质

对于一般人格权的本质,学界有很多观点,比较典型的观点包括:(1)“概括性的权利说”。这种观点认为,一般人格权是一种“渊源权”,可由此引导出各种具体人格权。(2)“一般权利说”。这种观点认为,一般人格权就相当于知识产权的概念,而具体人格权则相当于著作权、商标权等具体的知识产权。(3)“基本权利说”。这种观点认为,一般人格权既不同于人格权本身,也不同于具体人格权。这些观点总体来说都可以认为是将一般人格权作为一种权利。[3] 和“权利说”不同,有观点认为,一般人格权的性质是一般条款性质的宣告。[4] 还有学者明确提出,应以一般条款替代一般人格权,使人格权体系变成以具体人格权为主,辅之以一般条款

[1] 参见黄薇主编:《中华人民共和国民法典人格权编释义》,法律出版社2020年版,第15~16页。

[2] 参见杨立新:《人格权法》,法律出版社2020年版,第61~62页。

[3] 参见王利明:《人格权重大疑难问题研究》,法律出版社2019年版,第248~249页。

[4] 参见薛军:《揭开“一般人格权”的面纱——兼论比较法研究中的体系意识》,载《比较法研究》2008年第5期。

的立法模式。[1]《民法典》第990条第2款规定的一般人格权的客体是“其他人格权益”，而没有界定为“人格权益”。从这个角度理解，可以认为《民法典》采取了一般条款的立场。

第三节 公开权和对死者人格利益的保护

一、公开权

《民法典》第993条规定：“民事主体可以将自己的姓名、名称、肖像等许可他人使用，但是依照法律规定或者根据其性质不得许可的除外。”这是《民法典》关于人格标识许可使用的规定，学理上一般认为是关于公开权的规定。公开权不是一项具体人格权，而是民事主体依法许可他人使用特定人格权客体的抽象人格权。从权利主体上看，公开权的主体既可以是自然人，也可以是法人或者非法人组织。从权利客体看，该条将公开权的客体限于民事主体自己的姓名、名称、肖像等，但未允许将虚拟人物的姓名、名称或者肖像作为公开权许可使用的客体。姓名、名称和肖像都属于学理上所称的“标表型人格权”的客体。相对生命、身体和健康等具体人格权的客体而言，标表型人格权的客体即姓名、名称、肖像等具有较强的独立性，能够在与权利人分离的情形下由他人使用。姓名、名称和肖像等是民事主体的人格投射在外、具有财产属性的人格利益；民事主体对这些人格利益享有支配权，有权许可他人使用。《民法典》以肖像权为典型规定了许可使用的具体规则；依据《民法典》第1023条第1款的规定，对姓名等的许可使用，参照适用肖像许可使用的有关规定。

作为一种积极许可他人使用的权利，公开权和传统上重在保护的人格权有所区别。不过，公开权毕竟也是一种抽象人格权，涉及人格尊严的维护。因此，法律一方面允许民事主体有偿或者无偿许可他人使用，另一方面也对这种许可使用设定了限制。依照法律规定或者根据其性质不得许可的，民事主体不得许可他人使用。例如，依据《广告法》第9条的规定，广告不得使用或者变相使用国家机关工作人员的名义或者形象，因此国家机关工作人员不得许可他人将自己的姓名或者肖像用于广告。

二、对死者人格利益的保护

依据《民法典》第13条的规定，自然人死亡后就不再具有民事权利能力，无法继续享有包括人格权在内的民事权利。但是现实中经常发生侵害死者人格利益的行为，如盗用已故著名作家的姓名出售作品等。法律对侵害死者人格利益的情形必须予以回应，因此《民法典》第994条规定：“死者的姓名、肖像、名誉、荣誉、隐私、遗体等受到侵害的，其配偶、子女、父母有权依法请求行为人承担民事责任；死者没有配偶、子女且父母已经死亡的，其他近亲属有权依法请求行为人承担民事责任。”死者不具有权利能力而无法享有权利；但是死者的姓名、肖像、名誉、荣誉、隐私、遗体等人格利益仍然应受到法律保护，受到侵害时应当获得救济。通常来说，近亲属和死者的情感联系密切，死者人格利益受到侵害时其近亲属受到的伤害最大，因此法律将请求权的主体范围限制在近亲属。同时，该条也间接设定了死者人格利益的保护期限。需要注意

---

[1] 参见马俊驹、王恒：《未来我国民法典不宜采用“一般人格权”概念》，载《河北法学》2012年第8期。

的是，可以请求行为人承担民事责任的近亲属有顺位限制，即首先是死者的配偶、子女或者父母，只有在没有这些近亲属的情况下其他近亲属才能请求行为人承担民事责任。至于近亲属的范围，则应适用《民法典》第1045条第2款的规定。《民法典》第994条规定中的“依法”表明该条是不完全规范，请求承担民事责任还需要符合相关法律规定，如《民法典》第577条关于违约责任的规定或者《民法典》第1165条第1款关于过错侵权责任的规定。

《民法典》第185条规定：“侵害英雄烈士等的姓名、肖像、名誉、荣誉，损害社会公共利益的，应当承担民事责任。”由于英雄烈士的人格利益不仅关涉其近亲属，还涉及社会公共利益，行为人更应承担民事责任。[1]《英雄烈士保护法》第25条第1款和第2款规定：“对侵害英雄烈士的姓名、肖像、名誉、荣誉的行为，英雄烈士的近亲属可以依法向人民法院提起诉讼。英雄烈士没有近亲属或者近亲属不提起诉讼的，检察机关依法对侵害英雄烈士的姓名、肖像、名誉、荣誉，损害社会公共利益的行为向人民法院提起诉讼。”

第四节　人格权的民法保护

一、人格权请求权的保护方法

人格权请求权的保护方法，是指民事主体在人格权的完满状态受到侵害、妨碍或者有危险时，有权请求对方停止侵害、排除妨碍、消除危险。这些防御性的责任方式和侵权损害赔偿请求权不同，在构成上不要求过错和损害，受害人主张人格权请求权的举证责任较轻，更有利于人格权的保护。人格权请求权是人格权特有的保护方法。

《民法典》第995条规定：“人格权受到侵害的，受害人有权依照本法和其他法律的规定请求行为人承担民事责任。受害人的停止侵害、排除妨碍、消除危险、消除影响、恢复名誉、赔礼道歉请求权，不适用诉讼时效的规定。”人格权受到侵害，受害人的损害赔偿请求权应适用诉讼时效的规定。停止侵害、排除妨碍、消除危险、消除影响、恢复名誉、赔礼道歉请求权，这些人格权请求权属于权利本身包含的请求权，不适用诉讼时效的规定。其中，停止侵害、排除妨碍、消除危险三种请求权在《民法典》第196条第1项中就已经规定了不适用诉讼时效，这里只是再次明确。人格权保护特有的消除影响、恢复名誉和赔礼道歉请求权也不适用诉讼时效。

《民法典》第1000条规定：“行为人因侵害人格权承担消除影响、恢复名誉、赔礼道歉等民事责任的，应当与行为的具体方式和造成的影响范围相当。行为人拒不承担前款规定的民事责任的，人民法院可以采取在报刊、网络等媒体上发布公告或者公布生效裁判文书等方式执行，产生的费用由行为人负担。”消除影响、恢复名誉和赔礼道歉都属于非财产性民事责任。消除影响、恢复名誉主要用于侵害名誉权的情形，因为消除影响、恢复名誉是公开进行的，用于隐私权会适得其反。赔礼道歉适用范围更广泛，可以用于侵害姓名权、肖像权、名誉权、荣誉权、隐私权等情形。就影响范围来看，如果是特定区域内传播侵害人格权信息，应当在该特定区域内消除影响、恢复名誉、赔礼道歉。在行为人拒不承担这些民事责任时，赔礼道歉等民事责任

[1] 参见“葛某某诉洪某某名誉权、荣誉权纠纷案”，最高人民法院指导案例99号(2018年)。

涉及行为人消极不表达的自由，因此需要转化为发布公告或者公布裁判文书而行为人负担相关费用的方式执行。人民法院是“可以”而非“应当”采取发布等方式执行，即法院可以根据情况酌定采取何种方式执行。

人格权和身份权之间有密切关系，二者在性质和保护上也存在很多共同点。《民法典》第1001条规定：“对自然人因婚姻家庭关系等产生的身份权利的保护，适用本法第一编、第五编和其他法律的相关规定；没有规定的，可以根据其性质参照适用本编人格权保护的有关规定。”该条表明，在没有其他相关法律规定的前提下，自然人因婚姻家庭关系等产生的身份权利即身份权的保护还可以参照适用人格权保护的规定，如《民法典》第995条、第996条、第997条、第998条和第1000条等人格权保护的相关规定；而《民法典》第993条关于公开权的规定并非人格权保护的规定，身份权的保护不能参照适用。

二、侵权责任的保护方法

《民法典》人格权编调整因人格权的享有和保护产生的平等主体之间的人格关系。《民法典》人格权编的规定起到了确权作用，为《民法典》侵权责任编规定侵权责任的人格权保护方法奠定了基础。《民法典》人格权编主要是权利法，规定了人格权的类型、权利内容、行为人的义务和特殊救济方式等规则，而《民法典》侵权责任编则主要规定了对人格权受到侵害造成损害时的权利救济方法。《民法典》第991条规定：“民事主体的人格权受法律保护，任何组织或者个人不得侵害。”第995条则规定了人格权受到侵害时，受害人有权依照《民法典》和其他法律的规定请求行为人承担民事责任。这里的“民事责任”，既包括和人格权请求权相应的民事责任，也包括侵权的民事责任。

通过确认侵害人格权的行为是侵权行为，权利人有权向行为人主张损害赔偿的侵权责任。人格权侵权行为的客体是人格权，因此相对于一般的侵害财产权的侵权行为其也表现出很多自己的特点。人格权侵权造成的损害有时表现为财产损失，有时则表现为人格利益损害。《民法典》分别在第1179条和第1183条规定了侵害物质性人格权和侵害精神性人格权的损害赔偿规则。特别是在精神性人格权遭受损害时，由于其并不直接包含财产利益，所以往往难以确定损失大小。因侵害人格权造成的精神损害也常常难以通过金钱计算。实践中，法院在酌定赔偿数额时，则通过结合权利类型、侵权方式，从侵权程度及被侵权人和侵权人的身份地位、经济情况、获利情况、过错类型、其他情形等方面予以综合考量。[1]

第五节　对人格权保护的特别规定

一、违约损害人格权时的精神损害赔偿

《民法典》第186条规定：“因当事人一方的违约行为，损害对方人身权益、财产权益的，受损害方有权选择请求其承担违约责任或者侵权责任。”违约责任和侵权责任在构成要件、举证责任、法律后果等方面都存在差别。对于精神损害赔偿，如果仅在选择侵权责任时才能主张，

---

〔1〕 参见“周某某诉中建荣真无锡建材科技有限公司肖像权、姓名权纠纷案”，载《最高人民法院公报》2020年第2期。

就意味着受损害方必须放弃主张违约责任在举证责任、违约金条款上的便利，不利于保护受损害方的人格权。因此，《民法典》第996条特别规定："因当事人一方的违约行为，损害对方人格权并造成严重精神损害，受损害方选择请求其承担违约责任的，不影响受损害方请求精神损害赔偿。"这样，在符合《民法典》第1183条第1款关于精神损害赔偿的规定时，受损害的自然人选择违约责任仍然可以请求精神损害赔偿。如在"朱某诉长阔出租汽车公司、付某赔偿纠纷案"中，原告朱某乘坐由被告付某驾驶的被告长阔出租汽车公司的出租汽车，当车行至中途，朱某癫痫病发作并随后进入睡眠状态，无神智，丧失自行开门下车的能力。付某遂将朱某置于路边，驾车离去。法院认为，付某的行为违反了原《合同法》第301条规定的法定救助义务，侵犯了原告作为旅客应当享有的合法权利，原告应享有精神损害赔偿请求权。〔1〕

需要特别注意的是，由于受损害的自然人主张的是违约责任，虽然其可以同时获得精神损害赔偿，但应受到关于违约责任的限制性规定，如《民法典》第584条的可预见性规则、第590条的不可抗力免责规定、第591条的减损规则、第592条第2款的有过错规则等。〔2〕

二、人格权侵害禁令

侵害人格权的行为如果没有被及时制止，有时会造成事后难以弥补的损害。我国已经在《民事诉讼法》中规定了诉前的行为保全，在《反家庭暴力法》中规定了"人身安全保护令"。《民法典》第997条规定："民事主体有证据证明行为人正在实施或者即将实施侵害其人格权的违法行为，不及时制止将使其合法权益受到难以弥补的损害的，有权依法向人民法院申请采取责令行为人停止有关行为的措施。"该条意味着民事主体无须等到损害结果发生就可以获得法律的保护。在不及时制止将造成难以弥补的损害的情况下，民事主体可以向人民法院申请人格权侵害禁令。在行为人正在实施或者尚未实施而只是即将实施违法行为时，法院就可以依申请责令行为人停止有关行为。例如，李某在网上宣布将很快发布张某的裸照，张某知道李某手上确实有自己的裸照，一旦发到网上则损害难以弥补，此时张某就有权立即向法院申请采取措施责令李某停止发布。

三、精神性人格权保护的动态考量因素

《民法典》第998条规定："认定行为人承担侵害除生命权、身体权和健康权外的人格权的民事责任，应当考虑行为人和受害人的职业、影响范围、过错程度，以及行为的目的、方式、后果等因素。"在认定是否构成侵害人格权的民事责任时，除生命权、身体权和健康权这些物质性人格权外，经常需要在个案具体情形中动态考虑姓名权、名称权、肖像权、名誉权、荣誉权、隐私权等精神性人格权与其他权利之间的关系。倘若按照传统的"全有或者全无"方式一律保护人格权，则对于人格权的保护就会过于绝对；而一律允许在个案中自由裁量，则难以实现同等情况下同等对待的裁判统一性要求。《民法典》第998条的规定采取动态系统理论，明确规定了认定行为人承担侵害人格权民事责任时的考量因素：

首先，人格权的类型。《民法典》第998条仅适用于生命权、身体权和健康权外的人格权；而对生命权、身体权和健康权则仍采取绝对主义的保护方式，并不考虑该条规定的考量因素。

其次，主体方面的因素。"行为人和受害人的职业、影响范围"是主体方面因素的列举。就行为人方面而言，如果行为人是从事新闻报道的职业，则认定行为人侵害人格权应当更加严

---

〔1〕参见"朱某诉长阔出租汽车公司、付某赔偿纠纷案"，载《最高人民法院公报》2002年第3期。
〔2〕参见黄薇主编：《中华人民共和国民法典人格权编释义》，法律出版社2020年版，第37页。

格。而如果行为人是有较大社会影响力的公众人物,则其行为应当比一般人更谨慎。就受害人方面来看,受害人是自然人还是法人或者非法人组织,是营利性、非营利性还是特别法人,是否属于公众人物,是否是未成年人或者残疾人,这些都是重要的考虑因素。

再次,过错程度。过错程度越高,就越有可能构成侵害人格权的行为。过错程度越低,在认定侵害人格权上就应更谨慎。

最后,行为方面的因素。"行为的目的、方式、后果"包括诸多需要考虑的因素。例如,在行为目的上是公共利益目的还是娱乐消遣的商业目的,在行为方式上是积极创作还是转载,从后果上看受害人受侵害的程度如何,这些都是在行为方面需要考虑的因素。

通过立法者对考虑因素的明确规定,既限制了司法者的自由裁量权以实现同案同判,又给予司法者足够的弹性空间围绕考虑因素进行个案裁量。这些因素之间具有补强关系,司法者需要结合个案情况综合衡量。

四、合理使用与使用不合理的民事责任

为公共利益实施新闻报道、舆论监督等行为时常常需要使用民事主体的姓名、名称、肖像和个人信息等。《民法典》第 999 条规定:"为公共利益实施新闻报道、舆论监督等行为的,可以合理使用民事主体的姓名、名称、肖像、个人信息等;使用不合理侵害民事主体人格权的,应当依法承担民事责任。"该条规定平衡了人格权保护和社会公共利益的维护。新闻报道是新闻单位对新近发生的事实的报道,包括有关政治、经济、军事、外交等社会公共事务的报道以及有关社会突发事件的报道。舆论监督是社会公众运用各种传播媒介对社会运行过程中出现的现象表达信念、意见和态度,从而进行监督的活动。在新闻报道和舆论监督中,为了公共利益合理使用姓名、名称、肖像和个人信息等,无须民事主体同意。使用不合理侵害民事主体人格权的,则应当依法承担民事责任。对于合理与不合理的认定,应当依据《民法典》第 998 条的规定,综合考虑多种因素。

案例分析

2016 年 3 月 24 日,刘某乘坐某航空公司 H01249 航班,其登机牌座位号为 1A。刘某登机后实际就座的座位号为 2C,其向空乘人员表示其对烟味过敏,要求驾驶舱的工作人员不要吸烟。后该航班机长要求核查刘某的登机牌,在发现其未按照登机牌座位就座后,要求其配合坐回原座位,双方发生争执。刘某最终坐回 1A 号座位,并在事后向航空公司投诉。刘某认为,该航班机长语气和态度明显非常恶劣和嚣张;且其所有行为仅针对刘某一人,并非由一般空乘人员执行的普通民航检查及沟通,而是针对刘某之前有关驾驶舱吸烟问题的说明及希望本航班驾驶人员能够禁烟的请求的泄愤和报复,对刘某造成恶劣的影响,对刘某的人格尊严造成了侵害。

问题:某航空公司 H01249 航班机长的行为是否对刘某的人格尊严造成侵害?

分析:人格尊严是主体对自己尊重和被他人尊重的统一。判断自然人人格尊严是否受到侵害,不能仅考虑该自然人的主观感受,更要从客观角度考虑其在通常社会范围内所享有的作为"人"之最基本的尊严是否被贬损。首先,在履行职务过程中,机长应当以公司的形象为重,以一名机长应有的文明和素质与乘客进行理性沟通,以免发生不必要的纷争和冲突,以维护航

空公司良好的形象。这也是一名合格机长应有的职业操守。同时，航空公司涉案航班机长有权查看刘某登机牌，在刘某未按登机牌指示座位就座的情况下要求刘某坐回原座位，以保障航空安全、维护航空秩序。刘某认为该名机长选择性检查，并无任何依据。其次，航空公司涉案航班机长与其对话中未使用侮辱、诽谤等损害其人格尊严的语言。最后，发生争执后，刘某在该航班上享受了与其他头等舱乘客相同的航空服务，并未受到任何区别性对待。综上所述，航空公司机长维护机舱秩序的行为属于正常职责范围，并未对刘某人格尊严造成侵害。[1]

思考题

1. 人格权的特征有哪些？
2. 一般人格权的特征有哪些？
3. 人格权请求权与人格权侵权损害赔偿请求权的区别是什么？
4. 如何理解人格权受到侵害的民事责任认定规则？

〔1〕 参见国家法官学院案例开发研究中心编：《中国法院2019年度案例　人格权纠纷（含生命、健康、身体、姓名、肖像、名誉权纠纷）》，中国法制出版社2019年版，第255～257页。

第二十一章 具体人格权

| 学习要点 |

本章学习的是具体人格权,包括生命权、身体权、健康权、姓名权、名称权、肖像权、名誉权、荣誉权、隐私权和个人信息保护。各个具体人格权的客体、概念、内容和救济是本章学习的重点。

第一节 生命权、身体权和健康权

以能否脱离自然人的肉身而存在为标准,具体人格权可以区分为物质性人格权和精神性人格权。物质性人格权是以自然人的物质载体所体现的人格利益作为保护对象的人格权,包括生命权、身体权和健康权三种。物质性人格权并不意味着这些权利本身是物质性的,仅仅是强调这些权利必须体现在自然人的肉身这一物质性的载体上,脱离自然人的肉身就不存在生命权、身体权和健康权,因此只有自然人才能享有物质性人格权。

物质性人格权涉及自然人的肉身,是自然人赖以生存的最基本的人格权,是否受到侵害的界限必须清晰界定以进行最高程度的保护。《民法典》第 998 条将生命权、身体权和健康权这些物质性人格权排除在外,就是因为物质性人格权是由自然人的肉身承载的,需要严格而清晰的法律保护。《民法典》第 506 条规定合同中造成对方人身损害的免责条款无效,意味着物质性人格权相较于意思自治具有更高的价值。《民法典》第 731 条规定:"租赁物危及承租人的安全或者健康的,即使承租人订立合同时明知该租赁物质量不合格,承租人仍然可以随时解除合同。"该条也体现出《民法典》优先保护物质性人格权的价值判断。

一、生命权

(一)生命权的客体

民法中的生命并不包括动物、植物等生物的生命,民法中的生命仅是指自然人的生命。生命具有唯一性,一旦丧失即不可挽回,因此对于生命的保护具有特殊重要性。人的生命是最重要的人格利益。人的生命是其他人格利益得以产生的基础;如果从来没有过生命,就不可能存在需要法律保护的人格利益。

根据《民法典》第 13 条的规定,自然人的民事权利能力始于出生终于死亡,故作为生命权客体的生命只能始于出生。从这个角度看,胎儿并不具有生命权。《民法典》第 16 条在遗产继承、接受赠与等涉及胎儿利益保护方面拟制了胎儿的民事权利能力,延伸保护了胎儿的生命利益。

（二）生命权的概念和内容

《民法典》第 1002 条规定："自然人享有生命权。自然人的生命安全和生命尊严受法律保护。任何组织或者个人不得侵害他人的生命权。"生命权是以自然人的生命安全和生命尊严为内容的具体人格权。生命权以生命安全和生命尊严为内容，维护生命正常和有尊严的状态，保障生命不被非法剥夺。生命安全意味着自然人有权延续自己的生命。侵害生命安全会造成自然人死亡的严重后果，任何组织或者个人不得侵害他人的生命安全。而生命尊严受法律保护意味着自然人有权要求自己作为生命主体者的尊严获得应有的尊重，不得侵害自己作为生命权权利人的尊严。

生命权的内容包括生命安全维护权和生命尊严维护权。

人固有一死，法律对生命权的保护不可能排除死亡这一自然现象。法律对生命权的保护，是保护生命权免受不法侵害，维护生命的存在和延续。生命安全维护权还意味着自然人的生命受到威胁时，可以采取正当防卫或紧急避险等手段维护自身的生命安全。权利人在特定情形下可以选择放弃生命，舍生取义就是符合社会主义核心价值观而选择放弃生命的行为。从《民法典》第 1002 条文义看，《民法典》并未明确规定生命权包含对生命利益的支配权。如果仅仅因为一些挫折就选择自杀，不能认为是行使生命权的行为，更不能荒谬地认为那些阻止自杀的人妨碍了权利人行使生命权。需要注意区别的是，依据《民法典》第 992 条的规定，生命权作为一种典型的人格权是不允许放弃的。放弃生命权意味着生命安全不再受到法律保护，其他人可以合法地剥夺其生命；这显然是违背公序良俗的，也是违法的。

生命尊严维护权是自然人有权基于人格尊严要求尊重自己作为生命权主体的尊严。生命尊严维护权将对生命权的保护从单纯的生命安全扩展到生命主体在生存过程中的应获得的生命尊严。生命尊严在一个人患疾病或者即将死亡时容易受到侵害，因此《基本医疗卫生与健康促进法》第 33 条第 1 款特别规定："公民接受医疗卫生服务，应当受到尊重。医疗卫生机构、医疗卫生人员应当关心爱护、平等对待患者，尊重患者人格尊严，保护患者隐私。"

（三）生命权的救济

生命权的救济包括消除生命危险请求权和救济生命损害的请求权。为了保护自然人的生命权、身体权和健康权，《民法典》第 1005 条规定："自然人的生命权、身体权、健康权受到侵害或者处于其他危难情形的，负有法定救助义务的组织或者个人应当及时施救。"所谓"负有法定救助义务"，包括法律规定的两种情形：一是法律中明确规定了救助义务，如《民法典》第 822 条就明确规定了承运人在运输过程中尽力救助患有急病、分娩、遇险旅客的法定义务；二是法律中虽然未明确规定救助义务，但条文中包含救助义务，如《民法典》第 1198 条关于经营场所、公共场所的经营者、管理者和群众性活动的组织者安全保障义务的规定就包含法定救助义务。"及时施救"则意味着不得拒绝或者拖延施救，而"施救"则包括亲自救助或者联系急救机构等方式。

自然人丧失生命权后，对于其损害的救济请求权其本人已经不可能行使，只能由他的近亲属行使。自然人的生命权受到侵害死亡后，其近亲属主张的损害赔偿请求权究竟是继承死者的权利还是近亲属自己的权利，一直存在争论。一种观点认为，侵害生命权的受害人享有损害赔偿请求权，该请求权在其死亡后由其继承人继承。该观点难以解释的问题是，倘若生命权还在，那么损害赔偿请求权就还未产生；而侵害生命权的损害一旦产生，就意味着自然人已经死亡,也就不可能成为权利主体。另一种观点认为,侵害生命权的法律关系中存在双重直接受害人,即侵害生命权既造成了生命权人生命丧失的损害事实,又造成了其近亲属财产损失的损害事实,因此并不存在损害赔偿请求权继承的问题。双重损害产生的赔偿请求权内容同一,由死者近亲属一并行使。[1]《民法典》第 1181 条第 1 款前段规定:“被侵权人死亡的,其近亲属有权请求侵权人承担侵权责任。”客观来讲,生命权受到侵害后,民法就难以给予受害人任何通常意义上的直接救济了。对生命权的救济只能体现为对受害人的近亲属、被扶养人财产利益损失和精神损害的赔偿。

二、身体权

(一)身体权的客体

民法中的身体仅是指自然人的身体,既包括头颅、躯干和四肢,也包括毛发和指(趾)甲等部分。因此,未经允许剪掉他人的头发就侵犯了其身体权。如果身体已经和移植的器官或者配置的人工制品如假牙、心脏支架等成为一体,则这些“外来”的部分也应属于身体。身体权的享有以权利能力的存在为前提;自然人死亡之后因丧失权利能力而无法享有身体权,但其遗体、遗骨、骨灰也应受到尊重。

(二)身体权的概念和内容

《民法典》第 1003 条规定:“自然人享有身体权。自然人的身体完整和行动自由受法律保护。任何组织或者个人不得侵害他人的身体权。”身体权就是自然人维护其身体完整和行动自由的具体人格权。身体是自然人的生命和健康的物质载体,以保持身体完整为内容的身体权对于维护生命权和健康权具有基础性的重要意义。身体权不同于健康权:身体权保护的是自然人身体的完整性,而健康权保护的是自然人身心功能的正常发挥。

依照《民法典》第 109 条的规定,自然人的人身自由受法律保护。《民法典》第 990 条第 2 款从一般人格权的角度规定了人身自由。《民法典》第 1003 条则从具体人格权的角度规定了行动自由,行动自由是身体权的重要内容。《民法典》第 1011 条规定:“以非法拘禁等方式剥夺、限制他人的行动自由,或者非法搜查他人身体的,受害人有权依法请求行为人承担民事责任。”行动自由指的是身体的行动自由。当自然人的行动自由受到侵害时,就可以基于身体权受到侵害请求行为人承担民事责任。“依法请求行为人承担民事责任”,是指《民法典》和其他法律规定其他的责任构成要件或者责任后果的,应当依照其规定。

(三)人体捐献

自然人享有身体权,对自己身体的组成部分如人体细胞、人体组织等享有支配权。自然人自主决定捐献其人体细胞、人体组织等体现了对身体权益的支配。《民法典》第 1006 条确立了人体捐献的基本规则。《民法典》第 1006 条第 1 款规定:“完全民事行为能力人有权依法自主决定无偿捐献其人体细胞、人体组织、人体器官、遗体。任何组织或者个人不得强迫、欺骗、利诱其捐献。”人体捐献涉及生命权、身体权和健康权等物质性人格权,必须获得该自然人的真实同意。依据《民法典》第 1006 条第 2 款的规定,同意捐献的意思表示应当采用书面形式,也可以订立遗嘱。

自然人死后的人体捐献涉及多方利益之间的平衡。《民法典》第 1006 条第 3 款规定:“自

---

[1] 参见杨立新:《人格权法》,法律出版社 2020 年版,第 141 页。

然人生前未表示不同意捐献的,该自然人死亡后,其配偶、成年子女、父母可以共同决定捐献,决定捐献应当采用书面形式。”首先,人体捐献是有利于他人、有利于社会的行为,应当鼓励和提倡。其次,自然人死亡后,其遗体属于具有人身意义的特定物,自然人的配偶、成年子女和父母拥有处置的权利。最后,如果自然人生前表示不同意捐献,则当然应尊重该自然人的自主决定权。但是,在该自然人生前未表示不同意捐献时,则不能推出其具有拒绝捐献的意思表示,在这种前提条件下共同决定捐献并未违背死者的意愿。《民法典》严格规定必须以书面形式共同决定捐献;如果死者的配偶、成年子女和父母中的任何一个人不同意捐献,都不能捐献。

自然人的身体关系人格尊严,应当禁止其商业化利用。《民法典》第 1007 条规定:“禁止以任何形式买卖人体细胞、人体组织、人体器官、遗体。违反前款规定的买卖行为无效。”

(四)性骚扰

《民法典》第 1010 条规定:“违背他人意愿,以言语、文字、图像、肢体行为等方式对他人实施性骚扰的,受害人有权依法请求行为人承担民事责任。机关、企业、学校等单位应当采取合理的预防、受理投诉、调查处置等措施,防止和制止利用职权、从属关系等实施性骚扰。”该条第 1 款规定了性骚扰行为人的民事责任,第 2 款则特别规定了机关、企业、学校等单位防止和制止性骚扰的义务。依据该条第 2 款规定,这些单位应当采取合理的预防、受理投诉、调查处置等措施,防止和制止利用职权、从属关系等实施性骚扰。

性骚扰的侵害行为侵害了人格尊严,构成了侵害人格权的行为。性骚扰是针对特定的他人以言语、文字、图像、肢体行为等方式实施的和性相关的骚扰。性骚扰违背了受害人的意愿,侵害受害人的身体权和健康权。性骚扰在多数情况下并不会侵犯受害人身体的完整性。之所以认定性骚扰会侵犯受害人的身体权,是因为身体权是一种绝对权,任何人不得违背权利人的意愿接触受害人的身体。

性骚扰的受害人虽然多为女性,但《民法典》未区分性别,因此无论女性还是男性都可能成为性骚扰的受害人。性骚扰的行为人和受害人也没有要求是异性,故同性之间也可以构成性骚扰。

三、健康权

(一)健康权的客体

健康作为健康权的客体,包括身体健康和心理健康,是指自然人在身体和心理方面处于良好状态。劳动能力是健康的一项基本内容,是指自然人具有从事劳动活动的体力和脑力。

(二)健康权的概念

《民法典》第 1004 条规定:“自然人享有健康权。自然人的身心健康受法律保护。任何组织或者个人不得侵害他人的健康权。”健康权就是自然人维护其身心健康的具体人格权。健康权和身体权都属于物质性人格权;但健康权保护的是自然人身心功能的正常发挥,而身体权保护的是自然人身体构造的完整性。需要注意区别的是,精神性疾病和心理上的痛苦、焦虑应在法律上加以区别:前者应纳入健康权的范畴,而后者则只能通过精神损害赔偿得到救济。[1]

(三)人体临床试验

临床试验,是指在病人或者健康的志愿者的人体上进行系统性研究,以了解新药、医疗器

〔1〕 参见最高人民法院民法典贯彻实施工作领导小组主编:《中华人民共和国民法典人格权编理解与适用》,人民法院出版社 2020 年版,第 144 页。

械或者发展新的预防和治疗方法的疗效与安全性。临床试验关系受试者的生命健康和人格尊严,《民法典》第1008条规定:“为研制新药、医疗器械或者发展新的预防和治疗方法,需要进行临床试验的,应当依法经相关主管部门批准并经伦理委员会审查同意,向受试者或者受试者的监护人告知试验目的、用途和可能产生的风险等详细情况,并经其书面同意。进行临床试验的,不得向受试者收取试验费用。”只有在符合该条规定的临床试验的目的和程序的条件下,临床试验才是合法的,否则就是侵犯受试者身体权、健康权甚至生命权的侵权行为。

(四)与人体基因和人体胚胎等有关的医学和科研活动

与人体基因有关的医学和科研活动,包括基因诊断、基因治疗、基因编辑、基因鉴定等。与人体胚胎有关的医学和科研活动,包括与人体胚胎干细胞等有关的治疗性研究和生殖性研究。与人体基因、人体胚胎等有关的医学和科研活动对改善人类健康状况有重大意义,但也存在生命健康安全和伦理道德方面的风险。《民法典》第1009条规定:“从事与人体基因、人体胚胎等有关的医学和科研活动,应当遵守法律、行政法规和国家有关规定,不得危害人体健康,不得违背伦理道德,不得损害公共利益。”该条规定划定了从事与人体基因、人体胚胎等有关的医学和科研活动的法律底线。

第二节　姓名权和名称权

一、姓名权

(一)姓名权的客体

姓名是自然人用以和其他自然人相区别的文字符号。自然人使用姓名从事民事活动,由此产生的权利和义务正是通过姓名唯一对应于相应的民事主体。姓名只是自然人的符号,自然人不能通过变更姓名而拒绝承认以变更前的姓名实施的民事法律行为的效力归属。《民法典》第1016条第2款规定:“民事主体变更姓名、名称的,变更前实施的民事法律行为对其具有法律约束力。”姓名权是一种绝对权,是指自然人依法决定、使用、变更或者许可他人使用自己姓名的权利。姓名权的主体只能是自然人,法人和非法人组织享有的是名称权。

在民事活动中,自然人也可以使用笔名、艺名、网名、译名、姓名的简称等。这些非本名在具有一定社会知名度、被他人使用足以造成公众混淆的条件下,依据《民法典》第1017条的规定,参照适用姓名权保护的有关规定。

(二)姓名权的概念和内容

姓名权是自然人依法决定、使用、变更或者许可他人使用自己姓名,维护自己姓名权益的具体人格权。《民法典》第1012条规定:“自然人享有姓名权,有权依法决定、使用、变更或者许可他人使用自己的姓名,但是不得违背公序良俗。”这里的“依法”,是指《民法典》第1015条以及《居民身份证法》等法律对姓名的决定、使用、变更或者许可的规定。自然人有权依法决定自己的姓名,但该决定权并非没有限制,特别是对于姓氏,由于涉及血缘传承、伦理秩序和文化传统的关系,法律上有较多限制性规定。依据《民法典》第1015条第1款对自然人选取姓氏规则的规定,自然人应当随父姓或者母姓,在父姓和母姓之外选取姓氏必须符合法定情形:(1)选取其他直系长辈血亲的姓氏;(2)因由法定扶养人以外的人扶养而选取扶养人姓氏;(3)有不违背公序良俗的其他正当理由。可见,姓氏关系公序良俗,自然人在选取姓氏上是受到较大限制的。对于"不违背公序良俗的其他正当理由",在理解上宜采从严解释。仅凭个人喜好和愿望在父姓、母姓之外选取其他姓氏或者创设新的姓氏,并不属于"不违背公序良俗的其他正当理由"。[1] 同时,考虑少数民族的姓氏选取有较强的特殊性,依据《民法典》第1015条第2款的规定,少数民族自然人的姓氏可以遵从本民族的文化传统和风俗习惯。

自然人在选取自己名字上受到的限制较少;但自然人的姓名通常都是父母在孩子出生时决定的,这也是父母作为监护人行使监护权的行为。按照自然人自己的意愿决定、变更姓名是姓名权的重要内容。但由于决定、变更姓名涉及社会公共利益,所以应遵循法定程序。《民法典》第1016条第1款规定:"自然人决定、变更姓名,或者法人、非法人组织决定、变更、转让名称的,应当依法向有关机关办理登记手续,但是法律另有规定的除外。"自然人有权依法许可他人使用自己的姓名,《民法典》第993条和第1012条都规定了自然人许可他人使用自己姓名的权利。

《民法典》第1014条规定:"任何组织或者个人不得以干涉、盗用、假冒等方式侵害他人的姓名权或者名称权。"自然人享有姓名权,有权依法使用自己的姓名。以干涉的方式侵害他人姓名权,是指以一种不该管而硬管的方式侵害他人的姓名权,干涉了他人使用其自己姓名的权利。如公司经理觉得某员工姓名不顺口而用"胖子"称呼该员工,该员工投诉后,公司经理反而进一步要求所有员工都必须使用"胖子"称呼该员工。以盗用方式侵害他人姓名权,是指擅自使用他人姓名。例如,S公司未经曹某同意就以曹某姓名虚假发放工资,导致曹某无法申请公租房,S公司的行为就属于盗用。又如,未经本人同意盗用他人身份证、以他人姓名申办信用卡的行为,属于盗用、假冒他人姓名,侵犯他人姓名权的行为。以该信用卡透支导致本人列入不良信用记录时,虽然会造成本人信用的社会评价降低,但属于侵犯姓名权行为的损害后果而不是侵犯名誉权。[2] 以假冒的方式侵害他人姓名权,就是指冒名行为,即为了自己或者第三人的利益而在没有授权的情形下直接使用他人姓名作为自己的姓名,如冒名顶替上大学的行为。需要注意的是,如果仅仅是同名同姓,并不构成假冒;但有意利用这种混淆从事社会活动仍可能构成假冒。

依据《民法典》第992条的规定,人格权不得放弃、转让或者继承,姓名权因此也不得转让。但是,自然人特别是名人的姓名包含较大的财产价值,姓名权人可以许可他人使用自己的姓名,姓名中的财产利益得以流转而发挥更大的社会价值。《民法典》第1023条第1款规定:"对姓名等的许可使用,参照适用肖像许可使用的有关规定。"这里说的许可使用,并不包含日常生活中在社会交往中使用他人姓名,如点名等行为并不需要许可。

二、名称权

(一)名称权的客体

名称是法人和非法人组织在社会活动中,用以代表自身并区别于他人的文字符号和标记。

---

[1] 参见"'北雁云依'诉济南市公安局历下区分局燕山派出所公安行政登记案",最高人民法院指导案例89号(2017年)。

[2] 参见"王某某诉张某某、江苏省南京工程高等职业学校、招商银行股份有限公司南京分行、招商银行股份有限公司信用卡中心侵权纠纷案",载《最高人民法院公报》2008年第10期。

名称权的客体即名称具有一定的财产价值,特别是知名的企业名称、字号等,能够起到吸引合作伙伴、招揽客流等作用,具有较高的市场价值。

(二)名称权的概念和内容

《民法典》第1013条规定:"法人、非法人组织享有名称权,有权依法决定、使用、变更、转让或者许可他人使用自己的名称。"名称权是法人和非法人组织的基本权利之一。《民法典》第1014条规定:"任何组织或者个人不得以干涉、盗用、假冒等方式侵害他人的姓名权或者名称权。"但是,戏谑性地使用名称并不存在对正确名称的否认或使用,通常不会构成对他人名称的侵害,如将宝马公司的BMW在影视作品中解释为"别摸我"。

法人和非法人组织有权决定并排他性地使用自己的名称。我国法律对法人和非法人组织决定自己名称的权利是有限制要求的。例如,对于企业,企业名称原则上由行政区划名称、字号、行业或者经营特点、组织形式组成。跨行业综合经营的企业,其名称可以不含行业或者经营特点。再如,根据《律师事务所名称管理办法》的规定,律师事务所名称应当由"省(自治区、直辖市)行政区划地名、字号、律师事务所"三个部分内容依次组成。

法律并不禁止自然人使用相同姓名,而法人和非法人组织使用类似名称则容易导致混淆,因此法律对相同或类似名称有限制性的规定。根据《企业名称登记管理规定》,对于企业名称中的字号来说,在同一企业登记机关,如果其名称中包含行业、经营特点表述,则同行业的企业原则上不得使用同一字号;如果其名称中没有使用行业、经营特点表述,则其他企业原则上都不得与该企业名称中的字号相同。

法人和非法人组织的名称可以依法变更、转让或者授权他人使用。依据《民法典》第1016条的规定,法人、非法人组织决定、变更、转让名称的,应当依法向有关机关办理登记手续;变更名称的,变更前实施的民事法律行为对其具有法律约束力。需要注意的是,并非所有法人或者非法人组织变更或者转让自己的名称都需要登记,机关法人决定或者变更名称就不需要登记。法人和非法人组织还可以将名称转让给他人,转让人则丧失名称权,这是名称权和姓名权的重要区别。授权他人使用企业名称的,相关企业应当依法通过国家企业信用信息公示系统向社会公示。

在民事活动中,法人或者非法人组织也可以使用字号、名称的简称等。这些非本名在具有一定社会知名度、被他人使用足以造成公众混淆的条件下,应参照适用名称权保护的有关规定。和正式的名称不同,非本名并不需要登记,因此其要获得法律保护必须满足具有社会知名度等额外条件。如在指导案例第29号中,尽管原告并未注册"天津青旅"的企业名称简称,但由于原告在经营活动中广泛使用该简称,已经享有一定的市场知名度,该简称已经与企业名称建立起稳定的关联关系,因此可以将该简称和企业名称共同加以保护。

第三节 肖 像 权

一、肖像权的客体

《民法典》第1018条第2款规定:"肖像是通过影像、雕塑、绘画等方式在一定载体上所反映的特定自然人可以被识别的外部形象。”肖像由自然人的外部形象、物质载体和可识别性三个要件构成。首先,肖像的范围不限于面部。尽管面部在外部形象中具有中心地位,但任何足以识别特定自然人的外部形象都能够成为肖像。从主体上看,只有自然人才有肖像,法人和非法人组织不具有肖像。其次,肖像必须通过某种方式反映在一定的载体上。所以,一个人的外貌在没有通过载体反映时并非法律意义上的肖像。最后,肖像还必须具有可识别性,即通过肖像可以清晰指向某个特定的自然人。

二、肖像权的概念和内容

《民法典》第1018条第1款规定:“自然人享有肖像权,有权依法制作、使用、公开或者许可他人使用自己的肖像。”肖像权是自然人享有的具体人格权,是自然人专有的权利,法人和非法人组织不享有肖像权。肖像权和人格尊严有紧密联系,法律保护自然人的肖像权,首先就是为了保护肖像所体现的自然人的人格尊严。随着手机摄像技术、传播技术的发展,肖像越来越容易被获取。肖像的商业价值特别是公众人物肖像的商业价值越来越大。肖像权在一定的条件下可以转化为财产上的利益,也应获得法律保护。

肖像权包括制作、使用、公开和许可他人使用自己肖像四个方面的内容。一是肖像权人有权依法制作自己的肖像。肖像必须反映在一定载体上才具有法律意义,因此制作肖像是使用、公开或者许可使用肖像的基础。二是肖像权人有权依法使用自己的肖像。肖像权人使用自己肖像的方式多种多样,既可以用于和家人朋友分享等社交活动,也可以用于销售以获取财产利益。三是肖像权人有权依法公开自己的肖像。公开属于广义的使用;但由于公开对于肖像权影响很大,有必要单独加以规定。四是肖像权人有权许可他人使用自己的肖像。肖像权人有权许可他人有偿或者无偿使用自己的肖像。无论是有偿使用还是无偿使用,他人使用肖像都需要取得肖像权人的许可。

《民法典》第1019条第1款规定:“任何组织或者个人不得以丑化、污损,或者利用信息技术手段伪造等方式侵害他人的肖像权。未经肖像权人同意,不得制作、使用、公开肖像权人的肖像,但是法律另有规定的除外。”“丑化”,是指通过加工或者改造的方法对他人的肖像加以歪曲、污蔑、贬低。“污损”,是指将他人的肖像损坏弄脏,如撕扯他人的照片等。“利用信息技术手段伪造”指的是利用信息技术手段捏造或者编造他人肖像,如通过人工智能技术将特定自然人的面部移到其他人的身体上。肖像权作为一种人格权具有很强的精神属性,以任何方式侵害肖像权都是法律所禁止的,而该条明确列举的丑化、污损和利用信息技术手段伪造则是实践中常见的侵害肖像权的方式。

依据《民法典》第1018条和第1019条的规定,依法制作、使用、公开肖像是肖像权人的专属性权利;除法律另有规定外,任何组织或者个人未经肖像权人的同意都不得制作、使用、公开肖像权人的肖像。这里的“法律另有规定”,包括《民法典》第1020条规定的可以合理使用的情形以及其他法律的特别规定,如为了通缉而使用肖像的情形。需要加以区别的是,即便肖像权人同意,任何组织或者个人也不得以丑化、污损或者利用信息技术手段伪造等方式侵害肖像权人的肖像权。

肖像必须通过某种方式反映在一定的载体上,这种载体在一些情况下属于著作权法上的作品。在肖像权人和肖像作品权利人并非同一人时,肖像作品权利人若想以发表、复制、发行、出租、展览等方式使用或者公开肖像权人的肖像,必须征得肖像权人的同意。《民法典》第1019

条第 2 款规定："未经肖像权人同意，肖像作品权利人不得以发表、复制、发行、出租、展览等方式使用或者公开肖像权人的肖像。"

三、肖像的合理使用规则

肖像权是自然人享有的一种重要的具体人格权。肖像不仅对肖像权人具有重要意义，很多正常的社会活动也需要对肖像的合理使用。如果对肖像的任何合理使用行为都必须征得肖像权人的同意，会严重影响公共利益。因此，和所有权利一样，肖像权也并非绝对保护，而是要受到一定的限制。《民法典》第 1020 条就规定了可以不经肖像权人同意即可合理实施的几种行为：

其一，为个人学习、艺术欣赏、课堂教学或者科学研究，在必要范围内使用肖像权人已经公开的肖像。为了个人自由发展或者社会整体进步，有必要适当限制肖像权。在目的正当的前提下，法律还规定了"在必要范围内"和"已经公开的肖像"两个限制条件；相对其他几种类型允许"制作、使用、公开"肖像，《民法典》第 1020 条第 1 项仅允许"使用"肖像，这些都是为了防止以个人学习、艺术欣赏、课堂教学或者科学研究为名滥用他人肖像。

其二，为实施新闻报道，不可避免地制作、使用、公开肖像权人的肖像。《民法典》第 999 条规定为公共利益实施新闻报道可以合理使用民事主体的肖像，《民法典》第 1020 条第 2 项则进一步明确"制作、使用、公开肖像权人的肖像"必须是"不可避免"的。

其三，为依法履行职责，国家机关在必要范围内制作、使用、公开肖像权人的肖像。国家机关依法履行职责的行为代表了公共利益，只要在"必要范围内"，即可以制作、使用、公开肖像权人的肖像。

其四，为展示特定公共环境，不可避免地制作、使用、公开肖像权人的肖像。例如，游客在拍摄著名景点时不可避免拍到其他路过的行人，就无须取得肖像权人同意。

其五，为维护公共利益或者肖像权人合法权益，制作、使用、公开肖像权人的肖像的其他行为。例如，为了保护未成年人利益和揭露可能存在的犯罪行为，发帖人在其微博中发表未成年人受伤害信息。该网络举报行为虽然使用了未成年人的肖像，但却是为了维护社会公共利益和未成年人本人利益的需要，且使用时已对照片脸部进行了模糊处理。[1] 这种情况就属于为了维护公共利益和肖像权人合法权益使用肖像，可以不经肖像权人同意。

四、肖像的许可使用

对肖像权进行经济利用是现实发展和新型人格权发展的需要；在实践中也有很多自然人特别是名人已经有偿许可商家使用其肖像权，产生了巨大的经济效益。肖像许可使用合同是肖像权人许可他人使用自己肖像的典型方式。由于肖像许可使用合同涉及肖像权人的人格利益，因此除适用《民法典》总则编和合同编的规定外，还需要优先适用人格权编的特殊规定。为了加强对肖像权的保护，《民法典》第 1021 条规定："当事人对肖像许可使用合同中关于肖像使用条款的理解有争议的，应当作出有利于肖像权人的解释。"因此，在当事人对肖像使用条款的理解有争议时，不适用《民法典》第 466 条对于一般合同的解释规则，而应直接作出有利于肖像权人的解释。

《民法典》第 1022 条规定："当事人对肖像许可使用期限没有约定或者约定不明确的，任何

---

〔1〕 参见"施某某、张某某、桂某某诉徐某某肖像权、名誉权、隐私权纠纷案"，载《最高人民法院公报》2016 年第 4 期。

一方当事人可以随时解除肖像许可使用合同,但是应当在合理期限之前通知对方。当事人对肖像许可使用期限有明确约定,肖像权人有正当理由的,可以解除肖像许可使用合同,但是应当在合理期限之前通知对方。因解除合同造成对方损失的,除不可归责于肖像权人的事由外,应当赔偿损失。”该条针对肖像许可使用合同使用期限问题作了特别规定。该条第 1 款赋予双方当事人任意解除合同的权利,只要在合理期限之前通知了对方当事人,任何一方当事人都可以行使该任意解除权。该条第 2 款则对肖像许可使用期限有明确约定时肖像权人单方解除合同的权利作了规定。在当事人对肖像许可使用期限有明确约定时,只有肖像权人拥有解除合同的权利。对于该项单方解除权,除仍然应在合理期限之前通知对方外,还要求肖像权人有正当理由;同时,对于因提前解除给对方造成的损失,除不可归责于肖像权人的事由外,肖像权人应当对解除合同造成的损失承担赔偿责任。

姓名、名称和肖像都是民事主体的外在标识,具有一定的经济价值,实践中都存在有偿许可的情形。《民法典》第 993 条规定:“民事主体可以将自己的姓名、名称、肖像等许可他人使用,但是依照法律规定或者根据其性质不得许可的除外。”就许可使用而言,《民法典》对肖像许可使用的有关规定,即《民法典》第 1021 条和第 1022 条的规定,姓名和名称可以参照适用。

五、自然人声音的保护

虽然自然人的声音对于很多人来说尚不需要通过设置具体人格权的方式加以保护,但是由于科技特别是“深度伪造”等信息技术手段的发展,已经存在通过声音侵犯他人人格尊严的可能。《民法典》第 1023 条第 2 款规定:“对自然人声音的保护,参照适用肖像权保护的有关规定。”因此,任何组织或者个人不得以丑化、污损或者利用信息技术手段伪造等方式侵害他人的声音。

第四节　名誉权和荣誉权

一、名誉权

(一)名誉权的客体

《民法典》第 1024 条第 2 款规定:“名誉是对民事主体的品德、声望、才能、信用等的社会评价。”作为名誉权客体的名誉,是指对民事主体的客观社会评价,而非民事主体对自己名誉的内在感受;名誉权保护的也是对民事主体的社会评价。名誉不具有直接的财产价值,但是常和一定的财产利益存在紧密联系。对于自然人来说,名誉关系人格尊严,对其参加社会活动有重要影响。对于法人和非法人组织来说,名誉通常是其在长期的经营过程中逐步形成的,反映了社会对该组织的总体评价,对其生产经营活动有直接影响。

(二)名誉权的概念和内容

《民法典》第 1024 条第 1 款规定:“民事主体享有名誉权。任何组织或者个人不得以侮辱、诽谤等方式侵害他人的名誉权。”名誉权的主体既包括自然人,也包括法人和非法人组织等民事主体。我国《宪法》第 38 条规定:“中华人民共和国公民的人格尊严不受侵犯。禁止用任何方法对公民进行侮辱、诽谤和诬告陷害。”这是我国《民法典》规定名誉权保护的宪法依据。侮辱行为,是指公然以暴力、谩骂等方式贬损他人名誉的行为。诽谤行为,是指以散布捏造或者夸大的事实故意损害他人名誉的行为。侮辱和诽谤都是侵害名誉权的典型行为,但侵害名誉权的行为并不以此为限。在判断是否构成侵害名誉权时,应结合《民法典》第 998 条的规定,考虑行为人和受害人的职业、影响范围、过错程度以及行为的目的、方式、后果等因素。[1] 名誉是一种客观的社会评价,在认定侵犯名誉权时需要特别注意行为人的行为是否造成了民事主体社会评价降低的后果。

(三)新闻报道、舆论监督与名誉权保护

新闻报道、舆论监督等行为是促进和保护公共利益的行为,关系党和国家的新闻事业,对于维护公平正义、保障公民知情权有重要意义。《民法典》第 1025 条规定:"行为人为公共利益实施新闻报道、舆论监督等行为,影响他人名誉的,不承担民事责任,但是有下列情形之一的除外:(一)捏造、歪曲事实;(二)对他人提供的严重失实内容未尽到合理核实义务;(三)使用侮辱性言辞等贬损他人名誉。"行为人为公共利益实施新闻报道、舆论监督等行为,影响他人名誉的,原则上都不会构成侵害名誉权。但是,如果行为人借新闻报道、舆论监督之机捏造、歪曲事实影响他人名誉,或者使用侮辱性言辞等贬损他人名誉,仍然会构成名誉权侵权。这些行为主观上是故意的,在认定侵权时不需要考虑《民法典》第 1026 条列举的因素。

行为人为公共利益实施新闻报道、舆论监督等行为时,对他人提供的严重失实内容未尽到合理核实义务影响他人名誉的,需要承担民事责任。如何判断行为人尽到"合理核实义务"是实践中的一个难点。依照《民法典》第 1026 条的规定,认定是否尽到"合理核实义务"应考虑以下因素:一是内容来源的可信度。若内容来源可信度高,则审核义务相对较低;若内容来源可信度低,则审核义务相对较高。例如,源于中国裁判文书网的法院判决书,由于内容来源可信度高,行为人的审核义务就很低。二是对明显可能引发争议的内容是否进行了必要的调查。例如,新闻媒体收到他人提供的关于某学者抄袭的信息,该内容明显可能引发争议,则该媒体应进行必要的调查如直接采访涉嫌抄袭的学者。三是内容的时限性。时限性强的内容其核实义务就相对较低。四是内容与公序良俗的关联性。内容和公序良俗密切相关的,核实义务就更高。五是受害人名誉受贬损的可能性。受贬损的可能性越大,核实义务相对就越高。六是核实能力和核实成本。核实能力越高、核实成本越低则核实义务就越高。《民法典》第 1026 条规定的这些因素的抽象程度仍然较高,实践中应结合具体情况考虑相关因素加以确定。

(四)文学、艺术作品侵害名誉权的问题

文学、艺术作品源于生活又具有虚构性的特点,有可能会对他人的名誉造成侵害。一方面,行为人发表文学、艺术作品的自由需要保护;另一方面,法律不能放任这种自由被滥用而侵害他人的名誉权。《民法典》第 1027 条规定:"行为人发表的文学、艺术作品以真人真事或者特定人为描述对象,含有侮辱、诽谤内容,侵害他人名誉权的,受害人有权依法请求该行为人承担民事责任。行为人发表的文学、艺术作品不以特定人为描述对象,仅其中的情节与该特定人的情况相似的,不承担民事责任。"将是否以特定人为描述对象作为区分标准,该条分两种情形对文学、艺术作品侵害名誉权的问题作了规定:第一种情形是行为人发表的文学、艺术作品以真人真事或者特定人为描述对象。对于这种情形,虽然作品和现实有很大的相似性,但只要坚持

---

[1] 参见"北京兰世达光电科技有限公司、黄某某诉赵某名誉权纠纷案",最高人民法院指导案例 143 号(2020 年)。

以事实为基础就不会侵权。如果作品含有侮辱、诽谤内容,则会构成名誉权侵权。第二种情形是行为人发表的文学、艺术作品不以特定人为描述对象。对于这种情形,即便其中的情节与该特定人的情况相似,也只能认为是作品源于生活的表现,并不会构成侵权。对于《民法典》第1027条规定的这两种情形,都需要满足作品已经发表的条件。因为没有发表的作品第三人不可能知晓,也就不可能造成特定人社会评价的降低,不会侵犯其名誉权。

(五)媒体报道失实侵害名誉权的救济

报刊、网络等媒体报道的内容失实侵害民事主体名誉权时,名誉权人享有请求媒体及时采取更正或删除措施的权利。《民法典》第1028条规定:"民事主体有证据证明报刊、网络等媒体报道的内容失实,侵害其名誉权的,有权请求该媒体及时采取更正或者删除等必要措施。"更正权和删除权是民事主体可以直接向媒体行使的权利,不需要如同《民法典》第997条人格权侵害禁令一样必须向法院申请。为了避免滥用该权利影响媒体正常发挥其社会功能,法律规定民事主体行使更正权或者删除权的前提是,有证据证明媒体报道失实侵害其名誉权。媒体经核实确有失实内容的,应当采取改正或者删除等必要措施;拒不采取必要措施的,应当承担民事责任,不得以《民法典》第1025条进行抗辩。

(六)信用和信用评价

信用是对一个民事主体履行的能力特别是经济能力的社会评价;而对民事主体信用的社会评价,依据《民法典》第1024条第2款的规定,属于名誉的内容。信用评价是信用评价人基于民事主体的责任财产、偿债能力、过往还款记录和市场声誉等资料,对民事主体的信用情况进行评价的一种活动。如果信用评价人对民事主体作出了负面的信用评价,尽管负面的信用评价并不能直接等同社会评价的降低,但该信用评价往往会对该民事主体实际从事民事活动产生重大不利影响。因此,《民法典》第1029条规定:"民事主体可以依法查询自己的信用评价;发现信用评价不当的,有权提出异议并请求采取更正、删除等必要措施。信用评价人应当及时核查,经核查属实的,应当及时采取必要措施。"该条赋予民事主体查询的权利,该项权利也是民事主体行使更正权、删除权的前提条件。

信用评价对名誉权人有重大影响,信用评价人如征信机构为了客观公正进行信用评价,就必须处理大量真实的个人信用信息。依据《民法典》第1030条的规定,民事主体与征信机构等信用信息处理者之间的关系,适用《民法典》人格权编有关个人信息保护的规定和其他法律、行政法规的有关规定。

二、荣誉权

(一)荣誉权的客体

荣誉是荣誉权的客体,是民事主体在经济发展、社会进步的过程中作出杰出贡献、建立卓越功勋,政府和企事业单位、社会组织给予的积极的正式评价。通过颁授勋章、荣誉称号等方式,可以褒奖杰出人士,弘扬进取精神,激发大众的积极性。在我国,国家最高荣誉是国家勋章和国家荣誉称号,如"共和国勋章""友谊勋章"等国家勋章,"人民科学家""人民教育家""人民艺术家""人民英雄""人民楷模"等国家荣誉称号。"全国五一劳动奖章""国家科学技术奖"等其他一些荣誉也都具有广泛的社会影响力。

荣誉和名誉虽然都是一种评价,但荣誉必须是来自特定组织的评价,而不能是一般的社会评价。这里的"特定组织",是指政府、企事业单位、社会团体、法定代表人等。例如,董事长直接授予员工荣誉称号,董事长作为法定代表人,满足授予荣誉的"特定组织"要求。荣誉必须是积极、正式的客观评价,这也和名誉只要求是社会客观评价不同。荣誉的获得需要通过严格的程序,这和名誉的自然产生也存在显著区别。

(二)荣誉权的概念和内容

荣誉权是民事主体对所获得的荣誉及其利益的享有、维护的具体人格权。《民法典》将荣誉权规定在人格权编,肯定了荣誉权的性质是人格权。但是,荣誉权和其他人格权相较确实存在一些独特性,如荣誉权并非与生俱来,缺乏固有性的特征。

荣誉权的客体,既包括荣誉称号等荣誉,也包括相应的荣誉利益如勋章、奖章、奖金、证书以及受到的尊重、礼遇和待遇等。勋章、奖章和证书等是荣誉的重要载体,对其支配常有特殊规则。荣誉利益和荣誉获得者具有非常紧密的关系,在有相应规定或约定时只能专属于荣誉获得者。如《国家勋章和国家荣誉称号法》就规定,国家勋章、国家荣誉称号奖章及证书不得出售、出租或者用于从事其他营利性活动。国家勋章和国家荣誉称号获得者去世的,其获得的勋章、奖章及证书由其继承人或者指定的人保存;没有继承人或者被指定人的,可以由国家收存。当然,如果对于荣誉利益没有相应的限制性规定,则应认为完全属于荣誉获得者享有,荣誉获得者可以自由支配。

《民法典》第1031条第1款规定:"民事主体享有荣誉权。任何组织或者个人不得非法剥夺他人的荣誉称号,不得诋毁、贬损他人的荣誉。"荣誉权的内容包括对荣誉称号的享有和对荣誉的维护。荣誉是一种正式评价,撤销荣誉称号必须有正当理由且经过严格程序。任何组织或者个人不得非法剥夺他人的荣誉称号。同时,荣誉权不受侵犯,任何组织或者个人不得诋毁、贬损他人的荣誉。

《民法典》第1031条第2款规定:"获得的荣誉称号应当记载而没有记载的,民事主体可以请求记载;获得的荣誉称号记载错误的,民事主体可以请求更正。"该款特别对实践中存在的两种损害民事主体荣誉权的情形作了规定。一是民事主体获得的荣誉称号应当记载而没有记载的,民事主体可以请求记载。荣誉称号是荣誉权的主要表现形式和载体,将荣誉称号作正式记载体现了对荣誉权的尊重。例如,《国家勋章和国家荣誉称号法》第10条规定:"国家设立国家功勋簿,记载国家勋章和国家荣誉称号获得者及其功绩。"应当记载而没有记载则侵害了民事主体的荣誉权,民事主体有权请求记载。二是民事主体获得的荣誉称号记载错误的,民事主体可以请求更正。荣誉是一种正式评价,荣誉称号作为荣誉的主要表现形式和载体应当准确无误,荣誉权人则理应有权请求更正荣誉称号的记载错误。

疑难问题论争 冒名贷款不还的侵权责任问题

行为人冒名贷款不还,侵害他人姓名权并有损其名誉的,就产生能否同时认定侵害姓名权和名誉权的问题。在一案例中法院认为,被告张某某在捡到原告王某某遗失的身份证后,既未将身份证归还原告,也未征得原告同意,而是擅自使用原告的身份证,以原告的姓名申请办理信用卡,其行为即属于盗用、假冒他人姓名,侵犯他人姓名权的民事侵权行为。尽管从结果看,张某某的上述行为还导致王某某的姓名被列入中国人民银行征信系统的不良信用记录,而该不良信用记录在王某某与其他商业银行发生信贷活动时,其他商业银行均可查阅,必然造成王某某的信用污点，增大王某某从事商业交易活动和社会活动的成本，影响社会对王某某作出公正的评价，实际导致王某某的名誉受到损害。但结合案情全面分析，这一结果仍是张某某侵犯王某某姓名权的行为所导致的损害后果，张某某的行为不属于以虚构事实或其他侮辱、诽谤、贬损他人人格的手段侵犯他人名誉权的行为。〔1〕司法实务大多跟随最高人民法院的立场，在"冒名贷款不还案"中都认定侵犯的是被冒名人的姓名权。有学者认为，在侵害名誉权和侵害其他人格权竞合的情况下，受害人可以在侵害名誉权的请求和侵害其他人格权的请求之间选择一种对自己最为有利的请求权。如果受害人要求加害人同时承担侵害名誉权和其他权利的责任，法院应当确定一种对受害人最为有利的请求权形式，据此使加害人承担责任，但不能使受害人获得双倍的赔偿。〔2〕也有学者认为，侵犯何种人格权的判断标准在于是否满足侵犯特定具体人格权的侵权构成要件，未经姓名权人同意冒用、盗用他人姓名的行为即属于姓名权侵权行为，而让他人社会评价降低、名誉受损的行为即可认定为名誉权侵权行为，所以诸如"冒名贷款不还案"这类侵犯他人姓名权的行为若也侵犯到名誉权的，宜认定同时侵犯了两个权利。从权利侵犯的时间上来说，冒名本身已经侵犯姓名权，后续行为则是独立侵犯名誉权的行为。〔3〕上述问题的分析，离不开对名誉权侵权方式的理解。"任何组织或者个人不得以侮辱、诽谤等方式侵害他人的名誉权"中的"侮辱、诽谤等方式"，虽然从字义看确实包括其他类型的方式，〔4〕但在司法实践中则对此采取了较狭义的理解。考虑《民法典》第998条采取动态系统论的方式认定侵害精神性人格权的侵权责任，对于侵害名誉权中的"侮辱、诽谤等方式"应采更加开放的观点。因此，对于冒名贷款不还的侵权责任问题，虽然确实要注意避免重复损害赔偿，但认定侵害姓名权或名誉权时还是应结合《民法典》第998条以及具体人格权的内容综合考虑。

第五节　隐私权和个人信息保护

一、隐私权

（一）隐私权的客体

《民法典》第1032条第2款规定："隐私是自然人的私人生活安宁和不愿为他人知晓的私密空间、私密活动、私密信息。"依据该规定，隐私包括四部分内容：一是私人生活安宁。私人生活安宁是自然人自尊心和安全感的前提和基础。《民法典》从正面确认了私人生活安宁的人格利益性质，丰富了隐私权的内涵。隐私意义上的私人生活安宁需要结合《民法典》第1033条第1项的规定加以理解，所以深夜向他人发送促销信息或者通过电话骚扰都属于侵扰私人生活安宁的行为。例如，被告保险公司非法收集、利用原告个人信息，多次致电原告推销车辆保险，侵

〔1〕参见"王某某诉张某某、江苏省南京工程高等职业学校、招商银行股份有限公司南京分行、招商银行股份有限公司信用卡中心侵权纠纷案"，载《最高人民法院公报》2008年第10期。

〔2〕参见王利明：《人格权重大疑难问题研究》，法律出版社2019年版，第557页。

〔3〕参见石冠彬：《姓名权侵权纠纷的裁判规则研究》，载《当代法学》2018年第3期。

〔4〕参见黄薇主编：《中华人民共和国民法典人格权编释义》，法律出版社2020年版，第149页。

扰了原告的正常生活，造成原告精神损害，构成了对原告隐私权的侵害。[1] 二是私密空间。私密空间中最重要的就是私人住宅和宾馆房间，也应包括私家车等空间。我国《宪法》第 39 条规定："中华人民共和国公民的住宅不受侵犯。禁止非法搜查或者非法侵入公民的住宅。"在民法上，非法侵入他人住宅不仅侵犯了权利人的物权，还可能会侵犯自然人的隐私权。三是私密活动。私密活动，是指自然人的个人活动，包括家庭活动、性活动等。婚外情和婚外性生活虽然不符合道德规范甚至违反法律，但除法律另有规定或者当事人同意外，也属于私密活动。四是私密信息。私密信息属于个人信息，指的是一旦泄露、公开或者非法提供就很可能危害人身和财产安全，导致自然人名誉、身心健康受到损害，或者容易招致歧视性待遇的个人信息。私密信息包括自然人的财产信息、健康生理信息、生物识别信息、身份信息、行踪信息等。私密活动和私密信息的关系是，私密活动是一个动态过程，一旦私密活动转化为静态形式则为私密信息。因此，拍摄他人的私密活动形成的影像记录是私密信息。

（二）隐私权的概念和内容

随着科技进步和媒体发展，隐私受到侵犯的风险日益增大；而人类文明的进步又使人们加强隐私保护的意识不断增强。隐私权对于维护人格尊严、提高个人安全感、保护个人自由和私人生活安宁具有重要意义。我国司法实践很早就将隐私纳入名誉权的保护范围。1988 年的最高人民法院《关于贯彻执行〈中华人民共和国民法通则〉若干问题的意见（试行）》（已失效）和 1993 年的最高人民法院《关于审理名誉权案件若干问题的解答》（已失效）都有关于保护隐私的规定。在立法上，我国 2009 年的原《侵权责任法》首次将隐私权作为一种民事权利加以规定。

《民法典》第 1032 条第 1 款规定："自然人享有隐私权。任何组织或者个人不得以刺探、侵扰、泄露、公开等方式侵害他人的隐私权。"隐私权是自然人享有的支配其隐私的具体人格权。隐私权的主体只能是自然人。从积极支配的角度看，自然人的隐私权包括这样几个方面：一是隐私享有权，即自然人有权隐匿自己的私密空间、私密活动和私密信息，有权享有私人生活安宁。二是隐私维护权，即维护自己的隐私不受侵害的权利。民法上的隐私权主要就是保护自然人的隐私不受他人侵害。三是隐私公开权，即自然人有权选择是否公开自己的隐私。公开包括自然人自己公开和他人公开。根据《民法典》第 1033 条的规定，除非法律另有规定，公开他人的私密活动或者私密信息必须获得权利人的明确同意。同时，相较肖像权和姓名权，隐私权具有更强的伦理和情感属性，不宜鼓励商业化利用。

（三）禁止实施的侵害他人隐私权的行为

法律对隐私权的保护更多是通过对行为的限制实现的，任何组织或者个人不得以刺探、侵扰、泄露、公开等方式侵害他人的隐私权。具体而言，除法律另有规定或者权利人明确同意外，依据《民法典》第 1033 条的规定，任何组织或者个人不得实施下列行为：第一，以电话、短信、即时通讯工具、电子邮件、传单等方式侵扰他人的私人生活安宁。自然人都有要求私人生活受到尊重而得享安宁的权利。第二，进入、拍摄、窥视他人的住宅、宾馆房间等私密空间。这是实践中最典型的三种侵犯私密空间的行为。例如，出租人在出租的卧室安装自动拍摄的摄像机，即使出租人没有知晓拍摄的内容，也仍然侵害了他人的隐私权。第三，拍摄、窥视、窃听、公开他

[1] 参见最高人民法院民法典贯彻实施工作领导小组主编：《中华人民共和国民法典人格权编理解与适用》，人民法院出版社 2020 年版，第 340 页。

人的私密活动。自然人的很多私密活动都不愿为他人知晓，一旦被他人拍摄、窥视、窃听就会严重侵害其人格尊严。第四，拍摄、窥视他人身体的私密部位。私密部位属于不愿意为人所知的隐私，拍摄、窥视他人身体的私密部位是对自然人隐私权的严重侵害。第五，处理他人的私密信息。根据《民法典》第1035条第2款的规定，处理他人的私密信息应包括对私密信息的收集、存储、使用、加工、传输、提供、公开等。除非法律另有规定，处理他人的私密信息或者处理个人信息都应取得同意。但是，与处理并非私密信息的个人信息仅要求"同意"不同，处理他人的私密信息必须取得权利人的"明确同意"。这就意味着，处理他人的私密信息仅仅获得权利人的默示同意是不够的。第六，以其他方式侵害他人的隐私权。

认定行为人是否应承担侵害他人隐私权的民事责任，需要根据《民法典》第998条的规定，考虑行为人和受害人的职业、影响范围、过错程度以及行为的目的、方式、后果等因素。例如，徐某某注意到被收养的男童施某某受到父母的虐待，为了保护施某某的利益、揭露可能存在的犯罪行为，徐某某在微博中发表未成年人施某某受伤害信息。徐某某所发微博的内容与客观事实基本一致，且符合社会公共利益原则和儿童利益最大化原则，该网络举报行为不构成侵权。[1]

（四）特殊主体的自然人隐私保密义务

国家机关、承担行政职能的法定机构及其工作人员在履行职责过程中有可能知悉大量的隐私；依照《民法典》第1039条的规定，对于这些隐私应当予以保密，不得泄露或者向他人非法提供。还有一些主体也会因为其性质而获知隐私，如医疗机构及其医务人员在诊疗活动中不可避免会得知患者的隐私，其应当对获知的隐私予以保密。依据《民法典》第1226条的规定，泄露患者的隐私和个人信息，或者未经患者同意公开其病历资料的，应当承担侵权责任。

二、个人信息保护

（一）个人信息的概念

《民法典》第1034条第2款规定："个人信息是以电子或者其他方式记录的能够单独或者与其他信息结合识别特定自然人的各种信息，包括自然人的姓名、出生日期、身份证件号码、生物识别信息、住址、电话号码、电子邮箱、健康信息、行踪信息等。"因此，构成个人信息需要满足三个要件：一是具有可识别性，即该信息能够单独或者与其他信息结合起来识别特定自然人。因此，经过加工无法识别特定个人且不能复原即不具备可识别性的个人信息，不属于《民法典》规定的个人信息。依据《民法典》第1038条第1款的规定，信息处理者向他人提供这种匿名化处理后的信息也不再需要征得自然人的同意。二是要有一定的载体，即"以电子或者其他方式记录"，这一点和隐私有明显区别。需要说明的是，虽然个人信息一定是有载体的，但《民法典》保护的对象是信息而非载体。《数据安全法》第3条第1款规定："本法所称数据，是指任何以电子或者其他方式对信息的记录。"数据是以电子或者其他方式对信息的记录，而个人信息则是数据这一记录所承载的实质内容。《民法典》保护的是数据上承载的个人信息，所以使用了"个人信息"这个术语。三是个人信息的主体只能是"特定自然人"。

个人信息的保护对于保护自然人的人格尊严、维护个人信息处理的正常秩序具有重要意义。《民法典》第111条对个人信息保护作了原则性规定："自然人的个人信息受法律保护。任

---

[1] 参见"施某某、张某某、桂某某诉徐某某肖像权、名誉权、隐私权纠纷案"，载《最高人民法院公报》2016年第4期。

何组织或者个人需要获取他人个人信息的，应当依法取得并确保信息安全，不得非法收集、使用、加工、传输他人个人信息，不得非法买卖、提供或者公开他人个人信息。”

（二）个人信息和隐私

《民法典》将个人信息保护独立于隐私权等具体人格权加以规定。个人信息虽然没有明确规定为民事权利，但其受法律保护，任何组织、个人都不得侵害自然人的个人信息权益。《民法典》既要基于人格权保护而保护个人信息，也要促进个人信息作为一种重要的社会资源合理流通。[1] 在维护公共利益的情形下，即使未经该自然人同意，信息处理者也可以合理实施处理个人信息的行为，这尤其体现了个人信息是重要的社会资源。

个人信息和隐私既有联系也有区别。个人信息和隐私权的主体都是自然人，客体上也存在交叉。隐私中的私密信息属于个人信息，如自然人不愿为他人知晓的健康信息、行踪信息等个人信息。个人信息则不仅包括私密信息，还包括姓名、电子邮箱等非私密信息。需要注意的是，隐私具有一定的主观性，如电话号码等个人信息，有的人就会认为属于私密信息而应作为隐私保护，对此主要应结合具体情况以社会一般人的合理期望作为隐私的判断标准。个人信息必须具有主体可识别性，因此无法识别特定主体的私密信息可以是隐私，但不能是个人信息。《民法典》对隐私权重在保护。由于隐私权一般不具有财产利益，故对其保护多表现为消极被动的防御。而对个人信息的规定则是保护和合理利用并重。除个人信息处理不得违反法律或者约定外，还体现为自然人对个人信息的积极控制和利用。总体而言，对隐私权的保护程度要高于对个人信息的保护程度。《民法典》第 1034 条第 3 款规定：“个人信息中的私密信息，适用有关隐私权的规定；没有规定的，适用有关个人信息保护的规定。”因此，对于既属于隐私又属于个人信息的私密信息，优先适用有关隐私权的规定，没有规定的才适用有关个人信息保护的规定。

（三）个人信息处理的原则和条件

《民法典》第 1035 条规定：“处理个人信息的，应当遵循合法、正当、必要原则，不得过度处理，并符合下列条件：（一）征得该自然人或者其监护人同意，但是法律、行政法规另有规定的除外；（二）公开处理信息的规则；（三）明示处理信息的目的、方式和范围；（四）不违反法律、行政法规的规定和双方的约定。个人信息的处理包括个人信息的收集、存储、使用、加工、传输、提供、公开等。”

处理个人信息应当遵循合法、正当的原则。一方面，信息处理者不得违反法律、行政法规的规定处理个人信息，不得从事危害国家安全、公共利益的个人信息处理活动；另一方面，处理个人信息应当遵循民法的基本原则，秉持诚实，恪守承诺，不违背公序良俗，不得通过误导、欺诈、胁迫等方式处理个人信息。

处理个人信息应当遵循必要原则，不得过度处理。处理个人信息应当设定明确、合理的目的，不得进行与处理目的无关的个人信息处理。具体而言，处理个人信息在范围的确定和方式的选择上必须以必要性为判断标准：范围上应限于实现处理目的的最小范围，方式上采取对个人权益影响最小的方式。

处理个人信息应当遵循公开、透明的原则。依据《民法典》第 1035 条第 1 款第 2 项和第 3

---

[1] 参见黄薇主编：《中华人民共和国民法典人格权编释义》，法律出版社 2020 年版，第 193 页。

项的规定,处理个人信息应当公开处理信息的规则,明示处理信息的目的、方式和范围。公开透明原则是确保自然人知情同意的前提;只有公开透明,自然人才有可能在知悉处理信息的规则、目的、方式和范围的情况下表示同意。自然人的同意是以信息处理的目的、方式和范围为前提的;如果前提发生变更,理应重新征得该自然人的同意。

在遵循个人信息处理的原则这一前提下,以是否需要征得个人同意为标准,可以将个人信息处理的条件区分为取得个人同意和不需取得个人同意两种。

第一种是处理个人信息需要征得该自然人的同意或者其监护人同意,只有个人在充分知情的前提下同意,个人信息处理者才可以处理其个人信息。依据《民法典》第 1036 条第 1 项的规定,在自然人同意的范围内合理实施的行为即使对个人权益造成了影响,也是符合其意愿的,信息处理者无须承担责任。“自然人同意的范围内”意味着自然人有权限制他人对其个人信息进行处理。对于未成年人或者其他被监护人,则应征得其监护人的同意。《未成年人保护法》第 72 条第 1 款规定,除非法律、行政法规另有规定,处理不满 14 周岁未成年人信息的,应当征得未成年人的父母或者其他监护人同意。

同意可以有多种形式;但对于私密信息的处理,需要依照《民法典》第 1033 条的规定取得权利人的明确同意。如果法律或者行政法规要求必须取得个人书面同意的,依照其规定。

第二种是在法律、行政法规另有规定的情况下,可以在未取得个人同意的条件下处理个人信息。《民法典》第 1036 条第 2 项规定,对于已经合法公开的信息,不管是否属于自然人自行公开,合理处理个人信息的行为人都不承担民事责任。法定的例外情况则有两种:一是该自然人明确拒绝;二是处理该信息侵害该自然人的重大利益。已经合法公开的个人信息,特别是其中该自然人已经自行公开的信息,可以认为其中隐含该自然人同意处理其个人信息的意思。但当该自然人明确拒绝时,应尊重该自然人明确表达的意思。合理处理已经公开的信息,通常不会侵害该自然人的重大利益,这也是原则上允许的理由。而如果处理已经公开的个人信息会侵害该自然人重大利益,就不应再允许此种情形下的信息处理。《民法典》第 1036 条第 3 项规定,为维护公共利益或者该自然人合法权益合理实施的其他行为,行为人处理个人信息不承担民事责任。例如,为了应对突发公共卫生事件所必需时,信息处理者可以处理个人信息。再如,紧急情况下为了保护该自然人的生命健康和财产安全所必需时,信息处理者可以合理处理其个人信息。虽然从客观上看,该自然人并未明确同意,但由于特定情形下合理实施的信息处理行为的目的是维护其权益,信息处理者对此行为不承担民事责任。

(四)自然人在个人信息处理中的权利

《民法典》第 1037 条规定:“自然人可以依法向信息处理者查阅或者复制其个人信息;发现信息有错误的,有权提出异议并请求及时采取更正等必要措施。自然人发现信息处理者违反法律、行政法规的规定或者双方的约定处理其个人信息的,有权请求信息处理者及时删除。”自然人可以依法向信息处理者查阅或者复制其个人信息。自然人的此项查阅复制权是其行使更正权、删除权等权利的前提,对于自然人督促信息处理者依法依约处理个人信息具有重要意义。但自然人查阅或者复制也必须依法进行;如果法律或者行政法规规定应当保密,那么信息处理者应拒绝自然人查阅或者复制的请求。

自然人发现信息处理者的信息有错误的,有权提出异议并请求及时采取更正等必要措施。这里的“错误”,解释上应认为包括个人信息不准确、不完整的情形。《民法典》并未明确规定信息处理者应采取更正等措施,应认为信息处理者在收到请求更正等请求时需对个人信息予以核实,并根据核实情况决定是否更正。

自然人发现信息处理者违反法律、行政法规的规定或者双方的约定处理其个人信息的,有权请求信息处理者及时删除。可见,《民法典》第 1037 条规定的个人信息删除权是以信息处理者违法或者违约为前提的,并非域外规定的"个人信息被遗忘权"。在法律、行政法规规定的保存期限未届满或者删除个人信息在技术上难以实现时,个人信息处理者也应停止除存储之外的信息处理活动。

(五)个人信息处理者的义务

信息处理者需要承担处理信息的安全保护义务。《民法典》第 1038 条规定:"信息处理者不得泄露或者篡改其收集、存储的个人信息;未经自然人同意,不得向他人非法提供其个人信息,但是经过加工无法识别特定个人且不能复原的除外。信息处理者应当采取技术措施和其他必要措施,确保其收集、存储的个人信息安全,防止信息泄露、篡改、丢失;发生或者可能发生个人信息泄露、篡改、丢失的,应当及时采取补救措施,按照规定告知自然人并向有关主管部门报告。"

国家机关、承担行政职能的法定机构及其工作人员在履行职责过程中有可能知悉大量的个人信息;其中既有根据法律、行政法规授权主动知悉的,也有在履职过程中被动知悉的。《民法典》第 1039 条规定:"国家机关、承担行政职能的法定机构及其工作人员对于履行职责过程中知悉的自然人的隐私和个人信息,应当予以保密,不得泄露或者向他人非法提供。"需要说明的是,民法调整的是平等主体之间的人身关系和财产关系;之所以在《民法典》第 1039 条规定国家机关、承担行政职能的法定机构及其工作人员的保密义务,主要是因为该问题对于个人信息保护极为重要。

案例分析

2016 年 6 月 2 日下午,林某、陈某夫妇在马路边发生激烈争吵,林某公然扇打妻子陈某的脸部。蔡某用手机将林某、陈某的上述行为拍摄成视频,并上传于互联网。该视频中显示了林某的背部,并未对陈某的容貌及形象进行模糊处理。林某、陈某得知后,要求蔡某将该视频删除,但遭蔡某拒绝。之后,该视频于 2016 年 6 月 25 日被某省公共频道以"实拍女子遭男友连扇巴掌"为题进行播报。

问题:本案中哪些人格权受到侵犯?

分析:林某与陈某虽系夫妻关系,但林某在公共场所公然使用暴力扇打陈某的脸部,林某的该行为具有违法性,已侵害了陈某的人格尊严。

蔡某对林某的上述不法行为进行拍摄、公布并无不妥,且该视频也只是显示了林某的背部,一般人并不能据此判断系林某本人,故蔡某的行为并未侵害林某的合法权益。

蔡某在未对视频中陈某的容貌及形象进行模糊处理的情况下,对该视频进行公布,导致视频在公共频道上播放,其行为事实上导致陈某因人格尊严受侵害而形成的不利影响被扩大,给陈某造成更大的精神伤害。蔡某的行为明显超过必要限度,损害了陈某的人格尊严,应对陈某承担相应的侵权责任。

蔡某的行为并未导致陈某的社会评价降低,且蔡某的行为也不属于侮辱、诽谤等行为,故蔡某并未侵害陈某的名誉权。

因林某、陈某的行为发生于公共场所,蔡某并未侵害陈某的隐私权、肖像权。[1]

思考题

1. 自然人作为生命权的权利主体,可以放弃生命权吗?
2. 自然人行使姓名决定权有哪些限制?
3. 隐私和个人信息的区别和联系是什么?

〔1〕 参见"林某、陈某诉蔡某一般人格权纠纷案",载《最高人民法院公报》2020年第11期。

第五编

婚姻家庭

第二十二章　婚姻家庭概述

学习要点

本章学习了解婚姻家庭的概念、亲属的概念和分类,掌握《民法典》婚姻家庭编的基本原则。

第一节　婚姻家庭的概念与亲属制度

一、婚姻家庭的概念

(一)婚姻的概念

婚姻,是为当时社会所确认的男女两性的结合。婚姻是男女两性的结合,该男女的两性结合须为当时社会制度所确认,是男女双方具有夫妻身份的结合。

首先,婚姻是男女两性的结合。男女两性之间的个体差异是婚姻关系的基础和重要的自然属性。西方近现代文化思潮观念日趋开放,一些国家相继通过家庭伴侣法或者修法承认同性婚姻等,将"同性婚姻"纳入婚姻关系的保护体系之中,这使传统婚姻中将两性差异作为婚姻基础和前提的观点受到了挑战。但男女两性的结合是婚姻自然层面的要求,也是自然规律在人类社会中的体现。因此,从我国现阶段的社会观念以及立法态度来看,婚姻主体为异性仍是婚姻关系最基本的要求。

其次,男女两性的结合应为当时社会制度所确认。这是婚姻关系的社会层面要求。因为两性结合是人与动物的共同的自然属性,但用社会的手段对两性关系予以规范,形成统一的、制度化的婚姻形态是人类社会的特质。从习惯法的认可到成文法中的具体规定,婚姻关系的确认始终应符合当时社会制度中对婚姻关系形式和实质的要求,婚姻关系应是按照当时社会制度所规定的条件和目的建立的社会关系。

最后,婚姻是男女双方具有夫妻身份的结合。这是婚姻在法律层面的要求。两性之间的关系存在很多种形式,以非夫妻身份的两性结合虽然也可以维持男女双方长期共同生活的关系,但这种身份关系并不能成为婚姻关系。婚姻是以夫妻间的权利义务为内容的结合;只有符合结婚的法定条件,才具有夫妻身份,从而享有法律所规定的婚姻中夫妻间的权利与义务。

疑难问题论争　同性婚姻合法化争议

在《民法典》编纂过程中,同性婚姻合法化一直是热议的命题。

支持同性婚姻合法化的观点归纳起来主要是:婚姻自由是基本人权,任何自然人都应不分性别地享有缔结婚姻的权利,这符合国际人权保护的要求。

反对同性婚姻合法化的观点则认为,同性婚姻与我国异性婚姻的传统婚姻习俗和家庭伦理不符,目前不宜将其合法化。

《民法典》起草过程中,全国人民代表大会常务委员会法工委在回应是否在《民法典》中明确同性婚姻合法地位的问题时明确表示:"我国现行婚姻法规定的一夫一妻制是建立在一男一女结为夫妻基础上的婚姻制度,这个规定是符合我国的国情和历史文化传统的。据我所知,目前世界上绝大多数国家都不承认同性婚姻的合法性,因此民法典婚姻家庭编草案也维持了现行婚姻法规定的一夫一妻制。"[1]

(二)家庭的概念

家庭,是由一定范围的亲属所构成的社会生活单位,是以婚姻、血缘和共同经济为纽带而组成的亲属团体。

家庭具有以下特征:家庭是生活单位,须有共同经济基础,具有同居共财的特点。以家庭为单位组织生产和消费,是家庭经济职能在社会经济生活中的表现,而共同稳定的经济生活也是维系家庭稳定的基础因素之一。家庭是由特定范围内的亲属所构成的生活单位,家庭成员一般是由共同生活的近亲属组成的,是基于婚姻和血缘或收养形成的成员间互享法定权利、互负法定义务的亲属团体。

根据我国《民法典》第1045条的规定,家庭成员包括配偶、父母、子女和其他共同生活的近亲属;家庭成员具有身份性,法律承认家庭成员的差序性。家庭关系包括财产关系和身份关系。这种身份关系或为血缘关系,或为婚姻关系;只是在不同国家和时期,对于此类身份关系所包含的亲属种类的多少和范围大小不尽相同。

二、亲属的概念和分类

(一)亲属的概念

亲属一般用来指称人与人之间的亲缘关系,是人类社会一种重要的社会关系。调整亲属关系的手段主要包括习俗、道德、宗教和法律。法律中所谓亲属关系,系指由法律调整的亲属关系;一经法律调整,具有亲属身份的主体之间会产生法定的权利和义务。

(二)亲属的分类

1. 我国古代亲属的分类

我国古代将亲属分为宗亲、外亲、妻亲三类。

宗亲,又称本亲或者内亲,包括同一祖先所出之男系血亲、同一祖先所出之男系血亲的配偶即嫁入的妇女(古称"来归之妇")、同一祖先的未出嫁的女性如未出嫁的女儿、姐妹等亲属。宗亲由同一宗族的成员组成,其法律地位高于外亲。

外亲,又称女亲、外族、外姻,指称女性血亲相联系的亲属,包括与母亲有关的亲属和与出嫁女儿相关的亲属。前者如外祖父母、舅、姨、表兄妹等;后者如女婿、外孙子女、姑父等。我国古代封建礼法重男系血统而轻女性血统,因而在法律地位上,外亲地位低于宗亲地位。

---

[1] 《对同性恋结婚的态度是什么?全国人大法工委回应》,载凤凰网2019年8月21日,https://ishare.ifeng.com/c/s/7pJjEMo1VsU。

妻亲是明、清时从外亲中分离出来的，用来指称与妻子相联系的亲属，包括妻子的父母、妻子的兄弟姐妹及其子女。

2. 现代亲属的分类

与古代亲属分类方法不同，现代各国大都根据亲属产生的原因，将亲属分为配偶、血亲、姻亲3类。

(1)配偶

配偶即夫妻，是男女双方因缔结婚姻而形成的亲属关系。在婚姻关系存续期间，夫妻双方互为配偶。配偶是血亲和姻亲得以产生的基础。

(2)血亲

血亲，是指有血缘关系的亲属。

根据血缘的来源不同，血亲可分为自然血亲和拟制血亲。自然血亲，是指因出生而自然形成的，源于同一祖先的有血缘联系的亲属。如父母和子女、祖父母外祖父母和孙子女外孙子女、兄弟姐妹等。拟制血亲，是指在无自然血缘关系的当事人间，由法律确认其具有与自然血缘血亲相同的权利义务关系。如养父母和养子女、继父母和形成抚养教育关系的继子女。

根据血缘联系的不同，血亲又可分为直系血亲和旁系血亲。直系血亲指那些有直接的血缘联系的亲属，具体包括生育己身和己身所生育的上下各代的亲属，如父母与子女、祖父母外祖父母与孙子女外孙子女等。旁系血亲是指那些有间接血缘联系的亲属，即除直系亲属外，与己身同源的亲属。如与己身同源于父母的兄弟姐妹、与己身同源于祖父母的堂兄弟姐妹、与己身同源于外祖父母的表兄弟姐妹等。

(3)姻亲

姻亲，是指以婚姻关系为中介而产生的亲属，但不包括配偶本身。男女双方缔结婚姻后，一方与另一方的亲属之间即产生姻亲关系。如妻子与丈夫的父母、兄弟姐妹即是姻亲关系；反之亦然。

姻亲分为3种，一是血亲的配偶，是指自己直系、旁系血亲的配偶。如嫂、弟媳、姐妹夫、儿媳、女婿等，对自己均互为姻亲。二是配偶的血亲，即自己配偶的直系、旁系血亲。如自己妻子的父母、兄弟姐妹均是自己的姻亲。三是配偶的血亲的配偶，指自己配偶的血亲的丈夫或妻子。如自己丈夫的兄弟的妻子，即俗称的妯娌关系。

三、亲属范围的限定及亲属远近关系的计算

(一)亲属范围的限定

亲属关系由己身上溯下延，上下各代连绵不绝，直旁内外联系无穷，是一张无穷的关系网。如果没有界限，不对其范围进行界定，那么，法律对于亲属关系的调整将十分困难。因此，世界各国均根据本国的风俗习惯，对亲属作出了规定，限定亲属的范围。

对亲属范围的限定，主要有两种立法例。一是总体概括性限定，即先对亲属范围从整体上作概括性规定，再根据亲属的种类和亲等的远近规定其法律效力。日本民法即采用此种立法例，规定六亲等以内的血亲和配偶，以及三亲等以内的姻亲为亲属。二是个别实用性限定，即根据不同法律关系的需要，在不同的亲属间规定不同的法律效力。

我国《民法典》第1045条规定，亲属包括配偶、血亲和姻亲。配偶、父母、子女、兄弟姐妹、祖父母、外祖父母、孙子女、外孙子女为近亲属。配偶、父母、子女和其他共同生活的近亲属为

家庭成员。

(二)亲属关系远近的计算

传统的亲等计算法有两种:一是罗马法亲等计算法,此法为多数国家所采用;二是寺院法亲等计算法,此法为部分国家所采用。我国未采用亲等计算法,在计算评判亲属关系远近时,沿用了传统的世代计算法。

1. 罗马法亲等计算法

罗马法亲等计算法是古罗马帝国使用的计算亲属关系远近的方法,随着罗马法的传播而为许多国家所采用,是目前国际上通用的亲等计算法。

其直系亲属关系远近的计算方法是:从己身上数,每经一代为一亲等;从己身下数,每经一代也是一亲等。例如,父母子女之间是一亲等直系血亲,祖父母与孙子女之间是二亲等直系血亲。

其旁系亲属关系远近的计算方法是:先从己身上数至双方共同的直系长辈血亲,即同源人,再从同源人下数至要计算的人,每经一代为一亲等,所有数字相加数即为亲等数。如图 22 - 1 所示,若要计算己身与同胞兄弟的亲等,则要先找到二者的同源人,即父母;从己身上数至父母,为一亲等;再从父母下数至同胞兄弟,为一亲等;最后两边数字相加,则己身与同胞兄弟为二亲等旁系血亲。

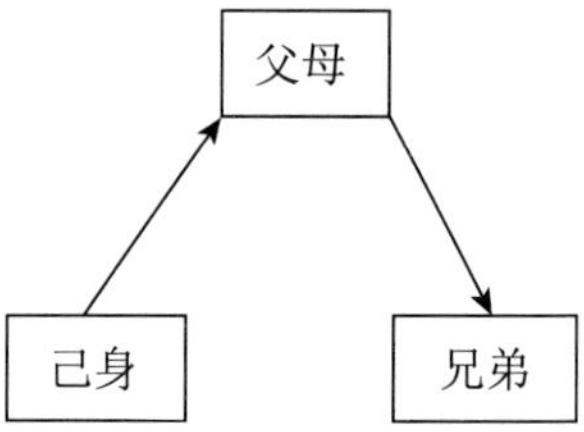

图 22 - 1　己身与同胞兄弟的亲等

2. 寺院法亲等计算法

寺院法亲等计算法是中世纪教会法计算亲属关系远近的方法,目前仅少数国家使用。

寺院法直系血亲的计算方法与罗马法相同。

其旁系血亲的计算方法是:从己身和所要计算的人分别上数至同源人,每经一代为一亲等,两边亲等数一致时,该数即为亲等数。若亲等数不一致,则采多者一方亲等数。如图 22 - 2 所示,要计算自己与叔伯的亲等,则分别上数至同源人,即自己的祖父母,每经一代为一亲等,己身至祖父母是二亲等,叔伯至祖父母是一亲等,两边数字不一致,则采多者为亲等数,于是,己身与叔伯为二亲等旁系血亲。

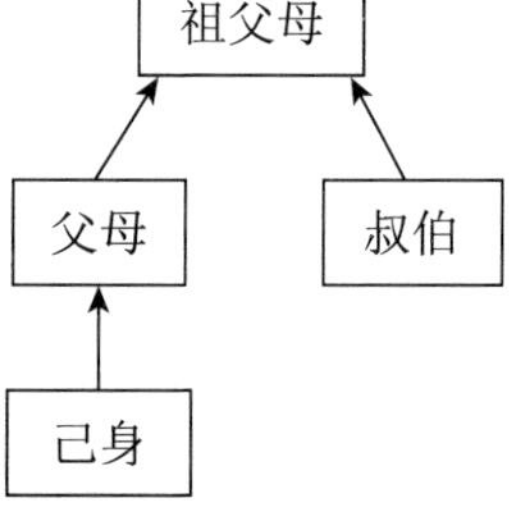

图 22 - 2　己身与叔伯的亲等

3. 世代计算法

对于亲属关系的远近,我国采用简便的世代计算法,即以血亲间的世代来计算亲属关系的远近,一辈即是一代。在计算直系血亲时,以已身为一代,上数至父母为二代;至祖父母为三代;至曾祖父母为四代,以此类推。以己身为一代,下数至子女为二代;至孙子女为三代,以此类推。

在计算旁系血亲时,首先要找到已身与所要计算的旁系血亲的同源人,然后从两边分别上数至同源人,一辈即为一代,若两边代数相同,则采该数;若两边代数不同,则采多者。

第二节　婚姻家庭法的基本原则

《民法典》第 1041 条第 2 款和第 3 款规定:"实行婚姻自由、一夫一妻、男女平等的婚姻制度。保护妇女、未成年人、老年人、残疾人的合法权益。"第 1042 条规定:"禁止包办、买卖婚姻和其他干涉婚姻自由的行为。禁止借婚姻索取财物。禁止重婚。禁止有配偶者与他人同居。禁止家庭暴力。禁止家庭成员间的虐待和遗弃。"第 1044 条第 1 款规定:"收养应当遵循最有利于被收养人的原则,保障被收养人和收养人的合法权益。"上述条款构成了《民法典》所确立的婚姻家庭法的基本原则。

一、婚姻自由原则

婚姻自由,是指婚姻当事人有权按照法律的规定自主自愿地决定自己的婚姻问题,不受其他任何人的非法强制和干涉。

(一)婚姻自由原则的内容

婚姻自由包括结婚自由、婚内自由、离婚自由三个方面。

结婚自由,是指婚姻当事人有权按照法律的规定自主自愿地缔结婚姻关系,不受其他任何人的强制和干涉。婚内自由是指在进入婚姻关系后,当事人有权自主协商处理婚内事务,当事人自由处分自己事务的权利受法律认可和保护。例如,根据《民法典》第 1065 条的规定,夫妻双方可以对婚姻财产作出约定,约定财产制的效力大于法定财产制的效力。离婚自由是夫妻双方有依法解除婚姻关系的自由,强调婚姻关系的解除应当基于当事人双方的合意,通过法定程序达成。

结婚自由、婚内自由、离婚自由是婚姻自由原则的 3 个维度,三者共同构成婚姻自由原则的完整含义。结婚自由是实现离婚自由的先决条件,婚内自由是婚姻自由原则的应有之义,是其在婚姻关系存续期间的体现。离婚自由是结婚自由的必要补充,是婚姻自由在婚姻关系退出机制中的体现。结婚自由、婚内自由、离婚自由从进入、维持、退出 3 个阶段和纬度全面体现了婚姻自由原则。

(二)婚姻自由原则的贯彻

1. 禁止包办买卖婚姻和其他干涉婚姻自由的行为。包办婚姻,是指第三者(包括父母)违反婚姻自由原则,包办、强迫他人所促成的婚姻。买卖婚姻,是指第三者(包括父母),以索取大量财物为目的,包办、强迫他人所促成的婚姻。包办婚姻与买卖婚姻既有联系又有区别。二者的共同之处在于：两者都违背了婚姻自由原则，对婚姻进行包办、强迫。二者的不同之处在于：买卖婚姻以索取大量钱财为目的，而包办婚姻没有这一特征。因此，买卖婚姻必然是包办婚姻，但包办婚姻不一定是买卖婚姻。

2. 禁止借婚姻索取财物。借婚姻索取财物，是指婚姻当事人一方借结婚的机会向他方索要一定财物的行为。其特点表现为：第一，索取财物的主体一般是婚姻当事人一方；第二，在婚姻决定权上，男女双方对结婚基本是自主自愿的；第三，婚姻缔结多数不是以感情为基础，对索要财物的一方来说，往往是建立在贪图金钱物质的基础上；第四，这种婚姻关系在性质上违背社会主义婚姻的基本要求，违反婚姻自由原则，属于违法行为，所以婚姻法予以禁止。

二、一夫一妻原则

一夫一妻制是人类婚姻文明高度发展的产物，一夫一妻制有利于建立稳定的婚姻关系，有利于对子女的抚养和教育，也有利于社会的安定。[1]

（一）一夫一妻原则的内容和要求

一夫一妻制，是指一男一女结合为夫妻关系的婚姻制度，亦称单偶制或双单式婚姻。以一夫一妻制为核心内容的一夫一妻原则应当从以下三个方面去理解：第一，任何人不得有两个或两个以上的配偶。第二，已婚者，在其配偶死亡或离婚之前不得再行结婚。第三，一切公开的、隐蔽的一夫多妻、一妻多夫的两性关系都是非法的。情节轻微的，要予以批评教育或行政处分；情节较重的，应给予民事制裁或行政处罚；情节严重构成犯罪的，要受到刑罚制裁。

（二）一夫一妻原则的贯彻

1. 禁止重婚。重婚，是指有配偶者再行结婚的违法行为。重婚是对配偶婚姻权益的侵害，是严重破坏一夫一妻制的违法行为。如果重婚的当事人主观上是故意的，则会构成犯罪，要以刑法的有关规定处理。

构成重婚需具备两个条件：(1)当事人一方或者双方已存在有效的婚姻关系。这是构成重婚的前提条件。无效婚姻和可撤销婚姻必须经过法定的程序确认无效或被撤销，未经确认之前，仍然属于有配偶的人，若与他人结婚，就构成重婚。(2)有配偶者与他人结婚，包括两种形式：一种是有配偶者又与他人登记结婚，这属于法律上的重婚；另一种是虽未与他人登记结婚，但与他人以夫妻关系或名义同居生活，这为事实上的重婚。现实生活中，基本上以事实上的重婚为重婚的主要表现形式。

2. 禁止有配偶者与他人同居。有配偶者与他人同居，是指有配偶者与婚外异性，不以夫妻名义，持续、稳定地共同居住。其要件有三：一是有配偶者；二是不以夫妻名义；三是持续、稳定地共同居住。需要注意的是，有配偶者与他人同居应与那些应由道德规范调整的未婚同居等行为相区别。有配偶者与他人同居是《民法典》婚姻家庭编明确禁止的违法行为，行为人要承担相应的法律责任。

三、男女平等原则

（一）男女平等原则的含义

男女平等，是指夫妻和性别不同的家庭成员以及其他近亲属，在婚姻家庭生活和亲属关系中处于平等的法律地位，享有平等的权利，承担平等的义务。这一原则的立法依据是《宪法》第

---

〔1〕 参见邓丽：《婚姻法中的个人自由与社会正义——以婚姻契约论为中心》，知识产权出版社2008年版，第222页。

48 条第 1 款："中华人民共和国妇女在政治的、经济的、文化的、社会的和家庭的生活等各方面享有同男子平等的权利。"男女平等原则是婚姻法的基本原则之一，它彻底否定了男尊女卑、夫权统治的旧制度、旧传统、旧观念，突出地反映了我国婚姻家庭制度的社会主义本质，对解放妇女，维护和发展民主、和睦、文明的婚姻家庭关系具有很重要的意义。

（二）男女平等原则的内容

男女平等原则在我国《民法典》的各项制度、各项规定中都有所体现。具体来说，有如下内容：

1. 在结婚和离婚制度上，男女双方当事人的权利和义务是完全平等的。男女双方平等享有结婚自由和离婚自由；登记结婚后，女方可以成为男方的家庭成员，男方也可以成为女方的家庭成员。对于离婚时的财产清算，离婚后的子女抚养和教育问题，男女双方的权利和义务也是平等的。

2. 在家庭关系中，不同性别的家庭成员的权利义务是完全平等的。在夫妻关系上，男女结婚后，地位平等、人格平等，共享权利、共担义务。在父母子女关系上，父母有抚养和教育子女的义务，有受子女赡养的权利；同时，子女有受父母抚养教育的权利，也有赡养父母的义务。父母子女之间可相互继承遗产。在其他家庭成员方面，祖父母和孙子女、外祖父母和外孙子女之间，兄弟姐妹之间的权利义务也是平等的。

3. 在收养关系上，男女平等亦是收养法所坚持的基本原则。收养法中关于收养人、被收养人、送养人的条件规定，关于夫妻共同收养和父母共同送养的要求，关于养父母、养子女及其他亲属的权利义务的各项规定，无不贯彻着男女平等的原则。

四、保护妇女、未成年人、老年人、残疾人的合法权益的原则

（一）保护妇女合法权益

保护妇女合法权益是对男女平等原则的必要补充。《民法典》婚姻家庭编对保护妇女合法权益的问题，在许多条款中作了有针对性的具体规定，尤其是在离婚方面规定得更具体和完善。例如，女方在怀孕期间、分娩后 1 年内或终止妊娠后 6 个月内，男方不得提出离婚；离婚时分割夫妻共同财产，应根据具体情况，对女方的权益予以照顾；离婚时如一方生活困难，另一方应给予适当的经济帮助。

（二）保护未成年人合法权益

在我国，法律意义上的未成年人，是指未满 18 周岁的自然人。我国亲属关系立法在制度设计上均有针对性地对未成年人进行了特别保护，如在《民法典》婚姻家庭编中规定了父母对未成年子女的抚养教育义务，在《民法典》继承编中规定了在遗嘱继承中应当对缺乏劳动能力又没有生活来源的继承人保留必要的遗产份额。在当前的司法实务中，儿童本位的司法理念逐步确立，如在离婚案件中，确定未成年人的直接抚养方时，要考虑双方当事人有无对未成年人的家暴行为。

（三）保护老年人合法权益

《民法典》婚姻家庭编规定了许多保护老年人合法权益的条款：子女应当尊重父母的婚姻权利；成年子女对父母有赡养、扶助和保护的义务；孙子女、外孙子女对于祖父母、外祖父母有附条件的赡养义务。可见，赡养老年人不仅是社会主义家庭的重要职能，也是社会主义"尊老爱幼"道德风尚的要求。

(四)保护残疾人合法权益

残疾人的合法权益在婚姻家庭关系中亦应得到保护,如在离婚财产分割过程中,应当考虑残疾人具体的生活保障需求,对夫妻共同财产做出妥善分割。

五、最有利于被收养人原则

最有利于被收养人原则是收养制度部分的基本原则,是联合国《儿童权利公约》第21条所确立的儿童最大利益原则在《民法典》婚姻家庭编的体现。

因行为能力、认知能力和自我保护能力所限,未成年人较之成年人更容易受到不法侵害,尤其是在收养关系中。为保证未成年人能够健康成长,确保其合法权益不受侵害,《民法典》婚姻家庭编规定了最有利于被收养人原则。这一原则贯穿收养制度始终,如要求收养人必须具备收养能力,严禁以收养名义买卖儿童等。

案例分析

原告李某娥、被告罗某超于1994年1月17日登记结婚,1994年8月7日生育女儿罗某蔚,2002年6月27日生育儿子罗某海。自2011年起,罗某超酗酒严重,经常酒后施暴,殴打李某娥,还在酒后扬言要杀死全家。罗某蔚、罗某海多次目睹父亲殴打母亲。一次,李某娥母子反锁房门在卧室躲避,罗某超踢烂房门后殴打李某娥,子女在劝阻中也被殴打,李某娥当晚两次报警。2012年8月底,为躲避殴打,李某娥带子女在外租房居住,与罗某超分居。2012年9月21日,李某娥起诉离婚并请求由自己抚养一双子女。罗某超答辩称,双方感情好,不承认自己酗酒及实施家庭暴力,不同意离婚,也不同意由李某娥抚养子女。[1]

问题:罗某超对李某娥的家庭暴力行为,是否影响该离婚案件中子女直接抚养方的确定?

分析:首先,罗某超殴打妻子李某娥,构成家庭暴力;其次,二人子女罗某蔚、罗某海数次目睹父亲殴打母亲,这给他们的心理造成了巨大的伤害,同时可能造成家庭暴力的代际传递,不利于罗某蔚和罗某海的健康成长;最后,罗某蔚和罗某海也曾直接遭受罗某超的殴打,是家庭暴力的受害人。因此,可以判定,罗某超不适合作为子女的直接抚养方与子女共同生活。

思考题

1. 如何区分有配偶者与他人同居和重婚?
2. 《民法典》婚姻家庭编中体现男女平等原则的具体条款有哪些?

---

[1] 参见最高人民法院公布十起涉家庭暴力典型案例之四:“李某娥诉罗某超离婚纠纷案”,载《最高人民法院公报》2015年第2期(总第220期)。

第二十三章　结婚制度

学习要点

本章学习在法律行为的框架下理解和掌握结婚的条件和程序，掌握并灵活运用无效婚姻和可撤销婚姻制度。

第一节　概　　述

一、结婚的概念

结婚，又称婚姻的缔结，是男女双方依照法定的条件和程序建立配偶关系的法律行为。

结婚作为一种法律行为，具有如下特征：

第一，主体必须是男女两性。

第二，结婚行为是法律行为，必须依照法定条件和程序进行。例如，在我国未经民政部门合法登记，婚姻不成立，当事人间不发生配偶法律关系。

第三，婚姻行为的结果是形成配偶关系。男女双方缔结婚姻，双方互为配偶，相互享有权利和负担义务，如夫妻间的忠实义务、扶养义务、继承权利等。

二、结婚制度的沿革

在人类发展史上，婚姻家庭形式经历了群婚制、对偶婚制和个体婚制 3 个基本形式，结婚制度始于个体婚制。原始社会末期，私有财产的出现为个体婚制的产生提供了社会基础和经济条件。随着社会的发展，在不同的阶段，不同的社会环境中，个体婚制主要表现为掠夺婚、有偿婚、聘娶婚、宗教婚、共诺婚 5 种基本形式。

掠夺婚，是指男子以暴力抢劫妇女为妻的婚姻缔结形式。掠夺婚是在对偶婚制向个体婚制转变的过程中产生的。我国云南的景颇族、傈僳族和傣族还留有掠夺婚的习俗，只是现代社会中的抢婚已经演变成了一种单纯的民俗，由“真抢”转变为“假抢”，不再具有暴力和违背女性意愿的内容。

有偿婚，是指男方家庭向女方家庭支付一定对价而成立婚姻的婚姻缔结形式。以人易人的换亲即是古代有偿婚的一种。

聘娶婚，是指男方家庭向女方家庭支付一定的聘财，而后再根据礼制要求的程序成立婚姻的婚姻缔结方式。我国的聘娶婚始于西周，见于“六礼”。六礼是宗法制下婚姻成立的具体程序，包括纳采、问名、纳吉、纳征、请期、亲迎 6 个步骤和程序。六礼备，谓之聘；六礼不备，谓之奔。

宗教婚是盛行于中世纪欧洲的一种婚姻方式，其婚姻缔结的规范和程序由教会法进行规定。婚姻被认为是神作之合，结婚须经公告程序并在神职人员面前宣誓。

共诺婚，又称自由婚，是指由男女双方合意而成立的婚姻。共诺婚强调双方合意，以契约论为理论基础，认为“婚姻是夫妻双方以互相占有、共同生活为目的而自愿订立的契约”。[1]共诺婚始于欧洲宗教改革后的婚姻还俗运动，婚姻的决定权从父母或他人手中回到了当事人手中，实现了当事人对自己人身权利的自主支配，是人类历史上的重大进步。

我国早在1950年原《婚姻法》颁布之初就确定了婚姻自由原则，要求结婚的男女双方必须完全自愿，禁止封建包办婚姻和买卖婚姻，实行登记婚姻制度，保障当事人依法自由缔结婚姻的权利。

第二节 结婚的条件和程序

结婚作为法律行为，有其从成立到有效的动态逻辑过程，以此视角观察《民法典》婚姻家庭编，可以将结婚的条件分为成立要件和有效要件。

一、婚姻的成立要件

婚姻的成立是对男女双方依照法定条件缔结婚姻，配偶关系产生或存在的状态的描述。不同于婚姻的缔结，婚姻的成立是法律事实，是婚姻关系产生或存在的客观事实。婚姻依法成立后，是否能发生法律效力，在当事人之间产生配偶间的权利义务，还取决于其是否符合婚姻有效的要件。

婚姻的成立要件，是指法律规定的构成婚姻所不可缺少的要素，分为一般成立要件和特别成立要件。

（一）一般成立要件

第一，婚姻由男女双方当事人缔结。结婚是双方法律行为，婚姻的成立是基于此种法律行为而产生的结果，因此，婚姻的成立亦应以存在双方当事人为要件。

双方当事人应为男女异性。根据我国《民法典》婚姻家庭编的规定，婚姻当事人双方应为异性，我国尚未承认同性婚姻的合法地位。

第二，双方当事人应达成缔结婚姻的合意。双方当事人缔结婚姻的意思表示一致，达成合意。婚姻的成立是双方当事人合意的结果，亦是婚姻自由原则的要求。该合意以缔结婚姻为目的，具有在当事人双方之间创建配偶身份关系的效果意思。构成合意的意思表示须由当事人亲自做出。结婚是身份行为，不得代理。

（二）特别成立要件

仅有男女双方当事人达成缔结婚姻的合意还不足以成立法律意义上的婚姻，还需履行相应的法定手续或程序。此类程序性规定构成了婚姻成立的特别要件。

现代各国对于婚姻成立的程序均有严格的要求，总体看来，可以分为3类：登记制、仪式

---

〔1〕 巫昌祯、夏吟兰主编：《婚姻家庭法学》，中国政法大学出版社2007年版，第75页。

制、登记与仪式结合制。登记制将依法办理结婚登记作为婚姻成立的程序性要件。男女双方当事人须向专门的婚姻登记机关提出结婚申请，经审查履行登记手续后，婚姻始得成立。我国、日本等国均采登记制。仪式制以结婚仪式的举行为婚姻成立的程序性要件。仪式制包括了宗教仪式、世俗仪式、法律仪式3种，不同国家采不同的仪式。如西班牙、希腊等有着久远宗教传统的国家，多采宗教仪式制，即双方当事人在神职人员的主持下举行结婚仪式。世俗仪式则是按照民间的风俗，在主婚人、证婚人的主持下举行结婚仪式。法律仪式多由政府官员主持。登记与仪式结合制要求当事人不但要办理登记手续，还需举行法定的结婚仪式，婚姻始得成立。法国即采此例。

我国采登记制，《民法典》第1049条规定：要求结婚的男女双方应当亲自到婚姻登记机关申请结婚登记。

二、婚姻的有效要件

婚姻的有效，是指已经成立的婚姻符合法律规定的要件而发生法律效力，在配偶间产生相应的权利义务关系。

（一）婚姻的成立和婚姻的有效

婚姻的缔结是一个动态过程，先经过成立阶段，而后再至有效阶段。婚姻的成立是婚姻有效的前提，不成立，则婚姻不存在，也就无法谈及婚姻的效力问题。婚姻成立后，才可进行婚姻是否有效的判断。符合法定有效要件者，则为有效婚姻；不符合法定有效要件，则为无效婚姻或可撤销婚姻。

婚姻的成立和婚姻的有效存在质的差别。首先，婚姻的成立是一个事实判断问题，即婚姻成立只判断婚姻是否存在的事实。婚姻的有效是一个价值判断问题，是立法依据预设的价值标准对已成立婚姻的评价。其次，二者质的差别导致了在具体判断要件上设置的不同。婚姻成立的一般要件为男女双方当事人达成缔结婚姻的合意。特别要件为履行法定的结婚手续，如结婚登记。婚姻的有效要件则附加了更多的价值评判因素，如当事人的民事行为能力，双方意思表示真实，不违反法律、法规的强制性或禁止性规定等。

（二）婚姻的有效要件

婚姻的有效要件，是指已经成立的婚姻欲在当事人间产生配偶间法定权利义务关系所需具备的法定条件。理论上通常将婚姻的有效要件分为公益要件和私益要件。公益要件系与社会公共利益有关的要件，如禁止重婚、禁止近亲结婚等；私益要件主要指关乎当事人个人利益的要件，如缔结婚姻意思表示的真实。

根据《民法典》婚姻家庭编的相关规定，我国婚姻有效要件如下：

1. 双方当事人在缔结婚姻时应达到法定婚龄

法定婚龄，是指法律规定的最低结婚年龄，是法律对当事人婚姻行为能力的要求。

确定法定婚龄的依据有二：一是自然因素，即人的生理、心理发育状况，心智成熟状况，即是否有能力对婚姻大事做出理性、独立的判断；二是社会因素，一定时期的人口状况、人口政策，以及不同国家和地区的历史传统、民族习惯等都可能影响法定婚龄的确定。

根据《民法典》第1047条的规定，我国的法定婚龄为男性22周岁，女性20周岁。

2. 不违反法律法规的禁止性规定

我国法律对于结婚的禁止性规定主要有两个：一是一定范围内的亲属禁止结婚，简称禁婚亲;二是禁止重婚。

(1)禁婚亲。禁止一定范围内的亲属结婚,是国际通行的惯例。一般来讲,禁婚亲主要是禁止一定范围内的血亲之间通婚,有的国家也对一定范围间姻亲的通婚予以禁止。根据我国《民法典》第 1048 条的规定,我国仅禁止一定范围内的血亲间通婚。

禁止一定范围内的血亲通婚的原因是基于遗传学和优生学的考虑,血缘相近的男女结婚,容易将生理或者精神上的疾病遗传给后代,不利于人类的繁衍和民族人口素质的提高。

根据我国《民法典》第 1048 条的规定,禁止结婚的亲属有两类:一类是直系血亲,即父母和子女之间;祖父母、外祖父母和孙子女、外孙子女之间;曾祖父母、曾外祖父母和曾孙子女、曾外孙子女之间等。由于养父母和养子女、继父母与形成抚养教育关系的继子女之间适用父母子女间的规定,所以我国法律禁止结婚的直系血亲也包括拟制直系血亲。另一类是三代以内的旁系血亲,其范围具体包括:兄弟姐妹之间,既包括同胞兄弟姐妹,也包括同父异母、同母异父的兄弟姐妹;堂兄弟姐妹和表兄弟姐妹之间;叔伯与侄女之间;姑姑与侄子之间;舅舅与外甥女之间;姨与外甥之间。

(2)禁止重婚。当事人在其婚姻关系存续期间又与他人结婚的,构成重婚,后婚无效。这是婚姻法一夫一妻原则的具体体现。

3. 当事人缔结婚姻的意思表示真实

意思表示真实系法律行为的有效要件之一,结婚作为法律行为之一种,亦以此为有效要件。结婚应是双方当事人真实意思表示的结果。

三、结婚登记的机关和程序

我国结婚登记的机关和法定程序被规定在《婚姻登记条例》中。当事人办理结婚登记,专门机关审查登记申请、进行登记行为都应严格依照《婚姻登记条例》进行。

(一)结婚登记的机关

根据《婚姻登记条例》第 2 条的规定,办理结婚登记的机关是县级人民政府民政部门或者乡(镇)人民政府。婚姻登记机关管辖的范围,原则上应与户籍管辖范围相适应。结婚当事人的户口在同一地区的,到共同的户口所在地婚姻登记机关办理结婚登记。结婚登记当事人的户口在不同地区的,可以到任何一方的户口所在地婚姻登记机关办理结婚登记。在当前简政放权、行政为民的大背景下,各地也在尝试放宽婚姻登记机关管辖范围,如北京市自 2015 年 12 月 1 日起,实施婚姻登记跨区办理,即一方或者双方为北京市居民的结婚登记、离婚登记或者补领婚姻登记证,可由北京市任一区民政局婚姻登记处办理。

(二)结婚登记的程序

第一,申请。自愿结婚的男女双方亲自到相应的婚姻登记机关申请结婚登记。申请结婚登记应当出示以下证件和证明材料:户口簿;身份证;本人无配偶以及与对方当事人没有直系血亲和三代以内旁系血亲关系的声明。是否要进行婚前医学检查,由当事人双方自主决定。婚前医学检查证明不是必须提交的材料。

第二,审查。婚姻登记机关依法对当事人的结婚申请进行审查。审查主要针对结婚当事人提供的证件和证明材料。对于婚姻登记机关的依法审查和询问,当事人有如实告知的义务。

第三,登记。对当事人符合《民法典》第 1046 条、第 1047 条和第 1048 条规定的,应当当场予以登记并发给结婚证书。

有以下情形之一的，不予登记：未达法定结婚年龄；非双方自愿；一方或者双方已有配偶；属于直系血亲或者三代以内旁系血亲的；患有医学上认为不应当结婚的疾病的。不予结婚登记，婚姻登记机关应当向当事人说明理由。当事人对婚姻登记机关不予登记的决定不服，可以依《行政复议法》的规定申请复议；对复议决定不服的，可以依照《行政诉讼法》的规定提起行政诉讼。

结婚证是由婚姻登记机关颁发的宣告婚姻成立的证明文件，具有法律效力。一旦出现遗失、毁损等情况，当事人应当及时补领。

疑难问题论争　结婚登记瑕疵

结婚登记瑕疵，是指在结婚登记过程中出现的不符合程序要求的瑕疵。

司法实践中的结婚登记瑕疵纠纷多见于以下3种情况：一是由他人代理或冒名顶替进行结婚登记；二是当事人使用了虚假证件骗取结婚登记；三是结婚登记程序未全部完成，如当事人双方申请结婚登记，婚姻登记机关经过审查认为符合结婚条件，在结婚登记申请表审查一栏签署“经审查情况属实，准予登记”，并加盖了公章，但因故当时没有发放结婚证书。

结婚登记系婚姻成立要件，结婚登记瑕疵的发生将直接影响婚姻的成立。在我国现行法律框架下，结婚登记在性质上属于行政行为，即行政确认行为。登记瑕疵是否影响该行政行为的成立，应为行政法之判断。最高人民法院《关于适用民法典婚姻家庭编的解释（一）》第17条第2款明确规定，当事人以结婚登记程序存在瑕疵为由提起民事诉讼，主张撤销结婚登记的，告知其可以依法申请行政复议或者提起行政诉讼。

第三节　无效婚姻与可撤销婚姻

违反婚姻的有效要件，构成无效婚姻或者可撤销婚姻。我国原《婚姻法》于2001年增设了无效婚姻制度，根据当事人所违反要件的不同（公益要件和私益要件），将无效婚姻分为无效和可撤销两类。《民法典》婚姻家庭编对无效婚姻与可撤销婚姻制度作了进一步的修订。

一、无效婚姻

（一）婚姻无效的情形

无效婚姻，主要是指违反了婚姻有效的公益要件的婚姻，根据我国《民法典》第1051条的规定，主要包括以下几种情形：

第一，重婚的。有配偶者又与他人登记结婚或者以夫妻名义共同生活即构成重婚。无论是法律上之重婚，还是事实上的重婚，凡构成重婚者，后一婚姻关系无效。

第二，有禁止结婚的亲属关系的。直系血亲和三代以内旁系血亲间的婚姻关系无效。

第三，未达法定婚龄的。结婚登记时男女双方均应达到法定婚龄，即男22周岁，女20周岁。未达法定婚龄构成婚姻无效之理由。

需要说明的是，我国婚姻法对无效婚姻的事由采取的是穷尽式列举，排除了上述法定事由外的任何事由。同时,上述婚姻无效的法定事由,应在婚姻成立之时既已存在,在婚姻成立之前或者婚姻成立之后存在的,对婚姻效力没有影响。同时,为了维护婚姻关系的稳定,保护未成年子女的合法权益,对于那些在婚姻成立时已存在,但在申请确认婚姻无效时已经消失的情形,不构成婚姻无效的事由。当事人提出确认婚姻无效申请的,人民法院不予支持。

(二)确认婚姻无效的程序

确认婚姻无效需按照法定的诉讼程序进行。

1. 确认婚姻无效的请求权主体

确认婚姻无效的请求权主体,是指有权向人民法院申请确认婚姻无效的自然人或组织。婚姻系公民私域之事,且一旦婚姻被确认无效,婚姻当事人间已存在的关系将会发生质的变化,双方自始不发生夫妻间的权利义务关系,因此,对于婚姻无效的确认,法律亦存警惕,并非任何人均可提起确认婚姻无效的申请。

根据《关于适用民法典婚姻家庭编的解释(一)》第9条的规定,有权申请确认婚姻无效的,包括婚姻当事人及利害关系人。婚姻当事人即夫妻双方。利害关系人包括:(1)以重婚为由的,为当事人的近亲属及基层组织;(2)以未到法定婚龄为由的,为未到法定婚龄者的近亲属;(3)以有禁止结婚的亲属关系为由的,为当事人的近亲属。

2. 确认婚姻无效的机关

确认婚姻无效的机关只能是人民法院。婚姻是否无效,当事人没有自由处分和决定的权利。

3. 确认婚姻无效程序中应注意的问题

(1)确认婚姻无效案件一经受理,不得撤诉。人民法院受理申请确认婚姻无效的案件后,经过审查确实属于无效婚姻的,应当依法作出确认婚姻无效的判决。原告申请撤诉的,不予准许。

(2)确认婚姻无效案件不适用调解。根据《关于适用民法典婚姻家庭编的解释(一)》第11条的规定,对婚姻效力的审理不适用调解,人民法院应当依法作出判决。涉及财产分割和子女抚养的,可以调解。调解达成协议的,另行制作调解书;未达成调解协议的,一并作出判决。

(3)离婚案件和婚姻无效情形并存的处理。若法院在离婚案件中,经过审查认为当事人双方的婚姻属于无效婚姻的,应当将婚姻无效的情形告知当事人,并依法作出确认婚姻无效的判决。

若就同一婚姻关系,法院分别受理了离婚和申请确认婚姻无效两个案件,对于离婚案件的审理,则应等申请确认婚姻无效案件作出判决后进行。

(三)无效婚姻的法律后果

《民法典》对无效婚姻采取了溯及既往的立法原则,即婚姻被确认无效的,男女双方自始不发生夫妻间的权利义务关系。简言之,无效婚姻自始无效。

人身关系上,婚姻被确认无效,男女双方自始不具有夫妻间的权利义务关系。其同居期间所生子女虽为非婚生子女,但根据我国《民法典》的规定,非婚生子女与婚生子女具有同等的法律地位,因此其与父母的关系不受婚姻无效的影响。双方当事人均有抚养、教育子女的权利和义务。

财产关系上,由于当事人双方之间未发生夫妻间的权利义务关系,因此,对其财产关系应按照同居关系处理。对于双方在同居期间的财产，由当事人协议处理；协议不成的，由人民法院根据照顾无过错方的原则判决。具体地讲，除有证据证明是当事人一方所有外，应按共同共有处理。同时，根据《民法典》第 1054 条的规定，对重婚导致的无效婚姻的财产处理，不得侵害合法婚姻当事人的财产权益。

此外，根据《民法典》第 1054 条第 2 款的规定，无效婚姻的无过错方有权请求过错方赔偿损失。

二、可撤销婚姻

（一）可撤销婚姻的情形

可撤销婚姻，主要是指违反了婚姻有效的私益要件的已成立的婚姻。撤销权人可以申请有权机关依法撤销。根据我国《民法典》第 1052 条和第 1053 条的规定，撤销婚姻的法定事由有二：一为“胁迫”；二为一方患有重大疾病在结婚登记前未如实告知。

1. 胁迫

根据《民法典》第 1052 条的规定，因胁迫结婚的，受胁迫一方可以向人民法院请求撤销该婚姻。因胁迫结婚，则非当事人真实的意思表示，非当事人完全自愿缔结婚姻，因此得依受胁迫一方的请求而撤销。

关于胁迫的认定，在实践中应当严格掌握。根据《关于适用民法典婚姻家庭编的解释（一）》第 18 条的规定，行为人以给另一方当事人或者其近亲属的生命、身体、健康、名誉、财产等方面造成损害为要挟，迫使另一方当事人违背真实意愿结婚的，可以认定为《民法典》第 1052 条所称的“胁迫”。具体可以从以下几个方面把握：

第一，行为人须有胁迫行为。胁迫行为可以是以现实的强制力和危害为内容，如殴打、劫持等；也可以是以尚未发生的侵害为要挟，使对方陷入恐惧，如若不结婚，则公布其隐私信息。胁迫行为可以是直接针对相对人的，也可以是针对相对人的近亲属的，如其父母、兄弟姐妹等。

第二，行为人须有胁迫的故意，即行为人有以胁迫行为逼迫相对人缔结婚姻的故意。

第三，相对人因行为人的胁迫行为陷入恐惧，并因此而作出同意结婚的意思表示。也就是说，行为人的胁迫行为使相对人陷入恐惧，相对人处于相当的压力之下，并因之而作出同意结婚的意思表示。

第四，行为人不限于婚姻当事人，第三人满足上述条件的胁迫行为，亦可构成撤销婚姻的法定事由。如一方父母以暴力或其他方式胁迫相对人与己方子女缔结婚姻的情形。

2. 一方患有重大疾病，结婚前未告知对方

根据《民法典》第 1053 条的规定，一方患有重大疾病，应当在结婚登记前如实告知另一方。不如实告知的，另一方可以向人民法院请求撤销婚姻。一方患有重大疾病在原《婚姻法》中是被作为婚姻无效的法定事由，此次《民法典》编纂过程中，将其改为撤销婚姻的法定事由，主要是因为，是否愿意与患病一方结婚，是双方意思自治范畴的问题，仅涉及私益，无涉公益。更准确地讲，导致婚姻被撤销的并非疾病本身，而是患病一方隐瞒病情的行为。

（二）撤销婚姻的程序

可以提请撤销婚姻的权利人是婚姻关系当中受胁迫一方和被隐瞒病情的一方。这是因为可撤销婚姻所违反的是婚姻有效要件中的私益要件，违背当事人个人意愿，侵害当事人的知情权，关乎当事人个人利益，无涉公共利益，因此只有当事人本人可以提起撤销申请。

根据《民法典》第 1052 条和第 1053 条的规定，受理撤销婚姻申请的机关为人民法院，我国对于撤销婚姻采取的是诉讼撤销的单轨制模式。

人民法院受理当事人撤销婚姻的申请后，经过审查，符合法定可撤销要件的，依法撤销，收缴双方的结婚证书，将生效判决寄送当地婚姻登记机关。

（三）婚姻被撤销的法律后果

根据《民法典》第 1054 条的规定，婚姻被撤销与婚姻无效所发生的法律效果相同，即自婚姻被撤销或者被确认无效的法律文件生效时起，婚姻自始无效，当事人间不具有夫妻间的权利义务关系。当事人因之而发生的财产纠纷，依照同居期间财产纠纷处理，即除有证据证明为当事人一方所有的财产外，应为共同共有。婚姻被撤销，无过错方有权要求过错方赔偿损失。当事人在婚姻被撤销前所生子女为非婚生子女，在我国，非婚生子女与婚生子女具有同等法律地位，因此，双方当事人仍负有抚养教育子女的义务。

第四节　与结婚制度有关的问题

一、婚约

（一）婚约的概念

婚约是男女双方以缔结法律婚为目的所作的事先约定。订立婚约的行为称为订婚或定婚，婚约当事人称为未婚夫妻。

古代社会，婚约往往被视为婚姻成立的必要条件，订婚被认为是婚姻成立的必经程序。我国古代“六礼”中纳采、纳吉、纳征便是对婚约和订婚程序的规定，“六礼不备，谓之奔”，订婚程序是不可或缺的。罗马法也将无婚约的男女两性结合视为姘合，不承认其法律上的效力。欧洲中世纪寺院法对于违反婚约者给予宗教上的处罚。随着时代的发展，个人独立意识的增强，人格意识的觉醒，婚约不再被视为婚姻的必备要件，当然也有少数国家和地区的法律中还是对婚约进行了明确的规定。

新中国成立后颁布的两部婚姻法均未对婚约作出规定，《民法典》亦未对此作出明确规定。婚约并非我国法律所规定的婚姻成立和有效的必要条件，订婚不是婚姻成立的必经程序。婚约没有法律约束力，不能强制执行。

（二）因婚约引发的财产纠纷的处理

尽管我国法律不承认婚约的法律效力，但是由于历史传统和风俗习惯的传承，民间还是有订立婚约的习俗。在实践中，因婚约而引发的财产纠纷不在少数。由于《民法典》对此并未规定，因此，目前对婚约引发的财产纠纷可以根据《关于适用民法典婚姻家庭编的解释（一）》第 5 条等相关司法解释的规定，应视案件具体情况，有区别地妥善处理：

1. 对于订婚期间，一方按照习俗以给付彩礼为名向对方支付的财物，婚约解除时，给付方要求返还，原则上应以婚姻关系是否缔结为标准，具体则应视不同情形区别对待。

第一，双方没有办理结婚登记的，由于婚姻尚未成立，则彩礼应予返还。在实践中争议较大的是双方没有办理结婚登记，但确已共同生活的情形，在此种情形下解除婚约，彩礼是否应当返还。对此,法律和司法解释均无明文规定,在司法实践中一般“根据双方共同生活的时间、彩礼数额并结合当地的风俗习惯等因素,确定是否返还及具体的返还数额”。[1]

第二,双方已经办理结婚登记,但尚未共同生活的。此种情况下,双方关系的破裂已由婚约的解除发展至离婚问题。尽管此时婚姻已经成立,但是,由于双方尚未共同生活,婚姻的真正目的并未达到,公平起见,一方要求解除婚姻关系的,婚前收受的彩礼应予返还。

第三,双方已办理结婚登记,也已共同生活,但婚前给付彩礼造成给付人生活困难的,婚姻关系解除时,彩礼应予返还。

2. 对属于包办买卖婚姻性质的订婚所收取的财物,应当依法没收或酌情返还。对于以订婚为名所诈骗的钱财,原则上应当返还受害人。

3. 对于以结婚为目的赠送的价值较高的财物,应当酌情返还。

二、事实婚姻

(一)事实婚姻的概念

事实婚姻是法律婚的对称,是指没有配偶的男女,未经结婚登记,便以夫妻名义共同生活,且群众均认为他们是夫妻的两性结合。

事实婚姻具有如下特征:(1)事实婚姻当事人双方均无配偶。双方或一方有配偶,则构成事实重婚。这是事实婚姻区别于重婚的重要特征。(2)事实婚姻双方当事人系以永久共同生活为目的。这一特征将事实婚姻与通奸、姘居等不正当两性关系区别开来。(3)双方当事人是以夫妻名义公开共同生活,而非隐蔽的。(4)事实婚姻应具有公认性,即当事人居住、工作的一定范围的环境之内的群众认为他们是夫妻。(5)事实婚姻是没有经过登记的两性结合,从法律上来讲,事实婚姻既非无效婚姻,也非可撤销婚姻,而是没有成立的、不存在的婚姻。

(二)事实婚姻的司法认定及处理

对于事实婚姻的司法认定及处理,《关于适用民法典婚姻家庭编的解释(一)》给予了较明确的规定,根据该解释第 7 条的规定,没有配偶的男女,未办理结婚登记即以夫妻名义同居生活的,在 1994 年 2 月 1 日之前,同居的男女双方已经符合结婚实质要件的,按事实婚姻处理。在 1994 年 2 月 1 日以后,男女双方符合结婚实质要件的,法院应当告知其在离婚案件受理前补办结婚登记。男女双方补办结婚登记后,婚姻关系的效力从双方符合结婚的实质要件时起算。

1994 年 2 月 1 日是原《婚姻登记管理条例》施行之日,该条例对事实婚姻进行了严格规定,根据该条例第 24 条的规定,事实婚姻不受法律保护。也就是说,从 1994 年 2 月 1 日起,法律不认可事实婚姻的法律效力。该日期之后符合结婚实质要件的,应当补办结婚登记,否则,按同居关系处理。

1994 年 2 月 1 日原《婚姻登记管理条例》施行之前,我国对事实婚姻的政策比较宽松,只要符合结婚实质要件的,均认可其法律效力,按照事实婚姻处理,同居期间共同所得财产视为夫妻共同财产。

---

〔1〕《全国民事审判工作会议纪要》(法办〔2011〕442 号)。

案例分析

张甲和赵乙系姑表兄妹,二人于2018年11月11日隐瞒亲属关系办理结婚登记,取得结婚证书。婚后二人迟迟没有生育,经赵乙催促,张甲遂去医院检查,诊断结果为男性不育,赵乙很苦恼,只好四处求医问药。2021年6月,赵乙在打扫卫生时,从张甲的旧风衣里翻出一张诊断证明,显示张甲系无精症,诊断时间为2018年10月9日。张甲解释称,当时双方已经订婚,担心赵乙因此悔婚,故而隐瞒此事。赵乙自觉受到欺骗,于2021年7月3日提起诉讼,请求法院撤销二人婚姻。

问题:

1. 赵乙撤销婚姻的请求能否被支持?为什么?

2. 赵乙是否可以要求张甲赔偿损失?

分析:本案重点考查《民法典》第1051条和第1053条的对比适用。

张甲和赵乙系姑表兄妹,属于三代以内旁系血亲,根据《民法典》第1051条和第1048条的规定,双方具有三代以内旁系血亲关系属禁止结婚情形,已经登记的婚姻无效。

张甲隐瞒不育症病情与赵乙登记结婚,属于第1053条规定的患重大疾病未在结婚登记前告知对方,构成撤销婚姻的事由。

赵乙是否可以在确认婚姻无效和申请撤销婚姻两个诉请中选择?无效婚姻属于违反法律禁止性规定的婚姻,系违反了公益要件;可撤销婚姻系违反当事人意思自治的婚姻,违反了私益要件。因此,在同时具备两种情形的状况下,法院应当首先判定是否无效,在排除了无效的情况下,才能考量是否可撤销的问题。

就本案而言,张甲和赵乙系姑表兄妹,属于禁止结婚的情形,其婚姻当属无效。因此,尽管赵乙提起撤销婚姻的请求,法院也应当在查明事实的基础上作出确认无效的判决。

导致双方婚姻无效的事由并非由其中一方所致,即在姑表兄妹关系上并不存在过错一方。因此,赵乙无权提起损害赔偿请求。

思考题

1. 如何区分婚姻的成立和有效?

2.《民法典》婚姻家庭编将“一方患有重大疾病”从无效婚姻的法定事由中删除的原因是什么?

3. 无效婚姻和可撤销婚姻的区别有哪些?

第二十四章　家庭关系

|学习要点|

本章学习了解夫妻人身关系和财产关系二者的内在联系，理解并掌握《民法典》关于夫妻财产制的规定，掌握亲子关系认定的基本法理和程序。

第一节　夫妻关系

一、夫妻关系概述

夫妻关系，是指法律所规定的夫妻之间权利义务关系的总和。

基于对夫妻关系认知的不同、对两性地位认识的差异，在不同的历史阶段和不同的国家地区，婚姻效力制度的立法理念各异，大致可以分为夫妻一体主义和夫妻别体主义两种。

夫妻一体主义，也称夫妻同体主义，是指男女结婚后人格互相吸收，合为一体。事实上，是妻子的人格被丈夫的人格吸收，成为无行为能力或限制行为能力的人。这种立法主义多为古代奴隶社会、封建社会和欧洲中世纪的婚姻家庭立法所采用。如罗马法的市民法实行“有夫权婚姻”，在这种婚姻关系中，妇女于婚后处于夫权的控制下，没有财产权利，丈夫可随意离婚。在我国封建社会中，妻子无独立姓名权，婚后必须冠以夫姓，所生子女也随父姓；妻子无财产权，其财产归丈夫或丈夫家族所有。

夫妻别体主义，也称夫妻异体主义，是指男女结婚后各自保持独立人格，法律地位平等，享有平等的人身权利和财产权利，承担平等的义务。这种立法主义以个人为本位，源于古罗马万民法的无夫权婚姻，在近现代各国立法中相继获得采纳。英国1923年《婚姻法》承认妇女在离婚方面具有与男子平等的权利。德国1957年《男女平等权利法》首次在家庭法领域贯彻男女平等原则，并在1976年《关于改革婚姻法和家庭法的第一号法律》中进一步确立了该原则。

我国亦采夫妻别体主义，尤其强调男女两性的平等。《民法典》第1041条第2款明确规定，“实行婚姻自由、一夫一妻、男女平等的婚姻制度”。据此，夫妻之间的权利义务关系即应建立在男女两性平等的基础之上，在家庭生活中夫妻双方平等地享有权利承担义务。从内容上来看，夫妻关系可以分为人身关系和财产关系两大类。

二、夫妻人身关系

夫妻的人身关系，是指夫妻双方在家庭中的地位以及没有直接财产内容的夫妻人格、身份方面的权利和义务关系。我国《民法典》婚姻家庭编规定了以下几项夫妻基本的人身权利。

（一）夫妻姓名权

姓名权是一项具体的民事权利，每个自然人均享有，这种权利不因自然人结婚而丧失或被剥夺,因此,夫妻双方都有姓名权。《民法典》第 1056 条明确规定,“夫妻双方都有各自使用自己姓名的权利”。

（二）人身自由权

人身自由同样是一项具体的民事权利,受宪法、刑法和民法及其他法律的保护。这种人身自由权也不因自然人结婚而丧失或遭剥夺。《民法典》第 1057 条规定,“夫妻双方都有参加生产、工作、学习和社会活动的自由,一方不得对另一方加以限制或者干涉”。这意味着公民个人的基本人身自由不因婚姻关系的缔结而丧失或受到限制。作为单一主体自然人应当享有的人身自由,在夫妻关系中依然应当得到保障。

当然,任何权利和自由都是有限度的,一方面行使权利不得违反法律规定,不得违背公序良俗;另一方面权利不得滥用。例如,夫妻互有忠实义务,因此,夫妻各自的人身自由活动不得违反此项义务。

（三）婚姻居所决定权

婚姻居所决定权,是指夫妻双方享有的选择、确定婚后共同居住和生活的住所的权利。婚姻居所是夫妻婚后共同居住和生活的场所,是夫妻维持婚姻关系的基本条件。我国《民法典》第 1050 条规定:“登记结婚后,按照男女双方约定,女方可以成为男方家庭的成员,男方可以成为女方家庭的成员。”在传统婚姻中,男女双方缔结婚姻后,女方到男方家生活,从表象上来看仅仅是生活场所的变化,而从实质上来看,则是女方人格被男方家庭吸收的体现。因此,《民法典》第 1050 条对居所决定权的平等性规定,是夫妻别体主义的男女平等原则在我国立法上的落实。

（四）夫妻相互扶养义务

扶养,是指在一定范围内的亲属之间相互供养和扶助的行为。扶养是一个广义的概念,发生在血亲关系中,也发生在配偶关系中。换言之,既包括长幼辈分之间的赡养和抚养,也包括同一辈分或夫妻间的狭义扶养关系。夫妻间的扶养义务要求夫妻在物质生活上相互帮助和照顾。

我国《民法典》第 1059 条规定:“夫妻有相互扶养的义务。需要扶养的一方,在另一方不履行扶养义务时,有要求其给付扶养费的权利。”根据该规定,夫妻间的相互扶养义务有如下特征:(1)夫妻间的扶养义务是夫妻人身关系的必然结果,夫妻关系确立即在配偶双方间产生扶养义务。(2)夫妻间的扶养义务具有强制性。(3)夫妻间的扶养义务具有对等性,双方均负有扶养对方的义务。

（五）忠实义务

我国《民法典》第 1043 条第 2 款规定:“夫妻应当互相忠实……”这一条款源于原《婚姻法》第 4 条的规定,被认为是我国法律上夫妻忠实义务的依据。

夫妻忠实义务,是指婚后夫妻双方在感情和性两个方面均保持专一。由于夫妻间的感情、性较之一般的人身利益更主观,也更私密,因此,法律在规制该项义务时亦保持了相当的克制。一般认为,原《婚姻法》第 4 条仅作为宣誓性条款出现,《民法典》第 1043 条亦是如此。根据《关于适用民法典婚姻家庭编的解释(一)》第 4 条的规定,“当事人仅以民法典第一千零四十三条为依据提起诉讼的,人民法院不予受理;已经受理的,裁定驳回起诉”。

（六）日常家事代理权

日常家事代理权,是指夫妻一方因家庭事务与第三人为一定法律行为时互相代理的权利。

夫妻在日常家庭事务范围内互为代理人，该代理行为的后果由夫妻双方共同承担，被代理方对代理方所为法律行为产生的债务承担连带责任。

所谓日常家庭事务，是指夫妻共同生活及家庭共同生活中，必须发生的各种事项，包括一般家庭日常所发生的事项，如购置食物、衣服、家居等生活用品，娱乐，保健，医疗，子女教育，雇工，对亲友的馈赠，订购报刊等事项。某一事项是否属于日常家事，应当从夫妻共同生活的状态，如经济状况、收入、职业、兴趣、家庭人口数，并结合当地一般生活习惯加以确定。

家事代理权是一种法定代理权，无须对方授权。《民法典》第 1060 条规定："夫妻一方因家庭日常生活需要而实施的民事法律行为，对夫妻双方发生效力，但是夫妻一方与相对人另有约定的除外。夫妻之间对一方可以实施的民事法律行为范围的限制，不得对抗善意相对人。"这一规定标志我国婚姻家庭法已经确立了日常家事代理制度。

三、夫妻财产关系

夫妻财产关系，是指以夫妻人身关系为基础所形成的夫妻间的财产权利和义务，包括夫妻财产制和继承关系。夫妻的财产关系从属于夫妻的人身关系，是夫妻人身关系所引起的法律后果，也是婚姻关系的重要内容。二者共同构成夫妻关系的完整内容。

（一）夫妻财产制

1. 夫妻财产制的概念和种类

夫妻财产制又称婚姻财产制，是有关夫妻婚前财产和婚后所得财产的归属、使用、管理、收益、处分，以及债务清偿、离婚时的财产清算等方面的法律制度。

夫妻财产制与男女地位、夫妻地位紧密相关，因此，基于不同时空下的政治、经济、文化、习俗等因素的不同，夫妻财产制也呈现不同的样态。综观世界各国立法，婚姻财产制大致体现为以下几种类型：

（1）吸收财产制。吸收财产制，是指婚后妻子的人格被丈夫的人格吸收，没有独立人格，所以，在法律上不享有财产权，妻子婚前和婚后财产都归丈夫所有的制度。古巴比伦、古印度、古罗马前期以及中世纪国家多实行这一财产制，我国古代也有"子妇无私货、无私畜、无私器"的要求。该财产制在现代已无踪迹。

（2）统一财产制。统一财产制，是指婚后妻子将其财产所有权转移给丈夫，保留婚姻解除时的财产返还请求权。在这一财产制下，妻子因为结婚而丧失对财产的所有权，仅享有婚姻解除时的财产返还请求的债权。该财产制具有浓厚的夫权主义色彩，现代国家极少采用。

（3）联合财产制。联合财产制又称管理共同制，是指婚后妻子的财产仍然归妻子所有，但交由丈夫管理、使用和收益。作为对价，丈夫须负担婚姻生活费用，在婚姻关系结束时，妻子有权收回其财产或者由其继承人继承。历史上日本、德国曾采用此种财产制，但由于该种财产制下，夫妻双方处于人格不平等的地位，故两国均已弃用。

以上 3 种财产制的主要特征体现为夫妻双方权利义务的不平等，这与古代社会夫妻一体主义的立法理念相一致，现已为大多数国家所摒弃。

（4）分别财产制。分别财产制，是指夫妻双方婚前和婚后所得的财产归各自所有，夫妻双方对自己的财产独立地享有占有、使用、收益、处分的权利。分别财产制是在欧洲社会由封建社会向市民社会发展的过程中建立起来的，夫妻别体主义是其赖以存在的法理基础。需要说明的是，分别财产制并不意味着采用此种财产制的夫妻没有双方的共同财产，在分别财产制下,双方依然可以约定共有部分财产或者将自己财产的管理权让渡给对方。

(5)共同财产制。共同财产制,是指除特有财产外,夫妻的全部财产或部分财产归双方共同共有,双方享有平等的占有、使用、收益和处分的权利,婚姻关系终止时才加以分割。这种财产制具有夫妻平等的先进理念,代表了历史发展方向,绝大多数当代国家采用这种财产制。共同财产制可以概括地分为一般共同制和婚后所得共同制。一般共同制,即在婚姻关系成立后,夫妻婚前和婚后所得财产均为夫妻共同财产,但法律另有规定的除外;婚后所得共同制,即婚姻关系成立后,一方或双方所得的财产为夫妻共同财产。

分别财产制和共同财产制均以夫妻别体主义为基本立法理念,分别财产制更强调夫妻双方的个体独立性;共同财产制则更突出夫妻之间的身份联系和共同生活的事实,强调夫妻关系与其他个体关系之间的差异性。两种财产制各有侧重,当代各国根据本国传统和国情在此基础上进行改造,如法国立法就将婚后继承、受赠所得财产排除在共同财产之外。德国法采增益共有制,允许夫妻双方在婚内保留对各自财产的单独所有权。[1]

2. 我国现行法上的夫妻财产制

(1)夫妻共同财产制

《民法典》第1062条规定:"夫妻在婚姻关系存续期间所得的下列财产,为夫妻的共同财产,归夫妻共同所有:(一)工资、奖金、劳务报酬;(二)生产、经营、投资的收益;(三)知识产权的收益;(四)继承或者受赠的财产,但是本法第一千零六十三条第三项规定的除外;(五)其他应当归共同所有的财产。夫妻对共同财产,有平等的处理权。"据此,我国的法定财产制是婚后所得共同制,即婚姻关系存续期间夫妻双方或一方所得的财产,除法律另有规定或夫妻另有约定外,均为夫妻共同所有的制度。

夫妻共同财产的范围如下:第一,工资、奖金、劳务报酬。此三者均为劳动所得报酬。第二,从事生产、经营、投资的收益。例如,开设公司从事生产经营获得的盈利。第三,知识产权的收益,特指知识产权中具有财产性的内容。第四,继承或受赠的财产。除非遗嘱或赠与合同中明确指明只赠与给夫妻一方,否则这些方式获得的财产也属于夫妻共同财产。第五,其他应当归夫妻共同所有的财产。这是兜底性的规定。

夫妻双方对共同财产的共有样态为共同共有,具体体现为夫妻对共同所有的财产平等地享有占有、使用、收益和处分的权利。

由于夫妻双方对共同财产的共有样态为共同拥有,因此,在夫妻关系存续期间共同财产不得分割,即婚内析产原则上不被允许。但是,在存在重大理由的情形下,一方可以要求在婚姻关系存续期间分割夫妻共同财产。《民法典》第1066条规定:"婚姻关系存续期间,有下列情形之一的,夫妻一方可以向人民法院请求分割共同财产:(一)一方有隐藏、转移、变卖、毁损、挥霍夫妻共同财产或者伪造夫妻共同债务等严重损害夫妻共同财产利益的行为;(二)一方负有法定扶养义务的人患重大疾病需要医治,另一方不同意支付相关医疗费用。"

共同财产制下,并非所有的财产都属于夫妻共同财产,法律依然允许有个人财产的出现,并且专门规定了夫妻的个人特有财产。夫妻个人特有财产,是指在共同财产制下,根据法律规定或者双方约定专属配偶一方所有并排斥夫妻共有的财产。个人特有财产的存在,是双方婚

---

[1] 参见[德]迪特尔·施瓦布:《德国家庭法》,王葆莳译,法律出版社2010年版,第116页。

后保持独立人格的物质保障和财产方面的体现，是对夫妻婚后所得制的补充和限制。

根据《民法典》第1063条的规定，下列财产属于夫妻个人特有财产：第一，一方的婚前财产。它是指夫妻各方在婚前就已取得的财产。第二，一方因身体受到伤害获得的医疗费、因误工减少的收入、残疾人生活补助费等费用。这些财产具有人身专属性，因此即便在婚后取得，也是属于夫妻个人所有。第三，遗嘱或赠与合同中明确指出归夫妻一方的财产。第四，一方专用的生活用品。这是指婚后以夫妻共同财产购置的，供夫妻一方日常生活需要的物品，如个人衣物、饰物等，残疾一方使用的轮椅及其他辅助器械等。第五，其他应当归一方的财产。例如，双方约定归个人所有的财产，军人的伤亡保险金、伤残补助金等。

（2）夫妻约定财产制

约定财产制，是指夫妻双方通过协议商定其婚前财产、婚后财产的占有、使用、管理、收益、处分等事项，并排除法定夫妻财产制适用的制度。

根据《民法典》第1065条的规定，约定财产制应满足如下条件：①夫妻双方具有完全民事行为能力并自愿约定。②约定的内容必须合法且不违背公序良俗。夫妻可以约定婚姻关系存续期间所得的财产以及婚前财产归各自所有、共同所有或者部分各自所有、部分共同所有。③约定应采用书面形式。

夫妻财产约定的效力有对内效力和对外效力之分。对内效力，是指对夫妻双方产生的拘束力。婚前订立的夫妻财产约定，自婚姻关系成立时对夫妻双方产生拘束力；婚后订立的夫妻财产约定，自约定依法成立时起对双方具有约束力。对外效力，是指夫妻财产约定对与夫妻一方发生债权债务关系的第三人的对抗效力。一般而言，只有第三人知道或应当知道夫妻财产约定内容的，该约定才对其产生法律效力，否则夫妻一方对该第三人所负担的债务，仍然要由夫妻双方连带清偿。

疑难问题论争　夫妻共同债务的认定

根据《民法典》第1064条的规定，夫妻共同债务分为以下3类：（1）共同意思表示形成的债务，即夫妻双方共同签名或者夫妻一方事后追认等共同意思表示所负的债务是夫妻共同债务；（2）婚姻关系存续期间以个人名义为家庭日常生活需要所负的债务是夫妻共同债务；（3）夫妻一方在婚姻关系存续期间以个人名义超出家庭日常生活需要所负的债务，不属于夫妻共同债务，但是，债权人能够证明该债务用于夫妻共同生活、共同生产经营或者基于夫妻双方共同意思表示的除外。

尽管《民法典》对夫妻共同债务的认定作出了如上较清晰的分类认定，但在具体实务中，仍有一些具体的问题尚未得出明确的结论，主要集中于以下两个问题：

第一，共同意思表示的认定。一般而言，夫妻共同签字即可被认定为夫妻共同意思表示，形成夫妻共同债务，这也是“共债共签”这一说法的来源。但是，在某些特定的法律行为中，签字是否能够认定为形成或者追认共同债务的意思表示，尚存争议。如商业担保交易，配偶一方的签字是共同举债的意思表示，还是知情的意思表示，目前在司法实践中认定不一。[1] 如认

〔1〕 参见王轶、包丁裕睿：《夫妻共同债务的认定与清偿规则实证研究》，载《华东政法大学学报》2021年第1期。

定为共同举债的意思表示,则可直接根据签字,认定为夫妻共同债务。若认定为知情,则并不能直接认定签字配偶作出了共同承担债务的意思表示,进而不能认定为夫妻共同债务。

第二,非合同之债的认定。《民法典》第1064条书写的逻辑背景是合同之债,更多地适用于民间借贷关系中。但对于那些非基于法律行为产生的债务,第1064条就显得乏力,最典型的即属侵权行为之债,如一方驾驶车辆发生交通事故产生的侵权行为之债。北京市高级人民法院曾于2016年出台规范,对这一问题予以明确,北京市高级人民法院《关于审理婚姻纠纷案件若干疑难问题的参考意见》第39条规定,夫妻一方因侵权行为致人损害产生的债务,一般认定为一方个人债务。但该侵权行为系因家庭劳动、经营等家事活动产生或其收益归家庭使用的,应认定为夫妻共同债务。但是,遗憾的是,《民法典》及相关司法解释并未对此类债务的性质作进一步的规定。笔者认为,北京市高级人民法院的前述规定,对此类债务的认定有借鉴意义,值得参考。

(二)夫妻财产继承权

夫妻财产继承权,是指夫妻相互继承对方死亡时遗留的个人财产的权利。它是以配偶身份关系为前提的一种财产权,既是民法继承制度的组成部分,又是夫妻权利义务中不可或缺的内容。这种财产性权利只存在于婚姻关系存续期间。

在男尊女卑时代,妻子对丈夫的财产继承权要么没有,要么受到很大限制。而在当代,绝大多数国家承认配偶双方具有平等的继承地位,互享财产继承权。

《民法典》对夫妻间财产继承权作了规定。夫妻和父母、子女一样,同为第一顺序继承人。需注意的是,夫或妻在继承对方遗产时,首先应当将夫妻共有财产进行分割,确定遗产的范围和数额后,再行财产继承程序。

第二节 父母子女关系和其他近亲属关系

一、父母子女关系

(一)父母子女关系的概念和种类

父母子女关系,又称亲子关系,是父母子女之间的权利义务关系,是家庭关系的重要组成部分。

父母子女关系可分为自然血亲的父母子女关系和法律拟制的父母子女关系两种。前者基于子女出生的事实而发生,包括父母与婚生子女关系和父母与非婚生子女关系;后者基于收养法律行为和再婚发生,包括养父母子女关系和继父母与形成抚养教育关系的继子女关系。自然血亲的父母子女关系只能因依法送养子女或父母子女一方死亡的事实而终止。拟制血亲的父母子女关系除因主体一方死亡而终止外,还因依法解除收养关系或者继父母与生父母离婚及抚养关系的变化而终止。

(二)父母子女之间的权利义务

父母子女之间的权利义务是父母子女关系的内容,体现了父母子女的法律地位。现代亲属立法中父母子女关系的立法本位经历了从父母本位到子女本位的转变,以儿童最大利益为立法和司法的基本原则。一方面,子女有其独立的人格,享有独立的法律地位,不再是父母的附属物;另一方面,在现代法律制度中,未成年子女的利益优先于父母利益,父母由未成年人的管理人转变为未成年人的照护者。

根据我国《民法典》婚姻家庭编的相关规定,父母子女之间的权利义务主要包含以下几项内容。

1. 父母对子女抚养的义务

《民法典》第 1058 条规定,父母对子女有抚养教育和保护的义务。

抚养,是指父母从物质上、经济上对子女的养育和照料,为其生活、学习及健康成长提供一定的物质条件。抚养义务因子女年龄和行为能力的不同而有所不同。对于未成年子女,抚养是父母的法定义务,不能免除;对于成年子女,父母的抚养义务则仅针对尚在校接受高中及其以下学历教育,或者丧失或未完全丧失劳动能力等非因主观原因而无法维持正常生活的成年子女。

未成年子女或者不能独立生活的成年子女有要求父母履行抚养义务的权利。一方面,子女可通过向法院提起给付抚养费之诉,请求父母给付抚养费;另一方面,对于拒不履行抚养义务,恶意遗弃未成年子女,情节恶劣,构成犯罪的,依法追究其刑事责任。

2. 父母对子女有保护和教育的权利和义务

《民法典》第 1068 条规定:"父母有教育、保护未成年子女的权利和义务。未成年子女造成他人损害的,父母应当依法承担民事责任。"

保护,是指父母应当保护其未成年子女的人身安全和合法权益,预防和排除来自外界的危害,使其未成年子女的身心处于安全状态。父母对子女的保护体现在以下几个方面:首先,父母是未成年子女的法定监护人,当未成年子女的人身和财产受到伤害时,父母作为法定监护人和法定代理人,有权代替子女提起诉讼,主张赔偿。其次,父母作为未成年人的法定监护人,有权代理未成年人实施民事法律行为。再次,父母履行保护义务,不得侵犯子女的人身及财产权益。除为维护未成年子女利益外,不得处分其财产。最后,父母应当按照最有利于被监护人的原则履行监护职责。未成年子女的监护人履行监护职责,在作出与未成年子女利益有关的决定时,应当根据未成年人的年龄和智力状况,尊重未成年子女的真实意愿。

教育,是指父母在道德品质、思想言行上对子女的教育、引导甚至约束。父母对子女的教育应当以科学方法进行,尊重和维护子女的基本人身权利,禁止体罚和变相体罚。

此外,作为未成年子女的监护人,当未成年子女对国家、集体或者他人造成损害时,父母有承担民事责任的义务。

3. 成年子女对父母有赡养扶助的义务

根据《民法典》第 1067 条的规定,成年子女对父母有赡养、扶助的义务。"成年子女不履行赡养义务的,缺乏劳动能力或者生活困难的父母,有要求成年子女给付赡养费的权利。"赡养父母是中华民族的传统美德,父母子女关系是平等主体之间的关系,权利义务亦呈对等样态。

赡养,是指子女在物质上和经济上为父母提供必要的生活条件。赡养义务的主体是有经济能力的成年子女。扶助,是指子女对父母在精神上和生活上的关心、帮助和照料的义务。

子女对父母的赡养扶助义务是法定义务,无论子女是否与父母居住在一起,无论父母的婚姻关系是否变化,都应当履行赡养扶助父母的义务。子女不履行赡养义务的,无劳动能力的或者生活困难的父母有权要求子女给付赡养费，既可以通过诉讼的方式交由人民法院判决，也可以请求有关组织调解。子女有能力履行赡养义务而拒不履行，情节恶劣的，应当依法追究其遗弃的法律责任。

4. 父母子女之间有相互继承遗产的权利

《民法典》第1070条规定："父母和子女有相互继承遗产的权利。"根据我国《民法典》继承编的规定，父母和子女互为第一顺序的法定继承人。这里的子女，既包括婚生子女也包括非婚生子女；既包括自然血亲子女也包括拟制血亲子女。

《民法典》第1071条规定："非婚生子女享有与婚生子女同等的权利，任何组织或者个人不得加以危害和歧视。不直接抚养非婚生子女的生父或者生母，应当负担未成年子女或者不能独立生活的成年子女的抚养费。"这一条款明确了非婚生子女与婚生子女相同的法律地位，非婚生子女与婚生子女享有同等的权利，受法律同等保护，任何人不得歧视和侵害非婚生子女。

（三）亲子关系异议之诉

在实践中，亲子关系的争议主要有两种类型：一是确认尚未形成的亲子关系；二是否认已经形成的亲子关系。

我国亲子关系确认否认制度的规范化，始于《民法典》第1073条，该条为亲子关系的确认和否认提供了诉讼解决依据，同时明确了亲子关系异议之诉的提起主体和条件。《民法典》第1073条规定："对亲子关系有异议且有正当理由的，父或者母可以向人民法院提起诉讼，请求确认或者否认亲子关系。对亲子关系有异议且有正当理由的，成年子女可以向人民法院提起诉讼，请求确认亲子关系。"由此可见，亲子关系异议之诉包括亲子关系确认之诉和亲子关系否认之诉两种。

1. 可提起亲子关系确认之诉的主体

根据《民法典》第1073条的规定，提起亲子关系确认之诉的主体为父母和成年子女。

一般而言，父亲提起亲子关系确认之诉主要发生在生父自愿认可亲子关系的情况下。母亲提起亲子关系确认之诉主要发生在生父不愿意认可亲子关系的情况下。此外，父母提起亲子关系确认之诉的情形，还可能发生在孩子被抱错、走失等情形下。

成年子女提起亲子关系确认之诉，多发生在确认自己与生父之间的亲子关系的情况下。同时，在婴幼儿时期被遗弃或者被拐卖、走失的情况，也属于此类情形。

根据《民法典》第1073条的规定，未成年子女并非提起亲子关系确认之诉的适格主体。

2. 可提起亲子关系否认之诉的主体

否认亲子关系，即要求法院判定亲子关系不存在或者不成立。可以提起亲子关系否认之诉的，仅为父母，成年子女和未成年子女均非提起亲子关系否认之诉的适格主体。

3. 提起亲子关系异议之诉的理由

提起亲子关系异议之诉，须有正当理由，具体何种理由，法律并未具体规定。一般来讲，在诉讼实践中，即体现为要求提出诉请的当事人提供足以证明亲子关系存在或不存在的证据，包括但不限于亲子鉴定报告。

此外，《关于适用民法典婚姻家庭编的解释（一）》第39条还明确了亲子关系的推定规则，根据该条规定，父或者母向人民法院起诉请求否认亲子关系，并已提供必要证据予以证明，另一方没有相反证据又拒绝做亲子鉴定的，人民法院可以认定否认亲子关系一方的主张成立。

父或者母以及成年子女起诉请求确认亲子关系，并提供必要证据予以证明，另一方没有相反证据又拒绝做亲子鉴定的，人民法院可以认定确认亲子关系一方的主张成立。

(四)继父母子女关系

继父母子女关系是由于父或母再婚而形成的姻亲关系。继子女是配偶一方对另一方与前配偶所生的子女的称谓，继父母是子女对父亲或母亲的再婚配偶的称谓。继父母子女关系的发生以生父或生母再婚的婚姻关系为纽带。但是当继父母与继子女形成抚养关系或者继父母将继子女收养为养子女时，法律直接将其拟制为直系血亲关系。

1. 继父母子女之间的权利义务关系

我国《民法典》第1072条规定："继父母与继子女间，不得虐待或者歧视。继父或者继母和受其抚养教育的继子女间的权利义务关系，适用本法关于父母子女关系的规定。"该条规定明确了继父母与继子女的法律地位：继父母继子女之间是否发生法律规定的父母子女之间的权利义务关系，取决于他们之间是否有抚养教育这一客观事实。继子女未受继父母抚养教育的，属姻亲关系，他们之间不产生法律规定的父母子女之间的权利义务关系。继子女受继父母抚养教育的，形成抚育关系，继父母子女间的权利义务，是完全等同于生父母子女之间的权利义务的。

形成抚养关系的继父母与继子女之间产生与亲生父母子女关系相同的权利和义务。也就是说，继父母有抚养保护教育继子女的义务，继子女有赡养扶助继父母的义务，继父母与继子女之间有相互继承遗产的权利。

需要说明的是，继子女与没有同其共同生活的生父或生母的关系仍然存在，他们之间的自然血亲关系并不会因不在一起共同生活而消灭。生父母对该子女仍然负有抚养、教育的义务，该子女对生父母仍负有赡养扶助的义务，生父母与该子女有权相互继承遗产。此时，继子女和生父母以及与其形成抚养关系的继父母之间形成双重的权利义务关系。未形成抚养关系的继父母与继子女之间仅仅是一种名义上的父母子女关系。而继子女被继父母依法收养的，则形成收养关系，享有同生父母子女关系相同的权利义务。可见，继父母子女之间因具体情况不同，具有不同的权利义务关系。

2. 继父母子女关系的终止

继父母和继子女间未形成抚养关系的，在生父(母)与继母(父)离婚时，原则上该继父母子女关系因离婚而终止；生父或生母死亡的，该继父母子女关系是否终止，根据当事人的意愿确定。

继父母和继子女间形成抚养关系的，可分两种情形处理：

(1)若继父(母)的再婚关系仍在存续期间，则尚未成年的继子女与继父母的关系，原则上不能解除。但是经生父母、继父母协商一致，并经有识别能力的继子女同意，可以协议解除。不能达成协议的，可向人民法院起诉，由人民法院裁决是否解除。受继父母抚养成人并已独立生活的继子女，与继父母关系恶化的，可与继父母协议解除继父母子女关系，也可以向法院起诉。人民法院根据具体情况裁决是否解除继父母子女关系。但继父母有权要求继子女补偿在共同生活期间或在抚养期间所支出的费用。在继父母年老缺乏劳动能力又没有生活来源时，继子女仍有义务承担其晚年的生活费用。

(2)若继父(母)的再婚关系已经终止，继父母子女间的抚养关系作为一种独立的权利义务关系并不当然终止。一方起诉要求解除这种权利义务关系的，人民法院应视具体情况作出是否准许解除的判决或调解。

在继父(母)与生母(父)离婚的情形下，如果未成年继子女被生父母一方带走，或继父母不同意继续抚养的，仍由生父母抚养，继父母与未成年继子女间的拟制血亲关系终止。受继父母抚养成人并独自生活的继子女与继父母间的抚养关系并不能自然消灭，仍应承担赡养继父母的义务。在继子女与继父母关系恶化时，可由双方协商或由人民法院判决解除其权利义务关系。但是，成年继子女仍须承担丧失劳动能力生活困难的继父母的晚年生活费用。

在与继父或继母共同生活的生父母一方死亡的情形下，继父母应继续抚养未成年的继子女。如果生存的另一方生父或生母要求将子女领回抚养，但继父或继母不同意的，应由双方协商解决。协议不成的，由人民法院根据子女利益判决。如果继父或继母要求解除抚养关系，只有在该继子女生存的另一方生父或生母有抚养能力时，才允许解除。

二、其他近亲属关系

(一)祖孙关系

祖孙关系，是指祖父母、外祖父母和孙子女、外孙子女之间的关系，他们是二亲等直系血亲。祖孙关系包括自然血亲的祖孙关系和拟制血亲的养祖孙关系。祖孙间的抚养和赡养关系仅发生于特定的情形下，因为一般的抚养和赡养关系发生在父母子女之间。

《民法典》第1074条规定："有负担能力的祖父母、外祖父母，对于父母已经死亡或者父母无力抚养的未成年孙子女、外孙子女，有抚养的义务。有负担能力的孙子女、外孙子女，对于子女已经死亡或者子女无力赡养的祖父母、外祖父母，有赡养的义务。"祖孙之间抚养义务和赡养义务的产生需要具备特定的条件，这是附条件的抚养义务和赡养义务。

1. 祖父母、外祖父母抚养孙子女、外孙子女所需具备的条件

第一，抚养人有负担能力。祖父母、外祖父母在经济上、生活上、身体上有抚养孙子女、外孙子女的能力，在满足自己生活和第一顺序法定扶养义务人(配偶、子女、父母)的合理生活需要之后，还有负担的能力。

第二，被抚养人的父母已经死亡或一方死亡、另一方确无抚养能力，或者父母均丧失抚养能力。父母丧失抚养能力的情形如父母患有严重疾病、生活不能自理，父母的收入不足以维持其个人消费支出，父母为残疾人、缺乏劳动能力等。

第三，被抚养人为未成年人。被扶养人未成年且不能维持生活，如果孙子女、外孙子女虽然未成年，但是能够以自己财产维持生活的，不需要被抚养。已经成年的孙子女、外孙子女，无论其是否有独自生活能力，祖父母、外祖父母均无抚养义务。

在同时具备上述条件时，祖父母、外祖父母才承担孙子女、外孙子女的抚养义务。祖父母和外祖父母均有抚养能力，且均愿意承担抚养义务的，需要在他们之间合理分配抚养责任，选择最有利于未成年人健康成长的抚养方式。适用上述条款时，不以是否同居一家、共同生活为限。

2. 孙子女、外孙子女赡养祖父母、外祖父母所需具备的条件

第一，孙子女、外孙子女有赡养的能力，且为成年人。孙子女、外孙子女在经济、生活条件、工作、身体和精神状况等方面有能力承担赡养义务，即以自己的劳动收入或其他收入满足自己生活需要和第一顺序法定扶养义务人(配偶、父母、子女)生活需要后，还有承担赡养祖父母、外

祖父母的能力。若孙子女、外孙子女中有多人均有负担能力的，应当根据经济状况共同负担。

第二，被赡养人的子女已经死亡或子女无力赡养。被赡养人的子女死亡，则承担赡养义务的主体消灭，或者被赡养人的子女无力赡养的，均需要由其他人承担赡养义务。

第三，被赡养人有赡养的需要。祖父母、外祖父母失去劳动能力、生活困难、没有经济来源，或经济来源不足以维持当地基本生活水平。

同时具备上述条件的，孙子女、外孙子女才需要承担赡养义务。祖孙之间的赡养和抚养关系不以双方共同居住、共同生活为条件。

(二)兄弟姐妹关系

兄弟姐妹之间是同辈旁系血亲关系，兄弟姐妹包括全血缘兄弟姐妹、半血缘兄弟姐妹、有扶养关系的继兄弟姐妹和养兄弟姐妹。兄弟姐妹之间通常没有扶养义务，相互间没有权利义务关系。仅在特定条件下，兄弟姐妹之间才发生扶养关系，这是附条件的扶养义务。

《民法典》第1075条规定："有负担能力的兄、姐，对于父母已经死亡或者父母无力抚养的未成年弟、妹，有扶养的义务。由兄、姐扶养长大的有负担能力的弟、妹，对于缺乏劳动能力又缺乏生活来源的兄、姐，有扶养的义务。"

1. 兄、姐扶养弟、妹需要具备的条件

第一，兄、姐有负担能力，且成年。兄、姐需为有负担能力的成年人，在经济、生活和身体上均能够承担弟、妹的扶养，即在兄、姐以劳动收入和其他收入维持自己及其第一顺序的法定扶养义务人(配偶、子女、父母)的合理的生活需要后，还有扶养弟、妹的能力。

第二，被扶养人的父母已经死亡或父母确实无力抚养。父母死亡是扶养义务承担主体的消灭，父母无力扶养是父母的经济、身体等状况确实不能抚养子女。

需要说明的是，兄、姐对弟、妹承担扶养义务不一定要同居一家、共同生活。当兄、姐、祖父母、外祖父母均有负担能力时，应当在他们之间合理分配扶养责任，从而有利于被扶养人的成长。

2. 弟、妹扶养兄、姐需要具备的条件

第一，弟、妹有负担能力。弟、妹以自己的劳动收入和其他收入能够满足本人和第一顺序法定扶养义务人(配偶、子女、父母)的合理生活需要之后，有扶养兄、姐的能力。

第二，弟、妹由兄、姐扶养长大。弟、妹成年，且其曾长期依靠兄、姐提供全部或主要扶养费用，直到能够依靠自己的收入作为主要生活来源。

第三，兄、姐缺乏劳动能力和生活来源。缺乏劳动能力，是指缺乏或丧失一般正常的劳动能力。缺乏生活来源，是指缺乏生存必需的生活费用和用品。

同时具备上述条件，弟、妹才需要承担对兄、姐的扶养义务。同样，此义务不以同居一家、共同生活为限。

祖孙之间、兄弟姐妹之间的扶养义务是对父母子女间扶养义务的补充，是第二位的。当条件具备时，权利人可以因义务人不履行扶养义务的行为向人民法院起诉，要求法院强制义务人履行扶养义务。

案例分析

秦甲与鲁乙系夫妻。秦甲之父身患重病,急需20万元手术费用,遂向秦甲求助,但遭到鲁乙的反对。鲁乙认为,两人婚后尚未购房,存款应当优先用于购置房屋,以双方的经济实力是无法负担秦甲父亲的医疗费用的。于是,秦甲向法院起诉,要求分割夫妻共同财产,希望用分得的财产支付父亲的手术费用。

问题:秦甲的诉讼请求能否得到法院的支持?法律依据是什么?

分析:秦甲、鲁乙系夫妻,在法定共同财产制下,其婚后所得的财产为夫妻共同财产,归夫妻双方共同共有,因此,任何处分夫妻共同财产的行为都应得到双方的一致同意。鲁乙不同意支付手术费用,则秦甲不得擅自处分夫妻共同财产。

但是,秦甲作为鲁乙妻子的同时,也是其父亲的女儿,负有法律上的赡养义务。根据《民法典》第1067条的规定,成年子女对父母有赡养的义务。秦甲的父亲身患重病,急需治疗,秦甲应当履行赡养义务,协助负担相关费用。

根据《民法典》第1066条的规定,在婚姻关系存续期间,发生一方负有法定扶养义务的人患重大疾病需要医治,而另一方不同意支付相关费用的情形,夫妻一方可以向人民法院起诉,要求分割夫妻共同财产。据此,秦甲的诉讼请求应当得到法院的支持。

思考题

1. 如何区分夫妻之间的赠与和夫妻财产制契约?
2. 继父母与生父母婚姻关系消灭后,其与继子女既已形成的父母子女关系是否随之消灭?
3. 子女为何不能提出亲子关系否定之诉?

第二十五章　离　婚

学习要点

本章学习掌握协议离婚的程序，理解我国判决离婚的法定事由，掌握离婚的法律效力，熟练掌握离婚救济制度。

第一节　概　述

一、离婚的概念

婚姻终止，是指合法有效的婚姻关系因一定法律事实的发生而消灭。

婚姻的终止以合法有效婚姻的存在为前提。无婚姻关系或者婚姻关系无效、被撤销均不属于婚姻的终止，其程序也不同于婚姻终止的程序。

引起婚姻终止的法律事实有二：其一，婚姻因配偶一方死亡而终止；其二，婚姻因双方离婚而终止。

离婚，是指婚姻关系当事人主动解除婚姻关系的法律行为。在我国，离婚有两种途径：一是行政离婚；二是诉讼离婚。

二、离婚制度的历史沿革

离婚制度是亲属关系法律制度中的重要部分，是一定社会有关解除婚姻关系的原则、程序、条件以及后果的法律规范总和。离婚制度的历史发展经历了漫长的过程，呈现不同的历史发展形态。

从立法主义上来看，人类社会的离婚制度基本上经历了从禁止离婚主义到许可离婚主义的发展历程。

禁止离婚主义以欧洲中世纪教会法为典型，认为婚姻是神作之合，人类不能违背神的意志而解除。16世纪宗教改革之后，禁止离婚主义的教会法地位动摇而衰落。

与禁止离婚主义截然不同，许可离婚主义是在符合一定条件的前提下，允许解除婚姻关系。这一立法主义一直延续至今，经历了专权离婚主义、限制离婚主义和自由离婚主义3个阶段。专权离婚主义下，离婚是丈夫的特权，妻子没有主张离婚的权利。专权离婚是男女两性社会地位不平等的法律体现。限制离婚主义之下，离婚不再是男性的特权，但法律会对离婚的条件和程序作出限制，根据具体限制不同，又分为过错离婚主义和无过错离婚主义。过错离婚主义以夫妻一方存在过错行为，如通奸、虐待、重婚等为离婚的前提，认为离婚是对婚姻中过错方的惩罚和对无过错方的补偿。无过错离婚主义将一定客观事实的存在作为离婚的前提，如一方有生理缺陷或患有严重疾病,这些事实客观存在会导致婚姻目的无法实现。自由离婚主义,是指允许根据当事人的意愿离婚,法律不要求必须具备一定理由的立法主张。自由离婚主义尊重和保护个人的自由离婚权,尊重当事人离婚的合意,在维护个人利益和社会利益中寻求了平衡。当今世界主要国家,大都实行自由离婚主义。

我国古代奴隶社会和封建社会中,离婚制度主要采专权离婚主义,离婚是男性的特权。1930 年,国民党政府公布民法亲属编采许可离婚主义,将离婚分为两愿离婚和判决离婚。

我国现代的离婚制度是新中国成立之后的离婚制度。从立法主义上来看,我国立法采自由离婚主义。1950 年原《婚姻法》作为新中国成立之后的第一部婚姻法即确立了离婚自由原则,1980 年原《婚姻法》明确将“夫妻感情确已破裂”作为判决离婚的标准,2001 年原《婚姻法》进一步完善了离婚制度,对感情确已破裂情形的司法认定、离婚救济制度、探望权等内容进行了补充。2020 年颁布的《民法典》在原离婚制度的基础上进行了有时代特色的编订纂修,如在协议离婚程序中增加了离婚冷静期,修改了离婚救济制度中的家务劳动补偿和离婚损害赔偿条款等。

第二节 协议离婚

一、协议离婚概述

协议离婚又称登记离婚或行政离婚,是指夫妻双方在协商一致的基础上,按照行政程序解除婚姻关系的离婚方式。《民法典》第 1076 条规定:“夫妻双方自愿离婚的,应当签订书面离婚协议,并亲自到婚姻登记机关申请离婚登记。离婚协议应当载明双方自愿离婚的意思表示和对子女抚养、财产以及债务处理等事项协商一致的意见。”

二、协议离婚的条件

根据《民法典》婚姻家庭编的相关规定,协议离婚的条件如下:

1. 配偶双方自愿离婚。配偶双方自愿离婚是协议离婚的实质性要件。对此要件应作三个方面的理解:第一,存在合法的配偶身份,即当事人必须是经过结婚登记的配偶,如果没有进行结婚登记,如事实婚姻,是不能通过协议离婚程序解除关系的;第二,配偶双方应为完全民事行为能力人,无民事行为能力人或限制民事行为能力人,如精神病患者、痴呆症患者等不能采用协议离婚的方式,只能用诉讼离婚的方式解除婚姻关系;第三,配偶双方离婚的意思表示一致且真实。

2. 配偶双方对于子女抚养和财产分割问题达成协议。采协议离婚,需对子女抚养和财产分割这两类问题均达成协议。如果当事人不能就上述问题协议一致,则只能通过诉讼程序解除婚姻关系。

3. 应当签订书面的离婚协议。

三、协议离婚的程序

根据《民法典》第 1077 条的规定,自愿离婚的夫妻双方应当向婚姻登记机关提交离婚登记申请。自离婚登记申请提交之日起 30 日内,任何一方不愿意离婚的,可以向婚姻登记机关撤回离婚登记申请。学理上称这30日为离婚冷静期。

离婚冷静期届满后，双方应当在30日内亲自到婚姻登记机关申请发给离婚证。婚姻登记机关查明双方确实是自愿离婚，并且已经对子女抚养和财产分割以及债务处理等事项协商一致的，予以登记，发给离婚证。完成离婚登记即解除婚姻关系。

离婚冷静期届满后30日内，双方当事人没有提出发给离婚证的申请的，视为撤回离婚登记申请。

第三节　诉讼离婚

一、诉讼离婚制度概述

诉讼离婚又称判决离婚，是指夫妻基于法定的理由，向法院提出离婚诉讼，由法院判决或者调解而解除婚姻关系的法律制度。

诉讼离婚制度有以下3个特征：第一，获准离婚需具备法律规定的条件。协议离婚则无此要求。第二，离婚诉讼是民事诉讼。部分国家（地区）设置了专门的家事诉讼程序，但从实质上讲亦未超出民事诉讼范畴，是民事诉讼的重要组成部分。第三，离婚诉讼是合并之诉。在离婚诉讼中不仅要处理当事人的身份关系，还要处理财产、债务纠纷，子女的抚养等众多不同性质的问题。

二、我国诉讼离婚的程序规定与特别规定

（一）诉讼离婚的程序规定

1. 管辖

起诉离婚首先要确定可以审理该离婚案件的人民法院，对案件有管辖权的法院才能够审理该离婚案件。离婚诉讼确定管辖法院的一般原则是“原告就被告”。根据《民事诉讼法》及其司法解释的规定，对公民提起的民事诉讼，由被告住所地人民法院管辖；被告住所地与经常居住地不一致的，由经常居住地人民法院管辖。夫妻一方离开住所地超过1年，另一方起诉离婚的案件，可以由原告住所地人民法院管辖。夫妻双方离开住所地超过1年，一方起诉离婚的案件，由被告经常居住地人民法院管辖；没有经常居住地的，由原告起诉时被告居住地人民法院管辖。双方当事人均为军人或者军队单位的民事案件由军事法院管辖。

2. 诉讼内调解

《民法典》第1079条第2款规定：“人民法院审理离婚案件，应当进行调解……”诉讼内调解是离婚诉讼的必经程序，未经诉讼内调解，不能直接作出离婚判决。

诉讼内调解的结果包括：第一，双方和好，原告撤诉；第二，双方达成自愿离婚协议，法院按照协议书制作调解书，调解书经双方签收后生效，双方夫妻关系解除；第三，调解无效，双方不能调解和好，也不能达成调解协议，由人民法院依法判决。

诉讼内调解后，法院制作的调解书与判决书具有同等法律效力，对调解书内容有异议的，不能上诉，只能通过申诉程序再审。

除诉讼内调解，《民法典》婚姻家庭编还规定了另外一类调解，即诉讼外调解。《民法典》

第 1079 条第 1 款规定:“夫妻一方要求离婚的,可以由有关组织进行调解或者直接向人民法院提起离婚诉讼。”此种调解即称诉讼外调解,也称诉前调解。诉讼外调解不是诉讼离婚的必经程序。夫妻双方可以自行决定是否选择诉讼外调解。此种调解所形成的调解协议书不具有强制执行力。

3. 审理与判决

诉讼内调解无效的离婚案件,人民法院应当依法判决。离婚案件可以公开或不公开审理,当事人可以申请不公开审理。无论审理是否公开,判决均须公开作出。离婚案件适用两审终审。人民法院可以判决驳回原告的诉讼请求,不准离婚,也可以判决离婚。判决不准离婚和调解和好的离婚案件,没有新情况、新理由的,原告在 6 个月内不得重新起诉。

(二)诉讼离婚的特别规定

1. 军婚保护条款

《民法典》第 1081 条规定:“现役军人的配偶要求离婚,应当征得军人同意,但是军人一方有重大过错的除外。”这是我国民法上的军婚保护条款。现役军人肩负保卫祖国、巩固国防的神圣职责,对其婚姻予以特殊保护是国家和人民根本利益的需要。

军婚保护条款的适用需要明确以下 3 点:第一,现役军人,是指在中国人民解放军或者武装警察部队服现役的军人。退役军人、转业军人、在军事单位工作没有取得军籍的职工不属于现役军人。第二,“现役军人的配偶要求离婚”,是指非军人配偶向现役军人起诉离婚的情况,双方均为现役军人或现役军人一方向非军人一方提出离婚,则不适用本条规定。若现役军人与其配偶合意离婚,也不适用本条。第三,所谓“重大过错”,根据《关于适用民法典婚姻家庭编的解释(一)》第 64 条的规定,是指重婚或有配偶与他人同居的,实施家庭暴力或虐待、遗弃家庭成员的,有赌博、吸毒恶习屡教不改的,以及军人有其他重大过错导致夫妻感情破裂的情形。

2. 女性特殊时期保护条款

《民法典》第 1082 条规定:“女方在怀孕期间、分娩后一年内或者终止妊娠后六个月内,男方不得提出离婚;但是,女方提出离婚或者人民法院认为确有必要受理男方离婚请求的除外。”这一条款即为女性特殊时期保护条款,是为了保护特殊时期内女性的身心健康以及有助于胎儿或婴幼儿的健康成长而设置,体现了对妇女、胎儿和婴幼儿利益的保护。

女性特殊时期保护条款的适用需要明确以下 3 点:第一,该条限制的是男方的离婚诉权,女方提起离婚的不在此限;第二,男方并不因为该项限制而丧失起诉离婚的权利,男方可以在上述期限届满后行使离婚诉权;第三,在法院认为“确有必要”时,可以受理男方的离婚诉讼。所谓“确有必要”,一般是指男方有正当理由,女方有重大过错的情况,或者有重大紧迫事由需要及时受理男方的离婚诉请。

三、我国判决离婚的法定事由

判决离婚的法定事由,亦称判决离婚的法定原因、理由、标准、条件,是法院作出准予离婚判决的根据。《民法典》第 1079 条第 2 款规定:“人民法院审理离婚案件,应当进行调解;如果感情确已破裂,调解无效的,应当准予离婚。”根据这一规定,“感情确已破裂,调解无效”是判决离婚的法定事由。

根据《民法典》第 1079 条的规定,“感情确已破裂”的具体判断标准可以综合为以下 6 项:

1. 重婚或有配偶者与他人同居的。重婚,是指有配偶者与他人登记结婚,或者虽未登记结婚,但双方事实上以夫妻名义同居生活。有配偶者与他人同居,是指有配偶者与婚外异性,不以夫妻名义,持续、稳定地共同居住,双方对外不以夫妻名义同居生活。

2. 实施家庭暴力或虐待、遗弃家庭成员的。需要说明的是,此处被暴力、虐待、遗弃的对象不仅包括配偶一方,还包括其他家庭成员,如子女、共同生活的配偶双方的父母等。

3. 有赌博、吸毒等恶习屡教不改的。有赌博、吸毒等恶习,并且屡教不改才能构成重大过错。屡教不改,是指赌博、吸毒等恶习反复多次,经劝说后仍然没有改正。

4. 因感情不和分居满 2 年的。此处的分居,是指因为夫妻感情不和而分居,而不是因为学习、工作、住房等其他客观原因而分居。

5. 一方被宣告失踪,另一方提出离婚诉讼的。夫妻一方失踪,客观上已经不能履行家庭义务和责任,配偶双方的共同生活已丧失主体要件,因此,当发生此种情况,另一方提出离婚诉请时,应当准予离婚。

6. 经人民法院判决不准离婚后,双方又分居满 1 年,一方再次提起离婚诉讼的,应当准予离婚。

在上述 6 项具体判断标准之外,法律还明确赋予了法官自由裁量权,规定"其他导致夫妻感情破裂的情形"发生时,法官可以判决准予离婚。一般而言,应当从未成年子女的成长、婚姻基础、婚后感情、离婚原因、有无和好可能这五个方面综合判断。

第四节　离婚的效力

一、离婚对夫妻身份关系的效力

离婚后,夫妻身份关系解除,依据夫妻身份关系而产生的一切权利义务关系随之消灭。离婚在夫妻身份关系上所产生的效力包括:首先,当事人均享有再婚的权利。当事人以登记方式离婚的,取得离婚证后,始得再婚。当事人通过诉讼离婚途径离婚的,从离婚判决书、调解书生效之日起,始得再婚。其次,夫妻间的扶养义务终止。再次,夫妻间的同居义务、忠实义务终止。最后,夫妻间家事代理权消灭。

二、离婚对父母子女关系的效力

(一)离婚后的父母子女关系

《民法典》第 1084 条第 1 款、第 2 款规定:"父母与子女间的关系,不因父母离婚而消除。离婚后,子女无论由父或者母直接抚养,仍是父母双方的子女。离婚后,父母对于子女仍有抚养、教育、保护的权利和义务。"父母子女关系基于出生这一法律事实而发生,其存续不以夫妻关系的存续为前提。养父母子女关系同样不因养父母的离婚而消灭。

生父(生母)与继母(继父)离婚时,已经形成抚养教育关系的继母(继父)不愿意继续抚养教育未成年继子女的,继子女由其生父母抚养,拟制血亲关系自然消灭。若继母(继父)愿意继续抚养未成年继子女,经生父母同意的,应当准许,拟制血亲关系依然存在。若离婚时形成抚养教育关系的继子女已经成年,拟制血亲关系不消灭,成年继子女有赡养继父母的义务。

（二）离婚后未成年子女抚养问题

1. 未成年子女直接抚养方的确定

离婚后与未成年子女共同生活的一方，称为直接抚养方，另一方称为间接抚养方。根据《民法典》第 1084 条第 3 款的规定，不满 2 周岁的子女，以由母亲直接抚养为原则。已满 2 周岁的子女，父母双方对抚养问题协议不成的，由人民法院根据双方的具体情况，按照最有利于未成年子女的原则判决。子女已满 8 周岁的，应当尊重其真实意愿。

2. 离婚后子女抚养关系的变更

子女抚养关系确定后，可因为父母抚养条件的变化或者子女的要求而变更。离婚后子女抚养关系的变更可以由双方协商；协商不成的，可以由人民法院遵循儿童最大利益原则作出判决。

3. 离婚后子女抚养费的负担和变更

《民法典》第 1085 条第 1 款规定："离婚后，子女由一方直接抚养的，另一方应当负担部分或者全部抚养费。负担费用的多少和期限的长短，由双方协议；协议不成的，由人民法院判决。"

根据该条款规定，离婚后子女的抚养费由未直接抚养子女的一方负担，直接抚养子女的一方已经承担了直接抚养子女的义务，因此另一方可以金钱的方式承担抚养义务。

抚养费的数额方面，抚养费应当包括子女必要的生活费和教育费的部分或全部，具体的数额应当以子女的实际需要、父母的负担能力和当地生活水平确定。目前，对于抚养费的具体数额并无法律或者司法解释予以明确，最高人民法院曾在 1993 年发布《关于人民法院审理离婚案件处理子女抚养问题的若干具体意见》（已失效）给出过明确的规定。该意见规定：给付抚养费的一方，有固定收入的，抚养费一般可以按其月总收入的 20% ~30% 给付。两个以上子女抚养费的比例可以适当提高，但不超过月总收入的 50%。无固定收入的，抚养费的数额可以依据当年总收入或同行业平均收入，参照上述比例确定。有特殊情况的，可以适当提高或降低前述比例。

抚养费的给付期限一般至子女年满 18 周岁为止。16 周岁以上的未成年人，以自己的劳动收入为主要生活来源，并能维持当地一般生活水平的，父母可以停止给付抚养费。尚未独立生活的成年子女在下列情形下，有给付能力的父母仍然应当负担抚养费：（1）尚在校接受高中及其以下学历教育的；（2）丧失劳动能力或未完全丧失劳动能力等非因主观原因而无法维持正常生活的成年子女。

需要说明的是，尽管最高人民法院《关于人民法院审理离婚案件处理子女抚养问题的若干具体意见》现已失效，但其确立的抚养费给付规则对于当前的司法审判还是具有相当的影响力的。[1]

抚养费原则上应当定期给付，有条件的也可以一次性给付。原则上以货币给付，在特殊情形下也可以以实物给付。

离婚后，子女抚养费的数额并非一成不变。当父母或子女的客观情况发生变化时，父母双

---

〔1〕 参见最高人民法院民法典贯彻实施工作领导小组主编：《中华人民共和国民法典婚姻家庭编继承编理解与适用》，人民法院出版社 2020 年版，第 295 页。在该文献中，作者在分析《民法典》第 1085 条的具体适用时，仍然使用了最高人民法院《关于人民法院审理离婚案件处理子女抚养问题的若干具体意见》。

方及子女均可要求依法予以变更。抚养费的变更可以是增加、减少或者免除。下列情形下子女要求增加抚养费,且父母有负担能力的,应当支持增加:(1)原定抚养费数额不足以维持当地实际生活水平的;(2)因子女患病、上学,实际需要已超过原定数额的;(3)有其他正当理由应当增加的。

在下列情况下,负有给付义务的一方可以提出减少或免除其抚养费给付义务:(1)有给付义务的一方由于长期患病或丧失劳动能力,失去经济来源,确实无力按原协议或判决确定的数额给付,而抚养子女的一方有抚养能力;(2)有给付义务的一方因犯罪被收监改造,无力给付;(3)抚养子女方再婚,再婚配偶愿意承担继子女抚养费的部分或全部。

(三)离婚后探望权的规定

探望权,是指离婚后,父母中不与子女共同生活的一方有探望子女的权利。父母子女关系不因离婚而消灭,父母对子女的抚养照管义务也不因离婚而终止。探望权是父母监护权的内容之一,是离婚后未成年子女的非直接抚养方履行监护职责的重要途径。《民法典》第1086条第1款、第2款规定:“离婚后,不直接抚养子女的父或者母,有探望子女的权利,另一方有协助的义务。行使探望权利的方式、时间由当事人协议;协议不成的,由人民法院判决。”

1.探望权的行使

探望权的行使以最有利于未成年子女的原则为标准,即其行使方式、探望时间应当有利于被抚养的未成年人。行使探望权利的方式、时间由当事人协议;协议不成时,由人民法院判决。非直接抚养方在行使探望权时,直接抚养方有协助的义务。

2.探望权的中止和恢复

探望权的行使需以最有利于未成年子女的原则为标准,因此,当其行使于子女不利时,即应中止。《民法典》第1086条第3款规定:“父或者母探望子女,不利于子女身心健康的,由人民法院依法中止探望;中止的事由消失后,应当恢复探望。”

探望权中止的条件是,其行使不利于子女身心健康。探望权的中止应当依诉进行,通过诉讼程序由人民法院作决定。有权请求中止探望权的主体,包括未成年子女、未成年子女的直接抚养方、其他对未成年子女负担抚养教育义务的法定监护人。

探望权的中止并非探望权的消灭,在中止的事由消失后,探望权人可以向法院提出恢复探望权的请求,法院对权利人的申请经审查后认为情况属实的,可以裁定恢复探望权的行使。

三、离婚对夫妻财产关系的效力

因婚姻的缔结而生之夫妻间财产关系必因婚姻关系的解除而发生变化,此即离婚对夫妻财产关系的效力。

(一)继承权消灭

夫妻有相互继承遗产的权利,继承权的存在以婚姻关系的存续为前提。婚姻关系解除,继承权随即消灭。

(二)夫妻共同财产的分割

《民法典》第1087条规定:“离婚时,夫妻的共同财产由双方协议处理;协议不成的,由人民法院根据财产的具体情况,按照照顾子女、女方和无过错方权益的原则判决。对夫或者妻在家庭土地承包经营中享有的权益等,应当依法予以保护。”该条规定是夫妻共同财产分割的原则性规定,具体需作如下几个方面的理解。

1. 分割的原则与方法

夫妻共同财产分割由夫妻双方协商处理，协商不成的，由人民法院判决。人民法院在分割夫妻共同财产时应当秉持以下原则：

第一，男女平等原则。夫妻双方平等地享有共同财产的所有权，离婚时亦应平等分割。需要说明的是，平等分割不意味着份额的绝对平均，可以根据生产生活的实际需要和财产来源状况等具体情况进行具体分割。

第二，保护子女利益原则。这一原则要求在夫妻财产分割过程中不能损害未成年子女的利益，即要考虑到财产的分配对未成年子女的影响。

第三，照顾无过错方原则。对于因一方过错而导致的离婚，在分割夫妻共同财产时要照顾无过错方。对于过错的理解，应当以《民法典》第 1091 条规定的 5 种情形为限，即重婚、有配偶者与他人同居、实施家庭暴力、虐待遗弃家庭成员和其他重大过错。同时，仅无过错方享有该项权利，如果夫妻双方均有过错，则不适用此项原则。

第四，有利于当事人的生产、生活原则。分割夫妻共同财产，既要考虑财产在双方当事人间的公平平等分割，也要考虑财产使用价值、经济价值的发挥以及当事人及其未成年子女对财产的需求。例如，对共同承包经营的财产，应考虑分割给有经营能力的一方。

分割夫妻共同财产时，应在前述原则的指导下，综合运用实物分割、价金分割、价格补偿等方法进行分割。

2. 夫妻共同财产的认定

夫妻共同财产的认定是夫妻共同财产分割的前提。离婚时，仅能就夫妻的共同财产作出分割，夫妻的个人财产仍应归属于夫妻一方个人所有，不在分割之列。

约定财产制下，夫妻双方可以约定双方共有财产的范围，因此，最终的共同财产应以夫妻书面的约定财产制协议为依据认定。

法定财产制下，应当按照法律的规定认定夫妻共同财产。根据《民法典》关于夫妻财产关系的相关规定，有如下几个认定标准：

(1) 基本认定标准。

根据《民法典》第 1062 条的规定，在无例外规定的情况下，共同财产的认定时间为缔结婚姻之时，婚姻关系成立生效，即在双方之间构建起夫妻间财产关系，婚后取得的财产即为夫妻共同财产。例如，婚后取得的工资、奖金、劳务报酬、生产经营投资收益、知识产权收益等。

(2) 个人特有财产的排除。

在共同财产认定过程中，须排除夫妻的个人特有财产。按照《民法典》第 1063 条的规定，以下财产为夫妻一方的个人特有财产，应当排除在夫妻共同财产之外。

第一，夫妻一方婚前财产。例如，婚前既已取得的工资、奖金，婚前全款购买的房产，都应属于夫妻一方的个人财产。

第二，婚后取得的夫妻一方的专属生活用品。例如，婚后购买的个人衣物、饰物等。需要说明的是，当该项生活用品价值较高，如高档珠宝虽然也是饰物，但是不能作为夫妻一方的特有财产，而应纳入夫妻共同财产范围。

第三，一方因身体受到伤害获得的医疗费、残疾人生活补助费等费用。此类费用属于人身性的补偿或者赔偿，具有较强的人身专属性，是个人特有的财产，不能作为共同财产分割。

第四，遗嘱或者赠与合同中明确给夫妻一方的。按照《民法典》第 1062 条的基本认定标准，婚后取得的财产即为夫妻共同财产，包括继承和受赠所得。但是，当遗嘱或赠与合同中明确只给夫妻一方的，则应作为夫妻一方的财产处理。

3. 夫妻共同债务的清偿

根据《民法典》第1089条的规定，离婚时，夫妻共同债务应当共同偿还。共同财产不足以清偿或者财产归各自所有的，由双方协议清偿；协议不成的，由人民法院判决。

疑难问题论争　父母出资购房的归属

父母为子女出资购房，所购房屋归属的认定，一直是司法实务中面临的难点问题。主要问题集中在父母为子女出资购房，系赠与还是借款；如果是赠与，系赠与夫妻双方还是仅赠与己方子女。

对于法律关系性质的认定，出资系借款还是赠与，应当由当事人举证。按照“谁主张，谁举证”的一般规则，无论是主张借款还是赠与，均应有明确的证据证明。但是，实务中出现的问题往往是双方均举出了相应的证据，或者没有充分的证据证明各自的主张，那么，此时，在举证责任分担的基础上，法官就要作出符合法理逻辑的考量。

最高人民法院法官发表在《人民司法》杂志上的《〈关于适用民法典婚姻家庭编的解释（一）〉若干重点问题的理解与适用》对这一问题作了较明确的说明，从中可以看到审判机关的基本态度：相关证据的认定和采信上，注意适用《关于适用民事诉讼法的解释》第105条的规定，运用逻辑推理和日常生活经验法则，对证据有无证明力和证明力大小进行判断，从而准确认定法律关系的性质。从中国现实国情看，子女刚参加工作缺乏经济能力，无力独自负担买房费用，而父母基于对子女的亲情，往往自愿出资为子女购置房屋。大多数父母出资的目的是要解决或改善子女的居住条件，希望让子女生活更加幸福，而不是日后要回这笔出资，因此，在父母一方主张为借款的情况下，应当由父母来承担证明责任，这也与一般人的日常生活经验感知一致。

对于赠与对象的认定，则应当区分是婚前赠与还是婚后赠与。《关于适用民法典婚姻家庭编的解释（一）》第29条有较明确的规定：“当事人结婚前，父母为双方购置房屋出资的，该出资应当认定为对自己子女个人的赠与，但父母明确表示赠与双方的除外。当事人结婚后，父母为双方购置房屋出资的，依照约定处理；没有约定或者约定不明确的，按照民法典第一千零六十二条第一款第四项规定的原则处理。”

第五节　离婚救济制度

离婚救济，通常是指对离婚当事人所实行的有关人身和财产的救济措施，具体包括离婚经济帮助、离婚损害赔偿和家务劳动补偿。[1]

---

〔1〕 参见王歌雅：《离婚救济制度：实践与反思》，载《法学论坛》2011年第2期。

一、离婚经济帮助

《民法典》第1090条规定:"离婚时,如果一方生活困难,有负担能力的另一方应当给予适当帮助。具体办法由双方协议;协议不成的,由人民法院判决。"这一规定是我国的离婚后经济帮助条款。该条的适用需满足以下条件:

1. 离婚经济帮助以帮助经济上弱势一方为目的,故不以弱势一方无过错为适用条件。

2. 一方生活困难的情境应当在离婚时既已发生。若离婚后才发生生活困难,困难方无法依据《民法典》第1090条的规定取得经济上的帮扶。

3. 提供帮助的一方须有负担能力,即帮助应为可能,不能超出提供帮助一方的能力范畴。离婚经济帮助需由提供帮助方的个人财产支出,不能与共同财产分割相混淆。

4. 经济帮助可以是一次性的帮助,也可以是长期的帮助;既可以是货币实物形式的帮助,也可以是住房使用权等其他形式的帮助。

5. 困难一方再婚或者经济情况改善、生活困难情况消失的,经济帮助终止。

二、离婚损害赔偿

所谓离婚损害赔偿,是指配偶一方侵害另一方基于配偶身份享有的合法权利,其过错行为导致婚姻关系破裂的,离婚时,无过错方有权请求对方赔偿,有过错方则负有赔偿责任的民事法律制度。

《民法典》第1091条规定:"有下列情形之一,导致离婚的,无过错方有权请求损害赔偿:(一)重婚;(二)与他人同居;(三)实施家庭暴力;(四)虐待、遗弃家庭成员;(五)有其他重大过错。"该条确定了我国的离婚损害赔偿制度。

离婚损害赔偿适用的条件如下:

1. 需发生《民法典》第1091条规定的5种过错,即"重婚的、有配偶者与他人同居的、实施家庭暴力的、虐待遗弃家庭成员或其他重大过错"。

2. 请求方须无过错,即请求方没有实施《民法典》第1091条所规定的5种过错行为,方得适用该条获得损害赔偿。

3. 损害赔偿包括物质损害赔偿和精神损害赔偿。

4. 离婚损害赔偿请求可以在诉讼离婚过程中提出,也可以在协议离婚办理离婚登记之日起1年内单独向人民法院提出。

三、家务劳动补偿

《民法典》第1088条规定:"夫妻一方因抚育子女、照料老年人、协助另一方工作等负担较多义务的,离婚时有权向另一方请求补偿,另一方应当给予补偿。具体办法由双方协议;协议不成的,由人民法院判决。"该条即为家务劳动补偿条款。

家务劳动补偿条款适用的条件如下:

1. 取得家务劳动补偿的一方必须是付出了较多家庭劳作与义务的一方。

2. 家务劳动补偿请求应在离婚时提出,婚姻关系存续期间和离婚后均不适用该条款。

3. 家务劳动补偿的数额应视具体家庭劳动的强度、婚姻关系存续的时间等因素综合确定。

案例分析

方某、袁某系夫妻关系，现两人准备离婚，就一套房产的归属争执不下，该房产情况如下：房产总价值500万元，方某在婚前与开发商签署购房协议，首付200万元由方某父母在婚前给付，剩余贷款自方某、袁某结婚登记的次日开始共同偿还，现已还清。房产登记于婚姻存续期间完成，登记在方某名下。

问题：该房产的权属应当如何判定？

分析：对于贷款购房的房产权属判定，应当从购房时间、购房资金构成、房产登记三个主要方面进行分析。

首先，该房产购于婚前，属婚前贷款购房。购房合同仅由方某与开发商签署，故属于婚前一方购房的情形。其次，首付200万元系方某父母给付。当事人结婚前，父母为双方购置房屋出资的，根据意思表示的解释规则，应当认为是赠与资金给己方子女。据此，该200万元应当认定为方某父母对方某个人的赠与，属于方某个人财产。因此，本案情形进一步具体为婚前夫妻一方购房，以个人财产支付首付，婚后共同还贷的情形。

针对前述情形，根据《关于适用民法典婚姻家庭编的解释（一）》第78条的规定，夫妻一方婚前签订不动产买卖合同，以个人财产支付首付款并在银行贷款，婚后用夫妻共同财产还贷，不动产登记于首付款支付方名下的，离婚时该不动产由双方协议处理。依据前款规定不能达成协议的，人民法院可以判决该不动产归登记一方，尚未归还的贷款为不动产登记一方的个人债务。双方婚后共同还贷支付的款项及其相对应财产增值部分，离婚时应根据《民法典》第1087条第1款规定的原则，由不动产登记一方对另一方进行补偿。本案中，当事人对争议房产不能达成协议，因此，参照以上规定，法院可以判决房产归产权登记方方某所有。婚后共同还贷的款项及其增值部分，应当由方某依法补偿给袁某。

思考题

1.《民法典》婚姻家庭编设置离婚冷静期制度的意义？
2. 判决离婚的法定事由有哪些？
3.《民法典》婚姻家庭编中出现过几处“重大过错”，其法律意义分别为何？

第二十六章　收　　养

学习要点

本章学习收养的概念及特征、收养的类型、收养关系的成立、收养的效力、收养关系的解除等基本知识。收养关系的成立须符合法律规定的条件，履行法定的程序。收养关系成立后，依法在被收养人与收养人及其近亲属之间创设新的亲属关系及其权利义务关系，同时消灭被收养人与生父母及其近亲属之间的身份关系及其权利义务关系。收养关系可通过法定程序予以解除，包括协议解除和诉讼解除。

第一节　概　　述

一、收养的概念及特征

关于收养的概念，我国立法上未作界定。在亲属法学中，往往从两种不同意义上使用“收养”一词。一是指收养行为，它是就拟制血亲的亲子关系借以发生的法律事实而言的；二是指收养关系，即养父母养子女关系，它是就拟制血亲的亲子关系本身而言的。[1] 从行为角度进行表述，收养，是指自然人按照法律规定的条件和程序，领养他人子女为自己的子女，从而产生法律拟制的父母子女关系的法律行为。其中，领养他人子女为自己子女的人是收养人，将未成年人送给他人收养的个人或组织为送养人，被收养的未成年人为被收养人。收养法律行为非一般的法律行为，它变更了被收养人的身份关系，因此，尽管被收养的是被收养人，但被收养人却非收养法律行为的标的，而是收养法律行为的主体，故收养法律行为的当事人为收养人、被收养人和送养人。

收养关系，是指基于收养行为的法律效力而发生的拟制血亲的亲子关系，即收养人与被收养人之间的父母子女关系。在收养关系中，其当事人仅为收养人和被收养人。

收养具有以下法律特征：

第一，收养是产生法律拟制血亲关系的身份法律行为。收养是重要的法律行为，收养成立，就会在收养人与被收养人之间产生父母子女的权利义务关系，即法律拟制的直系血亲关系；同时，被收养人与其生父母之间的权利义务关系则因收养的成立而消除。不仅如此，收养变更亲属关系及其权利义务关系的效力，还会及于收养人与被收养人的其他亲属。故收养行为的性质，属于法律行为中的身份法律行为。

---

〔1〕 参见杨大文主编：《婚姻家庭法》（第5版），中国人民大学出版社2012年版，第185页。

第二，收养只能发生在非直系血亲的自然人之间。法律设立收养的目的，是使原无父母子女关系的人之间产生法律拟制的父母子女关系，这就决定了收养人与被收养人须是自然人，自然人之外的法人、非法人组织不能成为收养人。比如，在我国兴办的儿童福利机构，虽然对儿童进行抚养教育，但其与儿童之间并不产生父母子女关系，它只是一种社会救济措施，与收养产生拟制血亲关系、属于身份法律行为，且需当事人之间的合意不同。另外，原本就有直系血亲关系的自然人之间，辈分分明，若允许收养，反而会造成亲属关系的重叠或冲突，因此，直系血亲之间不发生收养关系。

第三，收养须符合法定的条件和程序方能成立。由于收养不仅涉及收养人、送养人以及被收养人的利益，而且还关乎社会公共利益及善良风俗，因此，法律对收养行为会进行较多干预。收养行为不仅要适用《民法典》总则编关于民事法律行为的规定，还须符合《民法典》婚姻家庭编关于收养的规定。《民法典》婚姻家庭编除对收养人、送养人及被收养人应具备的法定条件作出规定外，还对收养成立的程序作出了要求，即收养的成立须采取法定的形式，符合之，收养始得成立，因此，收养为要式法律行为。

为了更好地理解收养的概念，有必要将收养与寄养加以区别。寄养是父母基于某些特殊情形，无法或不能直接抚养子女，委托他人代其抚养子女，受托人与被寄养人之间不产生拟制血亲的亲子关系。在寄养情况下，抚养子女的形式虽有所变化，但被寄养的子女与其亲生父母之间的身份关系并未变更，父母子女之间的权利义务亦未发生转移。因此，无论寄养时间有多长，都不会产生父母子女之间的关系，被寄养人随时可以被其父母领回。为此，我国《民法典》第 1107 条规定："孤儿或者生父母无力抚养的子女，可以由生父母的亲属、朋友抚养；抚养人与被抚养人的关系不适用本章规定。"另外，收养也不同于民政部门开展的"家庭寄养"。所谓"家庭寄养"，是指经过规定的程序，将民政部门监护的儿童委托在符合条件的家庭中养育的照料模式。[1] "家庭寄养"是通过儿童福利机构与寄养家庭主要照料人签订寄养协议方式进行的。寄养儿童在寄养期间不改变与民政部门的监护关系，寄养儿童与寄养家庭生活在一起，也不产生法律上的拟制血亲关系，当然，如寄养家庭符合收养条件、有收养意愿，可以依法优先收养被寄养儿童，使"寄养"转"收养"。"家庭寄养"有利于寄养儿童的抚养和健康成长，政府鼓励、支持符合条件的家庭参与家庭寄养工作。

收养亦不同于立嗣。立嗣又称过继，是指男子无子，许立同宗辈分相当的他人之子为嗣子。[2] 立嗣是以男性为中心，其目的在于宗祧继承、传宗接代，故只有在男子无后时才能立嗣，且只能立男子为嗣子，而收养则不分男女均可被收养；立嗣可由立嗣者生前进行，亦可在其死后，由其配偶或族中尊长代为立嗣，而收养只能在收养人生前进行；立嗣的条件很严格，应在辈分相当的同宗近支内按照一定的顺序择立嗣子，立异姓男子为嗣子是礼、法所不许的，而收养则无论被收养人与收养人是同姓抑或异姓均可。除立嗣外，还有与嗣子并存的同宗养子和异姓养子。同宗养子是以同宗卑亲属为养子但不立其为嗣子，异姓养子大多为自幼收养的弃儿，明清律称为乞养。乞养，是指非亲属收养，主要是基于怜悯心，无论同姓异姓，亦不分男女，均可被收养。收养人为义父母，被收养人为义子女。由于乞养的养子女无关宗祧继承，也不得以

---

〔1〕 参见民政部《家庭寄养管理办法》(2014 年 12 月 1 日施行)第 2 条。

〔2〕 参见夏吟兰主编：《婚姻家庭继承法》，中国政法大学出版社 2012 年版，第 181 页。

无子为由将义子立为嗣子,故义子女的地位远较嗣子为低。[1]

二、收养的类型

依据不同的标准,可以对收养进行不同的分类,主要有以下 6 种。

(一)法定收养与事实收养

按照收养是否依法成立,可将收养分为法定收养和事实收养。法定收养,是指依照法律规定的收养实质要件和形式要件成立的收养。法定收养为有效收养;事实收养,是指不具备法律规定的收养的实质要件和形式要件,但已经形成了事实上的父母子女关系的收养。[2] 事实收养在我国原《收养法》实施之前,如收养人与被收养人之间长期以养父母与养子女关系共同生活,实际存在抚养与赡养的客观事实,亲友、群众也公认他们是父母子女关系,且被收养人与生父母的权利义务关系实际上确已消除,即使未办理合法收养手续,原则上也承认事实收养的效力。原《收养法》实施之后,则不再承认事实收养的效力。

(二)共同收养与单独收养

按照收养人数量的不同,可将收养分为共同收养和单独收养。共同收养,是指收养人为二人以上的收养。共同收养仅限于夫妻双方收养子女,非夫妻的二人以上进行收养是为法律所禁止的。单独收养,是指收养人为一人的收养,包括无配偶者收养和已婚夫妇单方收养。无配偶者收养,我国《民法典》第 1102 条有专门的规定。已婚夫妇的单方收养,在我国原《收养法》施行前,夫或妻一方收养子女,对方始终反对的,承认其单独收养的效力。原《收养法》施行后,则明确要求有配偶者收养子女,须夫妻共同收养。《民法典》第 1101 条亦规定:“有配偶者收养子女,应当夫妻共同收养。”

(三)未成年人收养和成年人收养

按照被收养人的年龄,可将收养分为未成年人收养和成年人收养。未成年人收养,是指被收养人为未成年人的收养;成年人收养,是指被收养人为成年人的收养。我国《民法典》规定被收养人须为未成年人,可见我国仅认可未成年人收养,不承认成年人收养。

(四)公开收养与秘密收养

按照收养事实是否保密,可将收养分为公开收养和秘密收养。公开收养,是指收养当事人不要求保守收养秘密的收养;秘密收养,是指收养当事人要求保守收养秘密的收养。我国《民法典》第 1110 条规定:“收养人、送养人要求保守收养秘密的,其他人应当尊重其意愿,不得泄露。”

(五)完全收养与不完全收养

按照收养效力的不同,可将收养分为完全收养和不完全收养。完全收养,是指收养成立后,养子女与其生父母及其近亲属之间的权利义务关系完全消除,仅与养父母及其近亲属之间发生权利义务关系的收养。我国收养为完全收养。不完全收养,是指收养成立后,养子女不但与其养父母及其近亲属发生权利义务的关系,而且与其生父母及其近亲属之间仍保留一定的权利义务关系的收养。

(六)国内收养与涉外收养

按照收养是否含有涉外因素,可将收养分为国内收养和涉外收养。国内收养,是指不含有

---

[1] 参见王歌雅主编:《婚姻家庭继承法学》,中国人民大学出版社 2009 年版,第 145 页。

[2] 参见杨立新主编:《婚姻家庭继承法》,北京师范大学出版社 2010 年版,第 129 页。

涉外因素的收养，即收养当事人为同一国籍且在该国内进行的收养；涉外收养，是指具有涉外因素的收养，即收养当事人属于不同国籍或收养行为超越国境的收养。我国《民法典》第1109条规定，外国人依法可以在我国收养子女。外国人在我国收养子女，应当经其所在国主管机关依照该国法律审查同意。收养人应当提供由其所在国有权机构出具的有关其年龄、婚姻、职业、财产、健康、有无受过刑事处罚等状况的证明材料，该证明材料应当经其所在国外交机关或者外交机关授权的机构认证，并经我国驻该国使领馆认证，但国家另有规定的除外。收养人应与送养人签订书面协议，亲自向省、自治区、直辖市人民政府民政部门登记。

三、我国的收养立法及其基本原则

（一）我国的收养立法

新中国成立后，封建的立嗣被废除。1950年原《婚姻法》（1950年5月1日中央人民政府委员会公布）承认并保护收养关系，该法第13条规定，养父母与养子女相互间的关系，适用父母子女之间的关系。但该法对收养成立的条件、程序及解除等问题，未有规定。

1979年2月2日颁布实施的最高人民法院《关于贯彻执行民事政策法律的意见》（已失效）规定了收养的条件及程序、养父母或生父母中途反悔及养父母和已长大成人的养子女之间因关系恶化或有其他正当理由而要求解除收养关系的处理原则。

1980年9月10日，第五届全国人民代表大会第三次会议通过的原《婚姻法》第20条规定："国家保护合法的收养关系。养父母和养子女间的权利和义务，适用本法对父母子女关系的有关规定。养子女和生父母间的权利和义务，因收养关系的成立而消除。"〔1〕1980年原《婚姻法》明确了收养关系成立后，养子女与养父母、生父母之间权利义务关系的变更，但对收养成立的条件、程序及解除等问题仍未作出具体规定。

1984年9月8日颁布实施的最高人民法院《关于贯彻执行民事政策法律若干问题的意见》（已失效）规定了收养的条件及程序，承认事实收养及收养养孙子女，并就收养的解除及其所产生的人身、经济方面的法律后果作出了相应规定。

由上可知，在相当长的时期内，收养关系是由原《婚姻法》中的原则性规定及司法解释加以调整的。

1991年12月29日，第七届全国人民代表大会常务委员会第二十三次会议通过了新中国第一部调整收养关系的法律，即原《收养法》（1992年4月1日起施行）。该法对规范收养行为，保护合法的收养关系，维护收养当事人的权利发挥了重要的作用。

原《收养法》实施后，其存在的一些问题逐渐显现，主要表现在：收养条件规定过严，因收养难导致事实收养形成；收养程序不统一等。为此，修正原《收养法》就显得十分必要。1998年11月4日，第九届全国人民代表大会常务委员会第五次会议通过了《关于修改〈中华人民共和国收养法〉的决定》。修正后的原《收养法》，主要涉及两方面的内容：一是适当放宽收养条件；二是统一收养的程序。修正后的原《收养法》分别规定了总则、收养关系的成立、收养的效力、收养关系的解除、法律责任及附则共六章内容，计34条。修正后的原《收养法》自1999年4月1日起施行。

《民法典》将收养置于婚姻家庭编的第五章：从体例结构上，删除了原《收养法》第一章总

---

〔1〕 2001年4月28日，第九届全国人民代表大会常务委员会第二十一次会议通过了《关于修改〈中华人民共和国婚姻法〉的决定》，该条款内容在修正后的原《婚姻法》中为第26条。

则、第五章法律责任、第六章附则，将原《收养法》其余 3 章，即“收养关系的成立”“收养的效力”“收养关系的解除”编纂至《民法典》婚姻家庭编第五章收养下设的同名 3 节，计 26 条。从内容上，为与国家计划生育政策调整相协调，删除了原《收养法》第 3 条“收养不得违背计划生育的法律、法规”、第 19 条“送养人不得以送养子女为理由违反计划生育的规定再生育子女”的规定；修改完善了收养人收养的条件；扩大了被收养人的范围；放宽了收养人数的限制；新增了收养评估程序等。《民法典》自 2021 年 1 月 1 日起施行的同时，原《收养法》废止。

此外，国务院所属有关部门针对收养问题所制定的规范性文件，以及最高人民法院关于收养问题的司法解释、我国缔结或参加的有关解决收养关系法律冲突的国际条约等，都是我国收养立法的表现形式。

（二）收养的基本原则

《民法典》第 1044 条规定了收养的基本原则，即“收养应当遵循最有利于被收养人的原则，保障被收养人和收养人的合法权益。禁止借收养名义买卖未成年人”。结合《民法典》总则编第 4 条“民事主体在民事活动中的法律地位一律平等”、第 5 条“民事主体从事民事活动，应当遵循自愿原则，按照自己的意思设立、变更、终止民事法律关系”、第 8 条“民事主体从事民事活动，不得违反法律，不得违背公序良俗”之规定，收养的基本原则可归纳为以下四项基本原则。

1. 最有利于被收养人的原则[1]

保障未成年人的健康成长是实行收养制度的首要目的，也是世界各国收养立法的共识。1989 年 11 月 20 日联合国大会通过的《儿童权利公约》第 21 条规定：“凡承认和（或）许可收养制度的国家应确保以儿童的最大利益为首要考虑。”我国于 1991 年 12 月 29 日经第七届全国人民代表大会常务委员会第二十三次会议批准加入该公约。

收养的首要目的就是使被收养的未成年人能够在收养人的抚育下健康成长。《民法典》第 1044 条第 1 款明确规定收养应当遵循最有利于被收养人的原则，第 2 款从反面禁止借收养名义买卖未成年人。《民法典》有关收养成立的条件规定以及收养解除的某些规定等，均体现了最有利于被收养人的原则。

2. 保障被收养人和收养人合法权益的原则[2]

收养在收养人与被收养人之间产生拟制的血亲关系，关乎被收养人和收养人双方的利益，因此，收养自当保障双方的利益得到实现。

3. 平等自愿的原则

收养是法律行为，必须在平等的基础上进行，不允许任何一方享有超越法律的特权。任何一方的合法权益受到侵害时，都有权请求法律保护。收养是身份法律行为，具有浓厚的感情色彩，须各方在自愿的基础上进行协商，任何一方不得将自己的意志强加于他人。

4. 不得违背公序良俗的原则

收养不仅关系收养当事人的利益，还直接涉及社会公共利益和善良风俗，因此，有必要从

---

〔1〕 收养制度因时代之变迁而所附目的各有不同，可分为三阶段。第一期可谓“为家之收养”，即为家族法上血统之继续而收养；及至第二期，家族或宗族制度衰微，血统继续之观念减弱，于是为娱慰晚景或增加亲方劳力而收养，可称为“为亲之收养”；第三期形态，为“为子女之收养”，其形成以第一次世界大战及第二次世界大战为契机。因两次世界大战后的社会产生多数孤儿及非婚生子女，而为予此等无依无靠之子女以家庭及父母，实为新收养法之根本理想。参见史尚宽：《亲属法论》，中国政法大学出版社 2000 年版，第 585 页。

〔2〕 收养虽以子女利益为重，但也要保障收养人的利益，即为亲之目的实际并存。

维护公序良俗的立场,对收养行为加以制约。比如,无配偶者收养异性子女须有法定年龄的限制,就是该原则的具体体现。

第二节 收养关系的成立

收养关系的成立,是指收养当事人按照《民法典》婚姻家庭编第五章第一节规定的条件和程序设立收养关系。收养只有符合法律规定的条件,履行法定程序才能发生法律效力。

一、收养关系成立的条件

收养关系成立的条件,是指收养成立必须满足的实质要件。《民法典》婚姻家庭编第五章第一节分别从被收养人、送养人和收养人应具备的条件以及收养合意四个方面对一般情形下收养关系成立的条件进行了规定,可称为一般收养关系成立的条件。针对某些特殊的情形,《民法典》对其收养关系的成立作出了特别规定,可称为特殊收养关系成立的条件。

(一)一般收养关系成立的条件

1. 被收养人的条件

《民法典》第1093条规定,下列未成年人,可以被收养:

(1)丧失父母的孤儿。孤儿,是指其父母死亡或人民法院宣告其父母死亡的未成年人。

(2)查找不到生父母的未成年人。作为被收养人的未成年人,应以查找不到生父母为要件。

(3)生父母有特殊困难无力抚养的子女。具体判断生父母是否有特殊困难无力抚养子女,应根据当事人的具体情况具体认定。比如,生父母没有经济负担能力,或患有严重疾病等无法或不宜抚养子女的,可视为生父母有特殊困难无力抚养子女。

关于被收养人的年龄,原《收养法》将其限定于不满14周岁的未成年人,《民法典》删除了这一限制,规定符合条件的未成年人均可被收养,使被收养人的范围扩大了。

2. 送养人的条件

《民法典》第1094条规定,下列个人、组织可以作送养人:

(1)孤儿的监护人。依据《民法典》第27条的规定,孤儿的监护人由下列有监护能力的人按顺序担任:祖父母、外祖父母;兄、姐;其他愿意担任监护人的个人或者组织,但是须经孤儿住所地的居民委员会、村民委员会或者民政部门同意。对担任监护人有争议的,依据《民法典》第31条之规定,由孤儿住所地的居民委员会、村民委员会或者民政部门指定监护人。有关当事人对指定不服的,可以向人民法院申请指定监护人;有关当事人也可以直接向人民法院申请指定监护人。居民委员会、村民委员会、民政部门或者人民法院应当尊重被监护孤儿的真实意愿,按照最有利于孤儿的原则在依法具有监护资格的人中指定监护人。没有依法具有监护资格的人的,依据《民法典》第32条的规定,由民政部门担任监护人,也可以由具备履行监护职责条件的孤儿住所地的居民委员会、村民委员会担任。

为了保护孤儿的合法权益,《民法典》第1096条对监护人送养孤儿作了必要的限制性规定,即“监护人送养孤儿的,应当征得有抚养义务的人同意。有抚养义务的人不同意送养、监护人不愿意继续履行监护职责的，应当依照本法第一编的规定另行确定监护人”。有抚养义务的人，是指有负担能力的祖父母、外祖父母及兄、姐。

(2)儿童福利机构。儿童福利机构，是指民政部门设立的，主要收留抚养由民政部门担任监护人的未满18周岁儿童的机构。儿童福利机构包括按照事业单位法人登记的儿童福利院、设有儿童部的社会福利院等。[1] 依据《儿童福利机构管理办法》第9条的规定，儿童福利机构应当收留抚养下列儿童：无法查明父母或者其他监护人的儿童；父母死亡或者宣告失踪且没有其他依法具有监护资格的人的儿童；父母没有监护能力且没有其他依法具有监护资格的人的儿童；人民法院指定由民政部门担任监护人的儿童；法律规定应当由民政部门担任监护人的其他儿童。儿童福利机构对于符合条件、适合送养的儿童，依法安排送养。

(3)有特殊困难无力抚养子女的生父母。生父母作为送养人，除必须具备有特殊困难无力抚养子女这一条件外，还须符合以下几点：其一，生父母送养子女，应当双方共同送养。因子女是生父母双方的子女，自当取得双方的同意，即使父母离婚，子女随一方生活，也须征得另一方的同意。只有在客观上无法共同送养的，即生父母一方不明或者查找不到的，才可以单方送养。其二，生父母一方死亡，另一方送养未成年子女的，死亡一方的父母有优先抚养的权利。如果死亡一方的父母，即未成年子女的祖父母、外祖父母，有抚养孙子女、外孙子女的能力和意愿，法律自然赋予其优先抚养的权利。在这种情况下，“死亡一方的父母有优先抚养的权利”构成送养的法定障碍，生父母另一方不得将未成年子女送养。此外，未成年人的父母均不具备完全民事行为能力的，该未成年人的监护人不得将其送养，除非未成年人的父母可能严重危害该未成年人的，该未成年人的监护人才可以将其送养。

3. 收养人的条件

《民法典》第1098条规定，收养人应当同时具备下列条件：

(1)无子女或者只有一名子女。《民法典》较之原《收养法》，将收养人无子女的条件修改为收养人无子女或者只有一名子女，这是根据计划生育政策的变化而放宽了收养条件。收养是生育制度的补充，无子女或者只有一名子女会产生收养的要求。无子女包括未婚者无子女、已婚者无子女。已婚者无子女包括因欠缺生育能力不能生育或不愿生育或子女死亡等各种情形。无子女或者只有一名子女的“子女”包括婚生子女、非婚生子女及拟制血亲的子女。

(2)有抚养、教育和保护被收养人的能力。收养的基本原则之一，就是应当遵循最有利于被收养人的原则，这就必然要求收养人应具有抚养、教育和保护被收养人的能力。收养人有抚养、教育和保护被收养人的能力，既包括有抚养被收养人的经济负担能力，也包括具有良好道德品质以及教育和保护被收养人的能力。

(3)未患有在医学上认为不应当收养子女的疾病。这里所说的“疾病”，是指影响被收养人身体健康及人身安全的传染性疾病、精神性疾病或其他严重疾病。这是对收养人应具有的身体上能力的要求。

(4)无不利于被收养人健康成长的违法犯罪记录。《民法典》将此纳入收养人应同时具备的条件中，是为了进一步强化对被收养人利益的保护，也是最有利于被收养人原则的一个具体体现。

---

[1] 参见民政部《儿童福利机构管理办法》(2019年1月1日起施行)第2条。

(5)年满30周岁。收养是为了在收养人与被收养人之间产生父母子女的关系,因此,收养人的年龄不宜过低。《民法典》对收养人年龄上的最低要求为30周岁,是对无配偶者或有配偶者双方的共同要求,有配偶者须双方均年满30周岁。

关于收养人的条件,我国《民法典》还有下列限制:一是有配偶者收养子女,应当夫妻共同收养。这一规定有利于收养关系的稳定,使养子女能够在养父母双方的抚养、教育和保护下健康成长。二是收养子女人数的限制。《民法典》第1100条较之原《收养法》,将收养人只能收养一名子女的限制修改为无子女的收养人可以收养两名子女,有子女的收养人只能收养一名子女。也就是说,除法律另有规定外,收养人最多可以收养两名子女,即《民法典》放宽了收养人数的限制。三是无配偶者收养异性子女的,收养人与被收养人的年龄应当相差40周岁以上。这是基于伦理道德的考量,《民法典》第1102条特别作出的规定,但无配偶的女性收养女性或无配偶的男性收养男性,则不受年龄相差40周岁以上的限制。

4. 当事人的收养合意

收养行为是法律行为,须当事人就收养的意思表示达成一致。按照《民法典》第1104条的规定,当事人收养的合意包括两方面的要求:

(1)收养人收养与送养人送养应当双方自愿。收养人一方自愿,是指在无配偶者收养子女时,为无配偶者自愿;有配偶者收养子女时,须配偶双方自愿。送养人一方自愿,是指孤儿的监护人、儿童福利机构及送养子女的生父母双方自愿。生父母一方不明或者查找不到的,为生父母一方自愿。收养人收养与送养人送养,须双方在自愿的基础上达成合意。

(2)收养8周岁以上未成年人的,应当征得被收养人的同意。8周岁以上的未成年人是限制民事行为能力人,具有一定的识别能力或行为能力,可以实施与其年龄、智力相适应的民事法律行为。收养是确定身份关系的法律行为,其法律后果直接发生在被收养人身上,因此,是否愿意被收养,应当征求被收养人意见。若被收养人不同意,则会构成收养合意的法律障碍,即使收养人与送养人双方同意,收养仍不能成立。

(二)特殊收养关系成立的条件

《民法典》婚姻家庭编第五章第一节除规定一般收养关系成立的条件外,还针对一些特殊情形作出了适当放宽收养成立条件的规定。

1. 收养三代以内旁系同辈血亲的子女

新中国成立后,虽然废除了封建的立嗣制度,但在民间收养兄弟姐妹、堂兄弟姐妹、表兄弟姐妹的子女为自己子女的情况依然存在。为了照顾民间亲属间收养的实际需要,《民法典》对收养三代以内旁系同辈血亲的子女,在收养关系成立的条件上予以放宽。放宽的条件为:其一,生父母无特殊困难且有能力抚养的子女,可以作为被收养人;其二,生父母无特殊困难且有能力抚养子女,可作为送养人;其三,无配偶者收养异性子女的,不受收养人与被收养人的年龄应当相差40周岁以上的限制。华侨收养三代以内旁系同辈血亲的子女,还可以不受收养人无子女或者只有一名子女的限制。

2. 收养孤儿、残疾未成年人或者儿童福利机构抚养的查找不到生父母的未成年人

收养孤儿、残疾未成年人或者儿童福利机构抚养的查找不到生父母的未成年人,有利于其在养父母的抚养、教育和保护下健康成长,法律放宽收养的条件,既是出于保护孤儿、残疾未成年人或者查找不到生父母未成年人的需要,也是对此类收养行为的鼓励。依据《民法典》第

1100 条第 2 款的规定,放宽的条件为:其一,不受收养人无子女或者只有一名子女的限制;其二,不受收养人数的限制。如收养人确实具有抚养、教育和保护被收养人的能力,自不以收养一名或者二名为限,但收养人拟收养多名时,须满足收养人应同时具备的其他条件,否则无益于被收养人的健康成长。

3. 继父母收养继子女

为了增进家庭的和谐与稳定,有些继父或继母愿意收养继子女,将继父或继母与继子女的关系变成养父或养母与养子女的关系,进而消除继子女与继父母及生父母之间双重的权利义务关系,为此,《民法典》第 1103 条以法律的形式肯定了这一做法,规定继父或者继母经继子女的生父母同意,可以收养继子女,同时对收养的条件予以放宽。放宽的条件为:其一,生父母无特殊困难且有能力抚养的子女,可以作为被收养人;其二,生父母无特殊困难且有能力抚养子女,可作为送养人;其三,不受收养人应同时具备条件的限制,即不受无子女或者只有一名子女,有抚养、教育和保护被收养人的能力,未患有在医学上认为不应当收养子女的疾病,无不利于被收养人健康成长的违法犯罪记录,年满 30 周岁的限制;其四,不受无子女的收养人可以收养两名子女,有子女的收养人只能收养一名子女的限制。

二、收养关系成立的程序

收养关系成立的程序,是指为确保收养关系的合法性和稳定性,收养关系成立必须履行一定的法律手续,此为收养关系成立的形式要件。

《民法典》规定的收养程序为收养登记,收养登记是收养关系成立的法定程序。1999 年 5 月 25 日民政部发布施行、根据 2019 年 3 月 2 日国务院《关于修改部分行政法规的决定》修订、根据 2023 年 7 月 20 日国务院《关于修改和废止部分行政法规的决定》修订的《中国公民收养子女登记办法》,就收养登记的具体程序作出了专门规定。

(一)收养登记

1. 收养登记机关

《民法典》第 1105 条第 1 款规定,收养应当向县级以上人民政府民政部门登记。具体登记机关,依据《中国公民收养子女登记办法》第 4 条的规定,为:(1)收养社会福利机构[1]抚养的查找不到生父母的弃婴、儿童和孤儿[2]的,在社会福利机构所在地的收养登记机关办理登记;(2)收养非社会福利机构抚养的查找不到生父母的弃婴和儿童的,在弃婴和儿童发现地的收养登记机关办理登记;(3)收养生父母有特殊困难无力抚养的子女或者由监护人监护的孤儿的,在被收养人生父母或者监护人常住户口所在地(组织作监护人的,在该组织所在地)的收养登记机关办理登记;(4)收养三代以内旁系同辈血亲的子女,以及继父或者继母收养继子女的,在被收养人生父或者生母常住户口所在地的收养登记机关办理登记。

2. 收养登记的程序

收养登记的程序包括申请、审查和登记 3 个步骤。

(1)申请。收养关系当事人应当亲自到收养登记机关办理成立收养关系的登记手续,向收养登记机关提交收养申请书,以及应当提交的证件、证明材料。夫妻共同收养子女的,应当共同到收养登记机关办理登记手续;一方因故不能亲自前往的,应当书面委托另一方办理登记手

---

〔1〕 依据《民法典》为儿童福利机构。

〔2〕 依据《民法典》为查找不到生父母的未成年人。

续,委托书应当经过村民委员会或者居民委员会证明或者经过公证。

(2)审查。收养登记机关收到收养登记申请书及有关材料后,应当自次日起30日内进行审查。审查的内容包括收养当事人的条件是否符合法律规定,提交的证件、证明材料是否齐备,收养当事人的意思表示是否真实等。对收养人出具的子女情况声明、送养人有特殊困难的声明,登记机关可以进行调查核实。《民法典》第1105条第2款规定,收养查找不到生父母的未成年人的,办理登记的民政部门应当在登记前予以公告。公告期间不计算在登记办理期限内。

(3)登记。经审查,收养登记机关对符合法律规定条件的,为当事人办理收养登记,发给收养登记证,收养关系自登记之日起成立;对不符合法律规定条件的,不予登记,并对当事人说明理由。

收养关系成立后,公安机关应当按照国家有关规定为被收养人办理户口登记。

(二)收养协议与收养公证

1. 收养协议

《民法典》第1105条第3款规定:"收养关系当事人愿意签订收养协议的,可以签订收养协议。"据此,收养协议是出于当事人的意愿进行的程序,签订收养协议不是收养成立的必经程序,也不具有强制性。收养协议自收养当事人签订之日起生效。

2. 收养公证

《民法典》第1105条第4款规定:"收养关系当事人各方或者一方要求办理收养公证的,应当办理收养公证。"收养公证属于可选择性程序,只有在收养关系当事人各方或一方要求办理时,才应当办理,收养公证亦不是收养成立的必经程序。

(三)收养评估

收养评估系《民法典》新增程序。《民法典》第1105条第5款规定,"县级以上人民政府民政部门应当依法进行收养评估"。

所谓收养评估,是指民政部门对收养申请人是否具备抚养、教育和保护被收养人的能力进行调查、评估,并出具评估报告的专业服务行为。[1] 民政部为了加强收养登记管理,规范收养评估工作,保障被收养人的合法权益,于2020年12月30日发布《收养评估办法(试行)》(2021年1月1日起施行)。依照《收养评估办法(试行)》的规定,中国内地(大陆)居民在中国境内收养子女的,按照《收养评估办法(试行)》进行收养评估。但是,收养继子女的除外。华侨以及居住在中国香港特别行政区、澳门特别行政区、台湾地区的中国公民申请收养的,当地有权机构已经作出收养评估报告的,民政部门可以不再重复开展收养评估。没有收养评估报告的,民政部门可以依据当地有权机构出具的相关证明材料,对收养申请人进行收养评估。外国人申请收养的,收养评估按照有关法律法规规定执行。

收养评估应当遵循最有利于被收养人的原则,独立、客观、公正地对收养申请人进行评估,依法保护个人信息和隐私。

民政部门进行收养评估,可以自行组织,也可以委托第三方机构开展。委托第三方机构开展收养评估的,民政部门应当与受委托的第三方机构签订委托协议。民政部门自行组织开展

---

〔1〕 参见《收养评估办法(试行)》第3条。

收养评估的,应当组建收养评估小组。收养评估小组应有 2 名以上熟悉收养相关法律法规和政策的在编人员。评估人员、受委托的第三方机构与收养申请人、送养人有利害关系的,应当回避。开展收养评估不得收取任何费用。

收养评估内容包括收养申请人以下情况:收养动机、道德品行、受教育程度、健康状况、经济及住房条件、婚姻家庭关系、共同生活家庭成员意见、抚育计划、邻里关系、社区环境、与被收养人融合情况等。收养申请人与被收养人融合的时间不少于 30 日。收养评估流程包括书面告知、评估准备、实施评估、出具评估报告。

收养评估期间,收养评估小组或者受委托的第三方机构发现收养申请人及其共同生活家庭成员有下列情形之一的,应当向民政部门报告:一是弄虚作假,伪造、变造相关材料或者隐瞒相关事实的;二是参加非法组织、邪教组织的;三是买卖、性侵、虐待或者遗弃、非法送养未成年人及其他侵犯未成年人身心健康的;四是有持续性、经常性的家庭暴力的;五是有故意犯罪行为,判处或者可能判处有期徒刑以上刑罚的;六是患有精神类疾病、传染性疾病、重度残疾或者智力残疾、重大疾病的;七是存在吸毒、酗酒、赌博、嫖娼等恶习的;八是故意或者过失导致正与其进行融合的未成年人受到侵害或者面临其他危险情形的;九是有其他不利于未成年人身心健康行为的。存在故意或者过失导致正与其进行融合的未成年人受到侵害或者面临其他危险情形的,民政部门应当立即向公安机关报案。

收养评估报告应当在收养申请人确认同意进行收养评估之日起 60 日内作出。收养评估期间不计入收养登记办理期限。收养评估报告应当作为民政部门办理收养登记的参考依据。

疑难问题论争 试养期与收养后回访

所谓试养期制度,是指收养之前,预期的养父母与被收养人一起共同生活一段时间后才允许成立收养关系的制度。有学者认为,收养评估制度无法替代试养期,基于有利于民政部门充分审查收养关系是否符合被收养人最大利益、维持收养关系的稳定,避免被收养人受到"二次伤害",以及有利于跨国收养中被收养人的保护等理由,我国可以考虑设置试养期制度。[1] 有学者就我国涉外收养也提出应建立试养期制度,并在立法与司法实践中完善跨国收养的跟踪机制,为养子女营造和谐的家庭生活环境,但在我国由于资金、机构、人员配置方面的不足,还将有很长的一段路要走。[2] 我国《民法典》未规定试养期制度,但新增了收养评估程序。民政部《收养评估办法(试行)》已将收养申请人与被收养人的融合情况纳入收养评估内容,并规定收养申请人与被收养人融合的时间不少于 30 日。

关于收养后回访,是指收养登记办理后,对收养人与被收养人共同生活的情况进行的评估。《民法典》及《收养评估办法(试行)》均未涉及收养后回访,但已有省市的民政部门就收养后回访作出了相应的规定。例如,《云南省收养评估实施细则(试行)》(2021 年 6 月 2 日施行)第五章用 3 个条文专门规定"收养后回访",其于第 15 条规定:"民政部门办理收养登记时,应征求收养人回访意见。收养人同意的,与其签订《收养后回访协议》。"第 16 条、第 17 条规定,

---

[1] 参见周友军:《我国民法典编纂中收养制度的完善》,载《广东社会科学》2019 年第 4 期。

[2] 参见蒋新苗、张融:《我国涉外收养立法研究——湖南师范大学博士生导师蒋新苗教授访谈》,载《社会科学家》2018 年第 4 期。

收养后回访可以由民政部门自行组织，也可以委托第三方机构开展。送养人可以参与收养后回访。回访可采取电话、视频、走访等形式，对被收养人融入家庭情况和生活成长情况进行了解，并提供必要的专业支持和心理辅导。完成回访后，出具《收养后回访报告》，交民政部门备案存档。评估机构发现收养人不履行抚养义务，有虐待、遗弃被收养人，或有其他侵害其合法权益的行为，应当及时告知民政部门或送养人，民政部门应当按照法律法规规定，依法履行职责，采取有效措施，切实维护被收养人合法权益。又如，《北京市收养评估实施细则》（2021 年 12 月 1 日起实施）第 9 条规定，办理收养登记满一年后，各区民政部门征求收养人回访意见，进行一次回访评估，了解被收养人进入家庭后生活成长情况，形成《北京市收养家庭回访报告》。此外，《北京市收养评估实施细则》第六章还用 2 个条文专门规定了"收养后回访"。[1] 至于收养后回访将面临哪些困难或障碍等尚待进一步研究。

第三节　收养的效力

收养的效力，是指收养关系成立后所引起的法律后果。按照《民法典》关于收养效力的规定，可将收养的效力分为收养的拟制效力与收养的解消效力。另外，《民法典》还对无效收养行为及其后果作出了规定。

一、收养的拟制效力

收养的拟制效力，亦可称为收养的积极效力，是指收养依法在被收养人与收养人及其近亲属之间创设新的亲属关系及其权利义务关系的效力。

（一）对养子女与养父母的拟制效力

《民法典》第 1111 条第 1 款规定，"自收养关系成立之日起，养父母与养子女间的权利义务关系，适用本法关于父母子女关系的规定……"。

收养成立，即在养父母与养子女之间产生与父母子女之间相同的权利和义务。《民法典》有关父母对子女的抚养教育及保护、成年子女对父母的赡养义务以及父母和子女有相互继承遗产的权利等规定，均适用于养父母与养子女。

关于养子女的姓氏，《民法典》第 1112 条规定，养子女可以随养父或者养母的姓氏，经当事人协商一致，也可以保留原姓氏。法律并没有规定养子女必须改姓养父或养母的姓氏。

（二）对养子女与养父母近亲属间的拟制效力

《民法典》第 1111 条第 1 款规定，"……养子女与养父母的近亲属间的权利义务关系，适用本法关于子女与父母的近亲属关系的规定"。养子女与养父母近亲属之间存在权利义务关系的范围，包括养子女与养父母的父母产生养祖孙关系，适用法律关于祖孙之间权利义务之规定；养子女与养父母的其他子女之间产生养兄弟姐妹关系，适用法律关于兄弟姐妹之间权利义务的规定。

关于养子女的晚辈直系血亲与养父母间的权利义务关系，《民法典》虽未有规定，但依据法理和民间习惯，应当肯定养子女的晚辈直系血亲与养父母产生祖孙之间的权利义务关系。对

---

〔1〕 参见《北京市收养评估实施细则》第 19 条、第 20 条。

此,《民法典继承编解释(一)》第 15 条业已予以认可,即被继承人的养子女的生子女可以代位继承;被继承人养子女的养子女可以代位继承。

二、收养的解消效力

收养的解消效力,亦可称为收养的消极效力,是指收养依法消灭被收养人与生父母及其近亲属之间的身份关系及其权利义务关系的效力。《民法典》第 1111 条第 2 款规定:“养子女与生父母以及其他近亲属间的权利义务关系,因收养关系的成立而消除。”《民法典》采完全收养的立场,不承认不完全收养。

(一)对养子女与生父母的解消效力

收养关系成立后,养子女与生父母之间不仅消灭身份关系,而且他们之间的权利义务关系同时消除。

(二)对养子女与生父母近亲属间的解消效力

养子女与生父母近亲属间的权利义务关系,因收养关系的成立而消除。养子女被收养后,与生父母的父母不再具有祖孙之间的权利义务关系;与生父母其他子女之间,亦不再具有兄弟姐妹之间的权利义务关系。

应当注意的是,收养的解消效力,仅仅是消除了养子女与生父母以及其他近亲属之间法律意义上的权利义务关系,养子女与生父母以及其他近亲属之间基于血缘而形成的自然血亲关系不能通过人为手段加以改变,因此,《民法典》有关直系血亲或者三代以内的旁系血亲禁止结婚的规定仍然适用。

三、无效收养

《民法典》在肯定合法有效收养的同时,亦对无效收养作出了规定。

(一)无效收养的概念及原因

1. 无效收养的概念

无效收养,是指欠缺收养成立的法定有效条件,因而不能产生收养法律效力的收养行为。

收养行为为民事法律行为,民事法律行为分无效民事法律行为与可撤销的民事法律行为。我国《民法典》未区分无效收养行为与可撤销收养行为,仅规定单一的无效收养行为。

2. 无效收养的原因

《民法典》第 1113 条第 1 款规定,有《民法典》第一编关于民事法律行为无效规定情形或者违反第五编规定的收养行为无效。据此,无效收养的原因:一是有民事法律行为无效规定的情形;二是违反收养关系成立条件和程序的规定。收养行为有效抑或是无效,是以《民法典》关于民事法律行为的有效要件和无效情形,以及关于收养成立条件和程序的规定为判断的依据的。

(二)确认无效收养的程序及后果

1. 确认无效收养的程序

确认无效收养的程序有两种:一是人民法院以诉讼程序确认收养无效;二是收养登记机关依行政程序确认收养无效。《中国公民收养子女登记办法》对收养无效的行政程序作出了规定。依据《中国公民收养子女登记办法》第 13 条的规定,收养关系当事人弄虚作假骗取收养登记的,收养关系无效,由收养登记机关撤销登记,收缴收养登记证。

2. 收养无效的后果

《民法典》第 1113 条第 2 款规定,无效的收养行为自始没有法律约束力。收养行为被人民法院确认无效的,从行为开始时起就没有法律约束力,亦即在收养当事人之间不产生收养的拟制效力和解消效力。同样地,收养行为经收养登记机关依行政程序确认无效的,亦自始无效。

第四节　收养关系的解除

收养关系的解除,是指收养发生法律效力之后,因出现重大事由致使收养关系无法维持的,收养关系可通过法定程序予以解除。

当代各国对收养关系的解除有不同的立法例。有些国家采禁止主义或部分禁止主义,有些国家采许可主义。[1] 我国《民法典》婚姻家庭编第五章第三节专门规定"收养关系的解除",表明立法认可收养关系作为法律拟制的亲属关系,可以通过法律行为依法设立,当然也可以在收养关系难以维系等情形出现时经由一定的法律程序予以解除。

收养关系的解除不同于无效收养。收养关系的解除主要是在收养期间出现了难以继续收养关系的重大事由,通过法定程序解除收养关系,自解除之时消灭养子女与养父母及其他近亲属之间的权利义务关系;而无效收养则是违反了收养成立的条件及程序规定,或者有民事法律行为无效规定情形而自始无效,人民法院或收养登记机关确认收养无效的效力溯及既往。

一、收养关系解除的程序

依据当事人对收养解除是否达成一致,《民法典》规定了两种不同的解除方式,即协议解除和诉讼解除。

(一)协议解除

收养关系成立后,在被收养人成年之前,收养人和送养人可通过协议解除收养关系;在被收养人成年之后,收养人与被收养人亦可通过协议解除收养关系。夫妻共同收养的,解除收养关系亦须夫妻共同解除。

1. 协议解除的条件

(1)被收养人成年以前,协议解除须收养人和送养人就收养的解除达成合意。为维护收养当事人特别是未成年被收养人的利益,《民法典》第1114条第1款特别规定收养人在被收养人成年以前,不得解除收养关系,但是收养人、送养人双方协议解除收养关系的,法律亦无禁止之必要,自当尊重收养人与送养人解除收养的真实意愿,由收养人与送养人协议解除收养关系。如果养子女8周岁以上的,应当征得本人同意。

(2)被收养人成年之后,协议解除收养关系须收养人和被收养人就收养的解除达成合意。如养父母与成年养子女关系恶化、无法共同生活的,养父母与成年养子女就解除收养的意思表示一致时,可以协议解除收养关系。

协议解除收养关系,当事人除就解除收养关系达成合意外,还应根据具体情况就解除收养关系所涉及的有关财产和生活等问题达成协议。

---

[1] 参见马忆南编著:《婚姻家庭继承法学》,北京大学出版社2007年版,第202页。

2. 协议解除的程序

《民法典》第 1116 条规定，当事人协议解除收养关系的，应当到民政部门办理解除收养关系登记。《中国公民收养子女登记办法》第 10 条、第 11 条对登记的具体程序作出了规定，即收养关系当事人协议解除收养关系的，应当持居民户口簿、居民身份证、收养登记证和解除收养关系的书面协议，共同到被收养人常住户口所在地的收养登记机关办理解除收养关系登记。收养登记机关收到解除收养关系登记申请书及有关材料后，应当自次日起 30 日内进行审查；对符合《民法典》规定的，为当事人办理解除收养关系的登记，收回收养登记证，发给解除收养关系证明。

（二）诉讼解除

收养当事人就解除收养关系不能达成协议时，收养人、送养人以及成年的被收养人均可向人民法院起诉，通过诉讼方式由人民法院裁决是否解除收养关系。

1. 诉讼解除的条件

依据《民法典》第 1114 条第 2 款、第 1115 条之规定，诉讼解除收养关系的条件为：

（1）收养人不履行抚养义务，有虐待、遗弃等侵害未成年养子女合法权益行为的，送养人有权要求解除养父母与养子女间的收养关系。送养人、收养人不能达成解除收养关系协议的，可以向人民法院提起诉讼。

（2）养父母与成年养子女关系恶化、无法共同生活的，养父母和成年养子女不能达成解除收养关系协议的，双方均可以向人民法院提起诉讼解除收养关系。

2. 诉讼解除的程序

诉讼解除收养关系，应依据《民事诉讼法》的规定，向有管辖权的人民法院提起民事诉讼。人民法院审理解除收养关系的案件，应查明解除收养关系的事实和理由，依据《民法典》的有关规定，作出准予解除或不准解除的判决。在一般情况下，因送养人反悔主张解除收养关系的，人民法院应从保护合法收养关系的原则出发，驳回送养人的诉讼请求；如果因收养人不履行抚养义务，有虐待、遗弃等侵害未成年养子女合法权益行为，人民法院应判决解除收养关系。被收养人成年后，如养父母与养子女关系尚未恶化到无法共同生活的程度，应着重调解和好；如双方关系恶化，致使无法共同生活，人民法院应判决准予解除收养关系。

二、收养关系解除的后果

（一）拟制血亲关系的消除

《民法典》第 1117 条规定，收养关系解除后，养子女与养父母以及其他近亲属间的权利义务关系即行消除。

收养关系解除的直接后果是养父母与养子女之间的拟制血亲关系消除，双方不再具有父母子女之间的权利义务关系；同时，养子女与养父母近亲属之间的权利义务关系亦随之消除。

（二）自然血亲关系的恢复

收养关系解除后，被收养人与生父母以及其他近亲属间的权利义务关系是否恢复，《民法典》第 1117 条根据被收养人是否成年分别作出了规定，即未成年的养子女与生父母以及其他近亲属间的权利义务关系自行恢复；成年养子女与生父母以及其他近亲属间的权利义务关系是否恢复，可以协商确定。如成年养子女与生父母协商确定恢复父母子女之间的权利义务关系，则该子女与生父母以及其他近亲属之间的权利义务关系随之恢复，如成年养子女与生父母协商不成,则不予恢复。

(三)其他效力

为保护收养人的利益,妥善解决收养关系解除后的善后事宜,《民法典》第1118条规定了收养关系解除后成年养子女的生活费给付义务及养父母的补偿请求权。

1. 成年养子女的生活费给付义务

收养关系解除后,经养父母抚养的成年养子女,对缺乏劳动能力又缺乏生活来源的养父母,应当给付生活费。关于生活费的具体数额,应根据养父母的实际需要和成年养子女的负担能力酌情确定。

2. 养父母的补偿请求权

因养子女成年后虐待、遗弃养父母而解除收养关系的,养父母可以要求养子女补偿收养期间支出的抚养费。养父母行使这一权利,不受其是否存在"缺乏劳动能力又缺乏生活来源"情形的限制。生父母要求解除收养关系的,养父母可以要求生父母适当补偿收养期间支出的抚养费,但是,因养父母虐待、遗弃养子女而解除收养关系的除外。

抚养费的具体数额,可根据养子女在收养期间的实际花费、生父母的经济能力和当地的生活水平酌情确定。

收养关系解除后,如送养人与收养人、成年的养子女与收养人自愿恢复收养关系,应当准许。恢复收养关系的程序应与建立新的收养关系的程序一样。关于收养关系的恢复,《民法典》并无规定。

案例分析

刘某(男)与史某(女)于2015年结婚,2016年育有一子刘某某。婚后因刘某赌博屡教不改,史某与刘某于2018年离婚,刘某某由史某抚养。史某的姐姐见史某带着刘某某生活困难,刘某又不支付刘某某的生活费,亦很少探视刘某某,于是提出收养刘某某。2019年5月,史某与其姐姐及姐夫签订了收养协议,并就收养协议进行了公证。后刘某父母知道后,立即让刘某找到史某的姐姐和姐夫,提出刘某某是刘家的"独苗",要把刘某某领回家由刘某自己抚养。史某的姐姐与姐夫以签订了收养协议和办理了收养公证予以拒绝。

问题:本案收养行为是否有效,为什么?

分析:收养的成立须符合法律规定的实质要件和形式要件。本案中,史某未征得刘某同意,单方将刘某某送养,违反生父母送养子女须双方共同送养之规定;史某的姐姐和姐夫虽与史某签订了收养协议,并就收养协议进行了收养公证,但收养协议、收养公证并不具有强制性,亦非收养成立的法定程序,因而本案收养不成立。

思考题

1. 收养的成立应当具备哪些实质要件?

2. 随着老龄化时代的到来,为解决老有所养及老年人心里孤单问题,《收养法(修订草案)》曾规定:"无配偶的人年满55周岁无子女或者夫妻双方均年满55周岁无子女的,可以收养1名14周岁以上的子女;但是,被收养人与收养人年龄应当相差25周岁以上。"修正后的原《收养法》

最终未采纳该条，因为“收养法是解决被收养的未成年人的抚养、成长的问题，至于收养成年人养老的问题，其收养目的和条件等与收养法都不相同”。[1]《民法典》亦未规定成年人收养。你认为在我国有设立收养成年人制度的必要吗？其利弊何在？

3.《民法典》规定了完全收养制度，但在现实生活中，存在被收养人未与其生父母完全断绝关系的情形，你认为在立法上应否确立不完全收养制度？为什么？

4. 收养关系解除的条件及后果有哪些？

[1] 参见全国人大原法律委员会《关于〈中华人民共和国收养法（修订草案）〉审议结果的报告》。

第六编

继承

第二十七章 继承概述

| 学习要点 |

本章学习继承的概念和继承法律关系的特征，重点掌握继承权的概念、法律特征、取得、丧失、恢复与放弃。

第一节 继承与继承法律关系

一、继承的概念

继承分为广义的继承和狭义的继承。广义的继承，是指继承人对被继承人权利和义务的承受，包括身份继承和财产继承。狭义的继承，是指继承人对被继承人财产的继承。身份继承，是指继承人对被继承人身份的承袭，如继承爵位、王位等，中国古代的继承包括身份继承和财产继承。现代继承法上的继承仅是指财产继承，不包括身份继承。继承是一项民事法律制度，是依据法律规定或遗嘱指定将死者生前的个人合法财产转归有继承权的人所有的法律制度。

继承是一种财产权利，通过财产权利的移转实现继承。继承以人身关系为基础，通常在继承人和被继承人之间存在婚姻和血缘关系。继承的发生需要依据一定的法律事实，需要被继承人死亡并留有遗产。继承包括法定继承和遗嘱继承。法定继承是依据法律规定进行继承的方式，遗嘱继承是依据遗嘱指定进行继承的方式。

二、继承法律关系

继承法律关系是一种民事法律关系。在继承法律关系中，遗留有个人财产的死者是被继承人，死者生前享有的各项合法财产为遗产。依据法律规定或合法有效的遗嘱取得被继承人遗产的自然人是继承人。继承法律关系的特征包括以下几点。

（一）继承法律关系发生的法律事实是被继承人死亡

被继承人死亡是法律事实，是继承法律关系发生的前提，被继承人死亡包括自然死亡和宣告死亡。没有被继承人死亡的法律事实，不发生继承法律关系。

（二）继承法律关系以身份关系为基础

继承法律关系发生在具有亲属关系的主体之间，不同国家立法对继承法律关系中的继承人均有不同的规定，这与各个国家的风俗习惯、继承传统有关，但通常都局限于具有亲属关系的主体之间。例外的规定一般都有特殊的考量因素，如为了鼓励扶养义务的承担，允许特定姻亲享有继承权。我国立法规定丧偶儿媳和丧偶女婿在对公婆或岳父母尽了主要赡养义务后，可以成为第一顺序法定继承人。

（三）继承人无偿取得遗产所有权

继承人取得遗产具有无偿性，不需要支付对价，无须等价有偿。附义务的遗嘱继承，所附义务不是取得遗产的对价，不是等价有偿的民事法律关系。继承人取得遗产依据合法有效的遗嘱或法律规定无偿取得，不是依据被继承人的生前赠与。附义务的遗嘱继承和赠与虽然均为无偿取得，但取得的依据不同。在附义务的遗嘱继承中，取得继承的依据是合法有效的遗嘱，而取得赠与的依据是合法有效的赠与合同。

（四）继承是对继承遗产权利和义务的概括承受

《民法典》第 1161 条第 1 款规定，继承人以所得遗产实际价值为限清偿被继承人依法应当缴纳的税款和债务。超过遗产实际价值部分，继承人自愿偿还的不在此限。继承法律关系的权利主体是继承人，继承人继承遗产需要清偿被继承人生前所欠税款和债务。因此，继承人要对被继承人的权利义务进行概括承受，既要继承积极财产，又要继承消极财产。

（五）继承法律关系围绕遗产的确认和处理进行

继承法律关系围绕遗产的确认和遗产的处理进行。遗产是被继承人死亡时遗留的，能够依法转移给他人的个人合法财产。被继承人死亡之前，只有被继承人的个人财产，没有遗产。被继承人死亡后，才产生遗产。遗产包括积极财产和消极财产，积极财产如不动产或动产的所有权、债权、知识产权中的财产权利等，消极财产如欠付的税款和债务等。我国《民法典》第 1122 条以概括方式界定了遗产的范围，遗产是自然人死亡时遗留的个人合法财产。依照法律规定或者根据其性质不得继承的遗产，不得继承。

第二节 继 承 权

一、继承权的概念

关于继承权的性质界定，存在争议。有人认为，继承权是一种主体资格，不是民事权利。有人认为，继承权是财产权而非身份权。有人认为继承权是概括的取得权，不是一种资格，也不是身份权和财产权。[1] 继承权是一项民事权利，《民法典》第 1120 条规定，“国家保护自然人的继承权”，这明确了继承权是一项民事权利，并依法受到保护。简言之，继承权是自然人依法享有的继受被继承人死亡时遗留的财产的权利。依据我国的继承法律制度，继承权，是指继承人依据法律规定或被继承人所立的合法有效的遗嘱取得被继承人合法个人财产的各项权利。

继承权分为客观意义上的继承权和主观意义上的继承权。客观意义上的继承权，是指继承人在继承开始前依法享有的继承人的法律地位和法律资格。主观意义上的继承权，是指继承开始后，继承人享有的可以现实取得被继承人各项财产权利的权利。被继承人死亡时，继承开始，继承人客观意义上的继承权转化为主观意义上的继承权。

---

〔1〕 参见最高人民法院民法典贯彻实施工作领导小组主编：《中华人民共和国民法典婚姻家庭编继承编理解与适用》，人民法院出版社 2020 年版，第 482 页。

二、继承权的法律特征

继承权作为一项民事权利，具有如下法律特征。

（一）继承权是与身份相关的特殊民事权利

继承权作为一项民事权利，与其他民事权利的不同之处在于：继承权的享有以一定的身份关系为基础，只有具有特定身份关系的自然人之间才能享有。此种特定的身份关系是血亲关系或婚姻关系，继承权是近亲属之间的权利。继承权为特定主体享有，继承人的范围由法律明确规定。然而，继承权不以身份利益为内容，继承权的客体是被继承人遗留的财产，所以继承权首先是一项财产权，是以身份关系为基础的特殊财产权。

（二）继承权是绝对权

继承权属于绝对权，具有排他性。继承权以被继承人死亡时遗留有合法的个人财产为前提，没有遗产则无从发生继承。继承权的实现就是遗产从被继承人转移至继承人，即财产所有权主体的变更。作为一项绝对权，任何人均负有不得侵害继承权的义务。

（三）继承权的实现依据特定的法律事实发生

继承权的实现需要基于特定的法律事实的发生，即被继承人死亡且被继承人留有遗产。在此前提之下，继承权的取得需要依据法律规定或者被继承人所立的合法有效的遗嘱。依据相关法律规定取得的继承权为法定继承权，依据被继承人所立的合法有效的遗嘱取得的继承权为遗嘱继承权。

三、继承权的取得、丧失、恢复与放弃

《民法典》继承编规定了继承权的取得、丧失、恢复与放弃。

（一）继承权的取得

继承权的取得，是指自然人依据法律规定或被继承人所立的合法有效的遗嘱而取得继承权。继承权的取得需要具备两个条件：一是被继承人死亡，遗留有合法的个人财产。继承从被继承人死亡时开始，被继承人没有死亡，则继承不开始，继承人享有的继承权仅为继承期待权。二是继承人没有丧失继承权。继承人的继承权可因法定事由而丧失，继承人丧失继承权，则不能参与继承。

继承权的取得有不同的依据：一是依据婚姻关系取得继承权，即配偶的继承权依据婚姻关系而取得，夫妻有相互继承遗产的权利。二是依据血缘关系取得继承权，即被继承人的子女、父母、祖父母、外祖父母、兄弟姐妹依据与被继承人的血缘关系取得继承权。三是依据尽到主要赡养义务而取得继承权，《民法典》第1129条规定："丧偶儿媳对公婆，丧偶女婿对岳父母，尽了主要赡养义务的，作为第一顺序继承人。"四是依据被继承人所立合法有效的遗嘱取得继承权。依据《民法典》第1133条的规定，被继承人可以立遗嘱处分其个人财产，可以立遗嘱将个人财产指定由法定继承人中的一人或者数人继承，被指定的继承人依据遗嘱取得继承权。被继承人也可立遗嘱将个人财产赠与国家、集体或者法定继承人以外的组织、个人，但这不是继承，而是遗赠。

（二）继承权的丧失

1. 继承权丧失的概念

继承权的丧失，是指继承人实施了法律规定的特定行为而被依法剥夺继承权，从而丧失了取得被继承人遗产的资格。继承权丧失的效力及于法定继承和遗嘱继承。继承权丧失的本质

是对继承人继承权的剥夺,需要依据法律规定的事由和程序进行,不得非法剥夺继承人的继承权。

2. 继承权丧失的法定事由

《民法典》第1125条完善了继承权丧失的宽宥制度,区分了继承权的绝对丧失和相对丧失,符合民众对继承权丧失后可以有条件恢复的认知。据此,继承权丧失的法定事由包括:

(1)故意杀害被继承人。

依据《民法典继承编解释(一)》第7条的规定,继承人故意杀害被继承人的,不论是既遂还是未遂,均应当确认其丧失继承权。继承人故意杀害被继承人是剥夺被继承人生命的严重犯罪行为,无论是否既遂,无论亲自实施还是教唆他人实施故意杀害行为,无论是否被追究刑事责任,均丧失继承权。这里丧失继承权的情形,仅限于继承人故意实施杀害被继承人的行为,不包括继承人过失杀害被继承人的行为。继承人实施过失致人死亡、故意伤害、正当防卫、紧急避险或执行公务的行为,不会导致继承人丧失继承权。

(2)为争夺遗产而杀害其他继承人。

此规定充分考虑继承人实施杀害行为的动机。继承人杀害其他继承人的动机是为了争夺遗产。若非因争夺遗产而杀害其他继承人,则不会导致继承人丧失继承权。被杀害的其他继承人应为法定继承人范围以内的人。继承人为争夺遗产故意伤害其他继承人致其死亡的,不丧失继承权。继承人实施杀害行为时不是继承人,而后成为被继承人的继承人的,不丧失继承权。

(3)遗弃被继承人,或者虐待被继承人情节严重。

遗弃被继承人,是指继承人对缺乏劳动能力、没有生活来源、缺乏独立生活能力的被继承人负有扶养义务,但拒不履行扶养义务,使被继承人处于生存的危困状态。遗弃的前提是继承人应当承担扶养义务而故意拒绝承担。若继承人没有扶养义务或没有扶养能力,则不能构成对被继承人的遗弃。依据《刑法》第261条的规定,继承人对年老、年幼、患病或者其他没有独立生活能力的人,负有扶养义务而拒绝扶养,情节恶劣的将会构成遗弃罪。

虐待,是指继承人在被继承人生前对其进行身体或精神上的摧残与折磨。例如打骂、冻饿、强迫从事超负荷的劳动、限制人身自由等。虐待被继承人达到"情节严重"的程度,会导致继承权的丧失,轻微的虐待行为不发生继承权丧失的后果,继承人是否因虐待行为承担刑事责任则在所不问。依据《刑法》第260条的规定,继承人虐待家庭成员,情节恶劣的,会构成虐待罪。依据《民法典继承编解释(一)》第6条的规定,"虐待被继承人情节严重",可以从实施虐待行为的时间、手段、后果和社会影响等方面认定。虐待被继承人情节严重的,不论是否追究刑事责任,均可确认其丧失继承权。"情节严重"的认定应当采用客观标准,而非主观标准。

(4)伪造、篡改、隐匿或者销毁遗嘱,情节严重。

伪造遗嘱,是指继承人以被继承人的名义制作假遗嘱。篡改遗嘱,是指继承人故意改变遗嘱的内容。隐匿遗嘱,是指继承人持有遗嘱,但故意将遗嘱藏匿,不告知其他继承人和遗产管理人。销毁遗嘱,是指继承人故意毁灭遗嘱。前述行为均应当既遂且具有故意。依据《民法典继承编解释(一)》第9条的规定,继承人伪造、篡改、隐匿或者销毁遗嘱,侵害了缺乏劳动能力又无生活来源的继承人的利益,并造成其生活困难的,应当认定为此种情形所指的"情节严重"。

(5)以欺诈、胁迫手段迫使或者妨碍被继承人设立、变更或者撤回遗嘱,情节严重。

欺诈,是指行为人故意提供虚假情况或隐瞒真实情况,使他人陷入错误认识,并基于错误认识作出意思表示的行为。胁迫包括威胁和强迫。威胁,是指行为人以将来的不法损害进行恐吓,使对方陷入恐惧。强迫,是指行为人以身体强制力使对方无法反抗,受到威胁和强迫的一方基于恐惧或无法反抗而作出意思表示。继承人采用欺诈、胁迫手段的目的是使被继承人按照继承人的意思设立遗嘱、变更或撤回已经设立的遗嘱,此行为与被继承人的真实意思相违背。

以上继承权丧失的法定事由中,因前两种法定事由丧失继承权的,继承权不可恢复,因此被称为继承权绝对丧失的法定事由。依据《民法典继承编解释(一)》第8条的规定,继承人因前两种法定事由丧失继承权,而被继承人以遗嘱将遗产指定由该继承人继承的,可以确认遗嘱无效,并确认该继承人丧失继承权。因后3种法定事由丧失继承权的,继承权可以有条件地恢复,因此被称为继承权相对丧失的法定事由。

疑难问题论争

1. 丧失继承权的人的直系晚辈血亲是否有代位继承权?

关于丧失继承权的人的直系晚辈血亲是否有代位继承权,对此各国有不同的立法主张:〔1〕一是被代位人丧失继承权不影响直系晚辈血亲的代位继承权,其仍然享有代位继承权。二是被代位人丧失继承权,则其直系晚辈血亲不享有代位继承权。我国采用此主张。《民法典继承编解释(一)》第17条延续了最高人民法院《关于贯彻执行〈中华人民共和国继承法〉若干问题的意见》(已失效)第28条的规定,即"继承人丧失继承权的,其晚辈直系血亲不得代位继承。如该代位继承人缺乏劳动能力又没有生活来源,或者对被继承人尽赡养义务较多的,可以适当分给遗产"。三是区分依法丧失继承权和依遗嘱丧失继承权。依法丧失继承权的,其直系晚辈血亲不得代位继承。依遗嘱丧失继承权的,其直系晚辈血亲可以代位继承。

继承人丧失继承权,其直系晚辈血亲是否能够代位继承,可以从三个方面来分析:其一,这与代位继承权的性质相关,在代位继承权性质的论争中,一直存在代表权和固有权两种观点,大部分观点赞成代位继承权是固有权,认为代位继承的权利是代位继承人固有的权利,不是代位继承人依托被代位人的继承权而取得的权利,因此被代位人丧失或放弃继承权的,仍然发生代位继承。其二,代位继承源于古罗马按股继承,代位继承是为了实现财产的向下流动,并且继承的各分支之间不发生财产流动,从而可以认定被代位人丧失继承权时,能发生代位继承。其三,认定继承人丧失继承权,其直系晚辈血亲不能代位继承,这不符合民法的自己责任原则和联合国《儿童权利公约》倡导的"子女最大利益原则"。〔2〕因此,可以从代位继承权为代位人固有权的角度,讨论代位继承权是否因继承人丧失继承权而消灭。

2. 丧失继承权是否影响善意第三人取得遗产?

丧失继承权的继承人在丧失继承权之前已经占有全部或部分遗产,并将其无偿或有偿转让给善意第三人,若继承人丧失继承权,导致不能取得遗产,这是否对善意第三人发生效力?一种观点认为,依据民法善意取得制度的一般原理,丧失继承权的人将遗产有偿转让,善意第三人支付了合理的对价,则善意第三人不负有返还遗产的义务。若丧失继承权的人将遗产无

〔1〕　参见陈苇主编:《外国继承法比较与中国民法典继承编制定研究》,北京大学出版社2011年版,第181页。

〔2〕　参见陈苇、谢京杰:《论"儿童最大利益优先原则"在我国的确立——兼论〈婚姻法〉等相关法律的不足及其完善》,载《法商研究》2005年第5期。

偿转让,则不发生财产权利转让的效果,善意第三人应当返还遗产。另一种观点认为,继承人丧失继承权,对所有第三人都发生效力,继承权丧失可以对抗所有取得遗产的第三人,第三人应当返还遗产。[1] 笔者认为,第一种观点从善意取得制度出发,较合理地区分了善意第三人取得遗产是否支付合理对价,有利于维护交易安全,较可取。

(三)继承权的恢复

依据《民法典》第1125条第2款的规定,继承权的恢复仅限于3种情形:继承人遗弃被继承人,或者虐待被继承人情节严重;继承人伪造、篡改、隐匿或者销毁遗嘱,情节严重;继承人以欺诈、胁迫手段迫使或者妨碍被继承人设立、变更或者撤回遗嘱,情节严重。继承人因此3种法定事由而丧失继承权的,在继承人确有悔改表现,被继承人表示恢复继承人的继承权时,丧失的继承权可以恢复。若继承人确有悔改表现,但被继承人没有表示恢复继承人的继承权,或者被继承人表示恢复继承人的继承权,但是继承人没有悔改表现的,均不得发生继承权的恢复。

继承人确有悔改表现,可以从主观和客观两方面来确定。主观上,继承人认识到了自己的错误,愿意改正错误;客观上,继承人作出了积极改正过往错误的行为。例如,继承人认识到自己遗弃行为的错误,并积极承担扶养义务,通过实际行动抚养被继承人。

被继承人表示恢复继承人的继承权有两种方式:一种是被继承人表示宽恕继承人,原谅继承人所犯的错误,此种意思表示可以是书面或者口头形式。宽恕的意思表示可以向继承人或其他人作出,能够确认宽恕意思表示的内容和真实性即可。另一种是被继承人事后在遗嘱中将丧失继承权的人列为继承人,或认可其法定继承人的资格,允许其参与法定继承,从而使继承人恢复继承权。

(四)继承权的放弃

1. 放弃继承权的概念

依据《民法典》第1124条的规定,继承权的放弃,是指继承人在继承开始以后、遗产处理以前,作出的放弃继承被继承人遗产,即不接受继承且不参与遗产分配的意思表示。继承人放弃继承权是继承人对自己继承权的处分行为,是单方法律行为,无须征得其他继承人同意。放弃继承的主体可以是法定继承人或遗嘱继承人。放弃继承的效力是不再参与遗产分配。

2. 放弃继承权的方式与时间

放弃继承权的意思表示应当由放弃继承权的继承人本人作出,不得代理。无民事行为能力人或限制民事行为能力人的代理人不得代为作出放弃继承权的意思表示。放弃继承权的意思表示应当真实,并以书面方式向遗产管理人或者其他继承人表示。以口头方式放弃继承权的,不能认定继承权放弃的效力。在诉讼中,继承人向人民法院以口头方式表示放弃继承的,要制作笔录,由放弃继承的人签名。没有表示放弃继承权的,视为接受继承。

放弃继承权应当在继承开始后、遗产处理前,在此期间作出的继承权放弃的意思表示才有法律效力。继承开始前,继承人的继承权尚为可期待的权利,尚不具备实现继承权的条件,因而不能放弃继承权。遗产处理后,继承人已经实际取得了被继承人的遗产所有权,成为遗产的所有权人,从而不能放弃继承权,只能放弃其财产所有权。因此,《民法典继承编解释(一)》第

[1] 参见陈苇主编:《外国继承法比较与中国民法典继承编制定研究》,北京大学出版社2011年版,第181页。

35 条规定，继承人放弃继承的意思表示，应当在继承开始后、遗产分割前作出。遗产分割后表示放弃的不再是继承权，而是所有权。

3. 放弃继承权的效力

继承人放弃继承权的效力包括：

(1)继承人放弃继承权后，不享有继承遗产的权利，不得参与遗产分割。

(2)放弃继承权的效力，追溯到继承开始的时间。[1]

(3)继承人因放弃继承权，致其不能履行法定义务的，放弃继承权的行为无效。[2] 如继承人因放弃继承父亲遗产，从而无力承担赡养母亲的义务，此放弃继承权的意思表示无效。

(4)遗产处理前或者在诉讼进行中，继承人对放弃继承反悔的，由人民法院根据其提出的具体理由，决定是否承认。遗产处理后，继承人对放弃继承反悔的，不予承认。[3]

案例分析

劳某系开平市公安局森林分局退休警员，2015 年 12 月经批准提前退休，2016 年 7 月 28 日病逝。劳某父亲劳某伟、母亲谢某、妻子刘某、儿子劳某强均健在。2016 年 8 月 9 日，开平市人力资源和社会保障局同意发放给劳某亲属一次性抚恤金 125,646 元和丧葬补助费 12,442 元。后上述一次性抚恤金和丧葬补助费发放至林业局账户。2016 年 11 月 25 日，林业局将丧葬补助费 12,442 元转入劳某妻子刘某的账户。2017 年 1 月 26 日，林业局从抚恤金 125,646 元中支付了 10,000 元给劳某的母亲谢某，用于住院治疗。剩余未发放的抚恤金 115,646 元，因劳某的父母与刘某没有达成一致分配意见，仍留存在林业局账户内。刘某主张，依据遗产分配的法律规定分配抚恤金。

问题：抚恤金是否为劳某的遗产？应当如何分配？

分析：抚恤金是死者生前单位按照国家规定，在死者死亡后，向死者配偶、直系亲属、死者生前扶养的人发放的具有精神和物质补偿性质的金钱给付，目的在于优抚、救济死者家属。抚恤金不是夫妻共同财产，不属于死者的遗产，属于死者近亲属共同共有的财产。刘某主张，依据遗产分配规则分配抚恤金没有法律依据。劳某去世后，其父母、妻子和儿子作为死者现存的近亲属，均有权主张抚恤金的给付。抚恤金的分配则应当依据与死者的亲属关系的远近、共同生活的亲密程度、有无生活来源或需要照顾的情形等综合判定。

思考题

1. 继承权丧失的法定事由是否需要进一步完善？
2. 继承人丧失继承权后，如何确定继承人确有悔改表现？
3. 继承权与其他财产权的区别是什么？

---

〔1〕 参见《民法典继承编解释(一)》第 37 条。

〔2〕 参见《民法典继承编解释(一)》第 32 条。

〔3〕 参见《民法典继承编解释(一)》第 36 条。

第二十八章　法定继承

学习要点

本章学习法定继承的概念、特征和适用。重点掌握法定继承人的范围与继承顺序，明确代位继承与转继承的概念和区别。理解遗产分配的原则和规则。

第一节　概　　述

一、法定继承的概念与特征

（一）法定继承的概念

法定继承，又称无遗嘱继承，是指依据法律规定的继承人范围、继承顺序、继承份额、遗产分配原则等进行继承的方式。法定继承是在被继承人没有遗嘱、没有遗赠扶养协议，或遗嘱、遗赠扶养协议无效时发生的继承，是对被继承人继承意愿的推定。法定继承的继承人范围、继承顺序、继承份额、遗产分配原则均来自法律规定，具有强行性，不得随意更改。法定继承人是与被继承人有特定身份关系的自然人，此身份关系以血缘和婚姻关系为基础。

（二）法定继承的特征

1. 法定继承以特定身份关系为前提。法定继承人是与被继承人有身份关系的主体。法定继承顺序的确定、遗产分配的原则都与继承人与被继承人之间的身份关系相关。与被继承人具有血缘、婚姻关系是成为法定继承人的前提。

2. 法定继承是遗嘱继承的补充。遗嘱继承优先于法定继承，继承开始时，被继承人立有合法有效的遗嘱或遗赠扶养协议，应当依照遗嘱或遗赠扶养协议确定遗产的归属；没有合法有效的遗嘱或遗赠扶养协议的，才能适用法定继承。适用法定继承时，被继承人的意愿不通过遗嘱或遗赠扶养协议来确定，而依据法定继承规则来确定，因而是对被继承人意愿的推定。

3. 法定继承的规则主要是强行法规则。法定继承中继承人范围、顺序、遗产分配原则等均为强行法规范，不得变更。

二、法定继承的适用

被继承人可以多种方式处理遗产，可以在生前签订遗赠扶养协议或立下遗嘱，也可以不作意思表示，从而依据法律规定处理遗产。依据《民法典》第 1123 条的规定，“继承开始后，按照法定继承办理；有遗嘱的，按照遗嘱继承或者遗赠办理；有遗赠扶养协议的，按照协议办理”。继承开始后，通常按照法定继承规则处理遗产。但是，被继承人与他人签订遗赠扶养协议的，应当先按照遗赠扶养协议处理；没有遗赠扶养协议或遗赠扶养协议无效，但被继承人立有遗嘱的，按照遗嘱处理；没有遗赠扶养协议、遗赠扶养协议无效、遗嘱无效或部分无效时，则应当按照法定继承处理被继承人的遗产。

依据《民法典》第1154条的规定，“有下列情形之一的，遗产中的有关部分按照法定继承办理：(一)遗嘱继承人放弃继承或者受遗赠人放弃受遗赠；(二)遗嘱继承人丧失继承权或者受遗赠人丧失受遗赠权；(三)遗嘱继承人、受遗赠人先于遗嘱人死亡或者终止；(四)遗嘱无效部分所涉及的遗产；(五)遗嘱未处分的遗产”。

第二节　法定继承人的范围与继承顺序

一、法定继承人的范围

法定继承人的范围，是指依据法律的规定继承被继承人遗产的自然人，法定继承人范围的确定就是以立法赋予特定主体法定继承权。法定继承人范围的确定具有明显的地区差异，各国或各地区对法定继承人范围的规定不尽相同。我国法定继承人范围的确定通常依据婚姻、血缘关系和扶养关系。我国的法定继承人包括：配偶、子女、父母、兄弟姐妹、祖父母、外祖父母、对公婆或岳父母尽了主要赡养义务的丧偶儿媳和丧偶女婿。

(一)配偶

《民法典》第1061条规定：“夫妻有相互继承遗产的权利。”配偶身份的取得依据合法有效的婚姻关系，办理了结婚登记但尚未同居生活的人，也应当被认定为配偶。被继承人的配偶应当是在继承开始时就已经与被继承人有合法有效婚姻关系的人。继承开始时，婚姻关系已经解除、被宣告无效或被撤销的，则不具有配偶身份关系，因而不能成为法定继承人。离婚判决尚未生效期间，配偶身份关系尚未解除，夫妻一方死亡，则另一方作为配偶，是法定继承人。与被继承人同居、姘居的人不具有配偶身份，不能成为法定继承人。夫妻协议离婚，尚未依照法定程序办理完成离婚手续的，婚姻关系尚未解除，一方死亡，另一方有法定继承权。夫妻因感情不和分居期间，一方死亡，另一方仍为配偶，有法定继承权。新中国成立前遗留的一夫多妻等特殊婚姻形式，只要继承开始时夫妻关系未解除，就具有配偶身份，可以成为法定继承人。

(二)子女

子女是被继承人的直系晚辈血亲。子女包括亲生子女和非亲生子女。亲生子女包括婚生子女和非婚生子女，非亲生子女包括养子女和形成抚养教育关系的继子女。

婚生子女，是指有合法婚姻关系的夫妻所生育的子女。非婚生子女，是指没有合法婚姻关系的男女所生育的子女。《民法典》第1071条第1款规定：“非婚生子女享有与婚生子女同等的权利，任何组织或者个人不得加以危害和歧视。”因此，非婚生子女和婚生子女享有平等的遗产继承权，均为父母的法定继承人。

养子女是因收养关系的成立而形成的养父母子女关系。收养关系成立时，被收养的子女与养父母建立父母子女关系，产生父母子女间的权利义务关系，其与其亲生父母之间的父母子女关系消灭。依据《民法典》第1111条的规定，自收养关系成立之日起，养父母与养子女间的权利义务关系，适用本法关于父母子女关系的规定；养子女与养父母的近亲属间的权利义务关系,适用本法关于子女与父母的近亲属关系的规定。养子女与生父母以及其他近亲属间的权利义务关系,因收养关系的成立而消除。因此,养子女是养父母的法定继承人。养子女继承养父母的遗产,就不能再继承生父母的遗产。被收养人对养父母尽了赡养义务,同时对生父母扶养较多的,可以分得生父母适当的遗产。

继子女与继父母间继承关系的确定依据继父母子女之间事实扶养关系的形成,没有事实的扶养关系,则没有相互继承遗产的权利。有扶养关系的继子女继承了继父母的遗产,仍然可以继承其生父母的遗产。依据《民法典》第 1072 条第 2 款的规定,继父或者继母和受其抚养教育的继子女间的权利义务关系,适用本法关于父母子女关系的规定。因此,彼此形成扶养关系的继子女是继父母的法定继承人。《民法典》第 1127 条第 3 款规定的"有扶养关系的继子女"包括继父母对其进行抚养教育,形成抚养教育关系的继子女,也包括因继子女对继父母的赡养而形成扶养关系的继子女。《民法典》继承编规定的继子女的范围大于《民法典》婚姻家庭编规定的继子女的范围。

(三)父母

父母是被继承人的直系长辈血亲,包括生父母、养父母和有扶养关系的继父母。生父母是亲生子女的法定继承人,亲生子女包括婚生子女和非婚生子女。依据《民法典》婚姻家庭编的规定,生父母与非婚生子女间的权利义务关系,继父母和受其抚养教育的继子女间的权利义务关系,养父母和养子女之间的权利义务关系,适用父母子女关系的规定。《民法典》婚姻家庭编对可以适用父母子女关系规定的继父母子女的界定,仅限于继子女受到继父母抚养教育,形成抚养教育关系的情形。如前所述,《民法典》继承编第 1127 条扩大了婚姻家庭编继父母子女之间能够适用父母子女关系规定的条件,不仅包括继子女受到继父母的抚养教育,形成抚养教育关系,还包括继子女没有受到继父母抚养教育,但赡养继父母的情形。这两种情形都可以被认定为《民法典》第 1127 条第 4 款所规定的"有扶养关系的继父母"。在这两种情形下,继父母均为继子女的法定继承人。

(四)兄弟姐妹

兄弟姐妹是被继承人的旁系血亲,包括被继承人的全血缘兄弟姐妹、半血缘兄弟姐妹、养兄弟姐妹、有扶养关系的继兄弟姐妹,兄弟姐妹均互为第二顺序法定继承人。《民法典继承编解释(一)》第 12 条规定,养子女与生子女之间、养子女与养子女之间,系养兄弟姐妹,可以互为第二顺序继承人。被收养人与其亲兄弟姐妹之间的权利义务关系因收养关系的成立而消除,不能互为第二顺序继承人。

(五)祖父母和外祖父母

除父母外,祖父母和外祖父母是被继承人最亲近的直系长辈血亲。祖父母、外祖父母可以作为孙子女、外孙子女第二顺序的法定继承人。

(六)对公婆或岳父母尽了主要赡养义务的丧偶儿媳和丧偶女婿

依据《民法典》第 1129 条的规定,丧偶儿媳对公婆,丧偶女婿对岳父母,尽了主要赡养义务的,作为第一顺序继承人。儿媳与公婆、女婿与岳父母本为姻亲关系,相互间没有法律上的权利义务关系,彼此之间没有继承权。但是,当丧偶儿媳对公婆、丧偶女婿对岳父母尽了主要赡养义务时,丧偶儿媳、丧偶女婿就取得了法定继承人的身份,并且作为第一顺序的法定继承人参与继承。《民法典继承编解释(一)》第 19 条规定,对被继承人生活提供了主要经济来源,或者在劳务等方面给予了主要扶助的,应当认定其尽了主要赡养义务或主要扶养义务。

疑难问题论争 丧偶儿媳、丧偶女婿是否应当作为第一顺序法定继承人

《民法典》第 1129 条规定:"丧偶儿媳对公婆,丧偶女婿对岳父母,尽了主要赡养义务的,作为第一顺序继承人。"《民法典继承编解释(一)》第 18 条规定:"丧偶儿媳对公婆、丧偶女婿对岳父母,无论其是否再婚,依照民法典第一千一百二十九条规定作为第一顺序继承人时,不影响其子女代位继承。"《民法典》认可丧偶儿媳和丧偶女婿在特定条件下可以成为第一顺序法定继承人。但对于丧偶儿媳和丧偶女婿是否可以作为第一顺序法定继承人,理论上存在争议。

一种观点认为,丧偶儿媳和丧偶女婿与被继承人没有血缘关系,成为第一顺序法定继承人缺乏正当性。原因在于:其一,这既不符合被继承人的意愿,也不符合遗产在家族内部流转的规律。其二,没有必要让丧偶儿媳和丧偶女婿成为遗产继承人,采用遗产取得制度将丧偶儿媳和丧偶女婿作为酌分遗产人,酌情分得遗产即可。[1]有学者还认为,分给他们的遗产可以比照第一顺序法定继承人的应得份额。如此,既可坚持继承人资格的确定性和严肃性,又可坚持权利义务的一致。[2] 其三,丧偶儿媳和丧偶女婿与被继承人是姻亲关系,不应当作为法定继承人。丧偶儿媳和丧偶女婿作为第一顺序法定继承人,其子女若还可以代位继承,这会导致丧偶儿媳和丧偶女婿这一支的继承份额增加,出现代位继承上的不公平。另一种观点认为,出于发挥家庭扶养功能,减轻社会负担,体现权利义务相一致的要求和公平原则,丧偶儿媳和丧偶女婿应当作为第一顺序法定继承人。[3]

《民法典继承编草案(征求意见稿)》第 13 条曾规定:"丧偶儿媳对公、婆,丧偶女婿对岳父、岳母,尽了主要赡养义务的,应当分给合理份额的遗产。"[4]可将丧偶儿媳和丧偶女婿作为酌分遗产人,采用遗产取得制。颁布实施的《民法典》第 1129 条将丧偶儿媳和丧偶女婿作为特定条件下的第一顺序法定继承人,认可了丧偶儿媳和丧偶女婿的法定继承人资格,采用了遗产继承制。遗产取得制的理论基础是经济补偿论,丧偶儿媳和丧偶女婿履行主要赡养义务不能创设继承权。经济补偿论能较好实现公平补偿,避免丧偶儿媳和丧偶女婿取得远超出其所承担扶养义务的遗产份额。但是,遗产取得制没有认定丧偶儿媳和丧偶女婿的继承人身份,用经济评价、经济补偿来衡量丧偶儿媳和丧偶女婿承担赡养义务的行为,不完全符合我国的家庭观念和社会现实。遗产继承制认可了丧偶儿媳和丧偶女婿的继承人身份,鼓励丧偶儿媳和丧偶女婿主动承担赡养义务,有利于减轻社会扶养负担,但也可能导致被继承人遗产大量或全部外流,不符合被继承人真实意愿。出于鼓励承担赡养义务的目的,我国立法采用了遗产继承制。值得关注的是,基于对民众继承习惯的调查,民众一般认为,丧偶儿媳或丧偶女婿与公婆或岳父母间无血缘关系,而彼此的亲属关系可能因配偶的死亡而受影响。因此,很少有人愿意把他

---

〔1〕 参见陈苇、冉启玉:《完善我国法定继承人范围和顺序立法的思考》,载《法学论坛》2013 年第 2 期;郭明瑞:《民法典继承编应该弘扬社会主义核心价值观——兼论〈民法典各分编继承编(草案)〉》,载《烟台大学学报(哲学社会科学版)》2019 年第 3 期。

〔2〕 参见李红玲:《继承人范围两题》,载《法学》2002 年第 4 期。

〔3〕 参见刘文编著:《继承法比较研究》,中国人民公安大学出版社 2004 年版,第 102 页。

〔4〕 参见杨立新:《民法典继承编草案修改要点》,载《中国法律评论》2019 年第 1 期。

们作为自己第一顺序的法定继承人。[1]

二、法定继承人的继承顺序

法定继承人的继承顺序,是指法律规定的法定继承人继承遗产的先后次序。当法定继承人为多人时,有必要确定法定继承人之间取得遗产的先后顺序。法定继承人继承顺序确定的依据主要包括继承人与被继承人亲属关系的远近和共同生活的密切程度。继承开始后,先由第一顺序的法定继承人继承,后一顺序的法定继承人不参与继承。没有前一顺序的法定继承人或前一顺序法定继承人全部放弃继承权或全部丧失继承权,或部分放弃继承、部分丧失继承权,导致前一顺序法定继承人均不参与或不能参与继承时,后一顺序法定继承人才能参与继承。

我国《民法典》第1127条规定了两个继承顺序:第一顺序是配偶、子女、父母;第二顺序是兄弟姐妹、祖父母、外祖父母。丧偶儿媳对公婆,丧偶女婿对岳父母,尽了主要赡养义务的,作为第一顺序继承人。丧偶儿媳对公婆、丧偶女婿对岳父母,无论其是否再婚,作为第一顺序继承人时,不影响其子女代位继承。

第三节　代位继承与转继承

一、代位继承

(一)代位继承的概念

代位继承,是指被继承人的子女先于被继承人死亡或被继承人的兄弟姐妹先于被继承人死亡时,依据法律规定,由被继承人子女的直系晚辈血亲或被继承人兄弟姐妹的子女继承本应由被继承人的子女或被继承人的兄弟姐妹继承的遗产份额。代位继承是法定继承的特殊情形,先于被继承人死亡的子女或先于被继承人死亡的兄弟姐妹是被代位人,被继承人子女的直系晚辈血亲或被继承人兄弟姐妹的子女是代位继承人。代位继承人一般只能继承被代位人有权继承的遗产份额。代位继承源于古罗马按股继承,在一个继承人缺位时,通过代位继承人继承来平衡继承人之间的利益,实现财产的代际向下流动。

(二)代位继承的适用条件

1. 代位继承发生在被代位人先于被继承人死亡的情形

代位继承的发生以被代位人先于被继承人死亡为条件。被代位人包括被继承人的子女和被继承人的兄弟姐妹,当被代位人先于被继承人死亡时,原本应当由被代位人继承的遗产份额,则由代位继承人继承。

2. 代位继承仅适用于法定继承

遗嘱继承不适用代位继承,代位继承属于法定继承。在遗嘱继承中,即使被继承人的子女先于被继承人死亡或被继承人的兄弟姐妹先于被继承人死亡,该死亡的遗嘱继承人的子女或其他直系晚辈血亲均不得代位继承。该死亡的遗嘱继承人依据遗嘱应当继承的遗产,应当依

---

[1] 参见陈苇主编:《外国继承法比较与中国民法典继承编制定研究》,北京大学出版社2011年版,第173页。

据法定继承规则进行。

3. 代位继承人是特定的主体

依据《民法典》第 1128 条的规定，代位继承人是特定的主体，包括被继承人子女的直系晚辈血亲和被继承人兄弟姐妹的子女。被继承人子女的代位继承人是直系晚辈血亲，不受辈数的限制，而被继承人兄弟姐妹的代位继承人仅限于其子女。由于被继承人的兄弟姐妹是第二顺序法定继承人，只有第一顺序法定继承人全部死亡、全部放弃或全部丧失继承权，部分放弃或丧失继承权导致第一顺序法定继承人均不参与或不能参与继承时，才发生兄弟姐妹子女代位继承的情形。仅有兄弟姐妹先于被继承人死亡，并不能直接发生代位继承。

被继承人的孙子女、外孙子女、曾孙子女、外曾孙子女都可以代位继承，代位继承人不受辈数的限制。被继承人的养子女、已形成扶养关系的继子女的生子女可以代位继承；被继承人亲生子女的养子女可以代位继承；被继承人养子女的养子女可以代位继承；与被继承人已形成扶养关系的继子女的养子女也可以代位继承。

4. 被代位人须有继承权

《民法典》第 1128 条规定了代位继承的发生条件，但未明确被代位人丧失继承权时，代位人是否可以代位继承。《民法典继承编解释（一）》第 17 条规定，继承人丧失继承权的，其晚辈直系血亲不得代位继承。如该代位继承人缺乏劳动能力又没有生活来源，或者对被继承人尽赡养义务较多的，可以适当分给遗产。也就是说，被代位人须尚未丧失继承权，代位继承人才可以代位继承。继承人丧失继承权的，其直系晚辈血亲不得代位继承，这包括被继承人子女的直系晚辈血亲，也包括被继承人兄弟姐妹的子女。

5. 代位继承人只能继承被代位人的应继份额

代位继承人只能继承被代位人应当继承的份额。无论代位继承人是一人或多人，都只能继承被代位人的应继份额。《民法典继承编解释（一）》第 16 条规定，代位继承人缺乏劳动能力又没有生活来源，或者对被继承人尽过主要赡养义务的，分配遗产时，可以多分。

二、转继承

（一）转继承的概念

转继承，是指继承人在被继承人死亡后，遗产分割前死亡，其应当继承的遗产份额转由其法定继承人继承的继承方式，因而被称为再继承、连续继承、二次继承等。在被继承人死亡后遗产分割前死亡的继承人是被转继承人，承受被转继承人遗产的人为转继承人。

被继承人死亡时继承开始，继承开始后，遗产尚未实际分割，则继承人之间形成对遗产的共同共有关系。继承人对遗产的所有权是对遗产中共同共有份额的所有权，待到遗产实际分割时，继承人实际取得遗产。继承人在取得共同共有份额但未实际取得遗产时死亡，其共同共有份额成为该死亡继承人的遗产，此时发生转继承。

（二）代位继承和转继承的区别

1. 继承人死亡时间不同

代位继承中，继承人先于被继承人死亡，即被代位人的死亡时间早于被继承人。转继承中，继承人后于被继承人死亡。

2. 适用范围不同

代位继承仅适用于法定继承，是特殊的法定继承，不能适用于遗嘱继承。遗嘱继承人先于被继承人死亡，则遗嘱指定部分的遗产适用法定继承。转继承不仅适用于法定继承，还适用于遗嘱继承。

3. 被代位人和被转继承人范围不同

被代位人包括先于被继承人死亡的被继承人的子女和兄弟姐妹，被转继承人则是被继承人的一切合法继承人，包括法定继承人和遗嘱继承人。

4. 代位继承人和转继承人范围不同

代位继承人是被继承人子女的直系晚辈血亲和被继承人兄弟姐妹的子女。转继承人是被转继承人死亡时生存的所有法定继承人。

5. 继承的本质不同

在代位继承中只发生了一次继承，代位继承人享有的代位继承权是对被继承人遗产的继承。在转继承中发生了两次继承，第一次是被继承人死亡，其继承人继承了被继承人的遗产。第二次是被转继承人的继承人继承被转继承人从被继承人处继承的遗产，被继承人的遗产连续发生了两次继承。

第四节　遗产的分配

一、法定继承中遗产的分配原则

（一）同一顺序继承人继承遗产的份额，一般应当均等

法定继承中遗产分配的一般原则，是指遗产按照同一顺序继承人的人数平均分配，各个继承人取得的遗产份额均等。这体现了同一顺序继承人继承权平等。

（二）在特殊情形下，遗产分配不均等

1. 对生活有特殊困难又缺乏劳动能力的继承人，分配遗产时，应当予以照顾。

在法定继承中，为了发挥遗产的扶养功能，分配遗产时，需要照顾特殊的法定继承人。应当予以照顾的法定继承人需要同时满足生活有特殊困难和缺乏劳动能力两个条件，这两个条件缺一不可。生活有特殊困难，是指继承人的经济收入难以维持当地最低生活水平或者缺乏经济来源，生活困苦。缺乏劳动能力，是指继承人没有劳动能力或劳动能力较差，无法通过劳动获取独立的经济来源。

2. 对被继承人尽到主要扶养义务或者与被继承人共同生活的继承人，分配遗产时，可以多分。

在法定继承中，遗产的分配需要体现权利义务相一致原则和公平原则。对被继承人尽到主要扶养义务的继承人，是指对被继承人在经济上提供主要的经济来源，或者在日常生活中予以照顾扶助的继承人。分配遗产时，对被继承人尽了主要扶养义务的继承人，可以多分。认可与被继承人共同生活的继承人可以在分配遗产时多分，是基于此类继承人与被继承人在生活、经济、情感上更紧密的联系，这通常也是符合被继承人意愿的。

3. 有扶养能力和有扶养条件的继承人，不尽扶养义务的，分配遗产时，应当不分或者少分。

给有能力和有条件但不尽扶养义务的继承人不分或少分遗产，这是权利义务相一致原则

的体现。《民法典继承编解释(一)》第23条规定:“有扶养能力和扶养条件的继承人虽然与被继承人共同生活,但对需要扶养的被继承人不尽扶养义务,分配遗产时,可以少分或者不分。”这仅针对有扶养能力和扶养条件的继承人,继承人没有扶养能力或扶养条件的,即使没有对被继承人尽到扶养义务,也不必不分或少分遗产。继承人有扶养能力和扶养条件,愿意尽扶养义务,但被继承人因有固定收入和劳动能力,明确表示不要求其扶养的,分配遗产时,一般不应因此而影响其继承份额。

4. 继承人协商同意的,也可以不均等。

法定继承人可以协商分配被继承人的遗产,法定继承人协商同意不均分遗产,这是继承人意思自治的体现,继承法律制度尊重法定继承人的意思自治。

二、酌分遗产人

(一)酌分遗产人的概念和类型

酌分遗产人,是指继承人以外,在具备法定条件时,可以适当分得遗产的人。《民法典》第1131条规定,对继承人以外的依靠被继承人扶养的人,或者继承人以外的对被继承人扶养较多的人,可以分给适当的遗产。可以分给适当遗产的继承人以外的人,是指实际参与继承的继承人之外的人,这些人可能是法定继承人,只是没有实际参与继承,如第二顺序的法定继承人,也可能是法定继承人之外的人。该条的规定使继承人以外的人可以基于扶养的事实而取得一定数量的遗产,符合我国民众的传统习惯和伦理道德观念。这主要包括两类:

一类是对继承人以外的依靠被继承人扶养的人。已经废止的1985年原《继承法》第14条规定:“对继承人以外的依靠被继承人扶养的缺乏劳动能力又没有生活来源的人,或者继承人以外的对被继承人扶养较多的人,可以分给他们适当的遗产。”《民法典》第1131条对1985年原《继承法》作出了修改,删除了“缺乏劳动能力又没有生活来源”的表述。1985年原《继承法》规定,可以适当分得遗产的人不仅是继承人以外的依靠被继承人扶养的人,并且此类主体还需要“缺乏劳动能力又没有生活来源”。《民法典》第1131条则降低了依靠被继承人扶养的人取得遗产的条件,无论其是否缺乏劳动能力或是否有生活来源,只要存在依靠被继承人扶养的事实,就可据此分得适当遗产。这是财产的扶养扶助功能在被继承人死亡后的延续,也是对被继承人遗产分配意愿的推定,通常认为,被继承人愿意继续用遗产扶养那些生前就依靠其扶养的人。另一类是继承人以外的对被继承人扶养较多的人。这是权利义务相一致原则的体现,对被继承人扶养较多的人,基于自己的付出可以分得适当的遗产。这有利于鼓励民间扶养,弘扬互助互爱的传统美德。

(二)酌分遗产人权利的实现

酌分遗产人可以分得适当遗产,但立法没有规定具体的数额。这需要综合酌分遗产人与被继承人扶养关系持续的时间、程度、遗产的数额等因素来判断,可以由当事人协商或由法官确定具体的数额。可以分给适当遗产的人,分给他们遗产时,按具体情况可以多于或者少于继承人。

酌分遗产人可以请求分给适当遗产的情形仅限于法定继承。当被继承人以遗嘱处分全部财产或存在合法有效的遗赠扶养协议,从而并未留有适用法定继承的遗产,则应当尊重被继承人的意思表示,不能给与被继承人存在扶养事实关系的主体分配遗产,从而避免与被继承人的真实意愿相违背。

《民法典继承编解释(一)》第21条规定,依照《民法典》第1131条的规定可以分给适当遗产的人,在其依法取得被继承人遗产的权利受到侵犯时,本人有权以独立的诉讼主体资格向人民法院提起诉讼。

案例分析

孙某与邹某于1974年3月登记结婚,1974年12月生育一女孙某蕾。孙某与邹某于1981年9月经法院调解离婚。孙某与陈某于1984年12月结婚,婚后陈某与其前夫所生之子陈某晓(2岁)随孙某共同生活在上海市重庆北路×号。1991年10月,孙某与陈某协议离婚。双方在民政局备案登记的《自愿离婚协议书》中约定:"子女抚养:女方同前夫所生男孩,陈某晓……仍由女方抚养至工作,男方不承担其他费用……"离婚后,陈某晓随陈某迁走,此后与孙某再无往来。后孙某与刘某结婚,婚后未生育子女,并于2000年11月协议离婚。2002年5月,孙某与高某登记结婚,婚后生育一女孙某华。孙某于2016年5月3日死亡,未留有遗嘱,其父母已先于其死亡。陈某晓主张自己有遗产继承权,但孙某蕾、孙某华主张陈某晓不是孙某的法定继承人。

问题:陈某晓是否为孙某的法定继承人?

分析:被继承人孙某死后没有留下遗嘱,应当按照法定继承处理,孙某第一顺序法定继承人包括配偶、父母和子女。孙某的父母已于孙某死亡前死亡,孙某的配偶是高某,孙某蕾是孙某与其前妻邹某所生女儿,孙某华是孙某与其配偶高某所生女儿,高某、孙某蕾、孙某华均为第一顺序法定继承人。本案争议焦点是陈某晓是否为法定继承人。孙某与陈某晓为继父母子女关系,继父母子女之间是否有继承权,取决于是否形成了事实的扶养关系。形成了事实扶养关系的,继父母子女从直系姻亲转化为拟制血亲,从而产生父母子女之间的权利义务关系,是否形成事实扶养关系应当以继承开始时为时间节点。陈某晓2岁时,其生母陈某与孙某结婚,并与孙某共同生活,孙某与陈某晓形成有扶养关系的继父母子女关系。后陈某与孙某协议离婚,依据已经失效的1993年11月3日最高人民法院《关于人民法院审理离婚案件处理子女抚养问题的若干具体意见》(已失效)第13条的规定,生父与继母或生母与继父离婚时,对曾受其抚养教育的继子女,继父或继母不同意继续抚养的,仍应由生父母抚养。《关于适用民法典婚姻家庭编的解释(一)》第54条对此作出了相同规定。离婚后,孙某不愿再继续抚养陈某晓,应当认定继父母子女关系解除,陈某晓不是孙某的法定继承人。

思考题

1. 法定继承人范围和继承顺序的规定是否需要调整?
2. 配偶是否可以作为无固定顺序继承人?
3. 被继承人与被代位人同时死亡时,是否发生代位继承?
4. 被代位人丧失或放弃继承权,是否发生代位继承?
5. 代位继承人的范围是否需要扩大?

第二十九章　遗嘱继承和遗赠

学习要点

本章学习遗嘱的概念、法律特征，遗嘱的有效要件、形式、内容、变更和撤回。掌握遗赠的概念和法律特征，重点掌握遗赠与遗嘱继承的区别。理解遗赠扶养协议的概念、法律特征和效力，重点掌握遗赠与遗赠扶养协议的区别。掌握遗嘱信托的概念、设立条件和效力。

第一节　遗嘱与遗嘱继承

一、遗嘱

（一）遗嘱的概念和法律特征

1. 遗嘱的概念

广义的遗嘱是立遗嘱人生前依据法律规定预先处分其个人财产，安排个人事务，并在立遗嘱人死亡后生效的单方法律行为。狭义的遗嘱，是指立遗嘱人生前依据法律规定预先处分其个人财产的单方法律行为，不包括安排和处理个人事务。我国《民法典》继承编规定的遗嘱是狭义的遗嘱。

2. 遗嘱的法律特征

（1）遗嘱是处分财产的单方法律行为

遗嘱人立遗嘱的行为是遗嘱人按照自己的意愿处分个人财产的行为。立遗嘱的行为没有相对人，遗嘱的成立和生效不需要继承人或受遗赠人的同意或接受，遗嘱人可以在生前变更或撤回其所立遗嘱。

（2）遗嘱是遗嘱人生前亲自实施的行为

订立遗嘱是遗嘱人生前按照自己意愿进行的财产处分行为，需要充分体现遗嘱人的意思，无论何种形式所立的遗嘱，财产处分的意思表示均由遗嘱人亲自作出，而不得由他人代为作出。

（3）立遗嘱人是完全民事行为能力人

遗嘱人立遗嘱时必须具有完全民事行为能力。无民事行为能力人或者限制民事行为能力人所立的遗嘱，即使其本人后来具有完全民事行为能力，仍属无效遗嘱。遗嘱人立遗嘱时具有完全民事行为能力，后来成为无民事行为能力人或者限制民事行为能力人的，不影响遗嘱的效力。

（4）遗嘱是死因民事法律行为

遗嘱由立遗嘱人生前所立，但只能在遗嘱人死亡时生效。遗嘱人生存期间遗嘱不生效，遗嘱中的继承人或受遗赠人均不能依据未生效的遗嘱取得财产。

(5)遗嘱是要式法律行为

要式法律行为,是指符合法律规定的特定形式才能发生法律效力的法律行为。遗嘱人立遗嘱需要依照法律规定采取特定的遗嘱形式,遗嘱人可以在多个法定的遗嘱形式中选择遗嘱形式。只有按照法律规定的遗嘱形式订立的遗嘱才能在遗嘱人死亡时生效,否则即使遗嘱内容与遗嘱人的真实意思表示一致,遗嘱也是无效的。

(二)遗嘱的有效要件

依据遗嘱分配遗产的前提是遗嘱合法有效。遗嘱是遗嘱人生前所立并于死后生效的民事法律行为,遗嘱的生效要件需要符合《民法典》总则编关于民事法律行为有效要件的规定。依据《民法典》第143条的规定,遗嘱的有效要件包括:

1. 遗嘱人立遗嘱时具有遗嘱能力。

遗嘱人立遗嘱时应当是完全民事行为能力人,遗嘱人能够清晰准确地表达自己的真实意愿,并清楚其立遗嘱行为的法律后果。《民法典》第144条规定,无民事行为能力人实施的民事法律行为无效。《民法典》第1143条第1款规定,无民事行为能力人或者限制民事行为能力人所立的遗嘱无效。

遗嘱人是否具有遗嘱能力应当以遗嘱人立遗嘱时的遗嘱能力为准。遗嘱人立遗嘱时有遗嘱能力,后来丧失了遗嘱能力的,不影响遗嘱的效力。遗嘱人立遗嘱时没有遗嘱能力,为无民事行为能力人或者限制民事行为能力人,后来取得了遗嘱能力的,遗嘱仍然无效。

2. 遗嘱人立遗嘱时意思表示真实。

遗嘱必须表示遗嘱人的真实意思,受欺诈、胁迫所立的遗嘱无效。伪造的遗嘱无效。遗嘱被篡改的,篡改的内容无效。

3. 遗嘱的内容合法。

遗嘱的内容应当合法,不违反法律、行政法规的强制性规定,不违背公序良俗。遗嘱只能处分遗嘱人的个人合法财产。遗嘱人以遗嘱处分了国家、集体或者他人财产的,应当认定该部分遗嘱无效。遗产处理时,应当为缺乏劳动能力又没有生活来源的继承人留下必要的遗产,所剩余的部分,才可按照遗嘱确定的分配原则处理。遗嘱人若在遗嘱中没有保留缺乏劳动能力又没有生活来源的继承人的遗产份额,则关涉这部分遗产的遗嘱内容无效。为缺乏劳动能力又没有生活来源的继承人留下的必要遗产份额被称为“必留份”,这是对遗嘱人遗嘱自由的限制,从而发挥遗产的养老育幼功能,保障缺乏劳动能力又没有生活来源的继承人利益。

4. 遗嘱的形式合法。

《民法典》规定的遗嘱形式包括6种,遗嘱作为要式法律行为,应当符合法律规定的遗嘱形式,否则遗嘱无效。不具备特定遗嘱形式的遗嘱无效,遗嘱无效部分涉及的财产按照法定继承处理。

(三)遗嘱的形式

遗嘱的形式,是指遗嘱人生前处分个人财产的意思表示的方式。《民法典》继承编规定的遗嘱形式,包括自书遗嘱、代书遗嘱、打印遗嘱、录音录像遗嘱、口头遗嘱、公证遗嘱。

(1)自书遗嘱

自书遗嘱,是指遗嘱人生前亲笔书写的遗嘱,遗嘱的全部内容都应当由遗嘱人亲笔书写,而不能由他人代写，自书遗嘱不仅需要遗嘱人亲笔书写，还需要遗嘱人亲笔签名，没有签名的自书遗嘱无效。自然人在遗书中涉及死后个人财产处分的内容，确为死者的真实意思表示，有本人签名并注明了年、月、日，又无相反证据的，可以按自书遗嘱对待。

（2）代书遗嘱

代书遗嘱，是指他人依据遗嘱人的意思表示，代为书写的遗嘱。代书遗嘱通常是在遗嘱人不能书写、书写困难或不愿亲笔书写时，他人代为书写的遗嘱。为了保证代书遗嘱的内容与遗嘱人的意思表示一致，代书遗嘱应当有两个以上见证人在场见证，由其中一人代书，并由遗嘱人、代书人和其他见证人签名，注明年、月、日。

（3）打印遗嘱

打印遗嘱，是指遗嘱经由打印机等机器设备打印而形成的遗嘱。打印遗嘱可以由遗嘱人编辑、打印，也可以由他人代为编辑、打印。打印遗嘱容易被他人以技术手段篡改，因此打印遗嘱应当有两个以上见证人在场见证。遗嘱人和见证人应当在遗嘱每一页签名，注明年、月、日。

（4）录音录像遗嘱

录音录像遗嘱分为录音遗嘱和录像遗嘱。录音遗嘱是以录音方式记录遗嘱人口述遗嘱内容而形成的遗嘱。录像遗嘱是以录像方式记录遗嘱人表达遗嘱内容而形成的遗嘱。以录音录像形式订立的遗嘱，应当有两个以上见证人在场见证。遗嘱人和见证人应当在录音录像中记录其姓名或者肖像，以及年、月、日。

（5）口头遗嘱

口头遗嘱，是指遗嘱人在法定情形下用口头语言表述遗嘱内容，不以其他方式记录的遗嘱。口头遗嘱除口头表述外，没有其他的记录形式，因此容易产生争议。遗嘱人在危急情况下，才可以订立口头遗嘱。危急情况，是指遗嘱人处于生命垂危境况或遭遇意外、重大灾害等。口头遗嘱应当有两个以上见证人在场见证。危急情况消除后，遗嘱人能够以书面或者录音录像形式立遗嘱的，所立的口头遗嘱无效。

（6）公证遗嘱

公证遗嘱，是指遗嘱人通过公证机构公证的方式处分其个人财产的遗嘱。公证机构按照公证程序证明遗嘱人设立遗嘱行为的真实性与合法性。公证遗嘱应当采用书面形式。遗嘱公证由遗嘱人住所地或者遗嘱行为发生地公证处管辖。遗嘱人申办遗嘱公证应当亲自到公证处提出申请，他人不能代为办理。遗嘱公证应当由两名公证人员共同办理，由其中一名公证员在公证书上署名。因特殊情况由一名公证员办理时，应当有一名见证人在场，见证人应当在遗嘱和笔录上签名。对于符合下列条件的，公证处应当出具公证书：遗嘱人身份属实，具有完全民事行为能力；遗嘱人意思表示真实；遗嘱人证明或者保证所处分的财产是其个人财产；遗嘱内容不违反法律规定和社会公共利益，内容完备，文字表述准确，签名、制作日期齐全；办证程序符合规定。不符合规定条件的，应当拒绝公证。公证处审批人批准遗嘱公证书之前，遗嘱人死亡或者丧失行为能力的，公证处应当终止办理遗嘱公证。

除自书遗嘱外，其他遗嘱形式均涉及遗嘱见证人。遗嘱见证人是证明遗嘱真实性的第三人。遗嘱见证人需要符合一定的条件。一是遗嘱见证人有见证遗嘱真实性的能力；二是遗嘱见证人与遗嘱内容没有利害关系。《民法典》第 1140 条规定，下列人员不能作为遗嘱见证人：无民事行为能力人、限制民事行为能力人以及其他不具有见证能力的人；继承人、受遗赠人；与继承人、受遗赠人有利害关系的人。

(四)遗嘱的内容

遗嘱的内容是遗嘱人在遗嘱中所表示的处分个人财产的意思。遗嘱的内容需要明确、具体、合法。遗嘱的内容包括:

1. 指定遗嘱继承人和受遗赠人。

《民法典》第1133条第2款、第3款规定,自然人可以立遗嘱将个人财产指定由法定继承人中的一人或者数人继承。自然人可以立遗嘱将个人财产赠与国家、集体或者法定继承人以外的组织、个人。立遗嘱人将个人财产指定由法定继承人中的一人或者数人继承,取得遗产的人是法定继承人以内的人,这属于遗嘱继承。立遗嘱人将个人财产赠与国家、集体或者法定继承人以外的组织、个人,取得遗产的人非法定继承人,这属于遗赠。受遗赠人可以是自然人、法人、国家和集体等。

2. 指定遗嘱继承人和受遗赠人取得遗产的份额。

遗嘱人应当在遗嘱中说明遗嘱继承人和受遗赠人可以取得的具体遗产份额,明确多个继承人、受遗赠人继承或受遗赠遗产的分配办法,未明确具体遗产分配份额或分配办法的,由多个被指定的继承人在遗嘱继承的范围内平均分配遗产,多个受遗赠人在受遗赠的范围内平均分配遗产。

3. 指定遗嘱执行人。

《民法典》第1133条第1款规定,自然人可以依照本法规定立遗嘱处分个人财产,并可以指定遗嘱执行人。遗嘱执行人是遗嘱人在遗嘱中指定的负责实现遗嘱处分个人财产内容的人。无论是否指定遗嘱执行人,均不影响遗嘱的效力。

4. 设立遗嘱信托。

《民法典》第1133条第4款规定,自然人可以依法设立遗嘱信托。遗嘱信托的内容适用《信托法》进行规制。

5. 遗嘱设立的时间与地点。

遗嘱人应当在遗嘱中写明遗嘱设立的时间和地点。遗嘱人先后立下多份遗嘱时,可以通过遗嘱设立的时间来确定生效的遗嘱。立有数份遗嘱,内容相抵触的,以最后的遗嘱为准。

(五)遗嘱的变更和撤回

遗嘱人订立遗嘱后,可能因多种原因,在遗嘱生效前改变遗嘱的内容。遗嘱人变更或撤回遗嘱是遗嘱自由原则的体现,遗嘱人可以在遗嘱生效前全部或部分变更或撤回自己所立的遗嘱。

1. 遗嘱变更与撤回的概念

遗嘱的变更,是指遗嘱人设立遗嘱之后、遗嘱生效以前,对已经设立的遗嘱进行部分修改。遗嘱的撤回,是指遗嘱人设立遗嘱后取消已经设立的遗嘱。《民法典》继承编将1985年原《继承法》中遗嘱的撤销改为了遗嘱的撤回,此修改符合民事法律行为理论,"撤回"是对没有生效的意思表示予以撤回,使其不发生法律效力。"撤销"是对已经生效的意思表示予以撤销,撤销的效力溯及至法律行为生效时。对遗嘱人而言,遗嘱人死亡之前,遗嘱尚未生效,遗嘱人只能撤回遗嘱,而不能撤销遗嘱。遗嘱被变更或撤回的,被变更或撤回的部分或全部不发生法律效力。

2. 遗嘱变更与撤回的方式

遗嘱人变更或撤回遗嘱的方式包括明示方式和默示方式。

（1）明示方式

遗嘱人可以公开表示的方式全部或部分变更之前设立的遗嘱或撤回之前设立的遗嘱。以明示方式变更或撤回遗嘱需要符合法定形式，否则不发生遗嘱变更或撤回的效力。公证遗嘱生效前，非经遗嘱人申请并履行公证程序，不得撤回或者变更公证遗嘱。

（2）默示方式

默示方式，是指遗嘱人未以公开表示的方式变更或撤回遗嘱，但依据法律规定推定遗嘱人的行为构成对所立遗嘱的变更或撤回。包括：第一，立遗嘱后，遗嘱人实施与遗嘱内容相反的民事法律行为的，视为对遗嘱相关内容的撤回。如遗嘱生效前，遗嘱人将遗嘱所涉财产所有权转移或抛弃，则遗嘱被视为撤回或部分撤回。可以被推定为遗嘱撤回的行为应当是民事法律行为，民事法律行为中体现了遗嘱人设立、变更、终止民事法律关系的意思表示。第二，立有数份遗嘱，内容相抵触的，以最后的遗嘱为准。最后的遗嘱是对前期所立遗嘱的变更或撤回。无论最后的遗嘱的形式如何，推定适用最后的遗嘱。《民法典》继承编删除了公证遗嘱效力优先的规定。第三，遗嘱人故意销毁遗嘱的，推定遗嘱人撤回原遗嘱。

疑难问题论争　共同遗嘱的效力如何认定

共同遗嘱又称合立遗嘱，是指两个或两个以上遗嘱人共同订立的遗嘱。遗嘱人在共同遗嘱中处分各自的财产或共同所有的财产。共同遗嘱分为形式意义上的共同遗嘱和实质意义上的共同遗嘱。形式意义上的共同遗嘱，是指各遗嘱人将多个处理遗产的意愿记载在同一份遗嘱中，虽在形式上属于同一遗嘱，但在实质上为各自独立的多份遗嘱，可以按照遗嘱人各自表达的意愿处理遗产。实质意义上的共同遗嘱，是指两个以上的遗嘱人形成共同的意思表示，并在一份遗嘱中表达。在理论上，实质意义上的共同遗嘱可以分为：第一，相互指定型遗嘱，在遗嘱中指定对方为自己的遗嘱继承人，对方也指定自己为遗嘱继承人。第二，共同指定型遗嘱，即共同指定第三人为双方的唯一继承人。这两类又被合称为“相互遗嘱”。第三，柏林式遗嘱，即相互指定对方为继承人，并约定后死亡一方将遗产留给共同指定的受益人。这在实践中最常见。第四，相关遗嘱，即两份遗嘱虽然形式上独立，但是互以对方内容为条件，一份撤回或失效时，另一份亦失效，一份执行则另一份不得撤回，近于继承契约。[1]

仅就实质意义上的共同遗嘱而言，相互指定型遗嘱自一方死亡时生效，其他类型遗嘱则存在“部分生效说”“效力待定说”“全部生效说”等不同观点，有裁判认为，共同指定型遗嘱自双方均死亡时生效，相关遗嘱自一方死亡时部分生效。有学者指出，“部分生效说”的问题在于，共同遗嘱的内容具有整体性和关联性，为何可以仅承认部分效力而否定其他部分。“效力待定说”则无法解释在遗嘱尚未生效的情况下，一方死亡后遗产权属如何发生变更以及生存配偶是遗产的所有权人还是管理人的问题。“全部生效说”的悖论在于，遗嘱作为死因处分，遗嘱人未全部死亡时，生存配偶的遗嘱内容如何可以生效。综上所述，目前学理和裁判对于共同遗嘱的法律行为类型以及生效时间皆存在很大争议。[2]

共同遗嘱中在世一方能否变更或撤回自己在共同遗嘱中的意思表示？司法实践较多关注

---

〔1〕　参见汪洋：《民法典时代共同遗嘱的理论构造》，载《法商研究》2020年第6期。

〔2〕　参见汪洋：《民法典时代共同遗嘱的理论构造》，载《法商研究》2020年第6期。

夫妻所立的共同遗嘱，北京市高级人民法院的观点是：以夫妻双方名义共同订立的处理夫妻共同财产的遗嘱，符合遗嘱形式要件的应为有效。当事人仅以遗嘱内容为一方书写，不符合代书遗嘱相关形式要件为由请求认定遗嘱无效的，人民法院不予支持。夫妻一方先死亡的，在世一方有权撤销〔1〕、变更遗嘱中涉及其财产部分的内容；但该共同遗嘱中存在不可分割的共同意思表示，上述撤销、变更遗嘱行为违背该共同意思表示的除外。〔2〕

进言之，关于夫妻一方能否变更或撤回自己在共同遗嘱中的意思表示，多数意见认为，应当区分遗嘱内容是否不可分割、相互具有牵连性而定。对于夫妻双方只是将各自遗嘱记载在同一文件上，各自所立的遗嘱在内容上互相独立，遗嘱内容不具有不可分割的牵连性的共同遗嘱，夫妻双方均可以随时撤回和更改自己所立遗嘱，无须征得配偶同意，其法律适用可以参照单独遗嘱的相关规定。对于遗嘱内容不可分割的共同遗嘱，因双方有关遗产处分的意愿紧密关联、互相约束，夫妻双方撤回遗嘱处分应当受到一定的限制。相互牵连不可分割的共同遗嘱对夫妻双方当事人何时产生限制或约束力，多数意见认为，应当区分配偶双方在世期间和配偶一方去世后而定。配偶双方在世期间，任何一方均可自由撤回其死因处分，无论该处分是否有相对性。但是，如果配偶一方死亡，由于相应的遗嘱已实际执行，另一方撤回相互性的权利也随之消灭。〔3〕

二、遗嘱继承

遗嘱继承被称为意定继承，是指继承人按照被继承人的遗嘱，继承被继承人遗产的继承方式。遗嘱继承是与法定继承相对应的一种继承方式，体现了对被继承人意思表示的尊重，实现了被继承人生前处分其财产的意思表示。遗嘱继承人取得遗产的份额都由被继承人在遗嘱中指定，从而遗嘱继承也被称为指定继承。作为一种继承方式，遗嘱继承具有不同于法定继承的法律特征：

1. 遗嘱继承的前提是存在合法有效的遗嘱。被继承人所立的遗嘱合法有效是遗嘱继承发生的法律事实之一。被继承人死亡并存在合法有效的遗嘱，才能发生遗嘱继承。

2. 遗嘱继承体现被继承人处分其个人财产的意思表示。遗嘱继承的继承人范围、顺序、遗产份额都可以由被继承人在遗嘱中指定。《民法典》第 1133 条第 2 款规定：“自然人可以立遗嘱将个人财产指定由法定继承人中的一人或者数人继承。”遗嘱继承人为法定继承人范围内的自然人，但遗嘱继承不受法定继承所规定的顺序和遗产分配份额的限制。继承人按照遗嘱行使继承权，遗嘱继承人依据遗嘱取得遗产后，不影响其依据法定继承的规则取得遗嘱未处理的遗产。

3. 遗嘱继承优先于法定继承适用。《民法典》第 1123 条规定：“继承开始后，按照法定继承办理；有遗嘱的，按照遗嘱继承或者遗赠办理；有遗赠扶养协议的，按照协议办理。”被继承人立有合法有效的遗嘱的，应当适用遗嘱继承。被继承人没有合法有效的遗嘱的，应当依据法定继承的方式继承遗产。遗嘱继承的效力虽然优先于法定继承的效力，但不能对抗遗赠扶养协议中约定的内容。遗赠扶养协议中约定遗赠给特定主体的遗产，不能按照遗嘱继承处理。遗赠

---

〔1〕《民法典》将遗嘱的撤销修改为遗嘱的撤回，从而此处也应理解为撤回，下文同。

〔2〕参见 2018 年 6 月 11 日北京市高级人民法院《关于审理继承纠纷案件若干疑难问题的解答》第 19 条。

〔3〕参见邹治：《权威解读：北京高院关于审理继承纠纷案件若干疑难问题的解答》，载微信公众号“法语峰言”2018 年 7 月 3 日，http://zhuanlan.zhihu.com/p/246491959。

扶养协议未作处分的遗产，可以依据遗嘱继承处理。

第二节　遗赠与遗赠扶养协议

一、遗赠

（一）遗赠的概念

遗赠，是指遗嘱人以遗嘱的方式将其个人合法财产的全部或部分赠与法定继承人以外的人，并于遗嘱人死亡时生效的单方法律行为。《民法典》第1133条第3款规定：“自然人可以立遗嘱将个人财产赠与国家、集体或者法定继承人以外的组织、个人。”因此，遗赠的前提是存在合法有效的遗嘱，遗赠的内容可以是遗嘱内容的一部分或全部。遗嘱的特征和条件也适用于遗赠。遗嘱人在遗赠中被称为遗赠人，接受遗赠财产的人被称为受遗赠人或遗赠受领人。受遗赠人可以是国家、集体或法定继承人以外的自然人、组织。指定赠与的财产是遗赠财产。

（二）遗赠的法律特征

1. 遗赠是给予他人财产利益的无偿行为

受遗赠人与遗赠人之间没有血缘、婚姻或扶养关系，遗赠人给予他人财产利益是一种无偿转让财产的行为，不需要受遗赠人履行对等的义务，没有相应的对价。遗赠是无偿行为，这决定了遗赠中所负有的义务并不是对等的义务，受遗赠人所负的义务不能超过其所享有的权利。

2. 遗赠是单方、要式法律行为

遗赠是依据遗赠人单方的意思表示就可以成立的法律行为，遗赠的成立不需要受遗赠人同意，遗赠人可以修改遗赠的意思表示。遗赠是要式法律行为，遗赠需要以合法有效的遗嘱进行，方能发生遗赠的效力。

3. 遗赠是遗赠人死后发生法律效力的行为

遗赠是遗赠人生前作出意思表示，于遗赠人死后发生法律效力的行为。遗赠人死亡是遗赠生效的前提条件之一，遗赠人死亡后，受遗赠人方能接受遗赠人的财产。

4. 受遗赠人是法定继承人以外的第三人

受遗赠人是法定继承人以外的自然人、法人、其他组织、国家、集体。法定继承人不能成为受遗赠人，只能成为遗嘱继承人。法定继承人按照遗嘱取得遗产可以是无偿的，但这属于遗嘱继承，不是遗赠。法定继承人只能是自然人，受遗赠人可以是自然人、法人、其他组织或者国家、集体。

（三）遗赠与遗嘱继承的区别

遗赠和遗嘱继承均体现了遗嘱人或被继承人按照个人意愿处分财产的方式，均为单方、要式法律行为，均是遗嘱人或被继承人死亡后发生法律效力的行为，均需以合法有效的遗嘱存在为前提。

遗赠与遗嘱继承的不同之处在于：

1. 受遗赠人的范围与遗嘱继承人范围不同。

受遗赠人是国家、集体或者法定继承人以外的组织、个人。受遗赠人与遗赠人之间可以有亲属关系或其他密切联系,也可以没有任何关系。遗嘱继承人只能是法定继承人范围内的继承人,只能是自然人。

2. 受遗赠人与遗嘱继承人所负担的义务不同。

依据《民法典》第 1144 条的规定,遗嘱继承或者遗赠附有义务的,继承人或者受遗赠人应当履行义务。没有正当理由不履行义务的,经利害关系人或者有关组织请求,人民法院可以取消其接受附义务部分遗产的权利。所不同的是,受遗赠人原则上是无偿取得遗产的,对遗嘱人生前所负债务先用遗产清偿,剩余部分才能执行遗赠。既有法定继承又有遗嘱继承、遗赠的,由法定继承人清偿被继承人依法应当缴纳的税款和债务;超过法定继承遗产实际价值部分,由遗嘱继承人和受遗赠人按比例以所得遗产清偿。

3. 受遗赠权与遗嘱继承权的接受、放弃规则不同。

遗嘱继承人放弃继承的,应当在遗产处理前,以书面形式作出放弃继承的表示;没有表示的,视为接受继承。受遗赠人应当在知道受遗赠后 60 日内,作出接受或者放弃受遗赠的表示;到期没有表示的,视为放弃受遗赠。

4. 受遗赠人与遗嘱继承人取得遗产的方式不同。

受遗赠人不直接参与遗产分配,而是从遗嘱继承人或者遗产管理人处获得遗赠人的财产。遗嘱继承人则可以直接参与遗产分配,从而直接实现其继承权。

二、遗赠扶养协议

(一)遗赠扶养协议的概念与法律特征

1. 遗赠扶养协议的概念

遗赠扶养协议,是指遗赠人与扶养人之间达成的关于扶养人承担对遗赠人生养死葬的义务,遗赠人死亡后将其财产的全部或部分遗赠给扶养人的协议。遗赠扶养协议是我国继承制度的创举,旨在解决养老和扶养问题,减轻国家和社会的负担。

《民法典》第 1158 条规定:"自然人可以与继承人以外的组织或者个人签订遗赠扶养协议。按照协议,该组织或者个人承担该自然人生养死葬的义务,享有受遗赠的权利。"遗赠扶养协议是当事人之间平等、互助、有偿的民事法律关系,体现了自然人处分个人财产的意愿,是扶养人和遗赠人享有权利承担义务的依据。

2. 遗赠扶养协议的法律特征

遗赠扶养协议不同于遗嘱继承和遗赠,具有自身的法律特征:

(1)遗赠扶养协议是双方、有偿法律行为。

遗赠扶养协议是遗赠人与扶养人间的双方法律行为,需要双方意思表示一致才能成立。遗赠扶养协议成立则具有法律效力,双方依据协议内容互享权利、互负义务,双方的民事法律关系平等且有偿。遗赠人享有被扶养的权利,负有将其财产遗赠给扶养人的义务。扶养人享有接受遗赠的权利,负有对遗赠人生养死葬的义务。扶养人付出的代价与所取得的遗产价值并不一定相等。

(2)遗赠扶养协议是诺成、要式法律行为。

遗赠扶养协议是诺成法律行为,扶养人与遗赠人意思表示达成一致则成立生效。遗赠扶养协议应当采用书面形式签订,因此是要式法律行为。

(3)遗赠扶养协议的扶养人只能在遗赠人死亡时取得权利。

遗赠扶养协议在扶养人与遗赠人意思表示达成一致时成立且生效,扶养人在遗赠人生前履行协议规定的义务,但需要等到遗赠人死亡后才能取得遗赠人的遗产。扶养人在履行扶养义务时,不得提出取得遗赠人财产的请求。

(4)遗赠扶养协议的适用具有优先性。

《民法典》第1123条规定:"继承开始后,按照法定继承办理;有遗嘱的,按照遗嘱继承或者遗赠办理;有遗赠扶养协议的,按照协议办理。"也就是说,遗赠扶养协议优先于遗嘱适用。被继承人生前与他人订有遗赠扶养协议,同时立有遗嘱的,继承开始后,如果遗赠扶养协议与遗嘱没有抵触,遗产分别按遗赠扶养协议和遗嘱处理;如果有抵触,按遗赠扶养协议处理,与遗赠扶养协议抵触的遗嘱全部或者部分无效。

(二)遗赠扶养协议的内容

遗赠扶养协议的设立目的是解决扶养和养老问题,这是我国司法实践经验的体现。遗赠扶养协议的权利义务主要涉及:扶养人对遗赠人履行生养死葬的义务,需要尽到扶养义务,给予遗赠人妥善的照顾,不得虐待或随意中断扶养义务。扶养人无正当理由不履行协议,导致协议解除的,不能享有受遗赠的权利。关于遗赠人是否不得自由处分遗赠标的物的问题,《民法典继承编解释(一)》第3条规定:"被继承人生前与他人订有遗赠扶养协议,同时又立有遗嘱的,继承开始后,如果遗赠扶养协议与遗嘱没有抵触,遗产分别按协议和遗嘱处理;如果有抵触,按协议处理,与协议抵触的遗嘱全部或者部分无效。"也就是说,在遗赠扶养协议生效以后,遗赠人对遗赠标的物的死因处分受到限制。遗赠人对遗赠标的物的生前处分是否受到限制,并未明确。

(三)遗赠扶养协议的效力

遗赠扶养协议签订后即发生法律效力,在扶养人和遗赠人之间,扶养人应当在遗赠人生前对其进行扶养照顾,在遗赠人死后负责安葬遗赠人。《民法典继承编解释(一)》第40条规定:"继承人以外的组织或者个人与自然人签订遗赠扶养协议后,无正当理由不履行,导致协议解除的,不能享有受遗赠的权利,其支付的供养费用一般不予补偿;遗赠人无正当理由不履行,导致协议解除的,则应当偿还继承人以外的组织或者个人已支付的供养费用。"

(四)遗赠扶养协议与遗赠的区别

1. 遗赠扶养协议是双方法律行为,需要遗赠人与扶养人意思表示一致。遗赠是单方法律行为,只需遗赠人单方意思表示即可,无须受遗赠人同意。

2. 遗赠扶养协议是有偿法律行为,扶养人取得遗赠财产的条件是完成对遗赠人的生养死葬,生养死葬义务的完成是取得遗赠财产的对价。遗赠是无偿法律行为,受遗赠人通常只取得遗赠人财产,不承担相应的义务。

3. 遗赠扶养协议采用合同的方式订立。遗赠采用遗嘱的方式订立。

4. 遗赠扶养协议是在遗赠人生前生效的法律行为,扶养人在遗赠扶养协议订立后即需要履行生养死葬的义务。遗赠是在遗赠人死后生效的法律行为,受遗赠人在遗赠人死后才能接受遗赠,遗赠人在生前可以变更或者撤回其所立遗嘱。

第三节 遗嘱信托

一、遗嘱信托的概念

我国《信托法》界定的信托，是指委托人基于对受托人的信任，将其财产权委托给受托人，由受托人按委托人的意愿以自己的名义，为受益人的利益或者特定目的，进行管理或者处分的行为。遗嘱信托，是指以遗嘱方式设立的信托。《民法典》第1133条第4款规定："自然人可以依法设立遗嘱信托。"遗嘱信托的委托人应当是具有完全民事行为能力的自然人，即立遗嘱人。遗嘱信托的受托人应当是具有完全民事行为能力的自然人、法人。法律、行政法规对受托人的条件另有规定的，从其规定。遗嘱信托的受益人是在信托中享有信托受益权的人。受益人可以是自然人、法人或者依法成立的其他组织。

二、遗嘱信托的设立条件

遗嘱信托的设立需要符合《民法典》继承编和《信托法》有关信托的规定，满足相应的条件。

(一)有合法的目的

遗嘱人作为委托人设立遗嘱信托是为了受益人的利益，受托人按照委托人的意愿，管理、运用和处分信托财产，实现受益人的利益。遗嘱信托的委托人在遗嘱中指明遗嘱信托的目的，受托人就信托财产实现信托的目的。遗嘱信托目的的实现围绕信托财产展开。遗嘱信托的目的应当不违反法律、行政法规，不违背国家利益、社会公共利益和公序良俗。

(二)有确定的信托财产

遗嘱人应当以其实际所有的确定的财产设立信托，该财产只能是积极财产，而不包括消极财产。信托财产应当是遗嘱人的合法财产，财产权利归属于信托人，应避免因权利归属不明确而导致遗嘱信托无效。可以设立遗嘱信托的财产包括有形财产和无形财产，具有经济价值的财产权利可以成为信托财产，如动产、不动产、专利权、商标权等。人身权等不具有独立经济价值的权利不能成为信托财产。

(三)采用书面形式

《信托法》第8条第1款、第2款规定："设立信托，应当采取书面形式。书面形式包括信托合同、遗嘱或者法律、行政法规规定的其他书面文件等。"设立遗嘱信托应当采用书面形式。遗嘱人以自己的单方行为在遗嘱中设立信托，不需要在立遗嘱时得到受托人的承诺。遗嘱信托的成立需要以遗嘱的生效为前提。

以遗嘱设立信托应当载明下列事项：(1)信托目的；(2)委托人、受托人的姓名或者名称、住所；(3)受益人或者受益人范围；(4)信托财产的范围、种类及状况；(5)受益人取得信托利益的形式、方法。此外，可以载明信托期限、信托财产的管理方法、受托人的报酬、新受托人的选任方式、信托终止事由等事项。

(四)办理信托登记

《信托法》第10条规定："设立信托，对于信托财产，有关法律、行政法规规定应当办理登记手续的，应当依法办理信托登记。未依照前款规定办理信托登记的，应当补办登记手续；不补办的,该信托不产生效力。"

三、遗嘱信托财产

受托人因承诺信托而取得的财产是信托财产。受托人因信托财产的管理运用、处分或者其他情形而取得的财产,也归入信托财产。法律、行政法规禁止流通的财产,不得作为信托财产。法律、行政法规限制流通的财产,依法经有关主管部门批准后,可以作为信托财产。

信托财产与委托人未设立信托的其他财产相区别。信托财产与属于受托人所有的财产相区别,不得归入受托人的固有财产或者成为固有财产的一部分。受托人死亡或者依法解散、被依法撤销、被宣告破产而终止,信托财产不属于其遗产或者清算财产。受托人管理运用、处分信托财产所产生的债权,不得与其固有财产产生的债务相抵销。受托人管理运用、处分不同委托人的信托财产所产生的债权债务,不得相互抵销。

四、遗嘱信托的效力

(一)遗嘱信托的生效

遗嘱信托是遗嘱人以单方行为设立的信托,自受托人承诺信托时成立。遗嘱指定的人拒绝或者无能力担任受托人的,由受益人另行选任受托人;受益人为无民事行为能力人或者限制民事行为能力人的,依法由其监护人代行选任。遗嘱对选任受托人另有规定的,从其规定。遗嘱在被继承人死亡时生效,遗嘱信托须得到受托人承诺方能成立,受托人是否承诺信托由其自行决定。受托人承诺的,遗嘱信托与遗嘱视为同时生效。

(二)遗嘱信托的撤销

遗嘱人设立信托损害其债权人利益的,债权人有权申请人民法院撤销该信托。遗嘱人作为债务人明知设立信托会损害债权人利益的属于欺诈性信托,导致债权无法实现或难以实现的,债权人享有撤销权。债权人应当自知道或者应当知道撤销原因之日起一年内申请撤销,到期不申请撤销的,撤销权消灭。

债权人据此撤销信托的,不影响善意受益人已经取得的信托利益。遗嘱信托的受益人通常不参与信托设立,且常为无民事行为能力人和限制民事行为能力人,因此即使信托被撤销,善意受益人所取得的信托利益也不予返还。

(三)遗嘱信托的无效

依据《信托法》第 11 条的规定,存在下列情形之一的,遗嘱信托无效:

1. 信托目的违反法律、行政法规或者损害社会公共利益;
2. 信托财产不能确定;
3. 委托人以非法财产或者本法规定不得设立信托的财产设立信托;
4. 专以诉讼或者讨债为目的设立信托;
5. 受益人或者受益人范围不能确定;
6. 法律、行政法规规定的其他情形。

案例分析

张某元与蔡某珍于 1999 年 6 月结婚,婚后生育一子张某健,2018 年 7 月,张某元在病重期间书写一份遗嘱,载明:"我去世后,东面三间房屋的使用权归我妻蔡某珍,西面三间平房也归我妻蔡某珍安身之处,如我妻蔡某珍今后嫁人,三间平房归我侄子张某军所有。”遗书上有蔡某珍签名,张某元哥哥张某胜、姐夫孙某德、朋友蔡某栋和刘某容作为见证人签名。2019 年 6 月 12 日,蔡某珍与何某平登记结婚,于 2019 年 10 月对三间平房进行了修缮和墙面粉刷,2020 年 4 月蔡某珍生育一女,后在该平房内为其女儿举办“百日宴”。张某军主张,蔡某珍在张某元去世后一直占据西面三间平房,多次要求其返还均无果,于是诉请法院判令该房产归张某军所有。

问题:张某军是否有权主张蔡某珍返还西面三间平房?

分析:张某元亲笔书写遗嘱并签名,注明年、月、日,并有多名见证人见证签名,其遗嘱为自书遗嘱。张某元将西面三间平房赠与其侄子张某军,张某军为法定继承人以外的人,因此该赠与为遗赠。但此遗赠附有限制性内容,“如我妻蔡某珍今后嫁人,三间平房归我侄子张某军所有”。该内容限制了蔡某珍的婚姻自由权,蔡某珍在张某元死后是否再婚应当由蔡某珍自行决定,故遗嘱中“如我妻蔡某珍今后嫁人,三间平房归我侄子张某军所有”的内容应属无效,张某军受遗赠的内容无效。张某军无权主张蔡某珍返还西面三间平房。

思考题

1. 公证遗嘱的效力是否优先于其他形式订立的遗嘱?
2. 如何理解遗嘱见证人“在场见证”?
3. 打印遗嘱中的打印行为应当如何完成?
4. 如何认定遗嘱见证人的遗嘱见证能力?
5. 如何区分自书遗嘱、代书遗嘱和打印遗嘱?
6. 什么是遗嘱信托法律关系?

第三十章　遗产的处理

|学习要点|

本章学习继承的开始、遗产的处理，重点掌握遗产管理人的概念、资格、选任、职责、责任、报酬请求权。理解遗产债务清偿和遗产分割的规则。

第一节　继承的开始

一、继承开始的时间

（一）继承开始的概念

继承的开始，是指死者权利义务的转移，基于死亡的事实，发生相应的继承法律关系。引发继承法律关系的法律事实是被继承人的死亡。死亡包括自然死亡和宣告死亡。

（二）继承开始时间的确定

《民法典》第1121条规定："继承从被继承人死亡时开始。相互有继承关系的数人在同一事件中死亡，难以确定死亡时间的，推定没有其他继承人的人先死亡。都有其他继承人，辈份不同的，推定长辈先死亡；辈份相同的，推定同时死亡，相互不发生继承。"《民法典继承编解释（一）》第1条规定："继承从被继承人生理死亡或者被宣告死亡时开始。宣告死亡的，根据民法典第四十八条规定确定的死亡日期，为继承开始的时间。"也就是说，被宣告死亡的人，人民法院宣告死亡的判决作出之日视为其死亡的日期；因意外事件下落不明宣告死亡的，意外事件发生之日视为其死亡的日期。

二、继承开始的法律意义

继承开始的时间是一系列继承法律关系发生的时间起点，对被继承人的继承人、债权人、债务人等与被继承人具有权利义务关系的主体均有法律意义。

（一）继承开始的时间是确定遗产承受主体的时间

继承开始时，客观意义的继承权转化为主观意义的继承权。在法定继承和遗嘱继承中，均依据继承开始的时间来确定继承人是否能实际取得被继承人的遗产。继承开始时生存且没有丧失遗产承受权利的法定继承人、遗嘱继承人、受遗赠人，有权取得遗产。特定继承人先于被继承人死亡的，发生代位继承。继承开始后遗产分割前继承人死亡的，发生转继承。

（二）继承开始的时间是确定遗产范围的时间

遗产是被继承人死亡时遗留的个人合法财产。继承开始前，被继承人已经事实上或法律上处分的财产不是遗产。继承开始前，被继承人的财产范围处于不断变动的状态，被继承人随时可以进行事实上或法律上的处分。继承开始的时间就是确定被继承人死亡时尚存财产范围的时间。继承开始后,附加于遗产上的财产不是遗产。例如,继承人在被继承人死亡后,在原被继承人所有的房屋上加盖房屋,则加盖部分不属于遗产。

(三)继承开始的时间是确定继承人应继份额和酌分遗产人应得份额的时间

在法定继承中,同一顺序的法定继承人的继承份额一般应当均等。对有特殊困难、缺乏劳动能力的继承人应当予以照顾,认定其有特殊困难、缺乏劳动能力的时间点是继承开始时。对酌分遗产人,即继承人以外的依靠被继承人扶养的人,或者继承人以外的对被继承人扶养较多的人,可以分给适当的遗产。判断是否具有酌分遗产的情形,应当以继承开始时为判断的时间点。

(四)继承开始的时间点是确定放弃继承权的效力和遗产分割溯及力的时间

继承人放弃继承的意思表示,应当在继承开始后、遗产分割前作出。放弃继承的效力,追溯至继承开始的时间。遗产分割通常发生在继承开始后的一段时间内,但遗产分割的效力应溯及至继承开始之时。

(五)继承开始的时间点是确定遗产权利归属的时间

被继承人死亡时继承开始,被继承人不能继续成为财产所有权主体,此时遗产转归继承人所有。继承人是一人的,遗产由该继承人所有;继承人为两人以上的,遗产由全体继承人共同共有或按份共有。继承开始的时间是遗产转归继承人所有,从而确定遗产权利归属的时间。

三、继承开始的通知

《民法典》第1150条规定:“继承开始后,知道被继承人死亡的继承人应当及时通知其他继承人和遗嘱执行人。继承人中无人知道被继承人死亡或者知道被继承人死亡而不能通知的,由被继承人生前所在单位或者住所地的居民委员会、村民委员会负责通知。”

四、遗产的保管

《民法典》第1151条规定:“存有遗产的人,应当妥善保管遗产,任何组织或者个人不得侵吞或者争抢。”人民法院对故意隐匿、侵吞或者争抢遗产的继承人,可以酌情减少其应继承的遗产。

第二节　遗产管理人

一、遗产管理人的概念与资格

(一)遗产管理人的概念

遗产管理人,是指在继承开始后,依据法律规定或遗嘱指定而确定的,对待继承的遗产进行保护和管理,负责处理有关遗产事务的人。《民法典》第1145条至第1149条对遗产管理人的产生、职责、责任、报酬请求权作出了规定。

(二)遗产管理人的资格

遗产管理人的资格,是指作为遗产管理人应当具备的对遗产进行有效管理、清算债权债务及分配遗产等行为的能力。《民法典》第1145条仅规定了遗产管理人的产生,但对遗产管理人应当具备的资格没有说明。遗产管理人的资格直接决定了遗产是否能够得到妥善管理,关系继承人和遗产债权人的利益,因此有必要对遗产管理人的资格作出界定。笔者认为,从遗产管理人所从事的遗产管理事项而言,遗产管理人应当至少具备两个条件:第一,遗产管理人是完全民事行为能力人。无民事行为能力人和限制民事行为能力人不得担任遗产管理人。第二,遗产管理人不是失信被执行人。遗产管理人若被列入失信被执行人名单,其自身的生活、生产经营等均会受到法律约束和限制,并不利于遗产管理事务的进行。

二、遗产管理人的确定

依据《民法典》第 1145 条的规定,我国立法规定了 4 种确定遗产管理人的方式:

一是遗嘱指定。遗嘱中确定了遗嘱执行人的,遗嘱执行人是遗产管理人。遗嘱执行人是遗嘱人在遗嘱中指定的执行遗嘱的人,通常是遗嘱人信任的人,由其承担遗产管理的职责符合遗嘱人的意愿,也有利于遗嘱执行人执行遗嘱事务,较合理。

二是继承人推选。没有遗嘱、遗嘱中没有指定遗嘱执行人或遗嘱执行人死亡的,则无法由遗嘱执行人担任遗产管理人。被继承人死亡,通常继承人会参与被继承人死后事务的处理、遗产分割等,因此由继承人推选遗产管理人符合我国民众参与继承的实际状况。继承人可以推选一名或多名继承人作为遗产管理人,具体的推选规则可由继承人协商确定,可以是少数服从多数或者一致同意。

三是继承人共同担任。继承人没有推选遗产管理人的,可以由全体继承人共同担任遗产管理人。继承人无法按照约定的规则推选出遗产管理人的,则由全体继承人担任遗产管理人,对遗产进行管理,对涉及全体继承人的事项,就需要全体继承人达成一致。继承人人数较少或仅为一人时,继承人可能不推选遗产管理人,而直接由全体继承人担任遗产管理人。

四是民政部门或村民委员会担任。没有继承人或者继承人均放弃继承的,遗产为无人继承的遗产。若被继承人生前是城镇居民,则由被继承人生前住所地的民政部门担任遗产管理人;若被继承人生前是集体经济组织成员,则由村民委员会担任遗产管理人。

三、遗产管理人的职责

遗产管理人的职责是遗产管理人进行遗产管理的具体内容和要求。大陆法系和英美法系国家设计遗产管理制度时,对遗产管理人的职责都作出了规定。一般包括:第一,清理遗产和保全遗产;第二,编制遗产清册;第三,公告遗产继承相关事项,通知遗产继承人、债权人、债务人、受遗赠人等利害关系人;第四,处理被继承人的债权债务;第五,进行遗产分配。

依据《民法典》第 1147 条的规定,我国遗产管理人应当履行的职责包括以下内容。

(一)清理遗产并制作遗产清单

继承开始后,遗产管理人首先应当以管理人的身份收集和清理遗产,尽到善良管理人的义务。在清理和估价之后,遗产管理人应当从夫妻共同财产、家庭共同财产及与他人的共同财产中分出被继承人的个人财产,查明被继承人的债权债务关系,并按照被继承人所有的个人财产的类型、性质等进行分类编册,列明债权债务关系,制作遗产清单。

(二)向继承人报告遗产情况

遗产管理人负有报告义务,在遗产管理过程中,遗产管理人应当向继承人报告遗产管理的全部情况,包括向法定继承人和遗嘱继承人报告。此报告义务仅限于对法定继承人和遗嘱继承人,不包括对债权人、债务人和受遗赠人进行报告。遗产管理人应当向继承人全面报告遗产情况，包括遗产类型、估价、所在地、债权债务等。遗产管理人报告遗产情况应当采用书面形式，因遗产清单为书面形式，故进行遗产情况报告也应当采用书面形式。

（三）采取必要措施防止遗产毁损、灭失

遗产管理人清理遗产的同时，还应当对遗产进行保全。继承开始以后，遗产可能存在毁损或灭失的风险，遗产管理人应当对遗产进行保全。遗产管理人应当妥善保存遗产，为避免或减少遗产价值的贬损，进行适当的处分、利用和改良。遗产可能面临实体上的毁损或灭失，如房屋坍塌，新鲜蔬果的腐坏，也可能面临法律上的毁损或灭失，如房屋被他人毁损。遗产管理人仅限于采取必要的措施防止遗产毁损、灭失，不包括对遗产进行增值。

（四）处理被继承人的债权债务

遗产管理人应当积极处理被继承人的债权和债务。遗产管理人可以多种方式向被继承人的债务人主张债权。遗产管理人可以在遗产分割以前，以遗产清偿被继承人的生前债务。对债权债务的处理情况，遗产管理人应当及时向继承人说明。

（五）按照遗嘱或者依照法律规定分割遗产

遗产管理人的核心职责就是完成遗产的分割。清理遗产、制作遗产清单、采取必要措施防止遗产毁损或灭失、处理被继承人的债权债务都是为了最终完成遗产的分割。遗产管理人分割遗产的依据首先是遗嘱，遗产管理人应当遵从被继承人遗嘱进行遗产分割，按照遗嘱确定的份额进行分割并向不同的继承人转移遗产、向受遗赠人转移遗产。遗产管理人除遵照被继承人的遗嘱分割遗产外，还应当依据法律规定分割遗产。当被继承人没有遗嘱或遗嘱无效时，遗产管理人应当依据继承法律制度的规则分割遗产，即按照法定继承的规则分割遗产。

（六）实施与管理遗产有关的其他必要行为

《民法典》对遗产管理人职责的规定采取了列举的方式，但这并不能囊括遗产管理人的全部职责，实施与管理遗产有关的其他必要行为是一个兜底条款。出于遗产管理的需要，遗产管理人可以为遗产管理的需要，实施所列举的职责之外的必要行为。

四、遗产管理人的责任

按照《民法典》第 1148 条的规定，遗产管理人的责任，是指遗产管理人因故意或重大过失造成继承人、受遗赠人、债权人损害所应当承担的民事责任。

遗产管理人应当谨慎行使管理权，在满足下列条件时，遗产管理人应当承担民事责任。首先，遗产管理人实施了不当的遗产管理行为。该行为发生在遗产管理的过程中，与遗产管理职责的履行直接相关。如遗产管理人侵占或随意变卖遗产、处分遗产导致遗产价值大幅降低等。其次，遗产管理人在主观上存在过错，此过错限于故意和重大过失。遗产管理人无须对一般过失行为承担责任。最后，遗产管理人的不当管理行为给继承人、受遗赠人、债权人造成了损害，正因此种不当行为，继承人、受遗赠人、债权人蒙受了损失。

五、遗产管理人的报酬请求权

遗产管理人需要付出时间和精力完成遗产管理事项，尤其当遗产数额庞大、类型多样时，遗产管理人更是要耗费大量的时间和精力完成遗产管理事项。因此，《民法典》第 1149 条规定了遗产管理人的报酬请求权，遗产管理人可以依照法律规定或者按照约定获得报酬。遗产管理人可以获得报酬或者不收取报酬，这取决于法律是否规定了报酬请求权或者当事人之间是否约定了报酬请求权。报酬数额的多少可以由当事人约定或依据法律的明确规定。

第三节 债务清偿与遗产分割

一、遗产债务的清偿

(一)遗产债务清偿的原则

1. 有限责任原则

有限责任原则也被称为限定继承原则。继承人对被继承人应当缴纳的税款和债务承担有限清偿责任,继承人以所得遗产实际价值为限清偿被继承人依法应当缴纳的税款和债务。《民法典》第1161条规定了有限责任原则。继承人可自愿清偿超过遗产实际价值部分的债务,继承人放弃继承的,对被继承人依法应当缴纳的税款和债务可以不负清偿责任。

与有限责任原则相对应的是无限责任原则,即遗产债务的无限清偿责任。

2. 保留特定继承人遗产份额原则

对缺乏劳动能力又没有生活来源的人,在遗产债务清偿时应当予以照顾。《民法典》第1159条规定:“分割遗产,应当清偿被继承人依法应当缴纳的税款和债务;但是,应当为缺乏劳动能力又没有生活来源的继承人保留必要的遗产。”如果遗产不足以缴纳税款或清偿债务,也应当为缺乏劳动能力又没有生活来源的继承人保留必要的遗产份额。

3. 清偿债务优先于执行遗赠

《民法典》第1162条规定:“执行遗赠不得妨碍清偿遗赠人依法应当缴纳的税款和债务。”遗赠体现了遗赠人的意愿,但不能通过遗赠逃避缴纳税款或清偿债务,从而损害国家或债权人的利益。因此,在执行遗赠之前,应当清偿被继承人的债务。

(二)遗产债务清偿的方式

遗产债务清偿的方式有两种:一是先进行遗产清算和债务清偿,再分割遗产;二是先分割遗产,再由各继承人按比例分担债务。

继承人以所得遗产实际价值为限清偿被继承人依法应当缴纳的税款和债务。超过遗产实际价值部分,继承人自愿偿还的不在此限。继承人放弃继承的,对被继承人依法应当缴纳的税款和债务可以不负清偿责任。法定继承人、遗嘱继承人、受遗赠人应当按照《民法典》第1163条的规定进行清偿,既有法定继承又有遗嘱继承、遗赠的,由法定继承人清偿被继承人依法应当缴纳的税款和债务;超过法定继承遗产实际价值部分,由遗嘱继承人和受遗赠人按比例以所得遗产清偿。

(三)遗产债务的范围

关于遗产债务的范围,我国《民法典》没有明确规定。“广义说”认为,遗产债务包括被继承人生前所负的债务以及继承开始后发生的债务,包括继承费用、酌给遗产债务、遗赠。[1]

---

〔1〕 参见张玉敏:《继承法律制度研究》(第2版),华中科技大学出版社2016年版,第88页;杜江涌:《遗产债务法律制度研究》,群众出版社2013年版,第50~51页。

“狭义说”认为，遗产债务仅是指被继承人生前所负的债务。[1]

具体而言，遗产债务通常包括继承开始前存在的债务、继承开始时存在的债务、继承开始后存在的债务。继承开始前存在的债务主要是被继承人生前所负的个人债务，包括依法应当缴纳的税款，因合同、不当得利、无因管理、侵权行为而应当承担的债务，以及其他债务，如保证之债、合伙债务等。继承开始时存在的债务包括必留份之债、酌分遗产之债、遗赠之债、遗赠扶养协议之债等。继承开始后存在的债务主要是指继承费用，包括丧葬费用、死亡宣告费用、遗产管理费用、诉讼费用等。

疑难问题论争 如何确定遗产债务的清偿顺序

我国《民法典》第1159条规定，“分割遗产，应当清偿被继承人依法应当缴纳的税款和债务；但是，应当为缺乏劳动能力又没有生活来源的继承人保留必要的遗产”。但没有规定遗产债务的清偿顺序。《民法典》第1162条规定，“执行遗赠不得妨碍清偿遗赠人依法应当缴纳的税款和债务”。这说明遗赠之债应当后于税款和其他债务得到清偿。

不同学者对遗产债务的清偿顺序有不同的观点。共同之处在于：将继承费用作为第一顺序予以清偿；将遗赠置于最后一位予以清偿，因遗赠的取得无须付出对价；将必留份置于普通债务之前清偿。

关于税款的清偿顺序，虽然税款体现了社会公共福利优先原则，但应首先保障被扶养人的生存权，将税款置于普通债务之前即可。有担保的债务，大部分人认可在担保范围内优先清偿，不必计入遗产债务清偿顺序之中。对必留份之债，因关涉特定被扶养人的生存权，大部分人认可将其放在普通债务之前，充分发挥遗产养老育幼的功能。被继承人死亡时欠付的劳动报酬、社会保险费和经济补偿金等涉及劳动者生存利益的劳动债务应当优先于普通债务得到清偿，但劳动者的利益更多需要通过健全社会保障制度和保障措施来解决，因此不必优先于必留份之债。必留份之债和遗赠相较而言，必留份是对被继承人遗嘱自由的限制，发挥了遗产的扶养功能。被继承人以遗赠处分遗产应当受到限制，若通过遗嘱处分了必留份的部分，则必留份权利人可以向受遗赠人请求返还。遗赠扶养协议之债与酌分遗产之债相较而言，遗赠扶养协议之债具有双务有偿的性质，酌分遗产之债依据扶养关系而取得，不负有强制给付义务，遗赠扶养协议之债应当优先于酌分遗产之债。

据此，可供参考的遗产债务清偿顺序是：继承费用；必留份；劳动工资、养老保险、医疗保险等债务；死者生前所欠税款；普通债务；遗赠扶养协议之债；酌分遗产之债；遗赠之债。关于遗产债务的清偿顺序争议颇大，还有进一步研究的必要。

二、遗产的分割

遗产分割，是指继承开始后，遗产管理人按照合法有效的遗嘱或法律规定，在继承人之间进行遗产分配的法律行为。遗产分割应当确定遗产分割的原则、规则、方法。

---

[1] 卓冬青主编：《婚姻家庭继承法》，武汉大学出版社2012年版，第321~322页；郭明瑞、房绍坤：《继承法》（第2版），法律出版社2004年版，第200~201页。

(一)遗产分割的原则

1. 遗赠扶养协议优先于遗嘱继承

遗赠扶养协议是双方有偿法律行为,是遗赠人与扶养人在遗赠人生前订立并于生前生效的法律行为。扶养人于遗赠人死后取得遗产,是基于扶养人已经依据遗赠扶养协议履行了扶养义务,在遗赠人死后,遗赠扶养协议所涉及的遗产应当转归扶养人所有,从而遗赠扶养协议应当优先于遗嘱继承。

2. 遗嘱继承优先于法定继承

《民法典》第1123条规定:“继承开始后,按照法定继承办理;有遗嘱的,按照遗嘱继承或者遗赠办理;有遗赠扶养协议的,按照协议办理。”遗嘱继承优先于法定继承,遗产分割首先应当按照遗嘱处理,没有遗嘱时按照法定继承的规则处理。立有遗嘱,但遗嘱存在下列情形时,遗产中的有关部分按照法定继承办理:(1)遗嘱继承人放弃继承或者受遗赠人放弃受遗赠;(2)遗嘱继承人丧失继承权或者受遗赠人丧失受遗赠权;(3)遗嘱继承人、受遗赠人先于遗嘱人死亡或者终止;(4)遗嘱无效部分所涉及的遗产;(5)遗嘱未处分的遗产。

3. 有利于生产生活、发挥遗产效用

遗产类型多样、内容繁多,遗产分割应当充分考虑遗产效用的发挥,有利于获得遗产的人开展生产、满足生活需要,物尽其用。《民法典》第1156条规定:“遗产分割应当有利于生产和生活需要,不损害遗产的效用。不宜分割的遗产,可以采取折价、适当补偿或者共有等方法处理。”《民法典继承编解释(一)》第42条规定:“人民法院在分割遗产中的房屋、生产资料和特定职业所需要的财产时,应当依据有利于发挥其使用效益和继承人的实际需要,兼顾各继承人的利益进行处理。”

4. 互谅互让、和睦团结、协商处理

《民法典》第1132条规定:“继承人应当本着互谅互让、和睦团结的精神,协商处理继承问题。遗产分割的时间、办法和份额,由继承人协商确定;协商不成的,可以由人民调解委员会调解或者向人民法院提起诉讼。”继承人之间分割遗产应当协商处理,本着互谅互让、和睦团结的精神进行。

(二)遗产分割的规则

1. 确定遗产分割的对象

继承开始后,应当确定被继承人遗产的范围,即遗产分割的对象。遗产管理人应当清理遗产并制作遗产清单,这是遗产分割的前提。遗产分割前,应当将被继承人的遗产从夫妻共同财产、家庭共同财产中分出。《民法典》第1153条规定:“夫妻共同所有的财产,除有约定的外,遗产分割时,应当先将共同所有的财产的一半分出为配偶所有,其余的为被继承人的遗产。遗产在家庭共有财产之中的,遗产分割时,应当先分出他人的财产。”

2. 保留胎儿的继承份额

胎儿在遗产继承和赠与中被视为有民事权利能力。《民法典》总则编第16条规定:“涉及遗产继承、接受赠与等胎儿利益保护的,胎儿视为具有民事权利能力。但是,胎儿娩出时为死体的,其民事权利能力自始不存在。”第1155条肯定了胎儿继承份额的保留:“遗产分割时,应当保留胎儿的继承份额。胎儿娩出时是死体的,保留的份额按照法定继承办理。”《民法典继承编解释(一)》第31条规定:“应当为胎儿保留的遗产份额没有保留的,应从继承人所继承的遗产中扣回。为胎儿保留的遗产份额,如胎儿出生后死亡的,由其继承人继承;如胎儿娩出时是死体的，由被继承人的继承人继承。”

3. 遗产继承份额的确定

同一顺序法定继承人继承的遗产份额一般应当均等，继承人协商同意的，也可以不均等。对生活有特殊困难又缺乏劳动能力的继承人，分配遗产时，应当予以照顾。对被继承人尽了主要扶养义务或者与被继承人共同生活的继承人，分配遗产时，可以多分。有扶养能力和有扶养条件的继承人，不尽扶养义务的，分配遗产时，应当不分或者少分。人民法院对故意隐匿、侵吞或者争抢遗产的继承人，可以酌情减少其应继承的遗产。代位继承人缺乏劳动能力又没有生活来源，或者对被继承人尽过主要赡养义务的，分配遗产时，可以多分。

4. 必留份继承规则

遗嘱应当为缺乏劳动能力又没有生活来源的继承人保留必要的遗产份额，这是对必留份的规定，是对遗嘱人遗嘱自由的限制。必留份是为了保障缺乏劳动能力又没有生活来源的继承人的生存权。分割遗产时应当清偿被继承人依法应当缴纳的税款和债务；但是，应当为缺乏劳动能力又没有生活来源的继承人保留必要的遗产。《民法典继承编解释(一)》第25条规定："遗嘱人未保留缺乏劳动能力又没有生活来源的继承人的遗产份额，遗产处理时，应当为该继承人留下必要的遗产，所剩余的部分，才可参照遗嘱确定的分配原则处理。继承人是否缺乏劳动能力又没有生活来源，应当按遗嘱生效时该继承人的具体情况确定。”

（三）遗产分割的方法

遗产分割的方法包括：

1. 实物分割。遗产为可分物的，继承人可以按照各自的继承份额对遗产进行实物分割，继承人取得各自应得的部分。

2. 作价补偿。遗产为不可分物或虽为可分物，但分割成本较高或不宜分割的，由愿意取得该遗产的继承人取得该遗产所有权，对该继承人取得超出自己应继份额的部分，向其他继承人作价补偿。

3. 变价分割。遗产不宜分割且继承人均不愿取得遗产的，则将遗产变卖后换取价金，继承人按照各自应继份额分割价金。

4. 共有。遗产不宜实物分割且无法作价补偿时，可由多个继承人共同继承，共有遗产的所有权。

三、无人继承又无人受遗赠遗产的处理

自然人死亡后，可能出现遗产无人继承又无人受遗赠的情形。如自然人死后，没有法定继承人，生前没有以遗嘱指定受遗赠人或签订遗赠扶养协议；全体法定继承人和遗嘱继承人放弃继承，全体受遗赠人拒绝接受遗赠；全体法定继承人和遗嘱继承人丧失继承权，全体受遗赠人丧失受遗赠权。

《民法典》第1160条规定："无人继承又无人受遗赠的遗产，归国家所有，用于公益事业；死者生前是集体所有制组织成员的，归所在集体所有制组织所有。”无人继承又无人受遗赠的遗产归国家所有后，应当先用遗产支付死者的丧葬费，缴纳死者所欠税款、清偿债务。遗产因无人继承又无人受遗赠归国家或者集体所有制组织所有时，对继承人以外的依靠被继承人扶养的人或者继承人以外的对被继承人扶养较多的人，提出取得遗产的诉讼请求，人民法院应当视情况适当分给遗产。遗产尚有剩余部分，归国家或集体所有制组织所有。归国家所有的遗产应当用于公益事业，不能挪作他用。

案例分析

2017 年 11 月 23 日 17 时 30 分，驰骋汽车租赁公司与张某军签订汽车租赁合同一份，张某军租赁该公司桑塔纳轿车一部，期限至次日 17 时 30 分，日租金 300 元，张某军先向公司交付 2000 元作为保证金。当日 19 时 10 分左右，张某军驾驶该车在乌奎高速公路由东向西行驶至某路段时，与道路护栏相撞，造成车辆和护栏均受损。后经事故责任认定，张某军应当承担此次事故的全部责任，承担全部经济损失。当日 19 时 30 分左右，王某旋驾驶一辆江淮小客车同向行驶至该路段时，与下车查看车辆受损情况的张某军相撞，造成张某军当场死亡。经事故责任认定，张某军负二次事故的主要责任，王某旋负二次事故的次要责任。后确认张某军死亡时每 100 毫升血液中含乙醇(酒精)129.71 毫克。驰骋汽车租赁公司向公路管理部门赔偿了损失 3840 元，支付施救费 300 元、停车费 600 元、车辆维修费 10,906 元，共计 15,646 元。此外，张某军欠付驰骋汽车租赁公司车辆被查扣和修理期间的租金为 16,800 元。张某军的姐姐张某平在事故发生后从张某军的银行卡上支取了 105,000 元给张某军父母。张某平另从张某军的另一银行卡中支取 4000 元。驰骋汽车租赁公司以张某军的父母、张某军的妻子徐某为被告，以张某平为第三人，要求对上述费用承担赔偿责任。

张某军的父母辩称：我们与本案没有关系，张某军应当对自己的行为负责，张某平从银行取出的 105,000 元我们用于还债了，共还了 12 万元。徐某没有答辩。张某平述称：我从邮局的卡上取了 105,000 元全部交给我父母用于偿还张某军生前所欠债务了，另外，还借了 15,000 元还账。从工行牡丹卡上支取的 4000 元用于结清张某军所欠费用了。

问题：张某军的父母、妻子徐某、张某平是否应当承担案涉债务？

分析：按照驰骋汽车租赁公司与张某军签订的汽车租赁合同，张某军未遵守法定义务违章驾车，并导致汽车与护栏相撞，被认定承担事故的全部责任，应承担事故的全部经济损失。张某军应按合同向驰骋汽车租赁公司承担车辆受损的赔偿责任。这是因侵权行为产生的侵权之债属于张某军的债务，张某军在二次事故中死亡，驰骋汽车租赁公司应向其继承人在遗产范围内主张赔偿责任。继承人以所得遗产实际价值为限清偿被继承人依法应当缴纳的税款和债务。超过遗产实际价值部分，继承人自愿偿还的不在此限。继承人放弃继承的，对被继承人依法应当缴纳的税款和债务可以不负清偿责任。张某军第一顺序法定继承人是其父母、妻子徐某。该 3 人均未放弃继承，该 3 人除共同获得交通事故赔偿款之外，张某军父母还获得了张某军存款 105,000 元，因此该 3 人应当承担连带赔偿责任。张某平虽不是张某军的遗产继承人，但其支取张某军存款 4000 元的事实存在，且未能证明用于偿还张某军债务，应当在 4000 元的范围内承担民事责任。

思考题

1. 成为遗产管理人应当具备什么资格？
2. 如何认定遗产管理的终止？
3. 是否有必要确定遗产债务的清偿顺序？
4. 如何认定遗产债务的范围？

第七编

侵权责任

第三十一章　侵权责任的一般规定

学习要点

本章学习侵权责任的归责原则、构成要件，不同类型的数人侵权责任的构成要件和法律后果，侵权责任的减责免责事由等内容。

第一节　概　　述

一、侵权行为概述

（一）侵权行为的概念

侵权行为没有统一的定义。王泽鉴认为，侵权行为，是指因不法侵害他人的权益，依法律规定，应对所生损害负赔偿责任的行为。[1] 王利明认为，侵权行为是指由于侵害他人的人身和财产而依法应当承担侵权责任的行为，以及依法律的特别规定应当承担侵权责任的其他损害行为。[2] 张新宝认为，侵权行为，是指行为人实施的侵害他人人身权、财产权以及法律保护的利益的行为。[3] 程啸认为，侵权行为，是指行为人实施的侵害他人人身、财产等民事权益，依法应由行为人或相应的民事主体承担侵权责任的行为。[4]

侵权行为是一种侵害他人权益的行为，这种权益是民法保护的人身权益和财产权益，因此侵权行为是侵害他人人身权益和财产权益，依据法律规定应承担侵权责任的行为。

侵权行为的责任人为实施了侵权行为的行为人或者是法律规定的应承担侵权责任的主体。

（二）侵权行为的类型

依据不同标准可以对侵权行为进行不同的分类。

1. 一般侵权行为和特殊侵权行为

依据是否有法律的特别规定，可以将侵权行为分为一般侵权行为和特殊侵权行为。一般侵权行为适用过错责任，无须法律逐一列举，只要法律没有特别规定的侵权行为，都适用过错责任，属于一般侵权行为；特殊侵权行为，是指欠缺侵权责任的一般构成要件，由法律明确规定适用过错责任或无过错责任的侵权行为。

---

〔1〕 参见王泽鉴：《侵权行为》，北京大学出版社2009年版，第61页。

〔2〕 参见王利明：《侵权责任法研究》（第2版）（上卷），中国人民大学出版社2018年版，第5页。

〔3〕 参见张新宝：《侵权责任法》（第3版），中国人民大学出版社2013年版，第4页。

〔4〕 参见程啸：《侵权责任法》（第3版），法律出版社2021年版，第68页。

2. 自己责任的侵权行为与替代责任的侵权行为

依据侵权责任承担主体的不同,可以将侵权行为分为自己责任的侵权行为和替代责任的侵权行为。传统侵权法以自己责任为一般原则,大部分侵权人都是实施了加害行为的行为人,因此要由行为人自己承担侵权责任。但在部分侵权行为中,行为人实施了侵权行为,责任人却是行为人之外的他人,因为行为人与责任人之间的特殊关系,基于报偿理论或者控制理论等,责任人替代行为人承担侵权责任。比如,由于行为人与责任人之间的监护关系、雇佣关系和隶属关系,由监护人、雇佣人分别承担被监护人、被雇佣人的监护人责任和雇佣人责任。

3. 人致害的侵权行为和物致害的侵权行为

依据造成损害的直接原因,可以将侵权行为分为人致害的侵权行为和物致害的侵权行为。由于人的行为给他人造成人身或财产等利益损害的侵权行为,是人致害的侵权行为。由于物给他人造成损害的侵权行为,是物致害的侵权行为。大部分时候致害物都是人控制下的动产或者不动产,人与致害物存在法律上的物权关系或者管理义务、控制关系。因此,侵权责任人是致害物的所有人、使用人、占有人或者管理人,如建筑物和物件损害、饲养动物致害等。

4. 单独侵权行为与多数人侵权行为

依据侵权行为的主体及承担责任的方式不同,侵权行为可以被分为单独侵权行为和多数人侵权行为。单独侵权行为由一个行为人实施,因此侵权责任人也是一人。多数人侵权行为由两个以上行为人实施,多数人因此而承担连带或按份侵权责任。

5. 作为的侵权行为和不作为的侵权行为

依据行为人是否作为,侵权行为可以分为作为的侵权行为和不作为的侵权行为。作为的侵权行为,是指违反了法律规定的不得侵害他人人身、财产等权益的不作为义务,行为人实施了积极的加害行为,因此应承担侵权责任的行为,又称积极的侵权行为。不作为的侵权行为,是指对他人负有法定或约定之作为义务,但未履行或未正确履行该作为义务,导致他人人身或财产等利益受损,依法应当承担侵权责任的行为。

二、侵权责任概述

(一)侵权责任的概念

侵权责任,是指侵权人因所实施的侵权行为造成了损害后果而依法应当承担的不利的法律后果。此处的"侵权行为"其实是一种习惯性的表述,不只侵害民事权利,侵害了法律认为应当予以保护的法益同样会产生侵权责任。另外,除了由人直接实施的行为,物或者动物致损的,也会产生侵权责任。[1]

(二)侵权责任的特征

1. 侵权责任是一种民事责任

侵权责任作为行为人违反法定义务时所应承担的责任和行为人违反约定义务时所应承担的责任——违约责任,被视为民事责任两大核心类型。

2. 侵权责任实质上是行为人因违反法律而应承担的一种不利的法律后果

侵权人所承担的不利法律后果实际上是一种损害的转移。已经发生的损害不可能消失,侵权法中所谓的填平被侵权人所遭受的损失,实际上就是一种损害的转移,将被侵权人遭受的

---

〔1〕 参见程啸:《侵权责任法》(第2版),法律出版社2015年版,第54页。

损失向侵权人转移。

3. 承担侵权责任的方式多样化

侵权责任法的主要功能之一就是填平被侵权人所受的损害，大陆法系国家称为侵权行为之债法，主要的责任形式就是财产责任，是以损害赔偿为核心的责任承担方式。但随着社会生活的发展，侵权责任法的适用范围不断扩张，人身权利也纳入了侵权责任法的保护范围，仅靠损害赔偿不足以救济被侵权人遭受的损害。因此消除影响、恢复名誉、赔礼道歉等责任承担方式随之产生。

三、侵权责任法概述

（一）侵权责任法的概念与特征

1. 概念

侵权责任法的概念可以从两个层面进行解释：从狭义上来说，侵权责任法仅指以侵权责任法为名的单行法或是《民法典》中的侵权责任编。从广义上来看，侵权责任法，是指调整因侵权人实施的侵害行为造成被侵权人人身、财产权益受到侵害而产生的侵权责任关系的一系列法律规范的总称。按照《民法典》第1164条的规定，本编调整因侵害民事权益产生的民事关系。

2. 特征

（1）侵权责任法是私法。自《法国民法典》确立个人责任原则，为大陆法系国家近现代意义上的侵权责任法的制定提供蓝本以来，侵权责任法一直是作为民法中债法的一部分而存在的，[1]其自诞生之初就带有私法的色彩。在我国，2009年颁布了独立的原《侵权责任法》，2020年侵权责任法作为独立的一编被规定在《民法典》中。作为《民法典》重要的组成部分，侵权责任法（编）的调整对象——侵权责任关系——还有一个主体前提，即侵权责任法（编）调整的同样是平等主体间的权利义务关系。此外，《民法典》第1176条新增的关于自甘风险的规定也更体现了对意思自治的尊重，更凸显了侵权责任法的私法性质。

（2）侵权责任法具备一定的强行法要素。按照产生原因来看，侵权责任的产生是违反法律规定的结果，与因合同而产生的意定之债不同，其具有更浓厚的强行法色彩。一方面，侵权责任的规定具有法定性，如适用无过错原则的情形仅限于法律规定的几类；另一方面，侵权责任的适用具有强制性，不允许民事主体通过约定等方式排除适用。[2]

（3）侵权责任法的调整对象是侵权人与被侵权人之间因侵权行为而产生的权利义务关系。首先，侵权责任法所调整的是存在于侵权人与被侵权人之间的社会关系；其次，侵权责任关系产生的前提在于受法律保护的民事权利或法益受到侵害；最后，需要存在事实上的侵权行为。

（4）侵权责任法是一系列法律规范的总和。关于侵权行为与侵权责任的规定不只见于《民法典》的侵权责任编，此外，我国还颁行过大量现行有效的、涉及侵权责任的单行法，如《消费者权益保护法》《产品质量法》《食品安全法》《水污染防治法》《民用航空法》等。

（二）侵权责任法的体系

侵权责任法的体系包含了两方面的内容：一方面，是指狭义的侵权责任法内部各章节之间的构成关系；另一方面，是指《民法典》的侵权责任编与其他涉及侵权责任的单行法律之间的

---

〔1〕 参见王利明：《体系创新：中国民法典的特色与贡献》，载《比较法研究》2020年第4期。

〔2〕 参见程啸：《侵权责任法》（第2版），法律出版社2015年版，第6页。

关系。

我国《民法典》侵权责任编从第一章到第二章属于普遍适用的、总则性质的规定，从第三章到第十章，是具体的侵权责任类型的规定。从适用上来看，原则上第一章到第二章的规定适用于所有受侵权责任法调整的情形，第三章到第十章中对某类侵权责任作出特殊规定的，则优先适用该特殊规定。

侵权责任编与其他涉及侵权责任的单行法律在适用上仍遵循“特别法优于一般法，新法优于旧法”的适用规则。《民法典》第 11 条规定，其他法律对民事关系有特别规定的，依照其规定。这体现了“特别法优于一般法”的适用规则。但同时也应当注意，就目前来说，《民法典》与其他相关单行法律相比属于新法，其中的新增条款或者是对某些规定进行修订的条款，应当遵循“新法优于旧法”的规则适用。

（三）侵权责任法的地位

辨析侵权责任法的地位需探究侵权责任编与《民法典》中其余各编的关系。侵权责任编调整的同样是平等主体之间的财产关系和人身关系。与其他各编不同的是，其余各编作为“权利法”，正面规定了民事主体享有怎样的权利；而侵权责任编作为“责任法”，通过规定侵权行为人应承担的法律责任，从反面对民事主体依法享有的民事权益予以确认。侵权责任编与物权编、人格权编等一同作为《民法典》的重要组成部分，构筑起我国的民法体系的基本框架。

1. 侵权责任编与《民法典》总则编“民事责任”章的关系

总则编规定的是《民法典》中最普遍、最基本的规定，在《民法典》中居于统率地位。也就是说，总则编的内容会为后续各编以及其他相关法律法规的制定提供依据。《民法典》中若侵权责任编中无特殊规定，则有关法律责任的规定适用总则编“民事责任”章中的相关条款。

2. 侵权责任编与《民法典》物权编的关系

侵权责任编与物权编分别为《民法典》中独立的两编，在结构上处于并列关系。在内容上，二者也存在密切联系。首先，侵权责任法保护民事主体依法享有的各项权利，而从《民法典》“民事权利”章的规定可以看出，包括物权在内的绝对权是侵权责任编保护的重要内容；其次，物权编规定的物权人所享有的物权请求权和侵权责任编提供的损害赔偿请求权共同组建了对物权的保护体系。

3. 侵权责任编与《民法典》合同编的关系

两编中规定的法律责任侧重点不同。违反侵权责任编的规定，行为人可能承担的是侵权责任。要求侵权人承担侵权责任旨在填平被侵权人遭受的损失。违反合同编的规定或当事人之间的约定，行为人可能承担的是违约责任。要求违约一方当事人承担违约责任主要在于合同成立之后，合同相对方的信赖利益值得受到法律保护。随着社会生活发展，实际情况日趋复杂，合同可能突破相对性，与第三人产生联系：或是第三人合法权益因合同关系遭受损害，或是合同当事人合法权益被第三人侵害。受制于合同相对性的违约责任可能很难实现对遭受损失一方的救济，在此背景下，侵权责任法保护的范围扩张，将债权纳入保护范围有利于突破传统合同法之困境。但也应当注意，除第三人故意侵害债权的情形外，多数时候，债权这一相对权并不在侵权责任编的保护范围内。

4. 侵权责任编与《民法典》人格权编的关系

和物权同属于绝对权的人格权当然也属于侵权责任编保护的重点。人格权编对具体的权利与法益进行规定,明确了侵权责任编中与此相关的保护范围。当人格权受到侵害后,可以如物权编中规定物权请求权那样实现自我救济,一旦超出自我救济的能力范围,对人格权的保护即交由侵权责任编完成。[1]

第二节　侵权责任法的调整功能与保护范围

一、侵权责任法的调整功能

侵权责任法的功能,是指其在社会生活中发挥的作用,或者是通过侵权法实施想要达到的目的。侵权责任法整体围绕"受保护的利益"展开,其传统功能被认为是损害赔偿,补偿受害人的损失,以实现社会正义。王泽鉴认为,侵权法旨在权衡行为自由与权益保护,但随着风险社会的到来,侵权法发展出预防损害的功能。[2] 基于对法律确认的利益进行保护,侵权法规定了受制裁的行为即侵权行为,针对应受制裁的行为,侵权法规定了相应的制裁措施,因此侵权责任法也具备制裁功能。

针对侵权责任法中的惩罚性条款,有观点提出,侵权责任法具备惩罚功能。但张新宝认为,规定惩罚性赔偿主要起到的是警示作用,侵权责任原则上不具备惩罚性。易言之,当惩罚性赔偿得以适用,则侵权责任一样具备惩戒作用。[3] 程啸认为,即使惩罚色彩最重的惩罚性赔偿制度也主要是为了产生威慑,这更证明了惩罚并非侵权责任法之功能,其基本功能仅为补偿和预防功能两项。[4] 笔者认为,侵权责任法的功能定位为以下 3 项。

(一)补偿功能

补偿功能,是指侵权人实施的侵权行为使被侵权人遭受损害后,侵权人依法应当承担填补被侵权人损害,使其合法权益恢复到未受侵害时的圆满状态。侵权责任法作为以救济私权为核心的法,保证民事主体合法权益遭受不法侵害时能及时得到救济是侵权责任法最基础也是最主要的功能。

(二)预防功能

一方面,侵权责任法通过规定行为人实施侵权行为后应承担的不利的法律后果,来发挥侵权责任法作为行为规范具备的预测作用,即人们通过侵权责任法的规定可以预测到自己若是实施了侵权行为造成了实际损害,就需要承担相应的不利后果,从而调整自己的行为模式,避免违反法律规定。另一方面,侵权责任法规定停止侵害、排除妨碍、消除危险等责任承担方式以及产品责任中的召回制度等内容,有利于事先预防损害发生,也有利于防止损害进一步扩大。有观点认为,风险社会下侵权法的功能发生重大变迁,形成以救济为首要功能,以风险控制与风险分配为次级功能的体系。[5]

---

〔1〕 参见尹志强:《侵权法的地位及与民法典各编关系的协调》,载《华东政法大学学报》2019 年第 2 期。

〔2〕 参见王泽鉴:《侵权行为》,北京大学出版社 2009 年版,第 8 页。

〔3〕 参见张新宝:《侵权责任法》(第 3 版),中国人民大学出版社 2013 年版,第 7 页。

〔4〕 参见程啸:《侵权责任法》(第 2 版),法律出版社 2015 年版,第 23 页。

〔5〕 参见何国强:《风险社会下侵权法的功能变迁与制度建构》,载《政治与法律》2019 年第 7 期。

(三)制裁功能

侵权责任的规定具有法定性,侵权人不履行法定义务导致其应当承担法定责任。也就是说,因侵权人的行为具有违法性而招致了法律的否定性评价。从这一角度来看,侵权责任法自然具备制裁功能。同时需要认识到侵权责任法作为私法,作为救济权利的法,补偿和预防才是其最主要的功能。侵权责任中的惩罚性赔偿,其目的也不仅是惩罚,而是通过经济上的惩罚以预防侵权行为的再次发生。

二、侵权责任法的保护范围

传统侵权法保护的民事权利为财产权和人身权,但侵权法的保护范围呈现不断扩大的趋势:一方面权利类型不断扩张,如隐私权、居住权等;另一方面一些人格利益与财产利益也被纳入侵权法保护范围。我国原《侵权责任法》第 2 条中列举了 18 项民事权益,保护范围十分广泛,同时通过兜底性的规定尽量减少法律滞后性对新生民事权益保护的不利影响,尽可能将之纳入保护范围内。《民法典》侵权责任编出于法典体系化、专业化表述的考虑,删去了相关规定,将原《侵权责任法》第 2 条中列举的 18 项民事权益逐条规定在《民法典》总则编第五章"民事权利"中,兜底性规定则是在《民法典》第 3 条"民事主体的人身权利、财产权利以及其他合法权益受法律保护,任何组织或者个人不得侵犯"中体现。

《民法典》第 120 条规定:"民事权益受到侵害的,被侵权人有权请求侵权人承担侵权责任。"民事权利与民事利益,统称为民事权益,依照《民法典》总则编第五章"民事权利"的规定,侵权责任法保护范围如下。

(一)民事权利

民事权利包括人身权和财产权,侵权责任保护民事权利中的绝对权,即无须通过义务人实施一定的行为即可实现并能对抗不特定人的权利。除权利人外,所有人都负有不得侵害权利人所享有权利之义务。法律对绝对权的种类有明确规定,义务人可以确定不侵犯他人绝对权的方式。依照《民法典》总则编第五章的规定,侵权责任保护的民事权利主要有人格权、身份权、物权、知识产权、股权等。

债权作为一种相对权,通常不属于侵权责任保护范围。相对权的义务主体为特定人,如债权不具备公开性,相对人以外的其他民事主体几乎不可能知晓债的具体内容,如果给予债权与绝对权同等的保护,则可能导致民事行为后果的不确定性大大增加,不利于维护社会和经济秩序的稳定。但在第三人故意侵害债权或者与债务人恶意通谋实施旨在侵害债权人债权并造成债权人损害的情形下,侵害债权也可构成侵权。[1] 此外,一般不用侵权责任法律规范救济债权。

(二)民事利益

侵权责任除保护民事权利外,还保护合法的人身利益和财产利益,这些民事利益尚未被纳入民事权利,但它们是权利的渊源,是对权利的补充。

民事权利与民事利益的发展具有变动性,随着社会生活不断发展变化而变化,会有新的、虽未纳入民事权利体系但仍需法律予以保护的民事利益。由于法律的滞后性,这样的民事利

---

[1] 参见刘心稳主编:《中国民法学研究述评》,中国政法大学出版社 1996 年版,第 634 页。转引自最高人民法院民法典贯彻实施工作领导小组主编:《中华人民共和国民法典总则编理解与适用》(下册),人民法院出版社 2020 年版,第 608 页。

益权利化可能要经过一个漫长的过程。所以《民法典》侵权责任编直接保护民事法益,即保护那些未被权利化但仍值得并需要法律加以保护的民事利益。《民法典》第3条规定,“民事主体的人身权利、财产权利以及其他合法权益受法律保护,任何组织或者个人不得侵犯”。其中的“合法权益”即包含民事利益。

这里的“合法权益”一般分为两大类:人格利益和财产利益。常见的人格利益有死者的姓名、肖像、名誉、荣誉和隐私,死者的遗体,一般人格权保护的其他人格利益等。常见的财产利益包括商业秘密、占有、纯粹经济损失、数据等。

第三节 侵权责任归责原则

一、归责原则概述

(一)归责原则的含义

所谓的“归责”,是指行为人的某特定行为被判定应当承担侵权责任的基础或根据。如过错责任中,责任基础就是行为人的过错;无过错责任中,责任基础可能是危险或控制力等。将各类责任基础提取公因式,提炼成最为一般性的表达即形成了归责原则。由此可见,可以给归责原则作以下定义:归责原则,是指用以确认和追究行为人侵权责任的基本准则。我国《民法典》侵权责任编中确认的归责原则有过错责任原则和无过错责任原则两种,公平责任作为损害发生后分担损失的原则,是民法公平原则在侵权责任中的体现。

(二)归责原则的体系

在我国学术界,关于归责原则的体系的理论观点主要有以下3种。

1.“单一过错责任归责原则说”

持此观点的学者认为,除过错责任之外没有任何其他的归责原则。如程啸教授就支持此派观点,认为如果没有法律特殊规定就无法适用的无过错责任原则、公平责任、过错推定责任不符合“原则”如无例外均应适用的内涵要求。[1]

2.“二元归责原则说”

以张新宝教授为代表,支持这一观点的学者主张我国《民法典》侵权责任编确认的归责原则是过错责任原则与无过错责任原则两种。审理侵权责任案件过程中,原则上适用过错责任原则,特殊情况下适用无过错责任原则。

3.“多元归责原则说”

原《民法通则》颁布后,在侵权责任归责原则问题上,学界主流学者多持此观点。[2] 这一观点内,不同学者的主张却存在细微差别。如杨立新教授认为,我国侵权责任归责原则体系由过错责任原则、无过错责任原则和过错推定原则3种构成。[3] 王利明教授则主张,我国构建了

---

〔1〕 参见程啸:《侵权责任法》(第2版),法律出版社2015年版,第88~89页。

〔2〕 参见王利民、郭明龙:《民事责任归责原则新论——过错推定规则的演进:现代归责原则的发展》,载《法学论坛》2006年第6期。

〔3〕 参见杨立新主编:《侵权责任法》,复旦大学出版社2010年版,第69页。

以过错责任为一般原则，过错推定和严格责任原则为特殊规定的归责原则体系。[1]

笔者认为，我国确认的应当是二元归责原则体系。从《民法典》法条顺序的安排来看，归责原则当属侵权责任编第一章“一般规定”中的内容，侵权责任编第一章中只有第1165条和第1166条分别规定了过错责任原则和无过错责任原则。过错推定作为过错责任原则适用的特殊情况被规定在第1165条第2款；公平责任则是《民法典》第6条规定的公平原则在侵权责任中的具体体现，并在侵权责任编第二章“损害赔偿”部分第1186条中规定：“受害人和行为人对损害的发生都没有过错的，依照法律的规定由双方分担损失。”可见，过错推定和公平责任都不属于独立的归责原则。

二、过错责任原则

（一）过错责任原则的含义

过错责任原则，又称“过错原则”或“过失责任原则”，是指侵权行为人的主观过错是其承担侵权责任的正当性基础。除非法律另有规定，行为人主观上不存在过错的，无须承担赔偿责任。过错责任原则包含了以下几层内涵：

1. 过错责任原则意味着行为人之过错是侵权责任的唯一责任基础。申言之，只有造成损害时，行为人主观上有故意或过失，该行为人才需要依法承担相应的侵权损害赔偿责任。

2. 过错责任原则意味着行为人之过错大小对确定责任范围有重要意义。也就是说，在确定侵权责任过程中不仅需要确认侵权行为人的过错，还需要考察被侵权人、第三人是否存在过错。比如，依据《民法典》的规定，被侵权人对同一损害的发生或者扩大有过错的，可以减轻侵权人的责任。损害是因受害人故意造成的，行为人不承担责任。损害是因第三人造成的，第三人应当承担侵权责任。

（二）过错推定

过错推定，就是损害发生后直接推定行为人具有过错，不能证明自己没有过错的行为人应当承担不利后果。我国关于过错推定的适用规定在《民法典》第1165条第2款。通过条文内容可以看出，过错推定的适用范围仅限法律规定的特殊情形。此规定也体现出我国侵权责任法通过优化举证责任的分配，实现对于被侵权人的侧重保护的目的。

（三）过错责任原则的适用

1. 适用范围

《民法典》第1165条第1款规定，行为人因过错侵害他人民事权益造成损害的，应当承担侵权责任。可以看出过错责任原则为一般性原则，若无法律特殊规定，则侵权损害赔偿责任的判定均适用过错责任原则。

2. 适用方法

探究过错责任原则的适用方法实际就是辨析过错责任原则适用过程中举证责任的分配。从原则上来说，适用过错责任原则时，由提出请求的一方负担举证责任，即“谁主张，谁举证”。而在适用过错推定的特殊情形中，被侵权人的举证责任得以减轻或免除，改由侵权人承担证明自己不存在过错的责任。

---

〔1〕 参见王利明：《论我国侵权责任法分则的体系及其完善》，载《清华法学》2016年第1期。

三、无过错责任原则

(一)无过错责任原则概述

1. 无过错责任原则含义

无过错责任原则,是指在确认行为人侵权责任时,不以行为人的主观过错为必备要件,只要行为人所实施的侵权行为造成了被侵权人合法权益的客观损失,行为人就应当承担相应损害赔偿责任。

2. 无过错责任原则的特征

无过错责任原则的特征有三:其一,无过错责任的成立不以行为人的主观过错为必备要件。被侵权人只要能够证明加害行为、损害后果存在,且二者之间存在因果关系,侵权责任即可成立。其二,无过错责任原则的适用范围严格限定在法律有明确规定的范围内,不能通过约定等方式扩大其适用范围。其三,减责、免责事由须经法律具体设定。被法律纳入适用无过错责任原则的情形均具有相当的危险性,基于风险控制和分担的考虑,立法者希望通过这种方式令相关责任主体在实际生活中更加谨慎、注意,以避免对他人或社会利益造成损害。因此,一方面,适用无过错责任原则的情形,减、免责事由的种类少于适用过错责任原则的一般案件;另一方面,适用无过错责任原则的情形中,依据危险性的差分,减、免责事由的范围也会受到不同的限制。这些内容都需要通过法律条文予以明确。

3. 无过错责任原则的类型

探讨无过错责任原则的类型解决的是适用无过错责任原则的案件,其责任基础或者说可归责事由为何的问题。经过归纳提炼可以看出,该类案件的责任基础主要分为两大类:一是危险,且是高度、超常的危险。属此类情形的行为或物,其存在本身包含着对他人或社会造成损害的高度可能性或危险性,如环境污染责任、高度危险责任等。二是控制力。在此类情形中,基于先前存在的特定关系,责任人能够对加害人的行为进行支配或控制。因此,即使责任人无过错,也应当就侵权人所造成的实际损害承担赔偿责任,如监护人责任、用人单位责任等。

4. 无过错责任原则的功能

(1)能有效预防损害发生。因为无过错责任原则中侵权责任的成立不以主观过错为必备构成要件,那么行为人若想避免承担损害赔偿责任,就需要负担更重的注意义务,投入更多成本,以提高行为的安全性,降低危险实际发生的可能性。

(2)加强了对被侵权人的保护。无论是哪一种类型的适用无过错责任原则案件,其被侵权人与行为人相比,在经济地位等方面通常都处于弱势地位。通过减轻被侵权人举证责任等方式加强对居于弱势地位的被侵权人的保护,更有利于实现公平、正义。

(二)无过错责任原则的适用

无过错责任原则的适用范围由法律明确规定。具体来说,包括以下几种类型:(1)用人单位、劳务派遣用工单位和接受劳务一方承担雇主责任的情形;(2)监护人责任;(3)产品责任;(4)机动车交通事故责任中机动车一方对非机动车或行人造成损害的情形;(5)环境污染和生态破坏责任;(6)高度危险责任;(7)除动物园外的饲养动物损害责任等。

由于无过错责任尤其是危险责任,侵权人的损害赔偿责任成立难度低于一般的过错责任,同时危险责任案件中被侵权人往往数量众多,侵权人可能面临无力承担的高额赔偿责任。如果不规定最高赔偿限额或强制保险制度,可能导致行为人所负责任过于严苛。承担无过错责任的主体,如用人单位等可能因此遭受经济上的毁灭性打击,进而招致一系列不利后果,影响社会经济秩序稳定。基于上述因素考虑,无过错责任原则适用时一般都规定有最高赔偿限额或强制保险制度等配套制度,在平衡侵权人责任限制和被侵权人合法权益保护过程中,实现公平、正义。

无过错责任原则适用时还需注意法律规定的不承担责任的条件。一方面是一般规定,包括:(1)不可抗力;(2)受害人故意;(3)特定情形下的第三人过错。另一方面是特殊规定,不同责任类型法律规定了不同的条件。

第四节 侵权责任构成要件

一、侵权责任构成要件概述

(一)侵权责任构成要件的概念

侵权责任的构成要件受归责原则影响,不同的归责原则,需要不同的构成要件。在过错责任原则下,需要行为人有过错;在无过错责任原则下,则不要求行为人的过错。本章所讨论的侵权责任构成要件,是指一般侵权责任构成要件,即成立一般侵权责任必须具备的各项要素。特殊侵权责任则需要特殊的构成要件。

一般侵权责任具备如下特征:(1)引发一般侵权责任的行为是侵权行为人自己实施的行为;(2)适用的归责原则是过错责任原则;(3)责任承担方式选择上以填平被侵权人实际遭受的损失为主,常见方式有损害赔偿、恢复原状等。但侵权行为危害他人人身、财产安全的,被侵权人可以请求侵权人承担停止侵害、排除妨碍、消除危险等侵权责任。

(二)侵权责任构成要件的立法模式

一般侵权责任构成要件主要有以下 3 种模式:一是以英国法为代表的普通法采取具体列举的方式,每一类侵权行为各有不同的构成要件。二是《法国民法典》高度概括的四要件模式,即一般侵权责任构成要件包括加害行为、损害后果、因果关系和过错。[1] 三是《德国民法典》采取 3 个侵权行为类型的模式对权益区分保护,即权利侵害型侵权行为、利益侵害型侵权行为、违反保护法律型侵权行为。权利侵害型侵权行为主观要件为故意或过失;利益侵害型侵权行为主观要件必须是故意且违背了公序良俗;违反保护法律型侵权行为主观要件为过失。3 类侵权行为除主观要件不同外,在保护范围、行为违法性等方面都存在区别。

(三)我国一般侵权责任构成要件

我国关于侵权责任的一般条款规定在《民法典》第 1165 条第 1 款即“行为人因过错侵害他人民事权益造成损害的,应当承担侵权责任。”侵权责任的一般条款是指“在成文侵权行为法中居于核心地位的、作为一切侵权请求之基础的法律规范”。[2] 在侵权责任部分一般条款是“具有高度概括性和普遍适用性的条款,具有强大的开放性功能,能够应对各种新类型的案件。一

---

〔1〕 参见程啸:《侵权责任法》(第 3 版),法律出版社 2021 年版,第 207 页。

〔2〕 张新宝:《侵权行为法的一般条款》,载《法学研究》2001 年第 4 期。

般条款为处理许多一般侵权行为提供了裁判基础，也可成为许多新型过错侵权行为的处理依据。在法律未作出特别规定情况下，法官要依据一般条款来判断侵权责任的构成”。[1]

与原《侵权责任法》相比，《民法典》侵权责任编区分了侵害与损害，侵害是侵权行为，而损害是侵害结果。因此我国一般侵权责任的成立需要具备4个构成要件：(1)侵害行为；(2)损害；(3)因果关系；(4)过错。其中侵害行为、损害、因果关系为客观要件，过错为主观要件。

二、侵害行为

(一)侵害行为的概念

侵害行为，又称“加害行为”，是指行为人在自己意志支配下实施的，给被侵权人民事权益造成损害的不法行为。由于侵权行为人实施侵权行为之目的并不是追求某种法律效果产生，即欠缺相应的意思表示要素，因此，侵权行为属于事实行为。

侵害行为分为作为和不作为。作为是行为人积极的作为，通常是因为行为人有不作为的义务。侵权法上的义务主要是不特定人之间的消极不作为义务，比如，不得侵犯他人的人身和财产，违反了该义务即是作为的侵害行为。不作为是行为人消极的不行为，通常是因为行为人有法律规定的作为义务。行为人不作为，即是违反了该义务，构成不作为的侵害行为。

法定的作为义务通常源于以下几类：(1)基于特定关系而产生的义务，如抚养义务；(2)基于特定职业而产生的法定作为义务，如医患关系；(3)在先行为引发的作为义务，如共同饮酒后组织者或共同饮酒者的安全照顾义务；[2] (4)安全保障义务；(5)基于诚信原则产生的义务。

(二)侵害行为的特征

1. 不含有强迫因素在内的行为。行为人仅需要对自己意志能够支配的自身行为负责，这是自己责任原则的基本精神内涵。但在雇主责任与饲养动物损害责任中，雇主与饲养人或管理人依然要承担侵权责任。行为人因在先的过错导致失去意识，并实施了侵权行为，则依然要承担侵权责任，比如，因饮酒等导致意识不清的情形下实施的侵权行为。

《民法典》第1190条规定：“完全民事行为能力人对自己的行为暂时没有意识或者失去控制造成他人损害有过错的，应当承担侵权责任；没有过错的，根据行为人的经济状况对受害人适当补偿。完全民事行为能力人因醉酒、滥用麻醉药品或者精神药品对自己的行为暂时没有意识或者失去控制造成他人损害的，应当承担侵权责任。”

2. 侵害行为本质上具有不法性。正是因为侵害行为违背了法律、行政法规等规范性文件中的禁止性规定或强制性规定，侵害了法律予以保护的民事权益，所以才招致法律对该类行为的否定性评价，并因此产生行为人需要承担的侵权责任。

3. 侵害行为侵害的客体是被侵权人的民事权益，包括民事权利和民事利益。受侵害的民事权利以绝对权为主，包括物权、人格权、知识产权等。出于债权相对性之考量，除第三人故意侵害债权的情形外，一般的违约不会导致侵权责任产生。另外，某些特定民事利益也可能成为侵权行为作用的对象，如死者的人格利益、一般人格权保护的其他人格利益等。

---

〔1〕 王利明：《我国〈民法典〉侵权责任编损害赔偿制度的亮点——以损害赔偿为中心的侵权责任形式》，载《政法论丛》2021年第5期。

〔2〕 参见最高人民法院民法典贯彻实施工作领导小组主编：《中华人民共和国民法典侵权责任编理解与适用》，人民法院出版社2020年版，第28页。

三、损害

(一)损害概述

损害是侵权损害赔偿责任的必备构成要件,是被侵权人因侵权人实施的侵害行为而遭受的人身、财产上的不利益。其中,人身损害包括生命权、健康权、身体权、姓名权等人身权利受损害以及精神损害;财产损害包括因侵害他人人身产生的财产损失和侵害他人财产产生的财产损失。《民法典》第1165条第1款规定,行为人因过错侵害他人民事权益造成损害的,应当承担侵权责任。该条款将侵害与损害联系起来,是被侵害人损害赔偿请求权成立的法律依据。在侵权行为发生,但被侵权人没有损害的情形下,被侵权人依然可以请求侵权人停止侵害、排除妨碍或消除危险,《民法典》第1167条规定,侵权行为危及他人人身、财产安全的,被侵权人有权请求侵权人承担停止侵害、排除妨碍、消除危险等侵权责任。

侵权行为导致的损害,应当具备以下特征:

1. 损害应当具备客观性和确定性,即损害是已经发生的事实、损害是真实存在的事实、损害是对合法权益的侵害。

2. 损害应当具备补救的可能性和必要性,即所谓的可赔偿性。比如,车辆受损后的修理费用属于可赔偿的,而车辆受损前后的市场价值的差额,即贬值损失在司法实践中是否可赔偿则存在争议。[1]

3. 损害是由侵权人所实施的侵权行为损害他人合法的人身、财产权益导致,非法利益不受侵权法保护。

(二)损害的类型

1. 财产性损害与非财产性损害

按照损害能否通过金钱计价的方式确定具体数额,可将损害分为财产性损害与非财产性损害。前者是指具有财产价值,能够通过金钱计价的方式确定损失的具体数额。后者是指没有财产价值,无法以金钱加以计算,也无法基于真实的市场交易将其物化为具体财产类型的损害。比如,身体的伤害、精神的痛苦等无法量化为财产数额。

二者区别在于:

(1)具备的补救可能性和必要性不同。所有财产性损害都属于可补救的损害,通过直接对比损害发生前后财产数额的差值来确认损害之有无以及损害之范围。对于非财产性损害而言,首先,一般只在侵害人身权或侵害特定的人格关系或精神利益所指向的对象或具有特定感情意义的物时,才可能发生精神损害;其次,由我国《民法典》第1183条第1款规定可以看出,只有在精神损害达到"严重"程度时,被侵权人才有权请求精神损害赔偿;最后,考虑非财产性损失的特殊性以及个体的差异性,在实践中只能对精神痛苦的严重程度、受害人的个人因素等具体指标综合考察,给出非财产性损害的估值范围。

(2)赔偿请求权的主体不同。在财产性损害中,请求权主体包括自然人、法人和非法人组织。而在非财产性损害中,只有自然人享有精神损害的赔偿请求权。《民法典》第1183条明确将精神损害赔偿请求权的主体明确为自然人,"侵害自然人人身权益造成严重精神损害的,被

---

[1] 具体内容,参见徐建刚:《论汽车贬值损失的损害赔偿》,载《清华法学》2017年第4期;刘经靖:《车辆贬值损失之损害赔偿》,载《当代法学》2019年第6期;李鑫、张恒:《车辆贬值损失的可赔偿性研究》,载《社会科学家》2021年第2期。

侵权人有权请求精神损害赔偿。因故意或者重大过失侵害自然人具有人身意义的特定物造成严重精神损害的,被侵权人有权请求精神损害赔偿”。

(3)责任承担方式不同。对于财产性损害来说,侵权责任最核心的承担方式为损害赔偿。而在非财产性损害中,被侵权人除可以要求损害赔偿外,还可以要求侵权人承担赔礼道歉、恢复名誉等其他责任承担方式。

2. 积极损害与消极损害

积极损害,是指因侵害行为所导致的被侵权人已有财产的减少,即不应当减少的财产减少了。消极损害,是指因侵权行为所导致的被侵权人可得财产利益的丧失,即应当增加的财产没有增加。

将损害作这种区分的意义在于其适用的损害赔偿计算标准不同。积极损害可以直接利用市场价格进行计算,而消极损害本质上属于未来可预期收入的减损,具有极大的不确定性,所以通常是利用司法解释等文件制定统一标准后进行计算。

(三)损害的证明

对财产性损害的证明,需要被侵权人对所遭受财产性损害的数额和范围等承担举证责任。非财产性损害则需要被侵权人证明侵害行为所作用的对象属于可能产生精神损害的范围,同时需要证明因这一损害的发生导致被侵权人遭受了严重的精神损害。

疑难问题论争　车辆贬值是不是损失,可否请求赔偿

原告张某于2011年10月中旬购买宝马轿车一辆,次月初被被告陈某驾驶的货车追尾,交警部门认定陈某负全部责任。张某车辆的右后灯、后围、后保险杠、后行李箱及行李箱盖、中间位置灯损坏,花费维修费65,100元(已由陈某支付)。经某价格认证中心评估,张某车辆的贬值损失为4万元,其主要考虑因素是:该车购买不足一月,行驶里程仅为1550公里;车辆行李箱、后围等出厂时为点焊,修复时为氩弧焊,对车辆使用的牢固程度有一定影响。2012年1月,张某诉至法院,要求陈某赔偿车辆贬值损失4万元。[1]

在确认车辆贬值损失是否存在上,存在两种观点:

一种观点认为,车辆贬值损失难以认定,且车辆不进入交易市场,交易不确定,损失也无法确定,因而不能得到赔偿。比如,处于交易过程中的车辆如果受损,即便修复也会导致其价值降低,这一损失因可以确认而能得到赔偿,但仅仅是评估的贬值损失无法支持赔偿。

另一种观点认为,车辆贬值意味着现有财产价值的减少,因而应该得到赔偿。即便车辆维修后能正常使用,但因为事故已经导致其现值贬损,按照完全赔偿原则,应确认损失存在并给予赔偿。

车辆贬值损失(devaluation losses of vehicles)在理论界存在“价值降低说”和“恢复原状不能说”两种观点。“价值降低说”认为,车辆受损前后的市场价值的差额即为贬值损失,将贬值损失界定为“减少的商用价值”的影响。“恢复原状不能说”从车辆贬值损失发生原因层面考虑,强调以物理损害为前提,以专业修理为手段,将能否恢复原状与车辆贬值损失直接挂钩,该说突出了“恢复原状”因素在损害界定中的核心作用。[2]

---

〔1〕 参见黄金锦、钟志平:《事故车辆贬值损失可否赔偿》,载《人民法院报》2014年6月19日,第7版。

〔2〕 参见刘经靖:《车辆贬值损失之损害赔偿》,载《当代法学》2019年第6期。

最高人民法院在《关于“关于交通事故车辆贬值损失赔偿问题的建议”的答复》(2016 年 3 月 4 日)中承认了损害赔偿的基本原则是填平损失,但考虑社会经济发展情况综合予以判断,对该项损失的赔偿持谨慎态度,目前倾向原则上不予支持。[1]

四、因果关系

(一)因果关系的概念

因果关系是所有法律责任的必备要件。因果关系,是指侵害行为与损害之间存在的引起与被引起的关系。一方面,原因与结果具有时间上的顺序性。同一因果关系中,原因现象出现时点必然早于结果现象。另一方面,原因现象应当具备客观性。只有侵权行为人实施的客观、具体的行为才可能成为原因,侵权人的内在心理状态等主观要素均不可能成为原因。

(二)因果关系的分类

1. 事实因果关系和法律因果关系

事实因果关系,是指行为与权益被侵害之间客观存在的因果关系,是一种客观存在,其中的因果关系有些可以为人类思维所认识,有些可能不被人类思维所知晓。法律因果关系,是指事实因果关系中具有法律意义的部分因果关系,是可以被人类思维所认识并被赋予法律意义的因果关系。事实因果关系是一种客观存在,而法律因果关系是一种主观判断。

要成立法律上的侵权责任,在因果关系上,不仅要建立行为人行为与损害之间的联系(事实因果关系),而且要判断行为人行为与损害之间的联系是否过于遥远,以至于行为人不必承担对该损害的侵权责任。比如,甲开车撞伤某歌星,致该歌星演唱会取消,演唱会主办单位乙能否向甲请求赔偿损失?[2]

2. 必然因果关系和相当因果关系

依据行为和损害之间的关系来确定损害发生的可能性,存在“相当因果关系说”和“必然因果关系说”。

“必然因果关系说”认为,各个客观现象之间存在一种必然联系,某一客观现象的出现必然由另一已经存在的现象所引起,前者为因后者为果,二者之间的联系就是必然因果关系。

相当因果关系,是指行为与损害之间的关系达到一定程度,依社会一般见解亦认为该行为有发生该结果之可能性,始得认为有因果关系。

必然因果关系区分条件和原因,认为只有当加害行为必然引起损害结果发生时,才能成立侵权法上的因果关系。相当因果关系则只要求原因事实与损害结果之间在通常情形下存在可能性。“相当因果关系说”在一定程度上符合法律维护公平正义的价值取向,在司法实践中,在判断行为与结果之间有无因果关系时,应当根据社会普遍的认识水平和知识经验。比如,因工业社会引发的侵权损害赔偿中,很难认定加害行为与损害后果之间的必然因果关系,因此依据概率来判定行为与损害之间的因果联系。[3]

---

[1] 参见王利明等:《民法学》(第 6 版)(下册),法律出版社 2020 年版,第 1055 页。

[2] 参见程啸:《侵权责任法》(第 3 版),法律出版社 2021 年版,第 207 页。

[3] “相当因果关系说”诞生于 19 世纪 80 年代,由德国弗莱堡大学生理学家冯·克里斯首创,其发表于 1886 年的文章《概率测算原理:论客观可能性之概念》,首次将概率论的思想用于侵权行为法上的因果关系研究领域。

（三）因果关系的形态

1. 一因一果关系，是指原因与结果都是单一的，行为人单一的侵害行为引起被侵权人单一的损害后果。

2. 一因多果关系，是指单一原因引起复数后果，行为人单一的侵害行为引起数个被侵权人的损害后果或一个被侵权人的多个损害后果。

3. 多因一果关系，是指复数原因引起单一结果，两个或两个以上行为人实施复数侵害行为，导致被侵权人单一的损害后果。多因一果关系存在共同因果关系和竞合因果关系。

共同因果关系：多个行为人分别实施加害行为，给受害人造成了同一损害，其中任何一个加害行为并不足以造成全部损害。行为人之间不存在意思联络，不属于共同加害行为。《民法典》第1172条规定："二人以上分别实施侵权行为造成同一损害，能够确定责任大小的，各自承担相应的责任；难以确定责任大小的，平均承担责任。"如甲、乙两工厂均在同一时间向同一个鱼塘排污，任何一方的排污行为均不会导致鱼塘鱼苗全部死亡，但甲乙两厂排污总量造成鱼苗全部死亡，甲乙应按照责任大小承担相应的责任。

竞合因果关系：多个行为人分别实施加害行为，给受害人造成了同一损害，其中任何一个加害行为足以造成全部损害。《民法典》第1171条规定："二人以上分别实施侵权行为造成同一损害，每个人的侵权行为都足以造成全部损害的，行为人承担连带责任。"行为人之间不存在意思联络，不属于共同加害行为。如甲、乙两工厂均向同一个鱼塘排污，任何一方的排污行为均会导致鱼塘鱼苗全部死亡，此时甲乙均得对于鱼塘的损失承担连带责任。

4. 多因多果关系，是指复数原因引起复数结果，两个或两个以上行为人实施复数侵害行为引起数个被侵权人的损害后果或一个被侵权人的多个损害后果。

5. 择一因果关系，是指损害由多个行为人中的某一人或某些人的行为所致，但不能确定具体的侵权人。比如，高楼抛掷物品致人损害，受害人的损害是由抛掷物品的行为造成的，但不能确定谁是侵权人，因而无法向侵权人请求赔偿。大陆法系国家将择一的因果关系确认为共同危险行为。依据《民法典》第1170条的规定，这类行为也属于共同危险行为，"不能确定具体侵权人的，行为人承担连带责任"。此时被告承担因果关系证明责任，由其证明自己行为与损害后果无因果关系。

（四）因果关系的证明与推定

因果关系是侵权行为的构成要件，其证明原则是"谁主张，谁举证"。同时，从保护被侵权人利益出发，在某些特定条件下，法律可以直接规定由被告承担证明因果关系不存在的责任，即推定因果关系规则。如《民法典》第1230条规定，因污染环境、破坏生态发生纠纷，行为人应当就法律规定的不承担责任或者减轻责任的情形及其行为与损害之间不存在因果关系承担举证责任。

推定因果关系规则适用于"受害人处于弱势，没有办法完全证明因果关系要件时，只要受害人举证证明到一定的程度，就推定行为与损害之间存在因果关系，然后由被告负责举证，证明自己行为与损害发生之间没有因果关系。适用推定因果关系规则一定要有法律规定，如环境污染或生态破坏案件"。[1]

---

〔1〕 王利明等：《民法学》（第6版）（下册），法律出版社2020年版，第1055页。

五、过错

(一)过错概述

过错是对行为人主观心理状态的否定性评价,是一种可归责的心理状态。过错之所以具有可归责性主要是基于它的不正当性,其包括两层含义:(1)过错是一种不正当的心理反应过程;(2)过错这一心理状态包含着不正当的动机。这种心理状态通过一定行为反映出来,就会对他人造成损害。正因为前述两点,在满足客观构成要件后,侵权行为人应当对自己的过错心理状态承担相应责任。

过错与违法性存在学说上的争议,有学者认为,违法性是客观表现,是行为人的行为;过错是主观因素,是行为人的主观心理状态,因此侵权责任构成要件应区分违法性与过错。[1] 另有学者认为,违法性已经为过错的概念所吸收,不再成为侵权责任的构成要件。[2]《民法典》第1165条第1款规定:"行为人因过错侵害他人民事权益造成损害的,应当承担侵权责任。"其中只规定了过错,可以认为"因过错侵害他人民事权益造成损害"本身已经符合违法性的要求。

过错包括故意和过失两大类。近代侵权法中,故意占据重要地位,侵权法以故意为成立要件。"早期普通法几乎只针对故意的侵权行为人,而很少关注过失造成的损害。"[3]随着工业化和城市化带来的各种事故,过失开始受到侵权法重视。现代侵权法以预防和补充为主要目的,因此区分故意和过失就不再重要,但某些侵权行为仍然以故意为构成要件。

(二)故意

故意,是指行为人预见损害结果的发生后积极追求或放任该结果发生的心理状态。依据行为人是主动追求还是放任该后果发生,可以将故意分为直接故意和间接故意。直接故意,是指行为人预见损害结果的发生后积极追求损害后果发生的一种心理状态。间接故意就是指行为人预见损害结果的发生后放任该损害后果发生的一种心理状态。在侵权法上直接故意与间接故意不加区分,因为二者的法律后果是相同的。

行为人明知损害后果会发生,但仍积极追求或放任损害结果发生,因此故意是一种典型的具备可归责性的心理状态。但仍需强调一点,这种心理状态必须通过行为人一定的行为表现出来才具备追责的可能性。

(三)过失

1. 过失概述

过失,表现为行为人因疏忽或过度自信而未达到应有的注意程度的一种心理状态。依据行为人对权益被侵害有无认识,过失可以分为两种:一种是疏忽大意的过失,即行为人应当预见自己行为的后果而没有预见;另一种是过于自信的过失,即行为人虽预见了行为的后果,却轻信自己可以避免。

---

〔1〕 参见黄海峰:《违法性、过错与侵权责任的成立》,载梁慧星主编:《民商法论丛》第17卷,金桥文化出版(香港)公司2000年版,第52~53页;李承亮:《侵权责任的违法性要件及其类型化——以过错侵权责任一般条款的兴起与演变为背景》,载《清华法学》2010年第5期。

〔2〕 参见王利明:《侵权行为法归责原则研究》,中国政法大学出版社1992年版,第401页;程啸:《侵权责任法》(第3版),法律出版社2021年版,第288页。

〔3〕 Winfield, *History of Negligence*, 42 L. Q. R. 184(1926). 转引自程啸:《侵权责任法》(第3版),法律出版社2021年版,第293页。

在满足损害结果可预见性的前提下，过失的表现有二：一为疏于一般注意；二为疏于特殊注意。前者是法律对于一般民事主体在通常情况下一种心理状态的要求，即一般人的注意义务。后者是法律对于特殊职业人员，如专家或者职业、团体成员，具体如医生、律师、会计师、技术工程师、其他专业技术人员等特殊情况下的心理状态要求，且在其工作领域内的谨慎或审慎的注意义务。

过失依照程度不同，可分为轻微过失、一般过失和重大过失。轻微过失，即程度很轻的过失，是指行为人对于应有的注意义务的轻微违反。一般过失，是一般侵权行为的基本构成要件，以“善良管理人”或“合理的人”的注意义务为判断标准，违反这一义务即构成一般过失。重大过失，是指行为人未尽到最低的注意义务，即一般普通人都能尽到的注意义务。这一划分对于侵权责任承担问题具有重大意义。在某些特定情形中，只有法律有特别规定，才能将重大过失作为侵权责任的构成要件。比如，《民法典》第 1176 条自甘风险行为的受害人，只有在其他参加者对损害的发生有故意或者重大过失的，才能追究侵权责任。也就是说，行为人的过失达到相当的程度，该行为人才需要承担侵权责任。

2. 过失的判断标准

在过失的判断上，存在“主观过失说”和“客观过失说”。“主观过失说”认为，过失，是指行为人个人主观的心理状态的欠缺，在其内心本应注意而不注意，以至于在伦理道德上是可以被责难的。[1]“客观过失说”以社会一般道德感为出发点，以“合理人”之行为标准作为判定过失成立与否之依据，不再探究主观心理状态。“过失客观化”乃侵权责任论之通说，为包括德、法、英、美、日等国在内的绝大部分国家或地区的私法所践行。[2]我国立法、司法及民法学界倾向“客观过失说”，通说认为，在过失的判断上应当采取客观标准而非主观标准，要按照法律、法规等所确立的注意义务和一个合理的、谨慎的人所应当具有的注意义务来确定行为人应当达到的行为标准。[3]

对于行为人是否达到应当达到的注意程度，主要有以下几个要点：首先，需要判断行为人是否达到了一个“理性人”应当达到的注意程度。所谓“理性人”，是指具备其所处的社会的一般道德水平、一般教育程度等一般性特征的假想主体。其次，法律、行政法规等是否规定了特别注意程度的要求。比如，医生对于患者的注意义务，《民法典》第 1221 条规定了医务人员在诊疗活动中应当尽到与当时的医疗水平相应的诊疗义务，未尽到该义务，造成患者损害的，医疗机构应当承担赔偿责任。特别注意义务一般是专家注意义务，或者职业和团体注意义务。最后，行为人自身因素也会成为判断过失的因素，如行为人的年龄、智力、自身缺陷等。对于儿童，就要适用相应年龄的认知来做判断，而不能用理性成年人的标准；对于有身体缺陷的行为人，则要考虑其能力受限制后的认知标准。

3. 汉德公式

在过失的认定上，确定注意义务是一项重要的工作。美国联邦上诉法院法官汉德（Judge

---

〔1〕 参见程啸：《侵权责任法》（第 3 版），法律出版社 2021 年版，第 299 页。

〔2〕 参见郑永宽：《论侵权过失判定标准的构造与适用》，载《法律科学（西北政法大学学报）》2013 年第 2 期。

〔3〕 参见程啸：《侵权责任法》（第 3 版），法律出版社 2021 年版，第 305 页。

Learned Hand)在 1947 年的案例[1]中提出了著名的“过失责任”(而非仅仅是过失)公式：$B < PL$。B 是负担(burden),P 是概率(probability),L 是损失(loss)。当不行为所增加的负担小于其因此可以减少的预期损害,而行为人行为时就是过失,因而应负损害赔偿责任。[2] 其被称为汉德公式,该公式用数学语言表达人们确定注意义务的过程,即如果损害发生的盖然性是 P,可能发生的损害的严重程度为 L,行为人避免损害的负担为 B,那么当 $B < PL$ 而行为人未能采取避险措施时,行为人未尽到合理注意,行为有过失。[3]

汉德公式在很多时候被人们称为“风险—效益公式”,它为法院确定过失责任提供了新的思路和标准。但在司法实践的具体运用中,也存在与抽象价值的冲突,比如,生命价值不可用来进行利益衡量。

第五节 数人侵权责任

一、数人侵权责任概述

(一)数人侵权责任的概念与特征

数人侵权责任,是指两人以上共同实施侵权行为造成他人损害时应当承担的侵权责任,主要包括数人承担的连带侵权责任、数人承担的按份侵权责任。数人实施侵权行为时,因果关系形态往往表现为多因一果或多因多果,因此因果关系的证明、侵权责任的承担都更复杂。《民法典》第 1168 条至第 1172 条确立了数人侵权责任规范体系。

数人侵权责任具备如下特征：

1. 主体的复数性,即承担侵权责任的主体为两人或两人以上。

2. 多个责任主体对同一损害后果或多个损害后果承担侵权责任。易言之,数人侵权责任在因果关系形态上表现为多因一果或多因多果。

3. 数人侵权责任中,多个主体承担共同侵权责任的方式具有多样性。具体需要由法律加以规定。

依据数人侵权行为类型,数人侵权责任可以分为共同加害行为、教唆帮助行为、共同危险行为和无意思联络的数人侵权行为。其中,无意思联络的数人侵权可以分为承担连带责任的数人侵权和承担按份责任的数人侵权。

(二)数人承担连带的侵权责任

1. 数人承担连带侵权责任的概念

数人承担连带侵权责任,是指数个责任主体作为一个整体对损害共同承担责任,其中任何

---

[1] 案情:被告是一家在纽约港从事拖船作业的拖船公司,在其拖航的一队驳船中,有属于 Cononsr 公司的驳船 AmraC。驳船上有一个船工守护。1 月 3 日 17 时,该名船工离开了驳船,次日 14 时,即在 21 个小时之后,因为风和潮水的冲撞,驳船 AmraC 脱离了驳船队,随波漂浮,最终撞上了一艘油轮,后者的推进器穿透了驳船船体。法院要解决的问题是:事故发生时,驳船一方没有船工在船上,是否构成过失。因为,如果当时有船工在驳船上,本有可能提早发现问题,避免损害的发生。案例转引自冯珏:《汉德公式的解读与反思》,载《中外法学》2008 年第 4 期。

[2] 参见简资修:《华文的法律经济学道路》,载《中国法律评论》2017 年第 3 期。

[3] 参见冯珏:《汉德公式的解读与反思》,载《中外法学》2008 年第 4 期。

一个责任主体对全部损害都要承担侵权责任，任意责任主体对全部损害承担责任后，有权向未承担责任的其他责任主体追偿。

2. 数个责任主体承担连带侵权责任后的内部追偿

《民法典》第178条第2款规定："连带责任人的责任份额根据各自责任大小确定；难以确定责任大小的，平均承担责任。实际承担责任超过自己责任份额的连带责任人，有权向其他连带责任人追偿。"法定连带责任需要在数个责任主体之间分配责任份额：(1)进行侵权责任的最终分担时，不同责任主体依照其过错程度和原因力大小承担相应的侵权责任份额难以确定责任大小的，平均承担责任。(2)对外以侵权人身份承担超过自己责任份额的赔偿责任后，取得对其他连带责任人的追偿权。

（三）数人承担按份的侵权责任

1. 数人承担按份侵权责任的概念

数人承担按份侵权责任，是指数个责任主体共同承担侵权责任的情形，每一个责任主体仅承担与其责任份额相应的清偿义务。数人承担按份侵权责任的情形中不存在追偿问题。被侵权人只能分别向各责任主体主张不同份额的损害赔偿责任，但从实践中来说，各责任主体应当作为同一案件的共同被告。

2. 数人承担按份侵权责任的份额确定

数人承担按份侵权责任时，《民法典》第177条规定："二人以上依法承担按份责任，能够确定责任大小的，各自承担相应的责任；难以确定责任大小的，平均承担责任。"份额确定分为两种情况：(1)能够确定责任大小的，根据各个侵权行为对造成损害后果的可能性(盖然性)来确定责任份额，可以结合行为人的过错程度、行为与损害后果因果关系的紧密程度等因素考虑；[1] (2)难以确定责任大小的，数个责任主体平均承担侵权损害赔偿责任。

二、共同加害行为

（一）共同加害行为的概念

共同加害行为，是指二人以上共同实施侵权行为造成他人损害，从而承担连带责任的行为。其中每个加害人都实施了加害行为。《民法典》第1168条规定，二人以上共同实施侵权行为，造成他人损害的，应当承担连带责任。

理论上，按照共同侵权数人之间有无主观的共同过错，可将共同侵权分为有意思联络的共同侵权和无意思联络的共同侵权。有意思联络的共同侵权，是指两人以上共同故意或共同过失致人损害的情形。无意思联络的共同侵权，是指没有共同故意的数人基于故意或过失分别实施侵权行为，造成他人同一损害的情形。共同加害行为强调共同实施侵权行为，属于有意思联络的共同侵权行为。

（二）共同加害行为的构成要件

1. 主体复数性

主体的复数性，是指侵权人为两人或两人以上，且每一个侵权人均为独立承担侵权责任的主体。

---

〔1〕 参见最高人民法院民法典贯彻实施工作领导小组主编：《中华人民共和国民法典总则编理解与适用》(下册)，人民法院出版社2020年版，第883页。

2. 行为的共同性与关联性

数个行为人共同实施了加害行为,每个人的行为结合起来共同造成了损害,各行为之间具有关联性。关于"共同"的含义,有不同理解。有观点认为,此处"共同"主要包括以下含义:其一,共同故意。其二,共同过失。"共同过失"主要是数个行为人共同从事某种行为,基于共同的疏忽大意致损。其三,故意行为与过失行为相结合。基于《民法典》第 1168 条规定的"共同实施侵权行为",此处的"共同"包含以上 3 种含义。[1]

3. 侵权行为与损害后果之间具有因果关系

共同加害行为中,每个加害人的行为作为一个整体与损害之间存在因果关系。

4. 被侵权人遭受了损害,且损害不可分割

数人共同实施侵权行为,并造成同一个损害结果,且损害结果是不可分割的。即便是不同的损害,比如,甲、乙、丙 3 人驾车共同追逐驾驶车辆的张三,造成张三身体伤害以及车辆损失,此处财产损失与身体伤害虽然是不同的损害,但整体上被视为甲、乙、丙 3 人共同加害行为造成的同一个损害后果。

(三)共同加害行为的连带责任

共同加害行为的法律后果是侵权人承担连带责任,一方面通过连带责任预防共同加害行为的发生,另一方面为了更好地保护被侵权人的利益。共同加害人的连带责任是一种法定责任,不因加害人内部的约定而改变。

共同加害行为的连带责任是连带赔偿责任,是指赔偿权利人有权要求一名或多名赔偿义务人承担全部或部分的赔偿责任,多名赔偿义务人向赔偿权利人各负全部的赔偿责任。《民法典》第 178 条规定,二人以上依法承担连带责任的,权利人有权请求部分或者全部连带责任人承担责任。连带责任人的责任份额根据各自责任大小确定;难以确定责任大小的,平均承担责任。实际承担责任超过自己责任份额的连带责任人,有权向其他连带责任人追偿。

连带责任人内部之间的责任分担,按照各自责任大小来确定赔偿数额,对责任大小的判断基于行为人对损害的原因力和过错大小等情况确定;无法确定各行为人的行为对损害的原因力和过错大小的,应当平均分担。在司法实践中,法官也会考虑行为人所获非法利益和加害人的经济负担能力等因素来确定赔偿份额。[2] 某个责任人承担超出自己赔偿数额的责任后,可以向其他连带责任人追偿。

三、教唆帮助行为

(一)教唆帮助行为的概念

教唆帮助行为,是指教唆、帮助他人实施侵权行为的情形。教唆人、帮助人并非直接具体实施加害行为的人,法律规定教唆帮助人为共同侵权人,与直接加害人一起承担共同侵权责任。

教唆行为,是指对他人进行开导、说服,或通过刺激、利诱等方法使被教唆者从事侵权行为。教唆行为只能通过积极的作为方式做出。帮助行为,是指给予他人以帮助,如提供工具或指导方法,以便使被帮助者更易于实施侵权行为。

---

〔1〕 参见黄薇主编:《中华人民共和国民法典释义及适用指南》(下),中国民主法制出版社 2020 年版,第 1774 页。

〔2〕 参见王竹:《侵权责任法分担论——侵权损害赔偿责任数人分担的一般理论》,中国人民大学出版社 2009 年版,第 221 页。

《民法典》第 1169 条规定,教唆、帮助他人实施侵权行为的,应当与行为人承担连带责任。教唆、帮助无民事行为能力人、限制民事行为能力人实施侵权行为的,应当承担侵权责任;该无民事行为能力人、限制民事行为能力人的监护人未尽到监护职责的,应当承担相应的责任。依据该条规定,受害人只需证明存在教唆行为或帮助行为,即可让教唆人或帮助人与直接加害人一起承担连带责任。

(二)教唆行为的构成要件

1. 存在教唆人与行为人。实施了教唆行为的人,是教唆人;实施了被教唆加害行为的人,是被教唆人或称行为人。如果行为人为无民事行为能力人或限制民事行为能力人,则由教唆人承担侵权责任;如果无民事行为能力人、限制民事行为能力人的监护人未尽到监护职责的,应当承担相应的责任。

2. 教唆人实施了教唆行为,被教唆者实施了被教唆的加害行为。加害行为是被教唆人实施的侵害他人民事权益的行为。教唆行为与加害行为之间存在因果关系,如果行为人没有实施被教唆行为,则教唆人不承担侵权责任。

3. 教唆人与被教唆人存在共同故意。教唆人具有教唆的故意,明知或者应当知道其所教唆行为是侵权行为仍然教唆的主观心态;同时被教唆人受到教唆实施了加害行为,是教唆行为的后果,被教唆人具有主观故意的心理状态。

(三)帮助行为的构成要件

1. 存在帮助人与行为人。帮助人与行为人都是完全民事行为能力人,如果行为人为无民事行为能力人或限制民事行为能力人,则由帮助者单独承担侵权责任;如果无民事行为能力人、限制民事行为能力人的监护人未尽到监护职责,应当承担相应责任。

2. 帮助人实施了帮助行为,行为人实施了加害行为。帮助行为可以是积极的作为,也可以是消极的不作为。比如,《民法典》第 1197 条规定:"网络服务提供者知道或者应当知道网络用户利用其网络服务侵害他人民事权益,未采取必要措施的,与该网络用户承担连带责任。"网络服务提供者未采取必要措施即为一种不作为。帮助的内容是从物质上或者精神上帮助他人实施侵权行为,在行为的实施过程中起辅助作用。

3. 存在共同过错。帮助人主观上是故意的,即明知或应知自己的行为是帮助他人实施侵权行为。行为人实施加害行为也是故意的,且与帮助人之间存在意思联络。

四、共同危险行为

(一)概念

共同危险行为,是指二人以上共同实施侵害他人民事权益的危险行为,对所造成的损害后果不能判断谁是具体侵权人,由全体参与实施危险行为之人承担连带赔偿责任。例如,3 个猎人同时开枪,却击中路人,无法确定是哪个猎人开枪。《民法典》第 1170 条规定,二人以上实施危及他人人身、财产安全的行为,其中一人或者数人的行为造成他人损害,能够确定具体侵权人的,由侵权人承担责任;不能确定具体侵权人的,行为人承担连带责任。

共同危险行为与共同加害行为的区别在于,虽然受害人不能确切地证明具体的加害人,但却可以确定参与了危险行为的所有行为人。行为人可以通过证明具体的加害人而免责。

(二)构成要件

共同危险行为的构成要件除要满足侵权行为基本构成要件,即加害人、损害、因果关系外,还需要满足以下构成要件。

1. 是复数主体实施的危及他人人身、财产安全的行为。行为人的复数性以及行为的同一性或相继性是共同危险行为的要件。

2. 数人的行为均具有危险性，其表现为：行为所威胁的或将要损害的或已经损害的客体是受到民法保护的他人的民事权益；危险性是现实存在的，而不是一种可能性或盖然性。另外，共同危险行为要求每一个行为人的行为都具有危险性，可以是作为，也可以是不作为。

3. 无法确定具体的侵权人。共同危险行为中，数个行为人实施的危险行为在时间上、空间上存在耦合性。损害由多个行为人中的某一人或某些人的行为所致，但不能确定具体的侵权人，比如，3 个人同时从高楼扔酒瓶，其中一个致人损害，但不能确定是 3 人之中哪一个所扔。就具体操作而言，受害人难以准确判断哪个人的行为才是真正造成了损害后果的行为，此时受害人只需证明行为人的危险行为造成了自己的损害后果。对行为人来说，只有确定了具体加害人才可免责，否则推定 3 个行为人都有过错，必须承担连带赔偿责任。

4. 结果的统一性与原因的整体性推定。共同危险行为因为因果关系不明，导致受害人不能确定具体侵权人，从保护受害人利益出发，共同危险行为造成的损害应当作为一个整体，这一损害后果是共同危险行为作为一个整体原因所导致的结果。

（三）法律后果

共同危险行为的行为人应当对受害人的损害承担连带责任，受害人也有权要求全部或部分行为人就全部或部分损害承担连带赔偿责任。共同危险行为人内部则按照责任大小确定赔偿份额，不能确定份额的平均承担责任。行为人承担赔偿责任超出自己份额的，有权向其他连带责任人进行追偿。

五、无意思联络的数人侵权

（一）概念

无意思联络的数人侵权，是指没有共同故意的数人基于故意或者过失，分别地实施侵权行为，造成他人同一损害的情形。《民法典》第 1171 条规定："二人以上分别实施侵权行为造成同一损害，每个人的侵权行为都足以造成全部损害的，行为人承担连带责任。"《民法典》第 1172 条规定："二人以上分别实施侵权行为造成同一损害，能够确定责任大小的，各自承担相应的责任；难以确定责任大小的，平均承担责任。"无意思联络的数人侵权要求数个行为人并没有主观上的意思联络，而是分别按照各自意思实施了侵权行为，造成了同一损害。但在责任承担上，依据行为人在损害中的作用，可以分为两类：一类是每个行为人的行为都足以造成全部损害，行为人承担连带责任；另一类是数个行为人的行为结合造成损害，行为人承担按份责任。

承担连带责任与承担按份责任的主要区别在于行为人行为与损害之间的因果关系。在连带责任中，每个行为人的行为都足以造成全部损害，即使没有其他侵权行为的共同作用，单个侵权行为也完全可以造成这一损害后果，"每个行为人对于损害的发生都具有全部的原因力，每个人都应当承担全部的赔偿责任"。[1] 在按份责任中，不要求每个行为人的行为都足以造成全部损害，但数个行为叠加、相互结合造成同一损害结果的，行为人在其责任范围内各自承担相应的责任；难以确定责任大小的，平均承担责任。

---

〔1〕 杨立新：《侵权法论》，人民法院出版社 2013 年版，第 925 页。

无意思联络的数人侵权中，每个行为人的行为都与损害之间存在明确的因果关系；而在共同危险行为中，行为人的行为与损害之间因果关系并不明确，无法确定具体的侵权人，因此才成立共同危险行为人的连带责任，构成“法律推定的因果关系”。[1]

（二）构成要件

1. 二人以上分别实施侵权行为。主体的复数性，且每个行为人在行为之前或行为实施过程中，与其他行为人无意思联络，也没有其他行为人实施侵权行为的认知。[2]

2. 造成同一损害后果。数个侵权行为所造成的损害具有同一性，“同一损害，表明了各个侵权人分别实施的加害行为均与受害人的损害之间存在因果关系”。[3] 比如，因天色昏暗甲被一辆车撞倒碾过，后甲又被第二辆车碾过，在送医路上甲死亡，此时交通事故的两位肇事者分别与甲死亡这一同一损害成立因果关系。

3. 每个行为人的行为都足以造成全部损害，或者每个行为人的行为虽不足以造成全部损害，但相互结合造成同一损害结果。

第六节　侵权责任的减轻和免除

侵权责任的减轻和免除，是指存在法律规定的可以减轻或免除侵权责任的特定事由，因此可以减轻或免除侵权人的责任，亦称侵权责任的抗辩事由、减责免责事由。[4]

侵权责任的免责事由具备如下特征：首先，对抗性，是指针对受害人一方的请求具有部分或全部抵消受害人一方之请求的功能。其次，客观性，是指免责事由均为客观存在的事实。此类事实应由行为人一方加以举证和证明。最后，法定性和适用范围的特定性，是指哪些客观事实能够成为免责事由，应由法律予以规定；同时，免责事由的适用范围也需要通过法律加以明确。

一、免责事由的分类

依据免责事由是法律规定还是当事人约定，可以分为法定的免责事由和当事人约定的免责事由。大部分免责事由都是法定的，如不可抗力、正当防卫、紧急避险；约定的免责事由主要指当事人约定的免责条款。

依据适用的普遍性，可以分为一般的免责事由和特殊的免责事由。一般的免责事由，是指普遍适用于所有侵权责任的免责事由，如不可抗力、正当防卫等；特殊的免责事由，是指仅在某一特定的侵权责任中适用的免责事由，如告知同意、自甘风险等，以及特别条款和特别法规定的免责事由。如《民法典》第1237条规定：“民用核设施或者运入运出核设施的核材料发生核事故造成他人损害的，民用核设施的营运单位应当承担侵权责任；但是，能够证明损害是因战

---

〔1〕参见最高人民法院侵权责任法研究小组编著：《〈中华人民共和国侵权责任法〉条文理解与适用》，人民法院出版社2010年版，第84页。

〔2〕参见王胜明主编：《中华人民共和国侵权责任法释义》，法律出版社2010年版，第67页。

〔3〕程啸：《侵权责任法》（第3版），法律出版社2021年版，第420页。

〔4〕本书为行文方便，简称为“免责事由”。

争、武装冲突、暴乱等情形或者受害人故意造成的,不承担责任。”战争、武装冲突、暴乱等情形是仅适用于核事故损害责任的免责事由,属于特定的侵权责任中适用的免责事由。

依据免责事由与侵权责任的关系,可以分为排除因果关系的免责事由和排除过错或违法性的免责事由。排除行为与损害后果的因果关系从而不承担侵权责任,是排除因果关系的免责事由,如受害人故意、第三人行为等。排除加害行为的过错或违法性从而使侵权责任不成立,是排除过错或违法性的免责事由,如正当防卫、紧急避险等。

《民法典》没有对免责事由进行集中规定,而在总则编民事责任中规定了不可抗力、正当防卫、紧急避险,以及自愿实施紧急救助;在侵权责任编中规定了过失相抵、受害人故意、第三人行为、自甘冒险和自助行为;在人格权编和侵权责任编中规定了一些特别的免责事由。此外,一些特别法也有关于免责事由的规定,如《道路交通安全法》《民用航空法》等。本章仅介绍过失相抵、受害人故意、第三人行为、自甘冒险、自助行为和受害人同意。

二、过失相抵

(一)概念

过失相抵,也称“与有过失”“共同过失”“混合过错”,它是损害赔偿法中的一项重要规则。依据该规则,损害发生后,如果加害人能够证明受害人对于同一损害的发生或者扩大具有过错,应当减轻或免除赔偿义务人的赔偿责任。[1] 过失相抵作为一项古老的民事制度,自罗马法以来,被各国法制所采用并逐渐成为司法实践中适用较高的减免责事由。

《民法典》第 1173 条规定:“被侵权人对同一损害的发生或者扩大有过错的,可以减轻侵权人的责任。”

过失相抵制度解决双方均有过错的情况下如何承担责任,“与有过失中的‘与’指的是侵权人与被侵权人双方”。[2]

(二)过失相抵的适用范围

过失相抵在适用过错责任原则的侵权行为中普遍适用,当受害人对于同一损害的发生或者扩大有过失的,应当适用过失相抵,可以减轻侵权人的赔偿责任。但与受害人有特定关系的第三人对于损害的发生或者扩大有过失时,比如,监护人疏于履行监护职责,致使受害人受到损害,此时基于监护人的监护职责以及与受害人的监护关系,应当适用过失相抵原则,减轻加害人的赔偿责任。“采用过失相抵规则有督促监护人妥善保护受害人的功能。”[3]

过失相抵是否可以适用于无过错责任原则的侵权行为中,存在不同的认识。但“适用无过错责任并不意味着法律就可以宽恕或纵容受害人的过错,过错始终是民事责任制度中一个最起码的衡量标准”。[4] 因此,过失相抵可以适用于无过错责任原则的侵权行为中,但法律明确针对特定的无过错责任类型规定了特殊免责事由的,不适用过失相抵规则。[5] 《民法典》第 1237 条规定:“民用核设施或者运入运出核设施的核材料发生核事故造成他人损害的,民用核

---

〔1〕 参见程啸:《过失相抵与无过错责任》,载《法律科学(西北政法大学学报)》2014 年第 1 期。

〔2〕 黄薇主编:《中华人民共和国民法典侵权责任编解读》,中国法制出版社 2020 年版,第 35 页。

〔3〕 程啸:《论侵权行为法上的过失相抵制度》,载《清华法学》2005 年第 1 期。

〔4〕 冯建妹:《高度危险作业致人损害的免责条件和其他抗辩研究》,载《南京大学法律评论》1997 年第 1 期。转引自郑永宽:《过失相抵与无过错责任》,载《现代法学》2019 年第 1 期。

〔5〕 参见黄薇主编:《中华人民共和国民法典释义及适用指南》(下),中国民主法制出版社 2020 年版,第 1783 页。

设施的营运单位应当承担侵权责任；但是，能够证明损害是因战争、武装冲突、暴乱等情形或者受害人故意造成的，不承担责任。”即使受害人存在过失，也不能减轻民用核设施营运单位的责任。

三、受害人故意

（一）概念

受害人故意，是指受害人明知自己的行为会给自己造成损害，而追求或放任该损害发生，即受害人故意给自己造成损害。《民法典》第1174条规定：“损害是因受害人故意造成的，行为人不承担责任。”受害人故意分为直接故意和间接故意，当损害发生时，行为人不承担责任。比如，甲、乙作为邻居因琐事争吵，甲因此生气并自杀，甲死亡的事实与吵架相关，但其死亡的原因却是自杀，因此乙与甲争吵的行为与甲死亡之间不存在法律上的因果关系，因而也不存在侵权责任。

《民法典》第1237条、第1238条中的核事故与民用航空器事故中，都规定“受害人故意”是免责事由。在高度危险物致害、高度危险活动致害、饲养动物致害中，都把“受害人故意”作为免责事由。

（二）受害人故意的构成要件

1. 受害人具有相应的民事行为能力，即受害人能够认识自己行为的性质与后果，并追求损害后果的发生。如果受害人是儿童，则存在不能认识到自己行为后果的可能，比如，儿童把放在墙角的老鼠药放进嘴里，导致自身损害，此时不能认为是儿童故意伤害自己，可以认定监护人疏于履行监护职责，从而减轻放置老鼠药的侵权人的侵权责任。

2. 受害人明知自己的行为会给自己造成损害，仍实施该行为，并积极追求或者放任损害的发生。

3. 损害完全是由于受害人故意之行径导致的，与行为人的行为没有引起与被引起的关系。

四、第三人行为

（一）概念

第三人行为，是指第三人对于损害的发生或扩大存在过错的，应当承担侵权责任。学者对第三人行为是第三人过错还是第三人原因，存在不同理解，但对第三人行为造成损害这一点不存在争议。[1]《民法典》第1175条规定：“损害是因第三人造成的，第三人应当承担侵权责任。”这是《民法典》关于第三人行为的一般性规定，此外产品责任、高度危险物致害、环境污染和生态破坏、饲养动物致害中都有关于第三人行为的规定。

第三人行为是否构成独立的免责事由，各国法律规定不同。部分国家的民事立法，比如，《德国民法典》《日本民法典》均未将第三人行为作为独立的免责事由；而《法国民法典》《俄罗斯民法典》则在具体侵权行为中对第三人行为属于免责事由作了规定。[2]

《民法典》第1175条并未明确规定第三人行为是免责事由，仅确认“第三人应当承担侵权责任”。关于第三人行为的法律效果，我国民法学界也存在不同观点。有学者认为，第三人行

---

〔1〕 参见杨立新、赵晓舒：《我国〈侵权责任法〉中的第三人侵权行为》，载《中国人民大学学报》2013年第4期。

〔2〕 参见程啸：《论侵权法上的第三人行为》，载《法学评论》2015年第3期；程啸：《侵权责任法》（第3版），法律出版社2021年版，第357页。

为构成免责事由的,[1]在第三人行为的侵权关系中,存在原告(被侵权人)、被告[2]以及第三人。之所以未将第三人行为规定为免责事由,是因为在侵权损害因果关系中,如果第三人行为是损害发生的唯一原因,则第三人行为是侵权行为,第三人理应承担全部侵权责任。但因为被告"与损害存在行为、客体或主体上的关联",[3]导致在具体的侵权责任中,被告并不必然免责。比如,产品责任中,生产者、销售者不得以运输者、仓储者的过错作为免责事由拒绝向被侵权人承担责任,此时运输者、仓储者即构成侵权关系中的第三人,应当为其过错向被侵权人或者生产者、销售者(追偿权)承担侵权责任。[4]

(二)第三人行为的特征

1. 加害行为主体是第三人。但被告与损害存在行为、客体或主体上的关联关系,以至于在第三人行为的侵权关系中,存在三方当事人即原告(被侵权人)、被告以及第三人。

2. 第三人行为是损害发生的全部或部分原因。

3. 本质上第三人行为阻断了被告与损害的因果关系,一旦适用,存在3种情形:一是被告承担责任,再向第三人行使追偿权;二是第三人承担侵权责任,被告即免责;三是第三人承担侵权责任,被告承担补偿或补充责任或公平责任。比如,在公共场所受到第三人侵害,安全保障义务责任人未尽到安全保障义务的,要承担补充责任,但可以向第三人追偿。

(三)第三人行为的适用

第三人行为属于特别规定。若无法律的特别规定,则适用一般侵权行为。而关于第三人行为,我国在《民法典》侵权责任编第1198条第2款、第1204条、第1233条等条文中都作出了特别规定,因此,对于此类法条的适用而言,特别规定优于一般性规定。

五、自甘冒险

(一)概念

自甘冒险又称危险的自愿承担,是指受害人明知且自愿进入使自己权益遭受危险的境地。自甘冒险源自罗马法上的"愿者不受害"规则,大陆法系与英美法系都承认这一抗辩规则。在参与竞技性体育运动、极限运动、山地马拉松、户外探险等具有一定风险的活动时,即使遵守规则也可能因其他参加者的行为受到损害,或者是自身原因产生损害,由谁来承担损害是侵权法要解决的问题。

《民法典》第1176条第1款规定:"自愿参加具有一定风险的文体活动,因其他参加者的行为受到损害的,受害人不得请求其他参加者承担侵权责任;但是,其他参加者对损害的发生有故意或者重大过失的除外。"该规定将自甘冒险限定于一定风险的文体活动,且因其他参加者的行为受到损害,此种情形下免除其他参加者的侵权责任。

对于如户外探险、极限运动等本身存在危险的活动,参加者自愿参与此类活动,表明其认识到活动的危险,并自愿承担可能产生的风险,如果出现意外则需自己承担责任。如果活动的

---

[1] 参见王利明:《侵权责任法研究》(上卷),中国人民大学出版社2010年版,第433页;王胜明主编:《中华人民共和国侵权责任法解读》,中国法制出版社2010年版,第132~135页。

[2] 此处使用"被告"称谓,原因在于在第三人行为的侵权关系中,被告并不是真正的侵权人,但在诉讼中会以"被告"身份出现。

[3] 张力、郑志峰:《侵权责任法中的第三人侵权行为——与杨立新教授商榷》,载《现代法学》2015年第1期。

[4] 《民法典》第1204条产品责任,第1223条药品、医疗器械责任,第1233条生态环境责任,第1250条动物侵权责任等都涉及第三人行为的侵权责任承担。

组织者对损害的发生有过错,则组织者应当承担相应的责任。比如,白银山地马拉松事件中多位选手死亡,赛事组织者需要为未尽合理的注意义务而承担责任。[1] 换言之,活动的组织者、管理者等的侵权责任,并不能以受害人自甘冒险而免除。《民法典》第1176条第2款规定:“活动组织者的责任适用本法第一千一百九十八条至第一千二百零一条的规定。”据此,活动组织者要尽到安全保障义务,教育机构要尽到教育管理职责。

(二)自甘冒险的构成要件

1. 受害人所参加的活动或从事的行为具有不确定的危险。该活动或该行为具有导致受害人遭受损害的可能。

2. 受害人自愿参加,即受害人对于危险和损害的发生能够预见或认知。

3. 受害人因其他参加者的行为而遭受损害。损害的加害人和受害人均为危险活动的参加者,如果任一方不是活动参加者,如教练员、裁判员、观众等,则不包括在自甘冒险行为中,不存在免责,而是应视具体情况来判断。

4. 其他参加者没有故意或重大过失。其他参加者对损害的发生存在故意或重大过失的,不能以自甘冒险作为免责事由。

(三)自甘冒险和受害人同意的比较

受害人自甘冒险和同意都以受害人同意为前提,广义上的受害人同意包括自甘冒险,但依据《民法典》的规定,二者存在明显不同。受害人同意中,要求受害人明知他人行为对自身权益造成某种损害,仍同意并愿意承受此种损害。自甘冒险中,受害人虽同意承受其他参加者行为造成自身权益受损的某种风险,但该风险的发生仅是一种可能,并不必然发生,受害人也不期待其发生。

《民法典》将自甘冒险行为限定在存在一定风险的文体活动中,其目的在于免除参与人的侵权责任,以保护文体活动中必然存在的合理冲撞和合理损害,如拳击运动必然会产生身体伤害。“如果活动的组织者或活动参与人需对伤害事故承担责任,必然会限制人们参与体育运动、旅游探险等活动的自由,学校等机构也难以开展正常的对抗性较强的体育等活动。”[2]受害人同意则是在具体条款中进行规定,一方面确认权利人对自身权利的合理处分,另一方面确认行为人的加害行为因受害人同意而不成立侵权,比如,医疗手术患者的同意等。

自甘冒险行为中参加人的损害可能来自其他参加者、活动组织者、自身以及活动本身的危险,比如,户外和极限运动等,依据《民法典》的规定,当损害来自其他参加者或活动组织者时,其他参加者免责,而活动组织者要依据《民法典》规定承担相应的责任。《民法典》第1176条的规定将自甘冒险限制在“因其他参加者的行为受到损害”,同时排除了安全保障义务领域自甘冒险的适用。

但当损害来自自身或活动本身的危险时,是否可以适用受害人同意?比如,进入溜冰场溜冰者因为自身未能熟练掌握溜冰技术而摔伤,或者攀爬珠穆朗玛峰时死亡或受伤,其损害来自活动本身的危险性。考虑受害人同意通常是针对具体明确的伤害,受害人同意在《民法典》中通常由特别条款规定;而自甘冒险则是针对可能的伤害,且通常是在有风险的活动中,因而此

---

〔1〕 2021年5月22日,由甘肃省白银市委、市政府主办,景泰县承办的2021年黄河石林山地马拉松百公里越野赛在比赛开始后约4小时,突然遭遇极端天气,共造成21名参赛选手遇难。

〔2〕 王利明:《论受害人自甘冒险》,载《比较法研究》2019年第2期。

处对自甘冒险进行扩大化解释可能更合适。[1] 也就是说,虽然没有来自其他参加者的侵害行为,但由于受害人自身技术、体质等原因或者活动本身危险性极大而导致损害发生,比如,自己溜冰时摔伤或者攀爬高峰时体力不支伤亡,排除了活动组织者的责任,此时也可以适用自甘冒险。

六、自助行为

(一)概念

自助行为,是指当被侵权人处于情势危急、无法及时向公权力寻求保护之境况时,通过对侵权人财产或人身等采取符合必要限度要求的合理措施,保护自己合法权益的行为。《民法典》第1177条规定:"合法权益受到侵害,情况紧迫且不能及时获得国家机关保护,不立即采取措施将使其合法权益受到难以弥补的损害的,受害人可以在保护自己合法权益的必要范围内采取扣留侵权人的财物等合理措施;但是,应当立即请求有关国家机关处理。受害人采取的措施不当造成他人损害的,应当承担侵权责任。"比如,吃"霸王餐"的行为,餐馆可以通过阻止行为人离开餐厅,暂时限制其人身自由的方式来维护自己的财产利益,但同时应报警请求派出所处理。自助行为是自力救济,是在公权力未及情形下受害人的自我保护制度,自助行为符合法律规定的,不构成侵权,不承担侵权责任。

(二)自助行为的构成要件

1. 合法权益受到侵害。自助行为的目的在于保护自己的合法权益。

2. 情势危急、无法及时向公权力寻求保护且若不及时采取措施,行为人的合法权益可能遭受难以弥补的损失。

3. 必须是在必要限度内采取的措施,如扣押、约束或其他措施,且不违背公序良俗。超出维护自己合法权益的必要范围采取措施,给他人造成损害的,应当承担相应的侵权责任。

4. 应当立即请求有关国家机关处理,比如,报警,请求公安机关处理。如果自助行为持续进行且被侵权人未请求相关国家机关处理,则会构成侵权。

七、受害人同意

(一)概念

受害人同意,是指权利人在损害发生前明确表示对自己民事权益造成的特定的损害予以同意,并自愿承担某种不利后果。任何人都不得侵害他人的民事权利是一般法律原则,但在得到权利人同意后,行为人实施的侵害他人权益的行为不构成侵权,不承担侵权责任。如签署献血、捐赠器官、确认手术的知情同意书等。

受害人同意起源于罗马时代"同意非谓为损害"原则,乌尔比安在《学说汇纂》第47卷写道:"以被害人的意志所产生的,不是不法的。"此后,逐渐发展成为"得到承诺的行为不违法"的法律格言。[2]

我国《民法典》未将受害人同意作为一般性免责事由,但在人格权编和侵权责任编的具体条款中对受害人同意进行了规定,如《民法典》第1008条临床试验中受试人同意、第1019条肖像权人同意、第1033条隐私权人同意、第1035条个人信息权利人同意、第1219条医疗手术患者同意。

---

[1] 参见李鼎:《论自甘风险的适用范围——与过失相抵、受害人同意的关系》,载《甘肃政法大学学报》2021年第1期。

[2] 参见方益权、陈英:《论"受害人同意"及其在学生伤害事故中的适用》,载《政治与法律》2007年第4期。

（二）受害人同意的构成要件

1. 受害人的同意必须是真实自愿的。如果他人通过暴力威胁或者某种药物的作用使受害人同意，该同意无效；如果受害人对加害行为产生误解或因加害人欺诈而被诱使作出的同意，该同意无效；如果受害人根据其年龄、认知能力和法律行为能力等，尚不能对其所受伤害有明确认识的，该同意无效。比如，关于未成年人性同意年龄的规定，未满性同意年龄的未成年人作出的性行为同意的意思表示无效。

2. 受害人的同意是具体的。受害人同意的方式既可以是明示，也可以是默示。但同意的内容必须是具体明确的，即同意他人针对自己作出特定行为或造成特定损害后果。

3. 受害人须为事先同意。事先同意是构成受害人同意的时间要件，即同意必须先于侵权行为实施。在损害后果发生之后，受害人作出的同意不再具有同意的效力，而是对损害赔偿请求权的放弃。

4. 受害人同意的表示须不违背法律和公序良俗。从私法角度来看，此时受害人同意是处分自己的权益。但是即便受害人同意他人对自己的权益实施侵害，也不能违反法律法规和公序良俗。比如，在法律禁止安乐死的国家，即便受害人同意医生对自己实施安乐死，也不能发生免责的法律效果，因为法律对生命权的保护体现在权利人不能任意处分其生命。

有学者认为，受害人的同意能力也是构成要件之一，受害人只有在具有同意的能力时，其作出的同意方属有效。[1] 比如，未成年人对自己权利的处分、醉酒的人作出的同意等，此类行为不以民事行为能力为判断标准，更多在个案中以具体情况来判断。[2]

案例分析

2017 年 5 月 2 日河南杨医生在电梯内劝阻一名老人吸烟，双方引发争执，随后老人情绪激动突发心脏病去世。事后老人家属将该医生告上法庭，要求赔偿 40 万元。一审法院认为，老人在电梯内吸烟导致双方发生语言争执，老人猝死，这个结果是劝阻人未能预料的，劝阻吸烟行为与老人死亡没有必然因果关系，受害人和行为人对损失发生都没有过错，根据公平原则，法院酌定杨医生向老人家属补偿 1.5 万元，但老人家属不服一审判决提出上诉。二审法院依法认为，老人自身患有心脏疾病，在未能控制自身情绪的情况下，心脏疾病发作不幸去世。虽然从时间上杨医生劝阻老人吸烟与老人死亡的后果是先后发生的，但两者之间并不存在法律上的因果关系，因此杨医生不承担侵权责任。杨医生在电梯里劝阻吸烟合法正当，是自觉维护社会公共秩序和公共利益的行为，一审判决杨医生分担损失不利于促进社会文明，不利于引导公众共同创造良好公共环境，故撤销一审让杨医生补偿 1.5 万元的错误判决。

问题：劝阻他人吸烟行为和损害后果之间是否存在因果关系？

分析：行为人为了维护社会公认的价值观念而进行的劝阻吸烟行为是合法行为，没有超过合理限度。受害人因自身疾病发生猝死，受害人死亡结果虽与劝阻行为有关联，但并不存在因果关系，故其近亲属请求行为人承担侵权责任不具有法律依据，不符合侵权法因果关系要件。

---

[1] 参见程啸：《论侵权行为法中受害人的同意》，载《中国人民大学学报》2004 年第 4 期。

[2] 参见王泽鉴：《侵权行为》，北京大学出版社 2009 年版，第 227 页。

思考题

1. 我国侵权责任法的保护范围是什么？
2. 我国一般侵权责任的构成要件是什么？

第三十二章　损 害 赔 偿

|学习要点|

本章学习损害赔偿的目的、损害赔偿的方法，重点掌握惩罚性赔偿的适用范围，影响赔偿数额的特殊规则，各项损害赔偿涵盖的赔偿范围以及计算标准。

第一节　概　　述

一、损害赔偿的含义

损害赔偿，是指侵权人给被侵权人造成了损害，包括人身损害和财产损害，应当承担损害赔偿责任，通常是以金钱形式赔偿侵权行为所造成的损失。被侵权人享有损害赔偿请求权，侵权人承担损害赔偿的义务。损害赔偿的目的在于补偿被侵权人的损害，使其恢复到侵权行为发生前的状态，因此，损害赔偿请求权的补偿功能是其主要功能。此外，收益返还和惩罚也是侵权损害赔偿的功能。[1]

损害赔偿是侵权责任中适用最广泛的责任方式，从其功能出发，可以分为补偿性损害赔偿、惩罚性损害赔偿。补偿性损害赔偿以实际损害为赔偿范围，其适用的根本目的在于使受害人所遭受的实际损失得以完全补偿，不具有惩罚的特点。惩罚性损害赔偿也称示范性的赔偿或报复性的赔偿，是指由法庭所作出的赔偿数额超出实际的损害数额的赔偿，它具有补偿受害人遭受的损失、惩罚和遏制不法行为等多重功能。[2] 惩罚性损害赔偿以补偿性损害赔偿的存在为前提，只有符合补偿性损害赔偿的构成要件，才能请求惩罚性损害赔偿。

从侵权行为侵害的内容来看，可以分为侵害财产权益的损害赔偿和侵害人身权益的损害赔偿。侵权行为侵害他人财产权益造成他人财产损失的，行为人应当承担财产损害赔偿责任。财产损害赔偿是全面赔偿，既包括受害人遭受的直接损失，也包括受害人遭受的间接损失。侵权行为造成他人人身损害的，行为人应当承担人身损害赔偿责任。

二、损害赔偿的原则

从补偿受害人损失的角度来看，损害赔偿责任有两项原则：完全赔偿和禁止得利。完全赔偿原则的目的是实现对受害人的充分补偿；禁止得利原则，是指受害人不能因损害赔偿而获得超过其损害的利益。完全赔偿原则的实质是为损害赔偿范围的确定提供基本的出发点，我国

---

[1] 参见[澳]彼得·凯恩：《侵权法解剖》，汪志刚译，北京大学出版社2010年版，第116页。

[2] 参见王利明：《惩罚性赔偿研究》，载《中国社会科学》2000年第4期。

通常以完全赔偿原则作为损害赔偿法的指导原则，承担损害赔偿以恢复至受害人被侵权之前的状态，但禁止得利原则又是对损害赔偿范围的一种限制。

《民法典》侵权责任编并未明确损害赔偿的原则，从侵权责任编第二章“损害赔偿”的规范体系来看，现行法按照侵犯人身权益与侵犯财产权益的类型分别规定了损害赔偿。

在赔偿范围的确定上，以因果关系来判断客观损害并决定赔偿范围是完全赔偿；以损害的可预见性来确定赔偿范围被称为限制赔偿。如因豪车被撞所引发的天价赔偿案件，在适用完全赔偿原则时，会产生有过失的行为人承担天价赔偿责任是否符合公平正义标准的质疑。因此有观点认为，应通过“个案中之法益衡量”来实现损害赔偿效果的弹性化处理。[1]

确定损害赔偿数额的考量因素，还包括预防损害的发生、加害人的过错程度、过失相抵、损益相抵、人道主义等方面。

三、损害赔偿的方法

侵权行为发生后，依据《民法典》的规定，侵权人对于造成的损害通过承担金钱赔偿责任的方式来进行救济。

在损害赔偿的方法上，大陆法系民法确定了恢复原状优先原则、金钱赔偿主义和自由裁量主义 3 种不同的适用方法。[2] 恢复原状优先原则就是把恢复原状作为损害赔偿的首选方法，法律另有规定的除外。金钱赔偿主义就是依据损害程度估计金额，由承担赔偿义务的责任主体给付价款，填平损失。自由裁量主义既不以恢复原状为原则，也不以金钱赔偿为原则，而是采取平行规范结构，由法官在个案中进行自由裁量。英美法系侵权责任法确定的是以赔偿损失为核心的侵权责任方式。无论被侵权人受到何种类型的损害，均通过损害赔偿来予以救济。

《民法典》侵权责任编第二章以“损害赔偿”为题予以规定，体现出金钱赔偿的责任方式在侵权责任编中所处的优势地位。

赔偿损失，也称金钱赔偿，是指侵权人向被侵权人支付金钱以弥补被侵权人的损害，包括财产损失、人身权损害。人身权的损害赔偿体现在医疗费、生活补助费、丧葬费、残疾赔偿金、精神损害赔偿等。

从损失与侵权行为的关系来看，损失包括直接损失和间接损失。直接损失是已得利益的丧失，间接损失是可得利益的减少。直接损失与间接损失都属于可赔偿范围。

四、损害赔偿费用的支付方式

损害赔偿费用的支付方式，主要有一次性支付和定期支付。按照《民法典》第 1187 条的规定，“损害发生后，当事人可以协商赔偿费用的支付方式。协商不一致的，赔偿费用应当一次性支付；一次性支付确有困难的，可以分期支付，但是被侵权人有权请求提供相应的担保”。

（一）协商一致的支付方式

损害赔偿费用的支付关系被侵权人的利益，也关系侵权人的支付能力，应遵循当事人意思自治，交由双方协商确定支付方式。

（二）一次性支付

双方当事人就赔偿费用的支付方式经协商达不成一致的，应当一次性支付。

---

〔1〕 参见郑晓剑：《侵权损害赔偿效果的弹性化构造》，载《武汉大学学报（哲学社会科学版）》2019 年第 4 期。

〔2〕 参见程啸：《侵权责任法》（第 3 版），法律出版社 2021 年版，第 759 ~ 760 页。

（三）分期支付

如果侵权人一次性支付赔偿费用有困难的，可以分期支付，在赔偿义务确定后的一段时间内按照固定的期限分批次将赔偿金支付给被侵权人或其近亲属。但是被侵权人有权请求提供相应的担保。

基于审判实践，最高人民法院在司法解释中规定了定期金方式支付赔偿费。最高人民法院《关于审理人身损害赔偿案件适用法律若干问题的解释》（以下简称《人身损害赔偿司法解释》）第20条规定："赔偿义务人请求以定期金方式给付残疾赔偿金、辅助器具费的，应当提供相应的担保。人民法院可以根据赔偿义务人的给付能力和提供担保的情况，确定以定期金方式给付相关费用。但是，一审法庭辩论终结前已经发生的费用、死亡赔偿金以及精神损害抚慰金，应当一次性给付。"

针对《民法典》规定的分期支付与司法解释规定的定期金支付之间的关系，学界存在不同理解。一种观点认为，分期支付方式其实就是定期金给付方式；另一种观点认为，分期支付方式不同于定期金给付方式。"由于人身损害赔偿问题本身的复杂性，学界至今对定期金给付方式与分期支付方式的适用问题未达成共识。"〔1〕

五、公平分担损失

公平分担损失，是指双方当事人对于实际发生的损害均无过错，且又不属于法律明确规定适用无过错责任原则的情形时，法院依据公平的观念，综合考虑双方当事人的财产状况、被侵权人的损害等因素，判定由侵权人对被侵权人予以适当补偿的一种损失分担规则。《民法典》第1186条规定："受害人和行为人对损害的发生都没有过错的，依照法律的规定由双方分担损失。"

我国对公平责任的规定始于原《民法通则》，在原《侵权责任法》中又增加了几类适用公平责任的具体情形。公平责任的存在有其合理性，但在审判实务中，公平责任的适用范围没有清晰的边界，而"以财产的有无、多寡作为责任分担的依据，是道德规范的法律化，实践的是分配正义"。〔2〕实践中出现的案例如"私摘杨梅坠亡案"〔3〕"佛山夺命香蕉案"〔4〕等也让公平责任被重新审视，《民法典》针对近年来实践中出现的滥用公平责任的问题作出调整，由原先的"根据实际情况"改为"依照法律规定"由双方分担损失，保留了公平责任的适用，但限制了法官的

〔1〕张新宝、赖成宇：《定期金给付方式在我国人身损害赔偿中的适用》，载《法学评论》2021年第6期。

〔2〕王泽鉴：《侵权行为》，北京大学出版社2009年版，第401页。

〔3〕"村民私自上树摘果坠亡索赔案"，简称"私摘杨梅坠亡案"。广州市花都区某村是国家AAA级旅游景区，村民委员会在河道旁种植了杨梅树。2017年5月19日，村民吴某私自上树采摘杨梅，不慎跌落受伤，经抢救无效死亡。其近亲属以村民委员会未采取安全风险防范措施、未及时救助为由，将村民委员会诉至花都区人民法院。一审、二审认为，吴某与村民委员会均有过错，酌定村民委员会承担5%的赔偿责任，判令向吴某的亲属赔偿4.5万余元。2020年1月20日，广东省广州市中级人民法院对该案再审宣判，撤销原审判决，村民委员会未违反安全保障义务，不应承担赔偿责任。该案例入选人民法院大力弘扬社会主义核心价值观十大典型民事案例。

〔4〕"蒋某燕、曾某诉覃某邱、苏某弟生命权纠纷案"，简称"佛山夺命香蕉案"。2015年1月15日，60岁的苏某弟到佛山南海区丹灶镇一个菜地捡菜时，看到在旁玩耍的小覃（5周岁），出于好心，苏某弟送了几根香蕉给小覃吃。小覃又与邻居家小孩婷婷（5周岁）分享苏某弟赠送的香蕉。婷婷吃香蕉时不慎吸入气管导致窒息死亡，婷婷家人将苏某弟和小覃爷爷告上法院，索赔73.8万元。一审法院作出了驳回诉讼请求的判决，二审法院维持了一审判决，认为"从民法的基本价值立场出发，民法应是鼓励民事主体积极地展开社会交往，如果将小孩之间分享无明显安全隐患食物的行为定性为过失，无疑限制人之行为自由，与过错责任原则的立法宗旨不符"。参见《最高人民法院公报》2016年第11期（总第241期）。

自由裁量权,限缩了公平责任的适用,从根本上防止了公平责任的滥用。[1]

公平分担损失的规定是《民法典》侵权责任编根据实际情况作出的特别规定,与过错责任原则和无过错责任原则均有不同。行为人与受害人对损害的发生都没有过错,在确定损失负担时,"应当考虑行为的手段、情节、损失大小、影响程度、双方当事人的经济状况等实际情况,达到公平合理、及时化解矛盾、妥善解决纠纷、促进社会和谐的目的"。[2]

第二节 人身损害赔偿

一、人身损害赔偿概述

（一）人身损害赔偿的概念

人身损害赔偿,是指行为人侵犯他人的生命健康权导致伤害、残疾、死亡等后果,因此承担金钱赔偿责任的一种民事法律救济制度。

（二）人身损害赔偿的功能

基于人的生命权、身体权、健康权、人格权受到侵害后难以真正恢复原状的考量,对于人身损害,法律主要采取金钱赔偿的方式进行救济。人身损害赔偿在救济功能上具有多样性:它既具有保护与救济生命权、身体权、健康权、人格权的功能,也具有填补实际经济损失和保护被侵权人及其近亲属之精神利益的功能,同时具备保障被侵权人近亲属基本生活来源的功能。

二、人身损害赔偿的请求权主体

人身损害赔偿的请求权主体可能是被侵权人,也可能是其他人。比如,在被侵权人因为侵权行为死亡的情形下,赔偿请求人为被侵权人的近亲属以及为被侵权人支付了医疗费、丧葬费等合理费用的人。《民法典》第1181条规定:"被侵权人死亡的,其近亲属有权请求侵权人承担侵权责任。被侵权人为组织,该组织分立、合并的,承继权利的组织有权请求侵权人承担侵权责任。被侵权人死亡的,支付被侵权人医疗费、丧葬费等合理费用的人有权请求侵权人赔偿费用,但是侵权人已经支付该费用的除外。"

三、人身损害赔偿的主要规定和范围

《民法典》第1179条规定:"侵害他人造成人身损害的,应当赔偿医疗费、护理费、交通费、营养费、住院伙食补助费等为治疗和康复支出的合理费用,以及因误工减少的收入。造成残疾的,还应当赔偿辅助器具费和残疾赔偿金;造成死亡的,还应当赔偿丧葬费和死亡赔偿金。"此外,关于人身损害赔偿,还规定在《民法典》第1180条至第1182条中。依据《民法典》的规定,我国人身损害赔偿制度赔偿范围主要包括积极损失和消极损失两部分。积极损失,是指被侵权人因人身伤亡而支出的费用,包括医疗费、护理费、交通费、营养费、住院伙食补助费、残疾辅助器具费、丧葬费。消极损失,是指被侵权人因人身伤亡而丧失的预期收入,包括因误工减少的收入、残疾赔偿金、死亡赔偿金、被扶养人生活费。[3]

---

[1] 参见程啸:《中国民法典侵权责任编的创新与发展》,载《中国法律评论》2020年第3期。

[2] 黄薇主编:《中华人民共和国民法典侵权责任编解读》,中国法制出版社2020年版,第91页。

[3] 本部分具体赔偿标准参考最高人民法院《人身损害赔偿司法解释》(2022年修正)。

《民法典》第1182条规定:"侵害他人人身权益造成财产损失的,按照被侵权人因此受到的损失或者侵权人因此获得的利益赔偿;被侵权人因此受到的损失以及侵权人因此获得的利益难以确定,被侵权人和侵权人就赔偿数额协商不一致,向人民法院提起诉讼的,由人民法院根据实际情况确定赔偿数额。"被侵权人的消极损失除因人身伤亡减少的误工收入外,还包括因为名誉权、荣誉权等人身权益受损后产生的财产损失,比如,明星被诽谤后商业代言被停止,因此而产生的财产损失等。另外,如果被侵权人财产损失难以衡量,如名誉受损,可以侵权人因侵权行为获取的利益来衡量受害人的财产损失。根据《民法典》第1182条的规定,赋予了被侵权人选择权,可以在因侵权行为受到的损失或者侵权人因此获得的利益赔偿中进行选择,有利于保护受害人利益,也便于争议尽快得到解决。[1] 当被侵权人的损失以及侵权人的利益难以确定时,如侵害他人名誉权,受害人未必有财产损害,侵权人也并未因此而获益,在这种情形下,双方可以协商赔偿数额;协商不能达成一致时,可以通过诉讼由法院确定赔偿数额。

(一)一般赔偿范围

依据《民法典》第1179条的规定,造成人身损害的,一般赔偿范围包括各种合理费用,如医疗费、护理费、交通费、营养费、住院伙食补助费、因误工减少的收入等。这些损失通常被称为具体损失,是被侵权人实际减少的财产、实际支出的费用,以及未来本应增加的收入。

1. 医疗费,是指被侵权人遭受人身伤害后接受医学上的检查、治疗与康复而已经支出的和将来必须支出的费用。医疗费根据医疗机构出具的医药费、住院费等收款凭证,结合病历和诊断证明等相关证据确定。器官功能恢复训练所必要的康复费、适当的整容费以及其他后续治疗费,可以在实际发生后请求,但有医疗证明或者鉴定意见确定必然发生的费用,可以与已经发生的医疗费一并予以赔偿。赔偿义务人对治疗的必要性和合理性有异议的,应当承担相应的举证责任。

2. 护理费,是指被侵权人在遭受人身伤害治疗期间而支付给他人的照顾帮助费用。护理费根据护理人员的收入状况和护理人数、护理期限确定。护理人员有收入的,参照误工费的规定计算;护理人员没有收入或者雇佣护工的,参照当地护工从事同等级别护理的劳务报酬标准计算。护理人员原则上为一人,但医疗机构或者鉴定机构有明确意见的,可以参照确定护理人员人数。护理期限应计算至受害人恢复生活自理能力时止。受害人因残疾不能恢复生活自理能力的,可以根据其年龄、健康状况等因素确定合理的护理期限,但最长不超过20年。受害人定残后的护理,应当根据其护理依赖程度并结合配制残疾辅助器具的情况确定护理级别。

3. 交通费,是指被侵权人为治疗和康复而支出的交通费用,包括被侵权人和陪护人员就医或者转院治疗而产生的交通费用。交通费根据受害人及其必要的陪护人员因就医或者转院治疗实际发生的费用计算。交通费应当以正式票据为凭;有关凭据应当与就医地点、时间、人数、次数相符合。

4. 营养费,是指被侵权人因为人身伤害需要从特定食品中摄入营养所支出的费用。营养费根据受害人伤残情况参照医疗机构的意见确定。

5. 住院伙食补助费,是指被侵权人住院治疗期间补助伙食所发生的费用。住院伙食补助费可以参照当地国家机关一般工作人员的出差伙食补助标准予以确定。受害人确有必要到外

---

〔1〕 黄薇主编:《中华人民共和国民法典释义及适用指南》,中国民主法制出版社2020年版,第1801~1802页。

地治疗,因客观原因不能住院的,对受害人本人及其陪护人员实际发生的住宿费和伙食费,其合理部分应予赔偿。

6. 因误工减少的收入,简称为误工费,是指被侵权人无法工作或从事劳动而损失的应得利益部分。误工费根据受害人的误工时间和收入状况确定。误工时间根据受害人接受治疗的医疗机构出具的证明确定。受害人因伤致残持续误工的,误工时间可以计算至定残日前一天。受害人有固定收入的,误工费按照实际减少的收入计算。受害人无固定收入的,按照其最近3年的平均收入计算;受害人不能举证证明其最近3年的平均收入状况的,可以参照受诉法院所在地相同或者相近行业上一年度职工的平均工资计算。

(二)造成残疾的赔偿范围

依据《民法典》第1179条的规定,侵权行为造成受害人身体权或健康权遭受侵害而残疾的,赔偿范围除一般赔偿范围中的费用外,还包括赔偿辅助器具费和残疾赔偿金。

1. 残疾生活辅助器具费,是指受害人因残疾而造成身体功能全部或者部分丧失后需要配置残疾辅助用具,如假肢、轮椅、助听器等的费用。残疾辅助器具费按照普通适用器具的合理费用标准计算。伤情有特殊需要的,可以参照辅助器具配制机构的意见确定相应的合理费用标准。辅助器具的更换周期和赔偿期限参照配制机构的意见确定。

2. 残疾赔偿金,是指用来赔偿受害人因侵权行为而残疾,导致劳动能力丧失或减少所遭受的损失。关于残疾赔偿金,有不同的观点,如"收入丧失说"以受害人劳动收入丧失为赔偿额;"劳动能力丧失说",认为受害人残疾导致完全或部分丧失劳动能力,其本身也是一种损害;"生活来源丧失说",认为受害人劳动能力丧失或减少必然导致其生活来源丧失。[1] 我国在残疾赔偿金标准上采取"劳动能力丧失说",但也酌情考虑"收入丧失说"。《人身损害赔偿司法解释》第12条规定:"残疾赔偿金根据受害人丧失劳动能力程度或者伤残等级,按照受诉法院所在地上一年度城镇居民人均可支配收入标准,自定残之日起按二十年计算。但六十周岁以上的,年龄每增加一岁减少一年;七十五周岁以上的,按五年计算。受害人因伤致残但实际收入没有减少,或者伤残等级较轻但造成职业妨害严重影响其劳动就业的,可以对残疾赔偿金作相应调整。"

(三)造成死亡的赔偿范围

依据《民法典》第1179条的规定,侵权行为造成受害人生命权丧失的,除应当赔偿医疗费、因误工减少的收入等费用外,还应当支付丧葬费、死亡赔偿金等。

1. 丧葬费,是指在被侵权人死亡的情形下,因办理丧事而支付的费用,如遗体运送、安葬等支付的必要费用。丧葬费的计算按定额标准,《人身损害赔偿司法解释》第14条规定:"丧葬费按照受诉法院所在地上一年度职工月平均工资标准,以六个月总额计算。"

2. 死亡赔偿金,是指被侵权人的生命权受到侵害,侵权人应当支付给被侵权人近亲属的金钱赔偿。死亡赔偿金并非对生命的赔偿,关于其性质,有"扶养丧失说"和"继承丧失说"两种观点。"扶养丧失说"认为,因受害人死亡而遭受财产损害的是其生前扶养的人,因此被扶养人有权从赔偿义务人处获取受害人生前支付的扶养费的份额。"继承丧失说"认为,受害人倘若没有遭受侵害,未来获取的收入本可以作为受害人财产被其法定继承人继承,但因受害人死

[1] 3种观点转引自程啸:《侵权责任法》(第3版),法律出版社2021年版,第827~828页。

亡,其法定继承人将来所继承遗产会减少,赔偿义务人应赔偿其法定继承人的未来可得利益。[1]

《人身损害赔偿司法解释》第16条规定:“被扶养人生活费计入残疾赔偿金或者死亡赔偿金。”同时该解释又分别规定了被扶养人生活费的计算办法和死亡赔偿金的计算办法,因此死亡赔偿金的计算是不包含被扶养人生活费的,综合理解我国采取的是“继承丧失说”,死亡赔偿金是对收入损失的赔偿,不是“命价”,是对因侵害生命权所引起的近亲属的各种现实利益损失的赔偿,因此死亡赔偿金本身也不是遗产。

《人身损害赔偿司法解释》第15条规定:“死亡赔偿金按照受诉法院所在地上一年度城镇居民人均可支配收入标准,按二十年计算。但六十周岁以上的,年龄每增加一岁减少一年;七十五周岁以上的,按五年计算。”当同一侵权行为导致多人死亡的,因受害人年龄不同会导致同一事故死亡赔偿金不同,因此《民法典》第1180条规定:“因同一侵权行为造成多人死亡的,可以以相同数额确定死亡赔偿金。”该规定来自原《侵权责任法》的立法实践,目的在于用统一的标准尽快解决侵权事故中的赔偿纠纷。

此外,《人身损害赔偿司法解释》第16条规定了被扶养人生活费计入残疾赔偿金或者死亡赔偿金。第17条规定了被扶养人的范围以及被扶养人生活费的计算办法。因此,被扶养人生活费会计入残疾赔偿金或者死亡赔偿金,但是却单独计算。

被扶养人生活费赔偿,是指被侵权人因侵权行为导致残疾或者死亡的,其应当承担扶养义务的未成年人或者丧失劳动能力又无其他生活来源的成年近亲属扶养费会降低或丧失,因此有权向赔偿义务人请求支付相应的生活费。被扶养人生活费根据扶养人丧失劳动能力程度,按照受诉法院所在地上一年度城镇居民人均消费支出标准计算。被扶养人为未成年人的,计算至18周岁;被扶养人无劳动能力又无其他生活来源的,计算20年。但60周岁以上的,年龄每增加一岁减少一年;75周岁以上的,按5年计算。被扶养人还有其他扶养人的,赔偿义务人只赔偿受害人依法应当负担的部分。被扶养人有数人的,年赔偿总额累计不超过上一年度城镇居民人均消费支出额。

疑难问题论争 机会丧失的可赔性

机会丧失理论认为,加害人的加害行为破坏了受害人获得利益或避免损害的机会时,加害人应对此种机会的丧失承担损害赔偿责任。其特点在于损害的客体是机会丧失本身,受害人需证明加害行为与机会丧失之间的因果关系,丧失机会的价值需计算。

在美国的侵权法中,机会丧失理论通常在医疗领域的侵权案件中被探讨和适用,但随着判例的增多和理论的发展,机会丧失理论早已超出医疗责任领域而被适用于其他相关领域,比如,律师、法律顾问的专家民事责任(professional civil liability),毒物侵权诉讼(toxic torts),药

[1] 两种观点转引自程啸:《侵权责任法》(第3版),法律出版社2021年版,第829~830页。

物损害(drug injuries)和道路交通事故(road accidents)。[1] 侵权法中的生存机会丧失案件在美国法上的发展历史已达150年之久,但在我国的司法实务中尚属新问题。从2006年的“南京脑科医院等与宋某等医疗损害责任纠纷案”开始陆续增加,可以发现该类案件中存在请求权基础不明、赔偿范围不统一、客观数据量化不足等问题。[2] 在理论研究中也有不同观点,具体请参见注释。[3]

第三节 精神损害赔偿

一、精神损害赔偿的概念

精神损害赔偿,是指受害人在民事权益被侵害并遭受精神痛苦时,有权向加害人要求以金钱形式对受害人所遭受的精神损害进行赔偿的责任形式。1804年《法国民法典》和1900年《德国民法典》分别首次在实质和形式上对精神损害赔偿制度进行了明确,1907年《瑞士民法典》将这一制度进行了完善。[4] 精神损害一般是自然人人身权益遭受非法侵害导致精神痛苦,也可能因为具有人身意义的物品被损坏而产生精神痛苦。

我国原《民法通则》中并未明确规定精神损害赔偿,有观点认为,原《民法通则》第120条第1款中“赔偿损失”中涵盖精神损害赔偿,由于精神痛苦无法用金钱衡量,也难以用财产进行补偿,因此一段时间内我国司法实践中并不支持精神损害赔偿。然而侵权行为发生后受害人精神痛苦客观存在,因此损害赔偿也具备合理性与必要性。1996年“贾某宇案”[5]首次支持了受害人的精神损害赔偿请求,2001年最高人民法院颁布了《关于确定民事侵权精神损害赔偿责任若干问题的解释》(已被修改),2010年原《侵权责任法》首次在法律上明确承认精神损害赔偿。[6] 《民法典》第1183条规定:“侵害自然人人身权益造成严重精神损害的,被侵权人有权请求精神损害赔偿。因故意或者重大过失侵害自然人具有人身意义的特定物造成严重精神损害的,被侵权人有权请求精神损害赔偿。”

---

〔1〕 See John M. Curran, *Loss of Chance' Doctrine in Medical Malpractice Cases*, New York State Bar Association Journal, 31(2015), 87(9). Lopez v. Clifford Law Offices, P. C. 841 N. E. 2d 465(Ⅲ. App. 2005). David P. T. Price, *Causation—The Lords' Lost Chance?*, 38 Int'l & Comp. L. Q. 735 (1989). 转引自季若望:《侵权法上生存机会丧失的损害赔偿论——以美国法为借鉴》,载《华东政法大学学报》2018年第3期。

〔2〕 参见季若望:《侵权法上生存机会丧失理论的本土化构建——以医疗损害案件为视角》,载《政治与法律》2018年第1期。

〔3〕 参见田韶华、樊鸿雁:《论机会丧失的损害赔偿》,载《法商研究》2005年第4期;王全弟、陈爱碧:《侵权法中的机会丧失理论》,载《复旦学报(社会科学版)》2007年第3期;王新绳:《论生存机会丧失之损害赔偿》,载《东南大学学报(哲学社会科学版)》2009年S1期;解娜娜:《医疗损害案件中的机会丧失理论》,载《法学杂志》2010年第4期;李显冬、王稳:《机会损失赔偿理论的反思与突破》,载《河南社会科学》2019年第3期。

〔4〕 参见张新宝、李倩:《惩罚性赔偿的立法选择》,载《清华法学》2009年第4期。

〔5〕 “贾某宇诉北京国际气雾剂有限公司、龙口市厨房配套设备用具厂、北京市海淀区春海餐厅人身损害赔偿案”,载《最高人民法院公报》1997年第2期。

〔6〕 关于精神损害赔偿进入立法的过程,参见张新宝:《从司法解释到侵权责任法草案:精神损害赔偿制度的建立与完善》,载《暨南学报(哲学社会科学版)》2009年第2期。

二、精神损害赔偿的功能

精神损害是一种无形损害，有关精神损害赔偿的功能在理论上也存在不同的观点。有学者主张，精神损害赔偿具有补偿与抚慰功能的“二元说”，也有学者主张补偿、抚慰、惩罚3种功能的。在精神损害赔偿是否具有惩罚性功能上存在争议，一些学者否认精神损害赔偿具有惩罚性，[1]也有学者通过实证研究支持精神损害赔偿的惩罚性功能。[2]

（一）补偿功能

精神痛苦本身无法被金钱衡量，但金钱赔偿会让被侵权人一方可以利用所获得的金钱获得替代性的放松、娱乐活动，从而实现减轻或消除精神痛苦的目标，这是精神损害赔偿补偿性功能的体现。补偿功能属于间接的填补功能，故计算损害无须考虑当事人的主观过错等因素，仅考虑受害人精神痛苦本身的程度即可。

（二）抚慰功能

抚慰功能，旨在使加害人对其加害行为付出代价，使受害人感觉加害人承担经济上的赔偿责任从而得到精神上的抚慰和满足。在抚慰功能的范围内，诸如侵权人的过错程度、双方的财产状况、加害行为的方式等便成为精神损害赔偿主要的考虑因素。[3]

（三）惩罚性功能

精神损害即非财产性损害，难以通过金钱计价的方式确定具体数额，要求侵权人承担精神损害赔偿，对侵权人自身来说具备一定的惩罚性，是对其侵权行为的惩罚。但部分学者不赞成精神损害赔偿具备惩罚性功能，认为侵权法本身的功能并不是惩罚，精神损害赔偿更多体现的是补偿或赔偿；且惩罚性赔偿制度已建立，其并不包含精神损害赔偿。[4] 但司法实践对于精神损害赔偿惩罚性功能存在客观需求，客观上可以起到对行为人的民事惩罚作用，也是对其他人的警戒。精神损害赔偿的惩罚性功能不是其基本功能，应该是其填补损害功能附带的、兼具的一种功能。[5]

三、精神损害赔偿的适用条件

（一）自然人的人身权益或具有人身意义的特定物被侵害

按照《民法典》及相关司法解释，精神损害赔偿责任的范围包括以下几类：

1. 自然人的人身权益等受到侵害的，如身体权、健康权、名誉权等受到侵害。

2. 死者的人格利益等受到侵害的，如侵害死者姓名、肖像、名誉、荣誉、隐私、遗体、遗骨等行为。

3. 具有人身意义的特定物受到侵害的。比如，地震孤儿保存的父母照片被他人毁损，婚礼现场的照片和视频被婚庆公司意外毁损，被主人作为陪伴的家养宠物被他人故意杀害等，这些特殊类型的物品，“其对于特定自然人的价值，主要不在于财产性利益，而是一种精神性的寄

---

〔1〕参见瞿灵敏：《精神损害赔偿惩罚性与惩罚性赔偿补偿性之批判——兼论精神损害赔偿与惩罚性赔偿的立法完善》，载《东方法学》2016年第2期。

〔2〕参见屈茂辉、王中：《精神损害赔偿惩罚性功能探析——基于医疗侵权精神损害赔偿的实证研究》，载《山东大学学报（哲学社会科学版）》2020年第5期。

〔3〕参见董惠江、严城：《论我国精神损害赔偿金的功能》，载《甘肃政法学院学报》2012年第1期。

〔4〕参见程啸：《侵权责任法》（第3版），法律出版社2021年版，第856～857页。

〔5〕参见张新宝、李倩：《惩罚性赔偿的立法选择》，载《清华法学》2009年第4期。

托”。[1] 当这些物品被他人故意或重大过失侵害时,所有人遭受的严重精神损害有权利要求加害人进行赔偿。

(二)须造成被侵权人严重精神损害

只有精神损害达到严重程度,被侵权人才可以主张精神损害赔偿。精神损害是否达到严重程度,并没有统一的标准,一般“严重程度”的认定,应当结合精神损害自身特性和现行司法解释进行分析。如对于侵害身体权、健康权,以达到伤残等级标准来确定,而其他人格利益,则综合考虑侵权人的主观状态、侵害手段、场合、行为方式、被侵权人精神状态等情节判断。

(三)法人和非法人组织不得主张精神损害赔偿

法律虽然规定了法人和非法人组织享有某些特定的人格权。但法人和非法人组织归根结底不具有自然人的思想感情,因此不会产生精神痛苦。易言之,法人和非法人组织不会遭受精神损害,所以法人和非法人组织不得主张精神损害赔偿。

四、精神损害赔偿的请求权人

(一)被侵权人的精神损害赔偿请求权

因为人身权、健康权或者其他人格利益被侵害而遭受严重精神损害的被侵权人,是精神损害赔偿的请求权人。具有人身意义的特定物品被损毁而造成严重精神损害的,该特定物品的所有人是精神损害赔偿的请求权人。由于精神损害侵害的客体具有强烈的人身性,所以通常只有被侵权人能够依法向侵权人提出赔偿请求。

(二)近亲属的精神损害赔偿请求权

因为生命权被侵害,被侵权人死亡时,近亲属遭受了亲人受害死亡的精神痛苦,因此近亲属享有精神损害赔偿权;此外,当死者的姓名、肖像、名誉、荣誉、隐私、遗体、遗骨等受到侵害时,其近亲属有权请求精神损害赔偿。最高人民法院《关于确定民事侵权精神损害赔偿责任若干问题的解释》[2] 第1条规定:“因人身权益或者具有人身意义的特定物受到侵害,自然人或者其近亲属向人民法院提起诉讼请求精神损害赔偿的,人民法院应当依法予以受理。”第3条规定:“死者的姓名、肖像、名誉、荣誉、隐私、遗体、遗骨等受到侵害,其近亲属向人民法院提起诉讼请求精神损害赔偿的,人民法院应当依法予以支持。”

当被侵权人的人身权、健康权等人身利益遭受损害时,即使被侵权人未死亡,近亲属也会因此遭受精神损害,比如,因目击受害人被侵害而受到精神惊吓,称为“第三人惊吓精神损害”,[3] 或“震惊损害赔偿”。[4] 具体是指“损害事故发生当时或者发生后,被害者以外的第三人,因当时目睹或因嗣后耳闻损害事故发生的事实,受到刺激而导致心神崩溃或致休克等

---

[1] 薛军:《〈民法典〉对精神损害赔偿制度的发展》,载《厦门大学学报(哲学社会科学版)》2021年第3期。

[2] 最高人民法院《关于确定民事侵权精神损害赔偿责任若干问题的解释》(2001年2月26日由最高人民法院审判委员会第1161次会议通过,根据2020年12月23日最高人民法院审判委员会第1823次会议通过的最高人民法院《关于修改〈最高人民法院关于在民事审判工作中适用《中华人民共和国工会法》若干问题的解释〉等二十七件民事类司法解释的决定》修正)。

[3] 朱晓喆:《第三人惊吓损害的法教义学分析——基于德国民法理论与实务的比较法考察》,载《华东政法大学学报》2012年第3期。

[4] 杨立新、李怡雯:《侵权责任编规定精神损害赔偿应当增加震惊损害赔偿》,载《新疆师范大学学报(哲学社会科学版)》2020年第1期。

情形所遭受的损害”。[1] 对于第三人惊吓的损害赔偿,我国学说与司法实践予以认可,[2] 在第三人范围上,通常应该是与被侵权人有确定、密切关系的人,如父母、配偶、子女等近亲属。

(三)监护人的精神损害赔偿请求权

在亲子关系或监护关系中,因为非法行为导致被监护人脱离监护,比如未成年人被拐卖等,监护人可以亲子关系或亲属关系遭受严重损害为由对侵权人享有精神损害赔偿请求权。最高人民法院《关于确定民事侵权精神损害赔偿责任若干问题的解释》第2条规定:“非法使被监护人脱离监护,导致亲子关系或者近亲属间的亲属关系遭受严重损害,监护人向人民法院起诉请求赔偿精神损害的,人民法院应当依法予以受理。”

五、精神损害赔偿数额确定

最高人民法院《关于确定民事侵权精神损害赔偿责任若干问题的解释》第5条对于精神损害赔偿数额的确定因素有明确的规定:(1)侵权人的过错程度,但是法律另有规定的除外;(2)侵权行为的目的、方式、场合等具体情节;(3)侵权行为所造成的后果;(4)侵权人的获利情况;(5)侵权人承担责任的经济能力;(6)受理诉讼法院所在地的平均生活水平。

第四节　财产损害赔偿

一、财产损害赔偿的概念

财产损害,或称“财产损失”,是指被侵权人的人身权益或财产权益被侵害后,承担的财产上的损害后果。所有财产损失都是经济上的或者金钱上的损失。财产损失赔偿,是指侵权人一方承担的以支付一定数额的金钱救济被侵权人一方财产上损失的一种侵权责任方式。本节财产损害赔偿主要针对《民法典》第1184条侵害他人财产产生的损害,“侵害他人财产的,财产损失按照损失发生时的市场价格或者其他合理方式计算”。

侵害他人财产,是指侵害他人财产权利和财产利益,财产权利如物权、债权、知识产权中的财产性权利、继承权、股权等投资性权利等;财产利益如商业秘密、占有等。

二、财产损失的计算方法

财产损失可以分为直接损失和间接损失。直接损失是现有财产价值的减少;间接损失是可得利益的丧失。

(一)损失的市场价格

损失通常体现为侵害行为发生后,被侵害财产市场价格的减少,是普遍使用的财产损失的计算办法。用市场价格计算损失,需要知道财产本身的价格、财产被侵害后残存的价格,二者

---

[1] 曾世雄:《损害赔偿法原理》,中国政法大学出版社2001年版,第342页。转引自杨立新、李怡雯:《侵权责任编规定精神损害赔偿应当增加震惊损害赔偿》,载《新疆师范大学学报(哲学社会科学版)》2020年第1期。

[2] “林某暖诉张某保等人身损害赔偿纠纷案”是第三人惊吓精神损害赔偿的典型案例,参见最高人民法院中国应用法学研究所编:《人民法院案例选》第70辑,人民法院出版社2010年版,第146~155页。相关研究,参见谭吉:《惊吓损害侵权司法救济困境及其突破》,载《当代法学》2019年第3期。

之间的差额就是市场价格的减少，即财产损失。市场价格的确定依据财产的不同性质，可以是交易价格，也可以是相关机构的评估价格。

（二）其他合理方式

涉及间接损失时，往往无法以市场价格直接衡量，因为损失是未来的可得利益，而非现实利益。假设侵权行为未发生，则此可得利益成为现实利益。在实践中经常用平均收益法、同类比照法、综合法来确定间接损失。

平均收益法，是指以受害人在特定时间段的平均收益作为参照标准来计算侵害行为发生后受害人的可得利益。同类比照法，是指以相同条件下同类生产经营者的收益为标准来确定受害人的可得利益。综合法，是指将以上两种方法综合使用，使受害人的可得利益更客观准确。[1]

三、财产损害赔偿责任的原则

财产损害赔偿原则，是指财产损害赔偿的总的指导思想和法律理念。法律未进行明确规定，在此仅列举几种学术性观点。

（一）完全赔偿原则

完全赔偿原则也称赔偿实际损失的原则，是指在任何产生损害赔偿请求权的场合，无论损害的类型如何、加害人的过错程度如何，均应先确认受害人所受损害，然后由赔偿义务人通过相应的赔偿方法为赔偿权利人提供一定的利益以求填补全部损害，使受害人恢复到尚未遭受损害时应处的状态。财产损害赔偿遵循完全赔偿原则，侵权人须就被侵权人遭受的全部经济损失负赔偿责任，财产损失的范围决定了赔偿的范围。

（二）适当赔偿原则

适当赔偿原则是完全赔偿原则的例外。其含义是综合考虑案件的各种情况，对被侵权人的财产损失予以适当而非完全的赔偿，往往在涉及可得利益计算时，对间接损失会采取可预见性标准予以限制。“适当”往往具有两层含义：一是从法律的价值观、利益平衡角度来看是合适的、恰当的；二是与某些特定情况相适应，如与双方主体经济状况相适应。

（三）损益相抵原则

损益相抵也称“损益同销”，是指当赔偿请求权人因同一赔偿原因的发生而获得利益时，赔偿义务人有权要求将该利益加以扣除，从而确定损害赔偿范围的制度。

（四）公平原则

《民法典》第1186条规定：“受害人和行为人对损害的发生都没有过错的，依照法律的规定由双方分担损失。”双方对损害的发生都没有过错，又不符合法律规定的无过错责任的，同时双方当事人的行为与损害后果的发生有一定的因果关系，依照法律的规定适用公平责任原则，由双方分担损失，如《民法典》第182条、第183条、第1190条、第1254条等。

---

〔1〕 参见最高人民法院民法典贯彻实施工作领导小组主编：《中华人民共和国民法典侵权责任编理解与适用》，人民法院出版社2020年版，第186页。

第五节　惩罚性赔偿

一、惩罚性赔偿概述

惩罚性赔偿，是指侵权人所要承担的损害赔偿数额超过其所造成的被侵权人实际损害数额，在填平被侵权人损害的基础上提高赔偿数额，以彰显对侵权人侵权行为进行惩罚的制度。与一般的侵权责任相比，惩罚性赔偿由赔偿和惩罚两部分组成，主要针对的是具有不法性和道德上应受谴责的行为，通过规定更重的责任提高违法成本，从而达到预防和遏制此类行为发生的效果。

惩罚性赔偿具有以下功能：其一，具有填补损害的功能；其二，具有类似刑事责任的威慑功能；其三，具有惩罚的功能。

二、《民法典》中的惩罚性赔偿

我国1993年《消费者权益保护法》首次规定了惩罚性赔偿，目前《消费者权益保护法》中的"假一罚三"，《食品安全法》中的"假一罚十"都是惩罚性赔偿在民事领域的应用。

《民法典》关于惩罚性赔偿的规定主要集中在知识产权侵权、产品责任、环境污染和破坏生态领域。其中，第1185条关于故意侵害知识产权的惩罚性赔偿责任的规定，是在侵权责任一般性规定中体现惩罚性赔偿责任。"就民法典及特别法的规定而言，目前惩罚性赔偿责任的适用集中在三个领域：一是侵害生命权或严重侵害健康权的行为；二是侵害知识产权的行为；三是环境污染和破坏生态的行为。"[1]在侵害生命权和健康权领域，《民法典》第1207条规定，明知产品存在缺陷仍然生产、销售，或者没有依据前条规定采取有效补救措施，造成他人死亡或者健康严重损害的，被侵权人有权请求相应的惩罚性赔偿。特别法如《消费者权益保护法》《食品安全法》《电子商务法》等规定惩罚性赔偿。在侵犯知识产权领域，《民法典》第1185条规定，故意侵害他人知识产权，情节严重的，被侵权人有权请求相应的惩罚性赔偿。在污染环境和破坏生态领域。《民法典》第1232条规定，侵权人违反法律规定故意污染环境、破坏生态造成严重后果的，被侵权人有权请求相应的惩罚性赔偿。

根据《民法典》的规定，在知识产权侵权责任、产品责任、生态环境责任中适用惩罚性赔偿，需满足以下要件。

（一）必须是故意侵害的心态

行为人必须以故意的心理状态实施侵害知识产权的行为，或者明知产品有缺陷仍然生产销售，或者没有及时采取补救措施，或者故意污染环境、破坏生态。申言之，行为人明知自己的行为会侵犯他人的知识产权或人身安全，或生态环境，仍积极追求损害结果的发生。过失侵害他人知识产权的行为不适用惩罚性赔偿的规定。

（二）必须是情节严重的

适用惩罚性赔偿，在知识产权侵权中要满足"情节严重"这一要件；在产品责任中要满足

---

〔1〕 杨立新：《民法典对侵权损害赔偿责任规则的改进与适用方法》，载《法治研究》2020年第4期。

“造成他人死亡或者健康严重损害的”这一要件；在生态环境责任中要满足“造成严重后果的”这一要件。情节严重的条件目的在于防止惩罚性赔偿的惩罚过度或者滥用。

在惩罚性赔偿的司法实践中出现了依据法律规定谋取利益的职业打假人，因此“惩罚性赔偿既有对侵权人进行惩罚的作用，也有鼓励受害人谋取超出损害的赔偿利益的作用，例如商品欺诈和服务欺诈惩罚性赔偿责任的适用”。[1] 因此，扩张《民法典》惩罚性赔偿责任适用范围时，要避免惩罚性赔偿责任的滥用。在法律适用中，要严格把握惩罚性赔偿责任的构成要件，特别是故意和情节严重要件的适用。

疑难问题论争　惩罚性赔偿的适用以及数额的确定

广州天赐公司、九江天赐公司主张，华某、刘某、安徽纽曼公司、吴某某、胡某某、朱某某、彭某侵害其“卡波”制造工艺技术秘密，向广州知识产权法院提起诉讼，请求判令停止侵权、赔偿损失、赔礼道歉。广州知识产权法院认定被诉侵权行为构成对涉案技术秘密的侵害，考虑侵权故意和侵权情节，适用了2.5倍的惩罚性赔偿。广州天赐公司、九江天赐公司和安徽纽曼公司、华某、刘某均不服一审判决，向最高人民法院提起上诉。最高人民法院二审认为，被诉侵权行为构成对涉案技术秘密的侵害，但一审判决在确定侵权赔偿数额时未充分考虑涉案技术秘密的贡献程度，确定惩罚性赔偿时未充分考虑侵权行为人的主观恶意程度和以侵权为业、侵权规模大、持续时间长、存在举证妨碍行为等严重情节，遂在维持一审判决关于停止侵权判项基础上，以顶格5倍计算适用惩罚性赔偿，改判安徽纽曼公司赔偿广州天赐公司、九江天赐公司经济损失3000万元及合理开支40万元，华某、刘某、胡某某、朱某某对前述赔偿数额分别在500万元、3000万元、100万元、100万元范围内承担连带责任。[2]《民法典》规定了惩罚性赔偿，但对赔偿的具体标准没有规定。

该案系最高人民法院作出判决的首例知识产权侵权惩罚性赔偿案。判决确认若经营者存在恶意侵害他人商业秘密的行为且情节严重的，权利人可请求侵权人承担赔偿金额相应倍数的惩罚性赔偿。因此，该案应在判断安徽纽曼公司是否存在恶意侵权、情节是否严重的基础上确定是否适用惩罚性赔偿。

在惩罚性赔偿的数额确定上，充分考虑了被诉侵权人的主观恶意、以侵权为业、举证妨碍行为以及被诉侵权行为的持续时间、侵权规模等因素，适用了惩罚性赔偿，最终确定了以安徽纽曼公司侵权获利的5倍为该案的惩罚性赔偿数额，目的在于有效保护创新活动，对长期恶意从事侵权活动之人从重处理。个案中适用惩罚性赔偿最高倍数（5倍）的赔偿数额，明确传递了加大知识产权司法保护力度的强烈信号。

在知识产权侵权、产品责任、生态环境责任中适用惩罚性赔偿时，除要满足故意和情节严重外，在赔偿基数的确定上标准不同，但在赔偿数额上可以考虑过错程度、侵权后果（被侵权人所遭受的损失）、侵权人因侵权所获利益、侵权人经济能力、经济发展水平等。

---

〔1〕 杨立新：《民法典对侵权损害赔偿责任规则的改进与适用方法》，载《法治研究》2020年第4期。

〔2〕《侵害知识产权民事案件适用惩罚性赔偿典型案例》，载最高人民法院官网2021年3月15日，http://www.court.gov.cn/zixun-xiangqing－290651.html。详细案情请查阅“广州天赐高新材料股份有限公司、九江天赐高新材料有限公司侵害技术秘密纠纷二审民事判决书”。

案例分析

佘某某、李某系夫妻关系，二人经营餐馆。马某等人在佘某某、李某经营的餐馆就餐，餐费约 260 元。李某因发现马某等人未结账即离开，于是沿路追赶。李某看到马某等人后，呼喊买单再走，马某等人遂分散走开，其中马某距离李某最近，李某便紧跟着马某，并拨打“110”报警。随后，佘某某赶到，与李某一起追赶马某，马某在逃跑过程中摔伤。经鉴定，马某损伤程度属轻伤二级，住院治疗产生医疗费等支出。马某遂诉至法院，请求判令佘某某、李某赔偿其因被追摔伤所造成的各项经济损失 4 万余元。

问题：如果你是法官，会如何判决？餐厅是否应当承担侵权赔偿责任？为什么？

分析：法官应驳回诉讼请求。理由是：就餐后付款结账是完全民事行为能力人均应知晓的社会常理。马某等人就餐后未买单，也未告知餐馆经营人用餐费用怎么处理即离开饭店，属于吃“霸王餐”的不诚信行为，经营者李某要求马某等人付款的行为并无不当。佘某某、李某在发现马某等人逃跑后阻拦其离开，并让马某买单或者告知请客付款人的联系方式，属于正当的自助行为，不存在过错。马某在逃跑过程中因自身原因摔伤，与李某、佘某某恰当合理的自助行为之间并无直接因果关系，李某、佘某某不应对马某摔伤造成的损失承担赔偿责任。

思考题

1. 思考精神损害赔偿在侵权责任编中的制度价值是什么？
2. 为什么侵权责任编以赔偿损失作为主要侵权责任的方式？

第三十三章　特殊侵权责任类型

学习要点

本章学习各特殊侵权责任类型的归责原则、责任主体、构成要件、减责免责事由等。

第一节　责任主体特殊的侵权责任

一、监护人责任

（一）监护人责任的概念

监护人责任，是指监护人对于其所监护的无民事行为能力人、限制民事行为能力人造成他人损害时所应承担的侵权责任，是一种替代责任。《民法典》第1188条第1款规定，无民事行为能力人、限制民事行为能力人造成他人损害的，由监护人承担侵权责任。监护人尽到监护职责的，可以减轻其侵权责任。

监护人责任的目的在于，通过让监护人替代无民事行为能力或限制民事行为能力的被监护人承担侵权责任，一是更好地维护被侵权人的利益，保证其被侵害权益能得到补偿；二是更好地预防侵权行为的发生，通过责任承担督促监护人尽到监护职责。

（二）监护人责任的归责原则

从《民法典》第1188条第1款的规定可以看出，我国监护人责任适用的是无过错责任原则。只要被监护人造成他人损害，无论监护人对此是否有过错，均应承担侵权损害赔偿责任。监护人能够证明自己尽到监护义务的，也只可以减轻侵权责任，不能完全免除责任。将监护人责任规定为无过错责任，原因在于无民事行为能力人、限制民事行为能力人缺乏判断和认识行为后果的能力，也缺乏承担赔偿责任的能力，而监护人则对被监护人有法定的监督、教育等义务。

（三）监护人责任构成要件

1.侵权行为人为无民事行为能力人或限制民事行为能力人。

无民事行为能力人包括：其一，不满8周岁的未成年人；其二，完全不能辨认自己行为的成年人；其三，8周岁以上完全不能辨认自己行为的未成年人。

限制民事行为能力人包括：其一，8周岁以上的未成年人；其二，不能完全辨认自己行为的成年人。

2.被监护人的行为造成了监护人与被监护人之外的第三人的损害。损害既包括财产损害，也包括人身损害与精神损害。无民事行为能力人、限制民事行为能力人的加害行为与损害结果之间存在因果关系。

(四)监护人责任的承担

《民法典》第1188条监护人责任条款沿袭了原《侵权责任法》第32条,以及原《民法通则》第133条的规定,在监护人责任承担上分为3种情形。

1. 监护人承担侵权责任

根据《民法典》第1188条第1款的规定,确认了监护人承担无过错责任,对被监护人造成他人损害的,承担侵权责任。监护人尽到监护职责的,可以减轻其侵权责任。

监护人是被监护人侵权行为的唯一责任人,目的在于保护被侵权人的利益。但是对于被监护人不区分为无民事行为能力人和限制民事行为能力人,有观点认为,"在法律行为领域内严格区分无民事行为能力与限制民事行为能力,那么在侵权领域内把无民事行为能力人与限制民事行为能力人的侵权责任能力完全等同对待就明显不合理"。〔1〕因此,针对无民事行为能力人与限制民事行为能力人,有观点认为,"应该配置不同的监护人责任,以期全面实现监护人责任制度的功能价值"。〔2〕

2. 被监护人有财产时,监护人的责任承担

《民法典》第1188条第2款规定,无民事行为能力人、限制民事行为能力人造成他人损害的,有财产的,从本人财产中支付赔偿费用;不足部分,由监护人赔偿。

针对有财产的被监护人从本人财产支付赔偿费用,有观点认为,确立了"有财产归责的责任分担方式,缺乏正当性和说服力",〔3〕而无财产的被监护人无须承担任何责任。如在共同侵权行为中,一个侵权人是无财产的限制民事行为能力人,另一个侵权人是有财产的无民事行为能力人时,前者有一定的识别能力而无须承担任何责任,后者没有识别能力却需用自己的财产支付赔偿费用。对此,有观点解读该规定的立法原因:当父母之外的人或者单位担任监护人时,被监护人可能有父母遗留的财产,或者被监护人是有财产的成年人,此时从被监护人财产中支付赔偿费用也是一种制度安排,但应保留被监护人基本的生活费用等。〔4〕也有学者提出,该制度受中国侵权法强调对受害人救济的价值判断的影响,"处理的是特定情况下监护人与被监护人之间的利益平衡问题,以及克服监护人与被监护人的财产独立可能导致的对受害人救济落实不利的影响"。〔5〕

《民法典》第1188条中的监护人包括单位监护人。当单位作为监护人时,也要就被监护人实施的加害行为承担赔偿责任,目的依然在于促使单位监护人尽到监护职责。

---

〔1〕 朱广新:《论未成年人致人损害的赔偿责任》,载《法商研究》2020年第1期。

〔2〕 张力、郑志峰:《功能论视角下我国监护人责任的反思与重解》,载《西南政法大学学报》2014年第2期。与此相关的研究参见王泽鉴:《侵权行为》,北京大学出版社2009年版,第3章"无行为能力人及限制行为能力人的侵权行为与法定代理人责任",第378~415页。

〔3〕 于飞:《〈民法典〉背景下监护人责任的解释论》,载《财经法学》2021年第2期。

〔4〕 参见黄薇主编:《中华人民共和国民法典侵权责任编解读》,中国法制出版社2020年版,第101页。

〔5〕 薛军:《走出监护人"补充责任"的误区——论〈侵权责任法〉第32条第2款的理解与适用》,载《华东政法大学学报》2010年第3期。关于监护人责任的观点,参见曹险峰、徐恋:《监护人责任的解释论与立法论反思》,载《烟台大学学报(哲学社会科学版)》2019年第3期;冯德淦:《被监护人致人损害侵权解释论研究》,载《华侨大学学报(哲学社会科学版)》2019年第1期;王竹:《论〈民法典·侵权责任编〉的监护人责任设计——以"体系位移效应说"为切入点》,载《四川大学学报(哲学社会科学版)》2018年第5期。

3. 监护职责委托他人后的侵权责任

监护人将监护职责部分或全部委托于他人，仅产生监护职责的委托效果，监护责任与监护权并不因委托而转移。当被监护人造成他人损害时，依然由监护人承担监护责任；受托人有过错的，根据其过错、原因等因素承担相应的责任。监护人和受托人在委托协议中约定的各方责任，仅约束双方当事人，不能对抗第三人。

二、暂时丧失心智损害责任

（一）暂时丧失心智损害责任的概念

暂时丧失心智损害责任，是指完全民事行为能力人对于因自身过错引起的暂时丧失心智所导致的损害，或者因醉酒、滥用麻醉或精神药品导致暂时丧失心智造成他人损害的，行为人应当承担侵权责任。

（二）暂时丧失心智损害责任的类型

完全民事行为能力人暂时丧失意识或者失去控制造成他人损害的责任，在德国、日本的民法中都作了规定。[1] 原《侵权责任法》实施前我国法律及司法解释中都没有作出规定，但司法实践中存在不少案例，如醉酒导致的交通事故或者伤害事件。原《侵权责任法》第33条规定了这类侵权责任，《民法典》侵权责任编予以保留。《民法典》第1190条规定："完全民事行为能力人对自己的行为暂时没有意识或者失去控制造成他人损害有过错的，应当承担侵权责任；没有过错的，根据行为人的经济状况对受害人适当补偿。完全民事行为能力人因醉酒、滥用麻醉药品或者精神药品对自己的行为暂时没有意识或者失去控制造成他人损害的，应当承担侵权责任。"

1. 完全民事行为能力人对自己暂时丧失心智存在过错的，应当承担侵权责任。行为人对失去意识存在过错，应当根据其过错程度来承担侵权责任。此处的过错是故意或过失导致自己暂时丧失心智，并进而产生对他人的损害。行为人要为自己的过错承担侵权责任。

2. 完全民事行为能力人对自己暂时丧失心智不存在过错的，依据行为人的经济状况对受害人进行补偿。比如，驾车途中突发心脏病导致交通事故，造成他人损失，在这种情况下，行为人对于自己暂时丧失心智没有过错，但由于受害人有损失，依据《民法典》第1190条的规定，根据行为人的经济状况承担补偿责任。该条规定也是《民法典》第1186条公平分担损失原则的具体体现。

3. 完全民事行为能力人因醉酒、滥用麻醉药品或者精神药品暂时丧失心智致他人损害的，应当承担侵权责任。作为完全民事行为能力人，应当认识到醉酒、滥用麻醉品或精神药品会导致对自己的意识或行为失去控制，可能会产生危害公共安全和他人的行为，但依然放任该行为，则行为人应当为行为失控后的损害承担侵权责任。

三、用人者责任

（一）用人者责任的概念

用人者责任又称雇主责任，用人者（用人单位、个人劳务使用人）对被使用人（工作人员、个人劳务提供人）从事职务活动或提供劳务活动时造成他人损害承担侵权责任。其具备如下特

---

[1] 参见最高人民法院民法典贯彻实施工作领导小组主编：《中华人民共和国民法典侵权责任编理解与适用》，人民法院出版社2020年版，第230页。

征：(1)用人者责任原则上是一种替代责任；(2)原则上适用无过错责任原则；(3)用人者与作为直接侵权行为人的被使用人之间存在特定关系；(4)损害行为发生在被使用人执行职务活动或提供劳务活动的过程中。

对于用人者责任的理论解说有3种：(1)报偿理论，社会分工产生了人们之间的分工和合作，个人与组织都会借助他人的知识与能力来完成相应的工作任务，用人者通过使用他人而享受了利益，自然也应承担由此带来的风险。因此，工作人员或者个人劳务提供者因执行工作任务或提供劳务而致他人损害的，用人者要承担侵权责任。(2)控制力理论，用人者对被使用者进行管理、监督与控制，用人者责任可以形成有效的激励机制，让用人者能更好地履行管理职责，以防损害发生。(3)深口袋理论，从保护被侵权人利益的角度，用人者的赔偿能力都强于被使用者，因此有必要让用人者承担侵权责任。[1]

（二）用人者责任归责原则

我国用人者责任适用无过错责任原则。《民法典》侵权责任编第1191条、第1192条规定用人者对被使用人执行工作任务时造成的损害承担侵权责任，甚至没有规定用人者可以减责免责的情况。由此可见，我国的用人者责任属于无过错责任。此处无过错责任一方面有利于保护受害人利益，另一方面雇主也可以通过责任保险制度等将风险进行分散，改进技术与管理水平，避免工作中的伤害发生。

（三）用人者责任构成要件

1. 用人者与被使用人存在广义上的雇佣关系，即支配与被支配、使用与被使用的关系。

2. 侵害行为必须是被使用人为完成工作任务而作出的。对于“完成工作任务”的行为，主要依靠以下几个要素综合考虑：(1)时间要素，上班时间的行为更容易被认定为“完成工作任务”的行为。(2)地点因素，工作场所的行为更容易被认定为“完成工作任务”的行为。(3)控制力要素，“完成工作任务”的行为要求用人者具备支配被使用人活动的可能性。用人者对被使用人的控制力越强，更容易认定“完成工作任务”的行为。(4)利益要素，指既要考虑被使用人的主观心态，又要考虑被使用人之行为与用人者利益的客观联系。

3. 被使用人的行为满足侵权行为的构成要件，即构成侵权行为。

（四）用人者责任的承担

1. 被使用人故意或过失情况下的责任承担

用人者责任是单独责任，在外部求偿关系中，用人者是唯一的侵权责任主体。从第三人的角度观察，在完成工作任务时，被使用人的人格被单位或组织等用人者的人格吸收，所以被使用人行为效果归于用人者也是应有之义。在内部责任分摊上，《民法典》第1191条、第1192条规定，用人者承担侵权责任后，可以向有故意或重大过失的工作人员或劳务提供者追偿。

2. 劳务派遣中的用人者责任

(1)从归责原则上来看，劳务用工单位承担的是无过错责任，劳务派遣单位承担的是过错责任。从控制力因素的角度来看，劳务派遣单位对被使用人的控制力弱，适用无过错责任原则并不公平，因此劳务派遣单位仅就选任方面的过错承担责任。而劳务用工单位从实际地位来

---

[1] 关于3种理论解说，参见程啸：《侵权责任法》（第3版），法律出版社2021年版，第445~446页。

说，同于前述一般的用人单位，因此劳务用工单位适用无过错责任原则。

(2)在责任形态上，劳务用工单位责任与劳务派遣单位责任属于共同责任。在劳务派遣单位有过错的情况下，承担与过错相应的按份责任。

3. 个人劳务关系下的用人者责任

(1)因提供劳务造成他人损害的，由接受劳务的一方承担无过错的替代责任。

(2)提供劳务的一方因劳务致使自己受到损害的，按照比较过错的规则分担责任。

(3)提供劳务的一方因第三人致损的，提供劳务的一方拥有选择权，可以请求第三人承担侵权责任，也可请求接受劳务的一方给予补偿。

(4)接受劳务一方承担侵权责任或补偿后，有权向有故意或重大过失的提供劳务一方追偿，或向第三人追偿。

(五)定作人责任

定作人责任，是指承揽人在完成承揽工作时致他人损害或自身损害，应由承揽人承担侵权责任或自担损害，定作人不负赔偿责任；但是定作人对定作、指示或选任有过错的，由定作人承担责任。《民法典》第1193条规定："承揽人在完成工作过程中造成第三人损害或者自己损害的，定作人不承担侵权责任。但是，定作人对定作、指示或者选任有过错的，应当承担相应的责任。"

1. 定作人责任的归责原则。定作人对承揽过程中的损害承担过错责任。加工承揽关系中的定作人责任不同于雇佣关系中的雇主对雇员侵权行为的替代责任，承揽人具有合同中的自主独立性，依靠自身的技术和判断来完成承揽工作，并对工作中发生的损害承担责任。但当定作人的定作、指示或者选任有过错时，应对承揽工作造成他人或承揽人的损害承担相应的赔偿责任。

2. 定作人过错分为定作过错、指示过错、选任过错。定作人只有在对定作、指示或者选任上有过错时，才承担与过错相应的责任。

3. 定作人责任构成要件：(1)定作人与承揽人之间存在承揽合同关系，承揽人依据合同约定或者定作人指示完成承揽事项；(2)加害行为发生在承揽人完成承揽事务过程中；(3)承揽人的加害行为造成第三人损害或自身损害，且满足侵权行为条件；(4)定作人对定作、指示或选任有过错，且过错与损害后果存在因果关系。

四、网络侵权责任

(一)网络侵权责任的概念

网络侵权责任，是指利用网络服务侵害他人民事权益所产生的侵权责任，其主要特点在于利用互联网实施侵权行为。侵权主体既包括网络用户，也包括网络服务提供者。《民法典》第1194条规定："网络用户、网络服务提供者利用网络侵害他人民事权益的，应当承担侵权责任。法律另有规定的，依照其规定。"

网络用户，是指使用互联网服务的自然人、法人和非法人组织。网络服务提供者，则是指提供各种网络服务的互联网企业或组织，如网络接入服务、网络信息服务、网络交易服务、网络搜索服务、网络支付服务、网络平台类服务等。

互联网技术的普及使网络侵权行为的发生也极为普遍，其与线下的侵权行为相比有自身的特点：

(1)网络侵权行为日益增多。网络空间是人类以技术为基础建构的空间,以信息的方式实现其存在,网络空间已是人类共同的活动空间。当人们在线上消费、社交、进行电子商务、学习、休闲娱乐的同时,因为网络的普及性、虚拟性和开放性,侵权行为成本极低,侵权行为大量增加。(2)损害后果比较严重。互联网的开放性和极快的传播速度都使损害后果可能很严重。(3)责任承担往往涉及实施网络侵权行为的网络用户、被侵权人以及网络服务提供者三方主体。

(二)网络侵权行为的种类

网络用户利用互联网侵害他人民事权益,可以分为以下几类:

1. 侵害人格权,比如,在网络上盗用或冒用他人姓名,未经许可使用他人肖像,发布侮辱、诽谤他人的信息,披露他人隐私或个人信息等,侵害他人姓名权、肖像权、名誉权、隐私权、个人信息等。

2. 侵害财产权益,比如,通过网络盗用他人财产,实施诈骗财产行为等。

3. 侵害知识产权,通过网络侵犯他人著作权、商标权与专利权,比如,未经权利人许可擅自在网络传播他人作品、冒用他人商标等。

网络服务提供者通过互联网侵害他人民事权益,依据其提供服务类型的不同而不同。其中内容提供者就其发布的内容承担对他人的侵权责任,平台或技术提供者就其提供的平台或者技术服务承担对他人的侵权责任。比如,用户信息泄露源于平台提供的技术安全性欠缺,因此平台应对其过错承担侵权责任。

(三)网络侵权责任的归责原则和构成要件

网络用户和网络服务提供者通过互联网实施了侵害他人民事利益的行为,都属于一般侵权行为,因此其归责原则为过错责任原则。

构成要件:其一,网络用户、网络服务提供者利用网络实施了侵害行为;其二,该侵害行为给他人造成了损害;其三,侵害行为与损害后果之间存在因果关系;其四,网络用户、网络服务提供者具有过错。

《消费者权益保护法》和《电子商务法》都有网络用户侵害他人民事权益的规定,因此,如果消费者或电子商务用户的民事利益被损害,则优先适用单行法。

(四)网络服务提供者的侵权责任

在网络侵权责任法律规范中,网络服务提供者处于核心地位。因为网络用户是利用网络服务提供者提供的网络服务实施侵权行为的,网络服务提供者也有相应的预防和制止此等侵权行为的能力,同时基于报偿原理,其也应当负有相应的注意义务。[1]《民法典》第1194条至第1197条,是网络侵权责任的一般规则、"避风港规则"和"红旗规则",增加了"避风港规则"的反通知权,形成了完善的网络侵权责任规则体系。[2]

---

〔1〕 参见程啸:《论我国〈民法典〉网络侵权责任中的通知规则》,载《武汉大学学报(哲学社会科学版)》2020年第6期。

〔2〕 参见杨立新:《网络服务提供者在网络侵权避风港规则中的地位和义务》,载《福建师范大学学报(哲学社会科学版)》2020年第5期。

1. 通知规则下("避风港规则"[1])的侵权责任

(1)含义:是指权利人获知网络用户实施的侵害行为之后,有权通知网络服务提供者采取必要措施防止损害后果进一步扩大,网络服务提供者如果及时采取了必要措施,则可以免责。网络服务提供者在接到权利人通知后仍未采取必要措施的,如删除、屏蔽、断开链接等必要措施,当该网络用户的行为最终被确认为成立侵权时,则未采取必要措施的网络服务提供者应当对接到通知之后的损害扩大部分承担侵权责任。

(2)构成要件:其一,网络用户的行为构成侵权;其二,权利人通知内容包括构成侵权的初步证据及权利人的真实身份信息;其三,网络服务提供者未及时采取必要措施;其四,存在扩大的损害;其五,网络服务提供者未及时采取措施与扩大的损害之间存在因果关系。

(3)责任承担。

①通知前的损害:网络服务提供者无须对此部分承担责任。

②通知后的损害:一方面,网络服务提供者若未及时采取必要措施导致损害扩大,网络服务提供者就扩大部分的损害承担连带责任;另一方面,若网络服务提供者及时采取了必要措施,未能阻止损害进一步扩大,网络服务提供者对扩大部分的损害不承担侵权责任。

(4)错误通知的后果:权利人因错误通知造成网络用户或网络服务提供者损害的,应当承担侵权责任。

2. 反通知规则下的恢复程序

按照《民法典》第1195条第2款的规定,"网络服务提供者接到通知后,应当及时将该通知转送相关网络用户",即网络服务提供者有通知相关网络用户的义务。网络用户在接到转送通知后,如果认为自身不存在侵权行为,可以向网络服务提供者提交不存在侵权行为的声明,该声明即为网络用户的反通知。声明应当包括不存在侵权行为的初步证据及网络用户的真实身份信息。《民法典》第1196条第2款规定:"网络服务提供者接到声明后,应当将该声明转送发出通知的权利人……"此时,网络服务提供者有转送该反通知至权利人的义务,当网络服务提供者将该声明转送至权利人时,应同时告知其可以投诉或起诉。在转送声明到达权利人后的合理期限内,网络服务提供者未收到权利人投诉或起诉通知的,应当及时终止所采取的措施,如终止删除、屏蔽、断开链接等措施,以恢复该网络用户在互联网发布的信息或者表达。

3. 知道规则下("红旗规则"[2])的侵权责任

(1)含义:是指网络服务提供者在知道或应当知道网络用户利用其服务实施侵权行为的情况下,没有主动采取必要措施制止侵权行为或防止损害结果发生的,则要与该网络用户承担连带责任。

---

[1] "避风港规则"源于美国1998年制定的《数字千年版权法案》(Digital Millennium Copyright Act)。其基本内涵是,对于网络服务提供者使用信息定位工具,包括目录、索引、超文本链接、在线存储网站,在其链接、存储的相关内容涉嫌侵权时,如果其能够证明自己并无恶意,并且及时删除侵权链接或者内容,则其不承担赔偿责任,故"避风港规则"又称为"通知+删除"规则。我国在2006年颁布施行的《信息网络传播权保护条例》、2009年颁布的《侵权责任法》、2018年颁布的《电子商务法》都规定了"避风港规则",并扩大至人身权、知识产权领域。

[2] "红旗规则"是"避风港规则"的例外适用,是指如果侵犯信息网络传播权的事实是显而易见的,就像是红旗一样飘扬,但网络服务提供者假装看不见而没有采取合理措施,也应当承担侵权责任。"红旗规则"在某种程度上来说是对"避风港规则"的补充和限制。"红旗规则"要求网络服务提供者尽到合理的注意义务,不能对非常明显的侵权内容或链接采取不闻不问的"鸵鸟政策"。

（2）构成要件：其一，网络用户实施了侵害行为；其二，网络服务提供者知道或者应当知道侵权事实；其三，网络服务提供者未采取必要措施。

五、违反安全保障义务的侵权责任

（一）安全保障义务的概念

安全保障义务，是指宾馆、商场、银行、车站、机场、体育场馆、娱乐场所等经营场所、公共场所的经营者、管理者或者群众性活动的组织者负有的保障他人人身财产安全的注意义务。安全保障义务人未尽到该义务时，应依法承担侵权责任。

安全保障义务本质上是一种危险防免义务——社会交往的开启尤其是公共场所内会产生潜在危险，开启、主导该社会交往空间的人应当注意加入该交往空间的人的安全。[1] 安全保障义务有以下特征：（1）目的在于保障公共场所的安全，进而保护他人人身财产安全。（2）负担安全保障义务的主体是特定主体，如特定的经营场所、公共场所的经营者、管理者，群众性活动的组织者。（3）违反安全保障义务表现为不作为。

（二）安全保障义务的类型

安全保障义务，从其义务类型可以分为两类：一类是义务主体负有保证经营场所、公共场所的设施、设备及环境等物理空间的安全，比如，避免地板湿滑致人摔伤、避免建筑设施脱落致人伤害等；另一类是义务主体负有防止或阻止第三人侵害场所内的其他人的义务，比如，第三人在商城偷窃顾客钱财、第三人对顾客实施身体伤害等。

安全保障义务的义务主体是经营场所、公共场所的经营者、管理者或群众性活动的组织者。《民法典》第1198条明确列举了几类义务主体："宾馆、商场、银行、车站、机场、体育场馆、娱乐场所等经营场所、公共场所的经营者、管理者或者群众性活动的组织者。"经营者是为消费者提供商品或服务的自然人、法人和非法人组织，对进入其经营场所的消费者和用户负有较高程度的安全保障义务。公共场所的管理者是对该场所拥有管理控制力的自然人、法人和非法人组织，对在公共场所进出或活动的公众负有安全保障义务。群众性活动则没有统一的认定标准，大型群众活动和小型群众活动都存在安全保障义务，只是其安全保障义务的内容因活动规模不同会有不同。比如，庙会、马拉松、招聘会、演唱会、体育比赛，甚至单位组织的春日骑车踏青活动等都是群众性活动。活动的组织者，是指负责组织实施群众性活动的自然人、法人或者非法人组织。如果活动是在如体育馆、商场、书城等经营场所或公共场所举办，则活动的组织者和场所的经营者、管理者则是共同的安全保障义务人，应当各自履行相应的安全保障义务。

安全保障义务的范围与界限并无法律的明确规定，以杨立新教授的"四标准说"最具代表性，即法定标准、特别标准、善良管理人标准和一般标准。[2] 安全保障义务主体有营利性的，有公益性的，有封闭空间，也有开放场所，因此无法以统一的标准来规范所有义务主体的安全保障义务，理论与实践都是依据个案综合考虑来确定主体合理的安全保障义务范围。比如，针对营利性主体，基于报偿原则，可以认定其负有更高的安全保障义务；[3] 比如，公共体育活动的组织者或者公园，如果对其提出较高的管理与注意义务，既不利于对参与活动公众的安全保

---

〔1〕 参见刘召成：《安全保障义务的扩展适用与违法性判断标准的发展》，载《法学》2014年第5期。

〔2〕 参见杨立新：《论违反安全保障义务侵权行为及其责任》，载《河南省政法管理干部学院学报》2006年第1期。

〔3〕 参见程啸：《侵权责任法》（第3版），法律出版社2021年版，第531页。

障,也会因为责任过大导致类似活动无人组织。[1] 如果活动本身危险性大,也意味着损害发生的概率也比较高,因此活动主办方的安全保障义务会更高,类似2021年5月白银的山地马拉松百公里越野赛,因气候与地理条件,山地马拉松的组织者就应承担比普通马拉松更高的注意义务。

(三)安全保障义务主体的侵权责任

基于安全保障义务的责任主体承担两类义务,因此其侵权责任也分为两种。

1. 直接责任:在没有第三人行为介入的情况下,义务人因违反安全保障义务导致被保护人受到损害,义务人就其未尽到安全保障义务所造成的损失承担赔偿责任。

其构成要件为:第一,安全保障义务人未尽到必要的注意,违反了安全保障义务;第二,被侵权人因此而受损害。

2. 补充责任:因第三人的加害行为造成他人损害,第三人是直接侵权人,承担侵权责任。安全保障义务主体在未尽安全保障义务情形下,承担相应的补充责任。

其构成要件为:第一,第三人的加害行为是损害发生的直接原因;第二,安全保障义务主体未尽相应的注意义务防范或制止损害的发生或损害结果进一步扩大;第三,未尽安全保障义务客观上为损害的发生或扩大提供了便利和条件。

因为第三人的加害行为与安全保障义务人未尽安保义务之间不存在共同的意思联络,不具有共同的主观过错,因此安全保障义务主体仅承担补充责任。安全保障义务人在承担了补充责任后,有权向第三人追偿。

六、教育机构的侵权责任

无民事行为能力人和限制民事行为能力人由监护人管理、照顾与保护,但因为年龄或健康等原因,被监护人在幼儿园、学校或其他教育机构学习、生活期间,暂时脱离监护人的照顾与保护,由教育机构对被监护人进行教育、管理与保护,因此产生教育机构的照顾保护义务。《民法典》第1199条至第1201条规范了教育机构的义务与侵权责任。

(一)教育机构侵权责任的概念

教育机构的侵权责任,是指无民事行为能力人或限制民事行为能力人在幼儿园、学校和其他教育机构学习、生活期间遭受人身损害时,教育机构因未尽到教育、管理职责而依法应当承担的侵权责任。

大多数被监护人白天在教育机构学习和生活,放学后由监护人照顾学习和生活,教育机构仅对无民事行为能力人或限制民事行为能力人在园或在校期间的学习和生活有照顾保护义务,其监护职责仍由监护人承担。教育机构因未尽到教育管理职责而导致被监护人遭受人身损害的,教育机构应当承担侵权赔偿责任。教育机构侵权责任归责原则区分情况适用过错责任或过错推定责任。

(二)教育机构侵权责任的类型

教育机构侵权责任分为两类:一类是教育机构直接侵权产生的侵权责任;另一类是第三人侵权时教育机构的侵权责任。

---

[1] 参见王国飞:《论社会体育活动中组织者的相应补充责任——兼谈〈民法典〉第1176条和第1198条之适用》,载《西安体育学院学报》2021年第1期。

1. 教育机构直接侵权

教育机构直接侵权，是指其未尽到对无民事行为能力人和限制民事行为能力人的教育、照顾、管理及保护职责，使在校、在园生活学习的被监护人遭受人身损害时，教育机构应当承担侵权责任。如课堂上老师疏于管理，学生逃课在校园玩耍跌进水池溺亡。

（1）构成要件：其一，无民事行为能力人、限制民事行为能力人在园、在校学习生活期间受到了人身损害；其二，教育机构未尽到注意管理职责，存在不作为的消极侵害行为或作为的积极侵害行为；其三，教育机构的过错行为与损害之间存在因果关系。

（2）责任承担：若受害人是无民事行为能力人，教育机构承担过错推定责任，除非教育机构能够证明自己尽到教育、管理职责的，不承担侵权责任。若受害人是限制民事行为能力人，教育机构承担过错责任，受害人需举证教育机构未尽到教育管理职责。

若损害仅由教育机构的过错行为造成，教育机构承担完全的损害赔偿责任。若被侵权人或被侵权人的监护人同样存在过错，则监护人也应承担相应的责任，采用过错相抵的规则，减轻教育机构的赔偿责任。

2. 第三人侵权

第三人侵权时教育机构的侵权责任，是指幼儿园、学校或者其他教育机构以外的第三人造成无民事行为能力人、限制民事行为能力人人身损害的，由第三人承担侵权责任；教育机构因未尽到管理职责，承担相应的补充责任。此时的第三人，既非教育机构的工作人员，也非在教育机构学习生活的无民事行为能力人和限制民事行为能力人。

（1）构成要件：其一，第三人侵害了在园、在校的无民事行为能力人、限制民事行为能力人，致其遭受人身损害；其二，教育机构未尽到管理职责，未履行保护义务；其三，教育机构过错与人身损害之间存在间接因果关系。

（2）责任承担：实施侵害行为的第三人承担自己责任。若教育机构存在过错，则承担相应的补充赔偿责任。

（3）追偿权，教育机构在承担补充责任后，可以向第三人追偿。

第二节　产 品 责 任

一、产品责任概述

《产品质量法》第2条第2款规定："本法所称产品是指经过加工、制作，用于销售的产品。"简言之，产品是经过人类加工制作并进入流通领域的商品。《民法典》并未对产品进行定义，理论上对于加工制作有3种观点[1]：一是仅为"机械化的、工业生产"的加工、制作，并不包括"手工业"的加工、制作；[2]二是可包括工业品、手工业品、经加工的农产品，但天然形成的能源与能够自主生长的农牧、水产产品不应被囊括；[3]三是认为包括由于生产者人为因素介入进而

〔1〕以下3种观点转引自温世扬、吴昊：《论产品责任中的"产品"》，载《法学论坛》2018年第3期。

〔2〕参见梁慧星：《中国产品责任法——兼论假冒伪劣之根源和对策》，载《法学》2001年第6期。

〔3〕参见房维廉、赵惜兵主编：《新产品质量法释义与问答》，工商出版社2000年版，第11页。

对产品质量造成影响的一切产品。[1] 有观点认为,仅有概括式规定不足以涵盖符合规定的产品,对部分特殊类别产品应通过列举方式涵盖,比如,以下用于销售的物,属于产品:(1)导线输送的电能,利用管道输送的油品、燃气、热能、水等无体物;(2)计算机软件、地图、海图、技术类书籍等技术性智力产品;(3)药品、消毒药剂、血液、医疗器械;(4)初级农产品。建筑物、构筑物或者其他设施排除在产品之外,但是建筑物、构筑物或者其他设施使用的建筑材料、建筑构配件和设备,则属于产品。[2]

产品缺陷,是指产品具有危及他人人身、财产的不合理危险;产品有保障人体健康和人身、财产安全的国家标准、行业标准的,是指不符合该标准。据此,可将产品缺陷分为以下几类:(1)设计缺陷;(2)制造缺陷;(3)警示缺陷;(4)跟踪缺陷。[3]

缺陷具体是指一种不合理的危险,这种危险会危及购买人或使用人的人身财产安全。产品缺陷与买卖合同中物的瑕疵不同,瑕疵,是指合同标的物质量不符合约定,不以存在危险为前提,比如,购买的商品掉漆但不影响使用,瑕疵可以包含缺陷,而缺陷一定意味着危险。

产品责任,是指产品因缺陷致人人身或财产损害时,产品的生产者、销售者应当承担损害赔偿责任。产品责任属于侵权责任,不以合同关系为基础,被侵权人均可向责任主体追究产品责任。《民法典》第1202条至第1207条规定了产品责任的相关内容。

二、产品责任归责原则

产品责任归责原则是确定产品责任主体承担因产品缺陷导致人身或财产损害产生的赔偿责任的标准或依据,归责原则是产品责任的灵魂,是解决产品责任问题的理论依据。英美法系中产品归责原则经历了合同责任、疏忽责任、担保责任一直到严格责任的发展过程,大陆法系中的产品归责原则也经过从合同责任、过错责任、过错推定到无过错责任的发展。[4] 我国的产品责任立法起步较晚,从20世纪80年代中期开始,先后通过原《民法通则》、《产品质量法》和原《侵权责任法》,逐步建立起了以严格责任为主的产品责任法律制度。

(一)产品责任适用无过错责任原则

产品责任的归责原则确定了产品缺陷的风险分配,诚如1985年欧共体指令所言,唯有生产者的无过错责任能够以一种适当的方式来解决现代化技术生产固有风险的公平分担问题,[5]工业社会的风险防范机制最终选择了无过错责任来解决技术进步带来的损害责任问题。产品责任归责原则为无过错责任,不考虑过错,只要产品存在缺陷,造成损害,即构成侵权责任。

1. 生产者的无过错责任

《民法典》第1202条规定:“因产品存在缺陷造成他人损害的,生产者应当承担侵权责任。”生产者就缺陷产品致人损害承担无过错责任,除基于风险分配的选择外,也因为产品的生产制造由生产者控制,采取无过错责任能有效激励生产者防范产品缺陷;基于利益报偿理论,生产

---

〔1〕 参见孙宏涛:《产品责任立法中的产品概念分析》,载《海南大学学报(人文社会科学版)》2012年第4期。

〔2〕 参见温世扬、吴昊:《论产品责任中的“产品”》,载《法学论坛》2018年第3期。

〔3〕 参见最高人民法院民法典贯彻实施工作领导小组主编:《中华人民共和国民法典侵权责任编理解与适用》,人民法院出版社2020年版,第317~318页。

〔4〕 参见方明:《论严格责任原则在产品责任中的适用与完善——三鹿奶粉事件的启示》,载《江苏社会科学》2009年第2期。

〔5〕 参见程啸:《侵权责任法》(第3版),法律出版社2021年版,第549页。

者以营利为目的而生产,理应承担其营利性行为所产生的风险。

2. 销售者的无过错责任

《民法典》第1203条第1款规定:"因产品存在缺陷造成他人损害的,被侵权人可以向产品的生产者请求赔偿,也可以向产品的销售者请求赔偿。"销售者承担无过错责任,原因在于基于《民法典》该条规定,对被侵权人而言只需要证明损害,而无须证明销售者存在过错;与此同时,销售者也是产品商业链上的营利性当事人,从收益报偿理论方面考虑,与生产者一样承担无过错责任并无不当。从激励理论出发,销售者的无过错责任也有利于鼓励销售者采购更有质量保证的产品,从而保护消费者和使用者。

（二）产品责任的构成要件

在产品责任制度中,责任主体为生产者与销售者,产品责任的构成,须具备以下要件:

1. 产品具有缺陷,通常包括设计缺陷、制造缺陷、警示缺陷和跟踪缺陷。设计缺陷,是指产品因为设计方面的原因使产品在结构、配方方面存在不合理的危险。制造缺陷,是指产品在制造过程中产生的不合理的危险,包括原材料、零部件的选择到产品的制造、加工和装配工序等各个环节。警示缺陷,是指因产品提供者未对产品的危险性和正确使用作出必要的说明与警示所造成的不合理的危险。跟踪缺陷,是指产品投放市场后没有尽到跟踪观察义务,未能发现产品存在缺陷,或者发现缺陷后未能及时召回,致使存在不合理的危险。[1]

产品缺陷的判断标准:第一,国家标准和行业标准。在产品有国家标准和行业标准时,以该标准来判断产品是否存在缺陷。第二,被侵权人证明缺陷存在。如果产品符合国家标准和行业标准,但不合理的危险依然存在,则被侵权人要证明该标准并不能避免损害发生。第三,消费者合理期待标准。以一个正常的理性消费者的合理期待作为判断产品是否存在缺陷的依据。

2. 缺陷产品造成了产品的使用人或第三人的人身、财产或精神损害。

3. 产品缺陷与所造成的损害事实之间具有因果关系。产品责任中的因果关系,其特殊性表现在它是产品缺陷与损害后果之间的引起与被引起的关系,而非某一具体行为与损害后果之间的关系。证明产品缺陷与损害之间存在因果关系有一定难度,被侵权人负初步证明责任,仅需要证明损害与产品缺陷之间存在一定的关联,然后由产品的生产者和销售者证明产品不存在缺陷,或者产品缺陷并不足以造成损害发生。

三、责任主体

（一）生产者责任

生产者是产品责任的责任主体。生产者包括产品的生产者、原料的生产者、零配件的生产者以及任何将自己置于生产者地位的自然人、法人和非法人组织。将生产者确定为产品责任的第一主体,是因为生产者对于产品质量有最终的,也是最重要的控制力。

在一些情形下,产品可能涉及多个生产者。产品为多个部件组装而成,针对某部件缺陷产生的产品责任,部件生产者与整体产品生产者承担连带责任。将商标许可他人使用时,许可人与被许可人均是生产者,对被侵权人承担连带责任。

---

〔1〕 参见最高人民法院民法典贯彻实施工作领导小组主编:《中华人民共和国民法典侵权责任编理解与适用》,人民法院出版社2020年版,第317～318页。

(二)销售者责任

销售者是产品责任的责任主体,是生产者以外的将产品投入流通领域的民事主体,包括批发商、零售商等。被侵权人在损害发生后,可以选择将销售者作为产品责任主体请求赔偿。在特殊情形下,如使用他人营业执照销售商品,被侵权人可以选择向销售者或执照持有者请求赔偿;在展览会或租赁柜台销售商品,被侵权人可以选择向销售者或展览会举办方、柜台出租者请求赔偿。

(三)先行赔付与追偿权

1. 生产者与销售者之间的追偿

无过错原则确立了产品责任的外部归责,赔偿义务主体为生产者和销售者,只要产品责任成立,被侵权人就享有选择权,并依据其主张确定赔偿义务主体。生产者和销售者有先行赔付义务,对缺陷产品无过错的销售者承担了赔偿责任后,有权向生产者进行追偿。生产者承担了赔偿责任后,有权向对缺陷产品有过错的销售者进行追偿。《民法典》第 1203 条第 2 款规定:"产品缺陷由生产者造成的,销售者赔偿后,有权向生产者追偿。因销售者的过错使产品存在缺陷的,生产者赔偿后,有权向销售者追偿。"

2. 第三人过错的追偿

产品的运输和仓储是产品进入流通领域不可避免的环节,但如果运输或仓储行为不当,也会造成产品缺陷。从保护被侵权人利益出发,如果缺陷源自运输和仓储环节,被侵权人并无能力去辨别并证明缺陷的原因,向生产者或销售者请求赔偿是最为便捷高效保护自身利益的方式。

《民法典》第 1204 条规定:"因运输者、仓储者等第三人的过错使产品存在缺陷,造成他人损害的,产品的生产者、销售者赔偿后,有权向第三人追偿。"如果缺陷是运输者、仓储者等第三方过错造成,生产者、销售者在对被侵权人进行了先行赔付后,可以向第三方进行追偿。

追偿权的行使需要满足以下条件:(1)生产者和销售者承担了相关赔偿责任;(2)产品缺陷是在运输、仓储等物流环节造成的;(3)被追偿的第三人对于造成产品缺陷有过错。

四、产品责任承担方式

在产品缺陷致人损害的侵权责任中,损害赔偿居于核心地位,包含人身损害赔偿、财产损害赔偿、精神损害赔偿。除损害赔偿外,《民法典》第 1205 条至第 1207 条规定了以下几种产品责任承担方式。

(一)预防型产品责任

损害赔偿发生在损害之后,目的在于填平当事人的损害。但是,如果在损害发生前能够避免损害,或者在损害发生后能进一步防止损害的扩大,从公平与效率角度看预防型产品责任更能体现出侵权法的价值。《民法典》第 1205 条规定:"因产品缺陷危及他人人身、财产安全的,被侵权人有权请求生产者、销售者承担停止侵害、排除妨碍、消除危险等侵权责任。"在损害已经发生或者可能发生的情形下,受害人或者潜在受害人有权要求生产者、销售者停止侵害和消除危险、排除妨碍。具体到产品责任上,其承担方式表现为消除危险、排除妨碍、停止生产或销售等,目的在于对损害或未来损害的预防。

(二)跟踪观察义务与召回

当产品投入流通领域后发现存在缺陷的,《民法典》第 1206 条规定了产品跟踪观察义务与产品召回制度。产品跟踪观察义务，是指在产品投入流通以后，生产者应当对产品进行持续观察，了解产品是否存在未知的危险，以及在产品使用中是否存在其他危险；如果产品存在危险（或称缺陷），生产者应当采取警示、召回等措施，以防产品的危险。[1] 跟踪观察义务产生 3 个层次的侵权责任，停止销售、警示、产品召回。在产品召回的情形下，生产者、销售者要负担被侵权人因产品召回所产生的必要费用。

（三）惩罚性赔偿

产品责任中的惩罚性赔偿目的在于对生产者、销售者进行惩罚，以弥补补偿性赔偿在威慑与遏制功能上的不足。《民法典》第 1207 条规定，明知产品存在缺陷仍然生产、销售，或者没有依据前条规定采取有效补救措施，造成他人死亡或者健康严重损害的，被侵权人有权请求相应的惩罚性赔偿。

惩罚性赔偿相比补偿性赔偿，适用条件更严格。

1. 产品存在缺陷。

2. 主观条件为故意，即生产者、销售者明知产品存在缺陷仍然生产销售，或者在知道产品存在缺陷后未采取有效补救措施。产品责任为严格责任，生产者、销售者承担无过错责任，被侵权人无须证明生产者、销售者有过错即可主张损害赔偿。但被侵权人须证明生产者、销售者存在故意，才能主张惩罚性赔偿。

3. 客观后果上，缺陷产品造成受害人死亡或健康严重损害。适用惩罚性赔偿必须是缺陷产品造成严重的人身损害，排除了仅遭受财产损害的后果。

4. 产品缺陷与损害后果之间存在因果关系。

五、免责事由

《民法典》未规定产品责任的免责事由，但《产品质量法》第 41 条规定了产品生产者的免责事由，因产品存在缺陷造成人身、缺陷产品以外的其他财产损害的，生产者应当承担赔偿责任。但生产者能够证明有下列情形之一的，不承担赔偿责任：

1. 未将产品投入流通的。

产品并未进入流通环节和流通领域，生产者不对产品的缺陷承担责任。

2. 产品投入流通时，引起损害的缺陷尚不存在的。

生产者将产品投入流通时，不存在缺陷。缺陷可能是在运输、储存、搬运、保管中的不当行为所致，依据《民法典》的规定，生产者依然要承担责任，但可以向销售者、运输者、仓储者等进行追偿。缺陷也有可能因为使用人的不当安装与不当使用造成，此时生产者可以免责。

3. 将产品投入流通时的科学技术水平尚不能发现缺陷的存在。

这一免责事由被称为“开发风险抗辩”或“现有技术水平抗辩”。[2] 产品投入流通时的技术与认识还无法发现缺陷存在，从促进生产技术发展的角度来看，生产者在此种情形下可以免于承担侵权责任。

---

〔1〕 See Haack, *Schuldrecht BT*, 4〔M〕. 5. Aufl, Münster 2005. 转引自周友军：《论侵权法上的产品跟踪观察义务》，载《法律科学（西北政法大学学报）》2014 年第 4 期。

〔2〕 程啸：《侵权责任法》（第 3 版），法律出版社 2021 年版，第 584 页。

第三节 机动车交通事故责任

一、机动车交通事故责任概述

机动车交通事故，是指机动车在道路上造成人身伤亡与财产损害的事件。机动车交通事故责任，仅是指机动车发生交通事故造成损害时的侵权责任，即机动车交通事故造成他人损害时，机动车的所有人、管理人、使用人等民事主体依法应当承担的侵权责任。

机动车交通事故责任特征如下：首先，机动车交通事故责任发生在道路交通领域；其次，责任人与受害人在事故发生之前不存在相对性的民事法律关系；再次，机动车交通事故责任的主要形式是人身损害赔偿，但亦伴有财产损害赔偿；最后，机动车交通事故责任既受特别法调整，也受一般法调整。《民法典》中一般性规定的条目以准用性规范引导至《道路交通安全法》。《民法典》第1208条规定："机动车发生交通事故造成损害的，依照道路交通安全法律和本法的有关规定承担赔偿责任。"

我国的道路交通事故责任法，是由《道路交通安全法》、《民法典》（之前是原《侵权责任法》）以及最高人民法院有关司法解释和有关行政法规组成的体系。目前，道路交通事故的基本规则是在机动车责任强制保险赔偿不足的部分，用《道路交通安全法》《民法典》的规则，确定机动车交通事故的责任分配。[1]《道路交通安全法》第76条规定了交通事故的赔偿原则，即造成人身伤亡、财产损失的，由保险公司在机动车第三者责任强制保险责任限额范围内予以赔偿；不足的部分，按照第76条的规定承担赔偿责任。

二、机动车交通事故的归责原则

我国道路交通事故责任的主要目标是：使有过错的机动车所有人、使用人承担损害赔偿责任，使受害人的损害得到救济；同时预防更多的道路交通事故发生，并对违章驾驶人以及其他交通参与者进行威慑，使道路交通规则得以更好执行，保障道路交通秩序。[2]《道路交通安全法》第76条针对保险赔偿不足的部分，依据主体不同，确立了二元归责体系。

（一）机动车之间的过错责任

机动车之间的交通事故，就第三者责任强制保险责任限额范围外的损害赔偿，适用过错责任，由有过错的一方承担赔偿责任；双方都有过错的，按照各自过错的比例分担责任。《道路交通安全法》第76条第1款第1项规定："机动车之间发生交通事故的，由有过错的一方承担赔偿责任；双方都有过错的，按照各自过错的比例分担责任。"

（二）机动车一方的无过错责任

机动车与非机动车驾驶人、行人之间发生交通事故，因为机动车属于高速运输工具，对行人、非机动车驾驶人的生命财产安全具有一定的危险性，所以适用无过错责任原则。非机动车驾驶人、行人没有过错的，由机动车一方承担赔偿责任。《道路交通安全法》第76条第1款第2

---

〔1〕 参见杨立新：《中国大陆地区道路交通事故责任立法司法的基本状况及评价》，载《河南社会科学》2018年第3期。

〔2〕 参见杨立新：《中国大陆地区道路交通事故责任立法司法的基本状况及评价》，载《河南社会科学》2018年第3期。

项规定:“机动车与非机动车驾驶人、行人之间发生交通事故,非机动车驾驶人、行人没有过错的,由机动车一方承担赔偿责任;有证据证明非机动车驾驶人、行人有过错的,根据过错程度适当减轻机动车一方的赔偿责任;机动车一方没有过错的,承担不超过百分之十的赔偿责任。”

机动车一方仅在非机动车驾驶人、行人存在过错时,可以适当减轻所负责任。如果交通事故是由非机动车驾驶人、行人故意碰撞机动车造成的,机动车一方不承担赔偿责任。

三、构成要件

机动车交通事故责任构成要件因为事故主体不同会有差异。

(一)机动车处于运行中

按照《道路交通安全法》第 119 条的规定,“机动车”,是指以动力装置驱动或者牵引,上道路行驶的供人员乘用或者用于运送物品以及进行工程专项作业的轮式车辆。“非机动车”,是指以人力或者畜力驱动,上道路行驶的交通工具,以及虽有动力装置驱动但设计最高时速、空车质量、外形尺寸符合有关国家标准的残疾人机动轮椅车、电动自行车等交通工具。

机动车必须在道路上运行。“道路”,是指公路、城市道路和虽在单位管辖范围但允许社会机动车通行的地方,包括广场、公共停车场等用于公众通行的场所。机动车运行意味着存在危险,机动车的速度、重力和惯性会造成他人人身、财产损失。

(二)人身、财产损害

损害包括财产损害,也包括人身损害和精神损害。依据最高人民法院《关于审理道路交通事故损害赔偿案件适用法律若干问题的解释》[1]第 11 条的规定,机动车交通事故所致“人身伤亡”,是指机动车发生交通事故侵害被侵权人的生命权、身体权、健康权等人身权益所造成的损害,包括《民法典》规定的各项损害。

“财产损失”,是指因机动车发生交通事故侵害被侵权人的财产权益所造成的损失,具体包括:

1. 维修被损坏车辆所支出的费用、车辆所载物品的损失、车辆施救费用;
2. 因车辆灭失或者无法修复,为购买交通事故发生时与被损坏车辆价值相当的车辆重置费用;
3. 依法从事货物运输、旅客运输等经营性活动的车辆,因无法从事相应经营活动所产生的合理停运损失;
4. 非经营性车辆因无法继续使用,所产生的通常替代性交通工具的合理费用。

(三)损害是因机动车运行所致

机动车运行的危险性是造成损害的原因,损害的发生是危险现实化的结果。无论是机动车之间,还是机动车与非机动车、行人之间的交通事故,被侵权人均承担着对侵权行为和损害后果的因果关系的证明。通常事故发生后,交警部门出具的交通事故责任认定书会包含对事故原因的认定,但在无法查证具体事故经过的案件中,交警部门对事故成因只能出具不予认定

---

〔1〕 最高人民法院《关于审理道路交通事故损害赔偿案件适用法律若干问题的解释》(法释〔2020〕17 号)(2012 年 9 月 17 日由最高人民法院审判委员会第 1556 次会议通过,根据 2020 年 12 月 23 日最高人民法院审判委员会第 1823 次会议通过的最高人民法院《关于修改〈最高人民法院关于在民事审判工作中适用《中华人民共和国工会法》若干问题的解释〉等二十七件民事类司法解释的决定》修正)。

的意见,此时被侵权人要自行证明损害和机动车运行之间的因果关系。[1]

(四)行为人的过错

当损害是机动车之间的交通事故造成的,被侵权人还需要证明加害人对损害的发生存在过错。通常过错的判断以道路交通安全法律、法规及相关规则为标准,交警部门的交通事故认定书也可以作为判断过错的依据。但是当事人对交通事故认定书有异议的,可以提出不同的证据。

四、责任主体

按照《道路交通安全法》第76条的规定,机动车交通事故侵权责任主体为机动车一方,但并未明确其是所有人还是驾驶人。《民法典》也未明确"机动车一方",只对一些特殊情形下的责任主体进行了规定。关于"机动车一方"在理论界存在不同的观点,[2]而明确的"机动车一方"是被侵权人损害赔偿请求权指向的对象,有利于维护受害人及其他赔偿权利人的合法权益。"机动车一方"的通常理解是对机动车享有控制权并从机动车的运行中享受相应利益的自然人、法人和非法人组织。[3] 从是否在事实上支配控制机动车之运行,是否因机动车运行而获取利益两方面确认"机动车一方"。[4]

(一)机动车一方是责任主体

机动车的所有权人或管理权人通常控制运行该车辆,并从对该车辆的使用中获取利益,比如财产收益或者便捷通勤,因此可以确认机动车所有人或管理人就是机动车一方。机动车交通事故发生后,机动车的所有人或管理人即为责任主体,承担对被侵权人的损害赔偿责任。机动车既有所有人,又有管理人的,由实际管理人作为机动车一方承担交通事故的损害赔偿责任。

(二)机动车使用人是责任主体

在机动车的租赁、借用关系中,机动车的所有人、管理人与使用人不是同一人,当发生机动车交通事故时,称为"主体分离型道路交通事故"[5]。《民法典》第1209条规定此种主体分离型关系下,由机动车使用人承担赔偿责任;所有人、管理人对损害的发生有过错的,承担相应的赔偿责任。基于风险控制理论,机动车对他人的风险来自机动车的运行,实际使用人控制机动车的运行,因此由其控制风险并承担侵权责任。

机动车发生交通事故造成损害,机动车所有人或者管理人的过错表现为:(1)知道或者应当知道机动车存在缺陷,且该缺陷是交通事故发生原因之一的;(2)知道或者应当知道驾驶人无驾驶资格或者未取得相应驾驶资格的;(3)知道或者应当知道驾驶人因饮酒、服用国家管制的精神药品或者麻醉药品,或者患有妨碍安全驾驶机动车的疾病等依法不能驾驶机动车的;(4)其他应当认定机动车所有人或者管理人有过错的。

《民法典》第1212条规定了主体分离型道路交通事故的另一种情形,机动车使用人未经允

---

[1] 参见欧元捷:《道路交通事故侵权诉讼中的证明责任分配》,载《山东社会科学》2017年第10期。

[2] 相关观点,参见王琦:《机动车交往安全义务人对交通事故的侵权责任——对立法、司法解释以及比较法资源的整合性建构》,载《政治与法律》2017年第2期。

[3] 参见程啸:《民法典侵权责任编中机动车交通事故责任的完善》,载《法学杂志》2019年第1期。

[4] 参见程啸:《侵权责任法》(第3版),法律出版社2021年版,第603页。

[5] 张龙:《主体分离型道路交通事故中机动车所有人、管理人过错的认定——以对〈民法典〉第1209条、第1212条的研读为中心》,载《当代法学》2021年第1期。

许驾驶他人机动车,发生交通事故造成损害,属于该机动车一方责任的,由机动车使用人承担赔偿责任;机动车所有人、管理人对损害的发生有过错的,承担相应的赔偿责任。未经允许驾驶他人机动车在日常生活中比较常见,比如,未告知即偷开亲戚朋友的车、维修人员或代为泊车人员擅自开车外出等。

(三)受让人为责任主体

在机动车所有权转移过程中,机动车已交付但还未登记情形下,发生交通事故造成损害的,由受让人承担赔偿责任。受让人已经实际占有并控制机动车,因此应成为责任主体。

(四)挂靠人与被挂靠人为责任主体

发生交通事故造成损害时,存在挂靠关系,并以挂靠形式从事道路运输经营活动的机动车,由挂靠人和被挂靠人承担连带责任。

(五)转让人与受让人为责任主体

以买卖或者其他方式转让拼装或者已经达到报废标准的机动车,发生交通事故造成损害的,由转让人和受让人承担连带责任。

(六)盗抢者为责任主体

盗窃、抢劫或者抢夺的机动车发生交通事故造成损害的,由盗窃人、抢劫人或者抢夺人承担赔偿责任。盗窃人、抢劫人或者抢夺人与机动车使用人不是同一人,发生交通事故造成损害,属于该机动车一方责任的,由盗窃人、抢劫人或者抢夺人与机动车使用人承担连带责任。

(七)好意同乘的责任主体

好意同乘,是指日常生活中基于友情或善意,让他人无偿搭乘自己的非营运机动车,一方是搭乘人,另一方是"好意施惠人"。[1] 此种行为属于民法中的情谊行为,一般不产生法律上的权利义务关系,但并不因此而排除侵权责任。《民法典》第1217条规定,非营运机动车发生交通事故造成无偿搭乘人损害的,机动车一方有责任的,应当减轻机动车一方的赔偿责任,除非机动车使用人有故意或重大过失。

五、交通事故责任强制保险

交通事故责任强制保险,目的在于保障机动车交通事故中受害的第三人,由保险公司对交通事故造成的本车人员、被保险人以外的第三人的损害承担赔偿责任。

交通事故责任强制保险是一种政策性保险,具有强制性、公益性,目的在于使道路交通事故受害人能得到赔偿。只要发生机动车交通事故,无论机动车一方是否有过错,交通事故责任强制保险均应予以赔偿。只要车辆参加了交通事故责任强制保险,那么参保车辆发生交通事故需要承担责任时,保险公司必须在保险责任限额范围内予以赔偿。

按照《民法典》第1213条的规定,机动车发生交通事故造成损害,属于该机动车一方责任的,先由承保机动车强制保险的保险人在强制保险责任限额范围内予以赔偿;不足部分,由承保机动车商业保险的保险人按照保险合同的约定予以赔偿;仍然不足或者没有投保机动车商业保险的,由侵权人赔偿。

---

[1] 严立:《论好意施惠人侵权责任之减轻——兼评〈民法典(草案)〉第1217条》,载《西南政法大学学报》2020年第1期。

六、道路交通事故社会救助基金

交通事故发生后，可能会出现肇事者逃逸，或者机动车未参加责任强制保险，或者抢救费用超过保险公司赔偿责任限额的情形，但事故中受伤人员不能因为缺乏抢救费用而得不到救治，因此《道路交通安全法》第17条规定："国家实行机动车第三者责任强制保险制度，设立道路交通事故社会救助基金。具体办法由国务院规定。"道路交通事故社会救助基金的成立是"为了及时抢救道路交通事故受害人，补齐侵权制度与交强险制度的救济短板"。[1]

依据《民法典》第1216条的规定，在机动车不明、该机动车未参加强制保险或者抢救费用超过机动车强制保险责任限额，需要支付被侵权人人身伤亡的抢救、丧葬等费用的，由道路交通事故社会救助基金垫付。道路交通事故社会救助基金垫付后，其管理机构有权向交通事故责任人追偿。

疑难问题论争 机动车交通事故中的刑事责任与精神损害赔偿责任

我国《民法典》《道路交通安全法》均明确规定，机动车交通事故致人严重损害的，侵权人应当承担物质及精神损害赔偿责任，且侵权人民事责任的承担不因其已承担刑事或行政责任而免除。

最高人民法院《关于适用〈中华人民共和国刑事诉讼法〉的解释》（法释〔2021〕1号）第175条第2款规定："因受到犯罪侵犯，提起附带民事诉讼或者单独提起民事诉讼要求赔偿精神损失的，人民法院一般不予受理。"

最高人民法院《关于审理道路交通事故损害赔偿案件适用法律若干问题的解释》（法释〔2020〕17号）第11条第1款规定：《道路交通安全法》第76条规定的"人身伤亡"，是指机动车发生交通事故侵害被侵权人的生命权、身体权、健康权等人身权益所造成的损害，包括《民法典》第1179条和第1183条规定的各项损害。

在机动车交通事故中，加害人承担刑事责任后，受害人是否还能请求精神损害赔偿并得到支持？

现行法律与司法解释规定的不一致，导致机动车交通事故损害赔偿案件的司法实践中，关于精神损害赔偿责任主体的确认存在大量问题，出现完全相反的判决。特别是当侵权责任主体为复数时，已受刑事处罚者与未受刑事处罚者精神损害赔偿的民事责任应否区别；程序立法关于不受理对刑事被告人精神损害赔偿诉讼的规定，将刑事被告人排除于侵权精神损害责任主体之外，导致侵权精神损害赔偿主体范围的实质性限缩。如何厘清现行法条之间的逻辑冲突，推动精神损害赔偿主体制度完善，需思考如何在民事与刑事、实体与程序立法中统一精神损害赔偿的立法价值，实现个案公平。[2]

---

〔1〕 张力、王杰：《从制度补充到功能独立：道路交通事故社会救助基金的再定位》，载《北京行政学院学报》2021年第3期。

〔2〕 参见马燕：《侵权精神损害赔偿责任主体研究——基于机动车交通事故精神损害赔偿司法实践的反思》，载《法律科学（西北政法大学学报）》2017年第2期。

第四节　医疗损害责任

一、医疗损害责任概述

医疗损害，是指患者在诊疗活动中因医疗机构或者医务人员的过错而遭受的损害，既包括对患者生命权、健康权的损害，也包括对患者及其家属财产以及精神的损害。但在医患关系中，单纯的财产权益纠纷不属于医疗损害以及相关的赔偿责任范围。医疗损害责任，是指医疗机构或者其医务人员在诊疗过程中因过失造成患者损害时，应当承担以损害赔偿为核心的侵权责任。医疗损害责任是一种专家责任，医疗行为具有高度的专业性，造成损害的主体是医疗机构、医务人员等具有专业性知识的机构和人员。

广义的医疗损害还包括《民法典》第 1223 条规定的药品、医疗器械缺陷导致的损害，以及《民法典》第 1226 条规定的医疗机构和医务人员泄露患者隐私权、个人信息、病历资料等侵权行为。前者适用产品责任，后者属于一般侵权行为。

按照最高人民法院《关于审理医疗损害责任纠纷案件适用法律若干问题的解释》(2021 年 1 月 1 日施行)，侵害患者知情同意权责任纠纷、医疗产品责任纠纷均属于广义范围下的医疗损害责任纠纷。因此，医疗损害责任纠纷涉及的类型一般包括侵害患者知情同意权责任纠纷、医疗产品责任纠纷及狭义的医疗损害责任纠纷。

医疗行为建立在患者和医疗机构的医疗服务合同基础上，因此医疗损害会出现违约责任与侵权责任的竞合，在个案中由患者选择行使损害赔偿请求权。

二、医疗损害责任归责原则

《民法典》第 1218 条规定："患者在诊疗活动中受到损害，医疗机构或者其医务人员有过错的，由医疗机构承担赔偿责任。"医疗损害责任在性质上依然属于一般侵权责任，适用过错责任原则。即便《民法典》第 1222 条规定了过错推定的三种情形，也只是过错责任原则适用的特殊情况。换言之，我国医疗损害责任是过错责任，而非无过错责任。

医疗损害责任需要以医疗机构或者医务人员存在过错为必备要件。在医疗机构的过错和医务人员的过错两种类型中，只要具备其中一种过错，就认为医疗机构有过错，医疗机构就应当承担相应的损害赔偿责任。从《民法典》第 1219 条、第 1221 条、第 1222 条规定可以总结出医疗机构和医务人员具体过错形态包括：(1) 未尽说明义务导致患者损害的；(2) 未尽到与当时的医疗水平相应的诊疗义务，导致患者损害的；(3) 违反法律法规及其他相关规范规定的，或是在病历资料处置方面存在过错的。

三、构成要件

(一) 医疗机构及其医务人员实施了医疗行为

医疗行为是专业性、技术性活动，也是存在风险的活动，涉及公众的生命健康安全。医疗机构与医务人员都必须满足专业性要求，医疗机构必须符合法律法规的规定，医务人员必须有相应的行医资格，或者是医疗机构的管理人员、服务人员等。非法行医产生的损害不属于医疗损害，但属于刑法、行政法与民法都涉及的问题。

(二)患者遭受非正常的损失

患者的生命权、身体权和健康权受到了损害。部分医疗行为本身属于对患者可能产生伤害的行为,比如手术,但因其属于受害人同意的行为,不属于侵权法上的损害。患者遭受的非正常损失首先是身体伤害,其次是因为身体伤害产生的财产损失。医疗行为是针对患者身体展开的,因此不存在单独的医疗财产损害。比如,不必要的诊疗会导致财产损害,但不属于医疗损害,属于医疗服务合同履行纠纷。

(三)医疗行为与患者损害之间存在因果关系

患者遭受的损害是由医疗行为造成的。医疗损害案件的因果关系本身就"具有复杂性,往往呈现出多因一果,甚至多因多果的类型;疾病变化原因的不确定性;医疗领域的未知性等"。[1] 如何判断医方的过失行为与患者人身损害之间具有因果关系,始终是医疗损害纠纷案件中的最大难题。损害和医疗行为之间的因果关系往往需要专业的医疗损害鉴定。最高人民法院《关于审理医疗损害责任纠纷案件适用法律若干问题的解释》第 11 条确认"诊疗行为与损害后果之间是否存在因果关系以及原因力大小"可以作为申请医疗损害鉴定的事项之一。

(四)医疗机构或医务人员存在过错

患者应当证明医疗机构或医务人员存在过错。但由于医疗活动的专业性,患者并不具备此种能力来证明医疗机构的过错。《民法典》确立了医疗机构和医务人员在医疗行为中的义务,以违反义务来确认过失存在。

1. 说明及取得同意的义务。医务人员进行医疗行为、采取医疗措施之前,应向患者或者其近亲属说明病情、医疗措施及医疗风险,实施手术和特殊治疗时,须取得患者或近亲属明确同意。

在例外情况下,医疗机构享有紧急救助权。如因抢救生命垂危的患者等紧急情况,不能取得患者或者其近亲属意见的,经医疗机构负责人或者授权的负责人批准,可以立即实施相应的医疗措施。不能取得患者近亲属意见包括:近亲属不明的;不能及时联系到近亲属的;近亲属拒绝发表意见的;近亲属达不成一致意见的;法律、法规规定的其他情形。

2. 提供医疗水平相当的诊疗义务。医学是不断进步发展的科学,因此医疗过错的判断依据是"医疗水平相当的诊疗义务",以此确认医务人员及医疗机构是否尽到与社会同等的诊疗义务。

3. 推定医疗过错。《民法典》第 1222 条规定了 3 种情形下的医疗过错推定:违反法律、行政法规、规章以及其他有关诊疗规范的规定;隐匿或者拒绝提供与纠纷有关的病历资料;遗失、伪造、篡改或者违法销毁病历资料。

4. 除以违反义务来确认过错外,对于医疗机构或医务人员是否存在医疗行为过错,也可以进行医疗损害鉴定。最高人民法院《关于审理医疗损害责任纠纷案件适用法律若干问题的解释》第 11 条确认"实施诊疗行为有无过错"是医疗损害鉴定的事项之一。第 16 条规定,对医疗机构或者其医务人员的过错,应当依据法律、行政法规、规章以及其他有关诊疗规范进行认定,可以综合考虑患者病情的紧急程度、患者个体差异、当地的医疗水平、医疗机构与医务人员资质等因素。

---

[1] 兰玲梅等:《医疗损害案件中相当因果关系研究》,载《中国司法鉴定》2020 年第 2 期。

四、医疗机构的义务与责任

（一）医疗机构的义务

医疗机构及其医务人员除有上述诊疗义务外，还有医疗职业方面的义务。

1. 如实记录、保管及提供病历资料的义务。

《民法典》第1225条规定，医疗机构及其医务人员应当按照规定填写并妥善保管住院志、医嘱单、检验报告、手术及麻醉记录、病理资料、护理记录等病历资料。同时患者有查阅病历资料的权利，患者要求查阅、复制前款规定的病历资料的，医疗机构应当及时提供。

2. 对患者隐私和个人信息的保密义务。

《民法典》第1226条规定，医疗机构及其医务人员应当对患者的隐私和个人信息保密。泄露患者的隐私和个人信息，或者未经患者同意公开其病历资料的，应当承担侵权责任。

3. 不过度检查的义务。

《民法典》第1227条规定，医疗机构及其医务人员不得违反诊疗规范实施不必要的检查。

（二）医疗机构的责任

1. 医疗行为损害责任

医疗行为是一种典型的专家行为，[1]可以说医疗损害责任是一种专家责任。但基于医务人员与医疗机构之间的工作关系，医疗损害是医务人员在完成医疗机构工作时存在过错，造成了患者的损害，因此由医疗机构承担侵权责任。医疗损害责任属于替代责任，实施医疗行为的是医务人员，承担赔偿责任的是医疗机构。医疗损害的行为主体有医疗机构和医务人员两类，但实际对外承担责任的主体仅限医疗机构。从经济实力等因素来看，如此规定更有利于被侵权人获得损害赔偿，填补损失。

2. 医疗产品责任

诊疗过程中因医疗器械、药品及血液等造成患者损害的，按照《民法典》第1223条的规定，医疗机构与医疗产品的生产者或药品上市许可持有人、血液提供机构承担不真正连带责任，患者可以选择向药品上市许可持有人、生产者、血液提供机构请求赔偿，也可以向医疗机构请求赔偿。患者向医疗机构请求赔偿的，医疗机构赔偿后，有权向负有责任的药品上市许可持有人、生产者、血液提供机构追偿。根据《民法典》第1223条的规定，是产品责任在医疗损害责任领域的细化与强调，是为在患者遭受损失时给予明确的、直接的法律指引。[2] 患者可以直接基于产品责任进行追责，也可以选择通过医疗损害责任进行追责。同时，医疗机构也享有追偿权，可以在承担损害赔偿责任后向真正的责任人进行追偿。

如果因医疗机构的过错使医疗产品存在缺陷或者血液不合格，依据最高人民法院《关于审理医疗损害责任纠纷案件适用法律若干问题的解释》第21条第3款的规定，医疗产品的生产者、销售者、药品上市许可持有人或者血液提供机构向患者承担赔偿责任后，有权向医疗机构追偿。

五、医疗损害责任免责事由

医疗损害责任的免责事由，又称抗辩事由，系指在医疗损害责任纠纷中，被告医疗机构就

---

〔1〕 专家责任通常是指专业人士在提供服务过程中所产生的民事法律责任，日本称为“专门家”责任。

〔2〕 黄薇主编：《中华人民共和国民法典释义及适用指南》，中国民主法制出版社2020年版，第1867页。

其医疗行为不构成民事侵权、不承担或减免承担民事责任而提出的事实。[1] 有学者将医疗损害的抗辩事由细分为患方过错、并发症、不可抗力、紧急医疗救治、第三人过错、医疗意外和技术限制7种类型。[2] 其中,不可抗力、第三人过错是侵权责任普遍适用的免责事由。《民法典》第1224条规定了医疗损害的免责事由,即患者在诊疗活动中受到损害,有下列情形之一的,医疗机构不承担赔偿责任:

(1)患方过错,即患方故意或疏忽导致或加重医疗损害后果。比如,患者或者其近亲属不配合医疗机构进行符合诊疗规范的诊疗;但是医疗机构或者其医务人员也有过错的,适用过失相抵,应当承担相应的赔偿责任。

(2)紧急医疗救治,医疗机构及其医务人员在情况紧急时为抢救危重患者而采取的已尽"谨慎、善良"医疗职责的各项紧急救治措施,尽到合理诊疗义务,即使造成了损害后果(是否可预见在所不问),也不能就此认定医疗机构及其医务人员的医疗行为构成医疗损害。[3]

(3)医疗水平限制,医疗是不断发展的科学,在医疗技术与疾病的对峙中,必然要承认现有医疗技术对患者的损害或者难以避免某种损害,或无法治愈某种疾病。

第五节　环境污染和生态破坏责任

一、环境污染和生态破坏责任概述

我国《环境保护法》第2条对"环境"进行了定义。所谓环境,是指影响人类生存和发展的各种天然的和经过人工改造的自然因素的总体,包括大气、水、海洋、土地、矿藏、森林、草原、湿地、野生生物、自然遗迹、人文遗迹、自然保护区、风景名胜区、城市和乡村等。

环境污染,是指自然人、法人或非法人组织向周围环境排放污染物,导致自然因素总体不良变化,以致危及他人生命、身体、健康、财产或其他民事权益。

生态破坏,是指人类社会活动所引起的生态退化,以及由此产生的环境结构和功能的变化,对人类生存发展以及环境本身发展产生不利影响。[4]

污染环境与破坏生态都属于环境侵权行为,环境侵权行为具有二元性特征。污染环境和破坏生态的行为并不直接针对他人的财产或人身权益,而是向自然环境排放污染物质能量或向自然过度索取资源。这些行为既可能造成他人人身、财产损害,又可能造成生态环境自身损害,危及当代人及后代人的生存与发展。因此,污染环境和破坏生态既可能造成对个体的财产和人身损害(对人的损害),也可能造成对生态环境和群体健康的损害(对环境的损害)。不同的环境侵权行为,有时可能会同时出现"对人的损害"与"对环境的损害",有时也可能只有"对环境的损害",或者"对人的损害"。司法实践也表明,环境侵权具有对私益和公益的双重损害,

---

[1] 参见高雪娟:《医疗损害抗辩事由适用中存在的问题及完善》,载《长春大学学报》2015年第5期。

[2] 参见陈志华:《医疗损害责任深度释解与实务指南》,法律出版社2010年版,第106~131页。

[3] 参见高雪娟:《论医疗损害抗辩事由的应用》,载《医学与哲学》2015年第5期。

[4] 参见左玉辉编著:《环境学》,高等教育出版社2002年版,第14页。转引自程啸:《侵权责任法》(第3版),法律出版社2021年版,第655页。

其受害者既有民法意义上的“人”，也有环境法意义上的“人类”。[1]

在环境侵权表现为“对人的损害”时，《民法典》第1229条规定：“因污染环境、破坏生态造成他人损害的，侵权人应当承担侵权责任。”该条规定确立了造成他人人身、财产之私益损害的环境侵权责任，侵权人承担对受害人的损害赔偿责任。

在环境侵权表现为“对环境的损害”时，《民法典》第1234条规定：“违反国家规定造成生态环境损害，生态环境能够修复的，国家规定的机关或者法律规定的组织有权请求侵权人在合理期限内承担修复责任。侵权人在期限内未修复的，国家规定的机关或者法律规定的组织可以自行或者委托他人进行修复，所需费用由侵权人负担。”该条确定了针对造成生态环境损害之公共利益的环境侵权责任，规定了生态环境修复与损害赔偿请求权，明确了侵权人的生态环境修复责任。

环境污染与生态破坏责任，是指因污染环境、破坏生态造成他人人身财产损害、生态环境损害时应当依法承担损害赔偿、生态环境修复等侵权责任。有观点将《民法典》中的环境侵权责任分为两大类：一类是传统的生态环境私益侵权责任，是因污染环境和破坏生态导致的他人人身财产等权益损害的责任，是对私人人身、财产及其他权益（包含环境权益）进行救济的制度；另一类是生态环境损害责任，是指对生态环境本身损害的侵权责任，是对生态环境公益进行救济的侵权责任。[2]

与环境污染与生态破坏责任相关的法律，还包括《环境保护法》《海洋环境保护法》《水污染防治法》《大气污染防治法》等法律规范。

二、环境污染和生态破坏责任归责原则和构成要件

（一）归责原则

环境污染和生态破坏责任是特殊侵权责任，适用无过错归责原则。无论侵权人有无过错，只要有污染环境、破坏生态的行为，并造成损害，就应当承担侵权责任。其原因在于：(1)强化环境污染者责任，提高违法成本，有利于其履行保护环境的法律义务；(2)免除被侵权人的举证责任，有利于保护被侵权人合法权益。

（二）构成要件

1. 侵权人实施了污染环境或破坏生态的侵害行为

污染环境的行为会导致大气污染、水污染、噪声污染、海洋污染、固体废弃物污染、放射性污染等。破坏生态的行为会产生水土流失、沙漠化、荒漠化、森林锐减、多样性减少等。

2. 存在环境被污染或生态遭到破坏的损害后果

损害后果具体表现为环境污染给他人造成人身、财产损害，以及生态环境的损害，是指“因污染环境、破坏生态造成大气、地表水、地下水、土壤、森林等环境要素和植物、动物、微生物等生物要素的不利改变，以及上述要素构成的生态系统功能退化”。[3]

3. 侵害行为与损害后果之间存在因果关系

污染环境和破坏生态的侵害行为产生了环境污染和生态破坏的损害结果，但因环境侵权行为影响具有累积性、滞后性，致害物质、致害途径复杂，污染因子与损害后果之间的因果关系

---

〔1〕 参见吕忠梅、窦海阳：《以“生态恢复论”重构环境侵权救济体系》，载《中国社会科学》2020年第2期。

〔2〕 参见徐以祥：《〈民法典〉中生态环境损害责任的规范解释》，载《法学评论》2021年第2期。

〔3〕 中共中央办公厅、国务院办公厅《生态环境损害赔偿制度改革方案》。

证明技术性强。如果由受害人承担因果关系的举证责任,对受害人不利,受害人很难获得救济,也难以约束污染破坏行为。因此环境污染和生态破坏责任实行因果关系推定,受害者无须证明污染破坏行为与损害的因果关系,由侵权人就因果关系不存在进行举证。《民法典》第1230条规定:“因污染环境、破坏生态发生纠纷,行为人应当就法律规定的不承担责任或者减轻责任的情形及其行为与损害之间不存在因果关系承担举证责任。”

三、环境侵权责任的请求权主体

《民法典》区分了环境侵权的私益和公益保护,分别对污染环境和破坏生态的侵权责任作出了规定。对于侵害了他人人身、财产的环境侵权,应当限于对特定民事主体的损害,由特定的受害人提起环境侵权之诉。而生态环境损害所指向的实体性的环境公益具有整体性、非排他性和享有主体的不特定性的特点,[1] 个人显然无法主张公共利益损害产生的权利请求,如生态环境的修复及损害赔偿。《民法典》关于环境公益诉讼主体采用了“国家规定的机关或者法律规定的组织”(公益诉讼的原告),因公益诉讼的目的在于预防及修复公共利益的损害,只能由法律规定的机关和有关组织提起。具体而言:一是国家规定的机关。通常认为,其是检察机关和行使管理职责的国家机关。二是法律规定的组织。其通常是指符合《民事诉讼法》第58条第1款以及《环境保护法》第58条规定的有关组织或社会组织。[2]

四、环境侵权责任承担方式

(一)数人环境侵权的责任承担

数人环境侵权行为,是指数人在同一相对集中的时间、同一相对集中的地域内共同或者分别排放污染物、破坏生态,造成他人损害和生态环境损害的行为。[3]

数个侵权人承担责任的大小,根据污染物的种类、浓度、排放量,破坏生态的方式、范围、程度,以及行为对损害后果所起的作用等因素确定。数个侵权人承担责任的规则需要结合最高人民法院《关于审理环境侵权责任纠纷案件适用法律若干问题的解释》(2020年修正)第2条、第3条、第4条的有关规定来认定。

(二)惩罚性赔偿

在环境侵权责任要件构成的情况下,如果侵权人违反法律规定故意污染环境、破坏生态造成严重后果的,被侵权人有权请求相应的惩罚性赔偿。《民法典》第1232条规定:“侵权人违反法律规定故意污染环境、破坏生态造成严重后果的,被侵权人有权请求相应的惩罚性赔偿。”惩罚性赔偿的适用条件是主观要件中的“故意”、行为要件中的“违反法律规定”、结果要件中的“严重后果”。关于惩罚性赔偿的规则是同时适用于公益诉讼,还是仅限于私益遭受侵害的情形,学界存在不同理解。[4] 比如,有观点认为,惩罚性赔偿条款使用了“被侵权人”这一表述,表明受害人是特定的主体,而在公益诉讼中,并没有特定的被侵权人,因此惩罚性赔偿规则不应适用于公益诉讼。[5] 有观点认为,惩罚性赔偿适用于环境生态公益诉讼,有利于强化企业

---

[1] 参见徐以祥:《〈民法典〉中生态环境损害责任的规范解释》,载《法学评论》2021年第2期。

[2] 参见王利明:《〈民法典〉中环境污染和生态破坏责任的亮点》,载《广东社会科学》2021年第1期。

[3] 参见最高人民法院民法典贯彻实施工作领导小组主编:《中华人民共和国民法典侵权责任编理解与适用》,人民法院出版社2020年版,第524页。

[4] 参见王笑寒:《生态环境侵权惩罚性赔偿制度的法律适用问题》,载《山东社会科学》2021年第3期。

[5] 参见王利明:《〈民法典〉中环境污染和生态破坏责任的亮点》,载《广东社会科学》2021年第1期;陈学敏:《环境侵权损害惩罚性赔偿制度的规制——基于〈民法典〉第1232条的省思》,载《中国政法大学学报》2020年第6期。

落实环境风险防控的主体责任，通过加大侵权人的经济成本来严格制裁其违法行为。[1] 鉴于惩罚性赔偿条款并未明确限制，也有观点认为，“民法典并未将环境侵权惩罚性赔偿制度的适用仅局限于环境私益侵权，需要在实践中探索”。[2]

（三）第三人过错环境侵权

因第三人的过错污染环境、破坏生态的，被侵权人可以向侵权人请求赔偿，也可以向第三人请求赔偿。侵权人赔偿后，有权向第三人追偿。

（四）生态环境损害修复责任

违反国家规定造成生态环境损害，生态环境能够修复的，国家规定的机关或者法律规定的组织有权请求侵权人在合理期限内承担修复责任。侵权人在期限内未修复的，国家规定的机关或者法律规定的组织可以自行或者委托他人进行修复，所需费用由侵权人负担。

（五）生态环境损害赔偿责任

违反国家规定造成生态环境损害的，国家规定的机关或者法律规定的组织有权请求侵权人赔偿下列损失和费用：

1. 生态环境受到损害至修复完成期间服务功能丧失导致的损失；
2. 生态环境功能永久性损害造成的损失；
3. 生态环境损害调查、鉴定评估等费用；
4. 清除污染、修复生态环境费用；
5. 防止损害的发生和扩大所支出的合理费用。

第六节　高度危险责任

一、高度危险责任概述

高度危险责任，是指因从事高度危险作业致人损害，依法应承担的侵权责任。《民法典》第1236条规定：“从事高度危险作业造成他人损害的，应当承担侵权责任。”该条是高度危险责任的一般条款，《民法典》第1237条至第1243条则是高度危险责任的具体类型。

“文明和危险如孪生兄弟，高度危险是现代科技发展的必然产物。高度危险责任一般条款是现代侵权法发展的产物。”[3]学界对高度危险的理解有不同观点，在司法实践中也存在类型化条款之外的危险行为或活动，要判断其是否属于高度危险，是否能适用高度危险责任。高度危险责任不同于危险责任。侵权法中的危险责任是大陆法上的特有概念，它是指以特别的危险为归责基础的侵权责任，[4]英美法称为严格责任。危险责任系以特定危险为归责理由，它

---

〔1〕 参见王世进、杨静佳：《论绿色原则视域下环境侵权私益与公益救济的协调》，载《南京工业大学学报（社会科学版）》2021年第3期；中进忠：《惩罚性赔偿在我国环境侵权中的适用》，载《天津法学》2020年第3期。

〔2〕 最高人民法院民法典贯彻实施工作领导小组主编：《中华人民共和国民法典侵权责任编理解与适用》，人民法院出版社2020年版，第539页。

〔3〕 王利明：《论高度危险责任一般条款的适用》，载《中国法学》2010年第6期。

〔4〕 See B. A. Koch, H. Kozil, *Unification of Tort Law: Strict Liabiability Klwer Law International*, 2002, p. 147. 转引自王利明：《论高度危险责任一般条款的适用》，载《中国法学》2010年第6期。

是指持有或经营具有特定危险的物品、设施或活动之人，于该物品、设施或活动所具危险的实现，致侵害他人权益时，应就所生损害负赔偿责任，赔偿义务人对该事故的发生是否具有故意或过失，在所不问。[1]

在《民法典》的具体规定中，高度危险责任主要包括两大类型：一是对高度危险活动所承担的责任。比如，从事高空、高压、地下挖掘活动或者使用高速轨道运输工具、航空器等对周围环境具有较高危险性的活动。这类活动所产生的对财产、人身的损害属于高度危险责任的范畴。二是对高度危险物所承担的责任。比如，易燃、易爆、剧毒、放射性等具有高度危险的物品。[2]

高度危险责任是在解决现代科技所造成的各种工业事故过程中逐渐形成的。因此，高度危险具有不可控制性、非通常性、损害严重性等诸多特定因素。[3] 高度危险作业的行为和保有高度危险物品本身并不具有违法性，只是存在发生危险的可能，且可能性的大小取决于从事高度危险作业和管理高度危险品的人与组织的专业能力和管理能力。

在实践中对高度危险责任的理解与适用要严格按照《民法典》规定，在一般条款基础上适用类型化条款。

二、高度危险责任的归责原则与构成要件

（一）归责原则

从事高度危险作业造成他人损害的，应当承担责任。受害人无须证明从事高度危险作业的行为人有过错，行为人也不能通过证明自己对造成损害没有过错而不承担责任，因此高度危险责任适用的是无过错责任。行为人只有在证明存在法律规定的减责、免责事由时，才能形成合理抗辩，从而减轻或免除侵权责任。如核事故侵权责任中规定“能够证明损害是因战争、武装冲突、暴乱等情形或者受害人故意造成的，不承担责任”。

（二）构成要件

1. 从事了高度危险作业

这包括从事对周围环境具有高度危险的各种活动，也包括占有与控制高度危险物，以及对高度危险区域的管理与控制。即便尽到高度的注意义务也难以避免损害的发生。

2. 发生了人身与财产的损害

高度危险作业中的危险发生而导致受害人的人身财产损害。

3. 从事高度危险作业与损害发生之间存在因果关系

受害人需证明高度危险作业中的危险成为现实，并导致损害的发生。

三、高度危险责任的类型

（一）核事故侵权责任

核事故侵权责任，是指民用核设施或运入运出核设施的核材料发生核事故而给他人造成损害时，侵权人依法应当承担的侵权责任。《民法典》第 1237 条：“民用核设施或者运入运出核设施的核材料发生核事故造成他人损害的，民用核设施的营运单位应当承担侵权责任；但是，能够证明损害是因战争、武装冲突、暴乱等情形或者受害人故意造成的，不承担责任。”

《核安全法》对核设施、核材料进行了列举，并定义了核事故，其“是指核设施内的核燃料、

---

[1] 参见王泽鉴：《侵权行为》，北京大学出版社 2009 年版，第 15 页。
[2] 参见王利明：《论高度危险责任一般条款的适用》，载《中国法学》2010 年第 6 期。
[3] 参见窦海阳：《〈侵权责任法〉中“高度危险”的判断》，载《法学家》2015 年第 2 期。

放射性产物、放射性废物或者运入运出核设施的核材料所发生的放射性、毒害性、爆炸性或者其他危害性事故,或者一系列事故”。

1. 核事故侵权责任构成要件

(1)民用核设施或者运入运出核设施的核材料发生核事故。如果涉及军工、军事核安全,按照《核安全法》,由国务院、中央军事委员会依照该法规定的原则另行规定。

(2)发生了损害后果。损害后果表现为他人的人身或财产损失,如果核事故引发了生态破坏的损害后果,对生态环境损害则适用环境污染和生态破坏责任。

(3)核事故与损害后果之间有因果关系。

2. 责任主体

核事故侵权责任的责任主体是民用核设施的营运单位。《核安全法》对此也有明确的定义:“核设施营运单位,是指在中华人民共和国境内,申请或者持有核设施安全许可证,可以经营和运行核设施的单位。”

3. 免责事由

民用核设施的营运单位能够证明损害是因战争、武装冲突、暴乱等情形或者受害人故意造成的,不承担责任。发生不可抗力导致核事故,不能免除核事故的侵权责任,这有利于保护受害人,并与国际通行做法相符。

(二)民用航空器侵权责任

民用航空器侵权责任,是指因民用航空器运营而给他人造成损害时,该民用航空器的经营者应当承担的责任。《民用航空法》第5条规定:“本法所称民用航空器,是指除用于执行军事、海关、警察飞行任务外的航空器。”

1. 损害

民用航空器造成的他人人身财产损害,可以分为两类:一类是给航空运输中的旅客、货物造成的损害;另一类是飞行中的航空器给地面、水面、空中第三人造成的损害。后者无疑属于民用航空器造成的损害,但对于旅客、货物损害存在争议。一种观点认为,旅客和承运人建立在合同关系上,“旅客是航空运输中接受服务的一方,对旅客损害的赔偿属于承运人责任制度调整的范畴”。[1] 另一种观点认为,民用航空器侵权责任属于高度危险责任,是航空器在高空高速作业给周围环境及他人带来的高度危险所致,因此损害不应包括旅客的人身财产损失,针对地面第三人的损害更符合高度危险责任的适用范围。结合《民用航空法》第157条“因飞行中的民用航空器或者从飞行中的民用航空器上落下的人或者物,造成地面(包括水面,下同)上的人身伤亡或者财产损害的,受害人有权获得赔偿”的规定,民用航空器所致损害应该指地(水)面第三人的损害。

2. 责任主体

民用航空器侵权的责任主体为民用航空器的经营者。《民法典》第1238条规定:“民用航空器造成他人损害的,民用航空器的经营者应当承担侵权责任……”民用航空器的经营者通常是公共航空运输的承运人,或者民用航空器的经营人、所有人。《民用航空法》第158条规定:“……经营人,是指损害发生时使用民用航空器的人。民用航空器的使用权已经直接或者间接

---

〔1〕 于丹:《民用航空器致害高度危险责任条款的适用探讨》,载《北京航空航天大学学报(社会科学版)》2019年第4期。

地授予他人,本人保留对该民用航空器的航行控制权的,本人仍被视为经营人。经营人的受雇人、代理人在受雇、代理过程中使用民用航空器,无论是否在其受雇、代理范围内行事,均视为经营人使用民用航空器。民用航空器登记的所有人应当被视为经营人,并承担经营人的责任……”

3. 免责事由

(1)受害人故意。《民法典》民用航空器侵权责任中规定,“能够证明损害是因受害人故意造成的,不承担责任”。

(2)武装冲突或骚乱。《民用航空法》第 160 条第 1 款规定:“损害是武装冲突或者骚乱的直接后果,依照本章规定应当承担责任的人不承担责任。”

(3)被剥夺民用航空器使用权。《民用航空法》第 160 条第 2 款规定:“依照本章规定应当承担责任的人对民用航空器的使用权业经国家机关依法剥夺的,不承担责任。”

(三)高度危险物致害责任

高度危险物致害责任,是指因占有或使用高度危险物造成他人损害时,占有人或使用人应承担的责任。高度危险物,是指易燃、易爆、剧毒、高放射性、强腐蚀性、高致病性等物品。

高度危险物损害责任适用无过错责任,因为这些物品具有高度危险性,需要占有人、使用人尽到高度的注意义务,采取特别的防护,否则容易造成比较严重的人身财产损失。

1. 责任主体

(1)占有人或者使用人承担侵权责任。高度危险物由占有人或使用人进行支配与控制,因此《民法典》第 1239 条规定,占有人或者使用人应当对高度危险物致人损害承担侵权责任。

(2)所有人承担侵权责任。所有人负有妥善保管高度危险物的义务,当高度危险物脱离控制时,如被遗失或抛弃后造成他人损害的,由所有人承担侵权责任。《民法典》第 1241 条规定,“遗失、抛弃高度危险物造成他人损害的,由所有人承担侵权责任”。

(3)管理人承担侵权责任。基于合同关系,所有人将高度危险物交由他人控制管理的,由管理人承担侵权责任;所有人有过错的,比如,没有采取相应的防护措施、没有选择合格的管理人、没有告知必要的注意事项等,与管理人承担连带责任。

(4)非法占有人承担侵权责任。高度危险物必须妥善保管,如果被盗窃或抢劫导致所有人、使用人丧失占有,高度危险物被非法占有期间致人损害的,由非法占有人承担侵权责任。所有人、管理人不能证明对防止非法占有尽到高度注意义务的,与非法占有人承担连带责任。

2. 免责事由

高度危险物损害责任中,如果占有人或使用人能够证明损害是因受害人故意或者不可抗力造成的,则不承担责任。

被侵权人对损害的发生有重大过失的,可以减轻占有人或者使用人的责任。

(四)高度危险活动侵权责任

高度危险活动侵权责任,是指从事高空、高压、地下挖掘活动或者使用高速轨道运输工具造成他人损害的,经营者应当承担侵权责任。高度危险活动可以分为高空作业、高压作业、地下挖掘、高速轨道交通。高度危险活动的危险来自活动本身,适用无过错责任。

高空作业的危险来自高处坠落产生的危险,因此需要界定高空的高度要求,民用航空器被排除适用该条。高压作业需要明确能对周围环境产生高度危险的高压电的电压,通常 1000 伏以上的电压等级的电属于高压电。高压作业致害的责任主体是电力设施产权人。

（五）高度危险区域侵权责任

高度危险区域侵权责任，是指受害人未经许可进入高度危险活动区域或高度危险物存放区域而遭受损害时，该区域的管理人依法应当承担的责任。

构成要件：

1. 受害人未经许可进入高度危险区域；

2. 管理人未采取足够的安全措施并尽到充分警示义务；

3. 受害人因进入高度危险活动区域或高度危险物存放区域产生了损害。

《民法典》第 1243 条规定，未经许可进入高度危险活动区域或者高度危险物存放区域受到损害，管理人能够证明已经采取足够安全措施并尽到充分警示义务的，可以减轻或者不承担责任。

一般而言，高度危险活动区域或高度危险物存放区域都位于相对偏僻的位置，回避社会大众的活动场所。若管理人确实已采取了足够安全措施并尽到充分警示义务，那么被侵权人未经许可进入相关区域本身就已说明被侵权人存在过错，即可以减轻或免除管理人的责任。《民法典》第 1243 条实质上是对管理人与被侵权人过失相抵的规定。

四、赔偿限额

高度危险责任的侵权人通常是企业，适用无过错责任。高度危险责任被侵权人往往人数众多，侵权人可能面临高额的赔偿。侵权人从事高度危险作业或保有高度危险物品并不违法。只是因为日常管理或安全警示等方面存在过失，就要求责任人承担超出其能力范围甚至危及其自身生存的责任，这样规定并不合理。因此，可能承担高度危险责任的行业通常都有责任限额的规定。当然，限制责任的规定并不适用于行为人有故意或重大过失的情形。

第七节　饲养动物损害责任

一、饲养动物损害责任概述

饲养动物损害责任，是指饲养的动物造成他人损害时，动物的饲养人或管理人应当承担侵权责任。

“饲养动物”，是指处于人的饲养管束之下的动物。通常家养的宠物、牲畜，动物园的动物，实验室的动物等都属于饲养动物。“饲养动物”应当同时具备以下条件：（1）为特定人所有或占有，即为特定的人所饲养或管理。（2）饲养人或管理人对动物具有适当程度的控制力。（3）该动物依照自身特性，有可能对他人的人身或财产造成损害。（4）可以为家畜、家禽、宠物或驯养的野兽、爬行类动物等。

饲养动物侵权的责任主体是饲养人或管理人，可以是所饲养动物的所有人、占有人、保管人等，他们饲养动物并承担控制管理动物风险的责任。动物脱离了饲养人或管理人的控制处于逃逸状态，或者被遗弃时造成他人损害的，其责任主体仍是原饲养人或管理人。

自然状态下的野生动物造成损害，因其没有饲养人或管理人，造成损害后，受害人只能自担损失。野生动物被人类控制并饲养，则饲养人要承担其侵权损害责任。如果是喂养小区的流浪动物，但并不控制与管理，则不承担流浪动物致害责任。但是如果是《野生动物保护法》中规定的“珍贵、濒危的陆生、水生野生动物和有重要生态、科学、社会价值的陆生野生动物”造成损害的，受害人有权请求国家给予补偿。《野生动物保护法》第19条规定：“因保护本法规定保护的野生动物，造成人员伤亡、农作物或者其他财产损失的，由当地人民政府给予补偿……”比如，云南大象家族离开栖息地向北一路造成当地农作物、房屋等财产损失的，当地政府会给予补偿。目前，在野生动物造成损害领域，已建立通过保险来赔付受害人的制度。[1]

二、饲养动物损害责任的构成要件

（一）饲养的动物独立实施了某种致害行为

在饲养动物造成他人损害的案件中，饲养人或管理人并没有对他人实施某种积极的行为导致损害，是动物自身的举动而非受外力驱使，但造成损害的后果需要由动物的饲养人或管理人承担。

如果是训练动物去实施加害行为，则不属于饲养动物致害，比如，训练猴子偷窃、训练狗攻击他人等，此时动物实施的加害行为实为饲养人驱使的行为，构成一般侵权行为，应由饲养人承担责任。

（二）被侵权人受到损害

损害包括人身损害，如被抓伤、咬伤等，也包括财产损害，比如，饲养牲畜啃食他人菜地等。

（三）动物行为与损害之间存在因果关系

饲养动物独立实施的行为导致损害发生，损害发生是因为动物行为存在固有的危险性。某些动物行为并未对人实施直接的伤害，但却对他人产生惊吓导致损害，也属于动物行为导致的损害。比如，大型犬只突然扑出来，导致人本能避让而摔伤，虽然犬只与人没有接触，但也是动物行为导致的损害。

三、饲养动物损害责任的归责原则

饲养动物损害责任的归责原则，要考虑饲养动物的危险性、饲养动物行为的利益属性、受害人利益保护几方面。在特殊情形下，只有在动物园饲养的动物致人损害的情况下，才适用过错推定责任。具体区分为以下几种情况。

（一）无过错责任

饲养动物损害责任一般适用无过错责任。《民法典》第1245条规定：“饲养的动物造成他

---

〔1〕 野生动物肇事公众责任保险，是指由政府部门投保，因野生动物造成公众人身伤害及财产损失，保险公司按照一定标准进行赔付的保险。该险种2010年在西双版纳傣族自治州开始试点，保险责任范围为西双版纳傣族自治州范围内发生的所有亚洲象肇事损失。2011年，保险区域扩大为西双版纳傣族自治州及普洱市、临沧市部分区县，保险责任范围也扩展为因国家及云南省重点保护的陆生动物（包括亚洲象、黑熊、野猪、蛇等）造成的公众人身伤害及财产损失。2014年该险种实现了全省16个州市的全覆盖。“此次亚洲象北迁，象群途经普洱、红河、玉溪进入昆明，截至2021年6月28日，相关保险公司已接到报案995件，预估损失636.63万元，已完成506.92万元的赔付，涉受损农户2803户次。”相关负责人表示：野生动物肇事公众责任险保费由云南省省级财政全额支付，部分州市（如西双版纳傣族自治州）还得到中央财政专项支持，承保公司主要有人保财险、太保财险、平安财险、国寿财险和诚泰财险。野生动物肇事公众责任保险具体赔付标准根据各州市投保方案有所差异，以西双版纳傣族自治州为例，保障范围基本涵盖了人身损害及主要财产损失，其中：死亡一次性补偿60万元；医疗费用补偿、伤残费用最高补偿30万元；房屋及附属设施每栋最高补偿2万元；农作物和经济作物每次事故按保险合同标准补偿，如荞600元/亩、橡胶35元/株、甘蔗1100元/亩、坚果38元/株；家养牲畜按30～40元/公斤补偿。转引自李晨阳：《大象北迁，造成的损失谁来赔付》，载《经济日报》2021年7月5日，第7版。

人损害的，动物饲养人或者管理人应当承担侵权责任；但是，能够证明损害是因被侵权人故意或者重大过失造成的，可以不承担或者减轻责任。”饲养动物致人损害的归责原则为无过错责任，适用于饲养动物侵权的一般场合。但在受害人存在故意或重大过失的情况下，饲养人或管理人可以免责或者减轻责任。

遗弃、逃逸的动物不能作为无主物看待，仍需按照一般饲养动物侵权归责原则，由原饲养人或原管理人承担无过错责任。

按照《民法典》第 1246 条的规定，饲养人或管理人需对某些饲养动物采取羁束措施或安全措施，如定期免疫、携带犬只出门应佩戴牵引绳等。违反管理规定，未对饲养动物采取安全措施造成他人损害的，由饲养人或管理人承担无过错责任。未采取安全措施，当动物致害时，只有在受害人故意的情况下，才可以减轻饲养人或管理人的责任。

对于一些烈性动物，如烈性犬，其危险性比一般家庭饲养动物大，因此法律禁止饲养此类动物，除非符合要求的机构经过法定的程序批准可以饲养烈性动物。如果违法饲养烈性动物导致损害，按照《民法典》第 1247 条的规定，由动物的饲养人或管理人承担绝对的无过错责任。禁止饲养的烈性动物危险性极大，又因为动物的饲养人、管理人违法在先，所以免责方面处于更不利的地位，即使受害人故意致损，饲养人或管理人也不适用任何减责或免责事由。

（二）过错推定责任

动物园饲养的动物致人损害的，动物园应当承担侵权责任；但是，只要动物园能证明自身尽到管理职责、对损害发生无过错的，就不承担侵权责任。按照《民法典》第 1248 条的规定，动物园的动物造成他人损害的，动物园承担过错推定责任。

动物园是饲养管理动物的专业机构，是特殊类型的责任主体。动物园饲养管理动物本身即是为了满足游客观赏学习的需求，因此要考虑游客和未成年群体的安全。但在动物园尽了注意和管理义务后，比如，设施设备安全、隔离护栏足以防范动物危险行为、有明显的警示牌、对游客的违规挑逗行为进行了劝阻等，游客依然发生了损害的，动物园则不再承担侵权责任。在个案中认定动物园是否尽到管理职责时，应结合动物的危险性、设施的安全防范性能、管理规章制度的合理性、制度履行的程度等来判断。但对于动物园承担过错推定责任，理论界也存在不同的观点，认为动物园动物损害责任应当适用无过错责任。[1]

四、免责事由

（一）受害人故意或过失

1. 一般动物：受害人的一般过失非免责事由，只有故意或重大过失才可导致侵权人责任免除或减轻；

2. 违规未采取安全措施的动物：仅受害人故意的情况下才能减轻侵权人责任，且不可免责；

3. 禁止饲养的危险动物：无免责事由；

4. 动物园饲养的动物：受害人一般过失、重大过失、故意均可以适用减责与免责。

（二）第三人原因不能免责

《民法典》第 1250 条规定：“因第三人的过错致使动物造成他人损害的，被侵权人可以向动

---

〔1〕 参见杨立新：《修订侵权责任编应对动物园动物损害责任归责原则进行调整》，载《河南财经政法大学学报》2018 年第 2 期；李金招：《动物致人损害归责原则研究——兼评〈侵权责任法（草案）〉（第二稿）第 80 条》，载《北京化工大学学报（社会科学版）》2009 年第 4 期。

物饲养人或者管理人请求赔偿,也可以向第三人请求赔偿。动物饲养人或者管理人赔偿后,有权向第三人追偿。”

第三人过错,是指饲养的动物所造成的损害是由第三人过错导致的,如第三人故意挑逗动物等行为造成受害人被动物咬伤。在此情况下,有过错的第三人和动物饲养人承担不真正连带责任,受害人可任选其一请求损害赔偿。动物饲养人或管理人承担赔偿责任后,有权向该第三人追偿,由该第三人承担最终责任。

第八节 建筑物和物件损害责任

一、建筑物和物件损害责任概述

建筑物和物件损害责任都属于物的损害,是人类管理控制下的物造成他人损害时的侵权责任。从广义上来讲,机动车、产品、饲养动物等都是物的责任,因此建筑物和物件损害是狭义的物的损害。

《民法典》对建筑物和物件损害进行分类规定,其中建筑物相关损害有建筑物及设施倒塌、塌陷损害,建筑物及设施、搁置物、悬挂物脱落、坠落损害,高空抛掷物或坠落物损害 3 类。物件损害责任,是指物件的所有人、管理人或其他主体对其所管理的物件致人损害时承担的侵权责任。《民法典》中规定了 4 类物件损害责任,分别是堆放物致损责任、公共道路上妨碍通行物品的致损责任、林木致损责任和地面施工或地下设施致损责任。4 类物件致损责任均适用过错推定责任,物件的所有人或管理人无法证明自己没有过错的,应承担侵权责任。

因为物的不同以及物施加损害的方式不同,建筑物和物件损害的归责原则也不同,以过错推定责任为主,无过错责任原则和公平责任原则在个别情形下分别适用。

二、建筑物等损害责任

(一)建筑物等倒塌、塌陷致损责任

建筑物、构筑物或其他设施倒塌、塌陷,是指建筑物、构筑物或其他设施坍塌、塌陷,造成该建筑物、构筑物或者其他设施丧失基本使用功能。

建筑物、构筑物或其他设施倒塌、塌陷致他人损害的,建设单位和施工单位承担连带责任,适用无过错责任。建设单位和施工单位能够证明不存在质量缺陷的,即倒塌、塌陷和建设施工质量无关,可作为免责事由成立,则建设单位和施工单位不承担侵权责任。也有观点认为,建设单位和施工单位承担的是过错推定的侵权责任,因为只要能够证明不存在建筑物质量缺陷即不承担侵权责任,是典型的过错推定责任。[1] 建设单位、施工单位承担侵权责任后,可以向有过错的其他责任人追偿。

倒塌、塌陷是因建筑物、构筑物或其他设施的所有人、管理人、使用人或者第三人的原因,因此而产生的损害赔偿适用过错责任,由所有人、管理人、使用人或者第三人承担侵权责任。

---

〔1〕 参见最高人民法院民法典贯彻实施工作领导小组主编:《中华人民共和国民法典侵权责任编理解与适用》,人民法院出版社 2020 年版,第 684 页。

（二）建筑物等脱落、坠落致损责任

建筑物、构筑物或其他设施及其搁置物、悬挂物发生脱落、坠落致他人损害的，所有人、管理人或者使用人不能证明自己没有过错的，应当承担侵权责任。所有人、管理人或者使用人赔偿后，有其他责任人的，有权向其他责任人追偿。

责任主体为所有人、管理人或者使用人，适用过错推定责任。在所有人、管理人或者使用人承担赔偿责任后，确认了真正责任人的，有权向其他责任人追偿。

（三）高空抛掷物、坠落物致损责任

建筑物中抛掷物品或坠落物品，导致他人损害的侵权责任，也被称为高空抛物致人损害责任。《民法典》第1254条对高空抛掷物、坠落物致损责任进行了规制，“禁止从建筑物中抛掷物品。从建筑物中抛掷物品或者从建筑物上坠落的物品造成他人损害的，由侵权人依法承担侵权责任；经调查难以确定具体侵权人的，除能够证明自己不是侵权人的外，由可能加害的建筑物使用人给予补偿。可能加害的建筑物使用人补偿后，有权向侵权人追偿。物业服务企业等建筑物管理人应当采取必要的安全保障措施防止前款规定情形的发生；未采取必要的安全保障措施的，应当依法承担未履行安全保障义务的侵权责任。发生本条第一款规定的情形的，公安等机关应当依法及时调查，查清责任人”。

1. 侵权人承担侵权责任

高空抛物坠物造成他人损害的，由加害人承担侵权责任。高空抛掷物品行为本身主观恶性严重，社会危害性大，行为本身即是过错。该条款以禁止性义务的形式作出，即明确了高空抛掷行为本身的违法性，一旦抛掷物造成他人损害，加害人就应当承担侵权责任，这是侵权法自己责任原则的基本要求。

在实践案例中，确认具体侵权人时存在难度，因此在具体侵权人不明确时，公安等机关应当依法及时调查，查清责任人。

2. 可能加害的建筑使用人的补偿责任

在难以确定具体侵权人时，除非能证明自己不是侵权人，否则由可能加害的建筑物使用人对受害人损失给予补偿，这一责任也被称为补偿责任。建筑物使用人是在建筑物里活动的人，在无法确认具体加害人时，所有建筑物使用人中必然有可能的加害人，排除能证明自己不是加害人的建筑物使用人，其他建筑物使用人负有补偿受害人的责任。可能加害的建筑物使用人补偿后，一旦具体加害人明确，有权向侵权人追偿。

对于可能加害人的责任，理论上与实践中都有不同观点，反对观点认为“对没有实施侵权行为的人强加给侵权赔偿责任，违反民法的基本原理”，“一些高空抛掷物损害责任案件判决适当补偿责任后得不到执行，如重庆烟灰缸案”。[1] 但赞成观点认为，“对从建筑物抛掷（坠落）物品致害责任的路径选择是诸多价值权衡与博弈的结果，它的正义观取向是融合了分配正义和矫正正义之体现”。[2] “补偿”这样的表述说明，不同于侵权损害赔偿，可能加害的建筑物使

---

〔1〕 杨立新：《〈民法典（草案）〉对高空抛掷物损害责任规则的完善》，载《当代法学》2020年第3期；孟祥沛：《连坐恶法岂能死灰复燃——论〈侵权责任法〉第87条及民法典编纂中的高空抛物责任》，载《上海政法学院学报（法治论丛）》2020年第3期；曹险峰：《侵权法之法理与高空抛物规则》，载《法制与社会发展》2020年第1期。

〔2〕 张新宝、张馨天：《从〈侵权责任法〉第87条到〈民法典〉第1254条：“高空抛（坠）物”致人损害责任规则的进步》，载《比较法研究》2020年第6期。

用人承担的补偿责任并非基于法律对其行为的否定性评价。这一补偿责任更多是基于补偿受害人的损失,出于公平的原则,是“补充性的道义补偿责任”。[1]

3. 建筑物管理人的安保义务与补充责任

在高空抛掷物、坠落物致损责任中物业服务企业等建筑物管理人承担过错责任。按照《民法典》第1254条的规定,物业服务企业等建筑物管理人应当采取必要的安全保障措施防止高空抛掷物品、坠落物的行为发生;未采取必要的安全保障措施的,应当依法承担未履行安全保障义务的侵权责任。

三、物件损害责任

(一)堆放物损害责任

堆放物损害责任,是指堆放物发生倒塌、滚落、滑落等,致使他人人身财产权益遭受损害,堆放人应承担侵权责任。《民法典》第1255条规定:“堆放物倒塌、滚落或者滑落造成他人损害,堆放人不能证明自己没有过错的,应当承担侵权责任。”

堆放物损害责任的特点:一是致害物为堆放物;二是致害原因是堆放瑕疵或管理瑕疵,如堆放地点、堆放高度、加固措施有瑕疵,导致堆放物倒塌、滑落、滚落等。堆放物损害责任的责任主体是堆放人,通常是堆放物的所有人或管理人。

堆放物损害责任适用过错推定,堆放人要证明自己已尽到善良管理人的义务,且不存在堆放瑕疵或管理瑕疵,堆放人不能证明自己没有过错的,应当承担侵权责任。

(二)妨碍通行物品损害责任

妨碍通行物品损害责任,是指在公共道路堆放、倾倒、遗撒妨碍通行的物品造成他人损害的,由行为人承担侵权责任。《民法典》第1256条规定:“在公共道路上堆放、倾倒、遗撒妨碍通行的物品造成他人损害的,由行为人承担侵权责任。公共道路管理人不能证明已经尽到清理、防护、警示等义务的,应当承担相应的责任。”

公共道路上堆放物品,会对在道路上往来的车辆行人造成危险,因此,在《道路交通安全法》《公路法》中都有不得占用道路堆放物品的禁止性规定。妨碍通行物品损害责任的责任主体有两类:一是行为人,即在公共道路上堆放、倾倒、遗撒妨碍通行物品的人;二是对公共道路负有维护管理职责的管理人。

对于在公共道路上实施了堆放物品等行为的行为人,妨碍通行物品损害责任适用无过错责任。只要实施了该行为并造成损害,行为人就应当承担侵权责任。

公共道路管理人负有维护管理公共道路,保障公共道路通行便利的职责。因此,公共道路管理人适用过错推定责任,如果不能证明已经尽到清理、防护、警示等义务的,应当承担相应的责任。

(三)林木损害责任

林木损害责任,是指林木折断、倾倒或果实坠落等造成他人损害时,林木的所有人或管理人依法应当承担的侵权责任。《民法典》第1257条规定:“因林木折断、倾倒或者果实坠落等造成他人损害,林木的所有人或者管理人不能证明自己没有过错的,应当承担侵权责任。”

林木损害责任的致害物是林木,包括林木的枝条、果实等,致害行为多是不作为,比如,林

[1] 王竹:《〈民法典〉高空抛物坠物责任新增规则评述》,载《厦门大学学报(哲学社会科学版)》2021年第3期。

木的所有人或管理人未尽到合理的管护义务，导致林木倾倒、林木折断、果实坠落等造成他人损害，比如，大树的树枝折断砸伤行人或车辆，椰果坠落砸伤路人等。

林木损害责任适用过错推定责任，林木的所有人或者管理人不能证明自己没有过错的，应当承担侵权责任。

（四）地面施工及地下设施损害责任

地面施工及地下设施损害责任，是指在公共场所或者道路上挖掘、修缮安装地下设施等造成他人损害，或者地下设施等造成他人损害，施工人不能证明已经设置明显标志和采取安全措施，管理人不能证明尽到管理职责的，应当承担侵权责任。《民法典》第1258条规定："在公共场所或者道路上挖掘、修缮安装地下设施等造成他人损害，施工人不能证明已经设置明显标志和采取安全措施的，应当承担侵权责任。窨井等地下设施造成他人损害，管理人不能证明尽到管理职责的，应当承担侵权责任。"

地面施工及地下设施损害责任适用过错推定责任，其中，地面施工的施工人是地面施工损害责任的责任主体，在公共场所或道路上进行地面施工作业时，必须设置明显的警示标志并采取有效的安全措施。地面施工造成他人损害时，施工人必须证明自己没有过错，否则应当承担侵权责任。地下设施的管理人是地下设施损害责任的责任主体，其对窨井、地下坑道、下水道等地下设施有维护与管理义务，当地下设施造成损害时，管理人必须证明已尽到管理职责，否则应当承担侵权责任。

案例分析　"李某月等诉广州市花都区梯面镇红山村村民委员会违反安全保障义务责任纠纷案"[1]

红山村景区为国家AAA级旅游景区，不设门票。广东省广州市花都区梯面镇红山村村民委员会（以下简称红山村村民委员会）系景区内情人堤河道旁杨梅树的所有人，其未向村民或游客提供免费采摘杨梅的活动。2017年5月19日下午，吴某私自上树采摘杨梅不慎从树上跌落受伤。随后，有村民将吴某送红山村医务室，但当时医务室没有人员。有村民拨打"120"电话，但"120"救护车迟迟未到。后红山村村民李某1自行开车送吴某到广州市花都区梯面镇医院治疗。吴某于当天转至广州市中西医结合医院治疗，后因抢救无效于当天死亡。

红山村曾于2014年1月26日召开会议表决通过《红山村村规民约》，该村规民约第2条规定，每位村民要自觉维护村集体的各项财产利益，每个村民要督促自己的子女自觉维护村内的各项公共设施和绿化树木，如有村民故意破坏或损坏公共设施，要负责赔偿一切费用。

吴某系红山村村民，于1957年出生。李某坤系吴某的配偶，李某月、李某如、李某托系吴某的子女。李某月、李某如、李某托、李某坤向法院起诉，主张红山村村民委员会未尽到安全保障义务，在本案事故发生后，被告未采取及时和必要的救助措施，应对吴某的死亡承担责任。请求判令被告承担70%的人身损害赔偿责任631，346.31元。

问题：

1. 红山村村民委员会是否违反了安全保障义务？

---

[1] "李某月等诉广州市花都区梯面镇红山村村民委员会违反安全保障义务责任纠纷案"，最高人民法院指导案例140号（2020年）。

2. 吴某的损失应该由谁承担?

分析:本案的争议焦点是红山村村民委员会是否应对吴某的损害后果承担赔偿责任。

1. 红山村村民委员会没有违反安全保障义务。红山村村民委员会作为红山村景区的管理人,虽负有保障游客免遭损害的安全保障义务,但安全保障义务内容的确定应限于景区管理人的管理和控制能力的合理范围之内。红山村景区属于开放式景区,未向村民或游客提供采摘杨梅的活动,杨梅树本身并无安全隐患,若要求红山村村民委员会对景区内的所有树木加以围蔽、设置警示标志或采取其他防护措施,显然超过善良管理人的注意标准。就爱护公物、文明出行的角度而言,村民或游客均不应私自爬树采摘杨梅。吴某作为具有完全民事行为能力的成年人,应当充分预见攀爬杨梅树采摘杨梅的危险性,并自觉规避此类危险行为。故李某月、李某如、李某托、李某坤主张红山村村民委员会未尽安全保障义务,缺乏事实依据。

2. 吴某的坠亡系其私自爬树采摘杨梅所致,与红山村村民委员会不具有法律上的因果关系。《红山村村规民约》规定,村民要自觉维护村集体的各项财产利益,包括公共设施和绿化树木等。该村规民约是红山村村民的行为准则和道德规范,形成红山村的公序良俗。吴某作为红山村村民,私自爬树采摘杨梅,违反了村规民约和公序良俗,导致了损害后果的发生,该损害后果与红山村村民委员会不具有法律上的因果关系。

红山村村民委员会对吴某私自爬树坠亡的后果不存在过错。吴某坠亡系其自身过失行为所致,红山村村民委员会难以预见和防止吴某私自爬树可能产生的后果。吴某跌落受伤后,有村民及时拨打“120”电话求救,在救护车到达前,另有村民驾车将吴某送往医院救治。因此,红山村村民委员会对吴某损害后果的发生不存在过错。

综上所述,吴某因私自爬树采摘杨梅不慎坠亡,后果令人痛惜。虽然红山村为事件的发生地,杨梅树为红山村村民委员会集体所有,但吴某的私自采摘行为有违村规民约,与公序良俗相悖,且红山村村民委员会并未违反安全保障义务,不应承担赔偿责任。

思考题

1. 如何理解产品责任中的缺陷?
2. 环境污染和生态破坏侵权责任的立法价值是什么?
3. 比较网络侵权责任与线下侵权责任有何异同,并分析网络侵权责任在未来如何发展?